WELTTHEATER

WELT THEATER

Theatergeschichte
Autoren
Stücke
Inszenierungen

Herausgegeben
von Henning Rischbieter
und Jan Berg

westermann

CIP-Kurztitelaufnahme der Deutschen Bibliothek

Welttheater: Theatergeschichte, Autoren, Stücke, Inszenierungen
Hrsg. von Henning Rischbieter und Jan Berg. –
3., völlig neubearb. Aufl. –
Braunschweig: Westermann, 1985.
NE: Rischbieter, Henning (Hrsg.)

ISBN 3-14-**508883**-8

© Georg Westermann Verlag GmbH, Braunschweig
3., völlig neubearbeitete Auflage
Lektorat: Ulrike Nikel, Braunschweig
Schutzumschlag: Wolfgang Rühle und Jürgen Peters, Braunschweig
Satz und Reproduktion: westermann druck GmbH, Braunschweig
Druck und Bindung: Mainpresse Richterdruck, Würzburg

ISBN 3-14-**508883**-8

Inhalt

Vorwort

Dieses Buch hat nur einen komplexen Gegenstand: das Schauspieltheater der Gegenwart. Dieser Gegenstand kann allerdings nicht ohne seine Geschichte dargestellt werden, denn im Repertoire des europäisch-amerikanischen Schauspieltheaters stehen die Dramen der griechischen und römischen Antike, der Elisabethaner, der spanischen, französischen und deutschen Klassik, die des neunzehnten und zwanzigsten Jahrhunderts und die der Gegenwart. In geschichtlicher und geographischer Abfolge werden deshalb in diesem Buch – und das umfaßt den größten Teil des Textes – die Dramen dieses Repertoires vorgestellt, doch eingeleitet werden die einzelnen Kapitel durch eine Skizzierung der jeweiligen Theaterverhältnisse: der Theaterräume, der Bühnentechnik, der Spielweise, des Publikums, der gesellschaftlichen Bedingungen der Theaterkunst. Gerade in den großen Zeiten des Theaters – in der griechischen Antike, im England Shakespeares, im Frankreich Molières zum Beispiel – entstanden die Dramen für bestimmte Bühnen, Ensembles und zielten auf ein bestimmtes Publikum. Im Textteil verschränkt dieses Buch also die Dramengeschichte mit der Theatergeschichte.

Ein drittes fügen die Bilder hinzu: sie zeigen Inszenierungen des Dramenrepertoires aus den letzten Jahrzehnten. Sie demonstrieren bildlich (und in kommentierenden Bildtexten), wie das Theater der Gegenwart mit den Dramen der Vergangenheit und der Gegenwart inszenatorisch, durch Bühnenbild, Regie, Schauspielkunst, umgeht. Das Drama sei inkomplett, hat Hofmannsthal gesagt, erst die Aufführung vervollständigt es, bringt es zu szenischem Leben, und das je anders, nach den gesellschaftlichen Bedingungen und den ästhetischen Strebungen, nach der Psyche und Physis der Beteiligten, nach den Wirkungsabsichten der szenischen Produzenten und auch nach der Art und Weise, in der das mitproduzierende Publikum seine Erwartungen und Reaktionen einschreibt in die szenische Darstellung, den prozeßhaften Vorgang, der einmalig, transitorisch sich ereignet.

Dieses Buch hatte einen Vorgänger gleichen Titels; zwei Auflagen sind 1962 und 1965 erschienen. Die umstandslose Neuauflage nach mehr als zwanzig Jahren verbot sich, die drama- und theatergeschichtliche Entwicklung läßt sie nicht zu. Zwar hat sich das Dramen-Repertoire nicht wesentlich geändert, was die Titel, die Textgestalt, den Kanon der gespielten Dramatiker angeht, sich nur in die neue Gegenwart hinein erweitert. Aber die Sicht auf diese Dramen hat sich – mindestens um entscheidende Nuancen – geändert, das Inszenierungs-Interesse ist dem zu Beginn der 60er Jahre zuweilen diametral entgegengesetzt. Aufführungen der letzten beiden Jahrzehnte dominieren deshalb im Bildteil.

Etwa drei Viertel der Texte in diesem Buch sind neu, die anderen ergänzt und meist eingreifend überarbeitet. Dieser Erneuerung des Buchs entspricht, daß an die Stelle des einen der beiden ursprünglichen Herausgeber, Siegfried Melchinger, Jan Berg getreten ist; wie die meisten neuen Beiträger gehört er der jüngeren Generation an. Der Titel des Buchs „Welttheater" ist dem ausgeschiedenen Herausgeber Siegfried Melchinger zu verdanken. Er war es, der in den fünfziger Jahren den barocken Begriff vom theatrum mundi, von der Welt als einem einzigen großen Theater, das vor den Augen Gottes aufgeführt wird, säkularisierte und aktualisierte – nach dem Vorbild des Goetheschen Begriffs „Weltliteratur". Melchinger sprach von „Welttheater" nicht nur deshalb, weil die Dramen verschiedener Zeiten, heterogener Kulturen und Sprachen im Repertoire des literarischen Gegenwartstheaters sich drängen, begegnen und im Inszenierungsvorgang und theatralen Verstehen einander wechselseitig beeinflussen, sondern auch deshalb, weil im Regietheater der Gegenwart über diese Dramentradition, sie oft konterkarierend, szenisch reflektierend, die unterschiedlichsten Theaterformen ins Spiel kommen: die streng stilisierte asiatische, antike oder klassizistische Tragödienform, die derb typisierende der antiken Komödie, der italienischen Commedia dell'arte, des Wiener Volkstheaters, die auf Einfühlung, Psychologisierung, Identifikationserlebnisse zielende Spielweise des Realismus und Naturalismus, schließlich, darauf reagierend, die unterschiedlichen Formen der Verfremdung, etwa im frühen Sowjettheater oder bei Brecht. Und Melchinger sprach auch von „Welttheater", weil in der Dramatik und Theaterkunst die Anregungen und Beeinflussungen – auch die Moden – gerade in den Jahrzehnten nach dem Zweiten Weltkrieg über alle Grenzen, politische und sprachliche, hinwegfluteten. Mag die Emphase sich auch gemindert haben, mit der er den Begriff „Welttheater" setzte, mag der Gegenwart des Theaters ein – auch dialektisches – Verhältnis von nationaler Identität und internationaler Offenheit zugrundeliegen, der Begriff „Welttheater" bleibt tauglich. Schließlich kann er auch so verstanden werden, daß es Aufgabe des Theaters ist, mit den ihm eigenen Mitteln Welt, gesellschaftliche Realität und ihr Verständnis, darzustellen – im Spiel.

Henning Rischbieter

Henning Rischbieter
Im August 1985

Theater und Drama der griechischen Antike

Weit in die Landschaft des Peleponnes öffnet sich das Theater in Epidauros aus dem 4. vorchristlichen Jahrhundert. Es blieb im damaligen Zustand erhalten, weil es abgelegen war. 14 000 Zuschauer blicken auf die kreisförmige Orchestra, den Platz des Chores, hinab. Die skene, die erhöhte Szenenwand, vor der die Protagonisten agierten, ist nur in Bruchstücken erhalten.

Drama und athenische Polis

Das Theater entsprang in Griechenland dem Kult mit seinen Chorgesängen, Umzügen und mimetischen Verkleidungen, in denen die Menschen sich magisch den Dämonen und Göttern gleichmachen wollten. Aus dem Kult stammen die Masken, manche Themen; das Feierliche der Tragödie hat hier ebenso seine Wurzeln wie die Obszönität der Komödie, die sich dem Fruchtbarkeitskult verdankt. Neben olympischen und lokalen Gottheiten verehrten die Griechen auch örtliche Heroen (Theseus, Ödipus), deren Taten in den Dramen geschildert werden. Doch so sehr das Theater dem Kult entsprang, so sehr wurde es erst Theater, als es aufhörte Kult zu sein und eine ästhetische Ganzheit mit eigenen Gesetzen wurde.

Die Basis des griechischen Dramas ist der Chor. Trotz zunehmenden Gewichts des Dialogs zwischen der ersten für uns greifbaren Tragödie des Aischylos (*Die Perser*, 472 v. Chr.) und den letzten Dramen des Euripides, die 405 posthum aufgeführt wurden, bleibt der Chor die beherrschende Eigentümlichkeit der attischen Tragödie und Komödie. Hatte es schon im Dithyrambus, dem hymnischen Chorlied zu Ehren des Dionysos, eine prädialogische Zweiteilung der Chöre gegeben, so beginnt die Geschichte des Dramas doch erst mit dem Moment, als der halb sagenhafte Thespis um 534 erstmals dem Chor einen Schauspieler gegenüberstellte: den Hypokrites, d. h. Ausleger, Antworter. Aischylos fügte dem ersten Schauspieler (Protagonist) den zweiten hinzu (Deuteragonist). Ein dritter wurde von Sophokles eingeführt, aber merkwürdigerweise blieb die antike Tragödie bei dieser Zahl stehen. Auch als mehr Rollen zu besetzen waren, erhöhte man nicht die Zahl der drei Spieler, sondern jeder übernahm mehrere Rollen. Während die Dramen des Aischylos noch gewaltigen Chorgesängen mit dialogischen Einlagen gleichen, erscheint der Chor bei Euripides als lyrische Einlage für die Dramen. Auch wird der Zusammenhang zwischen Chorliedern und Handlung lockerer, vermittelter. Der von Anfang an praktisch immer anwesende Chor (die Helden sind also nie allein) bleibt ein kommentierender Zuschauer. Wohl dialogisiert er (bzw. der Chorführer) gelegentlich mit den Protagonisten, doch meist bringt er epische Vorgeschichte, mythologische Parallelen zum Geschehen, moralische Reflexionen vor, ist stets auf Ausgleich bedacht, äußert lyrischbewegt sein Mitgefühl mit den leidenden Helden und steigert durch Klagen, Warnungen und Gebete das tragische Geschehen. Nur in Ausnahmefällen greift er in die Handlung ein. Bezeichnend für seine Wichtigkeit ist der Umstand, daß eine Reihe von Dramen nicht nach den Helden, sondern nach dem Chor benannt sind (*Die Trachinierinnen, Die Perser, Die Bakchen;* in der Komödie *Die Wolken, Die Vögel, Die Frösche* u. a.). In dem zwischen dramatischem Geschehen und Publikum vermittelnden Chor erkennt man bereits als Formeigentümlichkeit, was für das griechische Drama insgesamt kennzeichnend ist: den sehr engen und zugleich öffentlichen Bezug zwischen dem Theater und dem Publikum des athenischen Stadtstaats, der Polis.

Fremd und utopisch zugleich stellt sich für die Augen der Neuzeit die Verankerung des Theaters im religiösen und politischen Leben der Stadt Athen dar. Weit über die Lust an Mummenschanz, Verkleidung und Nachahmung hinausgehend, war das griechische Theater geheiligter und politisch bedeutungsvoller Ort der Versammlung der Bürgerschaft. Thematisch verwickelte die Tragödie den Zuschauer regelmäßig in aktuelle, schwer lösbare Grundfragen des Rechts und der Politik; die Komödie bei aller Heiterkeit war eine Form tagespolitischer Polemik. Das Publikum für Aischylos, Sophokles, Euripides und Aristophanes war die Bürgerschaft Athens, des reichsten und mächtigsten Stadtstaats in Griechenland, dem seit den siegreich beendeten Perserkriegen im 5. vorchristlichen Jahrhundert die unangefochtene Vormachtstellung zugefallen war und der in zunehmend imperialistischer Weise die anderen griechischen Städte, tributpflichtige »Bundesgenossen«, ökonomisch und politisch unterjochte. Nicht nur der Historiker Thukydides, auch Dichter wie Euripides und Aristophanes klagten diese Politik immer wieder in ihren Stücken scharf an.

Das tradierte Idealbild der athenischen Polis hat freilich den Blick für den Gehalt der klassischen Dramen lange irreführend beeinflußt. Ungeachtet der Bewunderung, die

Das Bild links von einer rotfigurigen griechischen Vase zeigt in der Mitte eine Szene aus dem »Medea«-Mythos. Im Inneren des tempelartigen Hauses mit den jonischen Säulen der weißbärtige König Kreon, der sich die Haare über den Tod seiner Tochter Kreusa rauft. Herbei eilt von rechts der Gatte Kreusas, Jason. Darunter sieht man die von Jason betrogene und verlassene Medea, die Kreusa vergiftet hat, im Schlangenwagen davonfliegen. Links davon ist Medea noch einmal zu sehen, wie sie vor der Flucht einen ihrer Söhne tötet.

Oben: Vasenbild aus dem klassischen Athen: auf einem Schiffswagen fährt der Gott Dionysos, begleitet von zwei flöteblasenden Satyrn; wahrscheinlich Szene aus den Prozessionen zur Feier des Dionysos, aus deren chorischen Darbietungen die Tragödie sich entwickelte. Der legendäre Thespis soll als erster dem Chor einen Einzelsprecher entgegengestellt haben, deshalb nannte man den Schiffswagen des Dionysos im 19. Jahrhundert den »Thespiskarren«.

die kulturelle Leistung Athens unter Perikles noch heute erregt, war das Klima, in dem die antiken Dramatiker ihre Werke schufen, nicht gerade von klassischer Harmonie und vorbildlichem Humanismus geprägt. Gewiß gab es eine im Vergleich zum persischen Despotismus fortschrittliche Demokratie (Herrschaft des Volkes, will sagen: der Bürger), doch sie betraf in Wahrheit nur die Minderheit, nämlich die aristokratischen und reichen Bürger Athens, die sich den mit den Ämtern verbundenen Zeitaufwand leisten konnten, was schon kleinen Gewerbetreibenden nicht mehr möglich war. Die Hunderttausende von Sklaven, die Frauen und Metöken (ständig in Athen ansässige Fremde, Quasi-Bürger ohne politische Rechte) blieben ausgeschlossen. Im Innern durch fortwährende Parteikämpfe konfliktgeladen, glich Athen wie die anderen griechischen Städte in klassischer Zeit zudem einem »chronischen Kriegslager« (Max Weber). Jahrzehntelang fanden Sommer für Sommer blutige Kriegszüge statt (Perserkriege, imperiale Expeditionen, Kriege gegen aufsässige Bundesgenossen, der Peloponnesische Krieg). Man sagt, der athenische Bürger habe seine Zeit zwischen politischer Diskussion und Kriegführen aufgeteilt. Athen betrieb im 5. Jahrhundert eine bis Ägypten und Sizilien reichende Expansionspolitik, die angesichts der geringen Bürgerzahl unglaublich anmutet. Der unerhörten Grausamkeit der Kriegführung mit massenhaftem Mord an den Besiegten, Plünderung und Verschleppung in die Sklaverei entsprach im Innern eine von heftigen politischen Kämpfen, Blutrache, Geschlechterfehden gekennzeichnete Wirklichkeit. Kein Wunder also, daß die Dramatiker so oft ihre mythischen Stoffe mit Kriegssituationen in Zusammenhang brachten, daß fortwährend Klagen um Ausgleich, Mäßigung und Frieden (Aristophanes!) von der Bühne ertönten.

Die athenische Gesellschaft war durch und durch »agonal«, d. h. durch den Gedanken des Wettkampfs, der Konkurrenz, des Streits geprägt. Bis in die von Aristophanes verspottete Prozeßleidenschaft *(Die Wespen)* äußert sich dieser Grundzug der Gesellschaft, der – nicht zuletzt durch den ruinösen Hang zu Rivalitätskämpfen – am schließlichen Niedergang Athens mitbeteiligt war. Ursprünglich ist der Agon eine kultische Handlung bei religiösen Festlichkeiten, auch bei feierlicher Bestattung von Helden; er kann sportlicher Art sein (Olympische Spiele) oder musischer wie bei den Dramatikern.

Tragödien wurden in Athen im März/April anläßlich der Großen Dionysien aufgeführt, kultischen Festspielen zu Ehren des Dionysos, dessen ursprünglich vor allem bei der Landbevölkerung verbreiteter Kult unter der Tyrannis des Peisistratos im Jahre 534 zum Staatskult erhoben worden war. Nach prachtvollen Prozessionen am ersten Tag der Dionysien erfuhr die stolze Selbstdarstellung der Macht und des Reichtums der Polis eine nochmalige Steigerung, wenn vor Beginn des dramatischen Agon, bei dem an vier von den sechs Festtagen Tragödien-Trilogien mit einem Satyrspiel (seit 486 auch Komödien) rivalisierten, dem Publikum die Schätze und Gewinne aus den Tributen präsentiert wurden. Nicht zuletzt den stets zahlreichen auswärtigen Besuchern wollte man athenische Macht auf diese Weise eindringlich vor Augen führen. Außerdem wurden bei dieser Gelegenheit verdiente Bürger mit großem Pomp ausgezeichnet; die zahlreichen Kinder von Kriegsgefallenen nahmen besondere Ehrenplätze ein. Dann erst begannen nach Bestimmung der Preisrichter die Vorstellungen.

In jeder Hinsicht stand die attische Tragödie ihrem Publikum nahe. Nicht nur stammte der Stoff der Dramen durchweg aus den bekannten Heroensagen und Göttermythen, dem thebanischen Sagenkreis um Ödipus, den Mythen über den athenischen Lokalhelden Theseus, dem trojanischen Sagenkreis. Nicht nur ähnelte sie der allen vertrauten großen Chorlyrik zu Ehren göttlicher oder menschlicher Helden (Pindar). Vor allem die thematische Zuspitzung auf knifflige Fragen des Rechts war dem Publikum nicht fremd, brachte doch die turnusmäßige Wahl der Beamten mit sich, daß fast jeder Bürger irgendwann einmal eine Staatsfunktion übernahm, jedenfalls mit den Debatten auf der Agora gut vertraut war. Man könnte von einem Publikum der Fachleute sprechen, das – wie die Anspielungen des Aristophanes auf literarische Werke zeigen – auch in ästhetischen Fragen Kenntnis und Feingefühl besaß.

Die Tragödie kannte noch keine Akteneinteilung. Sie bestand vielmehr aus einem Prolog, der sich allmählich zu ganzen Prologszenen und »Milieuschilderungen« ausweitete *(Iphigenie in Aulis),* dem Parodos (Auftrittslied des Chors), dann einem Wechsel von Dialogszenen (Epeisodion) mit Zwischenliedern des Chors (Stasimon, Standlied) und dem Auszugslied des Chors (Exodos). Abweichungen von diesem Schema findet man in großer Zahl. Dennoch ist von einer hochgradig artistischen Kunst zu sprechen, bei der es nicht so sehr auf das Was ankommt (die Stoffe waren dem Publikum ohnehin in Umrissen bekannt), sondern auf das Wie der Verarbeitung, auf dramaturgische Finesse und besondere Ausdeutung des Stoffs.

Erst im 20. Jahrhundert trat mit dem Erstarken einer historischen und geschichtsphilosophischen Ästhetik die traditionelle Deutung zurück, die in der Tragödie den ausgezeichneten Fall des überzeitlich »Tragischen« erblickte. Die szenische Darstellung des Mythos, der die attische Tragödie wesentlich gewidmet war, stellt vielmehr etwas dar, das mit Kategorien des Rechts, der Sittlichkeit (vgl. Hegels Deutung der *Antigone)* und der Politik nur ungenau erfaßt ist, da diese Vorstellungsebenen und Denkfelder in der Tragödie noch keineswegs auseinanderdifferenziert sind, sondern ein ungeschiedenes Amalgam bilden. Ebensowenig wie die Kategorie des Tragischen greift die tradierte Vorstellung von schicksalhafter tragischer »Schuld«. Lange hat man, unter dem Eindruck der *Poetik* des Aristoteles, bei den Helden der Tragödie nach der Hamartia gefragt, dem tragischen Fehler. Doch die Texte bieten keinen Anhaltspunkt für die Annahme, es komme in ihnen auf einen moralischen oder charakterlichen Mangel an, der von den Göttern gestraft würde. Vielleicht ist der Umstand, daß keine einfache Formel ausreicht, wenn man die gewaltige und wirkungsstarke Erscheinung der attischen Tragödie erfassen will, der Grund für ihre anhaltende Lebendigkeit.

Schlecht steht es um die Überlieferung der Texte. Nur wenige (ganze) Tragödien sind uns erhalten, teilweise in einer durch spätere Eingriffe entstellten Form. Nur von Aristophanes sind uns Komödien bekannt, nur ein einziges Satyrspiel, *Kyklops* von Euripides, ist vollständig überliefert. Immerhin aber handelt es sich um Texte von Dichtern, die dem (von der Nachwelt bestätigten) Urteil der antiken Welt zufolge, die größten unter den Komödien- und Tragödiendichtern jener Epoche waren.

Die Aufführung, das Theater

Der nur in bestimmten Rhythmen wiederkehrende Rahmen der Feste, die Anwesenheit des größeren Teils der Bürgerschaft lassen bereits erkennen, daß das antike Theater nichts mit dem Theater als Stätte der Unterhaltung zu schaffen hatte, sondern politisch-gesellschaftliche Institution war, Ort einer Selbstverständigung der Polis über drängende Probleme. Ausgewählte Bürger entschieden über den Wettstreit, Dichter und Schauspieler standen, ganz anders als später im alten Rom, wo Schauspieler sich meist an der untersten Grenze des sozialen Spektrums befanden, in höchstem Ansehen.

Zum religiösen Volksfest der dramatischen Spiele erschien man in feierliches Weiß gekleidet. Eine Tragödien-Trilogie samt Satyrspiel nahm, Pausen eingerechnet, mehr oder weniger einen vollen Tag in Anspruch, und man blieb gewöhnlich die ganze Zeit über im Theater. Das Publikum nahm lautstark Anteil an den Aufführungen. Pfeifen und Scharren oder Beifall und Da-capo-Rufe wie nachmals bei Opernarien begleiteten die Sprech- und Sangeskünste der Spieler. Sklaven und Frauen hatten Zutritt zum Theater, auf der Bühne allerdings wurden Frauenrollen nur von Männern gespielt.

Die Dramatiker waren in der Frühzeit zugleich die Regisseure, wobei das

Einstudieren des Chors als das Wesentliche galt, wie der Name (Choro-)Didaskalos erkennen läßt. Später übernahmen Spezialisten die Regie. Die erheblichen Kosten für eine Tragödienaufführung zu bestreiten, war eine hohe Ehre, zu der die Polis jedes Jahr einen wohlhabenden Bürger (den Choregen) verpflichtete. Diese Finanzierung aus der Schatulle der Reichen belegt einmal mehr den öffentlichen Status der Aufführungen. Erst als im 4. Jahrhundert des Theater zunehmend professioneller wurde, übernahm der Staat die Kosten. Unter Perikles erhielten die Zuschauer zudem ein »Schaugeld« (Theorikon), um ihnen den Besuch des Theaters zu ermöglichen.

Die miteinander wetteifernden Tragödien-Trilogien wurden jeweils ergänzt durch das entspannende, heitere Satyrspiel, benannt nach den mit Bockshufen, Zottelhaaren und Pferdeschweif verkleideten Satyrn, den lüsternen, unmoralischen und lächerlichen Begleitern des Dionysos. So schloß die Tetralogie mit einem hellen Kontrapunkt zur ernsten, gehobenen Tragödie. Die Satyrspiele wurden von den Tragödiendichtern geschrieben, obwohl sonst strenge Teilung herrschte. Nie schrieb ein Tragiker eine Komödie oder ein Komödienautor Tragödien. Entsprechend war die Arbeitsteilung bei den Schauspielern.

Die Kostümierung der Spieler bestand aus langen Gewändern (Chiton), die den Körper (damit auch das Geschlecht) verbargen und somit ermöglichten, daß Männer auch Frauenrollen übernehmen konnten. Farben (weiß für die Alten, gelb für Frauen, rot für Würdenträger) kennzeichneten die Rolle. Bei Aischylos waren die Gewänder wohl reichgeschmückt, später herrschte eher Schlichtheit vor. Der Tragikerschuh, der Kothurn, seit dem 2. Jahrhundert n. Chr. stelzenartig hoch, hatte ursprünglich eine flache Sohle. Das Kostüm bestand aus dem Chiton, dem Himation (einem länglichen Tuch) und der Chlamys (rundes Tuch). In der Alten Komödie trug man groteske, kürzere Flickenkleider, den leichteren bis an die Knöchel reichenden Lederschuh (Soccus), die Männer zusätzlich einen riesigen Phallus. In der Neuen Komödie Menanders verschwanden diese Elemente zugunsten normaler Alltagskleidung.

Die aus dem Kultus herzuleitenden Masken waren ebenfalls differenziert nach Geschlecht (hellere Masken für Frauen) und Typ durch Bart, Augenbrauen- und Mundzeichnung, teilweise grelle Farbgebung und kennzeichnende Haarfarben (weiß für das Alter, blond und schwarz für Jugend). In der Aristophanischen Komödie findet man erwartungsgemäß groteske, überzeichnete, karikaturhafte Masken.

Erwähnung verdient das hohe Ansehen der Schauspieler. Es handelte sich um Spezialisten, die außerordentliche Stimmkraft, Beherrschung des Gesangs und, um mehrere Rollen zu übernehmen, stimmliche Verstellungskunst benötigten. Monatelange Diät, Gymnastik und Stimmtraining waren die Voraussetzungen, der Preis höchste Ehrungen für hervorragende Darsteller.

Bei der Rekonstruktion der klassischen Theaterbauten stößt die Forschung auf erhebliche Schwierigkeiten, weil die frühen Theater, zum einmaligen Gebrauch bestimmt, lediglich aus Holzgerüsten für die Zuschauer bestanden und daher nicht erhalten sind. Man weiß von Katastrophen schon im 6. vorchristlichen Jahrhundert, bei denen es zum Zusammenbruch des Gerüstes und zu Bränden kam. Aber der in klassischer Zeit begonnene Bau des ersten Steintheaters (Dionysostheater) wurde erst unter Lykurgos zwischen 340 und 319 v. Chr., also Jahrzehnte nach dem Tod des Euripides, vollendet.

Noch im 6. Jahrhundert richtete man den natürlichen Abhang südlich der Akropolis beim Heiligtum des Dionysos als Theatron (Schauplatz) ein. Am Fuß des Hangs, an dem in aufsteigenden Reihen Holzbänke im Halbrund aufgestellt waren, befand sich der im Durchmesser etwa 24 Meter große kreisförmige Platz für den Chor, die Orchestra. In deren Mitte, später am Rand, war ein Dionysosaltar aufgestellt (Thymele). Tangential zur Orchestra und dem Theatron gegenüber befand sich das Bühnenhaus (Skene). Anfangs aus einem Zelt, dann aus einem Podium mit primitiven Holzbauten und Stoffbahnen für die Dekoration bestehend, hatte es sich um 450 v. Chr. zum steinernen Gebäude mit drei Eingängen entwickelt. Es enthielt eine beachtliche Theatermaschinerie: Ein Bühnenwagen (Ekkyklema, von ekkyklein = herausdrehen) konnte aus der breiteren Mitteltür herausgeschoben werden, um Ereignisse im Haus sichtbar zu machen (z. B. tritt Klytai-

mestra mit den Leichen Agamemnons und Kassandras nach dem Mord aus der Ekkyklema heraus). Für Auftritte aus der Unterwelt gab es charontische Stiege und Anapiesmata. Auf dem Dach des Bühnengebäudes (Theologeion, von theos = Gott und logos = Rede) traten vor allem Götter auf. Ein Bühnenkran (Mechane) konnte jedoch Götter und Helden (bei Aristophanes auch einmal einen riesigen Mistkäfer) noch höher emporheben.

Eine große Bühne, für uns das Zentrum des Theaters, gab es nicht. Im Mittelpunkt stand die Orchestra, und zwischen ihr und der Skene befand sich ein schmaler, rund drei Meter breiter Streifen unmittelbar vor dem Bühnenhaus, auf dem die Schauspieler auftraten (Proszenium, auch Logeion). Umstritten ist noch immer, ob und wie sehr diese Bühne über die Orchestra erhöht war. Die meisten Forscher scheinen jetzt zu der Annahme zu neigen, daß das Proszenium mäßig erhöht war, so daß man besonders von den Ehrenplätzen (Prohedrie) aus – die sich ja vorne befanden, aber zugleich niedrig lagen – die Schauspieler hinter und über dem Chor gut erkennen konnte. Die Bühne stellte immer einen freien Platz dar, denn die Fiktion der Guckkastenbühne mit der fehlenden vierten Wand existierte noch nicht. In der Spätzeit kamen gemalte Dekorationen (Pinakes), auch drehbare (Periakten) hinzu. Obwohl es schon zur Zeit des Aischylos perspektivisch gemalte Bühnenbilder gab (Skenographie), zielte die ganze Anlage des Theaters nicht auf Illusion. Als Bühnenzeichen genügten neben den Eingängen des Bühnenhauses, das meist einen Palast darstellte, z. B. ein Grab, ein Felsen (*Prometheus*), ein Altar, ein Teppich, gelegentlich ein Bühnenwagen. Ansonsten überließ das griechische Theater das meiste der suggestiven Wirkung der Worte und dem Vorstellungsvermögen der Zuschauer. Theatron und Skene waren getrennt durch die Zugänge an beiden Seiten (Parodoi), über die nicht nur die Zuschauer zu ihren Plätzen gelangten, sondern durch die auch der Chor kam und ging. Daher heißen die Auftritts- und Abgangslieder des Chors Parodos bzw. Exodos. Die Zuschauer blickten auf der rechten Seite zum Hafen Piräus hinüber; links lag die Stadt, woraus sich später Konventionen für Auftritte aus der Ferne oder aus der Stadt ergaben.

Links: die Königin Atossa, Mutter des von den Griechen geschlagenen persischen Königs Xerxes, in der ältesten erhaltenen Tragödie des Aischylos »Die Perser«, verflucht die Hybris, die frevelnde Überheblichkeit ihres Sohnes – Hermine Körner, die greise Tragödin, 1960 im Schiller-Theater Berlin (Regie Hans Lietzau), in der Bearbeitung des Stückes durch Mattias Braun, der die Warnung vor dem Kriege verstärkte.

In Düsseldorf 1973
spielte man eine von Claus Bremer hergestellte nüchterne Prosafassung der »Perser« des Aischylos und verstärkte die körperliche Aktion: der Bote (Wolf Martienzen) zwängt die persische Königin Atossa (Renate Steiger) zu Boden, um ihr so den Bericht von der vernichtenden Niederlage ihres Volkes zu übermitteln.

Die äußerlichen Bedingungen des Theaters können in ihrer Bedeutung für das griechische Drama kaum überschätzt werden: Unter freiem Himmel, und das hieß unter dem Blick der Götter, angesichts der Landschaft, des Meers, der Stadt, auf dem Boden des Heiligtums des Dionysos spielte das dramatische Geschehen sich ab, aufs höchste gespannt zwischen dem mythischen Kosmos und der Wirklichkeit der Polis. Jede realistische Intimität verbot sich von selbst. Schon die riesigen Dimensionen des Theaters, das rund 15 000 Zuschauer faßte, schlossen psychologisierende Darstellungsweise aus. Statt dessen herrschte Konzentration auf hochsymbolische Grundverhältnisse des Menschen zur Polis und zu den Göttern.

Aischylos

Aischylos, der älteste der drei großen Tragiker, geboren 525/24 v.Chr. in Eleusis, gestorben 456/55 im Exil in Sizilien, entstammte der Aristokratie. Er nahm an den

dete dramaturgische Konstruktion auf, sind jedoch nicht im modernen Sinn »dramatisch«. Situationen werden entfaltet; Entscheidungen dagegen sind meist gefallen, bevor das Spiel beginnt, werden nicht zum Drama. Aischylos galt schon in der Antike als der »dunkelste« der Tragiker. Berühmt ist die außerordentliche Vieldeutigkeit seiner Sprache, die für ganze Passagen unterschiedliche Auslegungen zuläßt. Bruderkrieg, Tyrannenmacht, Hoffnung auf Bescheidung und Mäßigung sind seine Themen. Über den tragischen Konflikten wölbt sich, freilich schon fragwürdig geworden, der kosmische Horizont des Mythos, eine Zeusgläubigkeit, die allerdings bei weitem nicht mehr so unangefochten ist, wie es die Altphilologie oft behauptet hat. Das Walten der Götter steht im Hintergrund, bietet aber keine letzte Sicherheit für menschliches Handeln. Rechtsprobleme der Polis und der Gentilordnung, aber auch schon der Mißbrauch der Macht nehmen auf diesem Theater Gestalt an. Im 19. und 20. Jahrhundert wandte sich größere Aufmerksamkeit jedoch dem dramaturgischen Konstrukteur Sophokles und seinen einsamen Helden oder dem extremen Psychologen Euripides zu.

Die Perser

Die 472 v. Chr. entstandene, älteste erhaltene Tragödie des Aischylos (und damit die älteste überhaupt) stellt sogleich eine Ausnahme dar. Während sonst Tragödien durchweg Themen der Mythologie behandeln, greift Aischylos hier einen zeitgeschichtlichen Stoff auf. In der Seeschlacht bei Salamis 480 hatten die Athener durch eine List die um ein Vielfaches überlegene Flotte des Perserkönigs Xerxes vernichtend geschlagen und so einen entscheidenden Wendepunkt in den Perserkriegen herbeigeführt. Aischylos läßt diese nur wenige Jahre zurückliegende Begebenheit aus der Perspektive der Besiegten lebendig werden! Die ruhmreiche Tat Athens (Aischylos hatte an der Schlacht teilgenommen) wird in einem großen Botenbericht bis in Einzelheiten geschildert, ein Lobgesang auf den Mut, die Klugheit und den Opferwillen der Athener. Um des endlichen Erfolges willen hatten sie ihre Stadt von den Persern erobern und niederbrennen lassen, um dann, chancenlos scheinend, aus der Defensive

zum Angriff überzugehen und sich so gegen die erdrückende Weltmacht durchzusetzen. Aus der Perspektive der geschlagenen Perser erscheint dasselbe Ereignis als Katastrophe, die in eindringlichen Gesängen beklagt wird.

Schon das Einzugslied des Chors und der Auftritt Atossas, der Mutter des Xerxes, lassen unter der triumphalen Beschreibung der gewaltigen persischen Streitmacht Befürchtungen durchklingen, die sogleich durch den Botenbericht bestätigt werden: Die ganze Flotte ging zugrunde. Das folgende Chorlied und der nun auftretende Geist von Xerxes' Vater Dareios stehen im Zeichen des Hybris-Gedankens: Allzuviel hat Xerxes gewollt, hat sich nicht mit dem ihm zukommenden Teil der Macht – diesseits des Meeres – begnügt, sondern Poseidon durch seinen maßlosen Eroberungsdrang herausgefordert. Am Ende tritt der geschlagene Xerxes selbst auf, ein Gestrandeter mit zerrissenen Kleidern und leerem Köcher. Mit äußerster Demütigung haben die Götter an ihm menschliche Überhebung gestraft. Eine andere Pointe der Tragödie besteht in ihrer Spiegelfunktion: Angesichts der seit Salamis immer »imperialistischer« werdenden Gewalt- und Unterwerfungspolitik Athens, die sich bereits abzeichnete, werden die Lehren, die die Perser ziehen müssen, zu doppelsinnigen Warnungen des Dichters an seine eigene Polis, nicht selbst der Hybris des Machtwillens zu verfallen.

Diese früheste Tragödie zeigt eine Vorherrschaft des chorischen Elements, die für Aischylos weiterhin kennzeichnend bleiben wird. Auffallend ist neben dem erkennbaren politischen Bezug die bemerkenswerte Fairneß, mit der Aischylos bei aller Verherrlichung des athenischen Sieges auf jede »patriotische« Herabsetzung des Gegners verzichtet und in ihm, ebenso wie in den griechischen Helden anderer Stücke, nicht nur den Schuldigen, sondern auch das Opfer göttlicher Übermacht erkennen läßt.

Sieben gegen Theben

Diesem 467 v. Chr. entstandenen, als einziges erhaltenen Teilstück einer Trilogie um das Geschlecht der Labdakiden, der Herrscher von Theben, gingen vermutlich zwei Tragödien um Laios bzw. um Ödipus voraus.

Schlachten von Salamis und Marathon teil und genoß (ähnlich wie Sophokles später) hohes Ansehen. Im Jahre 456, kurz nach seinem überwältigenden Triumph mit der *Orestie* (458), bezichtigte man ihn, Geheimnisse der Eleusischen Mysterien verraten zu haben; er wurde verbannt und ging nach Sizilien, wo er sich als Gast von Hieron, dem fortschrittlichen Herrscher von Syrakus, in den siebziger Jahren schon einmal aufgehalten hatte, und starb bald darauf.

Seine Tragödien stehen für uns am Beginn dieser Theaterform überhaupt, Vorstufen sind kaum greifbar. Durch Einführung des zweiten Schauspielers ermöglichte Aischylos ein lebhafteres Wechselspiel, auch wenn der zweite Schauspieler zunächst vor allem für Botenberichte eingesetzt wurde. Der Dialog spielt eine geringere Rolle als die lyrisch-epischen Chorgesänge. Kunstvoll, durch Andeutungen, Verstärkungen, Wechsel der Beleuchtung, Erzeugung unbestimmter Erwartungen und Ängste, schafft Aischylos eine Atmosphäre bedrohlicher Spannung. Seine Texte weisen eine vollen-

»Die Orestie« des Aischylos, drei Teile in
sieben Stunden an der Schaubühne am
Lehniner Platz Berlin 1980, Regie Peter Stein,
Raum Karl-Ernst Herrmann. Zwischen den
am Boden sitzenden Zuschauern der Chor
der Alten (Männer). Auf der über die Büh-
nenkante vorgefahrenen Platte (Ekkyklema)
die blutigen Leichen Agamemnons und
Kassandras, über ihnen mit dem Schwert
die Mörderin Klytaimestra (Edith Clever).
Das rote Tuch hinter ihr glitt mit den
Leichen aus der Badewanne hervor, in der
der Mord geschah.
Aus den Tragödien des Aischylos, Sophokles
und Euripides montierte John Barton die
Geschichte des trojanischen Krieges und
inszenierte diese zehnstündige Montage
unter dem Titel »Die Griechen« bei der Royal
Shakespeare Company in London 1980.
Das Bild zeigt den Sonnengott Apollo, den
Parteigänger der Griechen (John Schrapnel),
wie er der Verursacherin des Krieges Helena
(Janet Suzman) entgegentritt.

Der Kampf zwischen den Ödipussöhnen Eteokles und Polyneikes ist Gegenstand des Dramas: Ödipus hatte vor seinem Tod verfügt, die Söhne sollten abwechselnd ein Jahr lang die Herrschaft in Theben ausüben, doch nach dem ersten Jahr verweigert Eteokles dem Bruder den Thron. Dieser sammelt in Argos sechs Fürsten und zieht gegen seine Vaterstadt zu Felde. An diesem Punkt setzt die Tragödie ein. In einem Prolog schildert Eteokles die Lage, und ein Späher verkündet, das Heer der sieben Fürsten rüste sich zum Sturm auf die sieben Tore der Stadt. Der Feind hat beschlossen, die Stadt zu plündern. Eteokles, ganz Staatsmann, macht sich unverzüglich an die Kriegsvorbereitungen, während der Chor der thebanischen Jungfrauen einzieht und ängstliche Flehgebete um Rettung an die Götter sendet. Bei der folgenden, ausführlich geschilderten Verteilung der thebanischen Feldherren auf die zu verteidigenden Stadttore steht am Ende wie erwartet die Einsicht in den fortwirkenden Fluch des Vaters: Gerade der eigene Bruder, Polyneikes, wird Eteokles am siebten Tor gegenüberstehen, der Brudermord ist unvermeidlich. Vergeblich rät der Chor, diesen Zwei-

kampf zu meiden, nicht den furchtbaren Fluch des Brudermords auf sich zu laden, doch Eteokles schwankt keinen Moment, entschlossen, das von den erbarmungslosen Göttern verhängte Schicksal zu Ende zu führen: »Die Götter! Denen bin ich längst gleichgültig schon. / Das Opfer meines Todes nur hat Wert für sie. / Was sollt ich schmeicheln dem Vernichter noch, dem Tod?«

Durch einen Boten wird der Ausgang des Geschehens berichtet: die Stadt ist gerettet, die Brüder haben sich gegenseitig im Kampf getötet. Den Schluß bildet der Klagegesang der Schwestern Ismene und Antigone im Wechsel mit dem Chor, wobei noch einmal das Geschehene erklärt wird als Folge des mythischen Geschlechterfluchs, der mit Laios' Ungehorsam gegen die Götter begonnen hatte. Fluch und Untergang wurden ihm vorherbestimmt, wenn er es wagen sollte, Nachkommen zu zeugen. Neben der mythischen Dimension aber enthält die Tragödie modellhaft auch eine politische: die Anklage gegen die unaufhörlichen Bruderkämpfe und Rivalitätskriege in Athen.

Die Schutzflehenden

Wegen seiner stark chorischen Struktur galt dieses Drama (um 463 v. Chr.) lange als das älteste des Aischylos. Ein Papyrusfund im Jahre 1952 läßt jedoch kaum Zweifel, daß es nach den *Sieben gegen Theben* und vor der *Orestie* entstanden sein muß. Ebenso wie bei den *Schutzflehenden* des Euripides stößt eine Aufführung des Dramas heute wegen des vorausgesetzten Wissens um griechische Rechts- und Religionsverhältnisse auf große Schwierigkeiten. Es geht um die antike Einrichtung des Asylrechts, der Hikesie, die in mehreren Tragödien eine Rolle spielt und der in der altgriechischen Zivilisation höchste Bedeutung zugemessen wurde. Die Töchter des Danaos haben die Heirat mit den Söhnen des Aigyptos, denen sie versprochen worden waren, abgelehnt und sind nach Argos geflohen, um hier Schutz zu finden. Der König Pelasgos steht vor der Frage, ob er den Danaiden Asyl gewähren, damit aber den Krieg mit ihren Verfolgern heraufbeschwören soll, oder ob er den Krieg vermeidet, indem er das Asylrecht mißachtet. Sein Schwanken wird dadurch beendet, daß die schutzflehenden Frauen mit dem kollektiven Selbstmord an seinem

Altar drohen – einer Besudelung, die noch schlimmer wiegen und statt des bloßen Kriegs gegen menschliche Feinde Krieg gegen die Götter bedeuten würde.

Orestie

Diese einzige erhaltene tragische Trilogie des Altertums (458 v. Chr.) hat den Mythos vom fluchbeladenen Geschlecht der Atriden zum Gegenstand, eine düstere Geschichte von Bruder-, Gatten- und Kindermord, von Blutschande und anderen Verbrechen. Nach dem Trojanischen Krieg kehrt der Griechenfürst Agamemnon heim nach Argos und wird von seiner Frau Klytaimestra und ihrem Liebhaber Aigisthos umgebracht. *Agamemnon,* der erste Teil der Trilogie, beginnt mit einer Rede des Wächters, der das seit Jahren vergeblich erwartete verabredete Lichtzeichen erblickt, das den Fall Trojas verkündet. Der folgende Parodos des Chors der alten Männer von Argos bringt eine breite Erzählung der Vorgeschichte, darunter die auf Geheiß des Sehers Kalchas erfolgte Opferung der Agamemnontochter Iphigenie, wodurch die erzürnte Göttin Artemis versöhnt werden sollte. Dann verkündet Klytaimestra, die bereits Dankopfer spendet, dem skeptischen Chor die Nachricht vom Sieg der Griechen. Erst die Ankunft eines Herolds aber überzeugt die Alten, daß Klytaimestra nicht etwa nur geträumt hat. Der Bericht des Herolds schildert Mühen, Schmerz, Leiden und Sterben der einfachen Krieger in dem zehnjährigen Gemetzel vor Troja. Der Chor antwortet mit einem düsteren und anspielungsreichen Gesang auf das Walten der Dike (Göttin der Gerechtigkeit und des Ausgleichs), wie überhaupt über dem ganzen Beginn des *Agamemnon* die Atmosphäre ängstlich-bedrohlicher Erwartung kommenden Unheils liegt. Nun tritt Agamemnon selbst auf. Als selbstgerechter Sieger, auf seinem Wagen die Kriegsgefangene Kassandra mit sich führend, erscheint er als menschliche Verkörperung der Hybris selbst. Mit heuchlerischer Freude empfängt ihn Klytaimestra, die, in tödlichem Haß wegen Iphigenies Opferung, ihre Gunst dem Aigisthos geschenkt hat, während Agamemnon vor Troja kämpfte. Sie und ihr Liebhaber haben den Plan, den heimgekehrten Feldherrn im Bad zu erschlagen. Ermuntert von Klytaimestra, läßt Agamemnon sich verführen, über einen ausgerollten purpurnen, besser: blutroten Teppich den Palast zu betreten. In der nächsten Szene erhebt die bis dahin gänzlich stumm gebliebene Kassandra vor dem Palast ihre Stimme. In unheilverkündendem Klagegesang sieht sie ihren eigenen und Agamemnons Tod voraus und beklagt das grausame Schicksal, das Apollon ihr zugedacht hat. Sie wird in den Palast abgeführt, aus dem alsbald ihre und Agamemnons Todesschreie ertönen. Dann tritt Klytaimestra aus dem Tor. Noch blutbespritzt berichtet sie stolz – neben sich die Leichen (die wohl mit Hilfe der Ekkyklema sichtbar gemacht wurden) –, wie Agamemnon im Bad mit einem Netz wehrlos gemacht und von ihr selbst erschlagen wurde. Sie rechtfertigt ihre Tat als verdiente Rache für die herzlose Opferung Iphigenies durch Agamemnon und bringt damit den Chor, der sie heftig verurteilt, einen Moment lang in Verwirrung (»Vorwurf erhebt sich hier wider Vorwurf / Schwer ist im Streit Entscheidung«). Aigisthos, der Usurpator des Throns, tritt erst jetzt auf und warnt den Chor, der ihn in ohnmächtiger Wut beschimpft, vor Widerstand. Mit der Hoffnung der Alten auf Wiederherstellung des Rechts durch Orestes endet der erste Teil der Trilogie.

Das Mittelstück, die *Choephoren* (Weihgußträgerinnen), behandelt die Rache des zurückgekehrten Orestes. Nachdem er am Grabmal des Vaters in der Nähe des Palastes eine Locke hinterlassen hat, gibt er sich der Schwester Elektra zu erkennen, die ebenfalls – wie sie es seit langem tut – das Grab des Vaters besucht. Von Apollon beauftragt, die Rache für den Vater zu vollstrecken, wird diese jetzt von Orestes ins Werk gesetzt. Vor allem in der ersten Hälfte des Dramas überwiegen die Klage- und Gebetsgesänge bei weitem die relativ kurzen Dialogpassagen. Erst in der Mitte des Stücks betritt Orestes zusammen mit seinem Freund Pylades verkleidet und unter falschem Namen den Palast unter dem Vorwand, sichere Nachricht vom Tod Orestes zu bringen. Die List gelingt, Aigisthos wird ohne Schutzwache herbeigelockt und von Orest im Palast getötet. Ein Diener stürzt entsetzt auf die Bühne und verkündet die Tat, dann stehen sich Klytaimestra und ihr Sohn gegenüber. All ihre Vorstellungen fruchteten nichts; nur einen Moment lang

zuckt Orest vor dem schweren Verbrechen des Muttermords zurück, bis ihn Pylades an den Auftrag Apolls erinnert. Orests Zaudern ist beendet; er drängt Klytaimestra in den Palast, wo er sie tötet. Analog zur entsprechenden Szene im *Agamemnon* tritt nun der blutbefleckte Orestes heraus, während man die beiden Leichen des Usurpators und Klytaimestras erblickt. Aber die Atriden finden keine Ruhe. Während der Chor die furchtbar tabuisierte Tat Orests bejammert, erblickt dieser bereits in aufkeimendem Wahnsinn am Horizont die schrecklichen Erinnyen, die Rachegeister der chthonischen Sphäre, und stürzt voller Angst davon.

Während die *Choephoren* im ersten Teil an Agamemnons Grab, im zweiten vor dem nahegelegenen Palast von Argos spielen, gibt es in den *Eumeniden,* dem dritten Teil der *Orestie,* zwei aufwendige (und seltene) Wechsel zwischen entfernten Orten. Der er-

»Den Keil durch die Brust treib ihm / Mit Gewalt« – dem wegen Empörung gegen die Olympier an den Felsen geschmiedeten, »Gefesselten Prometheus« des Aischylos, in der Genfer Inszenierung 1978 durch die Regisseure Manfred Karge und Matthias Langhoff, Textfassung Heiner Müller, mit Philippe Menta in der Titelrolle.

ste Teil spielt vor dem Apollontempel zu Delphi, in den sich Orestes vor den Erinnyen geflüchtet hat. Von dort begibt er sich auf Rat Apolls unter den Schutz Athenes, indem er ihren Tempel auf der Akropolis in Athen aufsucht, vor dem der zweite Teil der Tragödie stattfindet. Der Schluß mit der bedeutungsvollen Versöhnung der streitenden Kräfte führt dann auf den Areopag, den Felshügel am Fuß der Akropolis, auf dem von Athene selbst für alle Zukunft das Gericht eingesetzt wird, das von nun an über schwere Verbrechen nach sorgfältiger Abwägung und unter Anhörung der streitenden Parteien Recht sprechen und damit den Bann der Geschlechterrache lösen soll. Nach dem langen Disput zwischen Orestes, Athene, Apoll auf der einen und den Erinnyen auf der anderen Seite gehen die letzteren darauf ein, dem Gericht die Entscheidung zu überlassen. In diesem Konflikt stehen sich gleichzeitig und ununterscheidbar mehrere widerstreitende Positionen gegenüber: Einerseits vertreten die Erinnyen alle archaischen Kräfte des Bodens und der Fruchtbarkeit (sie drohen Athen z. B. mit Krankheit, Dürre und Mißernten), während Apoll diesem chthonischen Reich als Gott des Lichts, der abwägenden Vernunft und des Rechtsausgleichs gegenübersteht. Zugleich vertreten die Erinnyen die uralten Rechte der Blutsverwandtschaft und der darin selbstverständlichen Legitimität der Geschlechterrache – ihnen tritt nun das neue Prinzip geordneter staatlicher Rechtspflege entgegen. Eine tiefe Ambiguität verrät sich im »glücklichen« Ausgang des Prozesses für Orestes. Athene entscheidet mit ihrem Stimmstein, daß sich für und gegen die Verurteilung Orests gleiche Stimmzahl und damit Freispruch ergibt. Die erbosten Erinnyen werden durch die Aussicht auf hohe Ehren von Athene besänftigt. Allerdings verrät der Gleichstand, daß zwischen den beteiligten Mächten nur eine stets prekär bleibende Balance erreicht wurde, keine definitive Lösung. Die »Versöhnung« am Schluß der *Orestie* gleicht weniger einer Feier real gewordener Harmonie als einer utopischen Hoffnung, die Aischylos dem von Kriegen nach innen und außen zerrissenen Athen entgegenstellt, in dem nach wie vor Blutrache zwischen den Familien, unversöhnlicher Haß und Dauerfehde an der Tagesordnung waren. Mit der

Verkündung neuer Rechtsgrundsätze und einem Schlußhymnus, der die Verwandlung der Rachegöttinnen in Eumeniden, gnadenvolle Göttinnen, preist, schloß 458 die gewaltige Trilogie – Krönung eines Theatertags, »wie er zuvor kaum seinesgleichen gehabt haben dürfte« (Siegfried Melchinger). Indem Aischylos den Muttermörder Orestes vom Areopag der athenischen Polis und von Athene selbst entsühnen ließ und das Gericht als gewaltigen Fortschritt der Zivilisation feierte, nahm er wahrscheinlich Bezug auf die kurz zuvor unter Ephialtes erfolgte Reform des Areopag. Noch im selben Jahr war er (über die Gründe wissen wir nichts) gezwungen, ins Exil zu gehen.

Der gefesselte Prometheus
Als letztes ist noch auf ein nicht datierbares Drama einzugehen, das einen mythischen Halbgott zum Gegenstand hat. Der Titanensohn Prometheus hat den Menschen gegen den Willen des Zeus das Feuer gebracht. Der Göttervater Zeus, der als grausamer und herrschsüchtiger Tyrann erscheint, hat ihn zur Strafe an den kaukasischen Felsen schmieden lassen. In alle Ewigkeit soll Prometheus furchtbare Qual leiden, weil er sich Zeus widersetzte, von dem es heißt, er sei noch nicht lange an der Macht. Aischylos' Tragödie setzt ein mit dem Augenblick, in dem Hephaistos und die Zeusdiener Kratos (Macht) und Bia (Gewalt) Prometheus anschmieden, wobei Hephaistos Mitleid mit dem grausam Mißhandelten zeigt. Dann erscheinen die Okeaniden, die den Chor bilden, und singen von ihrem Mitgefühl. Okeanos, ihr Vater, scheitert mit dem Versuch, Prometheus zum Einlenken zu bewegen. Er wird fortgeschickt, denn Prometheus glaubt nicht an einen möglichen Sinneswandel des obersten Gottes. Danach berichtet Prometheus ausführlich von dem, was er den Menschen Gutes tat: Es wird ein Katalog aller zivilisatorischen Errungenschaften. Die nächste Begegnungsszene führt die vor Schmerz fast irrsinnige Io zu Prometheus. Sie wurde von Hera – aus Eifersucht über Zeus' Neigung zu Io – in eine Kuh verwandelt, und nachdem ihr Bewacher Argos beseitigt ist, wird sie von den Stichen einer Bremse verfolgt. Wieder erscheint als thematischer Hintergrund die Anklage gegen die Grausamkeit des Götterherrn.

Prometheus weissagt Io auch in Zukunft ein qualvolles Schicksal, zugleich aber enthüllt er, daß ihm ein Geheimnis bekannt ist – daß nämlich Zeus mit einer bestimmten Frau eines Tages einen Nachkommen zeugen werde, der den Vater stürzen wird wie Zeus selbst einst den Kronos. Sogleich verlangt Zeus durch seinen Boten Hermes, das Geheimnis zu erfahren, doch Prometheus weigert sich nachzugeben, sogar als Hermes damit droht, daß seine Qual verschärft werden wird durch den Adler des Zeus, der ihm künftig die ewig nachwachsende Leber aus dem Leib fressen werde. Ohnehin weiß Prometheus alles, was ihm vorherbestimmt ist. In den letzten Versen ruft er, während er in die Tiefe versinkt, das Licht an: »Du siehst, was für Unrecht ich leide!«
Der gefesselte Prometheus ist der erste oder zweite Teil einer »Promethie«, deren dritter Teil die Befreiung des Prometheus, wahrscheinlich auch einen Sinneswandel des Zeus, zeigte. Wegen des düsteren Zeusbilds, der ausgesprochen »antityrannischen« Protesthaltung des Stücks und aus anderen Gründen wurde vielfach die Echtheit des *Prometheus* bezweifelt, die heute als gesichert gilt. Vor allem im Sturm und Drang, in der Romantik und der neueren sozialistischen Dramatik wurde die Prometheusfigur aktualisiert. Das Stück zeigt besonders deutlich das rebellische und kritische Element bei Aischylos, das oft verkannt worden ist.

Sophokles

Sophokles, 497/96 v. Chr. auf dem Kolonos, einem Hügel bei Athen, geboren und 406/05 in Athen gestorben, tritt uns in antiken Überlieferungen als eine Art Schoßkind des Glücks entgegen. Er erfreute sich in Athen größter Beliebtheit und hohen Ansehens, übte erfolgreich mehrere Staatsämter aus, tat sich als begabter Ballspieler, Tänzer, Musiker und Schauspieler hervor und gewann häufig die ehrenvollen Siegerpreise beim dramatischen Agon. Es heißt, er habe den dritten Schauspieler eingeführt (und so der griechischen Tragödie ihre definitive Form verliehen) und die Anzahl der Chorsänger von zwölf auf fünfzehn erhöht. Für Aristoteles waren Sophokles' Dramen die idealen Musterbilder der Tragödie. Die Bedeutsamkeit des großen Zusammenhangs der Trilogie wird bei Sophokles aufgegeben zugunsten der Einzeltragödien; die Götter werden – vergleicht man sein Schaffen mit Aischylos – weiter entrückt, rätselhafter und unerkennbarer. Sie stürzen Ödipus, bringen Antigone zu Fall, treiben Herakles und Aias in den Wahnsinn, ohne daß eine »entsprechende« Schuld der Menschen vorzuliegen scheint. Gegen das mythisch verhängte Schicksal behaupten sich die Helden in Trotz und Verzweiflung. Im Zentrum der Sophokleischen Einzeltragödie steht der isolierte Mensch, der seine Größe in der Behauptung des Selbst gegen die unbarmherzige Macht der Götter findet, während Aischylos zumeist die weitausgreifende Darstellung eines ganzen Geschlechts (Oikos) anstrebte.

Es ist kein Zufall, daß manche Autoren (Jan Kott) mit nur geringer Überzeichnung Sophokles' Dramen im Sinne eines schwarzen Nihilismus deuteten. Die Götter sind bei ihm nicht mehr Garanten einer letztlich doch vertrauenswürdigen kosmischen Ganzheit wie noch bei Aischylos, sondern figurieren als düstre Mächte, die menschliche Verfehlungen etwa so strafen wie die Elektrizität den, der unvorsichtig eine Stromleitung berührt. Sophokles' Dramen sind, am modernen Maßstab »dramatischer« Baukunst gemessen, die vollendetsten der Antike. Die Konzentration auf die Fragwürdigkeit der menschlichen Existenz – von Sophokles stammt das Wort, das Beste für den Menschen sei, nicht geboren zu werden, das Zweitbeste aber, früh zu sterben (*Ödipus auf Kolonos*) – verbindet sich mit der dialektischen Problematisierung fundamentaler Normen. Die *Antigone* des Sophokles galt Hegel als das »vortrefflichste Kunstwerk« überhaupt, konnte er doch die darin angelegten Konfliktebenen (Philia – Eros, Religion – Staatsräson, Humanität – Machtpolitik, Familie – Polis) deuten als den Zwiespalt zwischen objektiver und subjektiver Existenz der Sittlichkeit und damit als Modell der Dialektik der modernen Welt überhaupt.

Aias

Das wohl um 455 v. Chr. entstandene, älteste der sieben erhaltenen Dramen erzählt vom Wahnsinn und Selbstmord des Kriegshelden Aias vor Troja. Beim Streit um die Waffen des gefallenen Achill ist er dem ge-

wandten Odysseus unterlegen und hat den Griechen, von denen er sich treulos verraten findet, Rache geschworen. Athene aber schützt ihren Liebling Odysseus vor Aias, indem sie diesen mit Wahnsinn schlägt. Im Glauben, es seien die griechischen Feldherren, wütet er nachts in den Viehherden. In der einleitenden Prologszene tritt Athene am frühen Morgen Odysseus gegenüber und erläutert ihm, daß niemand anderes als sie es war, die den nächtlichen Vorfall provozierte und Aias durch die lächerliche Tat um seine Ehre brachte. Sogar Odysseus verrät Entsetzen über den kalten Hohn und die Grausamkeit der Göttin, die ihr Spiel mit dem Opfer so weit treibt, Aias, der von seinem Wahn noch nicht befreit ist, aus dem Zelt zu rufen und seinen Dank für ihre Hilfe bei dem »heldenhaften« Schlachtfest entgegenzunehmen. Dem Chor der salaminischen Schiffer berichtet nun Aias' Frau Tekmessa die Einzelheiten des lächerlichen Blutbades; dann tritt Aias auf, der wehklagend seine Schmach erkennt. Er läßt sich noch einmal sein Kind zeigen, verbirgt Tekmessa in einer Trugrede seine Absichten, um sich dann auf der Bühne (hinter einem Gebüsch) in sein Schwert zu stürzen.

Nach den Klagen Tekmessas und des Chors kommt es im zweiten Teil der als Diptychon angelegten Tragödie zum kleinmütigen Streit der Atriden Agamemnon und Menelaos mit Teukoros um die Bestattung des Aias, den gerade Aias' vormaliger Feind Odysseus mit ehrenhafter Humanität schlichtet.

Antigone

In dieser wahrscheinlich 442 v. Chr. entstandenen Tragödie geht es um den oft wiedererzählten Konflikt zwischen dem thebanischen König Kreon und Antigone, der Schwester des Polyneikes, der im Krieg gegen die eigene Stadt vor den Mauern Thebens gefallen ist. Der gerade zur Macht gelangte Kreon hat befohlen, daß der Staatsfeind nicht bestattet werden darf. Antigone handelt dem Gebot zuwider – allein, nachdem sich in der Eingangsszene gezeigt hat, daß ihre ängstliche Schwester Ismene diesen Ungehorsam nicht mit ihr wagen will, und wird gestellt. Der nur auf die Staatsräson pochende Kreon verkennt in verblendeter Hybris das Recht der Familienliebe (Philia), auf dem Antigone besteht. Da sie

sich nicht beugt, verurteilt er sie zum Tode durch Einmauern bei lebendigem Leib. Der zweite Teil der Tragödie zeigt den machtfixierten Starrsinn Kreons, der sich weder von den Vorstellungen seines Sohnes Haimon, der mit Antigone verlobt ist, erweichen läßt, noch den Warnungen des Sehers Teiresias Aufmerksamkeit schenkt. Als er schließlich doch schwankend wird und ängstlich die Rache der Götter fürchtet, ist es zu spät. Antigone hat sich erhängt, und Haimon ersticht sich. Der stolze Kreon, bereits gebrochen, muß noch erfahren, daß auch seine Frau Eurydike sich auf die Nachricht vom Tod ihres Sohnes hin das Leben genommen hat.

Die Tragödie läßt einmal mehr die tiefe Isolation der Menschen erkennen. Eine Verständigung gibt es nicht. Antigone, Kreon, Haimon, Teiresias sprechen jeder in einer anderen Welt, halten ihre monologischen Streitreden aneinander vorbei. Auch Antigone ist nicht einfach im »Recht«. Sie dient einseitig nur der Familienliebe (Philia), verkennt die Rechte des Eros (daher die Figur Haimons) und, damit verknüpft, das relative Recht der Polis im Gegensatz zur Gentilordnung. Darüber hinaus zeigt Sophokles den Konflikt zwischen religiöser Orientierung und Machtpolitik. Dennoch ist *Antigone* kein Thesendrama, sondern entfaltet gerade durch die Zweideutigkeit der Konstellation auf poetische Weise eine menschliche Konfliktsituation, die unter dem nur dunkel zu ahnenden Regime der Götter unauflöslich ist.

Die Trachinierinnen

Dieses Stück, dessen Entstehungszeit umstritten ist, wurde nach dem Chor der jungen Mädchen von Trachis benannt. Dort wartet Deianeira, die Frau des Herakles, seit langem voll Sorge auf ihren in der Ferne weilenden Mann. Der erste Teil des Dramas führt die ängstliche Erwartung der alleingelassenen Deianeira vor, bis diese durch den Boten Lichas erfährt, daß Herakles bald siegreich heimkehrt. Der Jubel endet freilich rasch, als sie hört, daß Herakles eine Nebenfrau, Iole, mit sich führt. Nun entsinnt sich Deianeira des angeblich als Zaubermittel wirkenden Bluts des von Herakles besiegten Kentauren Nessos, das dieser ihr sterbend schenkte. Es soll bewirken, daß Herakles nie ein anderes Weib begehren

Die »Antigone« des Sophokles wurde in den
letzten Jahrzehnten zumeist in der Übertragung Hölderlins von 1804 inszeniert, in dem
hochgemut-schwierigen, glanzvollen Deutsch
Hölderlins, der deutschen Klassik. In Bremen 1966 (Bild rechts) spielten Kurt Hübner
– gleichzeitig der Regisseur – den Tyrannen
Kreon, Edith Clever die aufbegehrende
Antigone, Jutta Lampe ihre Schwester
Ismene, vor einem Riesen-Masken-Prospekt
von Wilfried Minks. In Frankfurt 1978 (Bild
unten) spielte Rotraut de Neve Antigone,
Alexander Wagner raste gegen sie als Kreon
(Regie Christof Nel, den Bühnenkasten
baute Erich Wonder). »Eine Aufführung aus
disparaten (unvergleichbaren, widersprüchlichen) Elementen – und doch eine Aufführung. Sie übersetzt die Verzweiflung der
Produzenten angesichts eines »klassischen«
Werkes, seiner Unerreichbarkeit, Ferne in
ästhetisches Kalkül – sie zeigt im ästhetischen Kalkül die Betroffenheit der Produzenten durch die Gegenwart« (Henning
Rischbieter).

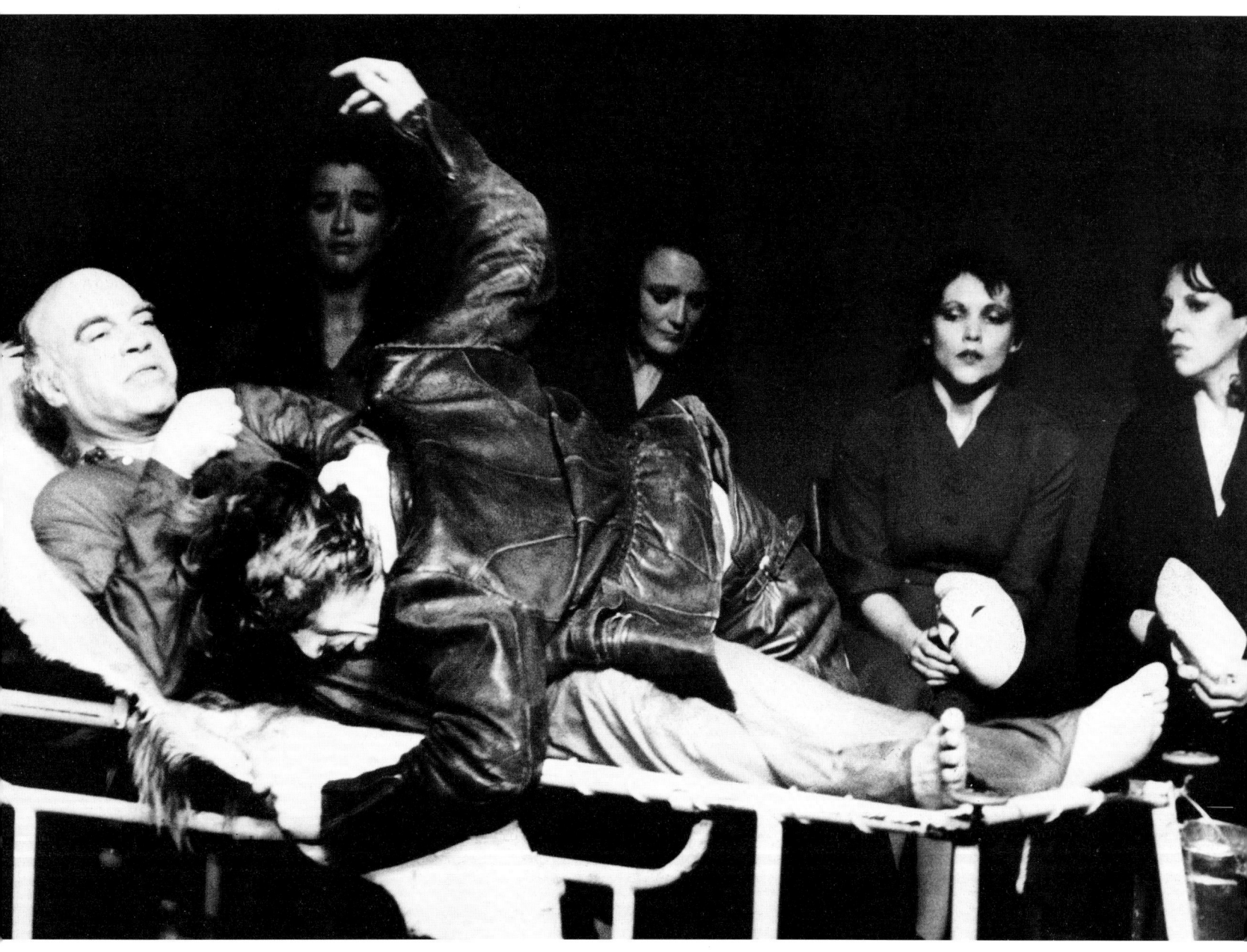

wird. Deianeira tränkt ein Unterkleid damit und gibt es Lichas für Herakles mit.

Zu spät wird ihr klar, daß der Kentauer sie betrogen hat. Das Gift wirkt tödlich. Deianeira nimmt sich verzweifelt das Leben; der sterbende, wilde Schmerzen leidende Herakles wird am Schluß auf die Bühne getragen und enthüllt, daß alles, was geschah, Erfüllung früherer Orakelsprüche bedeutet: Kein lebendes Wesen werde Herakles töten (nun mordete ihn wirklich der tote Kentauer). Sein Sohn Hyllos wird Herakles verbrennen. Das Chorlied schließt mit den oft zitierten Worten: »Und nichts darin ist, was nicht Zeus ist.« Im Kontext ist dies keine An-

weisung zu ergebener Frömmigkeit, wie lange behauptet wurde, sondern die düstere Konstatierung menschlicher Ohnmacht gegenüber den in den Göttern verkörperten Mächten. Die Isolation der Menschen und die »Treulosigkeit« der Götter geben auch hier den Grundton der Tragödie an.

König Ödipus

Das wohl nach 429 v.Chr. entstandene Drama ist nicht nur das bekannteste Werk des Sophokles, sondern aufgrund einer langen Tradition und Freuds psychoanalytischer Deutung die vielleicht berühmteste antike Tragödie überhaupt. (Die Ödipus-

Die »Trachinierinnen«, die götterfernste der Tragödien des Sophokles, hat der amerikanische Lyriker Ezra Pound in heutigen Slang übersetzt. In Düsseldorf spielte 1985 Hans Schulze den sterbenden Herakles mit grollenden Wut- und Schmerztönen und wüsten Humoren, über ihn wirft sich Ulrich Wiggers als Sohn Hyllos. Dahinter vier aus dem Chor der Frauen von Trachis. Regie führte der junge, aus der DDR gekommene Herbert König, Bühne Heiko Zolchow.

Dramen des Aischylos und Euripides sind verloren.) Der Mythos erzählt vom thebanischen König Laios, dem ein Orakel verkündet hatte, er solle keinen Nachkommen zeugen, da dieser ihn selbst töten werde. Laios, das Gebot mißachtend, zeugte mit Iokaste Ödipus, ließ ihn jedoch aussetzen, um dem prophezeiten Schicksal zu entgehen. Doch Ödipus wurde von einem Hirten gerettet, kam zum korinthischen König Polybos und wuchs im Glauben, dessen Sohn zu sein, in Korinth auf. Um dem an ihn ergangenen Orakel, er werde seinen Vater töten und seine Mutter heiraten, zu entgehen, flieht Ödipus aus Korinth. Auf seinem Weg erschlägt er im Streit einen Mann, ohne zu ahnen, daß es sein Vater Laios ist, und gelangt nach Theben, wo er die Sphinx besiegt, die die Stadt tyrannisiert. Zum Lohn darf er die verwitwete Iokaste heiraten und wird so König von Theben.

Diese komplexe Geschichte wird in *König Ödipus* in einem quälend langsamen, verzögerten Prozeß Schritt für Schritt ans Licht gebracht. Aus Ahnung, Berichten, Zweifeln, aus scheinbarer Beruhigung und endlich vollständiger Gewißheit muß der strahlende Held und König sich als verworfenen Mörder des Vaters und inzestuösen Bettgenossen der eigenen Mutter erkennen. Die dramaturgische Kunst besteht darin, daß die gesamte Vorgeschichte wie in einem »analytischen Drama« (das Ibsen im 19. Jahrhundert entwickelte) aufgerollt wird. Ausgelöst wird die Enthüllung durch den Ausbruch der Pest in Theben. Als König Ödipus das Delphische Orakel um Hilfe befragen läßt, kann dessen Antwort so ausgelegt werden, daß die Rettung davon abhängt, daß der unbekannt gebliebene Mörder des Laios ausfindig gemacht und die Stadt von ihm befreit wird. Als der alte Seher Teiresias Ödipus die furchtbare Wahrheit offenbart, schenkt dieser ihm keinen Glauben. Dann aber verdichten sich in einer »kriminalistischen« Enthüllung die Indizien immer mehr, daß der, den Ödipus sucht, niemand anderes als er selbst ist. (Mit Recht wurde die Tragödie als psychologische Tiefenstruktur der Kriminalgeschichten gedeutet: Die Suche nach dem Täter ist die verhüllte Suche nach der eigenen Identität.) Aus dem ruhmreichsten, strahlendsten König wird der befleckte Mörder und Tabubrecher, den die Stadt als »Pharmakos« ausstoßen muß. Doch Ödipus nimmt die Tat – von der objektiv unentscheidbar bleibt, ob die Götter sie ihm aufzwangen oder nicht – auf sich und bewahrt so seine Würde angesichts der Erfahrung, Opfer der von Göttern verhängten Verstrickung zu sein. Er blendet sich, nachdem Iokaste sich, als die Wahrheit zur Gewißheit wurde, erhängt hat, und geht, die Töchter Antigone und Ismene zurücklassend, in die freiwillige Verbannung. Die Dialektik von Erkenntnis und Verblendung, der Untergang des Ödipus auf gerade dem Weg der Wahrheitssuche, der ihm und der Stadt Rettung bringen sollte, macht aus der immer wieder bearbeiteten Tragödie eines der Urbilder von Tragik. Das Zögern, die Verleugnung und Verdrängung angesichts der schon geahnten Wahrheit, die dennoch zwanghafte Suche nach der eigenen Identität loten die Tiefe der Identitätsproblematik in noch immer wirksamer Form aus. Zugleich erschüttert das Drama die Selbstherrlichkeit der Macht, die glaubt, schrankenlos über Wohl und Wehe verfügen zu können. Eine der zahlreichen Bearbeitungen, die eng an Hölderlins Übertragung anschließende Version von Heiner Müller, zeigt in Ödipus neben der Erkenntnisproblematik (Wissen ohne Weisheit führt zur Katastrophe) auch folgende politische Dimension: Mit Ödipus ist die notwendige Konfrontation jeder Gesellschaft und jeder Macht mit ihrer schuldhaften Geschichte gemeint. Erst nach der Katastrophe der illusionslosen Erkenntnis wird Erneuerung möglich, die Pest besiegbar.

»König Ödipus« von Sophokles: der unerbittliche Realist Rudolf Noelte inszenierte die Tragödie 1962 im Staatsschauspiel München als konzentrierten Vorgang zwischen den Protagonisten Iokaste (Marianne Hoppe, links), Ödipus (Thomas Holtzmann, in der Mitte) vor dem reglos an der Rückwand des Bühnenkastens (Johannes Waltz) sitzenden Chor. Vor ihm läuft ein »analytischer Prozeß ab, ein Verhör« (Ernst Wendt).

Elektra

Der Vergleich mit den *Choephoren* des Aischylos und der *Elektra* des Euripides zeigt die Besonderheit dieser Tragödie, die mit *Philoktetes* und *Ödipus auf Kolonos* zu den drei überlieferten Spätwerken des Sophokles gehört. Im Mittelpunkt steht das endlose, verzweifelte Hoffen Elektras auf

»König Ödipus«, Köln 1984, Regie Jürgen Gosch, Bühne und Kostüme Axel Manthey: aus den Augenhöhlen der Maske des Ödipus (Ulrich Wildgruber) ist das Blut geflossen, als er sich blendete. Hinter ihm der Chor, der sich hinter der Masken-Platte verbirgt.

die Rückkehr Orests. In demütigender Unterdrückung gehalten, verzehrt sie sich in Haß auf ihre Mutter Klytaimestra, die Agamemnon getötet hat. Nur wenn der Bruder Orest noch lebt, ist die ersehnte Rache möglich. Die Vereinsamung des Helden wird verschärft dadurch, daß nach den Konfrontationen Elektras mit dem Chor, mit ihrer ängstlichen Schwester Chrysothemis (hier wird die Konstellation Ismene/Antigone wiederholt) und mit ihrer Gegnerin Klytaimestra auch noch die Nachricht eintrifft, Orest sei nicht mehr am Leben. Die Verzweiflung erreicht ihren Gipfel, als Orest selbst (wie der Zuschauer weiß) Elektra die angebliche Totenurne Orests überbringt. Erst dann, nach mehr als 1200 von rund 1500 Versen, erfolgt endlich die Anagnorisis (Erkennungsszene). Orest gibt sich der Schwester zu erkennen.

Anders als bei Aischylos geht es nicht um die Rachetat im Kontext des mythischen Banns über dem Atridenhaus. Der Muttermord als grauenerweckendes Tabu – das Zentrum des Problems in der *Orestie* – wird z. B. überhaupt nicht zum Problem. Sophokles interessiert die Schilderung der absoluten Verlassenheit Elektras. Die anschließende Ermordung Klytaimestras und des Aigisthos wird rasch und mit jauchzender Zustimmung Elektras durchgeführt: »Schlag noch einmal zu, wenn Du es vermagst!«

Philoktetes

Dieses 409 v. Chr. erstmals aufgeführte Spätwerk des Sophokles erzählt, wie Odysseus und Neoptolemos den einst wegen einer übelriechenden Schlangenbißwunde auf dem Weg nach Troja an der unbewohnten Insel Lemnos ausgesetzten Bogenschützen Philoktetes wieder zum Kampf vor Troja bewegen wollen. In mehrfacher Wendung, die mit dem Erscheinen des Halbgotts Herakles als Deus ex machina endet, dreht sich das Spiel vor allem um das Verhalten der dramaturgischen Schlüsselfigur, des jungen Neoptolemos. Diesen muß Odysseus zu Beginn dazu überreden, durch List und Verstellung Philoktet den gefährlichen Bogen abzunehmen. Nur dergestalt wehrlos gemacht, wird man ihn nach Troja bringen – nicht freiwillig, denn Philoktetes haßt die Griechen, vor allem Odysseus, wegen der an ihm begangenen Treulosigkeit. Neoptolemos gelingt es auch, das Vertrauen des Philoktetes zu gewinnen. Nach einem mit lauten Schmerzensschreien einhergehenden Anfall gibt dieser ihm seinen Bogen zur Obhut. Neoptolemos aber bereut die seiner wahren Natur widerstrebende Lüge alsbald und gesteht Philoktet, daß er ihm den Bogen entwendete, um ihn nach Troja zu bringen. Dieser, verzweifelt über den Betrug, will dennoch von seinem Haß auf die Griechen nicht lassen. Er weigert sich, nach Troja zu kommen und droht sogar mit Selbstmord. Selbst als Neoptolemos ihm den Bogen zurückgibt, bleibt Philoktets' Haß auf die Griechen ungebrochen, seine Weigerung, nach Troja zu gehen, unabänderlich. Neoptolemos verspricht am Ende gar, ihn stattdessen in seine Heimat zu bringen – da erscheint Herakles, und auf seine Verkündigung hin, Philoktetes werde in Troja von Asklepios geheilt und Zeus' Wille sei, daß er in Troja kämpfe und siege, gibt der Verstoßene seine Weigerung auf. Offenkundig ist die Konstruktion des Deus ex machina keine Verlegenheitslösung. Das wie auch sonst bei Sophokles mit höchster dramaturgischer Bewußtheit gefügte Drama wird von Herakles – einer mit der Leidensgeschichte des Philoktetes eng verknüpften Figur – in die Bahn des überlieferten Mythos gelenkt. Gerade die »äußerliche« Lösung macht deutlich, daß es um unlösbare Konflikte für die Menschen geht, um die Vereinsamung (hier bei Philoktetes sogar physisch durch das Hinvegetieren auf der verlassenen Insel) und den Widerspruch zwischen der inneren Anlage des Neoptolemos, seiner »Physis«, und der Logik der Umstände. *Philoktetes* macht besonders deutlich, daß es in der antiken Tragödie immer auch um konkret-körperliche Leidenserfahrungen geht. Die betonte Darstellung des Körperschmerzes, der Schreie, des Gestanks, der Vertierung und Verhärtung des Menschen in der Isolation haben

in der traditionellen Philologie immer wieder Kritik wegen mangelnder »Idealität« des Dramas provoziert, während gerade diese Konkretheit im 20. Jahrhundert den Stoff interessant machte. In einer bedeutenden modernen Adaption (Heiner Müller, 1965) wurde das Stück als politisch-weltanschauliche Parabel aufgegriffen.

Ödipus auf Kolonos
Das letzte Werk des Sophokles, das erst 401 v. Chr. posthum aufgeführt wurde, greift mit einigen Modifikationen noch einmal den Mythos von Ödipus auf. Ausgangspunkt ist die Situation, daß der blinde Ödipus, geleitet von Antigone, nach langen Jahren der Wanderschaft auf dem nahe bei Athen gelegenen Kolonos (woher auch Sophokles stammte) einen Ruheort gefunden hat: den heiligen Hain der Eumeniden. Die Koloner wollen dem durch seine Taten schwer befleckten Bettler den Aufenthalt zunächst verweigern. Ismene, seine zweite Tochter, tritt auf und berichtet, daß seine Söhne Eteokles (verbündet mit Kreon) und Polyneikes, die ihn einst erbarmungslos aus Theben verjagten, jetzt aufgrund eines Orakelspruchs versuchen werden, den Vater für sich zu gewinnen oder notfalls mit Gewalt auf thebanischen Boden zu holen. Theseus sagt Ödipus in der folgenden Szene seinen Schutz zu. Dann erscheint Kreon. Als seine heuchlerischen Überredungsversuche erfolglos bleiben, scheut er sich nicht, Antigone und Ismene zu entführen, die indessen von Theseus wieder befreit werden. Polyneikes, der kommt und seinen Vater um Verzeihung anfleht, wird abgewiesen. Der verbitterte Ödipus entläßt ihn vielmehr mit einem Fluch über beide Söhne. Danach nimmt der Greis Abschied von der Welt, und den Schluß bildet seine Apotheose zum Heros, dessen Grabstätte Kolonos Segen bringen wird. (Der lokale Heroenkult war im klassischen Griechenland neben der Verehrung der regionalen und olympischen Gottheiten weitverbreitet.)
Das letzte Stück des Sophokles zeigt einen auffallend »versöhnlichen« Grundton. An Ödipus hebt der Dichter hier interessanterweise mehrfach die Schuldlosigkeit hervor. Andererseits finden sich in diesem Drama bittere Klagen gegen die Götter (so bemerkt Ödipus sarkastisch, daß sie einen Greis erheben wollen, den jungen Mann aber stürz-

ten) und der mit dem kultischen Aspekt seltsam dissonierende unbeugsame Haß des Vaters gegen seine Söhne. Dennoch behält das letzte Drama des Sophokles den Charakter eines Weihespiels. Der Dichter selbst wurde übrigens nach seinem Tod zum Heros erhoben und genoß kultische Verehrung.

Euripides

Verglichen mit Sophokles steht dessen jüngerer Zeitgenosse (geboren um 484, gestorben um 406 v. Chr. im makedonischen Exil) mehr unter dem Einfluß von Skepsis und sophistischem Denken, das freilich auch schon bei Sophokles wirksam wurde. Von seinen Dramen sind siebzehn (darunter ein unechtes) erhalten. Euripides galt schon im Altertum als »tragikōtatos«, der tragischste Dichter, der oft die trostlose Verzweiflung seiner Helden auf die Spitze treibt. Der bei ihm bereits weitgehend zerbrochene Götterglaube, die Verwandlung der mythischen Götter in Chiffren für psychische und politische Kraftströme und Zwangsverhältnisse lassen ihn in mancher Hinsicht als den modernsten der drei Tragiker erscheinen. Seine Werke wurden am meisten rezipiert, bearbeitet und modernisierender Umdeutung ausgesetzt. Schon im Altertum wurde Euripides angegriffen, weil er traditionelle Vorstellungen über den Wertunterschied zwischen Bürgern und Sklaven, Armen und Reichen anzweifelte, sich nie um ein Staatsamt in der Polis bewarb und es der mythisch-heroischen Überlieferung gegenüber an Respekt fehlen ließ.

Elektra
Die oben skizzierte Haltung findet ihren Niederschlag z. B. in dieser Tragödie. In der Version des Euripides (entstanden etwa gleichzeitig mit der des Sophokles, 413 v. Chr.) wird Elektra gezwungen, einen armen Bauern zu heiraten. Dieser erweist sich jedoch als edel, indem er die Frau, mit der er gezwungenermaßen verheiratet ist, nicht anrührt. Orest nennt ihn den »besten der Menschen«. Ebenfalls abweichend von Sophokles planen die Geschwister Elektra und Orest die Rachetat hier gemeinsam. Am Ende aber bleiben sie mit ihrer Schuld allein; keine göttliche Ordnung fängt sie auf.

Orestes

Einige Jahre später als *Elektra* entstanden (408 v. Chr.), werden in diesem Drama noch einmal die Atridenkinder auf die Bühne gebracht. Hier aber wird der Prozeß gegen die Muttermörder zur Farce. Opportunismus und Machtinteressen sind die bewegenden Motive der Versammlung, in der Recht gesprochen werden soll. Wiederum läßt Euripides nur einen einfachen Mann für Recht und Billigkeit Orest gegenüber auftreten. Die Atriden erweisen sich dagegen als heuchlerische und grausame Intriganten. Das Drama nimmt die gegenüber anderen

»Medea« am Schauspiel Frankfurt 1976: die Inszenierung von Hans Neuenfels nahm – das Stück schmaler machend und emanzipatorisch-aggressiv zuspitzend – gegen die Männer, gegen die Penis-Herrschaft Partei, für die zum Kindermord getriebene Medea, im schwarzen Unterkleid furios gespielt von Elisabeth Trissenaar.

»Medea«, Dusseldorfer Schauspielhaus 1962, Regie Karlheinz Stroux, mit der Tragödin Maria Wimmer, die das Drama »ganz zu Gebärde und Wort verwandelte« (Hellmuth Karasek).

Fassungen ganz neue Wendung, daß die Agamemnonkinder selbst mit Geiselnahme und Branddrohungen sich schützen müssen, bis Apoll auftaucht und als Deus ex machina die im Bereich menschlicher Amoral unauflösbare Situation beendet. Der Verlust der tradierten Glaubensgewißheiten, das skeptische und düstere Bild von den menschlichen Antriebskräften und gesellschaftlichen Strukturen zeigt sich beim dritten der griechischen Tragiker sowohl in der zunehmenden Formauflösung, die manchen seiner Stücke den Charakter eines Reißers verleiht, als auch in der innerweltlichen Auslegung der mythologischen Gegenstände, an denen freilich auch Euripides konsequent festhielt.

Alkestis

Mit diesem Stück (438 v. Chr.) hat Euripides ein mythisches Exempel bedingungsloser Gattenliebe gegeben: Alkestis tritt freiwillig anstelle ihres Mannes Admetos den Gang in den Hades an. Apoll hatte für Admetos einst die Gunst erwirkt, daß er nicht zu seiner Stunde sterben müsse, wenn ein anderer Mensch bereit sei, für ihn zu gehen. Die betagten Eltern des Admetos weigern sich, ihm diese Liebe zu tun. Nach Alkestis' Tod trifft Herakles bei Admetos ein und genießt unbefangen im Trauerhaus ein Gelage, da ihm der Hausherr aus Höflichkeit den Tod der Alkestis verschwiegen hat. So führt Euripides in die Tragödie burlesk-komische Züge ein. Gleiches gilt auch für das Gezänk zwischen Admetos und seinem alten Vater Pheres, dem er unumwunden zum Vorwurf macht, daß er als alter Mann nicht für ihn sterben wollte. Am Ende erfährt Herakles vom Tod der treuen Alkestis und holt sie aus dem Hades zurück.

Medea

Auch in diesem Drama (431 v. Chr.) steht eine in ihrem (hier freilich mörderisch-verzweifelten) Pathos eindrucksvolle Frauenfigur dem als fragwürdig und opportunistisch gezeichneten Ehemann gegenüber. Als der Grieche Jason die kolchische Zauberin Medea, deren Hilfe ihm einst den Raub des Goldenen Vlieses ermöglichte, verstoßen will, treibt er die stolze »Barbarin«, die aus Liebe zu ihm Heimat und Familie verließ, in Verzweiflung und abgrundtiefe Empörung. Sie tötet die gemeinsamen Kinder,

ihre Rivalin Kreusa (durch ein Kleid, das durch Zauberkraft die Trägerin verbrennt) und deren Vater, um sich am Ende der Rache des verzweifelten Jason auf dem Helioswagen zu entziehen. Die beleidigte Frau verwandelt sich buchstäblich zurück in das mythische Wesen, das das Athener Publikum aus der Überlieferung kannte.

Ein weiteres Frauenschicksal steht im Mittelpunkt von *Andromache,* das möglicherweise 429 entstanden, seinerzeit aber nicht aufgeführt wurde. Andromache wird als Beutefrau des Neoptolemos von dessen Gattin Hermione bedroht, bis durch die Hilfe des alten Peleus die Gefahr von ihr abgewendet wird. Die Tragödie endet mit einem Ausgleich.

Herakliden; Hiketiden

Diese beiden kaum noch aufgeführten Dramen aus der Zeit um 430 bzw. 421 v. Chr. feiern die Ruhmestaten des athenischen Helden Theseus. Dieser bot den verfolgten Herakleskindern Schutz und erzwang, auf Fürbitte der Mütter, die Bestattung der beim Zug der Sieben gegen Theben Gefallenen, also die Einhaltung von gesamtgriechischen Regeln der Zivilisation.

Hippolytos

Hier geht es um die verbotene Liebe Phaidras, der Frau des athenischen Königs Theseus, zu ihrem Stiefsohn Hippolytos. Im Prolog des Dramas (428 v. Chr.) verkündet die Göttin Aphrodite, daß sie ihn, der nur die Göttin der Keuschheit, Artemis, verehrt und Aphrodites Kult verachtet (also die Macht des Eros nicht anerkennen will) vernichten werde. Phaidra wird der Göttin bei diesem Vorhaben zum Werkzeug: Ihre verbotene heimliche Liebe hat sie todkrank und lebensmüde gemacht. Als die Amme ohne ihre Zustimmung es wagt, Hippolytos die Liebe Phaidras anzutragen, und dieser das Angebot empört zurückweist, erhängt sich die zutiefst gekränkte Phaidra. In ihrer Hand findet man einen Brief, in dem sie Hippolytos anklagt, sich gegen sie vergangen zu haben. Theseus verstößt und verflucht daraufhin seinen Sohn, ein Botenbericht informiert über Hippolytos' grausigen Tod durch den Wagensturz, mit dem der Gott Poseidon den Fluch des Vaters verwirklichte. Wie Hohn wirkt im Schlußauftritt die Erklärung der Artemis, daß Götter sich nicht gegenseitig behindern. Der Untergang Phaidras als Werkzeug der Aphrodite, das Leid des Vaters, der Tod des Hippolytos werden kaum aufgewogen durch Artemis' Verkündigung, Hippolytos werde nach seinem Tod kultische Verehrung genießen.

Herakles

Als Spielball der Götter erscheint der Mensch auch in dieser Version des Herakles-Mythos (zwischen 421 und 415 v. Chr.). Wiederum taucht, wie so oft, als Motiv das Hikesie-Thema auf (Rettung von an einen heiligen Ort geflüchteten Schutzflehenden). Während Herakles' Abwesenheit von Theben hat Lykos die Macht erlangt und bedroht Herakles' Eltern Amphitryon und Megara sowie seine Kinder mit dem Tod. Er respektiert dabei nicht einmal den heiligen Schutzraum des Altars, an dem Herakles' Familie Zuflucht gesucht hat. Als der Untergang der Bedrohten unabwendbar scheint, kehrt Herakles zurück und tötet Lykos. Nun aber wendet sich das Schicksal des Retters: Die Göttin Hera, die ihm zürnt, beauftragt die Wahnsinnsbringer Iris und Lyssa, den Helden in geistige Umnachtung zu stürzen. In diesem Zustand ermordet Herakles seine Kinder und seine Frau. Wie Agaue in den *Bakchen* muß er in einem Zwiegespräch mit dem Freund Theseus, der ihn kaum zu trösten und nur mit Mühe vom Selbstmord abzuhalten vermag, zum Bewußtsein seiner furchtbaren Tat kommen. Hilflose Ohnmacht gegen grausame Götterherrschaft bilden den Grundton der Tragödie.

Noch schärfere Götterkritik äußert Euripides in dem 413 v. Chr. entstandenen Drama *Ion,* in dem Apoll Kreusa von ihrem Kind Ion trennt. Der Gott wird hier ohne jede Ehrfurcht angeklagt und beschimpft.

Die Troerinnen

Wie zuvor schon *Hekabe* weist auch dieses Drama (415 v. Chr.) kaum mehr ein mythisches Weltgefüge auf, das die Tragik der Menschen überwölbt, sondern schildert in weltlich-immanenter Konkretheit die Leiden der im Krieg Besiegten. Fraglos geht es Euripides im Gewand des mythischen Kriegs vor Troja um die alltägliche Kriegswirklichkeit seiner Zeit, die rücksichtslose Versklavung der Besiegten. Hatte einst

Aischylos in den *Persern* die Mahnung zur Mäßigung an die Athener formuliert, so warnt nun Euripides seine Stadt vor dem Hochmut der Sieger und klagt die Grausamkeit gegen die Besiegten an. Umsonst: Wenige Jahre später trieb Athen im Gefolge seiner überspannten Machtpolitik in die Katastrophe, die schon mit der im Uraufführungsjahr der *Troerinnen* geplanten und vollständig scheiternden sizilianischen Expedition begann.

Das Stück weist kaum eine eigentliche Handlung auf, sondern besteht aus einer Sequenz von Klageszenen des Chors der gefangenen Frauen, der früheren Königin Hekabe, Andromaches und Kassandras. Um so abscheulicher wirkt demgegenüber die Grausamkeit der Griechen, allen voran Odysseus, die die Frauen versklaven, Hekabes Tochter Polyxena am Grab Achills als Menschenopfer schlachten und den Nachkommen Hektors, Astyanax, aus »Sicherheitsgründen« ebenfalls ermorden. Hekabe wird am Ende gehindert, den Tod im brennenden Troja zu suchen. Zuvor aber hat Kassandra den unmenschlichen griechischen Siegern den Untergang verkündet.

Neben den *Troerinnen* gehören in den Kreis der Troja-Stücke *Hekabe* (um 425) und *Helena* (412). Das erste Drama zeigt den Umschlag von Verzweiflung in Grausamkeit, als Hekabe den Mord an ihrem Kind rächt. Das zweite, *Helena,* verbirgt in der dramatischen Stoffwahl eine heimliche Polemik gegen die Kriegspolitik. Es wird nämlich unterstellt, daß Helena in Wahrheit gar nicht entführt, sondern Paris von den Göttern vielmehr mit einem Trugbild getäuscht wurde. Demnach wäre der verlustreiche zehnjährige Krieg um ein Phantom geführt worden . . .

Iphigenie in Tauris

In der Euripideischen Version der Iphigenie-Geschichte (um 412 v. Chr.) wird die Heldin von Artemis vor der Opferung durch den eigenen Vater Agamemnon in Aulis bewahrt und als Priesterin eines Artemiskultes, der die Opferung aller Fremden verlangt, ins kleinasiatische Tauris zu König Thoas gebracht. Ihr Bruder Orest kommt, Entsühnung vom Muttermord suchend, auf Geheiß Apollons nach Tauris, um eine Statue der Artemis nach Griechenland zu entführen. Zusammen mit seinem Freund

Pylades wird er gefangengenommen, und es scheint alles darauf zuzutreiben, daß seine Schwester ihn unerkannt als Opfer töten wird, als im letzten Moment ein Zufall den Geschwistern ihre Identität enthüllt. Die geplante gemeinsame Flucht mit dem Artemis-Standbild, die durch ein Täuschungsmanöver bewerkstelligt werden soll (Iphigenie spiegelt Thoas vor, der Grieche sei durch Muttermord befleckt und bedürfe einer Reinigung im Meer), mißlingt. Aber als Dea ex machina erscheint Athene und führt ein gutes Ende der Tragödie herbei. Von Bitterkeit und abgründigem Pessimismus gezeichnet erscheinen dagegen die beiden folgenden letzten Tragödien des Euripides.

Iphigenie in Aulis

Die 405 v. Chr. posthum aufgeführte aulische *Iphigenie* beginnt mit einer nächtlichen Szene vor dem Zelt des Agamemnon. Dieser hat seine Tochter unter dem Vorwand ihrer Verheiratung mit Achill nach Aulis rufen lassen, weil die Göttin Artemis die Opferung Iphigenies verlangt, um die Windstille zu beenden, die den Zug nach Troja verhindert.

Bezeichnenderweise führt Euripides für Artemis' Zorn keinerlei Begründung an; das Opfer erscheint so als Willkürakt der allmächtigen Götter, die mit den Menschen nach Belieben umspringen. Als Agamemnon, schwankend geworden, seinen Befehl widerrufen will, besteht sein Bruder Menelaos, der Agamemnons Brief mit dem Widerruf abgefangen hat, auf der Opferung, um wenig später, als die Nachricht von der Ankunft Iphigenies und ihrer Mutter Klytaimestra eintrifft, heuchlerisches Verständnis für Agamemnon zu zeigen.

Auch hier zeichnet Euripides ein überaus kritisches Bild vom Kleinmut und vom Opportunismus der Atriden. Agamemnons innere Schwäche wird noch pointiert durch die tragisch-ironische Konfrontation mit der freudigen Begrüßung durch seine von ihm zum Tode bestimmte Tochter. Achill, der erfährt, daß er als Werkzeug für eine Täuschung benutzt wurde, verspricht Klytaimestra, die ebenso wie ihre Tochter inzwischen über den wahren Grund ihrer Reise ins Bild gesetzt ist, Iphigenie zu beschützen. Als aber der Konflikt mit dem griechischen Heer, das »in einer Art Wahn-

In den »Bakchen« des Euripides ist der unge-
heuerlichste Moment der, in dem Agaue, die
Mutter des Pentheus, aus der Raserei der
Frauen zu Ehren des Dionysos zurückkehrt,
den blutigen Kopf ihres von den Frauen
zerrissenen Sohnes Pentheus triumphierend
vorweisend: die schreckenerregend lachende
Edith Clever auf den Schultern des Chors in
Klaus Michael Grübers Inszenierung an der
Schaubühne am Halleschen Ufer Berlin, 1974.

sinn« die Opferung verlangt, sich zuspitzt, wandelt sich Iphigenies Haltung übergangslos von ängstlicher Todesangst zu heroischem Opferwillen, der in ihrem Schlußworten geradezu ekstatische Züge annimmt. Der abschließende Botenbericht über Iphigenies wundersame Errettung stammt nicht von Euripides, sondern ist spätere Zutat.

Bakchen

Die letzte, ebenfalls 405 v. Chr. posthum aufgeführte Tragödie des Euripides hat immer wieder kontroverse Deutungen hervorgerufen. Hat sich der Dichter an der Schwelle des Todes noch zur Religiosität bekehrt und verhöhnt die Ohnmacht der menschlichen Vernunft gegenüber den Göttern? Oder handelt es sich um einen Gesang gegen irrationale Ekstase und für die rationale Mäßigung? In jedem Fall dürfte eine nähere Begegnung mit dem dionysischen Kult im makedonischen Exil bei der Wahl des Stoffs mitgespielt haben.

Im Prolog verkündet Dionysos, der in Menschengestalt nach Theben gekommen ist, daß er ein Strafgericht über das dort herrschende Geschlecht der Kadmeier plant, weil es seinen Kult nicht zulassen will. Er hat bereits damit begonnen, daß er die Frauen in bakchische Raserei versetzt. Pentheus, der »rationalistische« Herrscher, läßt sich von den Alten (dem Vater Kadmos und dem Seher Teiresias), die selbst – nicht ohne Lächerlichkeit , so gut es geht, diony sisch das Tanzbein schwingen wollen, nicht davon abbringen, dem Gott Widerstand zu leisten. Er läßt Dionysos in den Kerker werfen, aus dem dieser sich mit Wunderkraft befreit, und wird dann von diesem mit Wahnsinn geschlagen: Der Fremdling verheißt ihm, er könne, als Frau verkleidet, seine Neugier darüber befriedigen, was die rasenden Bakchen draußen auf den Hügeln treiben. Pentheus geht in die Falle, und ein für seine Drastik berühmter Botenbericht schildert mit eindrucksvoller Präzision, wie er von den rasenden Frauen getötet und in Stücke gerissen wird (vgl. Orpheus, Dionysos). Es ist seine eigene Mutter Agaue, die ihn zerfleischt hat und nun in verblendetem Triumphgefühl das Haupt ihres Sohnes als Trophäe vorführt. Es folgt die Erkenntnis, daß sie ihr Kind ermordet hat und daß dies alles das Werk des Gottes war. Dionysos

verurteilt das Kadmeier-Geschlecht zur Verbannung aus Theben; dem Volk prophezeit er Elend und Sklaverei.

Am Ende des knappen Jahrhunderts, in dem die attische Tragödie blühte, steht also mit den *Bakchen* eine erneute Manifestation des ohnmächtigen Ausgeliefertseins des Menschen an die Willkür der mythischen Götter. Die Mehrdeutigkeiten des Textes lassen eine sichere Erkenntnis seiner intendierten Bedeutung nicht zu. Heute lesen wir die Tragödie u. a. als Metapher auf die »Wiederkehr des Verdrängten« (Sigmund Freud): Der gänzliche Ausschluß dionysischer Lust führt dazu, daß sie in zerstörerischer Form wiederkehrt und alle rationale Weltbewältigung zuschanden werden läßt.

Aristophanes: die Alte Komödie

Die aus der dorischen Farce entwickelte Komödie (von Komos = Umzug), die vor allem bei den jährlich stattfindenden Lenäen im Agon vorgeführt wurde, steht in Verbindung mit dem dionysischen Kult der Fruchtbarkeit, zu dem das Element des Obszönen gehörte. Die Schauspieler trugen einen riesigen Phallos, faunische oder tierähnliche Masken; Wort und Gestik waren von drastischer Sexualität und respektloser Verspottung der »Großen« im Staat gekennzeichnet. Die literarische Form der Komödie mit Wechsel von Chor und Episodien (Dialogszenen) folgte der früher entwickelten Tragödie. Ein wesentliches Ursprungselement der Gattung, die direkte Verspottung und Beleidigung, manifestierte sich in der Parabase (Abschweifung) in der Mitte oder am Ende des Stücks, in der einzelne Personen unter den Zuschauern direkt angesprochen wurden. Die aus Elementen des Satyrspiels, der Farce, der Typenkomik bestehende »Alte Komödie« vermischt Märchenhaftes unbefangen mit obszönen Realismen, geht von politischer Parabel und persönlicher Invektive mühelos zu idyllischen und utopischen Festszenen und Tänzen über. Ihr hauptsächlicher Vertreter ist Aristophanes (450/45 v. Chr. in Athen geboren, dort um 385 gestorben). Seine Werke zeichnen sich durch engsten Zeitbezug aus, die Komik entsteht aus Anspielungen auf die damalige Tagespolitik, so daß diese Stücke vor allem durch aktualisierende Bearbeitungen weiterleben.

Die Acharner

Das wichtigste Thema der Aristophanischen Komödie, der Frieden, findet sich bereits in diesem Stück aus dem Jahr 425 v. Chr., das die Kriegspolitik Athens gegen Sparta anprangert. Der arme Bauer Dikaiopolis (= gerechter Bürger) verschafft sich, müde der ewigen Kriegszüge, einen Separatfrieden mit Sparta. Er feiert nach Überwindung der Widerstände unter den eigenen Landsleuten ein rauschendes Friedensfest, während der kriegerische General Lamachos der Lächerlichkeit anheimfällt. Ähnlich wird in den *Rittern* (424), die Wieland übersetzt hat, der Demagoge Kleon, Verfechter der Kriegspolitik gegen Sparta, angegriffen.

Frieden

In dieser 1963 von Peter Hacks bearbeiteten Komödie (421 v. Chr.) fliegt ein Landmann, der Weingärtner Trygaios, auf einem riesigen Mistkäfer in den Olymp hinauf, um Eirene, die Göttin des Friedens zu suchen. Am Anfang steht eine Szene, in der zwei fluchende Sklaven riesige Kotmengen für den Riesenkäfer zubereiten müssen. Dann kommt Trygaios zum Olymp und muß er-

»Der Frieden« des Aristophanes ist (leider) immer wieder aktuell: in Paris 1962, vor dem Hintergrund des Algerienkrieges, brach Jean Vilar als Trygaios, im Habit eines französischen Weinbauern, auf dem fliegenden Mistkäfer auf, die Friedensgöttin auf die Erde zu holen (Bild oben links). Im Deutschen Theater Ost-Berlin ließ der Regisseur Benno Besson den Friedens-Kampf enden in einem rauschhaften Finale: der erfolgreich zurückgekehrte Trygaios (Fred Düren) auf den Schultern seiner Landsleute, neben ihm die schöne Beute (Brigitte Soubeyran). Für diese jahrelang erfolgreiche Aufführung schrieb Peter Hacks eine kräftige und vereinfachende Übersetzung. (Bild oben).

In der »Weibervolksversammlung« spielt Aristophanes durch, was passiert, wenn die Frauen die Regierung übernehmen und zugleich die Gütergemeinschaft einführen. Am Zürcher Theater am Neumarkt nahm man 1972 den Stückverlauf wörtlich: das Ensemble erarbeitete die Inszenierung gemeinsam; um den Sandkasten herum, in dem man agierte, saßen die Zuschauer. (Bild oben rechts).

fahren, daß die Götter sich aus Ärger über den Kriegslärm zurückgezogen haben. Als der Kriegsgott Polemos einen Moment abgelenkt ist, können Trygaios und seine Helfer unter einem Haufen von Steinen Eirene befreien, mit ihr Opora und Theoria, die Göttinnen der Herbsternte und des Festes. Im zweiten Teil wird der neugewonnene Zustand des Friedens in freudigen Festszenen und der Hochzeit des Helden mit Opora gefeiert.

Lysistrate

Als der Dichter erneut das Thema des ersehnten Friedens aufgriff, ging er über Utopie und Witz hinaus. Das Stück (411 v. Chr.) wurde zur eindringlichen Aufforderung an die griechischen Städte insgesamt, einen dauerhaften Frieden zu schließen.

Lysistrate versammelt die Frauen aus den Regionen Griechenlands und überzeugt die zunächst recht abgeneigten Geschlechtsgenossinnen, die Männer durch einen Liebesstreik zum Frieden zu zwingen. Gegen den Chor der alten Männer vermögen sie sich zwar durchzusetzen, doch dann beginnen die Frauen allzusehr unter der Isolation von den Männern zu leiden, und

das Unternehmen droht zu scheitern. Die Wirksamkeit des gewählten Kampfmittels wird allerdings demonstriert durch die raffinierte Myrrhine, die ihren Mann immer mehr aufreizt, um ihn dann zu enttäuschen. Den Schluß bildet auch hier das genußreiche Friedensmahl und der Freudentanz über die Beendigung des langjährigen Krieges.

Es muß einige politische Kühnheit bedeutet haben, in der bedrohlich zugespitzten Kriegssituation gegen den immer stärker werdenden Konkurrenten Sparta so entschieden und »defaitistisch« für den Frieden einzutreten. Es war indessen zu spät: Im Jahre 405 wurde die attische Flotte vernichtet, Athen brach zusammen und kam unter die Vorherrschaft Spartas; Griechenland geriet politisch unter den Einfluß der Perser.

In anderen Komödien hat Aristophanes Untugenden seiner Zeitgenossen wie die Prozeßwut, literarische Themen, utopische Weltfluchtideen und frühkommunistische Phantasien zur Darstellung gebracht.

Die Wespen

Das 422 v. Chr. entstandene Stück handelt vom Streit zwischen dem alten Philokleon

(»Freund des – Demagogen – Kleon«, der Hauptzielscheibe des Dichters ist) und seinem Sohn (»Kleonhasser«). Die Prozeßwut, die von Kleon zur Ausschaltung politischer Feinde genutzt wird, hat auch Philokleon erfaßt, und es bedarf großer Mühe, bis ihn sein Sohn endlich davon überzeugen kann, daß er sich als Werkzeug einspannen läßt. Da der Alte aber ohne Prozeß nicht leben kann, wird ihm im eigenen Haus ein Gericht installiert, vor dem nun ein »Hundeprozeß« zwischen zwei Hunden um ein Stück Käse stattfindet. Im zweiten Teil wird die Prozeßwut des Philokleon von einer nun ausbrechenden Tanzwut abgelöst. Jean Racine hat 1668 in seiner einzigen Komödie, *Les plaideurs,* die *Wespen* bearbeitet.

Die Vögel

Vor allem die Streitsucht ihrer Landsleute ist es, die zwei Athener in dieser Komödie (414 v. Chr.) eine bessere Welt zwischen Himmel und Erde suchen läßt, zwischen dem Reich der Menschen und dem der Götter (»Wolkenkuckucksheim«). Die Menschen verwandeln sich in Vögel, das Reich wird gegründet und schließt auch mit den Göttern, denen man zuvor die von der Erde aufsteigenden Opferdämpfe weggefangen hat, seinen Frieden.

Die Wolken

Diese Polemik des Aristophanes gegen die von ihm gehaßten Sophisten (denen er fälschlicherweise auch Sokrates zurechnete) datiert aus dem Jahr 423 v. Chr.: Der tiefverschuldete Strepsiades sieht keinen anderen Ausweg mehr, um verhandelnd mit seinen Gläubigern fertigzuwerden, als bei den Sophisten Sokrates und Chairephon in die Lehre zu gehen, die es verstehen, die schlechte Sache gegen die gute mit dialektischen Argumenten ins Recht zu setzen. Nachdem zwar nicht er selbst, aber sein Sohn sophistisches Argumentieren beherrschen gelernt hat, führt das zu so ärgerlichen Folgen, daß Strepsiades schließlich das Haus der Sophisten erbost in Brand steckt. Das Stück mit dem Chor der Wolken (Sinnbild der in Aristophanes' Augen verfehlten Konzentration auf luftige Denkgebilde anstelle konkreter Wirklichkeit) soll Einfluß auf die Verurteilung des Sokrates (399) gehabt haben.

Ebenfalls ein Ziel ständiger Polemik des Aristophanes war Euripides. Die *Frauen am Thesmorienfest* (411 v. Chr.) klagen den Dichter der Feindschaft gegen das weibliche Geschlecht an. *Die Frösche* (405) sind vor allem berühmt durch den Wettstreit in der Unterwelt zwischen Aischylos und dem damals gerade gestorbenen Euripides. Dionysos sucht, nachdem es keine guten Tragiker mehr gibt, nach ihnen im Hades, wohin er eine komisch-burleske Reise unternimmt. Im zweiten Teil wird der lange unentschiedene Wettstreit zwischen den Tragikern schließlich durch die Frage nach dem Nutzen ihrer Werke für die Polis eindeutig zugunsten des Aischylos entschieden.

Die Weibervolksversammlung

Vom Spätwerk des Aristophanes ist neben *Plutos* nur dieses Stück bekannt (392 v. Chr.), das die auftauchenden Probleme in einer Frauenherrschaft bei kommunistischer Gütergleichheit durchspielt, vor allem die Schwierigkeiten mit der neuen Freizügigkeit in der Liebe. Aristophanes vermeidet hier weitgehend die aktuellen Anspielungen, die Polemik der Parabase, sondern wahrt größere Distanz. Das gesellschaftliche Problem ist an die Stelle der Friedensthematik getreten.

Plutos

Diese letzte bekannte Komödie des Aristophanes (388 v. Chr.) führt den blinden Gott des Reichtums vor, dem der arme Bauer Chremylos im Asklepiostempel eine Kur verschafft, durch die er endlich sehend wird. Die Blindheit des Gottes war nämlich schuld daran, daß der Reichtum fast immer die Falschen traf. Nun aber zieht er bei den anständigen Armen ein, und jene, die vormals von der Ungerechtigkeit profitierten, tragen ihre Klagen vor – die häßliche reiche Alte verliert ihren jungen Liebhaber, der Zeuspriester ist arbeitslos geworden usw. Ein fröhlicher Komos mit dem sehend gewordenen Gott beschließt die Komödie.

Menander: die Neue Komödie

Nach der bereits seit 400 v. Chr. zu beobachtenden Tendenz der Komödie zu weniger politischen als vielmehr unterhaltenden Alltagsthemen (Alexis, Antiphanes) gelangt zwischen 320 und 250 die »Neue Komödie« des Menander zur Blüte. Darin geht es vor allem um die komödiantische Korrektur privaten Fehlverhaltens. Liebe, Familie, das Wiederfinden verschollener Kinder sind beliebte Stoffe. Bezeichnend ist das Verschwinden des Chors und der aktuellen politischen Polemik der Parabase – das Theater verfügt nicht mehr über den Resonanzboden der Polis. Menander (342/41–291/90) war es, nicht etwa Aristophanes, dessen Modell die römische Komödie des Plautus und Terenz, dann die europäische Komödie überhaupt beeinflußt hat.

Das Theater der römischen Antike

Nur oberflächlich betrachtet, stellt das antike Theater eine Einheit dar: ähnliche Bauten, ähnliche Stoffe, Gebrauch von Masken. In Wahrheit ereignete sich auf dem Weg von Athen nach Rom, beginnend schon mit dem Hellenismus, ein vollständiger Funktionswechsel. Als Lykurg im 4. Jahrhundert v. Chr. das Dionysostheater mit den Büsten des Aischylos, des Sophokles und des Euripides schmückte, war das Theater bereits auf dem Weg, nicht mehr gesellschaftliche Institution, sondern Ort der Unterhaltung zu sein. Das römische Theater übernahm zwar zahllose Elemente des griechischen (mit der politischen Niederlage trat die hellenische Kultur ihren Siegeszug durch die antike Welt an), doch die Römer verschoben den Akzent vom Chor auf die Hand-

Im römischen Kolosseum fanden die Spiele statt, mit denen die Herrschenden oder die um die Herrschaft Konkurrierenden sich die Gunst der Römer zu erkaufen suchten – Spiele, in denen es häufig um Leben und Tod ging, Gladiatorenkämpfe, Tierhatzen und Naumachien, Wasserschlacht-Spektakel. Ähnliche Arenen befanden sich in vielen Städten im römischen Reich, häufig neben den (kleineren) Amphitheatern.

lung, von der Rede auf die Bühnenaktion. Durch Gesangseinlagen (cantica) wurden die griechischen Vorbilder in der Komödie operettenartig verändert, die maßlose Begeisterung für die Pantomime verschob das Interesse vom Wort völlig auf Gebärde, Tanz, Aktion und den schönen Körper der Spieler und Spielerinnen.

Anders als in Griechenland genossen die Schauspieler im Römischen Reich kein hohes Ansehen, wenngleich von Liebschaften vornehmer Römerinnen mit einzelnen berühmten Mimen berichtet wird. Normalerweise handelte es sich um Sklaven oder allenfalls Freigelassene; ein freier Bürger hätte sich durch das Auftreten als Schauspieler entehrt. Dennoch gab es um einzelne Akteure bereits eine Art Starkult, zumal (im Gegensatz zum attischen Drama) in jenen Theaterformen, die ohne Maske auskamen, Mimik und die Kunst des Gebärdenspiels überhaupt die größte Aufmerksamkeit auf sich zogen. In Griechenland dagegen hatten Gewänder und Masken wie auch die mehr auf Reden als auf Aktion ausgerichtete Dramatik den Spieler nahezu vollständig hinter der verkörperten Figur verschwinden lassen. Er konnte daher mehrere Rollen übernehmen, während die Zahl der Schauspieler im römischen Theater anstieg und eine große Zahl von Statisten Verwendung fand.

Die Theaterbauten befanden sich jetzt nicht mehr in Heiligtümern, sondern nahe dem Forum inmitten der Stadt. Die Orchestra, Kern des attischen Theaters, verlor mit dem Chor zusammen ihre Funktion. Sie wurde im römischen Amphitheater halbiert, der verbliebene Halbkreis bot für Ehrenplätze Raum. Gespielt wurde auf dem drei bis vier Meter hohen Proszenium, das aber nun um ein Mehrfaches breiter war als der schmale Streifen vor der Skene, auf der die griechischen Akteure aufgetreten waren. Das Interesse galt der Aktion und den einzelnen Charakteren, in zunehmendem Maße auch den Schauspielerpersönlichkeiten. Den Römern gelang, was den Griechen mißlungen war: die technische Konstruktion von Theaterbauten auf ebener Erde (statt an einem Hang) mit ansteigendem Zuschauerbereich (auditorium). Die vergrößerte Bühne nahm jetzt die ganze Breite des Theaters ein; die Rückwand der Bühne (scaenae frons) wuchs in die Höhe, reich ge-

schmückt mit Gold, Silber und Elfenbein, mit bis zu drei Etagen samt zugehörigen Säulenreihen. Sie erreichte die Höhe der Außenmauer um das Auditorium, so daß die zunächst partielle Überdachung des Theaters möglich wurde. Mit diesem Ansatz zum in sich geschlossenen Raum vollzog sich symbolisch auch die Konstitution des Theaters als eigenständiger Spiel- und Illusionsstätte, die nicht mehr, wie in athenischer Zeit, integrierter Teil der gesamten Polis war. Anders als in Athen nämlich stand der römische Senat dem Theater skeptisch gegenüber. Hinsichtlich der Theaterbauten begnügte man sich lange mit Holzgebäuden, die nach Gebrauch wieder abgerissen wurden. Erst 55 v. Chr. wurde das erste Steintheater in Rom eröffnet.

Das römische Theater genießt eher historisches Interesse, vor allem deshalb, weil es zwar einige Errungenschaften des nachfolgenden europäischen Theaters inaugurierte (Vorhang, geschlossenes Theater, Frühformen des Unterhaltungsspektakels), die römischen Dramen sich aber auf den Bühnen nicht halten konnten. In Rom diente das Theater vor allem als Instrument zur Beruhigung, Ablenkung und Unterhaltung der Volksmassen. Es erfüllte in der Riesenstadt Rom (weit über 300 000 Bürger) mithin eine politische Funktion, doch in völlig anderer Weise als das attische Drama. Konkurrieren mußte es mit blutrünstigen Gladiatorenkämpfen, in denen Publikum und Herrscher sich durch Akklamation an der Entscheidung über Tod und Leben beteiligten, ferner mit aufregenden Tierhatzen und Wagenrennen in den riesigen Arenen, die sogar, mit Wasser gefüllt, das Spektakel ganzer Seeschlachten boten (Naumachien). Den erregenden Effekten solcher Veranstaltungen, bei denen Menschen von Löwen zerrissen wurden oder sich gegenseitig mit Dreispießen ermordeten, bei denen Tausende von Tieren gehetzt und getötet wurden, wo Tiger und Bären gegeneinander antraten, hatte das Theater naturgemäß wenig entgegenzusetzen. Doch diese Konkurrenz erklärt zu einem Teil die stark auf Effekte gerichtete Natur der römischen Theaterspiele selbst: die erotischen Freizügigkeiten des Mimus ebenso wie die blutrünstigen Inhalte der freilich nur zur Rezitation bestimmten Tragödien des Seneca. Auch wenn gelegentlich ein zum Tode Verurteil-

In der Komödie »Der Maulheld« des Plautus obsiegt der aufsässige Sklave Palaestrio mittels Intrige über seinen großsprecherischen Herrn, den Offizier Pyrgopolinices. An der Schaubühne am Halleschen Ufer Berlin spielten 1967 Peter Eschberg und Kurt Conradi.

ter auf offener Bühne als Double des Tragödiendarstellers real getötet wurde, blieben Zirkus und Arena überlegene Konkurrenten des Theaters im Kampf um die Gunst der Massen.

Erstaunlich ist, daß es trotzdem ein reiches Theaterleben gab, wovon der Umstand zeugt, daß man an den zahlreichen Festtagen immerhin ein Pompeiustheater füllen konnte, das 30 000 Zuschauern Platz bot. Seit 364 v. Chr. gab es wohl schon »ludi scaenici«, szenische Spiele, doch der Beginn der Theatertradition wird gewöhnlich mit dem Jahr 240 angesetzt, als Livius Andronicus, der selbst griechische Komödien übersetzte, zum erstenmal ein Festival mit Aufführungen organisierte. Aus den gesellschaftlichen Rahmenbedingungen erklärt

2. Jahrhunderts v. Chr. bereits ohne) und basierte auf einfachster Typenkomik mit feststehenden Groteskmasken ähnlich der späteren Commedia dell'arte (z. B. der Narr Pappus, der Bucklige Dossenus, die Sklaven Maccus, Buccus).

Während in der Atellane nur Männer spielten, traten im älteren, auf Vorstellungen von Akrobaten, Gauklern und Artisten zurückgehenden Mimus auch Frauen auf. Man benutzte Masken, da es aufs Grimassieren, auf mimische Darstellung und Imitationen ankam. Übertroffen in der Publikumsgunst wurde der Mimus, bei dem die Frauen sich häufig entkleideten, Nacktszenen, Obzönitäten und offen zur Schau gestellte Beischlafszenen an der Tagesordnung waren, nur noch von der Pantomime, deren Blüte vor allem seit 20 v. Chr. alle anderen Theaterformen in den Schatten stellte. In der Kaiserzeit gab es Tausende von männlichen und weiblichen Pantomimen, die zu Musikbegleitung oder auch zu Textrezitation spielten. Zumal in den zahlreichen Privattheatern ging die Offenherzigkeit der Pantomimen und Mimus-Truppen sehr weit: Theater war zum Amüsierbetrieb geworden, bei dem die Grenze zwischen erotischer Revue und Orgie fließend wurde.

Plautus

Die Kömödien des Plautus (um 250–184 v. Chr.) sind repräsentativer für die eigentliche Lebenskraft des römischen Theaters als die des »feineren« Terenz.

In Rom fand die bunte und derbe Komödie, die Mimus-Tradition, die Vermischung der Texte mit Musik- und Tanzeinlagen den größten Anklang. Durch die Cantica nahm die Komödie Operettencharakter an. Plautus' Stücke haben auf Shakespeare, Molière, Kleist und viele andere bis in die Gegenwart weitergewirkt. Sie zielen auf fröhliche, derbe Satire ohne schwerverständliche psychologische Abgründe. Man lacht über das alltägliche Betrügen, Verlieren und Gewinnen, über die komischen Seiten der erotischen Spiele. Verzichtet wird dagegen weitgehend auf moralisierende Belehrung. Plautus, der schon in der Antike als Meister des witzigen Dialogs galt, bevorzugt vitale Possen, effektvolles Tempo, rasche Überspielung möglicher Wendungen ins Ernsthafte.

Einige seiner komischen Figuren und Motive haben häufige Nachahmung in der komischen Weltliteratur gefunden: *Miles gloriosus,* der großsprecherische lächerliche Maulheld, lebt im Capitano der Commedia dell'arte weiter, in Falstaff, Horribilicribifax und zahlreichen anderen ähnlichen Komödienfiguren. *Aulularia* (Der Goldtopf) hat u. a. auf die Molièresche Figur des Geizigen eingewirkt; die Doppelgängerkomödie *Menaechmi* (Die Zwillingsbrüder) bereicherte die Komödienliteratur um ein unerschöpfliches Motiv: die Verwechslungen und Täuschungen, die oft tragikomischen Identitätszweifel und komischen Situationen, die sich daraus ergeben, daß Zwillinge von anderen jeweils für den Bruder gehalten werden. Das berühmteste und wirkungsreichste Stück ist jedoch *Amphitruo,* das eine lange Kette von Nachahmungen und Neufassungen nach sich zog, die u. a. über Molière und Kleist bis zu Giraudoux und Hacks führt. Plautus mischt hier Tragik und Komik in der Gestalt des Feldherrn, mit dessen Frau Alkmene Jupiter in Gestalt des Ehemanns eine Liebesnacht verbringt.

Seneca

Während der Kaiserzeit spielten die Tragödien im Vergleich zu Komödie, Mimus und Pantomime auf dem Theater so gut wie keine Rolle. Nur von Seneca (4 v. Chr.–65 n. Chr.) sind einige Tragödien erhalten. Sie arbeiten meist griechische Vorlagen moralisierend und die Rhetorik verstärkend um. Bestimmt waren sie nicht zur Inszenierung, sondern zur Rezitation, wobei ein Schauspieler pantomimisch das Drama oder auch nur Teile daraus darstellte, während der Text rezitiert wurde. In der beginnenden Neuzeit wurden Senecas Dramen oft höher geschätzt als die griechischen Vorbilder. Ihr rhetorischer Pomp, die blutrünstigen Themen und die stoisch-moralisierenden Sentenzen wirkten vor allem auf die Dramatik der Renaissance und des Barock ein. Auch Shakespeare griff Anregungen von Seneca auf. Erhalten sind neun Tragödien: *Hercules Furens, Troades* (von Martin Opitz 1625 als erste Seneca-Tragödie ins Deutsche übersetzt), *Phoenissae, Medea, Phaedra, Hercules Oetaeus, Oedipus, Thyestes, Agamemno.*

sich, daß es die verschiedenen Spielarten des komödiantischen Theaters im weiten Sinne waren, die die römischen Bühnen beherrschten. Tragödien gab es so gut wie keine.

Die literarisch ambitionierte Komödie des Terenz (190–159 v. Chr.) basierte auf Bearbeitungen von Werken Menanders und anderer Autoren der Neuen Komödie. Cäsar vermißte darin die »vis comica«; auf den Berufstheatern haben sie sich nicht durchsetzen können. Ebenso wie Terenz ließ auch der volkstümlichere Plautus die Stücke noch in griechischen Verhältnissen und griechischen Kostümen spielen. Diese Art der Komödien hieß nach dem griechischen Gewand (pallium) Palliata. Sie wurde später abgelöst von der Togata, deutlich in römische Verhältnisse transponierten Stücken mit römischer Kleidung (toga). Im Gegensatz zu diesen literarischen Formen stand die breiteste Volksschichten ansprechende Typenkomödie: die aus der oskischen Stadt Atella importierte Atellane. Sie wurde zunächst mit Masken gespielt (am Ende des

Theater und Drama im Mittelalter

Die geistlichen Spiele

Die geistlichen Spiele des Mittelalters reichen ins 10. Jahrhundert zurück. Die christliche Botschaft sollte, um ins Weite wirken zu können, nicht mehr nur im spröden Wort (das zumal ein lateinisches war) verkündet werden, sondern in anschauliche, verständlichere, einsehbare symbolische Darstellung übersetzt werden. Literarisches, dramatisches, gar mimisches Ausdrucksverlangen wirkte also zunächst nicht als Antrieb. Alles Spiel war ein reiner Sakralvorgang, ausschließlich religiösem, nicht individuellem Ausdruck dienend, und Ort der Darstellung war selbstverständlich zunächst nur die Kirche.

Die Spiele gingen aus der Liturgie, der Osterliturgie, hervor: durch schmückende Erweiterung, durch Einschiebung sogenannter Tropen (nicht »offizieller« Texte), die der Liturgie zunächst dialogischen Charakter geben, ihre epische Formulierung langsam in eine »dramatische« auflösen. Das beschränkt sich zunächst auf die Art des Vortrags, indem diese sich zu einer Art antiphonischen Singens wandelt und Musik den Rhythmus von Rede und Gegenrede bestimmt. Allmählich aber wächst aus solch chorischem Wechselgesang »Handlung« hervor, Handlung zwischen Trägern einzelner Rollen; die Gebärde, eine sehr verkürzte, oratorische, das Requisit (der Palmenzweig etwa) und der Symbolort (das Grab Christi) gewinnen gleichsam dramaturgische Bedeutung. Und aus dem, was zunächst ganz Feier war, wird immer mehr sinnliches Spiel: Einzelne Figuren lösen sich aus dem Chor, gewinnen eigene Gestalt, scharfen Umriß; einzelne Episoden werden mit eigenem Leben angefüllt; unbiblische Gestalten werden eingeführt. Anekdotisches, Genrehaftes – Einlage zunächst – erweitert dann den Spielort, sprengt den Symbolvorgang, entwickelt sich zu dramatischem Szenengeflecht. Und es versteht sich, daß derart nicht nur das Lateinische durch die jeweilige Nationalsprache ersetzt wird, sondern daß die Spiele bald den Kirchenraum verlassen, auf die Marktplätze verlegt werden. So drängt, was anfangs in der Spielweise von geistlicher Würde getragen und feierlich gehoben in der Tonart ist, zu theatralischer, zu mehr und mehr sinnlicher, mehr und mehr mimischer Entfaltung.

Mysterien und Moralitäten

Die hier zusammengerafft wiedergegebene Entwicklung erstreckte sich immerhin über mehrere Jahrhunderte. In der Mitte des 13. Jahrhunderts wurde das lateinische Wort durch die Vulgärsprache ersetzt, wurde das geistliche Spiel von Laien übernommen und aus kirchlicher eine Veranstaltung des Bürgertums – Volksfest, zumeist von den Zünften organisiert. Und nun, da das Spiel nicht mehr von einer internationalen Institution (der Kirche) getragen war, bildete sich nationale Eigentümlichkeit heraus. In den deutschen Passionsspielen (vor allem das St. Gallener Spiel vor 1350, das Frankfurter 1493, das Augsburger 1460, das Alsfelder 1501, das Luzerner 1583) zeigt sich immer eine vom Geist der Gotik geprägte starke Stilisierungstendenz, die – gegenüber aller realistischen Vergröberung – das Spiel zuerst als einen geistigen Vorgang, einen repräsentativen, symbolhaften, behauptet.

Das französische Mysterienspiel ist demgegenüber körniger, bildkräftiger, auf kraftvoll-sinnliche, realistische Abbildung bedacht. Es versucht zudem, die ursprünglich einzig vom Glauben, von Gefühls- und Symbolkraft getragenen Szenen mit Räson zu füllen, logischer Notwendigkeit, einsehbarer kausaler Abfolge. Und es entfaltet mehr als das deutsche Passionsspiel zugleich mit der Vergegenwärtigung biblischer Vorgänge und legendärer Stoffe den sozialen Kosmos und das Sittenbild seiner Zeit. Mit einzelnen Dichternamen verbunden (Jean Brodel, Rutebeuf, Arnould Gréban) zeichnet es sich durch eine farbensatte Schilderung eigenen Erlebens aus, die den zuhandenen Stoff individuell ausschmückt.

Besonders gut dokumentiert ist das 25 Tage dauernde *Mystère de la Passion,* das Osterfestspiel von Valenciennes aus dem Jahre 1547. Der Maler Hubert Cailleau hat nämlich die Texthandschrift mit farbigen Miniaturen geschmückt, die den Grundbau mit den aneinandergereihten Stationen wiedergeben.

Eigene, zweierlei Formen entwickelte auch das mittelalterliche Drama in England. Zum einen die Passions- und Mysterienspiele, deren Entwicklung sich ähnlich der auf dem Kontinent vollzog, in denen jedoch, stärker als dort, ihr Prozessionscharakter ausgebildet ist – wohl bedingt dadurch, daß sie aus der in England besonders prunkgeladenen Gestaltung des Fronleichnamsfestes hervorgingen. Zum anderen machte sich hier früh ein allegorischer Grundzug bemerkbar: Die Freude daran, Abstraktionen durch Personifikationen mit Leben zu erfüllen und Seelisches, den Widerstreit zwischen Tugenden und Lastern, zu sinnlicher Anschauung zu bringen, um es dadurch zugleich zu begreifen, zu deuten. Solche Allegorie, die daneben auch eine Balance zu übermäßigem Realismus schafft, führte vom 14. Jahrhundert an zu einer neuen Gattung des englischen mittelalterlichen Theaters, den Moralitäten.

Ihr dramatischer Gestus ist der des Streitgesprächs: Verkörperungen des Guten und des Bösen, Engel und Teufel, Tugend und Laster (aber auch Abstraktionen geistiger und körperlicher Kräfte wie Wille, Verstand, Kraft, Schönheit, Klugheit) ringen um die Seele des Menschen. In Versuchung wird sie geführt, umkämpft, wohl auch zeitweilig von den bösen Mächten erobert, endlich aber gnädig erlöst. Fleischeslust, Begehrlichkeit, Neid und Habsucht beispielsweise suchen sie zum Bösen hinzudrängen; Reue, Demut, Enthaltsamkeit trachten, sie ihnen zu entreißen. Eine sittliche Idee wird da im »Spiel« bewiesen, indem zugleich die ganze mittelalterliche Werteordnung, in ihrer Beziehung aufs Göttliche hin, entfaltet wird.

Jedermann

Das Objekt der Moralitäten ist nicht, wie in den Mysterien, die Geschichte, die Heilsgeschichte, sondern der individuelle Fall, der dornige Weg des einzelnen hin zur Erlösung. In jenem Spiel, das die Entwicklung der Moralitäten krönt und bis heute überdauert hat, ist dieser einzelne zum Jedermann objektiviert – zum Durchschnittsmenschen, welcher, Angesicht zu Angesicht mit dem Tod, aufgerufen ist, sich auf sich selbst zu besinnen. *Everyman,* das aus dem Anfang des 16. Jahrhunderts zum erstenmal gedruckt vorliegt, aber wahrscheinlich schon früher, Ende des 15. Jahrhunderts, entstanden ist, taucht zur gleichen Zeit mit dem niederländischen Spiel *Elckerlij* auf.

Im Vordergrund steht hier nicht mehr die Schilderung menschlichen Sündenlebens, Ringens um seine Seele, sondern die letzte,

die den Menschen ganz auf sich selbst verweisende Entscheidung vor Gott. Darum auch konnte der *Everyman* zum Muster aller späteren *Jedermann*-Dramen bis hin in dieses Jahrhundert, bis hin zu Hofmannsthal, werden. Dieses Muster sieht so aus: Gott schickt den Tod, um Jedermann, den sinnenfroh, gleichgültig Dahinlebenden, vor seinen Thron zu fordern. Jedermann fleht um Aufschub, versucht mit Geld sich vor der Rechenschaft zu drücken, bittet schließlich, da der Tod unerbittlich bleibt, seine Freunde, ihn zu begleiten. Aber alle, die er fragt: Kameradschaft, Verwandtschaft, Reichtum, Schönheit – keine Freundschaft reicht so weit, ihm den schweren Gang zu erleichtern. Gute Werke, die er bis dahin in seinem Leben geringachtete, derer er sich nun wieder besinnt, weisen ihm endlich den Weg zur Erlösung, führen ihn zu Erkenntnis und Beichte.

In Hugo von Hofmannsthal altertümelnder, knittelreimender Verdeutschung hat sich die englische mittelalterliche Moralität vom »Jedermann« seit der Gründung der Salzburger Festspiele 1920 in Max Reinhardts Arrangement vor der Domfassade gehalten. Hier 1973 Curd Jürgens als der im Reichtum übermütige Handelsherr, dem an der Festtafel der Tod erscheint, um ihn aus dem Leben wegzureißen. Neben Jürgens Senta Berger als Jedermanns Buhlschaft.

Theater und Drama der Renaissance

Die deutschen Fastnachtsspiele

Das Aufblühen der Städte, die Entwicklung des Bürgertums und seines Selbstbewußtseins: Dieser im 14. Jahrhundert einsetzende soziale Wandel führte gleichzeitig einen kulturellen herauf, dessen eines Produkt die Fastnachtsspiele waren.

In den geistlichen Spielen hatten sich die weltlichen Elemente, die possenhaften Figuren ja längst immer selbständiger gemacht – wenn man so will, war das bereits ein Tribut an den bürgerlichen Kunstgeschmack, seine Freude an kruder Stofflichkeit, zotiger Realistik. Die eigene Form des Fastnachtsspiels entwuchs kultischem Brauch: den Vorfrühlingsfesten der Germanen (phallischen Tänzen, um die Dämonen des Winters auszutreiben), deren Relikte sich im Schembartlaufen der Fastnachtszeit bis in die Stadtkultur erhalten hatten. Aus dem theatralischen Kern dieser Tänze entwickelte sich langsam – über die maskierten Umzüge der Handwerkerburschen, die revuenhafte Selbstvorstellung der Zünfte, das wetteifernde Spiel der Handwerksgesellen das Fastnachtsspiel: als mimisch unterstütztes Erzählen zunächst, Stegreifgestaltung alltäglicher Streit- oder Liebesszenen, später ausgebaut zur »Dramatisierung« von Gerichtsverhandlungen, überlieferten Schwänken und Novellen. So entstand mit der Zeit jenes festgefügte Muster eines einaktigen Kleindramas mit einigen hundert Versen, dem fest umrissenen ständischen Typenpersonal mit dem engbegrenzten Motivkreis.

Hans Sachs

Besonders in Nürnberg blühte das Fastnachtsspiel, und in der Person des Hans Sachs (1494–1576) gipfelte es dort. Wenn man pointiert formuliert, mag man ihn den ersten Meister eines epischen Theaters nennen: Die Handlungsführung reiht Begebnis an Begebnis, welche je dazu dienen, eine sittliche Idee, eine didaktische Absicht auf unterhaltsame, sinnlich greifbare Weise zu entfalten und welche allesamt auf die jeweilige Schlußmoral, die am Ende heftig unterstrichen wird, hinführen. Die Fabel wird gleichsam mit »zeigendem« Gestus vorgetragen, indem handelnde Personen aus ihrer Rolle fallen, die Vorgänge kommentieren, oder andere, nichtbeteiligte, erklärend sich einschalten. Hans Sachs hat, mittelalterliche Anekdoten, Episoden aus dem Altertum und Szenen aus Boccaccios *Decamerone* souverän aufgreifend, die Stoffe und Motive des Fastnachtsspiels bereichert – und sie gleichzeitig damit aus ihrer Fixierung an sexuelle und an Verdauungsvorgänge gelöst. Realismus, vorher nur der brutalen Karikatur dienend, wird hier – bei aller Drastik – demonstrierender, belehrender Absicht nutzbar gemacht. Die Figuren entfalten zwar noch keine psychologische Individualiltät, aber sie gewinnen, weil in ihrer ständischen Eigenart mit durchdringender Genauigkeit gezeichnet, soziale Individualität; sie werden zum knapp umrissenen, lebenssatten Typus. So scharf sind sie zum Teil gesehen, so unnachsichtig, daß da der Realismus nicht nur Komik, sondern gar Groteske gebiert.

So im *Kälberbrüten:* Ein Bauer setzt sich, nachdem er unachtsam ein Kalb hat in den Brunnen fallen lassen, auf einen Korb mit Käse, hoffend, er könne bis zur Rückkehr seiner Frau ein neues Kalb daraus brüten. Als sie heimkommt und fragt, was er da treibe, gebärdet er sich wie eine flügelschlagende, zischende Brutgans. Oder *Der fahrende Schüler im Paradies,* worin Bauer und Bäuerin sich gegenseitig an Einfalt überbieten und, grotesk genug, darauf auch noch – »Schad gen Schaden« abziehend: des einen Täppischkeit gegen des anderen Leichtgläubigkeit – ihren »Fried im Ehstand« gründen. *Der fahrende Schüler mit dem Teufelbannen* treibt gleichfalls aus bäurischer Dümmlichkeit groteske Komik: Eine Bäuerin empfängt da, während ihr Mann nicht zu Hause, den Pfaffen, bewirtet ihn mit Semmel, Wurst und Wein. Der Schüler, um Speise und Trank bittend, wird zuerst abgewiesen, macht sich's dann rächend zunutze, daß der Bauer frühzeitig zurückkehrt und der Pfaff sich im Ofen verstecken muß. Er rühmt sich als Teufelsaustreiber, will dem neugierigen Bauern seine Kunst vorführen; heißt ihn und die Bäuerin hinauszugehen und dann den zitternden Pfaffen, den Teufel zu spielen. Den treibt er nun aus – nicht ohne sich vorher von ihm, später von der Bäuerin, harte Taler zahlen zu lassen.

Die Optik Sachsens, erkennt man, ist die des erstarkenden, langsam Selbstgefühl entwickelnden Bürgertums. Darum richtet sich der satirische Blick bevorzugt auf den Bauern, den von solcher Warte aus rohem, tölpischem, niederem Genusse hingegebenen; darum ist dieser zumeist der Düpierte.

Die französischen Farcen

In Frankreich blühte zur gleichen Zeit das komische Theater in der Farce und der Sotie. Ob diese sich aus den mittelalterlichen Narrenfesten oder aus komischen Vorträgen von Spielleuten entwickelt haben (der Streit darüber geht noch heute), mag uns belanglos erscheinen. Wesentlich dünkt, daß sie über die Karikatur des einzelnen Typus zur scharfen, treffenden Gesellschaftsdarstellung vordringen. In *Mieux que devant* (*Besser als vorher*) zum Beispiel reichen sie gar nah an die politische Allegorie heran: Mit galliger, bitterer Ironie, ohne sich irgend bei schwankhafter Zuspitzung aufzuhalten, wird dort des französischen Volkes Leiden unter den Nachwirkungen des Hundertjährigen Kriegs gegen England geschildert. Aber natürlich ist auch in der Farce gemeinhin der Alltag, darin wiederum die Ehe, darin wiederum das Hörner-Aufsetzen, beliebtester Anlaß, menschliche Schwächen bloßzulegen.

Maître Pierre Pathelin

Die französische Farce erreichte einen frühen, auf Molière vorausweisenden Höhepunkt mit dem um 1465 in Rouen von einem Anonymus verfaßten *Maître Pierre Pathelin,* der – in moderner Zurichtung – bis heute nicht nur auf dem französischen Theater überdauert hat. Ein ganzer Mechanismus des Prellens und Geprelltwerdens wird da in Gang gesetzt: Pathelin, ärmlicher Advokat, sucht beim Tuchhändler, obwohl er kein Geld hat, einen Stoff für seine Frau aus. Der übervorteilt ihn, indem er den Stoff zu teuer berechnet, doch Pathelin achtet das gering, da er seinerseits auch auf Betrug aus ist. Er heißt den Händler, sich das Geld in seiner Wohnung abzuholen, weiht zu Hause seine Frau in den Plan ein, ihm eine Krankheit vorzuspielen, und legt sich zu Bett. Als der Händler kommt, gaukelt er ihm wilde Fieberphantasien vor, die Frau, weinend, jammernd, ihr Mann sei seit Wochen krank, unterstützt die schnöde Posse. Der Kaufmann muß ratlos, an sich selbst irre geworden, ohne Geld abziehen. Kaum daß er gegangen ist, kommt sein Schäfer, dem er den Lohn vorenthalten und der darauf seine Schafe geschlachtet hat. Pathelin soll ihn nun vor Gericht verteidigen. Der Advokat rät ihm, sich blöd zu stellen, auf alle Fragen nur mit »Bäh!« zu antworten. Der Schäfer tut's, der Richter, obendrein irritiert, weil der Kaufmann angesichts des eben noch kranken Advokats auch gleich die Stoffaffäre mit hineinmengt – spricht ihn frei. Und nun überschlägt sich der Mechanismus allgemeiner Prellerei: Der Schäfer, von Pathelin um sein Honorar angegangen, antwortet ihm nur mit höhnischem »Bäh!« – der Listige, der gemeinhin die anderen Nasführende, ist selbst zum Düpierten geworden.

Die Farce bleibt noch streng in den Grenzen des Musters, stößt nirgends zu dramatischer Verwirklichung vor. *Pathelin* endet, darin durchaus schwankhaft, daß jemandem ein Streich gespielt wird. Aber die Komik dieser Farce gründet nicht ausschließlich in der derben Zuspitzung der Situationen und der karikierenden Überzeichnung typischer Verhaltensweisen – sie hat die Autonomie des Charakters entdeckt und bezieht komische Wahrheit aus individuellen Fehlbarkeiten, und darin ist sie Vorläufer der späteren Charakterkomödie.

Die italienische Renaissancekomödie

Höfische Festesfreude und – am Ende des 15. Jahrhunderts – das Vordringen humanistischen Geistes bestimmten die Entwicklung des weltlichen Theaters in Italien. Theater wurde dort zu einer Elitekunst, war nicht mehr Belustigung des Volks auf den Marktplätzen, sondern prunkvolle Festlichkeit an den Höfen der Adeligen und Kardinäle. Produkt der Erneuerung aus antikem Geist war die Commedia erudita, die vom Vorbild des Terenz und des Plautus die strenge Einteilung in fünf Akte, die Einheit der Zeit und des Orts übernahm und – wie die antike Komödie – ein begrenztes Personal von Typen (von bürgerlichen, wie das die antike Poetik forderte) gleich Schachfiguren zu immer neuer Kombination verband. Ludovico Ariost (1474–1533), Casentino Babbiena (1470–1520), Pietro Aretino (1492–1556) und Niccolo Machiavelli (1469–1527) sind ihre wichtigsten Vertreter. Überdauert hat von all ihrer eher bläßlichen Nachahmung des antiken Vorbilds wohl nur des letzteren, des Staatsmanns, Geschichtsschreibers und »Kulturkritikers« Machiavelli Kömödie *Mandragola* – denn diese löste sich fast ganz vom antiken Schema und läßt aus intrigenhafter Verwirrung ein Charakterbild, ein Sittenpanorama ihrer Zeit aufblitzen. Ein Jahrhundert später entwickelte sich aus den festumrissenen Typen dieser Commedia erudita, indem langsam die sich emanzipierende professionelle Schauspielkunst jene literarischen Normen durchbrach, die Charaktere übersteigerte und karikierte, die Commedia dell'arte.

Angelo Beolco Ruzzante

Einer der ersten und bedeutendsten italienischen Berufsschauspieler der Renaissance war der Paduaner Angelo Beolco, genannt Ruzzante (um 1502–1542); der erste auch, der sich vom Schauspieler zum Dramatiker entwickelte – darin Molière oder Shakespeare ähnelnd.

Zu seiner Zeit war er – gefeiert zwar – eher eine Ausnahmeerscheinung. Die Welt, die er in seinen Farcen abbildet, ist ebenfalls eine gänzlich andere als die der bald in Schematismus erstarrten Commedia erudita. Die Welt des einfachen Bauern, eine harte, entbehrungsreiche, wird hier – zum erstenmal ganz ohne höhnenden Spott – gezeichnet, eine Welt, die vom Irrsinn der über sie hinwegziehenden Kriege, der die Äcker verwüstenden Söldnerhorden beherrscht ist, eine Welt, die – aus der Sicht dieser untersten Schicht des Volkes – aus den Fugen zu springen scheint. Soziales Leid wird bei Beolco rücksichtslos aufgedeckt, und notvolle Ohnmächtigkeit des einzelnen gegenüber der ihm fremd gewordenen Welt tritt zutage. Komik ist unter grauslichem Lachen verschüttet. In dem Dialog *Des Ruzzante Rede, so er vom Schlachtfeld kommen* steigert sie sich zur in Bitternis eingehüllten Tragigroteske: Ein Bauer, arm und darum in den Krieg gezogen, kehrt heim vom Schlachtfeld – statt mit Ruhm und Beute beladen, wie er's erträumt, nur mit Beulen, verdreckten Kleidern und Läusen bedeckt. Den Tod, das Grauen, dem er entronnen, noch im Nacken, froh, mit seinem bißchen nackten, armseligen Leben davongekommen zu sein, entringt sich ihm eine bitterliche, gramvolle Schmährede gegen den Krieg, dessen Widersinn. Und als er erkennt, daß sein Weib, während er auf dem Schlachtfeld war, zur Dirne gesunken ist, da verzerrt sich sein Schmähen zu hohnvoller, schauerlicher Lache über solch unfaßlichen Weltlauf.

Theater im England Shakespeares

Vom elisabethanischen Theater gibt es nur wenige bildliche Zeugnisse – das wichtigste ist die Zeichnung, die der holländische Reisende De Witt bei einem London-Besuch etwa 1596 vom Innern des Swan Theatre anfertigte (rechts). Sie zeigt die offene Spielfläche mit einer Sitzbank und drei Spielern, dahinter einen zweistöckigen Aufbau mit einer (von Spielern oder Musikanten?) besetzten Galerie unter dem von zwei Säulen getragenen vorspringenden Dach. Aus dem Obergeschoß tritt rechts ein Bläser heraus, der den Vorstellungsbeginn ankündigt. Die Fahne an seinem Blasinstrument zeigt wie die auf dem obersten Dach wehende Fahne das Zeichen des Theaters, den Schwan. Hinter dem Bühnenhaus ist ein Teil des (ovalen oder achteckigen?) geschlossenen, dreistöckigen Baus zu sehen, in dessen Rängen die vornehmeren und/oder die weiblichen Zuschauer saßen, während vor der Spielfläche, auf dem Innengrund des Baus, die »Groundlings«, die Grundlinge stehend sich drängten. Was De Witt orchestra nennt, ist vielleicht der »gentlemen's room«, der bei hohem Eintrittspreis und schlechter Sicht reiche Fans von der Zuschauermenge distanzierte und in die Nähe der Schauspieler brachte.

Die Abbildung auf der rechten Seite stammt nicht aus der elisabethanischen Zeit, sondern von 1672. Es handelt sich um das Titelblatt zu F. Kirkmans Sammlung »The Wits«. Es zeigt eine einfache Plattform-Spielfläche mit Auftritt durch einen rückwärtigen Vorhang. Vorn an der Spielfläche brennen Öllampen, über ihr hängen Kronleuchter. In der Galerie über der Spielfläche sitzen männliche und weibliche Zuschauer, an ihrem Rand (stehen?) Männer. Auf der Bühne keine bestimmte Szene, sondern eine Ansammlung komischer Figuren, darunter links vorn der besonders beliebte Sir John Falstaff, der ja schon von Shakespeare nach dem Erfolg der Figur in »Heinrich IV.« in den »Lustigen Weibern von Windsor« wieder auf die Bühne gebracht worden war.

Nach unruhigen Zeiten war in der zweiten Hälfte des 16. Jahrhunderts Sicherheit und Reichtum in England eingekehrt, der Widerstand des Feudaladels gebrochen; er war der Krone nun fest verbunden. Die kluge, hochgebildete Königin Elisabeth I. (1533–1603) hatte Sinn für Musik und Feste, für die Künste und das Theater. Gemäß ihrem Vorbild patronisierten manche ihrer Peers Schauspieltruppen; zu jeder Festzeit gab es Aufführungen am Hof. England war reich geworden, London einer der Mittelpunkte der Welt. Die Flotte zog aus zu Kaperfahrten und brachte spanisches Gold und Silber mit, eroberte Kolonien. Große Umwälzungen in der Wirtschaft gingen vor sich: Der Ackerbau war zugunsten der Schafzucht eingeschränkt worden, wodurch zwar viele Bauern ins Lumpenproletariat getrieben worden waren, der Woll- und Tuchhandel aber sich mächtig entwickelt hatte. Das wohlhabende Bürgertum erstarkte.

Als Elisabeth I. 1558 Königin wurde, spielte man in England am Hofe und an Adelssitzen, an Universitäten und Juristenschulen, in Rathäusern und Kirchen Theater; außerdem fanden öffentliche Aufführungen vor allem in den Höfen von Wirtshäusern statt. Wenngleich die puritanischen Londoner Behörden solch öffentliches Spiel von oft noch fahrenden Schauspieltruppen zusehends einschränkten, konnten sich einige dieser Wirtshausbühnen, wie The Boar's Head, bis ins 17. Jahrhundert hinein halten. Im Jahre 1576 errichtete dann der Zimmermann und Schauspieler James Burbage, Vater des berühmten Darstellers der Shakespeare-Truppe Richard Burbage, außerhalb der City das erste feste öffentliche Theater Londons: The Theatre. Von den Wirtshaushöfen wurde die offene Plattformbühne, der davorliegende Hof als Raum für stehende, die umlaufenden Galerien für sitzende Zuschauer übernommen. Es folgte bald eine Reihe ähnlicher Bauten: The Curtain (1577), The Rose (1587), The Swan (1595), The Globe (1599), The Fortune (1600). Leider besitzen wir nur eine einzige zeitgenössische Darstellung einer derartigen Spielstätte, und die Diskussion der Forschung um die Rekonstruktion der elisabethanischen Theater hält bis heute an. So bleibt ungewiß, ob die Theater rund oder vieleckig waren (das Fortune wies einen quadratischen Grundriß auf), ob sich hinter der

Plattformbühne noch eine zweite, durch einen Vorhang abgeteilte Innenbühne befand und ob oberhalb der Bühnengalerie, die wahrscheinlich teils als Oberbühne bespielt wurde, teils als Zuschauerraum diente, noch ein Orchesterraum lag. Möglicherweise aber sah die Konstruktion auch bei jedem Theater anders aus.

Gespielt wurde bei Tageslicht, in der Regel mittags von zwei bis vier oder fünf Uhr. Die Kostüme folgten weitgehend der Tagesmode und müssen von üppiger Pracht gewesen sein.

Diese Theaterform prägte nachhaltig die Dramen, die für sie geschrieben wurden. Weil es keinen Vorhang gab, begann jede Szene mit dem sukzessiven Auftritt der Figuren und schloß mit ihrem Abgang. Und weil es keine kennzeichnenden Dekorationen gab, schrieben die Dramatiker in die Dialoge Informationen zum Spielort hinein (Wortkulisse). Die Dramen sind so geschrieben, daß sie selbst dann, wenn sie vierzig Rollen umfassen, von etwa fünfzehn Schauspielern aufgeführt werden können, was etwa der Mitgliederzahl einer Schauspieltruppe entsprach. Diese Truppen standen jeweils unter dem Patronat eines hohen Adligen, dessen Namen sie führten (Lord Leicester's Men, Lord Chamberlain's Men, Lord Admiral's Men), lebten aber von den Einnahmen der Vorstellungen. Die Theater gehörten ihnen entweder oder sie wurden gemietet. Die Truppen setzten sich zusammen aus Männern und Knaben, die auch die Frauenrollen spielten – eine Eigentümlichkeit des elisabethanischen Theaters, aus der besonders Shakespeare Reize zu ziehen wußte.

Die öffentlichen Theater dieser Epoche waren Volkstheater in dem Sinne, daß sie offenbar von allen Schichten der Bevölkerung besucht wurden, von den Schuhmachern und Kesselflickern bis hin zum Hochadel. Die »Gründlinge« (groundlings) zahlten für ihren Stehplatz im Hof einen Penny (soviel kostete damals ein Brot), für einen Sitzplatz auf den Galerien waren zwei, bei besserer Bestuhlung drei Pence zu entrichten. Die prominenten Besucher zahlten für ihre Logen sechs Pence und mehr.

Die Menschen der elisabethanischen Zeit scheinen begeisterte Theatergänger gewesen zu sein. Da die Theater bis zu 3000 Zuschauer faßten und das damalige London 150 000 bis 200 000 Einwohner hatte, rechnete man nach, daß dreizehn Prozent der Bevölkerung einmal wöchentlich ein Theater besuchten.

Neben den öffentlichen Theatern entstanden damals die sogenannten »privaten« Theater, die sich in geschlossenen Räumen befanden, künstliche Beleuchtung verwendeten und wohl jeweils rund 500 Zuschauer fassen konnten (Blackfriars, 1576; Second Blackfriars, 1596; Whitefriars, 1606). Zunächst traten in diesen Theatern nur Knabentruppen auf, die sich aus den Chorsängern der königlichen Kapelle und der Schule der St.-Paul's Kathedrale entwickelt hatten. Nach der Jahrhundertwende aber (Shakespeares Truppe kaufte 1608 das Blackfriars Theatre zu ihrem Globe Theatre hinzu) gewannen die privaten Theater auch für die Erwachsenentruppen zunehmend an Bedeutung. Während Aufbau und Ausstattung dieser Theater den Freilichtbühnen ähnelten und hier wie dort manchmal die gleichen Stücke gespielt wurden, war das Publikum in den privaten Theatern gewiß elitär, denn die Eintrittspreise fingen erst bei sechs Pence an.

Schließlich florierte weiterhin das Theater am Hof. Zwar waren es neben den sehr häufig auftretenden Knabentruppen oft die Schauspieltruppen aus den öffentlichen und privaten Theatern, die ihre Stücke dort darboten, doch insbesondere bei den Maskenspielen, jener typischen Unterhaltungsform des Adels, ging die Hofbühne ihren eigenen Weg. Der Bühnenarchitekt Inigo Jones (1573–1652) verwandelte diese Maskenspiele, die Musik, Tanz und Drama miteinander verwoben, in Ausstattungsinszenierungen auf einer Kulissenbühne, die bereits auf eine andere Epoche vorausweist. Von hier, nicht von den großen öffentlichen Theatern ging die Weiterentwicklung der englischen Bühne in späterer Zeit aus.

Die elisabethanischen Dramen sind fast alle für dieses vielfältige und erfolgreiche Theater geschrieben: jeweils für bestimmte Truppen, die Figuren für bestimmte Schauspieler. Der größte der Dramatiker, William Shakespeare, spielte selbst. Auch seine beiden bedeutendsten Konkurrenten, der ungestüme Christopher Marlowe und der klassisch-gelehrte Ben Jonson, schrieben im Auftrag bestimmter Truppen. Wohl kennen wir die Namen von etwa 200 Stückeschreibern, doch von ihren Dramen sind vielfach nur noch die Titel überliefert.

Das elisabethanische Drama wurde aus zwei völlig unterschiedlichen Traditionen gespeist. Zum einen war da die englische mittelalterliche Tradition der Mysterien- und Mirakelspiele, der Moralitäten und der späteren Interludien (Zwischenspiele). In den Mysterien gab es bereits die Mischung von Erhabenem und Derbem, von Ernst und Komik, in den Moralitäten die pointierten Entscheidungssituationen zwischen dem richtigen und falschen Weg und in den Interludien die Säkularisierung des vorher durchweg religiösen Theaters. Auch bestimmte Figurentypen, die für das elisabethanische Drama wichtig werden sollten, sind da vorgebildet, so die Figur des Lasters (Vice), die ohne tiefgehende Motive, aber im monologischen Kontakt mit dem Publikum ihre bösen Taten ankündigt und ausführt. Neben dieser Tradition gewann, bedingt durch humanistische Schulen und den Geist der Renaissance, die lateinische Dramenliteratur an Einfluß. Man las die Komödien des Plautus und des Terenz und die Tragödien des Seneca, der seinerseits griechische Vorbilder nachgeahmt hatte. Diese Werke lieferten das Muster für den Akt- und Szenenaufbau, für den Chorus sowie für bestimmte Motivstrukturen und Bühnentypen.

Diese Vermischung von mittelalterlicher und antiker Dramentradition, die sich daraus ergebende Vielfalt und Buntheit der Stücke erwies sich als besonderer Glücksfall der Theatergeschichte.

Die frühe elisabethanische Komödie

Vor allem die frühesten Komödien der Epoche zeigen den Einfluß der römischen Komödie, so etwa *Ralph Prahlhans* (*Ralph Roister Doister*, um 1552) von Nicholas Udall, der Schulleiter von Eton und Westminster war. Die Handlung mit der Werbung des großsprecherischen Feiglings Ralph um die tugendhafte Witwe Custance lehnt sich an Terenz' *Eunuchus* an, die Titelfigur ist Plautus' *Miles gloriosus* entnommen. Die Figur des raffinierten Dieners Merrygreek aber, der die Intrigen einfädelt, trägt Züge der volkstümlichen Lasterfigur, des Vice.

Die frühe elisabethanische Komödie
Die frühe elisabethanische Tragödie
Die frühe elisabethanische Historie

Die Komödie *Gammer Gurtons Nadel* (*Gammer Gurton's Needle*, um 1553) – sie stammt möglicherweise aus der Feder von William Stevenson – dreht sich um eine verschwundene Nadel, die sich schließlich im Hosenboden des Tölpels Hodge wiederfindet. Die vielen Verwechslungen und Täuschungen sowie der Aktaufbau sind dem Plautus entlehnt, der Intrigant Diccon ist eine Vice-Figur. Auch die derbe Sprache verweist auf die englischen Moralitäten.

John Lyly (um 1554–1606), Hofmann, Sekretär des Earl of Oxford und Leiter der Knabentruppe der St.-Paul's Schule, griff in seinen höfischen Liebeskomödien wie beispielsweise in *Alexander und Campaspe* (1584), *Mutter Bombie* (*Mother Bombie*, um 1590) und in *Endimion* (1591) antike und mythologische Stoffe auf, verwendete Figurentypen und Motive der römischen Komödie und verknüpfte diese mit der eher derben und schwankhaften Komik der englischen Dramentradition. Den euphuistischen Stil, den er in seinem zweiteiligen Roman *Euphues* (1578/80) geschaffen hatte, führte er auch in seine Komödien ein. Dieser mit Anspielungen und Wortspielen überladene, geistreiche, doch auch enorm manierierte und preziöse Stil beeinflußte die nachfolgenden Komödien, auch die frühen Shakespeares, der sich vom Euphuismus schließlich dadurch freimachte, daß er ihn parodierte.

George Peele (um 1556–um 1596) hat viele und ganz unterschiedliche Dramen geschrieben. Herausragend: das pastorale Maskenspiel *Paris vor Gericht* (*The Arraignment of Paris*, um 1581) und die Komödie *Die Altweibergeschichte* (*The Old Wives' Tale*, 1590), die märchenhafte Figuren und Motive in einem solchen Ausmaß häuft, daß sie als Parodie zeitgenössischer Romanzendramen erscheint.

Bei Robert Greenes (1558–1592) Komödien *Bruder Bacon und Bruder Bongay* (*Friar Bacon and Friar Bongay*, 1589) und *Jacob IV.* (*James IV.*, 1590) handelt es sich um romantische Liebesgeschichten, verwoben mit märchenhaften und auch historischen Elementen; wieder finden sich Motive der Plautinischen Komödie neben solchen der englischen Interludien. *Ein Spiegel für London und England* (*A Looking glass for London and England*, 1590), gemeinsam mit Thomas Lodge verfaßt, ist hingegen ein an

Effekten reiches Stück über den Sittenverfall der britischen Metropole.

Die frühe elisabethanische Tragödie

In der älteren dramatischen Literatur Englands gab es keine Tragödienvorbilder. Lediglich in der erzählenden Literatur fanden sich – allerdings sehr beliebte – Darstellungen, die den Aufstieg und den anschließenden Fall hochgestellter Persönlichkeiten in Unglück und Tod beschrieben (etwa John Lydgates *Fall of Princes*, 1430/38, und der von William Baldwin herausgegebene *Mirror for Magistrates*, 1559).

Um so größer war der Einfluß der Tragödien des Seneca. Anfangs ahmte man sie darin nach, daß der Handlungsgang mehr berichtet als in Szene gesetzt wurde, sowie in Aufbau, Figuren und Motiven – wie beispielsweise Nicholas Grimald in dem lateinisch geschriebenen *Archipropheta* (1548). An ein elitäres Publikum richtete sich auch die erste englische Blankverstragödie *Gorboduc* (1562), verfaßt von den beiden Parlamentsmitgliedern Thomas Norton und Thomas Sackville (der auch einer der bedeutendsten Beiträger des *Mirror for Magistrates* gewesen war). Die Tragödie behandelt die Geschichte des englischen Sagenkönigs Gorboduc, der sein Reich bereits zu Lebzeiten unter seine Söhne Ferrex und Porrex aufteilt und es damit in Chaos und Bürgerkrieg stürzt. Während Senecas Einfluß in den ausgefeilten Reden und Berichten deutlich wird, ist die Moral eher der in den Erzählungen des *Mirror* ähnlich und zielte offenbar auf das Thronfolgeproblem zu Elisabeths Zeit.

Erst *Die Spanische Tragödie* (*The Spanish Tragedy*, um 1586) von Thomas Kyd (1558–1594) vermochte dann die Tragödie im Volkstheater populär zu machen. Auch wenn Kyd vieles von Seneca übernahm, so den zur Rache auffordernden Geist des ermordeten Höflings Andrea, akzentuierte er doch nachhaltig um und reicherte mit Elementen des Volkstheaters an. Vor allem aber präsentierte Kyd im Gegensatz zur Seneca-Tragödie jene Ereignisse, die in erster Linie Greueltaten sind, auf offener Bühne. Dem Zuschauer werden acht Morde und Selbstmorde, eine öffentliche Aufknüpfung und das Abbeißen einer Zunge dargeboten, bis die letzte Rachetat ausge-

führt und auch der Mord am Sohn des spanischen Generals Hieronymo gesühnt ist. Erst in diesem gewaltigen und blutrünstigen Bühnenspektakel ist das bei Seneca dominierende Aneinandervorbeireden zum wirklichen Dialog umgeformt. Bis in Shakespeares *Hamlet* hinein ist die Wirkung dieser Tragödie zu verfolgen.

Die frühe elisabethanische Historie

Neben Komödien und Tragödien bildeten sich im 16. Jahrhundert in England die Historien heraus; Geschichtsdramen, die speziell die englische Geschichte behandeln. Die Elisabethaner, und zwar Adel wie Volk, brachten ihnen ein gewaltiges Interesse entgegen, da sie in der Geschichte die Wurzeln ihrer gegenwärtigen gesellschaftlichen und politischen Ordnung sahen. Bestimmte Figuren und Epochen waren besonders populär, so vor allem die damals noch nicht lange zurückliegenden Kämpfe der Häuser Lancaster und York im 15. Jahrhundert, von der Absetzung Richards II. (1399) bis zum Sieg des Tudors Heinrich VII. über Richard III. (1485). Den Stoff entnahmen die Dramatiker vorzugsweise den Chroniken von Raphael Holinshed (*Chronicles of England, Scotland and Ireland*, 1577/87) und Edward Hall (*The Union of the Two Noble and Illustre Famelies of Lancastre and Yorke*, 1548). Daneben griffen sie gern auf den *Mirror for Magistrates* (1559) sowie auf John Lydgates *Fall of Princes* (1430/38) zurück – zwei Werke, die auch als Vorlage für die elisabethanische Tragödie Bedeutung haben. In ihrer dramatischen Konstruktion lehnen sich die Historien teilweise an die Moralitäten an, was in dem frühen König-Johann-Stück (*Kynge Johan*, um 1538) von John Bale besonders sinnfällig wird: Alle Figuren außer Johann tragen anfangs die allegorischen Namen der Moralitäten und erhalten erst allmählich historische, so daß etwa aus »Aufruhr« (Sedition) Stephen Langton wird.

Allerdings entstanden erst in den achtziger Jahren Historien, die größere Beachtung fanden; sie weisen neben dem Einfluß der Moralitäten auch jenen der Tragödien Senecas auf, so vor allem Thomas Legges lateinisches Drama *Richardus Tertius* (1579). Von unbekannten Verfassern stammen: *Die berühmten Siege Heinrichs V.* (*The Famous*

Victories of Henry V), *Die wahre Tragödie von Richard III.* (*The True Tragedy of Richard the Third*) und *Die unruhige Regierungszeit König Johanns* (*The Troublesome Reign of King John*). Sie wurden alle um 1588/89 verfaßt; kurz nach 1590 entstanden die anonymen Historien *Woodstock, Eduard III.* und Peeles *Eduard I.* Sie konkurrierten mit den Historien Shakespeares und Marlowes, die die Meisterwerke auch dieser Gattung schrieben.

Christopher Marlowe

Stipendien ermöglichten dem Sohn eines Schuhmachers aus Canterbury den Schulbesuch und das anschließende Studium der Theologie in Cambridge. Den Magister Artium erhielt Marlowe (1564–1593) allerdings erst auf Intervention des Rates (Privy Council) der Königin, denn offenbar hatte er sich stärker seinen geheimdienstlichen Tätigkeiten für die Krone gewidmet als den Büchern. Auch in den nachfolgenden Jahren in London scheint Marlowe ein bewegtes Leben geführt zu haben: Mal wurde er verhaftet, weil er jemanden im Duell getötet hatte, mal war er wegen Atheismus angeklagt, und schließlich kam er bei einer Messerstecherei im Alter von 29 Jahren ums Leben.

Marlowe begann seine literarische Karriere mit der Übersetzung der Werke Ovids und Lukians und hinterließ das unvollendete epische Gedicht *Hero und Leander*. Seine Bedeutung errang er aber allein als Dramatiker. In kurzer Abfolge schrieb er die Tragödien *Dido* (um 1587), *Tamerlan der Große* (um 1587), *Doktor Faustus* (um 1588/92), *Der Jude von Malta* (1589), *Das Blutbad zu Paris* (um 1592) und die Historie *Eduard II.* (um 1591/93).

Dido, Königin von Karthago (*Dido, Queen of Carthage*), Marlowes vermutlich frühestes Stück, wurde gemeinsam mit Thomas Nashe verfaßt oder von Nashe vollendet. Vergils *Aeneis* folgend, ist es recht untypisch für Marlowes Schaffen und war kein großer Theatererfolg.

Um so farbiger und auf dem Theater erfolgreicher treten uns jedoch Marlowes andere Werke entgegen. Vor allem die übermächtigen, titanischen Gestalten, die Marlowe auf die Bühne brachte und die eher an der Begrenztheit ihres Menschseins scheitern als an falschen Entscheidungen (wie die Charaktere Shakespeares), waren neu auf dem elisabethanischen Theater. Mit ihnen treten entfesselte Renaissancemenschen auf die Bühne und stellen die Zuschauer bis heute vor die Frage, wie man sie zu beurteilen hat: Ist Tamerlan bewunderungswürdig oder zu verabscheuen? Handelt Faustus aus souveräner Klugheit heraus oder aus dummer Eitelkeit? Ist Barabas ein Ausbund an Bosheit oder ein getriebenes Opfer? Bedeutend sind Marlowes Dramen darüber hinaus in ihrer Sprachgestaltung; sie führten den Blankvers endgültig ins elisabethanische Drama ein und wurden in dieser Hinsicht auch für den frühen Shakespeare vorbildhaft.

Tamerlan der Große

Marlowes erste prometheische Figur ist der Mongolen-Khan Tamerlan (Timur), der sich vom skythischen Schafhirten zunächst zum König von Persien und danach zum Herrscher über ganz Vorderasien und Nordafrika aufschwingt. Mit seiner unbändigen Energie und Tatkraft überrollt er alle seine Gegner und beauftragt schließlich seine Söhne, nichts weniger als eben die ganze Welt zu erobern. *Tamburlaine the Great* zeigt aber auch die Kehrseite dieser entfesselten Kraft: Grausamkeit, Amoral und Menschenverachtung. Könige werden als Zugtiere und Fußschemel benutzt oder in Käfigen mitgeschleppt, Städte dem Erdboden gleichgemacht, und Calyphas, der Sohn Tamerlans, der nicht so martialisch geraten ist, wie ihn der Vater sich wünscht, wird von Tamerlan kurzerhand erstochen. Die Grenze seiner Macht findet Tamerlan dann am Tod, den er zwar stets als seinen Sklaven und Diener bezeichnet, der sich letztlich aber als mächtiger erweist: Weder kann Tamerlan den Verlust der geliebten Gattin Zenokrate verhindern, noch sein eigenes Dahinsiechen aufhalten.

Doktor Faustus

Auch bei dieser Tragödie steht im Mittelpunkt ein Übermensch, der nach den Sternen greift und seine menschliche Begrenztheit zu überwinden trachtet. Wie in dem 1587 erschienenen deutschen Faust-Buch verkauft Marlowes Protagonist in einem Teufelspakt seine Seele, um mit Hilfe der Magie und des Mephistophilis das Wissen und die Macht zu erlangen, die ihm die alten, scholastischen Wissenschaften nicht geben können. In großen Monologen, im Chorus, in Zaubereien vor Papst, Kaiser und Studenten geht das vor sich; gute und böse Engel und ein »alter Mann« streiten um ihn. Auch seinen unstillbaren Drang nach sinnlicher Schönheit will er befriedigen: Mephistophilis läßt die griechische Helena erscheinen. Eine prometheische Renaissancefigur, die sich aus mittelalterlicher Unmündigkeit und Naivität zu befreien sucht und nach Aufklärung, Selbstverwirklichung und Autonomie strebt. Doch demonstriert das Drama ähnlich wie *Tamerlan* zugleich die Kehrseite einer solchen Emanzipation: Was Faustus tatsächlich vom Teufel für den Verkauf seines Seelenheils erhält, ist bitter wenig, und der Preis ist hoch. Die Emanzipation bedeutet zugleich den Jenseitsverlust, die Autonomie mündet in der Einsamkeit und Isolation des Individuums.

Der Jude von Malta

Drängt es Tamerlan vor allem nach Macht und Faustus nach Wissen (das gleichfalls Macht bewirken soll), so giert Barabas, *The Jew of Malta*, nach Geld und Gold. Von den Christen auf Malta um seinen Reichtum betrogen, wandelt er sich zum blindwütigen Rächer. Und als sich während seiner blutrünstigen Abrechnung seine Tochter Abigail, die er als sein Eigentum betrachtet, von ihm abwendet, zögert er nicht, sie zu ermorden. Schließlich tappt Barabas selbst in eine Falle, die er anderen zugedacht hat. Doch beim Zuschauer kann keine Freude über das Ende des Unmenschen aufkommen, denn alle Figuren (mit Ausnahme Abigails) sind Krämerseelen, die wie Barabas nach Geld trachten; es fehlt ihnen nur das Format des Juden, der im Ausmaß seiner Bosheit fatale Größe gewinnt.

Das Blutbad zu Paris

Mit verwegenem Griff holte sich Marlowe für *The Massacre at Paris* (gespielt 1592, gedruckt ohne Datum) den Stoff aus seiner unmittelbaren Gegenwart, aus den Hugenottenkämpfen in Frankreich, an denen England beteiligt war. 1589 war Heinrich III. von Frankreich ermordet worden und der König von Navarra als Heinrich IV. auf den Thron gekommen. Beide stehen in diesem

Das National Theatre London eröffnete sein großes Haus, das Olivier-Theater, mit Marlowes »Tamerlan der Große«, Regie Peter Hall mit Albert Finney als erschreckendem und erschrecktem Tyrannen.

Marlowe »Dr. Faustus«, Oxford 1966, Regie Nevill Coghill; Richard Burton als Faustus: sein »charakteristischer trockener Humor erhellte die Frivolität des Zynikers«. Elizabeth Taylor als Helena: »Ihr Gesicht und ihre Schönheit hatten allein nicht genügt, wenn nicht ihre Würde und ihre Anziehungskraft dazugekommen wären« (aus »Plays and Players«).

Stück auf der Bühne. Der Held ist der Herzog von Guise (1588 ermordet), der wildeste Hasser und Mörder auf katholischer Seite; sein Ehrgeiz greift nach höchsten Zielen, auch nach der Krone: »Für dies wach' ich, wenn and're schlafend mich seh'n.« Das Stück spannt sich von der Bartholomäusnacht bis zur Ermordung Heinrichs III. – in knappen, zunehmend skizzenhaften Szenen.

Eduard II.

In *Edward II* tritt nicht eine faszinierend-beklemmende Gestalt ins Zentrum des Spiels, sondern die Handlungsimpulse gehen von mehreren historischen Figuren aus. Auf der Basis zeitgenössischer Chroniken dramatisiert Marlowe die Regierungszeit Eduards II., der als Herrscher ein verblendeter, und von seinem Geliebten Gaveston abhängiger, unfähiger Monarch ist. Doch nach seinem Sturz entwickelt er sich zum Leidenden und Duldenden, gewinnt Einsicht in seine Fehler. Die rebellischen Feudalen hingegen, die sich im Namen der Gerechtigkeit, angeführt von der durch Edward verschmähten Königin und ihrem Geliebten Mortimer, gegen ihn erheben, entpuppen sich durch die grausige Ermordung des Königs (er wird gepfählt) als Tyrannen. Am Ende läßt der neugekrönte Sohn, Eduard III., Mortimer hinrichten und seine Mutter ins Gefängnis setzen. Das Rad der Fortuna, im Stück oft beschworen, hat sich weitergedreht. Das Drama, das Marlowes wachsende Reife und Erfahrung ausweist, ist zu Recht mit Shakespeares *Richard II.* verglichen worden. Der junge Brecht hat es 1924 eingreifend bearbeitet.

Eduard III.

Erst bei Shakespeare findet man ein solch ungebrochenes Pathos, einen solchen Triumph des königlichen Sinns, des Todesmuts, der Ehre und Treue wieder wie in dem anonymen Drama *Eduard (Edward) III.* (1592/95); wohl deshalb wurde es ihm damals zugeschrieben. Aber auch Marlowe hielt man für den Verfasser, schon deshalb, weil es chronologisch auf *Eduard II.* folgt. Greene dagegen, der ebenfalls als Verfasser in Frage käme, kann man weder die klar und fest umrissenen Charaktere noch den Glauben an Überzeugungen zutrauen. Die Figuren haben etwas Statuarisches, agieren in wortreicher Rhetorik, und die stark bewegte Handlung kommt nicht ohne ausführliche Botenberichte aus. Trotzdem überzeugt das Stück durch die Geschlossenheit seines Stils. Bemerkenswert der zweite Akt mit der bedrängenden Werbung Eduards um die Gräfin Salisbury; sie muß ihre Abwehr bis zur Selbstmorddrohung steigern, ehe der König begreift und sich voll Scham ihrer stolzen Weiblichkeit beugt. Der von nun an strahlende Herrscher, der Eroberer Frankreichs, wird im Krieg als hart (er schickt dem kämpfenden Sohn keine Hilfe, um ihn zur Selbständigkeit zu zwingen), gleichzeitig aber als mild (gegenüber den Bürgern von Calais) gezeigt. Auch unter den französischen Gegnern sind Männer von Ehre wie der Königssohn Karl und Villiers, die sich beide von einem gegebenen Ehrenwort nicht abbringen lassen.

Arden von Feversham

Ein Beispiel dafür, daß auch in der Tragödie nicht nur die Welt der Großen, sondern ebenso das bürgerliche Leben zum Gegenstand werden kann, ist dieses anonyme Stück, das vermutlich um das Jahr 1586 entstand. Der Stoff ist der Chronik Holinsheds entnommen, die auch Shakespeare für seine Historien benutzte. Ein Liebespaar will sich des Gatten der Frau entledigen. Erst versuchen die beiden es mit Gift, dann mit gedungenen Mördern. In vier Akten wird die Tat vorbereitet, sie mißlingt mehrmals, teilweise durch komische Zwischenfälle. Zu Beginn des fünften Aktes kommt es zu dem Verbrechen, und die Schuldigen werden verhaftet. Im Epilog verkündet ein Freund des Ermordeten ihr Ende und die Legende, daß sich ein Abdruck des Toten zwei Jahre lang im Gras erhalten habe. Trotz der langsamen dramatischen Entwicklung liegt eine unheimliche Spannung und Stimmung in dem Stück. Bemerkenswert ist die Zeichnung des Liebespaares: Beide sind sich ihrer Falschheit bewußt, und so wächst ihr gegenseitiges Mißtrauen.

William Shakespeare

Vielleicht ist es nicht verfehlt, zunächst zu betonen, daß Shakespeare (1564–1616) mit großer Sicherheit der Autor jener Dramen ist, die man ihm heute zuschreibt. Denn besonders im 19. und frühen 20. Jahrhundert wurde bezweifelt, daß ein »Hinterwäldler« wie Shakespeare Stücke verfaßt haben könne, die zu den größten und schönsten der Weltliteratur gehören. Doch als so gewiß es heute gilt, daß der in Stratford geborene Shakespeare diese Dramen geschrieben hat, so wenig wissen wir über sein Leben. Durch Dokumente belegt sind Shakespeares Taufe am 26. April 1564, seine Heirat mit Anne Hathaway im November/Dezember 1582 und die Taufe der ersten Tochter im Mai 1583. 1585 wurde das Zwillingspaar Hamnet und Judith geboren.

Vermutet wird, daß Shakespeare, dessen Vater es in seinen guten Jahren immerhin zum Bürgermeister von Stratford brachte, die Grammar School des Ortes besuchte und nicht so ungebildet war, wie man manchmal behauptet hat. Unklar bleibt, warum und wann genau Shakespeare Frau und Kinder in Stratford zurückließ und nach London ging – aus der Zeit zwischen 1585 und 1592 ist nichts überliefert. Aus dem Jahr 1592 ist eine boshafte Äußerung Robert Greenes bekundet: über die heraufgekommene Krähe, die sich für den einzigen Szenen-Erschütterer (shake-scene) im Lande halte. Er muß also zumindest in Theaterkreisen bereits recht bekannt gewesen sein, obgleich er erst wenige Stücke auf die Bühne gebracht hatte.

Vielleicht weil zwischen 1592 und 1594 die Theater längere Zeit wegen der Pest geschlossen waren, schrieb Shakespeare damals die Verserzählungen *Venus und Adonis* und *Die Schändung der Lucretia* (*The Rape of Lucrece*), die 1593 und 1594 veröffentlicht wurden. Er widmete sie seinem Gönner, dem Earl of Southampton, in dem man auch den Adressaten eines Großteils seiner Sonette vermutet. Diese mögen um die gleiche Zeit entstanden sein, wurden aber erst 1609 gedruckt.

Shakespeare hatte keine Rhetorik, keine Philosophie und Astronomie studiert, er brachte keine Übersetzungen aus dem Griechischen und Lateinischen mit, aber ihm kam die Flut von zeitgenössischen Übersetzungen antiker Werke, italienischer und französischer Literatur zugute. Seine Universität wurde London, aber die Welt, die er in sich trug oder auf die er sich nostalgisch zurückbezog, war die ländliche von

Stratford. Vor seinen Augen stand, was sich ihm in seiner Jugend eingeprägt hatte: Wald, Garten und Getier, Wiese und Fluß, der wechselnde Duft der Jahreszeiten. Shakespeare hat im Kreis seiner Kollegen vom Theater gelebt, aber er traf sich auch mit seinen Stratforder Landsleuten, dem Buchdrucker Richard Field, dem Dichter Michael Drayton, mit Freunden und Neidern. Der junge Earl of Southampton erschloß ihm seinen Kreis, zu dem Essex gehörte, der unruhige Günstling der Königin, und gelehrte Männer wie der Italiener Florio, der Montaigne-Übersetzer. Die aristokratische Jugend schwelgte im Reichtum der neuerschlossenen antiken Quellen. Was Shakespeare hier hörte und sah, was er las und diskutierte – Cäsar und Livius, Vergil und Horaz, Ovid und Seneca –, das ging ebenso in seine Vorstellungswelt ein wie die Berichte der Reisenden, die Italien und andere Länder kannten. Auch die Mode und vorherrschende Strömungen der Zeit beeinflußten ihn: der Hang zur Schönheit, die Verehrung edler Geburt, elegische Neigung zur Jugend. Die Sonettenflut jener Jahre inspirierte auch seine poetischen Neigungen. »Love«, das Zauberwort seiner Gedichte, ist weder physisch noch besitzergreifend gemeint; es bedeutet einfach Entzücken und Staunen, aber es beinhaltet daneben Gifte der Enttäuschung und kann leicht zur melancholischen Klage über das Hinschwinden aller Herrlichkeit werden.

Bald aber hielt ihn das Theater fest, bald sah er nichts anderes mehr als die Welt auf der Bühne. Es gab nur noch neue Stücke, die Arbeit eines rasch und leicht produzierenden Theatermannes. Offenbar schloß Shakespeare sich 1594 der Theatertruppe an, die sich als Lord Chamberlain's Men neu formierte (vorher: Lord Strange's Men) und zu der auch Richard Burbage (um 1567–1619) stieß, der bekannteste Tragöde der Zeit. In dieser Truppe wirkte Shakespeare als Schauspieler, als Regisseur und vor allem als Autor der Dramen, die einen dauerhaften Erfolg sicherten. Die Chamberlain's Men spielten häufiger als alle Konkurrenten vor der Königin bei Hofe. Nach ihrem Tode und der Thronbesteigung Jakobs I. (1603) firmierte die Truppe als King's Men. 1599 baute sie ihr eigenes »öffentliches« Theater, das Globe, und 1608 erwarb sie zusätzlich das »private« Blackfriars Theatre.

Schon früh war Shakespeare Teilhaber der Truppe, später auch der Theater, so daß er ein beachtliches Einkommen erzielte. Um 1612 zog er sich, recht wohlhabend, nach Stratford zurück, wo er das zweitgrößte Haus des Ortes und mehrere Grundstücke kaufte und als angesehener Bürger lebte. Er starb am 23. April 1616 und wurde im Chor der Holy Trinity Church in Stratford beigesetzt.

Anders als bei den Sonetten und Verserzählungen trachtete Shakespeare nicht danach, seine Dramen zu veröffentlichen. Ganz im Gegenteil: Das wertvollste Kapital der Truppe sollte nicht der Konkurrenz zugänglich werden. Dennoch ist eine Reihe seiner Dramen zu Lebzeiten des Autors gedruckt worden, und zwar in den sogenannten Quartos. Da sich mit Buchausgaben erfolgreicher Dramen gute Geschäfte machen ließen, scheuten die Verleger keine Mühe, an die Texte heranzukommen. Teilweise basieren diese Quarto-Drucke wohl auf der Rekonstruktion durch Zuschauer oder beteiligte Schauspieler; andere scheinen auf Adaptionen für bestimmte Aufführungen zu beruhen. Neben diesen von der Forschung als »zweifelhaft« (bad bzw. doubtful) eingestuften Quartos gibt es von elf Dramen aber auch »gute« Quartos, bei denen autorisierte Manuskripte als Druckvorlagen dienten. Einige der Stücke hat Shakespeare offenbar veröffentlicht, um drohenden schlechten Quartos zuvorzukommen; bei anderen wollten sich Autor und Truppe wahrscheinlich eine Beteiligung am Profit des Verlegers sichern. Erst sieben Jahre nach Shakespeares Tod, 1623, publizierten dann seine Schauspielerkollegen John Heminge und Henry Condell eine Gesamtausgabe seiner Werke, die »First Folio«. Sie enthält 36 Dramen (die von Shakespeare nicht allein verfaßten Stücke *Pericles* und *Die beiden edlen Vettern* sind ausgespart). Die First Folio gliedert das Œuvre in Komödien, Historien und Tragödien – eine Einteilung, die sich bis heute als angemessen erwiesen hat.

Obgleich die Folio-Ausgabe überwiegend autorisierten Theatermanuskripten folgt, waren die Druckvorlagen von höchst unterschiedlicher Qualität; auch in den Satz schlichen sich zahlreiche Fehler ein. So kommt dieser Ausgabe zwar ein unschätzbarer Wert zu, weil sie Shakespeares Dra-

men für die Nachwelt bewahrte, aber sie stellt der Shakespeare-Philologie die bis heute anhaltende Aufgabe, den ursprünglichen, den »originalen« Text zu rekonstruieren. Auch eine moderne Shakespeare-Ausgabe bietet nur einen synthetischen Text, das Produkt jahrhundertelanger Bemühungen der Textkritik – nicht unbedingt den Text, den Shakespeare geschrieben hat. Ähnliche Schwierigkeiten wie beim Wortlaut stellen sich hinsichtlich der Datierung. Bei manchen Stücken steht das Uraufführungsdatum fest; bei anderen läßt sich die Entstehungszeit nur vage bestimmen. Nach heutigen Erkenntnissen sieht die Chronologie der Dramen Shakespeares etwa so aus (in Klammern der Erstdruck des jeweiligen Dramas als Quarto - Q - oder in der Folio - F -) – siehe Seite 48.

Charakteristisch für Shakespeares Werk ist seine Vielfältigkeit, Reichhaltigkeit und Offenheit. Schon bei den Vorlagen zu seinen Stücken legte sich Shakespeare keinerlei Beschränkung auf; er schöpfte aus Geschichtswerken ebenso wie aus phantastischen Erzählungen. Entsprechend weit spannt sich sein dramatischer Kosmos, der nicht auf das empirisch Erfahrbare begrenzt ist, sondern neben realen Schauplätzen auch verzauberte Wälder umfaßt, himmlische Sphären und Unterwelten. Innerhalb der menschlichen Gesellschaft reicht das Spektrum der Schauplätze von der Kirche bis zum Bordell. Neben historischen Figuren treten Geister, Hexen und Feen auf; zusammen mit Königen agieren Berufsmörder, Huren und Blutschänder; neben der verkörperten Unschuld und Reinheit präsentiert Shakespeare abgefeimte Schurken, und neben eindimensionale, karikaturhafte Gestalten stellt er überaus komplexe Charaktere. Erhabenes und Schönes wird kontrastiert mit finsteren Abgründen, das Heilige mit dem Höllischen, das Verspielt-Verträumte mit der brutalen Wirklichkeit. Ernstes und Tragisches mischt sich mit farcenhafter Komik, blühendste Metaphorik in den Blankversen wird von derbster Prosa unterbrochen.

Offen erscheinen auch viele Figuren Shakespeares insofern, daß sie keine von vornherein festgelegte Identität besitzen, sondern danach suchen. Offen sind schließlich die Dramen insgesamt, indem sie keine Ansichten präsentieren, sondern Befunde.

Historien	Tragödien	Komödien
Bis 1594		
König Heinrich VI. (1. Teil F, 2. und 3. Teil Q 94 und 95) König Richard III. (Q 97) König Johann (F)	Titus Andronicus (Q 94)	Die Komödie der Irrungen (F) Zwei Herren aus Verona (F) Der Widerspenstigen Zähmung (F) Verlorene Liebesmüh (Q 98)
1595–1600		
König Richard II. (Q 97) König Heinrich IV. (1. Teil Q 98, 2. Teil Q 00) König Heinrich V. (Q 00)	Romeo und Julia (Q 97 und 99) Julius Caesar (F)	Ein Sommernachtstraum (Q 00) Der Kaufmann von Venedig (Q 00) Die lustigen Weiber von Windsor (Q 02) Viel Lärm um nichts (Q 00) Wie es euch gefällt (F)
1601–1605	Hamlet (Q 03 und Q 04) Troilus und Cressida (Q 09) Othello (Q 22) König Lear (Q 08)	Was ihr wollt (F) Ende gut, alles gut (F) Maß für Maß (F)
1606–1611	Macbeth (F) Antonius und Cleopatra (F) Coriolan (F) Timon von Athen (F)	Pericles (Q 09) Cymbeline (F) Das Wintermärchen (F)
1612 und später		
König Heinrich VIII. (F)		Der Sturm (F) Die beiden edlen Vettern (Q 34)

größten Umwälzungsprozeß in der Geschichte der Menschheit dargestellt hat. Im Mittelalter war der Mensch in feste Gemeinschaften eingebunden, auch in ein geordnetes Weltbild und in einen sinnerfüllten göttlichen Heilsplan. Diese Ordnung und Harmonie jedoch zerbrach zu Beginn der Neuzeit: Plötzlich drehte sich die Sonne nicht mehr um die Erde, es gab kein oben und unten, keinen Himmel und keine Hölle mehr und also vielleicht auch keinen Gott und keinen Teufel. Der König erschien nicht mehr unbezweifelbar als Stellvertreter Gottes auf Erden, sein Volk nicht mehr als seine »natürlichen« Untertanen. Das Individuum emanzipierte sich aus der mittelalterlichen Unmündigkeit, Irrationalität und Wir-Identität zur fortschrittlichen Rationalität und Autonomie. Doch es erkaufte diese Emanzipation mit Bindungsverlust. Wohl nur in einer solchen Zeit konnten alle Werte derart rückhaltlos in Frage gestellt werden. Shakespeares besondere Radikalität zeigt sich darin, daß er in seinen Dramen die alten Auffassungen und die neuen aufeinanderprallen läßt. Daß Shakespeare in so vielen Epochen und Ländern der meistgespielte Autor ist und seine Stücke in ganz unterschiedlichen Gesellschaften immer wieder als aktuell erschienen sind, hängt nicht zuletzt mit dieser Offenheit seiner Dramen zusammen. Indem er nämlich bedeutende Fragen stellt, ohne sie durch zeitbedingte Ansichten zu verschleiern, fühlt sich jede Generation aufs neue herausgefordert, in ihren Inszenierungen die jeweils eigenen Antworten zu liefern. Daß z. B. Hamlet melancholisch, romantisch, philosophisch, aktivistisch, revolutionär oder wie immer anders geartet auf die Bühne tritt, resultiert eben daraus, daß Shakespeare die Figur nicht festgelegt hat, sondern fragt, wie es um sie und die Kreatur überhaupt bestellt ist.

Shakespeares Historien

Gäbe es Shakespeares Königsdramen nicht, wäre die dramatische Gattung der Historie, die allein im 16. und 17. Jahrhundert florierte, wohl nur noch von literaturgeschichtlicher Bedeutung. Von Shakespeares zehn Historien dramatisieren acht einen zusammenhängenden Zeitraum von rund 90 Jahren, der mit der Absetzung König

Shakespeare ergreift keine Partei, propagiert keine Ideen, liefert keine Richtlinien zur Bewältigung der Welt, sondern bildet sie widerspruchsvoll, komplex und offen ab, so daß sie sich allen Formeln, Etikettierungen und Ideologien entzieht. An Stelle bestimmter Auffassungen von der Natur des Menschen und der Welt dramatisiert Shakespeare die entscheidenden Fragen, führt er menschliche Existenz szenisch vor.

Daß diese Dramen zu den größten des Welttheaters zählen, liegt gewiß in erster Linie am Genie Shakespeare, hat aber auch viel mit der Zeit zu tun, in der Shakespeare lebte und wirkte. Die moderne Kulturwissenschaft betont immer nachdrücklicher, daß der Übergang vom Mittelalter zur Neuzeit, von mittelalterlichen Vorstellungen und Wertorientierungen zu neuzeitlichem Denken und Verhaltensmustern, den vielleicht

Richards II. (1399) beginnt, dann die Regierungszeiten von Heinrich IV. und Heinrich V. sowie die Rosenkriege zwischen den Häusern Lancaster und York umfaßt und schließlich mit der Herrschaft und dem Untergang Richards III. (1485) endet. Dabei hat Shakespeare zunächst jene vier Dramen geschrieben, die die späteren Ereignisse behandeln (die drei Teile von *Heinrich VI.* und *Richard III.*), dann erst *Richard II.*, die beiden Teile von *Heinrich IV.* und *Heinrich V.*

Obwohl Shakespeare in diesen Stücken sowie in *König Johann* und *Heinrich VIII.* die englische Geschichte personalisiert, wird sie doch nicht privatisiert. Vielmehr ruht das Augenmerk auf der Politik und der Herrscherethik, der Legitimität, Fähigkeit und Notwendigkeit. Shakespeare zeigt am Beispiel der Feudalgeschichte, wie Macht erlangt, erhalten, gebraucht und mißbraucht wird; mit welchen Mitteln die Regenten Herrschaft rechtfertigen und verbrämen; er führt die Methoden vor, mit denen man Unterdrückung ausübt, und die Strategien, mit denen man Rebellionen und Aufstände inszeniert.

Was die Historien zu fast allen Zeiten auf dem englischen Theater beliebt machte, ihr nationaler Stoff nämlich, hat ihre Wirkung in anderen Ländern zeitweise beeinträchtigt. In bestimmten Epochen aber (so im Zeichen des Historismus im 19. Jahrhundert und in den politisierten späten sechziger und siebziger Jahren unseres Jahrhunderts) fanden die Historien auch außerhalb Englands und besonders in Deutschland das Interesse der Theater und des Publikums.

König Heinrich VI.

Der zweite und dritte Teil dieser Trilogie zeigen den Sturz und die Ermordung des Reichsprotektors Gloster (Gloucester), die Verbannung und den Tod Suffolks, die Rebellion des Jack Cade, die Erhebung Eduards auf den Thron und die Ermordung Heinrichs. Die verderbliche Schwäche Heinrichs entspringt echter Frömmigkeit und Güte. Die Königin Margarete von Anjou, »die Wölfin von Frankreich«, erreicht trotz aller Herrschsucht und Weibsteufelei nicht ihre Ziele. Der Königsmörder Richard Gloster ist bereits auf den rücksichtslosen Schurken hin angelegt, als der er in *Richard III.* erscheint. Der erste Teil von *King Henry VI* schildert den Ausbruch der Rosenkriege und den Verlust der französischen Eroberung Heinrichs V. trotz der Heldentaten des Heerführers Talbot, dem La Pucelle, Jeanne d'Arc, anachronistisch als hexen- und hurenhafte Gegenspielerin kontrastiert ist.

Shakespeare formte die Trilogie als eine gewaltige Todesfuge, deren Handlung in ununterbrochener Folge immer wieder den Verrat und Treuebruch, von Intrigen und Folter, von Morden und Abschlachten bestimmt wird. Eine Szene des dritten Teils, in der ein Sohn entdeckt, daß er im Bürgerkrieg seinen eigenen Vater erschlagen hat, dann ein Vater erkennt, daß er den eigenen Sohn getötet hat, verdichtet die Vorgänge. Bei dem sich ständig wiederholenden Muster von Aufstieg und Fall gehen mit den düsteren Charakteren auch die humanen unter, wird mit dem Adel auch das Volk zugrunde gerichtet. Die Verantwortung für das mörderische Geschehen liegt dabei weniger im Gesellschaftssystem als vielmehr bei den einzelnen, die aus kurzsichtigen Interessen heraus letztlich fatale Entscheidungen treffen.

König Richard III.

In den beiden Monologen der ersten Szene von *King Richard III* legt Richard, Herzog von Gloster, bucklig und hinkend, dar, mit welchen Strategien er den Thron zu gewinnen gedenkt, und diese Pläne führt er dann schnell, radikal und in überlegener Weise aus. Mit meisterhafter Verstellung und virtuosem Rollenspiel täuscht er seine Gegner, die allerdings fast allesamt selbst Mörder und Schurken sind, und wer nicht eines natürlichen Todes stirbt wie Richards Bruder König Eduard, der wird aus dem Wege geräumt: »Mein war ein Eduard, doch ein Richard schlug ihn; / Mein war ein Heinrich, doch ein Richard schlug ihn; / Dein war ein Eduard, doch ein Richard schlug ihn; / Dein war ein Richard, doch ein Richard schlug ihn.«

Als »regierenden Verbrecher« (K. H. Ruppel), als mit Lüge, Propaganda und Mord den Thron erlangenden, zeigte der Regisseur Jürgen Fehling den dritten Richard 1938 im Preußischen Staatstheater Berlin – mit Werner Krauß in der Titelrolle und Bernhard Minetti als Richards Helfer Buckingham auf der Bühne Traugott Müllers.

Als Richard schließlich auf dem Thron sitzt, stellt sich heraus, daß die Mittel zur Machtergreifung nicht in gleicher Weise zur Machterhaltung taugen. Er wird zusehends Opfer seiner eigenen Taktik, muß nun seinen Bruder Clarence und Unschuldige, wie die Kinder Eduards, ermorden lassen und gelangt zu der tragischen Erkenntnis, daß er sich in mehrfacher Hinsicht getäuscht hat: Auch er kann sein Gewissen nicht einfach

Den zweiten Richard Shakespeares, einen in den Thron, sich selbst und andere Männer stolz und schwächend Verliebten, spielte Peter Roggisch 1980 in Bremen (Regie Frank-Patrick Steckel) als einen, der noch nach dem Sturz vom Thron sich eitel-närrisch mit seinem Spiegelbild unterhält, während der Thronusurpator Bolingbroke (Norbert Schwientek) finster brütend wegsieht.

ausmerzen. Und sein Königreich, Ziel all seines Strebens und Handelns, will er am Ende für ein Pferd hergeben. Richards Untergang wird eher durch ihn selbst besiegelt als durch seinen blassen Gegenspieler Richmond, der als Heinrich VII. und erster Tudorkönig den Thron besteigt.

Karl H. Ruppel schrieb 1938 über Jürgen Fehlings Inszenierung des Stückes am Preußischen Staatstheater Berlin (Abbildung Seite 49), die Naziherrschaft und ihre Praktiken auch meinend:
›Preis Gott und Euren Waffen, Freunde Sieger! Das Feld ist unser und der Bluthund tot.‹ Mit diesen Worten kündigt Richmond am Schluß die Befreiung Englands von der Tyrannenherrschaft des gekrönten Ungeheuers an ... Dies ist der Schluß einer der großartigsten Aufführungen, die das deutsche Theater je gesehen hat ...
Es ist der Augenblick der Sprachlosigkeit, in dem ein Land aus abenteuerlichster Unterdrückung, unmenschlichster Knechtung und viehisch-dumpfer Unterworfenheit wieder zur Freiheit erwacht, ein Augenblick, in dem der Herzschlag der Völker stillsteht und die Erde Gesang wird. Dieser das Wort ausschaltende Schluß ist möglich, ja notwendig in einem Stück, welches das Wort in seiner ganzen verhängnisvollen Zauberkraft zeigt, das Wort als Mittel der Lüge, der Verdrehung, der Hinterlist, der schmeichlerischen Tücke, der lächelnden Bosheit, der grinsenden Täuschung – kurz, das Wort als das eigentliche Wirkungsmittel des intellektuell überragenden politischen Verbrechers. Denn dieses geschichtliche Schauspiel, das, als Handlung gesehen, eine Folge von Moritaten in der Art Marlowes ist, ist das erste politische Drama Shakespeares und der neueren Zeit.
Der Geist der Renaissance hat dieses ungeheure Gedicht hervorgebracht. Nicht nur in dem Sinn, daß sich in dem Charakter Richards alle die Züge nachweisen lassen, die das Bild des Renaissance-Tyrannen formen: die ungehemmte Machtgier, die völlige Skrupellosigkeit, die berechnende Verschlagenheit, die persönliche Tapferkeit. Das alles würde zwar nach den reinen Greuelhelden der vorshakespearischen Dramatiker schon einen gewaltigen Fortschritt in der psychologischen Gestaltung eines Charakters beweisen. Aber das entscheidend Neue in diesem Königsdrama gegenüber allen früheren Geschichtsschauspielen ist die Aufhebung der mittelalterlich-ritterlichen Welt durch die neuzeitlich-politische. Richard III. ist kein kriegerischer Held (obgleich er nicht nur militärische Talente, sondern auch Tugenden besitzt), er ist der erste politische Held Shakespeares, der regierende Verbrecher, der den Geist als Machtmittel bewußt anwendet. Es sind nur noch Überbleibsel einer primitiven Feudaljustiz, wenn er seinen Gegnern oder jene, die er dafür hält, den Kopf abschlagen läßt; sein eigentliches, mit einem perversen Behagen bis zur raffiniertesten Vollkommenheit ausgebildetes Mittel, sich ihrer zu entledigen, ist die heimtückische Täuschung, die Versuchung, das Einwickeln und Anführen – er ist der satanische Komödiant, der Erzversteller und Erzlügner, der zwar nicht ganz und gar der heldischen, aber völlig der ritterlichen Züge entbehrt.«

König Johann

In dieser Historie stellt Shakespeare die Regierungszeit (1199–1216) eines Königs dar, dessen Anspruch auf den englischen Thron noch viel fragwürdiger ist als der Richards III. und der sich darüber hinaus nicht wie Richard als intelligenter und überlegener Taktiker profiliert, sondern der Auseinandersetzung mit dem aufbegehrenden englischen Adel, mit der römischen Kirche und mit Frankreich kaum gewachsen ist. Anders als der König in der anonymen Historie *Die unruhige Regierungszeit König Johanns (The Troublesome Reign of King John,* um 1588), die Shakespeare neben Holinsheds Chronik wohl als Vorlage benutzte, entscheidet der König in *King John* oft spontan, emotional und kurzsichtig. Zudem läßt er sich, wie die meisten anderen Handlungsträger des Dramas, vom Prinzip des Opportunismus (commodity) leiten. Ähnlich wie Richard wird Johann besonders schuldig durch den Befehl zum Kindermord, zur Beseitigung des legitimen Thronerben Arthur. Von diesem Zeitpunkt an entgleitet Johann allmählich die Macht. Er wird immer apathischer, bis schließlich der Gifttod seinen politischen Exitus nurmehr physisch besiegelt.
Mit der zunehmenden Schwäche Johanns wächst die Bedeutung des energiegeladenen Bastards Philipp Faulconbridge, Sohn von Johanns Bruder Richard Löwenherz, der Johann zwar unterstützt, ihn aber zugleich wegen seines destruktiven Handelns anprangert. Dabei deckt sich die Kritik dieses Haudegens teilweise mit der Kritik des Stücks an der dargestellten Feudalwelt, und so spricht auch der Bastard die Schlußzeilen des Dramas.

König Richard II.

Hier zeichnet Shakespeare einen Regenten, dessen Legitimität zwar über jeden Zweifel erhaben ist, der sich aber als ähnlich schwacher und unfähiger König erweist wie Johann. Richards Kardinalfehler: Er ist verliebt in das prunkvolle Ritual, in die bilderreiche Sprache, in die glanzvolle, gottgegebene Königsrolle – ein Verliebtsein, über dem er die Realität der Machtverhältnisse allmählich aus den Augen verliert. Selbst als Richards Position durch seinen pragmatischen Gegenspieler Bolingbroke aufs höchste gefährdet ist, vertraut er noch blind darauf, daß der Nimbus seines Amtes und der Glaube an die überlieferte Ordnung, die ihn als Stellvertreter Gottes auf Erden vorsieht, mächtiger seien als die Soldaten seines Gegners: »So, wenn der Dieb, der Meutrer Bolingbroke, / ... / Uns auf sieht steigen in des Ostens Thron, / Wird sein Verrat im Antlitz ihm erröten, / Er wird des Tages Anblick nicht ertragen / Und, selbsterschreckt, vor seiner Sünde zittern.« Daß er einem tragischen Irrtum verfallen ist, erkennt Richard erst kurz vor seiner Ermordung im Tower.
Mit *King Richard II* hat Shakespeare das scholastische Weltbild und vor allem die Idee vom Gottesgnadentum der Könige radikal in Frage gestellt, und zwar gerade in der Figur Richards, der diese Vorstellungen so konsequent vertritt, daß er sie letztlich ad absurdum führt. Bolingbroke hingegen repräsentiert eine machiavellistische Weltanschauung, nach der Herrschaft sich durch die Fähigkeit zum Herrschen legitimiert. Die wohl denkwürdigste Aufführung der Historie fand noch zu Shakespeares eigener Zeit statt, als der Earl of Essex das Drama vor seiner Rebellion gegen Königin Elisabeth spielen ließ, um seine Mitverschwörer auf den nächsten Tag einzustimmen.

König Heinrich IV.

Diese zweiteilige Historie, für die Shakespeare neben Holinsheds Chronik das Versepos von Samuel Daniel über die Rosenkriege (1595) als Quelle verwendete, entfaltet ein breites Panorama der Regierungszeit Heinrichs IV., des Bolingbroke aus *Richard II.* Dort hatte ihn Shakespeare als männlich-offenen Kämpfer um sein Recht gezeigt. Nun, gegen Ende seiner Herrschaft, steht er vor uns als kranker und unsicher gewordener Mann, der an seiner Krone kaum noch Freude hat. Er hat die Peers, die ihm auf den Thron geholfen haben, nicht halten können; sie rebellieren gegen ihn, jeder um seine Macht besorgt. Und der Kronprinz Heinz treibt sich mit liederlichem Volk herum. Bei Shrewsbury rettet Heinz dem Vater das Leben und scheint dadurch rehabilitiert; er besiegt im Zweikampf auch den strahlenden Rebellen Percy Heißsporn (Hotspur), und noch ehe

der vom Gewissen geplagte König stirbt, greift Heinz nach der Krone. Die dramatischen Höhepunkte sind die Unterhandlungsreden, die Zorn- und Haßreden zwischen den Gegnern und die Auseinandersetzungen zwischen Vater und Sohn.

Die Zweiteilung des Stücks kommt dem Königsdrama nicht unbedingt zugute, der zweite Teil fällt etwas ab gegen den ersten. Aber was ihm an dramatischem Gehalt fehlt, wird üppig (und beinah das Gleichgewicht störend) in den Zwischenspielen ausgeglichen, in der Falstaff-Komödie, die eine ganze Gesellschaft heiterer und komischer Nichtsnutze, Prahlhälse und Gauner aus den Londoner Wirtshäusern hervorlockt. Doch obwohl der Prinz deren Späße genießt, betrachtet er die Straßen- und Schenkenwelt ebenso distanziert wie die Welt des Hofes und die Wertvorstellungen des Vaters. Den Thron besteigt er mit dem Vorsatz, eine andere, bessere Welt zu schaffen.

King Henry IV ist wohl Shakespeares reifste Historie, die in subtiler Weise Politisches mit Privatem, Komisches mit Tragischem, ausgefeilte Blankverse mit unflätiger Gossensprache verbindet und eine Vielzahl von Themen anklingen läßt. Und wie so häufig bei Shakespeare liegt dem Schicksal der wichtigsten Handlungsträger dramatische Ironie zugrunde: Heinrich wird die Geister nicht mehr los, die er einst (bei seiner Rebellion gegen Richard) rief. Und die Emanzipation des Prinzen mündet nicht nur in Affektkontrolle, sondern in Verstellung und Rollenspiel. Die Theaterleute haben die Zweiteiligkeit des Dramas meist als hinderlich empfunden und schon früh (zuerst um 1623) beide Teile zu einer Ein-Abend-Fassung zusammengezogen. Besonders die Figur des Falstaff machte das Stück zu fast allen Zeiten populär.

*Links: Die wichtigste französische Theater-
gruppe dieser Jahrzehnte, das Théâtre du
Soleil, zeigte 1984 drei Shakespeare-Dramen auf einer weiten Podiumsbühne mit
Anleihen beim fernöstlichen Theater –
darunter »Heinrich IV.« mit Philippe Hottier
als dickem, empfindsam-komischem Falstaff
und Georges Poigot als weißgeschminktem,
in der Kaschemme noch stolzen Prinz Heinz.*

*Rechts: In der italienischen Gegenwart, ihre
eigene, versetzte die »Compagnia del Collet-
tivo« aus Parma »Heinrich IV.«. Auf dem
Bild rechts feiern der dicke, angestrengt
ums Dabeisein kämpfende Falstaff (Gigi
Dall'Aglio) und der nach dem Tod seines
Vaters als Heinrich V. auf den Thron gelangte
Prinz Heinz (hinten der kahlköpfige, aasige
Silvano Pantesco) Abschied mit Champagner.*

König Heinrich V.

Nach dem Erfolg der Falstaff-Stücke ging
Shakespeare an die schon im Epilog angekündigte Fortsetzung, die den glänzend-
sten Augenblick in der Geschichte
Englands und König Heinrich V. als den Eroberer Frankreichs zeigt. Allerdings wußte
der Autor der Trilogie *König Heinrich VI.*,
wie kurz das Glück dieses Sieges war. Aber
schließlich dürfen hier in *King Henry V*
einmal die Fanfaren ertönen zur Huldigung
an den Sieger von Agincourt. Und die Worte
des alten Gaunt aus *König Richard II.*,
damals freilich im Schmerz über den Verfall
des Landes gesprochen, können hier im
Jubel weiterklingen: »Der Königsthron hier,
dies gekrönte Eiland, / Dies Land der Majestät, der Sitz des Mars, /.../ Dies Volk des
Segens, diese kleine Welt, / Dies Kleinod, in
die Silbersee gefaßt . . .!«
Shakespeare zeigt Heinrich V. als Helden,
als einen Alexander den Großen, als rasch

entschlossenen Krieger, als Soldat unter seinen Soldaten (»Ich denke, der König ist nur
ein Mensch wie ich bin«) zu Scherzen geneigt, heroisch im Kampf. Doch Heinrich
erweist sich nicht nur als fromm, sondern
zugleich als berechnend; als fähiger Politiker, der dennoch vornehmlich deswegen
den Krieg im Ausland führt, um in England
Ruhe zu bewahren; der großzügig und
doch grausam, ehrlich und doch gelegentlich heuchlerisch ist; der einen überaus
fähigen Heerführer abgibt und dennoch
Fehler begeht, der sich als mächtiger Eroberer und glänzender Heerführer profiliert
und trotzdem seine Eroberungen nicht
ganz rechtfertigen kann.
Als der Dramatiker die Schlacht von Agincourt vor sich sah, kam ihm seine Bühne
»als unwürdiges Gerüst«, als »Hahnengru-
be« und sein Theater als ein »O von Holz«
vor. Und so setzte er vor jeden Akt den Chorus als Prolog, in dem er seinen Hörern das

mächtige Schauspiel noch eindringlicher
vor Augen stellte, als es die Bühne vermochte. In diesen hinreißenden Prologen (»O
eine Feuermuse, die hin an / Den hellsten
Himmel der Erfindung stiege!«) werden
Schwächen des Stücks, die im Stoff liegen,
überspielt.

König Heinrich VIII.

Wie bei Shakespeares frühester Historie
(*Heinrich VI.*) so streiten auch bei seiner
spätesten, bei *King Henry VIII*, die Forscher
wegen der Autorschaft; manche glauben an
eine Gemeinschaftsarbeit Shakespeares
und John Fletchers. Dargestellt sind zentrale Ereignisse aus der Regierungszeit Heinrichs: der Fall Buckinghams, Wolseys und
Königin Katharinas; der Aufstieg Cranmers
und Anna Bullens, Heinrichs zweiter Gattin; die Geburt der späteren Königin Elisabeth. Statt eines klaren Handlungsverlaufs
verknüpfen lediglich Motive – wie das von

Aufstieg und Fall – die verschiedenen Vorgänge des Stücks, und die Entfaltung solcher Themen wird wiederum von großen, prunkvollen Aufzügen in den Staatsszenen überlagert.

Shakespeares Tragödien

Vor allem *Hamlet, Othello, König Lear* und *Macbeth* sind es, die vielen als Gipfelpunkt der Geschichte des Dramenschaffens gelten.

Während sich im antiken Drama der Protagonist in einem tragischen Konflikt befindet, in dem er schuldig werden muß, wie immer er sich verhält (Antigone), oder aber die Götter dem Helden ein Schicksal auferlegen, dem er unter keinen Umständen entrinnen kann (Ödipus), ist der Protagonist bei Shakespeare meist keinen solchen Zwängen ausgeliefert. Denn in der Renaissance sah man den Menschen nicht mehr nur als Spielball der Götter, auch nicht mehr – wie im mittelalterlichen Weltbild – als bloßes Rädchen im göttlichen Heilsplan, sondern man entdeckte sich als autonomes Individuum. Demgemäß sind die Shakespeareschen Tragödienfiguren weitgehend frei, zu wählen und zu entscheiden. Doch treffen sie die falschen Entscheidungen, werden schuldig, müssen mit ihrem Tod dafür sühnen. Ihre Fehlentscheidungen entspringen zumeist einem bestimmten Charakterfehler, der im Einzelfall Machtgier, ungezügelte Leidenschaft oder Überheblichkeit sein kann; dahinter jedoch verbirgt sich in der Regel der Kardinalfehler der Realitätsblindheit. Die Figuren erweisen sich als unfähig, die Wirklichkeit und die Wahrheit zu erkennen, und leiten damit selbst ihren Leidensweg ein.

Die Betonung der charakterlichen und also psychologischen Dimension unterscheidet Shakespeares Tragödien von seinen Historien. Besonders sinnfällig werden diese Unterschiede an einer Tragödie wie *Julius Caesar*, die gleichfalls einen historischen Stoff behandelt, am Ende den Blick aber nicht, wie die Historien, auf den Zustand des Staates richtet, sondern auf die toten Protagonisten.

Die Stoffe für seine Tragödien entnahm Shakespeare einer Vielzahl verscheidenartiger Vorlagen. Bei den Römerdramen griff er vor allem auf Plutarchs *Parallelbiographien*

(um 105–115) zurück, die Geschichten zu anderen Tragödien fand er in Chroniken, Renaissancenovellen, Volksbüchern sowie in älteren Dramen mit ähnlicher Handlung. Gruppiert werden Shakespeares Tragödien gewöhnlich in die frühen (*Titus Andronicus, Romeo und Julia*), in die Römerdramen (*Julius Caesar, Antonius und Cleopatra, Coriolan*) und in seine späteren oder »großen« Tragödien (*Hamlet, Othello, König Lear, Macbeth*). *Timon von Athen* stellt ein offenbar nicht ganz vollendetes Spätwerk dar, und *Troilus und Cressida* ist ein nur mühsam zu klassifizierendes Stück, das manchen Forscher zu den »dunklen« Komödien rechnen, obwohl es in der Folio-Ausgabe seinen Platz zwischen den Historien und Tragödien gefunden hat.

Titus Andronicus

Auch bei diesem frühen Stück, das Motive von Seneca und Ovid aufgreift, blieb die Verfasserschaft lange umstritten, und diejenigen, die Shakespeare nicht als Autor anerkannten, wollten ihn offenbar zugleich vom »Makel« befreien, diese Tragödie geschrieben zu haben. Denn *Titus Andronicus* ist ein recht rohes, dramaturgisch wenig ausgefeiltes Drama in der Tradition der elisabethanischen Rachetragödie, das monströse Greueltaten zumeist auf offener Bühne vorführt: Morde über Morde, Menschenopfer, Schändung, Verstümmelung, Kannibalismus.

Der von seinem Gotensieg heimgekehrte römische Feldherr Titus bestimmt einen Sohn der gefangenen Gotenkönigin Tamora als Totenopfer für die eigenen gefallenen Söhne (Tamora: »O grause, gottverhaßte Frömmigkeit!«). Mit dieser Fehlentscheidung hat er sich selbst zu einem langen Leidensweg verurteilt (darin zeigt sich schon die Grundstruktur späterer Shakespearscher Tragödie). Tamora und ihr Liebhaber, der Mohr Aaron, rächen sich: Zwei von Titus Söhnen werden umgebracht, seine Tochter Lavinia vergewaltigt und verstümmelt. Nun schlägt Titus zurück und vernichtet die zur Kaiserin aufgestiegene Tamora, den Kaiser und alle anderen. Auch er selbst fällt; nur sein Bruder Marcus und sein Sohn Lucius bleiben, um Rom wiederherzustellen: »Dann ordnen wir mit Weisheit unsern Staat« / Daß nie ihm gleiches Unheil wieder naht.«

Das Stück voller Rhetorik, voller Grausamkeit, Furcht und Mitleid weckend, ist genau das, was das Publikum des Volkstheaters sehen wollte. Es ist nicht ohne Größe, und der Mensch erscheint nicht nur als Unhold, sondern auch als Leidender und Gnade Erflehender. Die »Tigerin« Tamora bittet um »süße Gnade«, und ihr werden innige Liebesworte in den Mund gelegt. Aaron, der Anstifter der Rache, wird zum liebenden Vater, als es um das Leben seines und Tamoras schwarzen Sohnes geht.

Romeo und Julia

Shakespeares wichtigste Vorlage bildete wohl ein überlanges Gedicht von Arthur Brooke (1562), das seinerseits italienische Renaissancenovellen zum Vorbild hatte. Die Tragik in *Romeo and Juliet* entspringt weniger dem Charakter der Figuren (wie zumeist bei Shakespeare), sondern vor allem einer bestimmten gesellschaftlichen Situation (und einer Kette unglücklicher Zufälle). Es ist die Fehde zwischen den Häusern Montague und Capulet in Verona, die der Liebe Romeos und Julias, Angehörigen der miteinander verfeindeten Adelsfamilien, entgegensteht. Diese Liebe hebt sich in ihrer selbstverständlichen Absolutheit und unschuldigen Sinnlichkeit von der gewalttätigen Umwelt ab, die die verstockte Vätergeneration geschaffen hat. Da diese Welt der Väter für Liebe keinen Raum bietet, suchen Romeo und Julia nach einem Weg, an einem anderen Ort ihre Liebe zu leben. In ihren Dialogen spiegeln sich ihre Seelen voreinander. Welches Zögern des Mädchens im Erschrecken vor ihrer ersten Leidenschaft und welche rückhaltlose Hingabe gegen jede Vernunft, selbst als sie den Tod ihres Verwandten Tybalt beklagt und Romeo als dessen Mörder kennt: »Holdseliger Wütrich! Engelgleicher Unhold! / ... / Verdammter Heiliger!« Und welche Ungeduld des Herzens in Romeo, der nur an die Entführung der Geliebten in das freie Reich ihrer Liebe denkt!

Die Pläne des hilfreichen Mönchs Lorenzo (Friar Laurence), Julia und Romeo zusammenzuführen, werden durch eine fatale Verkettung widriger Umstände durchkreuzt; die Liebenden enden im Selbstmord. Ähnlich wie bei Shakespeares anderem großen Liebespaar, Antonius und Cleopatra, findet diese Liebe – bittere Ironie – im

Unterm blutbefleckten Tuch verborgen der Leichnam des ermordeten Cäsar, über ihm hält – in Fritz Kortners Inszenierung des »Julius Cäsar« im Münchner Staatsschauspiel 1955 – Marc Anton (Ernst Ginsberg) seine anklagende Rede wider die Mörder dessen, dem er in der Macht nachfolgen möchte. Caspar Neher baute die von einem amphitheatralischen Aufbau nach hinten abgeschlossene Bühne.

Tode ihre Erfüllung, was Shakespeare Julia bereits unmittelbar nach ihrer ersten Begegnung mit Romeo hat ahnen lassen: »Ist er vermählt, / So ist das Grab zum Brautbett mir erwählt.« Und ironischerweise kehrt durch den Tod der beiden Liebenden in Verona wieder der Friede ein.

Julius Caesar

Das Stück verblüfft zunächst dadurch, daß der Titelheld nur in drei Szenen auftritt, weshalb Kritiker gemeint haben, es müsse eher den Namen des Brutus tragen. Zu Unrecht, denn Shakespeare hat seinen Titel mit klugem Bedacht gewählt: Caesar steht

seiner gigantischen Cäsarenrolle hervorzuheben. Man muß es den Verschwörern glauben, daß Caesar zur Alleinherrschaft strebt, obwohl er die angebotene Krone dreimal zurückweist. Caesars Tragödie liegt darin, daß er vermeint, unendlich weit über allen anderen zu stehen, kein gewöhnlicher Sterblicher zu sein – doch sterbend erkennt er, aus wieviel Blut er in Wahrheit besteht. Eine ähnliche Verblendung prägt die Tragödie des Brutus. Der integre, idealistische Republikaner Brutus möchte nur den auf Alleinherrschaft gerichteten »Geist« Caesars töten, nicht aber den Menschen (»Laßt Opferer uns sein, nicht Schlächter /.../ O

zugrunde gehen wird. Das Schicksal ist über ihm und zugleich in ihm: »Was kann vermieden werden, das sich zum Ziel die mächtigen Götter setzten?« wird sogleich eingeschränkt: »Der Mensch ist manchmal seines Schicksals Meister. Die Schuld liegt nicht in den Sternen, nur in uns selber.« Die Tragödie hat einen ganz eigenen Klang, eine ganz eigene Sprache; es gibt keine überschüssige Rhetorik, jedes Wort charakterisiert den Mann, der es spricht. Energisch ist die Aktion zusammengedrängt, energisch vorwärtsgetrieben.

Links: »Antonius und Cleopatra«, die im Untergang beider endende Liebes- und Machtaffäre zwischen dem Römer und der Ägypterin, erzählte Peter Brook mit der Royal Shakespeare Company 1978 in Stratford anfangs nicht als schwül-erotische Orient-Okzident-Begegnung, sondern als heiter-ironisches Liebesspiel, mit Alan Howard als Antonius und Glenda Jackson als Cleopatra.

Rechts: Bertolt Brecht hat einige Jahre vor seinem Tode begonnen, Shakespeares »Coriolan« zu ändern: zum Fall eines sich unersetzlich dünkenden Kriegsspezialisten hin. Erst 1964, acht Jahre nach Brechts Tod, kam diese Version auf die Bühne seines Theaters, des Berliner Ensembles – im 5. Bild wird der für Rom siegreiche, lorbeergekrönte Coriolan (Ekkehard Schall) auf dem Triumphstuhl sitzend hereingetragen, vor ihm geht, Coriolans Kurzschwert wie eine Reliquie tragend, seine Mutter Volumnia (Manja Behrens).

im Mittelpunkt des Denkens und Handelns aller Figuren – selbst nach seiner Ermordung.

Dabei hat Shakespeare den Protagonisten als kränklich, abergläubisch und leicht beeinflußbar gezeichnet, um die Diskrepanz zwischen dem schwachen Menschen und

könnten wir doch Caesars Geist erreichen, / Und Caesar nicht zerstücken!«). Er ermordet dann allerdings allein den Menschen, während der Geist Caesars gerade durch die Ermordung zu leben beginnt. Und doch ist Brutus' Tat für ihn unabwendbar notwendig, obwohl er ahnt, daß er selbst daran

Antonius und Cleopatra

In diesem Römerdrama (*Antony and Cleopatra*) mit seinen 37 Schauplatzwechseln schickt Shakespeare den Zuschauer mehrfach ums östliche Mittelmeer herum. Das orientalische, phantasiebetörende Alexandria und das kalt-nüchterne, rationale Rom

Cleopatras zurück, womit er seinen Untergang einleitet. Denn nach dieser tragischen Fehlentscheidung erweisen sich weitere politische und militärische Entschlüsse Antonius' und Cleopatras als fatal, so daß der blutarme, berechnende Rivale Octavius militärisch mehr und mehr die Oberhand gewinnt und schließlich Antonius bei Alexandria schlägt. Antonius verflucht Cleopatra, stürzt sich aber in sein Schwert, als er die (falsche) Nachricht erhält, sie sei tot. Der Sterbende läßt sich zu ihr tragen; sie versöhnen sich, auch sie stirbt, indem sie sich von giftigen Schlangen beißen läßt – die Vereinigung, die sie im Leben nicht verwirklichen konnten, ist im Tode erreicht.

Coriolan

Mit Cajus Marcius stellt Shakespeare eine mit großen soldatischen Tugenden ausgestattete römische Heldengestalt auf die Bühne, die die Stadt Corioli, gegen die Volsker, die Erzfeinde Roms, beinahe im Alleingang erobert und deshalb den Ehrennamen Coriolan (*Coriolanus*) erhält. Doch die Tugenden des Soldaten Coriolan – Tapferkeit, Ehrlichkeit und Radikalität – erweisen sich im politischen Bereich als Untugenden: als Unbeweglichkeit, Starrheit und aristokratische Verachtung für das Volk, die Plebs, das sich weniger mutig und geradlinig verhält als er. Coriolan schmäht die Volksversammlung als das »Tier mit vielen Köpfen«. Er zeigt sich unfähig, in einer Gemeinschaft zu leben, die auch Kompromisse erfordert; er wird schließlich durch den Vorwurf, ein Verräter zu sein, so gereizt, daß er Rom tatsächlich an die Volsker verrät. Seinen Untergang führt er jedoch vor allem durch einen zweifachen Selbstverrat herbei. Zunächst kann ihn seine harte und stolze Mutter Volumnia dazu bewegen, gegen seinen Willen um die Gunst des Volkes zu werben (was angesichts seines Hochmuts mißglückt und seine Vertreibung aus Rom bewirkt); dann läßt er sich von seiner Mutter überreden, auf seine schon begonnene Rache an Rom zu verzichten (was seinem volskischen Gegenspieler Aufidius den Vorwand liefert, ihn zu töten).

Brecht, im Hochgefühl, daß man Shakespeare ändern könne, wenn man ihn ändern könne, hat in seiner Bearbeitung (1951/52) das Volk weniger wankelmütig erscheinen lassen; seine Wortführer, die

treten als gegensätzliche Welten hervor, die den römischen Feldherrn Antonius in einen Wertkonflikt stürzen. Er ist der Faszination des Orients und besonders dem Zauber der leidenschaftlichen, verführerischen und raffinierten Repräsentantin dieser Welt, der ägyptischen Königin Cleopatra, erlegen. Seine politischen Ambitionen hingegen, die Herrschaft über die ganze Mittelmeerwelt, lassen sich nur in Rom und mit Rom verwirklichen. So verläßt er Alexandria, arrangiert sich mit Octavius und heiratet dessen Schwester Octavia. Doch dann treibt es ihn fast zwanghaft in die Arme

Tribunen (die bei Shakespeare ziemlich miese Gesellen sind) zu Klassenkämpfern umgewertet und Coriolan als einen sturen Kriegsspezialisten dargestellt.

Hamlet, Prinz von Dänemark

Diese bekannteste, längste und meistdiskutierte Tragödie Shakespeares, deren Vorlage ein nicht erhaltenes älteres Hamlet-Drama gewesen sein dürfte, hebt sich in mancher Hinsicht von den anderen Tragödien des Dramatikers ab. Während viele der großen Gestalten Shakespeares überhastet und blind eine falsche Entscheidung treffen und dann in einem Läuterungsprozeß Einsicht in ihren tragischen Irrtum gewinnen, wird in *Hamlet, Prince of Denmark* die Entscheidungsfindung selbst zum Problem. Der Geist seines Vaters trägt dem Prinzen auf, den am Vater verübten Mord zu rächen, dabei solle sich Hamlet aber nicht selbst in Schuld verstricken. Wie kann das geschehen, wo doch der Bruder des toten Königs den Mord beging, um den Thron und das Bett der Königin Gertrud zu besteigen – Hamlets Mutter –, die vielleicht vom Mord weiß? Zudem empfindet Hamlet es als schwere Aufgabe und Bürde, über die Bestrafung des Königsmordes hinaus die ganze aus den Fugen geratene, von Mord, Ehebruch und Korruption geprägte Welt einzurenken. Hamlet ist nicht allein der Zauderer, als den ihn viele Interpreten des Stückes sehen. Er beherrscht durchaus die Listen und Winkelzüge, mit denen am Hofe Politik gemacht wird und nutzt sie in bestimmten Situationen, so bei seinem Vorgehen gegen Rosenkranz und Güldenstern, die Studienkollegen, die ihm als Spitzel des Königs beigesellt werden und die er in den für ihn vorgesehenen Tod schickt. Gelegentlich, etwa bei der Tötung des schwatzhaften, aber doch wohlmeinenden Polonius, kann er auch rasch und zielgerichtet handeln. Des Polonius Tochter Ophelia, die ihn liebt und die nicht weiß, daß sie vom Vater und vom König als Werkzeug zur Prüfung Hamlets mißbraucht wird, behandelt er, als ob sie es wisse. Aber sein Bewußtsein vom unauflöslichen Widerspruch zwischen der Notwendigkeit, Gerechtigkeit wiederherzustellen, und der Selbstverschuldung, die dabei entsteht, lähmt ständig aufs neue seine Entschlußkraft. Während Laertes seinen Vater Polonius be-

Den Hamlet hat Bruno Ganz zum erstenmal 1965 gespielt, als Vierundzwanzigjähriger in Bremen. 1983, an der Schaubühne am Lehniner Platz in Berlin in einer Inszenierung von Klaus Michael Grüber, sprach er den Hamlet mit großer, anhaltender Konzentration – »nichts Unreifes, aber was Ungereiftes und was Überreifes zeichnet untergründig dieses Hamlets Weltleidbild« (P. v. Becker).

denkenlos zu rächen versucht, lotet Hamlet immer wieder die ethischen Implikationen seiner möglichen Tat aus, so in dem berühmten »Sein oder Nichtsein«-Monolog. Hier stellt sich auch die Frage nach dem Sinn des Lebens im Angesicht eines Todes, der für Hamlet nicht mehr Erfüllung und Eingang in göttliche Gerechtigkeit bedeuten kann: »Sein oder Nichtsein, das ist hier die Frage: / Ob's edler im Gemüt, die Pfeil' und Schleudern / Des wütenden Geschicks erdulden, oder / Sich waffnend gegen eine See von Plagen, / Im Widerstand zu enden. Sterben – schlafen / Nichts weiter!«

In einer tragischen Verwicklung, bei der das Geschehen allen Beteiligten außer Kontrolle gerät, sterben mit Hamlet auch die Repräsentanten der verderbten Welt. Doch der norwegische Eroberer Fortinbras, der am Ende des Dramas den Thron besteigt, gibt nur wenig Anlaß zu der Hoffnung, daß mit ihm eine neue, bessere Zeit anbricht.

Othello, der Mohr von Venedig

Othello, the Moore of Venice, der tüchtigste Militär, über den Venedig verfügt, ist eine freie, offene Seele: ein vertrauender Mensch, der gar nicht leben kann ohne den Glauben an Recht und Aufrichtigkeit. Man muß ihm das Mißtrauen erst beibringen. Er wird zu rasch, bei der ersten Versuchung schon, in aller Unschuld und Kindlichkeit, zum Opfer von Jagos, seines Untergebenen, abgefeimter Intrige.

Jago lebt vom Haß auf alles Große, Reine, Freie und Glückliche. Er ist der geborene Zerstörer, der Mensch des bösen Willens gegenüber dem Menschen guten Glaubens. Wüßte Othello mehr von Desdemona, der venezianischen Patriziertochter, die er gegen den Willen ihres Vaters, aber mit ihrer liebenden Zustimmung geheiratet hat, würde er über Jagos Erfindungen lachen. Aber er kennt Desdemona noch nicht wirklich, er liebt eine Fremde, und er selbst ist für seine Umwelt ein Fremder, allerdings von königlicher Art, die anerkannt wird. Er ist ein Koloß, aber empfindsam und verletzlich in einem Punkt – er nennt ihn Ehre. Für das Mädchen Desdemona ist er ein Held, den sie liebt. Und er liebt die Jugend, die Reinheit, das hat ihm die Welt verändert: »Herrlich Geschöpf! Verdammnis packe mich, / Lieb ich dich nicht. Und wenn ich dich nicht liebe, / Dann kehrt das Chaos wieder.« Es ist schaurig zu sehen, wie das Gift Jagos auf ihn wirkt. Er erblindet und sieht die Welt nur noch entstellt. Für ihn gibt es nur Ja und Nein. Und als er Nein gewählt hat, genießt er sogar jeden Tropfen Gift, um sich selbst zu quälen. Erst nach seiner Mordtat wird er wieder sehend.

Jago glaubt, aus freiem Willen zu handeln: »In uns selber liegt's, ob wir so sind oder anders…, das Vermögen dazu und die bessernde Macht liegt durchaus in unserem freien Willen.« Er glaubt an die Vernunft. Und mit dieser entseelten Vernunft ist er Herr seines Spiels; er treibt seine Schurkerei zu seinem Spaß und Nutz und macht sich nur vor, er habe einen Grund, wenn er den Mohren und seine Frau Emilia in Verdacht hat. Alle werden seine Opfer. Othello bleibt es vorbehalten, einen läuternden Leidensweg zu durchleben, sich schließlich selbst zu richten und unmittelbar vorher tragische Einsicht in Desdemonas Unschuld und seine Fehler zu gewinnen: »Dann müßt Ihr melden / Von einem, der nicht klug, doch zu sehr liebte; / Nicht leicht argwöhnte, doch, einmal erregt, / Unendlich raste: von einem, dessen Hand, / Dem niedern Inder gleich, die Perle wegwarf, / Mehr wert als all sein Volk.«

König Lear

Wie bei vielen der großen tragischen Gestalten Shakespeares liegt in *King Lear* der Kardinalfehler in der Blindheit des Königs der Realität gegenüber, doch in keinem zweiten Drama hat Shakespeare diese Thematik so radikal behandelt wie hier, wo sich alles um das richtige Sehen und die richtige Erkenntnis dreht. Zu Beginn des Stücks, dessen Sujets auf Holinshed und ein älteres Lear-Drama (1594) zurückgehen, stellt der alte König seinen drei Töchtern die Frage, ob, und wie sehr, sie ihn lieben. Lear erliegt der Heuchelei Gonerils und Regans, verkennt die wirkliche Zuneigung Cordelias und verstößt sie im Zorn. Diese Fehleinschätzung treibt ihn ins Leid, zerrüttet ihn körperlich und geistig. Erst der wahnsinnige Lear erkennt schließlich die Wahrheit, die der gesunde nicht wahrzunehmen vermochte.

Die Nebenhandlung um Gloster (Gloucester) variiert das Thema. Der sehende Gloster ist blind gegenüber den Täuschungen seines Sohnes Edmund, erkennt nicht, daß

Lear am Ende, vor dem eigenen Leid-Tod, die nackte, erdrosselte Tochter Cordelia über der Schulter: Ulrich Wildgruber und Rosel Zech in Peter Zadeks Bochumer Inszenierung 1974, die erst viel Scherz trieb, um dann Entsetzen und Trauer offenbar werden zu lassen.

sein Sohn Edgar ihm echte Zuneigung entgegenbringt. Wie Lear verstößt er das Kind, das ihn liebt – und erst der geblendete Gloster ist dann fähig, die Wahrheit zu erkennen. Beide, Lear wie Gloster, werden von ihren jeweils treuen Kindern, Cordelia und Edgar, in tiefster Krise noch einmal gerettet, doch letztlich büßen beide für ihre Verblendung und ihren tragischen Irrtum mit dem Leben.

Der Narr an der Seite Lears bringt mit seiner Komik ein wenig Licht in dieses grausame und düstere Drama; zugleich intensiviert er aber auch das Thema der Umkehrung von Sehen und Blindheit, Wahnsinn und Verstand, Trug und Wahrheit. Lear: »Nennst du mich Narr, Junge?« Narr: »Alle deine andern Titel hast du weggeschenkt, mit diesem bist du geboren.« Als der über die Heide irrende Lear sich selber als Narren akzeptiert hat, verschwindet die Figur des Narren aus dem Stück. Lear ist selbst an allem schuld und büßt in Selbstzerstörung und Wahnsinn seine eine Zornestat; das Leid häuft sich rettungslos auf ihn, und er endet mit der ermordeten Cordelia im Arm. Und Edgar spricht das große Wort: »Menschen müssen dulden Ihr Scheiden aus der Welt, wie ihre Ankunft: / Reif sein ist alles.«

Die Theater haben sich in manchen Epochen nur schwer anfreunden können mit dieser Tragödie, in der jegliche moralische Ordnung zerbricht und vor allem die völlig unschuldige Cordelia sterben muß. Daher gaben die Bühnen lange Zeit hindurch Bearbeitungen wie jener von Nahum Tate (1681), in der Cordelia der Tod erspart bleibt, den Vorzug. Erst im 19. Jahrhundert konnte sich Shakespeares Version auf dem Theater durchsetzen.

Macbeth

»Schön ist häßlich, häßlich schön« – dieser paradoxe Leitgedanke, den die Hexen zu Beginn des Dramas aussprechen und den Macbeth wenig später in seinem allerersten Satz aufgreift, kehrt auf vielen Ebenen der kürzesten Tragödie Shakespeares wieder, deren Stoff Holinsheds Chronik entstammt. Die Hexen sind seltsame Zwitterwesen, weiblich und männlich zugleich, und ihre offenbar so eindeutigen Prophezeiungen, die Macbeth in falsche Sicherheit wiegen, erweisen sich durchweg als doppeldeutig. Kaum etwas in der Welt des Macbeth ist so,

wie es erscheint; Realität läßt sich nicht fassen.

Auch die zentralen dramatischen Ironien des Stücks sind mit derartigen Doppelbödigkeiten verbunden. König Duncan verleiht den Titel des Verräters Cawdor an Macbeth, der dann gleichfalls zum Verräter wird; und bei seiner Ankunft an Macbeths Burg beschreibt Duncan als friedvolle Idylle den Ort, der kurz darauf Schauplatz seiner Ermordung ist. Nach dem Mord an König Duncan glaubt Lady Macbeth, ein wenig Wasser könne das Blut von ihren Händen waschen, doch muß sie später erkennen, daß alle Wohlgerüche Arabiens nicht ausreichen, ihre Hände zu reinigen. Macbeth heuchelt im Anschluß an Duncans Ermordung anderen vor, ihm sei nun jegliche Freude am Leben genommen – nicht ahnend, daß diese geheuchelten Gefühle zur bitteren Wahrheit für ihn werden. Genauso verstellt sich Macbeth bei seiner nachdrücklichen Aufforderung an Banquo, zum Bankett zu erscheinen, aber der Ermordete kommt dann tatsächlich.

Denn in der Welt, die Macbeth durch seine Mordtaten geschaffen hat, gilt keine natürliche Ordnung mehr, und selbst die Toten bleiben nicht in ihren Gräbern. Zwar ringt Macbeth noch eine Weile um den – wiederum paradoxen – Mord zur Beendigung allen Mordens, doch reift in ihm mehr und mehr die tragische Erkenntnis, daß sein ganzes Streben vergeblich war. Am Ende steht seine nihilistische Bilanz. »Leben ist nur ein wandelnd Schattenbild; / Ein armer Komödiant, der spreizt und knirscht / Sein Stündchen auf der Bühn', und dann nicht mehr / Vernommen wird; ein Märchen ist's, erzählt / Von einem Blöden, voller Klang und Wut, / Das nichts bedeutet.«

Macbeth zählte von jeher zu den beliebtesten Stücken Shakespeares, und man hat das Drama ständig wieder adaptiert und modernisiert: in jüngerer Zeit Barbara Garson (USA, 1967), Charles Marowitz (England, 1969), Heiner Müller (DDR, 1972) und Eugène Ionesco (Frankreich, 1972).

Timon von Athen

In diesem Stück, das einen Stoff Plutarchs aufgreift und das Shakespeare wahrscheinlich nicht ganz fertiggestellt hat, präsentiert der Dramatiker erneut eine Figur, die mit ihren verblendeten Vorstellungen vom Gu-

ten und Gutsein letztlich mehr Unheil anrichtet als mancher Bösewicht. Durch seine überhebliche und maßlose Großzügigkeit fördert der reiche Athener Timon Verstellung und Schmeichelei bei seinen falschen Freunden. Noch größer ist Timons Blindheit, als er dann selbst in Bedrängnis gerät und fest daran glaubt, diese Freunde würden ihm helfen – was sie mit unterschiedlichen Ausreden einer nach dem anderen ablehnen. Durch diese ernüchternde Erfahrung wächst jedoch nicht Timons Realitätssinn, sondern er fällt nun ins andere Extrem: Seine überzogene Menschenliebe weicht einem ebenso überzogenen Menschenhaß, von dem er bis zu seinem Tode beherrscht bleibt. Durch Kontrastfiguren wie Timons treuen Diener Flavius, den Zyniker Apemantus und den Pragmatiker Alcibiades (der eine ähnliche Enttäuschung wie Timon erleiden muß, aber andere Konsequenzen daraus zieht) hebt Shakespeare die widersprüchlichen Aspekte der Titelfigur zusätzlich hervor. Apemantus schließlich kann Timon ausdrücklich vorhalten: »Den Mittelweg der Menschheit kanntest du nie, sondern nur die beiden äußersten Enden.«

Diese späte Tragödie Shakespeares wurde verhältnismäßig selten und dann zumeist stark verändert gespielt. Marx hat Timon of Athens interpretiert als Exempel für die entfremdende Macht des Geldes.

Troilus und Cressida

Die Welt des Trojanischen Krieges, die Shakespeare in diesem Stück entwirft, erweist sich ähnlich wie im Hamlet als aus den Fugen geraten. Auch in Troilus and Cressida zerbrechen alle traditionellen und positiven Werte und herrschen allenthalben Opportunismus und Egoismus vor. Vor allem die Liebe hat in dieser Welt keinen Bestand mehr: Der Grund des Krieges, die von Paris entführte Helena, ist nichts als eine Hure, und Cressida verrät ihren Geliebten Troilus, den jüngsten Sohn des Priamus, bereits bei allererster Gelegenheit. Auch zerstört dieser Krieg, dessen Sinnlosigkeit Trojanern wie Griechen bewußt ist, neben der Liebe alle Ehr- und Tugendvorstellungen. Im griechischen Lager motivieren nur noch Eifersüchteleien und verletzte Eitelkeiten die Kämpfer, und in Troja stolzieren gelackte Höflinge herum, den Kopf voller Roman-

Die Tragikomodie »Troilus und Cressida« zeigt die griechischen Heerführer vor Troja als eitel und dumm, gerissen und schlagetothaft untereinander konkurrierend – im Sandkasten saßen sie in Peter Halls jahrelang im Repertoire bewahrter Inszenierung von 1962 bei der Royal Shakespeare Company in Stratford.

zenideale. Allein Hektor handelt noch aus ehrenwerten Motiven, aber gerade damit wird er in dieser Gesellschaft zu einem Anachronismus, und der feige Achilles kann ihn in hinterhältiger Weise ermorden.

So wenig tragisch Hektors Tod wirkt, so wenig tragisch erscheint in diesem mit satirischer Schärfe gezeichneten Stück die Liebe der Titelhelden. Es gibt keine sinnvolle Weltordnung mehr, die Troilus durch die Tötung der untreuen Cressida oder durch seinen eigenen Tod wiederherstellen könnte.

Der Kuppler Pandarus, den Cressida Onkel nennt, und Troilus, der seine Geliebte an den Griechen Diomedes verliert, haben das letzte Wort, wie sie das erste hatten. Voller Verachtung weist Troilus Pandarus von sich, und mit einer ekelhaften Selbstverteidigung beschließt dieser das Stück. Das alles aber ist nichts gegen den geifernden Wortschwall, mit dem Thersites über die Griechen herfällt und seine Verachtung der »Helden« ausspielt. Die grausige Komik, die diesen beiden Figuren innewohnt, steigert die Satire des Werkes.

Shakespeares Komödien

Recht gleichmäßig verteilt über Shakespeares gesamte Schaffenszeit, bilden die Komödien eine schillernde Genregruppe. Die ersten zehn, die zahlreiche gemeinsame Merkmale aufweisen, kann man als heitere oder romantische Komödien bezeichnen (*Die Komödie der Irrungen, Zwei Herren aus Verona, Der Widerspenstigen Zähmung, Verlorene Liebesmüh, Ein Sommernachtstraum, Die lustigen Weiber von Windsor, Viel Lärm um nichts, Wie es euch gefällt, Was ihr wollt, Der Kaufmann von Venedig*).

Zumeist im Mittelmeerraum angesiedelt, enthalten die Stücke als Zentralhandlung eine oder mehrere Liebesgeschichten und präsentieren eine gelöste Spielwelt, in der sich alle Verwicklungen am Ende harmonisch lösen. Doch trotz der heiteren Stimmung und des versöhnlichen Schlusses werfen die Komödien oft auch ein Licht auf die Welt der Zuschauer, in der Konflikte keine so glückliche Lösung finden wie auf der Bühne. Der Gegensatz von Natur und Zivilisation, die Verwechslung von Schein und Sein, das geschlechtsspezifische und gesellschaftliche Rollenspiel, die Verblendung

durch falsche Ideale oder falsche Liebesauffassungen, Identitätsverlust und Identitätsfindung sind wiederkehrende Motive.

Ein Drama wie *Der Kaufmann von Venedig* weist dabei bereits auf Shakespeares »dunkle« Komödien voraus, die auch Problemkomödien oder Problemstücke (problem plays) genannt werden und zu denen *Ende gut, alles gut* und *Maß für Maß* zählen. (Zuweilen rechnet man *Troilus und Cressida* und selbst *Hamlet* dieser Gruppe zu.) Hier überwiegen die bitteren Aspekte, und ethische Probleme wie der Konflikt zwischen Liebe und Ehre oder Recht und Gnade werden ins Zentrum gerückt.

Eine dritte Untergruppe der Komödien bilden die Romanzen (*Pericles, Cymbeline, Das Wintermärchen, Der Sturm*). Ihre Handlung spielt sich in einer poetischen Märchenwelt ab und ist oft reich an exotischen Abenteuern. Verfall und Regeneration, Chaos und Harmonie, Schuld, Reue und Verzeihung sind die Themen dieser Dramen. Gewöhnlich ordnet man der Gruppe auch das Stück *Die beiden edlen Vettern* zu, das wie *Heinrich VIII.* wohl in Zusammenarbeit mit John Fletcher entstand.

Die Vorlagen zu seinen Komödien fand Shakespeare in Werken der Antike, in mittelalterlichen Erzählungen, in der italienischen Renaissanceliteratur wie auch bei zeitgenössischen englischen Autoren.

Die Komödie der Irrungen

Die wichtigste Vorlage für die *Comedy of Errors* bildete die Farce *Menaechmi* des Plautus, dessen Zwillingspaar Shakespeare um ein zweites erweiterte (neben den Herren sind auch die Diener jeweils namensgleiche Zwillinge), so daß sich die Verwirrungen und Irrungen um ein Vielfaches steigern. Die nicht endenwollenden Mißverständnisse erzeugen ständig aufs neue eine farcenhafte Komik. Die Schein-Sein-Verwechslung geht so weit, daß den Figuren ein Identitätsverlust droht: Antipholus von Ephesus wird mit seinem Diener Dromio als Irrer verhaftet, Antipholus von Syrakus und sein Diener Dromio hingegen glauben, an der Situation irre zu werden: »Bin ich noch ich selbst?« Auch in anderen Varianten erscheint das Thema der Ich-Krise. Die Rahmenhandlung um Aegeon, der nach über zwanzig Jahren seine Gattin und seinen zweiten Zwillingssohn wiederfindet, bringt

in die »irre« Komik einen wehmütigen Zug, der auf Shakespeares spätere Komödien vorausweist.

Zwei Herren aus Verona

Klarer noch als in der *Komödie der Irrungen* sind in diesem Stück, dessen Grundzüge Shakespeare wohl einer Romanze Jorge de Montemayors (1559) entnahm, Aspekte seiner späteren Komödien vorgezeichnet. Zwar folgt er deutlich der traditionellen elisabethanischen Komödie im Stile John Lylys, doch zeigen sich sowohl bei der Motivwahl (etwa bei der Verkleidung einer Frau als Mann) als auch in bezug auf die Spiegelungs- und Kontrasttechnik Vorgriffe auf die späteren Komödien. Vor allem finden wir jedoch in *The Two Gentlemen of Verona* bereits den Gegensatz zwischen einer realistischen, städtischen Welt (Verona, Mailand) und einer märchenhaft-romantischen Welt des Waldes.

Das Thema heißt Freundschaft und Liebe, Treue und Untreue junger Menschen. Die Zentralfigur ist Proteus, dessen »Gedächtnis vor'ger Liebe / Vor einem neuen Bild« ganz erlischt. Als der Freund Valentin zum erstenmal liebt, wendet sich Proteus dessen Silvia zu. »Wem ist zu traun, wenn unsre rechte Hand Sich gegen unsre Brust empört? / ... / O schlimme Zeit, o schmerzliches Verwunden, Daß ich den Freund als schlimmsten Feind gefunden!« Die beiden Mädchen, Silvia und Julia, kämpfen um ihre Liebe, Silvia, die Herzogstochter, flieht vor einer erzwungenen Heirat und folgt dem verbannten Valentin. Eine Strickleiter für die Flucht, ein selbstloser Freund, Liebesgedicht und Ständchen eines Bewerbers, eine Mönchszelle als Treffpunkt und edle Räuber in den Wäldern, bis alle Verwirrungen durch die überraschend schnell ausbrechende Reue des Proteus in Versöhnung einmünden. Diese abrupten Schlußwendungen sind elisabethanisch. Die wirklichkeitsbezogenere zivilisierte Welt mit ihren Intrigen und ihrer Falschheit, in der der gute und gutgläubige Valentin scheitert und die eine solch harmonische Lösung nicht zuließe, verbleibt allerdings bedrohlich im Hintergrund.

Der Widerspenstigen Zähmung

Den Stoff fand Shakespeare in alten Märchen sowie bei Ariost. Das zentrale Thema der Schein-Sein-Verwechslung, des Rollenspiels und der damit verbundenen Identitätsverwirrung kehrt in allen drei Handlungssträngen des Stücks wieder.

In der Rahmenhandlung läßt ein Lord den volltrunkenen Kesselflicker Schlau (Sly) in vornehme Kleider stecken und ihm nach seiner Ausnüchterung vorgaukeln läßt, er sei ein Adliger mit Gemahlin und Hofstaat. Und man spielt dem angeblich hohen Herren die Komödie »Der Widerspenstigen Zähmung« vor, in der die Figuren gleichfalls ständig in fremde Rollen schlüpfen und ihre tatsächliche Identität verleugnen. So ist Petruchios wildes und rüdes Verhalten der widerspenstigen Katharina gegenüber bloß eine Pose – ein Spiel, mit dem er wiederum ihr Spiel und ihr wahres Ich entlarven will. Und auch im dritten Handlungsstrang, dem um Bianca und ihre Freier, verkleiden sich Lucentio und Hortensio und legen sich eine neue Identität zu, um der von ihnen umworbenen Bianca nahe sein zu können.

Am Schluß von *The Taming of the Shrew*, nach der glücklichen Vereinigung Petruchios mit Katharina, Lucentios mit Bianca und Hortensios mit der jungen Witwe, spitzt Shakespeare das Motiv der Scheinidentität noch einmal ironisch zu: Die widerspenstige Katharina entpuppt sich als sanfter denn die sanfte Bianca und die Witwe, und darüber hinaus ist die gezähmte Katharina paradoxerweise gleichzeitig diejenige, die sich den Raubtierbändiger Petruchio unterwirft.

Verlorene Liebesmüh

Diese Komödie spielt auf eine Reihe zeitgenössischer Ereignisse und Personen an. Im Mittelpunkt steht der Konflikt zwischen Geist und Natur, in diesem Zusammenhang auch die Funktion und Verwendung von Sprache und Literatur.

Die Platonische Akademie um König Ferdinand von Navarra mit ihren Künstlichkeitsidealen und ihrem Askesegelöbnis fällt beim Besuch der Prinzessin von Frankreich und ihrer drei Begleiterinnen wie ein Kartenhaus in sich zusammen; die von ihren vergeistigten Idealen abgefallenen und zu Liebhabern konvertierten Akademiemitglieder werden zu Sonettdichtern, die die Frauen zu den Büchern und zur wahren Akademie erklären. Doch ganz so einfach

Der »Sommernachtstraum« als ein Alptraum, in den hinein die anfangs wie tot auf der Szene liegenden Spieler »erwachen«, in welchem sie einander mit egoistischer Leidenschaft verfolgen, die Männer die Frauen unterwerfend: so bitter zeigt Alexander Lang im Ostberliner Deutschen Theater die Komödie – mit Roman Kaminski als Verfolger Lysander und Margit Bandokat als verfolgter Helena.

gelangen die geläuterten Platoniker nicht ans Ziel ihrer neuen, natürlicheren Wünsche. Zunächst durchkreuzen die Frauen ein Verkleidungsspiel der Männer mit eigener Verkleidung, und *Love's Labour's Lost* endet nicht mit der Zusammenführung der Liebespaare, sondern stellt die Vereinigung für ein Jahr später in Aussicht.

Ein Sommernachtstraum

So vielschichtig der Aufbau dieser Komödie ist, so unterschiedlich waren Shakespeares Anregungen für das Drama: Er entnahm sie bei Ovid, Plutarch und Geoffrey Chaucer, bei der französischen Romanze und der englischen Volkssage.

Die vier verschiedenen Figurengruppen von *A Midsummer Night's Dream* werden vor allem durch das gemeinsame Thema der Liebe verknüpft. Heiter-gelassen legen zu Beginn der Athener Fürst Theseus und seine Braut Hippolyta, die die Rahmenhandlung des Spiels liefern, ihren Hochzeitstag fest und zeigen so eine vernunftmäßige Auffassung der Liebe. Dem Hofe eng verbunden ist die zweite Figurengruppe, die Jugendlichen Lysander und Hermia, Demetrius und Helena, die wegen der Heirat, die Hermias Vater erzwingen will, in den Wald nahe bei Athen fliehen. In jenem Wald, abseits der Zivilisation, enthüllt sich eine ganz andere Vorstellung von Liebe als bei Hof. Droll (Puck), der boshafte Gehilfe des Elfenkönigs Oberon, bewirkt, daß Lysander und Demetrius, die zuvor beide in Hermia vernarrt waren, urplötzlich beide Helena lieben, und ein zweiter Zauber lenkt dann Lysanders Liebe genauso unvermittelt wieder auf Hermia – die Liebespartner werden letztlich austauschbar.

Als chaotische Gefährdung der friedlichen Natur erscheint der Liebeszwist des Elfenkönigspaars Oberon und Titania, die im gleichen Wald, wenn auch getrennt, Hof halten. Weil Titania Oberon einen Knaben abspenstig gemacht hat, bestraft dieser sie, indem er sie den in einen Esel verwandelten Handwerker Zettel (Bottom) lieben läßt.

Liebe ist schließlich auch das Thema der »spaßhaften Tragödie«, von Pyramus und Thisbe – eines Spiels, das die vierte Figurengruppe, die Handwerker, im Wald proben und gegen Ende des Dramas bei der höfischen Hochzeitsfeier von Theseus und Hippolyta aufführen. Sie stellt eine von den

Hofleuten verspottete und doch rührende Parodie auf große Liebestragödien dar. Das Schlußwort hat Droll, der die Sommernachtsspiele als Nachtgeschichte den Zuschauern in die dichtenden Hirne verweist.

Die lustigen Weiber von Windsor

Diese Komödie, die wahrscheinlich recht bald nach *Heinrich IV.* entstand, bringt einen Teil des dort in der komischen Handlung um Falstaff auftretenden Personals erneut auf die Bühne. Allerdings erreicht Falstaff in diesem Stück, für das Shakespeare vor allem auf italienische Novellen zurückgriff, bei weitem nicht mehr das Format, das ihn in der Historie auszeichnet. Vielmehr wird der dicke Ritter, der den Bürgerfrauen Page und Fluth (Ford) Geld abjagen möchte und ihnen daher Liebe vorgaukelt, schnell von den lustigen Weibern durchschaut und mehrfach von ihnen hereingelegt; am Ende muß er mit Spott überhäuft das Feld räumen.

In *The Merry Wives of Windsor* kehrte Shakespeare noch einmal zur farcenhaften Verwirr- und Verwechslungskomik zurück und schuf mehr elisabethanisches Lokalkolorit als in jedem anderen seiner Dramen.

Das streitende Wald-Herrscher-Paar im »Sommernachtstraum«: Hannelore Hoger als Titania, Ulrich Wildgruber als Oberon in der Inszenierung Niels-Peter Rudolphs 1983 am Hamburger Deutschen Schauspielhaus.

Viel Lärm um nichts

Auf Matteo Bandellos *Novellen* (1554) und Ariosts *Orlando Furioso* (1516) zurückgreifend, gestaltete Shakespeare eine Komödie, in der Täuschung und Hinterlist letztlich zur Wahrheit führen. Das gilt für die wohlmeinende Intrige um Benedict und Beatrice, denen man erst etwas vorspielen muß, damit sie ihre Liebe füreinander erkennen. Das trifft aber auch auf die böswillige Intrige um Hero und Claudio zu, denn daß das Komplott zunächst gelingt und Claudio die vermeintlich treulose Hero verstößt, zeigt nur die Oberflächlichkeit der Gefühle des Paares. Erst durch die Erfahrung der Intrige geläutert, können sie schließlich wirklich zusammenfinden.

Wie die beiden Liebeshandlungen einander gegenseitig spiegeln, so wird das Motiv von Täuschung und Erkenntnis ironisch auch in den Ereignissen um die einfältigen Gerichtsdiener Holzapfel (Dogberry) und

Schlehwein (Verges) aufgegriffen, die fast gegen ihren Willen die Wahrheit über die schurkischen Ränke des Don Juan (Don John) ans Licht bringen. *Much Ado About Nothing* wurde und wird vor allem wegen der witzigen und scharfzüngigen Wortduelle gespielt, die Benedict und Beatrice sich liefern.

Wie es euch gefällt

Interessanter als das Verhältnis dieser Komödie zu Thomas Lodges Roman *Rosalynde* (1590), den Shakespeare als Vorlage benutzte, ist der Bezug von *As You Like It* zu Shakespeares früheren Komödien, aus denen er manche Elemente hier wieder aufgreift. Erneut gestaltet er den Gegensatz zwischen einer korrupten, von Ränken geprägten höfischen Welt und einem idyllischen Zauberwald, dem Ardenner Wald, in dem Beschaulichkeit vorherrscht und Schurken urplötzlich bekehrt werden. Allerdings erscheint in diesem Drama auch die Waldesidylle ironisch gebrochen und mit Konflikten behaftet, wie besonders die Liebeshandlungen zeigen, die den Kern der Komödie bilden. Der Narr Probstein (Touchstone) zielt beim naiv-trampligen Bauernmädchen Käthchen (Audrey) auf derbe Sinnlichkeit; der Schäfer Silvius und Phöbe (Phebe) streben nach einem blutleeren, romantischen Ideal. Aber auch die Liebe der vom Hof Entflohenen, des Grafensohns Orlando und der Herzogstochter Rosalinde, ist keine unbeschwerte, nur von äußeren Hindernissen beeinträchtigte Beziehung. In Rosalinde finden wir nämlich wiederum eine weibliche Shakespeare-Figur, die die zur Flucht angelegte Männerkleidung nicht ablegt, sondern benutzt, um ihren Geliebten zu prüfen und zu narren. Jan Kott hat darauf hingewiesen, daß auf dem elisabethanischen Theater, wenn sich ein Mann (der Schauspieler) als Frau kostümiert und er sich dann – als Figur des Spiels – als Mann ausgibt, ein flirrendes Spiel jenseits der Grenzen der Heterosexualität stattfindet. Mit bitterer Ironie betrachtet der Melancholiker Jaques die Menschen und ihre Verwirrungen; er sieht die Realität aber auch als Spiel: »Die ganze Welt ist Bühne, / Und alle Fraun und Männer bloße Spieler. / Sie treten auf und gehen wieder ab. / Sein Leben lang spielt einer manche Rollen, / Durch sieben Akte hin.«

Das Mädchen Rosalind fordert, als Mann verkleidet, den von ihr geliebten Orlando auf, sie Rosalind zu nennen und zu umwerben: Jutta Lampe spielte die zweideutigreizvolle Rolle in der »Wie es euch gefällt«-Inszenierung Peter Steins 1977 an der Schaubühne am Halleschen Ufer Berlin.

Der Haushofmeister Malvolio in »Was ihr wollt« erhebt Ansprüche an seine Herrin, die Gräfin: er liebt sie, vergeblich. Curt Bois in Fritz Kortners Inszenierung (Schiller-Theater Berlin 1962), ein Männchen mit Hahnenkammfrisur, setzte die Virtuosität und die Präzision seiner Slapstickkomik ein, ohne die Figur, ihre Verletzlichkeit, zu denunzieren.

Was ihr wollt

Das Stück, dessen Stoff der Dramatiker wohl einer Novellensammlung Barnabe Riches (1581) entnahm, gilt als Krönung von Shakespeares romantischem Komödienschaffen. Im Mittelpunkt von *Twelfth Night, or What You Will* steht erneut eine sich als Jüngling verkleidende Frau, Viola-Cesario, die durch ihr Doppelgeschlecht eine Kette von Verirrungen auslöst und die wie Rosalinde in *Wie es euch gefällt* das Thema der sexuellen Entgrenzung anklingen läßt (»Ich bin, was aus des Vaters Haus von Töchtern / Und auch von Brüdern blieb«). Andererseits befreien die von ihr gestifteten Verwirrungen den nach Olivia schmachtenden Herzog Orsino aus seiner Gefühlspose und Olivia aus ihrer nicht minder posenhaften Trauer um ihren toten Bruder. Erst das Erscheinen von Violas Zwillingsbruder Sebastian kann das verworrene Liebesdreieck (Orsino liebt Olivia, Olivia liebt Cesario-Viola, Cesario-Viola liebt Orsino) zu zwei Paaren auflösen – wenn das auch recht plötzlich und spät geschieht (Olivia. »Ein höchst zerstreu'nder Wahnsinn in mir selbst«). Im Haushalt der Olivia lebt ihr versoffener Onkel Tobias Rülp (Toby Belch), der den aussichtslos in Olivia verliebten Bleichenwang (Sir Andrew Aguecheek) ausnimmt. Mit Olivias Zofe Maria narren sie den eitlen, purita-

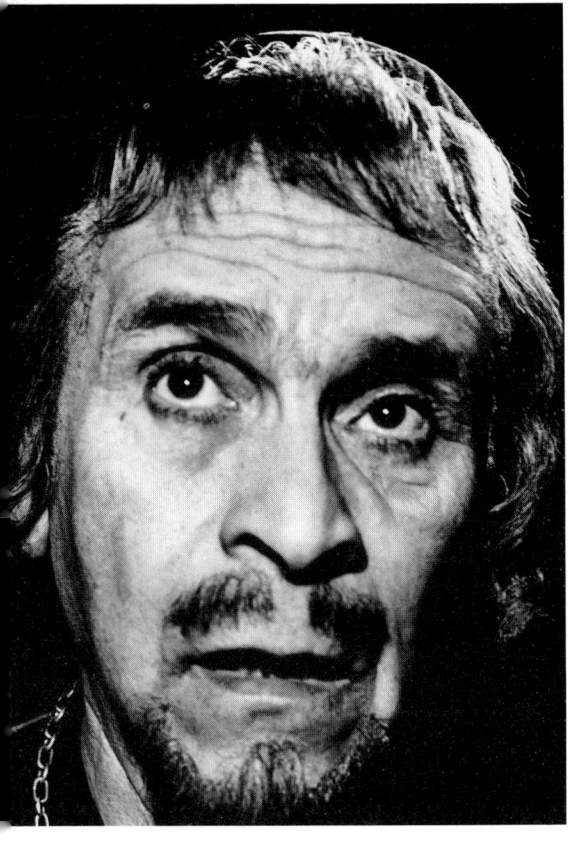

*Shylock, der von den venezianischen Kauf-
herren verachtete und darob rachsüchtig
gewordene jüdische Händler, ist in der
Nazizeit antisemitisch verzerrt gespielt worden. Erst des zurückgekehrten Emigranten
Ernst Deutsch Darstellung (Bild oben, Berlin
Schiller-Theater 1956) machte das Stück
wieder möglich; Deutsch betonte das Leid
der Figur.
In der Fernsehinszenierung von 1969 (Regie
Otto Schenk) zeigte Fritz Kortner (Bild
rechts oben mit Karl Paryla als Tubal) die
von den Verhältnissen bewirkte Widersprüchlichkeit, Zerrissenheit der Figur: der
Leidende ist auch ein Hassender.*

nisch eifernden Haushofmeister Malvolio:
Er wähnt sich von Olivia geliebt, sein Wahn-
Auftritt bringt ihn ins Loch und in die Ver-
zweiflung. Das Happy End der beiden Paare

löst ihn aus der Haft, nicht aber aus seinen
bitteren Rachegedanken – die Komik dieser
Figur grenzt an den Schrecken an. Als Unbe-
hauster, spöttisch Durchschauender geht
der Narr (Feste) durch das Stück; er singt am
Ende vom Regen, der jeglichen Tag regnet –
auf die Welt, die schon eine hübsche Weile
steht.

Der Kaufmann von Venedig

Dieses Drama gehört gleichfalls zu Shakespeares heiteren Komödien und ist wohl in
zeitlicher Nähe zum *Sommernachtstraum*
entstanden, doch weist es bereits deutliche
Züge von Shakespeares späteren, den dunklen Komödien auf. Rückgreifend vor allem
auf eine Novelle von Giovanni Fiorentino
(um 1378), zeigt Shakespeare wieder eine
von mehreren Liebhabern umworbene
Frau, Porzia, die nach einem turbulenten
Verwirr- und Verkleidungsspiel den Richtigen, Bassanio, findet. Und, wie so oft bei
Shakespeare, wird die Liebeshandlung mit

einer zweiten und dritten parallelisiert.
Verbunden mit den Liebesgeschichten sind
die Ereignisse in Venedig um Bassanios
Freund, den großherzig-leichtfertigen
Kaufmann Antonio und den jüdischen
Geldverleiher Shylock. Obwohl Antonio
den Juden verachtet, sieht er sich gezwungen, Bassanio zuliebe Geld von ihm zu lei-
hen. Als Antonios Schiffe auf See verloren
zu sein scheinen, verlangt Shylock vom
bankrotten Antonio vertragsgemäß statt
des Geldes ein Pfund Fleisch aus dessen
Körper. Die Forderung kann jedoch vor Gericht (durch die als Rechtsgelehrte verkleidete Porzia) mit einem juristischen Kunst-
griff abgewehrt werden, so daß Shylock
schließlich leer ausgeht. Shylocks Tochter
Jessica wird samt seinen Schätzen aus seinem Hause entführt und darf Bassanios
Freund heiraten. Shylocks Verbitterung
und die Flüche, mit denen er die Szene verläßt, überschatten die versöhnlich endende
Liebeshandlung, in der das richtige Verhält-

nis zu materiellen Werten zum Ausdruck kommt: Um Bassanios Einstellung gegenüber äußerlichen Gütern zu prüfen, läßt Porzia ihn zwischen drei Kästchen wählen. Bassanio läßt sich nicht von Gold und Silber blenden, sondern wählt das unscheinbarste, das bleierne Kästchen und gewinnt damit die Hand und das Gut Porzias.

Die Bühnengeschichte des *Merchant of Venice* wurde weitgehend von der jeweiligen Auffassung des Shylock bestimmt, hängt doch alles davon ab, ob man ihn als komische oder tragische Figur sieht, als Verkörperung des abgrundtief Bösen oder als Opfer, als Angehörigen eines geschundenen Volkes.

Ende gut, alles gut

Die Geschichte von Bertram und Helena, die Shakespeare in dieser dunklen Komödie dramatisiert, fand er in Boccaccios *Decamerone* (1349–1353). Bertram, einen jungen, unreifen Grafen, hindern Standesdünkel

daran, sich für die aufopfernde, schöne Helena zu entscheiden, die aus einfachen Verhältnissen stammt. Während Bertram sich ständig Helena zu entziehen versucht, gehen von ihr alle Initiativen aus: Sie reist ihm nach Paris nach, sucht sich ihn als Belohnung für die Heilung des Königs als Gatten aus und erzwingt so die Heirat. Ihr gelingt es schließlich auch, die scheinbar unmöglichen Forderungen Bertrams zu erfüllen – durch einen »Bett-Trick« nämlich, indem sie statt der von Bertram angebeteten Diana mit ihm schläft – und so endlich die Einsicht und Bekehrung herbeizuführen.

Bei aller Handlungsfülle von *All's Well that Ends Well* das zentrale Thema sind Ehre und soziale Stellung, und darüber wird auch debattenhaft diskutiert.

Maß für Maß

Den Stoff dieser Problemkomödie, die eng mit *Ende gut, alles gut* verwandt ist, ent-

Isabella in »Maß für Maß« weigert sich, dem Statthalter Angelo sich hinzugeben, um ihren Bruder vorm Henkersbeil zu retten. Peter Zadeks Bremer Inszenierung von 1967 – von jungen Schauspielern ohne Kostüm und Maske auf leerer Bühne gespielt – kritisierte Isabellas Weigerung als bigott, Edith Clever (dritte von links) spielte die Figur – überrealistisch – mit verklemmten Kreischtönen. Als Kampfhähne traten sich der Herzog und sein Statthalter Angelo gegenüber (Werner Rehm und Bruno Ganz auf dem Tisch). Von der forcierten Körpersprache der Aufführung lernte auch Peter Stein für seine Bremer »Tasso«-Inszenierung von 1969, und es lernten auch deren Protagonisten Clever, Rehm, Ganz.

nahm Shakespeare einem Drama George Whetstones (1578) sowie dessen Vorlage, einer Novelle Giraldi Cinthios (1566). Mit Angelo steht in *Measure for Measure* erneut ein junger Mann widersprüchlichen Charakters im Mittelpunkt der Ereignisse. Vom Herzog zum Statthalter ernannt, will der sittenstrenge Angelo den jungen Claudio hinrichten lassen, weil dessen Verlobte Julia ein Kind von ihm erwartet. Beim Anblick von Claudios Schwester Isabella jedoch entbrennt Angelo selbst vor Leidenschaft, und er bietet der tugendhaften Novizin an, den Bruder zu begnadigen, falls sie sich ihm hingibt. Isabella weist ihn entrüstet ab und verlangt von ihrem Bruder, er solle lieber sterben als daß sie ihre Reinheit, ihre Jungfräulichkeit für ihn opfere.

Der Konflikt wird erneut durch einen »Bett-Trick« gelöst, den der Herzog einfädelt. Als Mönch verkleidet hält er sich in der Stadt auf, um Angelo zu überwachen. Man unterschiebt Angelo dessen ehemalige Braut Mariane; doch obwohl er den Betrug nicht bemerkt, fordert er anschließend Claudios Tod, was wiederum durch den Herzog verhindert wird, der am Schluß, nachdem er seine Verkleidung abgelegt hat, alle Verwicklungen löst: Claudio heiratet Julia, der reuige und geläuterte Angelo muß Mariane heiraten, und der Herzog hält um die Hand Isabellas an.

Vom Herzog zwangsverheiratet wird am Ende auch der spitzzüngige und schwatzhafte Herumtreiber Lucio: Er soll eine Hure heiraten, eine aus den Vorstädten, wo die Kupplerin Frau Überley (Overdone) und ihr Bierzapfer Pompejus (Pompey) ihr kraftvoll obszönes Wesen treiben und den reichen jungen Herrn und Trottel Schaum (Froth) ausnehmen. Die »Unterwelt« dieses Stückes wirft ein zweideutig flackerndes Licht auf die eifernd-puritanische »Oberwelt«. Ob es dem Herzog wirklich um Auflösung der Widersprüche durch Gnade geht, um Versöhnung von Recht und Gnade – oder um Machterhalt, haben die jeweiligen Inszenatoren zu entscheiden.

Pericles

In der Literaturwissenschaft herrscht die Meinung vor, daß Shakespeare bei dieser ersten seiner Romanzen ein fremdes Drama überarbeitet und nur die drei letzten Akte zu Ende geführt hat. Die wichtigste Vorlage war die *Confessio amantis* (um 1390/93) von John Gower, den Shakespeare in seinem Drama als Chorus auftreten läßt. Dieser Chorus verbindet und kommentiert die Handlung, die den Zeitraum von Pericles' Werbung und Heirat bis zur Vermählung seiner Tochter umspannt und die in immer wieder wechselnden Ländern des östlichen Mittelmeers spielt. Pericles durchlebt viele Abenteuer: Schiffbruch und Rettung, Scheintod und Wiedergeburt, Mordversuch und Entführung; unter den Schauplätzen finden sich Bordell wie Tempel. Trotz gelegentlicher Verzweiflung hält der Titelheld allen Schicksalsschlägen auf seiner Lebensodyssee stand, und schließlich wird es ihm gelohnt: Er findet zu seiner Tochter zurück und seiner seit sechzehn Jahren totgeglaubten Frau.

Cymbeline

Die entscheidenden Anregungen zu dieser romanzenhaften Komödie stammen aus zwei so unterschiedlichen Werken wie Holinsheds *Chronicles* und Boccaccios *Decamerone*. Ähnlich handlungsreich und märchenhaft wie *Pericles*, werden auch manche Motive von dort aufgegriffen (Scheintod und Wiedergeburt, Trennung und Wiedervereinigung). Während aber Pericles eher schuldlos sein Schicksal erdulden muß, verschulden hier die Figuren ihr Leiden selbst. Und ähnlich wie in Shakespeares Tragödien besteht ihre Verfehlung vor allem darin, daß sie blind sind gegenüber der Realität. Cymbeline, König von Britannien in römischer Zeit, wird schuldig, indem er Verleumdungen über Bellarius glaubt, den wahren Charakter der Königin und ihres bösen Sohnes Cloten verkennt, seinen Schwiegersohn Posthumus verbannt und Krieg mit Rom beginnt. Posthumus wiederum macht die Treue seiner Frau Imogen zum Gegenstand einer Wette, vertraut gleichfalls Verleumdungen und sieht – wie Cymbeline – das wirkliche, in diesem Fall integre Wesen Imogens nicht.

Anders aber als in der Tragödie können bei Shakespeare in der Romanze Reue und Einsicht zu Vergebung und Wiedervereinigung der Familien führen; und mit den Figuren wird das gesamte Land, nachdem die eingefallene römische Armee geschlagen ist, vom Chaos erlöst und findet zu neuer Harmonie.

Das Wintermärchen

Basierend auf einer Romanze von Robert Greene (*Pandosto*, 1588) dramatisierte Shakespeare hier erneut eine abenteuerliche, märchenhafte Handlung, die sich über einen langen Zeitraum erstreckt und viele Motive mit *Pericles* und *Cymbeline* gemein hat. Anstoß zu der zunächst tragischen Entwicklung gibt wieder ein verblendeter König, Leontes von Sizilien, der durch seine grundlose Eifersucht die Gattin, den Freund, den Berater, den Sohn und die Tochter verliert. Doch Einsicht in die eigene Schuld und eine sechzehnjährige Reue führen auch in diesem szenischen Märchen zur Aussöhnung mit dem Freund Polyxenes und dem Berater Camillo, zur Entdeckung der verschollenen und totgeglaubten Tochter Perdita, die als Ersatz für den toten Sohn einen Bräutigam einbringt, und schließlich zur Vereinigung mit der schuldlos verfolgten Gattin Hermione, der eine »Wiedergeburt« vergönnt ist. Neben der menschlichen Reue trägt die »Zeit«, die als Chorus vor dem vierten Akt von *The Winters Tale* erscheint, zur Vergebung und neuen Harmonie, zur Überwindung des Winters durch den Sommer bei.

Der Sturm

Zwar hat Shakespeare aus einer Reihe verschiedener Vorlagen Details in *The Tempest* aufgenommen, doch die wichtigste Quelle für die Komödie bildeten seine eigenen früheren Romanzen. Die relativ ereignislose Gegenwartshandlung des Stücks umfaßt nur wenige Stunden und bleibt auf einen Schauplatz, die Insel, beschränkt. Erheblich handlungsreicher und länger ist die Vorgeschichte, um deren Bewältigung die Gegenwartshandlung kreist. Prospero, der abgesetzte, rechtmäßige Herzog von Mailand, läßt mit Hilfe des Zaubergeistes Ariel vor seiner Insel ein Schiff im Sturm stranden, an dessen Bord sich Prosperos Bruder Antonio, der ihn einst aus Mailand vertrieb, befindet, sowie der neapolitanische König Alonso, der Antonio bei Prosperos Vertreibung half, jetzt aber von Antonio und seinem eigenen Bruder Sebastian getötet werden soll. Die auf der Insel geplanten Freveltaten vereitelt Prospero durch seine und Ariels Zaubereien, und am Schluß kommt es zur Konfrontation aller Beteiligten. Wie die Figuren in anderen Romanzen wird Alonso durch

Reue geläutert; Prospero vergibt ihm. Doch obwohl Prospero auch Antonio und Sebastian verzeiht, kann er bei ihnen keinen Sinneswandel herbeiführen. Und nicht nur in der zivilisierten Welt ist das gefährliche Element offenbar weiter existent, auch in der Natur: Der mißgestaltete, wilde frühere Beherrscher der Insel, Caliban, Sohn der Hexe Sycorax, läßt sich von Prospero trotz aller Magie nicht zum Guten erziehen.

Daher verspricht die glückliche Vereinigung der Liebenden Ferdinand und Miranda, Alonsos Sohn und Prosperos Tochter, zwar Hoffnung, doch ob sie sich erfüllen wird, bleibt offen. Mirandas Ausruf beim Anblick der Usurpatoren und potentiellen Mörder: »O Wunder! / Was gibt's für herrliche Geschöpfe hier! / Wie schön der Mensch ist! Wackre neue Welt, / Die solche Bürger trägt!« erscheint als Ironie des Autors.

Prospero, den vom bösen Bruder gestürzten, in der Verbannung zum Zauberer gewordenen Insel-Herrscher, spielte Gustaf Gründgens 1960 im Hamburger Deutschen Schauspielhaus. »Er hat Nerven. Dieser Prospero war eher noch Herzog Wallenstein, verbannt nach Elba, gequält von der Anspannung des Zaubernmüssens und von der Sehnsucht heimzukommen. Freundlich und nachsichtig wohl – aber nicht weise. Von der Gestalt ging nicht das Fluidum des Friedens aus« (Joachim Kaiser).

Die beiden edlen Vettern

Wie im Fall von *Heinrich VIII.* vermutet man auch bei diesem Stück eine Gemeinschaftsarbeit von Shakespeare und John Fletcher, die sich vor allem an den unterschiedlichen Blankverstypen der Romanze ablesen läßt. Der Stoff zu *The Two Noble Kinsmen* fand sich bei Geoffrey Chaucer, der die Geschichte der edlen Vettern Palamon und Arcite erzählt, die beide die gleiche Frau lieben und sich um dieser Liebe willen schließlich einen Kampf auf Leben und Tod liefern. Ein pessimistisches Stück: Freundschaft erscheint weitgehend als idealistisches Trugbild, und sinnliche Liebe führt zu Wahnsinn und Tod. Pessimistisch ist es auch im Hinblick auf die Bedeutung des Schicksals, das ständig die Pläne der Menschen durchkreuzt und letztlich dafür sorgt, daß nicht der Sieger des Turniers die Braut bekommt, sondern der unterlegene Palamon, der bereits dem Tod entgegensieht. Die Liebe zwischen Theseus und Hippolyta, die als Kontrast für die anderen Beziehungen dient, ist gleichfalls solchen Zufällen ausgeliefert und vermag die dunkle Sicht des Stückes kaum aufzuhellen.

Ben Jonson

Obgleich Jonson (1572–1637) im Gegensatz zu vielen seiner Dichterkollegen keine Universität besuchte, gilt er als einer der belesensten Dramatiker seiner Zeit. Ähnlich wie Marlowe hat er in jungen Jahren offenbar ein bewegtes Leben geführt: Er kämpfte auf dem Schlachtfeld in Flandern, spielte als Hauptdarsteller in Thomas Kyds Erfolgsstück *Die Spanische Tragödie*, tötete einen Schauspieler im Duell, worauf er nur knapp dem Galgen entging, und wurde schließlich eingekerkert, weil er sich an Thomas Nashes Satire *Die Hunde-Insel* (*The Isle of Dogs*, 1597) beteiligt hatte. Einige Jahre später, nach der Aufführung der gemeinsam mit John Marston und George Chapman geschriebenen Komödie *Ostwärts geht's Eastward Ho!*, (1604), mußte er erneut ins Gefängnis, diesmal wegen Verspottung und Verunglimpfung der Schotten.

Satire ist auch hervorstechendes Merkmal der zahlreichen, von Jonson allein verfaßten Komödien, von seinem ersten großen Erfolg, *Jedermann hat seine Schwächen* (*Every Man in His Humour*, 1598), bis hin zu *Die Zauberdame* (*The Magnetic Lady*, or The Humours Reconciled, 1632). Diese satirische Schärfe unterscheidet seine Stücke von den heiteren, romantischen Komödien seines Freundes und Rivalen Shakespeare. Beeinflußt von der römisch-klassischen Komödientradition, verband Jonson mit dem satirischen Moment ein didaktisches Anliegen. Zielscheibe von Jonsons Spott und Kritik waren vor allem die Sitten und Gebräuche seiner Zeit, die Narrheiten und Schwächen der Menschen, aber auch seine Mitdramatiker – so in *Der Poetaster oder Die Anklage* (*The Poetaster, or The Arraignment*, 1601).

In seinen besten Komödien, *Volpone oder Der Fuchs* (1605), *Epicoene oder Die schweigsame Frau* (1609), *Der Alchemist* (1610) und *Bartholomäusmarkt* (1614), stellte Jonson gnadenlos korrupte Zustände bloß. Auch in die Tragödie – *Der Sturz des Sejan* (*Sejanus His Fall*, 1603) und *Die Verschwörung des Catilina* (*Catiline His Conspiracy*, 1611) – trug Jonson satirische Züge hinein, ebenso in manche der etwa 25 Maskenspiele, die er zwischen 1605 und 1625 für den Hof schrieb. In ihnen verbindet sich musikalisches Tanzspiel mit dramatischer Darstellung, und oft kreisen sie um mythologische und allegorische Motive. Ihren Erfolg verdankten die Maskenspiele auch den Ausstattungen des bereits erwähnten Bühnenbildners und Architekten Inigo Jones, dessen Ausstattungsinszenierungen theatergeschichtlich zukunftsweisend waren.

Volpone oder Der Fuchs

Schon die Namen der Figuren in dieser Komödie deuten ihre kräftig karikierten Charaktereigenschaften an: Die Erbschleicher Voltore (Geier), Corbaccio (Rabe) und Corvino (Krähe) wollen dem reichen Volpone seine Schätze abjagen, ohne zu ahnen, daß sie selbst Gejagte des schlauen Fuchses und seines Dieners Mosca (Fliege) sind. In *Volpone, or The Fox* beten fast alle nur Geld und Gold an, trachten nach dem Vermögen des anderen, und stehen am Ende als betrogene Betrüger da. Kaum ein Lichtblick hellt die dunkle Welt des Mammons und des Fallenstellens auf. Die einzigen Kontrastfiguren, Celia und Bonario, können sich nicht gegen die von Habgier geprägte Gesellschaft durchsetzen, und die Verurteilung des intelligentesten der Betrüger, Volpone, läßt keine rechte Freude aufkommen – sie wird von Richtern ausgesprochen, die genauso korrupt sind wie er, nur dümmer.

Epicoene oder Die schweigsame Frau

In *Epicoene, or The Silent Woman* tritt das satirische Element hinter schwankhafter, farcenhafter Komik zurück. Zwar ist der alte und überaus lärmempfindliche Mürrisch (Morose) ein ähnlich habgieriger Geizhals, wie er sich in den Satiren findet – er will nur deshalb eine Frau heiraten, um seinen Neffen zu enterben –, doch das Schwergewicht der Handlung liegt bei den Verwicklungen um die schweigsame Frau, die Mürrisch heiratet. Diese erweist sich nämlich als ganz und gar nicht ruhig, bringt vielmehr eine Vielzahl skurriler Gestalten ins Haus und entpuppt sich schließlich als ein junger Schauspieler, der vom enterbten Neffen engagiert wurde, um den Onkel zur Änderung des Testaments zu bewegen.

Der Alchemist

In dieser recht streng nach klassischem Muster gestalteten, aber im zeitgenössischen London angesiedelten Komödie wirkt die Satire noch schärfer und die Weltsicht noch zynischer als in *Volpone*. In das Haus, welches das Gaunertrio Lips (Face), Dunst (Subtle) und Dortchen (Dol) während der Abwesenheit des Hausherrn als Hauptquartier und Alchemistenküche einrichtet, kommen nacheinander die verschiedensten Kunden. Sie begehren alchemistische Hilfe bei ihren zweifelhaften und betrügerischen Unternehmungen, und sie alle werden getrieben von Habgier, die hier als Motiv in unterschiedlichen Schattierungen erscheint. Statt selbst zu betrügen, werden sie jedoch zu Betrogenen des gerissenen Trios. Eine ganz besondere Pointe bringt der Schluß von *The Alchemist*: Der vorzeitig heimkehrende Hausherr bedient sich gern der in seinem Haus erschwindelten Güter. Gauner wie Möchtegern-Gauner gehen leer aus, werden aber auch nicht bestraft. Wiederum hat Jonson eine Welt entworfen, in der es Gerechtigkeit nicht gibt, nur schlauere und dümmere Schurken.

Bartholomäusmarkt

Während *Der Alchemist* Repräsentanten einer eher bürgerlichen Gesellschafts-

Ben Jonson
Das elisabethanische und
das nachelisabethanische Drama

Die Komödie über betrogene Betrüger »Der Alchemist« von Ben Jonson inszenierte 1976 am Schauspiel Frankfurt der Argentinier Augusto Fernandes; mit Lust an derber, drastischer Komik agierten Peter Roggisch und Traugott Buhre.

schicht porträtiert und karikiert, beleuchtet *Bartholomew Fair* das Treiben kleiner Leute, die sich auf dem Jahrmarkt in Smithfield versammeln. Schenkenwirte, Balladensänger, Taschendiebe und Huren tummeln sich auf dem Volksfest und nehmen adlige und bürgerliche Besucher aus, die mal ihr Geld, mal ihre Braut verlieren. Die Komödie entfaltet einen bunten Bilderbogen, der Dummheit und Verblendung, Heuchelei und Habgier in Jonsons England satirisch zeichnet. Einige böse Spitzen gelten seinen Kollegen vom Dramatiker-Handwerk, Kyd, Shakespeare und Jones.

Das elisabethanische und das nachelisabethanische Drama

Die Zahl der Autoren, die gleichzeitig mit oder kurz nach Shakespeare dramatische Werke verfaßten, ist ungewöhnlich groß. Weit über 1000 Dramen wurden in der Zeit von Shakespeares erstem Auftreten bis zur Schließung der Theater durch die Puritaner im Jahre 1642 geschrieben, und viele der Verfasser mit ihren Werken wären einer Erwähnung wert: John Fletcher (1579–1625) und Francis Beaumont (1584–1616), George Chapman (1559–1634) und Thomas Dekker (um 1572–1632), Thomas Heywood (um 1570–1641), John Marston (1576–1634), Cyril Tourneur (um 1575–1626), John Webster (um 1580–1625) und Thomas Middleton (1580–1627), schließlich Philip Massinger (1583–1640), John Ford (1586–um 1656) und James Shirley (1596–1666). Doch sind die meisten Dramen dieser Autoren allein unter historischem Aspekt wichtig; vom heutigen Theater her gesehen, haben sie fast alle außerhalb Englands kaum Bedeutung.

Die Vitalität und Dynamik, die das elisabethanische Theater auszeichnete, flachte nach Shakespeares Tod bald deutlich ab. Zwar erlebte die Tragikomödie einen beachtlichen Aufschwung, und die »bürgerliche Tragödie«, die in dem manchmal Shakespeare zugeschriebenen Stück *Arden von Feversham* ein frühes Vorbild fand, erzielte gleichfalls Bühnenerfolge. Im ganzen aber ging die Lebenskraft des Theaters zurück. Nachteilig wirkte sich auch aus, daß nun Volkstheater und elitäres Theater zunehmend auseinanderklafften. Immer mehr Stücke wurden verfaßt, die sich entweder nur am Geschmack des gebildeten Publi-

kums orientierten und also am Hofe oder in den »Privattheatern« aufgeführt wurden, oder aber die allein auf den Massenerfolg in den »öffentlichen« Theatern zielten und die ständig nach neuen theatralischen Sensationseffekten suchten. Shakespeares so kunstvolle Verbindung von höchsten Ansprüchen mit größtem Unterhaltungswert gelang den meisten seiner Nachfolger nicht mehr.

Vielleicht aber mußte auch alles, was auf ein so mächtiges Genie wie Shakespeare folgte, zunächst einmal vergleichsweise farblos wirken. Erst eine andere Epoche, mit anderen gesellschaftlichen Bedingungen und anderen Theaterverhältnissen, vermochte dann wieder neuartige Dramen auf die Bühne zu bringen.

In »Böhmen am Meer«, in einer Märchenlandschaft mit freundlichen Schäfern, spielt der zweite Teil von Shakespeares »Wintermärchen«. Hier verliebt sich die ausgesetzte und wunderbarerweise gerettete Tochter Perdita des sizilianischen Königs Leontes in den Schäfer Florizel. Sie versprechen sich einander – in Peter Zadeks mehr skurrilphantastischer als märchenhafter Inszenierung 1978 im Hamburger Deutschen Schauspielhaus spielten Ilse Ritter und Herbert Grönemeyer die Liebenden.

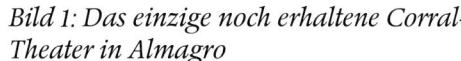

Bild 1: Das einzige noch erhaltene Corral-Theater in Almagro

Bild 2 a: Szene aus Calderóns Drama »La Fiera, El Rayo y la Piedra«, Cupido in der Schmiede der Zyklopen

Bild 2 b: Plan des Corral del Principe aus dem 18. Jahrhundert

Bild 3: Szene aus dem Calderón-Drama »La Fiera, El Rayo y la Piedra«, Bildbeschreibungen siehe nächste Seite

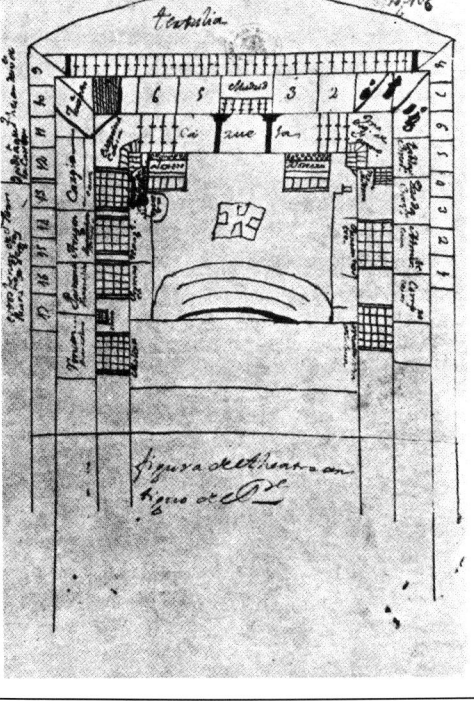

2b

3

Theater und Drama des spanischen Barock

In der zweiten Hälfte des 16. Jahrhunderts, während der großen Auseinandersetzung um Seeherrschaft, Wirtschaftsvormacht und Kolonialgebiete zwischen Spanien und England, entstand in den volkreichen Hauptstädten Madrid und London ein in manchen Zügen verblüffend ähnliches, nämlich sich an mehrere gesellschaftliche Schichten wendendes »Volks«-Theater, dargeboten von Berufsschauspielern vor einem unterschiedliche Preise zahlenden Publikum. Während für das elisabethanische Theater bald eigene Theatergebäude errichtet wurden, installierte man das spanische Theater in Gast- oder Spitalshöfen (von geistlichen Bruderschaften): Podien ohne Vordervorhang, durch Zwischenvorhänge abzuteilende hintere Spielflächen, darüber Balkone oder Aufbauten, die ebenfalls bespielt werden konnten, und später auch Versenkungen im Hauptspielpodium. Nur ein Sonnensegel – man spielte ab zwei oder drei Uhr nachmittags – schirmte vorm freien Himmel ab (später vielleicht auch feste Decken). Aus den Fenstern und Balkonen der Längs- und Hinterfronten des Hofes entwickelten sich Galerien und Logen, vor allem für Herren und – davon getrennt – Damen des Adels. Die hintere Schmalseite bot – wiederum separiert – Platz für das Bürgertum und für städtische Beamte. In den wenigen Sitzreihen vor dem Podium saßen vor allem Bürger. Dahinter standen die den »Gründlingen« des elisabethanischen Theaters entsprechenden »Mosqueteros« des spanischen Theaters, die lebhaft und cliquen- und schon auch claquenhaft reagierende (vielfach wohl aus ehemaligen Soldaten sich rekrutierende) Plebs.

Nach improvisierten Vorläufern in den sechziger und siebziger Jahren wurde das erste dieser Theater, der Corral de la Cruz, 1579 von der »Cofradia de la Passion« (Passionsbrüderschaft) eingerichtet; 1582 folgte der Corral in der Strada del Principe – beide existierten bis ins 18. Jahrhundert.

Mit dem politisch-militärischen und wirtschaftlichen Niedergang Spaniens (1588 Verlust der Armada, Reduktion des Kolonialreiches, »Abfall« der Niederlande, ruinöses Sinken des Edelmetallwerts) blühte – man kann das auch als Kompensationsvorgang auffassen – das spanische Theater in der ersten Hälfte des 17. Jahrhunderts, im »sigle d'oro«, dem Goldenen Zeitalter, erst recht auf: der 1621 bis 1665 regierende Philipp IV. schrieb selbst Stücke und agierte. Um 1635 soll es in Madrid 40 Schauspieltruppen, im ganzen Lande 300 gegeben haben; überall, selbst in kleineren Städten und Marktflecken, entstanden Corral-Theater, sechs allein in Sevilla. Ein kleines Corral-Theater ist in Almagro erhalten und restauriert. Bild 1 (Almagro) zeigt den Blick von jenem Punkt, wo die rückwärtige und die linke Seitengalerie aufeinandertreffen, auf das Spielpodest, die beiden Öffnungen in der Bühnenrückwand und die (zu bespielende) Galerie über der Bühne. 1960 wurde ein aus dem 18. Jahrhundert stammender Plan des Corral del Principe (Bild 2b) aufgefunden. Am unteren Rand der Zeichnung ist die Bühne anzunehmen, davor die (leicht gekrümmten) Bankreihen, »luneta« genannt, dahinter der Raum für die Mosqueteros. Um den Hof herum numerierte oder mit dem Namen der Mieter versehene Logen: an der der Bühne gegenüberliegenden Seite die Galerie für die einfacheren Damen, »cazuela« genannt; über ihnen, mit Madrid bezeichnet, eine Loge für die Stadtväter.

In den Corral-Theatern fanden die schon seit dem späten 15. Jahrhundert in Spanien umherziehenden Schauspieltruppen feste Spielstätten; für sie schrieben Lope de Vega, Calderon und ihre Zeitgenossen ihre Comedias. Auch ins Madrider Residenzschloß wurde 1607 ein Corral-Theater für öffentlich zugängliche Comedia-Aufführungen eingebaut, doch entwickelte sich außerdem, insbesondere unter Philipp IV., ein höfisches Theater nach italienischem Vorbild. 1626 wurde der Florentiner Architekt und Bühnentechniker Cosimo Lotti berufen, er leitete ausschließlich für die Hofgesellschaft bestimmte Aufführungen in den königlichen Schlössern und Parks von Madrid, El Pardo, Zarzuela, Aranjuez und insbesondere Buon Retiro. Vor allem der alternde Lope de Vega und dann Calderon schrieben dafür allegorisierende und moralisierende Dramen. Bild 3 zeigt eine Szene (Amor, der Wind, der Chor der Nymphen, Oceano und Mars vor einer aus Kulissen und Schlußprospekt mit Segelschiff gebildeten Meerlandschaft) aus dem wahrscheinlich 1652 von Lotti inszenierten phantastisch-mythologischen Calderon-Drama *El Rayo, La Piedra, el Fuego.*

Bildlich gänzlich unbelegt ist schließlich eine dritte Theaterform des spanischen Barock: das Auto sacramentale – im Fronleichnamsmonat auf öffentlichen Plätzen (in Madrid in Anwesenheit des Königs) auf Wagenbühnen aufgeführte, im Zeichen der Gegenreformation stehende Spiele zur bildlichen Erläuterung und Glorifizierung der katholischen Lehre.

Das Drama des spanischen Barock

Die unanzweifelbare Herrschaft der katholischen Kirche und des zentralistischen Königtums waren die beiden Grundbedingungen der barocken Kultur in Spanien und also auch des Barocktheaters und -dramas. Da dieses Land erfolgreich sich den europäischen Reformationsbewegungen verweigerte, dem anthropozentrischen Weltbild der Renaissance und dem humanistischen Denken sich verschloß, blieben auch die Darstellungen auf dem Theater ganz im Bannkreis der hierarchisch aufgebauten religiösen und staatlichen Macht, spielte die Bühne die diesseitige Gesellschaftsordnung, die man der himmlischen nachgebildet glaubte, in oft allegorischen und gleichnishaften Darstellungen nach. Mit neuzeitlich realistischer, psychologisch motivierter Handlung haben die Dramen und szenischen Aufführungen des Barocktheaters also noch nichts zu tun. An Stelle von Ursache-Wirkung-Beziehungen, wie sie realistischer Motivverkettung zugrunde liegen, wurden metaphysische Beziehungen ausgestellt, stand die Theaterszene in bedeutungsträchtiger Wechselbeziehung zur kosmischen Realität. Die Grenzen zwischen Realem und Wunderbarem waren aufgehoben bzw. das Wunderbare selbst war unbezweifelte Realität. Ein gradueller Unterschied nur – keiner ums Ganze – trennte rationale Vorgänge von nichtrationalen, sinnlich erfahrbare von übersinnlichen. Das Theater des spanischen Barock war also ein Allegorie- und Gleichnistheater, in dem nicht nur gesellschaftliche Realität außerhalb des Theaters repräsentiert wurde, sondern dies Theater war bereits zweite Repräsentation: schon das Leben, die gesellschaftliche Realität, galt als Spiel auf einer gottgeschaffenen und metaphysisch in Regie genommenen Bühne. Entsprechend konnte die Darstellung des Lebens Theaters das schon existierende Abbild- bzw. Symbolverhältnis nur interpretierend nachvollziehen, variieren, überhöhen: in Frage zu stellen war es niemals. Der Horizont, in dem Dramatiker, Darsteller und Zuschauer miteinander kommunizierten, deckte sich damit mit jenem, der für das ganze übrige Leben ohnehin unanzweifelbar schon galt. »Spiel« bzw. »Komödie« ist das Leben, heißt es bei Tirso de Molina; alle müssen spielen, und damit jeder seine Lebensrolle spielt, hat er von Gott eine besondere Textrolle erhalten.

Mit dem Theatergleichnis, das die Welt als Bühne, Gott als Urheber der Bühnenhandlungen und kontrollierenden Regisseur sieht, stand das spanische Barocktheater im Traditionszusammenhang mit dem mittelalterlichen Weltverständnis. Entsprechend waren die Zuschauer nicht auf »stimmige« Handlungen und deren Verknüpfung aus, sondern auf Überraschungen, abenteuerliche Steigerungen und ebenso überraschende Auflösungen. Typenfiguren beherrschten meist die Szene, nicht psychologisch »glaubwürdige« Charaktere. Andererseits erhielt noch das Sprunghafteste und Überraschendste Logik und Regelmäßigkeit durchs theozentrische Weltbild: der Glaube an Gottes Willen, seine Logik, durchherrschte alles und jedes, und ein »für sich genommen« glaubwürdiger Charakter war so weder denkbar noch wünschbar.

Die Celestina

Am Anfang des spanischen Barockdramas stand neben den dialogisierten Hirtengedichten Juan del Encinas (1469–1529), die nur noch für die Literatur- und Theatergeschichte von Interesse sind, ein grandioses Werk: *La Celestina, tragicomedia de Calisto y Melibea,* zuerst veröffentlicht 1499 in Salamanca, also rund 100 Jahre vor der eigentlichen Barockzeit. Der erste von 21 Akten stammt wahrscheinlich von Rodrigo de Cota, die anderen von Fernando de Rojas aus Montalván.

Im Mittelpunkt der Tragikomödie steht das erste klassische Liebespaar des neuzeitlichen Theaters, Calisto und Melibea, die sich für ihre Vereinigung der Kupplerin Celestina anvertrauen. In der Celestina, die in einem verrufenen Viertel Toledos ihren fünf Gewerben nachgeht (Näherin, Herstel-

Das Drama des spanischen Barock
Die Celestina
Von der Celestina zu Cervantes

lerin von Schminke, Ausbesserin von Jung-
fernschaften, Kupplerin, ein klein wenig
Hexe), besitzt das Stück eine großartige
Charaktergestalt – komisch und tragisch,
witzig und realistisch, verschlagen und
mütterlich zugleich. Als eine Frau Welt beherrschte sie in ihrer Jugend die Menschen
aller Stände und Altersstufen; Priester und
Adelige huldigten ihr, eine Herzogin mußte
ihr Ehre erweisen; jetzt, da sie alt und häßlich geworden ist, verachtet man sie zwar,
aber man braucht ihre Dienste. Das Stück,
das in seiner ursprünglichen Fassung alle
Formgesetze durchbricht, endet mit dem
Tod der Liebenden. Dem verunglückten
Calisto folgt Melibea freiwillig in den Tod,
Celestina wird von Calistos habgierigen
Dienern ermordet. Das Ende dient als
»moralisches« Fazit, es zeigt als Lehre, wie
die Sünde bestraft wird. Aber diese Moral,
die »heilsame Pille in süßer Speise«, wirkt
lediglich wie eine nachträgliche Be-
schwichtigung der geschilderten Zucht-
losigkeit.

Mit seinen Ständchenszenen und Degenge-
fechten, der Kontrastierung der Haupthandlung in den Auftritten der Diener wurde *Die Celestina* zum Vorbild aller Mantel-
und Degenkomödien (Comedias de capa y
espada), gleichzeitig ist dieses Drama
Muster der Sittenkomödien (Comedias de
costumbres). Von der *Celestina,* die unter
anderen auch Lope de Vega zu seinem
Roman *La Dorotea* anregte, gibt es seit dem
16. Jahrhundert in verschiedenen Sprachen
zahlreiche Bühnenfassungen.

Von der Celestina zu Cervantes

Die antike Tradition, die in ganz Europa im
Humanistendrama lebendig wurde, ist in
Spanien nicht annähernd so wirksam geworden wie in den übrigen Ländern. Man
griff nur nach den Vorwürfen, bei denen die
Übertragung des antiken Vorbilds in das
spanische Milieu leicht möglich war. Besonders Tragödien von Euripides und Seneca
wurden adaptiert, wobei die Intrigen und
Racheakte, die Häufung von Grausamkeiten und Katastrophen jeder Art wichtiger
waren als das innere Gefüge der antiken
Vorwürfe. So entstand im 16. Jahrhundert
eine ganze Reihe von Märtyrer- und Tyran-
nentragödien, deren bekannteste die *Inez
de Castro* von Jeronimo Bermudez ist: ein

Drama, das Martern und Morde, Folterszenen und blutige Racheakte bis zum Überdruß häuft. Die Nachwirkungen dieser mit
Bluttaten vollgepfropften Dramen lassen
sich noch am englischen Barockdrama ablesen. Nicht zufällig nannte Thomas Kyd
ein Stück, das eine ähnliche Fülle von Grausamkeiten aufbietet, *Spanische Tragödie.*
Dagegen lebt die durch *Die Celestina*
begründete Tradition vor allem in den
Stücken Bartolomé de Torres Naharros weiter, der 1517 in Rom eine Sammlung seiner
Dramen unter dem Titel *Propaladia* (mit
den Komödien *Imeneo, Jacinta* und *Sera-
fina*) herausgab. Naharro teilte seine Stücke
nicht in Akte, sondern in »jornadas« (Tage-
reisen); auf einen Prolog (introito) oder eine
Inhaltsangabe (argumento) als Einleitung
folgt das eigentliche Drama als ein Weg von
fünf Stationen. Ehre, Liebe und Rache sind
seit Naharro die wichtigsten Motive der spanischen Komödie. Ebenfalls auf die *Celestina* geht die Spiegeldramaturgie Naharros

*Sexualität und Brutalität, Trieb und Blut-
rausch standen im Mittelpunkt der von Peer
Raben 1970 in Bremen inszenierten Fassbin-
der-Adaption des »Brennenden Dorfs« von
Lope de Vega. Am Ende gibt es keinen gütigen Herrscher mit mildem Richterspruch.
Die Bauern, die zur Verschönerung eines
großen Hoffests gehängt werden sollen,
kommen den Unterdrückern zuvor, stürzen
sich im Blutrausch auf das Hof-Gefolge:
fressen es auf. Die Abbildung zeigt den
Kommandator in der Machtpose. Die aus
einer Vielzahl disparater Teile montierte
szenische Darstellung trug sich zu in einem
Bühnenbild von Wilfried Minks.*

zurück, die er zu einem charakteristischen Bestandteil der spanischen Komödie machte: Er wiederholt die Aktionen und Geschicke seiner Hauptgestalten in kontrastierenden oder parallelen Szenen bei den Bediensteten.

Auch die volkstümlichen Komödien Lope de Ruedas (um 1510–1565) knüpfen an *Die Celestina* an. Von Lope de Rueda, der Schauspieldirektor, Autor und Schauspieler bei einer Wandertruppe war, sind vier Komödien, drei Schäferstücke, ein Auto sacramentale und einige Entremeses (Zwischenspiele) überliefert. Er kam bei seinem Theater fast völlig ohne Dekorationen aus; die freigesetzte Spiellaune, die Freude an den Verwandlungen und Verkleidungen, die Lust an der Improvisation, den übermütigen Zwischenspielen oder den clownesken Einlagen (Pasos) sind für seine Stücke wichtiger als eine überlegte Gliederung und ein konsequenter Aufbau. Die Stoffe seiner Komödien gehen auf italienische Vorwürfe zurück. Das Thema der *Comedia Eufemia* (das Shakespeare in *Cymbeline* aufgriff) entstammt dem *Decamerone,* seine *Comedia de los engañados* (*Komödie der Verwechslungen*) hat die gleiche Fabel wie Shakespeares *Was ihr wollt.*

Miguel de Cervantes Saavedra

Der Autor des *Don Quichote* (1547–1616) schrieb etwa 30 Theaterstücke, von denen acht Comedias und acht Entremeses 1615 im Druck erschienen. Ferner sind erhalten eine Tragödie *(La Numancia)* und eine Komödie. Cervantes bewunderte in seiner Jugend den Autor-Schauspieler Lope de Rueda und zeigt in seiner Prosa große Kennerschaft des Theaters. Besonders theaterwirksam sind seine Entremeses, possenhafte Einakter, die zwischen den Akten größerer Dramen aufgeführt wurden (*Vom Scheidungsrichter, Vom Zuhälter als Witwer, Von der Wahl der Landrichter zu Daganzo, Vom Wunder-Retabel, Von der Höhle von Salamanca* und *Vom eifersüchtigen Alten*). Im Unterschied zu den Pasos von Lope de Rueda sind sie bei Cervantes in unmittelbarem Zusammenhang mit dem aufgeführten Hauptwerk geschrieben. Sie variieren die Themenkreise seiner *Exemplarischen Novellen,* geben realistische Darstellungen aus dem täglichen Leben und enden meist mit einem aussöhnenden, musikalisch eingefaßten Lehrsatz. Die Tragödie *Numancia* und die Comedias *Die Kerker von Algier* und *Der Handel von Algier* verarbeiten Erlebnisse der fünfjährigen türkischen Gefangenschaft Cervantes' und beschwören am Beispiel der spanischen Heldentaten gegen die Römer und Türken die Größe der spanischen Nation.

Lope de Vega

Lope de Vega (1562–1635), der nach eigenen Angaben 1500 Stücke geschrieben hat (450 Comedias und 40 Autos sacramentales sind erhalten), beherrschte alle drei Formen des spanischen Barocktheaters virtuos: die Comedia, das höfische Festspiel, das Auto sacramentale.

Lope Félix de Vega Carpio wurde als Sohn eines Kunststickers in Madrid geboren. Nach dem Besuch der Jesuitenschule studierte er an der Universität in Alcalá und erwarb das Baccalaureat. Aus Madrid zunächst verbannt, erlebte er 1583 die Eroberung der Azoren und 1588 den Untergang der Armada. Er stand als Sekretär im Dienst Adeliger, arbeitete und lebte mit mehreren Theatergruppen, war mehrere Male verheiratet, hatte eine große Zahl von Liebesabenteuern, bis er 1613 Priester wurde. Als alter Mann suchte er seine Sünden durch Geißelungen zu sühnen. Als er 1635 starb, folgte ganz Madrid seinem Leichenzug.

Die Komödien

Das Leben erscheint hier als Maskentanz; immer wieder häufen sich Verkleidungen und Verwandlungen, Verwechslungen und Mißverständnisse. Von oft ähnlichen Ausgangssituationen entwickelt Lope seine Stücke, sie drehen sich wie ein buntes Speichenrad durch eine Fülle von sich ständig überbietenden Verwicklungen. Stets entwirrt Lope seine Fäden erst im letzten Augenblick. Er baut aus seinen Figuren auf der leeren Bühne ein Vieleck auf, in dem jede Person schließlich mit jeder verbunden ist. Einer seiner Titel *Mehr Durcheinander gibt es kaum* könnte im Grund über jedem seiner Stücke stehen.

Die Sklavin ihres Geliebten

Bewegt wird die Handlung in *La esclava de su galán* durch den Motor der Eifersucht: Don Juan ist von seinem Vater verstoßen worden, weil er sich aus Liebe zu einer indischen Christin, Doña Elena, weigert, Priester zu werden. Sein Freund Don Enrique will ihm durch eine List helfen: Er führt Elena als Sklavin in das Haus des Vaters. Der Vater verliebt sich prompt in seine Sklavin, während sich der Sohn im Hause Don Fernandos versteckt hält, wo Doña Aldonza, die Tochter Fernandos, annimmt, er habe aus Liebe zu ihr den väterlichen Zorn auf sich gezogen. Als der Vater ihm verzeihen will, weil er nur dadurch die Gunst Elenas zu gewinnen glaubt, Elena aber in Doña Aldonza ihre glücklichere Konkurrentin erblickt, wird die Eifersucht in den beiden Liebenden Elena und Juan so groß, daß sie dem Vater alles gestehen. Neben den Hauptfiguren – dem schüchternen Don Juan, seinem Freund Enrique, dem stets eine rettende Idee einfällt (nur sich selbst kann er in der Liebe nicht helfen), Doña Elena, die mit viel Geschick allen Nachstellungen entgeht, Doña Aldonza, die ihre Neigung kurzzeitig zum Schrecken ihres Hauses macht, den Vätern, deren Würde Lope ständig der Komik opfert – besitzt das Stück in den beiden Dienern Vasco und Pedro zwei Gestalten vom Typ des Gracioso (ein Typ, der vor allem in der Gestalt von Don Juans Diener Leporello bis heute auf der Bühne lebt), in denen sich das Geschick ihrer Herrschaften parodistisch spiegelt.

Der Ehemann in tausend Ängsten

Auch hier sind Eifersucht und Ehre die Triebfedern. *El desposorio encubierto* macht einige typische Elemente von Lopes Komödien besonders auffällig. Der dauernde Wechsel der Schauplätze, der dem Stück seine Bewegtheit gibt, geschieht auf einer Bühne, die sich mit wenigen andeutenden Bühnenbildern begnügt. Sie muß sich während des Spiels leicht und schnell verwandeln, damit die einzelnen Bilder, die Lope in wirkungsvollen Kontrasten verzahnt hat, fugenlos ineinander übergehen.

Erste Verwicklung: Don Lupercio liebt nicht seine Frau, sondern Doña Aurelia. Mit Hilfe seines Freundes sucht er sie zu erobern. Zweite Verwicklung: Der Freund seinerseits liebt gleichfalls Doña Aurelia. Dritte Verwicklung: Der Bruder Doña Aurelias verliebt sich in Doña Beatriz, die im Stich gelassene Ehefrau Lupercios. Durch eine goldene Kette, die Lupercio zunächst dem Bruder seiner Geliebten, dieser Beatriz schenkt, stürzt der »Ehemann in tausend Ängste«. Er beginnt seiner Frau zu mißtrauen und fürchtet gleichzeitig, daß sie seine Untreue entdeckt. So muß sein Freund sich immer wieder helfend verstellen.

Diese Komödie zeigt fast alle typischen Situationen des Mantel- und Degenstücks: das Zustellen heimlicher Liebesbriefe, verschleierte Damen, die ihren untreuen Männern nachspüren, belauschte und vorgespielte Liebesszenen im nächtlichen Park (wobei hier die vorgespielte Liebe die echte Liebe ist) und die Degengefechte hitziger Edelleute. Die goldene Kette ist nicht nur das die Komödie in Schwung haltende Requisit, sie wird gleichzeitig symbolisch ausgedeutet: Als Zeichen »falscher« und »unehrenhafter« Liebe erweist sie sich am Ende auch als falsch und wertlos.

Die kluge Närrin

Aus dem Wechselspiel zwischen Schein und Sein entwickelt Lope die Handlung der Komödie *La dama boba* (1617). Das Stück verwendet ein auch im Märchen beliebtes Motiv: Ein Edelmann hat zwei Töchter, eine schön und klug, die andere närrisch. Während sich um Doña Nisa die Freier drängen, gelingt es dem Vater, seinem närrischen Kind, Doña Finea, nur durch das Verschweigen ihrer Dummheit und durch eine reiche Mitgift einen Freier aus einer anderen Stadt zu gewinnen. Dieser Freier aber verliebt sich gleich nach seiner Ankunft in die kluge Schwester, während der von ihr begünstigte Don Laurencio wegen der Mitgift nach Doña Finea trachtet. Durch die Liebe wird aus dem einfältigen Mädchen eine kluge Liebende, die ihre Narrheit nur noch vorschützt, um den Willen ihres Vaters zu umgehen. Lope zeigt die Wandlung nicht als psychologische Entwicklung: Liebe und Eifersucht verändern das Mädchen mit einem Schlag, wie durch Berührung eines Zauberstabs.

Der Ritter vom Mirakel

Verwandelt in der *Klugen Närrin* Liebe Schein zum Sein, so wird in *El caballero del milagro* (1621) der Schein zum Lebenselement des aragonischen Hochstaplers Luzman, der als Söldner in Rom »die Farbe wechselt, rot und bleich sich macht, in Wut sich plötzlich in Bestürzung wirft und dann im Nu leutselig wird und milde«. Daß der äußere Schein das Lebenselement des Ritters ist, wird schon durch die Kleidung verdeutlicht: Er, der die Erfolge seiner Verstellung – drei Frauen führt er gleichzeitig an der Nase herum – seinem Putz verdankt, muß, als das kunstvoll errichtete Lügengebäude schließlich zusammenbricht, nackt und bloß ins Spital gehen.

Die Autos sacramentales

Lope gelang es als erstem, die Allegorienwelt der geistlichen Festspiele theatralisch faßbar zu machen. Seine Autos sacramentales stehen heute im Schatten der Dramen Calderons. Sein *Richter von Zalamea* diente Calderon als Vorlage. Am bekanntesten sind: *Las aventuras del hombre* (*Die Abenteuer des Menschen*), das *Auto del puente del mundo* (*Das Spiel von der Brücke der Welt*) und *El heredero del cielo* (*Der Erbe des Himmels*).

Historische Dramen und Volksstücke

Zwei von Lopes historischen Dramen, *La judia de Toledo* und *La imperial de Oton,* dienten Grillparzer als Vorlage für seine Dramen *Die Jüdin von Toledo* und *König Ottokars Glück und Ende.* In vielen Stücken stellte Lope zum erstenmal große Motive des Welttheaters auf die Bühne, so den falschen Demetrius (*El gran duque de Moscavia*) oder Romeo und Julia (*Castelvines y Monteses*). Die Geschichte erscheint in den historischen Stücken lediglich als Drapierung der spanischen Gegenwart, wobei Anachronismen nicht stören. Von den Volksstücken ist *Das brennende Dorf* (*Fuente ovejuna*) am bekanntesten. Das Stück zeigt den kollektiven Aufruhr eines Ortes gegen die Ungerechtigkeiten und Übergriffe des königlichen Großkomturs.

Guillén de Castro

Eines der großen Themen, das im spanischen Barock für das europäische Drama gewonnen wurde, ist der nur durch den Tod lösbare Konflikt von Liebe und Ehre im *Cid.* Der Autor Guillén de Castro y Bellvís (1569–1631) entstammt dem Adel, war Hauptmann, dann Statthalter in Neapel und erhielt in Madrid den Rang eines Santiago-Ritters und eine hohe Rente. Erst später verlor er durch Hochmut und Sorglosigkeit seine Einkünfte, mußte als Komödienschreiber sein Brot verdienen und starb verarmt.

Der Cid

Las mocedades del Cid (*Die Taten des Cid,* 1618) – Vorwurf zu Corneilles Drama und gleichzeitig dessen krasses Gegenstück – gliedern sich in zwei Dramen. Der Angelpunkt des bewegten Schauspiels, dessen Szenen sich besonders im zweiten Teil in ein buntes, lockeres Gewebe von ungezügelten Romanzen auflösen, ist der Widerstreit von Ehre und Liebe. Gewaltige Schlachtszenen, durch Berichte von Augenzeugen geschildert, sprengen nicht nur die drei Einheiten, sondern die Möglichkeiten des Theaters überhaupt. Rodrigo, der Cid, tötet den Vater seiner Geliebten Jimena, um die Ehre seiner Familie zu verteidigen. Er erleidet schließlich in einem Gottesgericht den Tod, bleibt aber unbesiegt, da er seinen Gegner vorher in die Flucht schlägt.

Juan Ruiz de Alarcón y Mendoza

Das Drama *La verdad sospechosa* (*Die verdächtige Wahrheit,* 1635) von Juan Ruiz de Alarcón y Mendoza (um 1580–1639) wurde von Corneille im *Menteur* aufgegriffen. Der aus Mexiko stammende Autor stellte in jedem seiner rund 30 Dramen eine sittliche Idee in den Vordergrund. Sein *Weber von Segovia* (*El tejedor de Segovia,* 1634) – das Thema ist der Sieg der Charakterstärke und Willenskraft über Intrigen und Verleumdungen – nahm Schillers *Räuber* vorweg.

Tirso de Molina

Wenn von der Bedeutung des spanischen Barockdramas die Rede ist, meint man immer auch die Gestalt des Don Juan, die in einem Drama Tirso de Molinas zum erstenmal die Bühne betrat.

Gabriel Téllez wurde vielleicht 1571 oder auch erst 1584 in Madrid geboren. Er schrieb unter dem Pseudonym Tirso de Molina nach seinen eigenen Worten 300 Stücke. Die meisten seiner Komödien fielen wegen ihrer lockeren Moralauffassung wahrscheinlich der Inquisition zum Opfer. Überliefert sind 86 Stücke, darunter vier Fronleichnamsspiele. Seit 1600 gehörte er dem Mercedarier-Orden an, lebte in Madrid, Salamanca und Trujillo und lehrte als Missionar zwei Jahre lang in San Domingo auf Haiti. Die letzten Jahre seines Lebens war er Comendador und Superior eines Klosters in Soria. Er starb dort 1648.

Don Juan

Den Stoff zu seinem *El burlador de Sevilla y el convidado de piedra* (*Der Verführer von Sevilla und der steinerne Gast,* 1630) entnahm Tirso de Molina einer alten spanischen Chronik. Er verwandelte sie zur größten Tragödie des Leichtsinns in der Weltliteratur.

Das Stück beginnt im Palast des Königs von Neapel. Don Juan verführt die Herzogin Isabella, indem er sich als ihr Verlobter ausgibt. Mit Hilfe seines Oheims gelingt ihm, als der Betrug entdeckt wird, die Flucht. Sie führt ihn nach einem Schiffbruch in die Arme der spröden Fischerin Tisbea, die sein nächstes Opfer wird. Als er auf das Geheiß des Königs die Ehre Isabellas durch Heirat wiederherstellen soll – ihr Verlobter Octavio soll mit Doña Anna entschädigt werden, die ihrerseits den Marquese de Mota liebt –, wird das für Don Juan nur ein Anlaß für ein weiteres Abenteuer: Im Mantel des Marquese nähert er sich Doña Anna. Der Betrug wird entdeckt, und Don Juan tötet Doña Annas Vater, den Großkomtur Gonzalo de Ulloa, im Zweikampf. In Sevilla lädt er im Übermut die steinerne Statue des Großkomturs zum Mahl. Als der steinerne Gast wirklich erscheint, tritt er ihm unerschrocken entgegen und nimmt eine Gegeneinladung in die Gruft an. Dort wird er mit Vipern und Skorpionen bewirtet und schließlich in die Hölle gerissen. Nach seinem Tod finden sich die durch ihn auseinandergerissenen Paare.

Das Drama besteht aus flüchtigen, einander jagenden Szenen, bei denen die Gegenspieler und Opfer Don Juans oft nur skizzenhaft angedeutet werden. Don Juan ist ein Held der Selbstüberhebung aus blindem Leichtsinn und hemmungslosem Selbstvertrauen. In dem Stück wird die volle Kraft des barocken Theaters lebendig. Bilder des Schreckens wechseln mit Szenen überquellender Sinnlichkeit.

Don Gil von den grünen Hosen

In den meisten von Tirso de Molinas Comedias kommen Mädchen und Frauen vor, die

Gustaf Gründgens hat Tirso de Molinas »Don Gil von den grünen Hosen« mehrfach inszeniert: als geistreich-leichtes, virtuoses Dialogstück; 1961 in Hamburg auch mit choreographierter Anmut (Isabel Vernici); in der betreßten Protagonistinnen-Hose, als Juana, Joana Maria Gorvin; vorn, als Diener Francisco, Joseph Offenbach.

Jean Vilar als Don Pedro Crespo, maßvoller, beherrscht würdiger Repräsentant des höheren Rechts in »Der Richter von Zalamea«; aufgeführt 1961 bei den Festspielen von Avignon, später erfolgreich auch im Pariser Théâtre National Populaire.

den Männern nachlaufen und sie sich gegenseitig wegfangen. Seine Frauengestalten haben Witz und List. Die Männer, meistens Zauderer und unentschlossene Schwächlinge, zappeln wie Marionetten in ihrer Hand. So vor allem in Tirsos bis heute gespieltem Lustspiel *Don Gil de las calzas verdes* (1617), das einen Höhepunkt in der Vielzahl der Mantel- und Degenkomödien darstellt.

Im Mittelpunkt steht die ebenso resolute wie reizende Doña Juana, die ihrem ungetreuen Don Martin nach Madrid nachreist, um ihn an seiner Verbindung mit Doña Ines zu hindern. Juana hat erfahren, daß Martin auf Geheiß seines Vaters um Ines unter dem Namen Don Gil werben soll. Sie kommt ihm zuvor und erobert als Don Gil in den grünen Hosen das Mädchen im Sturm. Gleichzeitig läßt sie Martin durch ihren Hausverwalter mitteilen, daß sie aus Liebeskummer gestorben sei und nun als Gespenst in Gestalt des Don Gil dem Ungetreuen nachgeistere. Zum Schluß bringen nicht weniger als vier in grüne Hosen gekleidete Don Gils Ines ein Ständchen. Die Beteiligten wechseln ihre Gefühle so schnell wie die Verkleidungen. Tirsos Sinn für das Theaterwirksame und Bühnengemäße drückt sich im *Don Gil* durch die vielen Stellen aus, in denen die verkleideten Figuren aus ihren Rollen fallen: wenn etwa Doña Juana als Don Gil plötzlich vergißt, daß sie einen Mann spielt und in die weiblichen Klagen über die Treulosigkeit der Männer mit einstimmt.

Calderon

Das spanische Barockdrama gipfelt in der Idee der Welt als Theater, im großen Theatergleichnis. Calderon (1600–1681) war der Dichter der Gegenreformation, er gilt neben Dante als der große poetische Verkünder des Katholizismus.

Pedro Calderon de la Barca entstammt einer Adelsfamilie aus dem Tal von Carriedo bei Burgos. Er wurde 1600 in Madrid geboren, besuchte dort die Jesuitenschule, studierte an der Universität in Salamanca Theologie und diente anschließend als Soldat in Italien und Flandern. Er begann mit 22 Jahren für das Theater zu schreiben. Seine Erfolge brachten ihm 1635 die Leitung der Aufführungen bei Hofe ein. Philipp IV. ernannte ihn außerdem zum Santiago-Ritter. 1651

wurde er Geistlicher in Toledo, 1663 Hofkaplan. Seit dieser Zeit schrieb er keine Komödien mehr. Calderon starb 1681 in Madrid. Er soll über 400 Dramen geschrieben haben, überliefert sind 108 Comedias und 73 Autos sacramentales. In seinen Komödien führte Calderon die von Lope de Vega und Tirso de Molina gestiftete Form des Mantel- und Degenstücks weiter, dessen Verwicklungstechnik bei ihm die Genauigkeit eines Uhrwerks erreicht. Er selbst hat die Technik seiner Komödien persifliert: »Ein Bruder oder Vater tritt stets zur ungelegenen Zeit auf«, und in schöner Regelmäßigkeit kommen »ein versteckter Liebhaber und eine verschleierte Dame« vor.

Dame Kobold

Sein bekanntestes Lustspiel *La dama duende* (1629) ist wahrscheinlich eine Bearbeitung eines Stücks von Tirso de Molina. Die nötige Verwirrung stiftet hier Doña Angela, die als junge Witwe von ihren Brüdern eifersüchtig gehütet wird. Als verschleierte Dame wird sie von Don Manuel vor den Nachstellungen ihres Bruders Don Luiz gerettet. Erst während des sich daraus ergebenden Degengefechts kommt der ältere Bruder Don Juan hinzu und erkennt in Manuel seinen Freund und erwarteten Gast. Angela, die sich gleich in Manuel verliebt hat, benützt eine geheime Drehtür zwischen ihrem und seinem Zimmer, um Manuel in immer größere Verwirrung zu stürzen. Sein Diener, der Musterfall eines ängstlichen, geschwätzigen, faulen, aber im Grund harmlosen Gracioso, glaubt bei den Briefen und rätselhaften Vorfällen in dem Zimmer seines Herrn von vornherein an das Werk eines Kobolds.

Der Richter von Zalamea

Den Stoff zu *El alcalde de Zalamea* (1643) hat Calderon dem gleichnamigen Stück Lopes entnommen. Er verzichtete jedoch auf die Doppelung des Geschehens und machte aus dem seiner Zeit vertrauten Thema von der nur durch Blut wiederherzustellenden Ehre ein Schauspiel von der Unverbrüchlichkeit der Ehre, auch der eines Bauern gegenüber der aristokratischen Ordnung der Welt.

Der reiche Bauer Crespo wird in dem Augenblick zum Richter seines Dorfes gewählt, als der Hauptmann, der seine Tochter vergewaltigt hat, verwundet nach Zalamea zurückgebracht wird. Crespo tilgt zunächst jede Spur von Privatrache aus dem Anspruch des Rechts, bittet den Hauptmann, die Ehre seiner Tochter durch eine Heirat wiederherzustellen. Erst nach der äußersten Demütigung, wobei er dem Offizier auf Knien die Herrschaft über sein gesamtes Vermögen bietet, falls er die Tochter heiratet, übt der Richter unnachgiebiges Recht aus, ohne auf Standesunterschiede und Gerichtskompetenzen Rücksicht zu nehmen. Selbst der König muß am Ende zugeben, daß Crespo richtig gehandelt hat. Der Kompetenzstreit zwischen militärischer und bäuerlicher Gerichtsbarkeit wird zur Auseinandersetzung um die Ordnung der Welt überhaupt.

Die Andacht zum Kreuz
Calderons religiöse Legenden (Comedias de santos) verweben für ihr Geschehen Wunder und christliche Symbole. *La devoción de la Cruz* (1634) ist ein Symbolspiel von der Unermeßlichkeit himmlischer Gnade und Vergebung. Die beiden Hauptgestalten, Eusebio und Julia, lieben einander, ohne zu wissen, daß sie Geschwister sind, von einer aus unbegründeter Eifersucht verstoßenen Mutter unter einem steinernen Kreuz geboren. Die Leidenschaft verstrickt beide in schwere Verbrechen. Eusebio, von Bauern erschlagen, erwacht noch einmal zum Leben, um die Beichte zu empfangen; Julia wird durch das steinerne Kreuz der irdischen Rache entzogen.

Die Tochter der Luft
Das Doppeldrama *La hija del aire* (1653) vermengt den antiken Sagenstoff mit Motiven der spanischen Mantel- und Degenkomödie, des höfischen Festspiels und burlesken Szenen. Es zeigt die Semiramis als Dämonin, als unheilvolle, männervernichtende Liebesgöttin, die anfangs – wie so viele Helden Calderons – gefangen in einer Höhle lebt, bevor sie die Welt betritt und am Schluß in der Rolle ihres beim Volk beliebten Sohnes über ihr Land herrscht, bis sie getötet und ihr Sohn Ninyas befreit wird.

Der wundertätige Magus
Calderons »Faust« *(El mágico prodigoso, 1637)* geht auf die Legende von Cyprian und Justina zurück. Anders als der Faust des Volksbuchs wird Cyprian zum Schluß durch die Gnade gerettet. Um Justina, die heimlich Christin geworden ist, zu gewinnen, verschreibt er sich dem Teufel, der ihm aber nur ein Phantom in die Arme führen kann: Satans Macht hat an Gott seine Grenzen. Aus dem Magier wird ein Märtyrer, der mutig sein Christentum bekennt und zusammen mit Justina den Tod erleidet. Das Stück schließt mit einer für das Barocktheater typischen Allegorie: Ein Vorhang geht auf, und man sieht die enthaupteten Leichname der beiden Märtyrer. Der Dämon aber schwebt über einer Schlange und verkündet seine eigene Niederlage.

Über allen Zauber Liebe
Zur Gattung des barocken Festspiels (Fiesta) gehört das die Sage von Odysseus und Circe aufnehmende Drama *El mayor encanto amor,* das 1635 auf einem Floß im Teich des Schloßparks von Buen Retiro mit von Lichtern bestrahlten phantastischen Aufbauten, farbenprächtigen Kostümen und den Spiegelungen blitzender Waffen aufgeführt wurde. In seiner Prachtenfaltung wirkt das Stück wie eine barocke Wortoper. Die Einverwandlung der Mythe in die Welt des Barock zeigen vor allem die komischen Gefährten des Odysseus, die genau dem zeitgemäßen Typ des Gracioso entsprechen.

Der standhafte Prinz
El príncipe constante (1629) ist das Werk, an dem sich die Calderon-Begeisterung Goethes, der Romantik, Schopenhauers und Wagners entzündete. Calderon griff bei der Dramatisierung des Schicksals Fernandos von Portugal auf die Chronik des Alvarez zurück. Fernando wurde in maurischer Gefangenschaft getötet, nachdem sich die Stände Portugals geweigert hatten, ihn gegen die Festung Ceuta auszutauschen. Calderon hat nicht nur die Passivität des Helden zurückgedrängt, indem er den Prinzen Fernando selbst den Austausch gegen die Festung aus religiöser Leidenschaft entschieden zurückweisen läßt; er hat auch die Figuren zu Vertretern christlicher Symbolik gesteigert. Der Titelheld ist im ersten Teil das Muster des christlichen Ritters, dessen hervorstechenden Tugenden (die unerschütterliche Tapferkeit zum Lobe Gottes und die verzeihende Großmut gegenüber dem unterlegenen Gegner) exemplifiziert werden. Im zweiten Teil wird er zum Sinnbild des duldenden Christen. Auch die anderen Figuren vertreten Symbole: der maurische König den Mißbrauch der Tyrannei, sein Feldherr Muley den Ritter im Konflikt zwischen Freundschaft und Pflicht, die maurische Prinzessin Phönix die von Schwermut überschattete Schönheit. Die Gestalten Phönix und Muley zeigen, daß Calderon den Islam keineswegs nur als negative Folie für den Lobpreis des Christentums verwendete.

Das Leben ein Traum
Eine der großen Metaphern, mit denen Calderon die Scheinhaftigkeit des Lebens auf dem Theater dargestellt hat, ist das Auto sacramentale *La vida es sueño* (um 1631/32). Prinz Sigismund, der Erbe des polnischen Reichs, wird von Basilius, seinem Vater, in einem Turm gefangengehalten, da die Sterne vorausgesagt haben, Sigismund werde sein Herrschertum als blutiger Tyrann mißbrauchen. Basilius weiß, daß die »feindseligsten Gestirne immer nur den Willen lenken, aber nicht den Willen zwingen«. Er will seinen Sohn daher auf die Probe stellen, läßt ihn aus dem Turm holen und, durch einen Schlaftrunk betäubt, an den Hof bringen. Sigismund besteht die Prüfung nicht und erfüllt in seinem gewalttätigen Verhalten die düstere Prophezeiung. So wird er in seinen Kerker zurückgebracht. Als er wieder als Gefangener erwacht, erscheint ihm das Erlebte als Traum. Sein ganzes Denken wandelt sich, er erblickt im Leben nur noch einen eitlen Traum und überwindet deshalb, als er von aufständischen Soldaten befreit und selbst zum König ausgerufen wird, seine Rachegefühle. Die bekanntesten deutschsprachigen Adaptionen stammen von Franz Grillparzer und Hugo von Hofmannsthal (*Der Turm*).

Das große Welttheater
In dieser Allegorie eines gottgewollten Schauspiels (*El gran teatro del mundo,* gedruckt 1675) verteilt Gott die Rollen an den König, den Bettler, den Reichen, den Bauern, die Schönheit, die Weisheit und an ein Kind. Die Handlung erscheint als Gleichnis des christlichen Heilgeschehens. Die Auflösung der antithetischen Gegensätze (Weisheit-Schönheit; Macht-Ohnmacht; Reichtum-Armut) erfolgt wie bei

jedem barocken Fronleichnamsspiel durch das Symbol des Sakraments. Die Welttheater-Metapher hat Hofmannsthal in seinem *Salzburger Großen Welttheater* wieder aufgegriffen.

Unter dem Titel »Traum und Leben des Prinzen Sigismund« inszenierte 1973 in Frankfurt Augusto Fernandes eine Montage aus »Leben ein Traum« und anderen Stükken Calderons. Den lastenden Katholizismus und das ideologische Zentrum des Stücks, die Selbstüberwindung des Prinzen Sigismund und die Versöhnung mit dem Vater, aussparend, wurde ein bunt-krudes, weltlich grausames und widerspruchsvolles Schauspiel mit grotesken Zügen aufgeführt; in der Titelrolle Peter Roggisch, kahlgeschoren und an Riesenketten geschmiedet, vom Schnürboden auf die Bühne heruntergelassen: ein animalisch-sensibler, mit wilder Emphase an seinen Ketten reißender Held, der in unbändigem Zorn und Schmerz, anarchischem Instinkt den Gegner seines Vaters zu Tode bringt.

Französisches Theater im 17. Jahrhundert

Leidenschaft für das Theater war ein auffallendes Phänomen der Epochenwende um 1600. Auf Jahrmärkten wie im Bürgerhaus, im Palais des Aristokraten und bei Hof wie an den Jesuitenschulen wurde Theater gespielt. Die Umwälzung vom Feudalismus zur entstehenden absolutistischen Zentralgewalt stürzte alte Werte, schärfte das Bewußtsein für Schein, Lüge, Spiel und Vanitas. Theater wurde Metapher für Welt.

Commedia dell'arte

Von Italien her verbreitete sich ein professionell ausgeübtes Schauspielgenre durch Gastspiele in ganz Europa: die auf der Budenbühne, auf Märkten entwickelte, bald aber auch zu Hof, in feste Theaterhäuser gehende Commedia dell'arte (arte = Metier, im Gegensatz zu den Dilettanti). Gespielt wurde aufgrund von Szenarien (Kanevas) »all'improviso«, mit rhetorischen Topoi als Stütze, mit ausgearbeiteten und in den Truppen überlieferten gestischen Pointen, den Lazzi, von halbmaskierten Typen in standardisierten Kostümen: die Diener (Zanni); Truffaldino Brighella, Pulcinella, Columbina als Anstifter, Hintertreiber, Nutznießer, aber auch Hin- und Hergehetzte, Ausgepowerte; die Herren Pantalone (der düpierte, geizige Vater und Ehemann), Dottore (Jurist, Arzt oder After-Philosoph, geschwätzig-lächerlich) und Capitano (der ehemalige Soldat, Maulheld, lächerliche Liebhaber). Hauptthema ist die von den Vätern erst nicht gewollte, von den Zanni geförderte oder behinderte Liebe zwischen den (unmaskierten) Herrenkindern, den Innamorati (Verliebten); außerdem die Faulheit oder Flinkheit, Freßgier und Geilheit der Zanni. Den Kern der meisten Commedia-dell'arte-Truppen bildeten Familien, innerhalb derer Szenarien und Lazzi weitergegeben wurden.

Entgegen verbreiteter Theatermythologie stimmt das romantische Bild von den Hungerleidern, die spielend und bettelarm ihr

Bild 1: Die Figuren der Commedia dell'arte und der französischen Komödie »Les Farceurs françois et italiens«, Erläuterungen siehe nächste Seite

Bild 2: Molière als Sganarelle kündigt als »orateur«, Sprecher der Truppe, die Vorstellung des nächsten Abends an

Bild 3: Molière mit Mademoiselle de Brie in der »Schule der Frauen«, 1662, zeitgenössischer Stich

kärgliches Auskommen suchend von Ort zu Ort ziehen, keineswegs. Die meisten der bekannten Truppen – die Comici gelosi (begierig nämlich nach Ruhm und Ehre), die sich, bei wechselnder Besetzung, ein halbes Jahrhundert behaupteten; die Comici confidenti, Comici uniti usw. – waren gefragte Künstler mit ansehnlichem Auskommen. Hochgelehrte Leute gehörten zu den Truppen, der Zuspruch des (zahlenden) breiten Publikums war im Lauf des 17. Jahrhunderts groß genug, um sogar die Abhängigkeit von fürstlichen Mäzenen zu reduzieren und den Truppen zu ermöglichen, auch gegen die fortwährenden Angriffe der Kirche ihre »sittenverderbenden« Amouren und respektlosen Karikaturen auf die Bühne zu bringen.

Die Commedia dell'arte war keineswegs primär Straßentheater. Im 17. Jahrhundert war Spiel in Theater- oder Palastsälen die Regel; Freilichtspiel gab es, war jedoch die Ausnahme. Ebenso falsch ist die Vorstellung, die Sprache hätte nur eine untergeordnete Rolle gegenüber akrobatischen Tricks und derber Gestik gespielt. Aus erhaltenen Handbüchern für Spieler geht hervor, daß die Akteure über ein reiches Repertoire an philosophischen Einlagen, Wortspielen, Sentenzen verfügten, die nach Bedarf »abrufbar« waren. Die Fähigkeit zum improvisierenden Eingehen auf Situationen, Zwischenrufe, Stimmungen, Unvorhergesehenes kam hinzu. Die Spieler der Commedia dell'arte waren hochkarätige Artisten, eben beileibe keine Dilettanti.

Mit ihrer internationalen Etablierung gingen der Commedia dell'arte allmählich die Kraftquellen der Volksverbundenheit verloren; dafür gewann sie Einfluß auf das literarische Theater (Molière, Marivaux, Beaumarchais). Die sozialen Wurzeln ihrer Komik wurden unsichtbar: die Hungererfahrung, die den Topos der komischen Freßgier motiviert hatte; der Typus des Capitano als Realerfahrung in den Kriegswirren. Ins Komische waren hier leidvolle Erfahrungen wie die soziale Ächtung spontaner Liebesverhältnisse transponiert worden; das Obszöne klagte das Recht auf Sexualität ein; die schlauen Zanni sollten die würdigen Fassaden der Hochgestellten lächerlich machen. Bis heute hat sich die Funktion der Commedia dell'arte-Tradition erhalten, immer wieder Erneuerung des in Routine erstarrenden Theaters aus dem Geist des spontanen, lebensnahen und zugleich hochartistischen Komödiantentums dieser Theaterform zu gewinnen.

Die Kulissenbühne

Die italienischen Bühnenarchitekten Giovanni Battista Aleotti (Teatro Farnese, Parma 1616), Nicola Sabbattini (*Pratica di fabricar scene e machine ne' teatri,* 1644), Giacomo Torelli und andere entwickelten für höfische Aufführungen von allegorischen Spielen, Schäferspielen, frühen Opern und Balletten eine neue, auf der Anwendung der Perspektive und auf Maschinenkünsten beruhende Bühnentechnik: Kulissen (in die Tiefe gestaffelte Seitenteile), Sofitten (ebenso gestaffelte Hängeteile über der Szene) und Prospekte als hinterer Abschluß bildeten eine in allen Teilen schnell verwandelbare, durch verkürzte Fluchtlinien übergroße Tiefe illusionierende Bühne. Versenkungs-, Hebe- und Flugapparate, Wasser-und Feuervortäuschung und/oder -verwendung machten zusätzliche Effekte möglich. Der antike amphitheatralische Zuschauerraum wurde durch Untergliederung aufgelöst und gemäß den höfischen (darüber hinaus gesellschaftlichen) Rang- und Standesordnungen sowie Repräsentationsbedürfnissen geteilt in Parkett und in durch Logen abgeteilte Ränge. Dieser Theaterbautypus, Rang-Logen-Zuschauerhaus und durch Portal davon getrennt – Bühnenhaus mit Kulissensystem, setzte sich im 17. und vollends im 18. Jahrhundert überall in Europa durch – in unterschiedlichen Dimensionen vom kleinen, intimen Schloßtheater bis zum großen repräsentativen Hoftheater, vom kleinen Stadttheater bis zum (kommerziell betriebenen) Metropolentheater (mit fünf Rängen und mehreren tausend Sitz- und Stehplätzen in Italien, in London und Paris). Vorwiegend waren diese Theater für die sich neu herausbildenden musikalischen Genres Oper und Ballett gedacht (zuerst italienisch und französisch); das Schauspieltheater, wollte es vom Markt, vom Platz, aus den Höfen weg unter Dach und zu Reputation kommen, mußte sich diesen Dimensionen anpassen.

Französische Farce, Comédie italienne

In Paris existierte seit 1548 ein von den Confrères de Passion (der Passionsbrüderschaft) errichtetes und ihnen gehörendes Saaltheater; das Theater im Hôtel de Bourgogne. Nach dem Verbot der Geistlichen Spiele wurde das Haus an reisende Truppen vermietet, bis sich hier in den ersten Jahrzehnten des 17. Jahrhunderts die vom Souverän privilegierte Troupe royale etablierte, die u. a. französische Farcen spielte und ihre Figurationen denen der Commedia dell'arte annäherte. Das hing auch damit zusammen, daß sich seit der Mitte des 17. Jahrhunderts die Commedia dell'arte in Paris etablierte (und französierte). Sie alternierte ab 1660 mit Molières Truppe im Théâtre Royal, bezog 1680 das Theater im Hôtel de Bourgogne, war von 1697 bis 1716 wegen Verspottung der Maintenon, Mätresse Ludwigs XIV., verbannt. Zu Beginn des 18. Jahrhunderts schrieb Marivaux französische Komödien für die Comédie italienne. Brighella wurde zu Arlequino, der französische Pierrot kam zu den Zanni hinzu, aus Columbina wurde Colombine. 1780 erst wurde das italienische Repertoire in Paris beendet.

In der Sammlung der Comédie Française ist in zwei Fassungen ein Gemälde von 1670 aufbewahrt, genannt »Farceurs français et italiens«. In der Straßendekoration einer Kulissenbühne, beleuchtet von Rampenlichtern und von oben hereingehängten Kronleuchtern, ist nicht eine bestimmte Stück-Situation, sondern das Arsenal der Farcen-, Komödien- und Commedia dell'arte-Figuren versammelt (ohne die weiblichen und die Liebespaare). Sie alle präsentiert mit einer hinweisenden Handbewegung der, der sie beerbte – der links am Bildrand stehende Molière. Es folgen drei Typen der französischen Farce: Jodelet (vom Schauspieler Julien Bedeau entwickelte Figur des verschlagenen Dieners; er spielte den *Lügner* von Corneille und gehörte seit 1659 Molières Truppe an), Poisson und Turlupin (spitzfindiger Ränkeschmied, von Henri Legrand in der Troupe royale entwickelt). Es folgen – französiert – der Capitano Matomora (Mohrentöter) der Commedia dell'arte, im Zentrum Arlequin mit der dunklen Hundsmaske und Guillot Gorju, darauf noch einmal zwei von Schauspielern der Troupe royale entwickelte Figuren, häufig Opfer der Ränke und Streiche des Turlupin: Gros Guillemin (diesen dicken Mann mit dem gepuderten, traurigen Gesicht spielte Robert Guerin) und – nach dem zu Le Dottor Grazian Balurd französierten Dottore – Gaultier Garguille (Hugues Guéru entwickelte diese Figur des geizigen Moralisten). Auf den französierten Pulcinella und den Pantalon der Commedia dell'arte folgt Scaramuch, die aus der Comédie italienne von Tiberio Fiorelli (einem der gefeiertsten Spieler, dem Molière vieles abgesehen haben soll) erfundene oder weiterentwickelte neapolitanische Variante des Capitano im schwarzen Kostüm. Schließlich: Brighella, der tölpelhafte, und Trivellino, der intrigante Zanni der Commedia dell'arte. Und vom Balkon herab schaut Philippin auf die Szene, die auf einem zweiten ähnlichen Gemälde als »Les delices du genre humain« (Die Lüste des Menschengeschlechts) untertitelt ist.

Der Stich von Simonin zeigt Molière selbst im Kostüm des aus den Diener-Figuren der Commedia dell'arte ebenso wie aus der französischen Farce abgeleiteten Sganarelle: 1660 spielte er die Titelrolle in *Sganarelle ou le Cocu imaginaire;* der Gestus ist der des »orateur«, des Sprechers der Truppe, der – die Maske in der Hand – die Vorstellung des nächsten Tages ankündigt. Der Stich von 1662 zeigt Molière mit Mademoiselle de Brie in der *Schule der Frauen* vor den Andeutungen einer Platzdekoration zwischen Häude als »Les délices du genre humain« (Die Lüste des Menschengeschlechts) untertitelt ist.

Theaterformen

Wie in England in rascher Folge feste Theater errichtet wurden, in Vicenza und Parma 1585 und 1628 das Teatro Olimpico und das Teatro Farnese entstanden, in Spanien das Corral de la Pacheca und Corral de la Cruz, so zogen in das 1548 schon eingerichtete Hôtel de Bourgogne 1599 die Comédiens du roi ein, wurde 1632 das Théâtre du Marais errichtet. Unabhängig voneinander schossen in vielen Ländern feste Theater aus dem Boden. Jetzt fand man auch die in bestimmten Truppen fest verankerten Autoren, die oftmals gewaltige Mengen von Dramen verfaßten. Wie bei Lope de Vega und Calderon,

so ist auch die Vielzahl der Dramen von Alexandre Hardy und Jean Rotrou, den französischen »préclassiques« (Vorklassiker), erstaunlich. Literarisch dominierte zu Beginn des 17. Jahrhunderts noch immer das Vorbild Senecas. Offenkundig die Lust an Gewalt, Mord und Totschlag: Folter, Köpfen und Hängen waren an der theatralischen Tagesordnung, wurden nicht schamhaft hinter die Kulissen und in Botenberichte verlegt wie wenig später im klassischen Theater, sondern fanden auf offener Bühne statt.

Das pompöse Renaissancetheater des Bluts und der Tränen, zu verstehen als Reflex auf die gewaltgeladene Epoche der Feudal- und Religionskriege, verfiel etwa seit dem endgültigen Zusammenbruch der Fronde (1652), dem letzten Aufbäumen der alten Feudalkräfte gegen den neuen Ordnungswillen des Absolutismus, zunehmend der Mißachtung.

Neben dem blutigen und rhetorischen Spektakel standen hoch in der Gunst des Publikums die preziösen Schäferspiele, die mit ihren den Barockromanen abgelauschten komplizierten Liebesintrigen, verschlungenen Handlungsverläufen und romantischen Werbungsszenen am Hôtel de Bourgogne Triumphe feierten. Von den dramatischen Gattungen die beliebteste aber war noch um die Jahrhundertwende die Tragicomédie, die Staatsaktionen und Amouren vereinte, hohen Rang der handelnden Personen (insofern Tragödie) mit mehr oder minder gutem Ausgang (Komödie). Ihr Hauptvertreter war Jean Rotrou.

Ebenfalls aus Italien, dem anerkannten Inspirationszentrum aller Theaterkünstler im 17. Jahrhundert, kam mit Monteverdi die Oper nach Frankreich. Es war vor allem der aus Italien stammende Jean Baptiste Lully (1632–1687), der, vom Küchenjungen zu höchsten Ehren aufsteigend, die französische Nationaloper mit ihren Eigenheiten schuf. Er studierte genau den Alexandriner, ließ sich von den Tragödiendichtern inspirieren, nahm den Arien den Charakter, vor allem der Selbstdarstellung der Sänger zu dienen, und kam dem Repräsentationsbedürfnis des Hofs mit der ausgiebigen Verwendung von Ballettsätzen für die Zwischenspiele (divertissements) entgegen. Es entstand die der französischen Kultur entsprechende Abwandlung der italienischen

Oper, die Tragédie lyrique, in der Rezitative und Chöre eine wichtige Rolle spielen.

Die Bühne

Die Bedürfnisse eines komplexen, zügigen und wechselhaften Handlungsverlaufs, wie er vor der allmählichen Durchsetzung der klassischen Einheitspostulate üblich war, führten dazu, daß bis in die dreißiger Jahre des 17. Jahrhunderts, dem eigentlichen Beginn der klassischen Epoche (1635 Gründung der Académie française), die Dekoration nach Art der mittelalterlichen Bühne multipel war: Vom weitläufigen Platz unter freiem Himmel auf den engen Raum des Theaters zusammengedrängt, ohne Rücksicht auf die reale Entfernung der Handlungsorte voneinander, wurden die Dekorationen (meist fünf an der Zahl) an den Bühnenrändern verteilt, während in der Mitte eine Spielfläche freiblieb (décors simultanées). Erst als unter dem Banner der neuen Forderungen nach »Wahrscheinlichkeit« und »Natürlichkeit« diese Bühnengestaltung dem Verdikt der Kritik verfiel, setzte sich das einheitliche Bühnenbild durch – entweder als Einheitsschauplatz, auf dem die gesamte Handlung spielte, oder als Kulissenwechsel, der mit der »scène à l'italienne« der Kulissenbühne, technisch möglich geworden war.

Was Wunder, daß die Bühnenbildner in den neuen Möglichkeiten reichster Ausstattung die Chance nutzten, alle möglichen szenographischen Zaubereien, oft ganz unabhängig von der Dramenhandlung, auszuprobieren. Das Theater wurde zum dreidimensionalen Prachtgemälde. Die Spieler durften dabei die Hinterbühne natürlich nicht betreten, weil sogleich das lächerliche Mißverhältnis ihres Körpers zu den perspektivisch verkleinert gemalten oder gebauten Kulissen sichtbar geworden wäre. So verselbständigte sich das Bühnenbild, auch auf Grund immer raffinierterer Beleuchtung, gegenüber den Dramen, die es unter sich zu begraben drohte. Es entstand ein mehr bildnerischer als szenischer Bühnenraum.

Die Vorstellung, der Theaterraum

Unsere Kenntnisse über die französischen Theaterverhältnisse zu Beginn des 17. Jahrhunderts sind sehr beschränkt, doch man kann sich eine ungefähre Vorstellung von einer Theateraufführung in den sechziger oder siebziger Jahren machen, als Racines und Molières Meisterwerke gegeben wurden. Seit etwa 1640 gab es einen Vorhang, der allerdings nicht etwa zwischen den Akten, sondern nur am Anfang und am Schluß der Vorstellung betätigt wurde.

Über die Kostüme weiß man wenig Genaues. Bei der Komödie gibt es keine Probleme, da sie in den Alltagskleidern der Zeit gespielt wurde. Aber wie originalgetreu ein türkisches Kostüm für *Bajazet* oder ein römisches für *Britannicus* aussah, läßt sich nicht rekonstruieren. So viel scheint festzustehen: In erster Linie hatten die Kostüme prachtvoll, reich, elegant und eindrucksvoll zu sein. Auf historische Treue kam es nicht

an. Wir wissen z. B. von großen Federhüten in der Tragödie, die uns in einem antiken Spiel lächerlich vorkämen; ansonsten aber dürfte ein vage an die Antike gemahnendes Kostüm für die tragischen Stoffe aus der antiken Mythologie und Geschichte gebräuchlich gewesen sein.

Der Stil der Schauspieler war durch eine ähnlich wie in der Musik festgelegte »Rhetorik« der Gesten bestimmt – ein Repertoire, dessen Stilisierung bedeutete, daß die körperlichen Aktionen der Spieler quasi wie ein Text gelesen werden konnten. Erst im Verlauf der Verbürgerlichung des Theaters im 18. Jahrhundert wurde die Dominanz der künstlich-allegorischen Theaterzeichen durch die Vorherrschaft natürlich-imitativer Zeichen abgelöst. Die kunstvolle Diktion der Alexandrinersprache darf man sich nicht nach dem Schema der später eingetretenen akademischen Erstarrung vorstellen. Die Zeitgenossen berichten vielmehr von einer subtilen Musikalität, einem mitrei-

Der Kardinal Richelieu lenkte während der Regierung Ludwig XIII. nicht nur die Geschicke Frankreichs, sondern diktierte auch den Theatergeschmack. In den großen Saal seines Palais ließ er sich eine Kulissenbühne einbauen – das zeitgenössische Gemälde zeigt ihn sitzend mit dem Käppchen, den Hut in der Hand, neben ihm auf die Bühne weisend der König, dann die Königin Anna von Österreich und der kindliche Thronfolger, der spätere König Ludwig XIV. Sie sitzen allein im Parterre, der Hofadel reiht sich auf in den Galerien und betrachtet beide Schauspiele, das auf der Bühne und das der Herrscher.

Gespielt wurde zur Eröffnung die Tragödie »Mirame«, als deren Mitverfasser Richelieu gelten wollte. Der Stich von G. Buffequin rechts zeigt die auf den Entwurf Richelieus zurückgehende eine Dekoration – Seitenkulissen mit gestaffelten Kolonnaden, der Schlußprospekt mit Statuen, Meer und Himmel bemalt.

ßenden Rhythmus, einem beinahe singen-
den Tonfall der Sprache mit großem Reichtum der Stimmlagen, der die Zuschauer zu
heftigen Gefühlsausbrüchen hinriß.

Entscheidend war die Rezitation des Textes
selbst als wesentlich sinnliches Erlebnis.
Die Mehrzahl der Spieler dürfte sich nach
den Logen hin orientiert und darüber die
Echtheit des Spiels auf der Bühne vernach-
lässigt haben. Von großen Tragödinnen wie
der La Grange aber heißt es, daß sie eben
nicht die Blicke beifallheischend über die
Logen gleiten ließ, sondern eine große Spiel-
intensität und persönliche Ausstrahlung
aufbrachte. Vom späteren Akademismus im
18. und 19. Jahrhundert her darf man also
nicht folgern, die Tragédie classique sei ein
rein intellektuelles Vergnügen gewesen.
Vielmehr wurden die Reize der Sprache, der
Stimme und der unter der »klassischen
Dämpfung« des Stils höchst erregten Emotionen durchaus sinnlich genossen.

Die Vorstellungen begannen in den ersten

Jahrzehnten des 17. Jahrhunderts noch mittags, um zwei, später um fünf Uhr und
dauerten rund drei Stunden. Das galt wohl
auch für die Vorstellungen bei Hof, also im
königlichen Palast zu Paris, später auch in
Versailles oder im berühmten Schloß Fon-
tainebleau. Der Theaterraum selbst und die
Bühne wurden mit Kerzen erleuchtet, die in
gewissen Abständen geputzt werden mußten, was die mögliche Länge eines Aktes auf
natürlichem Weg einschränkte. Obwohl
schon seit der Renaissance kunstvolle
Arrangements von Lichtquellen bekannt
waren, mußten die Aufführungen ohne die
heute selbstverständlichen Möglichkeiten
komplexer Lichtregie auskommen, was
wiederum dem gesprochenen Text größeres
Gewicht verlieh. Allerdings war das Publikum kaum ein wie heutzutage konzentriert
lauschendes. Im Parterre, der Fläche vor der
Bühne, gab es bis auf Bänke an den Seiten
nur Stehplätze, die den Männern vorbehalten waren. In den zwei oder drei Reihen der

Logen, die um den Zuschauerraum herum
angebracht waren, saßen die Damen mit
ihren Kavalieren – oder auch allein (wohlhabende Bürger besorgten aus Sparsamkeit
oft nur ihren Frauen einen Logenplatz, standen aber selbst im Parterre). Befremdlich
mutet uns an, daß, wie es seit Mitte des
17. Jahrhunderts bezeugt ist, zahlreiche Zuschauer von Stand es sich nicht nehmen ließen, selbst auf der Bühne Platz zu nehmen
und so bei manchen Aufführungen ein
schwer vorstellbares Gedränge für die
Akteure herbeiführten. Erst im Jahre 1759
wurde durch ein Dekret dieser Usus an der
Comédie française abgeschafft.

Der hintere Teil des Parterre, »amphithéâ-
tre« genannt, bot der feineren Hofgesellschaft Platz. Die als Theater genutzten Räume waren ursprünglich für eine Art Hallen-
tennis (jeu de paume) gedacht gewesen und
wiesen dementsprechend eine rechteckige,
längliche Grundform auf, so daß die der
Bühne gegenüber plazierten Personen weit

ab saßen und kaum alles verstanden haben dürften, was da vorne gesprochen wurde. In der Tat erhielt der Theaterbesuch des Höflings seinen Sinn eher dadurch, den König zu sehen bzw. von ihm gesehen zu werden, und hatte weniger das aufmerksame Verfolgen der Vorstellung auf der Bühne zum Zweck. 1641 zeigte der Kardinal Richelieu, Lenker der französischen Politik (und Mäzen der kollektiven Abfassung klassizistischer Dramen nach den strengen Regeln der drei Einheiten) dem König Ludwig XIII. und dem Hof die in den großen Saal seines Palais eingebaute Kulissenbühne (Seite 88) Kardinal, König, Königin Anna von Österreich und der Thronfolger sitzen allein im Parterre, der Hofadel reiht sich auf den Galerien auf und blickt nicht auf die (noch geschlossene) Bühne, sondern auf den Herrscher und seinen Beherrscher. Dem höfischen, nicht dem theatralischen Vorgang gilt das Interesse. Gespielt wurde übrigens die Tragödie *Mirame,* als deren Mitverfasser der Hausherr Richelieu gelten wollte. In der einzigen Dekoration der Aufführung wurden durch wechselnde Beleuchtung fünf Tages- und Nachtzeiten, entsprechend den auf 24 Stunden konzentrierten fünf Akten, illusioniert und so die klassizistischen Regeln der Einheit des Ortes und der Zeit szenisch demonstriert.

Dennoch trugen Ludwig XIII., der Kardinal Richelieu und vor allem Ludwig XIV. durch ihre persönliche Leidenschaft für das Theater, auch durch die freilich oft unzuverlässige Protektion bedeutender Autoren, viel zur Blüte des Grand siècle bei. Bekannt ist, daß Ludwig XIV. schon vor Antritt seiner Regentschaft (1661) und auch danach noch für viele Jahre einen Besuch in einem der öffentlichen Theater von Paris nicht verschmähte.

Dramatik und Dramentheorie des Klassizismus

Aus den ersten Anfängen der »regulären« Tragödie gemäß den Vorschriften der wiederentdeckten und normativ umgedeuteten *Poetik* des Aristoteles setzte sich vor allem seit Gründung der Académie française das von Autoren wie Malherbes, Boileau (*Art poétique*) und dem Abbé d'Aubignac (*Pratique du théâtre,* 1657) ausgearbeitete Regelsystem in der französischen Poesie

und Theaterwirklichkeit durch. Der Klassizismus siegte so vollständig, daß sich im Land des Descartes ein eigentliches Barock wie in Deutschland oder Spanien nicht entwickeln konnte.

Kunst, so lautet die zentrale Lehre, hat als »imitation« wahrscheinlich zu sein und der (schönen) »Natur« zu folgen. Dabei ist es z. B. unwahrscheinlich, daß ein römischer Aristokrat auf der Bühne mit seiner Mutter unhöflich spricht, auch wenn es sich um Nero und Agrippina handelt, die in einem tödlichen Machtkampf begriffen sind. Wahrscheinlich ist vielmehr, daß er höflich spricht. Die Regel dieser Wahrscheinlichkeit entspringt Regeln der Schicklichkeit (bienséances) und verdankt sich gesellschaftlicher Normbildung, nicht ästhetischen Überlegungen.

Auch die berühmte Forderung der drei Einheiten des Orts, der Zeit und der Handlung – man konnte heftig darüber streiten, ob, was die Zeit anging, etwa 3, 12, 24 oder 48 Stunden noch dem Gesetz der Wahrscheinlichkeit entsprachen – zielte unter dem Deckmantel der Aristoteles-Exegese auf eine inhaltliche Neubestimmung der Dramatik. Der Klassizismus wird mißverstanden, wenn man darin lediglich die formalistische Einhaltung der Regeln sieht. Durch diese Regeln hindurch bedeutet er eine revolutionäre thematische Umwandlung. Es ging um die Ersetzung der Breitenwirkung auf dem Theater (die bunten Handlungspanoramen der Renaissancedramatik) durch eine neuartige Verinnerlichung und Tiefenperspektive auf den Menschen. Alles Äußerliche sollte und konnte reduziert werden, weil es ausschließlich um innere seelische Konflikte, deren Aussprechen und Hervortreten ging.

Im strengen Formgewand der Tragédie classique entfaltete Jean Racine eine für seine Epoche unerhörte Tiefendarstellung der Leidenschaft (passion), die weit über den Horizont jener höfischen Gesellschaft hinausging, der es vor allem um eine idealisierende Selbstbespiegelung mittels des Theaters zu tun ist. Racines Spiele waren fast immer latent vernichtende Denunziationen der zerstörerischen, tief durchlittenen Inauthentizität des höfischen Lebens. Gleichwohl: Nie war die Nähe zwischen Theaterautoren und der sie tragenden Schicht größer, auch die persönliche Abhängigkeit

bestimmender für das Schicksal der Dichter als unter dem Theaterliebhaber Richelieu, unter Mazarin und Ludwig XIV., dem Protektor Racines und Molières. Bezeichnenderweise findet man in der klassizistischen Dramatik den vollständigen Ausfall weiter Bereiche der sozialen Wirklichkeit: Gesellschaftliche Krisen, das Leben der Stadt, im weitesten Sinn der Bereich der Arbeit überhaupt haben auf der Bühne dieser Autoren – anders als etwa bei Shakespeare – keinen Platz. Alle wesentliche Wirklichkeit wird auf das im Dialog Sagbare, auf die aktuelle Präsenz psychologischer Situationen beschränkt. Ihrer Tiefenschärfe steht bei der Tragédie classique die Tendenz zur artistischen Selbstgenügsamkeit gegenüber, der sie ihre Vollkommenheit verdankt.

Heute noch beeindruckt die außerordentliche Musik des Racineschen Alexandriners, der schwerelos, wie selbstverständlich, die komplexesten seelischen Zusammenhänge sagt oder andeutet. Die fast abstrakte Konzentration des Theaters auf den Dialog, auf eine seelische Landschaft kann fast immer auf das barocke Umschlagen der Handlung, auf lebhafte Aktion und komplizierte Intrige verzichten: Zur Darstellung gelangt das Innere der Person, keine »dramatische« Geschehnisfolge. Die Ungezwungenheit der fast prosaisch formulierten Verssprache kommt zudem mit einem auffallend geringen Wortschatz aus, wobei die Mehrdeutigkeiten der zentralen Begriffe ausgespielt werden (»sang« etwa als Blut, Konstitution, Familienbande, Konnotation von Leben, Tod oder Leidenschaft).

Eigentümlicherweise lebten neben den umständlich begründeten Theaterformen der regulären Tragödie und Komödie die schwelgerischen Aufführungen des Balletts, einer Lieblingsgattung des absolutistischen Hofs, der Oper und der Pièces à machines unbehelligt fort. Begründete der angesehene Theatertheoretiker Abbé d'Aubignac, daß ein einziger Ort der Handlung gefordert werden müsse, weil es »unwahrscheinlich« und unglaubhaft sei, daß derselbe Theaterraum zwei ganz verschiedene Lokalitäten darstelle, so sah sich am nächsten Tag das Publikum mit einer aufwendigen Präsentation mit Drachen, Meeren, ständigen Kulissenwechseln und den erstaunlichsten Wundern konfrontiert. Im Gegensatz zu Molière, der Gemeingut des Welttheaters wurde, blieben Corneille und Racine nicht ohne Grund schwer übersetzbar in andere Sprachen und Theaterlandschaften, was vor allem durch die Formreduktion auf die höchst stilisierte Rede unter Verzicht auf allen Bühneneffekt bedingt ist. Selbst in Frankreich mehr Pflichtlektüre in den Schulen, existieren die meisten klassizistischen Dramen weniger als lebendige Theaterwirklichkeit denn als Museumstheater. Indessen harrt die Jahrhunderte während Mißachtung der Tragédie classique in Deutschland – begründet durch die Dominanz des spezifisch bürgerlichen Theaters einerseits, die Sprachbarriere andererseits – noch immer einer Korrektur. Eine lebhaftere Rezeption des klassischen französischen Theaters könnte, womöglich im Zuge einer positiveren Neubewertung artistischer Stilisierung, auch der deutschen Bühne neue Möglichkeiten eröffnen.

Pierre Corneille

Corneille (1606–1684) begann als Autor mit einer Reihe von Komödien – so mit *L'Illusion comique* von 1636 –, bevor er im selben Jahr mit *Le Cid* schlagartig berühmt wurde. Zugleich mit dem sensationellen Erfolg rief das Stück die zum Teil scharfe Kritik der Akademie wegen Verstößen gegen die Einheiten hervor (*Querelle du Cid*). Corneille verfaßte daraufhin die in jeder Hinsicht stilreine Tragödie *Horace* (1640), wie er überhaupt stets bereit war, Kritik des in seinen Augen kompetenten Publikums ernst zu nehmen.

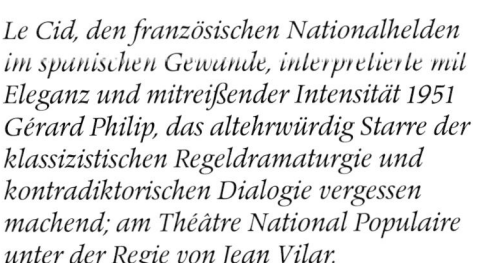

Le Cid, den französischen Nationalhelden im spanischen Gewande, interpretierte mit Eleganz und mitreißender Intensität 1951 Gérard Philip, das altehrwürdig Starre der klassizistischen Regeldramaturgie und kontradiktorischen Dialogie vergessen machend; am Théâtre National Populaire unter der Regie von Jean Vilar.

Corneilles im Unterschied zu Racine zutiefst untragisches und optimistisches Theater hat jenen von Lessing später scharf kritisierten Typus von Helden hervorgebracht, der durch seine Tugend vor allem die Bewunderung (admiration) des Publikums erreichen soll. Christliche, ritterliche und stoische Werte gehen eine eigentümliche Verbindung ein. Man sieht große Seelen voller »générosité« (Großherzigkeit), heldenhafte Mäßigung der Gefühle und großmütigen Verzicht, strengstes Pflichtgefühl und aufopfernde ritterliche Tugend. Und dies alles steht unter dem im *Cid* einmal direkt ausgesprochenen Leitmotiv: »l'amour« ist in letzter Instanz nichts anderes als ein persönliches Vergnügen, die Wahrung der Ehre dagegen unveräußerliche absolute Pflicht: »l'honneur est devoir«. Der Rationalismus eines Cartesius scheint sich in diesen Verstandesmenschen zu verkörpern, die alle Leidenschaften durch den vernünftigen Willen bezwingen. Ob spanische Granden, christliche Märtyrer oder römische Krieger – in alle projiziert Corneille die erhabenen Züge, das idealisierende Porträt der untergehenden Schicht des Feudaladels. Dabei bleibt er dem Publikumsgeschmack dicht auf den Fersen. Spanische Romanze und Ausstattungsstück, grausame Römertragödie und rührendes Märtyrerdrama: Überall versteht es der große Dramaturg, der im Unterschied zu Racine einlässige theoretische Ausführungen zur Kunst des Dramatikers verfaßte, eine populäre Übertreibung zu schaffen, die die Zuschauer zu Tränen und Begeisterung hinriß.

Corneille steht an der Schwelle zwischen der ausladend-farbenprächtigen Renaissancedramatik und dem allmählich aufkommenden Geschmack an klassizistischer Formstrenge und höfisch-eleganter Subtilität – ein Geschmack, den der stärker »barocke« Gestus Corneillescher Staatstragödien seit Mitte des Jahrhunderts immer weniger befriedigen konnte, so daß ihm der reinere Klassizismus Racines den Rang ablief. Die letzten Lebensjahre Corneilles waren überschattet von dieser vollständigen Niederlage in der Gunst des Publikums wie des Hofs gegenüber dem jüngeren Rivalen, dessen Figuren die Zuschauer besser begriffen als die überlebensgroßen Heroen der Staatstugend, die Corneille zeichnete.

Die Spätwerke Corneilles gelten bis heute als schwach, mit Einschluß seines letzten Dramas *Suréna* (1674), in dem er vergeblich versuchte, sich den neuen Ideen anzupassen. Corneille ist ein wenig die französische Entsprechung zum dramaturgischen Genie und dem bisweilen etwas blutleeren Idealismus Schillers, während sich für Racine in der deutschen Dramentradition kein rechtes Äquivalent aufspüren läßt. Anders als Racine (und die Mehrzahl der Tragödienautoren seiner Zeit) bevorzugte Corneille bei der Stoffwahl nicht die antike Mythologie, sondern die römische Geschichte. Seine Schilderungen des politischen Räderwerks haben in neuerer Zeit öfter zu Versuchen gereizt, in den alten Stoffen politische Strukturen der Gegenwart wiederzufinden, so z. B. in einem 1975 im Pariser Odéon produzierten Corneille-Zyklus, der neben den bekannten Werken *Cinna* und *Rodogune* auch seltener gespielte Dramen wie *Othon*, eine eiskalte römische Machtintrige, und das Spätwerk *Suréna* auf die Bühne brachte. Während Corneilles Märtyrerdrama *Polyeucte* (1642) fasziniert als eine modern anmutende Schilderung der Gewalt, die eine Weltanschauung oder Ideologie über das Gefühl gewinnen kann, beeindruckt an den historischen Stücken der ungetrübte Blick auf die Mechanik des Machtspiels, dem alle Regungen und Taten unterworfen bleiben. Von Corneilles Komödien hat sich vor allem *Der Lügner* (*Le menteur,* 1642/43) auf den Bühnen gehalten. Der passionierte Lügner Dorante, dem das Lügen Betätigung des »esprit« ist (Dumme sind nicht imstande, phantasievoll zu lügen), verstrickt sich hier in den Netzen seiner Erfindungen. Mit komödiantischem Tiefsinn wird die Lüge als unverzichtbares Moment der Gesellschaft und der Kunst vorgeführt.

Der Cid

Das Drama, mit dem Corneille berühmt (1636) wurde, greift, wie es damals schon Mode war, einen Stoff aus Spanien auf. Die stolze, ganz auf Ehre und Ritterlichkeit abgestellte Lebensauffassung der spanischen Granden bot den exotischen Hintergrund zu einem romantischen Spiel, in dem sich die Akteure an Edelmut, Verzichtbereitschaft und stolzer Intransigenz gegenseitig zu übertrumpfen suchen. Unumwunden feiert der Dichter die Lebensideale der un-

tergehenden Ritterschicht, der »honneur« und »devoir«, Ehre und Pflicht, über alles gehen.

Die beiden Liebenden Chimène und Rodrigue kommen wie Romeo und Julia aufgrund des Zwists ihrer Familien nicht zueinander. Der alte Don Diègue, Vater des tapferen Rodrigue, wird von Don Gomez, der sich vom König zurückgesetzt fühlt, öffentlich so schwer beleidigt, daß sein Sohn Rodrigue, obgleich mit Gomez' Tochter Chimène versprochen, ihren Vater fordern muß und ihn im Duell tötet. Chimène, die nicht aufhört, Rodrigue zu lieben, vermag sich ebensowenig wie dieser dem übergeordneten Wert der Familienehre zu entziehen. Zwar bringt sie es nicht übers Herz, selbst an Rodrigue die blutige Rache zu vollziehen, als er sich ihr ausliefert, doch verlangt sie, wie es ihre Ehre fordert, vom König gerechte Strafe für den Mörder ihres Vaters. Der König, ein Idealbild milder, kluger und gerechter Regierung, überzeugt sich indes davon, daß Chimène den Ritter, den sie verfolgt, in Wahrheit nicht haßt, und versteht es, sie schließlich zum Verzicht auf die der Familienehre geschuldeten Rache zu bewegen. Vor diese Auflösung aber plaziert Corneille noch mehrere »coups de théâtre«, plötzliche Umschläge der Handlung nach barockem Geschmack. So läßt die Täuschung über den Ausgang eines Duells Chimène glauben, Rodrigue sei tot, so daß sie öffentlich ihre Liebe verrät. So drohen plötzlich die Mauren die Stadt zu überrennen, aber der tapfere Don Rodrigue schlägt sie zurück und wird zum Retter der Nation. Als Tragicomédie (Tragödie mit gutem Ausgang, auch wenn Corneille selbst das Stück später einfach »tragédie« nannte) endet *Le Cid* mit dem Ausblick auf die Vereinigung des Liebespaares.

Horatius

Diese erste Römertragödie Corneilles (*Horace,* 1640) greift die von Livius erzählte und von Aretino bis Brecht und Heiner Müller oft behandelte Geschichte des Römers Horatius auf, der zunächst im heldenhaften Kampf für die Vaterstadt Rom die Vorherrschaft über das benachbarte Alba Longa erstreitet, dann aber einen schwer verzeihbaren Mord an seiner Schwester auf sich lädt. Horace und seine beiden Brüder waren auserwählt, in einem stellvertretenden Kampf gegen drei Krieger Albas den schon allzu lange währenden unentschiedenen Krieg der rivalisierenden Städte zu entscheiden. Auf der Seite Alba Longas werden die drei Curiatier gewählt. Der tragische Konflikt besteht darin, daß die Schwester des Horace, Camille, die Geliebte des Curiace aus Alba ist, dessen Schwester wiederum die Frau des Horace. Dieser siegt und tötet, nachdem seine beiden Brüder gefallen sind, Rom schon verloren schien, durch eine List doch noch alle drei Curiatier. Aber in den Jubel Roms hinein ertönt die Stimme seiner Schwester, die den toten Geliebten beklagt und den Bruder in verzweifeltem Schmerz verflucht. Während für diesen die Staats-räson fraglos über der Liebe steht, bekennt seine Schwester sich zu ihrer Liebe auch für den Feind der Stadt. Horace trägt keinen Moment lang Bedenken, erzürnt über diesen Verrat an Rom, die Schwester mit dem Schwert zu töten.

Damit beginnt der zweite Teil der Tragödie, die Rededuelle über die Frage, wie seine Tat zu beurteilen sei. Beeindruckend sind hier vor allem die Auftritte des alten Vaters, der fürchtet, nach zwei Söhnen und der Tochter durch ein Todesurteil nun auch sein letztes Kind zu verlieren. Aber Horace wird freigesprochen, denn, so König Tullius, der Schwestermord war zwar ein »unentschuldbares« Verbrechen, doch der König bedarf solch gewaltiger Krieger wie Horace zu seiner Stütze so sehr, daß er sich ihrer nicht durch die Bestrafung eines Verbrechens berauben kann. Mit äußerster Konsequenz zeigt Corneilles Drama die Forderung der Staatsräson, daß der große Krieger »au-dessus de la loi« (über dem Gesetz) stehe, wie ausdrücklich gesagt wird.

Eine ironisch die Heldenüberhöhung zitierende Lesart des Corneilleschen »Horatius« war 1985 Jürgen Goschs Kölner Inszenierung. Im großen, leeren Bühnenraum von Axel Manthey schnitt Projektionslicht ovale Flächen aus dem Dunkel, ließ auch die statuarischen Schauspieler – Männer wie Frauen trugen meterlange Schleppen – nur ausschnittweise sichtbar werden. Thies Lehmann schrieb dazu: »Jürgen Gosch… bürstet Corneilles Verherrlichung männlicher Soldatentugend gegen den Strich.«

Cinna oder Die Milde des Kaisers

Auch diese Tragödie (*Cinna ou la clémence d'Auguste,* 1641) mit gutem Ausgang ist, dieses Mal im entgegengesetzten Sinn weiser Mäßigung, von der Feier römischer Tugend erfüllt. Die Geschichte geht auf Seneca zurück. Die Tochter des von Augustus mit der Acht belegten Toranius, Emilia, sinnt auf Rache. Sie verleitet den schwächlichen Cinna, der in sie verliebt ist, zu einem Mordkomplott gegen Augustus, indem sie ihm als Gegenleistung die Ehe verspricht. Der Mitverschwörer Maximus aber verrät aus Eifersucht (er selbst warb um Emilia) und aus Angst den Anschlag. Augustus steht vor der Frage, ob er grausame, abschreckende Strafe verhängen oder Milde walten lassen soll. Seine staatskluge Entscheidung für Mäßigung und die Unterdrückung seines Rachewunsches, die Glorifizierung herrscherlicher Milde (clementia) stellt den eigentlichen Kern des Dramas dar. Hier wie in anderen Historienstücken Corneilles, die die Fabel, wie schon der Titel zeigt, als Exemplum im Sinn des barocken Dramas vorführen, wird erkennbar, daß das Verhalten aller Beteiligten einschließlich des Kaisers, der die Hauptfigur wird, nicht so sehr in charakterlichen, psychologischen Motiven gründet, sondern im kühlen politischen Kalkül. Die »raison« der kaiserlichen Nachsicht ist die Förderung nationaler Eintracht und inneren Friedens.

Der Tod des Pompeius

Dieses Historiendrama (*La mort de Pompée,* 1643) führt in die Zeit der Machtkämpfe zwischen Cäsar und Pompeius. Nach der Schlacht bei Pharsalus, die Pompeius gegen Cäsar verloren hat, ist er schutzsuchend nach Ägypten geflohen. Doch König Ptolemäus läßt ihn – gegen den Willen seiner Schwester Cleopatra – mit dem Hintergedanken ermorden, durch diese Verletzung des Gastrechts den mächtigen Cäsar für sich einzunehmen. Die Rechnung aber geht nicht auf: Cäsar verabscheut die Tat. Im stolzen Bewußtsein des höheren Rangs aller Römer, seine eigenen Feinde eingeschlossen, gegenüber den orientalischen »Barbaren« kann er nicht dulden, daß Ptolemäus sich zum Richter über einen Römer aufgeworfen hat. Ptolemäus will nun aus Furcht vor Bestrafung Cäsar selbst umbringen, findet bei diesem scheiternden Versuch jedoch zusammen mit seinen zynischen Ratgebern den Tod. Verraten wird sein Komplott ausgerechnet von einer geschworenen Feindin Cäsars, von Pompeius' Witwe Cornelia, die ebenfalls Cäsars Gefangene geworden ist. Sie wird zwar niemals von ihrem durch das Gebot der Ehre geforderten Versuch ablassen, die Niederlage ihres Mannes an Cäsar zu rächen, doch als edle Römerin kann sie einen hinterlistigen, unehrenhaften Anschlag auf Cäsar, dessen Größe und Tugend sie anerkennt, nicht zulassen. Mehr noch als Cornelia zeigt der Sieger Cäsar menschliche Größe. Sein toter Gegner Pompeius erhält ein ruhmvolles feierliches Begräbnis. Cleopatra, der Cäsar zugetan ist, wird nach dem schmählichen Ende ihres Bruders Ptolemäus Königin von ganz Ägypten werden.

Rodogune

Mit einem besonders abenteuerlichen Geschehen führt *Rodogune, princesse des Parthes* (1644), in die Welt der orientalischen Fürstentümer zur Römerzeit. Nicomar, der König von Syrien, ist bei einem Krieg gegen die Parther in Gefangenschaft geraten. Seine Frau Cléopâtre (nicht zu verwechseln mit der berühmten Ägypterin) glaubt ihn indessen tot und heiratet zur Sicherung ihrer Macht – eine Frau als Herrscherin wird ungern und nicht lange geduldet – seinen Bruder Antiochus, der allerdings die Chance nutzt, die Söhne seines Vorgängers zu verdrängen, um an der Macht zu bleiben. Cléopâtre muß sie an abgelegenem Ort vor ihm in Sicherheit bringen. In einem weiteren Feldzug gegen die Parther fällt Antiochus; zugleich erreicht Cléopâtre die Nachricht, daß ihr erster Mann nicht, wie sie glaubte, tot ist, sondern bei den Parthern lebt und auf die Nachricht ihrer neuerlichen Verehelichung hin erzürnt die Tochter des Partherkönigs, die schöne Rodogune, heiraten will, in die er sich freilich schon längst verliebt hatte. Zur Demütigung Cléopâtres gedenkt er Rodogune in Syrien selbst zu krönen. Nach vergeblichen Versöhnungsversuchen sammelt Cléopâtre ein Heer, und als Nicomar vor der Stadt erscheint, werden die ihn begleitenden Parthertruppen geschlagen, er selbst getötet, Rodogune gefangengenommen. Die zurückgeholten Söhne Cléopâtres, Antiochus und Seleucus, erwarten, daß die Mutter endlich erklärt, wer von beiden Zwillingen der Erstgeborene ist und König wird. Die Parther aber haben einen neuen Krieg gegen die Syrer geführt und den Vertrag erzwungen, daß Rodogune den syrischen Thronfolger ehelichen soll.

An diesem Punkt erst setzt Corneilles Tragödie ein. Cléopâtre, von Machtgier beherrscht, voller Haß auf die Rivalin Rodogune, eröffnet ihren Söhnen, nur den werde sie zum Erstgeborenen erklären, der sich bereitfinde, Rodogune zu töten. Dieser Plan scheitert im Verlauf der komplexen Intrige daran, daß sich beide Söhne ebenso wir ihr Vater in Rodogune verliebt haben und einander außerdem in herzlicher brüderlicher Zuneigung verbunden sind, so daß es der Mutter nicht gelingt, sie, sei's als Liebhaber, sei's als Thronanwärter, gegeneinander auszuspielen. Am Ende muß Cléopâtre den Rodogune und ihrem Sohn Antiochus, dessen Liebe Rodogune erwidert, zugedachten Giftbecher selbst leeren, nachdem sie den zweiten Sohn hat ermorden lassen. Wohl triumphiert Rodogune am Ende, doch die leidenschaftlich dem Spiel um die Macht hingegebene Cléopâtre geht ungebrochen und nicht ohne Größe zugrunde.

Jean Racine

Die immer wieder angestellten Vergleiche zwischen Corneille und Racine kranken daran, daß zwar beide dem Klassizismus zugehören, aber zwei ganz verschiedene Generationen vertreten. Jean Baptiste Racine (1639–1699) wurde 33 Jahre später als Corneille geboren, sein Horizont war nicht mehr die Wertwelt des mächtigen Feudaladels, sondern die des absolutistischen Hofs. Geprägt ist sein Schaffen von der mit dem Regierungsantritt Ludwigs XIV. 1661 einsetzenden Epoche, von der sich viele damals – freilich bald ernüchtert – ein neues goldenes Zeitalter, eine augusteische Blüte versprachen.

Racine ist der Dichter der Liebe, doch geht sein Werk so wenig in der Zelebration gezierter Liebesrhetorik auf wie Corneilles in der Verherrlichung der Staatsräson und der Ehre. Beim Älteren würdigen wir heute die gnadenlose Enthüllung der Deformation aller Lebensverhältnisse durch die politische Taktik; den Jüngeren begreift man zunehmend als den Dramatiker eines fundamentalen Scheiterns, uneinholbarer Einsamkeit und tiefenpsychologischer Analyse der Leidenschaft.

Früh verwaist, wurde Racine, der Schöpfer grandioser Frauengestalten von Andromache über Phädra bis Athalia, von seiner Großmutter erzogen. Kindheit und Jugend waren vom jansenistischen Milieu geprägt. Noch während seiner Erziehung in Port-Royal, der Hochburg der auf Askese und strenge Moral gerichteten katholischen Reformbewegung des Jansenismus, wandte er sich der Poesie zu, die der Familie als sündhaft galt. 1663 kam er nach Paris und machte dort die Bekanntschaft Boileaus, La Fontaines und Molières. Nach den Anfängerarbeiten *Die feindlichen Brüder* (*La Thébaïde ou les frères ennemis,* 1664) und *Alexander der Große* (*Alexandre le Grand,* 1665) entfaltet sein erstes großes Drama *Andromache* (1667) Racines Kunst wie alle wesentlichen Themen: Stets wird es um die Rivalität in der Leidenschaft gehen, um die Aussichtslosigkeit des Begehrens, die Psychologie des erotischen Machtspiels, Abweisung und Eifersucht, um den vergeblichen Versuch der Eroberung, um den Blitzschlag der plötzlichen Liebe, die Unerfüllbarkeit und letztlich die Unmöglichkeit des Menschen, authentisch zu existieren, weil er die von seinem Inneren geforderte Radikalität, die Treue zu sich selbst und zum anderen, in einer Welt sich gegenseitig ausschließender Ansprüche nicht leben kann. In diesem Pascal verwandten Pessimismus hat man früh die Auswirkung der jansenistischen Erziehung zu sehen versucht.

Nach dem Erfolg von *Andromache* erlebte Racine eine glänzende Karriere, die ihm freilich durch zahllose Intrigen, Feindschaften und organisierte Versuche, ihn bei Hof in Mißkredit zu bringen, verbittert wurde. Nachdem er mit *Phädra* (1677) sein wohl bedeutendstes Werk geschaffen hatte, zog sich Racine vom Theater zurück – vielleicht spürte er, daß ihm ein kaum mehr überbietbarer Wurf gelungen war, vielleicht auch holte ihn sein jansenistisch schlechtes Gewissen wegen seiner weltlichen Neigung zur Kunst ein. Zusammen mit Nicolas Boileau-Despréaux, dem bedeutenden Theoretiker des Klassizismus (*Art poétique,* 1674) wurde Racine zum Historiographen des Königs auserkoren. (Was er in dieser Eigenschaft schrieb, ist im 18. Jahrhundert

Opfer eines Brandes geworden.) Für zwölf Jahre blieb *Phädra* seine letzte Tragödie. Er führte ein zurückgezogenes Leben, heiratete und widmete sich aufmerksam der Erziehung seiner sieben Kinder. Erst 1689 und 1691 schrieb er noch einmal zwei biblische Dramen, *Esther* und *Athalia.* In seinem Nachlaß befand sich ein Abriß der Geschichte Port-Royals, die heute als eines der Meisterstücke der Geschichtsschreibung jener Zeit gilt. Racines letzte Lebensjahre waren überschattet durch die Ungnade des Königs. Wie der Anfang, so stand das Ende seines Lebens im Zeichen jansenistischer Frömmigkeit. Vier seiner Töchter gingen ins Kloster, sein Bekenntnis zu Port-Royal, wo er auch begraben wurde, entfremdete dem Hof und dem König jenen Dichter, der einmal die Tragödie als Unterhaltung für Könige definiert hatte.

Mit Recht hat man Racines Theater im Vergleich zu dem Corneilles als femininer bezeichnet. Zwar wird die Sprache der Leidenschaft zensiert von der »bienséance«, vom zurückhaltenden, abstrahierenden Duktus der höfischen Alexandriner-Rhetorik. Doch unter der »klassischen Dämpfung« des Stils (Leo Spitzer) zeichnen sich verwüstende Intensitäten des Gefühls ab. Stofflich sind fast alle Dramen Racines in der Antike, vor allem ihrer Mythologie angesiedelt, die er schon in der Jugend eingehend studiert hatte. Racine gelang es, ein Äquivalent zur Tragik der Antike aus dem Geist des radikalen Christentums der Jansenisten wiederzuentdecken. Den archaisch-wilden Stoffen der Mythologie zwang er die lichte Form des rational beherrschten und stilisierten Dramas auf. Er schrieb nur eine Komödie: *Die Prozeßsüchtigen* (*Les plaideurs,* 1668), eine Farce gegen die Prozeßwut in Anlehnung an Aristophanes *Wespen.* Ansonsten zeigt sein tragisches Theater die fundamentale Unvereinbarkeit zwischen der Selbstachtung des Individuums und den Anforderungen der Welt, die es zum Kompromiß und zum Verrat an sich selbst zwingen.

Racines Dramaturgie erfüllt vollendet die klassizistische Poetik der Einheiten und der strengen Formreduktion. Ein einziger Schauplatz – gewöhnlich der Saal eines Palastes – genügt, um in einem Minimum an Zeit – die Tragödie setzt unmittelbar bei der katastrophischen Zuspitzung der Lage ein – die Figuren zu Aussprache und Konfronta-

In einer Inszenierung von Karl Heinz Stroux 1959 am Düsseldorfer Schauspielhaus spielte Maria Wimmer die Titelrolle in Racines »Phädra«.

*Titus (Richard Fontana) gesteht sich nach
anfänglichem Zögern ein, daß er am Ende
doch die Staatsräson über seine und Béréni-
ces (Ludmila Mikaël) Liebe stellen wird.
»Bérénice« in der subtil verlangsamten
Inszenierung Klaus Michael Grübers an der
Comédie Française 1984.*

tion zu führen. Die Regeln sind hier keine
Fessel, sondern der selbstverständlich anmutende, angemessene Rahmen für seelische Konflikte, die sich, überspitzt formuliert, jenseits von Zeit und Raum, im Innern
der Figuren abspielen und dazu der Theatermittel, der Ortswechsel, der großen Zeit-
räume nicht bedürfen.

Andromache

Die Handlung von Racines erstem bedeutenden Bühnenwerk (Andromaque, 1667):
Andromache, die Witwe Hektors, ist zusammen mit ihrem Sohn Astyanax Gefangene
des Fürsten Pyrrhus geworden und wird
von diesem zur Frau begehrt. Als die Griechen durch den Gesandten Orest das Leben
ihres Kindes fordern, erpreßt Pyrrhus Andromache: Nur unter der Bedingung, daß
sie ihn heiratet, wird er ihr Kind schützen.
Zwar rettet Andromache ihr Kind, indem sie
einwilligt, doch da sie in Wahrheit dem
toten Hektor absolute Treue halten will,
faßt sie den Entschluß, sich vor dem Vollzug
der Ehe das Leben zu nehmen.

Während Pyrrhus seine Gefangene Andromache liebt, wird er selbst hoffnungslos
von der ihm zuvor versprochenen Hermione begehrt. Rasend vor Eifersucht, überredet diese Orest, der wiederum sie hoffnungslos liebt, Pyrrhus zu ermorden. Dies
geschieht, doch Hermione dankt Orest seine Tat keineswegs, sondern verabscheut
ihn nun wegen des Mordes an dem Mann,
den sie zwar unerwidert, aber mit höchster
Leidenschaft liebte. Andromache und ihr
Kind sind gerettet, Hermione nimmt sich
das Leben, Orest verfällt dem Wahnsinn.

Britannicus

Dieses Racine-Drama von 1669, eines der
meistgespielten klassischen Stücke an der
Comédie française, zeigt den römischen
Kaiser Nero als »monstre naissant«, als wer-
dendes Monstrum, am Beginn seiner ver-
brecherischen Laufbahn. Noch streiten
sich seine machtbewußte, intrigante Mutter Agrippina, die ihm gegen seinen Halbbruder Britannicus zum Thron verhalf, sein
»guter« Berater Burrhus und der »böse«
Narziß um den Einfluß auf ihn. Aber Nero
entzieht sich erst Agrippina, dann auch
Burrhus, um unter den Einfluß des Freige-
lassenen Narziß sein erstes blutiges Verbrechen zu begehen: Junie, die Nichte des

Augustus, wird von seinem Halbbruder Britannicus geliebt; die Heirat ist beiden von
Agrippina versprochen. Nero, zunächst nur
besorgt um den Machtzuwachs für Britannicus, läßt Junie in der Nacht verhaften, bekommt sie dabei das erstemal zu Gesicht
und verliebt sich sofort in sie. Mit sadisti-
scher Grausamkeit zwingt der Kaiser Junie,
seinen Rivalen glauben zu machen, ihre
Liebe sei erkaltet. Indessen gelingt es dem
Paar schließlich, sich zu verständigen.
Neros Machtrausch und seine Eifersucht
verbinden sich daraufhin: Nach kurzem
Zögern läßt er Britannicus vergiften. Die
verzweifelte Junie entzieht sich ihm, indem
sie Vestalin wird. Zwar wird Narziß von der
aufgebrachten Menge ermordet, als er Junie
mit Gewalt vom Tempel fernzuhalten sucht,
aber das Drama endet mit der unausgesprochenen Ahnung, daß die Taten Neros nur
der Beginn eines grausamen Regimes gewesen sein werden.

Bérénice

In offener Konkurrenz mit Corneilles *Tite et
Bérénice* entstanden, verwirklicht dieses
Stück (1670) am reinsten das Ideal der klassizistischen Tragödie. Aus einem Nichts an
Stoff – widerstrebend verzichtet der Kaiser
Titus auf die Ehe mit der geliebten orientalischen Königin Bérénice, die er nach Rom
gebracht hat, und schickt sie in ihr Land zurück – gestaltet Racine eine Tragödie, die die
unaufhebbare Spaltung zwischen Liebe
und Staatsräson zur Darstellung bringt.

Unter dem Druck des fremdenfeindlichen
Senats und einer dunklen Volksstimmung
verzichtet Titus auf die Heirat mit der von
Rom nicht anerkannten Ausländerin. Zwischen die beiden Liebenden tritt als Vermittler Antiochus, ein Freund des Titus, der
selbst Bérénice unerwidert liebt. Als besondere tragische Pointe setzt Racine ein, daß
Bérénice, nachdem sich die Verbindung mit
Titus, das Zentrum ihres Lebens, auflöst, im
letzten Akt auf den Freitod verzichtet und
damit Titus davor bewahrt, den gleichen
Schritt zu tun. So verwandelt sie die tragische Auflösung in ein Drama der Entsagung
und des Verzichts. In einer freilich leer und
kalt gewordenen Welt bleibt Titus zurück,
um das Zepter der Macht zu führen. Im Gegensatz zu einer langen Deutungstradition,
die darin eine Versöhnung zu erkennen
glaubte, läßt sich Racines Schlußwendung

auslegen als das pessimistische und tragische Bild einer Realität, in der es für den Menschen keine Chance auf wahre Verwirklichung seines Selbst gibt, nicht einmal mehr den Tod als bedeutsames Zeichen. An dessen Stelle stehen in den letzten Szenen die berühmten »adieux« der Bérénice.

Bajazet

Nach *Bérénice* bedeutete diese Tragödie (1672) einen scharfen Wechsel der Beleuchtung. An die Stelle des »klassischen« römischen Hofs tritt ein türkischer Serail, an die Stelle der minimalen eine vielfältige Intrige, an die Stelle der äußersten Dämpfung der Ausbruch heftiger und grausamer Leidenschaften. Bajazet, der Bruder des Sultans von Konstantinopel, soll von diesem aus Angst um die Macht ermordet werden. Die Favoritin des Sultans, Roxane, ist von heftiger Leidenschaft zu ihm ergriffen und will ihn retten, aber ihre Liebe wird nicht erwidert. Nur scheinbar geht Bajazet auf Roxanes »Antrag« ein, um sich und seine Geliebte Atalide zu retten, doch sein Spiel scheitert ebenso wie die Intrige des umsichtigen Politikers Acomat. Roxane, Bajazet und seine Geliebte Atalide finden den Tod, Acomat muß fliehen, die Macht des Sultans ist behauptet – freilich um den Preis aller Gefühle. Diese aber werden mit einer schon für die Zeitgenossen schockierenden Heftigkeit vorgeführt. Roxanes erpresserische Leidenschaft und Atalides zartere Liebe lassen auch hier die Frauenfiguren eindrucksvoller erscheinen als die Männer. Es sind die in ihren Gefühlen radikalen Frauengestalten, die in Racines Meisterwerken immer wieder die männlichen Partner kompromißbereit und »klein« erscheinen lassen.

Mithridate

Dieses Stück (*Mithridate,* 1673) nimmt in mehrfacher Hinsicht eine Sonderstellung in Racines Schaffen ein. Es handelt sich um seinen einzigen Ansatz zu einem Historiendrama (über den verzweifelten Kampf der kleineren selbständigen Fürstentümer gegen die Übergriffe der erstarkenden römischen Weltmacht in hellenistischer Zeit), während er seine Stoffe sonst aus der antiken Mythologie bezog und historische Themen vollkommen in psychologische Thematik auflöste. Auffallend ist zudem das versöhnliche Ende.

Der König von Pontos, Mithridate, kehrt, schon totgeglaubt, von einem Feldzug gegen die Römer zurück und bringt in Erfahrung, daß die von ihm zur Frau begehrte junge Griechin Monime von seinen beiden Söhnen Pharnace und Xiphares geliebt wird und die Liebe des letzteren auch erwidert. Zudem erweist sich Pharnace als Verräter, der auf eine in Mithridates Augen ehrlose Verständigung mit dem überlegenen römischen Feind auf Kosten der nationalen Unabhängigkeit aus ist. Schwankend zwischen Vaterliebe, gekränkter Eifersucht und Rachewünschen will der alternde König eben die drei Schuldigen mit dem Leben bezahlen lassen, da verbündet sich Pharnace offen mit den Römern gegen seinen Vater und greift die Stadt an. Xiphares dagegen erweist sich als treu. Als Mithridate den Kampf verloren glauben muß, stößt er sich den Dolch in die Brust. Zu spät kommt der treue Xiphares, der mit seinen Truppen die Feinde doch noch zurückgeschlagen hat. Sterbend versöhnt sich Mithridate mit dem Sohn, verzeiht Monime und überwindet seine Eifersucht.

Iphigenie in Aulis

Iphigénie en Aulide (1674) benutzt die berühmte Mythe vom Griechenführer Agamemnon, der seine Tochter auf Geheiß der erzürnten Göttin Artemis opfern will, die nur um diesen Preis den Fahrtwind für den Feldzug gegen Troja schenkt. Zu diesem Zweck läßt er Iphigenie und ihre Mutter Klytaimestra unter dem Vorwand, seine Tochter mit Achill verheiraten zu wollen, ins griechische Heerlager in Aulis locken. Racine teilt die Welt dieser Tragödie auf in eine Art frühes bürgerliches Familiendrama zwischen Vater Agamemnon, Mutter Klytaimestra und Tochter Iphigenie, die in fraglosem Gehorsam sich opfern lassen will, und in ein »tragisches« Universum antiken Zuschnitts, indem er eine neue Figur, Eriphile, hinzuerfindet. Sie, eine Gefangene des Achill, liebt diesen mit verbotener, aber um so heftigerer Leidenschaft. Am Ende einer Intrige, in der Eriphile mit allen Mitteln versucht, ihre Rivalin Iphigenie zu vernichten, wird durch den Seher Kalchas verkündet, daß die Götter nicht, wie jeder glaubte, die Tochter Agamemnons, sondern eine »andere« Iphigenie meinten, niemand anderen als Eriphile. Diese aber entzieht

sich der Opferung und damit der Vereinnahmung in die andere Welt, indem sie sich angesichts der Eröffnungen des Sehers selbst den Tod gibt. Racine vermeidet so ebenso die der »bienséance« widerstreitende Opferung der Königstochter wie die der »vraisemblance« nicht entsprechende Darstellung des im Mythos berichteten Wunders (Rettung Iphigenies) auf der Bühne. Die innere Zweiteilung des Dramas in eine tragische Welt der Eriphile, deren Schilderung auf die Figur Phädras vorausweist, und eine christliche Welt, in der die Vorsehung alles zum Guten wendet, bleibt unaufgelöst. Wichtiger als die dramaturgische »Unvollkommenheit« dieser Dualität ist die effektvoll beunruhigende Präsenz Eriphiles, die in die schon bürgerlich gemilderte christliche Welt einen Rest unauflösbarer Archaik hineinträgt.

Phädra und Hippolyt

Phèdre et Hippolyte (1677), das bei weitem berühmteste Drama Racines, greift den von Euripides in *Hippolytos* behandelten Mythos auf. Phädra, die Frau des Königs Theseus, verzehrt sich in verbotener, geheimgehaltener Leidenschaft zu ihrem Stiefsohn Hippolyt, der seinerseits die von seinem Vater mit dem Bann belegte athenische Prinzessin Aricia liebt. Zu Beginn des Dramas ist Phädra ob ihrer seelischen Qualen dem Tode nahe, läßt sich aber von der besorgten Amme Oenone ihr gefährliches Geheimnis entlocken, als eben die »falsche« Nachricht eintritt, Theseus sei tot. Von Oenone bestärkt, glaubt Phädra nun den Weg frei, Hippolyt ihre Liebe zu gestehen, doch dieser weist sie heftig zurück. Von dieser Schmach zutiefst gekränkt, vom Unglück, das die Göttin der Liebe über sie verhängt hat, fast schon zerstört, voller Rachewünsche gegenüber Hippolyt und eifersüchtig auf ihre Rivalin Aricia, muß Phädra nun erfahren, daß Theseus lebt und zurückkehrt. Erneut von Oenone verführt, läßt sie sich darauf ein, Hippolyt zu bezichtigen, er sei es gewesen, der ihr in Abwesenheit seines Vaters nachgestellt habe. Für Phädra ist damit alles zerstört, Theseus verstößt und verflucht auf die Denunziation hin seinen Sohn. Zu spät, nachdem Oenone sich schuldbewußt ins Meer gestürzt hat, erfährt er von Phädra, die Gift genommen hat, vor ihrem Tod die Wahrheit. Doch den einmal ausgesprochenen, allzu raschen Wunsch an Poseidon, seinen Sohn zu verderben, vermag er nicht mehr rückgängig zu machen; in einem seiner Sprachgewalt wegen berühmten Bericht des alten Erziehers, dem »récit de Théramène« erfährt er von dem durch Poseidon herbeigeführten gräßlichen Wagensturz des Sohnes, der auf den Felsen zerschmettert wird.

Esther; Athalia

Nach *Phädra* zog sich Racine vorerst vom Theater zurück. Erst zwölf Jahre später schrieb er zwei biblische Dramen (*Esther,* 1689, und *Athalia,* 1691) für die Schülerinnen der Erziehungsanstalt Saint-Cyr, in denen, wohl mit Rücksicht auf die möglichst zahlreiche Beteiligung der Elevinnen, der Chor nach Art der antiken Tragödie wiedereingeführt wurde. In *Esther* geht es um die rührende Tat der Titelheldin, die durch die Fürsprache bei ihrem Gatten, dem absoluten persischen Herrscher Assuerus, das Volk der Juden vor dem Untergang bewahrt. *Athalia* handelt von der Auseinandersetzung zwischen dem jüdischen Hohenpriester Joad und der Jehova feindlichen heidnischen Königin Athalia. Gegen ihren Versuch, den kleinen Joas, den rechtmäßigen Erben Davids, aus dem Weg zu räumen, bleibt Joad am Ende siegreich. Die in ihrer bedingungslosen Machtgier grandios gezeichnete Athalia wird hingerichtet; als der eigentliche Sieger aber erscheinen nicht so sehr die menschlichen Akteure Joad und Joas, sondern der Gott Jehova. Der in bescheidenem Rahmen aufgeführten letzten Tragödie Racines war kein Erfolg beschieden. Heute gilt sie als eines seiner überragenden Meisterwerke.

Molière

Jean-Baptiste Poquelin (1622–1673), der sich als Schauspieler seit 1644 Molière nannte, wurde als Sohn eines wohlhabenden königlichen Hoftapezierers in Paris geboren. Nach ausgezeichneter Schulbildung und (wahrscheinlich) einem begonnenen Jurastudium wandte er sich dem Theater zu, als er 1643 zur Schauspieltruppe der Familie Béjart (Illustre théâtre) stieß, die allerdings schon im folgenden Jahr in finanzielle Bedrängnis geriet und zusammenbrach. Molière mußte kurzfristig ins

Schuldgefängnis. Er durchzog mit einer neugegründeten Truppe vierzehn Jahre lang Frankreich, bis es ihm 1658 gelang, sich in Paris zu etablieren.

Schon während der Wanderzeit war er mehr und mehr dazu übergegangen, die italienischen Stücke der Commedia-dell'arte-Tradition nicht nur zu bearbeiten, sondern selbst Komödien zu verfassen. In Paris machte er sich durch seine Komödien in den von ihm satirisch verhöhnten Kreisen rasch zahlreiche Feinde. Intrigen und Verfolgungen sollten ihn von da an begleiten. Einmal forderte man gegen ihn gar die Todesstrafe wegen gotteslästerlicher und religionsfeindlicher Absichten (*Tartuffe*). Doch erfreute sich Molière fast immer der Gunst des Sonnenkönigs, der sich besonders von Molières »leichteren« Komödien amüsiert fühlte und ihn gegen Intrigen und Nachstellungen protegierte. Im Privatleben war der Dichter chronisch unglücklich, eifersüchtig zumal wegen der Untreue seiner viel jüngeren Frau Armande Béjart – fortwährend hat denn auch der Autor die Figur des lächerlichen Hahnrei und die Eifersucht auf die Bühne gebracht. Er galt als integrer und treuer Freund. Die Dramatik folgte dem besessenen Theatermann, Schauspieler und Autor in einem, bis in den Tod. Er starb wenige Stunden, nachdem er, von wirklicher Krankheit schon schwer gezeichnet, noch einmal die Titelrolle seines letzten Werks, *Der eingebildete Kranke,* gespielt hatte.

Molière definierte im Geist des 17. Jahrhunderts den Zweck der Komödie als die Bestrafung und Verbesserung der menschlichen Laster und Schwächen. Dabei setzte er das Lachen als soziale Sanktion ein. Wer sich gegen die ehernen Gesetze der »Natur« verging – und das sind ihm nicht anders als La Fontaine oder La Rochefoucauld das Maßhalten in allen Dingen, Vernunft, »bon sens« und »sociabilité« –, fiel unweigerlich der Lächerlichkeit anheim. Der satirischen Kritik wurden Bürgertum und höfische Aristokratie gleichermaßen unterzogen. Molière läßt nicht eindeutig erkennen, welche Position er gesellschaftlich einnimmt. Hier erscheint der Bürger wie durch das Lorgnon des Adligen gesehen, dort die Hohlheit der höfischen Gesellschaft durch die bürgerliche Brille. Unnachgiebig werden alle verlacht: der hohe Prätentiöse wie der dümm-

liche Geltungsbedürftige, der religiöse Heuchler wie der naive Aufrichtige.

Mit Recht gilt Molière als Schöpfer der Charakterkomödie, die er aus der Verfeinerung und individualisierenden Psychologisierung der Commedia-dell'arte-Typen gewann. Doch bei aller Vertiefung spielt in seinem gesamten Werk die Lust an der puren Typen- und Situationskomik, an grober Farce und volkstümlichem Spaß eine bedeutende Rolle. Neben seinen zahlreichen Komödien erfand er die bei Hof besonders beliebte Gattung der Ballettkomödie (comédie-ballet) – leichte komödiantische Spiele mit Musik und Balletteinlagen.

Die lächerlichen Preziösen

Ein Jahr nach der Eröffnung seines Theaters im Palais Petit-Bourbon machte sich Molière in der Komödie *Les précieuses ridicules* (1659) über die Dummheit lustig, die oft hinter der damals verbreiteten Sucht nach vornehmem Getue, gespreizter Redekunst und einer sich über alles Materielle erhebenden Hochgeistigkeit steckte (Preziösentum, das freilich historisch differenzierter zu würdigen ist). Während die preziösen Damen Madelone und Cathos brave Edelleute abweisen, die um ihre Hand anhalten, fallen sie auf das scheinbar weltläufigvornehme Gebaren herein, mit dem die Lakaien der Zurückgewiesenen verkleidet um sie werben. Als der peinliche Schwindel auffliegt, endet die Farce mit Stockschlägen und der lächerlichen Demütigung der Preziösen.

Die Schule der Frauen

1662 bringt *L'école des femmes* einen ersten Höhepunkt komischer Dramaturgie. Es geht um die Geschichte des genasführten Alten Arnolphe, der glaubt, sich eine gefügige Ehefrau zu sichern, indem er die junge Agnès in völliger Unkenntnis der Welt (und vor allem anderer Männer) aufzieht, am Ende aber vernichtet und beschämt dasteht und das Mädchen einem Jüngeren überlassen muß. Die dramaturgische Pointe: Der Eifersüchtige wird fortlaufend von seinem jungen Rivalen Horace selbst über die Schliche auf dem laufenden gehalten, mit denen dieser erreicht, Agnès zu treffen, obwohl Arnolphe sie von der Welt abzuschließen versucht. Horace weiß nicht, daß jener gute Bekannte, dem er treuherzig seine

Abenteuer berichtet, niemand anders ist als der von ihm immer wieder getäuschte Arnolphe. Der aber kann – dies die andere Pointe – trotz seines Wissens die Rendezvous der jungen Leute nicht verhindern, sondern muß sich ein um das andere Mal – ohne sich etwas anmerken lassen zu dürfen – anhören, wie er hinters Licht geführt und lächerlich gemacht wurde.

Während die junge Agnès auch in ihren Betrügereien unschuldig erscheint, demonstriert Molière an Arnolphe den Wahnsinn des Versuchs, sich der Natur mit raffinierten Machinationen entgegenzustellen. Die jungen Liebenden müssen zueinanderkommen; der Versuch, die Gesetze des Alterns und der Leidenschaft außer Kraft zu setzen, muß radikal scheitern. Daß die Lösung durch den Deus ex machina herbeigeführt wird – als eben Arnolphe gewonnenes Spiel zu haben glaubt, tritt Agnès totgeglaubter Vater auf den Plan –, ist ein in der Komödie beliebtes Verfahren, mit dem es aber bei Molière noch eine besondere Bewandtnis hat: Wie in *Tartuffe* und in anderen Stücken gestattet der dramaturgische Kniff, die Situation zuvor bis zur düsteren Verwicklung zu steigern. In Wahrheit ist Molières Welt von ähnlicher Bitterkeit wie die der La Fontaineschen Fabeln. Hinter dem Lachen lauert das Entsetzen über den Gleichmut, mit dem das Schicksal (die Gesellschaft, die Triebe) denjenigen demütigt und zerstört, der sich gegen die Gesetze der Natur auflehnt oder ihnen nicht entspricht.

Die Schule der Frauen trug Molière den Vorwurf der Sittenverderbnis ein. Dagegen setzte er sich wiederum komödiantisch zur Wehr mit dem Einakter *Kritik der Schule der Frauen* (*La critique de l'école des femmes,* 1663), in dem er jene dem Gelächter preisgab, die gegen seine Komödie vorgegangen waren. Dieses Stück wie auch das theaterhistorisch aufschlußreiche *Impromptu de Versailles,* das Molière und seine Truppe bei der Arbeit und die Schwierigkeiten der Auftragsproduktionen für den König zeigt, sind die seltenen Fälle auto-thematischer Dramen in dieser Epoche – von Stücken also, die sich mit dem Metier des Dramas und des Theaters selbst befassen.

Die Farce über die Preziösen und die beiden letztgenannten Stücke sind ebenso wie das bald folgende *Le mariage forcé* Einakter in Prosa. Während der gesamten Zeit seines Schaffens schrieb Molière immer wieder Prosakomödien, unter denen sich zwar eine Reihe der unerheblicheren Werke für den Tag befinden, aber auch so bedeutende wie *Don Juan, Georges Dandin, Der Geizige, Der eingebildete Kranke.* Bezeichnenderweise gelten der traditionalistischen Comédie française, die sich gern als Maison de Molière bezeichnet, die »nur« in Prosa statt im klassischen Vers verfaßten Stücke noch immer nicht als ganz vollwertig.

In der Diskussion um Übertragungen Molières ins Deutsche hat die Charakterisierung seiner Verssprache stets eine große Rolle gespielt. Die Differenz von Vers und Prosa wird bei ihm überspielt, weil einerseits auch die Prosatexte jene tänzerische Leichtigkeit aufweisen, die das rhythmische Spiel der Verse sonst unterstreicht. Andererseits besteht die Kunst des Alexandriners bei Molière gerade im Unauffälligwerden der Versbindung. Die Zäsuren, die Formulierungskunst, die Wortwahl lassen den Formgehalt des hohen Versduktus zurücktreten. Es gelingt Molière, aus dem Alexandriner zwanglose Konversation hervorzuzaubern – man denke zum Vergleich an Racine, wo der Reim oft durch sinnhafte Bezüge (in *Phädra* etwa Thésée/abusée, bords/morts, fatale/rivale) vertiefend wirkt. Das Übersetzungsproblem bleibt bestehen: Übertragung in Fünfheber, sprachlich naheliegend, verführt zur allzuschnellen Pointe, entspricht aber dem deutschen Satzbau; Treue zur Verslänge durch Sechsheber wirkt rasch gekünstelt und führt zu Füllwörtern; Prosaübersetzung bringt die Komödie um die schönsten Wirkungen des Kontrasts zwischen Form und Inhalt.

In der Zeit von 1664 bis 1666 verfaßte Molière seine drei »tiefsten« Stücke, die wegen ihrer gesellschaftlichen Brisanz und durch die Nähe ihrer Komik zur Tragik zu immer neuen Deutungen aufgefordert haben und unbezweifelbar Weltliteratur sind: *Tartuffe* (1664), *Don Juan* (1665) und *Der Menschenfeind* (1666).

Der Tartuffe oder Der Heuchler

Mit *Le Tartuffe ou l'imposteur,* dessen endgültige Fassung erst 1669 entstand, zog Molière die besondere Wut klerikaler Kreise auf sich. Manche forderten gar die öffentliche Verbrennung des Autors. Es wurde dennoch das vielleicht meistgespielte Drama der französischen Klassik. Der reiche Pariser Bürger Orgon ist von dem skrupellosen Heuchler Tartuffe blind abhängig. Tartuffe hat in der Maske makelloser christlich-tugendhafter Lebensführung und Ehrbarkeit Orgons Zuneigung und Vertrauen erschlichen, um sich allmählich in den Besitz seines Hab und Guts und seiner Frau zu bringen. Fruchtlos bleiben alle Vorhaltungen von dessen Frau und von seinem Freund Cléante, der Orgon zum »bon sens« zurückzuführen versucht. Cléante vertritt wohl Molièresche Ideale, in seinen Reden findet man Motive toleranter Religionskritik des 18. Jahrhunderts vorweggenommen. Der verblendete Orgon will sogar seiner Tochter die Ehe mit Tartuffe aufzwingen. Erst durch eine geschickt eingefädelte Intrige gelingt es, Orgon, unter dem Tisch versteckt, zum Zeugen einer Unterredung zu machen, bei der Tartuffe offen versucht, Orgons Frau zu verführen, und sich über dessen Leichtgläubigkeit lustig macht. Nun ist der Bann gebrochen; als Orgon aber den entlarvten Heuchler aus dem Hause weist, scheint dieser noch einmal Gelegenheit zur Rache zu erhalten, da Orgon ihm vertrauensselig sein Haus überschrieben und politisch kompromittierende Papiere anvertraut hat. Als Deus ex machina erscheint jedoch am Ende ein rettender Bote, der Tartuffe verhaftet und die Gnade des Königs verkündet, so daß die Komödie in eine Huldigung an Ludwig XIV. mündet. Freilich galt die Protektion des Königs, wie Molière erkennen mußte, nicht bedingungslos. Er mußte *Tartuffe* umschreiben (die erste Fassung ist nicht erhalten), und es blieb trotz königlicher Privatvorstellungen einige Jahre verboten.

Auch hier hat Molière die Zuspitzung bis zur absurden Groteske gesucht, bevor mit offenkundiger Theaterironie (*Dreigroschenoper.* »Der reitende Bote des Königs kommt, Königs kommt, Königs kommt …«) der unglaubwürdige Schluß alles zum Guten wendet. In modernen Inszenierungen des Dramas ist die Vielschichtigkeit der Charaktere und ihrer Beziehungen nach verschiedenen Richtungen ausgelegt worden. So kann das Verhältnis zwischen Tartuffe und Orgons Frau Elmire voll erotischer Spannung sein; so muß der Heuchler nicht wie es naheliegen mag, als fetter, falscher Prälatentypus oder als gierig-hagerer

Tartuffe (Klaus Maria Brandauer) versucht Elmire (Senta Berger) zu verführen; in Rudolf Noeltes gedämpfter, um psychologischen Realismus bemühter Inszenierung der Molière-Komödie am Wiener Burgtheater 1979.

Auf schachbrettartiger kalt-glänzender Bühne inszenierte Jacques Lassalle Molières »Tartuffe« ohne alle komödiantischen Elemente und weitgehend ohne psychologische Motivation: als versachlichten szenischen Vorgang; mit Gérard Dépardieu (vorn kniend) in der Titelrolle am Théâtre National de Strasbourg, 1984.

Intrigenschmied aufgefaßt werden. Jan Kott imaginiert ihn als hübschen Ministranten, der seine erotische Attraktion bei Elmire einsetzt – und bei Orgon. Denn daß zwischen den beiden Männern ein Grad der Abhängigkeit geschildert wird, der über den religiösen Fimmel hinausgeht, daß hier homoerotische Zuneigung eine Rolle spielt, läßt sich kaum von der Hand weisen. Und die Figur Orgons wird in dem Maße aktuell, wie man in ihm nicht nur das arme Opfer sieht, sondern den furchterregenden Umschlag von verführbarer Dummheit in unmenschliche, zerstörerische Tyrannei. Auch der historische Hintergrund, die

kaum zu überschätzende Rolle des Jansenismus für die Kultur des 17. Jahrhunderts, weist auf die Notwendigkeit, Molières Religionssatire als vielschichtige Zeitdiagnose zu verstehen.

Don Juan oder Der steinerne Gast

Die Thematik des *Tartuffe* wird fortgesetzt in *Don Juan ou le festin de pierre*. Anders als Mozart oder Brecht geht es Molière nicht um den Mythos des ruhelosen Eros, sondern um die übermenschliche Herzenskälte des Lasters. Don Juan gewinnt in seiner ungebrochenen Lasterhaftigkeit heroische

Statur, während sein Diener Sganarelle das komische Element beisteuert. Ihren Höhepunkt findet Don Juans Verworfenheit aber, wenn er zuletzt nicht mehr nur offen und gewissenlos seine Schandtaten (Verführungen, Treuebrüche, Mordtaten) verübt, sondern sie durch das äußerste Laster, nämlich Heuchelei, er habe sich nunmehr bekehrt, auf die Spitze treibt. An diesem Punkt verläßt ihn auch der treue Diener Sganarelle mit Grausen. Don Juan fährt im Schlußbild mit großem Spektakel zur Hölle hinab, die er nie gefürchtet hat.
In dieser metaphysischen Farce hat Molière seinerzeit den Part des Sganarelle über-

Das (Groß-)Bürgertum in Gestalt des elegant gekleideten, kleinen, bärtigen, bebrillten Geschäftsmannes Orgon, nicht der Titelheld stand im Mittelpunkt von B. K. Tragelehns Frankfurter »Tartuffe«-Inszenierung; Bühne Hans Hoffer.
Tartuffe ist überführt, aber ihm gehört das Haus. Verzweifelt sind das Dienstmädchen Dorine (Eva Maria Strien), der Schwager Orgons Cléante (Michael Altmann), der Sohn Damis (Hannes Gastinger). Orgon (Fritz Schediwy), zurückgehalten von seiner Frau Elmire (Klara Höfels), schreit an gegen seine Mutter, Madame Pernelle (Elisabeth Witte), die immer noch von Tartuffe

schwärmt. Madame Pernelle (Elisabeth Witte) schwärmt noch immer von Tartuffes Tugend, obwohl ihr ihr Sohn die Wahrheit ins Gesicht schreit.

nommen, nicht den des »tragischen« Titelhelden, obwohl es doch den Schauspieler Molière in unglücklicher Liebe immer zu diesen Rollen hinzog, die ihm tragikomisch mißrieten. Sganarelle ist dramaturgisch ebenso bedeutsam wie Don Juan. Dieser, der seine Liebesfeldzüge mit Alexander dem Großen vergleicht, wird nicht so sehr in seiner Rolle als erotischer Frauenheld auf der Bühne gezeigt, sondern als »sexuelle Großmacht« (Brecht), die den sozialen Rang billig und schamlos ausspielt. Atheist und amoralischer Libertin, wird Don Juan von Molière nicht »positiv« gezeichnet, obwohl die Kühnheit, mit der er die Verdammnis riskiert, nicht ohne heroische Größe ist. Das zu Lebzeiten Molières nicht gedruckte Werk löste scharfe Polemik wegen seines areligiösen Charakters aus.

Der Menschenfeind

Ist *Don Juan* mehr durch die weit in Welt- und Gottesfragen ausgreifende Thematik auffällig (es handelt sich um einen der seltenen Fälle, in denen Molière auch die Einheit des Ortes vernachlässigte), so beschränkt sich *Le misanthrope* (1666) auf ein Minimum an äußerem Geschehen. Im Mittelpunkt steht der Ehrlichkeitsfanatiker und Menschenfeind Alceste, ein Adliger, der sich vom verlogenen Hofleben zurückziehen will. Neben einigen Momenten komischer Intrige (Alceste macht sich einen bei Hof einflußreichen Mann zum Feind, weil er es nicht über sich bringt, dessen schlechtes Gedicht höflichkeitshalber zu loben; er verliert einen Prozeß, weil er das übliche Spiel der Bestechung nicht mitspielt) besteht die Spannung des Stücks nur darin, daß Alceste sich ausgerechnet in die höchst kokette Salondame Célimène verliebt hat. Am Ende folgt sie ihm nicht, wie er es von ihr verlangt, in die gesellschaftliche Einsamkeit fern von den verachteten Menschen, sondern will seinen Antrag nur annehmen,

Bei der Berliner »Don Juan«-Inszenierung von Fritz Kortner, 1960, feierte Friedrich Luft das »genialische Doppelgespann puren, intelligenten Komödiantentums«, Curt Bois (Sganarell) und Martin Held (Don Juan).

Die von Axel Manthey entworfene Treppe war in der »Menschenfeind«-Inszenierung Jürgen Goschs 1982 in Köln Ort für Plaudereien, Austragungsort von Beziehungsproblemen, von überbordenden Slapstick-Nummern, aber auch symbolischer Ort der hierarchischen Gesellschaftsordnung: oben der skeptische Alceste (Hans Christian Rudolph), darunter Philinte (Horst Mendroch) und Eliante (Petra Redinger), vorn, plaudernd, Acaste, Clitandre und Célimène (Peter Lehmbrock, Helmut Brasch, Giulietta Odermatt).

Als »Nullpunkt-Beschreibung , »Trauer-Theater«, »Requiem« charakterisierten Kritiker 1973 Rudolf Noeltes intensive, sprachlich und gestisch qualvoll verlangsamte Inszenierung des Molièreschen »Menschenfeind« bei den Salzburger Festspielen. Sie rückten die szenische Interpretation des menschenscheuen Alceste dem Charakter des Regisseurs an die Seite: als Imagination eines »misanthropischen Einzelgängers«. Benjamin Henrichs schrieb dazu: »Theater, das auf die Umwelt nicht mehr reagiert, statt dessen der Welt seine immergleiche Vision präsentiert.« Romuald Pekny spielte den Alceste, Sylvia Manas die Célimène.

In der launig grinsenden, reimklapprigen Bearbeitung Hans Magnus Enzensbergers inszenierte Peter Zadek 1979 an der Berliner Freien Volksbühne den Molièreschen »Menschenfeind«: als Spektakel der bundesrepublikanischen Party-Welt; mit Rosel Zech als spitzzüngiger Salondame Célimène und Ulrich Wildgruber als störrisch-ungeselligem, unwillig mit den Vers-Absätzen pochenden Alceste.

wenn er auf sein Vorhaben freiwilliger Selbstisolierung verzichtet. Alceste wird allein die Gesellschaft verlassen.

Seine Menschenfeindschaft wird von Molière konstitutionell durch schwarzgallig-melancholischen Charakter begründet –insofern ist Alceste ein Narr, dem es an »sociabilité« und »bon sens« fehlt und der alle Menschen unterschiedslos haßt. Zugleich aber ist sein Zorn wohlbegründet durch das bösartige und unaufrichtige Verhalten der ihn umgebenden Gesellschaft, wie es die Komödie lebhaft vor Augen führt. Molière versteht es, durch diese Dramaturgie einerseits scharfe Gesellschaftskritik zu formulieren, sie aber andererseits dadurch zu entschärfen, daß er sie einem Sonderling in den Mund legt. Dessen Tragikomödie läßt am Ende verschiedene Deutung der Frage zu, wen die Komödie ins Recht setzt: den guten Freund Philinte, der zum Kompromiß mit der Welt rät, oder den halsstarrigen Tugendfanatiker, der sich Liebe und Leben, unfähig zum Kompromiß, verscherzt.

Amphitryon

Der unmittelbare Erfolg des später weltberühmten Stücks *Der Menschenfeind* war gering. Molière schrieb daraufhin mehrere eher farcenhafte Stücke, darunter *Der Arzt wider Willen* (*Le medicin malgré lui,* 1666) und die mythologische Komödie *Amphitryon* (1668), deren nach Plautus und Rotrou von Molière zu komischem Leben neu erweckte Fabel erzählt, wie Jupiter die Gestalt des Feldherrn Amphitryon annimmt, weil er nur in dieser Gestalt sich eine (von ihm in göttlicher Machtvollkommenheit noch auf das Dreifache verlängerte) Liebesnacht bei Amphitryons Frau, der ebenso schönen wie treuen Alkmene erschleichen kann. Die aus der Verdoppelung Amphitryons resultierende Situationskomik, ihrerseits noch einmal gespiegelt durch die Verwandlung des Gottes Merkur in Amphitryons Diener Sosias, wird von Molière witzig ausgespielt; nur am Rande deutet sich die später von Kleist ins Zentrum gerückte Identitätsproblematik an. Während in Kleists Version Alkmene mit dem berühmten »Ach« bezeugt, daß sie nicht unterscheiden konnte und wollte zwischen dem Mann als Gott und als Mensch, liegt der Akzent bei Molière – neben der Lächerlichkeit des eifersüchtigen Gatten – auf den so vergeblichen wie komischen Bemühungen Jupiters, als Liebhaber/Gott von Alkemene erotisch höher gewürdigt zu werden als der Mensch und Ehemann Amphitryon, in dessen Haut er doch geschlüpft ist. Der Erfolg dieses Stücks, bei dem das Publikum zweifellos auch an die Amouren seines Sonnenkönigs gedacht hat, war außerordentlich.

Die wichtigsten Werke der Jahre 1668 bis zum Todesjahr Molières (1673) sind aus dem Jahr 1668 *Georges Dandin* und *Der Geizige* (*L'avare*), dann *Der Bürger als Edelmann* (*Le bourgeois gentilhomme,* 1670), *Scapins Streiche* (*Les fourberies de Scapin,* 1671), *Monsieur de Pourceaugnac,* (1669); *Die gelehrten Frauen* (*Les femmes savantes,* 1672), *Der eingebildete Kranke* (*Le malade imaginaire,* 1673), Molières letztes Werk. Sie bieten einerseits große Paraderollen, an denen sich immer wieder die bedeutendsten Komödianten versucht haben, anderseits verlagert sich das Schwergewicht der Kritik merklich zum Bürgertum hin, zur Verspottung seiner Untugenden, besonders des Versuchs, die Standesgrenzen zu überschreiten.

Der Geizige

Mit dem zum sprechenden Namen gewordenen Titelhelden, dem alten Harpagon, hat Molière die Karikatur eines frühkapitalistischen Charakters gekennzeichnet, für den alle menschlichen Werte gegenüber der Geldgier zurücktreten. Durchbrochen wird das Porträt des Unmenschen, der den Besitz seiner Kassette höher schätzt als alle Gefühle und Rücksichten, durch seine Verliebtheit in die junge Mariane, ein armes Mädchen aus der Nachbarschaft, das er nun, gestützt auf seinen Reichtum, für sich gewinnen will – deutlich die Anknüpfung an den Commedia-dell'arte-Typus des verliebten Alten. Sein Sohn Cléante ist jedoch ebenfalls in Mariane verliebt, und seine Zuneigung wird erwidert. Als Cléante Schulden macht, um sich standesgemäß kleiden zu können, erkennt er in dem Wucherer den eigenen Vater. Ein heftiger Streit ist die Folge. Nach einem Souper, bei dem die arme Mariane gezwungenermaßen die Heirat mit Harpagon, den sie verabscheut, ins Auge faßt, entdeckt Harpagon, daß sein Sohn Cléante Mariane liebt und verstößt ihn. Doch der intrigante Diener La Flèche kann die im Garten vergrabene Kassette

Mit schmuddeliger Halskrause, schwarzem Käppchen auf strähnig grauem Haar und Patriarchenschädel, verkrümmt vor Argwohn herumschleichend, so spielte Jean Vilar 1962 im Pariser Théâtre National Populaire Molières »Menschenfeind«: als terroristischen Patriarchen, der für alle Gelegenheiten Knüppel zum Dreinschlagen bevorratet hat, der die Aggression aber auch gegen sich selbst richtet: im Widerstreit zwischen Lüsternheit und der Ersatz-Lust Geiz.

Molières »George Dandin« inszenierte Roger Planchon 1961 im Pariser Théâtre de la Cité; Kostüme und Bühne René Allio. Robert Bazil spielte die Titelfigur, den dupierten Bauern, seine anmaßende adlige Schwiegermutter Madame de Sotenville Isabelle Sadoyan.

entwenden. Cléante erfährt davon und vermag so im letzten Akt, seine Heirat mit Mariane erzwingen. Harpagon, der seine eigene Tochter bei einem alten Witwer unter die Haube bringen wollte, der außer seinem Reichtum keinerlei Reize aufzuweisen hat, wird am Ende in jeder Hinsicht düpiert, denn Mariane erweist sich als Adlige, die seinen Reichtum nicht nötig hat und seinen Sohn heiraten wird. Der heimliche Liebhaber seiner Tochter Valère entpuppt sich als Marianes Bruder. Harpagon bleibt nur die zurückgewonnene Kassette. Das Stück zeigt trotz des märchenhaft-komödiantischen Finales und seiner glücklichen Szenen des Wiedererkennens mit bitterer Schärfe die Verblendung und die Zerstörung aller menschlichen Regungen durch das Laster der Geldgier, das in seiner Überzeichnung den Rahmen einer nur privaten Charakterschwäche sprengt und zur Signatur einer neuen vom Geld beherrschten Epoche wird, die Molière, der auch den Adel mit Kritik nicht verschonte, mit Schrecken heraufziehen sah.

Georges Dandin

Georges Dandin (was etwa Hans Dummkopf heißt) ist ein reicher Bauer, den eine von Armut bedrängte Adlige nur geheiratet hat, um auf seine Kosten ein lustiges Leben mit allerhand Liebhabern führen zu können. Die Adelsversessenheit des Bauern bestraft sich selbst, indem Dandin zum Hahnrei und zum Gespött seiner Umwelt wird, während das mit drastischer Komik im Stil der Commedia dell'arte gewürzte Stück die unmoralische Aristokratin Angélique ungeschoren läßt. In der Tat läßt Molière sogar die Möglichkeit offen, in der Figur der Angélique ein Opfer der Heiratspolitik ihrer Eltern zu sehen. Immerhin muß sie ja den in ihren Augen tölpelhaften Dandin heiraten, um den Eltern aus der adelstypischen Finanzpleite zu helfen.

Auf der anderen Seite hat der Dichter zweifellos auch hier wieder das ihn lebenslang begleitende Motiv der Eifersucht dramatisch umgesetzt, das er aus persönlichem Erleben kannte. Er war, den Berichten der Zeitgenossen zufolge, einer der großen eifersüchtigen und betrogenen Ehemänner, den seine Frau, die Béjart, wohl mehr als einmal hinterging. Trotzdem greift jede Molière-Interpretation bei weitem zu kurz, die die

Motive von Eifersucht, Ehebruch und erotischer Rivalität nur in persönlichen Erlebnissen des Autors festmacht. Wie die Dienerfiguren, die auf leisen Sohlen einen Teil der Macht erobern, eine Realität der Zeit waren; wie die allmähliche Auflösung des Adels durch das Geld der Dandin und Jourdain eine soziale Gegebenheit war, so war die Obsession der erotischen Rivalität, der Täuschung und des falschen Scheins ein vorherrschender Zug des geselligen Lebens der Epoche – »le cour et la ville«, der Hof und die Stadt, waren in dieses Spiel verstrickt.

Der Bürger als Edelmann

Auch die Adelsstreberei des Herrn Jourdain steht historisch gesehen vor dem Hintergrund einer damals höchst aktuellen und ernsthaften Realität: des zu Reichtum gekommenen Bürgertums, das sich immer häufiger Adelstitel, Ämter und Einfluß kaufen und den Adel allmählich verdrängen konnte. Molière macht aus dem Bürger, der vergeblich danach strebt, sich die äußerlichen Statussymbole des Adels anzueignen, eine komische Figur, die zuletzt nicht zufällig selbst durch eine Verkleidung getäuscht wird. Das Stück gehört zu den Ballettkomödien Molières, die die ohnehin leichtfüßige Dramaturgie durch Tanzeinlagen ins Gebiet der reinen Unterhaltung hinüberspielen, wenngleich auch hier Molière einen scharfen Blick für die soziale Dialektik seiner Zeit bewahrt.

Die gelehrten Frauen

Zweideutig, wie Molières Dramaturgie oft, bleibt auch hier, inwieweit der Autor das Bildungsbedürfnis der Frauen überhaupt, inwieweit nur die oberflächliche Bildungsstreberei der Bürgerfrauen lächerlich machen will. Die Schilderung der »gelehrten« Frauen nimmt fast die Hälfte der Komödie ein, bis dann eine rasche Schürzung und Auflösung der Intrige das Spiel mit großer Schnelligkeit zu Ende bringt. Philaminte, die Frau des schwächlichen Bürgers Chrysale, ist, nicht anders als ihre ältere Tochter und deren Tante, der pseudopoetischen und pseudophilosophischen Schöngeisterei des Mitgiftjägers Trissotin verfallen und will erzwingen, daß dieser – und nicht deren Geliebter Clitandre – ihre jüngere Tochter Henriette zur Frau erhält. Molière karikiert in langen Szenen den verblasenen Neopla-

tonismus der »bels esprits« Trissotin und Vadius ebenso wie die Narrheit der Frauen. Am Ende besinnt sich Chrysale, und, unterstützt von der Köchin Martine (die wieder einmal mehr Verstand und gesunde Menschenkenntnis aufweist als die Herrschaften), spricht er ein Machtwort zugunsten

Clitandres. Seine Frau aber durchschaut den Heuchler Trissotin erst, als dieser auf die von einem Freund Chrysandres fingierte Nachricht vom Verlust des Familienvermögens hin sehr plötzlich seine Werbung um Henriette zurückzieht. Diese »Komödie des Geistes« ist mit subtilen Pointen und

saftigen Kalauern über Probleme der Sprache und der Dualismen Geist-Körper, Mann-Frau gespickt. Besonders die »Verfallenheit« der Bürgerfrauen ans Hochgeistige und an die prätentiöse Sprache, ihr zur Schau getragener Widerwille gegen alles nur Körperliche, wird komisch-obszön bloßgestellt, wenn die Begeisterung über Philosophie oder Sonettkunst in unzweideutig erotischen Formeln zum Ausdruck kommt.

Der eingebildete Kranke

Auch Molières letztes Werk ist eine Ballettkomödie, in der die Komik des Titelhelden Argan in seiner Hypochondrie und dem dümmlichen Vertrauen auf die Kunst der Ärzte besteht, die ihn in Wahrheit keineswegs heilen, sondern nur an ihm verdienen wollen. Neben diesem Motiv und Molières Satire auf die von ihm zeitlebens gehaßten Ärzte (neben der Eifersucht ein häufig auftauchendes biographisches Leitmotiv seiner Stücke) geht es vor allem um die Verblendung Argans durch übergroße Eigenliebe (amour-propre), das Blindwerden für die Wirklichkeit und für die seelische Lage der anderen. Egoistisch will Argan seine Tochter Angélique nur an einen Arzt verheiraten, blind seiner heuchlerisch um ihn bemühten Frau sein Vermögen vermachen. Erst als er sich totstellt (ein Täuschungsmanöver, das wiederum eine kluge Dienerin ersinnt), erkennt er die Wirklichkeit, wo er zuvor dem Imaginären verfallen war: daß seine Frau auf seinen Tod nur wartet, um ihn zu beerben; daß die scheinbar rebellische Tochter ihn liebt. Zum Schluß wird sogar das langgesuchte Mittel gegen Ärztesucht und Krankheiten gefunden: Argan wird selber Arzt. »Bon sens«, »nature«, »raison«, »vertu« siegen im Geist Molièrescher rationalistischer Aufklärung durch Witz und Selbsterkenntnis. Historische Ironie wollte es, daß noch im Jahr der Erstaufführung des Stücks Molière ohne die (von ihm verweigerte) ärztliche Hilfe starb – nur Stunden, nachdem er noch einmal, bereits schwer krank, die Titelrolle des nur eingebildet Kranken gespielt hatte.

Als aufgedrehte Zirkus-Show inszenierte 1973 am Wiener Burgtheater Jean-Louis Barrault Molières derbe Farce vom »Bürger als Edelmann«. Josef Meinrad spielte den reichgewordenen Bourgeois Jourdain, der sich adlige Umgangsformen anlernen lassen möchte.

In der Inszenierung Fritz Kortners spielte Curt Bois 1964 im Hamburger Schauspielhaus die Titelrolle des »Eingebildeten Kranken«: im plüschgepolsterten Krankenstuhl, umgeben von Unmengen von Medizinflaschen und Tuben sitzt in zu weiten, an den Knöcheln wie Einmachgläser zugebundenen Hosen der clownesk leidend geschminkte, vor Komik strotzende Schein-Kranke.

Europäisches Theater im 18. Jahrhundert

Die englische Comedy of manners

Die Verbürgerlichung des englischen Sprechtheaters im 18. Jahrhundert reagierte auf die spätfeudalen theatralen Ereignisse der Epoche der Restauration, wie diese ihrerseits zunächst als Reaktion, gewissermaßen als Nachholeffekt verstanden werden kann: von 1642 bis 1660 hatte puritanische Sinnenfeindlichkeit das Theaterspielen und damit auch die Tradition des elisabethanischen Theaters unterbrochen; zerstört wurden von den Puritanern so berühmte Theatergebäude wie *The Globe, The Theatre, The Courtain.* Das französische klassizistische Theater wurde in der Restaurationsepoche, der Regierungszeit Karls II. (1660–1689), zum Vorbild. Eine repräsentative Theaterkultur entwickelte sich, Sprechtheater nicht nur, sondern vor allem auch große Oper, Maskenspiel, Ballett, Maschinentheater. Die für die Restaurationsepoche typischen Sprechtheatergenres: das *Heroic drama* und die *Comedy of manners.* *John Dryden* (1631–1700) schrieb seine Heroic plays der Dramaturgie Boileaus und Racines nach, übertrumpfte dabei das französische Vorbild durch gigantischen Ausstattungsaufwand. Als Höhepunkt dieses tragisch-emphatischen Genres gilt das zehnaktige Großspektakel *Almazor and Almahide or The Conquest of Granada* (1670/71). Die Prachtentfaltung dieser Tragödien, der Schwulst, ist so groß, daß das Ganze zuweilen in Ironie und Parodie überzukippen droht. Liebe und Ehre, so Dryden zur Bedeutung der hier pathetisch verhandelten Tugenden, solle man nicht kleinlich, nach Unzen und Gramm, bemessen.

Der szenische Ort, auf dem das vor Augen gebracht wird, war der »apron«, im Londoner Drury Lane Theater ein etwa sechs Meter ins Parkett vorspringendes Proszenium. Von drei Seiten schauten die Zuschauer dem Spiel der Schauspieler zu. Die »innerstage« hatte demgegenüber kaum Funktion für die Bühnenhandlung, enthielt fast un-bespielte Kulissen und Dekorationen, perspektivisch angeordnet nach italienisch-französischem Vorbild. Nur für das große Schlußtableau, die Sterbeszenen, bekommt dieser malerische Bühnenhintergrund eine dramatisch begründete szenische Funktion. Die Schauspieler traten durch Türen rechts und links auf, mit Kostümen, die die Kleidung des Hofadels übersteigerten. Die ersten beiden in der Restaurationsepoche lizensierten Theatertruppen, ein Theatermonopol ausübend, waren die nach dem Bruder Karls II., des Herzogs von York, so genannten Duke's Men und die King's Men, die königliche Truppe.

Zu den bedeutenden, in der Folge immer schärfer vom bürgerlich-moralistischen Standpunkt aus die repräsentative Theaterkultur kritisierenden Theaterleuten zählte *Joseph Addison* (1672–1719); sein *Cato* (1713) machte auch auf dem Kontinent Furore, wurde in der Adaption Gottscheds *(Der sterbende Cato)* zur Mustertragödie der deutschen Frühaufklärung. Addison kritisierte das spätfeudale Vergnügen des »Einander-Abschlachtens« auf offener Bühne, den fachmännischen Blick der Zuschauer, wenn »Menschen erdolcht, vergiftet, gerädert oder gepfählt« werden. Wie *Richard Steele* (1672–1729) war er nicht nur Dramatiker, sondern zugleich auch ein führender Kopf der in dieser Zeit aufblühenden »Moralischen Wochenschriften«, in denen sich bürgerliche Aufklärung programmatisch formulierte und die Versittlichung des Theaters vorantrieb, die dann das ganze 18. Jahrhundert beherrschen sollte. Gegen die »sittenlose« Sittenkomödie der Restaurationsepoche richtete Steel seine moralischen Komödien: *The Lying Lover* (1703); *The Tender Husband* (1705); *The Conscious Lovers* (1722). Letztere beeinflußte die Entwicklung zur Tränenkömodie, zur Comédie larmoyante.

Burlesken, moralische Satiren und Parodien schrieb *Henry Fielding* (1707–1754), darunter *The Tragedy of Tragedies or the Life and Death of Tom Thumb the Great* (1731), eine Verhöhnung des bombastischen Tragödienstils der Restaurationsphase. Seine politischen Satiren *Pasquin* (1736) und *The Historical Register for the Year 1736* (1737) führten mit zum repressiven »Licensing Act«, einer Verfügung, die nur noch zwei Londoner Schauspieltheater zuließ: Covent Garden und Drury Lane.

Das Theater war zu dieser Zeit nicht nur binnenästhetisches Ereignis, das, was hier und jetzt sich in den Mauern des Theatergebäudes bzw. auf der Bühne abspielt, sondern eine wichtige Größe der sich immer stärker herausbildenden bürgerlichen Öffentlichkeit. In den moralischen Wochenschriften und Theaterzeitungen, den literarischen Cafés und Clubs diskutierte man den Erziehungswert der Bühne, die mögliche moralische Anstalt. So sentenzierte Richard Steele selbstbewußt den Zusammenhang von bürgerlicher Ökonomie, Moral und Kultur: Das Theater habe den gleichen Einfluß auf die Sitten des Zeitalters wie die Bank auf den Kredit der Nation.

Die Komödie Molières, stärker aber noch der zupackende, satirische Realismus des Elisabethaners Ben Jonson war Formvorbild für das in der Epoche der Stuartschen Restauration aufblühende Genre der *Comedy of manners.* Dessen wichtigste Autoren: *George Etherege* (1643/45–1691); *William Wycherley* (1640–1716); *George Farquhar* (1678–1707); *William Congreve* (1670–1729). Wenn moralistische Zeitgenossen und die – z. T. bis heute andauernde – gutbürgerliche Nachwelt die Sittenkomödie des letzten Drittels des 17. Jahrhunderts als sittenlos, zügellos, frech und zynisch brandmarken, so hatten sie dazu am wenigsten Grund, was die szenische Darstellung von Sinnlichkeit, Frivolität anging: Es wurde fast immer nur davon geredet, vermutet, geklatscht, variantenreich ausgesponnen. Und das war eigentlich das Schlimmere. Frivol und zügellos war nicht, was auf der Bühne leibhaftig erschien, sondern was diese Komödiendialoge mit der Vorstellungskraft der Zuschauer anstellten. Gipfel der Sittenlosigkeit: wenn die ideologische Fassade der Sittlichkeit, der christlichen Wohlanständigkeit eingerissen wurde, der Jux aus blamiertem Moralismus entstand. Komödien, die ihren Verve aus der

Schlagfertigkeit der Repliquen zogen, aus überraschenden Pointen, geistreichen Einfällen – in diesem Fall ließen sie sich Zeit, kosteten den Spott auf die verlogene Moral ganz aus.

Der Zuschauer weiß längst, wie es mit der Sittlichkeit der Tochter bestellt ist, wenn die Mutter in Congreves *The Way of the World* (*Der Lauf der Welt*, 1700) schildert, wie sie versucht hat, ihr Kind vor allen Anfechtungen des Trieblebens zu bewahren, wie es ihre Hauptsorge war, dieser Tochter von Kindes Beinen an Haß und Abneigung gegen den bloßen Anblick der Männer einzuimpfen, wie das Mädchen mit keinem Jungen spielen durfte, selbst wenn er Mädchenkleider trug, alle ihre Puppen weiblichen Geschlechts waren, der einzige Mann, den ihre wohlerzogenen Augen sehen durften, der Pfarrer war: »Und den hatten wir ihr gegenüber als Frau ausgegeben, auf Grund seiner langen Röcke und seines glatten Gesichts.« Theater, Singen, Tanzen, fügt die Mutter hinzu, Oper, die obszönen Romane, vor alledem ist die Tochter bewahrt worden – der vollständige Katalog der puritanischen Sinnenfeindlichkeit.

Die Comedy of manners glänzt mit Figurendifferenzierungen, die bis dahin auf dem Theater nicht zu sehen gewesen waren. Dieser reichen Nuancierung wegen und weil die Charakterdifferenzierung über den nur individuellen, nur psychologisch einsichtigen Einzelfall hinausgeht, weil das scharfe gesellschaftliche Typenprofil, die satirische Überzeichnung meist erhalten bleibt (trotz empfindsamer Züge, die sich in die Figurencharakterisierung zu mischen beginnen), sind einige der Sittenkomödien der nachpuritanischen Ära noch heute fürs Theater interessant, fordern sie die heutige gesellschaftskritische Phantasie der Regisseure heraus – im ungünstigsten Fall werden sie zu spießig lüsternem, verbalfrivolem Boulevardtheater.

William Congreve

In Congreves *Love for Love* (*Liebe für Liebe*, 1695) der heute am häufigsten gespielten Komödie, werden mehr als ein Dutzend Figuren gegeneinandergeführt und jede einzelne hat die volle Aufmerksamkeit und prinzipiell die gleiche Bedeutsamkeit wie die andere; keine Protagonistenfigur, von der die anderen Figuren nur abgeleitet, auf

die sie nur berechnet wären, wie oft bei Molière. Es gibt vielmehr, wie Ivan Nagel zurecht bemerkt hat, ein demokratisches Interesse an der Verschiedenheit des dramatischen Personals. Demokratisch gleich sind diese Figuren, weil jede in ihrer Verschiedenheit gleich wichtig genommen wird, differenziert geschildert nach Sprechduktus, Denkhorizont, persönlichen Eigenheiten, Obsessionen, Lastern, Ticks. Da gibt es, das Patriarchat freilich vornweg: einen reichen Witwer; einen jungen Verschwender, der den Unwillen des Vaters auf sich zieht; einen Seemann; einen einfältigen Schönling, der mit seinen Liebschaften angibt; einen ungebildeten mürrischen Astrologen, der sich viel auf die Deutung von Schicksalswinken und Träumen zugute hält; einen Geldverleiher; einen Rechtsanwalt; einen Diener. Unter den Frauen: eine vermögende Nichte; eine Amme; eine Dienerin; eine Schönheit vom Lande, dümmlich und linkisch. Diese Typenfigur und auch den Diener mit hellem Kopf gab es natürlich längst in der englischen Komödientradition und nicht nur hier; andere Figuren, wie der Astrologe, sind solchen von Jonson nachkonstruiert. Zusammengenommen ergibt sich das Bild einer Gesellschaft voller Widersprüche; eines Publikums, das 1695 im Theater seine lächerlichen geliebten Eigenarten wiedererkennen, bei allen Liebschaften, allem Klatsch und allen kurzatmigen Beziehungsabenteuern dabei sein wollte, die unfreundlichen Züge stets in die Gesichter der anderen verlegend; ein Publikum, das sich moralistisch nichts vormachen lassen wollte und neben Liebe und Geld doch am liebsten über Moral räsonierte, zischelte, spottete.

Congreve, der seit seiner Schulzeit mit Jonathan Swift befreundet war, in Dublin und dann in London Rechtswissenschaft studierte, bereits als Siebzehnjähriger unter Pseudonym einen Roman und als Dreiundzwanzigjähriger seine erste Komödie schrieb *(The Old Bachelor)*, gewann damit 1693 nicht nur auf Anhieb die Gunst des Publikums, sondern auch mehrere einträgliche Ämter. Als *The Way of the world* (*Der Lauf der Welt*) 1700 im Lincoln's Inn Fields Theater ein Mißerfolg wurde – heute gilt das Stück neben *Liebe für Liebe* als Meisterwerk – und der Klerus weiterhin gegen seine Dramen wegen angeblicher Sittenlosig-

keit polemisierte, zog sich Congreve vom Theater fast ganz zurück.

William Wycherley

Von ihm spielt man noch heute *The Plain Dealer* (*Der ehrliche Mann*, 1676) und *The Country Wife* (*Die Frauen vom Lande*, 1675). Wycherley hatte einen Teil seiner Jugend in Frankreich verlebt, dort Rechtswissenschaft und zugleich die Molièrsche Komödienkunst studiert, bevor er nach England kam, erfolgreicher Dramatiker wurde, am sinnenfrohen Hof Karls II. ein Amt bekleidete.

George Farquhar

Aus dem Trinity College in Dublin zu einer Schauspieltruppe desertiert, war Farquhar Schauspieler, bevor er als Bühnenschriftsteller mit *A Constant Couple or A Trip to the Jubilee* (1699) und der Militärkomödie *The Recruiting Officer* Erfolg hatte. Farquhar verarbeitete Erfahrungen, die er selbst als Werbeoffizier in einem irländischen Regiment, der Armee Marlboroughs, gemacht hatte (Bertolt Brecht, Elisabeth Hauptmann und Benno Besson haben, die Kritik am Menschenhandel verschärfend und die Handlung in die Zeit der amerikanischen Unabhängigkeitskämpfe verlegend, den Stoff in *Pauken und Trompeten* 1955 bearbeitet).

Captain Plume (Federbusch) und sein Sergeant werben Soldaten und zugleich um Frauen. Gegen die Machtallüren des schneidigen Offiziers, der sie nicht heiraten will, und gegen den Vater, einen reichen Richter, der den armen Soldaten als Schwiegersohn ablehnt, setzt die reiche Geliebte die Heirat durch, indem sie sich als Mann verkleidet, von der Armee werben und wegen angeblicher Unzucht mit einem Bauernmädchen vor Gericht laden läßt, das ihres Vaters. In einer Parallelhandlung zieht der Sergeant die Intrigenfäden, indem er als Astrologe verkleidet, eine Beziehung zur Ehe befördert, die durch wechselnde Vermögensverhältnisse ins Wanken geraten ist.

Farquhars *The Beaux' Stratagem*, in seinem Todesjahr 1707 geschrieben *(Die List der Kavaliere; auch: Strategen der Liebe)*, gilt als seine beste Komödie. Aimwell und Archer, finanziell abgebrannt, wollen, müssen in der Provinz ihr Glück machen, sind aus Lon-

spielt den plebejischen Part, heilt den Schüchternen von seiner Hemmung. Die konstruierten Wechselfälle, aus Mißverständnissen sich ergebenden komischen Situationen, werden bestritten von Figuren mit realistischen Zügen. Schon mit seiner ersten Komödie hatte Goldsmith gegen die Konventionen des Rührstücks angeschrieben, wurde der *Gutmütige* zunächst abgelehnt, weil die Gerichtsszenen den Zeitgenossen unerträglich direkt erschienen. Ein Jahrhundert nach seinem Tod (1774) wurde ein Roman Goldsmiths, *The Vicar of Wakefield* (*Der Landprediger von Wakefield*) für die Bühne adaptiert.

Richard Brinsley Sheridan

Der 1751 geborene Sohn einer Schriftstellerin und eines Schauspielers hat ein Leben geführt, das den bewegten Situationen seiner Komödien an Originalität kaum nachsteht. Der Jurastudent entführt eine junge Sängerin, um deretwegen er sich duelliert hatte, nach Frankreich, heiratete dort, brachte sein Vermögen durch. Um leben zu können, schrieb dieser Draufgänger in einem Jahr drei Theaterstücke, machte mit *The Rivals (Die Rivalen; Die Nebenbuhler)* 1775 sein Glück, verdiente so viel, daß er Mitbesitzer des Drury Lane Theaters wurde. Große, anhaltende Bühnenerfolge feierte er mit *The School for Scandal (Die Lästerschule, 1777)* und mit der im Theatermilieu spielenden Satire *The Critic (Der Kritiker, 1779)*. Ein Jahr später wurde er Politiker, bewunderter Parlamentsredner. Stationen des Abstiegs dieser faszinierenden Persönlichkeit: 1810 brannte das wiederaufgebaute Drury-Lane Theater nieder, Sheridan verlor seinen Parlamentssitz, kam immer weniger aus den Schulden heraus, ruinierte seine Gesundheit im Schuldturm, starb 1816 elend und vergessen.

In der *Lästerschule* ist die harte Typisierung der Comedy of manners zurückgenommen, Empfindsamkeit oder sentimentale Einfühlung dennoch nicht nur vermieden, sondern Teil des Sujets diese Sittenkomödie. Im Salon der Oberspötterin Lady Sneerwell sitzt eine aparte Gesellschaft und trinkt Schokolade. Man lästert nach Kräften über die Abwesenden, bringt handfeste Intrigen in Gang, versucht sich am einen oder anderen kleinen Rufmord. Die szenische Handlung stellt diese empfindsamen Egoisten,

Sheridans »Lästerschule« ist aus dem englischen Repertoire seit der Uraufführung 1777 nie verschwunden – 1962 inszenierte der große Schauspieler John Gielgud die böszynische Salonfarce am Londoner Theatre Royal mit John Neville als Surface, Meriel Forbes als Lady Sneerwell, Peter Barkworth als Sir Benjamin Backbite, Charles Pack als Klatschmaul Grabtree und Margaret Rutherford als altersgeile Mrs. Candour.

don ins Nest »Lichfield« gereist, um reiche Erbinnen schurkisch zu beerben, treten listenreich als betuchte Adelige auf, sind erfolgreich bei den Damen der Provinz. Als Aimwell seine unrühmliche Vergangenheit gesteht, die Geliebte weiß, daß er sie als Opfer auswählte, macht die den Geläuterten

zu ihrem Auserwählten, veredelt der innere Reichtum das Kavaliersdelikt zum endlichen Eheglück.

Oliver Goldsmith

Der 1730 geborene Goldsmith, Sohn eines irischen Geistlichen, ein Medizinstudent, der durch halb Europa wanderte, mittellos zurückkehrte und sein Geld als Vielschreiber zu verdienen begann, wurde zum bedeutenden Romancier, schrieb u.a. auch zwei Komödien: *The Good Natured Man (Der Gutmütige, 1768); She Stoops to Conquer, or The mistakes of a Night (Die Liebe macht erfinderisch, 1773)*, eine »Besserungskomödie«. Der jugendliche Held hat die Untugend, bei braven Mädchen brav, bei verworfenen fast verworfen-mutig zu sein. Im Glauben, ein Schankmädchen vor sich zu haben, verhält er sich entsprechend ungezwungen, will das Mädchen trotz des vermeintlichen Standesunterschieds heiraten. Die Geliebte tut sich und ihm den Gefallen,

Klatschbasen, Heuchler und Stichler nicht erst am Ende bloß, wenn sie hinter Paravents verborgen die Wahrheit über sich selbst hören müssen, statt den voyeuristischen Blick auf die Fehler anderer zu genießen. Die ganze Handlung zeigt nichts anderes als lächerliches und boshaftes Verhalten, das sich dem Zuschauer durch den Schein von Wohlanständigkeit verdächtig macht.

Ein aus Indien heimkehrender Onkel testet ein ungleiches Brüderpaar auf die Erbwürdigkeit. Gegen den einen scheint alles zu sprechen und alles für den anderen. Charles ist ein draufgängerischer Verschwender, wiewohl auch ein guter Kerl. Der Bruder Joseph hingegen scheint ein Muster der Sittlichkeit. Der Onkel stellt die beiden in wechselnder Verkleidung, einmal als Wucherer und einmal als Hilfesuchender, auf die Probe, und die oberflächliche Kraftnatur gewinnt den Test und die Erbschaft. Er wird von seiner zukünftigen Frau vollends ins regelmäßige Leben integriert werden. Der tartüffische Bruder aber wird enterbt.

Italien

Das italienische Schauspieltheater des 18. Jahrhunderts hatte sein Zentrum in Venedig, in der immer noch reichen, politisch unabhängigen (als Adelsrepublik konstituierten) Handelsstadt mit reichem Landbesitz in Italien und letzten Stützpunkten im östlichen Mittelmeer. Wochenlanger Karneval, Kostüm- und Maskenfreudigkeit waren Tradition in Venedig. Nicht weniger als sieben große Rang-Logen-Theater wurden dort von Ende Oktober bis zur Fastenzeit bespielt – das größte, das Theater San Giovanni Chrisostomo, diente vor allem der frühen Oper, dem »Melodram« Metastasios. Sonst aber wurden vorwiegend Komödien aufgeführt – auch bei den Privatvorstellungen in den Adels- oder Patrizierpalästen. Die meisten theatralischen Unternehmungen wurden professionell und kommerziell betrieben: Wie hart und konkurrierend es im venezianischen Theater zuging, kann man in Goldonis Memoiren nachlesen oder in seinem Stück *Der Impresario von Smyrna* sehen, wo drei Sängerinnen und zwei Sänger um ein höchst ungewisses Engagement im Orient miteinander in entwürdigender Weise wetteifern.

Carlo Goldoni

Als 80jähriger hat Goldoni (1707–1793) in den französisch geschriebenen *Mémoires pour servir à l'histoire de sa vie et à celle de son théâtre* (1787) seinen turbulenten Lebensgang in heiterer Gelassenheit selbst erzählt. Zu den wohlwollenden Rezensenten der deutschen Übersetzung gehörte Schiller. Besonders der erste der drei Teile ist eins von den amüsantesten und aufschlußreichsten kulturgeschichtlichen Dokumenten des 18. Jahrhunderts.

Goldonis Vater hatte den Arztberuf ergriffen und übte seine Tätigkeit in Perugia aus, wohin die Familie einige Jahre nach Goldonis Geburt übergesiedelt war. Nach dem Zeugnis des Sohnes war der Alte sogar in der Lage »Krankheiten zu heilen, die er gar nicht kannte«. Sein Hauptvergnügen bildete jedenfalls das Theater; wie er seinen vierjährigen Sohn bereits in Venedig mit einem Marionettentheater unterhalten hatte, so

Goldonis »Impresario von Smyrna« handelt von der erbitterten Konkurrenz unter engagementslosen Opernkünstlern. Der Regisseur Herbert König versetzte das Stück in die Gegenwart, in eine schäbige Hotelhalle, (Bühne Heiko Zolchow) und verschärfte noch den Existenzdruck auf die Künstler, 1984 am Düsseldorfer Schauspielhaus – mit Manuela Alphons (Sängerin Lucrecia), Dirk Nawrocki (Agent), Krista Posch (Sängerin Tognina), Dieter Prochnow (Dichter), Dietrich Adam (Sänger Pasqualino), Jan Eberwein (Graf Lasca), Dagmar Cron (Sängerin Anina), Ulrich Wiggers (Sänger Carluccio).

leitete er jetzt eine Schauspielertruppe, bei der auch Carlo gelegentlich mitwirkte. Später sollte dieser in Rimini bei den Dominikanern scholastische Philosophie studieren; er zog es aber vor, mit den dort wirkenden Schauspielern Verbindung aufzunehmen, und schloß sich ihnen an, als sie zu Schiff nach Chioggia in der venezianischen Lagune weiterzogen. Goldoni hat die Fahrt in den buntesten Farben geschildert: Neben den Komödianten bevölkerten Hunde, Katzen, Affen, Tauben, Papageien die »Arche Noah«.

Bald erhielt Goldoni eine Freistelle an dem noch heute berühmten Collegio Ghislieri in Pavia. Dort studierte er drei Jahre lang im Gewand eines Klerikers und mit Tonsur Rechtswissenschaft, »die Augen im Gesetzbuch und mit dem Herzen beim Theater«. Wegen einer Satire gegen die Mädchen der Stadt wurde er – ähnlich wie Tasso aus Bologna – von der Universität relegiert. Die Eltern verziehen ihm auch den neuen Streich und schickten ihn zum Studium der Jurisprudenz nach Modena. Hier beschloß er mit 20 Jahren, Mönch zu werden; die mystischen Neigungen vergingen ihm jedoch, sobald der Vater ihn heimgeholt und wieder einmal Theaterluft hatte atmen lassen. Schließlich legte Carlo der Mutter zuliebe (nach einer am Spieltisch verbrachten Nacht) die juristische Prüfung in Padua doch noch ab, legte sich eine »ungeheure Perücke« zu und wurde Anwalt in Venedig. Indessen hielt die bürgerliche Ordnung nicht lange vor, denn wegen eines leichtsinnig gegebenen Eheversprechens mußte Goldoni die Heimat verlassen. In Mailand diente er beim venezianischen Gesandten und versuchte mit *Amalasunta,* einer historischen Tragödie für Musik im Stil Metastasios, sein Glück als Autor. Ein wohlmeinender Fachmann riet ihm davon ab, das Stück aufführen zu lassen, und Goldoni verbrannte das Manuskript. Weitere Tragödien und Tragikomödien gehören ebenfalls zu Goldonis bald vergessener Produktion. Mehr Glück hatte er mit dem musikalischen Intermezzo *Il gondoliere veneziano,* das 1733 mit Erfolg aufgeführt wurde. Da der friedliche Mann es vorzog, kriegerischen Ereignissen durch seinen Rückzug aus Mailand zuvorzukommen, nahm er in Verona eine Stelle als Komödienschreiber für die venezianische Truppe Imer an und folgte ihr auf ihren Wanderungen. 1736 heiratete er in Genua seine treue Lebensgefährtin Nicoletta Conio.

Die frühen Stücke

Während dieser Jahre erkannte Goldoni allmählich seine theatralische Sendung, die

Reform des Lustspiels. Das erste Stück, das nicht mehr einen stehenden Maskentypus als Hauptgestalt zeigt, sondern einen individuellen Menschen, ist der *Momolo cortesan,* später unter dem Titel *Girolamo uomo di mondo* (*Weltmann Girolamo,* 1738) bekannt. Freilich hatte Goldoni zunächst nur die Rolle des Titelhelden schriftlich festgelegt, während er die übrigen Rollen nach Art der Commedia dell'arte noch der Improvisationsgabe der Schauspieler überließ. Das erste vollständig niedergeschriebene Stück war *La donna di garbo* (*Die liebenswürdige Frau,* 1747). Doch ehe Goldoni seine Reformen in Venedig durchsetzen konnte, begab er sich nochmals auf Wanderschaft. In Rimini wurde er Theaterdirektor; in Pisa war er drei Jahre als Anwalt tätig und trat unter dem klangvollen Poetennamen Polisseno Fegeio der Arcadia bei, über deren pompös-pedantisches Gehabe sich Goethe vier Jahrzehnte später in Rom lustig machte. Goldoni wollte sich in der Toskana die italienische Literatursprache aneignen; doch nähren sich auch seine späteren Stücke aus den lebendigen Kräften der Umgangssprache oder der venezianischen Mundart, und noch heute wirken sie am besten, wenn sie in der weichen venezianischen Kadenz gesprochen werden. Die literarische Frucht der Advokatenjahre in Pisa ist die brillante, für den berühmtesten Arlecchino-Darsteller der Zeit, Sacchi, geschriebene Komödie *Il servitore di due padroni* (*Diener zweier Herren,* 1745), die in Giorgio Strehlers genialer Inszenierung Goldonis Ruhm nach dem Zweiten Weltkrieg erneuert hat – ironischerweise gerade dadurch, daß Strehler auf die Masken der Commedia dell'arte zurückgriff und den Arlecchino, den ewig hungrigen Diener, der sich zwei Herren vermietet hat und nun zwischen den beiden hin- und herjagt, mit der ledernen Hundsmaske auf die einfache Kulissenbühne führte.

Goldonis Theaterreform

Das Theater war für Goldoni keineswegs nur eine Stätte der Unterhaltung. Als Kind der Aufklärung verstand er die Bühne als moralische Anstalt, der die Aufgabe zukam, das sittliche Verhalten des Menschen darzustellen oder wiederherzustellen, wenn es durch die Unsitten der Zeit oder die Anfälligkeit des Menschen für das Böse verletzt

war. Er wollte »lachend die Wahrheit sagen«; aber er verfuhr nicht wie der Satiriker, der, indem er das Übel karikierend übertreibt, Abscheu vor ihm erwecken möchte. Vielmehr gab er das Verhalten des Schmeichlers und des Cicisbeo, des Geizhalses und des Verschwenders, des Verleumders, des Nörglers und des Schwärmers mit dem »Geist herzlicher Gutmütigkeit«, mit der »unbegrenztesten Bonhomie« (Schiller) der Lächerlichkeit preis, eben weil er von der Belehrbarkeit und Bekehrbarkeit des Publikums zum Besseren tief überzeugt war. Seine Lustspiele sind niemals gallig, sondern human in dem Sinn, daß sie das Bild des Menschen rein ahnen lassen, auch wo sie die Abweichung von der Norm kritisieren. Dabei war Goldonis Leitgedanke die Nachahmung der »Natur«. Indem er die »Natur«, das heißt, das wirkliche Verhalten des Menschen in der Gesellschaft und die Wahrscheinlichkeit seiner Reaktionen, aufmerksam und gelassen studierte, war er Arkadier; er war es aber auch in seiner Unkompliziertheit, infolge einer gewissen Leichtfertigkeit der dramatischen Anlage und durch den Mangel an echten Problemen. Im Grund verfolgte er nur eine einzige »philosophische« Idee: »daß das Leben kein Spiel des Zufalls oder okkulter Mächte sei, sondern das, was wir daraus machen, ein Werk unseres Geistes und unseres Willens« (De Sanctis). Mag er allen rhetorischen Kunststücken der Humanisten und Akademiker noch so fern gestanden haben – indem er auf die Kraft des Menschen vertraute, sein Schicksal selbst gestalten zu können, war er dennoch Humanist. Das Rechte wie das Schlechte sind bei Goldoni indiskutable Größen, so wie der rhetorische Schwulst des Seicento für ihn eine Entartung, die Umgangssprache der eigenen Zeit aber die Norm darstellte. Doch der gesunde Menschenverstand, die liebenswerteste Mitgift des italienischen Volks, hinderte ihn am Abgleiten in die Platituden der vulgären Aufklärung.

Bruch mit der Commedia dell'arte

Treue zur »Natur« war auch der innere Anlaß für Goldonis Theaterreform. In seinen *Mémoires* schilderte er ausführlich die Gründe, die ihn veranlaßten, mit den feststehenden Grundtypen der Commedia dell'arte zu brechen. Deren gab es vier: den venezianischen Kaufmann Pantalone, den »Doktor«, einen Bologneser Rechtsgelehrten, den schlauen Brighella und den tölpelhaften Arlecchino aus Bergamo als Bediente; daneben hatten sich zahlreiche Abwandlungen dieser Grundtypen herausgebildet. Sie alle wurden in Masken gespielt; die Mimik wurde durch Tanz und die sogenannten »lazzi«, gestische oder verbale Pointierungen oder Kommentare, ersetzt. Gerade dagegen wandte sich Goldoni: Im Gegensatz zur Antike verlange man heute vom Schauspieler Seele, »und Seele unter der Maske ist wie Feuer unter der Asche«. Zwar kam die Commedia dell'arte zwei Naturbegabungen des italienischen Volks entgegen, seiner Geistesgegenwart und seiner Improvisationskunst, aber sie förderte auch die Willkür und die alberne Plattheit.

Nun war Goldoni gewiß kein gelehrter Autor, dem es um die Litarisierung des Theaters gegangen wäre (wie Gottsched in Deutschland). Die antiken Komödiendichter kannte er kaum, und die Einheit des Ortes sowie andere klassizistische Forderungen kümmerten ihn wenig: »Ich habe ein Lustspiel, das gut zu werden versprach, niemals einem Vorurteil geopfert, das es hätte schlecht machen können.« Doch eben weil er in der Bühne ein Erziehungsmittel und in der »Natur« den Weg zur Bildung des Geschmacks und der Sitten sah, nahm er sich Molières Charakterkomödie zum Vorbild. Er verschmolz sie zunächst mit den Relikten der absterbenden Commedia dell'arte, warf diese dann allmählich ganz über Bord und schuf aus der genauen Beobachtung seiner venezianischen Umwelt den unverwechselbaren Goldoni-Stil. Dieser Vorgang ist vor allem ein Ereignis der Theater- und der Sittengeschichte, erst in zweiter Linie gehört er in die Literatur- und Geistesgeschichte. »Die Wiederherstellung des Wortes, die Wiedereinsetzung der Literatur in den ihr gebührenden Rang«, worin de Sanctis das Wesentliche von Goldonis Leistung gesehen hat, war keineswegs die Absicht, sondern eine Folge seiner Reform – freilich eine entscheidende. Dem italienischen Theater, das in dieser Spätzeit der Commedia dell'arte in Schaustellung und Clownerie abzusinken drohte, stand nun wieder die Möglichkeit offen, Kunst zu werden, ohne an der rhetorischen Pose zu ersticken. Dazu hätte das komödiantische Element nicht genügt, mochten es die besten Komödianten auch noch so virtuos handhaben; es bedurfte eines Dichters und subtilen Seelenkenners, wie es der bescheidene Goldoni war.

Theaterarbeit in Venedig

In Livorno begegnete Goldoni dem venezianischen Theaterdirektor Medebac, der ihn als Bühnendichter einstellte. Goldoni, nun wieder in Venedig, schrieb 1748 bis 1751 für das Teatro Sant'Angelo sechzehn Komödien, davon sechs, in denen er ohne die beliebten Masken auskam. Medebac zeigte zunächst Verständnis für Goldonis Reformbestrebungen. Gleich die beiden ersten Versuche im neuen Stil waren glänzende Erfolge gewesen. In *La vedova scaltra* (*Die schalkhafte Witwe*, 1748) führt eine junge, doch nicht unerfahrene Venezianerin vier Männer, die ihr den Hof machen – einen Engländer, einen Franzosen, einen Spanier und einen Italiener (was Gelegenheit zu kritischen Bemerkungen über Sitten und Unsitten der europäischen Völker gab) –, so lange an der Nase herum, bis sie sich schließlich für ihren Landsmann entscheidet. *La putta onorata* (*Das anständige Mädchen*, 1748) ist ein armes Waisenkind, welches sich den zweideutigen und eindeutigen Anträgen eines Edelmannes widersetzt, um ihrem armen Verlobten die Treue zu halten. Ein ähnliches Thema behandelte Goldoni bald darauf in der *Pamela nubile* (*Die ledige Pamela*, 1750, nach Samuel Richardsons Roman), dem ersten Stück, in dem er auf die traditionellen Masken ganz verzichtete; hier wird die Verbindung des Paares am Ende dadurch möglich, daß Pamelas adelige Herkunft unversehens an den Tag kommt. Gehört schon die *Pamela* trotz des wenig befriedigenden, doch vom Dichter ausdrücklich verteidigten Schlusses zu Goldonis guten Leistungen, so näherte er sich mit *Il bugiardo* (*Der Lügner*, 1750, nach einer Komödie Alarcons) der Meisterschaft und erreicht sie in *La bottega del caffè* (*Das Kaffeehaus*, 1750) und *La Locandiera* (*Die Wirtin*, deutsch auch *Mirandolina*, 1751).

Das Kaffeehaus

Goldonis Bühnenstil wird hier besonders deutlich: ein einziges Bühnenbild, der Platz mit dem typisch venezianischen Café, daneben der Friseur und die Wohnung der Tänzerin Lisaura, auf der anderen Bühnenseite der Spielsalon und das Gasthaus – mit einem Wort, der Treffpunkt des Stadtviertels; eine dramatisch nicht eben hinreißende Verwicklung; im Mittelpunkt ein unvergeßlicher Charakter: der neapolitanische Edelmann Don Marzio, ein Aufschneider, Streithammel, Rechthaber und hämischer Verleumder, vor allem ehrsamer Frauen. Und dies alles in einer lokalgetreuen Atmosphäre, in der kleinen Welt des venezianischen Alltags und seiner Sprache, mit ausgeprägtem Sinn für Charakterkomik, für Milieuschilderung, präzisen Dialog, Steigerung der Szene.

Mirandolina

Der Wirtin Mirandolina gelingt es mit weiblicher List, Koketterie und angeborener Liebenswürdigkeit, ihre Gäste, vor allem den Cavaliere di Ripafratta, einen unerfahrenen Misogynen, in kurzer Zeit an sich zu fesseln. Ripafratta schwört nicht nur seinem Haß gegen das weibliche Geschlecht ab, sondern bietet – wie Goldoni es in der Vorrede ausdrückt – »die nackte Brust den Stößen der Gegnerin dar«. Damit hat Mirandolina ihr therapeutisches Ziel jedoch erreicht; sie wird nicht Ripafrattas Frau, sondern heiratet ihren treuen Diener. Wiederum liegt in der Handlung die Schwäche des Stücks. Mit entwaffnender Naivität gesteht Goldoni selbst, es scheine »unmöglich, daß ein Mann sich in wenigen Stunden derart verlieben könne«; indessen sei es ihm unter Anleitung der Natur und – wie man in der Komödie sieht – Schritt für Schritt gelungen, ihn am Ende des zweiten Aktes zu Fall zu bringen. »Und beinahe hätte ich nicht gewußt, was ich im dritten Akt machen sollte«. Endlich habe er sich entschlossen, Mirandolina als abscheuliche Sirene darzustellen, die der Männer spottet, welche sie umgarnt hat. Diese Vorrede ist freilich vor allem als vorsorgliche Captatio benevolentiae im Hinblick auf die Eiferer zu verstehen, mit deren moralischer Entrüstung gegen das so naturgetreu gezeichnete Geschöpf zu rechnen war; betont doch Goldoni nachdrücklich, *La Locandiera* sei »das moralischste, nützlichste, belehrendste« Lustspiel, das er geschrieben habe. Das ist in seinem Sinn nicht einmal unrichtig; vor allem aber ist Mirandolina die bezauberndste Frauengestalt, die er geschaffen hat. In ihrer Frische und Klugheit steht sie den Frauen in Shakespeares Komödien kaum nach.

Venezianische Volksstücke

Die Erfolge von Goldonis Reform brachten seine Konkurrenten in Harnisch, an der Spitze den Abbé Pietro Chiari und seine Anhänger, die sogenannten Chiaristen. Da Chiari nichts Besseres einfiel, als Goldoni zu kopieren, hatte dieser es nicht schwer, seine Überlegenheit zu beweisen, zumal er seine rund 200 Stücke und Szenarien mit unglaublicher Leichtigkeit produzierte. Doch geriet er nun auch mit Medebac in Streit, und während Chiari sein Nachfolger am Teatro Sant'Angelo wurde, wechselte er selbst als Bühnendichter an das Teatro San Luca über, dem der Patrizier Francesco Vendramin als Prinzipal vorstand. Hier war Goldoni neun Jahre lang mit der Verpflichtung tätig, jährlich acht Stücke zu liefern. Eine Weile huldigte er der Zeitmode mit exotischen Themen wie *La bella selvaggia (Die schöne Wilde), La peruviana (Die Peruanerin)* oder mit Dichterschauspielen in Versen wie *Terenzio, Tasso, Molière.* Doch Goldonis Stärke lag weder im Vers noch in der dramatischen Zuspitzung der Szene, sondern in der Alltagssprache, im Dialekt und in der dialogischen Zustands- und Sittenschilderung. Seine venezianischen Mundartstücke gehören zum Besten, was er geschaffen hat. *Le massere (Die Dienstmädchen), Donne di casa soa (Frauen seines Hauses)* und vor allem *Il campiello* (der Name für die kleinen Plätze im Straßengewirr Venedigs) waren Volksstücke, lange bevor diese Bezeichnung entstanden war. Das soziale und das kollektive Element beherrschen die Szene, die kleinen und großen Sorgen des Alltags – im *Campiello* etwa die Suche heiratsfähiger Mädchen oder heiratslustiger Witwen nach dem Mann – bewegen die Gemüter; die natürliche Theatralik eines Volks, das sich mit Talent und Vergnügen in der Selbstdarstellung gefällt, ist die eigentliche Triebkraft der lose gereihten Szenen – dies alles in der Sprache des venezianischen Bürgertums und Volkes, welche Goldoni »die lieblichste und angenehmste von allen italienischen Mundarten« nannte: »Wie Heiterkeit dem Charakter des venezianischen Volkes zugrunde liegt, so Anmut der venezianischen Sprechweise.«

Die Meisterwerke der letzten venezianischen Jahre sind *Gli innamorati (Die Verliebten)* und *I rusteghi (Die Herren im Haus),* beide 1759 (das letzte unter dem Titel *Die vier Grobiane* 1906 von Ermanno Wolf-Ferrari vertont; Wolf-Ferrari hat außerdem folgende Goldoni-Bearbeitungen komponiert: *Die neugierigen Frauen,* 1903; *Die schalkhafte Witwe,* 1931; *Der Campiello*, 1936), sowie *Das neue Haus* und *Viel Lärm in Chiozza,* beide 1760. *Gli innamorati* ist die Charakterstudie zweier Verliebten, die miteinander bald in Eintracht, bald in Streit leben, bis sie in den Hafen der Ehe einlaufen, nicht ohne daß ihre Verbindung weitere Komplikationen erwarten ließe.

Die folgenden Stücke sind als venezianische Lokalkomödien in Mundart geschrieben. *Die Herren im Haus* geben das Charakterbild von vier selbstgerechten Haustyrannen, die ihren Frauen und Töchtern das Leben sauer machen, den Untergang von Zucht und Ordnung beklagen, doch vor den Zeitläuften und der Klugheit ihrer Frauen die Waffen ihrer Grobheit strecken müssen. Der Typus des »rustego« taucht in einer weiteren Dialektkomödie Goldonis, *Sior Todero brontolon (Der mürrische Herr Todero),* mit den Zügen eines Geizkragens nochmals auf und wird in dem erfolgreichen französischen Lustspiel *Le bourru bienfaisant* zu dem – wider Willen – Gutes wirkenden Murrkopf abgewandelt.

Über *Das neue Haus (La casa nova)* meinte Goldoni mit dem ihm eigenen naiven Selbstbewußtsein, der Leser möge sich nicht wundern, wenn er selbst sein Stück preise: »Hätte ich nur diese einzige Komödie geschrieben, so möchte sie wohl vollauf genügen, mir den Ruhm zu verschaffen, den ich mit so vielen anderen Stücken erworben habe. Nach wiederholter Lektüre scheint mir, es sei hier nichts auszusetzen, und ich würde sie anderen Autoren als Muster empfehlen, wenn ich mir schmeicheln könnte, daß meine Werke der Nachahmung würdig wären.« Das neue Haus ist das Sinnbild für einen neuen Lebensstil, welchen Cecilia verkörpert, die Gattin Anzoletos, der die sozialen Ansprüche seiner jungen Frau nicht zu befriedigen vermag, bis Cecilia Vernunft annimmt.

Von *Viel Lärm in Chiozza (Le baruffe chiozzotte)* war noch Goethe entzückt, als er 1786 eine Aufführung im venezianischen Teatro San Luca sah: »Großes Lob verdient der Verfasser, der aus nichts den angenehmsten Zeitvertreib gebildet hat . . . Es ist durchaus mit einer geübten Hand geschrieben.« Zwar tadelte Goethe die »eilige, notdürftige Auflösung« der vorangehenden Händel zwischen den Fischern, Frauen, Mädchen und Gerichtspersonen von Chioggia, die sich zunächst auf dem Platz am Hafen, dann im Gerichtssaal abspielen, wobei der Aktuarius selbst in die Liebeshändel verwickelt wird. Doch neben dem *Campiello* sind die *Baruffe* der glücklichste Wurf Goldonis in der Gattung des milieugetreuen Volksstücks.

Goldoni in Frankreich

Mehr als 30 Jahre seines Lebens hat Goldoni schließlich in Paris und Versailles verbracht. In der Comédie italienne war seine Reform noch nicht durchgedrungen; Goldoni mußte wieder Szenarien für die Commedia dell'arte schreiben. In zwei Jahren lieferte er 24 in französischer Sprache. Noch einmal zeigte sich seine Kraft im *Ventaglio (Der Fächer,* 1765), einer Intrigenkomödie in bürgerlichem und kleinbürgerlichem Milieu. 1765 wurde Goldoni zum Italienischlehrer bei Hofe ernannt. Während er zunächst begeistert war: »Gott hat mich vom Umgang mit den Komödianten befreit«, klagte er später über den Undank des Hofs. Infolge der Revolution verlor er auch seine ohnehin bescheidene Pension. Als das Unrecht wiedergutgemacht werden sollte, war er – halb erblindet und in bitterer Armut – 1793 bereits gestorben.

Carlo Gozzi

Graf Gozzi (1720–1806) stammte aus einer verarmten, literarisch begabten venezianischen Familie. Sein Bruder Gasparo war ein bekannter Schriftsteller, seine Mutter, seine Schwestern, seine Schwägerin bevölkerten das Poetenhospital, in dem er aufwuchs. Nach Kriegsdiensten in Dalmatien begann auch er mit literarischen Arbeiten; dem »unüberwindlichen Laster des Schreibens« blieb er bis zum Ende ebenso treu wie seinem polemischen Temperament. Er starb verbittert über den politischen Niedergang seiner Vaterstadt.

Sein Ruhm beruht auf den zehn »fiabe« (Märchenspielen), die er zwischen 1761 und

1765 schrieb. Literaturgeschichtlich betrachtet, sind sie nicht Erzeugnisse der freien dichterischen Phantasie, sondern die Folge einer erbarmungslosen Fehde zwischen ihrem Verfasser und zwei literarischen Gegnern. Der eine war der Abbé Pietro Chiari aus Brescia (1711–1785), Lyriker, Romancier und Dramatiker, der seit 1749 das Theater in Venedig zu beherrschen suchte. Um Goldoni beim Publikum auszustechen, ahmte Chiari dessen erfolgreichste Stücke in schamloser Weise nach. Der andere Gegner Gozzis war Goldoni selbst. Sein Gebrauch der Mundart und sein sorgloser Umgang mit der Hochsprache rief die sprachlichen Puristen ins Feld. Unter Gozzis Führung gründeten sie die Accademia de' Granelleschi, verteidigten das reine Toskanisch und machten sich über Chiari wie Goldoni lustig. Darauf versöhnten sich die Angegriffenen; Goldoni aber räumte 1761 das Feld und siedelte nach Paris über. Ein Jahr zuvor war Gozzis erste »fiaba« aufgeführt worden.

In seinen *Memorie inutili* (*Unnütze Erinnerungen,* 1797) berichtet Gozzi – freilich höchst parteiisch – über den Anlaß der Entstehung. Goldoni hatte die Angriffe der Akademiker erwidert und sie als »Pedanten«, »Schwätzer«, »nichtsnutzige kleine Schreiberlinge« apostrophiert; vor allem aber hatte er sie dadurch gereizt, daß er auf den Erfolg und die Popularität seiner Stücke hinwies. Gozzi rächte sich zunächst mit boshaften Sonetten; da aber Goldoni »den Zulauf des Volks unentwegt als Zeichen für die Qualität seiner Bühnenproduktion« anführte, beschloß Gozzi, ihm auf der Bühne selbst den Rang abzulaufen: nicht indem er ihn einfach kopierte, wie Chiari es tat, sondern indem er seinen realistischen Stücken das Märchenspiel entgegenstellte.

Die Liebe zu den drei Orangen

So schrieb er *L'amore delle tre melarance* (vgl. Prokofieffs Oper *Die Liebe zu den drei Orangen,* 1921) und erntete damit zunächst den Spott seiner akademischen Kollegen, die ihm den wohlgemeinten Rat gaben, durch seine »Kindereien« die »akademische Würde« nicht aufs Spiel zu setzen. Trotzdem brachte Gozzi das Stück im Januar 1761 im Teatro San Samuele heraus. Er berichtet, die Aufführung habe eine »lärmend-heitere Revolution« hervorgerufen und seine bei-

den Gegner »ihre eigene Minderwertigkeit wie in einem Spiegel erkennen« lassen. Den Stoff hatte Gozzi der ersten europäischen Märchensammlung entnommen, einer Bologneser Bearbeitung von Giambattista Basiles *Lo cunto de li cunti* (*Das Buch der Bücher,* zuerst 1634).

Rückgriff auf die Commedia dell'arte

Vom Standpunkt der italienischen Theatergeschichte bedeuten Gozzis Neuerungen einen Rückschritt hinter die »bürgerlichen« Komödien des weit moderner denkenden Goldoni. Indem Gozzi auf die nationalen Formen der Commedia dell'arte zurückgriff, sie zu neuem, wenn auch kurzem Leben erweckte, grub er zwar Goldoni bei den Venezianern das Wasser ab, knüpfte aber an eine Tradition an, die bereits zwei Jahrhunderte alt war und eigentlich im Sterben lag. Allerdings war Venedig diejenige Stadt Italiens, in der sie am lebendigsten nachwirkte, wofür schon das Maskentreiben wäh-

An der Ostberliner Volksbühne hat Benno Besson eine Gozzi-Aufführungstradition gestiftet, die 1981 durch Berndt Rennes Inszenierung des »Raben«, mit Günter Zschäckel als Truffaldino und Henry Hübchen als Brighella, fortgeführt wurde.

Benno Besson, der Regisseur aus der romanischen Schweiz, Meisterschüler Brechts, betonte in seiner Inszenierung von Gozzis »König Hirsch« an der Ostberliner Volksbühne 1971 die drastische Volkstümlichkeit der Dienerfiguren Brighella (Peter Domnisch) und Smeraldina (Ursula Karrusseit); er ließ sie den Staatsdialekt der DDR, sächsisch, reden.

rend des Karnevals Zeugnis ablegte. Und Gozzi hatte das Glück, in dem Schauspieler Sacchi und seiner Truppe die Bundesgenossen zu finden, ohne die er seine Neuerungen nicht hätte durchführen können. Sacchi selbst, ein Komödiant von Graden, war eben aus Wien zurückgekehrt und mußte sich gegen Chiaris und Goldonis Truppen durchsetzen. Er verkörperte den Truffaldino mit Meisterschaft, und das Publikum war glücklich, den geliebten Masken, Witzen und Improvisationen, die es bei Goldoni entbehren mußte, von neuem zu begegnen.

Der Rabe

Andererseits hatte Gozzi die Zeichen der Zeit erkannt und verließ sich nicht ausschließlich auf das Stegreifspiel. Seine zweite »fiaba« (*Il Corvo,* 1761), zeigt seine Mischtechnik besonders deutlich. Der Text ist nahezu vollständig ausgeführt, und zwar in strengen Elfsilbern, die keine Improvisation gestatten; allein die Maskenrollen bleiben dem Stegreifwitz vorbehalten. Das phantastische Element herrscht vor und läßt das Stück mit seinen sprechenden Vögeln, seinen Zauberern und Prinzen, die sich in Statuen verwandeln, als Produkt der echten Märchenphantasie erscheinen, darüber hinaus aber als trefflich geeignetes Szenarium für die nachbildende Phantasie schöpferischer Regisseure und Darsteller.

König Hirsch

Dies zeigt sich besonders an seiner Wirkung auf die Romantiker und ihre Nachfahren bis in die Gegenwart. *Il re cervo* (1762), Gozzis dritte »fiaba«, fand in Gestalt von Heinz von Cramers Libretto kongeniale Vertonung durch Hans Werner Henze. Das Märchen stellt die Verwandlung des vom Haß eines Thronräubers verfolgten Königs in einen Hirsch dar; die Rückverwandlung in einen geläuterten Menschen, die Gewinnung der Geliebten und der Herrschaft im irdischen Frieden treten erst dann ein, als der Usurpator an seiner eigenen Tücke zugrunde gegangen ist.

Turandot

Hier handelt es sich um das Märchen vom Prinzen Kalaf, der sein Leben aufs Spiel setzt, um Hand und Reich der stolzen Prinzessin Turandot durch die Lösung dreier Rätsel zu gewinnen. Zwar findet er die richtige Lösung, doch zögern neue Verwicklungen die Verbindung hinaus, bis sich Turandots Stolz in liebende Demut wandelt. *Turandot* hatte bei der venezianischen Uraufführung 1764 geringeren Erfolg, weil dieser »fiaba chinese teatrale tragicomica« das Ele-

ment des Phantastischen fehlte, welches das Publikum vom Verfasser erwartete; um so stärker wirkte sie in anderer Umgebung. Schiller bearbeitete die bereits 30 Jahre vor Gozzis Tod erschienene deutsche Prosaübersetzung von Friedrich August Werthes zu einem »tragikomischen Märchen«, das Goethe im Januar 1802 zum Geburtstag der Weimarer Herzogin aufführen ließ. Die »Turandot«-Opern von Busoni (1918) und Puccini/Alfano (1926) gehen natürlich auf das Original zurück.

In Tiecks Märchendramen wie auch in E. T. A. Hoffmanns *Prinzessin Brambilla* finden sich deutliche Spuren von Gozzis Wirkung; besonders die Verbindung von märchenhaften und zeitsatirischen Zügen wie im *Augellin belverde (Das schöngrüne Vögelchen)* fand den Beifall der Romantiker. Friedrich Schlegel griff freilich zu hoch, als er Gozzi neben Shakespeare stellte. Eines seiner weiteren Märchenspiele, *La donna serpente (Die Frau als Schlange),* diente Richard Wagner als Vorlage zu seiner Jugendoper *Die Feen* (1833). Nicht geringer war Gozzis Wirkung auf die französische Romantik (Madame de Stael, Alfred de Musset, Charles Nodier). Auch in einigen Stücken Pirandellos, besonders in der großartigen *Favola del figlio cambiato (Das Märchen vom vertauschten Kinde),* ist der Geist von Gozzis Märchenspielen zu spüren.

Ludvig Holberg

Der Schöpfer der dänischen Nationalkomödie und Mitbegründer eines nationalen Theaters (1684–1754) verlebte seine Kindheit in dem norwegischen Bergen. Schon früh verlor Holberg seine Eltern und siedelte um die Jahrhundertwende nach Dänemark über, um 1702 an der Kopenhagener Universität seine Studien aufzunehmen. Obwohl er nebenher als Hauslehrer in norwegischen Familien tätig war, paßte er sich schnell und gründlich der dänischen Mentalität an. Nachdem er 1704 Kandidat der Theologie geworden war, begab er sich auf seine ersten Auslandsreisen, die ihn zunächst nach Holland, dann nach England, Deutschland, Frankreich und Italien führten. Stark beeindruckt von den englischen Aufklärungstendenzen und der Dramatik des großen Molière, ließ Holberg sich 1716 endgültig in Kopenhagen nieder, an dessen

Universität er im Jahre darauf Professor der Metaphysik wurde. Ab 1720 lehrte er lateinische Literatur, und 1730 übernahm er schließlich den Lehrstuhl für Geschichte, sein Lieblingsfach.

Um diese Zeit spielten immer noch italienische und französische Komödiantentruppen in Dänemark. Als jedoch René Montaigu, der jahrelang die französischen Theatervorstellungen am dänischen Hof geleitet hatte, 1721 mit seinen Komödianten entlassen wurde, tat er sich mit seinem Landsmann und Kollegen Étienne Capion zusammen, weil dieser schon einige Jahre vorher ein Privilegium erhalten hatte, in der Hauptstadt Komödien aufzuführen. Ihre Bestrebungen, ein Theater zu gründen, an dem nur in dänischer Sprache gespielt werden sollte, fanden Unterstützung durch den Großkanzler Holstein und den Obersekretär der Dänischen Kanzlei, Frederik Rostgaard. Da es aber immer noch an nationaler Dramatik mangelte, wandte man sich an Ludvig Holberg, der durch seinen *Peder Paars* bekannt geworden war, und bat ihn, für das geplante Theater dänische Komödien zu schreiben.

Der politische Kannegießer

Holbergs erster Beitrag zum Spielplan des Neuen Theaters in der Lille Grønnegade, einer Kopenhagener kleinen Seitengasse, war die Komödie *Den politiske Kandestøber* (1722), die drei Tage nach Eröffnung des Theaters im September 1722 zur Uraufführung kam. Der Hamburger Kannegießer Hermann von Bremen – übrigens nicht adlig, sondern aus Bremen stammend –, ist mit dem Verlobten seiner Tochter nicht recht einverstanden, weil er lieber einen Schwiegersohn will, der seine »Politica« studiert hat. Er selbst gedenkt jedenfalls nicht als Kannegießer zu sterben, da er sich zu Höherem berufen fühlt. Mit seinen Gesinnungsgenossen tritt er des öfteren zu einem »Collegium Politicum« zusammen, wo man gegenwärtige Zustände kritisiert und die Welt verbessert – ganz im Stil der ewig besserwissenden Stammtischpolitiker. Hermann beruft sich dabei auf sein Wissen, das er politischen Schmökern entnommen hat. Eines Abends erscheinen bei ihm zwei Hamburger Bürger, die sich als Ratsherren ausgeben und ihm vorspiegeln, sie seien ausgesandt, um ihm die Ernennung zum Bürgermeister der Stadt zu überbringen. Hermann bläst sich auf wie ein Truthahn und demonstriert seiner Frau und seinen Angestellten, wie man sich als Angehöriger der oberen Klasse zu benehmen habe. Dennoch tauchen leise Zweifel in ihm auf: Werden sich nicht allzu schnell die Neider melden? Werden nicht die Zeremonien ihn aus dem Gleichgewicht bringen? Tatsächlich wird er nun von allen Seiten bedrängt. Zwei streitende Advokaten ersuchen Hermann um ein gerechtes Urteil in einem unvollendeten Prozeß, aber die lateinischen Redewendungen verwirren den ungebildeten Kannegießer derart, daß er vorsichtshalber beiden recht gibt. Jemand bringt einen Stapel Akten zwecks Stellungnahme. Schon tritt Hermann der Schweiß auf die Stirn. Da erscheint ein Vertreter der Hutmacherzunft mit einer Klageschrift von nur 24 Punkten. Vor der Tür krakeelt bereits dessen Gegner. Hermann verkriecht sich unter seinem Tisch und läßt sogar einen ausländischen Minister abweisen, der um Audienz ersucht. Als sich weitere Intermezzi übersteigern, ist der arme Kannegießer-Bürgermeister daran, sich aufzuhängen. Doch im letzten Augenblick erfährt er, daß alles nur eine abgekartete Sache war, um den überheblichen Stammtischpolitikern zu beweisen, daß es leichter ist, ein Amt zu kritisieren als es auszuüben. Die konservative Tendenz der Komödie heißt also: Handwerker bleib bei deiner Arbeit, misch dich nicht in die Politik.

In rascher Folge schrieb Holberg für das Neue Theater 26 Komödien.

Jeppe vom Berge

Den Stoff zu der Komödie *Jeppe vom Berge* oder *Der verwandelte Bauer* (*Jeppe paa Bjerget eller Den forvandlede Bonde,* 1722) hatte Holberg in der Novellensammlung *Utopia* des Jesuitenpaters und Dramatikers Jakob Bidermann (1578–1639) gefunden. Der von seinem Weib unterdrückte Jeppe hat sich dem Trunk ergeben. Eines Tages wird er von einem Baron in der Gosse aufgefunden, der den sinnlos Betrunkenen in sein Schloß bringen läßt. Dort wird er beim Erwachen behandelt wie im Paradies, und man redet ihm ein, er sei nie Bauer gewesen, bis der Baron durch einen Schlaftrunk dem Spiel ein Ende bereitet. Jeppe erwacht zum zweitenmal: auf einem Misthaufen. Die wiederum reaktionäre Moral heißt: »Kein Bauer werde

Fürst, wie einst in alten Tagen. Das war wohl ehedem, doch soll es jetzt so sein, so bräche Missetat und Tyrannei herein.«

Don Ranudo de Colibrados

Diese Tragikomödie (1723), eine groteske Darstellung von Armut und Hoffart – ungewöhnlicherweise in spanischem Milieu –, lag bereits 1723 vor, wurde jedoch vor der dänischen Ausgabe in deutscher Übersetzung 1745 veröffentlicht und erst 1752 uraufgeführt, da Holberg sie lange zurückhielt und dreimal bearbeitete.

Es folgten die Typenkomödien von *Diedrich Menschenskraek* (1724), dem polternden Pantoffelhelden, und dem vielgeschäftigen *Rastlosen* (*Den Stundesløse,* 1726), der die Manie hat, unwichtige Dinge unnötig zu kontrollieren und schriftlich festzuhalten. Als Anhänger der Aufklärungsphilosophie war Holberg um Natürlichkeit im Dialog und realistische Darstellung bemüht. Deshalb waren ihm die deutschen »Haupt- und Staatsaktionen« der umherziehenden Komödianten zuwider. Er verabscheute Pomp und Pathos, klassizistische Alexandriner und unlogische Zeitbegriffe. So schrieb er als geistreiche Parodie einen historischen »Zeitraffer«.

Ulysses von Ithacia

Bezeichnenderweise gab Holberg dieser Literaturkomödie (1724) den Untertitel »Eine deutsche Komödie«, denn polemisiert wird – mittels Übertreibung – gegen die Orts-, Zeit- und Handlungssprünge der Haupt- und Staatsaktionen. Es beginnt damit, daß Paris unter drei Göttinnen die schönste wählt, und weil er sich für Venus entscheidet (sie ist die einzige, die bereit ist, sich nackt zu zeigen), prophezeit Juno ihm den Untergang. Kurz darauf entführt der verliebte Paris die schöne Helena. Ulysses zieht aus, um Helena von den Trojanern zu befreien. Sein Diener Kilian will durchaus nicht für eine Frau in den Krieg ziehen. Trotzdem werden immer mehr Vorbereitungen zur Belagerung Trojas getroffen. Von Szene zu Szene werden Monate und Jahre frank und frei übersprungen. Als schließlich der Sturm auf Troja bevorsteht, stellen Kilian und ein Trojaner fest, daß die Verhältnisse auf beiden Seiten dieselben seien. Im dritten Akt befindet man sich bereits im zehnten Belagerungsjahr, und als es

endlich zum Angriff kommt, erfährt man nur, daß Troja erobert wurde und Helena nicht mehr gesehen ward. Im vierten Akt befinden sich Ulysses und sein Diener Kilian bereits seit 20 Jahren auf dem Heimweg; sie erdulden Didos Zauberkünste und erreichen schließlich dennoch mit heiler Haut die Heimat, wo sie von der Untreue ihrer Frauen erfahren: Penelope hat den inzwischen 80jährigen Ulysses sechzehnmal betrogen. Ehe sie Rache nehmen können, tauchen zwei Kostümverleiher auf, die die Leihgebühr kassieren wollen – womit sich die ganze Handlung als Theater erweist.

Von den sechs Komödien, die Holberg nach der Schließung des Theaters in der Lille Grønnegade 1728 noch schrieb, ist *Melampe*, die einzige Verskomödie – erwähnenswert deshalb, weil sie die französische klassische Tragödie und ihren Alexandriner-Pomp parodiert: Der Gegenstand eines pathetischen Streits ist ein ganz gewöhnlicher Schoßhund namens Melampe.

In seiner ernsthaften und philosophischen Komödie *Plutus* wollte Holberg die zeitgenössische Lehre erhärten, daß menschliche Laster für die Gesellschaft nützlich und notwendig seien, und in der *Republik* verkündete er, daß Umstürzler ausgewiesen werden sollten.

Unter den späten Komödien ragt *Erasmus Montanus* (1747) hervor. Ein einfacher Bauernjunge namens Rasmus Berg, der die Lateinschule besucht hat, an der Universität studiert und deshalb seinen Namen latinisiert hat, glaubt während seiner Ferien auf dem Lande jedermann verachten zu dürfen. Er bildet sich ein, daß er sich nur noch auf Latein verständlich machen kann, und wendet es deshalb immer wieder an, ohne verstanden zu werden.

Pierre Carlet de Chamblain de Marivaux

Mit seinen vor allem für das von Luigi Riccoboni begründete Théâtre Italien verfaßten Stücken schaffte Marivaux (1688–1763) den Übergang von der typisierten »italienischen« zur neuen psychologischen Komödie der bürgerlichen Epoche. Als Sohn eines Bankiers 1688 in Paris geboren, versuchte er sich anfangs ohne Erfolg als Romancier und seit 1720 als Dramatiker. Zunächst wählte er erfolglos die Tragödie (*Annibal,* 1720), um dann, beginnend mit *Arlequin poli par*

Patrice Chéreau, als Bayreuther »Ring des Nibelungen«-Regisseur weltberühmt geworden, hat sich schon früh den bitteren Komödien Marivaux' zugewandt. 1985 inszenierte er im Pariser Théâtre des Amandiers ein wenig gespieltes Stück des Autors »Die falsche Zofe«. Michel Piccoli spielte den Trivelin, der hier seinem Konkurrenten Lélio (Didier Sandre) zusetzt: Trivelin hat durchschaut, daß Lelio von der als Chevalier verkleideten Dame geliebt wird, die er, Trivelin, selbst begehrt.

Bei der Schaubühne am Lehniner Platz inszenierte Luc Bondy 1985 Marivaux' Komödie »Triumph der Liebe« – mit den Geschwistern Hermokrates (Thomas Holtzmann als von der Leidenschaft grotesk deformierter Hagestolz) und Leontine (Libgart Schwarz, kühn überscharf, schrill altjüngferlich begehrend). Beide lieben die als Jüngling verkleidete Leonida (Jutta Lampe) – die auf der Rundinsel mit den Säulen (Bühne Karl Ernst Herrmann) den von ihr geliebten, schwärmenden Agis (Ernst Stötzner) betrachtet.

l'amour (ebenfalls 1720) zur Komödie zu finden, der er sich – abgesehen von einigen allegorischen und mythologischen Spielen und den Romanen *La vie de Marianne* und *Le paysan parvenu* – nunmehr ausschließlich widmete.

Molières Komik beruhte auf dem Charakter, doch eine nuancierte Psychologie der Liebe sucht man in seinen Stücken vergeblich. Marivaux dagegen erfand die feinfühlige, subtil abgestufte Schilderung des »amour naissant«. Nicht so sehr die äußeren Hindernisse für die Vereinigung der Liebenden, sondern innere Hemmnisse werden Thema, wobei ein Grundmodell erkennbar ist, das Marivaux erfolgreich variierte: Die Liebenden begegnen sich und geraten sofort in eine Verwirrung, die die noch halb oder völlig unbewußte Verliebtheit anzeigt. Die zweite Phase besteht in dem (oft beiderseitigen) vorläufigen Rückzug: Stolz, Scham oder gesellschaftliche Rücksichten führen zu dem Versuch, sich der Verliebtheit zu entziehen, doch die Attraktion erweist sich – für den mit dem Komödienschema vertrauten Zuschauer nicht überraschend – als zu stark. Die dritte Etappe führt zur Überwindung der Hemmungen, zum Liebesgeständnis und zur Vereinigung des Paars, die sich, in der Regel mit größerem Tempo, auf der Ebene des parallelgeführten Dienerpaars schon ereignet hat. Wesentlich für diese Dramaturgie (meist in drei Akten) ist die vielgerühmte delikate Finesse der Dialogkunst (marivaudage), die mehrdeutige Sprache der Anspielung und des Verschweigens, in der das Wesentliche meist ungesagt bleibt, aber immer zu erahnen ist.

Direkte, wirkungssichere Komik wie bei Molière gibt es kaum; dem gezierten Formideal des Rokoko war das gelassen heitere Vergnügen am Durchschauen der Täuschungen und Selbsttäuschungen der Marivauxschen Helden gemäßer. Maskierung und Demaskierung, die Unbeständigkeit der Gefühle und der psychologische Kleinkrieg der Geschlechter bestimmen die Szene. Falsches Spiel und zärtliche Liebe sind kaum endgültig zu scheiden. Weder die oft farcenhafte Intrige Molières, noch der bis in Wahnsinn und Tod schicksalhafte Amour Racines, sondern die zärtliche erotische Liebe von Menschen »mittleren« Zuschnitts erfährt eine subtile Schilderung.

Eine neue, bürgerliche Erfahrungswelt zeichnete sich ab – die Analyse der Empfindungen, die in derselben Zeit auch die Comédie larmoyante von Nivelle de la Chaussée entstehen ließ und zu Diderots Dramen, zum bürgerlichen Schau- und Trauerspiel führte. Schein und Täuschung waren keine religiösen Grundfragen mehr, die Leidenschaft der Liebe kein metaphysischer, Zeit und Ewigkeit verflechtender Selbstverlust. Ein neues, fast impressionistisches Zeitempfinden entstand; der flüchtige Augenblick herrschte vor, das reizvolle Spiel der Gefühle als Selbstzweck.

Zugleich griff Marivaux auf Elemente der Commedia dell'arte zurück: die symmetrische Anordnung von Herren und Dienern, das idealisierte schöne und junge Liebespaar und die Arlequin-Figur, die jedoch im Unterschied zur Commedia eine wirkliche Person mit Gefühlen, Witz und Verstand wurde.

Die Welt, die Marivaux besonders in *La double inconstance* vorgeführt hat, ist von abgründiger Zweideutigkeit. Liebe kann – bei geschickter Beeinflussung – leicht ihr Objekt wechseln. Trost über den Verlust findet sich rasch in einer neuen amourösen Beziehung. Das sozialkritische Element bleibt freilich im Hintergrund. Es dominiert die messerscharfe Analyse der Gefühle. Da Marivaux' Kunst des Dialogs das seelische Geschehen in zweideutiger Unbestimmtheit hält, sind viele seiner Texte einer sozialkritischen, einer tief pessimistischen, aber auch einer anmutig leichtfüßigen Bühnenvariante fähig. Historisch ist sein Werk vollendeter Ausdruck der Régence-Zeit (der Zeit der Regentschaft des Herzogs von Orléans für den noch unmündigen Ludwig XV.). Mit der resignierten Melancholie, die auch auf den Gemälden Watteaus oder Lancrets lächelnd das Paradies der Aufrichtigkeit und der spontanen, unverfälschten Gefühle verloren gibt, wird eine desillusionierte Welt zur Darstellung gebracht, in der vollendete Form die Verlorenheit des Menschen mildernd umspielt.

In den »fêtes galantes« dieser Künstler kommt es zu einer Wiederbelebung der Carpe-diem-Philosophie, die im Labyrinth der Täuschungen die einzig mögliche Haltung anzugeben scheint. Das Schicksal entscheidet sich nicht vor Gott, sondern im Spiel der Konversation, der Koketterie und

im Kampf zwischen Hingabe und »amour propre«. Eitelkeit und Gefallsucht hat Marivaux meisterhaft gezeichnet, zugleich das ängstliche Bewahren der Ich-Grenzen, die Kälte, die hinter den Menuetten aus Liebe, Narzißmus und Berechnung lauert. Nicht um realistische Schilderung der – in der Régence-Zeit recht freizügigen – Sitten der besseren Leute geht es; bei aller Anspielung auf Realität verbleiben die tändelnden und intrigenspinnenden Paare in einer künstlichen Welt der Bühne, in einem kaum definierten Halbtraum und Nirgendwo von Salons, Palästen, Gärten und Ländereien.

Nur in Stücken wie *Triomphe de Plutus* (1728), *L'île des esclaves* (1725) und *La nouvelle colonie* (1729) griff Marivaux mit aufklärerischer Satire soziale Themen auf: korrupte Finanzmachenschaften (deren Opfer er selbst geworden war), die Idee der Gleichheit der Menschen, die Rechte des weiblichen Geschlechts.

Moralpädagogisch, nicht revolutionär ist die Anlage der Einakter *L'île des esclaves* (*Die Insel der Sklaven*) in dem durch einen Schiffbruch auf einer von ehemaligen Sklaven bewohnten und regierten Insel die Rollen von Herr und Knecht vertauscht werden, und *L'île de la raison* (*Die Insel der Vernunft*, 1727), dessen satirischer Blick auf die eigene Kultur vom Publikum nicht goutiert wurde. 1729 brachte Marivaux zum dritten Male eine utopische Insel auf die Bühne, um ein gesellschaftspolitisches Thema komödiantisch, doch mit sozialkritischer Wendung zu behandeln: *La nouvelle colonie ou la ligue des femmes*. Die Frauen fordern hier Gleichberechtigung. Sie werden zwar am Ende in die Schranken gewiesen (Marivaux wollte das Problem aufwerfen, ohne sein Publikum zu sehr zu schockieren), dennoch fiel auch dieses deutlich an Aristophanes' *Lysistrate* erinnernde Stück durch; Marivaux ließ es nicht einmal drucken. Eine zweite einaktige Version mit dem Titel *La colonie*, 1750 im Mercure de France abgedruckt, kam erst 1925 im Pariser Odéon zur Aufführung.

Die Liebesüberraschung

La surprise de l'amour (1722), das Stück, mit dem Marivaux die neue Komödie »erfand«, führt eine Art Versuchsanordnung für die Chemie der Gefühle vor: Lélio, ein Pariser Edelmann, hat aus Enttäuschung über eine Frau der Liebe auf immer abgeschworen und sich aufs Land zurückgezogen. Auch sein Diener Arlequin will sich, wenngleich nicht ganz so überzeugt, in Zukunft allen Verführungen entziehen. Das bäuerliche Paar Jacqueline und Pierre will heiraten; die beiden suchen um Einwilligung und Unterstützung ihrer Herren nach: Lélios und seiner Nachbarin, einer Comtesse, die ihrerseits gänzliches Desinteresse an Männern vorgibt. In einer Reihe von Konversationen sieht man hinter der Fassade fortwährender Sticheleien und gegenseitiger Abweisungen allmählich gegenseitiges Interesse und dann Verliebtheit entstehen, während Arlequin und Colombine, die Zofe der Comtesse, sich sehr viel rascher einig werden. Um selbst heiraten zu können, verhelfen sie mit List und kleinen Lügen den Herrschaften dazu, sich ihre Liebe zu gestehen, von der diese »überrascht« und überrumpelt werden.

1727 brachte Marivaux eine weniger bedeutende *Seconde surprise de l'amour* heraus. Hier wollen die beiden Helden sich nach dem Verlust der Geliebten bzw. des Gatten auf keine neue Liebe einlassen und müssen endlich ebenfalls von ihren Gefühlen füreinander, die sie zunächst für bloße Freundschaft halten, Kenntnis nehmen.

Unbeständigkeit auf beiden Seiten

La double inconstance (1723), das abgründigste und vieldeutigste Werk Marivaux', schildert, wie die ineinander Verliebten Arlequin und Silvia in das Schloß eines Prinzen, der Slivia für sich haben will, entführt, auseinandergebracht und wie beide in eine neue Liebschaft verstrickt werden. Bei der erfolgreichen Intrige führt die geschickte Hofdame Flaminia Regie, die dem Prinzen versprochen hat, ihm Silvia zu gewinnen und sich im Verlauf ihrer Operationen selbst in Arlequin verliebt. Dessen Wechsel von einer Liebe zur anderen vollzieht sich ohne große Mühe: Es genügt, daß man das Liebespaar erst voneinander getrennt hält, daß sodann Flaminia sich als gute Freundin ausgibt, die Silvia und Arlequin angeblich gegen den Prinzen schützt, dann bei Arlequin Eifersucht schürt, während sie selbst ihm als trostbedürftige Freundin näherkommt. Die Hauptspannung ergibt sich aus der schrittweisen Veränderung in Silvias Gefühlen. Flaminia versteht es, zunächst Ei-

telkeit und Stolz in ihr zu wecken, bis sie angesichts der glänzenden Partie die Untreue Arlequin gegenüber in Kauf nimmt. Erleichtert wird der Wechsel, weil der Prinz Silvia in Wirklichkeit schon früher den Hof gemacht hatte, ohne daß diese es wußte. Sie mußte ihn für einen Offizier auf der Jagd halten. Schmerzlos für alle mündet das Spiel in die heitere Verbindung der neuen Paare.

Das Spiel von Liebe und Zufall

In *Le jeu de l'amour et du hazard* (1730) benutzt Marivaux das Motiv des Rollentauschs, um in einer komplex verstrickten Dramaturgie wie in einem Experiment zu demonstrieren, daß trotz der Täuschung durch angenommene Rollen die Liebe ihren Weg findet. Silvia und Dorante sollen verheiratet werden. Um aber den vorgesehenen Partner unerkannt prüfen zu können, verfallen beide auf den gleichen Einfall: Silvia tauscht, als Dorante im Haus des Vaters erscheint, die Kleider mit ihrer Zofe, Dorante mit seinem Diener Arlequin. Der Zuschauer ist ebenso wie Silvias Vater auf dem laufenden über die wechselseitige Verstellung; Silvia hingegen weiß nicht, daß ihr Vater nicht nur von ihrer eigenen, sondern auch von der Verkleidung Dorantes Kenntnis hat. Nach der Ankunft Dorantes entwickelt sich das zu erwartende Spiel. Arlequin verliebt sich in die Zofe, in der er tatsächlich die vornehme Dame sehen muß, auf der anderen Seite verlieben sich auch die Helden Silvia und Dorante, die aber gegenseitig den Gegenstand ihrer Verliebtheit für nicht »standesgemäß« halten müssen. Daraus entwickelt sich ein vielfach verspiegeltes Geplänkel zwischen Annäherung und Zurückweisung. Silvia, die falsche Dienerin, täuscht, um Dorante, den falschen Diener, abzuweisen (und das eigene Gefühl abzuwehren) vor, sie habe Aspirationen auf eine Ehe mit einem vornehmen Herrn, woraufhin Dorante sich ihr zu erklären gibt. Silvia spielt nun trotzdem ihr Spiel weiter, bis Dorante – der zunächst verzweifelt abreisen will, weil die Ehe mit der Dienstbotin unmöglich erscheint – dahin gebracht ist, Silvia die Ehe trotz des Standesunterschieds zu versprechen. Erst dann klärt sich auch für ihn auf, daß die Dame seines Herzens die ihm bereits zugedachte ist. Ungewißheit und Spannung über den Ausgang werden

für den Zuschauer, der das Spiel wie ein psychologisches Experiment erlebt, nie recht ernst, weil er weiß, daß Silvias Vater und Bruder insgeheim über die wirkliche Identität aller Beteiligten unterrichtet sind, das Spiel daher keine gänzlich unerwartete Wendung nehmen kann.

Pierre-Augustin Caron de Beaumarchais

Sein Leben (1732–1799) war das eines dem Pariser Luxus-Handwerk entstammenden (sein Vater war Uhrmacher, er lernte den gleichen Beruf) Geschäftemachers, Pamphletisten und Literaten, der in den Dunstkreis des Machtzentrums, des Hofes, aufstieg und sich dort durch Beziehungen, Pressionen, Affären, Prozesse und deren lautstarke und effektvolle Veröffentlichung eine publizistische Position verschaffte. Er gehörte ebenso wie die großen Aufklärer Voltaire, Diderot und Rousseau zur Gesellschaft des untergangsreifen Ancien régime, wie er diesen Untergang als Autor beförderte. In seinem *Essai sur le genre dramatique sérieux* kritiserte er 1767 die klassizistische Tragödie als zutiefst aristokratische Gattung; die in ihr wirkende Schicksalsübermacht verabscheute er ganz im Sinne Diderots als sowohl »unmoralisch« wie »unrealistisch«. Dagegen versuchte er – erfolglos –, Beispiele des neuen bürgerlichen »seriösen« Dramengenres zu schreiben, Rührstücke mit dem endlichen Triumph bürgerlicher Tugend: *Eugénie* (1767) und *Les deux amis* (Die beiden Freunde, 1770). Er reiste viel, auch in Geschäften; 1764 hielt er sich fast ein Jahr in Spanien auf, um, wie er behauptete, seine von ihrem Verlobten verlassene Schwester zu rächen. Das gab Stoff für das erste Drama *Eugénie* und Anlaß für ein glänzendes Pamphlet (das Goethe benutzte, um seinen *Clavigo* zu schreiben – Beaumarchais sah sich selbst darin auf der Bühne in Augsburg, befremdet).

In Spanien spielen auch Beaumarchais' beide Meisterwerke *Der Barbier von Sevilla* und *Die Hochzeit des Figaro*. Der Spielort ist zum einen ein Hinweis auf die (entfernte) Herkunft der Stücke aus der Mantel- und Degenkomödie der Spanier, zum anderen wurde er gewählt, um in Frankreich nicht allzu direkten Anstoß zu erregen. Wichtiger ist, daß Beaumarchais in den beiden Stücken an die französische, durch Molière gestiftete Komödientradition wieder anknüpfte, so der (idealistischen) Sentimentalität des »seriösen« bürgerlichen Dramas entging. Er verschärfte das alte Komödienschema vom adlig-schwärmerischen Herrn und seinem für den Herrn intrigierenden, nüchtern-plebejischen Diener, indem er den Herrn als beschränkt und genußsüchtig, den Diener als vorübergehend in Dienst stehenden, seine bürgerliche Existenz planenden und intellektuell brillanten Arrangeur erscheinen läßt.

Der Barbier von Sevilla

Die fünfaktige Komödie war bei der Premiere in der Comédie Française 1775 kein Erfolg; die Kürzung auf vier Akte, die Beaumarchais sofort vornahm, korrigierte die Wirkung: zum Positiven hin. Die Handlung ist wie von Lope oder Molière: Der junge Graf Almaviva liebt Rosine, das Mündel des alten Doktor Bartolo, der sie in seinem Hause einsperrt, um sie später zu heiraten. Figaro, jetzt (selbständiger) Barbier, früher Diener des Grafen, arrangiert die Dinge so, daß erstens Almaviva erfährt: Rosine liebt ihn, und zweitens, daß der zur Heirat zwischen Bartolo und Rosine ins Haus bestellte Notar die beiden Liebenden traut. Bartolo muß sich damit abfinden, daß seine Vorsicht nutzlos war – wie es der Originaltitel *Le barbier de Séville ou la précaution inutile* ausdrückt. Die überlegene Figur, ebenso wendig wie geschäftstüchtig, ist Figaro: Dem Bürger mit solchen Eigenschaften gehört die Zukunft. Nach der 32. Aufführung des *Barbier von Sevilla* an der Comédie Française verlangte Beaumarchais, der meinte, daß der »Geist der Literatur mit dem des Geschäfts« durchaus vereinbar sei, detaillierte Rechnungslegung über die Einnahmen. Als man dies verweigerte, gründete er eine Autorenvereinigung, um Tantiemen als angemessenen Anteil an den Einnahmen zu erzwingen – damals noch ohne dauerhaften Erfolg.

Die Hochzeit des Figaro

Jetzt ist Graf Almaviva ein Mann in den besten Jahren; Figaro wieder sein Kammerdiener, Rosine die Frau Gräfin. Deren Zofe Susanne will Figaro heiraten; der Graf hat förmlich auf das adlige Vorrecht der ersten Nacht verzichtet, möchte aber doch, daß Figaro sein Ehebett im gräflichen Vorzimmer

aufschlägt, damit der Graf Figaro wegschikken und Susanne als Liebhaber beischlafen kann. Figaro hintertreibt das, indem er ein Stelldichein im nächtlichen Park arrangiert, bei dem der Graf auf die in Susannes Kleidern steckende Gräfin trifft und beschämt zu ihr zurückkehrt. Die Rokoko-Libertinage ist in dem Stück ins unverstellt Sinnliche gewendet, auch durch die Figur des (adligen) Pagen Cherubin, der eine Frau will, sei es nun Susanne, die Gräfin oder die Gärtnerstochter. Figaro aber ist nicht nur souveräner Arrangeur (seiner Heirat ohne adliges Dazwischensein), sondern auch Wortführer bürgerlicher Gleichheitsforderung:
»Weil sie ein großer Herr sind, meinen Sie, ein großes Genie zu sein? Adel, Vermögen, Rang, Würden, all das macht stolz. Und was haben Sie geleistet für so viel Herrlichkeit? Sie haben sich die Mühe genommen, geboren zu werden, weiter nichts. Sie sind ein Alltagsmensch, während ich, im dunklen Haufen verloren, allein, um mich fortzubringen, mehr Witz und Wissen aufwenden mußte, als man in den letzten Jahren für die Regierung aller spanischen Provinzen verbraucht hat.«
Mozarts Oper (Da Pontes Libretto) hat dem Text des Beaumarchais die klassenkonfrontierende Schärfe genommen: Sie tönt Versöhnung im allgemein Menschlichen. Aus dem Kampf des Bürgers gegen den Adligen ist ein Tanz geworden, bei dem Figaro allerdings aufspielt. Zum Vorboten der Revolution wurde *Die Hochzeit des Figaro* auch dadurch, daß und wie Beaumarchais die öffentliche Aufführung an der Comédie Française erzwang. Sainte-Beuve hat diese Geschichte in den dreißiger Jahren des vorigen Jahrhunderts unübertrefflich erzählt:
»Die berühmte *Hochzeit des Figaro* lag schon lange fertig da und konnte dennoch nicht das Rampenlicht erblicken. Der Prinz von Conti war es, der nach der Aufführung des *Barbier von Sevilla* mit dem Autor wettete, daß er nicht imstande sein würde, seinen Figaro zu wiederholen und ihn ein zweites Mal in noch verwickelterer, stärker verknüpfter und erweiterter Handlung auf die Bühne zu bringen. Beaumarchais hielt die Wette, und die *Hochzeit* wurde 1775 oder 1776 geschrieben oder skizziert. Die französische Gesellschaft befand sich damals in einer eigentümlichen Geistesverfassung; es war ein Wettkampf, wer sich am meisten

über sich selbst und seine Klasse lustig machte und in frivolster Weise diesem Geiste huldigte und dadurch noch den Untergang beschleunigte. Das scheint die einzige schöne Rolle der Gesellschaft gewesen zu sein. Beaumarchais sah durch Leute wie M. de Vaudreuil und Mme. de Polignac, durch die Partei um die Königin und den Grafen d'Artois und durch die aufgepeitschte Neugierde der Frauen und Hofleute vollkommen klar, daß er über den Widerstand Ludwigs XVI. triumphieren würde: es war für ihn nur eine Frage der Zeit. Wir sind über die Manöver, die Minen und Gegenminen in dieser frechen Affaire Tag für Tag unterrichtet: »Der König will die Aufführung meines Stückes nicht gestatten, also wird sie stattfinden.« Am 12. Juni 1783 war er nahe daran, sein Ziel durch Überraschung zu erreichen. Vermöge einer schweigenden Toleranz, die er der Protektion des Grafen d'Artois verdankte, und auf ein unbestimmtes Wort hin, das er sich etwas kühn auslegte, hatte er es erreicht, daß die Proben zu seinem Stücke auf dem Théâtre des Menus-Plaisirs, d. h. auf dem Theater des Königs selbst begannen. Bereits hatte eine Anzahl von halböffentlichen Proben stattgefunden: man wollte das Weitere übergehen und zur Aufführung selbst schreiten. Die Eintrittskarten, welche einen Figaro im Kostüm darstellten, waren verteilt. Die Wagen fuhren in Reihen vor; der Graf d'Artois hatte sich bereits aufgemacht, von Versailles nach Paris zu fahren, als der Herzog von Vilequier den Schauspielern die Weisung zukommen ließ, sich »bei sonstiger Ungnade seiner Majestät« der Aufführung des Stückes zu enthalten.
Als Beaumarchais diesen Befehl des Königs vernahm, rief er enttäuscht und wild vor allen Versammelten frech aus: »Nun gut, meine Herren! Er will nicht, daß man mein Stück hier spielt, und ich schwöre, daß es, ehe man es gar nicht spielt, wenn nötig im Chor von Nôtre-Dame aufgeführt werden wird«. Aber es war nur eine aufgeschobene Partie. M. de Vaudreuil, einer der Patrone des Autors, erreichte, daß das Stück durch die Schauspieler der Comédie Française am 26. September 1783 bei ihm in Gennevilliers, vor dreihundert Personen gespielt wurde. Die Königin konnte dieser Aufführung wegen einer leichten Indisposition nicht beiwohnen. Aber der Graf von Artois

Die Gräfin (Gabriele Köstler) verbindet den liebessüchtigen Knaben Cherubin (Beat Knoll) – Johannes Schaaf inszenierte 1983 im Düsseldorfer Schauspielhaus den »Tollen Tag« von Beaumarchais und betonte in der Intrigen- und Verwechselungskomödie auch die Abrechnung mit der Männerherrschaft.

und die Herzogin von Polignac waren anwesend. Die ganze Blüte des Ancien-régime war versammelt, um dem Beifall zu klatschen, was sie zu Grunde richtete und lächerlich machte.
Endlich, am 27. April 1784, nach Aufhebung des Verbotes, konnte das Stück in Paris aufgeführt werden.«
Als die Revolution wirklich stattgefunden hatte und Beaumarchais der Gegenstand seiner Attacken verloren gegangen war, schrieb er nichtsdestotrotz ein drittes Stück mit dem Personal der beiden Komödien: *La mère coupable ou l'autre Tartuffe* (1792, *Die schuldige Mutter oder der neue Tartuffe*). Die Almavivas, Figaro und Susanne leben jetzt in Paris als ehrsame Leute. Léon, der Sohn

der Almavivas, ist ein freiheitsdurstiger junger Mann; er liebt die empfindsame Florestine. Der Bösewicht Bégearss (der »neue Tartuffe«) deckt auf, daß Florestine eine illegale Tochter Almavivas ist, also Blutschande droht. Figaro wehrt ihn ab, indem er enthüllt, daß Léon ebenfalls illegitim ist: Sohn nur des Grafen. Die Liebe der illegitimen Sprößlinge kann legitimiert werden; Rührung überschwemmt die Szene. Den strengen Tugendbegriffen der Jakobiner entsprach Beaumarchais weder mit der *Mère coupable* noch sonst; von 1793 bis 1796 lebte er als Emigrant in Deutschland, ärmlich, heißt es. Nur sein letztes Lebensjahr konnte er wieder, im Genusse seines Vermögens, in Paris verbringen.

Deutsches Theater im 18. Jahrhundert

Verspätet gegenüber anderen europäischen Ländern wie England und Frankreich, anfangs ganz von ihrem Vorbild profitierend, entwickelte sich im ersten Drittel des 18. Jahrhunderts – zögernd – in Deutschland ein bürgerliches, literarisiertes Theater. Es mußte sich nach zwei Seiten abgrenzen, gegen zwei erfolgreiche Theaterkulturen konkurrieren. Zum einen gegen das plebejische Volkstheater, gegen Hanswurstiaden, »Haupt- und Staatsaktionen«. Dies Theater in unmittelbarer Nachbarschaft zum Schaustellergewerbe, zu Schaufechtern, Kunstreitern, Seiltänzern oder Zauberern, hatte die Formen der schreiend-blutigen, ebenso pathetischen wie zotigen szenischen Attraktionen einerseits in der Nachfolge der englischen Komödianten entwickelt, die seit dem 17. Jahrhundert überall in Deutschland herumreisten, bald naturalisiert wurden, deutsche Nachfolger fanden (Höhepunkt: die Truppe des Prinzipals Johann Velten, 1640–1692). Das andere Formvorbild der Schauspielertruppen (»Banden«) war die Commedia dell'arte, das italienische virtuose Typentheater mit der zentralen Spielfigur des Harlekin. Noch im ersten Drittel des 18. Jahrhunderts waren Theater – im heutigen Verständnis – und artistische Schau- bzw. Marktschreierattraktion oft kaum zu unterscheiden, gehörte beides in ein Programm. Nach Kunstreiten und Seiltanzen folgte z. B. die »komische Scene: der reisende Schneider mit dem bösen Pferd«, darauf die »Bataille und der Tod Malbroughs«.

Innere »Wahrscheinlichkeit« der Handlung, Geschlossenheit, psychologische »Richtigkeit« der Darstellung spielte hier kaum eine Rolle. Das galt auf ähnliche Weise auch für die höfisch repräsentative Theaterkultur, gegen die das bürgerliche Literaturtheater sich profilieren mußte. Auch hier lagen innerdramatisch begründete und rein artistische Körper- und Dekorationskünste noch ganz eng beieinander. Nicht wie im Volkstheater komisch zotig, schreckend oder

halsbrecherisch waren die Vorführungen bei Hofe, die großen Opern, die Balletts, die theatralen Festattraktionen. Aus bürgerlicher Sicht aber waren sie wie das Budentheater auf dem Markt dégoutant: wegen der fehlenden inneren Wahrscheinlichkeit der szenischen Vorgänge, wegen der Unmoral der Darstellung, des Gigantismus der Bühnenmittel, der »sinnlosen« Verschwendung.

Im 17. und vielfach noch im 18. Jahrhundert lag auf dem Theater – als Institution – der Verdacht, unmoralisch zu sein bzw. zur Unmoral zu verführen. Die Programmatiker des literarisierten bürgerlichen Theaters lenkten diesen Verdacht nach Kräften um aufs unterbürgerliche, populäre Theater (»pöbelhafte Afterkunst«) und aufs höfische Theater; die Oper erschien als unverschämte, zur Wollust reizende szenische Veranstaltung. Zugleich begegnete man dem Verdacht, die Schaubühne sei Ort der Unmoral, mit der Gegenbehauptung, gerade sie sei von unersetzlichem Nutzen für die Moral, sei der Erziehung so notwendig wie sonst nur das Schulkatheder oder die Kirchenkanzel. Das auf verschiedene Weise im 18. Jahrhundert als »moralische Anstalt« gepriesene Theater war zunächst nichts als die programmatische Wendung des Verdachts der Unmoral.

Zeitgenössische grafische Darstellung (Georg Emanuel Opiz) eines spannenden szenischen Augenblicks. Man will für das Theatererlebnis einnehmen, benutzt dazu die steigernden Mittel der Malerei. Festgehalten ist hier der szenische Höhepunkt im 12. Auftritt des fünften Akts von Schillers »Fiesco«. Gerade wurde vorgeschlagen, den Kopf des erstochenen Tyrannen auf eine Hellebarde zu spießen, mit dem zerrissenen Rumpf das Straßenpflaster Genuas zu kehren. Doch alle erstarren vor Schreck, als die Leiche angeleuchtet wird – es ist Fiescos junge Frau.

Aus der Rückschau, 1815, bezeichnete Goethe die Moralisierung des deutschen Theaters im 18. Jahrhundert als Hauptursache dafür, daß die bürgerliche Emanzipation des Theaters in Mittelmäßigkeit, im problemlos Sittlichen, Anständigen, Gebilligten steckengeblieben sei. Die kirchlichen Anwürfe gegen das Theater hätten unglücklicherweise die Freunde der Bühne genötigt, »diese der höhern Sinnlichkeit eigentlich nur gewidmete Anstalt für eine sittliche auszugeben. Sie behaupteten, das Theater könne lehren und bessern und also dem Staat und der Gesellschaft unmittelbar nutzen. Die Schriftsteller selbst, gute wackere Männer aus dem bürgerlichen Stande, ließen sich's gefallen, und arbeiteten mit deutscher Biederkeit und gradem Verstande auf diesen Zweck los, ohne zu bemerken, daß sie die Gottschedische Mittelmäßigkeit durchaus fortsetzten und sie, ohne es selbst zu wollen und zu wissen, perpetuierten«.

Gottsched, der Leipziger Professor, Theater- und Literaturreformer, hatte in vielen Publikationen, darunter seiner 1730 erschienenen und mehrfach wieder aufgelegten Schrift *Versuch einer kritischen Dichtkunst vor die Deutschen* Regeln, poetologische Gesetze festgeschrieben, nach denen ein bürgerlich aufgeklärtes, moralisch gehobenes deutsches Drama verfertigt sein sollte. Er adaptierte die Poetologie des französischen Klassizismus. Mit seiner Verstragödie *Der sterbende Cato,* 1731 zusammengeschrieben u. a. aus Joseph Addisons klassizistischem *Cato* (1713) und François Deschamps' *Caton d'Utique* (1715), gab er selbst ein erstes Muster für eine »Originaltragödie«, womit Drama und Aufführungsweise gleichermaßen regelmäßig in Form gebracht sein sollten: Die Alexandriner, mit denen Gottsched die Tragödie auf regelmäßigen (Vers-) Fuß setzte, waren nicht nur gehobene, gereinigte, veredelte dramatische Kunstform, sondern unmittelbar auch Erziehungsmittel für Schauspieler, die es gewohnt waren zu improvisieren, zu extemporieren, mit virtuosem Spiel direkt auf die Zuschauerreaktion einzugehen. Nun sollten sie ein unabhängig von ihnen verfertigtes literarisches Kunstwerk buchstabengetreu wiedergeben, seinem Geist sich unterordnen. Die äußere Zensur durch staatliche und kirchliche Institutionen war auf subli-me Weise in der »gereinigten« und »gehobenen« Schauspielkunst vorweggenommen, internalisiert als ästhetische Qualität.

Der ideale institutionelle Ort des regelmäßigen, gehobenen Schauspiels war die »stehende Bühne«. Doch die Realität im 18. Jahrhundert war – von wenigen Ausnahmen abgesehen – vom Wandertruppenwesen geprägt. Daß das risikoreiche ambulante Kleingewerbe sich nicht seßhaft machen ließ, lag an der Größe und sozialen Struktur des Publikums: Es gab meist nicht genügend an bürgerlicher Schauspielkunst interessierte Zuschauer in einer Stadt. Selbst in den politischen Zentren Wien und Berlin oder den internationalen Handelsplätzen wie Hamburg oder Leipzig rentierten sich keine stehenden Bühnen. Exemplarischer Fall: die Hamburgische Entreprise, die von der Schönemannschen Truppe, dem Schriftsteller Johann Friedrich Löwen (1729–1771) als Theaterdirektor und Gotthold Ephraim Lessing (1729–1781) als Theaterdichter bzw. Dramaturg 1767 mit dem Geld hamburgischer Kaufleute gegründet wurde. Das als Nationaltheater programmatisch begründete Unternehmen am Gänsemarkt scheiterte bereits 1769.

Als subventionierte, aufgeklärt höfische Kulturinstitution spielten feste Bühnen wie die in Mannheim oder Weimar zwar eine maßgebliche Rolle bei der Entfaltung der bürgerlichen Theaterkunst in Deutschland, aber die Mehrzahl der Theater existierte als kommerzielles, von einem Prinzipal oder einer Prinzipalin geleitetes Kleinunternehmen. Oftmals in theatertechnisch nicht eingerichteten Räumen spielend, in Marktbuden, Sälen (Rathaus, Fechthaus), in Schenken und in Scheunen, mußten die Theaterleute wie Händler und Schausteller auf dem Markt die Platzmiete, ihre Konzession bezahlen. Gerieten die Truppen in Schulden, waren sie gezwungen, auf das meist einzige Kapital des Unternehmens zurückzugreifen und den Kostüm- und Dekorationsfundus zu verkaufen – meist der Anfang vom Ende. Nur wenige Truppen schafften es, zeitweilig an Fürstenhöfen bestallt zu werden oder wenigstens eine die Abgaben mildernde Privilegierung zu erhalten.

Unter den Bedingungen des Wandertheaters litt, was seine ästhetischen Möglichkeiten betraf, vor allem die szenische Verwand-lung. Dekorationswechsel waren eingeschränkt, weil die Kulissen mitgeschleppt werden und so beschaffen sein mußten, daß sie an den verschiedensten Orten benutzbar waren. Aber nicht nur deshalb war das Bühnenbild, die »Auszierung« bzw. »Dekoration«, vergleichsweise unterentwickelt gegenüber dem szenischen Spiel der Darsteller, auf das sich alles konzentrierte. Die in der Renaissance entwickelte Kulissenbühne, die den Schauplatz durch paarweise, rechts und links angeordnete zentralperspektivisch gestaffelte Kulissen verwandelte, durch deren Zwischenräume, »Gassen«, die Schauspieler auf- und abtreten konnten, wurde nicht grundsätzlich verändert. Bei Szenenwechseln konnten alle sichtbaren Kulissenflügel, rechts wie links, durch eine einzige Manipulation ausgewechselt werden. In der Unterbühne lief eine lange Walze von vorn nach hinten, und die durch sie auf- oder abgewickelten Seile bewegten die Kulissen, während zugleich die »Gardinen«, die Schlußbilder, auf- oder abgerollt wurden. Aus der Verwandlungstechnik ergab sich ein dramaturgisches Prinzip, dessen sich das heutige Theater, wenn es Stücke aus dem 18. Jahrhundert interpretiert, nicht mehr bewußt ist, das für die Struktur der »klassischen« Dramatik zur Zeit ihrer Entstehung aber ein Muß war: der Wechsel von kurzer und langer Bühne. Ein Beispiel: Im fünften Akt des *Wilhelm Tell* kommt zunächst die »ganze Bühne« ins Spiel, gewissermaßen eine Totale, die Handlung spielt auf einem »öffentlichen Platz bei Altorf«. Am Ende brechen alle auf, um den Befreier Tell zu feiern. In diese dramatische Handlungsbewegung eingeschoben ist eine kurze Dialogszene, Tells Distanzierung vom Mörder Parricida. Sie geschieht vor einer »Gardine«, einem Prospekt, auf den das brennende Feuer gemalt ist. Während dieses Dialogs auf sehr kurzer Bühne (ein Flügelpaar) wird die Bühne dahinter verwandelt, und wenn der Prospekt aufgerollt ist, sieht man »den ganzen Talgrund vor Tells Wohnung nebst den Anhöhen, welche ihn einschließen, mit Landleuten besetzt, welche sich zu einem Ganzen gruppieren . . .«.

Bezogen auf das ästhetische Ideal des bürgerlichen Theaters, »Täuschung«, möglichst vollkommene Illusionierung, waren die üblichen Dekorationen, Einheitsdekorationen, nicht sonderlich hilfreich. Verschiedene Zimmerdekorationen, Säle, ein Straßenprospekt mit Bäumen, ein Garten mußten ausreichen, um die verschiedensten dramatischen Szenen »täuschend« zu spielen. Erst am Ende des 18. Jahrhunderts verfügten einzelne Theater über sozial und historisch einigermaßen differenzierte Dekorationen (Bauernzimmer, bürgerliche Stube, Dachzimmer, alter gotischer Saal, antiker Saal usw.). Ähnlich unentwickelt meist die Beleuchtungstechnik: Auch wo die Darsteller auf psychologische Wahrscheinlichkeit aus waren, auf intimisierende Effekte, die voraussetzten, daß der Zuschauer die Situation glaubte, in der ein Stück Leben als »wahres Gemälde« vorgestellt wurde, stand die Beleuchtung gegen die beabsichtigte Illusionierung. Gegen alle Wahrscheinlichkeit, nur um die Bühne heller zu bekommen, brannten Kerzen auf der Bühne oder hingen Kronleuchter über der Szene, die eigentlich am »hellichten Tage« spielen sollte. Das auf der Rückseite der Kulissen mit übereinander angeordneten Lampen erzeugte Licht war nur schwach. Der Mimik der Schauspieler konnte man fast nur an der Rampe, dem Platz der Monologe, folgen, wo das tiefe Rampenlicht die Gesichtszüge der Akteure genügend erhellte, zugleich aber auch verzerrte.

Das Theaterpublikum im Deutschland des 18. Jahrhunderts war heterogen, umfaßte Adel, Bürger (Beamte, Kaufleute, akademische Berufe, Handwerksmeister, Geistlichkeit) und plebejisches Publikum, den von Bürgern und Adeligen so genannten Pöbel: Handwerksgesellen, Tagelöhner, Hausgesinde, Bauern. Die Klassenordnung wiederholte sich – bei entsprechend eingerichteten Theatern – in der Sitzordnung. In den Logen der Adel, die Großkaufleute, Patrizier, die hohen Beamten; im Parterre das Bürgertum, auf der Galerie der »Pöbel«. Gegen diese, direkt aus der sozialen Schichtung sich ergebende Rangfolge stand, daß das über »Geschmack« und »Bildung« verfügende Bürgertum zunehmend tonangebend war bei der Beurteilung der theatralen Leistung. Das ideale Exemplar des gebildeten, ästhetisch versierten bürgerlichen Zuschauers: der »Kenner«. Um die Mitte des 18. Jahrhunderts öffneten sich die meisten Hoftheater, bis dahin Ort für italienische und französische Opern und Ballette, Tragödien und Komödien, auch deutschsprachigen Truppen und bürgerlicher Dramatik.

Man erhält ein völlig falsches Bild von dem, was auf den Bühnen jener Zeit sich abspielte, wenn man die Dramen, die sich bis heute in Erinnerung bringen können, vor allem also die sogenannten Klassiker, als repräsentativ annimmt. Der ambitioniert begonnene, vom Dramaturgen Lessing mitverantwortete Spielplan des Hamburger Nationaltheaters bestand zu zwei Dritteln aus unterhaltendem Theater; von den 442 Stücken, die Goethe in seiner ersten Direktionszeit am Weimarer Hoftheater (1791–1798) aufführen ließ, waren 105 Lustspiele, 58 Schauspiele und nur 31 Trauerspiele oder Melodramen. Goethe machte das kleine Theater (seit 1794 in Zusammenarbeit mit Schiller) trotz der Unterhaltungsfunktion zu einer Musterbühne; die Schauspieler waren, wie Schiller urteilte, nur mittelmäßig. Vorbildlich wirkte Goethe durch seine vorsichtige Wiederannäherung an die im Sturm und Drang gescholtene französische klassizistische Theaterform – seine Idealisierung, mit der er der »naturalistischen« Mode, der genrehaften Detailschilderung der »kleinen, aber glücklichen« bürgerlichen Verhältnisse entgegentrat. In diesem Sinne kritisierte er die »allgemeine An- und Ausgleichung aller Stände und Beschäftigungen zu einem allgemeinen Menschenwerte«, kritisierte die großen Schauspieler des 18. Jahrhunderts – Ekhof, Schröder und Iffland –, weil sie das sozial Gebilligte auf die Bühne hinübergezogen hätten: »Die Sentimentalität, die Würde des Alters und des Menschenverstandes, das Vermitteln durch vortreffliche Väter und weise Männer nahm auf dem Theater überhand.«

Gotthold Ephraim Lessing

In einem sächsischen Pfarrhaus aufgewachsen, auf eine Fürstenschule in Meißen und dann die Leipziger Universität geschickt, soll der Sohn werden, was der Vater ist, Prediger, orthodoxer Lutheraner von Berufs wegen. Lessing (1729–1781) aber bricht das Theologiestudium ab, kann den Wechsel zur Medizin und Mathematik dem Vater nur mit dem Versprechen abhandeln, sich »nicht wenig auf Schulsachen zu legen«. Aus dem einen wird so wenig wie aus dem anderen. Der Sohn treibe sich mit Komödianten herum, erfährt man zu Hause. Er verfalle der Sittenlosigkeit, erfährt der Sohn aus massiven Schuldzuweisungen, die ihn zwischen elterlichen Wäschepaketen und finanziellen Zuwendungen erreichen. Ungläubig liest man im Pfarrhaus in der Oberlausitz die geschickten Verteidigungsbriefe des Abtrünnigen, der den Eltern eröffnet, Schriftsteller werden und ausgerechnet mit Komödien die Sittlichkeit befördern zu wollen: »Ein Komödienschreiber ist ein Mensch, der die Laster auf ihrer lächerlichen Seite schildert. Darf denn ein Christ über die Laster nicht lachen? Verdienen die Laster so viel Hochachtung? Und wenn ich Ihnen nun gar verspräche, eine Komödie zu machen, die nicht nur die Herrn Theologen lesen, sondern auch loben sollen?« Die Spannung von Religion bzw. christlicher Moral und Theater, die die Theaterentwicklung seit der Frühaufklärung bestimmt, in Lessings dramatischem Werk vom *Freigeist* und den *Juden* bis zu *Nathan der Weise*, aber eben auch in seiner Autorexistenz bekommt sie eine neue Qualität. Lessing erteilt der moralistischen Frage nach der Rechtfertigung der Theaterleute, Schauspieler und Autoren, der Berechtigung der auf dem Theater verhandelten Sujets, der Darstellungsformen, der Wirkung auf die Zuschauer usw. nicht nur eine selbstbewußte Antwort, sondern stellt die Frager in Frage, bringt die christliche Religion und ihren Ausschließlichkeitsanspruch auf die Bühne als überdenkenswerte oder bedenklich inhumane ideologische Position.

Er habe zwar studiert und sei Magister, sagt der wegen seines Scharfsinns bewunderte und beargwöhnte Autor später kokett, aber: »Man setzt mich in große Verlegenheit, wenn man mich fragt, was.«

Theophrast, Terenz und Plautus hatte er schon als Internatsschüler in Meißen – in der Originalsprache – gelesen, und die in dieser Schule beliebten dialektischen Disputationsübungen kann man als Vorübungen für die ersten Komödiendialoge vermuten. In Leipzig dann studiert Lessing den Kanon der neueren und neuesten europäischen Komödienliteratur. Holberg, Destouches, Marivaux, Farquhar, Grandini, Molière, Steele, Vanbrugh sind einige der Autoren, bei denen der junge Lessing – neben deutschen Zeitgenossen wie Gellert oder Weisse – Motive, Figuren und Dialogpassagen für seine eigenen ersten dramatischen Versuche ausborgt. Lessing übersetzt und bearbeitet Komödien für die Neuber-Truppe, schaut sich in fast täglichen Theaterbesuchen »hundert wichtige Kleinigkeiten« ab, die »ein dramatischer Dichter lernen muß und aus der bloßen Lesung seiner Muster nimmermehr lernen kann«. Der Gegensatz von abstraktem Buchwissen, der gediegenen Bildung des Lateinschülers, die an der Universität weitergeführt wird, und praktisch angeeignetem Wissen, das sich wieder praktisch einsetzen läßt, bezeichnet die beiden Seiten der Leipziger Studienzeit. Zuerst ganz hinter die Bücher verkrochen, tritt Lessing bald in der Kulturszene auf, lernt Intellektuelle kennen und vor allem zu leben. In *Der junge Gelehrte,* 1748 mit großem Erfolg von der Neuberschen Truppe in Leipzig uraufgeführt, verarbeitet Lessing (entlang der stereotypen Komödienfigur des eingebildeten weltfremden Akademikers) seine Entwicklung vom Lateinschüler zum Literaten, der – wie die positive Figur dieser Komödie, Valer – »die Bücher beiseite gelegt« hat und sich »durch Umgang und durch die Kenntnis der Welt geschickt« zu machen versucht.

Die Intrigenkomödie

Ein deutscher Molière will er werden, und die Startgeschwindigkeit der poetischen und publizistischen Karriere wird durch den Ort, an dem sie beginnt, beträchtlich erhöht. Leipzig ist zu dieser Zeit das »Klein-Paris«, eine Stadt, »wo man die ganze Welt im kleinen sehen kann«, Handelsplatz mit galant-weltläufigem Flair, ein Ort nicht nur, an dem der Provinzstudent seinen ungelenken Körper durch Reiten und Tanzen dazu bringt, Figur zu machen. Leipzig ist das Zentrum der sächsischen Typenkomödie. Seit den dreißiger Jahren, seit der Theaterreformer Johann Christoph Gottsched dies Genre theoretisch-poetologisch und Adelgunde Gottsched, seine Frau, praktisch-poetisch begründeten (*Pietisterey im Fischbein-Rocke. Oder die Doktormäßige Frau,* 1736), hat die satirische Typenkomödie sich so weit entwickelt, daß in Deutschland dramaturgisch-technisch und auch sprachlich die ausländischen Vorbilder eingeholt sind. Wenige Jahre vor der Jahrhundertmitte, eben zu dem Zeitpunkt, als Lessing zu schreiben beginnt, beherrscht man auch in Deutschland das Schema der raffinierten Intrigenkomödie, der entwickeltsten Form der satirischen Typenkomödie.

Im Mittelpunkt steht hier jeweils ein »lasterhafter« Held. Auf Untugenden, Schwächen, Vorurteile, darauf berechnet, vernünftigwitzig, geistreich und scharfsinnig behoben zu werden, freut sich das Publikum. Der dramaturgische Witz dieser Komödienform: Durch eine List, eine Intrige gegen den negativen Helden wird der zu Beginn der Handlung durch seinen Tugendfehler von der Gemeinschaft Isolierte zur Selbsterkenntnis gebracht und in die Gemeinschaft der Aufgeklärten bzw. Tugendklugen zurückgeführt. Wenn der lasterhafte Held durch die Intrige überführt ist, sich aber dennoch weigert, sein Laster gegen das anerkannte Verhalten bzw. die Tugend einzutauschen, hat er den überlegenen Spott des Publikums und der anderen Figuren, die ihre besten Absichten ja unter Beweis gestellt haben, vollends verdient. Doch noch als wunderlicher Narr, Sonderling, beweist die Figur negativ, was der erfolgreich Bekehrte positiv beweist: die Tugendnorm. Das Ganze also ein durch und durch affirmatives Unternehmen.

Nicht in der Tugendbotschaft, der direkten ideologischen Pointe, liegt der Reiz der Intrigenkomödie, sondern im szenischen Prozeß, der schrittweisen Enthüllung, geistreich konstruierten Beweisführung, dem Witz, dem Raffinement des enthüllenden Dialogs. Oder des szenischen Einfalls, der alles ins Rollen bringt, der altruistischen Intrige. Ausgerechnet in Männerkleidern enthüllt Hilaria das Vorurteil des *Misogyn* (1778), des Frauenhelden und Frauenfeinds. Ihre Art des Beweisens, nicht die zu beweisende These, daß Frauen gleich vollkommen sind wie Männer, überzeugt. Durch die Verkleidung als Mann wird das wahre Wesen der Frau szenisch herausdiskutiert, wird der ins Vorurteil verrannte Misogyn widerlegt. Charakteristisch für Lessing schon hier, in dieser frühen Komödie, daß er dem Frauenfeind auch Argumente gegeben hat, die allein durch Einsicht und vernünftige Beweisführung nicht schon aus der Welt geschafft sind: Die Erfahrung dreier gescheiterter Ehen – behauptet der Misogyn jedenfalls – habe ihn die frauenfeindliche Einstellung gelehrt. Die Lektion der vierten Frau, die die Zuschauer erleben,

muß sich u. a. dagegen, und nicht nur gegen einen abstrakten Irrtum, durchsetzen. Noch in Lessings Lustspiel *Minna von Barnhelm,* seiner Meister- und deutschen Musterkomödie, ziehen die Zuschauer aus einer Intrigen-Besserungs-Dramaturgie ihr Vergnügen, wenn Minna Tellheim glauben macht, ebenso mittellos zu sein wie er, und so versucht, ihren Geliebten von seiner »Halsstarrigkeit der Tugend« zu befreien. Originell an den ersten dramatischen Versuchen Lessings ist allein die Sprache, der pointierte Dialog, die kurzen Repliken, die Tempoverschärfung, sind Leichtigkeit und Witz der Argumentation. Die Scharfzüngigkeit der Dienerinnen macht ihm schon keiner nach, als er den anderen in bezug auf Dramenstruktur noch so ziemlich alles nachmacht. *Damon oder die wahre Freundschaft,* 1747, ist Gellerts »rührendem Lustspiel« nachkonstruiert, der empfindsamen, der Comédie larmoyante nachempfundenen Dramenform. Moderner bürgerlicher Empfindsamkeit wiederum entgegengesetzt, in Teilen an die Späße des vulgären Marktbudentheaters erinnernd: *Die alte Jungfer,* 1749. Die Figur des »Gebackensherumträgers« Peter hat noch den alten Hanswurst bzw. Harlekin im Leibe, und auch die Art, wie Lessing den Eheteufel in die alte reiche Jungfer fahren läßt, ähnelt nicht von ungefähr der derben Situationskomik der noch nicht bürgerlich »gehobenen« Schaubühne. Das ist zur Mitte des 18. Jahrhunderts (die Hanswurstiaden gibt es im Theateralltag ja immer noch, wenn auch etwas gebremst; die Vorreden auf dem Theater, die das gereinigte Theater hochleben lassen, sind oft nur vorausgeschickte Ausreden) längst auch intellektueller Spaß an Trivialität, Vergnügen, das sich vom pedantischen Moralismus, wie er für die Frühaufklärung typisch war, nicht mehr bange machen läßt.

Die Juden

1749 entstehen die beiden Komödien *Der Freigeist* und *Die Juden*; gängige Titel, die den Zuschauern etwas Falsches versprechen. Denn bei Tartuff, Pietist, Libertin bzw. Freigeist erwartet man, eine lächerliche Dissidentenfigur vorgeführt zu bekommen. Und erst recht mit den Juden. *Die Ärzte, Die Advokaten, Die Geistlichen auf dem Lande* hießen die Verlachkomödien der Frühaufklärung, die sich jedesmal die Schwächen eines Standes, Berufs, einer bestimmten gesellschaftlichen Gruppe vornahmen. Was von den Juden zu halten ist, daran läßt das Rollenfach des Juden im Theater so wenig einen Zweifel wie die Rollenzuweisung im täglichen Leben. Auf diese Erwartung, dies antisemitische Bild des Schacherjuden und Betrügers, geht Lessing offensiv ein: Er verkehrt die Perspektiven, stellt das Schema der satirischen Komödie auf den Kopf. Der »Reisende«, von dem die anderen Figuren nicht wissen, daß er Jude ist – er ist in dieser Komödie das Muster von Selbstlosigkeit, Aufgeklärtheit, Freundlichkeit. Ein gebildeter, souverän auftretender und dazu noch reicher Mann. *Die* Identifikationsfigur für die Zuschauer also … wenn man nicht wüßte, daß dieser Mann Jude ist und wenn man nicht wüßte, was Juden sind! Lessing führt mit dieser kleinen Komödie dem Publikum seine Vorurteile vor Augen, nicht indem er einzelne Korrekturen am Judenbild anbringt: er nimmt sich die Selbstgerechtigkeit der Zuschauer bzw. der christlichen Gesellschaft prinzipiell vor, zeigt, wie die moralisch überlegenen Figuren in Wahrheit in Vorurteile verstrickt sind und andere Figuren genau die Galgenstricke sind, als die sie die Juden verdächtigen.

Mit Judenbärten maskierte Männer haben einen Baron überfallen. Ein Reisender kommt ihm mutig zu Hilfe, vertreibt die Ganoven, wird aus Dankbarkeit ins Schloß eingeladen und bald schon zur Hochzeit mit der Baroneß, die ihn anhimmelt, deren Reiz ihn begeistert. Aber das Stück bleibt auf dem Boden der gesellschaftlichen Tatsachen. Das von den Komödienzuschauern erwartete Happy-End findet nicht statt: Mischehen – Ehen zwischen Juden und Christen – sind in Preußen verboten; dies nur eine der vielen, zur Zeit der Entstehung dieses Stücks sich weiter verstärkenden Repressalien gegen die Judenschaft. Eine im präzisen Sinn politische Komödie, nicht allein wegen der innerdramatisch entfalteten Kritik an borniertem oder kriminellem Antisemitismus, sondern vor allem durch die provokante Besetzung bzw. Gegenbesetzung der Hauptfigur. Gellert, dem Lessing das Sujet abgeschaut hat, der ebenfalls einen »edlen Juden« als Retter eines Christen (in seinem Roman *Leben der schwedischen Gräfin von G¨*) schildert, hatte die

Handlung noch ins ferne Sibirien verlegt und die Figur des »rechtschaffenen« polnischen Juden eher als Ausnahme gesehen, als schönes Exempel dafür, daß es auch unter dem Volk der Juden »gute Herzen« gäbe. Daß in den *Juden* der Reisende Vorbildfigur ohne den geringsten Makel ist, trägt Lessing prompt Kritik ein. Was diese Kleinstkomödie, drei Jahrzehnte vor *Nathan der Weise* entstanden, nicht nur zeitlich voraus hat, ist der gezieltere Anschlag auf die Erwartungen des Publikums, die Neugier Lessings, »was es für eine Wirkung auf der Bühne haben werde, wenn man dem Volke die Tugend da zeigte, wo es sie ganz und gar nicht vermutet«.

Der Freigeist

Ähnlich den *Juden* ist auch dieses fünfaktige Lustspiel eine Kontrafaktur der satirischen Typenkomödie. Den vorweg Verdächtigten zeigt Lessing als sittlichen Charakter. Das Problem ist nicht die Opposition von Tugend und Untugend, Glauben und Unglauben, sondern wie verschiedene sittliche Haltungen einander tolerieren können, wie der Theologe (Theophan) dem Freigeist (Adrast) und dieser jenem gerecht werden kann. Die Figurenkonstellation des *Freigeist* hat Lessing einer zehn Jahre alten französischen Vorlage abgeschaut. Die ›Liebe über Kreuz‹, die der Toleranz-Komödie die Unterhaltsamkeit sichert – der Freigeist verliebt sich ins fromme, der Fromme ins witzige Mädchen –, stammt aus de Lisles *Les caprices du coeur et de l'esprit*.

Miss Sara Sampson

Mit dem 1755 in Frankfurt/Oder von der Ackermannschen Schauspieltruppe uraufgeführten Stück steht Lessing in der Schuld des bürgerlichen, im Austausch mit der Romankultur entwickelten englischen Trauerspiels. Gut zwei Jahrzehnte zuvor hatte der Londoner Juwelier George Lillo das Trauerspiel *George Barnwell oder der Kaufmann von London* herausgebracht, und auch auf dem Kontinent ist es schon gespielt worden, als Lessing das Formvorbild aufgreift.

Mellefont, ein tugendschwacher Mann, verführt und entführt Sara, ein tugendreines Mädchen, aus ihrem Vaterhaus. In die Provinz geflohen und in einem Gasthaus untergekommen, widersteht der Verführer

auch nach vielen Wochen noch dem Gedanken, die Liaison durch Heirat zu legitimieren: »Sara Sampson, meine Geliebte! Wieviel Seligkeiten liegen in diesen Worten! – Sara Sampson, meine Ehegattin! – die Hälfte dieser Seligkeiten ist verschwunden!« Als er sich dazu durchgerungen hat, die Liebesneigung gegen die Ehepflicht einzutauschen, das Drama ein in – bürgerlichen – Maßen glückliches Ende finden könnte, ereilt das Paar Schlimmeres, als es floh, beginnt das eigentliche Trauerspiel. Marwood ist erschienen, die Vorgängerin Saras; das Kind aus der jahrelangen Liaison hat sie mitgebracht. Als Mellefont ihr eröffnet, nicht mehr zu ihr zurückzukommen, als sie begriffen hat, daß es – wie das Stück argumentiert – der tugendreine Charakter Saras ist, der sie für Mellefont so unwiderstehlich macht, mischt Marwood der ohnmächtig gewordenen Rivalin Gift in die Medizin. Was zuvor noch hätte geglättet werden können, der verzeihende Vater würde es möglich machen, jetzt erst nimmt es hochdramatische, das Innerste der Figuren aufwühlende Form an. Die nur episodisch der vorausgegangenen Handlung verbundene Katastrophe zeigt sich weniger als szenische Aktion, sondern als bewegendes Gespräch. Tragisch unausweichlich ist nichts an diesem Trauerspiel, unausweichlich aber die gegenseitige Rührung der Figuren im Unglück. Die sterbende Sara vergibt der mörderischen Rivalin, empfiehlt den tugendschwachen Geliebten der Obhut des unglücklichen, gütig verzeihenden Vaters. Der wiederum verzeiht der zuvor aus seinem Tugendhaus geflohenen Tochter, bietet Mellefont die Sohnesstelle an. Der bringt es nicht gleich über sich, diese Hochherzigkeit anzunehmen; soviel Güte und Großmut aber nehmen ihm den Mut zur Rache an Marwood. Er erdolcht statt dessen sich selber. Und jetzt erst, sterbend, fleht auch er um Vergebung, nimmt die väterlich verzeihende Liebe an. Mehr unglücklich als lasterhaft, bedeutet Vater Sampson den Zuschauern, sei dieser Verführer gewesen. Die patriarchale Autorität ist die Zentralperspektive aller seelischen Aufwallungen und Tränen. Sie geflohen zu haben, war der Tugendfehler, der, psychologisch nach allen Seiten geschildert, das Unglück heraufbeschwor. Und alles endet wieder in ihr. Die Widersprüche, die die bürgerlich-patriarchale Tugendnorm anrichtet (durch die Polarisierung der Frau in die sittsame Hausfrau und die erotisch reizende Frau; der reizenden Frau in die engelreine und die böse, gefallene Frau) am Ende »versöhnt« der dem gnadenreichen Gott des Neuen Testamentes nachempfundene Vater wieder alles; von religiöser Erbaulichkeit zu dieser theatralen ist kaum ein Schritt. (Eine rächende, alttestamentarische Variante der Vaterfigur findet sich in Johann Gottlob Pfeils *Lucie Woodvil*, 1756.) Alle Figuren in *Miss Sara Sampson* haben eine deutliche Typenseite: die edle, tugendreine Frau, die böse Frau, der Liebhaber, der Vater; alles das läßt sich mit den tradierten Rollenfächern besetzen und zur Not noch spielen. Doch es geht um Enttypisierung, um komplexe, gemischte Charaktere. Selbst Sara, der Tugendengel, ist nicht ausgenommen von der inneren Widersprüchlichkeit, die nachzuerleben die bürgerlichen Zuschauer so interessiert. Sie quält sich mit Selbstanklagen, schwelgt, wie Mellefont auch, in Selbstbestrafungsphantasien. Psychologische Differenzierung, wechselseitige Einfühlung der Figuren, quälende Lust am eigenen Leid und die Wonnen der altruistischen Gesten, all das ist für das Publikum eine einzige Einladung zum Mitleiden, zur Einfühlung und Erbauung. Vier Stunden lang saßen die Zuschauer bei der Uraufführung wie die Statuen und weinten beglückt über den Seelenschmerz der an ihrer Moral leidenden bürgerlichen Figuren. Anders als in vielen späteren bürgerlichen Trauerspielen gibt es in *Miss Sara Sampson* keine feudalen Figuren, die die bürgerlichen ins Unglück bringen. Unter den Bürgern stehende Figuren aber hat Lessing teilweise in die Psychologisierung mit einbezogen und sie ihrer Unverbildetheit wegen sogar den Bürgern zum Vorbild gemacht. Mellefonts Diener, Norton, hat sich in die Situation seines Herrn eingefühlt und ist erstaunt, ihn in anderer Stimmung zu finden, als er vermutete. Als Mellefont Norton anherrscht: »Nur der Pöbel wird gleich außer sich gebracht, wenn ihn das Glück einmal anlächelt«, legt Lessing diesem die Replik in den Mund: »Vielleicht, weil der Pöbel noch sein Gefühl hat, das bei Vornehmen durch tausend unnatürliche Vorstellungen verderbt und geschwächt wird.« Eine Idealisierung, keine Einsicht, die man Lessing klas-

sentheoretisch nachrechnen darf. In den *Juden* ist es die »sich selbst gelaßne Natur« der Baroneß, ihr »ungekünstelter Witz, liebenswürdigste Unschuld« usw., die dem aufgeklärten Bürger, dem jüdischen Kaufmann, wahlverwandt erscheint. Die Herzensbildung der Bürger sucht sich die einfachen Leute, unberührte oder unverbildete Natur nach ihrem Idealbild, sucht bei allem Altruismus, ja gerade durch ihn, immer nur sich selbst. Der den Ständeschranken überhobene ideale Mensch ist der gebildete und empfindende Bürger. Von der Höhe dieses Anspruchs läßt sich leicht auch, wie bürgerliches Räsonnement es gerade braucht, das Negativbild Pöbel zeichnen: roh statt ungekünstelt, ungebildet statt unverbildet, beschränkt statt natürlich, niedrig statt einfach. Lessing über die Art, wie der Pöbel bewundere (Brief an Mendelssohn, 28.11.1756): »Seine, des Pöbels Fähigkeiten sind so gering, seine Tugenden so mäßig, daß er beide nur in einem leidlichen Grade entdecken darf, wenn er bewundern soll. Was über seine enge Sphäre ist, glaubt er über die Sphäre der ganzen menschlichen Natur zu sein. Lassen Sie uns also nur diejenigen Fälle untersuchen, wo die bessern Menschen, Menschen von Empfindung und Einsicht, bewundern. Untersuchen Sie Ihr eigen Herz, liebster Freund!«

In *Miss Sara Sampson* rühren Bürger auf bürgerliche Weise, in Schillers *Kabale und Liebe* wird eine bürgerliche Heldin zur Identifikationsfigur. Das bürgerliche Tugendideal kann aber auch wie z.B. in *Emilia Galotti* oder *Minna von Barnhelm* vom niederen Adel verkörpert sein. Dem Buchstaben nach ist der »Räuber« Karl Moor ein adeliger Jüngling, sein Vater ein regierender Graf. Tatsächlich verfolgt Schillers Held sehr unfeudale Ziele, Gedanken und Gefühle, ist der alte Moor eher der Vater einer bürgerlichen Kleinfamilie. Zwar drängen immer mehr auch bürgerlich namhaft gemachte und kostümierte Figuren seit der Mitte des 18. Jahrhunderts auf die deutschen Bühnen. Doch darin zeigte sich nur ein Moment der Verbürgerlichung. Entscheidender: die innere Legitimation, Ausstattung des dramatischen Personals – ob nominell bürgerlich, unterbürgerlich oder adelig – mit bürgerlichem Interesse, Gefühl, Moral, Bildung. Die Ständeklausel wurde nicht allein dadurch überwunden, daß Bür-

ger tragödien- bzw. trauerspielfähige Figuren wurden, sondern Adelige vermenschlichte Charaktere. Lessing: »Die Namen von Fürsten und Helden können einem Stück Pomp und Majestät geben; aber zur Rührung tragen sie nichts bei... wenn wir mit Königen Mitleid haben, so haben wir es mit ihnen als mit Menschen und nicht als mit Königen.«

Das Interesse an der verfeinerten und vertieften Empfindung und Rührung schloß gerade nicht aus – zumal in der Ästhetikdiskussion –, daß dem Nichtrationalen rationalistisch nachgefragt wurde. Lessing entwickelte ein »richtiges System« der Rührung, durch das allein das »wahre Kunststück... Tränen zu erregen«, erreicht werden sollte: »Ich unterscheide drei Grade des Mitleids, deren mittelster das weinende Mitleid ist, und die vielleicht mit den drei Worten zu unterscheiden wären, *Rührung, Tränen, Beklemmung. Rührung* ist, wenn ich weder die Vollkommenheiten, noch das

Statt im üblichen Allerwelts-Rokoko-Interieur spielte die von Wolfgang Langhoff 1960 im Deutschen Theater Berlin inszenierte »Minna von Barnhelm« in einem putzbrüchigen, durch den Siebenjährigen Krieg heruntergekommenen Gasthof. Herwart Grosse als Wirt, Gudrun Ritter als Franziska und Käthe Reichel – ohne besonderen adeligen Habitus – als Minna. Bühne: Heinrich Kilger.

Lessings »Emilia Galotti« im Wiener Theater in der Josefstadt 1970, Regie Fritz Kortner. »Mit Emilias Angst, dem Prinzen zu verfallen – hat Kortner ernst gemacht« (Ivan Nagel). So spielten die letzten Akte »unter der Drohung eines glücklichen Endes«. – Marianne Nentwich als Emilia, Grete Zimmer als ihre Mutter.

Unglück des Gegenstandes deutlich denke, sondern von beidem nur einen dunklen Begriff habe; so rührt mich zum Exempel der Anblick jedes Bettlers. *Tränen* erweckt er nur dann in mir, wenn er mich mit seinen guten Eigenschaften sowohl, als auch mit seinen Unfällen bekannter macht, und zwar mit beidem *zugleich* ...« Lessing exemplifiziert dies an einem Mann, der von sich sagt: »Ich bin vom Amte gesetzt, weil ich zu ehrlich war, und mich dadurch bei dem Minister verhaßt machte ... Doch ich will lieber hungern als niederträchtig sein; auch meine Frau und Kinder wollen lieber hungern ..., als ihren Vater und Ehemann lasterhaft wissen«: Thematische Anklänge an die Geschichte des unehrenhaft entlassenen, auf seiner Ehre bestehenden Militärs Tellheim in *Minna von Barnhelm* (1767) – mit welchem Lustspiel Lessing allerdings die Tränendramaturgie ebenso überwand wie die allein mit ihrem »Witz« bestechende, raffinierte Intrigenkomödie.

Minna von Barnhelm oder das Soldatenglück
Während des Siebenjährigen Kriegs ist der preußische Besatzungsoffizier Major von Tellheim beauftragt, in Sachsen möglichst hohe Kriegsgelder einzunehmen. Doch er verlangt aus Mitgefühl mit den armen sächsischen Landständen nur die Mindestsumme, streckt für sie sogar noch einen Betrag vor. Durch dies großmütige Verhalten nimmt er Minna von Barnhelm für sich ein. Der preußische Besatzungsoffizier und das reiche einheimische Fräulein verloben sich noch während des Krieges. Die preußische Generalkriegskasse vermutet hinter dem Finanzgebaren Tellheims Korruption. Als das Lustspiel mit dem ironischen Untertitel beginnt, wartet ein unehrenhaft aus der Armee entlassener, kriegsversehrter, verarmter Offizier in einem Berliner Vorstadtgasthof auf seinen Prozeß.
Die Tränendramaturgie hätte das Unglück dieses Offiziers, die Edelmütigkeit, die ihm dies eintrug, und die Prinzipientreue, mit

der er diese Haltung beibehält, erzählt und damit ihren Zweck erreicht. In *Minna von Barnhelm* erfährt der Zuschauer diese Vorgeschichte nur bruchstückweise. Manchmal fast beiläufig und nur durch Zufall kommt heraus, was es mit diesem Offizier eigentlich auf sich hat, warum er sich so verhält, wie er sich verhält. Der Major von Tellheim ist in seiner Abwesenheit in ein Dachzimmer umquartiert worden, um neu ankommenden, begüterten Gästen Platz zu machen – wie sich später herausstellt, sind das Minna von Barnhelm und ihre Kammerjungfer. Verärgert versetzt Tellheim beim Wirt das letzte, das er noch besitzt – seinen Verlobungsring – um die Mietschulden begleichen und ausziehen zu können. Seinen Diener will er entlassen, weil er ihn nicht mehr bezahlen kann; der Witwe eines bei ihm verschuldeten Freunds aber erläßt er großmütig die Schuld, behauptet, diesem nie etwas geliehen zu haben. Bevor die heiratslustige Minna von Barnhelm endlich wieder ihrem Verlobten gegenübersteht, von dem sie lange Zeit nichts mehr hörte, hat Lessing so den Zuschauern eine ganze Serie von Tugendbeispielen Tellheims referiert bzw. auf offener Szene vorgeführt. Tellheim erklärt Minna nun, »Vernunft« und »Notwendigkeit« hinderten ihn, die alte Beziehung wieder aufzunehmen und zu heiraten; er sei in jeder Hinsicht abgestiegen, sozial, körperlich und seelisch ein ganz anderer geworden. Als Minna ihm schnippisch antwortet »Das klingt sehr tragisch«, weiß sie nicht, daß sie Tellheims innere Situation trifft, die Wahrheit sagt. Den ihr uneinsichtigen starren Ehrbegriff überspielt und besiegt Minna dann mit einer Intrige: Sie läßt Tellheim wissen, daß sie seinetwegen enterbt worden sei, mittellos habe sie seine Hilfe gesucht; er reagiert, wie er reagieren soll, bekennt nun stürmisch – freilich auch dies wieder Ehrensache – seine Liebe, respektive Ritterlichkeit: »Ihr Unglück hebt mich empor, ich sehe wieder frei um mich, und fühle mich willig und stark, alles für sie zu unternehmen.« Das bisher abgelehnte Darlehen von seinem ehemaligen Untergebenen, Wachtmeister Werner, nimmt er nun ohne Bedenken an, macht Riesenschulden, um den Ehestand praktisch ins Werk zu setzen. Minna spielt aber die Intrige gefährlich weiter, zahlt dem Geliebten die Schwierigkeiten heim – das Mo-

tiv des Zug um Zug ausgetragenen Ehestreits durchzieht die gesamte Vorehe-Komödie. Den Ehr-Spieß umdrehend, erklärt sie dem inzwischen rehabilitierten und wieder vermögenden Tellheim, sie könne die Verachtung nicht ertragen, als Enterbte geliebt zu werden. Die Situation dreht sich noch einmal, als Tellheim erfährt, Minna habe den Verlobungsring ausgelöst. Prompt fällt er wieder in den alten »Starrsinn der Tugend«, glaubt sich betrogen. Die Ankunft des Onkels (den nur ein Verkehrsunfall hinderte, zur gleichen Zeit wie Minna auf der Szene des preußischen Wirtshauses »König von Spanien« zu erscheinen und den Familien- und Erbschaftssegen zu erteilen) und Minnas Aufklärung der Irrtümer und Intrigen führt zum glücklichen Ende.

Ein dramaturgisch genau ausgerechnetes, virtuos schwierig gemachtes, von Tragik bedrohtes Glück. Den Umschlag ins Trauerspiel haben die Zuschauer aber im Ernst nicht zu befürchten. Lessing läßt Minna – ihr Herz – schon zu Beginn des zweiten Aufzugs wissen, die Reise werde glücklich verlaufen. Und daß sich Tellheim tatsächlich in einer tragischen Situation befindet, seine Ehrauffassung mehr ist als stures Festhalten an einem anachronistisch gewordenen Ehrbegriff oder Hypochondrie, daß der in jeder Hinsicht beschädigte Held in einer tiefen Identitätskrise steckt, die mit den Umständen seiner Entlassung zu tun hat – all das erfährt der Zuschauer erst, als Tellheim schon wieder voll rehabilitiert und das Eheglück in greifbarer Nähe ist. »Die heile, die auch der Tugend des einzelnen wohl gesonnene Welt siegt am Ende, nachdem sie bereits verloren hatte« (H. Steinmetz). Das Schema der moralsatirischen Intrigenkomödie scheint in *Minna von Barnhelm* noch durch, doch es geht um keinen bloß lächerlichen Tugendfehler, sondern ein tiefer Zweifel am Vernunft- und Moralzusammenhang der Welt bewirkt die Tugendübersteigerung Tellheims. Variantenreich spielt Lessing durch, wie materielle gesellschaftliche Bedingungen, die »äußeren« Verhältnisse, Voraussetzung sind oder im Widerspruch stehen zu den inneren psychisch-moralischen Verhältnissen. Daß Tugend und Moral, das Zu-sich-selbst-Kommen des Individuums, entscheidend ist und nicht die materielle Welt, ist in diesem Lustspiel keine Frage; genausowenig aber auch, daß

Minderwertigkeitsgefühle mit sozialer Minderwertigkeit zu tun haben, Gefühle mit Schulden, Ehre mit Geld.

Auf die Identitäts- und Rollenprobleme des Hauptpaars bezogen, keineswegs aber nur unselbständig ›dienende‹ Figuren sind Franziska, die hellwache und herzliche Kammerjungfer, und Just, Tellheims Diener. Franziska, die Tochter eines Müllers, schildert Lessing nicht nur als der Herrin erstaunlich ebenbürtig, wenn es darum geht, verwickelte und überraschende Situationen zu überschauen und zu parieren. In entscheidenden Momenten ist sie dem adeligen Fräulein überlegen. So, wenn sie sich vom kalt berechneten und zuweilen grausamen Spaß distanziert, den Minna mit den Gefühlen ihres Verlobten treibt. Just identifiziert sich mit den Nöten Tellheims. Aber im Unterschied zu Minna und Franziska, die fast wie Freundinnen die komplizierte Liebesgeschichte bereden und die nächsten Schritte aushecken, ist Liebe hier kein Thema. Nach außen ungehobelt und aggressiv, wenn er seinen Herrn verteidigt, ist der ehemalige Packknecht durchaus zu Einfühlung und Verinnerlichung fähig; wenn er zu Tellheims Schlußrechnung die Gegenrechnung aufmacht, seinen unglücklichen Herrn mit der Geschichte des bedingungslos treuen Hundes rührt.

Wachtmeister Werner, sozial in etwa Franziska gleichgestellt, hat einen ähnlichen Konflikt wie Tellheim zu bestehen. Auch er findet sich schwer im Zivilleben nach dem Krieg zurecht, und Franziska muß erst ihren ganzen Charme aufwenden, um ihn von den Vorzügen des bürgerlich friedlichen Lebens zu überzeugen. Im Unterschied zum Hauptpaar des Lustspiels reden diese beiden direkter miteinander, läuft ihre Beziehung gradliniger aufs glückliche Ende hinaus. Kontrastierende Karikatur zum Ehrenmann Tellheim ist Riccaut de la Marlinière, ein heruntergekommener Diplomat und Spieler. Eine episodische Figur wie der schmierig eilfertige, seine Gäste bespitzelnde Wirt; beide in Diensten des preußischen Königs – Lessings Kommentar zum Berliner Helden der Schlesischen Kriege, zum Elend, das diese Kriege anrichteten. Besondere Spitze: wenn der französische Glücksritter sich radebrechend über die deutsche Sprache mokiert, so sich ihr ausliefert.

Minna von Barnhelm führt im Kanon der bürgerlichen deutschen Nationalliteratur das Komödien- bzw. Lustspielgenre an. Zur Zeit Lessings war dies Werk Muster des Genres »Soldatenstück«. Die, nach Goethes Charakterisierung in *Dichtung und Wahrheit,* »erste aus dem bedeutenden Leben gegriffene Theaterproduction von specifisch temporärem Gehalt, die deßwegen auch eine nie zu berechnende Wirkung that«, verarbeitet Erfahrungen, die Lessing zur Zeit des Siebenjährigen Kriegs als Sekretär beim General von Tauentzien in Breslau machte. Noch vor der Uraufführung 1767 im Hamburgischen Nationaltheater wurde das Stück in Preußen verboten. Die Synthese von »Possenspiel«, das »nur zum Lachen bewegen«, und »weinerlichem Lustspiel«, das »nur rühren« will, zur »wahren Komödie« ist bis heute ein Erfolgsstück des deutschsprachigen Theaters, *das* Erfolgsstück auf den Bühnen der Bundesrepublik nach 1945.

Emilia Galotti

»Ehedem wohl gab es einen Vater, der seine Tochter von der Schande zu erretten, ihr den ersten, den besten Stahl in das Herz senkte – ihr zum zweiten Male das Leben gab. Aber alle solche Taten sind von ehedem! Solcher Väter gibt es keinen mehr!« Lessing legt Emilia, der Heldin seines 1772 uraufgeführten Trauerspiels, diese Reminiszenz in den Mund, bevor ihr Vater Odoardo zusticht, die Wiedergeburt aus dem Geiste patriarchaler Moralität also tatsächlich sich ereignet. Das Ereignis im alten Rom, auf das Lessing sich bezieht, war zugleich ein sensationeller politischer Akt. Dem Zugriff des lüsternen Gewaltherrschers Appius Claudius auf seine Tochter Virginia kommt der römische Vater zuvor, indem er selbst in aller Öffentlichkeit Hand an sie legt und damit das Fanal gibt für einen Volksaufstand, der zur Entmachtung des Despoten führt. Machtpolitische Konsequenz hat Lessings Trauerspielhandlung nicht, wohl aber politisch-gesellschaftliche Dimension: In der Konfrontation und gegenseitigen Verwicklung von absolutistisch-feudaler und bürgerlicher Welt entsteht die Tragik. Die in einem zeitgenössischen (wenn auch hinter die Alpen ins Italienische verlegten) Duodezfürstentum sich abspielende Handlung zeigt den abso-

lutistischen Hof als treibende, sittenverderbende und kriminelle Kraft, die bürgerlichen – wenngleich ebenfalls adelig kostümierten – Figuren als deren Opfer. Einer ganzen Dramatikergeneration wurde diese Grundkonstellation zum Vorbild. Der Prinz von Guastella, Hettore Gonzaga, versucht mit allen Mitteln Emilia Galottis habhaft zu werden, die bereits verlobt ist und im Begriff zu heiraten. Die dramaturgische Setzung, daß alles sehr schnell gehen muß – die Tragödie ereignet sich dann im Laufe eines einzigen Tages –, beglaubigt eine Ereigniskette, die in anderem Kontext leicht als kolportagehafte Räuberpistole erschiene. Als der Bräutigam Emilias, Appiani, nicht auf den Vorwand eingeht, in wichtiger diplomatischer Mission unverzüglich verreisen zu müssen, nicht sich ins Ausland abschieben läßt, wird das Paar auf dem Weg zur Trauung überfallen, Appiani dabei tödlich verwundet, werden Emilia und ihre Mutter unterm Vorwand der Hilfe aufs nahe prinzliche Lustschloß – der Prinz wartet schon – geleitet. Orsina, die fallengelassene Mätresse des Prinzen, gibt Odoardo ihren Dolch, damit er sie und den getöteten Appiani räche, den Prinzen töte. Der bürgerlich-tugendfeste Vater ermordet – durch das Beispiel des römischen Virginius von Emilia dazu herausgefordert – seine Tochter.

Mit dieser äußeren Täter-Opfer-Handlung ist über das Stück allerdings wenig gesagt, die Charaktere und ihre Motivation gehen damit nicht auf. Den Prinzen, die Gräfin Orsina, selbst den höfischen Intriganten, Inszenator des heimtückisch-blutigen Anschlags, zeichnet Lessing auch als widerspruchsvolle, ja leidende Charaktere. So leidet der Herrscher daran, keinen Freund zu haben, haben zu können; Marinelli, daß er zwar als ebenso sensibler wie kalter Spezialist gebraucht wird – als jemand der die intimen Gedanken des Prinzen ebenso lesen, wie die schmutzigsten Intrigen organisieren können muß –, daß alle Nähe zum Prinzen aber zu keiner Freundschaft, zu keiner wirklich vertrauten Beziehung führen kann und er am Ende immer Werkzeug, Erfüllungsgehilfe oder Sündenbock bleibt. Orsina ist im Augenblick, in dem sie der Prinz fallen läßt, ihr Porträt in die Galerie zu den anderen Toten hängen läßt, einsam. Was sie war, war sie allein in ihrer Funktion für den Hof, als Objekt der Männer. Die See-

lenlage derer am Hofe entschuldigt nicht ihre Verbrechen, gewährt den bürgerlichen Zuschauern aber zugleich mit dem Blick aus höfisch-politischer Kommandohöhe und sittlicher Niederung den Blick auf sich selbst: als überlegen Verstehende, altruistisch Fühlende. Das Fremde und Feindliche der höfischen Welt sich als defizitär bürgerliche Realität übersetzend, kommt das bürgerliche Einfühlungsinteresse auf seine Kosten.

Was den Prinzen aus dem höfischen Geleis und die Tragödie in Gang bringt, ist eine Traumfrau, die konkurrenzlos ist gegenüber dem Raffinement und erotischen Amüsement in seiner Umgebung. Emilia ist ein »*Meisterstück der Natur*«, ihre Bescheidenheit, ihr Nichtauftreten, Nichtrepräsentieren bringt den Prinzen um den Verstand. Er glaubt, ohne sie nicht leben zu können, »verloren« zu sein – eine fast romantisch verschwärmte Leidenschaft, zu der die Intrigenmaschinerie, die die Befriedigung organisieren und erzwingen soll, im Widerspruch steht. Das gilt für Emilia kaum anders, sie fühlt beim Prinzen, nicht bei ihrem Bräutigam, ihr »warmes Blut«, erwacht erotisch überhaupt erst jetzt. Hinterm Dornenverhau bürgerlich-rigider Moralität bisher vom Vater beargwöhnt und bewacht, würde auch ihre Heirat nichts an ihrer Lage ändern. Sie soll mit Appiani aus der Residenzstadt hingehen, wohin »Unschuld und Ruhe« sie rufen, in die »väterlichen Täler«, um dort »sich selbst zu leben«. Eine desexualisierte und depolitisierte Rückzugs- und Verweigerungsphantasie nach dem Geschmack des Vaters, der mit Argwohn die Zeit verfolgt hat, wo Emilia – der Bildung wegen! – unter denn Augen der Mutter sich in der Stadt aufhielt. Appiani ist nichts als der Stellvertreter des Vaters, und darum liebt dieser ihn, umarmt in ihm gewissermaßen sich selbst. Dieser rousseauistische Weltverweigerer, von dem der Höfling Marinelli sagt, er könne nichts Besseres tun, als auf den Alpen Gemsen jagen und Murmeltiere abrichten, er würde Odoardo garantieren, daß seine Tochter bruchlos von der jungfräulichen in die hausfräuliche Sittlichkeit gelangt. Lessing läßt ihn am Hochzeitsmorgen »ungewöhnlich trübe und finster« dreinschauen, seine Braut erst sehen, als diese auf ihn zuläuft. Emotionen hat dieser ›Sohn‹ Odoardos nur ex negativo für

Emilia: Wenn er die Tugend der Braut verteidigen, die Eroberung durch einen anderen hindern will.

Die polaren Gegenspieler sind nicht Appiani und der Prinz, sondern dieser und Odoardo. Als Lessing den Bräutigam Emilias gewaltsam aus der Konfiguration herausnehmen läßt, ist er als Konkurrent des Prinzen eigentlich schon gestorben, mit dem tödlichen Ausgang des Überfalls lediglich ein zusätzliches Motiv gewonnen für Odoardo bzw. das Interesse an seinem Verhalten, Denken und Fühlen. Gegenüber den Machtmitteln des Prinzen ist die »männliche Tugend« Odoardos ohnmächtig: Gerade daraus aber erwächst besondere innere, höhere, sittliche Macht. Buchstäblich wird durch Verinnerlichung, Sublimierung, Verweis auf höhere Gerechtigkeit in anderen Welten aus Not Tugend. In drei Monologen, die nicht nur den Tugendmord an Emilia vorbereiten, sondern auch die bürgerliche Seelenverfassung unter den Bedingungen des Feudalabsolutismus den Zuschauern vorführen, verhält sich Odoardo zunächst zum Racheauftrag der Orsina: »Was hat die gekränkte Tugend mit der Rache des Lasters zu schaffen? Jene allein hab ich zu retten.« Die Gerechtigkeit für seinen Schwiegersohn in eine spätere Welt vertagend, »Deine Sache wird ein ganz anderer zu seiner machen«, glaubt er den Prinzen genug gestraft, wenn er »die Frucht seines Verbrechens nicht genießt. – Dies martere ihn mehr als das Verbrechen«. Bürgerliche Phantasie entfaltet ihre ganze Kraft, wenn es um versagte Lust und Schuldgefühle geht. Odoardos Bestrafungsphantasie ist reine Projektion: »Wenn nun bald ihn Sättigung und Ekel von Lüsten zu Lüsten treiben, so vergälle die Erinnerung, diese eine Lust nicht gebüßet zu haben, ihm den Genuß aller! In jedem Traume führe der blutige Bräutigam ihm die Braut vor das Bette, und wann er dennoch den wollüstigen Arm nach ihr ausstreckt, so höre er plötzlich das Hohngelächter der Hölle und erwache!« In der Lustfeindlichkeit steckt beträchtliche Lust. Durch die Gerechtigkeits- und Bestrafungsmotivation legitimiert, eröffnet sich dem Zuschauer der Blick auf eine vorgestellte Szenerie, deren Reize tatsächliche Darstellung auf der Bühne nie erreichen könnte. Lessings Trauerspiel überragt die zeitgenössische Dramentechnik und Sprachkraft.

»Das Charakteristische an Lessings Sprache in der *Emilia* ist die ständige Distanz, welche die Figuren durch die Sprache zu sich selbst erzeugen, als wollten sie sich immer zugleich vor dem Zuschauer kommentieren. Die argumentative Sprache vermeidet die Gefahren, dem das Tragödien-Genre vor Lessing nicht entging: die Äußerlichkeit des heroischen Pathos oder empfindsamer Larmoyanz« (Lothar Schwab).

Psychologische Glaubwürdigkeit und Differenzierung der Charaktere erreicht Lessing durch die Facettierung sprachlicher Mittel, die indirekt den seelischen Zustand verraten. So verspricht sich der Prinz, wo er eigentlich verheimlichen will, fördern Mißverständnisse im Dialog das Verständnis des Zuschauers. Über kleine Fehler, scheinbar unbedeutende Anspielungen, abwegige Assoziationen organisiert Lessing den Handlungsaufbau, und nicht selten thematisiert er zugleich dies Verfahren, macht er die Konstruiertheit der Handlung zum Gegenstand des Dialogs. Indem Figuren über einen »sonderbaren Zufall« erstaunen, ist die Konstruiertheit – halbwegs wenigstens – der inneren Logik der Handlung gewonnen und die Gefahr, daß der Zuschauer einer hölzernen Klappdramaturgie die Sympathie aufkündigt, entschärft. Unbesorgt um unfreiwillige Komik läßt Lessing seine Personen gattungsprogrammatische Anmerkungen machen, die Spielsituation thematisieren: »Sie erwarten vielleicht, daß ich den Stahl wider mich selbst kehren werde, um meine Tat wie eine schale Tragödie zu beschließen«, sagt Odoardo zum Prinzen und zum Zuschauer ganz am Ende des Trauerspiels: »Sie irren sich.«

Odoardas Entschluß, es als sittlicher Held zum Leichenberg klassizistischer Tragödien nicht kommen zu lassen, den Tyrannenmord auszulassen und stattdessen die irdische und überirdische Justiz zu bemühen, ist moralische und zugleich poetologische Entscheidung, beides aber Ausdruck der politischen Verhältnisse im Deutschland des 18. Jahrhunderts: der Aussichtslosigkeit, mit Tyrannenmord und Revolution die Geschichte politisch und moralisch weiterzubringen.

Nathan der Weise

Lessings letztes, erst nach seinem Tod uraufgeführtes Drama (1783), »dramatisches Ge-

dicht«, entsteht als Fortführung einer Aufsehen erregenden öffentlichen Debatte. Als Bibliothekar der einstmals berühmten Wolfenbüttler Bibliothek gibt Lessing 1774 und 1777 *Fragmente eines Ungenannten* heraus: *Apologie oder Schutzschrift für die vernünftigen Verehrer Gottes*. Der anonyme Verfasser der von Lessing kommentierten Schrift war ein 1768 verstorbener Hamburger Gymnasialprofessor, Hermann Samuel Reimarus. Obgleich Lessing sich mit dieser Verteidigung des Aufklärungsdeismus nicht identifiziert, ist er sehr bald gezwungen, sich selbst zu verteidigen. Gegenüber mehreren obersten Aufsichtsbeamten der evangelischen Landeskirchen und dann gegenüber dem Hamburger Hauptpastor Johann Melchior Goeze, einem einflußreichen orthodoxen Lutheraner, muß er sich gegen den Vorwurf verwahren, mit der Herausgabe theoretischer Positionen, die statt der biblischen Offenbarung Vernunft und Erfahrung als Basis der Sittlichkeit annehmen, »unmittelbare feindselige Angriffe auf unsre allerheiligste Religion, und auf den einigen Lehrgrund derselben, die heilige Schrift« (Goeze) zu führen.

Als die Wolfenbüttler Obrigkeit ihrem Bibliothekar verbietet, weiterhin derartige Schriften zu verbreiten – und damit wohl vor allem auf das Argument der Lessing-

Auf weißer leerer Bühne ließ 1973 Hansjörg
Utzerath im Bonner Theater die Lessingsche
Toleranz-Problematik verhandeln – fern ab
vom bürgerlichen Zeitalter, fernab auch
vom konventionellen Bühnenorient. Die in
weite Tücher gehüllten Figuren unter-
schieden sich durch Stoffornamente; die
arabischen Figuren waren durch schwarze
Schminkmasken bezeichnet. Bühne und
Kostüme: Achim Freyer. Oswald Fuchs
(Nathan) diskutiert mit Norbert Hansing
(Sultan Saladin).

Auf der Suche nach kultureller nationaler
Identität wurde im nachfaschistischen, in
Trümmer gelegten Deutschland Lessings
»Nathan der Weise« zu einem Schlüsselstück.
Im Berliner Deutschen Theater inszenierte
Fritz Wisten 1945, mit Paul Wegener als
Nathan und Eduard von Winterstein als
Klosterbruder, das Toleranz-Stück: als orien-
talisches Märchen mit komödiantischen
Zügen. Kritiker, die sich den Lessingschen
Protagonisten als Monument zeitloser Güte
und klassischer Abgeklärtheit dachten, hat-
ten Schwierigkeiten mit dem szenischen
Humor des greisen Wegener – damals
Gründungsmitglied des »Kulturbundes zur
demokratischen Erneuerung Deutschlands«
und Präsident der Berliner »Kammer der
Kunstschaffenden«.

Gegner eingeht, die religiöse Abirrung sei nichts anderes als die verdeckte Aufforderung und Vorbereitung zum Ungehorsam gegen die gottgewollten Autoritäten – entschließt sich Lessing, auf seiner »alten Kanzel«, dem Theater, weiterzudiskutieren, betont aber zugleich, *Nathan der Weise* solle über den Tagesstreit mit den »jetzigen Schwarzröcken« hinausgehen, der Plan zu diesem Drama sei viel älter.

In einer unterdrückten Vorrede zum *Nathan* hat Lessing bekannt, die Gesinnung seines jüdischen Protagonisten »gegen *alle* positive Religion ist von jeher *die meinige* gewesen«. Gegenüber dem Deismus der Frühaufklärung, den reinen rationalistischen Aufklärern, glaubt Lessing, daß das »Fühlen« des einzelnen Gläubigen, die gegenseitig tätige Legitimierung von »Kopf« und »Herz« nötig sei, um Humanität und Toleranz zu verwirklichen. Der rationalistische Diskurs, das Durchgerechnete der szenischen Argumentation im *Nathan* ist die eine, die Rührung, das Betroffenmachen durch Wahrheit und Toleranz die andere Seite.

Am Anfang ist die Tat Nathans, aus ihr fließen »viel andre gute Taten«, wie der Zuschauer dieses analytischen, nach und nach bereits Geschehenes ans aufklärerische Licht bringenden Dramas erfährt. Auf ein Pogrom, dem auch seine Frau und seine sieben Söhne zum Opfer gefallen sind, antwortet Nathan statt mit Rache und Vergeltung mit einem Akt selbstloser Humanität: an Stelle seiner getöteten Söhne nimmt er ein elternloses, christlich getauftes Mädchen (!) in sein Haus, erzieht es vorbildlich, wie er seine eigenen Kinder erzogen haben würde. Vernunft und Menschenliebe, die die Haßgefühle gegen die Christen überwinden, symbolisieren die Notwendigkeit, den intoleranten Absolutheitsanspruch einzelner Offenbarungsreligionen zu überwinden. Hatte Lessing schon in Kommentaren zu den *Juden* auf die Schändlichkeit hingewiesen, Angehörigen eines Volks alle Sittlichkeit absprechen zu wollen, das große Männer, Propheten und Gelehrte hervorgebracht habe, so verlegt er nun die Handlung in *Nathan der Weise* bewußt in die Zeit der Kreuzzüge und gibt möglichen Kritikern von vorn herein zu bedenken, »daß Juden und Muselmänner damals die einzigen Gelehrten waren; daß der Nachteil, welchen

geoffenbarte Religionen dem menschlichen Geschlechte bringen, zu keiner Zeit einem vernünftigen Manne müsse auffallender gewesen sein . . . und daß es an Winken bei den Geschichtsschreibern nicht fehlt, ein solcher vernünftiger Mann habe sich nun eben in einem Sultane gefunden«. Im Zentrum des Versdramas (und in der Mitte des Textes) steht die Ringparabel, Adaption einer Novelle Boccacios aus dem *Decamerone*. Ein Königshaus im Osten besaß einen Ring, dem die Kraft innewohnte, »vor Gott und Menschen angenehm zu machen«. Dieser von Generation zu Generation vom König auf den Lieblingssohn vererbte Ring wird einem Herrscher zum Problem, der seine drei Söhne gleichermaßen liebt und deshalb zwei Ringe, die sich vom echten äußerlich nicht unterscheiden, nachmachen läßt. Lessings entscheidende Erweiterung dieses Motivs ist ein Richter, der über die Echtheit der Ringe befinden soll und zum erstaunlichen Schluß kommt: »Eure Ringe / sind alle drei nicht echt. Der echte Ring / Vermutlich ging verloren. Den Verlust / zu bergen, zu ersetzen, ließ der Vater / Die drei für einen machen.« Die einfache Echtheitsfrage, die Frage nach der allein selig machenden Religion, bedeutet Lessing, ist zu einfach, ist falsch gestellt; Wahrheit wird jeweils nur möglich durch die ethisch gute, gefühlte und vernünftige Tat. Neben Nathan, dem guten, weisen und reichen Juden, werden auch die anderen Vertreter der Weltreligionen mit guten Taten in die Handlung eingeführt – allerdings beruhen sie noch nicht auf vernünftiger Einsicht. Weil ihn der gefangene christliche Ritter, den er gerade umbringen lassen will, an seinen toten Bruder erinnert, begnadigt der Sultan den Tempelherrn. Dieser wiederum rettet die angenommene Tochter des reichen Juden Nathan in spontanem Entschluß aus dem Feuer. Beide sind dann aber auch wieder boshaft. Saladin setzt aus finanziellen Gründen Nathan mit der Frage unter Druck, welches die wahre Religion sei; der Tempelherr paktiert mit dem Patriarchen, um Nathan zu schaden. Durch beides gewinnt die Figur Nathan und damit die Toleranzidee des Stücks. Mit Freundschaft und Verwandtschaft, einer Familie, die glücklich wieder zueinander gefunden hat, »unter stummer Wiederholung allseitiger Umarmungen«, endet das Stück. Der fünf-

hebige Jambus – bei Lessing sind die rhythmischen Perioden gegen die Verszäsuren versetzt bzw. übergreifen das Versende – ist beispielhaft geworden fürs klassische deutsche Drama – *Don Carlos, Iphigenie, Wallenstein*.

Für die jüdische Bevölkerung in Deutschland war *Nathan der Weise* mehr als ein Jahrhundert lang *das* Emanzipationsstück. Im Zuge der Klassiker-Kanonisierung und -Enthistorisierung des 19. Jahrhunderts wurde es zugleich aber auch zum »Banner desselben breimäuligen und schwatzschweifigen Aufklärichts . . ., gegen den Lessing gerade sein gutes Schwert gezogen hatte« (Franz Mehring).

Sturm und Drang

Kritische Tendenzen gegen das klassizistische, gesetze – bzw. regelgeleite Dichtungsverständnis radikalisierten sich in den sechziger und siebziger Jahren (Höhepunkt 1770–1780) in einer kleinen, jungen Autorengruppe, dem – nach einem Drama Klingers so genannten – »Sturm und Drang«. Ihr führender Kopf war der Sohn einer wohlhabenden Frankfurter Familie, Jurastudent in Straßburg und Anwalt in Frankfurt am Main, Johann Wolfgang Goethe (1749–1832). Die sensationellen Erfolge des *Götz* und vor allem des *Werther* machten ihn nicht nur in Deutschland, sondern in ganz Europa bekannt. Jakob Michael Reinhold Lenz (1751–1792) war – ähnlich wie zuvor schon Lessing und viele andere Autoren des 18. Jahrhunderts – Pfarrerssohn, der das Theologiestudium gegen den Willen des Vaters abbrach, unter teilweise entwürdigenden Abhängigkeitsverhältnissen seine Schriftstellerkarriere versuchte, schließlich im Elend starb. Friedrich Maximilian Klinger (1752–1831), Sohn eines früh verstorbenen Stadtsoldaten – die Kinder wurden von der Mutter mit Nähen und Waschen durchgebracht –, ermöglichten Gönner eine Gymnasialausbildung. Er studierte Jura, arbeitete als Theaterdichter (Autor und Dramaturg) bei der Seylerschen Schauspieltruppe, stieg im Dienst des Zaren schließlich zum hohen Beamten auf. Der Kaufmannssohn Heinrich Leopold Wagner (1747–1779) studierte wie Goethe in Straßburg Jura, war Hofmeister und dann Anwalt in Frankfurt am Main.

Diese und andere junge Autoren opponierten gegen die Mésalliance von Aufklärung und (groß)bürgerlicher Behäglichkeit, versuchen die bedrückende Realität des niederen Volks, aber auch die Lage der abhängigen Intelligenz in Diensten des deutschen Spätfeudalismus auf die Bühne zu bringen. Setzt man die Autoren der »Genie-Zeit« zu den Strömungen der französischen Aufklärung in Beziehung, so verfolgte der Sturm und Drang die plebejisch-kleinbürgerliche Linie Rousseaus, die gegen die großbürgerliche, durch Voltaire repräsentierte Aufklärungsphilosophie Front machte. »Die literarische Epoche«, so Goethe in *Dichtung und Wahrheit,* »entwickelte sich aus der vorhergehenden durch Widerspruch.« Verdächtig geworden war den Genie-Autoren (der Geniebegriff wurde aus England übernommen, von Shaftesbury u.a.) das Literatur- und Theaterverständnis der »Mittelclasse«, womit gemeint war »die sämtliche Geistigkeit, alle Sachwalter und Beamten, die eigentlich thätigen Räthe der Collegien, die Ärzte, Professoren und Schullehrer«, welche, Goethe zufolge, »nur ein mittelmäßiges Leben führt« und entsprechend »auch nur gern mittlere Gefühle angeregt, mittlere Zustände dargestellt wissen« wollte.

Theoretische Schlüsselfigur und Mentor des Sturm und Drang war Johann Gottfried Herder, der die Ideale der Aufklärung erst dann als verwirklicht ansah, wenn die kalt rationalistische, die abgeklärte Aufklärung, »Papierkultur«, überwunden sei durch eine Kultur, in der Vernunft und Gefühl, Kopf und Herz, das Rationale und das Wunderbare ineinanderwirkten. Shakespeare wurde zum Idol, weil er, über allen Klassizismus erhaben, regellos nur der Natur folge: »Natur! Natur nichts so Natur als Shakespeares Menschen«, rief Goethe aus. Eine phaszinative Figur in programmatischen Äußerungen wie im Drama des Sturm und Drang war der »Selbsthelfer«. Man kann sie politisch-geschichtlich deuten als Reaktion darauf, daß der kollektive Weg einer grundsätzlichen Veränderung der deutschen Verhältnisse, einer Revolution, äußerst unwahrscheinlich war; zugleich läßt sie sich verstehen als eine Spiegelung der angestrebten autonomen Autorenposition. Ganz auf sich gestellt, nicht länger abhängig von ständischen oder mäzenatischen Bedingungen, versuchte der freie Autor, das Originalgenie, sich auf dem »freien« Literaturmarkt zu behaupten.

Jakob Michael Reinhold Lenz

Der Hofmeister oder Vortheile der Privaterziehung

»Der wahre Dichter verbindet nicht in seiner Einbildungskraft, wie es ihm gefällt, was die Herren die schöne Natur zu nennen belieben, was aber, mit ihrer Erlaubnis, nichts als die verfehlte Natur ist. Er nimmt Standpunkt – und dann *muß er so verbinden*« (Anmerkungen übers Theater, 1774). Wenn Lenz forderte, komisch und tragisch zugleich müßten die deutschen Komödiendichter schreiben, so war das nicht nur origineller Dreh am alten poetologischen Gewinde, nicht nur abstrakter Widerspruch gegen die Gattungsnorm, sondern der Versuch, den besonderen gesellschaftlichen Verhältnissen in Deutschland gerecht zu werden, einem Volk, das ein »Mischmasch von Kultur und Rohigkeit, Sittigkeit und Wildheit« sei. Lenz wußte, wovon seine Figuren reden, wie sie reden, als Pfarrerssohn, als Student, als Hofmeister.

Läuffer, der Sohn eines armen Stadtpfarrers in dem 1778 uraufgeführten Stück, muß sich sein Leben in der Provinz als Erzieher – Hofmeister – bei einem kleinen Landadeligen verdienen. Trotz aller Einwände des aufgeklärter denkenden Geheimen Rats von Berg gegen die Privaterziehung der beiden Kinder wollen der Gutsbesitzer Major von Berg und die Majorin eine »standesgemäße« Erziehung – Gelegenheit für Lenz, Bildungshorizont und Lebensart dieser strauchritterlichen Familie ins Verhältnis zu setzen zum Hofmeister. Adelige Haltung geht dem Major, einem sturen Kommißkopf, so gut ab wie bürgerliche Bildung. Die »Wissenschaften und Artigkeiten und Weltmanieren«, die Läuffer vermitteln soll, kennt er allenfalls vom Hörensagen. Konkretere Bildungsziele: Katechismus und Zeichnen sollen der vom raunzigen Vater zärtlich geliebten Tochter näher gebracht und der Sohn soll vor allem ein »Kerl« werden, dem König redlich dienen wie der Vater. Die »dampfigte«, manirierte Majorin hat demgegenüber hochfliegende Bildungs- und Kulturvorstellungen. Sie sind lächerlich anachronistisch geworden. Die Tochter soll nach dem Willen der Mutter mit einem Vertreter der alten feudalen Herrlichkeit vermählt werden, mit Graf Wermuth. Der Majorin blasierte Betriebsamkeit hat etwas vom Repräsentationsgehabe Neureicher – doch mit der Ökonomie geht es bergab, Folge des Siebenjährigen Krieges. Läuffer wird nicht nur als Domestik behandelt und bezahlt – man kürzt ihm auch noch die Bezüge. Der frustrierte Hauslehrer wider Willen verliebt sich in die schwärmerische Schülerin, wird ihr Ersatzkandidat. Der eigentliche Heiratskandidat, der junge Fritz von Berg, ihr Vetter, besucht in der Ferne die Universität. Schwanger geworden, flieht das Lieblingskind des Vaters aus dessen Haus, will ihn, von Schuldgefühlen gepeinigt, benachrichtigen, wird ohnmächtig, will sich im Teich ertränken, wird vom Vater gerettet. Läuffer flüchtet sich zu einem schrulligen Schulmeister, läßt auf die heftige Selbstanklage die Selbstbestrafung, die Kastrierung, folgen, als er die – falsche – Nachricht bekommen hat, Gustchen habe sich nach der Geburt des Kindes umgebracht. Dem Dorfschullehrer erscheint die blutig radikale Triebunterdrückung als höchste Qualifikation fürs Pädagogenamt. In einer parallel geführten Handlung schildert Lenz das bewegte Studentenleben in Halle, skurrile Studenten wie Pätus, der sorglos Schulden macht, im Hochsommer mit dem letzten noch nicht verpfändeten Kleidungsstück, einem Wolfspelz, ins Theater hetzt – verfolgt von drei großen Hunden. Lenz führt am Ende alles harmonisch und auch satirisch zusammen. Drei Ehen werden geschlossen. Selbst Läuffer heiratet – eine Bauernmagd, die sich nicht daran stört, daß er sich kastriert hat: satirisch rousseauistische Lösung für die frustrierte kleine Intelligenz. Gustchens uneheliches Kind wird von der Familie anerkannt, wie ein legitimes aufgezogen werden. In der genreobligatorischen Euphorie des Komödienendes waren das 1774 ebenso fortschrittlich gesellschaftskritische wie groteske Lösungen. Brecht hat die Gesellschaftskritik dieses Stücks in seinem Sinne verschärft und vereindeutigt in einer Bearbeitung für das Berliner Ensemble (1950). Die bei Lenz überwiegend positive Figur des Geheimen Rats ist bei ihm abgewertet.

Lenz' »Hofmeister« vom Berliner Ensemble ausgewählt, bearbeitet und im Deutschen Theater 1950 aufgeführt, um »den Weg zum Shakespeare zu bahnen, ohne den ein nationales Theater kaum zustandekommen kann«. Als »des deutschen Schulmeisters Urahn« stellte sich Hans Gaugler (Läuffer) im Prolog den Zuschauern vor, verkündete vor der Brechtgardine als szenisches Lehr-

Die Soldaten

Marie, die Tochter eines Galanteriewarenhändlers in Lille, will »ihr Glück besser machen«, schreibt einen Abschiedsbrief an ihren Verlobten, einen Tuchhändler; der Vater hilft ihr dabei. Ein Offizier hat ihr die Heirat bzw. den Aufstieg von der Kleinbürgerin zur Adeligen versprochen, läßt sie dann aber mit dem Ruf einer Soldatenhure sitzen. Neue Verehrer aus dem Offiziersstande treten, wiederum mit Heiratsabsichten, an die Ortsschönheit heran, bedrängen die zunehmend von Gewissensnöten Geplagte. Am Ende trifft die halb verhungerte und verzweifelte Marie auf ihren Vater, der sie für eine lästige Bettlerin hält. Als sie sich wieder erkennen, wälzen sie sich vor Freude und Verzweiflung »halbtot auf der Erde«.

Lenz hat die Ursachen des bürgerlichen Unglücks nicht auf die Schandtaten des Adels reduziert, sondern auch gezeigt, wie die Bürger selbst sich in eine verzweifelte Lage bringen. Positive Figur ist die alte Gräfin, die Mutter eines der adeligen Freier. Sie sieht in der erzwungenen Ehelosigkeit der Soldaten die gesellschaftliche Ursache des individuellen Leidens. Und einem Grafen und Obristen legt Lenz den bemerkenswert praktischen Verbesserungsvorschlag in den Mund, eine »Pflanzschule für Soldatenweiber«, für »Amazonen« einzurichten. Der Fürst müßte dann seine Soldaten nicht mehr mühsam anwerben, und die jungen Bürgertöchter waren durch das Spezialbordell vor den sexuell frustrierten Offizieren geschützt. Einen abgewandelten Reformvorschlag machte Lenz in einer Schrift *Über die Soldatenehen,* in der er dafür

programm: das »ABC der Teutschen Misere«. Die widersprüchlichen Seiten der Titelfigur sollten erfahrbar werden: »Läufer erntet unser Mitgefühl, da er sehr unterdrückt wird, und unsere Verachtung, da er sich so sehr unterdrücken läßt.« Regie Bertolt Brecht und Caspar Neher, der auch Bühne und Kostüme entwarf.

plädierte, den Offizieren die Heiratsmöglichkeit einzuräumen, sie nicht, wie sonst Gesetz, bei ihrer Heirat aus der Armee zu entlassen.

Lenz schrieb die *Soldaten* 1774/75, als er zwei Offiziere auf einer Reise nach Straßburg begleitete (Hofmeister-Tätigkeit auch das) und der eine, Baron von Kleist, ein Heiratsversprechen brach, das er einer Straßburger Handwerkerstochter gegeben hatte, um mit ihr zu schlafen. Die Uraufführung fand 1776 statt.

Johann Wolfgang Goethe

»Wir Frankfurter Patrizier«, äußerte der greise weimarische Dichterfürst gegenüber seinem Sekretär und geistigen Sparringspartner Eckermann, »hielten uns immer dem Adel gleich, und als ich das Diplom in Händen hielt, hatte ich in meinen Gedanken nichts weiter als was ich längst besessen.«

Der so seine Erhebung in den Adelsstand im Jahre 1782 kommentierte, war der Enkel eines aus Frankreich nach Frankfurt zugewanderten geschäftstüchtigen Damenschneiders, der reich heiratete, dann erfolgreich auch den Weinhandel betrieb und Goethes Vater ein so beträchtliches Vermögen hinterließ, daß dieser sich den schmukken Titel eines Kaiserlichen Rats kaufen und ein Haus führen konnte wie sonst nur Adelige oder Großbürger. Goethes Vater, der in der Jugend eine Bildungsreise nach Italien unternommen hatte, übte keinerlei Beruf oder Funktion aus, lebte als Privatier, beschäftigte sich mit der Sammlung von Büchern, Gemälden, Naturalien und der Erziehung der Kinder. Goethes Mutter war die Tochter eines hohen Frankfurter Juristen.

Der 1749 geborene Goethe bezog sechzehnjährig die Universität Leipzig, studierte auf Wunsch des Vaters Rechtswissenschaft, interessierte sich weit mehr für Gellerts Poetikvorlesungen, schrieb das Schäferspiel *Die Laune des Verliebten.* Goethe beendete 1771 sein Studium in Straßburg, dem Zentrum der jungen Autorengruppe »Sturm und Drang«, begann, sich mit der Krisenepoche des untergehenden Faustadels, der Zeit des Götz von Berlichingen, zu beschäftigen. Mit seinem Briefroman *Die*

Leiden des jungen Werthers (1774) – Goethe verarbeitete darin u.a. Erlebnisse aus der Zeit seiner Praktikantentätigkeit am Reichskammergericht in Wetzlar – wurde der junge Frankfurter Rechtsanwalt mit einem Schlage berühmt. Zu den zahlreichen Besuchern des Goethischen Hauses in Frankfurt gehörte auch der Erbprinz Karl August von Weimar. Als dieser 1775 den ökonomisch zurückgebliebenen Kleinstaat von seinem Vater übernahm, lud er Goethe ein, sein Berater zu werden. Der geniale Poet kümmerte sich nun erfolgreich um den Wegebau, das gesamte übrige Bauwesen, die Bergwerks- und Forstverwaltung, die Kriegskommission, wurde geheimer Legationsrat und Mitglied des Consiliums, des höchsten Gremiums, dann Geheimer Rat, Präsident der Finanzkammer. Fluchtcharakter hatte die Reise nach Italien (1786–1788); Goethe berichtete in taktisch abgefaßten Briefen nach Weimar von seinem Wiedergeburtserlebnis unter der südlichen Sonne, bereitete, nachdem er über seinem tätigen Beamtenleben in Weimar kaum zur schriftstellerischen Arbeit gekommen war, sein Come-back als Dichter vor.

Nach seiner zweiten Italienreise, 1790, wurde er Direktor des kleinen Weimarer Theaters (bis 1816), das er zu einer Musterbühne machte, war zugleich aber auch für die gesamten übrigen kulturellen und unterhaltenden Aktivitäten des Kleinstaats zuständig; selbst gutwillige Intellektuelle bespöttelten die Unternehmungen des »Directeur des plaisirs« und »Hofpoeten«, der mit Lust neben seinen großen Dichtungen Singspiellibrettos verfaßte, Ballettaufführungen, Maskenzüge, Festzüge, allegorische Schattenspiele, Landschaftsinszenierungen, Kränzchen organisierte.

Sein Sprechtheaterengagement verstand er auch pädagogisch. Um die – nach Schillers Urteil mittelmäßigen – Weimarer Schauspieler zur Aufführung großer Dramatik zu befähigen, verfaßte er »Theaterregeln«, die von den einfachsten Verhaltensregeln bis zu Arrangementvorschlägen reichten, weniger die Pedanterie des Theaterleiters bzw. Regisseurs Goethes belegen als vielmehr, negativ, die Unzulänglichkeit der damaligen Schauspielkunst.

Der vielseitige Dichter, ästhetiktheoretische, philosophische und auch naturwis-

senschaftliche Autor und Theaterleiter, zu Lebzeiten schon zur Legende geworden, starb 1832, wurde neben Schiller, mit dem er einen Freundschafts- und Interessenbund seit Mitte der neunziger Jahre bis zu dessen Tod unterhalten hatte, in der Fürstengruft in Weimar beigesetzt. Die beiden nehmen seitdem die Gipfelpositionen in der kanonisierten deutschen Nationalliteratur ein.

Götz von Berlichingen
»Ohne Plan« verfaßt Goethe dieses fünfaktige Schauspiel, in dessen Mitte die »Selbsthelfer«-Figur des Götz von Berlichingen steht, ein großer Einzelner, Held zur Zeit des untergehenden freien Ritterstandes. Die Sujetzeit ist verstanden als Wendepunkt der deutschen Geschichte, einer anarchischen Epoche, aus der dann die zeitgenössischen Verhältnisse, das – politisch rückständige Deutschland sich entwickelte, das Verzärtelte, Fremdbestimmte, Mittelmäßige. Das 16. Jahrhundert erscheint als letzter geschichtlicher Augenblick nationaler Identität und Größe, bevor das überlieferte Faustrecht und das mittelalterliche Gefolgschaftsverhältnis sich auflösen, römisches Recht und Landfriedensrecht die Voraussetzungen schaffen für die modernen Territorialstaaten, den Absolutismus.

Zwischen zwei Epochen also steht der Raubritter, der der Illusion zum Opfer fällt, »zu Zeiten der Anarchie sei der wohlwollend Kräftige von einiger Bedeutung«. Götz steht gegen den fürstbischöflichen Hof von Bamberg, gegen die krämerischen Heilbronner Bürger und Nürnberger Kaufleute, aber auch gegen die aufständischen Bauern. Im Feuer des Bauernkriegs geht der unbestechlich tugendhaft handelnde Held zugrunde.

Götz rächt sich zu Beginn am Bamberger Hof, dessen Söldner einen seiner Kämpen gefangengesetzt haben. Die Reichsacht wird daraufhin über ihn verhängt und exekutiert. Nur Verrat bringt den Verteidiger seiner Burg in die Hand der Feinde. Als Götz sich später von den revolutionären Bauern überreden läßt, ihr Führer zu sein unter der Voraussetzung, »wackere Leute« zu führen, die ihre Rechte und Freiheiten wiedererlangen wollen (Bauern!), diese aber weiter wüten und brennen, gerät er zwischen beide Fronten, wird verletzt und gefangen. Vor

seinem Tod prophezeit der Held, dem die »Wurzeln abgehauen« sind, das Elend der kommenden Epoche: »Schließt eure Herzen sorgfältiger als eure Tore. Es kommen die Zeiten des Betrugs, es ist ihm Freiheit gegeben. Die Nichtswürdigen werden regieren mit List, und der Edle wird in ihre Netze fallen.« Mit den Worten »Freiheit! Freiheit!« stirbt der letzte Edle, der auf eigne Faust Geschichte machte. Durch eine gescheiterte Familienkonstellation wird die Konfrontation des alten Echten und des neuen Nichtswürdigen psychologisch plausibel. Am Anfang vom »Ritter mit der eisernen Hand« in der Burg Jagsthausen gefangengehalten, versöhnt sich der Höfling Weislingen nicht nur mit Götz, sondern verlobt sich auch mit dessen Schwester Maria. Derart intim den alten Tugenden wiedergewonnen, wird er zum Doppelverräter, als er, nach Bamberg zurückgekehrt, dort den weibischen Einflüsterungen des »Absolutismus«, der intriganten Adelheit von Walldorf (am Ende tödlich) erliegt. Durch Weislingens Wankelmut bewegt Goethe die beiden ideologischen und moralischen Sphären szenisch gegeneinander, macht er die Burg Jagsthausen zum Gegenort der neuen, kraftlosen Zeit. Besonderer Reiz dieses historischen, ideologisch auf die Gegenwart zielenden Dramas: die Vielfalt der Figuren, Goethes Versuch, differenzierend jeweils die richtige Sprache lautwerden zu lassen für die Höflinge des Absolutismus wie für den uralten Faustadel vom Schlage Götz', für die Soldaten, die Bauern, die Zigeuner. Einander charakterisierend, steht neben dem biblisch bildkräftigen Ton, dem volkstümlichen Dialekt, dem naiven Volkslied der steife Nominalstil oder der gelöste Rokokoton. Die dem nationalen, patriotischen Zuschnitt entsprechenden altdeutschen Kostüme werden in der Folgezeit zur großen Bühnenmode; ebenso vaterländische Dramen.

Die Uraufführung des *Götz* (entstanden 1771, 1773) fand 1774 in Berlin statt; im gleichen Jahr erlebte Hamburg eine Aufführung durch Friedrich Ludwig Schröder. Der sensationelle Erfolg des *Götz* beruhte nicht auf der Theaterwirkung. Die Zuschauer kamen insbesondere mit den häufigen Szenenwechseln (in der ersten Fassung, dem Urgötz, sind es 59, in der überarbeiteten Version immer noch 53) nicht klar, mit der eher epischen Organisierung der dramatischen Ereignisse. Schröder, der den Sturm und Drang förderte und in den folgenden Jahren zäh versuchte, Shakespeare auf der deutschen Bühne durchzusetzen, ließ in Hamburg eine Aufstellung der Szenenfolge an der Kasse verteilen, um den Zuschauern die Übersicht über das neuartig altertümliche Bühnengeschehen zu erleichtern.

Clavigo

Zur Enttäuschung des Sturm-und-Drang-Kreises stand im Mittelpunkt dieses Stücks (1774 uraufgeführt) kein neuer Selbsthelfer, keine wurzelechte Kraftfigur. Ein merkwürdig Schwankender, Hin und Her Gerissener ist Clavigo, ein gemischter Charakter, weder ganz klein, noch ganz groß – Goethe zufolge eine dem Weislingen aus *Götz von Berlichingen* verwandte Figur; die verlassene Frau heißt hier wie da Marie. Mit guten Gründen und echten Gefühlen ist Clavigo jedesmal bei der Sache – der bürgerlichen wie der höfischen: ein Aufsteiger. »Ohne Stand, ohne Namen, ohne Vermögen« in die Metropole Madrid gekommen, ist er in den höfischen Kreisen erfolgreich, bereits Archivar des Königs, ein vielversprechendes schriftstellerisches Talent, gewinnend auftretend unter den Augen der Frauen am Hof. Die bürgerliche Sphäre, das bürgerliche Haus, die Kleinfamilie holt den Karristen dann aber ein, stellt sich ihm in die Quere. Er hat mit Schuldgefühlen zu kämpfen, weil er eine Frau verlassen hat, der er die Ehe versprach.

Jemand erzählt Clavigo die Geschichte von einem gewissenlosen Verführer, einer schändlich Verführten, vom Bruder der Verführten. Erst am Ende, als die Zuschauer die immer unerträglicher sich steigernden Schuldgefühle des Helden ausgekostet haben, wird Clavigo eröffnet: »Und der Bruder – bin ich; und der Verräter bist du.« Er diktiert Clavigo ein Schuldbekenntnis, Faustpfand für den Fall, daß die nun wieder von Clavigo in Aussicht genommene Heirat mit Marie nicht zustande kommen sollte. Im bürgerlichen Haus werden verschiedene Ansichten zur Haltbarkeit der von Clavigo bekundeten Reue, Besserung und neuen Zuneigung geäußert. Besonders skeptisch: der Freund des Hauses, heimlicher Liebhaber der unglücklichen Verlassenen, ein »melancholischer Unglücksvogel«, der am Ende recht behalten wird. Clavigo entdeckt zunächst seine Liebe zu Marie, offenbart sie ihr mit glühenderen Worten denn je, stürmisch, flehend. Als sie ihn erhört, ist er der »glücklichste Mensch unter der Sonne«. Weil der ehelichen Umarmung nichts mehr im Wege steht, wird das Faustpfand zerrissen. Aber der Held wird erneut rückfällig. Sein Freund Carlos, das personifizierte Realitätsprinzip, der »reine Weltverstand«, bringt ihn, einmal mehr, zur Räson. Unzweifelhaft würde die Ehe mit der kleinen hohläugig ausgezehrten armen Französin die Karriere bei Hof kosten, was Clavigo nun auch wieder sonnenklar ist.

Das Sujet der dramatischen Handlung um einen immer wieder in »heftigste Beängstigung« ob seiner wechselnden Gefühle und Einsichten gestürzten Helden fand Goethe bei Beaumarchais, in den damals gerade erschienenen *Mémoires*. Clavigo ist einer dort erzählten Anekdote – zum Teil sehr eng – nachgeschrieben – mit Ausnahme des Endes: Carlos dreht den Spieß für seinen erneut in Druck geratenen Freund um, erpreßt Maries Bruder mit dessen versuchter Erpressung. Der Bruder tobt – in einer Weise, aus der manche Goethes Abrücken von der Emphase des Sturm und Drang lesen (die größere Distanzierung liegt in der Figur des Clavigo). Marie überlebt die Aufregungen nicht, Clavigo kommt ans Grab, um Marie ein letztes Mal noch zu sehen, zieht das Leichentuch weg, stirbt vom wütenden Bruder niedergestochen. Allseitige Vergebungen, Versöhnungen, Vermächtnisse und Läuterungen beschließen das Trauerspiel. Zu diesem deutschen Drama, das in Spanien spielt, Adaption einer französischen Biographie ist, schrieb das Journal de Paris 1782 zu Recht: »Die ganze Katastrophe nach englischem Geschmack.«

Stella

»Eine Wohnung, Ein Bett und Ein Grab« – ein am Ende des 18. Jahrhunderts sehr ungewöhnliches, damals als Frivolität kritisiertes, keineswegs wiederum ganz einmaliges Ende einer Dreiecksgeschichte. Nachdem den Zuschauern überaus sensible, vergangene und gegenwärtige Beziehungen zwischen einem Mann und zwei Frauen entwickelt worden sind, kommt es zum Schlußarrangement. Auf der Bühne Fernando, seine Frau Cezilie und Stella, die Freundin Fernandos. Cezilie und Stella fallen sich um den Hals; Fernando hält das nicht aus und will fliehen. Cezilie hält ihn, sagt zu Stella: »nimm die Hälfte des, der ganz dein ist – du hast ihn gerettet – von ihm selbst gerettet – du gibst mir ihn wieder!« Fernando neigt sich zu Stella, Stella sinkt an seinen Hals, dann an den Cezilies, Fernando umarmt nun beide mit einem zweifachen »Mein! Mein!«, Stella und Cezilie fassen Fernandos Hände, hängen ihm am Hals. »Ich bin dein!« sagt die Freundin, »Wir sind dein!« die Ehefrau.

Die Figuren dieses »Schauspiels für Liebende« leben ganz aus der Sprache und weitgehend aus der Erinnerung an ihre Liebe. Die Erinnerungen spiegeln einander gegenseitig. Stella, von Fernando entführt, geliebt und verlassen wie zuvor schon Cezilie – Fernando bewahrt damit seinen »freien Mut« –, hat die Erinnerung an die vergangene Liebe zum Kult gemacht, hat in ihrem Garten »alle seligen Erinnerungen, Schätze« ihres Lebens aufbewahrt. Der Garten mit dem Grab des toten Kindes, mit einer Einsiedelei, dem eigenen Grab ist »Heiligtum«, Innenraum, empfindsamer Spiegel ihres Herzens. Die Hoffnungen und Erinnerungen Cezilies sind um Grade realitätshaltiger, die »redliche Hausfrau« holt auch Erinnerungen hoch wie die an ein gemeinsames Essen mit Eierkuchen und Kartoffeln.

Stella ist Baroneß, Fernando, der schöne lange Offizier, adeliger Rittergutsbesitzer. Und Cezilie, die schwesterliche Frau Fernandos, erst von ihm verlassen, dann um das ihr zurückgelassene Geld betrogen, so daß sie sich und ihr Kind mit Handarbeit durchbringen muß – Goethe denkt sie dem einfachen Hausfrauenstand überhoben, als »freie Gemüts- und Verstandesheldin«.

Das Ineinander von Erinnerung und Zukunftshoffnung nach dem Bild des Vergangenen bestimmt die Realität dieses Schauspiels, und die harmonische oder utopische Dreierlösung am Ende rechnet nicht mit neuer sozialer Wirklichkeit, sondern mit Wahlverwandtschaft, Herzensnähe, die die Figuren in den Dialogen und Monologen zuvor schon realisiert haben: als Sprache, Phantasie. Zur Profilierung der extremen Empfindsamkeit, der »Erinnerung abgeschiedener Freuden«, dem »Wiederschein der goldenen Zeiten der Jugend und Liebe« läßt Goethe die Postmeisterin, resolute Repräsentantin der arbeitenden Bevölkerung

– auch sie hat ihren Mann verloren – sagen: »O Madame, unser eins hat so wenig Zeit zu weinen, als leider zu beten.« Die Dreierlösung, Doppelehe, wird mit einem legendären Vorbild begründet. Ein Graf, den ein »Gefühl frommer Pflicht« von seiner Frau weg ins Heilige Land führte, der dort versklavt und dann von einer Frau gerettet worden sei, habe diese nach Europa mitgenommen und alle drei hätten hier ein glückliches Leben geführt. Naheliegender als diese die Satire streifende Legende war zur Zeit, als dies Drama entstand (1776 uraufgeführt), das erotische Dreiecksspiel Jonathan Swifts mit Vanessa und Stella, aber auch andere Beispiele gegen die Norm der Einehe mögen Goethe vor Augen gestanden haben mit seinem utopischen Ende des »Schauspiels für Liebende«. 1805 hat er das Stück ins Tragische gewendet, indem er Stella durch Gift, Fernando durch einen Pistolenschuß enden läßt.

Iphigenie auf Tauris

Als Racine mit seiner *Iphigénie* 1674 – also 100 Jahre vor Goethes Adaption des antiken Stoffs – ein vorbildliches klassizistisches Werk schuf, sah er sich einem Problem gegenüber, das dann noch für die Schauspiel- und Opernversionen des 18. Jahrhunderts zentrale Bedeutung und besonderen Reiz haben sollte: die Darstellung des aufklärerischen Humanitätsideals inmitten einer archaisch-mythischen Szenerie, in der noch das fürchterlichste Gegenteil von Humanität möglich war, nämlich die rituelle Schlachtung eines Menschen. Gegen die grausame Fluch- und Rachelogik, die im griechischen Mythos das Tantalidengeschlecht von Greueltat zu Greueltat treibt, seit der Ahnherr Tantalus bei den Göttern in Ungnade gefallen und zu endlosen Qualen verurteilt worden war, gegen diese Erbsünde, die dazu führt, daß Iphigenie auf Geheiß ihres Vaters Agamemnon geopfert werden soll, daß Agamemnon seiner Frau Klytaimestra und diese ihrem Sohn Orest zum Opfer fällt, mobilisiert der aufgeklärte Dichter seine Phantasie, sucht er die Maßlosigkeit der Grausamkeit zu mäßigen, das von den Göttern verhängte, in Orakelsprüchen brutal eingeforderte Blutopfer als Folge besonderer menschlicher Verfehlung, menschlicher Gier und Grausamkeit, plausibel zu machen. Und die Tötung Iphigenies, von der

ihr Vater sich günstige Winde für die Überfahrt nach Troja verspricht – Racine schaffte diese blutige Forderung der Götter beiseite, indem er eine zweite Iphigenie, eine sündige Nebenfigur, konstruierte. Sie, die sich den Zorn der Götter schuldhaft zugezogen hat und ihren Tod verdient – sie, nicht das Blut der Protagonistin fordern in Racines Version die Götter. Eine Figur wird also mit gehöriger Schuldmotivation dem Image der Himmlischen »geopfert«, so daß diese wenn nicht gleich in hellem aufklärerischem, so doch in günstigerem Lichte erscheinen können.

Das Motiv des unmenschlichen Menschenopfers, der Götter und Priester Willkür dient im Drama der Aufklärung oftmals dazu, die klerikale Orthodoxie als Statthalterin des alten Unwahren anzuklagen, sie vor die Schranken des Vernunftgerichts zu ziehen (Voltaire). Außerdem – und theatral viel effektvoller – trägt es dazu bei, der aufklärerischen Humanität höheren als nur menschlichen Segen zu verschaffen: göttliche oder fürstliche Reputation. In den Opern Glucks (nach der *Iphigénie* Racines und Guimond de la Touches) und auch in Mozarts *Idomeneo:* »Immer geht es hier um ein durch das Eingreifen der Götter endlich abgewendetes Blutritual. Dieses göttliche Entgegenkommen ist die mythische Garantie für die Tendenz des aufgeklärten Dramas, den Mythos selbst auf ein ›humanes‹ Maß zu reduzieren« (D. Borchmeyer). Solche Göttertat ähnelt nicht von ungefähr der des verzeihenden Fürsten, gleichsam des aufgeklärten irdischen Gottes, der den Vollzug der Rache aussetzt und an die Stelle des Zahn um Zahn die Milde aufgeklärten, verzeihenden Denkens und Handelns setzt, seinen Adel durch Geistes- und Seelenadel beweist. Keine äußeren, politisch und historisch besonderen Bedingungen braucht solch schöne Sittlichkeit, sondern nur verfeinerte Seelenkraft. Zweieinhalb Jahre vor der Französischen Revolution, auf der Italienreise, beendete Goethe die endgültige Fassung der *Iphigenie.*

Der »Stimme der Wahrheit und der Menschlichkeit« soll jeder Mensch folgen können: »Es hört sie jeder, / Geboren unter jedem Himmel, dem / des Lebens Quelle durch den Busen rein / und ungehindert fließt.« Exemplarisch an Thoas, dem rohen Skythen und Barbaren, wird die Läuterung vor-

geführt. Diesem Fürsten überantwortet Iphigenie ihr Schicksal sowie das ihres Bruders Orest und dessen Freund Pylades. Indem er der bedingungslosen Sittlichkeit Iphigeniens folgt, so die Wahrheit verherrlicht, wird er, der eigentlich die schwesterliche, jungfräuliche Iphigenie zur Frau wollte, zu ihrem »zweiten Vater«. Indem er seinen Zorn in großem inneren Kampf besiegt, vollbringt er, der Logik des Stücks zufolge, eine Heldentat, die den gewöhnlichen Gewalttaten, mit denen Geschichte gemacht wird, überlegen ist. »Gewalt und List, der Männer höchster Ruhm«, so der geläuterte Orest mit Blick auf Iphigenie; »Wird durch die Wahrheit dieser hohen Seele / Beschämt, und reines kindliches Vertrauen / Zu einem edeln Manne wird belohnt.« Statt den alten Brauch wieder aufleben zu lassen, »daß am Altar Dianens jeder Fremde / Sein Leben blutend läßt«, statt den in frevlerischer Absicht gekommenen Orest und Pylades zu töten, verabschiedet Thoas, ein vorher gegebenes Versprechen haltend, die Griechen als Freunde. Zuvor hat Orest den Delphischen Orakelspruch, der ihn nach Tauris führte – das Haupthindernis für eine Versöhnung –, umdeuten können: Nicht durch den Raub des Kultbildes der Diana, sondern die Heimführung der Priesterin der Diana, der Schwester Iphigenie, soll er entsühnt werden. Die Motivation wird damit, formal genommen, widersprüchlich. Denn schon vorher ist Orest die Erynnien los, hat er durch eigne Verarbeitung der Schuld sich vom Fluch des Muttermords befreit. Ein neues Verfahren der Sittlichkeit ist damit aufgebracht: Das äußere Ritual der Entsühnung ist durch Internalisierung bzw. Selbstbestrafung, eigene Reinigung ersetzt. Orest übt das »Amt der Furien« gegen sich selbst aus, straft und quält sich bis zum kathartischen Erlebnis: Es »faßte das Übel mich mit allen seinen Klauen / Zum letztenmal und schüttelte das Mark / Entsetzlich mir zusammen; dann entfloh's / Wie eine Schlange zu der Höhle«. Die Kette von Rachehandlungen, die Entsühnungstaten und neue Rache herausfordern, ist unterbrochen, das Familiengeschlecht auf neue sittliche Grundlage gestellt, der Fluch aufgehoben. Bedingung der Iphigeniefigur, die im Schmelz der Goethischen Jamben zum sentimentalischen Kultbild einer verklärten Antike wird, ist eine doppelte Trennung.

Zusammenprall einer Mischkultur (Branko Samorovski als barfüßiger weißer Thoas mit Negermaske) und der westlichen, technisch-rational geprägten Zivilisation: »Iphigenie«; Staatstheater Stuttgart. Titelrolle, vorn, Kirsten Dene, Regie Claus Peymann, Bühne Ilona Freyer.

Maria Wimmer spielte 1964 am Düsseldorfer Schauspielhaus die Titelfigur des Goethischen Versdramas »Iphigenie auf Tauris«. »Sie vermag das Parzenlied mit so viel Registern zu sprechen, wie das – in deutscher Zunge – sonst keiner zuwege bringt« (Albert Schulze Vellinghausen).

Iphigenie ist in die Fremde verschlagen worden, sucht – wie die sehnend idealisierende bürgerliche Antikenrezeption auch – das »Land der Griechen mit der Seele«. Und sie widersteht der Anpassung, die der skytische Herrscher von ihr fordert, verweigert sich sexuell, besteht auf ihrer »Virginität, ja Viraginität« (Borchmeyer). Aus dieser doppelten Isolierung heraus ist es ihr möglich, eine selbstbestimmte starke Individualität auszubilden, dem moralischen Imperativ zu leben, eine sittliche Überlegenheit zu gewinnen, die sofort verwirkt wäre, wenn Iphigenie die Rolle der Ehefrau akzeptierte, sich auf Tauris naturalisieren ließe, denn: »Der Frauen Zustand ist beklagenswert ... Wie eng-gebunden ist des Weibes Glück! / Schon einem rauhen Gatten zu gehorchen / ist Pflicht und Trost ...«

Die erste Fassung der *Iphigenie,* rhythmisierte Prosa, wurde 1779 auf dem Weimarer Privattheater uraufgeführt – zur Feier eines herzoglichen Familienereignisses. Neben Goethe, der den Orest spielte, und Corona Schröter als Iphigenie standen der Kammerherr von Knebel als Thoas und zeitweilig selbst der Herzog Karl August als Pylades auf der Bühne. Die endgültige jambische Fassung wurde erst auf der Italienreise fertig, 1786 in Rom. Das Hohelied unbedingt individuell zu leistender Sittlichkeit hatte keinen Erfolg. Auch Schillers einschneidende Bearbeitung für die Aufführung der Versform, 1802 in Weimar, konnte die Bühnenwirksamkeit nicht soweit erhöhen, daß es der Konkurrenz, wie beispielsweise der gleichzeitig gespielten Gluck-Oper, hätte standhalten können. Bezeichnendes Detail: Schiller vermißte den Bühneneffekt der Erynnien um Orest. Daß die schlimmeren Schrecken im Busen toben, sagte formvollendet der Text – zum Nachteil der damaligen Szene.

Egmont

Dies kurz vor der Französischen Revolution fertiggestellte und 1789 uraufgeführte Trauerspiel sympathisiert mit einer Revolution, die Freiheit oder Freiheiten auf ihre Fahne schrieb, damit angestammte, eingewurzelte partiale Rechte und Vorrechte meinte, die Wiederherstellung eines älteren machtpolitisch bedrohten Zustands betrieb. Nichts abwegiger, als Goethes Dramatisierung der Erhebung der Niederlande gegen Philipp II. von Spanien mit der Französischen Revolution, ihrem Ruf nach Freiheit-Gleichheit-Brüderlichkeit in Verbindung zu bringen. Trotzdem macht es Sinn, die Sujetzeit des *Egmont,* also das 16. Jahrhundert, mit dem 18. Jahrhundert zusammenzudenken, denn die Frontstellung von modernem Absolutismus, dem Friderizianischen und Josephinischen, und den deutschen Mittel- und Kleinstaaten war für Goethes Interesse an diesem geschichtlichen Stoff wesentlich. Als ob ihm Joseph II. »seinen Egmont interessant machen« wolle, fing er, wie Goethe auf seiner italienischen Reise 1788 bemerkte, »Händel mit den Brabantern« an, stellte er die Ähnlichkeit zu den Ereignissen des 16. Jahrhunderts in den Niederlanden, wie Goethe meinte, unter Beweis. Der Vergleichspunkt: die Staatsmaschinerie, die sich über individuelle, geschichtlich ausgebildete politische und rechtliche Formen hinwegsetzte, brutal und anonym sich durchzusetzen versuchte und dabei den Widerstand des einheimischen, in alten Verhältnissen heimischen Adels herausforderte. Mit ihm sympathisierte Goethe. Der deutsche Kleinstaat, konkret das Herzogtum Sachsen-Weimar, war Goethes ideologischer und politischer Ort. Weimar war politisch weniger verzopft als viele andere Kleinstaaten und Anziehungspunkt für eine Reihe bedeutender Geister wie Wieland, Goethe, Schiller, später List, für Intellektuelle und Künstler, die dem Verdacht, im Provinzialismus zu versinken, da durch begegneten, daß sie sich emphatisch als kosmopolitische Bürger darstellten. Das hinderte nicht, sondern ermöglichte den Hochgebildeten, dem kleinen Lokalfürsten als politischer wie moralischer Autorität zu huldigen und das zusammengestückte Ministaatsgebilde mit halb ländlichem Charakter, wie Goethe es mit Weimar tat, der griechischen Polis an die Seite zu stellen, das unentfremdete Leben zu loben, die Übersichtlichkeit, die der Kleinstaat in der Tat gewährte. Die Zersplitterung und Zurückgebliebenheit der deutschen Mittel- und Kleinstaaten erschien dann gegenüber der großen Staatsmaschinerie, der Bürokratie und Anonymität des modernen Absolutismus, als Segen. Über der Kritik am »Despotismus, der alles nach wenig Regeln zwingen will und darüber den Reichtum der Mannigfaltigkeit« verliere (Justus Möser, 1772), wurde unterschlagen, daß die negativen Aspekte des Spätabsolutismus, z. B. die politische Verfolgung von Intellektuellen, auf dem Niveau der Kleinstaaterei oft viel stärker ausgeprägt waren, als in den geschmähten Großstaaten Preußen und Österreich.

Den Egmont-Stoff, der ihn seit der Sturm- und-Drang-Zeit beschäftigte, bezog Goethe aus zwei Darstellungen des belgischen bzw. niederländischen Kriegs aus dem 17. Jahrhundert. Der Held dieses Trauerspiels hat mit dem Charakter des historischen Egmont wenig gemein. Eingeführt wird er als in Gesprächen anderer ständig anwesender großer Abwesender. Ob beim Armbrustschießen unter Brüsseler Handwerkern, Krämern, Soldaten, ob im bürgerlichen Haus, in dem die Geliebte des Helden wohnt, oder im Palast der Regentin der Niederlande, der Margarete von Parma – überall, das heißt, über alle Klassenschranken hinweg, redet man mit Bewunderung von Egmont. Die argumentativen Linien des Heldenprofils zählen weit weniger als die dramaturgische Tatsache, daß alle Welt die Vortrefflichkeit des Helden rühmt. Bevor Goethe den Protagonisten dann leibhaftig auftreten läßt, stellt er die Revolution als lächerliches Rüpelspiel auf die Bühne. Ein windiger Skribent kommt den Leuten mit ihren alten verbrieften Rechten, Sonderrechten, bringt sie dazu, daß sie am Ende miteinander raufen. Eine Genreszene, die die ehrbaren Handwerksleute als Pöbel zeigt: »Buben pfeifen, werfen mit Steinen, hetzen Hunde an, Bürger stehn und gaffen, Volk läuft zu, andere gehn gelassen auf und ab, andere treiben allerlei Schalkspossen, schreien und jubilieren.« Sie schreien im Augenblick, in dem Egmont auftritt: »Freiheit und Privilegien! Privilegien und Freiheit!« Der charismatische, »dämonische« Charakter, wie Goethe ihn sah, Brüsseler Edelmann, bringt seine verwirrten Untertanen schnell zur Räson, befiehlt Ruhe, erklärt die Art, wie das Volk seine Probleme diskutiert für Unsinn, fordert die Handwerker auf, wieder an die Arbeit zu gehen. Allerdings »Sicherheit und Ruhe! Ordnung und Freiheit« hatten die Bürger sich selbst schon in der ersten Szene zugerufen; Goethe zufolge »so, daß jeder ein anders ausruft und es eine Art Kanon wird«. Sein Charisma bzw. seine selbstsichere Unbedenklichkeit soll die Stärke dieses Volkshelden sein, und an ihr soll er – die andere Seite des »Dämonischen« – am Ende zugrundegehen. Gegen alle militärische Logik auf seine Unantastbarkeit als Ritter des goldenen Vlieses bauend, erwartet Egmont die Ankunft der »Kreuzspinne« Alba, des »hohläugigen Toledaners«, der die gemäßigte Statthalterin Margarete von Parma durch ein absolutistisches Terrorregime ersetzen wird. Nach einem ausgiebigen politischen Diskurs wird Egmont kurzerhand von Alba gefangengenommen. Die »revolutionäre« Rolle Egmonts – einem Nachtwandler gleich, der auf dem Hausfirst balanciert und Vernunftargumente abwehrt, weil sie ihn aufwecken und in die Tiefe stürzen lassen könnten – ist damit, ehe sie realpolitisch irgend etwas bewegt hätte, zu Ende. Klärchen, die Geliebte, das Naturkind, geht auf die Straße, beschwört umsonst die feigen Brüsseler Bürger sich zu rühren, nimmt Gift. Egmont stirbt durch den Henker, nachdem er zuvor in einem Traum den Sieg der Freiheit erlebt hat: Klärchen als Siegesgöttin reicht ihm den Lorbeer. Eine allegorische Pantomime, die ins vorbürgerliche, höfische Theater zurückweist und Goethe zu Recht Schillers Vorwurf eingetragen hat, er versetze den Zuschauer »aus der wahrsten und rührendsten Situation . . . durch einen Salto mortale in eine Opernwelt«. Eine Siegessymphonie, die das Trauerspiel beendet, soll darauf verweisen, daß durch die Hinrichtung Egmonts die Niederländer tatsächlich sich zu Revolutionären wandeln und diese konservative Revolution tatsächlich siegt.

Die natürliche Tochter

Das fünfaktige Trauerspiel (Uraufführung 1803) plante Goethe als ersten Teil einer Trilogie über Ereignisse im Zusammenhang der Französischen Revolution. Den Zielen und erst recht der Aktionsform der Großen Revolution hat er von Anfang an nichts abgewinnen können – im Unterschied zu vielen bürgerlichen Intellektuellen, die erst mit der Verdrängung der großbürgerlichen Gironde durch die Jakobiner Abstand nahmen von der Hoffnung einer grundlegenden Veränderung im hundertfach zerstückelten, politisch und ökonomisch rückständigen Deutschland. Goethe glaubte, Revolutionen seien durch unsinnige Härten ge-

gen die Untertanen oder moralisch haltlose Herrschaft herausgefordert, seien Produkt von Schwäche der Obrigkeit. Bei vernünftiger Machtausübung, würdiger Haltung der Regierenden erübrigten sie sich. In diesem Sinne verehrte er Napoleon ebenso wie aufgeklärte Kleinfürsten, die mit Versprechungen und Kompromissen die aufgeregten Untertanen beruhigten. Seine Position war die des moralischen Weltbürgers, der zum Pöbel gleichviel Abstand hielt wie zum ausschweifenden Adel.

Abseits des »entfernten Weltgetöses Widerhall« eröffnet der Herzog seinem Neffen, dem König, daß es eine natürliche Tochter, Eugenie, gebe, die bisher verborgen worden war. Deren Bruder wehrt sich gegen die nachgereichte nahe Verwandte; eine Intrige führt dazu, daß Eugenie außer Landes gebracht wird. In einer Hafenstadt droht der Abtransport auf ferne Inseln. Die Heldin könnte sich durch die Heirat mit einem Gerichtsrat retten, tut es schließlich auch – unter der Bedingung, daß dieser »mit reiner Neigung«, als Bruder, mit ihr verkehre. Die Heldin rettet so ihren hohen Stand für erwartete große Aufgaben in der Heimat, der ein »jäher Umsturz« bevorsteht. Die Hybris als Voraussetzung der Tragik besteht darin, daß die vorbildliche Adlige unseligerweise der offiziellen Zeremonie ihrer Erhöhung vorgreift, Festgewand und teures Geschmeid schon vorher sich anlegt, was sie dann leidend und schuldig macht. Die Lösung des Problems wäre gar nicht weit; entsagte die Heldin der »nicht gegönnten Höhe«, die ihr freilich zusteht, wendete sie ins »Häusliche den liebevollen Blick: / Gelöst wär' alles«.

Torquato Tasso

Einziger, klassisch einheitlicher Ort der *Iphigenie* war der Hain vor dem Tempel der Diana – ähnlich streng und konzentriert die Szenen vor und im Lustschloß Belriguardo um den Dichter Tasso (Uraufführung 1807). Ohne biographistischen Leichtsinn ließe sich diese Künstlerexistenz Goethes eigener an die Seite stellen, fände dieses Herzogtum Ferrara zur Zeit der Renaissance seine Entsprechung im Herzogtum Weimar des 18. Jahrhunderts. Jedenfalls hat Goethe gegenüber Eckermann gemeint, die Hof-, Lebens- und Liebesverhältnisse dort hätten ganz denen des deutschen Kleinstaats hier

entsprochen, Tasso sei »Bein von meinem Bein«.

Torquato Tasso ist der mäzenatisch privilegierte, innerliterarisch autonome Dichter. Man verlangt von ihm nichts für die repräsentative Hofhaltung unmittelbar Nützliches, keinen poetisch-ideologischen Dekor zur Zelebration der fürstlichen Macht, sondern zunächst schreibt er sein Summum opus, das »Befreite Jerusalem«, ganz als Produkt freier Phantasie, als autonomes Kunstwerk: »Stört ihn, wenn er denkt und dichtet, / In seinen Träumen nicht und laßt ihn wandeln«, ermahnt der Fürst die Tasso beobachtenden und bewundernden Frauen. Dann aber widmet und übereignet der von der Sorge des engen Lebens zur Dichterfreiheit Befreite dem hohen Gönner – sein – Werk, und der letzte Zweck der zweckfrei entstandenen Dichtung ist nun, Tasso zufolge, dem Fürsten zu gefallen. Die ästhetische Vollkommenheit wird an dessen Urteil gebunden: »Wenn ihr zufrieden seid, so ist's vollkommen; / Denn euch gehört es zu in jedem Sinn . . . Sah ich die Züge meiner Feder an, / So konnt ich sagen: 'Dieses Werk ist mein'. / Doch seh ich näher an, was dieser Dichtung / Den innern Wert und ihre Würde gibt, / Erkenn ich wohl, ich hab es nur von euch.« Die Versöhnung von schöner Geistesautonomie und schöner Abhängigkeit gelingt nicht. Goethe zeigt als Preis des mäzenatisch ermöglichten Geistesadels Tassos Isolation von der Sphäre der sozialen Realität. Er lebt nicht nur materiell sorgenfrei am Hof, sondern ist zugleich von der Sphäre der materiellen Realität der ihn umgebenden Adelsgesellschaft abgeschnitten, hat mit dem tätigen, äußeren Leben nichts zu tun (darin unterscheidet sich die Position Tassos diametral von der des vielbeschäftigten Beamten Goethe in Weimar vor der Italienischen Reise). Der Fürst, beklagt sich Tasso, rede nie ein ernstes Wort mit seinem Dichter über politische Geschäfte; dies aus gutem Grund, denn Tasso beherrscht nicht einmal das Regelspiel am Hof – Vorbedingung zu politischer Reflexion, politisch angemessenem Verhalten. In der Konfrontation mit Antonio, dem zurückhaltend kalkulierenden, seine Verhandlungssituation ständig reflektierenden höfischen Funktionär, zeigt Goethe die sympathische Unfähigkeit, die tragische Unbedingtheit seines Protagonisten, der emotional die höfischen Zwänge

abwechselnd ignoriert bzw. zu überspringen versucht und verklagt. Daß Antonio und Tasso überhaupt aneinandergeraten, ist über die Frauen, ihre Gunst, motiviert. Antonio braucht sie, um sich nach drückenden politischen Geschäften wieder aufzurichten; sie sind ihm ideale Entschädigung für saure Arbeit. Tasso versteht das Lob der Frauen als unmittelbaren Ruhmespreis seiner Dichterexistenz. Das anakreontisch arkadische Bekränzungsspiel im Schloßgarten zwischen den Büsten Virgils und Ariosts ist für ihn schreckender Ernst. Der von der Büste Vergils auf seinen Kopf transferierte Lorbeer, der in »heißen Regionen

1969, in der Phase der Studentenrevolte, ihrem Zweifel, ob bürgerliche Kunst, zumal die kanonisierte klassische, überhaupt noch Existenzberechtigung habe, inszenierte Peter Stein in Bremen Goethes »Tasso«. In der Bühne von Wilfried Minks ergingen sich kostbar gewandete Figuren in erwählten Bewegungen und Haltungen, das Fremd-Idealische dieser Kunstwelt betonend. Eine auf den Bühnenrasen gestellte Goethe-Büste rückte den Zuschauern in den Blick, daß die Inszenierung nicht unmittelbar auf die Darstellung der Sujet- bzw. Entstehungszeit des Goethischen Versdramas abzielte, sondern zugleich Wirkungs- und Ideologie-

geschichte reflektierte. Die Bekränzungsszene: mit Jutta Lampe (Prinzessin Leonore), Bruno Ganz (Tasso), Edith Clever (Gräfin Sanvitale), Wolfgang Schwarz (Alfonso).

Einen sehr beherrschten, wenig angespannten, kaum zerrissenen und exaltierten Goetheschen Hofdichter »Tasso« spielte Gustaf Gründgens 1949 in Düsseldorf in seiner eigenen Inszenierung – mit Marianne Hoppe als empfindsamer, schmerzensnaher Prinzessin Leonore, die am »ehesten den schauspielerischen Kontakt zu Gründgens' abgezirkeltem Innendrama fand« (Rolf Trouwborst).

des Ruhms«, wie Leonore ironisch-pragmatisch interpretiert, die Dichterstirne kühlt – Tasso erscheint er als sengender, ihn in Fieberhitze bringender Strahl. Den »schmerzlichen Zug einer leidenschaftlichen Seele«, die »Disproportion des Talents mit dem Leben« wollte Goethe in diesem Schauspiel am Fürstenhofe gestalten. Sein Fürst hatte ihm zunächst von diesem Stoff sehr abgeraten; die hohe Form der Konfliktdarstellung nötigte ihm dann aber das Urteil ab, mit *Tasso* sei ein großes Kunstwerk gelungen.

Faust

Auf dem Theater des 18. Jahrhunderts war der Faust-Stoff ein Synonym für phantastisches Theater, für eine reißerische, trivialbunte Geschichte voller szenischer Überraschungen und Effekte. 1767 kündigte die Schauspieltruppe des Joseph Felix Kurz (auch Bernardon) die Maschinenkomödie an: *In Doctrina Interitus Oder: Das lastervolle Leben und erschröckliche Ende des Weltberühmten und jedermänniglich bekannten Erzzauberers Doctoris Joannis Fausti*. Die »uralte, weltbekannte, auch zum öftern vorgestellte, und auf verschiedene Art schon gesehene große Maschinen-Komödie« war, offenbar mit weniger Science-fiction-Aufwand, 1738 auch in Hamburg gespielt worden, und zwar von *der* Reformtruppe des literarisierten Theaters; ein Jahr zuvor war auf der Bühne der Neubertruppe der Hanswurst symbolisch verbannt worden! Das ruchlose Leben und erschreckliche Ende des Erzzauberers Faust beginnt 1738 mit einer Szene in der Unterwelt, worauf ein oberirdischer Geist eine Arie singt, ein Rabe die Unterschrift Fausts unter den Teufelspakt abholt. Darauf die erste Hanswurstiade: Die komische Figur, als Knecht Fausts auftretend, zeigt eine Nummer mit verzauberten Schuhen, Mephistopheles läßt Geld regnen, und Helena singt »unter einer angenehmen Musik eine dem Faust unangenehme Arie«. Schließlich wird der Erzzauberer, Gelegenheit für ein künstlich-spielendes Feuerwerk und ein Teufelsballett, von den Furien der Unterwelt geholt. Solche Szenen, aber auch viele phantastische Bildungszitate, »lebende« mythologische Bilder, muß man sich vor Augen halten, wenn vom Volksbuch als einer Stoffschicht des Goethischen Dramas die Rede ist.

Elisabeth Flickenschildt wurde in Gründgens' letzten Jahrzehnten zu seiner engsten Kunst-Partnerin. Ihrer beider Sprachklang sogar näherte sich einander an. Wenn sie zusammen als Frau Marthe Schwerdtlein und Mephisto im »Faust« derb schäkerten, ließen sie sich sogar auf eine unverblümte sexuelle Anziehung ein – hier in der Hamburger Inszenierung, die 1957 Premiere hatte.

Nicht das Ehrfurcht heischende hohe Sprachkunstwerk brachte Claus Peymann 1977 mit den beiden Teilen des Goethischen »Faust« auf die Bühne des Stuttgarter Staatstheaters, sondern – elf Stunden lang – eine bildkräftige Szenenfolge voller Spielleichtigkeit, die ironisch, ohne allen pedantischen

Der in Württemberg 1480 geborene Faust unterschied sich von früheren Magiern dadurch, daß er nicht mit der Beherrschung der Höllengeister prahlte, sondern mit der mutig beim Teufel versetzten Seele. Eine Phantasiefigur des Volkes wurde er, weil die Chance, aus der sozial erbärmlichen Situation herauszukommen bei entsprechend verwegenem Einsatz, faszinierte. Bevor Goethe den Stoff dramatisierte, hatten ihn u. a. Christopher Marlowe (um 1588), aber auch Lessing in einem Fragment gebliebenen Schauspiel gestaltet. 1772/75 entstand der sog. *Urfaust;* 1790 veröffentlichte Goethe *Faust. Ein Fragment;* 1808 den ersten

Teil von *Faust. Eine Tragödie;* 1832 folgte Teil II. Die Uraufführungen fanden 1829 (I, in Braunschweig) und 1854 (II, in Hamburg) statt.

Im »Vorspiel auf dem Theater« konversieren Direktor, Dichter und Lustige Person über Theaterwirkung; von hoher göttlicher Poesie ist die Rede und von den Tricks, die Leute zu unterhalten. Im »Prolog im Himmel« wettet Gottvater mit Mephisto: Dieser will versuchen, Faust, den Knecht Gottes, auf seine Seite zu ziehen. Die Wette gilt – unter der einschränkenden Bedingung, daß nur über den auf der Erde lebenden Wissenschaftler vom Teufel verfügt werden darf.

Faust resümiert sein Leben, wird vom herbeigerufenen Erdgeist verhöhnt, will sich umbringen – Ostermessenklänge halten ihn davon ab, die Kristallschale mit Gift zu leeren. Erinnerungen an seine Jugend und der Zauber der Wiederauferstehung rühren ihn: »O tönet fort, ihr süßen Himmelslieder! / Die Träne quillt, die Erde hat mich wieder!« Beim Osterspaziergang verfolgt ihn ein schwarzer Pudel bis ins Studierzimmer, und hier kommt es zum Seelenverkauf. Faust fordert als Gegenleistung Verjüngung und Lebenskraft, verliebt sich in Gretchen, die er in einem Spiegel der turbulenten Hexenküche sieht und – durch Elixiere zum

Eifer, die Wirkungs- bzw. Ideologiege-
schichte mitreflektierte. Das Vorspiel auf
dem Theater disponierte die gesamte wech-
selvolle Geschichte des Faust: als Geschichte,
die in einer Theaterwelt spielt. Bühne:
Achim Freyer. Martin Lüttge als Faust,
Therese Affolter als Gretchen.

Im dritten Akt des zweiten »Faust«-Teils
nimmt Mephisto die grauenvoll häßliche
Gestalt der Phorkyas an und versetzt die
antike Helena samt ihrer Chor-Begleitung
in Faustens mittelalterliche Burg – zweideu-
tig conferierend, als Mannweib überhoch
auf Krücken-Stelzen, ein Auge weggeklebt,
spielte Gustaf Gründgens die Figur in seiner
letzten »Faust II«-Inszenierung, Hamburg
1958.

Jüngling geworden – umwirbt. Schmuck
und eine kupplerische Nachbarin gewin-
nen dem Teufelverschworenen die schöne
Unschuld. Am Ende des ersten Teils ist die
Mutter vergiftet, der Bruder erstochen, das
Kind von Gretchen ertränkt. Der »Mensch-
heit ganzer Jammer« packt Faust beim
Anblick der unglücklichen Geliebten im
Kerker (Goethe hat, ein Nebenaspekt, mit
seinem Votum für die Hinrichtung einer
Kindsmörderin als Beamter zu keinem Mit-
leid, zumindest zu keinem Gnadenakt sich
durchringen können).
Wie in der Selbstmordsituation des ersten
Teils läutert die Natur den von Reue beweg-

ten, verzweifelten Faust, ermutigt ihn zu neuen Taten (Teil II). Zunächst am Kaiserhof, dessen Unmoral gegeißelt wird: Der Kaiser will Helena, die schönste Frau der Antike sehen, und Faust, der Gretchen anstelle der Helena geliebt hatte, sieht nun die Möglichkeit, sich seinen größten Wunsch zu erfüllen. Als Faust dann nach ihr greift, verflüchtigt sich die schöne Gestalt. Mit Hilfe des Humunculus fliegt man ins klassische Hellas. In der – klassischen – Walpurgisnacht kommt es zur Verschmelzung von Nord und Süd, Romantik und Klassik in Faust und Helena: Euphorion heißt die Frucht dieser Vereinigung von nordischem und antikisch südlichem Geist. Dem hybriden Sohn, der wie Dädalus vom Himmel stürzt, folgt die Mutter, entschwindet. Faust widmet sich daraufhin der kaiserlichen Landgewinnung. Auf dem Höhepunkt der gewaltigen Unternehmung fällt er tot um. Doch Engel tragen seine Seele davon: Gretchen hat die Entschuldung Fausts bewirkt.

Friedrich Schiller

1759 in Marbach am Neckar geboren, wuchs er in engsten materiellen und geistigen Verhältnissen auf. Seine tiefreligiöse Mutter war die Tochter eines Bäckers und Wirts, Bäckerssohn der Vater, ein strenggläubiger Lutheraner, ehrenfest soldatischer Charakter, der es vom Barbierlehrling zum Feldscher, schließlich zum Verwalter der Gärten des Lustschlosses Solitude bei Stuttgart brachte. In der hier gelegenen militärischen »Pflanzschule« des Herzogs Karl erhielt der Sohn des kleinen Beamten Schiller eine Eliteausbildung.

In der zivilen Abteilung für künftige württembergische Zivildiener studierte Schiller ab 1773 die Rechte, ab 1775 Medizin, begann sein Berufsleben mit einer – schlecht bezahlten – Stelle als Militärarzt. Zuvor hatte er wegen des »zu vielen Feuers« seiner Abschlußarbeit (»Philosophie der Psychologie«) das letzte Studienjahr wiederholen müssen. Was der Fürst als Abdämpfung und Abkühlung der erhitzten Phantasie des jungen Untertans gedacht hatte, steigerte nur dessen antiautoritären Ingrimm, die Begeisterung für »Freiheit« und »Natur« – Ideale, die die Autoren des Sturm und Drang unter dem Einfluß Rousseaus in dieser Zeit kraftgenialisch verfochten. Als Herzog Karl gegen den Autor der *Räuber,* der ohne Erlaubnis zu einer Wiederaufführung seines Stücks gereist war, ein Schreibverbot und eine Disziplinarstrafe verhängte, floh Schiller im Herbst des Jahres 1782 aus dem württembergischen Herzogtum mit dem Vorsatz, Berufsschriftsteller zu werden, lebte in ersten Jahren unter manchmal sehr erbärmlichen materiellen Bedingungen. Zwar erhielt er 1783/84 eine Anstellung als Theaterdichter am Mannheimer Hof- und Nationaltheater, doch wurde der Vertrag nicht verlängert. Einen großen Schritt seinem »Etablissement« nähergekommen, glaubte sich Schiller 1784 mit dem Eintritt in die fürstlich privilegierte Kurpfälzische Deutsche Gesellschaft, der er sich mit der Vorlesung empfahl »Was kann eine gute stehende Schaubühne eigentlich wirken?« – die überarbeitete Fassung veröffentlichte er ein Jahr später in seiner Zeitschrift »Rheinische Thalia« unter dem berühmt gewordenen Programmtitel *Die Schaubühne als eine moralische Anstalt betrachtet.* Schiller zieht darin die Summe der seit der Frühaufklärung über das Theater geführten optimistischen Diskussion, setzt deren Nutzenansatz fort. Die dramatische Kunst stellt er über die Nachbarkünste und: »Das höchste Produkt dieser Gattung ist *vielleicht* auch das höchste des menschlichen Geistes.« Als sittliche, gesellschaftlich wirksame Institution sieht er die Schaubühne als »Verstärkung« und als Korrektiv der verschiedensten gesellschaftlichen Praxisfelder. So soll sie z. B. die – von ihm selbst ja leidvoll erfahrenen – »Irrtümer der Erziehung« bekämpfen und Plattform sein für die »Oberhäupter und Vormünder des Staats«, die hier die Meinung der Nation über ihre Regierung »zurechtweisen« könnten, sich gegen der Untertanen Klagen verantworten könnten, »noch ehe sie laut werden«. Nicht zuletzt bestehe die Funktion des Theaters darin, als gehobene Unterhaltung bzw. Vergnügung von der »Folter der Geschäfte« zu befreien: »Der Mensch…, der langen Anstrengung müde, … dürstet nach besserm auserlesnern Vergnügungen«. Das zielt auf den bürgerlichen Menschen, seine Geschäfts- und Seelenlage. Den »Pöbel« soll das sittlich und ästhetisch gehobene Theater daran hindern, zum »Tier« herabzusinken. Zusammengefaßt, klassenübergreifend: die Bühne soll die Menschen aus »allen Kreisen, Zonen und Ständen« verbrüdern durch *eine* Sympathie, *eine* Empfindung: »ein *Mensch* zu sein.«

Die intensive Auseinandersetzung mit der Philosophie Kants und die Erfahrung der Französischen Revolution führte mit Beginn der neunziger Jahre zum energischen Abrücken vom Nutzenansatz, zur Betonung der inmitten der Unfreiheit der Gesellschaft ein eigenes Reich der Freiheit konstituierenden idealisch autonomen Kunst (*Über Anmut und Würde,* 1793; *Über die ästhetische Erziehung des Menschen,* 1795). Darin traf er sich mit Goethe, mit dem er seit 1794 freundschaftlich zusammenarbeitete, gemeinsam Front machte sowohl gegen die Romantiker als auch gegen Autoren, denen an Idealisierung nicht gelegen war, die weiterhin die häuslich eingeschränkten bürgerlichen Verhältnisse publikumswirksam auf die Bühne brachten. Schiller, der 1791 schwer erkrankt war und dem adelige Verehrer seiner Kunst mit einem dreijährigen Stipendium über seine finanziellen Nöte hinweghelfen mußten, arrivierte in den neunziger Jahren – seit 1793 arbeitete er mit dem rührigen Verleger Cotta zusammen – zu einem gut verdienenden Autor. 1802 wurde er geadelt. Dem Plan, von Weimar nach Berlin – auf Einladung der Königin Luise – überzusiedeln, begegnete der Weimarische Herzog Karl August mit einer Verdopplung der Bezüge. Schillers Krankheit verschlimmerte sich 1804 immer mehr, im Mai 1805 starb er, ohne sein letztes großes Drama *Demetrius,* noch vollenden zu können.

Die Räuber

»Daß Eure Excellenz Amalia lieber erschießen als erstechen lassen wollen, gefällt mir ungemein, und ich willige mit Vergnügen in diese Veränderung. Der Effekt muß erstaunlich seyn . . .«

Ein junger, sehr junger Autor, auf »auffallendste Wirkung« aus, der sich nicht nur ungewöhnliche, sondern, wie er denkt, unwiderstehliche Bühnenereignisse, nie Gesehenes und nie Gewagtes ausgedacht hat, für den der Erfolg seines ersten Stücks sichere Sache ist, der diese Selbstsicherheit zugleich aber auch nur taktisch behauptet gegenüber einem Intendanten, der die *Räuber* herausbringen will, aber Umarbeitung verlangt. In seiner Ausein-

andersetzung mit Heribert von Dalberg, dem Intendanten des Mannheimer Nationaltheaters, umriß Schiller mit wenig Worten den Gestus des Stücks, die ins Äußerste getriebenen Gegensätze, die die Entwicklung der Hauptfigur voran- und die Zuschauer ins Wechselbad der Emotionen treiben sollten: »Das Gemählde einer verirrten grosen Seele – ausgerüstet mit allen Gaben zum Fürtrefflichen und mit allen Gaben verloren. Zügelloses Feuer und schlechte Kameradschaft verdarben sein Herz – rissen ihn von Laster zu Laster – bis er zulezt an der Spize einer Mordbrennerbande stand, Greuel auf Greuel häuffte, von Abgrund zu Abgrund stürzte in alle Tiefen der Verzweiflung – Groß und majestätisch im Unglük, und durch Unglük gebessert, rükgeführt zum Fürtrefflichen. Einen solchen Mann wird man im Räuber Moor beweinen und haßen, verabscheuen und lieben ...«
Das hochgespannte, von überall her nach Mannheim zur Uraufführung im Januar 1782 anreisende Publikum las diese Sätze dann, eingeschlossen die über seine Gefühle, auf dem Programmzettel. Nach drei eher flauen Akten stellte sich die erwartete, überwältigende Wirkung ein. Ein »schauerliches Meisterstück« erlebte der Mannheimer Theaterarzt May, »wobei das Menschenblut erfrieren, und die Nerven sowohl beim Schauspieler als Zuschauer erstarren müssen, wenn ihre Urahnen nicht von Pantoffelholz gewesen sind«. Schon die anonym, unter Umgehung der für alle Mitglieder der Militärakademie in Stuttgart geltenden Zensur 1781 herausgekommene Buchfassung der *Räuber* hatte außerordentliche Publizität erlangt. Schiller ließ sein Stück im Selbstverlag mit geborgtem Geld drucken, ein im 18. Jahrhundert nicht ungewöhnliches Verfahren junger Autoren, Verleger und Theatertruppen auf ihre Werke aufmerksam zu machen. Auch Goethes *Götz* war zehn Jahre zuvor anonym und ohne Angabe des Druckorts erschienen. Gegen den Willen des Autors, aber auch des jungen Ensembles, das sich für den revoltierenden, absolutismuskritischen Gestus des Stücks begeisterte, verlegte Dalberg die Handlung des Trauerspiels mehrere Jahrhunderte zurück, ließ die »Räuber« in jenem altdeutschen Kostüm auftreten, das seit Goethes *Götz* Bühnenmode geworden war und inzwischen die patriotischen, ab-

solutismuskritischen Assoziationen weitgehend verloren hatte.
Die Geschichte vom Adeligen mit den beiden ungleichen Söhnen, dem heimtükkisch-sittenstrengen und dem ausschweifend sein Leben lebenden Sohn, zog Schiller aus der einige Jahre zuvor erschienenen Erzählung *Zur Geschichte des menschlichen Herzens.* Ihr Autor war der radikale Fürstenkritiker, Publizist und Dichter Christian Daniel Schubart; als die *Räuber* veröffentlicht wurden, saß er seit fünf Jahren als politischer Gefangener in einem württembergischen Kerker (Hohenasberg) – »in Tirannos« steht auf dem Titelblatt der *Räuber* – Ausgabe von 1782. Schon in Schubarts Erzählung verleumdet der eine Sohn den anderen, erreicht dessen Verstoßung. Und wie in den *Räubern* kommt dieser verlorene Sohn (so sollte Schillers Stück zuerst heißen) nach Hause zurück, als der teuflische Bruder dabei ist, den Vater umzubringen. In einer Doppelhandlung, gewissermaßen einer Parallelmontage, werden den Zuschauern die örtlich getrennten, aber zeitgleichen Vorgänge vor Augen gestellt. Während der jüngere Sohn Franz – schwarze Seele, mißgestalteter Körper – im Schloß des Vaters die mörderischen Intrigen betreibt und an des Bruders Geliebte sich heranmacht, sieht man den Studenten und Räuberhauptmann äußere und innere Kämpfe vollführen in Sachsen, den böhmischen Wäldern, an der Donau. Karl ist aus beleidigter Ehre Räuber geworden, die »Privaterbitterung gegen einen unzärtlichen Vater« läßt ihn öffentlich tätig werden, für eine Republik kämpfen, »gegen die Rom und Sparta Nonnenklöster sein werden«.
Erhabener Verbrecher, weniger adeliger als edler bürgerlicher Rebell, wird er, als er sich gerade der väterlichen Autorität unterwerfen und als Erstgeborener in dessen Sinn die Geschäfte der feudalen Familie betreiben will, vom Zweitgeborenen, dem vom Vater weniger geliebten Sohn, jedoch durch gefälschte Briefe ins Unrecht gesetzt wird. Seine Verletzung, sein tiefer Zweifel an der Sittlichkeit der Gesellschaft läßt ihn zum Selbsthelfer werden, zum Anführer einer Bande, die die Sache der Gerechtigkeit verfechten soll. Die terroristischen Mittel diskreditieren zunehmend dies Ziel. Schiller entfaltet das durch eine farbenreiche Charakternuancierung der Räuber, durch ihr

Verhältnis zum Anführer Karl, dessen moralische Integrität mit jeder Reaktion auf die grausamen Aktionen seiner Bande klarer ans Licht kommt, der sich schließlich ganz von der Gewalt abkehrt. Nachdem im gefühlsrasenden Schlußfinale die Familie Moor, die Geliebte auch, zugrunde gegangen ist, beschließt Karl, sich der Justiz zu stellen, damit zugleich eine wirklich soziale Tat vollführend: »Ich erinnere mich, einen armen Schelm gesprochen zu haben, als ich herüberkam, der im Taglohn arbeitet und elf lebendige Kinder hat – Man hat tausend Louisdore geboten, wer den großen Räuber lebendig liefert – dem Mann kann geholfen werden.«
Mit Schillers Jugenddrama ist die Karriere eines der bedeutendsten Schauspieler des 18. Jahrhunderts verknüpft: Wilhelm August Iffland, der in der Uraufführung den Franz spielte und diese Rolle virtuosenhaft in den folgenden Jahren und Jahrzehnten vervollkommnete. Eindringliches, effektvoll sich steigerndes psychologisches Spiel verschaffte den Zuschauern den Hochgenuß des Grausens. Mit »aufwärts gekehrtem, anfänglich glühend funkelndem, dann versteinert starrendem Blick, mit gehobener, dann unbeweglich eingewurzelter Stellung rief er ›Rächet denn droben über den Sternen einer?‹ Nun eine Pause. – Leises furchtsames, angstpreßtes: ›Nein!‹ ... ›Nein!‹ brüllt er zum zweiten Male knirschend ... Nun hatte er auch den über den Sternen erschlagen. Aber da packt ihn plötzlich die ganze Hölle. Die Haare sträuben empor, die Knie schlottern vorwärts eingebrochen. – Eine Pause der gefühltesten Vernichtung. – Ein Blitzstrahl durchkreuzt die umnachtete Seele ... ›Wenns aber doch wäre?‹ murmelt, röchelt es tief heraus aus der Brust.« *Die Räuber* machten Schiller mit einem Schlag berühmt. Goethe war dies Werk »verhaßt«; von seinen eigenen Sturm-und-Drang-Produkten hatte er sich zu diesem Zeitpunkt schon distanziert. Als 1795 im Weimarer Theater (Lauchstädt) die »schauderhafte Komposition mit den vulkanischen Wirkungen« gespielt wurde, jenes Stück, das das »Arsenal des Todes grausend umwühlt«, herrschte im Parterre »so viel Stille und Ordnung ... als je bei dem ernsthaftesten Conversationsstück herrschen kann«. Das studentische Publikum, das manche Goethische Unternehmung

nicht nur in der Beschreibung seiner Dramenpläne, sondern in den hochfliegenden Dialogen selbst, wollte die »kalte, unfruchtbare Staatsaktion aus dem menschlichen Herzen herausspinnen und eben dadurch an das menschliche Herz wieder« anknüpfen. Auf den historischen Stoff hatte Dalberg ihn aufmerksam gemacht. Das Einstandsprodukt des Theaterdichters am Mannheimer Nationaltheater (1783/84) stieß auf massive Kritik, nötigte Schiller wie schon bei den *Räubern* zur Umarbeitung. Iffland, der sich als Konkurrent Schillers gerierte und nicht wenig dazu beitrug, ihn wieder aus Mannheim zu vergraulen, befand in einem dramaturgischen Gutachten für das Ensemble, das Sujet des *Fiesco* sei nicht »theatralisch« genug und die Charaktere auf »zu feine Schrauben« gesetzt. Der elenden finanziellen Situation Schillers wegen solle man dem Stück aber den Preis zuerkennen, den man »mittelmäßigen Originalien oder gewöhnlichen Umarbeitungen alltäglicher Stücke aus Mangel an Brauchbarem zuzuerkennen sich oft genöthigt sieht«. Schiller hatte mit seinem zweiten Stück dann tatsächlich in Mannheim nur geringen Erfolg, was er darauf zurückführte, daß »republikanische Freiheit hierzulande ein Schall ohne Bedeutung« sei.

Der Sproß eines Dogengeschlechts steht im Begriff, der Freiheit Genuas ein Ende zu setzen. Der bürgerliche Autor Schiller charakterisiert den jungen Doria als Feudalen mit bäurischen Manieren, mit rauher anstößiger Sprache. Die Ehrwürdigkeit des alten Dogengeschlechts, dem der ungeratene Grobian entsprungen ist, repräsentiert der greise Andrea Doria. Er ist der strenge und zugleich sanftmütige Patriarch, die gehobene Form, Veredelung, des bürgerlichen Vaters. Eine »Wollust« sei es, so die junge Frau Fiescos, »ihm gut zu sein«. Am Ende geht der Republikaner Verrina zu diesem Charaktersouverän, diesem bürgerlichmenschlich veredelten Adeligen, damit er Genua weiterregiere. Und in der Auseinandersetzung mit diesem Greis, nicht mit dem direkten Rivalen, dem jungen Doria, zeigt Schiller die machiavellistische Charakterlosigkeit des Fiesco, dieses »blühend-schönen Manns«, der strahlt und blendet, der mit »Anstand stolz« ist aber zugleich auch »höfisch-geschmeidig« und »tückisch«. Der

Vor dem Plakathorizont von Wilfried Minks, den Pop-Kultur zitierenden Roy Lichtenstein zitierend, rezitierte Bruno Ganz Worte, die Schiller seinem Franz in den Mund legte. Ironisch, triviale Assoziationen herausfordernd, interpretierte Zadek 1966 in Bremen Schillers »Räuber«.

Als Theater im Theater inszenierte Niels-Peter Rudolph 1981 im Deutschen Schauspielhaus Hamburg Schillers »Fiesco«. Im weißen Pierrot-Kostüm, das Gesicht hinter weißer Maske verborgen, die Arme in überlangen Ärmeln verschwunden, sitzt Ulrich Wildgruber auf der großen Treppe Gesellschaft, dem Ort des Staats- und Leidenschaftstheaters. Das traurige und auch lustige große Kind mit dem Figurennamen Fiesco beschließt, als Staatsmann Figur zu machen, das große Rollenspiel um Macht und Leidenschaft aufzumischen. Vorn Barbara Nüsse als Leonore, Marlen Diekhoff als Julia. Bühne: Karl Kneidl.

gezielt störte, hörte mit größter Andacht dem Räuberlied »Ein freies Leben führen wir« zu, rief Dacapo und: »nun sang das ganze Publicum einstimmig mit einer wahren Ehrfurcht mit«.

Die Verschwörung des Fiesco zu Genua
Schiller bewegte die Probleme und Genüsse bürgerlicher Identität, bürgerlicher Gefühle in spätabsolutistischer Zeit in seinem zweiten Stück im historischen Szenarium. Von Anfang an war nun das Kostüm (der Noblen) »durchaus altdeutsch«, wurde die genuesische Revolte in der Mitte des 16. Jahrhunderts zum Rahmen und Prospekt für ein »großes Gemälde des wirkenden und gestürzten Ehrgeizes«. Nicht wie in den Räubern das Opfer einer »ausschweifenden Empfindung«, sondern das Gegenteil, ein Opfer der »Kunst und Kabale«, habe er in Fiesco, dem Grafen von Lavagna, Tyrannenfeind und Tyrannenprätendenten, geschildert. Schiller, Liebhaber von Antithesen

Gruppe der handlungsunfähigen Republikaner hat Schiller ein sozial und psychologisch differenziertes Profil gegeben. Neben einem »gewöhnlichen Menschen« mittleren Alters ein »edler und angenehmer, stolz und natürlicher« Jüngling, neben einem »hageren Wollüstling« ein »schwerer« sittenstrenger Vater, der düstere erzrepublikanische Verrina: der Schillersche Virginius bzw. Galotti. Wie im römischen Vorbild soll aus dem Sexualvergehen des Tyrannen an einem unschuldigen Mädchen der politische Widerstand entstehen. Seine »letzte Hoffnung« in politisch hoffnungsloser Zeit war für Verrina die Unschuld, »jungfräuliche Ehre«, seines »einzigen Kinds« Berta. Als der Tyrann sie des Nachts vergewaltigt, bindet Verrina mit fürchterlichem Schwur die Befreiung Genuas an die Rächung der Tochter: »Wenn ich deinen Wink verstehe, ewige Vorsicht, so willst du Genua durch meine Berta erlösen!... Eh' das Herzblut eines Doria diesen häßlichen Flecken aus deiner Ehre wäscht, soll kein Strahl des Tags auf diese Wangen fallen. Bis dahin – (er wirft den Flor über sie) verblinde!« Die Blut- und Kraftmetaphern, die die Schändung der Unschuld rächen sollen, enthalten – für heutiges Verstehen kaum verhüllt – das gleiche patriarchale Phantasiepotential, das im Sexualverbrechen im Spiel ist. Die »verstümmelte« Tochter muß mit dem Schwert, dem blanken Eisen wiederhergestellt werden. Ein republikanischer Verschworener legt den »furchtbaren Stahl zu den Füßen der Unschuld«, ein anderer schwört, Bertas »Gefängnis« mit dem Schwert wieder aufzuschließen. Die verkleidete Berta an seiner Seite, sie nicht erkennend, sie für einen Knaben haltend, fragt der Geliebte, der vom Schlachtfeld gekommen ist, ins Herz des Vergewaltigers das Schwert gestoßen hat, ob sie blute. »Nirgends«, antwortet sie mit verstellter Stimme. Darauf er: »Pfui, so steh auf. Ich will dich hinführen, wo man Wunden für Genua erntet.« Unter Sturmläuten läßt Schiller sich die beiden »in einer Umarmung verlieren«, nachdem der Jüngling seine Berta »bei seinem Schwert« wiedererkannt hat.

Die großen Handlungen und kleineren Händel der Männer, die Freiheit Genuas und überhaupt den Gang der Geschichte betreffend, werden motivisch immer wieder mit der Tugend, Untugend, geschändeten Tugend der Frauen verknüpft. Als Fiesco zu Beginn vor aller Augen und für alle Augen Genuas seine Frau betrügt, sich Ausschweifungen hingibt, handelt er aus taktischem Kalkül, lenkt er den Herrscher von seinen Umsturzplänen ab. Dem zuschauend, erzählt Leonore, seine achtzehnjährige Gemahlin, der Schiller »schwärmerische Melancholie« ins Gesicht schreibt, wie ihr ausgerechnet in der »Wonne des Brauttags«, am Altar neben Fiesco, ein Gedanke kam, »den zu denken dem Weibe verboten ist«: Daß Fiesco Genua vom Tyrannen erlösen werde. Schiller bestätigt das bürgerliche Ideal der politikfern ihrer Tugend lebenden Frau, indem er diese Ausnahme auf der Bühne wichtig macht: Geheimnisvoll vertraut Leonore ihren Kammermädchen – und damit dem Publikum – den sündigen, sie begeisternden Gedanken an. Während der Revolte geht Leonore verkleidet auf die Straße, trägt den blutroten Mantel der Tyrannen als Verkleidung. Fiesco stößt zu in der Meinung, seinen Feind Gianettino zu töten. Eben den scharlachroten, den »häßlich« menschenblutroten Mantel der Gewaltherrschers trägt Fiesco dann nach dem siegreichen Aufstand, läßt sich »vom Pöbel« feiern, ist nicht von Verrina zum tugendhaften Republikaner zu überreden, will nicht einsehen, daß er die republikanische Tugend putschistisch mißbraucht hat, »Genuas Patrioten mit Genua Unzucht treiben« ließ. Verrina stößt ihn ins Meer und geht dann – deutsche Lösung – zum alten Doria (in der Mannheimer Fassung entsagt Fiesco der unwürdigen Herzogswürde und bleibt am Leben).

In den Münchner Kammerspielen inszenierte Fritz Kortner 1965 Schillers »Kabale und Liebe« – mit Helmuth Lohner als Ferdinand und Christiane Hörbiger als Luise. Die hochfliegende Sprache Schillers konterkarierte er mit genauem Requisitenspiel, gab ihr Realismus durch das eindringliche, nuancierte Körperspiel der Figuren.

Kabale und Liebe

»Die gesellschaftskritische Literatur des bürgerlichen Zeitalters, Roman und Schauspiel, ist erfüllt von der Darstellung des Kampfes der Liebe gegen ihre familiere Form, ja man darf sagen, daß in dem geschichtlichen Augenblick, in dem die gefesselten menschlichen Kräfte ihren Gegensatz zur bestehenden Ordnung nicht mehr wesentlich als Konflikt mit partikularen Institutionen, wie Kirche und Familie, erfahren, sondern die Totalität dieser Lebensordnung in ihrem Grunde angreifen, auch die spezifisch bürgerliche Dichtung ihr Ende erreicht« (Max Horkheimer).

Gegen die Befreiung des Individuums, an der das 18. Jahrhundert programmatisch arbeitete, stand die bürgerliche Familie, eine nach wie vor und auf neue Weise feudale Institution, gegründet aufs Prinzip des Bluts, hierarchisch auf die Macht des Vaters ausgerichtet. Vom Vater verstoßen, an seiner Gerechtigkeit verzweifelnd, nimmt es Karl Moor in den *Räubern* mit der gesamten ungerechten Gesellschaft auf, wird zum Selbsthelfer, der dann schuldig wird, an der Form seines Protests zweifelt und verzweifelt. Luise und Ferdinand sind auf andere Weise Selbsthelfer. Sie leiden an der Unvereinbarkeit der Stände, zugleich aber und vor allem an einer Institution, der patriarchalen Familie. Adelig oder bürgerlich – die Übermacht der Väter, des brutalen und boshaften wie des sittenstrengen und zärtlichen, rückt an die Stelle, die in der klassischen Tragödie die grausame Schicksalsmacht innehatte. Ferdinand: »Was seine Bosheit an meinem Herzen noch ganz ließ, zerreißt seine Güte.« Luise: »Daß die Zärtlichkeit noch barbarischer zwingt als Tyrannenwut.« Das göttliche Patriarchat dazugenommen, ist die Situation der Tochter verzweifelter noch als die des Sohns. Das religiöse Bewußtsein totalisiert die Unterwerfung unter den leiblichen Vater, der den göttlichen repräsentiert. Bei Gott geschworen ist auch der erpreßte, schmutzige Eid ein Heiligtum: »Der Himmel und Ferdinand reißen an meiner blutenden Seele.« Luise ist »Verbrecherin, wohin ich mich neige«. Der Traum von einem selbstbestimmten Leben, einer Gesellschaft, die die Klassenschranken überwunden hat, in der »Menschen nur Menschen« sind, ist für die Liebenden allein in der Unwirklichkeit des Todes zu verwirklichen. Im Scheitern der unbedingten Liebe hält Schillers »bürgerliches Trauerspiel« die Utopie, das Noch-nicht des Glücks fest.

Die Kabale, höfische Intrige, ist der Ausgangspunkt der Handlung. Der despotische Präsident, der seine Macht auf Verbrechen gründete, will verhindern, daß sein Sohn Ferdinand auf die schiefe Bahn gerät – hinunter zum kleinen Bürgerstand. Ferdinand soll eine ehemalige Mätresse des Fürsten, Lady Milford, heiraten; damit hätte alles seine, des Präsidenten, Ordnung, die des höfischen Lebens nämlich. Gleicherweise wendet sich der Vater Luisens, der Stadtmusikant Miller, gegen die aus seiner Sicht unmögliche Beziehung seiner Tochter zum Präsidentensohn: sein Haus werde »verrufen«, seine Tochter komme »ins Geschrei«. Um den Vater, der ihr »das Messer ins Gewissen stößt« aus dem Kerker zu befreien, in den ihn die feudale Gerichtsbarkeit geworfen hat, läßt sich Luise einen falschen Brief abpressen und unter Eid nehmen. Ferdinand glaubt an die fingierte Untreue seiner Geliebten; beide sterben an dem von ihm vergifteten Getränk. Dann wieder die Restauration der patriarchalen Instanz: Ferdinand reicht sterbend dem mörderischen Vater, der gerade die Schuld auf seinen Sekretär zu schieben versuchte, die Hand.

Vor dem tragischen Ende läßt Schiller Lady Milford auf das Bürgermädchen treffen, die Seelenhoheit der Musikantentochter die Hofdame beschämen, läutern. Sie will mit Hof und Herzog endgültig brechen. Schon als Ferdinand, scheinbar auf des Vaters Heiratsplan sich einlassend, zur Mätresse gegangen war, um die »Abenteuerin« mit seinen Moralvorstellungen zu beschämen, erfuhr der Zuschauer – ein Höhepunkt der antifeudalen Zeitkritik dieses Stücks –, daß diese, selbst Opfer der feudalen Verhältnisse, die Tyrannei des Fürsten zu mildern versuchte: »Ich habe Kerker gesprengt – habe Todesurteile zerrissen und manche entsetzliche Ewigkeit auf Galeeren verkürzt und die verlorne Sache der Unschuld oft noch mit einer buhlerischen Träne gerettet.« Im Blick auf die »Wollust der Großen«, den die Szene den Zuschauern zuerst zu eröffnen scheint, gewinnt Sittlichkeit größeres Format als in den häuslich eingeschränkten Bürgerverhältnissen, die mit ihr gleichsam möbliert sind; dies umso mehr, als auch Lady Milford unglücklich liebt. Die Mätresse weiß, daß nicht nur das ungleiche ideale Paar, sondern »noch eine Dritte« zugrunde gerichtet werden wird.

Das Stück wurde als »Luise Millerin« 1784 in Frankfurt am Main uraufgeführt. Der Titel *Kabale und Liebe* stammt von Iffland; Schiller gab einem Iffland-Stück den Titel *Verbrechen aus Ehrsucht.* Tandemtitel waren Mode. Die Zuschauer wurden gelockt von »Barberey und Größe«, »Menschenhaß und Reue«, »Versöhnung und Ruhe« u. ä. Bei der Mannheimer Aufführung spielte Iffland den Wurm. Mit dem Schauspieler (und Dramatiker) Boeck konkurrierend, gab er der »Kabale« des Kollegen taktisch nach, spielte statt den Präsidenten die »kleinere« Figur des Sekretärs: »Aber das Spiel – dafür bürge ich! – soll *mich* zum größeren machen.« Tatsächlich konnte Iffland dann beim »Abdanken«, der Rede nach der Vorstellung, »nach zwei langen tiefen Komplimenten nicht zum reden kommen vor allen Bravo Rufen und Applaudieren«. Schon nach dem zweiten Akt bereiteten die Zuschauer Stück und Darstellung stehend Ovationen.

Don Karlos

Weil »man einen Mangel an solchen deutschen Stücken hat, die große Staatspersonen behandeln« und ihn die »Gelegenheit zu starken Zeichnungen und erschütternden oder rührenden Situationen« reizt, entschließt sich Schiller zur Dramatisierung der *Histoire de Dom Carlos* des Abbé de Saint-Réal (1672). Dieser unzuverlässige Historiker hatte 100 Jahre nach Don Carlos' Tod und 100 Jahre vor Schiller das Erschütternde und Rührende schon vorsortiert und unbesorgt um historische Wahrheit die episodenreiche Geschichte einer großen heimlichen Liebe zwischen Carlos und Elisabeth, der gleichaltrigen Stiefmutter des spanischen Prinzen, erzählt. Der despotische, eifersüchtige Vater übergibt seinen Sohn als angeblichen Ketzer der Inquisition, liefert ihn in die Hände des Großinquisitors, seines unversöhnlichsten Feinds. Und am Ende stirbt Carlos, die Augen fest aufs Bildnis der Geliebten, der Königin, gerichtet. Dieser »großmütigste Prinz« hat mit der historischen Gestalt des Sohns Philipps II. wenig zu tun. Der war, glaubt man einer Schilderung des deutschen Gesandten am spanischen Hof aus dem Jahre 1564 – Carlos war noch keine zwanzig Jahre alt –

ein Degenerierter, ein schwerfällig reden-
der, verwachsener Mensch mit allen Anzeichen einer sich verschlimmernden geistigen Verwirrung, mit der Neigung zu Ge-
fühlsexzessen und Gewalttätigkeiten bis
hin zu Mordanschlägen. Dem elfjährigen
Carlos war die elfjährige Elisabeth von
Valois, Tochter der Katharina von Medici
und Heinrichs II., zur Gattin bestimmt worden. Doch es war dann der zum zweitenmal
verwitwete Philipp II., der Vater, der sich
entschloß, die nun Vierzehnjährige zur spanischen Königin und zur Stiefmutter seines
Sohns zu machen. Der Sohn – die Anzeichen der geistigen Verwirrung verstärkten
sich – schien ihm körperlich und geistig unfähig zur Thronfolge, er hielt ihn von allen
Staatsgeschäften fern, schlug ihm den
Wunsch, Regent in den rebellischen protestantischen Niederlanden zu werden, ab.
Daß Carlos den Vater haßte und seine junge
Stiefmutter verehrte, ist historisch sicher
verbürgt.
Schillers »Familiengemälde aus einem
fürstlichen Hause« erschien seit 1786 in
Fortsetzungen in der »Rheinischen Thalia«,
entwickelte sich dann vom Familiendrama
zum politischen Drama. An die Stelle der
Mittelpunktfigur Karlos, Liebhaber seiner
Stiefmutter, Gegner seines eifersüchtigen
Vaters, rückte zunehmend Posa, ein exemplarischer, wenn auch später Sturm-und
Drang-Selbsthelfer, Weltbürger, der das
»kühne Ideal einer Menschenrepublik, allgemeiner Duldung und Freiheit« zu verwirklichen sucht; es gewinnt besondere
Strahlkraft auf dem Hintergrund eines
»vollständig schauderhaften Gemäldes des

*Schillers »Don Karlos« inszenierte der aus
der DDR kommende Alexander Lang 1985
an den Münchener Kammerspielen. Aus
verschiedenen hell erleuchteten Öffnungen,
die in ein dunkles Bühnenrund eingeschnit-
ten waren, traten die nur zwölf Figuren, die
das Stück virtuos schnell vorführten, wie aus
einem Intrigenapparat. Kasperhaft weiß
und rot geschminkt der Infant Karlos, angetan mit einer Kombination aus Fechtwams
und Strampelhose (Hans Kremer), hinter
ihm der Marquis von Posa, in alerten
und galanten Haltungen, der verwegene
Meisterintrigant (August Zirner).
Kostüme und dramaturgische Bühne entwarf Volker Pfüller.*

Despotismus«. Ausgehend von privaten Idealen, die ein Familiendrama entwickeln kann, Freundschaft und Liebe, zielt das politische Ideendrama auf die Vision aufgeklärter, humaner Fürstenherrschaft bzw. der Herrschaft von Humanität im feudalen Staat, zielt auf die »Verbreitung reinerer sanfterer Humanität, über die höchstmögliche Freiheit der Individuen bei des Staats höchster Blüte, kurz, über den vollendetsten Zustand der Menschheit, wie er in seiner Natur und ihren Kräften als erreichbar angegeben« liegt. Großes Interesse wendete Schiller an die Zeichnung des Despoten Philipp, der selbst Opfer der Despotie ist und am Ende Opfer des Freiheitskämpfers Posa, der betrogen und beschämt zur blutigen Tyrannei zurückkehrt, die Träume der Humanität mit Hilfe der heiligen Inquisition begraben muß.

Am extremen Beispiel verhandelte Schiller dramatisch, was seit gut einem Jahrhundert Topos in der Theaterprogrammatik in Deutschland war: das »Fürstenelend«. Von den Streitschriften der Theaterprinzipalin Katharina Elisabeth Velten bis zu Schillers Rede »Vom Wirken der Schaubühne auf das Volk« (1784) wurde in unendlich vielen Ausformungen eine Lieblingsidee der Künstler und Intellektuellen formuliert: Wenn nur der in herrscherlicher Entfremdung lebende Fürst die Humanität vor Augen bekäme – und sei es in der unwirklichen Wirklichkeit der Theaterbühne –, so könnte er zu seinem Vorteil und dem seiner Untertanen zur besseren Einsicht gebracht werden, moralisch sich und die Welt »veredeln«. Schiller: »Eine merkwürdige Klasse von Menschen hat Ursache, dankbarer als alle übrigen gegen die Bühne zu sein. Hier nun hören die Großen der Welt, was sie nie oder selten hören – Wahrheit; was sie nie oder selten sehen, sehen sie hier – den Menschen.« Im Don Karlos ist Posa dieser Mensch. Seine Vorstellung der Weltveränderung durch einen Federstrich scheint Literaturproduktion eher als Politik verwandt: »Gehn Sie Europens Königen voran. / Ein Federstrich von dieser Hand, und neu / Erschaffen wird die Erde. Geben Sie / Gedankenfreiheit.« Die ideologische Figur des Herrschers ohne Freund und echte Liebe war im 18. Jahrhundert Kleingeld im Seelenschatz des Bürgers. In Lessings *Emilia Galotti* leidet das höfische dramatische Personal ebenso unter dem Entfremdungselend der kalten Staatskunst, des hohen Rangs wie z. B. in Leisewitz' *Julius von Tarent* oder dann in *Maria Stuart* die englische Königin. Noch in der Thalia-Fassung des *Karlos* hatte Schiller die Königin sagen lassen: »Betrübter Rang, der von der ganzen Welt / durch einen unglücksvollen Spalt mich scheidet.«

Schillers Weiterentwicklung der Familienproblematik des fürstlichen Hauses zum weltpolitisch bedeutenden Auftrag an den Prinzen – »Elisabeth war ihre erste Liebe. Ihre zweite sei Spanien« – drückt sich kaum aus in szenischer Aktion, politischer Handlung, der der Zuschauer folgen könnte. Anders als in späteren Dramen Schillers ist hier von politischer Praxis meist nur die Rede, kommt Politik über die Enge des Kabinetts nicht hinaus oder geschieht hinter der Bühne. Dramaturgische Bewegung entsteht durch den Briefverkehr der Figuren, durch abgefangene, in falsche Hände gespielte, falsch interpretierte Briefe. Den Freiheitskampf des »friedfertigen Fischer- und Hirtenvolkes«, wie Schiller die rebellischen Niederländer erläuternd genannt hat, setzen dann die Schweizer »Landleute«, »Fischer- und Hirtenknaben« in *Wilhelm Tell* fort – ein ebenfalls eher mythisches, realgeschichtlich nicht auffindbares Volk.

Don Karlos, von Schiller mehrfach bearbeitet, wurde 1787 unter dem Titel *Dom Karlos, Infant von Spanien* uraufgeführt (1801 Titeländerung). Die Schreibweise *Don Carlos* führte 1837 der Cotta-Verlag ein.

Wallenstein

Der kanonisierenden Literaturgeschichte gilt das dreiteilige, 1798/99 uraufgeführte Werk (»Das Lager«, »Die Piccolomini«, »Wallensteins Tod«) als des Dichters größtes. Es machte den Anfang – ein Jahrzehnt lang war von Schiller nichts mehr auf der Bühne herausgekommen – in der Reihe der historisch-politischen Dramen der Weimarer Klassik. Hochpolitisch ist der Stoff, die große Staatsaffäre; geistesaristokratisch, politikfern die Autorenhaltung, die ihn formte. Schiller stimmte mit Goethe darin überein, daß der Dichter als parteilicher Dichter verloren sei, sich aus dem »politischen Tumult« heraushalten müsse, daß Geist und »unreiner Parteigeist« einander ausschlössen. Der Gestus der erhabenen Geistesgröße und Abgeklärtheit, mit dem Goethe und Schiller sich selbst und einander seit 1794, dem Jahr ihres »Bundes« in Szene setzten, war gleichwohl politisch bedingt, Resultat der noch frischen Erfahrung der Französischen Revolution. Schiller wendete sich wie viele deutsche Intellektuelle, die anfangs von den Zielen der Französischen Revolution begeistert waren, mit Grausen von der jakobinischen Blutherrschaft, der Herrschaft des »Pöbels« – und damit ganz von der Revolution.

Im Prolog wirbt Schiller um Verständnis, daß das Vorspiel »Wallensteins Lager« den Zuschauern nicht »raschen Schritts mit *einem* Mal ans Ziel der Handlung« reiße, sondern der »große Gegenstand« in einer »Reihe von Gemälden« abgerollt werde. Die episch breite Reihung ergibt ein besonders farbenreiches »Gemälde« der Zeit des Dreißigjährigen Kriegs als Zeit der Krieger. Genreszenen beschäftigten das Auge des Zuschauers bei der Weimarer Uraufführung 1798: »Marketenderzelte, davor eine Kram- und Trödelbude, Soldaten in allen Farben und Feldzeichen drängen sich durcheinander, alle Tische sind besetzt. Kroaten und Ulanen an einem Kohlenfeuer kochen, Marketenderin schenkt Wein, Soldatenjungen würfeln auf einer Trommel, im Zelt wird gesungen« (das Ganze spielte sich auf einer sieben Meter breiten und neun Meter tiefen Bühne ab). Dramaturgisch baut die Soldateska, indem sie vom abwesenden Helden spricht, an seiner Größe, läßt ihn als charismatischen Führer, als Abgott erscheinen.

Mit den »Piccolomini« wechselt der Dialog vom Knittelvers, volkstümlichen Ton, zum klassischen Tragödienvers. Durch seinen Abgesandten, den Kriegsrat Questenberg, erhebt der Kaiser gegenüber Wallenstein Forderungen, die auf dessen militärische Schwächung hinauslaufen. Die Konfrontation der Wallenstein ergebenen und der kaisertreuen Offiziere intensiviert Schiller im Vater-Sohn-Konflikt. Der Vater Octavio Piccolomini hält bedingungslos zum Kaiser, der Sohn Max zu Wallenstein. Die Konstellation verschärft sich durch die Liebe des Lagerkinds, des jungen schwärmerischen Helden Max, zu Thekla, der Tochter Wallensteins. Dieser erweist sich zunehmend als Zögerer: Statt entschlossen gegen den Kaiser zu rebellieren, Octavio zu mißtrauen, der gegen ihn intrigiert, wartet er in Aberglauben verfangen auf die Sternstunde.

Im letzten Teil der Trilogie vollzieht der immer wieder zögernde Kriegsheld dann die Trennung vom Kaiser – die Schweden haben ihm die böhmische Königskrone versprochen. Max fleht Wallenstein, seinen Wunschvater, an, nicht zum Verräter zu werden; seinem leiblichen Vater macht er Vorwürfe, aus dem Sturz des legendären Heerführers privaten Vorteil ziehen, über dessen Fall aufsteigen zu wollen. Inmitten der politischen Gegensätze, die Freundschaften und Familien zerreißt, ist der »einzig reine Ort«, der allein noch »unentweihte«, die Liebe von Max und Thekla. Wallensteins Macht zerfällt, weil er sich tragisch ironisch ein ums andere Mal realpolitisch verschätzt, wo er die Dinge und ihre Zukunft klar, okkultistisch bekräftigt, vor Augen zu haben glaubt. Octavio wird sein Nachfolger, während Max, der sich von Wallenstein und Thekla losgerissen hat, auf der Seite der Kaisertreuen fällt. Der erschütterten Geliebten legt Schiller die wohlgesetzten Verse in den Mund: »Auch für mich ward jener Lorbeerkranz, / Der deine Totenbahre schmückt, gewunden. / Was ist das Leben ohne Liebesglanz? / Ich werf es hin, da sein Gehalt verschwunden.«

Um das Drama aus dem Dreißigjährigen Krieg auf die Bühne zu bringen, trieben Goethe und Schiller historische Kostümstudien. Das meiste aber hielt die Kostümkonvention schon parat. So die »hohe Feder«, die seit Barock und französischem Klassizismus unangefochten auf der Bühne bezauberte, den Helden auszeichnete. Schiller zum *Wallenstein:* »Federtracht deutet überhaupt auf schwunghaftes Streben, und die rote Feder dürfte bei unserem Schlachtenhelden besonders am Platze sein.«

Maria Stuart

1799 berichtet Schiller, er studiere die Regierungsgeschichte der Königin Elisabeth und den Prozeß der Maria Stuart. Der Stoff scheine sich besonders »zu der Euripidischen Methode, welche in der vollständigsten Darstellung des Zustandes besteht, zu qualifizieren, denn ich sehe eine Möglichkeit, den ganzen Gerichtsgang zugleich mit allem politischen auf die Seite zu bringen, und die Tragödie mit der Verurteilung anzufangen«. Und wirklich läßt er das Stück in dem Augenblick einsetzen, in dem Maria

Stuart wegen eines angeblichen Anschlags auf die englische Königin verurteilt ist (analytische Dramentechnik wurde schon bei frühen Dramatisierungen des Maria-Stuart-Stoffs, zu Beginn des 17. Jahrhunderts, angewendet).

Aus Schottland vertrieben, wo sie einen anderen geliebt und ihren Mann hatte umbringen lassen – Jugendsünde, die »mit allen Kirchenstrafen« bereits abgebüßt ist –, ist die sinnliche Katholikin in den Schutz der jungfräulichen Puritanerin geflohen. Die aber hat sie, eifersüchtig und um ihre Macht besorgt, gefangensetzen, von bestochenen Zeugen belasten und mit einem eigens für diesen Fall erlassenen Gesetz zum Tode verurteilen lassen. Nun geht es darum – unter dieser Finalspannung wird die ganze Konfliktkonstellation noch einmal durchgespielt –, ob die Königin das Todesurteil auch unterschreibt oder die Rivalin begnadigt. Ein gerichtsähnliches szenisches Verfahren führt Schiller vor: »So ste-

Die entscheidende Begegnung, der Showdown der beiden Königinnen in Nicolas Briegers Bremer Inszenierung der »Maria Stuart«, 1978; links Marlen Diekhoff als Elisabeth, rechts Barbara Petritsch als Maria. Brieger stellte auf der verräumten Bühne von Johannes Schütz die Aufführungskonvention aus, interessierte sich für das emphatische Ineinander und Gegeneinander von Intellektualität und Naivität bei Schiller, zog daraus Bühneneffekte: bevor die Königinnen Aug in Aug sich gegenüberstehen, ist Maria gegen ein riesiges weißes Segel gelaufen, auf eine Schaukel gesprungen, schwingt sich dann mit dem Segel hoch, die freie Natur begrüßend (»Segler der Lüfte«), reißt es herunter, wälzt sich mit der Amme darauf. Im Staube liegend, demütigt sie sich vor Elisabeth, die sie als Hure schmäht, ihr das Kleid von den Schultern zieht, selbst dann Bastard geschimpft wird.

hen sich die Gestalten der *Maria Stuart* gleichsam in den Rollen und Funktionen des Gerichts gegenüber: die Königin vertritt das Richteramt, Maria Stuart ist die Angeklagte, Burleigh der Ankläger, Shrewsbury der Verteidiger« (Borchmeyer). Der Höhepunkt dieses Prozesses: das große leidenschaftliche Gespräch der beiden Königinnen. Ein exklusives und unerhört spannendes Ereignis ist der innerdramatischen Argumentation nach, was im bürgerlich privaten Leben das Gewöhnliche wäre, die direkte Aussprache zweier Menschen. Unverfälscht und ungebremst durchs »Räderwerk der Staatskunst«, das »Gespinst der Intrigen« prallen die Worte und Blicke aufeinander. Nachdem Maria alles taktische Kalkül, durch Wohlverhalten ihren Kopf zu retten, aufgegeben hat, ereignet sich das pure – gleichwohl auch von den Kontrahentinnen im Dialog als pur reflektierte – Gefühl auf der Bühne. Zuerst treffen die Blicke aufeinander. Elisabeth fixiert im Voll-

gefühl ihrer Macht die »halb ohnmächtige« Gefangene. Der Basiliskenblick läßt Maria »zusammenschaudern«, und sie bringt das als Aspekt des Beziehungsproblems dann auch zur Sprache: »Wenn Ihr mich anschaut mit dem Eisesblick, / Schließt sich das Herz mir schaudernd zu, der Strom / der Tränen stockt, und kaltes Grausen fesselt / die Flehensworte mir im Busen an.« Ganz von Herzen dann der Satz, mit dem die schöne Sünderin und ebenso heftige wie erhabene Märtyrerin endgültig sich aufs Schafott liefert: mit Elisabeth entweihe ein Bastard den englischen Thron. Das der kalten Gewalt (Elisabeth) konfrontierte heiße menschliche Herz (Maria) kommt allerdings selbst auch gewaltsam ins Spiel, als Männerliebe. Schiller steigert sie mit Gewalt, schildernd, wie der feurige, zum Katholizismus konvertierte Protestant seine Gefühle nicht mehr beherrschen mag, schwärmerisch von seinem grausamen Tod phantasiert (»Glied für Glied zerreiße man mit glühnder Eisenzange«), dabei heftig auf Maria zugeht, unter Anrufung Gottes schwört, sie besitzen zu wollen und an der Vergewaltigung der Angebeteten nur durch die dazukommende Amme gehindert wird. In äußerster Bedrängnis noch bringt Schillers Protagonistin die dramatische Situation auf den Begriff: Sie müsse sehen, wie sie sich vor ihrem Retter rette. Die Lebens- und Leidensgeschichte der Maria Stuart ist seit dem 16. Jahrhundert auf der Bühne nachgespielt worden, als jesuitische, lehrhafte Märtyrertragödie (*Stuarta Tragoedia*, Adrian de Roulers, 1593), als Renaissancedrama (*La reina di Scotia*, Carlo Ruggiero, 1604; Federico della Valle, 1628). Neben die vorbildliche Glaubenszeugin Maria tritt bald schon die verführerische Frau – ein Doppelcharakter, den Schiller dann grandios entfaltet hat.
Nach einer Woche Theaterprobe wurde *Maria Stuart* am 14. Juni 1800 in Weimar uraufgeführt. Die Abendmahlszene war mit Rücksicht auf die Geistlichkeit gestrichen worden, die Beinahevergewaltigung mußte gemildert werden. Der Darsteller des Mortimer »hielt Maria fortwährend in engster Umschlingung und zog sie nach den Coulissen hin – kurz eine bis zur Angst gesteigerte Aufregung theilte sich allen Zuschauern mit, und die Scene wurde dann auch bei den folgenden Vorstellungen sehr gemildert«. Diese »Unschicklichkeit«

wagen konnte der Mortimer-Darsteller nur, weil er mit der Darstellerin der Maria verheiratet war – Heinrich und Friederike Margarete Voß.

Die Jungfrau von Orleans
Daß diese Jungfrau Schlachten schlagen und Frankreich befreien werde, demonstriert Schiller zu Beginn am Beispiel idyllischer ländlicher Gegenstände. Den »Tigerwolf« hat die Jungfrau schon bezwungen, das »grimmig wilde Tier«, das die Herden verwüstete. »Unter ihren Händen wunderbar« gedeihen Herden und Saaten. Den Vater verstört das. Ihm kommt »ein eigen Grauen an bei diesem Segen«. Und: er sieht seine jüngste Tochter »in Jugendfülle prangen, Dein Lenz ist da, es ist die Zeit der Hoffnung, / entfaltet ist die Blume deines Leibes«. Doch die Blume reift nicht zur goldenen Frucht. Alle diese Naturvorgänge deuten auf eine »schwere Irrung der Natur«. Irritierend auch, daß ausgerechnet die »hochbegabteste« Tochter wie eine »niedre Magd« arbeitet. Die Irritationen der Idylle werden zur dramatischen Handlung, als der Helm auftaucht. Romantisch hat eine Zigeunerin in der Stadt ihn einem ahnungslosen Bauern aufgedrungen. Als der den blanken schönen Helm, das »stählern Dach fürs Haupt«, auf dem Lande herzeigt, greift Johanna begierig danach. Scheitern werde des Feindes Glück vor Orleans, weiß sie, denn sein »Maß ist voll, er ist zur Ernte reif. / Mit ihrer Sichel wird die Jungfrau kommen / Und seines Stolzes Saaten niedermähn«.
Mitten in der ländlichen Natur ist des »Geistes Ruf« an das ungewöhnliche Mädchen ergangen. Aus den Bedingungen dieses Rufs wird dann die Tragik erwachsen: Sie darf keine Männer lieben, kinderlos und stahlbedeckt wird ihre Brust sein, dafür wird sie siegreich tötend Frankreichs Heldensöhne retten, Reims befreien und den König krönen. Johanna offenbart in militärisch hoffnungsloser Lage Karl VII. ihre göttliche Sendung, führt das Heer, an seiner Spitze marschierend, von Sieg zu Sieg, bis sie – ihre Mission verratend – in einen englischen Offizier sich verliebt, ihn nicht tötet, wie der göttliche – alttestamentarisch grausame – Auftrag es verlangt. Daraufhin in Gefangenschaft geraten, sprengen inbrünstige Gebete noch einmal die schweren Ketten. Wieder kämpfend, stirbt sie in sieg-

reicher Schlacht – anders also als das lothringische Bauernmädchen zur Zeit des Hundertjährigen Krieges, das als Hexe auf einem Scheiterhaufen endete.

»Auf das Hexenwesen«, meinte Schiller 1800 während der Arbeit an der *Jungfrau von Orleans,* »werde ich mich nur wenig einlassen . . . In Schriften findet man beinahe nichts, was nur irgend poetisch wäre.«

Was Schiller interessierte, war der Fall in die Menschlichkeit, der aus der Erfüllerin, Funktionärin des göttlichen Willens die große Märtyrerin macht. Johanna muß, »von den Göttern desertiert«, Sittlichkeit nun mit sich selbst und gegen sich selbst auskämpfen, die ihr zuvor problemlos von oben gegebene Missionsrolle neu konkretisieren. Hinsichtlich der Form dieser »romantischen Tragödie« (1801 uraufgeführt) äußerte Schiller, die Johanna lasse sich »in keinen so engen Schnürleib einzwängen, als die Maria Stuart«. Eher episch und kontemplativ werden die einzelnen Szenen vorgeführt, ohne Zwang zum eng kalkulierten, Spannung organisierenden Handlungsverlauf.

Die Braut von Messina oder die feindlichen Brüder

Vergleicht man dieses 1803 uraufgeführte, antikisierende Drama z. B. mit der klassizistischen französischen Tragödie, die aufs direkte, zeitlos gültige Vorbild der Antike, deren unwandelbare ästhetische Maßstäbe und Muster sich beruft, stellt man einen grundlegenden Unterschied fest. In der »Querelle des anciens et des modernes«, dem in Frankreich aufgekommenen theoretischen Grundsatzstreit, ob es zeitlos gültige Muster ästhetischer Schönheit gebe oder nicht, stand Schiller engagiert auf der Seite der »Modernen«, verstand ästhetische Form als je historisch bedingt und geworden und entsprechend als »beau relativ«. »Ich teile die unbedingte Verehrung der Sophokleischen Tragödie, aber sie war eine Erscheinung ihrer Zeit, die nicht wiederkommen kann.«

Der erste Gedanke der Schillerschen Klassikrezeption: daß die Zeiten verändert, die Verhältnisse, wie Hegel sagen sollte, »prosaisch« geworden sind, bürgerlich entfremdet. Die idealistisch gedachte »Freiheit der Kunst« gilt es durchzusetzen gegen den »Drang der physischen Lage, die Abhängig-

heit des Menschen von tausend Verhältnissen«. Die Fesseln der materiellen Wirklichkeit hemmen den »freien Aufflug in die Regionen des Idealischen«, wie Schiller 1793 schrieb. Im Geburtstagsbrief an Goethe 1794, der die »späte, aber schöne Hoffnung erweckende Bekanntschaft«, ihren »Bund« begründete – zuvor hatten die beiden Dichter eher distanziert miteinander verkehrt – rekonstruierte Schiller entsprechend den »Gang des Goethischen Geistes«: Da Goethe nicht als Grieche oder Italiener in der Umgebung auserlesener Natur, idealisierender Kunst geboren sei, müsse er die schlechtere (deutsche) Natur, die sich seiner Einbildungskraft aufgedrungen habe, durch »Nachhilfe der Denkkraft« überwinden und »gleichsam von innen heraus und auf einem rationalen Wege ein Griechenland . . . gebären«. Schiller in seinem Aufsatz *Über den Gebrauch des Chors in der Tragödie* (1803): »Der Palast der Könige ist jetzt geschlossen, die Gerichte haben sich von den Toren der Städte in das Innere der Häuser zurückgezogen, die Schrift hat das lebendige Wort verdrängt, das Volk selbst, die sinnlich lebendige Masse, ist, wo sie nicht als rohe Gewalt wirkt, zum Staat, folglich zu einem abgezogenen Begriff geworden, die Götter sind in die Brust der Menschen zurückgekehrt. Der Dichter muß die Paläste wieder auftun, er muß die Gerichte unter freien Himmel herausführen, er muß die Götter wieder aufstellen, er muß alles Unmittelbare (. . .) wiederherstellen.« Um poetische Rekonstruktion geschichtlich verlorener Unmittelbarkeit geht es der idealisierenden Anstrengung.

Ort der Handlung ist Messina. Schiller hat die christliche Religion, die griechische Mythologie und »selbst den maurischen Aberglauben« dramatisch vermischen wollen. An die *Phönizierinnen* des Euripides, den König *Ödipus* des Sophokles, des Aischylos' *Perser* erinnert die Handlung. Es geht um ein Familienschicksal und zunächst um die Feindschaft zweier Brüder. Der Mutter gelingt es, die jeweils mit einem, ihre Position repräsentierenden Chor auftretenden Brüder zu versöhnen. Damit setzt das analytische Drama ein. Zur Feier der Versöhnung schickt die fürstliche Mutter nach einem Kloster, in dem ihre Tochter Beatrice verborgen lebt. Verborgen worden war sie, weil der inzwischen verstorbene Fürst von Mes-

sina einst einen Angsttraum hatte: aus seinem Hochzeitsbett wuchsen zwei Lorbeerbäume, zwischen ihnen eine Lilie, die zur Flamme wurde und das ganze Familiengeschlecht vernichtete. Die Lesart des arabischen Traumdeuters: Sollte eine Tochter geboren werden, so würde sie die beiden Söhne und dann die gesamte Familie zu Tode bringen. Daraufhin versteckte die Mutter das Mädchen, das nach dem Willen des Fürsten eigentlich getötet werden sollte, in einem abgelegenen Kloster. Anderes, scheinbar widersprüchlich, ergibt die Traumdeutung des christlichen Mönchs. Dieser interpretiert, daß die Tochter die Herzen der zerstrittenen Brüder in heißer Liebe vereinen werde. Beides trifft zu, trifft, wie sich schrecklich herausstellt, die Einzelheiten des antikisch verhängten Geschicks. Der eine Bruder ersticht aus Eifersucht den anderen, in dessen Armen – tragisch inzestuöses Glück – die Schwester liegt, bringt dann an dessen Bahre selbst sich um.

Wilhelm Tell

Wie in der *Jungfrau von Orleans* hat Schiller auch in diesem Stück (Uraufführung 1804) die dramatische Handlung aus der gestörten Idylle heraus entwickelt. Unter die den Jahreswechsel und ihr städteabgeschiedenes Leben besingenden, dann über ein aufkommendes Unwetter und das Vieh redenden Fischer, Jäger und Hirten stürzt blutbespritzt auf der Flucht vor kaiserlichen Häschern der Unterwaldener Baumgarten. Er hat die Schändung seiner Frau durch den Burgvogt mit »Gott und einer guten Axt« verhindert, dem Lüsternen den Kopf zerspalten. Der Fährmann weigert sich, im Sturm über den Vierwaldstätter See zu setzen, und Tell wird als Retter in höchster Not eingeführt: »Seht, wer da kommt!; Es ist der Tell aus Bürglen; Wer ist der Mann, der hier um Hilfe fleht?; 's ist ein Alzeller Mann . . .« Tollkühn rettet der Jäger Tell den Landsmann vor den Fremden.

In zwei Lager ist der örtliche Adel gespalten. Heimattreuen, nach alteingewurzelter Manier Herrschenden stehen moderne Feudale gegenüber (Vertreter des Absolutismus, wenn man die Zeit der Handlung überträgt auf die Entstehungszeit des *Wilhelm Tell,* Schillers Gegnerschaft gegen die großen Zentralstaaten darin erkennt). Dem Reichsvogt Geßler legt Schiller in den Mund, daß es um »weitschicht'ge Dinge« als die Volksrechte gehe: »Das Kaiserhaus will wachsen; was der Vater / Glorreich begonnen, will der Sohn vollenden. / Dies kleine Volk ist uns ein Stein im Weg – / So oder so – Es muß sich unterwerfen.« Ein neues Gesetz will er verkünden, die freie Meinungsäußerung verbieten. Indem sich das Schweizer Volk gegen die Gewalt zur Wehr setzt, den Eid des neuen Bundes auf dem Rütli als Erneuerung alter Bünde schwört (historisch war es nicht das Volk, sondern der niedere Adel, der seine Unabhängigkeit behauptete), wird nicht nur ein alter Zustand bekräftigt. Die konservative Revolution, die durch die individuelle Entscheidung des Armbrustschützen Tell entschieden wird, durch Tyrannenmord, bringt nicht alte natürliche Natur, die idyllische Hirten- und Jägerunschuld zurück. Seiner Programmatik der sentimentalischen Dichtung entsprechend, hat Schiller vielmehr den Übergang von der Urstufe zur idealen Zivilisation, einer »zur sittlichen Würde hinaufgeläuterten Natur« demonstrieren wollen. Die Auseinandersetzung Tells, des großen Einzelgängers, mit den zum Widerstand sich formierenden Landsleuten, aber auch seine ausgiebige Reflexion der Berechtigung seines Attentats, übersteigt die unreflektierte Naturordnung, idyllisch vorgegebene Harmonie von Mensch und Natur.

Am Ende zeigt sich offen, was das eigentliche Thema aller Natur- und idealischen Zivilisationsschilderung bei Schiller ist: die Klassenharmonie. Der geläuterte Adel umarmt dankbar das Volk, während Musik vom Berge, die in diesem Stück eine große Rolle spielt, die stumme Szene begleitet. »Landleute! Eidgenossen!« läßt sich die reiche Erbin Berta von Bruneck vernehmen. »Nehmt mich auf / in Eurem Bund, die erste Glückliche, / Die Schutz gefunden in der Freiheit Land. / In Eure tapfre Hand leg ich mein Recht – / Wollt Ihr als Eure Bürgerin mich schützen?« Mit »Gut und Blut« versprechen es die »Landleute«.

Demetrius

Dies fragmentarisch gebliebene »Gemälde Rußlands« hätte die Dimensionen aller anderen Schiller-Dramen weit übertroffen in bezug auf die Zahl der Figuren, der Handlungen und Nebenhandlungen, der Dekorationen. Schon der *Tell* war aufs große Na-

tionaltheater des Intendanten Iffland in Berlin berechnet, ausdrücklich nicht mehr auf die kleine Weimarer Bühne. Den Einzug des Demetrius, der als russischer Zar nach polnischem Vorbild eine Republik gründen will, plante Schiller in opernhaften Dimensionen, die den Erfolg des pompösen Krönungszugs der Berliner Aufführung der *Jungfrau von Orleans* hätten wiederholen können. In ein »unermeßliches Gewühl von Häusern und Türmen« sollte man schauen, der »halbe Prospektvorhang besteht aus dergleichen, und einige Kuppeln schimmern von Goldblech. Näher und in den Kulissenstücken unterscheidet man Zuschauer aus Fenstern und Dächern und Gerüsten. Eine Schiffsbrücke über die Moskwa kann vorkommen, wodurch der Zug dupliert wird«.

Demetrius weiß zu Beginn nicht, daß er der falsche Thronerbe ist. Als seinem Herrschaftsanspruch die Legitimierung entzo-

1966 inszenierte Hansgünther Heyme in Wiesbaden »Wilhelm Tell«: als aggressive Kontrafaktur des deutsch-schweizerischen Nationalmonuments. Die braven freiheitsliebenden Aufrührer erschienen als nazistische Kleinbürger, der Rütlischwur ereignete sich als brüllender Gesang nach der – leicht abgewandelten – Melodie des Horst-Wessel-Liedes. Bühne: Frank Schultes.

gen ist, wird er zum Despoten, »wird offenbar, daß nicht die Macht das Mittel war, eine politische Idee durchzusetzen, sondern die Idee das Mittel, die Herrschaft zu sichern. Als beides sich nicht mehr verbinden läßt, gibt Demetrius sofort das ideale Ziel seiner Herrschaft preis, um sich nur noch an diese selbst zu klammern« (Borchmeyer).

Französisches Theater und Drama im 19. Jahrhundert

Victor Hugo

»Es fehlt seinem Geiste an Harmonie, und er ist voller geschmackloser Auswüchse. Es fehlt ihm das schöne Maßhalten, welches wir bei den klassischen Schriftstellern bewundern. Seine Muse, trotz ihrer Herrscherlichkeit, ist mit einer gewissen deutschen Unbeholfenheit behaftet. Ich möchte dasselbe von seiner Muse behaupten, was man von den schönen Engländerinnen sagt: sie hat zwei linke Hände.« Heine, der mit solch schnöder Ironie seinen Zeitgenossen Victor Hugo (1802–1885) abkanzelte, mochte doch zugleich dessen Größe – dem kraftvollen, alles überrennenden Aufschwung ins Monumentale – skeptische Bewunderung nicht versagen. Einen »Büffel der Poesie« nannte er ihn, und die witzige Formel umfaßte die ganze Zwiegesichtigkeit von Hugos Werk, die grelle Fügung äußerster Motive darin, den Zug ins Opernhaft-Monumentalische, die kühne Vermischung zuckenden Lebens mit Augenblicken hochgespannter Empfindlichkeit.

Hugo richtete mit den »zwei linken Händen« seiner Muse auf dem französischen Theater des 19. Jahrhunderts die neuen Zeichen auf. Er formulierte das Gefühl der Stunde mit mächtigem Wort. Andere vor ihm hatten den Weg bereitet, hatten ihm theoretisch vorgedacht: Madame de Staël hatte mancherlei neue ästhetische Einsicht aus Deutschland nach Frankreich getragen; August Wilhelm Schlegels *Vorlesungen über dramatische Dichtung* (1808), die dem Klassizismus Racines die Historien Shakespeares konfrontierten, waren ins Französische übersetzt worden; Alessandro Manzoni hatte im *Brief über die Einheiten der Zeit und des Ortes,* Benjamin Constant in der Vorrede zu seiner Bearbeitung des *Wallenstein* (1809) und Stendhal in seinen Aufsätzen über *Racine und Shakespeare* jenen ausgehöhlten Klassizismus befehdet, der auf dem französischen Theater jener Zeit im Schwange war, und seit 1824 besaß die romantische Schule Frankreichs in der Zeitschrift Globe das Sprachrohr, eine neue Bühnenkunst auszurufen.

Hugo faßte nun all das mit kühnem Griff zusammen, kleidete es in schlagkräftige Prosa und trug es im Vorwort zu seinem Drama *Cromwell* (1827) als Attacke gegen das »literarische Ancien régime« vor. »Alles, was in der Natur ist, ist in der Kunst« – auf diesem Kernsatz gründet Hugos Poetik. Reichere, breitere Wirklichkeit fordert er vom Drama – denn Natur könne schwerlich an Schönheit gewinnen, wenn man sie, wie der Klassizismus, verstümmle – statt des schmalen, zugeschnittenen Ausschnitts aus der Natur, der das Niedrige vom Erhabenen und das Tragische vom Komischen abtrennt; die Hervorhebung des Charakteristischen; statt abstrakter Leidenschaften Charaktere, Menschen in all ihrer Widersprüchlichkeit. Entschiedener Wille zum Realismus kündigt sich da – theoretisch – bereits an: konkrete Menschen inmitten konkreter Umgebung zu zeigen, den »hervorstechendsten, individuellsten, genauesten Zug«. Dramatische Kunst gipfele in der historischen Tragödie, in welcher sich die Krisis, das Kolorit einer Epoche mit dem Gewissensdrama aufs innigste vermische. Das Vorwort mündet in eine Apologie des Grotesken, jener ästhetischen Kategorie, die in der deutschen Romantik (bei Schlegel und Jean Paul) ihre erste theoretische Ausformung erfahren hatte. Groteske entsteht nach Hugo dort, wo »das Ganze« nicht mehr mit dem Menschen übereinstimmt. Also überall – denn wie sollte je das »Ganze«, die ungeheuerliche Vielfalt des Lebens, zur reinen Ordnung sich fügen? Unstimmigkeit, kraß Entgegengesetztes, Verzerrtes neben Maßvollem wird immer sein. Erst die Kunst vermag, nach Hugo, das Chaos zu Harmonie und Schönheit zu verschmelzen. Aber nicht, indem sie den edleren Teil der Wirklichkeit sich herausschneidet, sondern indem sie das Groteske seinem Gegenpol, dem Erhabenen (le sublime), zuordnet und beide miteinander verspannt; so daß aus solchem Kontrast mit dem Grotesken die erhabenen Gestalten ihre volle Anmut, Reinheit, Schönheit erst gewinnen.

Cromwell
Das Stück, dem Hugo all dies vorausschickte, wurde gar nicht erst aufgeführt – nicht nur, weil es auf die »Rekordlänge« von 6500 Versen kam, sondern auch, weil es schlicht mißlungen war. Weil es zwar das malerische Bild einer ganzen Epoche entfaltete, das politische, geistige, religiöse Klima Englands im 17. Jahrhundert, seine Sitten, seine Anschauungen, aber zugleich mit diesem Historiengemälde die dramatischen Charaktere überwucherte. Wird Cromwell König? – Darauf, auf dieser Spannung baut das Stück. Es zeigt einen aus Gegensätzen geformten Menschen, Cromwell »eine Art Tiberius-Dandin, Tyrann Europas und das Spielzeug seiner Familie« in einem. Zwischen Ehrgeiz und Furcht ist er zerrissen, vergibt, als er die Verschwörung der Royalisten und Puritaner aufdeckt, seinen Gegnern und verzichtet, obwohl nun der Weg frei ist, auf die Krone – um sich die Gunst des Volkes zu erhalten. Aber noch während ihm die Massen zujubeln und die lauernden Verschwörer um ihre Chance betrogen sind, fragt er sich, wie traumverloren: »Wann werd' ich König sein?«

In den späteren Stücken – in *Hernani,* dessen erste Aufführung am 25. Februar 1830 heftigen Tumult entfesselte, aus dem sich die romantische Schule und Théophile Gautiers provokatorische rote Weste siegreich erhoben, dann in *Marion Delorme* (1830, aufgeführt 1832), in *Le roi s'amuse* (1832), *Lucrèce Borgia* (1833), *Maria Tudor* (1833), *Ruy Blas* (1833) und *Les Burgraves* (1843) – in ihnen wurde immer deutlicher, wie sehr Hugo, indem er glaubte, auf Shakespeares Spuren zu wandeln, einem groben Mißverständnis aufsaß. Er zwang nur Gegensätze zusammen, äußerste Möglichkeiten des Menschen (alle vielfältige Stufung dazwischen mißachtend), er suchte Größe im Unausdenkbaren, Ungeheuerlichen, und landete dabei im Willkürlichen, im Phantastischen, wenn nicht gar im Lächerlichen. Differenzierung, seelische, psychologische, war seine Sache nicht. »Die Antithese (war) allmählich zur Grundform seiner dichterischen Konzeption, ja zur Grundform seines Denkens überhaupt« geworden (Hugo von Hofmannsthal). Aber dieses antithetische Denken, die Lust, alle dramatische Entwicklung, jeden dramatischen Charakter aus Kontrasten aufzubauen – Liebesszenen zu gestalten, die zugleich Todesszenen sind, Banditen, die eine heldenhafte Seele besitzen, Trinklieder mit Totensängen zu mischen und Särge neben festlich überquellenden Tafeln aufzureihen –: all das zog Hugo von jenem theoretisch geforderten Realismus wieder fort. Die überspannte Antithese führte aus dem Leben heraus, weg von der Wirklichkeit.

Alfred de Musset

Auf seine Weise Shakespeare sehr viel näher als Victor Hugo, der sich so lautstark auf ihn berief, ist Alfred de Musset (1810–1857). Musset war unter seinen Zeitgenossen derjenige, der den Schmerz romantischen Gefühls am tiefsten durchlebte; er war zugleich noch dem 18. Jahrhundert, klassischem Formsinn, einer Vorstellung von absoluter Schönheit, zugewandt (zu sensibel, um wie ein Büffel gegen die Tradition anzurennen); und er ragte auch schon ins späte 19. Jahrhundert hinüber, in jene Dekadenz, anfällig für Spätzeitgefühl, schmerzliches Wissen um Hinfälligkeit und Vergänglichkeit.

Lorenzaccio

Dieses Stück ist die vollkommene Erfüllung dessen, was bei Hugo Theorie blieb: romantische Historie, in der das geschichtlich Charakteristische, die Farbe, das Leben einer Epoche, Folie für die Entfaltung eines romantischen Charakters ist. Knapp, fließend ziehen Szenen vorbei, in denen Sitte, Geist und Stimmung im Florenz der Medici in der ersten Hälfte des 16. Jahrhunderts sich spiegeln, und politische Verflechtung zwischen Rom, dem deutschen Kaiser und den Medici kühl verzeichnet ist. Lorenzaccio, der schwächliche, in Studien und Träume versunkene Jüngling, beschließt – aus plötzlichem Entschluß, romantischer Eingebung – den Tyrannen, seinen eigenen Vetter Herzog Alexander, zu morden. Nicht die Massen zur Erhebung zu führen, sondern als einzelner sich mit der Tyrannis zu messen, menschliche Würde wieder einzusetzen, wo alles in Wein und Blut ertrinkt. Er wird zum Brutus: Um ihm nah zu sein, um Gelegenheit zum Mord zu schaffen, schleicht er sich ins Vertrauen des Herzogs, macht sich zu dessen Lustkumpan, ist bei allen Ausschweifungen des Vetters dabei. Wie Hamlet in den Wahnsinn taucht er, um die Welt zu täuschen, ins Laster hinab, lauernd auf die Stunde des Mordes. Aber je länger er in den trüben Tümpel der Menschheit starrt, desto klarer grinst ihm daraus sein eigenes verzerrtes Gesicht entgegen, und je ausgelassener er sein Spiel betreibt, desto mehr bemächtigt sich die Maske seiner – sie klebt an ihm, läßt sich nicht mehr abreißen: Er ist geworden, was er spielte. Und hellsichtig sieht er seiner eigenen Verwandlung zu, erkennend, daß nun, da er unter den besudelten Kleidern sich selbst nicht mehr wiederfindet, die geplante Tat ihren Sinn verloren hat. Wenn er sie dennoch ausführt, dann nur aus verzweifelter Konsequenz, um seinem Leben im Nachhinein einen makabren Sinn zu geben: es vorm Vergessen zu bewahren. »Ich habe wie eine Maschine auf den Mord hingearbeitet … ich könnte vielleicht wieder anständig werden, wenn nicht eine tödliche Langeweile mich überkäme.« Denn: »die Menschheit ist ein ekelhaftes Sumpfloch«, sie wird nichts Eiligeres zu tun haben, als sich einen neuen Tyrannen zu wählen.

Neben diesem Historiendrama haben eine Anzahl kleinere Spiele Bestand gehabt, die Musset 1840 in einer Sammlung *Comédies et proverbes* herausgab. Stücke, die Shakespeares Komödien verwandt sind, indem sie zauberisch Natur beschwören, und die zugleich Marivaux' gezirkelten Spielen nah sind, indem sie je ein kleines künstliches Universum errichten, darin ein Experiment mit Seelen, Empfindungen, Leidenschaften ablaufen kann. Die Welt dieser Spiele ist, selbst wenn sie direkt benannt wird, eine Traumwelt, eine künstliche, gegen alle Realität abgedichtete, in der menschliche Seelen, nichts weiter, ungestört einander begegnen und in der Liebe sich offenbaren oder verfehlen können. »Das Stück spielt, wo man will«, heißt es einmal – und das könnte über allen stehen, sei es *Fantasio* (1833), *Die Launen Mariannes* (*Les caprices de Marianne,* 1833), *Barbérine* (1835) oder *Man spielt nicht mit der Liebe* (*On ne badine pas avec l'amour,* 1834).

Man spielt nicht mit der Liebe

Wie eine von Georg Büchner geschriebene »marivaudage« dünkend – manches von dessen zwei Jahre später entstandenem Stück *Leonce und Lena* ist da vorweggenommen –, bewegen sich die Figuren, ganz entwirklichte Geschöpfe, reine Seelen, und ihre Gefühle sind wie Reflexe, von aller Körperlichkeit abgelöst, die auf einer Wand zu flirrendem Spiel sich treffen.

Zu gleicher Zeit kehren der junge Baron Perdican und Camille, seine Kusine, heim ins Landhaus – er nach seiner Studienzeit aus der Stadt, sie aus der Erziehung eines Klosters kommend. Sie haben als Kinder miteinander gespielt, als Kinder sich geliebt, sie lieben sich noch – und der Baron, Perdicans Vater, sieht sie schon verheiratet. Aber Camille, der im Kloster von lebensenttäuschten Nonnen alle Liebessehnsucht vergällt worden ist, tritt dem Freund kühl, hochmütig gegenüber. Daraus entwickelt sich – von drei komischen Figuren, dem Erzieher, der Gouvernante, dem Pfarrer, kontrastiert – das Experiment zwischen drei Seelen in einer ganz eigenen Gefühlswelt, in der Koketterie und Verliebtheit, Zärtlichkeit und Sentimentalität, Sprödigkeit und Grausamkeit miteinander seltsame Verbindungen eingehen. Perdican wendet sich dem Landmädchen Rosette zu, verstrickt sie ins verwickelte Gefühl der beiden. Berechnung ist dabei im Spiel; Trotz Camille gegenüber, die sich ihm verweigert, Herzlichkeit später und flüchtige Zärtlichkeit, spielerisches, flatterhaftes Fühlen. Das unkomplizierte, unschuldsvolle Mädchen, die einzige, die das Spiel ernst nahm, bleibt als sein Opfer zurück: Sie tötet sich, als Camille und Perdican endlich zusammenfinden und sich – durch solche Schuld – zugleich wieder auf immer verlieren.

Hugo hatte das französische Theater gleichsam »entfesselt«, die Verspannungen zur Klassik brutal zerrissen (zumindest klassische durch romantische Rhetorik ersetzt) und dem Drama neue Freiheit, wohl auch Narrenfreiheit, gewonnen. Aber bald wurde die neue Freiheit erstickt: Das Schema der bürgerlichen Salonkomödie, der Sitten- und Gesellschaftsstücke, beherrschte fünf Jahrzehnte lang, bis hin zur Revolution, die 1889 André Antoines Théâtre Libre auslöste, die Bühnen. Das Handwerkliche,

Feydeaus Farcen waren lange Zeit auf dem deutschen Theater selten zu sehen – erst 1968 entdeckte man ihre irrwitzige, die Bourgeoisie bloßstellende Komik neu. Voran ging eine Aufführung von »Floh im Ohr« an den Münchner Kammerspielen, Regie Dieter Giesing, mit Gustl Bayrhammer, Hans Baumann als schnaubendem Liebhaber Tournel und Doris Schade als Frau Chandebise, die erfolglos Seitensprünge mit Tournel versucht.

Mussets traurig endende Komödie »Man spielt nicht mit der Liebe« inszenierte Luc Bondy 1977 an der Schaubühne am Halleschen Ufer Berlin: an einem runden Wasserbecken (Bühne Susanne Raschig) führten der Dandy Perdikan (Rüdiger Hacker) und seine Cousine Camille (Ilse Ritter) ihren Disput: er glaubt nicht an unbedingte, andauernde Liebe, die für sie die einzige Alternative zum Kloster, zur Gottesbrautschaft ist. Sie vermutet, daß Perdikan insgeheim doch an ihrer Weigerung leidet. Um ihr das Gegenteil zu demonstrieren, verführt Perdikan das Bauernmädchen Rosette (Tina Engel, unten im Kornfeld). Die tötet sich, als sie erfährt, wozu Perdikan sie mißbrauchte...

das sogenannte Theatergemäße wurde verherrlicht, der Instinkt für Bühnenwirkungen und die Fertigkeit, Schauspielern und Publikum zu geben, wonach sie verlangen: diesem spannungsvollen Ablauf und wirkungssichere Pointen, jenem nahrhaftes Rollenfutter. Die »pièce bien faite«, das gut gemachte Stück, wurde bestimmendes Kriterium des dramatischen Schaffens, das nun gleichzeitig auch die »Produktionsmethoden« der heraufkommenden großstädtischen, industriellen Gesellschaft, die es belieferte, übernahm: den Charakter dramatischer Manufaktur, arbeitsteiliger Herstellung von Gebrauchsgütern für die Bedürfnisse eines unersättlichen Markts.

Eugène Scribe

Diese »industrielle« Arbeitsweise verkörperte sich am nachdrücklichsten in Eugène Scribe (1791–1861). Seine Manufaktur belieferte zwischen 1820 und 1860 die Pariser Bühnen mit Lustspielen, Konversationsstücken, Melodramen und Opernlibretti (für Verdi, Meyerbeer, Donizetti, Auber und Halévy): 345 Stücke hat er geschrieben, viele davon mit Hilfe eifriger »Gesellen«, der Freunde Delvigne, Dupin, Poirson, Clairville, Deschamps und anderer – mit der Präzision einer gutgeölten Maschine jahrelang allmonatlich ein neues.

Scribes dramatische Kunst ist auf das Erlernbare reduziert: die geschickte Handhabung dramaturgischer Regeln, die Anhäufung technischer Finessen, die Perfektionierung des Handwerks. Wie in einem Räderwerk schnurrt Szene auf Szene ab, greift Intrige in Intrige über, und eine ausgetüftelte Mechanik, ein Hin und Wider von Verknüpfungen, Bewegungen, Verwechslungen wird in Gang gesetzt. Die Menschen darin sind ungeheuer praktisch denkende, rechtschaffene und brave Geschöpfe; Kleinbürgerliches haftet ihnen an, selbst wenn sie sich in adeligen Salons bewegen. Strebsam und egoistisch sind sie, immer klaren Sinns, von Vernunft und dem Drang nach Wohlstand bewegt. Leidenschaft ist in ihnen durch kühle, kleinliche Berechnung ersetzt, und Liebe scheint ihnen nur von Sinn, wenn sie in reiche Heirat münden kann. Alles läuft letztlich auf eine Apologie des gesunden Menschenverstands hinaus, jene besitzverschaffende,

besitzerhaltende Fähigkeit, die das bürgerliche Publikum als ihm eigen, wesensgemäß erkannte und bejubelte. *Bertrand und Raton oder Die Kunst, sich zu verschwören* (*Bertrand et Raton ou l'art de se conjurer,* 1845), *Der Damenkrieg* (*Bataille de dames,* 1851) und auch das historische Melodrama *Adrienne Lecouvreur* (1849), das die Liebe Moritz von Sachsens zur Schauspielerin Adrienne Lecouvreur darstellt, sind von dieser Art, die dem Zuschauer schmeichelt, indem sie ihn seinem eigenen Idealbild gegenüberstellt.

In *Kameradschaft* (*La camaraderie,* 1837) obsiegt am Schluß Tugend und ehrsame Arbeit im Bund mit weiblicher List über eine Clique ehrgeiziger Emporkömmlinge, die sich gegenseitig in die bevorzugten Ämter hieven und – indem eine Hand die andere wäscht – einander vereint hochloben. Aber Ranküne und gesunder Menschenverstand verhelfen dem Talentvollen, dem sich Plagenden, indem die Widersacher mit den eigenen Waffen geschlagen werden, zu einem Abgeordnetensitz und einer schönen, reichen Frau.

Das Glas Wasser

Le verre d'eau (1842) hat sich in mancherlei Bearbeitung von allen Werken Scribes am lebendigsten erhalten. Auch hier begründen Schlauheit und Scharfsinnigkeit den Erfolg. »Ursachen und Wirkungen« heißt der Untertitel, andeutend, daß auch kleine Ursachen, Geringfügigkeiten und scheinbar Nebensächliches (ein Glas Wasser zum Beispiel) große staatspolitische Wirkung auslösen können – wenn nur jemand geschickt die Fäden zieht und Zufälligkeit in kluge Schachzüge umzumünzen versteht. Aus dem historischen Anlaß – dem Spiel der Herzogin von Marlborough gegen den Oppositionsführer Lord Bolingbroke um die Beendigung des Spanischen Erbfolgekriegs anfangs des 18. Jahrhunderts – baute Scribe eine Intrigenwelt, in der die Verwechslungen, die verwirrungstiftenden Depeschen mit solch ausgeklügelter Mathematik gesetzt sind, daß die historische Wirklichkeit immer wieder hinter dem Spiel von Schlag und Gegenschlag, von Zug und Gegenzug, von Intrige und Gegenintrige absinkt zu inhaltloser Bewegung, Abstraktion fast. Fünf Akte lang spinnen die beiden, Bolingbroke und die Herzogin, ihre Fäden, einer

den anderen an Raffinesse, an Durchtriebenheit und scharfsinnigem Kalkül überbietend – bis die Herzogin endlich in den Fallstricken Bolingbrokes, der ihre Verliebtheit in den jungen Offizier Masham schnöde nutzt, sich fängt – während Bolingbroke Minister wird und der junge Fähnrich Masham, in den sich alle Weiblichkeit verliebte, seiner Liebsten, der kleinen Juwelenhändlerin Abigail, in die Arme geschubst wird.

Alexandre Dumas d. J.

Um 1850 herum richtete in der französischen Kunst langsam der Realismus seine Zeichen auf. 1850 trat Gustave Courbet mit Eklat auf; seine »Steinklopfer« – ein Bild, das einen genau beobachteten Arbeitsvorgang in unverschminkter Herbheit darstellte – stehen ebenso an der Schwelle zu einer neuen Kunst wie zwanzig Jahre zuvor Hugos *Hernani.* 1857 erschien dann Flauberts *Madame Bovary,* der erste Roman, der alle romantischen Bestandteile und alle Konzession an den Zeitgeschmack – Lyrisches wie Bunt-Bewegtes, Abenteuerliches – ausgeschieden hatte. Im Drama aber wurde die Entwicklung hin zum Realismus noch für drei Jahrzehnte aufgehalten: durch eben das Festhalten an der »pièce bien faite«, jener »infernalischen Geschicklichkeit« der Stückefabrikanten (Victor Klemperer).

Die Kameliendame

Nur Dumas der Jüngere (1824–1895), Sohn des Autors der *Drei Musketiere,* machte einen zögerlichen Versuch, Wirklichkeit seiner Zeit auf die Bühne zu bringen. Hugo hatte das damals faszinierende Thema – eine Kurtisane wird durch Liebe geläutert – in *Marion Delorme* noch ins historische Gewand verkleidet und zu phantastischer, pittoresker Abenteuerlichkeit hochgetrieben. Dumas brachte, als er seinen eigenen Roman *La dame aux camélias* (1852) dramatisierte, Leben seiner Gegenwart, Milieu und Gesellschaft im Paris nach der Revolution auf die Bühne.

»Ich habe das Weib öffentlich entkleidet«, so hat er sich später einmal gerühmt – und daran ist, so hochmütig es klingt, Wahres. In den kommenden Stücken (*Le demi-monde,* 1855; *Père prodigue,* 1859) werden die Figuren, weil sie der Plakatierung moralischer Thesen und dem Kampf gegen die Fesseln eines überkommenen Moralkodex dienen, wieder mehr und mehr ihrer Menschlichkeit entkleidet, zu Schemen, die, von den üblichen Effekten – Briefen, Intrigen, Duellen – bewegt, nur noch Träger ethischer Spruchbänder sind. Hier jedoch, in der *Kameliendame,* wird mit kaltem Blick das Bild einer ausgehöhlten Gesellschaft gezeichnet, werden ihre fauligen Flecken mit beinah photographischer Genauigkeit festgehalten. Marguerite Gautier, die an Schwindsucht dahinsiechende Kokotte, hebt sich langsam vor dem dunklen, fleckigen Hintergrund zu strahlender, unschuldsvoller Reinheit. In subtil nachgezeichneten Regungen blüht – während ihr Leben schon verflattert – Gefühl in ihr auf, etwas, das bisher nur hinderlich war bei ihrem Gewerbe. Und über alle Sentimentalität, über alles deklamatorische Pathos hinweg steigert sich ihr Fühlen zur großen, reinigenden Liebe, die in der endlichen Tragödie, im Scheitern, Zerbrechen an früher Schuld und am Druck der Gesellschaft, zugleich Erfüllung findet.

Victorien Sardou

Bei Sardou (1831–1908) ist alle realistische Tönung, selbst dort wo politische oder ethische Thesen vorgetragen werden, wieder von technischem Kalkül niedergehalten. Sardou ist gleichsam ein Über-Scribe, der alles liefern, alles herstellen kann, was immer auch gewünscht wird. Er weitet das Muster Scribes zur Farce aus (in *Nachbars Äpfel,* 1864, versucht ein sittenstrenger Jurist in der Provinz, einmal heftig über die Stränge zu schlagen und sich ins Laster, das er sonst immer bekämpfte, zu stürzen). Sardou schreibt tragische Sittenstücke um ruchlose Weiber (*Fedora,* 1882), politische Komödien (*Rabagas,* 1872) und historische Intrigenstücke, wie das um den rührseligen Aufstieg der kleinen Wäscherin Cathérine Hübscher zur Herzogin von Danzig (*Madame sans-gêne,* 1893).

Cyprienne
Mit seinem Mitarbeiter Najac verfertigte er 1880, zur Zeit, da man in Frankreich die Einführung der Ehescheidung diskutierte, die Komödie *Divorçons! (Also gut, lassen wir uns scheiden*), die bei uns auch unter dem Titel *Cyprienne* bekanntgeworden ist. Cyprienne ist das oberflächliche, flatterhafte, jugendfrische Geschöpf, das vom Alltag der Ehe jäh aus romantischer Träumerei gerissen wird, sich langweilt, schwärmerisch Bücher über Ehescheidung liest und sich derweil, solange die Abgeordnetenkammer noch nicht über das Gesetz abgestimmt hat, mit dem Vetter tröstet. Prunelles, ihr Mann, gewinnt sie mit klug gesponnener List zurück: gibt vor, in eine Scheidung einzuwilligen, wünscht ihr und dem Vetter gemeinsames Glück und stellt den zugleich als Dummkopf bloß. Cyprienne, der alles nur Spiel war, kindlicher Zeitvertreib, läßt, als ihrer Beziehung zu ihm Legalisierung droht, den Vetter schnöde stehen und fliegt, für diesmal kuriert, dem Gatten wieder in die Arme. Hier ist, so rein, so konzentriert wie vorher noch nicht, zum erstenmal jenes Dreieck aufgerichtet: Mann, Frau, Geliebter, das Angelpunkte der Verwicklung setzt und einen streng begrenzten Raum schafft, in dem die »Komik der Logarithmentafel« (Marcel Achard) sich entwickeln kann. Sie wird sich am Ende des 19. Jahrhunderts, in den Vaudevilles Georges Feydeaus und den grotesken Farcen Georges Courtelines selbst übergipfeln: das Uhrwerk der Farce, einmal aufgezogen, schnurrt da mit wildem, mißtönendem Ticken ab.

Georges Feydeau

Bei Feydeau (1862–1921) werden schon Marionetten in Bewegung gesetzt, Typen aus dem Kleinbürgertum, die, während sie mit dem Kopf bereits im Plüsch ersticken, mit den Beinen noch munter zappeln. Charakter ist ihnen ausgetrieben, all ihre Komik gründet in der Situation. Wie von einem Wirbelsturm werden sie da erfaßt, gedreht, in die Luft erhoben – über sich selbst hinaus, ein letztesmal, und über ihre kleinliche, beengte Welt – und dann hinweggefegt. Irgendeine Belanglosigkeit, ein Zwischenfall, ein Mißverstehen löst die unabweisbare Kettenreaktion aus. In *Die Katze im Sack* (*Chat en poche*) wird einer fälschlich für einen Tenor gehalten, ein Mißverständnis, das immer neue gebiert und einen Sturm komischer Situationen heraufbeschwört, der alle Figuren erfaßt, bloßstellt, indem er ihnen die sorgfältig gehütete Maske der Wohlanständigkeit vom Gesicht reißt. Grausame, unerbittliche Sicht auf die Welt steckt darin, wenn die Männer allesamt zu Hahnreis werden, denen die Tolpatschigkeit obendrein mit Kreide auf den Rücken gemalt wird, wenn sie vor lauter gierigem Erwerbssinn taub sind dafür, ob einer singen kann oder nicht – und wenn die Frauen allesamt sich nach der ersten Gelegenheit zum Ehebruch drängeln. Die Hinrichtung des Bürgers und seiner Institutionen, der Ehe vor allem, die Spätere (Ionesco) mit soviel absurdem Witz betreiben, ist in solchen Possen längst vollzogen.

Georges Courteline

In den Grotesken Courtelines (1860–1929) ist der Blick auf Postbeamte und Polizeikommissare, auf Advokaten und Schutzleute, auf alle Arten von Philistern, durch böse Weltverachtung verdunkelt, die den Bürger in *Boubouroche* verkörpert sieht, tölpligem, bequemem Schmerbauch, der zwar eine Geliebte unterhält, sich aber von ihr betrügen und seine zornige Aufwallung von dem abgefeimten Weib mit leichter Hand besänftigen läßt. In kurzen, auf ein Personal von zwei bis vier Personen zumeist reduzierten Szenen wird durch überscharfe Fixierung das Beschränkte einer alltäglichen Situation offenbar gemacht, und diese Situation, indem ihr der Kleister der Konvention abgewaschen wird, zu mörderischer Groteske gesteigert. Mörderisch, weil dem Bürger hier aller Boden unter den Füßen weggezogen wird, die Dinge und die Situationen Übermacht über ihn gewinnen, der hinter keinerlei schützender geistiger Position mehr Halt findet. Der *Bourgeois revenant,* den Adorno definiert hat, der wie Unheil drohendes Gespenst fortlebende, ist da mit prophetischem Blick auf die Bühne gebannt: eine längst entleerte Existenzform, abgesichert in Familie und Eigentum, die der Bürger verstockt mit den Zähnen verteidigt, erweist in den Possen und Grotesken Feydeaus und Courtelines ihren fadenscheinigen Charakter, all ihre Sinnlosigkeit.

Deutsches Theater im 19. Jahrhundert

Bühnen und Erfolgsautoren

Das deutschsprachige Schauspieltheater des 19. Jahrhunderts war ein ziemlich uniformes und konformes Gebilde. Die Erwartung des Publikums reichte vom weimarisch-klassizistischen Bildungs- und Kunsttheaterideal (»Dem Guten, Wahren, Schönen« steht an manchem Theaterportikus) bis zu den (spieß-)bürgerlichen Ansprüchen auf Rührung, Spannung, Unterhaltung. Letzteren dienten vor allem die Erfolgsautoren: metierkundige, meistens dem Theater als Schauspieler, Sekretäre, Direktoren verbundene Leute, die jeder viele Dutzend »bürgerliche Genrebilder«, »Charaktergemälde«, »bürgerliche Lustspiele« etc. schrieben. Einer davon war August Wilhelm Iffland (1759–1814), Schauspieler, dazu seit 1796 Direktor des Königlichen Nationaltheaters in Berlin. Seine moralisierenden und hausbacken-komischen Genrebilder zielten aufs familienharmonisierende Happy-end, typische Titel dafür: *Mittelweg ist Tugendprobe* (1788), *Reue versöhnt* (1789). Sein noch erfolgreicherer Kontrahent war August von Kotzebue (1761–1819), zeitweise Theaterdichter in Wien, dann im Zarendienst stehend. Seine Stücke, stärker auf Spannung und Effekt gearbeitet, wurden in England und in den USA zu Melodramen mit Ausstattung und Musik ausgearbeitet: *Menschenhaß und Reue* (1789), *Der Opfertod* (1795). Eines seiner sanft satirischen Lustspiele *Die deutschen Kleinstädter* (1803) kommt gelegentlich noch heute auf die Bühne. Zur nächsten Generation der Erfolgsschreiber gehörte Charlotte Birch-Pfeiffer (1800–1868), Schauspielerin und zeitweise Direktorin. Ihre mehr als 70 Stücke sind meist Bearbeitungen von Romanen, so *Dorf und Stadt* (1847 nach Berthold Auerbach), *Die Waise von Lowood* (1855 nach Charlotte Brontë), *Die Grille* (1857, nach George Sand). Für Roderich Benedix (1812–1873), zeitweise Theaterdirektor in Köln, kennzeichnende Titel sind *Das bemooste Haupt* (1841), *Die zärtlichen Verwandten* (1866). Von Schiller abgeleitet ist das nicht minder erfolgreiche Historiendrama der Zeit, zumeist Herrschergeschlechter glorifizierend wie die acht Hohenstaufendramen (1837) von Ernst Raupach. Sein Rührstück *Der Müller und sein Kind* (1830) mit dem Konflikt zwischen Aberglauben und »echter« Frömmigkeit endet mit der Sentenz »Was Gott tut, das ist wohlgetan«.

Die herrschende theaterästhetische Vorstellung jener Zeit ist die der in einer geschlossenen Dekoration, im Guckkasten vor sich gehenden, illusionierenden Handlung (nur in manchen volkstheaterhaften Formen, den Lokalstücken und Possen, wandte sich der Spieler singend oder räsonierend ans Publikum, die imaginäre vierte Wand durchstoßend). Im Guckkasten wurden selbst die Stücke gespielt, die für offene Bühnenpodien geschrieben worden waren, vor allem die Werke Shakespeares, der neben Schiller der meistgespielte »Klassiker« war. Die wenigen szenischen Reformversuche, etwa von Tieck und Immermann in der ersten Hälfte des Jahrhunderts, waren zumeist halbherzig: sie gliederten die Guckkastenbühne so in Vor-, Hinter- und Oberbühne, daß sie der Shakespeare-Bühne ein wenig ähnlicher wurde.

Was das Institutionelle angeht, so gab es einmal die gut drei Dutzend Hoftheater, zumeist aus der »Zivilliste« der Throninhaber unterhalten und häufig von adligen »Intendanten« geleitete (Hof-)Bühnen. Die Logen waren fest an die Blut- und Geldaristokratie vermietet, im Parkett gab es Abonnementssitze für Beamte und Bürgertum; in den oberen Rängen drängte sich Jugend und manchmal auch »Volk«: Bediente, Schreiber, Kontoristen. In den bald über 100 Stadttheatern fehlten Hof und Adel oder waren schwächer vertreten. Diese Stadttheater, manchmal von den Gemeinden errichtet, wurden verpachtet an Direktoren, die auf eigenes Risiko wirtschafteten. Die Übernahme der Trägerschaft dieser Theater durch die Kommunen (und ihre Subventionierung) setzt erst – von Ausnahmen wie Mannheim (1836) abgesehen – nach 1900 ein.

Dem konfektionierten Dramenangebot entsprechend waren die Ensembles in Fächer gegliedert (jugendlicher Held, Held, Heldenvater, Liebhaber, Charakterspieler, Komiker, Väterspieler usw. bei den Männern; Naive, Sentimentale, Salondame, Heldin, Mütterspielerin, Soubrette, komische Alte usw. bei den Frauen). Der einzelne Schauspieler hatte ein Repertoire gelernter Rollen; es gab Gepflogenheiten, was Streichungen, Auftritte, Arrangements anlangte. So war es möglich, daß ein Schauspieler im mitgebrachten eigenen Kostüm in einem Repertoirestück gastierte; eine »Neueinstudierung« brauchte nur wenige Proben; der Regisseur hatte auch nicht viel mehr zu tun, als für den geregelten Probenablauf zu sorgen. Das Einverständnis zwischen Publikum und Bühne war die Regel, die Theaterkritiker registrierten, was gespielt wurde und verteilten vorsichtig wertende Charakterisierungen des Spiels.

In der zweiten Hälfte des Jahrhunderts, bei schnellem Wachstum der Städte durch Verkehrsentwicklung, Industrialisierung, Bürokratisierung, wurden neue Theater von Privatunternehmern gebaut, gepachtet, betrieben, geleitet, vor allem in Berlin und in Wien. Die Spannweite wurde größer: Einerseits gab es nach 1870 die meist von Autorenduos hergestellten Schwänke, die immer wieder von drohenden oder vermuteten, aber nie wirklich stattfindenden »Seitensprüngen« bürgerlich-honoriger Familienväter und der zu erkämpfenden Verlobung junger Paare handeln; andererseits widmeten sich Theater mit gewisser Ausschließlichkeit der umstrittenen naturalistischen und realistischen Dramenliteratur, den Stücken Ibsens und seiner Nachfolger (davon auf Seite 208 ff.).

Heinrich von Kleist

Er war so einsam, daß er Selbstgespräche führte. Keine Monologe. Er erfand sich den (Gesprächs-)Partner, den er im Leben nicht hatte, und schrieb Dialoge. Bühnenstücke? So weit ging er nicht. Als Kleist (1777–1811) sein Stück ohne Akteinteilung, *Penthesilea,* 1808 dem Minister – und Theaterdirektor –

Goethe nach Weimar schickte, beteuerte er: »Es ist übrigens ebensowenig für die Bühne geschrieben als jenes frühere Drama: Der zerbrochene Krug.« Dieses Lustspiel hatte Goethe am 2. März 1808 in Weimar uraufgeführt und – mit einer Aufteilung des Einakters in drei Akte mit Pause – in Grund und Boden inszeniert, auch weil er jene lange Szene von 458 Versen spielen ließ, die Kleist selber bei der ersten Buchausgabe (1811) in den Anhang unter die »Varianten« abschob. Weshalb schrieb Kleist Dramen, wenn er sie doch »nicht für die Bühne« geschrieben wissen wollte? Natürlich träumte er von der Bühne und dem Erfolg. Aber als er am 21. November 1811 am Kleinen Wannsee in Berlin die Pistole in den Mund schob, wußte er zwar von der Aufführung einiger seiner Stücke, aber er hatte nie eines auf der Bühne gesehen, hatte also nie die Kontrolle durch Theaterpraxis gehabt.

Und doch ist gerade dieser sprachmächtige Visionär der Szene, dessen Stücke wegen ihrer wundervoll komplizierten Syntax und Versstruktur anderthalb Jahrhunderte lang nur für Theater deutscher Sprache tauglich schienen, in den letzten Jahren auf fast allen europäischen Bühnen, oft zum ersten Mal, entdeckt worden. Wie schrieb Kleist im Brief an Goethe? »Ich muß auf die Zukunft hinaussehen«. Ist Kleists Zukunft, endlich, Gegenwart? Kleists Mißtrauen gegenüber jener Sicherheit oder Autorität wird erst jetzt als aktuelle Nachricht empfunden.

Kleist versucht Unmögliches: Er stellt das Versagen der Sprache dar – im dialogischen Sprechen, nicht in Gedicht oder Roman, die stets auf monologisches Reden zu reduzieren sind. Kleists Sprachskepsis ist früher Ausdruck des Gefühls der Entfremdung, das im modernen Drama vorherrscht. Worunter Kleist leidet, erleiden seine Menschen: Vereinsamung, Unfähigkeit sich mitzuteilen, Unmöglichkeit, die in Augenblicken gewußte und gefühlte Wahrheit des eigenen Wesens sprachlich zu erfassen. Daher die Schwierigkeiten der Darstellung auf der Bühne. Hier stehen nicht, wie im idealistischen Drama seiner Zeit, Helden, Revolutionäre, Weltverbesserer auf den Brettern. Außer Michael Kohlhaas, in der Novelle gleichen Namens, gibt es im gesamten Werk Kleists keine auf Veränderung der Welt hinarbeitende Gestalt. Wie sollten

Gestalten, die kaum über sich selber Bescheid wissen, die sich und die Umwelt als Rätsel erleben, erleiden, die Verhältnisse ändern wollen? Es sind keine schwachen, keine willenlosen Gestalten. Doch treibt ihr Wille sie nicht in die Welt.

Als Kleist 1777 in Frankfurt an der Oder geboren wurde, hatte in Nordamerika der Unabhängigkeitskrieg gegen England begonnen. Als Kleist 1811 nicht mehr weiterleben wollte (»Die Wahrheit ist, daß mir auf Erden nicht zu helfen war«), wurde in seiner Heimat Preußen der Frondienst aufgehoben. Die Aufbruchstimmung der Jahre, in denen Kleist sein kurzes Leben, in Reisen kreuz und quer durch Europa, zu Tode hetzte, bezeugen am deutlichsten die beiden Ereignisse, die Zeit und Welt veränderten und auf Kleists Denken und Dichten große Wirkung ausübten: das Erscheinen von Kants *Kritik der reinen Vernunft* (1781), der Ausbruch der Französischen Revolution (1789). In dem erkenntniskritischen Werk des Königsberger Philosophen, im Sturm auf die Bastille und in der Verkündigung der Menschenrechte drückt sich, am Ende des Jahrhunderts noch einmal, der Geist der Aufklärung aus, der Kleist vor allem in der Jugend entscheidend geprägt hat und der von Romantik und idealistischer Philosophie im neuen Jahrhundert wieder unterdrückt wurde. Die Lektüre der Kantschen Werke stürzte Kleist in die erste große Krise, forderte aber gleichzeitig seine poetische Kraft heraus. Die Korrumpierung der revolutionären Ideale durch eine macht- und besitzergreifende Bourgeoisie, die das Land einem neuen Alleinherrscher auslieferte, wirkte ebenfalls desillusionierend auf ihn. So war in Kleists Leben vorgezeichnet, was den Gang seiner Dramen kennzeichnet: begeisterter Aufschwung, der gebrochen wird durch Erfahrung der Realität, die die Anfangsrichtung in ihr Gegenteil verkehrt. Ich und Wirklichkeit, Gefühl und Welt, Wunsch und Realität, Individuum und Gesellschaft – immer variiert Kleist sein Grundproblem, den Zusammenstoß einer inneren Welt mit der Welt draußen.

Hinter diesem Konflikt steht die aufklärerische Frage nach der bestmöglichen Ausbildung der menschlichen Verhältnisse. Mit moralistischem Eifer fragen auch die Personen seiner Dramen nach der Wahrheit als nach der letzten sittlichen Erkenntnis.

Frage und Verhör tauchen in allen Bühnenwerken Kleists auf. Sie sind nicht nur dramaturgisches Mittel von Aktion und Reaktion, sondern deuten auf den tiefen Zweifel, mit dem die Wirklichkeit der Kritik unterzogen wird. Auch wenn die Handlung der Dramen nicht in einem Gerichtssaal stattfindet wie im *Zerbrochnen Krug*, stehen Kleists Menschen vor einem Tribunal.

Kleists acht Bühnenstücke scheinen, worauf Richard Samuel aufmerksam gemacht hat, »in Paaren geschrieben zu sein und sind vielfach miteinander verschlungen, thematisch und ideenmäßig, strukturell und in den Charakteren«. Auf zwei Tragödien *(Die Familie Ghonorez* und *Robert Guiskard)* folgen die zwei »Lustspiele« *(Der Zerbrochne Krug* und *Amphitryon)*, wobei in die »Lust« dieser Spiele immer das Leid heimlicher Tragödien hereindunkelt. Die kontrapunktische Beziehung der beiden auf eine Frauengestalt konzentrierten Dramen *Penthesilea* und *Das Käthchen von Heilbronn* herrscht auch in den beiden letzten Spielen, die je einen fürstlichen Krieger in den Mittelpunkt stellen, *Hermannsschlacht* und *Prinz von Homburg*.

Die Familie Ghonorez

»Die Familie Thierrez« – schrieb Kleist über ein Szenarium aus dem Jahre 1802, den ersten Entwurf für sein Trauerspiel. »Alonzo und Fernando von Thierrez sind zwei Vettern, deren Großväter einen Erbvertrag miteinander geschlossen haben. Sie sind im Streit darüber« so notiert Kleist unter Punkt 1 seines Dramenplanes, den er mit Punkt 11 endet: »Fernando ersticht seinen Sohn, Alonzo seine Tochter … Die Greisen reichen sich über ihre Kinder die Hände.« Dies sind Ausgangs- und Endpunkt des tragischen Geschehens in allen Fassungen: eine verfeindete Familie, die sich erst über den Leichen der Kinder aussöhnt. Schatten von Romeo und Julia fallen auf Kleists erstes Bühnenstück, das Hans Bauer 1962 in Darmstadt zum erstenmal nach vielen Jahrzehnten wieder aufgeführt hat und das erst in den achtziger Jahren, nicht zuletzt durch den »Schroffenstein«-Film von Hans Neuenfels (1983), für die Bühne entdeckt wurde.

Aus der »Familie Thierrez« wird im Manuskript, das Kleist 1802 in der Schweiz schreibt, eine »Familie Ghonorez«, die sich bis zur Buchfassung im nächsten Jahr in die deutsche »Familie Schroffenstein« verwandelt. Nur *Die Familie Ghonorez* aber, die in Spanien, dem Modeland der Dramatik um 1800, spielende Form der Tragödie, in ihrem an Shakespeares Dramen erinnernden Wechsel von Vers und Prosa, ist unbestreitbar Kleists Werk. In der von Freunden besorgten, von Kleist als entstellt empfundenen Fassung der *Familie Schroffenstein* kam sein erstes Drama 1803 anonym heraus und wurde, ohne sein Wissen, 1804 am Nationaltheater Graz uraufgeführt.

Ciella und Gossa heißen die beiden Zweige des Hauses Ghonorez. In Ciella regiert Raimond, Graf von Ghonorez, mit seiner Frau Elmire. Ihr Sohn Rodrigo und Juan, Raimonds »natürlicher Sohn«, leben mit ihnen. Vier Personen auch im befehdeten Gossa: Alonzo, Graf von Ghonorez, und seine Frau Franziska, ihre Tochter Ignez, und der alte Vater des Grafen. Zwischen beiden Vierergruppen steht als Vermittler Antonio von Ghonorez. Strenge Symmetrie bestimmt die Anlage des Stückes, das mit Totenklagen beginnt und endet. Zwischen den aufeinander bezogenen Totenfeiern spannt Kleist die Netze von Argwohn und Mißtrauen, in denen sich die Menschen verfangen. »Das Mißtrauen ist die schwarze Sucht der Seele« – daran leiden die verfeindeten Glieder des einen Geschlechtes.

Ausgerechnet der Erbvertrag, Siegel der Eintracht und des ungeteilten Familienbesitzes, wird zum Motor der tragischen Maschinerie, die Kleist mit Präzision ablaufen läßt. Wie Geier hocken die Ritter in ihren Felsennestern und lauern auf den Tod der Nachbarsippe, um sich auf die Beute zu stürzen. Ciella, Gossa, Gebirge – das sind die drei Örtlichkeiten der Tragödie, die den dialektischen Dreitakt von These, Antithese, Synthese lokalisieren. Die ersten drei Szenen des Trauerspiels führen nacheinander den Zuschauer an alle drei Orte. Nach diesem Nebeneinander der Szenen folgt Verflechtung beider Handlungsstränge. Obwohl die Handlung in der Skelettierung auf eine Inhaltsangabe kaum zu überblicken ist, hat Kleist sein Erstlingsdrama klar gegliedert. Schon einer der ersten Kritiker des Trauerspiels, Joseph Görres, rühmte die »große architektonische Regularität; wie zwei Säulenordnungen stehen die bei-

den Familien einander gegenüber, und wie eine der Säulen auf jener Seite stürzt, folgt eine auf der entgegengesetzten nach«. Das letzte Wort spricht eine alte »Hexe«: »Wenn ihr euch totschlagt, so ist es ein Versehen.« Keines von Kleists späteren Werken denunziert so maßlos das menschliche Unvermögen der Kommunikation. Keines aber ist auch so geeignet, Kleists großes Thema in seiner Unheimlichkeit vorzustellen: die Einsamkeit des Menschen, der sich durch Worte nicht aus dem Gefängnis seines Wesens befreien kann. Mit sich überschlagender sprachlicher Energie wird äußerster Zweifel daran vorgetragen, daß die Sprache Mittel des Verstehens sein kann.

Robert Guiskard

Mit dem Titel dieses »Fragments einer Tragödie« verbindet sich eine der heftigsten Tragödien in Kleists Leben: Als er das fast vollendete Werk im Oktober 1803 in Paris vernichtet, will er auch sich selber auslöschen. »Der Himmel versagt mir den Ruhm, das größte der Güter der Erde; ich werfe ihm, wie ein eigensinniges Kind, alle übrigen hin … ich stürze mich in den Tod.«
Hat Kleist versagt? Oder liegen die Gründe für ein Scheitern schon in der Vorlage, dem geschichtlichen Stoff der Eroberungsreise Robert Guiskards, des Herzogs von Apulien und Kalabrien, nach Byzanz, die durch eine Pestepidemie im Heer vorzeitig endete? Wir kennen nur die zehn Szenen, die Kleist in den Dresdner Jahren 1807/08 rekonstruiert oder neu verfaßt und 1808 in seiner Kunstzeitschrift »Phöbus« veröffentlicht hat (und die am 6. April 1901 in Berlin zum erstenmal gespielt wurden).
Das Trauerspiel ist eine einzige Steigerung von der ersten bis zur letzten Szene, in der – endlich – Guiskard auftritt. Neun Szenen bereiten sein Erscheinen vor. Von der Volksmasse über Chorführer, Guiskards Tochter, Neffen, Sohn treibt eine aufsteigende Linie immer näher zur Titelfigur. Auf dem Höhepunkt der durch Vermutung, Gerücht, Augenzeugenbericht gesteigerten Spannung tritt Guiskard aus dem Zelt. In der *einen* Szene ereignet sich das tragische Geschehen des Spieles, das mit paradoxen Formeln umschrieben werden kann: Guiskard will verschweigen und spricht gerade deshalb aus, daß er von der Krankheit geschlagen ist; Guiskard will den Augenblick der Offen-

barung seines Todes hinauszögern und beschleunigt gerade deshalb seinen Untergang. Christoph Martin Wieland, ein väterlicher Freund, auf dessen Gut Oßmannstedt sich Kleist einige Zeit aufgehalten hat, urteilte so. »Wenn die Geister des Äschylus, Sophokles und Shakespeare sich vereinigten, eine Tragödie zu schaffen, so würde das sein, was Kleists ›Tod Guiskards des Normannen‹, sofern das Ganze demjenigen entspräche, was er mich damals hören ließ.«

Der Zerbrochne Krug

Mit Fragen beginnt dieses Lustspiel, das in einem einzigen, großen Akt Antwort auf die Frage sucht: wer hat den Krug zerbrochen? Mit Fragen entwickelt Kleist das Muster dieses Stückes, das in der deutschen Dramengeschichte am Anfang der Gattung Kriminal-Lustspiel steht. Komik und Spannung wirken unmittelbar aus der paradoxen Grundposition des Richters, der zugleich Täter und schließlich Gerichteter ist. Doppelsinnig ist die Bewegungsrichtung des Detektivspiels: Sogenannter »Fortschritt« der Handlung ist zugleich »Rückschritt«,

Am Richtertisch Gerichtsrat Walter (Paul Hartmann), Richter Adam (Hans Mahnke), Schreiber Licht (Walter Blum). Weit entfernt die Bank mit den gedrückten Zeugen: Frau Brigitte (Elsa Wagner), Frau Marthe (Mila Kopp), Eve (Cordula Trantow), Veit Tümpel (Georg Lehn). Kleist »Der zerbrochne Krug«, 1966 bei den Ruhrfestspielen, Regie Rudolf Noelte.

aus den Folgen wird die Tat rekonstruiert. Während sich das Spiel, dem »natürlichen« Zeitsinn folgend, von der Gegenwart in die Zukunft entwickelt, bewegt es sich mit ständigen Verhören in die Vergangenheit. Entstanden ist der unter die wenigen großen Lustspiele des deutschen Theaters zu rechnende Einakter aus den zufälligen Bedingungen eines literarischen Wettbewerbs dreier Freunde in der Schweiz 1802. Doppelsinnig wie die Namen (Adam, Eve, Licht, Walter) ist hier alles. Der Dorfrichter Adam ist durch seinen Klumpfuß nicht nur mit dem großen Frager Ödipus (oidípus = Schwellfuß) verwandt, sondern gar mit dem Menschenvater der Bibel. Adam: sein Name

macht ihn zur Modellfigur des gebrechlichen Menschen. Was Kleist ihn durchlaufen läßt, ist die Miniaturbahn eines Erdenlebens, mit scheinbarem Sieg und Glücksmomenten, mit plötzlichen Abstürzen und endlicher Niederlage. Friedrich Gundolf hat das Maschenwerk des komischen Detektivspiels so beschrieben: »Es ist einer der geistreichsten Einfälle, wie zwei Personen dasselbe zu verbergen haben aus entgegengesetzten Gründen und drei andere Personen dasselbe herausbringen wollen, ebenfalls aus entgegengesetzten Gründen, so daß alle Beteiligten dieselben Spuren verschieden auslegen und eben dadurch die Lösung des Rätsels noch mehr erschweren.«

Amphitryon

»Ein Lustspiel nach Molière« hat Kleist die drei Akte dieses Versdramas genannt. Was er 1806 in Königsberg schrieb, hat viele komische, ja possenhafte Züge, ist aber von tragischen Schatten verdunkelt, vor allem in den Auftritten (vierte bis sechste Szene des zweiten, Schlußszene des dritten Aktes), in denen sich Kleist völlig von seiner Vorlage, der dreiaktigen Komödie Molières (1668) löst. Zuviel quälerische Dialektik steckt in den Verhören, denen die Frau des thebanischen Feldherrn Amphitryon, Alkmene, ausgesetzt wird, als daß der operettenhafte Schluß die tragischen Zweifel der Menschen an sich selber und an der vertrauten Umwelt vergessen machen könnte. Die mythische Ehebruchs-Geschichte mit dem Göttervater Jupiter wird bei Kleist zu einem großen Verwirrspiel der Liebe. Berühmt geworden ist das »Ach!«, das Alkmene flüstert, als sie aus der Ohnmacht erwacht, in die sie nach all den (Ent-)Täuschungen gesunken ist. Mit dem gehauchten Schluß öffnet sich Kleists »Lustspiel« in die Dimension des Sprachlosen, des Geheimen, das die Offenbarung eines Gottes verlangt.

Penthesilea

»Mein innerstes Wesen liegt darin ... der ganze Schmutz zugleich und Glanz meiner Seele« – wie außerordentlich muß eine Dichtung sein, von der Kleist mit diesen Worten spricht. »Es ist entsetzlich!« – wiederholt wird dieser Satz in Kleists Trauerspiel gestammelt. Was sich auf der Bühne ereignet, ist nicht irgend etwas mythisch Fernes, sondern etwas zu allen Zeiten »Ent-

setzliches«: Auslöschung der Individualität, Überschwemmung der Humanität von Chaos. Die Zeitgenossen erschraken, als sie das Stück zu lesen bekamen, das Kleist 1806 in Königsberg begonnen, in der französischen Gefangenschaft ausgearbeitet, 1807 beendet und 1808 als Buch veröffentlicht hatte: »Wahrer Unsinn; genialisches Ärgernis«, das waren noch die milderen Urteile. Wie bei *Amphitryon* war auch hier die mythische Fabel für Kleist nur Anlaß, Gestalten seiner Phantasie in die Labyrinthe der Seele zu führen. Der alten Erzählung von den kriegerischen Frauen aus einem mutterrechtlichen Staatswesen Kleinasiens entnahm er den vordergründigen Konflikt von Amazonen und Griechen. Auf das Schlachtfeld von Troja stürmen die Reiterscharen der Amazonen und verwirren den Kampf der Griechen gegen die Trojaner. Nach altem Gesetz holen sie sich auf dem Schlachtfeld Männer, die sie im Triumphzug in ihre Heimat führen wollen, als Väter einer neuen Generation von Amazonen. – Den Gegensatz Griechen – Amazonen steigert Kleist zu dem Kontrast von Männern und Frauen, vorzeitlichem Weiberstaat und historischem, vaterrechtlichem Staatswesen. Doch ist diese Konfrontierung nur Folie für die Begegnung der Amazonenkönigin Penthesilea mit dem Griechenhelden Achill. Die Tragödie zeichnet den Weg einer jungen Frau in Einsamkeit, Enttäuschung, Weltverlassenheit und Tod nach. Das ist die wahre »Dramatik« des als »undramatisch« und »handlungsarm« verrufenen »Rezitationsstückes«. Inzwischen hat es aber doch so viele träumerisch ruhige und dabei visionär wilde Aufführungen gegeben (Klaus Michael Grüber, Hans Neuenfels), daß das Plädoyer des Regisseurs Gerhard F. Hering nicht mehr ganz stimmt: »Die gültige Aufführung der *Penthesilea* spielt auf der Bühne unserer Phantasie.«

Das Käthchen von Heilbronn

Das in den Jahren 1807/08 geschriebene »Große Historische Ritterschauspiel« mit dem Doppeltitel *Das Käthchen von Heilbronn oder Die Feuerprobe* wurde am 17. März 1810 im Theater an der Wien uraufgeführt. Schon 1808 hatte Kleist in seiner Zeitschrift »Phöbus« die ersten beiden Akte veröffentlicht. So fern das schwäbische Bürgermädchen der Amazonenkönigin zu sein scheint, so nah ist es ihr in der Unbedingtheit des Gefühls. »Sie gehören ja wie das + und – der Algebra zusammen, und sind ein und dasselbe Wesen, nur unter entgegengesetzten Beziehungen gedacht« – als so verschwistert empfand Kleist seine beiden Geschöpfe, die er in einem anderen Brief näher vorstellte: »Das Käthchen von Heilbronn ist die Kehrseite der Penthesilea, ihr anderer Pol, ein Wesen, das ebenso mächtig ist durch gänzliche Hingebung, als jene durch Handeln.« Was Goethe als »die verfluchte Unnatur« empfand, mit welchen Worten er das Buch »in das lodernde Feuer des Ofens warf«: Im Trauer- und im Ritterschauspiel wirbt die weibliche Titelfigur um den Mann; beidemal verkörpert der verfolgte Mann das höchste Lebensziel; beide Frauen versuchen, die Wirklichkeit nach ihrem Bewußtsein zu formen. Penthesilea unterliegt, Käthchen – ihrem Ritter, Friedrich Wetter, Graf vom Strahl, wie ein Hündchen folgend, keine Demütigungen scheuend – triumphiert.

Ohne Deus ex machina ist solcher Sieg allerdings nicht möglich. Ein »Cherub in der Gestalt eines Jünglings, von Licht umflossen, blondlockig, Fittiche an den Schultern und einen Palmzweig in der Hand« muß auftreten, um Käthchen zu bewahren. Auch das Gottesurteil, ein Duell, in dem der unbewaffnete Graf Käthchens Vater durch den »bloßen Blitz aus meiner Wimper« niederstreckt, bezeugt Kleists Wunsch, in der Scheinwelt der Bühnendichtung, ein einziges Mal, der Welt draußen zu widersprechen, das Bewußtsein seiner Heldin zu verklären. Auch im *Käthchen* tastet sich Kleist bis an die Grenze des gerade noch Sagbaren. Mit sprachlicher Kraft wird – das Versagen der Sprache dichterische Gestalt. »Keinen Laut bringt sie hervor; auch nicht der Wahnsinn, dieser Dietrich aller Herzen, eröffnet das ihrige; kein Mensch vermag das Geheimnis, das in ihr waltet, ihr zu entlokken«, so stellt der Heilbronner Waffenschmied Theobald Friedeborn in der ersten Szene seine Tochter vor.

Das Spiel ist ein großes szenisches Rätsel, das Szene für Szene auf der Bühne gelöst wird. Stückweise nur gibt Kleist die Vorgeschichte preis. Erst in der 33. von 53 Szenen, in der Befragung unter dem Holunderbusch, wird der Schleier vor dem »Geheimnis« gelüftet. Was der Zuschauer dann ahnt,

wird ihm in der 41. Szene bestätigt; die Gestalten des Spiels müssen bis zur 52., Käthchen sogar bis zur letzten Szene warten, bis das Rätsel ganz gelöst ist. Die allmähliche Enthüllung der Vorgeschichte erinnert an das Verfahren Kleists im *Zerbrochnen Krug.* Das »Geheimnis« läßt an Mysterienspiele denken, und tatsächlich hat das Drama, obwohl es sich als Aktestück präsentiert, in seiner eigentümlich szenenreichen Form auch etwas vom mittelalterlichen Stationenstück. Über Stufen der Einweihung, Läuterung, Selbstverwirklichung führt Kleist den Grafen zu Käthchen, die selbst solche Entwicklung nicht kennt, da sie von Anfang an bei sich selber ist und aus wunderbarer Einheit von Willen und Gefühl lebt.

Auch ein Traumspiel: Kleist verzichtet auf realistische und wahrscheinliche Motivierung. Seine Gestalten verklären sich zu Idealfiguren. Käthchen und Kunigunde – in ihnen ist die Welt in Symbolgestalten zerlegt. So strahlend die eine, so dunkel die andere. »Ein Stück«, so empfahl es Kleist dem Verleger Cotta, »das mehr in die romantische Gattung schlägt, als die übrigen.«

Die Hermannsschlacht

Kleists fünfaktiges Versdrama, 1808 in Dresden geschrieben, wird als »politisches Tendenzstück« verbucht, wenig gedeutet, selten gedruckt, kaum gespielt (zum erstenmal nach 1945 durch Claus Peymann in Bochum, 1982). Tut man dem in fünfhebigen Jamben verfaßten Stück über den Befreiungskampf der germanischen Stämme im Teutoburger Wald gegen die Römer damit unrecht? Kleist, der das Stück in der Zeit des Befreiungskampfes gegen Napoleon auf die Bühne in Wien bringen wollte, empfahl es als »einzig und allein auf diesen Augenblick berechnet«. Die Uraufführung fand erst 1839 in Pyrmont statt, durch das Detmolder Hoftheater.

Nach Napoleons Sieg 1809 in der Schlacht bei Wagram war Kleist völlig verzweifelt. Mit dem österreichischen Heer scheiterte auch seine letzte Lebenshoffnung. So viel hatte er versinken sehen – was sich in seinen Dramen spiegelt –: absolute Erkenntnis, unbedingtes Gefühl, Verläßlichkeit der Bewußtseinswelt; jetzt hatte er sich ganz auf das Vaterland als unbedingten Wert geworfen. Ausdruck dieser Wendung zur

Gemeinschaft ist *Die Hermannsschlacht,* der als Motto die Klage vorangesetzt ist: »Wehe, mein Vaterland, dir! Die Leier, zum Ruhm dir zu schlagen / Ist, getreu dir im Schoß, mir, deinem Dichter, verwehrt.« Im Befreiungskampf der – uneinigen – Germanenstämme gegen die römischen Besatzer spiegelt sich der – auch heute noch aktuelle – Kampf einer von Invasoren unterjochten Bevölkerung. Ein Tendenzstück? Es finden sich auch Züge eines pessimistischen Lehrspiels politischer Moral: durch Lügen wird der Schwache stark. Sprache, die verhehlt, verhüllt – seit der *Familie Ghonorez* hat Kleist das fasziniert.

Prinz Friedrich von Homburg

Keines der Kleistschen Bühnenwerke ist so verkannt und mißdeutet worden wie dies letzte, in den Jahren 1809 bis 1811 verfaßte Schauspiel in fünf Akten. Wegen der »Todesfurchtszene« des Titelhelden hintertrieb der preußische Hof die Aufführung, die sofort nach dem Erstdruck (in den 1821 von Ludwig Tieck herausgegebenen *Hinterlassenen Schriften* Kleists) verlangt wurde. Wilhelm Grimm umschrieb als erster den dramatischen Konflikt zwischen dem Kurfürsten und dem draufgängerischen Militärprinzen: »Ich habe nirgends schöner die Macht des Gesetzes und die Anerkennung des Höhern, vor dem auch das Gesetz zerfällt, dargestellt gefunden.«

Wien, nicht Berlin, sah die Uraufführung, am 3. Oktober 1821. Erzherzog Karl, eben der, den Kleist 1809 verherrlicht hatte, ließ es rasch vom Spielplan des Burgtheaters absetzen, »weil es auf die Armee demoralisierend wirken muß, wenn ein Offizier so feig um sein Leben bittet«. In Berlin, wo das Schauspiel erst 1828 in einer »gemilderten« Fassung gespielt werden durfte, verbot Friedrich Wilhelm III. nach vier Tagen die Aufführung und verordnete, »daß es nie wieder gegeben werden dürfe«.

War es im 19. Jahrhundert die »Todesfurchtszene«, die gegen das Stück einnahm, so im 20. die Wandlung des Prinzen, die als subalternes Einstimmen in »Preußens Gloria« verkannt wurde. Gegen die simpel patriotische Ausschlachtung des Stückes im Kaiserreich – und nachher, unter den Nazis – schrieb Brecht sein polemisches Sonett »Über Kleists Stück ›Der Prinz von Homburg‹«, in dem er Kleists Figur als »Ausbund

von Kriegerstolz und Knechtsverstand« schmäht.

Das Drama ist auf wenige Tage vor und nach der historischen Schlacht bei Fehrbellin in der Mark Brandenburg (18. Juni 1675) konzentriert. Kleist ändert geschichtliche Figuren und Ereignisse so, wie es seiner künstlerischen Absicht entspricht. Das Spiel ist ein Nocturno: Es beginnt und endet mit Homburgs Traumszenen, und die meisten Auftritte geschehen nachts, spätabends oder frühmorgens. Den Prinzen stellt der Kurfürst vors Kriegsgericht, weil dieser eine Order mißachtet hat, was zwar einen raschen

Der mit dem Siegeslorbeer endlich gekrönte Kleistsche »Prinz von Homburg« fällt in Ohnmacht (Bruno Ganz in der Aufführung der Schaubühne am Halleschen Ufer Berlin, 1972, Regie Peter Stein). »Ein Traum – was sonst?« fragt am Ende die Stimme Jutta Lampes und teilt Kleists Selbstmord mit.

Sieg ermöglichte, aber nicht zugleich die vollständige, für den schwedischen Gegner vernichtende Niederlage herbeiführte. Kern des Dramas ist die Auseinandersetzung zwischen Kurfürst und Prinz über Recht und Gesetz. Erst als der Prinz, vom Kurfürst weise als Richter über sich selbst bestimmt, sich selber nicht freisprechen kann, ist er in des Fürsten Sicht der Gnade würdig und muß nicht vor das Erschießungskommando treten.

Das Stück ist mehr als ein preußisches Offiziersstück, das die Erziehung zu soldatischem Gehorsam demonstriert. Auch Friedrich Hebbels schöne Worte über den »Werdeprozeß eines bedeutenden Menschen« engen das Stück ein, zeigen es nicht in seiner poetischen Fülle. Kleist beläßt dem Stück etwas von dem Geheimnis menschlicher Entscheidungen, worin Wille, unbewußter Drang und dialektische Kasuistik untrennbar miteinander verwoben sind. Der »Traum« der Sternennacht, der Wunsch und Wirklichkeit zusammenbringt, steigert Homburgs Fühlen aus allen Bedingungen der Realität in eine Utopie.

Franz Grillparzer

Der Wiener Dramatiker (1791–1872) war der Sohn einer psychisch kranken Mutter und eines Vaters, den er später als »fabelhaft rechtschaffen« charakterisiert, als verschlossen, ungesellig, schroff; ein Freund der Natur, die menschliche ausgenommen. Der Rechtsanwaltssohn Grillparzer studierte Rechts- und Staatswissenschaft, verdiente sein Studium – mit dem Wohlstand der Familie war es bergab gegangen – als Privatlehrer. Als Praktikant der Wiener Hofbibliothek und der Zollverwaltung lernte er den k. u. k. Beamtengeist kennen, litt unter der Engstirnigkeit seines Berufs, als Dramatiker unter den bornierten Ratschlüssen der Kollegen von der Zensur. Reisen nach Paris, London, Konstantinopel, nach Italien und auch nach Deutschland befreiten für Wochen und Monate aus der Enge und Eintönigkeit der Staatsdienerschaft, linderten die chronischen psychischen Leiden und Somatisierungen. Unheilbare Wunde: das jahrzehntelange, jahrzehntelang unglückliche Verhältnis zu seiner Jugendgeliebten. Die produktivsten Jahre Grillparzers fielen in die Ära des allmächtigen österreichischen Kanzlers Metternich, dessen Polizeichef Sedlnitzky die Ansicht vertrat, ein Bildung in sich aufnehmendes Volk befinde sich bereits im ersten Stadium der Revolution. Die Zensur war oft findig. Als 1828 im Burgtheater im Beisein des Kaisers Grillparzers *Ein treuer Diener seines Herrn* aufgeführt wurde und Franz I. dem Autor durch den Polizeiminister mitteilen ließ, er wolle das Stück erwerben, lehnte Grillparzer ab, weil damit jede weitere Aufführung und auch die Buchveröffentlichung verhindert worden wäre. Das Stück, Grillparzers Meinung zufolge »bis zum Übermaß loyal«, verschwand daraufhin vom Spielplan. Naheliegend, daß Grillparzer den Sturz Metternichs, die Revolution von 1848 begrüßte. Doch dann entschloß er sich zum Preislied aufs Kaisertum (»An Radetzky«). Hatte er zuvor den Quietismus des – von ihm im übrigen sehr geschätzten – Weimarer Dichterfürsten Goethe kritisiert, so verhielt er sich nun selbst – eine Mischung aus Reizbarkeit gegens Alte wie Neue, aus resignativem Einverständnis und altösterreichischem Patriotenstolz – als Quietist: »Als *LIBERAL EINST* der Verfolgung Ziel, /Schilt mich der Freiheitstaumel nun servil, /Nicht hier noch dort in den Extremen zünftig, /Ich glaube bald, ich bin vernünftig.« Die erneuerungswütigen Jungdeutschen, die liberalen Journalisten und Studenten waren ihm verdächtig, politisch und ästhetisch. Dem Weimarer Schauspieler Eduard Genast schreibt er 1847 ins Stammbuch. »Kehrst du nach Weimar wieder, /So geh zu Goethes Grab, /Sag ihm, die deutsche Dichtung, / Nicht er nur stieg hinab.«

Die Ahnfrau

Ein total Erschöpfter, von Räubern Überfallener schleppt sich mit zerrissenem Kleidern, den zerbrochenen Degen in der Rechten ins romantisch verfallene Schloß im Walde, dessen Trümmer, wie der Graf sinniert, der geliebten Tochter »kaum noch eine Hütte« abgeben können. Wie ein biedermeierlicher Hausvater verhält sich dieser Adelige, treuer Vasall des Königs. Drinnen, im gotischen Spukschloß, des Grafen Tochter Bertha. Im geschundenen Jaromir erkennt sie, die alle erlauchten Verehrer schon abgewiesen hat, ihren Märchenprinzen. Ihn an sich zu binden, umwindet sie ihn mit der Schärpe, die sie in ihrem Stickrahmen gerade in Arbeit hat. Und an eben dieser Schärpe erkennt sie dann entsetzt, daß der Geliebte nicht das Opfer von Räubern ist, sondern der gesuchte mörderische Räuberhauptmann. Außerdem ist er noch ihr Bruder, und zu allem Tragiküberfluß tötet er auch den guten Vater. Die Psycho-Vita, die der Gejagte den Zuschauern offenbart: Er ist ein »Stiefsohn des Geschicks«, die »unnatürlich harte Mutter« hat ihn hinausgetrieben in den »Kreis der Raubtiere« des Waldes, wo er dann auch zum Raubtier wurde: »Unbekannt mit milderm Beispiel, /Mit dem Vorrecht des Besitzes, /Mit der Menschheit süßen Pflichten.« Durchs alte Gemäuer geistert währenddessen die Ahnfrau, die den Fluch über die gräfliche Familie brachte, indem sie sich dem Ehediktat der Eltern nicht gebeugt, die Ehe gebrochen hatte! Am Ende nimmt sie den letzten Sproß der Familie, Jaromir, in die Gespensterarme, legt den Toten neben die vergiftete Bertha.

Grillparzers 1817 erfolgreich aufgeführtes romantisches Trauerspiel bezieht die Handlung aus der Geschichte des französischen Räubers Jules Mandrin, der in ein Schloß flüchtet und dort mit einem Kammermädchen ein Liebesverhältnis hat. Den »tragischen Keim« dieser Beziehung senkte Grillparzer, den Sozialstatus der Figuren erhöhend, ins Terrain einer Gespenstergeschichte. Einwänden, es fehle dem Schauerstück die klassische Schicksalsidee, ist Grillparzer mit dem Argument entgegengetreten, bereits die »Grundirrtümer der menschlichen Natur« begründeten die Wahrheit der Poesie. Außerdem sollten gerade die deutschen Kritiker in ihrer »abgeschmackten Gründlichkeit nie...den Umstand vergessen, daß ein Trauerspiel, so traurig es sein mag, doch immer auch ein Spiel« bleibe. Sich und dem österreichischen bzw. Wiener Theaterpublikum, das er verehrte, hielt Grillparzer ein Theaterverständnis zugute, das er dem deutschen überlegen glaubte. Nicht kunstrichterlicher Kenner sei das Publikum, sondern eine »Jury«, die ihr Urteil aus »Unbefangenheit und Natürlichkeit« spreche.

Sappho

Die goldene Leier in der Hand, den Siegerkranz auf dem Haupt, kommt die Dichterin auf dem mit weißen Pferden bespannten

Wagen nach Lesbos zurück, an ihrer Seite der Jüngling Phaon – das, wie es scheint, für einander bestimmte ideale Paar. Doch Sappho vertritt die Sphäre der göttlich-großen Kunst, Phaon das patriarchal unternehmende Realitätsprinzip; dem äußeren Leben untertan ist des Mannes »wildes rastloses Streben«. Die Vorbereitungen zum Liebesfest, das die widerstreitenden Züge harmonisieren soll, offenbaren diese erst ganz, führen zu einer Kette von Schuldhandlungen und, wichtiger, zu Schuldgefühlen. Eine merkwürdige Dreieckskonstruktion: Phaon versieht sich in Melitta, die Sklavin der Sappho. Er erklärt das gegenüber Sappho später so: »Zu *hoch* nennt die Besinnung dich – für meine Liebe. / Und nur das *Gleiche* fügt sich leicht und wohl! / Da sah ich *sie,* und hoch gen Himmel sprangen / Die tiefen Quellen alle meines Innern / Die stockend vorher weigerten den Strahl.« Sappho besitzt die Sklavin Melitta nicht nur, sie hat sie auch psychisch vereinnahmt. Als Phaon mit der Geliebten flieht, macht er sich des Sklavenraubs schuldig, ist juristisch kein »freier Mann« mehr – so sehen es die »Landsleute«, die die beiden stellen. Sappho wiederum verwirkt der »Dichtung goldne Gaben«, indem sie sich allzu menschlich, eifersüchtig, verhält, unmenschlich das Paar verfolgen läßt, wobei Melitta verletzt wird. Der Dichtung Größe, Göttlichkeit wird in tragischer Apotheose wiederhergestellt am Ende des Versdramas. Geistig schon zu den ihren zurückgekehrt, segnet die Dichterin das Paar, küßt als »Freund aus fernen Welten« den Phaon, als »tote Mutter« das einstige Streit- und unglückliche Liebesobjekt Melitta und stürzt sich, so die »letzte Schuld des Lebens zahlend«, vom Felsen hinab ins Meer.

Das goldene Vlies

In dieser Trilogie (1821) entwirft Grillparzer eine antike Szenerie, die zugleich die Bilderwelt des Kolonialismus des 19. Jahrhunderts in gehobener Form vor Augen bringt. Die Griechen, die aufs wilde Kolchis kommen, repräsentieren die europäische Zivilisation, die Kolcher die Primitiven, auf Glasperlen begierigen Eingeborenen. Das zeigt sich z. B. an der niederen, unterhalb des Trauerspielniveaus zur Sache gehenden Sprache. »So höre denn mein gutes Mädchen«, redet der Häuptling der Kolcher seine Tochter

Medea an; »Das Gold der Fremden all und ihre Schätze- / Gelt lächelst? ... Ei ja, das viele Gold, / Die bunten Steine und die reichen Kleider.« Dieser Ton ist immerhin fließender, intimer Plauderton. Unmittelbar zu Beginn des Stücks redet dieser Hauptling noch so: »Angekommen Männer / Aus fernem Land, / Bringen Gold, bringen Schätze.« Grillparzers Interesse am primitiven Kolchis hindert in der Folge nicht große, pompöse Gesten. Etwa den Auftritt der Medea als hochdrapierter romantischer Heroine

Grillparzers Trilogie »Das goldene Vlies« zog Leopold Lindtberg 1960 am Wiener Burgtheater auf einen Abend zusammen; in Bühnenbildern Caspar Nehers – Kolchis von traumhafter Fremdheit, Hellas von kultivierter Weite – inszenierte Lindtberg verdeutlichend, dringlich: mit Dagny Servaes und Heidemarie Hatheyer als geschmeidigkräftiger Medea.

im zweiten Teil der Trilogie, den *Argonauten*. Nicht länger hinnehmend, daß der rohe Vater ihre kultivierten Liebhaber wie Freiwild behandelt, tritt sie ihm, die brennende Fackel in der Hand, aus dem Turme entgegen, angetan mit einer dunkelroten Robe mit goldbesticktem Saum und einem schwarzen, am bestickten Stirnband befestigten schleppenden Schleier.

Nicht die beiden »so barbarisch und romantisch ... als möglich« gestalteten ersten Teile der Trilogie ums goldene Vlies, des »sinnlichen Zeichens des ungerechten Gutes«, werden meist gespielt, sondern, der Protagonistinnenrolle wegen, der letzte Teil, das fünfaktige Trauerspiel *Medea*.

In den Auseinandersetzungen zwischen den Griechen und Kolchern in den *Argonauten* hatte sich Medea auf die Seite der Griechen geschlagen, auf die Seite Jasons, hatte ihm zum goldenen Vlies verholfen. Die Ehe mit Jason, zwei Kinder sind schon geboren, wird nun zum hohen tragischen Konflikt, und die unbewältigte Vergangenheit stiftet das Unglück. Denn nach Griechenland zurückgekehrt, erscheint Jason die aus der Fremde mitgebrachte Frau zunehmend fremd, unheimlich, primitive Zauberin. Er schaudert vor ihr zurück, wie Medea ursprünglich vor ihrem primitiv gewalttätigen Vater zurückgeschaudert war. Medeas Anpassungsversuche schlagen fehl, sie klammert sich an Jason, und der fühlt sich wie von Schlangen umwunden, haßt sie. Als man Medea außer Landes treiben, ihr die beiden Kinder nehmen will, gewinnt das vergeblich mit aller Macht verdrängte primitive Erbe die Oberhand, legt sie rächend in barbarischem Zorn den Palast in Schutt und Asche, tötet die eigenen Kinder, die schon dabei waren, sich als Griechen von der Mutter zu entfremden.

König Ottokars Glück und Ende

Obgleich in anderem Weltenkreis spielend und in anderer Zeit, in Prag und im Böhmen des 13. Jahrhunderts, geht es in diesem Drama mit staatsgeschichtlichem Sujet wie schon in der *Medea* (und auch der *Ahnfrau*) um *ein* zentrales, Schuld gebärendes Problem: den Ehebruch. Das Allgemeinmenschliche, das die heterogenen Sujets perspektiviert, ist ganz das Bürgerliche, das Typische und Beispielhafte, das der bürgerlichen Kleinfamilie. In diesem Zusammenhang muß Übermut, Herrschsucht, Roheit und Verblendung des Kriegshelden Ottokar (der Assoziationen an Napoleon zuläßt) verstanden werden. Daß er sich zu Beginn der Handlung von seiner Gemahlin Margarete von Österreich trennt, beschäftigt alle Figuren gleichermaßen, wie es in der Antike der Götter Flucht tat. Die Verstoßene läßt er die Scheidungsakte vorlesen. Die deutsche Kaiserkrone winkt ihm in diesem Augenblick, die Fürsten huldigen ihm. Doch alles das, so will es die Konstruktion des Stücks, ist bereits durch die Anfangsschuld der Ehescheidung zum Scheitern verurteilt. Gegenfigur des herrschsüchtigen Ottokar ist Rudolf von Habsburg. Als der Rivale auf dem Schlachtfeld liegt, deckt Rudolf den Kaisermantel als Leichentuch großmütig über ihn.

In der Uraufführung 1825, nach Schwierigkeiten mit der Zensur, wird die Figur des gütigen Habsburgers – mit Zustimmung Grillparzers – halb als Kaiser Franz, halb als heiliger Florian gespielt. Grillparzer organisiert effektvolle große Szenen in diesem Geschichtsdrama. So läßt er den stolzen Ottokar im Zelt des Kaisers sein Reichslehen kniend empfangen – dann von einem Mißgünstigen, dem Zawisch von Rosenberg, die Schnur, die den Eingangsvorhang hält, mit dem Schwert durchhauen: Das ganze Heer sieht den stolzen Kriegshelden in der devoten Haltung. Andere Szenen erinnern an Mantel- und Degenunternehmungen. Etwa wenn der freche Zawisch der jungen Frau Ottokars die blutrote Schleife vom Arme zieht in dem Augenblick, da diese ihm den Turnierpreis, eine Schärpe, überreicht. Da macht dieser Verwegene der Königin, die vom König belauert wird, ungeniert einen Antrag, will das geraubte Liebespfand nicht wieder herausrücken und geht zugleich so sorglos mit diesem Corpus delicti um, daß der Königin, dem Kammermädchen, den Zuschauern angst und bange werden muß. Der Herrscher aber herrscht über seine königliche Gattin wie ein kleiner Bürger: »Nu, Kunthe«, kumpelt er die verstimmte Kunigunde an, »nu, wie geht's?«, will sie »am Kinne fassen«. Unversehens geht dieser Ton des Familienstücks dann wieder in Staatsaktion über, imperiale Gestik. Der gute Herrscher herrscht am Ende, der schuldige Machtpolitiker Ottokar erkennt seine Schuld: »Geblendet war ich, so hab' ich gefehlt!«

Ein Bruderzwist in Habsburg

Der in die Protagonistenfigur gelegte Grundwiderspruch dieses Habsburgerdramas: In einer Zeit, die ideologisch und kriegerisch auf Veränderung drängt, die den aktiven Machtpolitiker fordert, verharrt der römisch-deutsche Kaiser Rudolf II. in weisem Selbstzweifel, lebt der Einsicht, daß Machtpolitik jeglicher Art schuldhaft ist – freilich auch durch diese Haltung des Nichthandelns wird er schuldig. Grillparzer zeichnet eine moralisch einnehmende Herrscherfigur mit dem in Spanien aufgewachsenen, nun in Prag residierenden, vorrangig den Künsten, Wissenschaften und der Astrologie lebenden Rudolf, der Hoffnung nicht aufgeben mag, zu der die Zeiten am wenigsten Anlaß geben, daß nämlich die Widersprüche und Erregungen von allein zur Ruhe kommen mögen. Was er im Zorn – zu dem er durchaus fähig ist – tut, versucht er wieder zurückzunehmen – so den Fluch auf Prag, diesen Ort seiner Niederlage, aber eben auch die über alles geliebte Stadt. Toleranz versucht dieser Katholik gegenüber den ketzerischen Lutheranern zu üben; den böhmischen Ständen gesteht er, freilich politisch auch dazu genötigt, die »Freiheit der Meinung und der Glaubensübung« zu.

Mathias, des Kaisers Bruder, repräsentiert die Sphäre der Macht- und Militärpolitik. Der Kaiser weiß insgeheim schon lange bevor Mathias auf das ihm zujubelnde Prag marschiert und ihn im Hradschin gefangensetzt, daß der Bruder nach der Kaiserkrone strebt. Bevor der Konflikt endgültig gelöst werden kann, stirbt Rudolf II., der äußerlich und innerlich abgedankt hat.

Dies Geschichtsdrama wurde 1872, Grillparzer war gerade gestorben, von Laube am Stadttheater in Wien aufgeführt, kurz danach auch am Burgtheater.

Weitere Stücke Grillparzers: *Des Meeres und der Liebe Wellen* (Uraufführung 1831), das die Sage von Hero und Leander aufgreift; das dramatische Märchen *Der Traum ein Leben* (Uraufführung 1834), in das Elemente des Wiener Volkstheaters eingingen; *Weh dem, der lügt,* Grillparzers einziges Lustspiel, das bei Publikum und Kritik durchfiel und ihn veranlaßte, seine späteren Stücke nicht mehr zu veröffentlichen. 1872 wurden posthum *Libussa* und *Die Jüdin von Toledo* herausgegeben.

Christian Dietrich Grabbe

Mehr als ein Jahrhundert stand alle Erörterung der Germanisten über Grabbe (1801–1836) hauptsächlich im Zeichen biographischer Untersuchung, psychologischer Erklärung, moralischer Bewertung. Man beschäftigte sich mit dem in der Tat jammervollen Lebensgang eines Mannes, der als Sohn eines Detmolder Zuchthausaufsehers zur Welt kam, unter schweren Opfern der Eltern das Gymnasium besuchte und später Jura studierte. Von Jugend auf spürte er eine große Begabung in sich, aber immer wieder hatte er durch Äußeres, Herkunft und Manieren Mißerfolg. Zweimal zog Grabbe von Detmold aus in die Welt, um literarischen Ruhm zu erwerben, zweimal kehrte er als ein Gestrandeter nach Hause zurück. Die literarischen Salons in Berlin öffneten sich ihm nicht; Ludwig Tieck in Dresden schickte ihn unter Komplimenten wieder fort. Später holte ihn Karl Immermann von Detmold nach Düsseldorf, damit er als Kritiker und Berater den Aufbau einer geplanten literarischen Musterbühne fördere; doch es kam nach verhältnismäßig kurzer Zeit zum Bruch, obwohl Grabbe, als er die Freiheit seines kritischen Amtes verteidigte, Immermann gegenüber im Recht war. Nach dieser Auseinandersetzung kehrte Grabbe im Mai 1836 als Todkranker nach Detmold zurück und starb dort vier Monate später, am 12. September 1836. Seine Ehe mit einer Detmolder Bürgerstochter, von der er an Immermann geschrieben hatte, sie sei »so interessant, daß ich sie nur aus der Ferne bewundern kann«, war eine Hölle. Auf den Gedanken, ein Schauspiel seines kritischen Mitarbeiters Grabbe in Düsseldorf aufzuführen, kam Immermann offenbar nicht. Bis auf eine mißglückte Detmolder Aufführung von *Don Juan und Faust* hat Grabbe keines seiner Stücke je auf der Bühne gesehen. Sein letztes vollendetes Drama, *Die Hermannsschlacht* (1836), erschien erst nach Grabbes Tod mit einem Vorwort, in dem ein Freund der Witwe auf die Trunksucht des Dichters anspielte. Seitdem hat sich die Grabbe-Literatur nur schwer von psychologischer Betrachtung und moralischer Entrüstung losreißen können. An seinen Schauspielen wurde immer wieder das Mißglückte, Rhetorische, Proportionslose hervorgehoben. Das ist wesentlich darin begründet, daß man bei der Beurteilung die Maßstäbe der klassischen deutschen Dramatik zugrunde legte. Erst in neuerer Zeit wird immer stärker der Versuch unternommen, Grabbes Dramatik aus ihren eigenen Voraussetzungen zu verstehen.

Auch Friedrich Hebbels berühmte Konfrontierung Grabbes mit Georg Büchner hat zu mancher Ungerechtigkeit und zu Mißverständnissen geführt. Danach habe Grabbe bloß den »Riß«, also den planenden Trieb zur dichterischen Schöpfung gehabt, ohne – wie Büchner – auch die Kraft zu besitzen. Dagegen spricht die Dramatik Grabbes. Überdies muß eine Gegenüberstellung Grabbes mit Büchner auch deshalb zu Mißverständnissen führen, weil die geschichtlichen Erfahrungen der beiden Dramatiker durchaus verschieden sind. Grabbe, 1801 geboren, erlebte als junger Mensch die politische und geistige Misere der Restaurationszeit von 1815 bis 1830. Büchner war 1830 erst siebzehn Jahre alt; für ihn wurden die neuen sozialen und politischen Verhältnisse nach der Julirevolution von 1830 entscheidend. Als historischen Dramatiker beschäftigte ihn nicht das Thema der aristokratischen Restauration, das in Grabbes *Napoleon* eine Hauptrolle spielt, sondern die Frage nach den Möglichkeiten einer politischen Revolution. Das Volk ist ein Grundthema seiner Dramatik; Grabbes Theaterdichtung dagegen kreist immer wieder um das Problem jener »großen Männer«, die Büchner bereits als Student verächtlich als »Paradegäule und Ecksteher der Geschichte« abgetan hatte. Büchner war von Haus aus nicht auf eine literarische Laufbahn erpicht gewesen; Grabbe bereitete sich innerlich schon seit der Schulzeit auf die erfolgreiche Karriere eines Literaten vor. Büchners Satire ist meistens politisch und philosophisch; Grabbes Lustspiel *Scherz, Satire, Ironie und tiefere Bedeutung* dient vor allem der literarischen Satire. Büchner hielt sehr wenig von Schiller, alles von Shakespeare; Grabbes wunderlicher Jugendaufsatz *Über die Shakespearomanie* steht zwar weitgehend zu seiner eigenen dramaturgischen Praxis in Widerspruch, verwirft aber – wenigstens in der Theorie – die Dramaturgie Shakespeares zugunsten von Schiller und sogar von Molière. Die Antithese Grabbe–Büchner erweist sich also literarisch als wenig fruchtbar; sie wird Grabbe nicht gerecht. Nicht die private Misere des Dichters oder sein Abstand zur deutschen Klassik erscheinen heute wichtig. Vielmehr kann Grabbe als Vorläufer von dramaturgischen Auffassungen der Gegenwart betrachtet werden.

Scherz, Satire, Ironie und tiefere Bedeutung
Von seinen dramatischen Werken hat sich das Lustspiel in der Gegenwart am stärksten auf der Bühne behauptet. Was früher bloß als ein – freilich genialischer – Sonderfall deutscher Lustspieldichtung erschien, der neben Lessing und Kleist, sogar neben den *Journalisten* von Gustav Freytag nicht recht zählte, präsentiert sich heute als kühne Vorwegnahme eines Theaters der Desillusion. Als Grabbe – bereits 1822 während der Berliner Studentenzeit – sein Lustspiel entwarf, rumorte in ihm zwar der Zorn über die Epigonenromantik, die literarischen Teekränzchen, die Flut der Schicksalsdramen, aber gleichzeitig hatte der Dramatiker doch auch viel von der romantischen Ironie Ludwig Tiecks gelernt, dem er seinen Erstling, *Herzog Theodor von Gothland* (1822), zuschickte und dessen freundlich-distanzierten Antwortbrief er diesem ersten Drama als Vorwort voranstellte.

Trotzdem ist Grabbes Lustspiel nicht bloß ein gelehriges Kind der romantischen Ironiker, sondern bietet Lustigkeit durchaus anderer, weit derberer, aber höchst eigentümlicher Art. Der Grundzug des Stücks ist seine bewußte Negativität. Alle Hauptgestalten sind gegen die bisherigen Theaterkonventionen gewandt. Der Liebhaber ist nicht attraktiv, sondern mordshäßlich. Der Dichter ist weder poetisch noch leidenschaftlich und zerrissen wie Tasso, sondern unbegabt und feige. Der Schulmeister ist nicht würdig, sondern zynisch-unwürdig. Der Teufel hat nichts mehr vom Glanz des Mephistopheles. Die Zurücknahme aller bisherigen Bühnenkonvention wird aber noch weitergetrieben. Der Teufel betätigt sich als Bühnenintrigant, um eine Verlobung zwischen Liddy und Wernthal auseinanderzubringen; allein die Verlobung war ohnehin nicht ernsthaft. Die Intrige des teuflischen Intriganten ist in sich sinnlos. Der Scherz ist meist Klamauk und erreicht in der großartigen Trinkszene einen Höhepunkt. Die Ironie beruht auf der stets auf-

Die Titelrolle in Grabbes frühestem Drama »Herzog Theodor von Gothland« figuriert 1984 im Deutschen Theater Ost-Berlin (Regie Alexander Lang) Christian Grashof: mit kalkweißem Gesicht und dick rot umränderten Augen unterm langen karottenroten Haar. Für den knäbisch-tollen Schlagetot-Aktionismus der Figur hat er Töne der karikaturistischen, ja parodistischen Übertreibung, zieht die Vokale heulend, bibbernd lang. Doch immer wieder gelingt es ihm, die Grabbeschen äußerst extremen, verzweifelt-nihilistischen Existenz-Bekundungen in hohem, distanziertem, gradezu lichtem Ernst dagegen zu setzen.

recht erhaltenen Distanz des Dichters zu allen Gestalten und ihren Aktionen, die niemals eine Identifizierung des Lesers oder Zuschauers mit dem Bühnengeschehen zuläßt. Für die Satire, vor allem die auf Literatur und Literaten, ist ausgiebig gesorgt. Nicht so leicht gelingt die Interpretation dessen, was Grabbe als »tiefere Bedeutung« verstanden wissen wollte. Sein Vorwort hatte behauptet, dem Lustspiel liege »eine entscheidende Weltansicht« zugrunde. Die wird man – im doppelten Wortsinn – im Prinzip einer »verkehrten Welt« erblicken müssen, einer Welt also, die zugleich umgestülpt und in sich unrichtig erscheint. Der

Schulmeister ist die entscheidende Gestalt, er ist der Raisonneur, aber nicht in der Biedermeierkonvention des sarkastischen Salonlöwen, sondern in höhnisch herausgebrüllter plebejischer Säuferunmoral. Ihm sind die wirklichen Ansichten Grabbes in den Mund gelegt, und er ist daher im Stück der eigentliche Grabbe: nicht jene Gestalt, die zum Schluß als »Grabbe« auf der Bühne erscheint und folgerichtigerweise, ob solcher Anmaßung, einen Wutanfall des Schulmeisters auslöst.

Don Juan und Faust

Der Entwurf des Dramas gehört noch, zusammen mit dem *Gothland,* dem Lustspiel und dem großangelegten, aber Fragment gebliebenen Ideendrama *Marius und Sulla* in die erste der drei Schaffensperioden Grabbes. Zwischen Entwurf und Vollendung liegt die erste Rückkehr nach Detmold und das Wiederausbrechen in die Weite und die Literatur. In seinem ersten Römerdrama hatte Grabbe noch einmal den Versuch gemacht, Gestalten als Ideenträger, und zwar als Träger politischer Prinzipien, auf die Bühne zu bringen: den Plebejer Marius und den Patrizier Sulla. Die Charaktere erlangten aber bereits ein Übergewicht gegenüber den politischen Prinzipien. In *Don Juan und Faust* scheint Grabbe bemüht, die Lehre aus dem Scheitern seines Ideendramas zu ziehen, indem er zwei Gegenspieler aufruft, die – wie er zu glauben scheint – vor allem durch ihr Sein wirken müssen, nicht durch ihre Ansichten und Prinzipien. Dabei ist nicht entscheidend, daß Grabbe, als er Faust und Don Juan zusammenführte, mit Goethe und Mozart zugleich in Wettstreit zu treten gedachte. Denn nicht darum handelt es sich im Grund, sondern um Übernahme vorgeprägter Grundtypen, die »Modellcharakter« (wie wir sagen würden) haben.

Grabbe stellt zwei dramatische Charaktere gegeneinander, die beide zur Welt der Renaissance gehören und nach christlicher Überlieferung am Schluß die traditionelle Höllenfahrt antreten. Faust wird nicht, wie bei Goethe, am Schluß erlöst, sondern liegt mit schwarzem Gesicht und ins Genick gedrehtem Kopf da, wie stets in der Überlieferung vom Volksbuch über Marlowe bis zu den Stürmern und Drängern. Die Antithese der beiden Gestalten bei ihrer großen Begegnung hat Grabbe als Frage und Gegenfrage formuliert. Don Juan: »Wozu übermenschlich, wenn du ein Mensch bleibst?« Faust: »Wozu Mensch, wenn du nach Übermenschlichem nicht strebst?« Aber die tiefere Bedeutung, die nach Grabbes Ansicht in der geheimen Gemeinsamkeit des Don Juan und des Faust liegen soll, wird diesmal nicht eigentlich evident. Der Ritter, also der Teufel, verkündet zwar am Schluß: »Ich weiß, ihr strebet nach demselben Ziel und karrt doch auf zwei Wegen!«, aber die Demonstration im Drama gerät nicht. Auch hier gibt es natürlich immer wieder außerordentliche Szenen; der von Grabbe beabsichtigte Gegensatz eines nördlichen und eines südlichen Lebensprinzipes, eines Zusammentreffens von Deutschland und Spanien in Rom, kommt gelegentlich zu dramatischem Ausdruck. Trotzdem erweist es sich, daß dieses Drama, das man lange Zeit hindurch für Grabbes stärkstes Werk ansah, weit brüchiger wirken muß als sein Lustspiel und als die historischen Prosadramen der späteren Schaffenszeit, *Hannibal* (1835) und insbesondere *Napoleon.*

Napoleon oder die hundert Tage

Grabbe legte bei Veröffentlichung dieses Schauspiels aus der Zeitgeschichte im Vorwort von 1831 großen Wert auf die Feststellung, es handle sich hier nicht um einen schnell hingeschriebenen dramatischen Kommentar zu den Ereignissen der französischen Julirevolution von 1830, vielmehr sei das Stück schon vor Ausbruch der Revolution entstanden. Denn was ohne diesen Hinweis als aktualisierte Geschichtsklitterung angesehen werden mußte, war in Wirklichkeit eine prophetische Vorwegnahme. Das Drama schildert, wie die bourbonische Restauration im März 1815 nach der Landung Napoleons von Elba aus in sich zusammenbricht. Der auf der Szene erscheinende Bruder des damaligen Königs Ludwig XVIII. war eben jener Mann, der dann als König Karl X. im Juli 1830 im Verlauf von drei Revolutionstagen gestürzt und aus dem Land verjagt wurde. Grabbe hat also in Wirklichkeit die Juli-Ereignisse – wenngleich in historischer Rückdatierung – gedanklich vorweggenommen. Die Bourbonen werden zwar im Drama durch den zurückkehrenden Napoleon gestürzt, in Wirklichkeit aber, nach Grabbes ausdrücklichem Hinweis, durch das weiterwirkende revolutionäre Prinzip, das sich Napoleons bloß zu bedienen scheint. In der Tat handelt Grabbes Schauspiel weniger von den Bourbonen, von Napoleon oder Blücher und den Vertretern der Freiheitskriege, als vom Weiterwirken der Revolutionsideen von 1789. Dadurch wäre eigentlich eine Gemeinsamkeit mit Büchners *Danton* gegeben, aber der wesentliche Unterschied liegt darin, daß Büchner eine emotionale Beziehung zur Revolution besitzt – allerdings in der Ausdrucksform der Skepsis und der Enttäuschung –, während Grabbe die Revolution als geschichtliche Realität behandelt, ohne sich an irgendeiner Stelle mit ihr identifizieren zu wollen.

Das ist die Besonderheit seiner historischen Dramatik ohne historische Grundkonzeption, dieser Theaterstücke um große Männer, denen ihr Dichter allen Glanz des traditionellen Theaterhelden versagt. Seinen Napoleon empfindet Grabbe als eindrucksvoll gegenüber den Bourbonen, gleichsam als ein kleineres Übel, und gleichzeitig als Produkt und Gegenspieler der Revolution, von vornherein zum Untergang verurteilt. Seine berühmten Schlußworte zeigen, daß er sich dessen selbst bewußt ist: »Die Armen! Statt eines großen Tyrannen, wie sie mich zu nennen belieben, werden sie bald lauter kleine besitzen, – statt ihnen ewigen Frieden zu geben, wird man sie in einen ewigen Geistesschlaf einzulullen versuchen.« Hier spricht der Dichter als Zeitgenosse der Restaurationszeit durch den Mund Napoleons: »… bis der Weltgeist ersteht, an die Schleusen rührt, hinter denen die Wogen der Revolution und meines Kaisertums lauern, und sie von ihnen aufbrechen läßt, daß die Lücke gefüllt werde, welche nach meinem Austritt zurückbleibt.« Auch dies ist eine Aussage Grabbes, eine Voraussage, aber keine revolutionäre Apotheose. Nicht anders steht es mit Blücher und den siegreichen Preußen. Grabbe ist nicht Kleist. Auch Blüchers Schlußworte sind eine Vorahnung der Restaurationszeit, wenn der siegreiche Feldherr zu seinen Truppen spricht: »Wird die Zukunft eurer würdig – Heil dann! – Wird sie es nicht, dann tröstet euch damit, daß eure Aufopferung eine bessere verdiente!« Die Unentschiedenheit dieses Schlusses verrät die Distanz des Dramatikers vor seinem »Helden« Napoleon und vor dessen siegreichen Gegnern, erst recht natürlich vor den nunmehr abermals restaurierten Bourbonen. Nicht zufällig ist das Schauspiel als Drama der Massen und der Völker angelegt. In Grabbes *Napoleon* sind die Typen des französischen Volks oder der deutschen Stämme im Heer der Alliierten den historischen Protagonisten mindestens ebenbürtig.

Georg Büchner

Als Georg Büchner (1813 geboren) am 19. Februar 1837 in Zürich, noch nicht 24jährig, am Typhus starb, hatte er in erstaunlich kurzer Zeit ein Werk geschaffen, das den verschiedensten Gattungen und Bereichen angehörte: Schauspiele, eine nahezu vollendete Erzählung, Übersetzungen von Dramen Victor Hugos, eine politische Flugschrift *Der hessische Landbote,* Entwürfe zu philosophischen Vorlesungen, naturwissenschaftliche Schriften in deutscher und französischer Sprache. Alle Zeitgenossen, die mit dem jungen Menschen in Verbindung gekommen waren, spürten die ungewöhnliche Begabung. Der frühe Tod ließ daher auf lange Zeit hin die Gestalt Georg Büchners vor allem als die eines »Frühvollendeten« erscheinen. Pietät der Familie Büchner trug weiter dazu bei, im 19. Jahrhundert auch die literarische Hinterlassenschaft im wesentlichen als bloß subjektiv bemerkenswert, als »vielversprechend« erscheinen zu lassen. Nur wenige erkannten, daß Büchners Bedeutung nicht in der Tatsache seines frühen Todes und des besonderen Lebensschicksals lag, sondern im poetischen Werk, das er hinterließ. Der junge Friedrich Hebbel freilich, gleichfalls Jahrgang 1813, notierte am 28. Oktober 1839 in seinem Tagebuch: »Grabbe und Büchner: Der eine hat den Riß zur Schöpfung, der andere die Kraft.« Hebbel selbst war damals noch ganz unbekannt. Später freilich wurde sein Aphorismus nur allzu berühmt und trug dazu bei, die wirkliche Eigenart Büchners zu verkennen, indem man nun eine geistige Verbindung »Grabbe und Büchner« herzustellen suchte, statt vor allem die Unterschiede zwischen beiden Dichtern und ihren Schaffensweisen herauszuarbeiten.

Die poetische Bedeutung der Dramen Georg Büchners und seines neuartigen epischen Stils in der Erzählung *Lenz* (um 1835 in Straßburg begonnen) erkannte als einer der ersten der junge Gerhart Hauptmann, der in seiner Autobiographie *Das Abenteuer meiner Jugend* über die prägende Gewalt der Büchner-Werke für seine eigene dichterische Entwicklung Rechenschaft abgelegt hat.

Georg Büchner selbst hielt nur ein einziges seiner Dramen als Buchausgabe in Händen: das Schauspiel *Dantons Tod,* das Karl Gutzkow schon im Jahr 1835 in einer stark verstümmelten Fassung herausgab. Das Lustspiel *Leonce und Lena* (1836) schrieb Büchner im Straßburger Exil, um sich an einem Preisausschreiben des Verlags Cotta zu beteiligen, aber das Manuskript wurde zu spät eingereicht und ungelesen an den Verfasser zurückgeschickt. Das Schauspiel *Woyzeck* (1836) ist Fragment geblieben. Büchner muß noch bis zuletzt daran gearbeitet haben, wie die verschiedenen Fassungen und Szenenfolgen beweisen. Ein angeblich vollendetes Schauspiel aus der Renaissance *Pietro Aretino* soll, wie die Überlieferung berichtet, von Büchners Braut wegen atheistischer Passagen ebenso vernichtet worden sein wie das Tagebuch des Dichters. Gedruckt also war bloß der unvollständige *Danton.* Auf der Bühne hat Büchner keines seiner Dramen gesehen. Darin ging es ihm ähnlich wie Grabbe.

Nach Beginn des neuen Jahrhunderts kam dann die literarische Zeitströmung dem Dramatiker entgegen. In Abkehr von den Normen des klassischen deutschen Dramas wandte man sich mit Vorliebe, auch bei Goethe und Schiller, den Werken der Sturm-und-Drang-Zeit zu. Jakob Michael Reinhold Lenz wurde neu entdeckt, der Dichter also, dessen Untergang von Büchner dargestellt worden war. Sprachgestalt und dramatische Technik Büchners wurden nun bedeutsam. Hugo von Hofmannsthal hielt sich weitgehend an den Erzähler des *Lenz;* die frühen Expressionisten dagegen studierten genauer die Sprache und Technik des Dramatikers. *Dantons Tod* wurde 1910 in Hamburg gespielt, *Leonce und Lena* 1911 in Wien. Die erste Münchener Aufführung des *Woyzeck* im Jahr 1913 mit Albert Steinrück veranlaßte den Musiker Alban Berg später, die Oper *Wozzeck* (1926) zu komponieren. Nach dem Ersten Weltkrieg bereits war Georg Büchner, den die expressionistische

Dramatik – zu Recht oder Unrecht – als einen ihrer Ahnen empfand, mit allen drei Werken zum festen Bestandteil des dramatischen Repertoires geworden.

Auch die Büchner-Forschung trat in ein neues Stadium. Im Jahr 1918 erwarb der Insel-Verlag den handschriftlichen Nachlaß und brachte 1922 eine kritische Gesamtausgabe aller Werke und Briefe heraus. *Dantons Tod* war bereits 1886 in französischer Übersetzung erschienen, und auch andere Übertragungen folgten nun, aber erst Ende des Zweiten Weltkriegs begann eine neue Phase von Büchners Nachruhm, die man als Eintritt des Dichters in die Weltliteratur bezeichnen könnte. Die wichtigsten Werke sind inzwischen in nahezu alle Weltsprachen übersetzt worden. Die Oper Alban Bergs hat auf ihrem Siegeszug dem Dichter Büchner neue Freunde erworben. Sieht man von einigen Werken Kleists ab oder vom frühen Hauptmann, so läßt sich heute kein deutscher Dramatiker des 19. Jahrhunderts an weltliterarischer Bedeutung und echter Bühnenwirksamkeit mit Georg Büchner vergleichen.

Die Ursachen dieser erstaunlichen Entwicklung liegen natürlich vor allem in Büchners einzigartiger Kraft der Menschen- und der Sprachgestaltung. Sie hängen aber auch sehr eng mit seiner Lebensgeschichte zusammen, oder besser: mit den besonderen Impulsen seines dramatischen Schaffens. Büchner hatte sich keineswegs der Literatur als einem Hauptberuf verschrieben. Er hatte zwar sehr viel und gern von Jugend auf gelesen, entschloß sich dann aber – wohl nicht bloß dem Vater zuliebe, sondern aus innerer Neigung – nach Abschluß der Schulzeit zum medizinischen Studium. Die Universität Straßburg, die er auf Wunsch des Vaters besuchte, um französische Verhältnisse kennenzulernen, wurde zu einer medizinisch-politischen Lehrstätte. Dichtungen freilich entstanden hier nicht, ebensowenig wie in der Darmstädter Gymnasiastenzeit, aber die politischen Ereignisse des französischen Bürgerkönigtums studierte der junge Mediziner sehr genau. Seine Gedanken beschäftigten sich mit dem utopischen Sozialismus Saint-Simons, der um jene Zeit auch Heine, Ludwig Börne, Franz Liszt und viele andere in seinen Bann zog. Büchner war Republikaner und Demokrat mit starker Abneigung

gegen den Aristokratismus, aber auch gegen die großbürgerliche Geldwirtschaft der Juli-Monarchie und gegen den in Deutschland so häufig anzutreffenden Bildungsaristokratismus. Als der Student Büchner im Herbst 1833 nach Deutschland zurückkehrte und in Gießen weiterstudieren mußte, besaß er klare politische und soziale Überzeugungen. Mit diesen hielt er sich anfangs stark zurück, angewidert von der Deutschtümelei dortiger Studenten, verband sich dann aber mit der politischen Oppositionsbewegung des Pfarres Friedrich Ludwig Weidig. Auf dessen Anregung entstand Büchners berühmtes Manifest *Der hessische Landbote* mit dem aus der französischen Tradition übernommenen Motto »Friede den Hütten! Krieg den Palästen!« Der an die hessischen Bauern gerichtete revolutionäre Appell allerdings wurde von Weidig sogleich in eine ganz andere Richtung gelenkt. Büchner hatte ein Manifest gegen die Besitzenden geschrieben, unter Weidigs Redaktion wurde daraus ein üblicher Aufruf gegen die Aristokraten. Das Wort »reich« ersetzte Weidig jedesmal durch das Wort »vornehm«.

Büchners Manifest wurde also bereits von seinen engsten Mitarbeitern mißverstanden. Die von ihm in Darmstadt und Gießen nach französischem Vorbild gegründete »Gesellschaft der Menschenrechte« blieb eine Sekte, die schließlich verraten wurde. Büchner mußte sich im Herbst 1835 zur Flucht nach Frankreich entschließen, um der Verhaftung zu entgehen. Die hessischen Bauern zeigten sich außerdem den französischen Demokraten, die Büchner in Straßburg kennengelernt hatte, durchaus unähnlich. Verängstigt lieferten viele von ihnen die Blätter des *Landboten* an die Behörden aus. Der Revolutionär Büchner war offenbar an der Außenwelt und an seinen eigenen politisch-sozialen Überzeugungen gescheitert. Unter dem Eindruck dieser Erlebnisse vollzog sich Büchners dichterische Entwicklung. Als der 21jährige Medizinstudent im Jahr 1834 in Gießen und dann in Darmstadt, wohin man ihn ins Elternhaus zurückgeholt hatte, heimlich die Szenen von *Dantons Tod* niederzuschreiben begann, hatte er keine dichterischen Erfahrungen hinter sich. Es gibt Schulaufsätze, aber keine literarischen Schöpfungen des Gymnasiasten und bisherigen Studenten;

doch die Sprachkraft des Dichters kommt bereits in den Briefen an die Eltern, die Freunde, die Braut zum Ausdruck. In Büchners Lektüre überwog bis dahin das naturwissenschaftliche, das philosophische, das historische Schrifttum gegenüber der eigentlichen Belletristik. Das »Schauspiel aus der Französischen Revolution« *Dantons Tod* wurde in wenigen Wochen niedergeschrieben. Die historischen Quellen lassen sich genau nachweisen, aber die lierarische Entwicklung des Dramatikers bleibt ganz dunkel. Keine Vorentwürfe, keine dichterischen Versuche. Ein gescheiterter Revolutionär transportierte seine Erlebnisse und Erfahrungen ins historische Drama. Der erste Versuch bereits wurde zur Weltliteratur.

Von nun an, als 1835 die Flucht nach Frankreich glückte, empfand sich Büchner selbst als Dichter. Jetzt entstanden in rascher Folge *Leonce und Lena,* der *Woyzeck,* der *Aretino,* die *Lenz*-Novelle. Auf politische Tätigkeit verzichtete der Emigrant. Seine politischen Briefe begründeten diesen Entschluß mit bisherigen Erfahrungen. Die Akzente in Leben und Schaffen scheinen sich von neuem verschoben zu haben: Büchner wollte nicht mehr praktischer Arzt werden wie der Vater, sondern Naturwissenschaftler, Spezialist für Biologie und vergleichende Anatomie. Er promovierte mit hervorragendem Erfolg in Zürich und wurde dort Privatdozent an der jungen Universität, bereitete Kollegs vor, steckte mitten in literarischen Plänen aller Art, als ihn der Tod ereilte.

Die außerordentliche Vielfalt der Tätigkeiten hat lange Zeit die Forschung dazu verleitet, die verschiedenen Akzente dieses Künstlers allzu stark voneinander isoliert zu betrachten. Man stellte den Politiker, den Dramatiker, den Philosophen und den Naturwissenschaftler Georg Büchner gleichsam als selbständige Gestalten dar. In Wirklichkeit ist die Substanz des Dichters weder von seiner politischen Erfahrung noch von seinen naturwissenschaftlichen Experimenten zu trennen. Die Grundthesen von Büchners Dramatik behandeln immer wieder: Fatalismus der Geschichte, vor welcher der Mensch machtlos sei; Unveränderlichkeit der Gegensätze, wobei die Reichen als verächtlich, die Armen als hilflos, aber mitleidswürdig empfunden werden; schrecklicher und zugleich lächerlicher

Mechanismus einer Welt ohne Gott. An der Gestaltung dieser Grundthesen des Dramatikers aber ist der gescheiterte Revolutionär ebenso beteiligt wie der Naturforscher und der atheistische Philosoph.

»Dantons Tod« von Büchner inszenierte der besessene Realist Fritz Kortner 1959 am Staatsschauspiel München mit ausladender Wucht und reichem Detail auf der Bühne Caspar Nehers. Den Abschied der Dantonisten vom Leben vor der Fahrt zur Guillotine zeigt diese Szene.

Dantons Tod

Die Interpretation des Schauspiels aus der Französischen Revolution ist lange Zeit daran gescheitert, daß man in simpler Identifizierung die Aussprüche des Georges Danton einfach für Aussprüche Georg Büchners nahm. Ein sorgfältiger Vergleich der von Büchner benutzen geschichtlichen Quellen und Originaldokumente zeigt jedoch, daß manche Szene des Schauspiels zwar durch den sprachlichen Ausdruck ihres Dichters gekennzeichnet ist, den Gang der Handlung und manchen Ausspruch aber ihrer historischen Vorlage zu verdanken hat. Besonders in den Gerichtsszenen stellt sich Dantons Auftreten weitgehend als bloße Bearbeitung der Dokumente dar. Trotzdem darf man natürlich von einer engeren Affinität zwischen der Dramengestalt und ihrem Verfasser sprechen.

Mit der geschichtlichen Figur dagegen hat der Danton des Schauspiels auf weite Strecken hin nur den Namen gemeinsam. Der historische Danton ist im Rahmen der Revolutionsbewegung mit Folgerichtigkeit durch Robespierre und Saint-Just bekämpft und hingerichtet worden, da die Unentschiedenheit seiner Position weder mit den Erfordernissen der Revolution noch mit den Interessen irgendeiner führenden Schicht in Frankreich übereinstimmte. Dem historischen Danton gegenüber hatten Robespierre und Saint-Just als revolutionäre Politiker zweifellos recht. Bei Büchner steht es nahezu umgekehrt. Alle Versuche von Regisseuren, Robespierre und Saint-Just im Drama als konsequente, richtig handelnde Staatsmänner herauszustellen, müssen am Text und an der Charakterisierung der beiden Gestalten scheitern. Büchner entscheidet sich zwar keineswegs für Danton und gegen dessen Gegner, aber die seelischen Mechanismen des Revolutionärs Robespierre – geistige Enge und seelische Ohnmacht – werden doch so klar enthüllt, daß alle Versuche scheitern müssen, diesen Robespierre als Vertreter eines höheren geschichtlichen Prinzips anzuerkennen. Die große Konventsrede des Saint-Just hat Büchner ganz aus eigener Substanz und ohne Rücksicht auf die historische Vorlage gestaltet. Sie verkündet zwar den geschichtlichen Fatalismus des Dichters, aber in einer hektischen Dur-Tonart, während die gleichen Gedanken im Ton tiefster Verzweif-

lung in seinen Briefen ausgesprochen werden.

Büchners Danton sieht die Gefahr, sogar die Unvermeidlichkeit eines Scheiterns der Revolution – und nicht allein sich selbst, sondern auch Robespierre und Saint-Just scheitern. Er ist ihnen, den blind in der Aktion Befangenen, an Einsicht überlegen. Im Drama urteilt und handelt Danton aus der Perspektive des Thermidor; die späte Erkenntnis des nachgeborenen Dichters, dem der Ablauf der Französischen Revolution als Ganzes vor Augen steht, gibt die Erklärung ab für Passivität und Todesbereitschaft seines Danton. Die ersten beiden Szenen des Dramas enthüllen in einer Gegenüberstellung von brutaler Deutlichkeit, daß Danton erkennt, woran die Revolution scheitern muß. Die Nutznießer und Gewinner der Revolution leben im Überfluß, aber das Volk hungert. Die Revolution kann – das hat Danton im Drama erkannt – weder dem Volk zu essen geben noch die Besitzenden im Genuß stören.

Diese Erkenntnis aber läßt die Gestalt des Danton als durchaus brüchig erscheinen. Der Mensch nämlich, den man bereits in der ersten Szene des Schauspiels kennenlernt, läßt kaum noch ahnen, daß er einmal ein Mann der leidenschaftlichen Aktion war, ein Repräsentant des revolutionären Terrors, ein Held des Volks. Von der Danton-Gestalt des Schauspiels führt eigentlich kein Weg zurück zu den Taten des geschichtlichen Danton, die im Drama not wendigerweise als Vorgeschichte eine Rolle spielen müssen. Es wird sogar schwer, in den Gerichtsszenen, die weitgehend von Worten des historischen Danton getragen sind, den zynischen oder auch verzweifelten Dandy der ersten Akte wiederzuerkennen. Ganz folgerichtig verwandelt sich bei Büchner die Vorgeschichte seines Helden in ein Gewissensproblem. Durfte man die Septembermorde verantworten? Damals ein fanatischer Revolutionär, nun auf der Szene ein Mann, der erkennt, daß die Revoution ihr Ziel nicht erreicht hat, daß sie die materiellen Fragen nicht lösen, die Geschichtsgesetze nicht sprengen konnte.

Saint-Just dagegen verzweifelt nicht vor dem Geschichtsmechanismus, sondern bemüht sich, ihn für die revolutionären Zwecke, wie er sie versteht, auszunutzen. Dadurch bildet Saint-Just, wenn vielleicht

auch nicht Robespierre, dramaturgisch ein starkes Gegengewicht zu Danton. Neben diesen drei Zentralfiguren, die in Spiel und Gegenspiel den Betrachter zur intensiven Auseinandersetzung zwingen, treten die anderen Gestalten an Bedeutung zurück. Sie alle wirken zwar, oft in wenigen Sätzen, ungemein lebensvoll – Ausdruck hoher Poesie sind vor allem die Frauenrollen der Marion und der Lucile –, doch dramaturgische Bedeutung kommt kaum einer von ihnen allen zu. Eigentliches Gegenspiel der streitenden Konventsführer bedeuten die Massenszenen des Dramas. In kühner Mischung verbindet Büchner historisches Kolorit mit eigener, durchaus unfranzösischer Menschenerfahrung. Die Henkersknechte sprechen ein unverfälschtes Hessisch. Aufbau und Stil des Schauspiels mit seinen rasch wechselnden Szenenfolgen hat Büchner nach dem Vorbild seines geliebten Shakespeare gewählt, übrigens auch nach dem Muster der Stürmer und Dränger.

Trotz der Einteilung des Dramas in vier Akte kann von einer traditionellen Anlage mit Exposition, Höhepunkt, retardierendem Moment und Katastrophe im Grund nicht die Rede sein. Wenn der Vorhang aufgeht, sind die Dantonisten bereits verloren, und sie wissen es – Danton jedenfalls. Ihre verschiedenen Interventionen und Reaktionen sind wirkungslos. Eigentlich haben sie alle erst in der großen Gefängnisszene zu ihrem eigenen Sein zurückgefunden. Nicht bloß im Verhältnis der Hauptgestalten zueinander, sondern auch in seiner Gesamtanlage stellt sich *Dantons Tod* als ein Schauspiel durchaus neuen Typs dar: epische Elemente, offene Form, Ungelöstheit der dramatischen Konflikte bei Abschluß des Schauspiels – eine »Chronik« viel eher als ein Drama der klassischen Überlieferung. Dieser Anlage gemäß läßt Büchner in Dantons Gespräch mit Camille plötzlich ein ästhetisches eigenes Bekenntnis – gleichsam mit verteilten Rollen – aufsagen und in der Gefängnisszene ein religiöses Gespräch veranstalten: beides ohne ersichtliche dramaturgische Notwendigkeit, folgerichtig aber im Sinn der besonderen dramatischen Konzeption des Verfassers.

Woyzeck

Stellt man die Bilder aus der Französischen Revolution neben das fragmentarisch gebliebene letzte Drama Büchners, die Geschichte vom armen Stadtsoldaten Woyzeck, der seine Geliebte aus Eifersucht erstict, so liegt es nahe, den *Woyzeck* als folgerichtige Weiterentwicklung der Danton-Problematik zu verstehen. Das Schicksal Woyzecks zeigt, wie Büchner die soziale Problematik weiterverfolgt, die bereits in den Volksszenen des *Danton* skizziert und im Originalentwurf des *Hessischen Landboten* ausdrücklich formuliert worden war. Trotzdem kann eine solche Parallele der beiden Schauspiele leicht irreführen, denn Woyzeck ist kein »Proletarier« im modernen Sinn. Er ist ganz arm, Stadtsoldat mit einer Geliebten und einem Kind »ohne den Segen der Kirche«; neben seiner armseligen Löhnung verdient er sich ein paar Groschen als Barbier beim Hauptmann und als Versuchsobjekt bei den bizarren Experimenten des Doktors. Er gehört lediglich zu den leidenden, gedrückten Gestalten, die des Dichters Mitleid immer wieder hervorgerufen haben, wie er in einem Brief an die Familie schon im Februar 1834 geschrieben hatte. In diesem Brief heißt es auch bereits: »Ich verachte niemanden, am wenigsten wegen seines Verstandes oder seiner Bildung, weil es in niemands Gewalt liegt, kein Dummkopf oder kein Verbrecher zu werden – weil wir durch gleiche Umstände wohl alle gleich würden und weil die Umstände außer uns liegen.« In diesen Sätzen findet sich die gedankliche Keimzelle des Dramas. Der *Woyzeck*-Plan muß Büchner schon früh, bereits in Gießen oder Darmstadt, beschäftigt haben. Den Fall des Leipziger Stadtsoldaten Johann Christian Woyzeck, der am 27. August 1824 als Mörder an seiner Geliebten auf dem Marktplatz zu Leipzig hingerichtet worden war, kannte Büchner aus der medizinischen Fachliteratur, die noch viele Jahre nach Woyzecks Exekution durch Gutachten und Gegengutachten die Frage nach der Zurechnungsfähigkeit des Mörders angesichts seiner Halluzinationen und Wahnvorstellungen erörtert hatte.

Die Unfreiheit des Menschen, seine Unfähigkeit, den Geschichtsablauf zu ändern, wird hier am Einzelschicksal ebenso unerbittlich demonstriert wie im *Danton* am Geschichtsprozeß einer Revolution. Die offenbar unveränderlichen gesellschaftlichen Bedingungen lassen den armen Franz Woyzeck (Büchner hat den Vornamen verändert) zum Verbrecher werden. Anders ausgedrückt: In anderen als so schrecklich armseligen Verhältnissen hätte er nicht morden müssen. Seine Existenz wird in völliger Verdinglichung gezeigt; er ist für seine Umwelt, seine Vorgesetzten und Dienstherren, nur ein Objekt, dessen man sich bedient. Ein einziger menschlicher Bereich, Marie und das Kind, ist ihm noch geblieben. Um ihretwillen nimmt er alle sonstige Entmenschlichung in Kauf. Aber er verliert auch diesen Besitz, weil er zu arm ist, ihn zu halten und Marie vor den Nachstellungen des glänzenden Tambourmajors zu bewahren. Woyzeck ist nicht ganz so dumpf, wie er seinen Peinigern erscheinen mag. Er zwingt sich zum Nichtdenken und Nichtfühlen. Einmal aber bricht es doch aus ihm hervor: »Ja Herr Hauptmann, die Tugend –, ich hab' noch nit so aus. Sehn Sie: Wir gemeinen Leut, das hat keine Tugend, es kommt einem nur so die Natur; aber wenn ich ein Herr wär und hätt ein Hut und eine Uhr und eine Anglaise und könnt vornehm reden, ich wollt schon tugendhaft sein. Es muß was Schönes sein um die Tugend, Herr Hauptmann. Aber ich bin ein armer Kerl«.

Wie jener Gedanke aus dem Gießener Brief die gedankliche Grundhaltung des Dramas, so bestimmt dieser Ausspruch Woyzecks die Charakteranlage der Titelgestalt. In erstaunlicher Weise, die als Vorwegnahme dramaturgischer Technik des 20. Jahrhunderts erscheinen kann, hat Büchner die beiden gegensätzlichen Gruppen seines Schauspiels charakterisiert. Richtige Namen, und damit Anspruch auf Eigenleben, tragen nur Woyzeck, Marie und der Freund Andres. Die Gegenspieler und Peiniger sind bloß Gattungswesen: der Hauptmann, der Doktor, der Tambourmajor.

Lange Zeit wurde angenommen, daß Büchner plante, Woyzeck beim Suchen nach dem Mordmesser im Teich ertrinken zu lassen. Die vorhandenen Szenenfassungen lassen jedoch eher darauf schließen, daß das Schauspiel zur Verhaftung des Mörders, wohl auch zu einer Gerichtsszene im Sinn der realen Prozeßvorlage hätte führen sollen. Zu einer Vervollständigung des Werkes ist es nicht mehr gekommen, aber ebenso wie die – gleichfalls der Form nach unvollendete – Erzählung *Lenz* zeigt auch das dramatische Fragment *Woyzeck* innere Geschlossenheit. Die vorhandenen Szenen reichen durchaus hin, den Ablauf der Geschichte zu demonstrieren. Der Prozeß völliger Selbstentfremdung eines Menschen, die Determinierung eines Verbrechens durch Häufung gesellschaftlicher Faktoren werden deutlich sichtbar. War es vor den Szenen aus der Französischen Revolution nicht immer leicht, den eigenen Standpunkt des Dramatikers zu erkennen, so verhält sich Büchner im *Woyzeck* getreu seiner in den Briefen und Lebenszeugnissen stets wiederholten Grundüberzeugung: hellsichtiger Haß gegen die Besitzenden und die Gebildeten, ohnmächtiges Mitleid für die Leidenden, Unterdrückten.

Leonce und Lena

Auch Büchners einziges Lustspiel hat sich fest auf den Spielplänen der Theater behaupten können. *Fantasio* von Alfred de Musset stand bei seiner Konzeption Modell und ebenso Clemens Brentanos *Ponce de Leon,* was Büchner durch den Namen seines Helden selbst unterstrich. Nachahmung der Wortspiele Brentanos, Reminiszenzen an Shakespeare und Cervantes. Alles scheint hier literarisch aus zweiter Hand zu sein. Trotzdem hielt sich dies Lustspiel Büchners, während Mussets oder Brentanos Komödien (von der deutschen Bühne jedenfalls) verschwunden sind. Das läßt sich nicht mit größeren dramatischen Effekten des Lustspiels erklären: um die nämlich ist es nicht sehr gut bestellt. Büchner bedient sich abermals der shakespeareschen Kurzszene, die zwar erlaubt, rasch den Schauplatz zu wechseln, dafür aber der Entfaltung großer dramatischer Steigerungen innerhalb der einzelnen Szenen recht hinderlich ist. Der Text schleppt viel gebildete Lustigkeit mit sich, manche literarische Reminiszenz. Freilich gibt es Elemente der lyrischen Poesie, der romantischen Stimmungskunst und Sprachmusik, die Büchners Lustspiel gegenüber allen Vorlagen auszeichnen; trotzdem ist da noch etwas anderes.

Eigentlich geht es auch in diesem Lustspiel wieder um Büchners tragisches Grundmotiv: die Darstellung innerer Unfreiheit des Menschen, die Bestimmung allen Handelns durch die Umstände. Der Prinz Leonce und

die Prinzessin Lena machen sich auf den Weg, die Freiheit zu suchen, die ihnen als Königskindern versagt wurde. Sie laufen davon, um einer verhaßten Vermählung aus Staatsgründen zu entgehen. Jeder für sich. Sie kennen einander nicht. Auf der Wanderschaft treffen sie zusammen, verlieben sich ineinander, kehren zum Hof des Königs Peter zurück, des Vaters von Leonce, verkünden ihre freie Liebeswahl, ihre selbständige Lebensentscheidung. Was sie in Freiheit gewählt haben, war genau das, was für sie von vornherein vorgesehen war. In scheinbarer Freiheit ergab sich die Vorherbestimmung. Ein unheimliches Lustspiel, welches das eigentliche Grundthema bisheriger traditioneller Dramatik, das freie Handeln der Charaktere, bereits von der Anlage her ausschließt.

Büchner stellte dem Spiel ein sonderbares Motto voran. Mit Worten Alfieris fragt er nach der Bedeutung des Ruhms (fama). Darauf läßt er Gozzi die Gegenfrage stellen:

Und der Hunger (fame)? Das ist mehr als nur ein Wortspiel. Scheinbar läßt sich in der Handlung selbst die Auseinandersetzung zwischen Ruhm und Hunger gar nicht wiederfinden, denn um beides scheint es nicht zu gehen. Hinter der Antithese von Alfieri und Gozzi aber verbirgt sich abermals Büchners Grundfrage nach der Bedeutung der materiellen Umstände, versteckt sich wiederum sein Widerwillen gegen Schillers (oder Alfieris) Idealismus »mit himmelblauen Nasen und affektiertem Pathos«. Ein Lustspiel gegen den Idealismus, gegen Freiheitsdenken, gegen Fortschrittsglauben. Leonce und Lena stehen am Schluß der Komödie dort, wo sie am Anfang gestanden hatten. Ihnen bleibt bloß der Genuß einer ewigen Gegenwart mit Liebe, bequemer Religion und südlicher Landschaft. Bald aber wird sich auch hier wieder die Langeweile einstellen, und dann könnte das Stück mit der ersten Szene von neuem beginnen.

Eine aufbegehrende, kräftige Marie wurde in der Bochumer Inszenierung von Büchners Fragment vom asozialen Woyzeck abgemurkst (deshalb hieß die Aufführung auch »Marie. Woyzeck« – Regie Manfred Karge und Matthias Langhoff, 1980). Auf dem Bild oben läuft Marie (Lore Brunner) vor ihrem eigenen Tod mit den Kindern im geteilten Kreis: wer kein Feld findet, muß sterben.

Das melancholische Märchen »Leonce und Lena« nahm Fritz Kortner bei seiner Inszenierung in den Münchner Kammerspielen 1963 eher ironisch und witzig (Bild auf der rechten Seite) – mit dem dicken, zarten Rudolf Rhomberg als Valerio und dem noch knabenhaften Dieter Kirchlechner als Prinz Leonce.

haus vom Burgtheater, die er im Mai 1848 heiratete, kam der Maurersohn und Autodidakt aus Wesselburen mit dem kaiserlichen Hoftheater und mit der deutschen Oberschicht in engeren Kontakt. Hier fand Hebbel das Grundthema seiner späteren Dramatik, die sich immer wieder den Zuständen einer gesellschaftlichen Übergangszeit zuwendet. Die Zusammenarbeit mit dem Burgtheater wirkte sich auf die dramatische Form seiner späteren Versdramen aus, die sich in ihrem Nachklassizismus auch der Form nach nicht unwesentlich von der Prosadramatik der frühen Werke unterscheiden. In Wien entstanden Hebbels wohl bedeutendste Dramen *Herodes und Mariamne* (1848), *Agnes Bernauer* (1851), *Gyges und sein Ring* (1854) und die *Nibelungen*-Trilogie (1860). Hier fand er Verständnis, Anerkennung und Ruhm: Hofrat, Ehrendoktor, im letzten Lebensjahr 1863 schließlich der Schiller-Preis für die *Nibelungen*. Von einer Teilnahme Hebbels am Revolutionsgeschehen war keine Rede. Er ist zwar im gleichen Jahr geboren wie Richard Wagner und Georg Büchner (1813), kannte aber in seinem Leben keine Episode eines *Hessischen Landboten* oder Barrikadensturms.

Dank dieser Besonderheiten seines Lebensgangs und seiner Einstellung zu den Zeitereignissen ist Hebbels Dramatik zum vollkommenen Ausdruck deutscher Lebensverhältnisse nach dem Scheitern der Revolution im Frühsommer 1849 geworden; Überlieferung des klassischen deutschen Versdramas zu einer Zeit, in der die literarischen Strömungen längst nicht mehr im Trauerspiel, sondern in Novelle und Roman den fruchtbarsten Bereich erblickten; Trennung der dramatischen Kunst von aller Aktion und Einwirkung auf das Verhalten des Zuschauers; Psychologie statt gesellschaftlicher Grundentscheidungen; Sympathie mit untergehenden Lebensformen – mit alldem spiegelt Hebbel durchaus die geistige Lage seiner Zeit.

Büchner und sogar Grabbe erlebten in unserem Jahrhundert eine künstlerische Neubewertung. Ihre Werke wurden zum festen Bestandteil der Spielpläne. Bei Friedrich Hebbel läßt sich der umgekehrte Vorgang beobachten. Als Alfred Kerr im Jahr 1915 eine Aufführung von Grabbes Lustspiel *Scherz, Satire, Ironie und tiefere Bedeutung*

Friedrich Hebbel

Der Sohn eines holsteinischen Maurers – eines blutarmen Mannes, bei dem, wie der Sohn später bemerkt, »die Armut ... die Stelle seiner Seele eingenommen hatte« – wäre eigentlich zum Revolutionär, wenigstens zum gesellschaftskritischen Dichter prädestiniert gewesen. Hebbel (1813–1863) ging den entgegengesetzten Weg. Ohne je konservativ zu werden, richtet sich die Haupttendenz seiner Dichtung fast überall gegen zeitgenössische Strömungen, die damals als progressiv angesehen wurden. Hebbel war Autodidakt, der sich durch Mäzene eine akademische und literarische Bildung ermöglichen ließ. Er studierte Rechtswissenschaft in Heidelberg, hörte in München bei Görres und Schelling, las ungeheuer viel: schöne Literatur, Geschichte, Philosophie. Die Folgerung aus seiner Lage, seinem Hungerleben, seiner Lektüre war nicht der Kampf um Sozialformen, sondern Hebbel

entschied sich ausschließlich für die Literatur: »Die Kunst ist das einzige Medium, wodurch Welt, Leben und Natur Eingang zu mir finden« (Tagebuch). Schon sein erstes Drama *Judith* muß als scharfe Absage an damalige Zeitströmungen des »Jungen Deutschland« verstanden werden. Auch der Einfluß Ludwig Feuerbachs auf Hebbel ist weitaus geringer, als er damals etwa auf Gottfried Keller oder Richard Wagner war. Friedrich Hebbel lebte eine Zeitlang in Kopenhagen, erhielt dort durch Oehlenschlägers und Thorwaldsens Vermittlung ein Reisestipendium des dänischen Königshauses, das ihm erlaubte, nach Frankreich, Italien und Wien zu reisen (1843–1846). Dadurch wuchs seine Distanz zu den gesellschaftlichen Konflikten, die sich in Deutschland vorbereiten und im März 1848 zur Revolution führten. Als diese Bewegung losbrach, hatte sich Hebbel bereits in Wien niedergelassen. Durch seine Verbindung mit der Schauspielerin Christine Eng-

rezensierte, schrieb er, Grabbe sei »eine irr klingende Schelle« und weiter: »Ja, die Kerls vom Schlage Hebbel oder Ibsen hausen anderswo.« Sogar Schiller stand den Kritikern der aus Otto Brahms' Schule stammenden Generationen weniger nahe als der »moderne« Friedrich Hebbel. Schillers Dramatik ist ohne seinen Freiheitsbegriff nicht zu denken; Hebbels dramatische Werke und Entwürfe kreisen stets um das Thema der Notwendigkeit. Schillers Gestalten sind Ideenträger, ihr seelisches Eigenleben besitzt nur so viel Bedeutung, wie die Fabel der Stücke unbedingt braucht. Hebbels Gestalten entspringen übergroßer Psychologisierung; der Dramatiker hat ihre Motivationen so vieldeutig und komplex wie möglich angelegt.

Vieles, was noch bis etwa 1920 den Stücken Friedrich Hebbels auf der deutschen Bühne ihren festen Platz gesichert hat, wirkt heute hemmend. Die Tagebuchnotiz Franz Kafkas »Zum letztenmal Psychologie« ist offenbar für die heutige Literatur so sehr gültig, daß Hebbels psychologisierende Dramatik schon dadurch mit starken Widerständen rechnen muß. Das Konstruierte seiner Dramaturgie – früher hoch bewundert – wirkt heute gekünstelt, verkrampft. Überdies weist Hebbels Geschichtsauffassung so stark konservative Züge auf, daß sie als geheime Rechtfertigung eigentlich untergangsreifer Zustände erscheinen.

Gewiß ist auch Büchner, wie Hebbel, ein Dramatiker der Determination, aber es besteht doch, vergleicht man Hebbels Schrift *Mein Wort über das Drama* mit Büchners brieflichen Äußerungen über seine Konzeption als Dramatiker, ein wesentlicher Unterschied zwischen den beiden Geschichtsanschauungen. Büchner behielt das Vertrauen in die Realität geschichtlicher Kräfte und Gesetze. Für Hebbel dagegen gab es eigentlich keine Geschichtswirklichkeit. Im Unterschied zu Büchner war er keineswegs der Meinung, der Dramatiker müsse, um Büchners Worte zu gebrauchen, der wirklichen Geschichte »so nahe als möglich kommen«.

Es kommt hinzu, daß Hebbel seinen Schauspielen stets auch noch eine geheime Philosophie mit auf den Weg gab, die er jedoch nicht auf der Szene sichtbar zu machen verstand. In den Tagebüchern, in denen er seit 1836 ausführlich seine Gedanken festhielt,

findet sich dazu einmal die Bemerkung, ein echtes Drama müsse, wie große Gebäude, ebenso viele Gänge und Zimmer über wie unter der Erde haben. Die gewöhnlichen Menschen sähen dann nur die Bestandteile über der Erde, der Baumeister aber kenne auch die anderen. Dieser Satz ist kennzeichnend für Hebbels Verhältnis zu seinen dramatischen Schöpfungen: Er sah wohl mehr und anderes in ihnen, als auch dem genauen Leser seiner Stücke (ganz zu schweigen vom Theaterbesucher) auffällt. Gerade die bedeutendsten Hebbel-Dramen haben anders auf das Publikum gewirkt, als es Hebbel gewünscht haben mochte. Regelmäßig wird heute bloß noch Hebbels bürgerliches Trauerspiel *Maria Magdalena* gespielt; daneben gelegentlich *Gyges und sein Ring, Herodes und Mariamne,* auch wohl die *Judith* (Hebbels erstes Drama). Der Kult einer konservativen Staatsräson in *Agnes Bernauer* ist heute schwer zu ertragen.

Judith

Seit 1838 hatte sich der damals 25jährige Schriftsteller mit dem Grundthema von Schillers *Jungfrau von Orleans* beschäftigt. Religionskritik, Zertrümmerung der christlichen Orthodoxien, war damals eines der großen Themen des Tages; »Emanzipation des Weibes«, Kampf der Geschlechter, wie man es später genannt hat, das andere. Hebbel setzte sich mit beiden auseinander. Zum religiösen – oder besser wohl irreligiösen – Motiv äußerte er im Tagebuch, daß »die Gottheit selbst, wenn sie zur Erreichung großer Zwecke auf ein anderes Individuum unmittelbar einwirkt, ihr Werkzeug vor der Zermalmung … nicht schützen kann«. Das ist für Hebbel die wichtigste Folgerung, die er aus Schillers *Jungfrau von Orleans* ziehen möchte. Johanna hat göttliche Stimmen gehört, folgt ihnen und geht dabei zugrunde. Ähnlich Judith: Sie wird von der Gottheit als Werkzeug ausersehen, handelt, aber nun ist sie mit sich allein, keine göttliche Stimme hilft ihr, den inneren Konflikt zu lösen. Als Gegenstück also zur *Jungfrau von Orleans* ist die *Judith* angelegt.

Auch das zweite Zeitthema, die Frauenemanzipation, wird zu einem Grundmotiv der *Judith*-Tragödie: »In der Judith zeichne ich die Tat eines Weibes, also den ärgsten Kontrast, dies Wollen und Nicht-Können, dies Tun, was doch kein Handeln ist«. Die

Frau als Handelnde stellt für Hebbel an sich schon einen Konfliktstoff dar. Die Erfüllung eines göttlichen Auftrags, dem der Beauftragte im entscheidenden Augenblick kein Gehör mehr schenkt, dessen er insgeheim gar nicht einmal sicher ist. Dazu noch, gleichfalls nach Hebbels Absicht, Judith und Holofernes als »wahre Individualitäten, dennoch zugleich als Repräsentanten ihrer Völker«, Judith als Vertreterin des Judentums, Holofernes als Repräsentant des Heidentums. Beide aber nun auch wieder in einer für Hebbel sehr bezeichnenden Weise als Charaktere ins Absonderliche gedrängt: Judith, die unberührte Witwe, Holofernes, das Findelkind ohne Eltern und Familie, aufgewachsen unter Tieren statt unter Menschen.

Gegenüber aller gedanklichen Fragwürdigkeit dieses Dramas aber siegt Hebbels Sprach- und Gestaltungskraft. Die Volksszenen, dies Schwanken eines bedrohten Volks zwischen Widerstand und Unterwerfung, Hoffnung und Furcht, hat ein großer Dramatiker geschrieben. Die Gestalt der Judith selbst ist – glücklicherweise – weit über Hebbels Absicht hinausgewachsen: Geplant hatte der Dichter den Nachweis einer Unmöglichkeit weiblichen Tuns, gestaltet aber hat er den tiefen Konflikt zwischen Weiblichkeit und Heldentum, wie immer Judith selbst ihre Tat nachträglich beurteilen möchte. Am schwersten verständlich und nachvollziehbar sind Tun und Reden des Holofernes. Hier hat Hebbel im Kraftmenschentum und Prahlerei dieses »Übermenschen« lange vor Nietzsche manche Zeittendenz übernommen. Man hört Holofernes beständig seine Kraft und sein Handeln loben, ohne daß man sie miterlebte.

Maria Magdalena

Hebbels bürgerliches Trauerspiel wurde im Dezember 1843 in Paris abgeschlossen. Ein Reisestipendium des dänischen Königs bot die Möglichkeit zu neuer Erfahrung mit fremden Ländern und Menschen. Dadurch wurde wohl auch die Verbindung mit Elise Lensing, der wesentlich älteren Freundin und Helferin in Hamburg, immer fragwürdiger. Das Frauenschicksal der Elise Lensing aber ist für das dramatische Schicksal der Klara in *Maria Magdalena* entscheidend geworden. Die Fabel hatte Hebbel schon einige Jahre vorher während seines Studiums in

München (als Zimmermieter eines dortigen Tischlermeisters) kennengelernt. Da Hebbel »seine« *Maria Magdalena* zu opfern gedachte, mußte er als Dramatiker mit solcher Unerbittlichkeit – um seine eigenen Worte vor dem Stück zu gebrauchen – »alle Mauselöcher verstopfen«.

Drei Elemente sind in diesem Stück untrennbar miteinander verbunden: eigene Lebensproblematik des Dichters, bürgerliches Trauerspiel, Hebbels Theorie des Tragischen. Daher die beklemmende Wirkung, die das Schauspiel immer wieder auslöst; daher aber auch gleichzeitig der innere Widerstand des Publikums, dem diesmal vom Dichter keinerlei »Vergnügen an tragischen Gegenständen« in Schillers Sinn zugebilligt wird. Es ist noch sehr die Frage, ob Hebbels *Maria Magdalena* im Sinn ihres Vorworts wirklich als tragisch und nicht bloß als »traurig« bezeichnet werden muß. Hebbel bemerkt in diesem Vorwort, die bloß traurige Trivialität liege im Drama dann vor, wenn sich der Zuschauer sagen müsse: Hätte der Mann die fehlenden 30 Taler gehabt, so wäre alles anders gekommen. Dieser Einwand trifft aber auch sein eigenes Stück. Die spezifische Einsamkeit, Verschlossenheit, seelische Abgeschlossenheit der Hebbel-Gestalten verhindert das Wichtigste: Aussprache zwischen den Gestalten auf der Bühne. Alle Gespräche sind eigentlich dazu bestimmt, die durchaus mögliche, lösende Aussprache zu verhindern. Die Wirkung ist eher lähmend als tragisch. Hebbels Gestalten sind so völlig unfrei, daß sie weder im Sinn der Einfühlungsdramaturgie erschüttern, noch gar im Sinn der epischen Dramaturgie irgend etwas demonstrieren könnten.

Eben dies wollte Hebbel. Er gibt der überlieferten Gattung des bürgerlichen Trauerspiels in der deutschen dramatischen Litaratur, zu welcher *Miss Sara Sampson* und *Kabale und Liebe* gehörten, einen wesentlich neuen und wichtigen Aspekt. Das bisherige bürgerliche Trauerspiel von Lessing und Schiller bis hinunter zu Iffland und Kotzebue hatte stets die Konflikte des Bürgertums mit der höfisch-aristokratischen Welt behandelt. Bei Hebbel spielt sich alles innerhalb der bürgerlichen Welt ab, genauer gesagt: im beschränktesten Umfang der Kleinbürgerwelt. Das Vorwort spricht von der »schroffen Geschlossenheit, womit die aller Dialektik unfähigen Individuen«

sich hier in »schrecklicher Gebundenheit des Lebens« gegenüberständen.

Beim technischen Aufbau, der nahezu vollkommen ist, hat sich Hebbel den *Ödipus* zum Vorbild genommen. Auch *Maria Magdalena* ist, wie der *König Ödipus* oder *Der zerbrochne Krug* oder später Ibsens *Nora*,

Als norddeutsch-protestantische Last- und Leidensgeschichte inszenierte Jürgen Fehling Hebbels »Maria Magdalena« 1949 im Münchner Staatsschauspiel, mit Joana Maria Gorvin als Klara und Otto Wernicke als Klaras unnachgiebig eiferndem Vater.

ein analytisches Drama: Die für den Ablauf des Trauerspiels wichtigsten Ereignisse sind bereits eingetreten, wenn sich der Vorhang hebt. Beides wirkt zusammen, die analytische Technik, die das Schauspiel als Aufdeckung der Vorgeschichte anlegt, und die völlige Willensunfreiheit als äußerste Bindung aller Gestalten an gesellschaftliche Konventionen, die verhindern, daß irgendeine Entscheidung getroffen wird, die den tragischen Ausgang gefährden könnte. Das Ergebnis ist ein vollkommenes dramatisches Denkstück.

Herodes und Mariamne

Hebbel bedient sich diesmal der historischen Formen klassischer Versdramatik. Er folgt Schiller, den er als Gegenspieler empfand, nach. Wieder stellt Hebbel der freien Individualität der Schiller-Dramen einen Dramentyp der unerbittlichen Notwendigkeit gegenüber. Wirksames Handeln in der Welt bedeutet für ihn stets Schuld und unabsehbare Wirkung. Moralische Schuld und Sühne im herkömmlichen Sinn erscheinen demgegenüber belanglos. Die 1847 begonnene Tragödie wurde im Revolutionsjahr 1848 vollendet und im April 1849 an der Wiener Hofburg aufgeführt. Die Zeitereignisse prägen auch diese Tragödie, die nun zum erstenmal die Grundidee der späteren historischen Hebbel-Dramen ankündigte: Darstellung einer geschichtlichen Zeitenwende.

Herodes und Mariamne stehen sich ebenso seltsam, in ähnlicher Einsamkeit gegenüber wie Judith und Holofernes. Herodes liebt seine Frau, die Makkabäerin Mariamne, aber die Herrschaft hat er ihrem Haus entrissen, ihren Bruder ließ er töten. Eine verbrecherische Liebe also, doch Mariamne liebt diesen Verbrecher. Daraus schon ergibt sich eine Konstellation, die von vornherein, noch ehe die Vertrauenskrise zwischen den Gatten eintritt, den Untergang der Mariamne als möglich erscheinen läßt. Mariamne indes ist eine Gestalt, die selbst bei Anwendung Hebbelscher Psychologie in ihrem Verhalten unverständlich bleibt. Sie hat zu viele Motive, aber keine wirklichen. Warum sie Herodes liebt und trotzdem zu ihrer Herkunft steht, trotzdem darauf verzichtet, um ihre Liebe und das Vertrauen ihres Gatten zu kämpfen – das hat Hebbel nicht gültig zusammenfügen kön-

nen. Die Gestalt der Mariamne bleibt brüchig. Das Verhalten des Herodes ist bei aller Schrecklichkeit in sich folgerichtig, die Reaktion der Mariamne dagegen ist formal konstruiert, sie ist auch in Hebbels Sinn nicht »notwendig«. Die Vollkommenheit der dramatischen Konstruktion bewirkt abermals keine tragische Erschütterung. Wie im Fall der *Maria Magdalena* hat der Zuschauer vor dem Verhalten der Heldin den geheimen Wunsch: Wenn sie doch endlich reden wollte!

Das *Judith*-Thema hat Hebbel hier mit seiner Geschichtskonzeption historischer Wendezeiten verbunden: Judentum, Heidentum, Christentum in der geistigen Auseinandersetzung. Die jüdische Welt als die untergehende Ordnung, das Neue verkörpert im Auftritt der Heiligen Drei Könige. Aber es führt nur zu einer Addition der Motive, Bedeutungen und Nebenbedeutungen, nicht zu einer organischen Verbindung des Psychologischen mit dem Historischen.

Gyges und sein Ring

Als Hebbel dieses Trauerspiel, dem die berühmte Erzählung des Herodot zugrunde liegt, vollendet hatte, schrieb er kurz darauf, am 14. Dezember 1854, an Uechtritz: »Ich war mir sonst bei meinen Arbeiten immer eines gewissen Ideenhintergrundes bewußt, wegen dessen ich keineswegs, wie man mir auf eine mißverstandene Vorrede hin wohl Schuld gab, produzierte, der aber doch wie eine Gebirgskette zu betrachten war, welche die Landschaft abschloß. Daran mangelte es diesmal ganz, mich reizte nur die Anekdote, die mir, etwas modifiziert, außerordentlich für die tragische Form geeignet schien, und nun das Stück fertig ist, steigt plötzlich zu meiner eigenen Überraschung, wie eine Insel aus dem Ozean, die Idee der Sitte als die alles bedingende und bindende daraus hervor«. In diesen Sätzen liegt die Erklärung für den Erfolg, der sich diesmal eingestellt hatte und, wie es scheint, diesem Werk treu blieb. Der *Gyges* ist nicht als Denkspiel angelegt, auch nicht als stilvolle griechische Tragödie, denn Hebbel kam es darauf an, den »Durchschnittspunkt« zu finden, »in dem die antike und die moderne Atmosphäre ineinander übergehen«. Er wählte sich einen Konflikt, der bloß in jener frühen geschicht-

lichen Ära in der dargestellten Form entstehen konnte, behandelt in ihm aber das Thema der Einsamkeit und des Vertrauens – doch so, daß die Reaktion der Rhodope, einer Gestalt vom Typ der Judith und der Mariamne, im Unterschied zu diesen beiden Frauen zwar fremd wirkt, aber menschlich verständlich bleibt. Diesmal ist Hebbel auch die Verschmelzung der Fabel mit dem Thema der geschichtlichen Übergangszeit sehr kunstvoll gelungen. Die indischen Reinheitsgebote, die Rhodope beim Zusammenleben mit dem kleinasiatischen Gatten und bei der Begegnung mit dem Griechen Gyges vertritt, erhöhen die Auseinandersetzung zwischen den drei Menschen nun wirklich zu einem Konflikt der Religionen und Kulturen. Auch die Vielfalt der Motive wirkt hier bereichernd, nicht verwirrend. Sehr moderne, unausgesprochene Beziehungen bestehen zwischen Kandaules und Gyges, zwischen dem Griechen und der Königin und in der glücklosen Ehe des Königspaares. Kandaules ist als scheiternder Aufklärer zu sehen, gegen den die archaische Tradition seiner Gattin ebenso siegreich bleibt wie der in Gyges verkörperte Geist des Griechentums. Die berühmten Abschiedsworte des Kandaules, daß man nicht an den Schlaf der Welt rühren solle, sind immer wieder zitiert worden.

Gustaf Gründgens inszenierte 1960 im Hamburger Deutschen Schauspielhaus Hebbels »Gyges und sein Ring« und spielte selbst den König Kandaules als einen hoch und heikel intellektualisierten Herrscher, dem der Machtinstinkt abhanden gekommen ist, während Joana Maria Gorvin als Kandaules' Gattin Rhodope sich im orientalischen Zeremoniell zu bergen suchte.

Wiener Volkstheater: Raimund und Nestroy

Autoren und Akteure

Das Wiener Volkstheater begann mit dem im Kärntnertortheater 1710 seßhaft werdenden Wanderkomödianten Joseph Anton Stranitzky (1676–1726): Er prägte als seine Variante des Harlekin der Commedia dell'arte oder des Lustigmachers der englischen Komödianten die stehende Figur des Hanswurst aus. Mit spitzem grünen Hut, schwarzem Vollbart, ein aufgenähtes Herz auf der Brust, im bäurischen Salzburger Dialekt sprechend, war er ein illusionsloser Kommentator der barocken Haupt- und Staatsaktionen: »Auwe«, sagte er zum Publikum, »der Kayser liegt im Wasser, gutt, dass er nicht viel naß wird auf den Bredern« (den Bühnenbrettern). Er redete scheinbar naiv und darin eigentlich ironisch und satirisch. Die Mächtigen machte er nach oder zeigte ihnen den Hintern. Stranitzkys braverer Nachfolger Gottfried Prehauser (1699–1769) soll sich, als Stranitzky ihn dem Publikum präsentierte, auf die Knie geworfen und das Publikum angefleht haben, über ihn zu lachen. Er wechselte das Kostüm häufig an einem Abend, ging in seinen Rollen vielen Geschäftigkeiten und Berufen nach, vermied die derbsten Obszönitäten und pries Schicklichkeit und Anpassung. Er griff auf die anderen Figuren der Commedia dell'arte als seine Mit- und Gegenspieler zurück, vor allem auf die Colombine; er sang Arien und Duette, seine Aufführungen waren den Singspielen des Rokoko nahe. Als zweiter Komiker am Kärntnertortheater trat ab 1737 Johann Joseph Felix von Kurz (1717 bis 1783), der sich Bernardon nannte, dem Hanswurst Prehausers entgegen: Bernardon drückte sich pantomimisch und tänzerisch aus, er wechselte die Figuren und mit ihnen Alter und Geschlecht – und er ließ die Theatermaschinerie, Feuer, Wasser mitspielen, er flog mittels Maschinen. Er nahm aus der Literatur, was er in seinen staunenmachenden Revuen brauchen konnte. Dagegen ging das bürgerlich-monarchische Reinheits- und Literaturdenken an. Die Kaiserin Maria Theresia dekretierte 1752, daß in den Theatern Literatur zu spielen sei, ob aus dem Französischen, Englischen oder Spanischen, nicht aber Bernardons und anderer Improvisationen und »schmutzige Worte«. Bernardon verließ Wien, kehrte zurück, erlebte 1769 endgültigen Mißerfolg in der Stadt. Mit Philipp Hafner (1735–1764) trat das Wiener Volkstheater in die Literaturgeschichte ein: Hafner schrieb »Originallustspiele«; der Text wurde fixiert (und so auch für die Zensur vorher überprüfbar), der Hanswurst zurückgedrängt. Der wienerische Alltag war in Hafners Lokalstücken und Singspielen, die noch Raimund und Nestroy spielten, gegenwärtig. Johann Laroche (1745–1806) verwandelte, verkleinerte, verniedlichte den Hanswurst in den Kasperl; der war die Hauptfigur in den 30 Jahren von 1781 bis 1811, in denen Laroche im neuen Volkstheater, dem Leopoldstädter, dominierte: »Er kennt so den Geschmack des Publikums, weiß mit seinen Gebärden, Gesichterschneiden, seinem Stegreifwitz die Hände der in den Logen anwesenden hohen Adeligen, der auf dem zweiten Parterre versammelten Beamten und Bürger und des im dritten Stock gepreßten Janhagels (Pöbels) so zu elektrisieren, daß des Klatschens kein Ende ist« (Pezzl, ein Zeitgenosse). Der Berliner Aufklärer Friedrich Nicolai sah 1781 den Kasperl – und notierte, was ihm an Gesellschaftskritik zu fehlen schien:

»Man müßte dem Kasperl seine Jacke lassen, aber für ihn Volksstücke schreiben, worinn sein Charakter verfeinert und interessanter gemacht würde. Nun würde Kasperl ferner nicht ein bloßer Possenreißer seyn. Ein geistvoller Schriftsteller würde einen solchen einfältig-gutherzigen und dabey drolligen Bauer sehr leicht, in dazu ausdrücklich gemachten Stücken, in Situationen zeigen können, wo er höchst anziehend würde. Wie, wenn der Kasperl über den Stolz und die Bedrückung der Gutsherren, über den dummen Aberglauben, über die Widersetzlichkeit der geistlichen Herrn gegen Abschaffung schädlicher Pfaffereyen, über die Ausschweifungen in Wollust und Schmausen, über die Gemächlichkeit, Sinnlichkeit und daher entstehende Armuth des gemeinen Mannes und über andere Landesgebrechen Oestreichs in seinen Stücken sich ausbreitete?«

Zum Leopoldstädter Theater kamen hinzu: 1787 das Theater auf der Wieden (wo Schikaneder 1791 die Mozartsche *Zauberflöte* uraufführte und das 1801 durch das Theater an der Wien ersetzt wurde) und 1788 das Theater in der Josefstadt – in ihnen wurde das Wiener Volkstheater fortgeführt. Das kaiserliche Hofburgtheater dagegen, von Josef II. in Nationaltheater umbenannt, hatte ein streng der dialektfreien, nicht lokal gebundenen Literatur, dem Anstand, der Schicklichkeit gewidmetes Institut zu sein. In den drei Vorstadttheatern zogen – neben Spezialformen wie Pantomime, Ballett, Maschinenspektakel – »Besserungsstücke« ein, so von Karl Meisl (1775–1853): *Der lustige Fritz oder Schlaf, Traum und Besserung* (1818). Eine patriotische lokale Posse ist Adolf Bäuerles (1786–1859) *Die Bürger von Wien* (1813) mit der zentralen komischen Figur des Staberl, der aber im Unterschied zum Hanswurst von vornherein ein Handwerker ist, Paraplui-(Regenschirm-)macher, keine Diener mehr, sondern ein Wiener, wenn auch einer, den das Publikum auslachen darf. Er ist »Spießer, aber harmlos« (Urbach), er kennt keine Fäkalwitze mehr, keine Sexualität. Er ist eine Figur des Biedermeier, der Metternichschen antirevolutionären Restauration. Den Staberl kreierte auf der Szene der Komiker Ignaz Schuster, für den Bäuerle viele weitere Staberl-Stücke schrieb. Auch Nestroy spielte Staberl, und der Schauspieler Carl Carl veränderte die Figur: zum hochdeutsch sprechenden, aufmüpfigen Diener hin (mit dem er auch außerhalb Wiens, auf Tournee, Erfolg hatte). Dieser Carl Carl (1789–1854) war dann vor allem Theaterunternehmer, pachtete 1826–1845 das Theater an der Wien, betrieb 1827–1832 auch das Josefstädter Theater, danach das Leopoldstädter, das er abreißen und 1847 als Carl-Theater neu errichten ließ. Carls sicherste Einnahmequelle: die Stücke und das Spiel Nestroys. Nestroy (der nach Carls Tod bis 1860 das Theater leitete) begann 1833 Stücke zu schreiben, weil ihm die vorhandenen nicht genügten. Das war nicht anders bei dem anderen großen Schauspieler-Autor des Wiener Volkstheaters, bei Ferdinand Raimund, der ab 1817 als Komiker am Leopoldstädter Theater brillierte und nach Einlagen in fremde Stücke 1823 seine erste eigene Zauberposse *Der Barometermacher auf der Zauberinsel* verfaßte. Von 1828 bis zu seinem Tode hatte Raimund auch die künstlerische Leitung des Leopoldstädter Theaters inne.

Nach Nestroys Tod verharmloste, vergoldete sich das Wiener Vorstadttheater zur Operette oder schleppte sich in, eigentlich unoriginellen, »Originalpossen« fort. Ludwig Anzengruber (1839–1889), Theaterdichter des Theaters an der Wien, später des neugegründeten Deutschen Volkstheaters, mischte in seinen meist ländlich situierten Volksstücken (*Der Pfarrer von Kirchfeld,* 1870, *Das Vierte Gebot,* 1877) und in »Bauernkomödien mit Gesang« (*Die Kreuzelschreiber,* 1872) Aggressivität mit Sentimentalität, vertrat eine kräftige antiklerikale und liberale Tendenz. Die schauspielerische Tradition des Wiener Volkstheaters wurde vor allem von Alexander Girardi fortgeführt: Er begann als Operettenkomiker (Adam im *Vogelhändler,* Frosch in der *Fledermaus*) und spielte Nestroy- und Raimund-Rollen im Theater an der Wien und am Deutschen Volkstheater. In seinem letzten Lebensjahr, 1918, debütierte er im Burgtheater: als Fortunatus Wurzel in Raimunds *Bauer als Millionär.* Mit ihm und nach ihm gelangten die Stücke und Rollen Raimunds und Nestroys ins Repertoire der ersten österreichischen Repräsentationsbühne: das Wiener Volkstheater zog ins Burgtheater ein.

Ferdinand Raimund

Raimund (1790–1836) dachte bis zu seinem 33. Lebensjahr nicht daran, Stücke zu schreiben und hat entsprechende Vorschläge sogar ausdrücklich abgelehnt. Er war leidenschaftlich dem Theater verbunden – jedoch als Schauspieler; er strebte zwar nach dem Ruhm des Tragöden, wurde aber dann unwiderruflich Komiker, als solcher angesehen, vergöttert und auch auf Gastspielreisen in deutschen Städten bewundert und gefeiert.

1790 wurde Raimund in der Wiener Vorstadt Mariahilf als Sohn eines Handwerkers geboren; er mußte sich den Weg zur Bühne erst erarbeiten. Nach den üblichen Wanderjahren durch die Provinz fand er relativ schnell nach Wien zurück (1814) und wurde bald als komischer Darsteller populär. Doch erst 1823 schrieb er sein erstes Stück das heißt: er bearbeitete und ergänzte einen mißlungenen Entwurf für seinen Benefizabend (*Der Barometermacher auf der Zauberinsel*) mit überraschender Beherrschung des Handwerks, doch ganz in der Schablone der oberflächlichen, märchenhaft-lokalen Wiener Volkskomödie. Der Erfolg dieser Gelegenheitsarbeit veranlaßte Raimund, weitere Stücke zu schreiben. Auch sein zweiter Versuch, *Der Diamant des Geisterkönigs* (1824), ist noch unselbständig und konventionell, unübersichtlich und nicht zu Ende gedacht. Immerhin gelingt in der Raimund-Rolle des Florian Waschblau eine runde, lebendige Figur. Und eine Episode des Märchenspiels ist genialisch-geheimnisvoll: Auf der weltweiten Suche nach dem Diamanten kommt der Held in ein Land der Wahrheit und der strengen Sitte; doch dieses Reich ist nicht, wie es zu erwarten wäre, ein Idealstaat, sondern ein Inferno – das absolut gesetzte Ideal schlägt in sein Gegenteil um.

Solche geistreichen Einzelzüge in konventionellen, zusammenhanglosen und schablonenhaften Märchen finden wir bei Raimund immer wieder. Wir werden auch oft an die Welt der *Zauberflöte* gemahnt, deren Quellen Raimund beeinflußt haben. Raimund war der Musik eng verbunden, und wenn auch die Namen zeitgenössischer Musiker als Komponisten auf seinen Theaterzetteln standen, so hat er doch von Anfang an die wichtigsten Lieder seiner Stücke selbst erfunden und von den Komponisten nur aufschreiben lassen. Raimund strebte nun als Autor nach dem Lorbeer, der ihm als tragischer Schauspieler versagt war. Es drängte ihn aus der Vorstadt in die Literatur; dabei ging er allerdings von dem Mißverständnis aus, daß nur der Vers, das »Gehobene« in Form und Milieu die klassische Dichtung ausmache, und er brachte in seinen Stücken all jene Züge, die seinen Erfolg bei der Mitwelt und Nachwelt begründeten, nur widerwillig an – als Konzessionen an das Publikum.

Der Bauer als Millionär

Raimunds zwiespältige Natur, die sich in Hypochondrie und schweren Depressionen ausdrückte und die ihn später aus nichtigem Anlaß Selbstmord begehen ließ, ist in seinem ersten über Österreich hinaus erfolgreichen, bis heute lebendigen Drama ganz deutlich ausgedrückt. Erstmals schreibt er ein Original-Zaubermärchen, entlehnt also seinen Stoff nicht fremden Vorlagen, sondern erfindet ihn selbst und nennt das Stück *Das Mädchen aus der Feenwelt oder Der Bauer als Millionär* (1826). Für ihn war die Geschichte des Feenkinds, das unter Menschen lebt, mit all ihren märchenhaften und allegorischen Zügen wesentlicher als die Menschenwelt rund um den reich gewordenen Bauern Fortunatus Wurzel. Heute nehmen wir dagegen das, was Raimund als die Hauptsache ansah, nur um des vermeintlichen Beiwerks willen in Kauf. Aber auch schon das zeitgenössische Publikum kam in erster Linie um des Schauspielers Raimund willen und applaudierte begeistert seinen ganz irdischen Figuren. So hat sich denn bei diesem Stück der »menschliche« Untertitel gegen den feenhaften Haupttitel durchgesetzt. Der ganze Apparat von Feen, Genien, Magiern und allegorischen Gestalten (der Neid, der Haß, die Zufriedenheit) ist zur mühsamen Entwicklung einer uncharakteristischen Handlung aufgeboten. Der Bauer steht aber, wie fast alle Rollen, die Raimund für sich schrieb, nur am Rand des dramatischen Geschehens, ganz in der wienerischen Tradition des Hanswurst, der die seriösen Aktionen durch komische Intermezzi aufhellte – wie Papageno in der *Zauberflöte* und der Buffo in Oper und Operette. Zwei großartige Szenen im Zentrum des Mittelakts beweisen wahrhaft dichterische Eingebung und verwirklichen jene Synthese des Volkstümlichen und Hohen, des Dichterischen und des Wirksamen, nach der Raimund sonst vergeblich gestrebt hat und die er später nie wieder erreichte: Der Bauer Wurzel, der dem Gang der Handlung gemäß in einen Greis verwandelt werden soll, wird von der abschiednehmenden Jugend, die mit ihm ein Duett singt, und dann vom Hohen Alter aufgesucht.

Moisasurs Zauberfluch

Ferdinand Raimund ging seinen Weg zu den vermeintlichen Höhen der Dichtung, er scheiterte in *Moisasurs Zauberfluch* (1827) an dem allzu gewaltigen Stoff und der Ohnmacht, indisches Märchenmilieu, überirdische Götter und Genien mit einfachen Volkstypen in Einklang zu bringen. Die Sprache der »Oberen« ist in Vers und Prosa gekünstelt, aber das Milieu der Alpenländler ist großartig und lebendig. Was man später Volksstück nennen sollte, ist in diesen Episoden und Intermezzi Raimunds schon ganz vorhanden – und dies merkwürdigerweise in durchaus realistischer, ja überrealistischer Manier. Diese Bauern und Bedienten haben nicht die gemütlichen, wackeren, idealisierten Züge späterer volkstümlicher Stücke, sie sind böse, verkommen, herzlos. Die österreichische Literatur ist hier in extremer Selbstkritik so gegenwärtig wie später bei Nestroy und ein Jahrhundert später im dramatischen Werk Ödön von Horváths. Wieder ist (wie beim Land der Wahrheit im *Diamant des Geisterkönigs)* ein großer Vorwurf nur andeutungsweise ausgeführt: Die indische Königin wird bestraft, weil sie einen Tempel der Tugend baut und die Macht der Dämonen negiert. Sie wird erst gerettet, als sie im Arm des Todes Freudentränen weint – das Zer-

störende als Bestandteil der Welt anerkennt. Doch reicht die Kraft Raimunds für dieses mehr geahnte als geschaute und durchgeführte Motiv nicht aus.

Die gefesselte Phantasie

Ebenso ist auch sein nächstes Werk (1828) mißglückt. Wie auch sonst angesichts des vielfältigen und unübersichtlichen Gewirrs im Himmel Ferdinand Raimunds weiß man besonders hier nicht recht, wieweit die höheren Mächte ernstzunehmen sind, was sie eigentlich darstellen, ob echte Kräfte und Gewalten oder nur nach oben projizierte menschliche Umstände verkörpern. Das große barocke Welttheater ist bereits zur parodistischen Zauberposse entartet, und vergeblich will Raimund mit diesem Material echte Poesie im Sinn der von ihm unglücklich geliebten Klassiker realisieren. Er ist nur dort klassisch geworden, wo er nicht nach dem Ruhm Schillers und Shakespeares strebte. Er hat in mancher volkstümlichen Gestalt und Szene die vorstädtische Komödie auf olympische Höhen gebracht, aber sein Apollo, dessen Hofpoet Distichon, dessen Oberpriester Affriduro und Hofnarr Muh bleiben im luftleeren Raum zwischen echter Poesie und unfreiwilliger Parodie des Dichterischen. Das große Motiv der gefesselten poetischen Phantasie, die in

eine banal konventionelle Liebeshandlung einbezogen ist, bleibt ungenützt. Der liebenswerte wienerische Volkssänger Nachtigall, Raimunds Rolle, hat all unsere Sympathie, wird aber als gemeiner Wicht, als Fratzenbild abgelehnt und unterliegt im Sängerkrieg mit seinem freundlich naiven Lied den papierenen Versen des Amphio, Hüter der Lilienherde und Sohn des Königs von Athunt, der die Hand der Hermione, Königin der Halbinsel Flora, und den Segen Apolls gewinnt.

Der Alpenkönig und der Menschfeind

Alles, was den Schöpfungen Raimunds vorgeworfen werden konnte, ist wie durch Zaubermacht in dem romantisch-komischen Original-Zauberspiel überwunden, das als Höhepunkt seines Schaffens und in gleicher Weise als Höhepunkt der dramatischen Dichtung Österreichs anzusehen ist: *Der Alpenkönig und der Menschenfeind* (1828).

Raimund tritt da aus den unbewältigten und unübersichtlichen orientalisch-antiken Sphären des verbrauchten Zaubertheaters auf die Erde. Ein Alpenkönig, von zwei Alpengeistern assistiert, verkörpert die höheren Mächte und greift in die Geschicke der Menschen ein. Hier ist auch, erstmalig und einmalig, die Raimund-Rolle ins Zen-

Raimunds Fortunatus Wurzel, den »Bauern als Millionär«, spielte 1979 im Burgtheater Rudolf Buczolich (Regie Horst Zankl, Bühne Hans Hoffer); das »hohe Alter« erschien ihm in der Gestalt von Attila Hörbiger.

Den herzlichsten aller Bedienten (späteren Tischlermeister) Valentin in Raimunds »Verschwender« spielte Josef Meinrad 1955 im Wiener Burgtheater, zusammen mit Inge Konradi als Kammerzofe Rosa, später Valentins Frau.

trum gerückt; der Herr von Rappelkopf ist Held und nicht Begleiter des Helden oder passiver Spaßmacher.

Im Rappelkopf konnte Raimund seinen eigenen inneren Zwiespalt dramatisch gestalten und dadurch allen äußeren Zwiespalt seiner Stücke zur Einheit steigern. Rappelkopf ist, wie Raimund, zänkisch, unverträglich, misanthropisch, er quält sich selbst und seine Umgebung. Ihn zu heilen, steigt der Alpenkönig Astragalus zur Erde nieder, verspricht der Tochter Rappelkopfs die Vereinigung mit ihrem Liebsten, die der Vater ihr versagt, und erfindet eine ebenso weise wie theatralisch ergiebige Therapie: Er verwandelt sich in Rappelkopf und diesen in Rappelkopfs Schwager, dessen Besuch bevorsteht. So kann Rappelkopf mit sich selbst konfrontiert werden, sich selbst erkennen. Eine Fülle heiterster Situationen führt zur Heilung des Patienten, der als pensionierter Menschenfeind in den Tempel der Erkenntnis einzieht. Hier ist ein großer Stoff mit kongenialer Größe durchgeführt, hier ist mit der von Rappelkopf ausquartierten Köhlerfamilie wieder ein grausam-unbarmherzig gesehenes Bild des Volks geglückt; das Gleichnis bietet sich nicht pedantisch-schematisch dar, sondern ist in eine Komödie voll Witz, Humor und Tiefe aufgelöst.

Die unheilbringende Krone

Längst auch als Autor anerkannt und gefeiert, nimmt Raimund doch nicht die mit dem *Alpenkönig* erreichte Selbsterfüllung wahr – wie ihm selber auch die an Rappelkopf vollzogene kathartische Heilung versagt bleibt. Er kehrt vom Boden der menschlichen Schwächen und Konflikte ins abseitig Verstiegene zurück. *Die unheilbringende Krone* (1829) setzt einen simplen Dorfschneider Simplizius Zitternadel in ein pseudo-shakespeareesches Gewirr von Antike und Unterwelt und kommt auf wenig ergiebige Manier mit Versen in vielerlei Rhythmen zur Lösung einer Aufgabe: einen König ohne Reich, einen Helden ohne Mut, Schönheit ohne Jugend zu finden. Wieder können einige grandiose Einzelheiten, etwa die makabre Darstellung einer dem Untergang geweihten Stadt oder die Verwandlung einer häßlichen Alten in eine strahlende Schönheit, das Ganze nicht retten.

Der Verschwender

Wiederbelebungsversuche an Raimunds Märchenspielen außer dem *Bauer als Millionär* und dem *Alpenkönig* waren und bleiben problematisch und können mit lokalem Widerhall höchstens noch in Österreich rechnen, wo der Dichter Raimund als Gestalt noch gegenwärtig geblieben und als bekannt vorauszusetzen ist, wo die Tradition dieser Form des Theaters kontinuierlich gepflegt wurde. Als drittes Werk geht aber auch Raimunds letztes Drama, *Der Verschwender* (1834), über den Rahmen pietätvoll-pflichtschuldiger Pflege hinaus. Hier ist die große Raimund-Rolle wieder nicht im Zentrum der Handlung. Man spürt erneut den großen Bruch zwischen dem reizvollen Nebenbei und der romantisch-konventionellen Aktion. Der reiche, verschwenderische Flottwell, der von einer Fee geliebt wird, um ein reiches Mädchen wirbt und nach 20 Jahren verarmt in die Heimat zurückkehrt, liegt uns nicht so nahe wie sein Bedienter Valentin und sein Kammermädchen Rosa. Doch Flottwells Geschichte ist gradlinig erzählt, die Feenwelt ist nur sparsam im Spiel, vor allem aber bietet die Welt der kleinen Leute viel Reizvolles.

In diesem Stück gelingt Raimund auch das schönste seiner Lieder. Schon in *Der Bauer als Millionär* hatte er Texte und Melodien zum Abschiedsduett des Wurzel und der Jugend geschaffen, das bewegende Aschenlied des gealterten, heruntergekommenen Wurzel und in *Der Alpenkönig und der Menschenfeind* das Ensemble »So leb denn wohl, du stilles Haus«. Mit diesen Liedern hatte er jene höchste Popularität erreicht, die ihm als dramatischem Autor versagt geblieben war: Ihm waren echte Volkslieder gelungen. Nun stimmt er im dritten Akt des *Verschwender* wieder ein Abschiedslied an, er blickt auf Leben, Liebe und Tod und vermag mit den Zeilen des Hobelliedes auch diesmal Unsterblichkeit zu erreichen. Dem Lied folgt noch Raimunds wohl größte Prosaszene, der Zusammenstoß des altgewordenen Kammermädchens Rosa mit dem verarmten Herrn und Wohltäter von einst: ein letztes hartes, böses, schonungsloses Dementi aller vergangenen und künftigen Verklärungen des einfachen Volks.

Dann fühlte Raimund wohl, daß er gesagt hatte, was er sagen konnte. Er verließ das Engagement, begab sich auf Gastspielreisen und schrieb kein weiteres Stück. 1836 ging er aus dem Leben; 28 Jahre lang war er Schauspieler und nicht einmal 12 Jahre lang dramatischer Autor gewesen.

Johann Nestroy

Nestroy (1801–1862), in Wien als Sohn eines Advokaten geboren, gehört zu der in Österreich häufigen Kategorie der Dichter wider Willen. Er brach aus der bürgerlichen Welt aus, ging zum Theater, war als Sänger und Schauspieler in Wien und in der Provinz erfolgreich, schrieb aber seine erste Komödie erst mit 27 Jahren, als er (wie Raimund) wegen eines Benefizstücks in Verlegenheit war. Erst als Nestroy nach Wien zurückgekehrt, von einem Allround-Schauspieler-Sänger zum komischen Darsteller geworden war und sich der Vorstadtbühne verschrieben hatte, wurde seine dramatische Produktion rege und regelmäßig. Er schrieb nur für den unmittelbaren Gebrauch und nur Stücke, in denen er selbst die komische Hauptrolle spielte: Zauberspiele, Volksstücke, Possen, Parodien und politische Komödien (wir folgen mit dieser Einteilung der fünfzehnbändigen Gesamtausgabe des Schroll-Verlags) und benützte hierbei bedenkenlos fremde Quellen: Dramen, Opernlibretti und erzählende Werke seiner Zeit. Keine einzige Nestroy-Handlung stammt von Nestroy, er hat die Struktur des Ablaufs meist weitgehend beibehalten und nur bereichert, vertieft, lokalisiert und bearbeitet.

Warum wählte ein so lebendiger, gebildeter, kluger Kopf die vorstädtische, billige Form der Dialektkomödie? Nestroy sah sich der unmittelbaren Nachfrage in der Blütezeit dieser Gattung gegenüber; er produzierte also dringend benötigtes Material für sich und seine Kollegen, sozusagen nach Maß gearbeitet. Er hatte ferner hier im Obrigkeitsstaat vor der Märzrevolution (1848) relativ wenig Zensurschwierigkeiten zu befürchten und konnte seine satirischen Aggressionen gegen Gott, Welt und Menschen im scheinbar harmlosen, volkstümlich-heiteren Lokalstück am ehesten riskieren. Schließlich war Nestroy ein Fanatiker der Sprache, ein vom Wort, seinem Tiefsinn und Doppelsinn Besessener und fand im Dialekt – wie auch in der Spannung zwischen Dialekt und Schriftsprache – reichen, bisher kaum verarbeiteten Stoff für seine schöpferisch verspielte Sprachleidenschaft.

Die Zauberspiele

Nestroy begann ganz im alten Stil des Zauber- und Besserungsstücks; aber er konnte die bereits antiquierte Form nicht mehr ernst nehmen. Moralisierende Tendenzen brachte er meist nur pflichtschuldig hinein, seine Geister, Genien, Feen, Zauberer sind nur noch Attrappen. Der Rahmen starb allmählich ab, das Bild machte sich selbständig: Der Mensch beherrschte selbst das Geschehen.

1838 entstand zum letztenmal ein (erfolgloses) Zauberspiel. Vorher aber, 1833, gelang mit einem Pseudo-Zauberspiel der große Durchbruch; der dramatische Autor Johann Nestroy verwirklichte sich erstmals in *Der böse Geist Lampazivagabundus oder Das liederliche Kleeblatt,* setzte sich damit endgültig bei der Mitwelt durch und gewann auch die Nachwelt wie mit keinem späteren Werk. Dieser *Lumpazivagabundus,* voll von Schwächen, Mängeln und Seltsamkeiten, ist noch kein echter Nestroy. Erst in den kommenden Jahren entwickelte der Dichter die ihm eigene Form und fand auch den Mut zu seinen kühnen, großen Monologen, aggressiven Couplets und seinem Schwelgen im Wort, im Bild, in der Redensart. Im

Den versoffenen Schuster und Landstreicher Knieriem in Nestroys »Lumpazivagabundus« hat in den letzten Jahrzehnten, seit 1962 bei den Salzburger Festspielen, danach auch in München und Wien, keiner so prägnant und dadurch zwerchfellerschütternd komisch gespielt wie Attila Hörbiger: er »traf die Dummheit dessen, dem die Ziele und Sitten der Gesellschaft fremd geworden sind, und die Schlauheit dessen, der sich in dieser grausamen Fremde doch durchzubringen weiß« (Ivan Nagel).

Lumpazivagabundus ist die Satire noch verschlüsselt und versteckt; sie konnte sich erst später auf Grund dieses ersten überwältigenden Erfolgs frei entfalten. Das Besondere (und wohl auch für Wirkung und Dauer Entscheidende) ist jedoch hier, daß in Form eines erbaulichen Zauberspiels alle kategorischen Imperative negiert sind. Die drei lustigen Handwerker werden zu Urbildern, die zeigen: »wenn das Leben uns nachtet … wie man's dreimal verachtet«. Die Feen Amorosa und Fortuna sind ohnmächtig. Der Tischler Leim, schwermütig und selbstzerstörerisch, gewinnt zwar Reichtum und eine Frau, doch der vergnügungssüchtige und selbstzerstörerische Schneider Zwirn wie der versoffene und genauso selbstzerstörerische Schuster Knieriem wehren das bürgerliche Glück, den Wohlstand, wie eine böse Versuchung ab und entscheiden sich wissend für die Hölle. Das Laster besiegt eindeutig die Tugend, darüber kann ein im letzten Moment (aus Zensurgründen) herbeigeführter unorganischer positiver Schluß nicht hinwegtäuschen. Nestroy preist die Liederlichkeit nicht, aber er sieht sie und zeigt sie drastisch. Er hält nichts vom Himmel, er predigt die Hinwendung zum Augenblick: »Die Welt steht auf kein' Fall mehr lang. – In ein' Jahr kommt der Komet, nachher geht eh' die Welt z'grund.«

Die Volksstücke

Nestroys Volksstücke sind von ihm nicht als solche gedacht und kaum je als solche bezeichnet worden. Die meisten nannte er, wie fast alle seine Stücke, Posse.
Innerhalb dieser Possen aber ist manchmal das Soziale, der Gegensatz von arm und

reich, dominierend. Die Darstellung der Unterschiede und Ungerechtigkeiten wird allerdings nie zur Anklage verallgemeinert. Wenn Nestroy tendenziös ist, setzt er sein Fragezeichen hinter den Menschen, das Leben oder das Schicksal. Alle Zustände sind fragwürdig, auch die gesellschaftlichen, aber nicht nur sie.

In der grandios konstruierten Posse *Zu ebener Erde und im ersten Stock oder Die Launen des Glücks* (1835) spielt auf der Simultanbühne das Schicksal mit der armen Familie unten und der reichen in der Beletage. Die Zeitgenossen haben in dieses dramatische Meisterwerk zu Unrecht moralische Tendenzen hineininterpretiert, doch ist auch zu ebener Erde, bei den Armen, keine Rede von Idealisierung oder von sozialer Motivierung ihrer Schwächen und Fehler zu finden. *Die beiden Nachtwandler oder Das Notwendige und das Überflüssige* (1836) säkularisieren das Zauberspiel, indem zwei vornehme Engländer von zwei armen Seilern für überirdische Wesen gehalten werden. Auf Grund einer Wette wird den beiden Armen jeder Wunsch erfüllt, doch unter dieser allerhöchsten Protektion bessern sie sich nicht etwa, sondern werden anspruchsvoll und unleidlich. *Der Unbedeutende* (1846) und *Kampl oder Das Mädchen mit Millionen und die Näherin* (1852) zeigen am ehesten ungebrochene Charaktere. Einer bösen Welt werden echte, intakte menschliche Werte und Beziehungen gegenübergestellt. Wenn hier am Schluß die Tugend triumphiert, ist das glückliche Ende nicht, wie sonst, bewußt konventionell oder ironisch gemeint.

Der Schluß nämlich ist bei den meisten Komödien Nestroys durchaus nicht positiv zu werten, und das hängt damit zusammen, daß er meist in Verlobungen besteht und daß Nestroy keinen Zweifel darüber läßt, was er von Liebe und Ehe hält. Eigene Erfahrung in einer übereilt geschlossenen, bald getrennten Ehe und einer dauerhaften, aber keineswegs ungetrübten eheähnlichen Beziehung mit einer Kollegin, tiefe Skepsis gegen allen Gefühlsüberschwang in der Beziehung der Geschlechter machen den Menschenfeind Nestroy zwar nicht speziell zum Frauenfeind, doch zum Durchschauer aller Worte, Phrasen, Konventionen und Klischees der Liebe. Seine Liebespaare sprechen fast ausnahmslos in Anführungszeichen. Die Zeit war noch nicht reif für die ungeschminkte Darstellung der doppelten erotischen Moral (der Nestroy in seinem Privatleben verschworen war); es geht also bei seinen Liebesgeschichten und Heiratssachen in Wort und Tat stets höchst gesittet zu, aber eben dieser Schein der echten Gefühle wird durch satirische Übersteigerung erbarmungslos demaskiert (»Heraus muß es jetzt, gnädige Frau, was seit ich weiß gar nicht wieviel Jahren in mir wogt: Sie sind das Götzenbild im heiligen Hain meiner Gefühle ...«). Die Ehe (die »wechselseitige Lebensverbitterungsanstalt«) ist von Übel – Nestroys Lebenswerk ist voll von Variationen über dieses Thema; und die meisten seiner Stücke enden mit einer Eheschließung (oder gar mehreren), also gehen sie nur scheinbar und widerruflich gut aus.

Die Possen

Nestroy war sicherlich ein genialer, außerordentlicher, vom Spieltrieb besessener, souveräner und vielseitiger Schauspieler, dazu ein Meister des Coupletvortrags und des parodistischen Gesangs. Dies erweisen nicht nur Zeugnisse der Zeitgenossen, es läßt sich geradezu aus der Anlage der zentralen Nestroy-Rolle in jedem seiner Stücke ablesen. Ohne literarischen Ehrgeiz schuf er bravouröse Rollen für sich und seinen Partner Wenzel Scholz, der von 1832 bis 1851 als behäbig-statischer Komiker den dynamisch-wortgewaltigen Nestroy ideal ergänzte. Er suchte, in zweiter Linie, Möglichkeiten, sein satirisch-misanthropisches, aggressives Temperament auszuleben. Die Originalhandlung bog er sich hierbei mit großer dramaturgischer Fertigkeit zurecht, arbeitete die beiden komischen Hauptgestalten liebevoll aus, stellte alles übrige kundig auf die Bühne und in das lokale Milieu, war aber an dem eigentlichen äußeren Vorgang nicht übermäßig interessiert. Er nahm, was er fand, erzählte immer wieder banale Erbschafts- oder Verwechslungsgeschichten von Wetten, erzwungenen Heiraten oder einem geldgierigen Vormund; und oft ließen im Zug der meist hastigen Ausarbeitung Sorgfalt und Interesse nach, so daß viele Schlußakte merklich abfallen. Seine am meisten geglückten Possen sind jene Werke, welche aus eigener Substanz bis zum Schluß reizvoll und tragfähig bleiben und die sich überdies außer dem reichen und reizvollen Beiwerk der Gedanken, Aphorismen und Sprachspiele vom Stoff her als aussagekräftig erweisen.

Einen Jux will er sich machen (1842) zeigt die tragische Diskrepanz zwischen Sehnsucht und Erfüllung. Kommis Weinberl und Lehrbub Christopherl wollen Abenteuer erleben, wollen die Freuden der Stadt auskosten und geraten nur in das Räderwerk banaler und heikler Situationen. *Der Talisman* (1840) geißelt die Vorherrschaft des Scheins vor der Wirklichkeit: Der rothaarige Titus Feuerfuchs legt verschiedene Perücken an, und je nach seiner Haarfarbe hat er Erfolg und Mißerfolg. *Der Zerrissene* (1844) läßt einen reichen, blasierten Weltschmerzler durch Mißverständnisse seine Identität leugnen und sich als Knecht verdingen. In dieser Posse begegnen wir einer der wenigen reinen und positiv gesehenen Frauengestalten Nestroys, der sonst die weiblichen Rollen so oft vernachlässigte und in keiner Weise liebreich bedachte: der ländlich-unschuldigen und herzensguten Kathi. *Das Mädel aus der Vorstadt oder Ehrlich währt am längsten* (1841) bereichert eine konventionelle Intrige, die aber bis zum Schluß Spannung und Interesse weckt, mit so viel Witz, daß über den belanglosen Anlaß hinaus ein Meisterwerk der Komödie glückt. *Das Haus der Temperamente* (1837) lebt von dem kostbaren Einfall der viergeteilten Bühne, wo die benachbarten Familien von Braus, von Fad, von Trüb und von Froh und die vier Bewerber um die Töchter, Herr von Sturm, Herr von Schlaf, Herr von Schmerz und Herr von Glück, in Beziehung zueinander gebracht werden. *Der Färber und sein Zwillingsbruder* (1840) bezieht seine Wirkung aus der Doppelrolle der Zwillingsbrüder, von denen einer extrem kriegerisch, der andere extrem furchtsam geraten ist; der zivilistische Färber Kilian Blau muß für seinen abwesenden Bruder, den Sergeanten Hermann Blau, einspringen und gewinnt eine Schlacht.

Nestroy legte großen Wert auf die Milieuzeichnung. Dabei ergaben sich häufig kulturhistorisch interessante Darstellungen, etwa der Frühzeit der Eisenbahn in *Eisenbahnheiraten oder Wien, Neustadt und Brünn* (1844), die Anfänge der Industrialisierung in dem Volksstück *Der Schützling* (1847) oder die genrehafte Szene eines

Der sozial bewußteste, in der sozialkriti-schen Pointierung treffendste Nestroy-Spie-ler des deutschsprachigen Theaters ist der Wiener Karl Paryla, der zuerst Ende der dreißiger Jahre in Zürich, nach 1945 vor allem in Wien und München die Nestroy-schen Handwerker metierbewußt spielte: so den Gluthammer im »Zerrissenen«, Wien 1963.

kleinbürgerlichen Hausballs in *Kampl*. Doch ging es dem Dichter nicht so sehr um realistische Kleinmalerei, sondern vor allem um Material zur Ausgestaltung seiner Hauptrolle. In einem großen Auftrittsmo-nolog mit vorangehendem Lied stellt er als-bald die Beziehung zwischen dem Beson-deren eines Berufs und dem Weltbild des Autor-Darstellers her. Der Kommis *(Einen Jux will er sich machen)* räsoniert über den Handelsstand: »Schau'n wir auf'n Handels-stand, wie viel gibt's da Großhandlungen, und schau'n wir auf die Menschheit, wie wenig große Handlungen kommen da vor!« Der ehemalige Apothekerlehrling in *Sie sol-len ihn nicht haben oder Der holländische Bauer* (1850) philosophiert über die Welt-apotheken, ihre Salben (»Was in schwieri-gen Fällen durch's Schmieren ausgerichtet wird, is weltbekannt«), bitteren Pillen, Pfla-ster (»… wenn eine Menschenmasse an Wunden leidet, da is es schwer durch Pfla-ster zu heilen, denn die Menschheit ist ein widerspenstiger Patient, reißt gern's Pflaster auf«). Und immer wieder äußern sie sich von ihrer besonderen Sphäre her über Lie-be und Ehe, etwa der Seiler in *Die beiden Nachtwandler:* »Die Lieb' is a Spagat, der die Herzen, der Eh'stand ein Strick, der die Händ' z'samm'bind't.«
Unbeschadet etwaiger Chöre, Duette oder Quodlibets (parodistischer Potpourris be-kannter Melodien mit neuem Text) ist im Schlußakt ein zweites größeres Lied (Cou-plet) für jedes Stück obligatorisch. Hier wird eine Refrainzeile auf viele private, allgemei-ne, gelegentlich aktuelle Situationen ange-wandt, und auch diese Zeilen sind fast im-mer programmatisch: »Da kämpfen die Göt-

Walter Schmidinger als Nestroys »Zerrissener« führte Langeweile und Überdruß vor als Folgen eines allzu klaren Blicks auf die Mißlichkeiten dieser Welt, Eva Mattes als resolute Kathi – Inszenierung Dieter Giesing am Deutschen Schauspielhaus Hamburg 1974.

ter vergebens; Na, da hab' ich schon gnur; Und 's is nicht der Müh' wert; Na, da müssen ein'm bescheidene Zweifel aufsteigen; Aber 's bleibt nit dabei; Ja, das wär' vielleicht schön / Aber i glaub', 's wird nicht gehn; Und 's is alles nit wahr! Und 's is alles nit wahr!« Der große Reiz der Stücke Nestroys liegt in ihrer Vielschichtigkeit und in ihrer sprachlichen Brillanz. Da wird zwar eine Aktion regulär durchgeführt, gleichzeitig aber tritt der Autor immer wieder aus dem Geschehen heraus und kommentiert es. Dabei sind auf unverwechselbare Manier auch höchst anregend und geistvoll Schriftsprache und Dialekt gegen alle Lebenswahrheit neben- und gegeneinandergestellt. Anteil an der Stilisierung haben auch die Personennamen, die zur Pointe, zur Aussage werden: Frau Körndlbach, Müllerin – Schofel, konzessionierter Theaterdirektor – Sauerfaß, Wirt – Rochus Dickfell, Lederergeselle – Patzmann, Porträt- und Zimmermaler.

Die Parodien

Das Genre der Parodie war in Wien zur Blütezeit des volkstümlichen Theaters viel weiter gefaßt als heute. In permanenter Suche nach brauchbarem Material nahm man neben anderen Stoffen auch bekannte klassische und erfolgreiche neue Werke zum Anlaß oder Vorwand eines heiteren Theaterabends. Man lokalisierte, travestierte und gewann schon dadurch ein Existenzminimum an Wirkung. Außerdem war auch hier der Gang der Handlung vorgegeben. Nestroy parodierte etliche Opern, dabei gelang ihm besonders eine Verspottung Meyerbeers: *Robert der Teufel,* parodierende Zauberposse in drei Akten (1883); andere mißglückten mehr oder weniger, wie *Martha oder Die Mischmonder Markt-Mägde-Mietung* (1848) nach Flotow. Auch *Lohengrin,* musikalisch-dramatische Parodie in vier Bildern (1859), bleibt an der Oberfläche – und die bekannte, vielgespielte Parodie *Tannhäuser,* Zukunftsposse mit vergangener Musik und gegenwärtigen Gruppierungen (1857), von Nestroy nur flüchtig überarbeitet, erhebt sich kaum über die Originalgestalt als Studentenulk. Andere parodistische Stücke sind wiederum selbständige Dramen und auch ohne Kenntnis des Originals verständlich, so *Weder Lorbeerbaum noch Bettelstab* (1835) nach Holteis *Lorbeerbaum und Bettelstab* und *Die verhängnisvolle Faschingsnacht* (1839) nach Holteis *Trauerspiel in Berlin*.

Einen einzigen Höhepunkt der legitimen Parodie im engeren Sinn erreichte Nestroy mit der gegen Hebbel gerichteten Travestie *Judith und Holofernes* (1849); da ist alles Heikle des Stoffs neutralisiert, indem sich nicht Judith, sondern ihr als Mädchen verkleideter Bruder in das Zelt des Holofernes begibt. Hebbels extreme Kraftmeierei und damit jede autokratische Hybris sind in der Figur des Holofernes glorreich ad absurdum geführt (Holofernes: »Ich möcht' mich einmal mit mir selbst zusammenhetzen, nur um zu sehen, wer der Stärkere ist, ich oder ich …«)

Die politischen Komödien

Nestroy ist immer wieder als politischer Schriftsteller interpretiert und zitiert worden. Er ist jedoch mit keiner Partei, mit keinem Akteur der Tagespolitik zu identifizieren. Er ist stets Skeptiker, der den Menschen durchschaut, Phrasen abwertet und Ideale leugnet; er ist also nur insoweit politisch, als er gegen die Ungerechtigkeit und die Unfreiheit eintritt.

Sein bekanntestes politisches Stück *Freiheit in Krähwinkel* (1848) macht es Revolutionären und Konservativen schwer und leicht zugleich, denn es steht jenseits aller Richtungen. Indem der Held sich einführt: »Aus dem glorreichen, freiheitsstrahlenden Österreich führt mich mein finsteres Schicksal nach Krähwinkel her«, ist Österreich stets gemeint und doch nicht gemeint. Nestroy war gewiß für die Freiheit, nicht aber unbedingt für ihre Verfechter. Im übrigen sind auch seine politischen Komödien (u. a. *Lady und Schneider*, 1849; *Höllenangst*, 1849; *Der alte Mann mit der jungen Frau*, 1849, zu Nestroys Lebzeiten nicht gespielt) wie alle anderen Stücke Nestroys von der Story her Allerweltspossen oder -volksstücke, die nur am Rand der privaten Handlung politische Motive und Gedanken einbeziehen.

Nestroy ist als Schauspieler gefeiert und als Autor ernst genommen worden. Viele seiner Stücke, nicht nur die jeweils neuen, waren ständig im Wiener Repertoire. Doch schien das Werk so sehr an den Darsteller gebunden, daß nach Nestroys Tod (1862) weitere Aufführungen undenkbar schie-

nen. Sein Name verschwand aus dem Spielplan, erst 20 Jahre später kam eine Nestroy-Woche zustande, die mehr dem Andenken des unvergessenen Komikers als dem Dramatiker galt. Von da an begann eine allmähliche Wiederkehr, wie sie in der Theatergeschichte selten ist, mit einem

ersten Höhepunkt zum 50. Todestag 1912 und Karl Kraus' Wiener Rede *Nestroy und die Nachwelt*. In den zwanziger Jahren erschien die Gesamtausgabe; vor allem seit den sechziger Jahren haben die Aufführungszahlen, auch in Norddeutschland, weiter zugenommen.

Im hohen Alter kehrte Hans Moser, der größte der Wiener Komiker dieses Jahrhunderts, gelegentlich zur Bühne zurück – so als tief geängstigter Flickschuster Pfriem in Nestroys »Höllenangst« 1961 im Wiener Theater in der Josefstadt.

Russisches Theater im 19. Jahrhundert

Schauspieltheater wurde im 18. Jahrhundert von den Zaren nach Rußland importiert. Von dem deutschen Schauspieler und Prinzipal Konrad Ackermann, der bis 1751 in Moskau auftrat, ließ sich Fjodor Walkow (1729–1763), Gründer eines Liebhabertheaters in Jaroslawl, zur Wirklichkeitsbeobachtung und -darstellung anregen. Wolkow professionalisierte sich und seine Truppe, wurde in den Dienst des Zarenhofes genommen und spielte in Petersburg und Moskau ab 1756 Racine, Molière, Voltaire, Holberg, Lessing. Die ersten russischen Autoren schrieben unter französischem klassizistischen Einfluß. Ende des 18. Jahrhunderts breitete sich Theaterleidenschaft unter dem reichen russischen Adel aus; viele ließen Leibeigene zu Schauspielern ausbilden und in eigens errichteten Theatern auf ihren Gütern für einen kleinen Kreis spielen.

Als Leibeigener geboren wurde auch der für die Entwicklung der realistischen russischen Schauspielkunst bahnbrechende Michail Stschepkin (1788–1863). Er spielte noch in der Provinz, in Poltava, als 1818 Bewunderer seiner Kunst ihn für 10 000 Rubel von der Leibeigenschaft freikauften. Seit 1823 bis ans Lebensende ans Kaiserliche Theater in Moskau engagiert, repräsentierte der untersetzte, rauhstimmige Stschepkin die Gegenfigur zu dem eleganten Jakolew, der in den Kotzebueschen Rührstükken alle Register der Sentimentalität zog. Stschepkin dagegen prägte scharfe, rückhaltlos und kritisch charakterisierte Figuren aus der russischen sozialen Realität aus – so den karrierebesessenen, skrupellosen Beamten Famussow in Gribojedows satirischer Komödie *Verstand schafft Leiden* (1831). Bei der Uraufführung von Gogols *Revisor* (1836) spielte er den Stadthauptmann, das monströs eitle und tief feige Oberhaupt der provinzstädtischen Bürokratie. Auch die klassischen Rollen prägte er realistisch aus: Polonius in *Hamlet,* Shylock im *Kaufmann von Venedig,* den eingebildeten Kranken Molières. Er und ihm nachstrebende Schauspieler sorgten dafür, daß gerade am (jedermann zugänglichen) Kaiserlichen Schauspieltheater in Moskau – dem Mali – (Kleinen-)Theater, neben dem Bolschoi (Großen-)Operntheater gelegen – eine Tradition gesellschaftlich bewußter Schauspielkunst entstand, die gerade dieses Theater instandsetzte, zur Bühne für die bitter genauen Werke Alexander Ostrowskis zu werden. Stschepkin spielte z. B. am Ende seines Lebens 1861 den gerissenen, doch von seiner bösartigen Familie hereingelegten Kaufmann Bolschow in Ostrowskis (1849 noch vom Zensor verbotenen) Komödie *Es bleibt ja in der Familie.*

Die Traditionslinie der gesellschaftlich bewußten Schauspielkunst – neben ihr, gegen sie gab es auch den anhaltenden Erfolg kulissenreißerischer Effektschauspielerei – durchzieht das russische Theater des 19. Jahrhunderts und kulminiert Ende des Jahrhunderts im Künstlertheater Stanislawskis (vgl. Seite 208 ff.). In diese Linie gehört auch Maria Gawrilowa Sawina (1854–1915), eine Enkel-Schülerin Stschepkins, schon mit 20 Jahren am Petersburger Kaiserlichen Schauspieltheater, dem Alexandrinski-Theater, angelangt. Sie war Mitbegründerin und von 1897 an Vorsitzende der Allrussischen Theatergesellschaft, die für die materielle Sicherung und die politisch-gesellschaftliche Bewußtheit der Schauspieler eintrat. Neben vielen Ostrowski-Rollen spielte sie 1895 die Akulina in Tolstois *Macht der Finsternis.* Ihre lange Freundschaft mit Turgenjew krönte sie 1903, 20 Jahre nach dem Tode des Dichters, indem sie durch ihre Darstellung der Natalja Petrowna in *Ein Monat auf dem Lande* dieses Drama Turgenjews für das russische Repertoire gewann.

Nikolai Gogol

Gogol (1809–1852), Sohn eines Gutsbesitzers aus der Ukraine, kam 1828 nach Petersburg. Zu jener Zeit begann sich eine eigenständige russische Dramatik gerade erst herauszubilden. Die ersten Werke von bleibender Bedeutung waren *Verstand bringt Leiden* (1823), eine kritische Gesellschaftskomödie in klassizistischem Stil von Alexander Gribojedow (1795–1829), und *Boris Godunow* (1825), ein romantisches Volksdrama aus der russischen Geschichte von Alexander Puschkin (1799–1837), das von Mussorgski vertont wurde (1874). Klassizismus wie Romantik waren damals moderne, aus dem Westen eingeströmte Ideen, die unter den rückständigen, autokratischen Verhältnissen in Rußland revolutionär wirkten: der Klassizismus durch seine aufklärerische Tendenz, die Romantik durch ihre Besinnung auf die im Volk schlummernden Kräfte. Wie viele russische Dichter ihrer Zeit standen Gribojedow und Puschkin den Dekabristen nahe, dem Kreis adeliger Revolutionäre, die im Dezember 1825 den Zaren zu stürzen suchten; beide wurden wiederholt gemaßregelt und in entlegene Gebiete verschickt; ihre Stücke wurden von der Zensur zunächst unterdrückt. Gogol ist von diesen Traditionen ausgegangen. Er bekannte sich zur »sozialen Komödie« Gribojedows, in der er einen eigentümlichen Beitrag Rußlands zur Weltliteratur sah, »eine Fortsetzung jenes Kampfes von Licht und Finsternis, den Peter der Große in Rußland entfacht hat«, er verwarf jedoch den rhetorischen Stil und das konventionelle klassizistische Schema. Beeinflußt von der Romantik, strebte er nach ungezwungener, natürlicher Form, nach psychologischer Glaubwürdigkeit, Volkstümlichkeit und Phantasie. Puschkin vermittelte ihm den Stoff zu seinen wichtigsten Werken, zu der Komödie *Der Revisor* (1836) und dem Roman *Die toten Seelen* (Band 1, 1842). Wie schon Puschkin wurde Gogol, nachdem er zu erstem Ruhm gekommen war, unter die persönliche Zensur Nikolaus I. gestellt. So seltsam es klingt; diesem Umstand war es zu danken, daß *Der Revisor* das Rampenlicht der Bühne erblicken durfte, denn niemand außer dem Zaren selbst hätte ein derart sozialkritisches Werk freizugeben gewagt. Die gesamte Oberschicht: Bürokratie, Adel und Kaufmannschaft, fühlte sich herausgefordert; die liberale Intelligenz hingegen feierte den Dichter als Revolutionär, als »die Hoffnung, die Ehre und den Ruhm dieses Landes, einen seiner größten

Führer auf dem Weg zu Wissen, Entwicklung und Fortschritt«, wie der wortgewaltige Kritiker Belinski schrieb. Gogol selber war über die heftige Reaktion beider Seiten bestürzt. Wohl hatte er aufklären, Korruption und Borniertheit anprangern wollen, aber er fühlte sich durchaus als loyaler, dem Staat und der Kirche ergebener Bürger, dem der Zar nicht ohne Grund Vertrauen erwies. Der verzweifelte Versuch, seine Werke vor politischer Mißdeutung zu bewahren, stürzte den Dichter in seinen späteren Schaffensjahren in eine tragische, schließlich tödliche menschliche wie künstlerische Krise. Gogol bemühte sich, die Aussage seiner großen Werke, des *Revisor,* der *Toten Seelen,* des *Mantel,* zurückzunehmen. Als er 1847 die *Ausgewählten Stellen aus dem Briefwechsel mit Freunden* erscheinen ließ, in denen er die Selbstherrschaft und die Leibeigenschaft verteidigte, sagte sich der todkrank im Ausland weilende Belinski zornig von ihm los: »Prediger der Knute, Apostel der Ignoranz, Vorkämpfer für Obskurantismus und Dunkelmännertum, Verherrlicher tatarischer Sitten – was tun Sie? Blicken Sie auf die Erde nieder – Sie stehen ja am Rande eines Abgrunds ...« Zwei Jahre später wurde der junge Dostojewski zunächst zum Tode, dann zu Zwangsarbeit in Sibirien verurteilt, weil er in einem illegalen Zirkel den Brief Belinskis an Gogol vorgelesen hatte. Wenn Gogol auch die politischen Ideen Belinskis nicht billigen konnte, mußte er sich doch eingestehen, daß seine schöpferischen Kräfte erlahmten, nachdem er sich von der schonungslosen Wahrheitsschilderung abgewandt hatte. Zweimal verbrannte er die bereits vollendeten Kapitel zum zweiten Band der *Toten Seelen;* er verfiel religiösem Mystizismus, pilgerte nach Jerusalem, fastete und kasteite sich unter dem Einfluß eines fanatischen Popen bis zum physischen Zusammenbruch und verarmte vollständig. 1852 starb er in Moskau – an Nervenfieber, wie die Ärzte sagten.

Der Revisor

»Ich habe Sie hergebeten, meine Herren, um Ihnen eine unerfreuliche Mitteilung zu machen: Ein Revisor ist zu uns unterwegs.« Dieser Satz des Stadthauptmanns zu den Honoratioren der anonymen russischen Provinzstadt eröffnet die Komödie aus dem Jahr 1836 und umreißt bereits die ganze Fa-

bel. Chlestakow, ein junger Taugenichts aus Petersburg, der im Gasthaus abgestiegen ist, wird für den gefürchteten Beamten aus der Hauptstadt gehalten. Die Stadtväter geraten wie ein aufgestörter Ameisenhaufen in fieberhafte Bewegung, um Mißwirtschaft, Korruption und Gewaltakte zu vertuschen, die hochgestellte Persönlichkeit zu bestechen und für sich einzunehmen und damit Beziehungen nach Petersburg anzuknüpfen. Die anfängliche Verwirrung Chlestakows, der statt der Devotionen seine Arretierung als Zechpreller erwartet, trägt nur noch dazu bei, ihm ein geheimnisvolles und bedeutendes Flair zu geben; seine Prahlereien im Rausch lassen alle in Ehrfurcht erstarren. Er siedelt in die Wohnung des Stadthauptmanns über, macht dessen Frau den Hof und verlobt sich mit der Tochter, verläßt schließlich, mit Geldern und Geschenken reichlich gespickt, Hals über Kopf den zu heiß gewordenen Boden. Nach der Abreise enthüllt ein abgefangener Brief

Als durchtriebenen Schlingel spielte Hans Clarin den als Revisor angesehenen Reisenden in Gogols satirischer Komödie, Hanns Dieter Zeidler gab den von den möglichen Revisions-Resultaten geängstigten Stadthauptmann – Inszenierung am Münchner Staatsschauspiel 1962

Chlestakows die Verwechslung. Noch verstört von der Blamage, werden die Beamten von einem neuen Schicksalsschlag getroffen: Der richtige Revisor ist im Gasthaus abgestiegen und erwartet sie zum Rapport. Die sozialkritische Tendenz des Stücks ist offensichtlich. Gogol gibt im *Revisor* eine scharfe satirische Darstellung der sozialen Verhältnisse im Rußland seiner Zeit. Er zeigt die hierarchische Schichtung einer Provinzstadt: die Beamtenschaft, d. h. Stadthauptmann, Richter, Polizeichef, Schulinspektor, Armenaufseher, Kreisarzt, Postmeister und Büttel, die Haus- und Grundbesitzer, die Kaufleute, das unwissende,

Auf der Bühne von Erich Fischer wirbelt das Heidelberger Ensemble (Regie David Mouchtar-Samorai) 1979 beim Gogolschen »Revisor« körperartistisch in die Mechanik einer bizarren Groteske, in ein schrecklich-komisches Provinz-Melodram. Orientiert ist die Inszenierung an der von Meyerhold, Moskau 1926.

geduckte Volk – einen ganzen Zoo voll sozialer Tiere, die er auch »Schweineschnauzen« nennt. Er deckt Macht und Ohnmacht, Anmaßung und Erbärmlichkeit auf, das Zusammenspiel eitler, käuflicher und feiger Kreaturen, das Rußland zu einem Schandfleck Europas gemacht hat. In diese enge und dumpfe Welt platzt Chlestakow als ein fremdes, gesellschaftlich überlegenes Prinzip, ein Schmarotzer neuer Art. »Die schwierigste Rolle ist die Chlestakows«, hat Gogol gesagt und sich beklagt, daß die Figur falsch verstanden werde. Chlestakow ist weder ein durchtriebener Schurke noch gar ein positiver Held, vielmehr ein dummer, aufgeblasener Fant, ein Herrensöhnchen mit gesellschaftlichem Schliff, das sein Vater dank guter Beziehungen in den Kanzleistuben von Petersburg untergebracht hat. Seine Überlegenheit über die Provinzgewaltigen rührt nicht aus seiner Substanz, aus Intelligenz oder Moral, sondern allein daher, daß er an einer bevorzugten, einer glücklicheren Stelle der Gesellschaftspyramide sitzt. Es gibt im *Revisor* keine einzige positive Figur, es sei denn, wie Gogol in einem dramatisierten Kommentar *Beim Verlassen des Theaters nach der Aufführung einer neuen Komödie* (1842) bemerkt hat, das Lachen. Gogol blieb jedoch bei der bloßen Anprangerung sozialer Mißstände nicht stehen; er drang tief in den Mechanismus gesellschaftlicher Prozesse ein. Er verwarf die konventionelle Liebesintrige wie überhaupt jede an einzelne Personen gebundene Fabel und setzte die Gesellschaftsstruktur selber in theatralische Form um. »Die Intrige muß alle Personen umfassen und nicht nur eine oder zwei, sie muß all das be-

rühren, was mehr oder weniger alle handelnden Personen bewegt. Hierbei ist jeder ein Held; der Ablauf und der Gang des Stückes wird eine Erschütterung der Gesamtmaschine verursachen; nicht ein Rad darf dabei als rostig aussetzen oder als nicht zur Sache gehörig.« Alle Wendungen des Stücks entspringen unmittelbar, ohne das Vehikel einer konstruierten oder auserlesenen Handlung, der gesellschaftlichen Konstellation: Das Gerücht kommt auf durch die Klatschsucht der beschäftigungslosen Grundbesitzer; die Renommage Chlestakows, so unglaubwürdig sie sein mag, fällt auf fruchtbaren Boden dank des allgemeinen schlechten Gewissens; das Mißverständnis wird aufgedeckt, weil der Postmeister aus Neugier und von Amts wegen in den Briefen zu schnüffeln pflegt. Gogol macht deutlich, daß die Figuren dieser menschlichen Komödie keine selbständig handelnden Akteure sind, die ihres Schicksals Sterne in der eigenen Brust tragen, sondern Rädchen und Schräubchen im Uhrwerk gesellschaftlicher Apparaturen. Sie sind Geworfene und Getriebene im Ablauf unüberschaubarer, entfremdeter Vorgänge. »Als Intrige«, sagt Gogol, »kann alles dienen: das Grauen sogar, die Angst der Erwartung, das Unwetter des fern schwebenden Gesetzes…« Von einer panischen, unüberwindlichen Angst heimgesucht, haltlos ausgeliefert ihren sozialen und biologischen Antrieben, irren die Figuren des Stücks blind und orientierungslos umher – nicht zufällig läuft das Geschehen, von der einen zur anderen Signalisierung des Revisors, in einem geschlossenen Kreis ab, ohne Läuterung, ohne Erkenntnis, ohne Gericht. »Bitte erklären Sie mir folgendes«, läßt Gogol *Beim Verlassen des Theaters* einen Zuschauer den anderen fragen, »warum sieht man, wenn man jede Handlung und jede Person und jeden Charakter einzeln betrachtet, daß alles wahrhaftig und lebensvoll und der Natur abgelauscht ist, und warum scheint es einem trotzdem irgendwie übertrieben, riesenhaft und karikaturistisch zu sein, so daß man, wenn man das Theater verläßt, sich unwillkürlich fragt: Existieren tatsächlich solche Leute?« Gogol antwortet: »Nur die erste Reizbarkeit konnte das für etwas Persönliches halten, worin nicht einmal der Schatten von etwas Persönlichem liegen kann, da es mehr oder

weniger zur Persönlichkeit aller Menschen gehört. Dies ist ja nur ein Sammelplatz: Hierher strömten aus den verschiedensten Winkeln Rußlands die Ausnahmen von der Wahrheit, die Verirrungen und Mißbräuche, um einer Idee dienstbar zu werden – und um im Zuschauer eine hell brennende und edle Abscheu vor vielerlei Niedrigkeit zu erwecken. Diese Empfindung wird dadurch noch stärker, daß keine der geschilderten Personen ihr menschliches Bildnis verlor; überall klingt das Menschliche durch. Hierdurch wird das Erzittern des Herzens noch tiefer.« Gogol ist eben, trotz seines genialen Blicks für charakteristische Details in Physiognomie, Verhalten und Milieu, mehr als ein Realist; er läßt den sozialkritischen Anlaß hinter sich. Aus dem Realen wachsen seine Gestalten ins Phantastische und Groteske, aus dem Gesellschaftlichen ragen sie in einen existentiellen und absurden Raum. Das Pandämonium der Bürokratie wird zu einer archetypischen Konfiguration unseres Seins, die russischen Provinzialbeamten des 19. Jahrhunderts gerinnen zu Sinnbildern unserer Anmaßung, Lächerlichkeit und Verzweiflung. Diesen Zug bei Gogol hatte Dostojewski im Sinn, als er für sich und die großen Dichter seiner Generation bekannte: »Wir sind alle aus Gogols *Mantel* hervorgegangen.«

In einem weiteren dramatisierten Kommentar, *Die Lösung des Knotens des »Revisor«* (1846), schrieb Gogol: »Schauen Sie doch einmal die Stadt genau an, die im Stück dargestellt wird! Alle stimmen darin überein, daß es in ganz Rußland eine solche Stadt nicht gibt … Wie aber, wenn es die Stadt unserer Seele wäre und sie sich in jedem von uns befände? Der Revisor aber, das ist unser aufgerütteltes Gewissen, das uns plötzlich, mit einem Male, zwingt, uns selber mit größter Deutlichkeit zu betrachten. Vor diesem Revisor kann sich niemand verbergen, denn auf namentliches und höheres Geheiß wird er uns gesandt, und wir bemerken ihn erst, wenn kein Schritt zurück mehr möglich ist. Plötzlich tut sich vor dir und in dir solch Grauen auf, daß sich dir vor Entsetzen die Haare sträuben.« Chlestakow sei der falsche Revisor, ein feiles und trügerisches Gewissen, das von unseren Leidenschaften bestochen werden kann. Es gälte, zur rechten Zeit den richtigen Revisor zu finden und Arm in Arm mit ihm durchs Leben zu gehen. Gogols Tragödie war es, daß er diesen Revisor, den obersten Richter über das Erdenleben, verzweifelt suchte und nicht fand. Der Zar, die Revolution, der eifersüchtige Gott der östlichen Kirche – sie alle ließen ihn in seiner Qual allein.

Die Heirat

Gogols zweite, nur zweiaktige Komödie (1842) gestaltet nicht die Bürokratisierung, sondern die Kommerzialisierung der russischen Gesellschaft. Sie illustriert, was der Autor in der Szene *Beim Verlassen des Theaters* ausgesprochen hat: »Das heutige Drama wird viel stärker als durch eine Liebesgeschichte durch das Streben bestimmt, einen einträglichen Posten zu ergattern, koste es, was es wolle, zu glänzen und andere in den Schatten zu stellen, sich für Geringschätzung oder für Spott zu rächen. Steckt nicht heutzutage viel mehr Anziehungskraft in einem Titel, im Geld, in einer guten Partie als in der Liebe?« Es geht darum, eine schon etwas fadenscheinige Jungfrau mit ebenfalls schon etwas fadenscheinigem Besitz unter die Haube zu bringen. Wieder läßt Gogol ein groteskes Ensemble sozialer und psychologischer Typen aufmarschieren, skurrile Existenzen aus der Beamtenschaft, der Armee, dem Kaufmannsstand. Das Anpreisen, Mäkeln, Feilschen, Einander-und-sich-selber-Übertölpeln der Verkäufer, Makler und Kunden dieses kupplerischen Jahrmarkts liefert den Spaß der Geschichte. Doch Gogol will offensichtlich weder verspotten noch anklagen; Melancholie durchzieht die Komödie. Er zeigt die traurigen Helden des Spiels als arme, bedauernswerte Tröpfe, die ein bißchen Glück und Wohlstand zu erhaschen suchen und über die eigenen Füße stolpern. Der glückliche Bräutigam bekommt, nachdem er alle Konkurrenten aus dem Felde geschlagen hat, Angst vor der eigenen Courage und entwischt durchs Fenster.

Eine weitere, noch vor dem *Revisor* und der *Heirat* konzipierte Komödie, *Der Wladimir-Orden dritten Grades,* ist nie fertig geworden. Aus ihr stammen die Szenen *Der Vormittag eines beschäftigten Mannes, Der Prozeß, Das Dienerzimmer* und *Das Fragment* (1840–1842). Diese Szenen sind – ebenso wie die kleine Komödie *Die Spieler* (1842) – talentvolle Genrebilder und psychologische Studien.

Iwan Turgenjew

Der Dichter (1818–1883), aus Orjol in Zentralrußland gebürtig, stammte aus altem, ursprünglich tatarischem Adel und wuchs auf einem typischen Herrenhof jener Zeit auf. Sein erster Eindruck war die despotische Herrschaft seiner Mutter über die Bauern, die Demütigung der einfachen Menschen, mit denen er als Kind zusammenlebte, und er leistete, wie er später sagte, einen »Hannibalschwur«, immer gegen Leibeigenschaft und Hörigkeit zu kämpfen. Er wurde berühmt durch die *Aufzeichnungen eines Jägers* (1852), keineswegs das Tagebuch eines Waidmanns, sondern ein Kranz von Erzählungen, Porträts, sozialen Studien, Landschafts- und Naturbeschreibungen. Der spätere Zar Alexander II., »der Befreier«, soll von den Aufzeichnungen so beeindruckt gewesen sein, daß er sich zur Abschaffung der Leibeigenschaft aufgerufen fühlte. In Turgenjews Lebens- und Schaffenszeit fielen umwälzende Ereignisse: die Niederlage der demokratischen Revolution 1848/49, die Niederlage Rußlands im Krimkrieg gegen die Türken 1853/56, die Niederlage der Polen im Aufstand 1863. »Immer wieder Blut, immer wieder Schrecken«, schrieb er, was die Melancholie seiner Werke erklärt. Er war mit allen führenden Revolutionären und Literaten seiner Zeit bekannt; in seinen großen Romanen hat er mit viel Sensibilität die Epoche und ihre Akteure beschrieben. Das brachte ihm die üblichen Schwierigkeiten mit der Polizei und der Zensur ein, gelegentlich sogar Haft und Verbannung. Spätestens nach Aufhebung der Leibeigenschaft (1861), die viel zu spät kam und kein soziales Problem löste, mußte sich die Intelligenz entscheiden: für die beharrliche Reform oder die Revolution, für ein aufgeklärtes, europäisches Rußland oder die »russische Seele«, den, was Marx so sehr fürchtete, tatarischen Weg. Alexander II. wurde 1881 von Anarchisten erschossen. Turgenjew fand keinen Konsens mehr zu seinen Freunden, zu Bakunin, Dostojewski. Er war ein »Westler«, lebte 30 Jahre in Frankreich und Deutschland; in Bougival bei Paris ist er 1883 gestorben. Die Russen haben ihn wohl dennoch geliebt: 400 000 Menschen, so wird berichtet, trugen ihn, als der Zug mit seinem Sarg aus Paris kam, in Petersburg zu Grabe.

Turgenjew schrieb seine »Szenen und Komödien« allesamt in dem Jahrzehnt von 1846 bis 1855, darunter *Wo es dünn ist, reißt es, Der Kostgänger, Die Provinzlerin, Ein Monat auf dem Lande.* Die Stücke, russische Milieustudien, waren auf der Bühne kein Erfolg; manche wurden nur gedruckt, manche blieben in der Schublade. Turgenjew, der leicht zu deprimieren war, gab als Theaterdichter auf, zumal in Alexander Ostrowski ein Autor die Bühne betrat, der das Theaterhandwerk souverän beherrschte. Eine vielleicht tragische Fehleinschätzung, die natürlich durch die Konzentration des Dichters auf seine Romane aufgewogen wird.

Ein Monat auf dem Lande

Dennoch ist diese Komödie von 1855 in das klassische Repertoire des russischen Theaters eingegangen; freilich erst nach dem Tod des Verfassers, als sich Stanislawski, der auch Tschechow durchsetzte, des Stücks annahm. Die Fabel der Komödie in fünf Akten ist einfach: Die 29jährige Natalja Petrowna langweilt sich, weil sich ihr Gatte, ein Gutsbesitzer, mit ausschließlichem Eifer um die Wirtschaft kümmert. Der Hausfreund, ein liberaler Intellektueller, langweilt sie ebenfalls. Sie verliebt sich in den Hauslehrer ihres Sohnes, einen Studenten, den wiederum ihre Pflegetochter liebt. Am Schluß reisen Hausfreund und Student ab; die Pflegetochter wird, verkuppelt von Natalja und einem zynischen Arzt, an einen greisen Gutsnachbarn verheiratet. Stanislawski hat den »Untertext« der redseligen Dialoge entdeckt, die Doppelbödigkeit: Nicht, was die Personen reden, ist wichtig, sondern was sich in den Pausen abspielt, in den Blicken, den Auslassungen. Turgenjew war von den Franzosen beeinflußt – sein Stück geht auf eine Vorlage von Balzac zurück; aber vor allem Flaubert, ein persönlicher Freund, stand ihm nahe, und dessen neue Psychologie. Turgenjew hat Tschechow vorbereitet.

Alexander Ostrowski

Ostrowski (1823–1886) wurde als Sohn eines kleinen Beamten und Advokaten in Moskau geboren; er wuchs im alten Kaufmannsviertel der Stadt auf. So gewann er früh Einblicke in die Welt der kastenartig von der übrigen Gesellschaft abgeschlossenen Kaufmannschaft – ein noch »von niemandem erforschtes Land«, das ihm später den Stoff für die meisten seiner Werke lieferte. Er konnte diese Kenntnisse vertiefen, als er nach Abbruch seines Jurastudiums als Kanzlist am Familiengericht und am Handelsgericht tätig war. 1847 veröffentlichte er als erste literarische Arbeit eine Erzählung, die seine einzige blieb; er hat später nur noch dramatische Werke geschrieben. Bekannt wurde er durch die 1849 vollendete Komödie *Bankrott,* die allerdings nur – unter dem harmlosen Titel *Es bleibt ja in der Familie* – in einer Zeitschrift erscheinen durfte. Mit dem Vermerk »Alle handelnden Personen sind ausgemachte Schurken … Das ganze Stück ist eine Beleidigung der Kaufmannschaft«, lehnte die Theaterzensur eine Aufführung ab. Nikolaus I. bestätigte die Entscheidung: »Ganz richtig. Umsonst gedruckt. Spielen verboten.« Ostrowski wurde unter Polizeiaufsicht gestellt und aus dem Staatsdienst entlassen. Derartige Repressalien waren das übliche Schicksal russischer Dichter (und sind es bis heute geblieben); sie besagen noch nicht, daß Ostrowski ein Revolutionär war. Im Gegenteil: Er gehörte zum Kreis der Slawophilen, die die russische Gesellschaft »von rechts« kritisierten, den Grund für die Mißstände im Verfall der alten Sitten und Tugenden sahen.

Erst persönliche Eindrücke vom Leben in der Provinz, die er bei einer ethnographischen Wolga-Expedition des Marineministeriums 1856 gewann, überzeugten ihn von der Notwendigkeit sozialer Reformen, wie sie dann, freilich unzulänglich, 1861 mit der Aufhebung der Leibeigenschaft in Angriff genommen wurden. Nach der Wolgareise schrieb Ostrowski historische Chroniken im Stil von Puschkins *Boris Godunow* zum Ruhm Rußlands, aber auch die gesellschaftskritische Tragödie *Das Gewitter,* die der revolutionäre Kritiker Dobroljubow einen »Lichtstrahl im Reich der Finsternis« nannte. Trauer um das alte Rußland und Einsicht in die Notwendigkeiten gesellschaftlichen Fortschritts begegneten einander. Der Zusammenklang beider Motive ergab dann den heiter-bitteren Ton, der die reifsten Werke Ostrowskis auszeichnet, die Komödien der siebziger und achtziger Jahre, die in der Nachfolge der Gogolschen *Hei-*

rat die Kommerzialisierung der russischen Gesellschaft reflektieren. Vor dem Auftreten Ostrowskis besaß Rußland ein paar Stücke von Gribojedow, Puschkin, Gogol, Turgenjew; als er abtrat, hinterließ er ein nationales Repertoire. »Die ganze Bühne stinkt nach den kurzen Schafspelzen Ostrowskis«, meinte ein Theatergewaltiger jener Zeit. Nicht zuletzt unter dem Zwang, seinen Lebensunterhalt zu verdienen, hat Ostrowski Jahr für Jahr ein bis zwei Stücke geschrieben, insgesamt 47 oder 48, Gemeinschaftsproduktionen und Übersetzungen nicht gerechnet. Hinzu kam sein unermüdliches Ringen um eine Reform des Theaterlebens, das er in einigen seiner Stücke kritisiert hat. »Meine Aufgabe ist es, der russischen dramatischen Kunst zu dienen, die jetzt nur mich allein hat. Ich bin ihr alles: die Akademie, ihr Mäzen und obendrein ihr Schutz.« In seinem letzten Lebensjahr wurde Ostrowski Leiter des Kaiserlichen Schauspiels in Moskau, des Maly-Theaters, und Direktor der dazugehörigen Theaterschule. Er starb 1886 auf einem Gut im Gouvernement Kostroma (Wolgagebiet) an Angina pectoris.

Es bleibt ja in der Familie

Der bauernschlaue Kaufmann Bolschow in dieser Komödie (ursprünglich *Bankrott,* 1849) will sich vor seinen Zahlungsverpflichtungen drücken, er überschreibt seinen Besitz samt Tochter dem Kommis und erklärt sich für zahlungsunfähig. Als der Schwindel platzt, lassen ihn die Seinen, die von seinem Geld in Saus und Braus leben, ungerührt ins Schuldgefängnis gehen. Das Stück fasziniert und schockiert durch seine radikal böse Tendenz: Alle Charaktere sind widerwärtig, der Ausgang deprimiert (erst unter dem Druck der Zensur fand Ostrowski sich bereit, den gewissenlosen Kommis in der Schlußszene verhaften zu lassen). Man versteht das Stück, wenn man sich den Emanzipationsprozeß vergegenwärtigt, der damals in der Kaufmannschaft vor sich ging. Immer mehr Kaufleute ließen sich die Bärte scheren, tauschten ihre Russenkittel gegen westeuropäische Kleidung und die alten Grundsätze von Treu und Glauben gegen moderne, skrupellose Geschäftspraktiken. Gegen diese Entwicklung nahm Ostrowski Stellung.

So war es sicherlich nicht nur Rücksicht auf

die Zensur, sondern Ausdruck der eigenen konservativen Überzeugung, wenn der Dichter in weiteren Stücken: *Armut ist kein Laster* (1853), *Der bittere Rest beim fremden Fest* (1855), *Ein einträglicher Posten* (1856) und einem halben Dutzend anderer, die er »Bilder aus dem Moskauer Leben« nannte, neben den Halunken auch positive Figuren vorführte: patriarchalische Hausherren, die sich am Ende rühren lassen; Beamte, die unbestechlich sind und bleiben; arme, aber ehrbare Mädchen; fröhliche junge Leute, die die alten Lieder singen. Die Stücke, handwerklich stets gut gebaut und mit dankbaren Rollen ausgestattet, bekommen dadurch zuweilen einen idyllischen und erbaulichen Zug.

Das Gewitter

Dieses Drama (1859), nach der Wolgareise geschrieben, offenbart einen verwandelten Ostrowski. Das Stück spielt nicht mehr im verwinkelten Moskauer Kaufmannsviertel, sondern in einer Stadt auf dem Steilufer der Wolga mit freiem Blick über den Strom und das Land. Katerina, eine junge Kaufmannsfrau, leidet unter dem herrischen Regiment ihrer Schwiegermutter; Tichon, ihr Mann, ist ein Schwächling und Säufer. Eines Tages, als Tichon verreist ist, bricht Katerina aus der Sklaverei aus und erlebt eine stürmische Romanze mit einem jungen Mann aus der Großstadt. Leidenschaftlich bekennt sie sich zu ihren Gefühlen: »Wenn ich deinetwegen die Sünde nicht fürchte, soll ich etwa das Gericht der Menschen fürchten?« Als sie von ihrer Familie gequält, von ihrem Geliebten im Stich gelassen wird, stürzt sie sich vom Steilhang in die Wolga. Die Gestalt der Katerina, deren Schicksal Dobroljubow eine »furchtbare Herausforderung der Macht des Despotismus« genannt hat, weist weit in die Zukunft; sie ist eine frühe Anna Karenina. Das Drama, das tragische, lyrische und burleske Elemente vereint, hat shakespearschen Atem.

Dem Erlebnisbereich der Wolgareise entstammen auch die Stücke *Die Ziehtochter* (1859) und *Ein besuchter Platz* (1865). Beide spielen auf dem Lande; das eine wirft einen ähnlichen Konflikt wie *Gewitter* auf: Eine Gutsherrin zertritt die Gefühle ihrer Pflegetochter; das andere ist eine Kriminal- und Eifersuchtskomödie in einem Gasthaus an der Landstraße.

Schneeflöckchen

»Ich werde keine Zeitstücke mehr schreiben«, meinte Ostrowski in den sechziger Jahren. »Schon lange befasse ich mich mit der russischen Geschichte, ich will mich ihr ganz widmen – ich werde Chroniken schreiben…« Zum Glück blieb Ostrowski diesem Vorsatz nicht treu. Denn seine historischen Dramen aus der Zeit Iwans des Schrecklichen und des falschen Demetrius sind nichts weiter als eine patriotische Rekapitulation der Geschichte und literarisch uninteressant. Ein Abgesang der historischen Periode war das Märchenspiel *Schneeflöckchen* (1873), das sich, vor allem in der Vertonung von Rimski-Korssakow (1882), auf der Bühne behauptet hat. Es ist ein Frühlingsmärchen, gewoben aus Sagen, Legenden, Volksweisheiten und Liedern. Schneeflöckchen, Tochter des Königs Frost und der Frühlingsfee, erwärmt sich in Liebesglut und schmilzt selig dahin.

Eine Dummheit macht auch der Gescheiteste

Ende der sechziger Jahre begann – nach den Bildern aus dem Moskauer Leben und den Wolgadramen – die dritte und letzte Schaffensphase Ostrowskis: die Periode der großen gesellschaftskritischen Komödien, die sich wie eine Enzyklopädie des russischen Lebens jener Jahre aneinanderreihen.

In *Eine Dummheit macht auch der Gescheiteste* (1868) wird erzählt, wie ein intelligenter junger Mann aus kleinen Verhältnissen Karriere macht. Er erträgt geduldig die Belehrungen seines senilen, aber einflußreichen Onkels und macht dessen koketter Frau den Hof, knallt die Hacken zusammen bei Seiner Exzellenz, verfaßt für den vermögenden Schöngeist die Tischgespräche, bezahlt die Wahrsagerinnen für das, was sie aus dem Kaffeesatz lesen, und wirbt aufopferungsvoll um eine Braut mit Geld. Er macht nur eine Dummheit, die für seinen Charakter spricht: Er führt Tagebuch. »Wissen Sie, meine Herren«, erklärt er zornig, als das Heft ans Licht kommt, »solange ich mich in Ihrer Gesellschaft befand, war ich nur dann wirklich ehrenhaft, wenn ich dieses Tagebuch schrieb. Sie brachten mich dazu, daß mir die Galle hochstieg. Was hat Sie denn in meinem Tagebuch beleidigt? Gesetzt, ich hätte jedem einzelnen von Ihnen das vorgelesen, was ich über die anderen geschrieben, ein jeder hätte mir Beifall geklatscht.« Und er

stellt fest: »Sie brauchen mich, meine Herren. Ohne Menschen wie mich können Sie gar nicht existieren. Wenn nicht ich, wird es ein anderer sein.« Er geht, die Herren aber bedenken: »Was man auch sagen möge, er ist ein geschickter Geschäftsmann. Bestrafen muß man ihn zwar, aber nach einiger Zeit wird man ihn wieder heranziehen und verwöhnen können.«

Ein heißes Herz

Ostrowski stellte hier 1869 erneut jenen leidenschaftlichen, zu Selbstbewußtsein erwachenden Frauentyp in den Mittelpunkt, den wir aus *Das Gewitter* und *Die Ziehtochter* kennen und der auch noch in späteren Stücken auftauchen wird. Die Kaufmannstochter Parascha ist resoluter als ihre Schwestern in den anderen Stücken; nicht nur, daß sie sich aufmacht, ihr Glück zu erkämpfen, sie gibt ihrem Geliebten den Abschied, als sie sieht, daß er nichts taugt, und nimmt einen braven Jungen, auf den sie sich verlassen kann. Das Stück mit kriminalistischer Verwicklung, nächtlichen Abenteuern, exzentrischen Bootsfahrten hat etwas von der poetischen Turbulenz Shakespearescher Lustspiele.

Tolles Geld

In diesem Stück (1870) heiratet die arrogante und umschmeichelte Dame Lydia den penetranten, ungebildeten Unternehmer Wassilkow, der »akkurat eine solche Gattin« braucht, »glänzend und mit ausgezeichneten Umgangsformen«. Ihre Schönheit, Etikette und Noblesse sollen sein handfest und prosaisch verdientes Geld veredeln. Leider bringt sie in die Ehe einige typisch aristokratische Laster mit: Blasiertheit, Verschwendungssucht und Liederlichkeit. Wassilkow, für die Moskauer Jeunesse dorée ein wahres Wunder – ein Mann mit praktischen Kenntnissen, festen Prinzipien, geordnetem Haushalt und sicheren Einkünften –, zögert nicht, ihr die Unarten abzugewöhnen, die sein Renommee und sein Budget gefährden. Wer das Geld hat, ist der Stärkere. Die aufsässige Lydia muß klein beigeben und lernt Hauswirtschaft.

Der Wald

Die Gutsbesitzerin in dieser Komödie von 1871, eine Witwe in den Fünfzigern, hat den alten Drang zum Herrschen, aber schon

nicht mehr die Kraft dazu. Sie verschleudert ihren Besitz, den Wald, an einen Holzspekulanten, prellt ihre Verwandten um Erbe und Gastrecht, wählt einen durchgefallenen Gymnasiasten zum Galan und sogar zum Mann. In diese morsche Welt treten zwei großartige Schauspielergestalten: Gennadius, der Unglückliche, und Arkadius, der Glückliche – der Tragöde und der Komiker. Gennadius ist ein verlaufener Neffe der Patronin; um seinen sozial deklassierten Stand zu tarnen, spielen er und sein Gefährte Herr und Lakai. Aber bald erkennt er: »Wir sind die Künstler, die Komödianten seid ihr. Wenn wir lieben, dann lieben wir wirklich; wenn wir nicht lieben, dann streiten wir uns oder prügeln uns gar, und wenn wir helfen, dann helfen wir mit unserem letzten, sauer verdienten Groschen. Ihr aber? Wen habt ihr gespeist? Wen habt ihr in seinem Leid getröstet? Euch selber habt ihr unterhalten, nur euch selber ergötzt.« Mit dem bißchen Geld, das er der Alten abgetrotzt hat, verhilft er der armen Kusine zum Glück, dann nimmt er den Genossen bei der Hand: »Wie sind wir bloß in diesen Wald geraten, Bruder Arkadius? Warum, Bruder, schreckten wir all die Eulen und Uhus rings auf?«

Wölfe und Schafe

Die Gutsbesitzerin dieses Stücks (1875), eine Matrone von Rang und Namen, glaubt, mit Hilfe von gefälschten Papieren, schmutzigen Tricks und Erpressungen Geschäfte machen, mit Hilfe von Beziehungen, Intrigen und Heiratsvermittlungen das Gouvernement regieren zu können. Aber die Zeiten haben sich geändert. Berkutow tritt auf, ein stattlicher Mann, der weiß, was er will, mehr Unternehmer als Gutsherr, der reiche Witwen und verarmte Güter im Sturme nimmt. Seine Energie und sein Kapital fegen die antiquierten Gaunereien vom Tisch. Übrigens ist auch die arme Verwandte nicht mehr auf Almosen angewiesen, sie fängt einen reichen Trottel im Netz. Als der Favorit der Gutsbesitzerin, ein aristokratischer Nichtsnutz von Neffe, heimkommt und klagt, seinen Hund Tamerlan hätten am hellichten Tag die Wölfe gefressen, teilt ihm der verstörte Winkeladvokat mit: »Hier geht es nicht um Tamerlan, denn soeben an dieser Stelle und vor unseren Augen ist Ihre Braut mitsamt der Mitgift und Michailo

Mit zähnebleckendem Grinsen langt die geizige Gutsbesitzerin Raissa Pawlowna (Gisela Uhlen) nach dem gescheiterten Gymnasiasten Alexej (Ulrich Kuhlmann), den sie in ihr Bett will: Szene aus der sozial scharf konturierten Züricher Inszenierung von Ostrowskis »Wald«, 1976, Regie Manfred Karge und Matthias Langhoff.

Rudolf Vogel als Un-Rechtsberater Tschugunow der reichen und bigotten Gutsbesitzerin Mursawetzkaja, die Therese Giehse mit der ganzen Schärfe und Härte ihrer Charakter-Enthüllungsmittel spielte – in Rudolf Noeltes Inszenierung von Ostrowskis »Wölfe und Schafe« 1964 an den Münchner Kammerspielen.

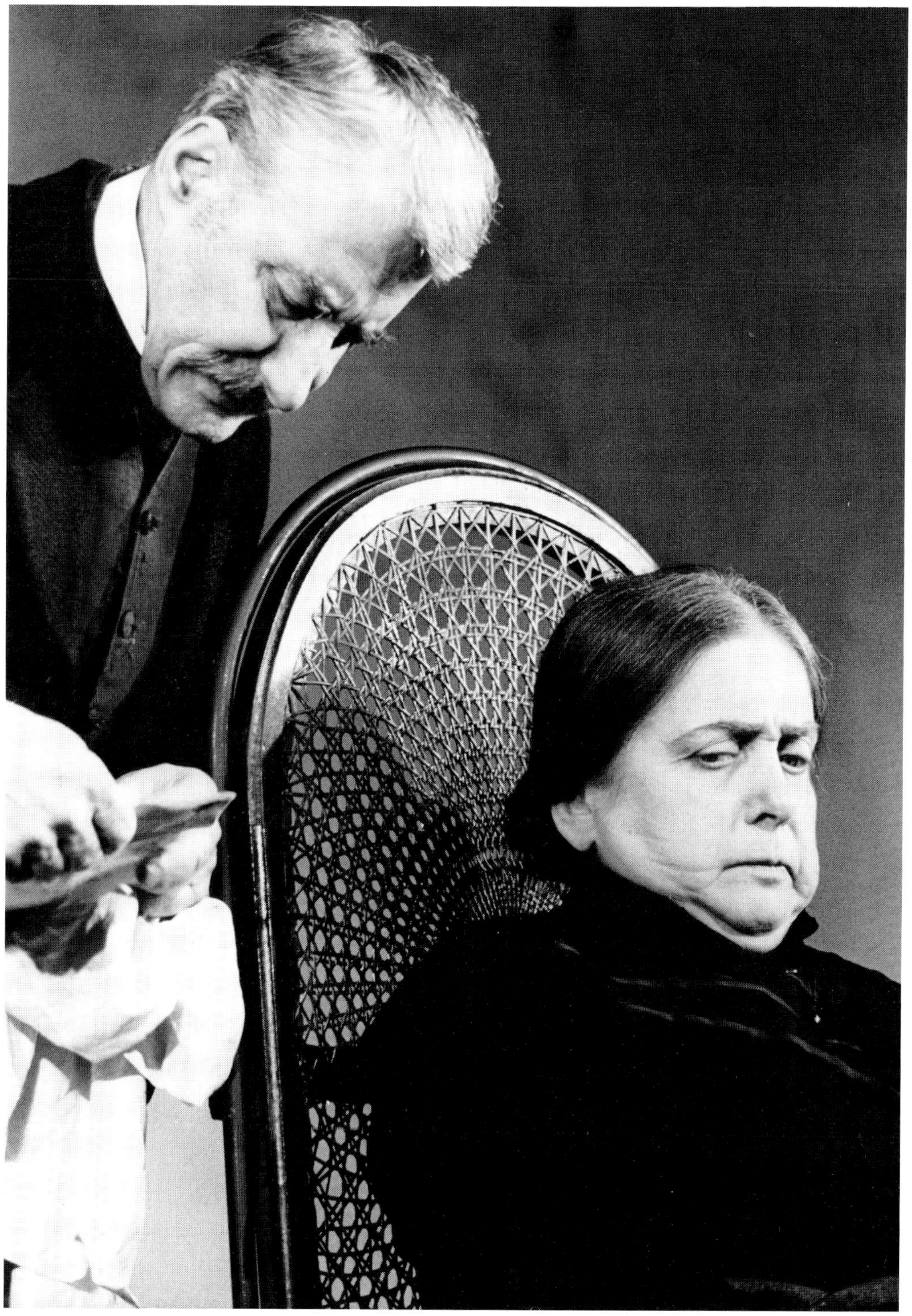

Borissytsch mit seinem ganzen Gute von Wölfen gefressen worden.«

Auch in seiner Spätphase hat Ostrowski sehr viel mehr Stücke geschrieben, als wir anführen können. Er hat die Typen und Konflikte immer wieder verwandelt und neu komponiert. In den letzten Lebens- und Schaffensjahren schrieb er Stücke aus dem Schauspielermilieu: *Talente und Verehrer* (1882) und *Die schuldlos Schuldigen* (1884); das Künstlertum schien ihm eine positive Gegenwelt zur aristokratischen Dekadenz und bürgerlichen Misere.

Es fällt nicht schwer, die sozialen Wurzeln der späten Werke Ostrowskis nachzuweisen. Er zeigt, wie nach der Aufhebung der Leibeigenschaft der freigesetzte Kapitalismus die feudale Gesellschaft überrollt. Der Sieg der robusten Unternehmer, intelligenten Karrieremacher, praktischen Mädchen hinterläßt einen bitteren Geschmack. Ostrowski hat diese Figuren zwar bewundert und erkannt, daß ihnen die Zukunft gehört; er hat aber auch, konservativen Traditionen verbunden, ihre Banalität gesehen und den Verlust der Werte, den ihr Sieg mit sich bringt. In der Umbruchsepoche Rußlands zur Industriegesellschaft lebend und schreibend, hat er in seinen besten Werken ohne Sentimentalität und Schönfärberei die Prosa des modernen Lebens gestaltet.

Theater der Jahrhundertwende I: der europäische Realismus

Konstantin Stanislawskis Uraufführungs-Inszenierung des »Nachtasyl« von Gorki hatte 1902 Premiere und wurde als szenische

Meister- und Musterinterpretation mehr als 1200mal im Moskauer Künstlertheater gezeigt. Der inneren Wahrheit des Spiels arbeiteten besondere äußere Bühnenmittel zu, historisch und sozial detaillierte, »treue« Kostüme, milieu-genaue Dekorationen (Victor Simov).

Nicht auf dem Theater, sondern im Roman, der bedeutendsten Kunstleistung des 19. Jahrhunderts, ist sich die europäische bürgerliche Gesellschaft selbst kritisch gegenübergetreten. Die großen »dramatischen« Gestalter dieser Epoche (dramatisch nicht als Gattungsbegriff genommen, sondern in der Bedeutung von leidenschaftlicher, aufwühlender, spannungs- und widerspruchsreicher Gestaltung) waren Stendhal und Balzac, Flaubert und Zola, Keller und Fontane, Tolstoi und Dostojewski. Sie alle waren Romanciers und schrieben die Gesellschaftsgeschichte des 19. Jahrhunderts, soweit dies mit literarischen Mitteln möglich war. Von den drei großen Stückeschreibern der nach-napoleonischen Generation: Büchner, Nestroy und Gogol, die scharfgeschnittene, satirische oder gar nihilistisch zugespitzte Gesellschaftsdarstellung lieferten, blieb Büchner den Zeitgenossen unbekannt, wurde Nestroy zum amüsanten Unterhalter verniedlicht, Gogol dagegen argwöhnisch beäugt und in die Selbstzerstörung getrieben.

Das 19. Jahrhundert war nicht nur die Epoche der großen Gegenwartsromane, es war auch die Zeit der großen wissenschaftlichen Leistungen auf dem Gebiet der Geschichtsschreibung: das Jahrhundert Leopold Rankes, Johann Gustav Droysens und Theodor Mommsens. Der Drang zu wissen, wie die Vergangenheit denn gewesen sei, beflügelte diese Geschichtsschreibung und war verbunden mit der Gefahr, die Vergangenheit zu musealisieren und zu monumentalisieren: unter dem Begriff Historismus wurde Geschichte als Geschichte heroischer Individuen personalisiert. Der Rankesche Gedanke, zu beschreiben, »wie es eigentlich gewesen«, verführte dazu, die ökonomischen, sozialen, politischen Prozesse, die aus der Vergangenheit in die Gegenwart weisen, zu vernachlässigen.

Die Theaterszene

Die Meininger

Die Idee des Historismus hatte um die Jahrhundertmitte auch das Theater ergriffen. Exemplarisch dafür das Hoftheater des Meininger Herzogs Georg II.: Ein durch die Reichsgründung beschäftigungslos gewordener Regent richtete seine Aktivität auf

das Theater, wo er versuchte, durch die Vergangenheit thematisierende Werke eben diese Vergangenheit exakt zu rekonstruieren, denn der Nachdruck lag hier auf der historisch genauen Dekoration, auf zu Einzelfiguren durchgeformten Massenszenen. Georg II. übertrug die Prinzipien der zeitgenössischen Historienmalerei (er war Schüler des Münchner Malers Wilhelm von Kaulbach gewesen) auf das Theater, skizzierte selbst den Bühnenbau und die Arrangements, entwarf die Figurinen und bestimmte Farbe, Stoffe und Schnitt der Kostüme, darin unterstützt von seiner Frau, der Schauspielerin Ellen Franz (seit der morganatischen Heirat, 1873, hieß sie Freifrau von Heldburg). Die immens hohen Ausstattungskosten (300 000 Mark beim dreiteiligen *Wallenstein* mit 300 Kostümen) wurden eingespielt durch lange Aufführungsserien auf Gastspielreisen durch ganz Europa (2591 Aufführungen in 38 Städten); die letzte Aufführung fand 1890 in Odessa statt, nach dem Tode des Oberregisseurs Ludwig Chronegk.

Das Theater der Meininger war Klassikertheater: Besonders berühmt waren Inszenierungen von Shakespeares *Julius Cäsar* und *Wintermärchen,* von Schillers *Fiesco* und *Wilhelm Tell.* Dem Historismus verpflichtet waren diese Aufführungen insofern, als keine Reflexion der eigenen ideologischen und gesellschaftlichen Positionen und ihres Bezugs zu denen der Entstehungzeit der klassischen Werke stattfand, noch nicht einmal hinsichtlich der Bühnenform und des Publikums, für das die Werke damals geschrieben waren. Shakespeares Stücke wurden nicht auf der offenen Spielfläche des elisabethanischen Theaters inszeniert, sondern im geschlossenen, Realitätsabbildung illusionierenden Bühnenraum, den die angenommene »vierte Wand« zwischen den Portalen vom Zuschauer abtrennte.

Ironischerweise war das apolitisch-historistische Theater der Meininger das wichtigste theatralische Vorbild jener Regisseure, die sich etwa von 1890 an für die Dramen Ibsens, Hauptmanns, Tschechows, Gorkis einsetzten und ihre adäquate, »wahrhaftige« Darstellung auf dem Theater forderten und realisierten. Von den drei bedeutendsten fingen zwei, Antoine und Stanislawski, als Theaterliebhaber, als Amateure an; der dritte, Otto Brahm, kam von der Theaterkritik. Antoine verdankte den literarischen Anstoß vor allem Emile Zola. Dieser hatte schon 1868 seinen naturalistischen Roman *Thérèse Raquin* zu einer Grobfassung theatralisiert, blieb aber mit eigens fürs Theater geschriebenen Stücken wenig erfolgreich. 1881 wandte er seine literarische Theorie des Naturalismus aufs Theater an, veröffentlichte den Essay *Le naturalisme au théâtre:* Wahrheit ist seine Forderung; das gesamte zeitgenössische Milieu soll ohne Vorurteile und unter Mißachtung der bürgerlichen moralischen »Konventionen« gezeigt werden.

André Antoine und das Théâtre libre

Antoine (1858–1943) war noch Angestellter eines Gaswerkes, als er 1887 in Paris das Théâtre libre, das freie Theater, gründete – gegen die klassizistischen Konventionen der Comédie Française und die Seichtheit des Boulevardtheaters. Ein Kreis von Subskribenten sicherte das Theater, auch gegenüber der Zensur. Antoine spielte selbst und erzog dabei sich und seine ebenfalls als Amateure beginnenden Mitspieler zu Wahrheit und Echtheit des Ausdrucks (»spielen, als ob die Bühne nicht offen wäre zum Zuschauerraum«), der unterstützt wurde von der »Milieu«-Echtheit der Bühne. In den »echten« Möbeln des Speisezimmers seiner Mutter zeigte er als erstes *Jaques Damoux* nach Zola. Im Zuschauerraum wurden die Lichter gelöscht, die Bühne wurde atmosphärisch beleuchtet. Zu den 62 Inszenierungen des Théâtre Libre gehörten Tolstois *Macht der Finsternis* (Uraufführung 1888), Ibsens *Gespenster* (1890), Strindbergs *Fräulein Julie* (1893). Ibsens *Wildente* zeigte Antoine trotz ihres »Symbolismus«, Maeterlincks mystifizierende Stücke jedoch lehnte er ab. Das nach ihm selbst benannte Théâtre Antoine betrieb er ab 1896 schon ganz professionell. 1904 spielte er den Shakespeareschen *Lear,* allerdings wie den Hauptmannschen *Fuhrmann Henschel.* 1906 übernahm Antoine das Théâtre de l'Odeon, zeitweise zweites Haus der Comédie Française; für die Vorbereitung seiner Inszenierung des Shakespeareschen *Julius Cäsar* reiste er 1914 studienhalber nach Rom – wie das vor ihm schon der Herzog von Meiningen und Stanislawski getan hatten.

Otto Brahm und die Freie Bühne

Orientiert am Vorbild des Théâtre Libre gründeten Berliner Literaten und Bürger (darunter der Verleger S. Fischer) 1889 in Berlin die Freie Bühne, einen Verein zur Veranstaltung geschlossener Aufführungen von Dramen, die sonst der Zensur unterlegen gewesen (und wahrscheinlich verboten oder verstümmelt worden) wären. Für einmalige Aufführungen wurden Theater gemietet und Schauspieler engagiert. Programmatisch eröffnete man mit Ibsens *Gespenstern* (29. September 1889), es folgte die Uraufführung von Hauptmanns *Vor Sonnenuntergang* (20. Oktober 1889), begleitet von einem Theaterskandal. Neben drei weiteren Hauptmann-Uraufführungen: *Das Friedensfest* (1890), *Einsame Menschen* (1891), *Die Weber* (1893), zeigte man Stücke von Björnson, Tolstoi, Anzengruber, ferner *Fräulein Julie* von Strindberg (1892) und das von Arno Holz gemeinsam mit Johannes Schlaf als Beweisstück eines »konsequenten« Milieu-Naturalismus verfaßte Melodram *Familie Selicke* (1890), bei dem der Zuschauer »ein Stück Leben wie durch ein Fenster sehen« sollte.

Der Kopf der Freien Bühne, der Kritiker Otto Brahm (1856–1912), hatte zu Beginn als Maxime formuliert, man wolle »die neue Kunst, die die Wirklichkeit anschaut und das gegenwärtige Dasein. Der Bannerspruch sei: Wahrheit ... Darum gibt es nur einen Gegner: die Lüge. – Dem Werdenden gilt unser Streben. Dem Naturalismus Freund, wollen wir eine gute Strecke Weges mit ihm schreiten«.

Die Freie Bühne tat ihre Schuldigkeit: Sie weitete die Fesseln der Zensur, sie brachte Otto Brahm näher ans Theater heran. Brahm professionalisierte sich wie Antoine: 1894 pachtete er das Deutsche Theater in Berlin, versammelte und erzog dort aus dem Parkett heraus durch seine kritisierend vor sich gehende Regietätigkeit ein subtil abgestimmtes Ensemble realistischer Menschendarsteller: Else Lehmann, Emanuel Reicher, Rudolf Rittner, Oscar Sauer. Brahm begann mit einer provokant entpathetisierten Inszenierung von Schillers *Kabale und Liebe* (anekdotische Charakterisierung: Rittner als Ferdinand zog sich beim Hohn auf den Minister-Vater gemächlich die Handschuhe aus: »Ich verachte Dich, ein deutscher Jüngling«). Es folgte die erste öf-

fentliche Aufführung von Hauptmanns *Webern,* was Wilhelm II. veranlaßte, die Hofloge zu kündigen (er hielt das nur bis 1896 durch). *Die Weber* wurden bis 1900 insgesamt 240mal gespielt. Josef Kainz, der Jünglingsspieler seiner Generation, gab den Proletarieranführer, den roten Bäcker; angeblich mit einem kostbaren, von Ludwig II. ihm geschenkten Ring am Finger. Kainz spielte in Hauptmanns neuem, symbolistischen Tendenzen huldigenden Märchenspiel *Die versunkene Glocke* 1896 noch den Glockengießer Heinrich zusammen mit Agnes Sorma, der silberstimmigen, als Rautendelein. Danach verließen Kainz und die Sorma, sich Brahms strengem, nüchternem Realismus entziehend, das Deutsche Theater. Brahm spielte bis 1903 weitere elf Stücke von Hauptmann, aber noch wichtiger für »Lebenswahrheit« und »Menschenkunst« des Ensembles wurde das Ibsen-Repertoire: von 1894 bis 1901 zehn Stücke. Von 1896 an spielte Brahm mit ebensolcher Konsequenz die Werke Arthur Schnitzlers: neun Stücke bis 1904. Die größten geschäftlichen Erfolge allerdings (und das rein kommerziell betriebene Theater war auf sie angewiesen) waren zweitrangige Tagesware: Hartlebens Offizierstragödie *Rosenmontag* (1900), Stücke Sudermanns und 1902/03 Maeterlincks *Monna Vanna.*

Nach der Jahrhundertwende begannen jüngere Mitglieder des Brahm-Ensembles sich abzusondern, eigene Gastspielreisen und Kabarettprogramme unter Führung von Max Reinhardt zu unternehmen. Sie sezessionierten 1903 zum Kleinen Theater, und dessen sensationeller Erfolg erschwerte Brahms Lage. Er mußte 1904 das Deutsche Theater aufgeben, das 1905 von Reinhardt übernommen wurde. Brahm setzte seine Arbeit bis zu seinem Tode im Lessing-Theater fort. Höhepunkt war der Ibsen-Zyklus von 1909 mit dreizehn Stücken des Erzvaters des dramatischen Realismus.

Konstantin Stanislawski und das Künstlertheater

Stanislawski (1863–1938), Sohn aus großbürgerlicher Moskauer Familie, gründete 1888 die Gesellschaft für Kunst und Literatur. In den Amateuraufführungen, die sie veranstaltete, spielte Stanislawski den Ferdinand Schillers, inszenierte *Das Dorf Stepantschikow* (nach Dostojewski), Hauptmanns *Hanneles Himmelfahrt* und *Versunkene Glocke,* aber auch Shakespeares *Othello.* 1897 lernte er den bedeutenden Literaten, Dramaturgen, Regisseur, Organisator Nemirowitsch-Dantschenko kennen. Auf der freundschaftlichen Kooperation der beiden beruhte der Erfolg ihrer gemeinsamen Gründung: des Moskauer künstlerischen Theaters (russische Abkürzung MCHAT; deutsch meist Künstlertheater) von 1898. Die erste Inszenierung galt einem Historienstück, *Zar Fedor* von Alexej Tolstoi, inszeniert nach dem Vorbild der Meininger. Die zweite Inszenierung brachte den Durchbruch für das Theater und den Autor: Tschechows *Möwe* (17. Dezember 1898). Es folgten die Tschechow-Uraufführungen *Onkel Wanja* (1899), *Drei Schwestern* (1901), *Der Kirschgarten* (1904); von Ibsen *Hedda Gabler* (1899), *Ein Volksfeind* (1900); die Gorki-Uraufführungen *Kleinbürger* und *Nachtasyl* (beide 1902). Der Regisseur Stanislawski perfektionierte die Illusionswirkung der Bühne durch subtile Lichtregie, durch die Vielfalt der Geräusche von außerhalb des Bühnenraumes (dessen Fortsetzung in weiteren Realräumen suggerierend), durch eine zugleich musikalisierte *und* alltagswahrscheinlich erscheinende Führung des Dialoges: mit vielen genau gesetzten Pausen, Abbrüchen, Stimmschwankungen, Tempovarianten. Sie sollten allerdings den Schauspielern und ihrem Zusammenspiel nicht von außen durch den Regisseur aufgenötigt werden, sondern sich von innen her entwickeln, aus einem Zentrum der Identifikation des Schauspielers, seines psychischen und physischen Zustandes, mit der darzustellenden Figur und Situation (Stanislawski-System).

Das Moskauer Künstlertheater gastierte regelmäßig in St. Petersburg und anderen russischen Städten, setzte auch außerhalb des russischen Theaters neue Maßstäbe und unternahm 1906 eine triumphale Gastspielreise durch die europäischen Hauptstädte. Dabei stellte die erste russische Revolution von 1905 (die mit dem Kompromiß einer konstitutionellen Einschränkung der Zarenherrschaft endete) einen Einschnitt dar: Die deutlich vorrevolutionären Dramen Gorkis (*Sommergäste, Feinde*) tauchten nicht mehr auf dem Spielplan auf. Stanislawski verhielt sich »unpolitisch«, öffnete sich aber den neuen ästhetischen Tendenzen: inszenierte 1907 das symbolistisch-allegorische *Leben des Menschen* von Leonid Andrejew und 1908 Maurice Maeterlincks *Blauen Vogel,* ließ Edward Gordon Craig 1911 die Bühne für *Hamlet* entwerfen. Trotz Oktoberrevolution von 1917, trotz Bürgerkrieg, Sieg und Konsolidierung des Sowjetsystems existierte das Künstlertheater weiter. Zwar blieb ein Teil des Ensembles bei der Tournee 1922 im Westen, aber die Tschechow-Inszenierungen wurden im Repertoire gehalten. 1927 lieferte Stanislawski seinen inszenatorischen Beitrag zur entstehenden Doktrin des Sozialistischen Realismus: Er inszenierte das vielfigurige, heroisch-pathetische Bürgerkriegsdrama *Panzerzug 14-69* von Wsewolod Iwanow. Hauptsächlich jedoch widmete er sich bis zu seinem Tode der Weiterentwicklung des »Systems«. Neuer Hauptgedanke: Wie psychische Vorgänge in physischen Handlungen quasi vergegenständlicht werden können.

Antoines Théâtre Libre fand auch in London – allerdings ephemere – Nachfolge: die Independent Theatre Society begann 1891 mit Ibsens *Gespenstern* und spielte 1892 *Die Häuser des Herrn Sartorius* von Shaw, der im Gründungsjahr des Theaters mit seinem Buch *The Quintessence of Ibsenism* programmatisch ins gleiche Horn gestoßen hatte. Das Unternehmen hielt sich gegen die Übermacht des Londoner Amüsiertheaters bis 1897 mühsam am Leben. Ibsens *Baumeister Solness* (1892), *Klein Eyolf* (1894) und *John Gabriel Borkman* (1894) wurden in anderen Londoner Theatern uraufgeführt; zwischen 1904 und 1907 gab es in London einen Ibsen-Zyklus: Granville-Barker zeigte im Court Theatre elf Stücke – außerdem *John Bulls andere Insel* und *Candida* von Shaw.

Die Unternehmungen Antoines, Brahms, Stanislawskis haben nicht nur der realistischen Dramatik Bahn gebrochen und ihr einen Platz im Repertoire anderer Theater verschafft; sie haben auch die Auffassung von der Bühne als zu illusionierendem realen Raum, von einer Spielwiese der wahrhaftigen Menschendarstellung entwickelt und theatralisch realisiert. »Wahrhaftigkeit« bedeutete auch: Übereinstimmung der Elemente Raum, Licht, Geräusch, Kostüm, Gang, Gebärde, Stimmführung, bedeutete ihr scheinbares Verschmelzen zur Vision des auf der Bühne gelebten Lebens. Der Garant dieser Übereinstimmung, ihr Hersteller war der Regisseur. Was bisher ein Einrichter, ein Probenkontrolleur war, das wurde zum zentralen Theaterberuf. Antoine und Stanislawski hatten ihn noch neben dem des Schauspielers ausgeübt, Brahm war Regisseur als Kritiker und Programmatiker. Das würde sich ändern: mit Meyerhold und anderen Stanislawskischülern in Rußland, vor allem aber mit Max Reinhardt in Deutschland. Er inszenierte 1906 Ibsens *Gespenster,* dieses bahnbrechende Stück des Realismus, zur Eröffnung der auf sein Geheiß erbauten Kammerspiele des Deutschen Theaters – in Dekorationen von Edward Munch, die nicht mehr Realität zu illusionieren suchten, sondern Seelenstimmung in expressiv stilisierter Malerei ausdrückten.

Mit den Dramen Ibsens, Tolstois, Tschechows, Gorkis, Schnitzlers, Hauptmanns, Shaws verlagerte sich etwa von 1890 an für anderthalb Jahrzehnte das Schwergewicht der realistischen Darstellung zeitgenössischer Gesellschaft und ihrer sozialen, ökonomischen, psychischen und intellektuellen Probleme vom Roman auf das Drama und das Theater. Es wurde der für die europäische Theatergeschichte seltene Zustand erreicht, daß eine Gesellschaft sich selbst in all ihrer Vitalität und Krisenhaftigkeit, in ihren Hoffnungen und ihrem Elend auf dem Theater dar- und zugleich in Frage stellte.

Henrik Ibsen

Ein ruhiger Bildungsgang war dem im norwegischen Skien als Sohn eines Handelsherrn geborenen Henrik Johan Ibsen (1828–1906) nicht beschieden. Die gesellschaftliche Existenz des Vaters brach zusammen, als Henrik acht Jahre alt war; Deklassierung und Elend folgten. Begleitumstände, Gewalt und Ausweglosigkeit eines solchen Debakels inmitten einer Kleinstadt müssen sich tief in das Gemüt des Knaben eingegraben haben. Gescheiterte Existenzen – oder solche, die, in großbürgerlichen Verhältnissen lebend, die Katastrophe auf sich zukommen sehen – tauchen später immer wieder in Ibsens Dramen auf. Als Fünfzehnjähriger muß Ibsen Elternhaus und

Schule verlassen, um selbst, und zwar als Apothekergehilfe in Grimstad, Geld zu verdienen. Der Versuch, später das Abitur nachzuholen, scheiterte. In Grimstad aber entstanden die ersten literarischen Arbeiten. Freundschaften wurden angeknüpft mit jungen Leuten, die dem Apothekerlehrling halfen. Das *Catilina*-Drama erschien 1850 im Selbstverlag. Journalistisches, Karikaturen usw. folgten. Obwohl der junge Mann, der nun Drama auf Drama produzierte, 1851 zum Theaterdramaturgen in Bergen (bis 1857), später in Christiania (1857–1862) wurde, sich langsam durchzusetzen begann, waren die Beziehungen zur Heimat durchaus gespannt. Vor allem im *Brand*, aber auch in vielen anderen Werken ging Ibsen mit seinen Landsleuten unnachsichtig ins Gericht. Von 1864 bis 1891 lebte er im Ausland, zunächst in Italien, dann in Dresden, schließlich in München. Erst die letzten fünfzehn Jahre seines Lebens verbrachte der mittlerweile berühmte, bewunderte und vielfach nachgeahmte Autor wieder in seiner Heimat, und zwar in der Hauptstadt Christiania, dem späteren Oslo, wo er 1906 starb.

Die Schaffenslinie Ibsens verläuft – grob gesehen und gesagt – genau umgekehrt wie diejenige Gerhart Hauptmanns. Ibsen begann mit riesigen Fresko-Entwürfen, griff tief und pathetisch in vergangene Zeiten hinein, bewegte zunächst Massen und Mythen. Dann wurden die Personenverzeichnisse seiner Dramen immer übersichtlicher. Im Kleinen, Greifbaren, Abgemessenen fand er die Welt wieder, Gesellschaftsdramen wurden zum Ort umfassender Entscheidungen, zum Bezirk von Opfer und Leid. Genau da, im Engen und Einzelnen, sollte Hauptmann dann einsetzen. Doch Hauptmanns Weg führte weg vom sozial bedingten Kummer der Rechtlosen oder Verblendeten ins hallende Gebiet der späten Atridendramen, des rauschhaft verklärten, ja herbeigeforderten Leids *(Veland, der Schmied)*.

Catilina

Als 20jähriger schrieb Ibsen dieses Drama in drei Akten. Er schrieb es nachts. Ein knappes Menschenalter später überarbeitete er seinen Erstling, gab ihm eine distanzierte, leicht ironische Vorrede mit. Es macht keine Mühe, auch in diesem Römerdrama Motive

zu erkennen, die später sehr viel reiner und konzentrierter durchgeführt wurden. Catilina, der schwankende Heros zwischen zwei Frauen: einer gutartig harmonischen, der er sich kaum aufzuschließen weiß und in deren Armen er stirbt, und einer dämonischen, die ihn finster zu Abenteuern inspiriert: manches davon kehrt im *Peer Gynt* wieder (da ist Solveig die Lichtgestalt, in deren Armen Peer stirbt, nachdem er ein Leben lang dämonischen Verführungen nachgegeben hat).

Es ist möglich, Ibsens riesige Produktion in drei Gruppen aufzuteilen. Da wären zunächst die Werke der Jugend und des frühen Mannesalters, in denen Ibsen oft schon ganz gegenwärtig ist in seiner Fülle und seiner Last – aber die für ihn typische »Melodie«, die Sicherheit und Prägnanz der späteren Werke noch nicht gefunden zu haben scheint. Zu dieser ersten Gruppe gehören der *Catilina* (1849), *Johannisnacht* (1852), das Norwegenepos *Frau Inger auf Östrot* (1854), die Komödie *Das Fest auf Solhaug* (1855), das Weltwendendrama *Helden auf Helgeland* (1857), das Künstlerdrama *Komödie der Liebe* (1862) und das Spiel um die wahre Berufung zum Königsein *Die Kronprätendenten.*

Es ist kein Zufall, daß die zweite Gruppe sich nicht nur im Hinblick auf die radikale Gott- und Weltsucher-Thematik vom Bisherigen unterscheidet, sondern auch gerade in dem Augenblick einsetzt, da Ibsen 1864 seine Heimat verlassen hatte und nach Italien gegangen war. Zwischen 1864 und 1873 entstanden *Brand, Peer Gynt, Der Bund der Jugend, Kaiser und Galiläer.* Werke voller Welt und Fülle, zum Teil faustisch angelegt, herb und absolut, nicht ohne phantastisch-abenteuerlichen (*Peer Gynt*) oder religiös-historischen Hintergrund.

Ibsen war ein erfolgreicher, durchgesetzter, fast 50jähriger Mann, als er die große, eng zusammengefügte Kette brillant-tiefsinniger Dramen des Feststellens, Entlarvens, Durchschauens, Beschreibens der bürgerlichen Gesellschaft mit den *Stützen der Gesellschaft* (1877) begann. Nun folgen alle die Titel, mit denen sich Ibsen in die Weltgeschichte des Dramas hineinschrieb, also: *Nora oder Ein Puppenheim, Gespenster, Ein Volksfeind, Die Wildente, Rosmersholm* (zwischen 1879 und 1886). Im siebten Jahrzehnt

seines Lebens schließlich dichtete er *Frau vom Meer, Hedda Gabler, Baumeister Solness, Klein Eyolf* und *John Gabriel Borkman.* Als Ibsens letztes Werk *Wenn wir Toten erwachen* 1899 herauskam, war der Dichter 71 Jahre alt.

Die Werke der ersten Gruppe erscheinen selten auf den Bühnen, sie sind eher für die Entwicklungsgeschichte Ibsens aufschlußreich, als daß sie den lebendigen Besitz unserer Theater darstellten.

Brand

Dieses »dramatische Gedicht« erscheint als erste große Vergegenwärtigung moralischer Radikalität. George Bernard Shaw hat Ibsens Radikalität relativiert. »Ibsen«, so schrieb er, »protestiert gegen die übliche Annahme, daß es gewisse höchste Zwecke gebe, die alle zu ihrer Erreichung verwendeten Mittel rechtfertigen; und hebt nachdrücklich hervor, daß jeder Zweck herausgefordert werden solle, zu beweisen, daß er die Mittel rechtfertige. Unsere Ideale verlangen, wie die Götter der alten Zeit, beständig Menschenopfer. Keines von ihnen, sagt Ibsen, stehe über der Verpflichtung, zu beweisen, daß sie der Opfer wert sind, die sie fordern.« – Von Brand bis zu Gregers Werle in der *Wildente* und seinen Brüdern im Geist geht in der Tat eine Linie leidbringender Moralisten. Aber so wenig Ibsen vorbehaltlos für die gutgesinnten Zerstörer Partei ergreift, so wenig darf man seine Dramatik auch als ein Gericht, ein Urteil gegen solchen todverbundenen Idealismus sehen.

Pastor Brand, der ein beinahe hektisches »Alles oder Nichts« zur Devise hat, schont sich selbst genauso wenig wie diejenigen, die mit ihm leben müssen. Er verweigert seiner (geizigen) Mutter den letzten Trost in ihrem Tod, weil sie sich nicht dazu entschließen kann, ihren Besitz radikal aufzugeben. Er leidet mit seinem Söhnchen, das die kalte Luft des sonnenlosen Fjordkirchspiels nicht erträgt – aber er nimmt auch dessen Tod, ebenso wie die Verzweiflung seiner Gattin, keuchend, doch ungebrochen hin. Er verlangt alles.

Peer Gynt

1867, zwei Jahre nach *Brand,* beendet, ist dieses Werk Ibsens gewiß nicht das Drama einer moralistischen Forderung. Peer schwindelt, schneidet auf, riskiert so manche Inkorrektheit. Aber auch er gibt sich nicht zufrieden. Während wir – im Gegensatz zu Ibsens typischer dramaturgischer Methode – hier ein ganzes Leben von der Jugendzeit übers Mannesalter bis zum Greisentum dargestellt sehen, spüren wir das nimmer endende Rastlos-Sein des Helden, seine unstete Sucht nach Veränderung, die ihn zu einem nordischen Zwitterwesen aus Faust und Don Quixote macht. Jemand dennoch, der den Dingen auf den Grund gehen will. Grell fängt dieses Stück die Welt des 19. Jahrhunderts ein, wie sie sich zwischen dem norwegischen Dorf und der Trollwelt, zwischen kolonialer Ausbeutung, kapitalistischer Spekulation und dem Irrenhaus voller Wahn-Wahrheitssucher, zwischen Ich-Suche und Ich-Sucht darstellt. Peer, ein eigensüchtiger, eitler, scheiternder Möchtegern-Faust.

Auch hier ist ein nüchternes, grotesk verfremdendes Moment unübersehbar. Alfred Kerr: »Ibsen betrachtet das Verhältnis der Menschen untereinander und das Verhältnis der Menschen zur Ewigkeit mit scheinbarer Kühle. Wie er ihren Freuden und Schmerzen gegenübersteht, scheint er ein Symbol unseres empirischen Zeitalters. Er zählt mit zu den Gefestigten, Unerschrockenen. Er lacht nicht und weint nicht: er sieht.« Auf skurrile Weise mit dem Theater als Theater spielend: die Schiffbruchs-Szene im fünften Akt, wo Peer dem teuflischen Passagier seinen Leib vermachen soll. Peer wehrt sich, der »Passagier« gibt nach: »Getrost, mein Freund, Ich habe Takt; – / Man stirbt nicht mitten im fünften Akt.« Gleitet hinweg. Peer Gynt: »Da kam's heraus, trotz aller List! – Er war ein öder Moralist.«

Im *Bund der Jugend* (*De unges forbund,* 1872) schrieb Ibsen, sogleich nach *Peer Gynt,* eine politische Komödie. Ein Prosastück. Auf Monologe und »Beiseite«-Stellen wird programmatisch verzichtet. Eine Etüde fürs bald Folgende. Dann entstand das zehnaktige weltgeschichtliche Schauspiel *Kaiser und Galiläer* (Teil 1: *Cäsars Abfall,* Teil 2: *Kaiser Julian*), veröffentlicht 1873. Nun war der Weg geebnet. Vielfältige Experimente, Unternehmungen verschiedenartigsten Charakters lagen hinter dem mittlerweile 45jährigen Künstler. Die Bahn war frei für lauter Meisterwerke.

Die Protagonisten der Ibsenschen Gesellschaftsdramen gleichen Eingeschlossenen. Menschen, verstrickt in Vergangenes, in Schuld, in übermächtige Leiden und Leidenschaften. Was man Ibsens »analytische Kunst« nennt, ist die bruchlose Darstellung der tragischen Konstruktion im Zusammenhang einer ganz knappen, zugleich realistischen, wahrscheinlichen und überschaubaren Gegenwärtigkeit. Peter Szondi hat des späten Ibsen Formproblem folgendermaßen beschrieben: »Anders als beim Sophokleischen Ödipus ist die Vergangenheit hier nicht Funktion der Gegenwart, vielmehr diese nur Anlaß zur Heraufbeschwörung der Vergangenheit.« Innerlichkeit und leere Zeit der Vergangenheit aber sperrten sich einer »dramatischen Funktionalisierung«. Doch mitunter kommt, gerade in Ibsens größten Dramen, trotz des überreichen analytischen Musters eine gegenwärtige Fülle zustande. So, wenn etwa in *Baumeister Solness* die junge Hilde Wangel, zwar nicht unberührt, aber durchaus unangefochten vom Stigma des »Einstigen«, den Raum der Eingeschlossenen betritt und beherrscht; wenn da die Forderung des Tages mit den Gespenstern des Vorgestern den Kampf aufnimmt. Das gilt auch für die junge Maja Rubek und den dröhnend kraftstrotzenden Gutsbesitzer Ulfheim aus *Wenn wir Toten erwachen* – und für bestimmte Aspekte der Gegenwärtigkeit in *Rosmersholm.* Selbst Noras Energie hat ein »hier und jetzt« unbezwinglich im Auge, mag sie sich auch am Verkrusteten entzünden. So muß man Ibsens Formproblem – alles gleichsam Technische wußte er ohnehin zu meistern wie kaum ein zweiter, selbst da, wo die Seelenhistorie triumphiert, erweist er sich als Magier scheinbar ungezwungener theatralischer Vergegenwärtigung von epischen Stoffmassen – als eine dreifache Anstrengung begreifen. Es galt, die Gewichte des Vergangenen und die Schritte des Gegenwärtigen aufeinander abzustimmen, weder durften die Schritte allzu sehr beschwert noch die Bleiklötze des Einst aus dem Gedächtnis verloren werden. Es ging, zweitens, für ihn immer darum, den ins Innerliche sich verflüchtigenden Schatten unkorrigierbarer Vergangenheit ein Moment leibhaftiger gegenwärtiger Spannung entgegenzustellen, das die Innerlichkeit nicht auslöscht, ihr aber auch

nicht passiv erliegt. Und drittens hing die Größe der Werke ganz davon ab, ob es gelang, zwischen realistisch-psychologischer Präzision einerseits und dem symbolischen, unauflösbaren Gewicht der Konflikte und Entscheidungen eine Beziehung zu ermöglichen, die sich jenseits bloßer, noch so geschickter Konstruktion abzeichnete. Das vermochte Ibsen häufiger als irgendein anderer Dramatiker seiner Epoche.

Die dritte Gruppe seiner Dramen wurde eingeleitet mit den 1877 erschienenen *Stützen der Gesellschaft* (*Samfundets stötter*). Da stellt sich heraus, daß selbst hochgestellte Honoratioren einer norwegischen Küstenstadt, wie der Konsul Berneck, allerlei schwere Verfehlungen hinter sich haben. Aber in diesem Stück waltet pädagogisches Pathos: Man kann dergleichen reparieren, »gründlich und ehrlich« von vorn anfangen.

Nora oder Ein Puppenheim

Heilloser stellt sich der Konflikt im Nora-Drama *Et dukkehjem* (1879) dar. Hier geht es keineswegs nur um Emanzipation – für oder gegen die Ibsen sich erklärtermaßen nicht geäußert haben wollte – sondern um die Vertrauensbeziehung zwischen Mann und Frau, um die Unfähigkeit des Rechtsanwalts Helmer, seine Gattin ein erfülltes, verantwortliches, nicht nur ein puppenhaftes Leben an seiner Seite führen zu lassen. Der (Unterschriftsfälschungs-)Konflikt, dessen drohende Aufdeckung die Katastrophe ins Rollen bringt, hat nur die Bedeutung eines auslösenden Moments.

Gespenster

Ein Meisterwerk wie Ibsens *Gengangere* (1881), in denen sich die drohend-exponierenden Gesten, Worte, Vorgänge wahrhaft »gespenstisch« häufen, verdankt seine Beständigkeit den fünf durchaus verschiedenen Rollen, Naturen und Linien, die sich da auf engstem Raume schneiden. Man sieht irrenden, bösen, gottverlassenen, elend »armen« Menschen zu und wird von der Gewalt, mit der sie alle der Gravitation des Furchtbaren ausgesetzt sind, mit ergriffen. G. B. Shaw hat Ibsens Gespensterstück einmal glanzvoll interpretiert als das Drama der Frau Alving. Zu schwach, um wie Nora Haus und Gatten zu verlassen, habe Frau

An zwei Abenden, insgesamt fast sieben Stunden lang, spielte 1971 das Ensemble der Berliner Schaubühne am Halleschen Ufer die Geschichte des »Peer Gynt« als szenische Bildergeschichte aus dem 19. Jahrhundert, voller Naivität, Fabulierfreude, Opulenz exotischer und phantastischer Welten. Sieben Schauspieler teilten sich bzw. versiebenfachten die Protagonistenrolle, spielten zugleich mit den verschiedenen chronologischen Handlungsphasen die verschiedenen Handlungsdimensionen der Peer-Gynt-Figur heraus. Erzählt wurde die Geschichte des neunzehnten Jahrhunderts mit der Erzähltechnik des zwanzigsten: den Vorgang des Erzählens zugleich reflektierend. Volker Canaris schrieb zur Aufführung: »sie ist naiv und zugleich höchst raffiniert, höchst bewußt; sie glaubt an ihre eigenen Geschichten und durchschaut sie zugleich – als Geschichten«. Die Abb. zeigt Peer Gynt Nr. 3 (Bruno Ganz) im Banne der Trolle, mit der »Grünen« (Rita Leska) auf der Sau reitend.

Ibsens »Gespenster« inszenierte 1984 Thomas Langhoff am Berliner Deutschen Theater in einem von Pieter Hein entworfenen, gruftähnlichen Salon, spannte die Darstellung zwischen die Extreme einer die bürgerliche Welt weit wegrückenden Außensicht und eines intensiv sich auf die Akte der prozessualen Wahrheitsfindung der Figuren einlassenden Blicks. Henning Rischbieter schrieb zum ebenso exzessiven wie präzisen körpersprachlichen Spiel des Oswalt-Darstellers Ulrich Mühe: »Er wirft die Extremitäten, den Leib, als wolle er sie von sich schleudern, eine schlenkernde Leidens-Puppe mit hellem, heiser-heulendem Tonfall. Noch das verzerrteste Lächeln wird aber von Geniebubi-Charme grundiert. Schließlich, der Irrsinn scheint ihn zu überkommen, geht er vor Schmerz schier die Wände hoch, fällt lallend zurück.« Die Regine spielte Simone von Zglinicki, Frau Alving Inge Keller.

Im großbürgerlichen, fast palastartig großen kaltgrünen Saal (Klaus Gelhaar) inszenierte Hans Neuenfels 1972 in Stuttgart Ibsens »Nora oder ein Puppenheim« mit Elisabeth Trissenaar in der Titelrolle – hier ihre Freundin Kristina (Marlen Diekhoff) und ihren Mann Helmers (Peter Roggisch) belauernd. Reinhard Baumgart über die

Regiekonzeption und das Spiel Elisabeth Trissenaars: »Nora war vom ersten Moment an eine Löwin eher als jenes ›Eichkätzchen‹ oder ›Singvögelchen‹, das sie für ihren Helmer, den bleichen Dompteur im Puppenheim, fortwährend spielen soll und auch spielt. Eine Löwin allerdings, die dauernd Makronen schluckt, aber gleich die erste, die

sie sich süchtig über den geöffneten Mund hält, redet sie zärtlich, spöttisch mit dem Vornamen des Gatten an. Da kommt er selbst, und schon schnellt sie züchtig, verheuchelt in die gewünschte lieb-elegante Positur. In ihren harmlosen Gesten enthält schon diese Exposition das ganze Stück, wie Neuenfels es gelesen und gezeigt hat.«

Alving ihr Leben vergeudet, um die Fehltritte ihres Mannes vor der Welt und ihrem Sohne Oswald zu verbergen. Sie habe ihrer natürlichen (im Sinne der Lebensphilosophie durchaus gerechtfertigten) Freiheitssehnsucht nicht (beziehungsweise: zu kurz) nachgegeben – und wenn sie zum Schluß dem Sohne verspreche, ihn zu vergiften, falls er unheilbar zu verblöden beginne, dann sei das zwar Frau Alvings letzte Entscheidung gegen ihr natürliches Empfinden, aber auch ihre erste Handlung, die nicht einem Lügengebäude gelte, sondern schrecklicher Wirklichkeit.

Ein Volksfeind

Als Volksfeind (*En volkefiende,* 1882) – so erscheint der Badearzt Dr. Stockmann den Gewerbetreibenden und den Bürgern des Ortes, weil er auf der Wahrheit besteht – darauf nämlich, daß Industrieabwässer das Gegenteil von Heilung bewirken. Gegen die kompakte Majorität, die durch eine Sanierung der Bäder starke Gewinnminderung befürchtet, hält Stockmann an seinem auffallend selbstgerechten, hysterischen Aufklärungsidealismus fest, auch wenn seine eigene Existenz und die seiner Familie dabei draufgeht.

Die Wildente

Die Handlung dieses Stücks von 1884 (*Vildanden*): Gregers Werle war lange Zeit im Außendienst, in nordischer Einsamkeit tätig. Nun kehrt er zur zweiten Hochzeit seines Vaters, des reichen Konsuls, zurück und entdeckt trübe Vorgeschichten, das Verhältnis seines Vaters zur Familie seines Freundes, des kärglich als Fotograf existierenden Hjalmar Ekdal, betreffend. Nämlich: Gina Ekdal war die Geliebte des Konsuls; ihre Tochter Hedwig ist möglicherweise des Konsuls Kind. Die Vierzehnjährige hegt hingebungsvoll eine angeschossene Wildente auf dem Dachboden des Hauses, wo Vater und Großvater (an dessen geschäftlichem Ruin der alte Werle in den Augen seines Sohnes ebenfalls nicht unschuldig ist) sich mit vertrockneten Bäumen und allerlei Tieren ein illusionäres »Jagdrevier« eingerichtet haben.

Weil Gregers Werle an Hjalmar Ekdal glaubt, will er ihm die Lebenslüge zerstören und die Wahrheit sagen, der er eine glückspendende Kraft zuschreibt. Diesen Gregers

Werle hat der lange Aufenthalt an frischer Luft und freier Natur nicht gebräunt, gestählt, gehärtet, sondern vielmehr zu fatalem, monomanem Grübeln gebracht. Wenn er, einem Dostojewski-Studenten gleich, auftritt – blaß, starr und gläubig –, dann ist sogleich die Aura von Askese, Sektierertum und leichtem Selbsthaß gegenwärtig. Es ist die Frage, ob – und nach den Erfahrungen unseres Jahrhunderts legt ein solcher Schluß sich nahe – Gregers das verderbliche Prinzip schlechthin darstellt. Gregers ist rührend, wenn er mit oberlehrerhaftem Frohsinn händereibend im vierten Akt zu den Ekdals kommt, um zu sehen, wie herrlich wohltuend seine Eröffnungen gewirkt haben. Er verfällt dann nur in bange Ratlosigkeit gegenüber dem, was seine Bemühungen angerichtet haben. (Gregers bittet seines Vaters zweite Frau, nicht von der Erblindung des alten Werle zu reden, damit Ekdal nicht darauf kommt, daß auch Hedwig blind werden könne.)

Das Regie-Gespann Manfred Karge und Matthias Langhoff inszenierte 1974 in der Ostberliner Volksbühne Ibsens »Wildente«; Bühne Pieter Hein. Bei der Premiere spielte Karge den Künstler-Fotografen Hjalmar Ekdal: »Darbietung mehr als Darstellung eines Menschen, der sein Leben zusammenschauspielert, weil er nur so weit aus dem Rollenzwang seiner Gesellschaft herausgedrängt worden ist, daß seine Pseudo-Künstler-Rolle zum Satyrspiel dieser Gesellschaft wird« (H. Rischbieter). Simone Frost spielte die Tochter, deren bewundernde Blicke auf den mimenden Vater sich allmählich forschend verdunkeln.

Die Motive für Werles Verhalten – er will verhindern, daß die Ekdals noch einmal an den Schachzügen seines Vaters Schaden nehmen – kommen dabei selten mit äußerster Deutlichkeit heraus. In der *Wildente* zeigt sich andererseits auch, daß die Unaufrichtigen, die in der Lebenslüge befangenen Männer, bis zur Komik armselige Geschöpfe sind. Dieses klagende Ächzen, mit dem Hjalmar Ekdal aller Welt bedeutet, wie sehr er sich im Dienst seiner Familie verzehre und daß es keine Freude für ihn geben könne auf dieser Welt; dieses pantoffelheldische Vorschützen beruflicher Anspannung, diese phantastischen Taktlosigkeiten gegenüber Tochter und Frau, die weniger aus Bosheit kommen als aus Lust an der Selbstinszenierung! Das Opfer ist schließlich Hedwig, die das Jagdgewehr des Großvaters nicht gegen die Wildente – als Beweis ihrer Opferbereitschaft für ihren abgöttisch geliebten vermeintlichen Vater –, sondern gegen sich selbst richtet.

Rosmersholm

Rebekka West, Heldin und Schuldige dieses Stücks (1886), ist ein hinreißend tapferes Menschenkind. Sie war fast 30 Jahre alt, als sie zu den Rosmers nach Rosmersholm kam, dort die Herrin des Hauses pflegte, in die glücklose Ehe eindrang. Aber Rebekka wollte nicht den Ehebruch, den Mann. Wohl liebte sie Rosmer, und leicht könnte sie dessen zweite Frau werden, nachdem Beate sich das Leben genommen hat. Doch Rebekka ist emanzipiert. Sie lebt mit Rosmer in inniger geistiger Gemeinschaft. Beide träumen sie von ungebundenen Menschen, über die keine Konvention Macht hat. Beide sind durch Bücher, Anschauungen, Tapferkeit miteinander verbunden. Aber nicht durch »freie Liebe«. Natürlich – im wahrsten Sinn des Wortes »natürlich« – kann das nicht gutgehen. Am Anfang, als Rebekka sich zwischen die Gatten drängte und Beate den Weg zum Selbstmord wies, lag Schuld. Auch kann der konservative Rektor Kroll den billigen Triumph auskosten, Rebekka nachzuweisen, daß sie zwar emanzipiert sei, aber doch noch weiblich reagiere, sich jünger mache (übrigens nur ein Jahr) und sich ihrer unehelichen Existenz schäme. Solcher Ressentiment-Psychologie ist Rebekka nicht gewachsen. Der Tod Beates, sich symbolisierend in weißen Pferden, holt denn am Ende auch Rebekka und Rosmer nach. Sie folgen Beate freiwillig.

Die Frau vom Meer

Auch hier, in *Fruen fra havet* (1888), geht es um eine nicht recht glücklich verheiratete Dame (Ellida), die erst dann ihre Ehe bejahen kann, nachdem der Gatte (der Distriktsarzt Dr. Wangel) ihr die Freiheit gegeben hat, sich für den großen Liebhaber ihres Lebens zu entscheiden. Dazu Theodor Fontane: »Ehe, Familie, Glück, Gesundheit – alles ist wieder hergestellt, weil das Wort frei gesprochen wurde. Ich bin auch für Freiheit und die Vossische Zeitung noch mehr; aber so viel werden wir beide von der Freiheit nicht erwarten. Auch die Freiheit, wie alles im Leben, kocht schließlich nur mit Wasser, und Ellida zu bekehren, das soll ihr schwer werden …« Doch alles in allem: »Gibt es Gestalten wie Ellida? Ja. Gibt es ihrer viele, so daß von einem Ausnahmefall nicht mehr die Rede sein kann? Auch ja. Und damit ist die Berechtigung, einen solchen Stoff und solche Heldin zu wählen, ein für allemal gegeben … Es hat Jahrhunderte ohne Ellidas gegeben, jetzt kommen die Jahrhunderte mit ihnen. Und weil sie da sind, diese nervösen Frauen, zu Hunderten und Tausenden unter uns leben, so haben sie sich, einfach durch ihre Existenz, auch Bühnenrecht erworben. Oder will man ihnen gegenüber von Krankheit sprechen? Was heißt krank? Wer ist gesund? Und wenn krank, nun so bin ich eventuell fürs Kranke …« Demgegenüber schrieb der Ibsen-Bewunderer Shaw: »Eine junge Frau, aufgewachsen an der Meeresküste, heiratet einen respektablen Arzt, einen Witwer, der sie vergöttert und in seinen Haushalt einführt, wo sie nichts anderes zu tun hat, als zu träumen … Sogar die Haushaltsführung besorgt ihre Stieftochter; sie trägt keinerlei Verantwortung, braucht sich um nichts zu kümmern, hat nicht die mindesten Sorgen. Mit anderen Worten: sie ist ein fauler, hilfloser, völlig abhängiger Luxusartikel. Ein Mann würde rot bei dem Gedanken, dergleichen zu werden …«

Hedda Gabler

Die Titelheldin dieses Stücks von 1890, eine Generalstochter, ist intelligent, streng und sehr anspruchsvoll, eine Frau, der man auf der Bühne weiß Gott lieber begegnet als in Wirklichkeit; ihr Gatte Tesman, Pantoffelträumer, während monatelanger Hochzeitsreise hauptsächlich mit archivarischem Studium beschäftigt (die finanziellen Opfer einer solchen Reise müssen sich doch lohnen), macht wohl auch in der Kunst mehr Spaß als im Eheleben. Seine Tante Julchen ist die herzensgute Dummheit selbst; dem Genie des Stückes, Tesmans Jugendfreund und Konkurrenten um eine Geschichtsprofessur, Herrn Lövborg, mangelt jegliche Selbstdisziplin. Wie man sieht, lauter Komödienvoraussetzungen, aus denen sich, so entwickelt Ibsen diese Figuren mit Dürrenmattscher Konsequenz weiter, zum Schluß zwei Todesfälle ergeben.

Hedda ist mit einer Überlegenheit charakterisiert, die zu reiner Bewunderung zwingt. Schon daß die junge Frau schlecht zu schlafen vorgibt, sich über die offene Verandatür und den Sonnenschein ärgert, die massenhaften Blumensträuße störend findet, läßt mühelos erkennen, wie wenig aus der Ehe zwischen ihr und dem harmlosgutwilligen Tesman werden kann. Doch in dem überheblichen Demütigungsdrang der Hedda Gabler hat Adorno sogar etwas Positives entdeckt. In der *Minima Moralia*-Betrachtung »Die Wahrheit über Hedda Gabler« steht: »Wenn Hedda Gabler Tante Julchen, die es bis ins Innerste wohl meint, tödlich kränkt; wenn sie den abscheulichen Hut, den jene zu Ehren der Generalstochter sich zugelegt hat, absichtlich für den des Dienstmädchens hält, so läßt die Unzufriedene nicht bloß ihren Haß wider die klebrige Ehe sadistisch an der Wehrlosen aus. Sondern sie versündigt sich am Besten, womit sie zu tun hat, weil sie im Besten die Schande des Guten erkennt. Bewußtlos und absurd vertritt sie gegen die alte Frau, die den stümperhaften Neffen anbetet, das Absolute.« *Hedda Gabler* mag, während der Lektüre, als Komödie erscheinen. Im nachhinein erweist sie sich als Tragödie einer stolzen Frau. Einer stolzen Frau, die zum Affektverbrechen fähig ist, nämlich dazu, das Manuskript eines begabten, aber haltlosen Kollegen ihres Gatten zu vernichten. Doch die Tat war unnötig: Wäre sie gelungen, so hätte das Ende dieser Tragödie den Beginn einer nächsten in sich geschlossen – die Enthüllung einer wissenschaftlichen Karriere, die sich auf betrügerischen Manipulationen aufbaute. Hedda bezahlt, indem sie sich mit

Peter Zadek inszenierte 1977 in Bochum »Hedda Gabler«, das Stück in die 50er Jahre transponierend. Im roten, im Verhältnis zu den sozialen Verhältnissen der Figuren viel zu großen, sie klein erscheinen lassenden Salon agierten unpsychologisch gezeichnete Charaktere, auf Verhaltensmuster, Klischeehaltungen verweisend, sie in großer Schönheit zitierend. Günther Rühle: »Zadek versucht nichts weniger als die Selbstvergiftung des Schönen durch das Schöne.« Carola Regnier (Thea Elvsted), Ulrich Wildgruber (Ejlert Lövborg) und Rosel Zech (Hedda) als gestylte Modellschönheit.

Peter Zadek inszenierte 1983 in München Ibsens »Baumeister Solness« mit Barbara Sukowa als Hilde Wangel und Hans Michael Rehberg in der Titelrolle. Michael Merschmeier: »Zadek nimmt dem Archetypischen und Metaphysischen im Ibsen-Stück den Wind und konzentriert einen vielbödigen Text, ein verzweigtes Geschehen vorsichtig auf die fern-nahe Liebes- und Todesgeschichte zweier Menschen... Er baut in der höchsten Höhe, ohne zu schwindeln, den Traum vom Lustschloß eines Theaters ohne Pfeiler und Streben.«

des Vaters Pistolen erschießt, ihre nie verhohlene Enttäuschung und ihren Stolz teuer.

Baumeister Solness

Eine Tragödie des Stolzes verbirgt sich in *Buggmester Solness* (1892). Des Baumeisters Angst vor der jüngeren Konkurrenz nimmt oft naive Formen an. Beinahe wird das Stück dadurch gefährdet, daß Solness jene Scham nicht kennt, mit der man in der Gesellschaft normalerweise das Übel-Wollen kaschiert. Die junge Hedwig Wangel, eines von Ibsens unbefangensten Geschöpfen, kommt zu spät, um Solness aus seiner Starrheit erfolgreich zu lösen. Aber früh genug, um sein Ende herbeizuführen ... Die rätselhafte Vieldeutigkeit Ibsenscher Konstruktionen wird im *Baumeister Solness* ganz besonders deutlich. Frank Wedekind hat in seinem Aufsatz *Schriftsteller Ibsen und Baumeister Solness* eine auf den ersten Blick absurde These vertreten. Wedekind fand, Ibsen habe da falsch

gespielt, in Wirklichkeit eine Auseinandersetzung zwischen seinem immer noch erhobenen Führungsanspruch, den Anforderungen der nachdrängenden Dramatikergeneration und den Behauptungen der alten dramatischen Schule dialogisiert. Das Stück sei also nichts anderes als die verkappte Selbstverteidigung Ibsens. Und wenn Wedekind darauf hinweist, daß die etwas rätselhaften neun Puppen, mit denen Frau Solness angeblich so gern gespielt habe (dritter Akt), die neun Musen allegorisieren, dann scheint diese seltsame Zahl überraschend plausibel erklärt. Doch Wedekind geht weiter. Er schreibt in seinem *Kritischen Essay* an die Stelle des Personenverzeichnisses des *Baumeister Solness* neue Namen und Begriffe (»Ibsen«; »Sein Jugend-Idealismus«; »Die alte Generation«; »Die alte Schule« usw.). Daß es seitenlang beinahe aufgeht, bedeutet natürlich nicht, Ibsen sei als Allegoriemaschine entlarvt worden, sondern vielmehr: Seine vermeintlich en-

gen Konstruktionen stehen ein für erstaunliche Spannungsverhältnisse.

In *Klein Eyolf* (*Lille Eyolf,* 1894) löst sich ein Ehepaar aus einer gleichsam doppelten Luxusexistenz zu entschiedener menschlicher Verantwortung: Der undeutlich positive Schluß ist die einzige größere Schwäche, auf die man in Ibsens Spätwerk trifft.

John Gabriel Borkman;
Wenn wir Toten erwachen

Die beiden letzten Dramen Ibsens (1896; 1899) sind Alterswerke. Alterswerke nicht nur, weil ein 68- bzw. ein 71jähriger Mann sie geschrieben hat, sondern auch, weil das Altwerden selbst in ihnen Thema ist. *John Gabriel Borkman* ist das Drama einer Comeback-Lüge, eines Dilettantentums, einer schlimmen Sohnes- und einer hoffnungslosen Pflegemutterliebe. In *Wenn wir Toten erwachen* (*Nar vi dö de vagner*) hingegen wird beschrieben, wie sich das Leben rächt, wenn jemand es einst verachtete, wenn jemand um der Kunst willen aus einem geliebten Menschen ein Objekt ästhetischer Bemühungen macht, wenn jemand das »Du« gewissermaßen künstlerisch erledigt. Beide Dramen spielen in hochentwickelten, fast schon verkrusteten zivilisatorischen Verhältnissen, beide Male bricht man, tödlich, nach oben aus.

Mit grandiosem Takt hat Ibsen in diese scheinbar so übersichtlichen realistischen Welten Anspielungen gefügt, die halb mythologisch, halb philosophisch sind. Der Tod: Das ist nicht nur realistische Konsequenz falsch begonnenen oder falsch geführten Lebens, sondern gleichsam Sühne der zivilisatorischen Aufklärung. Damit Gesellschaftsdramen sein können, muß so viel Naturzwang sich vollzogen haben, so viel Naivität verdrängt worden sein, daß die überwundene Natur zurückschlägt. Im zweiten Akt des *John Gabriel Borkman* ist vom Erz die Rede, das tief unten in den Gruben tönt und sich darauf freut, hinauf ins Tageslicht zu kommen, um dem Menschen dienen zu können. Natur, die sich in ihrem Urzustand nach Beherrschung sehnt. Im ersten Akt von *Wenn wir Toten erwachen* steht eine fast analoge Stelle. Der Stein, den der Bildhauer benutzt, leistet hartnäckigen Widerstand, er sei, als Stein, tot und wehre sich mit aller Macht dagegen, zum Leben erweckt zu werden.

Ibsens späte Bürger erleiden, ohne es zu wissen, das Schicksal jenes Erzes, jenes Steines, an dem sich menschliche Erfindungskraft austobt. Der Zusammenhang zwischen höchster rationaler Determinationshelle und dunkelster antizivilisatorischer Daseinsfurcht macht die Gewalt des späten Ibsen aus.

Leo Tolstoi

Tolstoi (1828–1910) war beinahe 60 Jahre alt, als er sein erstes Theaterstück schrieb. Alle seine dramatischen Werke stammen aus der Spätphase seines Schaffens, die von der großen religiös-moralischen Krise seines Lebens geprägt wurde. Der 1828 auf dem elterlichen Gut Jasnaja Poljana im Gouvernement Tula (Mittelrußland) geborene Graf Tolstoi führte lange Zeit als Student, Lebemann, Offizier und Gutsherr das übliche Leben seines Standes. Er verkehrte, nachdem er während des Militärdienstes im Kaukasus und auf der Krim zu schreiben begonnen hatte, in den literarischen Kreisen der Großstädte und publizierte in den Organen der liberalen Opposition. Er blieb jedoch unter Standesgenossen wie in der Intelligenz ein Außenseiter. Von Reisen nach Westeuropa kehrte er enttäuscht zurück. Er fühlte sich »in fast physischer Liebe« den russischen Bauern verbunden, von denen er seit seiner Kindheit eine ideale Vorstellung hatte. Er widmete sich pädagogischen und sozialen Aufgaben, gründete eine Volksschule nach modernen Prinzipien, gab eine pädagogische Zeitschrift heraus, befreite seine Bauern noch vor dem Dekret des Zaren und wurde nach der offiziellen Aufhebung der Leibeigenschaft zum Schiedsrichter zwischen Gutsbesitzern und Bauern gewählt. Die Folge war, daß ihm die Regierung, die Gutsbesitzer und die Bauern mißtrauten. Der Heirat mit der Arzttochter Sofia Andrejewna Behrs (1862) folgten zwei scheinbar ausgeglichene, schöpferische Jahrzehnte, in denen er seine Hauptwerke schrieb, die Romane *Krieg und Frieden* (1864–1869) und *Anna Karenina* (1873–1875). Erschöpft und aufgewühlt von der Arbeit, insbesondere an der *Anna Karenina*, von Todesahnungen heimgesucht, abgestoßen von den gesellschaftlichen Verhältnissen, in denen er lebte, und beunruhigt von den sozialen Krisenerscheinungen, wie sie nach der Reform in der stürmischen Kommerzialisierung der Gesellschaft und in revolutionären Unruhen und Attentaten zutage traten, hielt Tolstoi 1879 in seiner *Beichte* Gerichtstag über sich und seine bisherige Art zu leben: »Ich tötete Menschen im Krieg und trieb Menschen zu Duellen an, um sie zu töten. Ich verspielte Unsummen beim Kartenspiel, lebte von den Mühen der Bauern, verurteilte sie zu Strafen, gab mich Ausschweifungen hin und betrog die Menschen. Lüge, Raub, Hurerei und Ehebruch, Trunksucht, Jähzorn, Mord – es gab kein Verbrechen, das ich nicht begangen hätte, und trotz allem lobten die Menschen mein Verhalten, und meine Zeitgenossen sahen und sehen mich als einen vergleichsweise moralischen Mann an … Aus Eitelkeit, Lüsternheit und Stolz begann ich zu schreiben …«

Er sagte sich von der herrschenden Gesellschaftsordnung los, ihrer Bildung, Wissenschaft und Kunst, Moral und Religion, und wünschte, im Geist des Urchristentums, in Besitzlosigkeit und tätiger Nächstenliebe unter den einfachen Bauern zu leben. Er rief zu moralischer Selbstvervollkommnung, Keuschheit, Vegetariertum und gewaltlosem Widerstand auf, dabei eine dubiose Sekte von Schwärmern und Barfüßlern um sich scharend. Während die Tolstoianer verfolgt wurden, blieb der Dichter selber ungeschoren; Alexander III. erklärte: »Ich bin nicht geneigt, einen Märtyrer aus ihm zu machen und dadurch die allgemeine Entrüstung auf mich zu ziehen.« 1901 wurde Tolstoi vom Heiligen Synod aus der russisch-orthodoxen Kirche ausgestoßen. Literarischer Höhepunkt der Spätphase war der Roman *Auferstehung* (1899). Verschärft wurde die Krise im Leben Tolstois durch die Spannungen in seiner Ehe. Tolstois starker und schwieriger Charakter kollidierte mit dem Selbstbehauptungswillen seiner Frau. Sofia Andrejewna wehrte sich vor allem gegen den Plan ihres Mannes, auf Besitz und Tantiemen zu verzichten, was nicht nur ihn selbst, auch die ganze Familie an den Bettelstab gebracht hätte (die Tolstois hatten dreizehn Kinder). 1894 überschrieb Tolstoi seiner Frau sein gesamtes Vermögen. Es blieb jedoch der peinigende Gedanke, daß er, der die Aufgabe aller irdischen Güter predigte, nach wie vor im Wohlstand lebte, mochte das Gut nun auch der Familie gehören. Im Alter von 82 Jahren verließ er mit 30 Rubeln in der Tasche das Haus, fuhr in einem Eisenbahnabteil dritter Klasse südwärts, holte sich eine Lungenentzündung und starb 1910 auf dem Bahnhof Astapowo an der Strecke Rjasan–Ural, der heute Lew Tolstoi heißt.

Tolstoi hat burleske Komödien wie *Die Früchte der Aufklärung* (1889) geschrieben, daneben Schicksalsdramen wie *Die Macht der Finsternis* (1886), *Der lebende Leichnam* (1900), *Und das Licht leuchtet in der Finsternis* (1896–1902, unvollendet). Die Welt seiner Stücke ist in jedem Milieu, dem des Adels, der Boheme und der Bauern, ähnlich. Indem er die anderen beschreibt, hält er Gerichtstag über sich selbst.

Tolstoi hatte einen einmaligen Sinn für die konkreten Lebenstatsachen, für die unscheinbaren und oft widerspruchsvollen Details in Hauseinrichtung, Kleidung, Gebräuchen, die Milieu und Menschen charakterisieren. Er beschwor diese Dingwelt nicht nur, um Atmosphäre zu geben und Handlungsweisen aus den Lebensumständen zu erklären; die Sach- und Verhaltensdetails waren für ihn ein objektives und diskretes Mittel, die Regungen im Innern der Menschen sichtbar zu machen. Das ist besonders wichtig, wo es sich um einfache Bauern handelt, die kaum reflektieren. Selbst bei diesen primitiven, ausdrucksarmen Menschen erfaßte Tolstoi die Ambivalenz der Seele, das, was er in einer Tagebuchnotiz das »Fließen im Menschen« nannte; er hat gezeigt, »daß ein und derselbe ein Bösewicht, bald ein Engel, bald ein Weiser, bald ein Narr« sein kann. Unverkennbar ist aber auch der starke naturalistische Einschlag, der die Stücke von den klassischen Romanen Tolstois unterscheidet. Das Milieu ist besonders düster gemalt und erdrückt die Menschen. Dieser Naturalismus ist ein Stilmittel im Dienst der moralischen Intention. Die Finsternis des Lebens gibt die eindrucksvolle Folie her für den Appell zur Läuterung, den der Dichter verkündet.

Tolstoi war, wenn man so will, ein »grüner« Dichter: Er forderte zur Umkehr auf, zum natürlichen, gottgewollten Leben. Ein Gutsherr, der sich nach dem Bauernparadies sehnte; ein Intellektueller, der sich einen biologischen Haushalt wünschte. Da er sich selbst und seine Leute kannte, hatte er nicht viel Illusionen. Das macht die schroffe Dissonanz seiner Stücke aus.

Die subjektive Gebrochenheit und moralisierende Tendenz der Dramen Tolstois mag der Grund sein, daß sie seltener gespielt werden als Dramatisierungen seiner Romane. Allerdings können Bühnenfassungen so gewaltiger Werke wie *Krieg und Frieden* und *Anna Karenina* jeweils nur einzelne Seiten herausarbeiten. Erwin Piscators erfolgreiche Bühneneinrichtung von *Krieg und Frieden* (1955) konzentrierte sich beispielsweise weitgehend auf die politischen und sozialen Aspekte. Wie die Romane Tolstois werden auch die seines großen Antipoden Fjodor Dostojewski (1821–1881) oft und gern dramatisiert, so *Schuld und Sühne* (1866), *Der Idiot* (1868), *Die Dämonen* (1872) und *Die Brüder Karamasow* (1880). Jüngstes Beispiel: *Verbrechen und Strafe* von Ljubimow.

Anton Tschechow

Tschechow (1860–1904) wurde in Taganrog am Asowschen Meer geboren. In einem Brief an seinen Verleger skizzierte er, sich in der ihm eigenen Art hinter unpersönlichen Formulierungen verbergend, die Geschichte seiner Jugend: »Schreiben Sie einmal eine Erzählung darüber, wie ein junger Mann, Sohn eines Leibeigenen (Tschechow war Enkel eines Leibeigenen, d. Verf.), der hinterm Ladentisch stand, im Kirchenchor sang, als Gymnasiast und Student dazu erzogen wurde, jedem Rang Unterwürfigkeit entgegenzubringen, Popenhände zu küssen, sich vor fremden Gedanken zu verneigen, der für jedes Stück Brot dankbar sein mußte, oft geprügelt wurde, als Nachhilfelehrer ohne Galoschen lief, sich raufte, Tiere quälte, bei reichen Verwandten gern zu Mittag aß, vor Gott und den Menschen ohne Notwendigkeit heuchelte, allein aus dem Gefühl seiner Nichtigkeit heraus – schreiben Sie, wie dieser junge Mann Tropfen für Tropfen den Sklaven aus sich herauspreßte …«

Eine zweite entscheidende Komponente seiner Kunst hing mit seinem Beruf als Arzt zusammen. »Die Beschäftigung mit der Medizin … hat mein Beobachtungsfeld bedeutend erweitert, mich mit Kenntnissen bereichert, deren wirklichen Wert für mich als Schriftsteller nur der ermessen kann, der selber Arzt ist … Die Bekanntschaft mit den Naturwissenschaften und dem wissenschaftlichen Verfahren brachte mich dazu, stets wachsam zu bleiben, und ich bemühte mich, wo es nur möglich war, den wissenschaftlichen Tatsachen Rechnung zu tragen, und, wo dies nicht anging, lieber gar nicht zu schreiben.« Diese Einstellung machte Tschechow aufgeschlossen für die ästhetischen Theorien und Methoden, die zu jener Zeit in Frankreich entwickelt wurden, für die auf dem wissenschaftlichen Positivismus basierenden Arbeiten von Taine, Zola, Maupassant, Flaubert, für materialistische, sensualistische und impressionistische Einflüsse. In einigen Briefen und Notizen hat sich Tschechow als Materialist und Atheist bekannt; im Unterschied zur revolutionären Intelligenz war er das jedoch nicht aus weltanschaulichem, sondern aus wissenschaftlichem Antrieb. Antireligiöser Eifer und Blasphemie lagen ihm vollkom-

men fern (er hat Gelder für Kirchen und Moscheen gespendet), seine materialistische Weltsicht äußerte sich in Illusionslosigkeit. Die geradezu klinisch nüchterne, skeptische Betrachtungsweise, das Unterstatement, das Erfassen des Menschen als psychosomatische Ganzheit aus Körper und Psyche, die Einsicht in die Grenzen menschlicher Bemühung – diese Eigenschaften vor allem verraten in dem Schriftsteller Tschechow den Arzt. Sein Gleichmut bedeutete nicht Gleichgültigkeit. 1890 brach er plötzlich nach der Insel Sachalin vor der Ostküste Sibiriens auf, allein 4000 Kilometer im Pferdefuhrwerk zurücklegend, um die medizinischen und sozialen Zustände in dem schrecklichen Verbannungsgebiet zu studieren. 1892 bekämpfte er die Hungersnot und die Cholera in Zentralrußland. Diese Erlebnisse, die zusammenfielen mit dem Aufflammen seiner Lungenschwindsucht, markieren die Wendung Tschechows von den kurzen, pointierten Humoresken und schwankhaften Einaktern zu den großen Dramen des letzten Lebensjahrzehnts: *Die Möwe, Onkel Wanja, Drei Schwestern* und *Der Kirschgarten*. Der Mißerfolg der *Möwe* bei der Uraufführung 1896 in Petersburg traf den Dichter tief; er erlitt einen Blutsturz und mußte für lange Zeit ins Krankenhaus. Erst nach langem Zögern fand er sich bereit, das Stück 1898 Stanislawski und Nemirowitsch-Dantschenko für ihr neugegründetes Moskauer Künstlertheater zur Verfügung zu stellen. Erregt von der Furcht, eine nochmalige Niederlage könnte den Tod des Autors bedeuten, führte das junge Ensemble *Die Möwe* – wie später auch die anderen Stücke – zu einem überzeugenden Erfolg, der Tschechow den Weg zum Weltruhm öffnete – die Möwe ist noch heute das Wahrzeichen des Moskauer Künstlertheaters.

1901 heiratete der schon vom Tod gezeichnete Dichter die berühmteste Schauspielerin des Künstlertheaters und bald Rußlands, Hauptdarstellerin seiner Stücke, Olga Knipper. Sie war die einzige Frau, vielleicht der einzige Mensch in seinem Leben, der ihm wirklich nahestand. »Ich habe jetzt alles, was ich brauche«, schrieb er ihr, aber auch: »Wir haben zu spät geheiratet.« Während sie in Moskau spielte, lebte er seines Gesundheitszustandes wegen dauernd auf der Krim. Dort traf er mit Tolstoi, dem »alten Zauberer«, und mit dem jungen Gorki zusammen; die wertvollen Erinnerungen Gorkis an Tolstoi und Tschechow gehen auf jene Jahre zurück. 1902 erklärte Tschechow seinen Austritt aus der russischen Akademie der Wissenschaften, da der Zar die Zuwahl Gorkis annulliert hatte. 1904, als Tschechow zum letztenmal in Moskau weilte und mit der Uraufführung des *Kirschgarten* die Höhe seines Ruhms erlebte, hatte die Tuberkulose bereits Magen und Darm befallen. Im selben Jahr ist er, 44 Jahre alt, im Schwarzwaldkurort Badenweiler gestorben.

Platonow

1923 wurde im Nachlaß Tschechows ein Manuskript ohne Titel gefunden. Es scheint 1880/81 geschrieben und somit sein erster dramatischer Versuch zu sein. Warum der Autor es verworfen hat, können wir nur vermuten. Es ist ein Stück von großer Dichte und Kraft, durchaus schon zu Tschechows zentralem Thema: der Ohnmacht der Menschen, dem Versagen der Intelligenz. Das Stück spielt innerhalb zweier Tage, eigentlich Stunden, auf einem russischen Gut. Die Besitzerin, eine schöne, aber bankrotte Generalswitwe, andere Gutsbesitzer, die sich um sie bewerben, ein pensionierter Oberst, ein jüdischer Geldverleiher, der die beste Figur macht, ein Arzt, der mit seiner Wissenschaft nichts anfangen kann, frustrierte Studenten, Bauern und Strauchdiebe treten auf. Platonow ist ein Dorfschullehrer mit 20 Rubel im Monat, unleidlich, aggressiv, mit sich und allen zerfallen. Außerdem trinkt er zu viel. Dennoch lieben ihn alle, vor allem die Frauen. »Er ist der Held des besten, leider noch ungeschriebenen Gegenwartsromans.« Platonow konnte um 1880 kein Held sein, deshalb erschießt ihn seine Geliebte und Kommilitonin Sofia.

Warum hat Tschechow das Stück verworfen? Die Dramatik der Ereignisse, die Leidenschaft der Gefühle, die Radikalität der Entscheidungen, die er selbst geschaffen hat, müssen ihm, dem Arzt und Psychologen, verdächtig erschienen sein. »Nur wer kalt ist, ist gerecht.« Es war sein Sturm und Drang. Er brauchte nahezu zwei Jahrzehnte (was viel heißt für jemanden, der mit 44 stirbt), um zu seinen letzten vier großen Stücken zu gelangen.

Iwanow

Das Stück (1888) beginnt damit, daß Borkin, der entfernte Verwandte Iwanows und dessen Gutsverwalter, 82 Rubel fordert, um Arbeiter zu entlohnen. Borkin säuft, charmiert, treibt die gelangweilte Provinzgesellschaft, die darauf geradezu erpicht ist, in kreischende Vergnüglichkeiten – und er fetzt zwischendurch die jämmerliche Wahrheit über Iwanow und seine Klasse heraus: »Das sind die Herren des Landes … 1000 Desjatinen (1010 Hektar) Land und keinen Pfennig in der Tasche …«

Iwanow nimmt die Geldforderung als Zumutung: »Ja und, was soll ich machen? Bitte reißen Sie mich auseinander, zerlegen Sie mich in meine Einzelteile … Was soll diese ekelhafte Masche, immer in dem Moment anzukommen, in dem ich lese, schreibe oder …« Dies ist Iwanows peinigendes Grundgefühl: zerstückt zu sein zwischen den Ansprüchen, die er einstmals an sich selbst stellte, und denen, welche die anderen (noch) an ihn stellen. Er ist gescheitert als ehemaliger Reformer, als Beteiligter am liberalen Experiment des Semstwo, der Selbstverwaltung, das längst an der Übermacht der staatlichen Bürokratie und an der Unbeständigkeit der Selbstverwalter verkommen ist. Und er ist am eigenen Anspruch, Liberalität auch privat gegen Vorurteile zu praktizieren, gescheitert: Er hat vor fünf Jahren die junge Jüdin Sarah geheiratet, die seinetwegen auf Eltern, Religion und Vermögen verzichtete. »Sie liebt mich wie früher, aber ich … (breitet die Arme aus) … Sie sagen mir, daß sie bald sterben muß (sie ist lungenkrank), aber ich empfinde kein Mitleid mit ihr, nur eine große Leere … ich verstehe selbst nicht, was mit mir passiert ist.« Dem Selbsthaß, den Schulden, dem wandelnden Vorwurf, den seine kranke Frau darstellt, entflieht Iwanow aufs Nachbargut, zu den Lebedjews. Pawel Lebedjew, Semstwo-Vorsitzender, Trinker, steht unterm Pantoffel seiner Frau Sinaida (die als Geldverleiherin erfolgreiche Geschäfte macht); die 20jährige Tochter Sascha liebt Iwanow und eröffnet ihm das mit ebenso egozentrischer wie kühner Unbedingtheit. Sarah, Iwanows Frau, kommt dazu, als Iwanow sich auf Saschas Umarmung (von der eigenen Leidenschaft überrascht) einläßt. Sarah stirbt (Iwanow hatte sie auch körperlich mißhandelt); im letzten, im vierten Akt,

ein Jahr später, soll, will Iwanow Sascha heiraten – er erschießt sich vor den Augen der Braut, der Brauteltern und -führer: »Zum Schluß bekommt der Zuschauer eins auf die Schnauze« (Tschechow an seinen Bruder Alexander).

Mit der abrupten Selbst-Wegschaffung Iwanows wollte Tschechow, wieder nach eigenem renommierenden Zeugnis, einen das ganze Jahrhundert (seit Byron und Lermontow) beherrschenden, literarischen Typus erledigen, den des hamletisch Zerrissenen, Überflüssigen: »Ich habe (schreibt er 1889 an seinen Verleger) den vermessenen Traum gehegt, all das zu summieren, was bisher über die jammernden und melancholischen Menschen geschrieben worden ist, um diesem Schreiben mit meinem Iwanow ein Ende zu setzen.« Tatsächlich fehlt dem Iwanow der (rhetorische und poetische) Glanz, er ist – wäre er sonst eine Tschechowgestalt? – eine Alltagsfigur. Und doch darf, auch das hat Tschechow selbst gesehen, nicht unverständlich bleiben, warum ihn Sarah und Sascha lieben.

Die Einakter

Tschechows Einakter gestalten jeweils eine lustige Episode aus dem russischen Alltagsleben. *Der Bär* (1887) ist ein bärbeißiger, im übrigen stattlicher Gutsbesitzer, der bei der tieftrauernden, im übrigen hübschen Witwe eines Schuldners sein Geld eintreiben will; er gerät mit der temperamentvollen Dame in einen heftigen Streit, der mit der Forderung zum Duell seinen Höhepunkt erreicht und mit einem feurigen Kuß endet. Im *Heiratsantrag* (1888) wirbt ein lediger Gutsbesitzer um die Tochter vom Nachbargut; er ist sehr empfindlich, sie sehr eigensinnig, so daß sie aneinandergeraten, bevor er seinen Antrag vorbringen kann; der potentielle Schwiegervater rettet die Situation mit Champagner. *Das Jubiläum* (1891) bezieht seine Komik aus einem turbulenten Durcheinander von Gratulanten und Querulanten.

Die Einakter werden häufig als belanglose, aus der Situationskomik geborene Schwänke abgetan; der Autor selber hat sie nicht allzu hoch geschätzt. Dennoch haben sie sich bis heute auf der Bühne gehalten. Die Konflikte sind simpel, der Humor ist drastisch; was jedoch die Gestaltung angeht, so handelt es sich um meisterhafte Miniatu-

Im Schauspielhaus Bochum brachte 1973 Peter Zadek Tschechows »Möwe« auf die Bühne als nüchtern alltagsklares Gesellschaftsbild; mit, v. links, Helmut Ehrfurth als Schamjasew, Lola Müthel als Arkadina, Hans Mahnke als Sorin und Ulrich Wildgruber als Trigorin. Henning Rischbieter schrieb dazu, diese Interpretation mit Noelte-Inszenierungen vergleichend: »Noelte eliminiert das Politische, indem er Vergangenheit und Zukunft aussperrt. Zadek ist an der offenen, auch der physischen Gegenwärtigkeit dieser Menschen und ihrer Beziehungen zuvörderst interessiert.«

ren, die den Vergleich mit Tschechows Kurzgeschichten aushalten. Durchweg wenige Personen werden einander in einer genau abgezirkelten Komposition gegenübergestellt. Die Fabel ist knapp und straff, die Atmosphäre sehr dicht. Die Stimmungsumschwünge erfolgen plötzlich und sind doch vollkommen motiviert. Die Sprache ist äußerst präzis, sie charakterisiert durch ein paar stereotype Wendungen, durch Wortschatz und Diktion die Personen und treibt das Geschehen in einem Schlagwechsel-Dialog zügig voran. Auf diese Weise erfaßt Tschechow in einem auf den ersten Blick vordergründigen Schwank das Leben: die

heimtückischen Zufälle des Alltags, die vertrackten Eigenarten der Charaktere und die unscheinbaren, oft banalen Imponderabilien, von denen Verständnis und Mißverständnis zwischen den Menschen abhängen.

Die Möwe

In einem Brief an seinen Verleger hat Tschechow den Inhalt seiner *Möwe* (1896) skizziert: »Das Stück enthält drei Frauenrollen, sechs Männerrollen, vier Akte, ein Exterieur (Blick auf einen See), zahlreiche Dialoge über Literatur, wenig Handlung und eine Menge Liebe.« Tatsächlich hängen die Figuren des Stücks wie eine Liebeskette aneinander: Kostja, der vernachlässigte, empfindsam-intellektuelle, auf dem mütterlichen Gut lebende Sohn der Schauspielerin Arkadina, liebt das nach Leben und Theater (als gesteigertem Leben) verlangende Mädchen Nina vom Nachbargut. Die aber verfällt dem nüchtern-distanzierten Schriftsteller Trigorin, folgt ihm in die Stadt. Trigorin indes verläßt sie und kehrt zur Provinzdiva Arkadina zurück, dem hart-egoistischen Theatertier, das doch von Trigorin nicht lassen kann. Kostja seinerseits wird geliebt von der spröde und verzweifelt-versoffenen Mascha, an der wiederum schwach und ergeben der Lehrer Medwedenkow hängt. Maschas Mutter, die Frau des Gutsverwalters Schamsajew, liebt den nicht uneitlen, aber aufmerksamen Arzt Dorn. Schließlich: Der alte pensionierte Beamte Sorin, der Bruder der Arkadina, liebt wütend und verzweifelt das Leben, das er hinter Akten und am Schreibtisch versäumte und das ihm die Krankheit zu nehmen droht. Der am wenigsten eigensüchtig liebende, der in Gefühl und Intellekt isoliert und sensibelste scheitert dabei endgültig: Kostja erschießt sich hinter der Szene, im vierten Akt, der zwei Jahre später spielt. Kostja, zu einigem Erfolg als Schriftsteller gekommen, agiert mit dem Anschein der Gelassenheit, mit beruhigter Gesammeltheit, bis er sich, nachdem Nina ihm sich endgültig entzogen hat, ruhig zum Selbstmord abtritt.

Nina, die »Möwe«, ist in den ersten drei Akten, im Feriensommer, eine gegen die Konvention spröd-frische Person. Im vierten Akt tritt sie, naßgeregnet, zum Abschied von Kostja und ihrer Jugend auf – Trigorin hat sie verlassen; sie schlägt sich, eine unfertige Schauspielerin, an Provinzschmieren durch. Das, was sie sagt, ist widerspruchsvoll und dadurch offen; sie ist verwirrt und vergangenheitssüchtig, schiebt aber die sentimentale Ineinssetzung mit der Möwe, die von Kostja im zweiten Akt erschossen wurde und die er als symbolisches Requisit hat ausstopfen lassen, als »Quatsch« beiseite. Sie kann als poetisch-fragiles Opfer (beliebte westliche Interpretation) gezeigt werden, sie kann als nüchtern gewordene Zukunftsgläubige (übliche östliche Deutung), sie kann aber auch gespielt werden als im Gegeneinander von Empfindungen und Haltungen, zwar gefährdete, aber offene Existenz. Was Trigorin angeht, so kann gezeigt werden, wie Tschechow ihn selbst im Stück charakterisieren läßt: als einen eher einfachen, an die tägliche Arbeit geketteten, kräftigen Mann, den sein Metier zur Distanz, zur Kälte, zur Achtlosigkeit zwingt – was ihm letztlich recht ist.

Zwischen Trigorin und Kostja findet so etwas wie eine Literaturdebatte, auch Konkurrenz statt. Trigorins Programm ist das des nüchternen Realismus Tschechowscher Art (wie Tschechow notiert sich dieser Autor in Notizbüchern, was er an Detailbeobachtungen macht, was er an Einzelsätzen sagen hört). Kostja dagegen führt am Anfang des Stücks mit Nina in der Hauptrolle einen poetisch überhöhten, einen symbolistischen Weltschöpfungs-Monolog vor, etwa im Stil von Gorkis Freund und Gegenspieler Leonid Andrejew, dessen Symboldramen (*Das Leben des Menschen,* 1906, *König Hunger,* 1908) im Jahrzehnt vor dem Ersten Weltkrieg in der Maeterlinck-Nachfolge erfolgreich waren.

Onkel Wanja

Aus dem *Waldteufel* (1889) hervorgegangen, trägt das 1900 erschienene Werk den Untertitel »Bilder aus dem Landleben«. Iwan Woinizki, genannt Onkel Wanja, hat die besten Jahre seines Lebens damit zugebracht, gemeinsam mit seiner Nichte Sonja deren Gut zu verwalten, damit Sonjas Stiefvater, der Literaturprofessor Serebjrakow, von den Erträgen in der Stadt auf großem Fuße leben und sich der Wissenschaft widmen kann. Eines Tages entdeckt Wanja, daß der gefeierte Gelehrte, der Liebling der

Frauen, ein monströs eitler Scharlatan ist. »Nicht eine Seite von dem, was er geschrieben hat, wird bleiben.« Provoziert durch die Absicht des Professors, das Gut, das nicht genug einbringt, zu verkaufen, greift Onkel Wanja zur Pistole; er schießt auf den Mann, dem er sinnlos sein Leben geopfert hat – und trifft daneben.

Das Thema wird variiert in der Gestalt des Landarztes Astrow, Freund Wanjas und regelmäßiger Gast auf dem Gut. Auch er ist ein tüchtiger Arbeiter, der sich für seine Mitmenschen aufreibt, der Bäume pflanzt, um die Wälder zu retten; jedoch der Provinzalltag macht ihn einsam, verbittert und zynisch. Sonja liebt Astrow, aber: sie »ist gut und großmütig, schade nur, daß sie so häßlich ist«; aller Glanz und alle Liebe fallen ihrer schönen Stiefmutter Jelena, der Frau des Professors, zu, die Wanja vergeblich liebt. Astrow ist Wanjas erfolgreicher Konkurrent: Die kühle Jelena läßt sich von seiner kraftvollen Aufrichtigkeit hinreißen – bis der vorbeigegangene Schuß sie wieder an die Seite ihres (überdies noch kranken und quengeligen) Mannes treibt. Im letzten Akt reisen die beiden ab, auch Astrow fährt zu seinen Kranken und seinen Bäumen. Wanja und Sonja bleiben zurück, nehmen nebeneinander die Arbeit wieder auf: »Was tun? Man muß weiterleben«, sagt Sonja.

Drei Schwestern

Die drei Titelfiguren des Stücks (1901), als Generalstöchter in Moskau aufgewachsen und nach dem Tode der Eltern in der Provinzstadt sitzengeblieben, sind in den Zwanzigern; Irina, die jüngste, feiert im ersten Akt, an einem lichten Sonntagvormittag, ihren zwanzigsten Geburtstag. Mascha, die mittlere, ist seit ihrem achtzehnten Lebensjahr mit dem Gymnasialprofessor Kulyschew verheiratet. Olga, die älteste, arbeitet seit vier Jahren als Gymnasiallehrerin. Der Bruder, Andrej, küßt am Ende des ersten Aktes Natascha, ein scheinbar gehemmtes, unsicheres Gänschen.

Im zweiten Akt, der an einem Fastnachtsabend spielt, ist er mit ihr verheiratet. Sein Traum, Universitätsprofessor zu werden, ist weiter denn je entfernt, er arbeitet als Sekretär der Kreisverwaltung, Irina beim Telegrafenamt, Olga soll Schulvorsteherin werden. Natascha preist aufdringlich ihr erstes Kind und betrügt ihren Mann mit dem Kreisverwaltungsvorsitzenden Protopopow (der nicht in Erscheinung tritt). Mascha läßt sich vom Redefluß des unglücklich verheirateten Oberleutnants Werschinin beeindrucken.

Im dritten Akt, nachts, ist gerade ein Teil der Provinzstadt abgebrannt – die Offiziere der in der Stadt beheimateten Garnison, Wer-

Anfangsszene von Rudolf Noeltes Inszenierung der »Drei Schwestern« Tschechows, Staatstheater Stuttgart 1965. Im hellen Salon (Bühne Hanna Jordan) sitzen die Schwestern weit auseinander: am Fenster die jüngste, Irina (Cordula Trantow), im Sessel Olga, die älteste (Elisabeth Müller), auf dem Sofa Mascha (Elisabeth Schwarz). Am Flügel der Baron Tusenbach (Heinz Baumann).

schinin, der Amateurfotograf Fedotik, der unheimlich gehemmte Ssoljonny, der Baron Tusenbach, der gerade als Leutnant seinen Abschied vom Militär genommen hat, gehen, wie in den anderen Akten, im Hause aus und ein. Der Regimentsarzt, ein verkommener alter Säufer namens Tschebutykin, wohnt bei den drei Schwestern. Der Bruder, jetzt Mitglied der Kreisverwaltung, hat das Haus, das den drei Schwestern mitgehört, verspielt und verpfändet. Im Haus regiert Natascha, die immer mehr Räume für ihre Kinder beansprucht und die Schwestern in ein Schlafzimmer zusammendrängt. Mascha »beichtet« den Schwestern, daß sie Werschinin liebt, Olga rät Irina, den Baron Tusenbach zu heiraten, der ihr das schon lange anträgt.

Im vierten Akt, der vier Jahre nach dem ersten, wieder an einem hellen Vormittag, im Garten spielt, zieht das Regiment in eine andere Garnison ab. Olga (jetzt Schulvorsteherin) und Irina trösten Mascha, auch ihr Mann versucht ihr auf seine Weise über den Verlust Werschinins hinwegzuhelfen: Er hängt sich einen Scherzschnurrbart unter die Nase, den er einem Schüler weggenommen hat. Irina und der Baron, der die Armee verlassen hat, wollen am anderen Tag heiraten und gemeinsam »unters Volk« gehen, arbeiten, Kinder unterrichten. Ssoljonny,

der ebenfalls und vergeblich Irina liebt, erschießt (hinter der Szene) in einem von ihm provozierten Duell den Baron. Die Schwestern sind am Ende mit dem zeitunglesenden Tschebutykin, der erst am anderen Tag dem Regiment folgen wird, allein. Olga: ». . . wir werden erfahren, warum wir leben, warum wir leiden . . . Wenn man es nur wüßte!«

Die Debatte des Stückes findet vornehmlich zwischen Werschinin und Tusenbach statt. Der Ältere (Werschinin ist in den Vierzigern) sieht – manchmal faselig, manchmal bestürzend klar – eine andere Zukunft in zwei-, dreihundert Jahren. »Aber wir leben, arbeiten, leiden jetzt dafür, wir sind die Schöpfer dieses Lebens.« Sein Kontrahent Tusenbach scheint nur an die Gegenwart zu glauben, an ihre Unveränderlichkeit: »In Jahrmillionen wird das Leben genauso sein, wie es immer gewesen ist, . . . es folgt seinen eigenen Gesetzen . . . Der Sinn . . . Draußen schneit es. Wo ist der Sinn?« Und doch ist es Tusenbach, den es nach nützlicher Arbeit verlangt.

Der Kirschgarten

»Wie hinreißend ist dieser Garten! Das weiße Blütenmeer und darüber der blaue Himmel«, ruft die Gutsbesitzerin Ranjewskaja im *Kirschgarten* (1904), als sie an die Stätte

zurückkehrt, wo sie die glücklichste Zeit ihres Lebens verbrachte. Inzwischen hat sie in Paris und an der Riviera gelebt und ihr Vermögen mit ihrem Geliebten verschleudert. Das Gut ist über und über verschuldet und soll unter den Hammer kommen. Weder die Ranjewskaja noch ihr sentimentaler Bruder Gajew sind imstande oder auch nur gewillt, den Untergang aufzuhalten. Der Kaufmann Lopachin, ein aus den ärmsten Verhältnissen aufgestiegener Selfmademan, Sohn eines Leibeigenen der Familie, der sich bei aller Geschäftstüchtigkeit eine Anhänglichkeit an die Patrone seiner Kindheit bewahrt hat, schlägt vor, den Kirschgarten in Parzellen für Landhäuser aufzuteilen und zu verkaufen und so das Gut zu sanieren. »Ich kann Sie absolut nicht verstehen«, weist ihn die Ranjewskaja ab. »Wenn es im ganzen Gouvernement etwas gibt, was wirklich sehenswert und bemerkenswert ist, dann ist es unser Kirschgarten . . . Sogar im Konversationslexikon wird unser Kirschgarten erwähnt.« Lopachin: »Bemerkenswert an diesem Garten ist bloß, daß er ungewöhnlich groß ist. Kirschen trägt er nur alle zwei Jahre, und auch dann weiß man nicht, wohin mit ihnen, weil es keine Käufer gibt.« Das Gut wird versteigert. Der Kirschgarten geht in die Hände Lopachins über, und die Familie verläßt das Haus: »O mein lieber, mein zärtlicher, mein schöner Garten! … Mein Leben du, meine Jugend, mein Glück, ade!« Die Ranjewskaja kehrt nach Paris zurück, Gajew wird Bankbeamter. Übrigens vergessen die Herrschaften, ihren alten, im Sterben liegenden Diener mitzunehmen. »Die Fensterläden werden von außen geschlossen und zugenagelt. Stille bricht herein. Und nur noch in der Tiefe des Gartens schlagen die Äxte dumpf auf das Holz der Bäume.«

In den vier großen Stücken *Die Möwe, Onkel Wanja, Drei Schwestern* und *Der Kirschgar-*

Im Residenztheater München inszenierte Rudolf Noelte 1970 den »Kirschgarten«, im Bühnenraum von Hanna Jordan. Szene im 4. Akt: Warja, die Pflegetochter der Gutsbesitzerin (Heidemarie Theobald), wartet vergeblich auf den Heiratsantrag des neuen Besitzers Lopachin (Werner Kreindl).

ten, die er nach der Krise in seinem Leben schrieb, fand Tschechow den ihm gemäßen Stil.

»Man verlangt vom Helden und seinem Verhalten, sie sollen bühnenwirksam sein«, bemerkte der Dichter in einem Gespräch. »Aber im Leben erschießt und erhängt man sich nicht immerzu, erklärt man nicht bei jeder Gelegenheit seine Liebe, äußert man nicht dauernd tiefe Gedanken. Meistens ißt und trinkt man, flirtet man und redet dummes Zeug. Und genau das sollte auf der Bühne zu sehen sein. Man müßte Stücke schreiben, in denen die Leute kommen und gehen, Mittag essen, über Regen und schönes Wetter reden, Whist spielen, und zwar nicht, weil es der Autor so will, sondern weil es im wirklichen Leben so zugeht.«

Um seine Vorstellung einer prätentionslosen Darstellung des Lebens zu verwirklichen, mußte Tschechow mit den Bühnenkonventionen brechen, was den anfänglichen Mißerfolg seiner Werke erklärt. Er mied dramatische Ereignisse, Haupt- und Staatsaktionen. »Wer einen Stückschluß ausdenken würde, wie es ihn noch nicht gab, der hätte wahrhaftig einen Schatz gefunden. Der Held muß heiraten oder sich umbringen; einen anderen Ausgang gibt es nicht...« Die Zwischenfälle in Tschechows Stücken – der Selbstmord Kostjas in der *Möwe,* die Schüsse Onkel Wanjas auf den Professor, Baron Tusenbachs Tod im Duell – sind keine »Lösungen des dramatischen Knotens« im üblichen Sinn. Sie treten hinter dem wesentlichen Vorgang, der sich in den Seelen abspielt: der stillen Resignation, zurück. Tschechow intervenierte heftig, als

Stanislawski die Leiche Tusenbachs in der Schlußszene der *Drei Schwestern* über die Bühne tragen lassen wollte. Er war stolz darauf, daß im *Kirschgarten* kein Schuß fällt; das dumpfe Schlagen der Äxte im Hintergrund ist in der Tat viel erschütternder. Die wirklich dramatischen Vorgänge vollziehen sich unterschwellig. »Man muß das Leiden so wiedergeben, wie es sich im Leben ausdrückt«, sagt Tschechow, »das heißt nicht mit Händen und Füßen, sondern durch Tonfall und Blick.« Die Dialoge werden von Pausen unterbrochen, und diese Pausen sind oft bedeutungsvoller als der Text. Erinnerungen, abwesende Personen können wichtiger sein als die Vorgänge, die sich auf der Bühne abspielen. Optische und akustische Effekte, wie der Türschlag einer abfahrenden Equipage, die Signale der Feuerwehr, ferne Musik, der Ablauf der Tages- und Jahreszeiten deuten die Stimmung der Menschen an. Die Naturvergleiche – der Tod der Möwe, das Verschwinden der Wälder, die Feuersbrunst, das Schicksal des Kirschgartens – sind nicht nur als Symbole zu verstehen, vor allem lösen sie Assoziationen aus. Tschechow ist ein Meister der Valeurs, der Klänge, Farben und Gerüche in all ihrer Flüchtigkeit; die Stimmungselemente haben jedoch bei ihm keinen Wert an sich, sondern wirken im Wechsel, im Gegensatz, im Zusammenklang, wodurch die eigenartig verschwebende Atmosphäre entsteht. Die lebensvolle Grundstimmung erzeugte Tschechow vor allem durch den Strom von Empfindung, der sich, dem langsamen Dahinfließen des Lebens vergleichbar, durch alle Stücke zieht. Dieser quasi lyrische Empfindungsstrom wird immer wieder durch realistische, ja banale und burleske Elemente unterbrochen, so daß keine Sentimentalität aufkommt.

Das dramatische Werk Tschechows ist vor allem zwei Mißverständnissen ausgesetzt. Das eine, die Materialisation der Poesie zur Stimmungsmalerei, geht auf Stanislawski, den Wegbereiter des Dichters, zurück. Wie Stanislawski selber in seinen Erinnerungen zugibt, war das naturalistisch orientierte Ensemble anfangs nicht imstande, das »Aroma« der Stücke im Spiel der Darsteller spürbar zu machen. Stanislawski konzentrierte sich deshalb auf die szenischen Elemente, auf Dekoration, Geräusche, Beleuchtung. Der Anfang der *Möwe* sah in seiner Inszenierung so aus: »Das Stück beginnt im Dunkeln; ein (August-)Abend. Schwaches Laternenlicht von der Spitze eines Pfahls. In der Ferne das Lied eines Betrunkenen. Fernes Hundegeheul. Quakende Frösche, Wachtelrufe, gemächliches Gebimmel einer entfernten Kirchenglocke. Ein paar Blitze, in der Ferne schwaches Donnergrollen. Nachdem der Vorhang aufgegangen ist, eine Pause von zehn Sekunden. Nach der Pause hämmert Jakow, er schlägt einen Nagel ein; danach beschäftigt er sich anderweitig auf der Szene und summt dabei vor sich hin.« Man vergleiche damit die Regieanweisung des Autors: »Die Sonne ist gerade untergegangen. Auf der Estrade stehen hinter herabgelassenem Vorhang Jakow und andere Arbeiter; man hört sie husten und hämmern.« Tschechow mißfiel die »Verdickung der Atmosphäre« sehr. »Wissen Sie«, meinte er boshaft, »ich werde ein neues Stück schreiben, und das wird dann folgendermaßen beginnen: Wie wunderbar still ist es hier, kein Vogel zu hören, kein Hund bellt, kein Kuckuck ruft, keine Eule schreit, keine Nachtigall singt, keine Uhr schlägt, keine Glocken läuten und nicht ein einziges Heimchen zirpt.« In Wirklichkeit sind Tschechows Stücke schlank und duftig, die Charakterisierungen sind sparsam, aber genau. Zu Gorki sagte er: »Farbe und Ausdruck in einer Naturbeschreibung erzielt man durch Einfachheit, durch einfache Wendungen wie: Die Sonne ist untergegangen, Der Abend brach herein, Es beginnt zu regnen usw.«

Das zweite Mißverständnis ist Tschechows angeblicher Pessimismus. Schon Stanislawski berichtete: »Ich sehe ihn bedeutend häufiger zuversichtlich und lächelnd vor mir als finster, obwohl ich ihn in den schwersten Perioden seiner Krankheit gekannt habe. Dort, wo sich der kranke Tschechow aufhielt, herrschten meist Scherz, Witz, Frohsinn und sogar Ausgelassenheit. Wer konnte besser als er ein Lachen erwecken und mit todernstem Gesicht Dummheiten erzählen? Wer haßte mehr als er ungeschliffenes Banausentum, ewiges Heulen und Jammern, spießbürgerlichen Klatsch beim obligaten Tee? Wer dürstete mehr nach dem Leben, nach Kultur?« Liest man die Stücke Tschechows aufmerksam, so findet man in allen, und zwar in ihren dunkelsten Momenten, zuversichtliche Bekenntnisse – Bekenntnisse zur Arbeit, zur Schönheit, zur Zukunft. Natürlich war das kein billiger Optimismus, er hatte ja den Tod vor Augen. Aber auch seine Melancholie war ein Ja zum Leben, eine Bewältigung des Daseins. Daher das hartnäckige Beharren darauf, daß seine Stücke Komödien seien.

Maxim Gorki

Alexej Maximowitsch Peschkow (1868 bis 1936), der sich als Schriftsteller Gorki, »der Bittere«, nannte, wurde in Nishnij Nowgorod, dem heutigen Gorki, geboren. Früh verwaist, in elenden Verhältnissen aufwachsend, versuchte er sich in allen möglichen Berufen; er wanderte jahrelang durch Rußland und lernte dabei die Ärmsten der Armen, die Lumpenproletarier und Vagabunden, kennen, als deren Dichter er berühmt wurde. Von einem Selbstmordversuch behielt er sein Leben lang eine kranke Lunge. Die Empörung über das Unrecht, das er erlebt hatte, bewegte ihn zu heftiger Kritik an der bisherigen russischen Literatur, insbesondere an Tschechow, Tolstoi und Dostojewski, denen er im übrigen viel verdankte. Er warf ihnen vor, durch die Predigt von Demut und Leiden die Widerstandskräfte des Volks zu zersetzen. Er näherte sich den politischen Revolutionären, zuerst den Narodniki, einer Bewegung von Anarchisten und Terroristen, die die Bauernmassen aufrühren wollten, dann den Bolschewiki, dem radikalen Flügel des russischen Marxismus. Er trat in Kontakt zu Lenin, nahm an der bolschewistischen Parteiarbeit und an der Revolution von 1905 teil, wurde in die berüchtigte Peter-Pauls-Festung geworfen, aufgrund internationaler Proteste wieder freigelassen und emigrierte 1906. Damals schrieb er den Roman *Die Mutter* und das Stück *Die Feinde,* zwei Exempel des Klassenkampfes, die von der sowjetischen Literaturkritik als die ersten Werke des Sozialistischen Realismus angesehen werden. Obwohl sich Lenin um die Freundschaft des Dichters bemühte, kam es zwischen beiden zunehmend zu Differenzen, sowohl in politisch-taktischen wie in weltanschaulichen Fragen; Lenin beschuldigte Gorki der »Gottmacherei«. Resigniert notierte der Dichter: »Ich habe eine geradezu organische Abneigung gegen Politik und bin ein sehr fragwürdiger Marxist.« Höhepunkt der Entfremdung war Gorkis Kritik an den Folgen der Oktoberrevolution 1917: »Lenin, Trotzki und ihre Anhänger sind schon angesteckt von dem verderbenden Gift der Macht, wie ihre beschämende Einstellung zur freien Meinungsäußerung und der Freiheit des Individuums zeigt, um die die Demokratie gekämpft hat…Lenin ist ein kaltblütiger Taschenspieler, ohne Achtung vor dem Leben und der Ehre des Proletariats.« Nachdem er sein möglichstes getan hatte, Menschen und Kulturgüter vor der Vernichtung zu retten, emigrierte Gorki 1921 zum zweitenmal. Im fernen Italien verblaßten die furchtbaren Eindrücke. Abscheu vor der Diktatur Mussolinis, die Faszinationskraft des kommunistischen Aufbaus und Heimweh ließen ihn Ende der zwanziger Jahre nach Rußland zurückkehren. Stalin warb ostentativ um den Dichter, mäßigte sogar vorübergehend den Terror gegen Schriftsteller. So kam es, daß Gorki auf dem Kongreß der Sowjetschriftsteller 1934 der Diktatur die Stimme lieh zur Proklamation des Sozialistischen Realismus, worunter er allerdings keine Propagandaliteratur, sondern im Sinn seiner eigenen Werke eine Verschmelzung von Realismus mit sozialistischer Romantik verstand. Zwei Jahre später stellte er betroffen die Folgen fest: »Beschämend armselig sind die Kräfte unserer Dichter, kalte Verse werden bei uns geschrieben. Allzu gleichgültig ist diese Froschpoesie. Und sogar wenn von der revolutionären Erektion geschrieben wird, spürt man, daß politisch Impotente schreiben.« Nach und nach durchschaute er das System. Er zog sich von Stalin zurück und bat, als seine Freunde in die Mühlen der Säuberung gerieten, aufs neue, nun zum drittenmal, emigrieren zu dürfen. Auch sein Gesundheitszustand bedurfte dringend einer Kur in der Sonne. Gorki starb 1936 in seiner Villa bei Moskau. Zwei Jahre später gestand Stalins ehemaliger Geheimpolizeichef Jagoda in einem nach seinem Sturz von der stalinistischen Justiz gegen ihn geführten Schauprozeß, er habe den Dichter durch dessen Leibarzt umbringen lassen. Diese Version vom Tode Gorkis verschwand nach Stalins Ende aus den sowjetischen Darstellungen.

Die Kleinbürger
Mit den 1902 von Stanislawski im Moskauer Künstlertheater uraufgeführten *Kleinbür-*

gern debütierte Gorki als Theaterautor. Das Stück zeigt, wie der frühe Gorki Gedanken der Philosophie Nietzsches, der er sich unter dem Druck einer harten Jugend zugewandt hatte, ins Soziale und Revolutionäre umsetzte. Kleinbürger, das ist der Handwerksmeister und Hausbesitzer Bessemjonow. Aus seiner Enge und Selbstgerechtigkeit heraus versucht er, das zu ergründen und zu erschüttern, sich unterzuordnen, was ihn, wie er sagt, kränkt und erregt – vor allem die Unzufriedenheit, Passivität, Zweifelsucht seiner erwachsenen Kinder, des Studenten Pjotr und der Lehrerin Tatjana. Auch sie sind in ihrer Kraftlosigkeit für Gorki Kleinbürger, ebenso der versoffene Kirchensänger Teterew, der über Stärke und Heldentum nur räsoniert, wenn auch einfallsreich. Den Kleinbürgern stehen die Proletarier gegenüber als die Starken, Tüchtigen und Tapferen, die Schöpfer aller Werte und Eroberer des Lebens, Zertrümmerer der alten Tafeln. »Rechte werden nicht gegeben, Recht nimmt man«, sagt der Lokomotivführer Nil, Bessemjonows ehemaliger Pflegesohn, von Tatjana schwächlich geliebt, mit der Hausangestellten Polja am Ende zusammen weggehend. Nil ist – wie Gorki damals – ein revolutionärer Philosoph der Stärke. Diese Einstellung erklärt, wieso Gorki zu den Bolschewisten fand.

Was Lenin von der demokratischen Arbeiterbewegung Europas trennte – der Elitegedanke (Partei als Avantgarde klassenloser Berufsrevolutionäre) und die revolutionäre Romantik (Putschismus statt Massenbewegung) –, traf bei Gorki auf verwandte Intentionen.

Nachtasyl

Ebenfalls 1902 von Stanislawski uraufgeführt, begründete dieses Stück (»Szenen aus der Tiefe«) Gorkis Weltruhm. Es ist – wie meist bei Gorki – kein Drama im gewohnten Sinn; es sind meisterhafte Milieu- und Charakterstudien aus der Lebenssphäre der Asozialen, »der Ertrag fast zwanzigjähriger Beobachtung der Welt derer, die auch einmal Menschen waren«. Eine düstere, solange verborgene Welt des Elends und der Verzweiflung wird ins grelle Rampenlicht gerückt und wirft einen Schlagschatten, der die Schrecken kommender Umwälzungen ahnen läßt. Eine Schwäche des Stücks, die allerdings seinerzeit zum Erfolg beitrug, ist der Überhang an Rhetorik und Philosophie. »In jeder Ihrer Erzählungen«, meinte Tolstoi zu Gorki, »gibt es ein ökumenisches Konzil von Grüblern, und alle reden in Aphorismen.« Im Mittelpunkt der Auseinandersetzung steht Gorkis Lieblingsthema: Ob man dulden oder sich widersetzen soll. Der alte

An der Schaubühne am Halleschen Ufer Berlin 1974 hatten Peter Stein und Botho Strauß Gorkis »Sommergäste« eingreifend bearbeitet in eine vielstimmige, simultane Szenenfolge, die allerdings zugleich die Schärfe der Gorkischen Gesellschaftsschilderung milderte. Auf der birkenumstandenen, mit dunklem Torfmull bedeckten Szene Karl-Ernst Herrmanns: im Vordergrund Ilse Ritter als Kalerija, Edith Clever als Warwara, Elke Petri als Julia, Rüdiger Hacker als Rjumin. Hinten Otto Sander (Suslow), Günter Lampe (Doppelpunkt), Bruno Ganz (Schalimow), Gerd Wameling (Zamyslow) und Wolf Redl (Basow). In der Hängematte links Jutta Lampe als Marja Lwowna.

Im kahlen, von Axel Manthey gestalteten Saal einer stillgelegten Kölner Schokoladenfabrik inszenierte 1981 Jürgen Gosch Gorkis »Nachtasyl« – in bewußter Opposition zur Aufführungskonvention. Nicht die übliche, schrecklich-schöne Milieu-Elendigkeit heruntergekommener Armutsgestalten zeigte diese Inszenierung, sondern Figuren aus der mittelständischen Party-Welt, psychisch verelendet vor allem.

pilgernde Landstreicher Luka, Typus des Tolstoianers, sanfter Prediger der Güte und des Mitleids, zieht als Trostspender durch die Obdachlosenquartiere und hat für jeden eine Lebenslüge bereit. Ihm widerspricht Satin, Falschspieler, wortverliebter Intellektueller, der nach eigener Aussage wegen Totschlags an einem Schurken im Gefängnis saß: »Die Lüge ist die Religion der Knechte und Herren ... Die Wahrheit – ist die Gottheit der freien Menschen!« In seinem berühmten Monolog am Ende des Stücks sagt Satin: »Der Mensch kann glauben oder nicht glauben – das ist seine Sache. Der Mensch – ist frei ... Er hat selber für alles aufzukommen, für seinen Glauben, seinen Unglauben, seine Liebe, seine Vernunft ... Nur der Mensch existiert, alles übrige – ist das Werk seiner Hände und seines Gehirns. Der Mensch! Einfach großartig! Wie stolz das klingt!« Hier, wo Gorki seine Philosophie gründlicher diskutiert als in den *Kleinbürgern,* wird bereits deutlich, daß die Über-

einstimmung mit Lenin auf einem Mißverständnis beruhte. Was Gorki bewegte, war nicht der Wille zur Macht, sondern das Pathos menschlicher Selbstverwirklichung, jener moderne Humanismus, der Lenin als »Gottmacherei« mißfiel.

Kurz vor und während der ersten russischen Revolution 1905 schrieb Gorki drei Stücke, die sich mit der schwankenden Haltung der Intelligenzia auseinandersetzen: *Die Sommergäste* (1904), *Barbaren* und *Kinder der Sonne* (beide 1905).

Die Sommergäste

In ihren und vor ihren Sommerhäusern (Datschen) kommen zusammen fünf berufstätige, aus dem Kleinbürgertum aufgestiegene »Intelligenzler«, um die 40 Jahre alt: ein Advokat (Basow), ein Bauunternehmer (Suslow), ein Literat (Schalimow), zwei Ärzte (Dudakow und Marja Lwowna). Drei von ihnen sind verheiratet: mit etwa zehn Jahre jüngeren Frauen (Warwara, Julija, Olga). Schon der Altersunterschied zwischen den Ehepaaren, aber nicht nur er, führt zu einer Scheidung der Figuren in eine durch Freundschaft, Gestimmtheit, Unzufriedenheit einander nahe weibliche Gruppe und eine durch augenzwinkernden lebemännischen Zynismus verbundene männliche (Basow, Suslow, Schalimow). Die drei Ehen sind längst fragwürdig geworden, Suslow spürt manchmal, daß seine vorgeblich naiv-genießerische Lebenseinstellung in Zweifel gezogen wird von dem suchenden Ernst seiner Frau Warwara, aber ihren Emanzipationsprozeß nimmt er erst wirklich wahr, als sie endgültig mit ihm bricht.

Die drei Ehegeschichten werden überkreuzt durch Flirts, Affären, Liebesgeschichten. Warwara, Basows Frau, wird begehrt von Suslow, aussichtslos geliebt von dem berufslosen, verstiegenen Schöngeist Rjumin, hofiert von dem Literaten Schalimow, den sie bewundernd erwartete, der sie enttäuschte. Julija flirtet mit Basows betriebsamem elegant-zynischen Substituten Zamyslow. All diesen brüchigen Beziehungen setzt Gorki eine unkonventionelle, in den Augen der Lebemänner lächerliche Liebe entgegen: zwischen der Ärztin Marja Lwowna und Warwaras Bruder Wlas. Sie ist 37, schon grauhaarig, er ist 25 und spielt den Narren, weil er sein Unbehagen an der bürgerlichen Aufstiegsgesellschaft verbergen möchte. Die Kritik am Konformismus und Zynismus der heraufgekommenen Kleinbürgerkinder wird im Stück durch die Narrenpossen von Wlas, dann durch Marja Lwownas Entschiedenheit, weiter durch den ehemaligen Fabrikanten und Selfmademan Doppelpunkt, schließlich durch bare Außenfiguren, proletarische Wächter, formuliert. Sie endet im gemeinsamen Aufbruch von Marja Lwowna, Wlas, Warwara und Doppelpunkt in eine Art sozialistischer Lebens- und Arbeitsgemeinschaft.

Barbaren

Den schroffen, zerstörerischen Egoismus, das Grundgesetz der industriell-kapitalistischen Entwicklung, verkörpert der zum Eisenbahnbau in eine russische Provinzstadt einbrechende Ingenieur Tscherkun. Der kommt von unten, hat sich als Selfmademan hochgeboxt; er insistiert auf Aufrichtigkeit, Schlichtheit als quasi demokratischen Tugenden. Die alten Gewalten des Ortes schlägt er im Handumdrehen, demütigt den autokratischen Bürgermeister, bricht dessen Diktat sowohl über seinen Sohn wie über die Stadt.

Das geschieht nebenbei. Die Haupthandlung dagegen ist »privaten« Charakters: Tscherkun liebt seine Frau Anna nicht mehr; die aber hängt aus Schwäche und Hilflosigkeit süchtig an ihm; er hat einen kalten, klirrenden Flirt mit der Aristokratin Lidija, die ihm eine an Nietzsche gemahnende Herrenmoral andient. Weiterhin wird er angehimmelt von Nadjeshda, Frau des Steuerinspektors, die aus trivialen Romanen eine vom Kitsch nicht freie, aber im Kern großzügig-leidenschaftliche Vorstellung gesogen hat vom liebenden Helden, der sie aus dem Provinzsumpf erlöst. Tscherkun, liebesunfähig (aus rüder Aufrichtigkeit, aus egozentrischer Besessenheit), erklärt, eine Umarmung mit Nadjeshda sei eine Verirrung gewesen. Diese – fassungslos, dann tödlich ernüchtert – erschießt sich draußen.

Feinde

Das Stück wurde 1906 in der Emigration geschrieben, während sich in Rußland unter den Intellektuellen die Resignation über das sich abzeichnende Auslaufen der ersten Revolution breitmachte. Gorki läßt es 1903, vor der Revolution, spielen. Er macht klar, was in seiner Sicht der fortwirkende Kern der teils wirren, teils politisch und ideologisch uneinheitlich erscheinenden Vorgänge des Jahres 1905 (Blutsonntag in St. Petersburg, Straßenkämpfe in Moskau, Konstituante) war: der Klassenkampf, und wer die Kerntruppe dieses Kampfes: die Industriearbeiter und die mit ihnen verbundene illegale sozialdemokratische Kaderpartei.

Die zaristische Zensur erkannte diesen Klassenkampf-Charakter des Stückes genau: »In diesem Sinne ist die unversöhnliche Feindschaft zwischen den Arbeitern und den Arbeitgebern kraß herausgearbeitet, wobei die Erstgenannten als aufrechte Kämpfer gestaltet sind, die bewußt das gesteckte Ziel verfolgen: die Vernichtung des Kapitals, dessen Vertreter als engstirnige Egoisten erscheinen. Übrigens ist es – nach den Worten der handelnden Personen – vollkommen gleichgültig, welcher Art der Fabrikherr ist – es genügt, daß er ein Chef ist, um für die Arbeiter ein Feind zu sein. Der Autor läßt sogar durch den Mund der … Tatjana den Sieg der Arbeiterklasse voraussagen. Diese Szenen wirken als kompakte Propaganda gegen die besitzenden Klassen, infolgedessen sie nicht zur Aufführung zugelassen werden können« – so der Zensor am 13. Februar 1906.

Feinde hat nur drei Akte (bis dahin hatte Gorki Vierakter geschrieben), es hat im Grunde nur einen Schauplatz (Terrasse vor, Saal hinter der Gartenfassade des Bardinschen Herrenhauses), es spielt an zwei aufeinanderfolgenden Tagen. Erster Akt vormittags: Frühstück auf der Terrasse, Auseinandersetzungen zwischen den Fabrikbesitzer-Kompagnons Sachar Bardin und Michail Skrobotow über Liberalität oder Härte gegenüber den Arbeitern, die gegen einen brutalen Meister aufmucken. Michail wird hinter der Szene, als er die Arbeiter mit der Pistole bedrohen und in den Bauch treten will, angeschossen und stirbt auf der Szene. Zweiter Akt abends: Die politisch disziplinierten, bewußt sozialdemokratischen Arbeiter unter Führung des Kontoristen Sinzew haben den bewaffneten Schutz des Herrenhauses und der Fabrik gegen die maschinenstürmerischen, die anarchistischen Wallungen der Menge übernommen. Dritter Akt am anderen Vormittag: Die zaristische Polizei untersucht, entdeckt die sozialdemokratische Zelle und den Versuch, den Täter, einen Familienvater, durch die Selbstanzeige eines unverheirateten Genossen zu decken; die Genossen werden verhaftet, haben aber das Schlußwort: »Ihr löscht uns mit keinem Schrecken mehr aus; ihr löscht uns nicht aus.«

Ein »lustiges« Stück ist es in Gorkis Sicht, weil es ein optimistisches Stück ist. *Feinde* spielt 1903, also zwei Jahre vor der ersten Revolution, die auf diese Weise aus einfachen, überschaubaren, provinziellen Verhältnissen hergeleitet wird und deren Fortgang durch die dunklen Jahre der Stolypinschen Reaktion hindurch bis zum endgültigen Sieg hin intendiert ist. »Diese Leute werden siegen« – das spricht die Schauspielerin Tatjana, Frau von Sachar Bardins Bruder Jakow, zweimal aus – gegenüber der achtzehnjährigen Nadja, einer Nichte von Sachars Frau Polina. Tatjana erkennt, auf welcher Seite der Sieg sein wird, Nadja – aus armen Verhältnissen kommend, anfangs unbewußt rebellierend gegen die reichen Verwandten – wird wahrscheinlich auf der Seite der revolutionären Arbeiter tätig werden.

Nach einigen unsicher wirkenden, zum Teil auch nur kurzen Dramen – *Die Letzten* (1908), *Komische Käuze* (1910), *Die falsche Münze* (1913), *Die Sykows* (1913), *Der Alte* (1915) – ließ Gorki das Theater bis 1931 beiseite.

Ssomow und andere

Nach langer Pause wandte sich Gorki wieder der Dramatik zu, als er aus der zweiten Emigration in die Sowjetunion zurückkehrte. Die Regeneration seiner revolutionären Impulse bewirkte offenbar eine Wiederbelebung seiner dramatischen Kraft. 1931 schrieb er *Ssomow und andere,* das einzige Werk überhaupt, in dem er einen Stoff aus der Sowjetepoche behandelte. Ein Schauprozeß gegen Wissenschaftler, Ingenieure und Techniker hatte ihn angeregt, die Geschichte einer konterrevolutionären Verschwörung zu gestalten. Bezeichnend ist, daß Gorki weder auf die konkreten Ursachen noch auf den konkreten Ablauf der mysteriösen Verschwörung eingeht. Er verbohrt sich statt dessen in das Seelenleben der Intellektuellen, wo er den tieferen Grund für ihren Widerstand gegen das Sowjetregime vermutet. Ssomow ist ein ehrgeiziger, skrupelloser Bursche, ein waschechter Faschist; um ihn herum ist ein Sammelsurium verkrachter Existenzen gruppiert, die aus Gorkis vorrevolutionären Stücken auferstanden zu sein scheinen. Das Ganze hat etwas Fragmentarisches und Unausgegorenes; es wird weder der Partei noch der Literatur gerecht.

Jegor Bulytschow und andere;
Dostigajew und andere

Gorkis »… und andere«-Dramen waren als ein Zyklus gedacht, der von der Inkubationsperiode der Revolution bis zur Gegenwart führen sollte, dabei irgendwie den Anschluß an *Ssomow und andere* findend. Der Personenbestand der Stücke greift locker ineinander wie in den Romanen von Balzacs *Comédie humaine.* Gorki hat nur die beiden ersten Teile vollendet (1932/33) und die kritische Grenze, die durch die bolschewistische Oktoberrevolution, das einst von ihm verurteilte Ereignis, markiert wird, nicht zu überschreiten vermocht. Im Zentrum der beiden fertiggestellten Stücke stehen keine Revolutionäre, sondern eindrucksvolle Gestalten der alten Welt. Bulytschow, eine kraftstrotzende, überschäumende Figur, ist ein »weißer Rabe, ein anständiger Kapitalist«, der am Ende seines Lebens begreift, daß die Revolution unaufhaltsam ist und er »an der falschen Straße gelebt hat«. Dostigajew ist ein glänzender, geschmeidiger Geschäftsmann, ein Chamäleon von Format, der die »Kunst, sich anzupassen«, bis zur Vollendung entwickelt hat. Der erstaunliche Schluß besteht darin, daß er es sogar fertigbekommt, sich der Sowjetmacht anzupassen.

In seinen späten Werken entwickelte Gorki einen eigenartigen, unverwechselbaren Stil von letzter Reife. Alles Rankenwerk ist weggeschnitten, so daß man gezwungen ist, vieles über die Entwicklung der Menschen, den Verlauf der Handlung zu erraten. Es gibt kaum eine Exposition und kaum einen Abschluß, die Stücke ziehen wie Gewitter vorbei. Die äußere Handlung tritt immer mehr zurück. Es gibt ganze Akte, in denen scheinbar nichts geschieht, und unscheinbare Episoden können zu menetekelhafter Bedeutung wachsen. Alle Dynamik wird in den Seelen und Hirnen der Personen gestaut. »Wenn die Charaktere nur festumrissen sind«, sagte Gorki, »ist ihr Zusammenstoß unvermeidlich.« Die Figuren stehen zueinander in der latenten Spannung einer Schachkomposition. Sie haben ganz wenige Auftritte, manchmal nur einen, in dem sie die Erregung in ihrem Innern mit elementarer Kraft entladen. Wie schon der Titel *... und andere* andeutet, ist auch der Held nur ein Kraftelement unter anderen, eingebettet in den breit sich dahinwälzenden Strom der Gestalten und Ereignisse. Die Unterschiede von Komödie und Tragödie verschwimmen, weshalb Gorki seine Stücke als Szenen, Dramen oder überhaupt nicht zu bezeichnen pflegte. Die Haßliebe,

mit der Gorki der Gedankenwelt der Intelligenz verfallen war, äußerte sich in einer aggressiv zugespitzten Darstellung, die nicht selten grotesk-gespenstische Züge gewinnt.

Wassa Shelesnowa

In der ersten Fassung des Stücks, die Gorki 1910 geschrieben hat, wird geschildert, wie Wassa Shelesnowa, Besitzerin einer Schiffahrtsgesellschaft an der Wolga, im Konkurrenzkampf von Verbrechen zu Verbrechen getrieben wird und dem Moloch Kapital all ihre Menschlichkeit, die Bindung selbst zu den engsten Angehörigen opfern muß. In der endgültigen Fassung (1935) stellt Gorki der eisernen Kaufherrin (shelesno heißt eisern) ihre Schwiegertochter Rachel entgegen, die Revolutionärin ist. Der Konflikt wird dadurch, nicht nur im politischen Sinn, vertieft. Wassa kämpft mit Rachel um den Enkel, den einzigen gesunden Familienerben, der für beide die Sinngebung ihres Lebens, das Versprechen auf Zukunft bedeutet. In der Auseinandersetzung, die – nicht mehr als ein Dialog – an die Wurzeln beider geht, enthüllen sich die Horizonte zweier Welten, deren jede auf ihre Art unerbittlich und erbarmungslos ist. Unbesiegt, aber von den furchtbaren Anstrengungen aufgebracht, bricht die mächtige Wassa Shelesnowa zusammen und stirbt.

Arthur Schnitzler

Der 1862 in Wien als Sohn eines Professors der Medizin geborene, 1931 in seiner Vaterstadt gestorbene Schnitzler studierte selbst Medizin und praktizierte noch als Arzt, nachdem er schon literarisch debütiert hatte. Seine besten Stücke reichen fast an die Tschechows heran. Beide waren Mediziner und brachten naturwissenschaftliche Voraussetzungslosigkeit, Objektivität in die Literatur ein. In beiden, in Tschechow wie in Schnitzler, kulminiert der Säkularisierungsprozeß, der als Grundzug durchs 19. Jahrhundert geht: Sie sind ganz weltlich, weit entfernt von religiösen Fragestellungen. Die Transzendenz erscheint in ihrem Werk nur als das dunkle Tor, das des Todes. Sie wissen nicht, wollen nicht wissen, können nicht wissen, was dahinter ist, sehen das Tor aber immer hinter allem Leben aufgerichtet. Das Leben, ein vibrierender, leidender, zuckender Körper, ihm gilt ihr ganzes kon-

zentriertes Interesse. Dies Interesse ist ärztlich-kühl und zugleich mitleidsvoll. Sie konstatieren, wissen keinen Rat und keinen Ausweg, nur das unabwendbare Ende, und fühlen mit.

Was dabei häufig übersehen wird: Beide, der Russe und der agnostische Wiener jüdischer Herkunft, sind auch insofern Söhne des 19. Jahrhunderts (des »großen«, wie es Thomas Mann genannt hat), als sie trotz allem welt- und lebensgläubig waren: So voller Vergänglichkeit ihnen die Welt und die Menschen erschienen, so viel Anfänge, Neuanfänge, Wiederanfänge nehmen sie doch auch wahr. Durch alle Zusammenbrüche und Tode hindurch: Das Leben geht weiter. Der grandiosen Banalität dieses Satzes waren beide verpflichtet.

Soweit die Parallelen. Nun die Unterschiede: Tschechow gibt ein subtiles Beziehungsgeflecht zwischen Menschen – Schnitzler führt vieles, fast alles auf den einen Punkt, auf den Eros, direkter: die Geschlechtlichkeit, hin. Im Liebesvollzug suchen, finden, verlieren sich die Figuren vor allem seiner frühen Stücke. Und ebenso schnell, wie sie in den Rausch des Beieinanders versinken, tauchen sie daraus hervor: ernüchtert, gelangweilt, allein. Solange, bis eine neue, kurze Verzauberung anhebt.

Anatol

Schnitzlers erstes Theaterstück (1893) reiht Episoden aneinander: Der reiche Müßiggänger Anatol und sein Freund Max (mit Anatol durch eine eigentümlich rückhaltlose, aber doch immer distanzierte Aufrichtigkeit verbunden) begegnen in sieben Szenen sieben Frauen. Anatol liebt sie oder hat sie geliebt oder wird sie lieben: die Schauspielerin Cora, die Dame Gabriele, die Artistin Bianca, Emilie, Annie, Else, schließlich Ilona, mit der Anatol die Nacht vor seiner Hochzeit (mit einer anderen Frau) verbringt. Was besticht an diesem ersten Schnitzlerschen »Reigen«? Nicht mehr so sehr das Dekadenz-Parfüm, die Reden von »Stimmungen«, die »blasser und welker« werden, von »schmerzlichen Düften«, von der einen Gesundheit, die fad, und den vielen Krankheiten, die reizvoll sind – nein, nicht nur diese Reden, eher die leichte, anmutige und beherrschte Kühle, die Genauigkeit, mit der die Egoismen des Herzens und der Sinne aufgezeichnet sind – die

Grazie, mit der das Banale und sinnlich Rohe mitgeteilt werden. Anatol, so geschmäcklerisch er sich gibt, ist im Grund ein Mann mit ansteckendem Appetit, der erste in der Galerie von Schnitzlerschen Männern: so sensibel wie selbstbezogen, so rücksichtslos wie zartfühlend. Seine Bewußtheit schwächt ihn nicht, macht ihn nicht kränkeln, sie verleiht ihm vielmehr den lästerlichen Charme, der ihn selbstverständlich anziehend macht für alle Frauen. Doch denen droht mitnichten Gefahr. Don Juans zerstörerische Dämonie liegt weitab, Anatol beglückt und entläßt zu neuem, anderem Glück.

Liebelei

Nur einmal, nur in dem Schauspiel *Liebelei* (uraufgeführt 1895), bricht in Schnitzlers Figurenwelt blanke, unvermischte Tragik ein – weil nur einmal ein ganz entschiedenes Wesen bei ihm auftritt: das »süße Mädel« Christine, von all den andern lässig-sinnlichen Geschöpfen dieses Typus dadurch unterschieden, daß es nur einem Gefühl, und dem ausschließlich, gehört. Das Stück beginnt (erster Akt) in der Wohnung Fritz Lobheimers, bei dem dessen Freund Theodor Kaiser zu Besuch ist. Im Personenverzeichnis werden beide »junge Leute« genannt: Junge, wohlhabende Herren sind sie, äußer-

Hans Hollmann inszenierte Schnitzlers »Liebelei« 1973 in Basel gegen das Wienercharme-Klischee, stellte die Bösartigkeit und Kälte der Figurenbeziehungen aus, ließ fast verselbständigte Interaktionsformen, Gesten und Repliquen darstellen, die das Stück zuweilen an den Rand der kalten Groteske brachten. Die Szene nach Fritzens Duell-Tod: Theodor (Wolfram Berger), der alte Weiring (Hubert Kronlachner), Christine (Lore Brunner) und Mizzi (Rosalinde Renn).

lich der gesellschaftlichen Formen sicher, im Innern voller Unreife und Unausgeglichenheit. Theodor hat, um den Fritz aufzuheitern (der an einer zu Ende gehenden Affäre mit einer verheirateten Frau laboriert), die »süßen Mädel« Mizzi und Christine eingeladen. Man ißt, trinkt, lacht – Mizzi und Theodor ungeniert, Fritz und Christine befangener, verstrickter. In den Trubel tritt der ungebetene Gast: der betrogene Ehemann. Er kündigt Fritz das Duell an.

Der zweite und dritte Akt zeigen Christines Zimmer, »bescheiden und nett«. Ihr Vater, der Orchestermusiker Weiring, gönnt Christine die Liebschaft mit dem jungen Herrn, der sie so offensichtlich mit Glück beglänzt. Im Gefühlssturm des Mädchens (das doch – unsentimental – nie vergißt, daß das Glück nicht dauern wird) sieht sich auch Fritz fast verwandelt: »Jetzt bin ich nah dran zu glauben, daß hier mein Glück wäre, daß dieses süße Mädel ... aber diese Stunde ist eine große Lügnerin.« Fritz fällt im Duell, Christine erfährt es, aber auch, daß es um einer andern Frau willen geschah. Ihr Ausbruch ist elementar, ihr Schmerz rasend. Sie stürmt weg, in den Tod?

Der Reigen

Nur zwei, drei Jahre später als die rührende Tragödie *Liebelei* entstand *Der Reigen.* Zehn Stationen hat das Stück: Den Soldaten lockt die Dirne (1), der Soldat reißt das Dienstmädchen in kurzen Genuß (2), das Dienstmädchen verfällt der nachmittäglichen Lust des jungen Herrn (3), der junge Herr verbringt ein Schäferstündchen mit Emma, der verheirateten Frau (4), Emmas Gatte sieht in seiner Frau überraschend die Geliebte (5), der Gatte führt das süße Mädel ins Chambre separée (6), der Dichter spreizt sich vor dem süßen Mädel, das seinen Ruhm nicht kennt (7), die Schauspielerin und der Dichter führen miteinander die Komödie der Bewußtheit in der Erotik auf (8), die Schauspielerin nimmt sich den adligen, gehemmten Offizier (9), der Offizier wacht im Bett der Dirne auf (10). Anfang und Ende gehören der Dirne: Der Fleisches-Reigen hat sich geschlossen, das Karussell der Sexualität dreht sich weiter. Die Kälte der Entzauberung wird in die Form, den »Reigen« eben, überführt.

Im Schatten Ibsens stehen die melodramatische Steigerungen nicht scheuenden Tendenzstücke um die Gleichberechtigung der Geschlechter (*Das Märchen,* 1891), wider das Duell-Unwesen (*Freiwild,* 1896), über den Leidensweg einer ledigen Mutter (*Das Vermächtnis,* 1897). Auch die zum Teil in Versen geschriebenen und der neuromantischen Mode huldigenden historischen Stücke (*Paracelsus,* 1897; *Der Schleier der Beatrice,* 1899; *Der tapfere Cassian,* 1903; *Der junge Medardus,* 1909) muten heute erkünstelt an, wenn auch merkwürdig früh und durchgehend ein Grundthema moderner Dramatik darin auftaucht: das vom Spiel im Spiel, von Gesicht und Maske, von der Fragwürdigkeit des Seins und der Wirklichkeit des Scheins – besonders nachdrücklich in der personenreichen dramatischen Anekdote aus der Französischen Revolution *Der grüne Kakadu* (1899).

Eine andere Gruppe bilden die von mancherlei Wechseln des Gefühls und der erotischen Bindung vibrierenden Gesellschaftsstücke aus den Jahren kurz vor dem Ausbruch des Ersten Weltkriegs. In ihnen ist das Vorgefühl der Katastrophe im ganz privaten, privat-läßlichen Bereich gestaltet: *Der einsame Weg* (1903) ist noch recht sehr geziert melancholisch, dämmerselig und verschwimmend im Dämmer, wenn auch ein kühlerer, bewußterer Einsamkeitshauch manches davon aufwiegt.

Das weite Land

Erst diese Tragikomödie von 1910 gibt ein im ganzen gestufteres, teils grell-helles, teils schwärzliches Bild mit einer faszinierenden Zentralfigur: Friedrich Hofreiter, Fabrikant von Glühlampen, energisch, von nervösem Tatendrang erfüllt, heftig und kräftig zugleich im Gefühl, sich selbst bewußt und sich selbst ausgeliefert: der europäische Bourgeois, titanisch und selbstzerstörerisch, am Vorabend des Ersten Weltkriegs, nahe an der Katastrophe.

Hofreiter nimmt sich die Frauen, wie sie ihm in den Weg kommen. Da sie sich nehmen lassen, zweifelt er an der Treue seiner Frau Genia: Erst dieser Zweifel bringt sie dazu, sich mit dem jungen Fähnrich Otto einzulassen. Jetzt reagiert Hofreiter nach dem Komment seiner Klasse: Er fordert den jungen Mann und tötet ihn im Duell. »Die Seele ist ein weites Land«, heißt es im mittleren, personenreichen, in einem Nobelhotel am Semmering spielenden Akt.

Professor Bernhardi

Der Titelheld dieses Stücks von 1912, der (jüdische) Direktor eines Wiener Krankenhauses, verwehrt einem katholischen Priester, der einer Sterbenden die letzte Ölung geben will, den Zutritt zur Patientin, weil er meint, daß sie so ruhiger sterbe. Er wird wegen »Religionsstörung« angegriffen, zu Gefängnis verurteilt, schließlich doch rehabilitiert. Aber Schnitzler macht deutlich, daß die religiös-dogmatisch und nationalistisch-rassistischen Argumente und Ressentiments, die von den Gegnern (und Neidern) Bernhardis in unterschiedlicher Mischung vertreten werden, gefährlich und im Zunehmen begriffen sind. Zwar geht es im Falle Bernhardi noch einmal gut aus (der Autor nennt sein Stück denn auch »Komödie«); die kleinen Verleumder und Wahrheitsverdreher werden sogar bestraft, aber die mächtigeren Gegner Bernhardis bleiben in ihren Positionen; der rabiateste, Dr. Hochroitzpointner, ist ein Vorläufer jener Ärzte, die in der Nazizeit bereitwillig an der Tötung »unwerten Lebens« sich beteiligten.

Fink und Fliederbusch

1916 entstanden, nimmt Schnitzler hier den Wiener Journalismus und seine Spielarten in zehn Figuren satirisch aufs Korn: darunter den unwirsch-anspruchsvollen, metierstolzen Theaterkritiker Abendstern und den wieseleiligen, alle Ressorts standpunktlos bedienenden »externen« Mitarbeiter Kajetan, den zynisch *und* ehrlich gewordenen Sport- und Gesellschaftsreporter Styx. Die Pointe und der dramaturgische Motor des Stückes: Der junge Aufstreber Fliederbusch schlägt unter diesem Namen als Parlamentsberichterstatter der liberalen Zeitung »Die Gegenwart« eine freiheitliche Klinge gegen den stockreaktionären Abgeordneten Graf Niederdorf und verteidigt zugleich – unter dem Namen Fink im käuflichen Wochenblatt »Die elegante Welt« – denselben Politiker geistreich und scharfsinnig gegen Fliederbusch, also gegen sich selbst. Von dritten wird die Polemik zwischen Fliederbusch und Fink bis zur Duellforderung zugespitzt – daß der Kampf mit sich selbst nicht sein kann, führt eine Art Happy-End herbei. Es wird fragwürdig durch den Auftritt des Grafen Niederdorf: Der ist, sagt er, prinzipiell antiideologisch eingestellt, ein »Realpolitiker«. Beide Meinungen des einen Fliederbusch/Fink hätten ihn amüsiert.

Schnitzler beendete das Stück 1916, mitten im Krieg, der aber aus der Komödie draußen bleibt – Schnitzler (wie Hofmannsthal und Musil) verharrte im Grunde in der k. u. k.-Vorkriegswelt.

Gleiches gilt auch für Schnitzlers danach beendete, auf Vorkriegsentwürfe gründenden Stücke *Der Gang zum Weiher* (abgeschlossen 1921), *Im Spiel der Sommerlüfte* (beendet 1928) und *Komödie der Verführung* (beendet 1923), worin drei Wienerinnen, Aurelie, die aristokratische, Judith, aus der Bourgeoisie, Seraphine aus dem Kleinbürgertum, von dem Gelehrten Max verführt und dadurch emanzipiert werden, was allerdings auch heißt: zur Beliebigkeit des Verhaltens disponiert. Am Ende des Stückes bricht der Krieg aus, er beendet die Spiele der Wiener Vorkriegsgesellschaft, deren kühler und gerade in den Nuancen kühner Chronist Schnitzler war.

Gerhart Hauptmann

Skandal am Anfang: die Theaterschlacht am 20. Oktober 1889, als der Verein Die Freie Bühne Hauptmanns »soziales Drama« *Vor Sonnenaufgang* vorzustellen wagte. Ein junger Autor aus der schlesischen Provinz – geboren am 15. November 1862 als viertes Kind eines Hotelbesitzers in Obersalzbrunn – sprang auf die Bühne der Reichshauptstadt, und es gab einen Skandal. So ist es geblieben, von jener Nachmittagsvorstellung im Herbst 1889 an, der Geburtsstunde des Dramatikers Hauptmann und des neueren deutschen Theaters, bis zur Premiere der späten Stücke. Skandale skandierten den Rhythmus eines schöpferischen Daseins, das die deutsche Bühne beherrschte wie selten zuvor ein Dichterleben. Hauptmann (1862–1946), der in seinen ersten Werken Anregungen des Welttheaters aufnahm (Ibsens analytische Gesellschaftsdramatik, Tolstois Bauernmilieu und moralischen Impuls), war mit seinen frühen Werken über die Sprachgrenzen hinaus erfolgreich. Wenige Wochen nach der (nicht öffentlichen) Uraufführung der *Weber* im Jahr 1893 brachte André Antoine *Les tisserands* im Théâtre Libre in Paris auf die Bühne. *Hanneles Himmelfahrt,* nach den *Webern* und dem *Biberpelz* als dritte Uraufführung

des fruchtbaren Jahres 1893 in Deutschland vorgestellt, wurde wenige Monate später in Paris und in New York gespielt. Italienische, polnische, russische Übersetzungen folgten. Hauptmanns Dramen, vor allem das durch seine Entstehung als schlesisches Mundartstück, *De Waber,* scheinbar zu bloß regionaler Wirkung bestimmte Schauspiel vom Aufstand der Weber, eroberten sich die Bühnen der Welt. Trotzdem kann sich Gorkis Wort über Hauptmann:»Er hat viel getan für das hohe Werk der Vereinigung der Menschheit zu einer großen Familie«, nur auf die frühen Werke beziehen. Denn lehrt schon der Blick auf die Spielpläne deutschsprachiger Bühnen, daß von dem halben Hundert dramatischer Werke, mit denen Hauptmann das Theater beschenkt hat, nur eine kleine Zahl stets gleicher Stücke gespielt wird, so hat Hauptmann seine rasch errungene Stellung im internationalen Theaterleben lediglich mit den frühen Dramen halten und allenfalls um das als »spätnaturalistisch« geltende Schauspiel *Vor Sonnenuntergang* erweitern können.

Die an allen Spielplänen abzulesende Einengung eines gewaltigen dramatischen Lebenswerks auf die als »naturalistisch« definierten Dramen legt den Verdacht eines Mißverständnisses nahe. Wird Hauptmann nicht fälschlich mit einem historischen Stil des Theaters und der Literatur, mit dem Naturalismus, identifiziert? Hauptmann war aber, das hat Alfred Kerr schon 1905 richtig gesehen, »in keinem Augenblicke nur ein Naturalist«.

Der Untertitel von Hauptmanns erstem Bühnenwerk, »soziales Drama«, hat das Mißverständnis vom politischen oder doch sozialistischen Tendenzdichter begünstigt. Doch gerade über die immer wieder als »sozialistisch« und »klassenkämpferisch« bezeichneten *Weber* beeilte sich Hauptmann nach der Uraufführung zu versichern, daß sie »wohl sozial, aber nicht sozialistisch und durch keiner Partei Brille gesehen« seien. Durch keiner Partei Brille gesehen – das gilt für alle Dramen Hauptmanns, der als »Gegenstand« der Kunst »die nackte Seele, den nackten Menschen« fordert und der »die dramatische Kunst« im besonderen »auf einer produktiven Skepsis errichtet« sieht: »sie bewegt Gestalten gegeneinander, von denen jede mit ihrer besonderen Art und Meinung voll berechtigt ist«. Deshalb ge-

hört Hauptmann auch zu keiner literarischen Partei. Scheinbar ganz im Realistischen gegründete Spiele gleiten in Visionen, vermeintliche Traumspiele scheuen vor naturalistischer Prallheit nicht zurück, und die Grenze von erdhaft schwerer Wirklichkeit zu phantastisch schwebenden Erscheinungen wird in allen Stücken Hauptmanns überschritten. Er ist ein mystischer Bruder seines schlesischen Landsmanns Jakob Böhme und hat schon in einem seiner frühesten Gedichte gereimt: »Die Welt hat manche Straße / und jede gilt mir gleich, / ob ich ins Erdreich fasse, / ob ins Gedankenreich.« Und es ist kein Zufall, daß er in den letzten Jahren seines Lebens die Summe seines Daseins in einem Werk mit dem Titel *Der große Traum* zog.

Vor Sonnenaufgang

Drei Tragödien türmte der 27jährige Autor in seinem ersten Werk übereinander. Tragödie vom Untergang einer Bauernfamilie in Schlesien. Tragödie vom verlassenen Mädchen. Tragödie vom Scheitern jeder menschheitsbeglückenden Mission durch unmenschliche Vertreter. Unter dem Ackerland schlesischer Bauern ist Kohle gefunden worden. Das schwarze Gold ruiniert die einfachen Menschen. Austern und Champagner werden im Gutshof serviert. Aus marmornen Krippen saufen im Stall die Kühe. Die Anweisung für das Bühnenbild bezeichnet den Bruch, der durch diese Welt läuft: »Moderner Luxus auf bäuerliche Dürftigkeit gepfropft.« Der alte Bauer Krause kommt nur noch zum Schlafen aus dem Wirtshaus auf den Hof, wo der Alkohol ebenfalls fließt, wo der Vater der eigenen Tochter nachsteigt, wo die Stiefmutter den Neffen empfängt. Einsam steht in diesem Kreis Helene, die in Herrnhut erzogene Tochter Krauses.

In diese Provinz neureicher Bauern kommt Alfred Loth, Parsifal der Abstinenz, gläubiger Sozialreformer, schriftstellernd – der Kämpfer für eine bessere Welt, »der erste Volkswirtschaftler der deutschen Bühne«, wie ihn Paul Fechter genannt hat. Wie Zola hat Loth seinen Schreibtisch verlassen, um mit Bleistift und Notizbuch das Elend der Grubenarbeiter zu studieren. Sein Schulfreund, der Ingenieur Hoffmann, ein Schwiegersohn Krauses, sieht den idealistischen Verfechter des Rechts nur ungern. In

Loth, den »die Arbeiter um ihrer selbst willen interessieren«, und in Hoffmann, der mit seiner Devise: »Praktisch, praktisch muß man verfahren«, die einfältigen Bauern übertölpelt und Land und Gruben zu billigem Pachtpreis erworben hat, prallen zwei Vertreter entgegengesetzter Lebensanschauung und unvereinbaren Weltverständnisses aufeinander. Der Konflikt verschärft sich, da Hoffmann, der seiner Schwägerin Helene verliebte Augen macht, den einstigen Freund als Unruhestifter entfernen will, während Helene in Loth den Mann erkennt, der allein sie aus einer Welt retten kann, die sich in Geilheit und Säuferwahn zugrunde richtet. In der großen Liebesszene des vierten Akts, die mit der heimlichen Verlobung Alfred Loths und Helenes endet, scheint sich ein glückliches Ende vorzubereiten. Doch zerschlägt Hauptmann in dem überstürzten Schlußakt alle Hoffnungen auf Erlösung. Loth erfährt vom Dorfarzt, daß er dabei ist, in eine Trinkerfamilie zu heiraten. Der seit Jahren mit Wort und Schrift für ein besseres Leben der Rechtlosen und Ausgebeuteten gekämpft hat, der bereit war, für seine Überzeugung zwei Jahre ins Gefängnis zu gehen, versagt in der Praxis des Lebens. Jetzt, da er ein Wesen befreien könnte, einen Menschen, den er liebt, schreibt er rasch einen Abschiedsbrief und macht sich aus dem Staub. Er rettet – nicht einen Menschen, aber seine Theorie von der Rettung der Menschheit. Das Dogma eines Fanatikers siegt über das Leben. Während aus den oberen Räumen das Wimmern einer Gebärenden dringt, die, selbst Alkoholikerin, das Kind eines Alkoholikers tot zur Welt bringt, während von draußen das Gröhlen des betrunkenen Vaters zu hören ist, ersticht sich Helene.

Innerhalb dieser krassen Zustandsschilderung ist zweierlei für alle künftigen Dramen bedeutsam: die Sprengung jedes stilistisch engen Rahmens und die Weitung des Geschehens ins Gleichnishafte. Arno Holz, Johannes Schlaf und die konsequenten Naturalisten ihres Kreises tadelten das Liebesgespräch im vierten Akt mit den Worten: »Viel zu poetisch, um naturalistisch sein zu können.« Wie fern Hauptmann schon in seinem ersten Werk aller beschränkten Literaturideologie war, beweist seine Erwiderung auf solchen Vorwurf: »Kann ich dafür, daß die Natur auch schön ist?« Die Neigung zum Traum, zur Poesie, zum schönen Schein als lichter Ergänzung eines in den dunklen Farben des Realismus gezeichneten Bilds der Welt ist also von Anfang an da und äußert sich nicht erst in den als »neuromantisch« etikettierten Stücken *(Hanneles Himmelfahrt; Die versunkene Glocke).* Hauptmann verfügt von Anfang an über beide Stile und läßt lediglich jeweils einen überwiegen.

Zum anderen sind die dramatischen Parabeln der zweiten Lebenshälfte bereits im ersten Bühnenstück vorgezeichnet. Denn hinter dem von Darwin und Haeckel genährten Vererbungswahn Alfred Loths steht jede Theorie, die im konkreten Fall durch engstirnige Missionare ad absurdum geführt wird. Der besondere Fall von Loths Versagen aus ideologischer Verhärtung wird zum Beispiel für alles Scheitern eines Apostels der Humanität, der über dem utopischen Heil der Menschheit die mögliche Rettung des einzelnen Menschen verschmäht und dadurch seine Botschaft unglaubwürdig macht.

Siegt im ersten Drama Hauptmanns die Theorie über das Leben, so behält das Leben, in Gestalt einer Frau, recht gegenüber dem damals herrschenden Glauben der schicksalhaften Vorbestimmung durch Erbmasse, Umwelt und geschichtlichen Augenblick in Hauptmanns zweitem Drama: *Das Friedensfest. Eine Familienkatastrophe in drei Akten* (1890). Das Stück vom großen Familienkrach am Weihnachtsabend steht nicht nur in der Thematik dem ersten Bühnenwerk Hauptmanns nahe. Dagegen ist das folgende Drama in fünf Akten bis in den Titel *Einsame Menschen* (1891) auf einen wehmütig leisen Tschechow-Ton gestimmt: der Mann zwischen zwei Frauen, ein Thema, das bei Hauptmann immer wiederkehren wird. Mit der Komödie *Kollege Crampton* (1892) wandelte Hauptmann sein tragisches Lebens- und Schaffensgefühl zum erstenmal ins Heitere einer Charakterstudie vom versoffenen Genie ab. Zum erstenmal auch erweckte Hauptmann die ihm seit den Tagen der Breslauer Kunstschule vertraute Welt der Maler, Schüler und Akademien zu dramatischem Leben.

Die Weber

Mit größerem Recht als *Vor Sonnenaufgang* hat Hauptmann *Die Weber* (1893) ein »soziales« Drama genannt. Der Untertitel, »Schauspiel aus den vierziger Jahren«, scheint ein historisches Drama anzukündigen. Aber auch hier zeigt sich, daß Hauptmann, indem er den Aufstand der schlesischen Weber im Jahre 1844 darstellt, die geschichtlichen Dimensionen verläßt und die Perspektiven eines zeitlosen Gleichnisspiels von der Rebellion unterdrückter Menschen gegen ihre Ausbeuter aufreißt. Das revolutionäre Lied, mit dem die Weber die Höhepunkte der Handlung markieren, trifft die Situation unterjochter Menschen zu allen Zeiten: »Hier wird der Mensch langsam gequält. / Hier ist die Folterkammer…« Der »rote Bäcker«, ein junger aufsässiger Weber, und der vom Militärdienst zurückkehrende Moritz Jäger stacheln die unzufriedenen, aber stumm leidenden Menschen zum Sturm auf das Haus des Fabrikanten Dreißiger an. Die Menge bricht in die Wohnung ein und zerschlägt in wilder Zerstörungswut den Besitz des Mannes, der sich durch ihrer Hände Arbeit bereichert hat. Auf die lärmende Massenszene folgt ein für Hauptmanns Begriff vom Drama bezeichnender, leiser Schlußakt. Der Aufstand der Weber wird mit Gewalt niedergeschlagen. Eine verirrte Kugel trifft den alten Hilse, den Weber, der sich den Aufrührern nicht angeschlossen hat, sondern an seinem Webstuhl blieb, weil er überzeugt ist: »Hie hat mich mei himmlischer Vater hergesetzt … Hie bleiben mer sitzen und tun, was mer schuldig sein.«

Von der Schlußszene her fällt tragischer Schatten über das ganze Drama. Denn – was Hauptmann durch den scheinbar »undramatischen«, verebbenden Schluß ausdrückt – tragisch ist in seinen Augen weniger der Tod eines Mannes, der seiner selbst, seiner Aufgabe und seiner Schuldigkeit gegenüber einer höheren Macht bewußt ist, als die Masse der Rebellen, die zwar zu Beginn aus Not, bald aber aus persönlicher Rachlust, aus Mordgier und unmenschlicher Vernichtungswut handelt. Das heißt nicht, daß Hauptmann den Aufstand der Weber verurteilt. Aber deutlich ragt der alte Hilse aus der Zahl der Weber heraus. Er ist der einzige, der nicht nur in der diesseitigen Welt eines »Häufel Himmelangst und Schinderei« lebt, sondern der alle irdische Mühsal auf ein Jenseits bezieht, dessen er gerade im Augenblick des Tods gewiß ist.

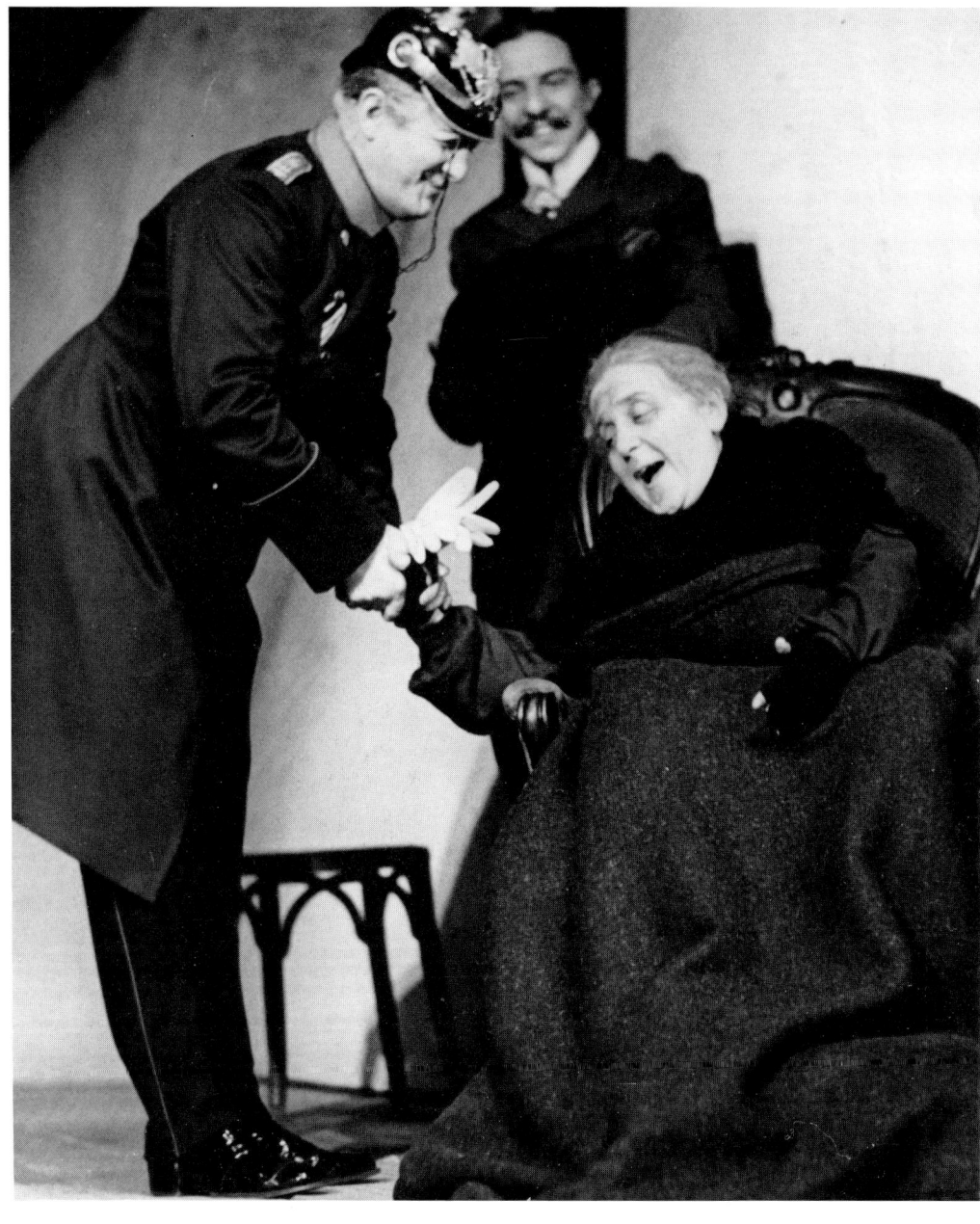

In »Biberpelz und roter Hahn«, einer von Brecht zusammengezogenen Fassung der beiden Hauptmann-Dramen, spielte 1951 Therese Giehse beim Berliner Ensemble (Regie Egon Monk) die Frau Wolff bzw. Fielitz, hier mit Erwin Geschonneck als Wehrhahn und Ernst Kahler als Adelheits Mann.

Der Biberpelz

Zwischen zwei Pole ist die Handlung dieser »Diebskomödie in vier Akten« (1893) gespannt; auf dem einen steht Mutter Wolffen, auf dem anderen Amtsvorsteher Wehrhahn. Die Wolffen, lebenswarmes Muttertier einer resoluten Waschfrau mit Zügen der Magna Mater, scheint dümmer, als sie in Wirklichkeit ist. Der Baron mit dem militärischen Namen, als Karikatur des preußischen Beamten etwas im Typischen hängengeblieben, will stets klüger erscheinen, als er ist. Diese kontrastierende Wechselbeziehung im Verhalten der beiden Hauptfiguren ist die Spielfeder der Komödie.

Weniger als Fortsetzung, denn als Steigerung des *Biberpelzes* verfaßte Hauptmann 1901 die Tragikomödie *Der rote Hahn*. Aus der kleinen Gelegenheitsdiebin ist jetzt eine Verbrecherin großen Stils geworden. Ein Versicherungsbetrug steht im Zentrum des Werks, das zu einer Abrechnung mit der Welt wird, wenn die sterbende Frau Fielitz, verwitwete Wolff, sagt: »Tummheet regiert de Welt. Wer ni mitmacht, is faul, wer de mitmacht, is schlecht.«

Hanneles Himmelfahrt

Schon der Untertitel dieses Stücks aus dem Jahr 1894, »Traumdichtung in zwei Akten«, die mit Versen gemischte Prosa und die Monologe bezeichnen die Abwendung vom Naturalismus, die Hauptmann mit diesem Werk vollzieht. »Hannele ist auf dem Märchenboden gewachsen«, bekannte er. Über die erbärmliche Wirklichkeit eines Armenhauses in einem schlesischen Gebirgsdorf siegen die Paradiesträume eines mißhandelten Kindes, das in dem Lehrer Gottwald, der es aus dem Wasser gezogen hat, den Heiland erblickt.

1 der Düsseldorfer Inszenierung von
Gerhart Hauptmanns »Michael Kramer«
1958 (Regie Karl Heinz Stroux) spielte Otto
Rouvel die Titelrolle, den Akademie-Profes-
sor und uninspirierten Maler; Werner
Dahms gab dessen verkommenen, genia-
ischen Sohn Arnold.

»Die Ratten« 1977, Freie Volksbühne Berlin,
Regie Rudolf Noelte, der »nicht Widersprüche, Gegensätze, Brüche zeigen will,
sondern einen abgeschlossenen Vorgang
zwischen mitleidheischenden und mitleidigen Menschen.« – (Henning Rischbieter).

Günter Lamprecht hinten als Maurerpolier
John; rechts Cordula Trantow als Henriette
John; vor den Fenstern Erika Wackernagel
als Frau Hassenreuter, Lena Stolze als
Walburga, Marcel Werner als Erich Spitta
und Will Quadflieg als Harro Hassenreuter.

Florian Geyer

Den in den *Webern* beschrittenen Weg ging
Hauptmann in diesem Drama in fünf Akten
und einem Vorspiel (1896) weiter. Eine soziale Volksbewegung steht in beiden Werken im Mittelpunkt. Der Bruch, der durch
das Stück läuft, an dem Hauptmann lange
gearbeitet hat, ist bereits am Titel abzulesen: *Florian Geyer. Die Tragödie des Bauernkriegs.* Einmal versuchte Hauptmann, den
engen Rahmen des naturalistischen Stils zu
erweitern, indem er das geschichtliche Drama mit den neuen Ausdrucksmöglichkei-
ten gestaltete: Tragödie des Volks. Zum anderen rückte er, besonders gegen Schluß

des Werks, die Gestalt Geyers immer mehr
ins Zentrum. So verschieben sich die Akzente in Richtung auf die private Tragödie
eines idealistischen Helden, der am Unver-
stand der Umwelt zugrunde geht. Die Symbolkraft dieser Tragödie der deutschen
Zwietracht kann wirken trotz der ungestal-
teten geschichtlichen Stoffmassen, die in
das umfangreiche Drama eingegangen
sind.

Die versunkene Glocke

Die endgültige Abkehr vom naturalistischen Stilideal vollzieht sich in diesem
»deutschen Märchendrama in fünf Akten«

(1896). Hauptmann schrieb sein erstes Versdrama. Die von Symbolismus und Neuro-
mantik geprägte Dichtung vom Glockengießer Heinrich und seinem Herzenskon-
flikt zwischen der nüchternen Mutter seiner Kinder und dem »elfischen Wesen Rautendelein« war lange Zeit Hauptmanns
größter Erfolg am deutschen Theater. Zwei
wesentliche Themen Hauptmanns sind
hier vereinigt, das Problem des Manns zwischen mütterlicher Lebensgefährtin und
einem dämonischen Naturwesen, »halb
Kind, halb Jungfrau«, und die Tragödie des
Künstlers, dem die Vollendung des Werks
versagt bleibt.

Fuhrmann Henschel

Mit einem für Hauptmanns Leben und Schaffen kennzeichnenden Kontrast folgte auf die in Visionen schwelgende *Versunkene Glocke* eine klare, knappe, in der schlesischen Wirklichkeit gegründete Tragödie: *Fuhrmann Henschel* (1898). »Im rauhen Gewand volkstümlich-realistischer Gegenwart eine attische Tragödie«, hat Thomas Mann das fünfaktige Schauspiel vom alternden Fuhrmann Henschel genannt, der seiner sterbenden Frau verspricht, die junge Magd Hanne Schäl nicht zu heiraten, der nach dem Tod der Frau doch »halt so neintapert« und dann, getrieben von der animalisch robusten zweiten Frau, gehetzt von der anklagenden Stimme des eigenen Gewissens, in den Tod geht. Welcher pessimistische Schicksalsglaube hinter diesem tragischen Ausgang steht, verraten die Worte Henschels: »Ane Schlinge ward mir gelegt, und in die Schlinge da trat ich halt nein.«

Schluck und Jau

»Es gibt keine Komödie, die keine Tragikomödie wäre«, sagte Hauptmann über das »Scherzspiel in sechs Vorgängen« (1900). Der Kesselflicker Schlau aus dem Rahmenspiel zu Shakespeares Komödie *Der Widerspenstigen Zähmung* ist hier halbiert in den mächtigen, gewaltigen Jau und in den gutmütig naiven Schluck. Das alte Märchenmotiv vom Leben als Traum wandelte Hauptmann, bei aller drastischen Komik, so sehr ins Dämonische (des Identitätsverlusts für Jau, der wirklichen Erschütterung einer sich in Jagd und Gelagen genügenden Adelsgesellschaft durch die Scheinmacht Jaus), daß Josef Kainz nach der Lektüre des Stücks schrieb: »Man täte ihm Unrecht, wenn man den tragischen Kern, der darin steckt, in der Aufführung nicht herausholte.«

Michael Kramer

Wie der früher entstandene *Kollege Crampton* (1892) und die beiden späteren Werke *Gabriel Schillings Flucht* (1912) und *Peter Brauer* (1921) zählt auch *Michael Kramer* (1900) zu den »Künstler«-Dramen. Doch hatte Rilke nicht unrecht, als er nach einem Probenbesuch bei Max Reinhardt in sein Tagebuch notierte: »Es ist viel mehr als das Drama eines Fachmenschen, es ist ein Menschendrama.« Zwei einander völlig entgegengesetzte Menschen kämpfen in diesem vieraktigen Stück miteinander: Michael Kramer, ein durch strenge Disziplin bis zum akademischen Lehrer aufgestiegener Maler, und Arnold, der geniale Sohn Kramers, ein Künstler, der, vom Vater verstoßen, in den Tod geht, und dem der Vater, zur Einsicht gekommen, die Totenrede hält. Die Vater-und-Sohn-Stücke des Expressionismus haben hier, was Alfred Kerr früh gesehen hat, ihren Vorläufer.

Mit dem nächsten Werk *Der arme Heinrich* (1897/1902), gab Hauptmann zum erstenmal seiner Neigung zur Sage und zum Legendenspiel dramatischen Ausdruck. Auch spätere Spiele dieser Art konnten sich auf der Bühne nicht recht entfalten: *Kaiser Karls Geisel* (1908), *Griselda* (1909), *Die Tochter der Kathedrale* (1939), *Ulrich von Lichtenstein* (1939).

Rose Bernd

»Ich bin von Schlinge zu Schlinge getreten«, klagt die schlesische Magd Rose Bernd am Ende ihres gehetzten Lebens und erweist sich schon durch das Bild von den Schlingen des Schicksals als Schwester des von einem blind und sinnlos waltenden Geschick in den Tod getriebenen Fuhrmann Henschel. Das in einen strengen tageszeitlichen Rhythmus gespannte, fünfaktige Spiel (1903) zeichnet die tragische Lebensbahn einer jungen Frau nach, die, von dem Gutsherrn benutzt, vom Maschinisten vergewaltigt, schuldlos schuldig wird und als Kindsmörderin endet.

Und Pippa tanzt

»Mysterium im kleinen Rahmen« nannte Hauptmann dies »Glashüttenmärchen in vier Akten« (1906). »Ich wollte das Symbol der Schönheit in seiner Macht und Vergänglichkeit in den Mittelpunkt stellen; das Stück ist eine Versinnbildlichung des inneren Suchens, und die äußere Fabel nur ein Vorwand« – die verschiedenen Äußerungen Hauptmanns zeigen, wie vielschichtig dieses Werk ist und welche Schlüsselstellung es zwischen naturalistischem, neuromantischem und symbolistischem Dramenstil in Hauptmanns Werk einnimmt. Das Wilde als Urelement des in den Schneestürmen des Riesengebirges spielenden Stücks, die Naturmagie des Märchens, der Einbruch jenseitiger Gewalten in die irdische Wirklichkeit, die allmähliche Entgrenzung des realistisch anhebenden Spiels in ein Reich der Träume und Symbole – dies sind Wesenszüge des »Glashüttenmärchens«. Pippa, das rotblonde Mädchen aus der Glasbläserstadt Murano bei Venedig, ist sehnsüchtig erstrebtes Zentrum des Spiels, um das sich die männlichen Spieler im Kreis drehen: der mit Geld um sich werfende Hüttendirektor, der triebhafte Tiermensch Huhn, der Handwerksbursche Michel Hellriegel und der allen irdischen Wünschen enthobene Weise Wann. Hier träumt Hauptmann einen Winternachtstraum »aus Winternacht und aus Schnee und Eis« bis an den »Frühlingsabgrund«.

Die Ratten

»Berliner Tragikomödie in fünf Akten« nannte Hauptmann das Stück (1911). Tragödie des Kaiserreichs hätte sagen können, wer den geheimen Sinn der Worte über die ehemalige Kavalleriekaserne zu Berlin, in der die fünf Akte spielen, damals verstanden hat. »Allens is hier morsch . . . allens unterminiert, von Ungeziefer, von Ratten und Mäusen zerfressen.« Es fällt schwer, sich vorzustellen, daß dieses Drama von der Frau eines Handwerkers, die aus triebhafter Mutterliebe sich ein Kind kauft, in der Not die wahre Mutter aus dem Weg schaffen läßt und am Ende, da sie keinen Ausweg mehr sieht, aus dem Fenster springt, bei der Uraufführung auf Unverständnis stieß. Diese doppelte Muttertragödie – die wahre Mutter muß sterben, weil sie ihr Kind wiederhaben will, Frau John muß sterben, weil der Drang nach einem Kind sie hemmungslos umtreibt und schließlich zerstört – lebt aus menschlicher Leidenschaft, nicht nur aus dem Milieu einer bestimmten Zeit. Der Naturalismus, zu dem Hauptmann scheinbar zurückkehrte, ist von aller Vordergründigkeit weg entwickelt zu den tieferen Dimensionen eines Gleichnisspiels. Wie das Haus, an dem die Ratten nagen, eine verfallene Welt repräsentiert, so gewinnen alle Gestalten ein doppeltes Antlitz: Das Zwielicht einer zu Ende gehenden Epoche legt sich über alle Figuren und läßt die tragische Handlung um so stärker hervortreten. Zögernd, den Blick noch tastend nach rückwärts gewandt, um die Figuren seiner Jugend neu zu sehen, versuchte Hauptmann in den *Ratten* zu gestalten, was sich ihm in der Reise nach Griechenland (1907) als Wurzel der Tragödie und als Wesen des Dramas offenbart hatte. Das Erlebnis der antiken Kultstätten und der Orte, an denen die Werke der großen griechischen Tragiker zuerst gespielt wurden, war für den Dramatiker Hauptmann von entscheidender Bedeutung.

Das Tagebuch dieser Reise, *Griechischer Frühling*, ist zum unentbehrlichen Kommentar für alle Dramen aus der zweiten Lebenshälfte Hauptmanns geworden. Das Menschenopfer als »blutige Wurzel der Tragödie«, die chthonischen Mächte als ständige Bedrohung einer hellen Welt – das waren von da an Gewißheiten, die in jedes Werk eingingen. Jetzt gestaltete Hauptmann seine Dramen bewußt als Gleichnisspiele aus mythischer Bildhaftigkeit, aus dem Geist der antiken Tragiker und aus einem von unterirdischen Gewalten stets bedrohten Daseinsgefühl.

Das Werk, das noch unter der Sonne Griechenlands entstand und das die neue Gestaltungsweise gewissermaßen in reiner Ausprägung zeigt, ist das Schauspiel *Der Bogen des Odysseus* (1914). Hauptmann verwandelte die aus Homers *Odyssee* bekannte Handlung von der Heimkehr des Odysseus und der Rache an den Freiern zu einem kultischen »Leichenspiel«. Er setzte ein Totenopfer in Szene und läuterte ein Rachedrama zu einem Ritual des Mords.

Magnus Garbe

Das 1916 vollendete (1956 uraufgeführte) Drama hat Hauptmann selbst die »bitterste Tragödie der Menschheit« genannt und zu seinen Lebzeiten keine Aufführung zugelassen. Hinter einem Drama aus der Inquisition, dem ein unschuldiges Paar, Magnus und Felicia Garbe, zum Opfer fällt, steht die Mahnung vor den Hexenjägern zu allen Zeiten.

Die schwarze Maske

Der Einakter (1928), unter dem Titel *Spuk* mit dem ebenfalls einaktigen, ironischen Traumspiel *Hexenritt* 1929 uraufgeführt, entstammt demselben Themenkreis wie *Magnus Garbe*. In einer schlesischen Kleinstadt, kurze Zeit nach dem Ende des Dreißigjährigen Kriegs, nimmt eine Frau stellvertretend für die weiße Rasse die Schuld am Sklavenhandel auf sich und stirbt den Sühnetod. Die Atmosphäre barocker Weltangst in einem von Faschingsmasken erfüllten Haus wird magisch verdichtet in den Schrecken eines Totentanzes.

In der Winterwelt des Nordens spielen die sieben Szenen der *Winterballade* (1917), die nach einer Erzählung von Selma Lagerlöf entstanden ist. Liebe und Tod sind in diesem Werk, in dem der Mörder eines Mädchens vom eigenen Gewissen in den Tod getrieben wird, geheimnisvoll verbunden. Zur gleichen Zeit arbeitete Hauptmann an zwei von der Melancholie des Alters überschatteten Stücken, dem *Weißen Heiland* (1920), einer »dramatischen Phantasie« vom Untergang des Aztekenreichs durch den Einfall der spanischen Eroberer, und an *Indipohdi* (1920), einem fünfaktigen Drama, das Hauptmann als seine »endgültige Abschiedsdichtung« verstand. Die Figur des Prospero verweist auf Shakespeares *Sturm*, den Hauptmann zunächst paraphrasieren wollte. Die jahrelange Auseinandersetzung mit Shakespeare bezeugt das Drama *Hamlet in Wittenberg* (1924/35), in dem Hauptmann dem Helden Shakespeares einen die Studienjahre in Deutschland gestaltenden Prolog schrieb.

Veland

Als zyklopisches Werk erscheint diese Tragödie, die nach der alten Sage geformte Leidensgeschichte von Wieland dem Schmied, an der Hauptmann ein Vierteljahrhundert gearbeitet hat (1898–1925). Doch gab er der urtümlichen Fabel einen überraschend modernen Schluß. Der zwischen Tier und Gott schwankende Veland befreit sich durch seinen Aufschwung am Ende von aller Daseinsnot und bestätigt sich die Freiheit seines Wesens, gerade indem er, das sinnlose Schicksal durchschauend, »ins Nichts« fliegt und seinem Leben dadurch einen Sinn gibt.

Der tragische Untergang der Rose Bernd fand 1926 ein spätes Echo in *Dorothea Angermann*. In dem Schauspiel *Vor Sonnenuntergang* (1932) entwarf Hauptmann als männliches Gegenbild zu der an der Hemmungslosigkeit ihrer Liebe zugrunde gehenden Pastorentochter den Geheimrat Clausen, der sich im Alter an ein junges Mädchen bindet, von seiner Familie deshalb entmündigt wird und am Ende freiwillig in den Tod geht. Der dem Erstlingswerk *Vor Sonnenaufgang* über ein Lebensalter hinweg antwortende Titel *Vor Sonnenuntergang* deutet darauf, daß mit dem titanischen Geheimrat Clausen nicht nur ein Mensch, sondern eine ganze Epoche versinkt.

Melodisch wie der Titel ist das Schauspiel *Die goldene Harfe* (1933). Ein romantisches Kammerspiel von der Liebe zweier junger Grafen zur Schwester ihres in den Freiheitskriegen gefallenen Freunds wandelt die Todesraserei der späten Tragödien in ein pflanzenhaftes Versinken in die Erde und zu den Unterirdischen. Denn ein Totenopfer steht auch hier im Zentrum des Spiels. Einer der beiden Grafen fühlt sich eins mit dem toten Freund und opfert sich, um dem Bruder Leben und Liebe zu ermöglichen.

Die Atriden-Tetralogie

In den Kriegsjahren, die zugleich seine letzten Lebensjahre waren, schrieb Hauptmann die vier Tragödien *Iphigenie in Aulis, Agamemnons Tod, Elektra, Iphignie in Delphi*. Hinter der Darstellung der Fabel vom Götterfluch über dem Haus der Atriden stehen die Schrecken des »totalen Kriegs«. Doch ist die Tetralogie mehr als eine Zeitdichtung. Hauptmann unternahm den ins Mythische zurücktastenden Versuch einer großen Gleichnisdichtung. Das archaische Ungestüm der vier Tragödien dringt hinter Aischylos in eine mythische Urzeit zurück, in der alle überlieferten Humanitätsvorstellungen, die dem Iphigenie-Stoff sonst verbunden sind, aufgelöst werden. In den titanischen, durch Psychologie noch nicht verkleinerten Figuren mythischer Zeit prägen sich menschliche Triebe und Leidenschaften in ihrer Urgestalt aus.

Zwei Werke sind erst nach dem Tod Hauptmanns bekannt geworden. *Herbert Engelmann* ist ein vieraktiges Drama, das Hauptmann 1924 unvollendet liegenließ und das Carl Zuckmayer 1952 bearbeitet hat. Das Werk, das Hauptmann »ein Seitenstück zu den *Ratten*« genannt hat, stellt in der Form einer Kriminalhandlung die Tragödie eines Heimkehrers dar. *Die Finsternisse* sind ein Requiem für einen toten jüdischen Freund, das Hauptmann 1937 geschrieben hat. Es ist das einzige Werk, in dem Hauptmann auf die Vorgänge in Deutschland während des Dritten Reichs eingeht. Es erhebt eine allgemeine Anklage gegen die ständige Wiederkehr von Verfolgung und Mord, von Inhumanität unter der Menschheit.

Oscar Wilde

Als Dramatiker, Epiker und Essayist wurde Oscar Wilde (1856–1900) ein Opfer jenes Mißverhältnisses, wie es zwischen offizieller Literaturbetrachtung und offenkundiger Literaturschätzung nicht selten besteht. Denn neben den »zu Unrecht vernachlässigten« Autoren, über deren wegweisende Bedeutung, erhellende, antizipierende Kraft sich die historisch wertenden Betrachter überaus klar sind, und die nur auf Grund von trägen Mißverständnissen »viel zu selten« gespielt werden – neben diesen nutzlos gelobten gibt es die immerfort getadelten, durchschauten, auf ihre Tricks und Schwächen fixierten Schriftsteller, die ständig schlechte Noten bekommen, es aber doch verstehen, eine Generation nach der anderen zu faszinieren und zu entzücken. Oscar Fingal O'Flahertie Wills gehört zu ihnen. 1856 in Dublin als Sohn einer künstlerisch angehauchten Akademikerfamilie geboren, durchlief der brillante junge Mann die Internate und Oxford. Mit 26 Jahren debütierte er in London (Lyrik); sein Ruf, unschlagbar geistreich und etwas lasterhaft zu sein, festigte sich. Zwischen 1890 und 1895 kamen die Hauptwerke heraus – der *Dorian Gray*-Roman, die Komödien *Lady Windermeres Fächer, Eine Frau ohne Bedeutung, Der ideale Gatte* und *Bunbury,* daneben die von Richard Strauss erst zehn Jahre später verewigte *Salome.* Berühmt und einigermaßen leichtsinnig geworden, hatte Oscar Wilde nichts dagegen, sich zum Mittelpunkt eines Skandalprozesses zu machen, den er nach Whistlers erfolgreichem Vorbild überlegen und vielbelacht durchzustehen gehofft haben mag. Aber er wurde wegen Homosexualität verurteilt. Der Dandy mit dem geschärften Blick für bestimmte Nelken, die man zu bestimmten Anzügen tragen dürfe oder nicht tragen dürfe, kam ins Zuchthaus. Dort wurde sein Leben zerbrochen. Der Tod beendete es 1900 in Paris. Ein berühmtes Zuchthausgedicht und ein empfindsamer Rechtfertigungsbrief sind das Kunstecho dieses beispiellosen Zusammenbruchs.

Oscar Wildes Dramen entstanden sämtlich vor der Katastrophe. Man kritisiert an ihnen den groben Zusatz von Rhetorik und Kolportage, auf den Wildes Effektsinn nicht verzichten mochte, die angebliche Monotonie der Aperçus, die nur Umkehrungen gängiger Redensarten seien (und also keine Geistesblitze wahrer, freier Originalität). Alle diese Vorwürfe bieten sich an und sind doch ungerecht. Glanz und Hochmut des Wildeschen Ästhetizismus sind teuer erkauft – es klebt ein Menschenleben, es klebt verwegener Einsatz, es klebt Blut an seinen Scherzen. Zudem hat er sie offenbar sorgfältig »eingesetzt«. So findet sich im völlig vergessenen Erstlingsdrama *Vera oder die Nihilisten* (1882) – ein Drama um Intrigen und Liebe; die Nihilistin Vera will den Zarewitsch ermorden, tötet sich aber doch selbst, da weder ihr der Zarewitsch noch sie ihm ganz gleichgültig blieb – der Satz »Erfahrung ist der Name, den die Männer ihren Irrtümern geben« zum erstenmal. Er wird, Edouard Roditi hat darauf hingewiesen, im *Bildnis des Dorian Gray* und der *Frau ohne Bedeutung* noch einmal auftauchen. Um Rache, Unschuld und Mord dreht sich gleichfalls alles in der *Herzogin von Padua* (1891).

Als Einakter konzipiert sind die *Salome* (1893) und die *Florentinische Tragödie* (unvollendet). In der *Salome* steht Wilde auf der Höhe seiner Kunst. Eine blendend sensualistische, betörend bunte Sprache, Kitsch und die Verwirrung eines perversen Königskindes, das aus Trotz sich rächen will und zum Schluß anfängt zu begreifen, was Leiden sei: alles das kommt hier zusammen. Die *Florentinische Tragödie* hingegen offenbart sich als sentimentales Dreipersonenstück. Es läuft auf die bewundernden Sätze der Gatten nach leichter Treue-Verirrung hinaus. Bianca: »Warum hast du mir nicht gesagt, daß du so stark?« – Simone (der Ehemann): »Warum hast du mir nicht gesagt, daß du so schön?« (er küßt sie auf den Mund).

Nach diesem zumindest eindeutigen Abschluß des Dreipersonenstücks ist das Feld frei für die Betrachtung von Oscar Wildes Komödien. So wie man im Hinblick auf Fontanes *Stechlin* gesagt hat, daß leibhaftige preußische Leutnants sich kaum je so charmant und gebildet unterhalten hätten, so entwerfen auch die Gesellschaftskomödien Wildes das Bild einer Idealgesellschaft, einer Gesellschaft mithin, die es nicht gibt (ganz im Gegensatz etwa zu ähnlichen Komödien von G. B. Shaw oder Curt Goetz). Es besteht aber, trotz mancher hochmütig alles Leiden belächelnder Sentenz Oscar Wildes, kein Grund, den Ausgangspunkt von *Der ideale Gatte* (*An Ideal Husband,* 1895), *Eine Frau ohne Bedeutung* (*A Woman of no Importance,* 1893) und *Lady Windermeres Fächer* (*Lady Windermere's Fan,* 1892), in denen sich jedesmal eine gefallene große Seele für die scheinbar Gerechten opfert, Schmach und Fremde auf sich nehmend, als bloße Konvention oder Zufälligkeit wegzuschieben. »Wenn Leiden eine Sühne ist, so habe ich in diesem Augenblick all meine Schuld gesühnt, wie groß sie auch gewesen sein mag«, sagt Mrs. Erlynne, die »Gefallene«, wenn sie von der eigenen Tochter, Lady Windermere, für deren Zukunft sie sich einsetzt, angeherrscht wird. (Lady Windermere weiß natürlich nicht, daß Mrs. Erlynne ihre Mutter ist.) Ein solcher Satz könnte über Wildes Zuchthausschicksal stehen; viele andere Beziehungen zwischen den Komödien und dem Zusammenbruch ließen sich noch herstellen.

England, ungemein selbstbewußt, hatte zu Wildes Lebzeiten sein Imperium um Afrika und um große wirtschaftliche Macht erweitern können. Was in einer solchen Zeit fester Standards das Eintreten für die gesellschaftlich Verfemten, die Schwachen und Gestrandeten bedeutete, läßt sich heute nur noch schwer realisieren. Für Wilde aber trat niemand ein, als es nötig war. Keiner aus der Welt blasierter Dandys, vertrottelter alter Grafen, undifferenzierter Neureicher, wie sie in den drei Komödien vor *Bunbury* sich tummeln. Der *Ideale Gatte* wirft sogar einen mutigen Blick auf die unmoralischen Hintergründe einer großen Karriere. Laster, Demütigung und (vielleicht melodramatisches) Mitleid sind also bei Wilde immer präsent: vor und nach der Katastrophe. Einzig *Bunbury* schreitet über die Grenzen schuldhafter Komödien-Verstrickung hinaus in die imaginäre Landschaft einer reinen, dafür allerdings auch beinah luftleeren, problemlosen Kunst, wo die Menschen sich lieben, mißverstehen und miteinander reden, als würden es Untat, Zwiespalt, Verfemung und Blut nie vermögen, zwischen sie zu treten.

George Bernard Shaw

Er war ein Glücklicher, auch wenn er sich über mangelnde Wirkung beschwerte (»Kein Mensch hat mir je geglaubt«), ein Erfolgreicher, ein Nonkonformist reinster Prägung, und er erschlaffte nicht bis ins höchste Alter (1856 in Dublin geboren, 1950 in Ayot St. Lawrence gestorben). Ein produktiver Intellektueller von Weltformat, unbändig bis zuletzt, respektiert auf der ganzen Erde. Natürlich blieb nach seinem Tod der Rückschlag nicht aus. *Pygmalion* mußte sich in *My Fair Lady* verwandeln, um als »Musical« jene Breitenwirkung zu erlangen, die sich den Dramen, obschon sie immer wieder auf vielen Spielplänen erscheinen, zu versagen begann.

Shaws frühere Erfolge beim deutschen Publikum (sie hielten auch während der Nazizeit an, weil Shaw als antibritisch, als Ire eingestuft wurde) waren trotz des allein autorisierten Übersetzers Siegfried Trebitsch zustandegekommen. Wer Shaw nur in dessen mühsamem Deutsch kennenlernte, der konnte zwar durchaus zu den Bewunderern, Verehrern, Liebhabern des Dramatikers Shaw gehören. Aber warum jemand auf die Idee kam, sich bei Shaw an mozartsche Anmut erinnert zu fühlen, das bleibt nach der Lektüre dieser – von Shaw

»Bunbury«, äußerte Peter Zadek 1980 bei seiner Inszenierung des bonmotreichen, pointenverliebten Stücks von Oscar Wilde an der Berliner Freien Volksbühne, sei »überhaupt die schärfste Komödie über die Anfänge von Emanzipation«; Ulrich Wildgruber als fülliger Algernon Moncrieff.

Als der Schauspieler Jerome Kilty den Briefdialog Shaws und seiner Freundin, der Schauspielerin Stella Patrick Campbell, zu einem pointenreichen szenischen Dialog unter dem Titel »Geliebter Lügner« machte, folgte er einem Rat, den Shaw seiner Freundin gegeben hatte, um zu Geld zu kommen: die wahre Geschichte über Pygmalion zu schreiben, damit werde sie »in ganz Britannien und Amerika schallendes Gelächter erregen, hauptsächlich über mich«. Die beiden Zugrollen spielten 1959 in der Regie Kiltys O. E. Hasse und Elisabeth Bergner im Berliner Renaissancetheater.

übrigens brillant verteidigten – Übersetzungen ein Rätsel. Der Sensationserfolg jedoch, den in den sechziger Jahren die Dramatisierung des Briefwechsels zwischen Shaw und Stella Patrick Campell hervorrief (*Geliebter Lügner* von Jerome Kilty), hängt durchaus auch damit zusammen, daß man hier Shawsche Texte eben nicht von Trebitsch, sondern von Hermann Stresau verdeutscht hörte. Inzwischen hat der Suhrkamp Verlag viele Stücke neu übersetzen lassen: Die Aufführungszahlen hat das nicht erhöht.

Sehr schwer zu beantworten ist die Frage, ob wir uns von der Überzeugung befreien müssen, daß dieser G. B. S. ein Dramatiker, ein Theaterdichter von Weltformat, beglaubigt durch Poesie, Gestaltung und Schöpferkraft, gewesen sei. T. S. Eliot hat zwar unnachsichtig festgestellt, der Poet in Shaw sei totgeboren – aber der Blick auf Shaws Riesenwerk läßt eine solche Vereinfachung nicht ohne weiteres zu. *Der Arzt am Scheideweg, Pygmalion, Die heilige Johanna*, die ersten beiden Akte von *Major Barbara, Haus Herzenstod:* Das ist mehr als bloßer, vergänglicher Witz, mehr als die dramatisierte Entwicklung fabianischer Überzeugungen. Man tut Shaw auch Unrecht, wenn man ihn auf einen Weltverbesserungsoptimismus festlegt, den unangefochtenen Sänger einer »schöpferischen Evolution« aus ihm macht. Alledem hat er zu oft widersprochen; sein Glaube an die Belehrbarkeit des Homo sapiens war nicht unangefochten, über die Möglichkeiten von Erziehung dachte Shaw höchst skeptisch, obwohl oder weil er ein »Moralist« war.

Was aber bleibt, abgesehen einmal von Shaws dramaturgischer Eleganz und seinem Sinn für wirksamen Bühnenwitz, wenn man von Shaws Gestalten die Intelligenz und von seinen Szenen die witzige Konstellation und von seinen Personenbeschreibungen die Menschenkenntnis abzieht? (Denn Lebendigkeit, Würde und Widerstandsfähigkeit eines Dramas werden ja nicht am Maß der hineingepumpten Gescheitheit oder Brillanz gemessen.) Nun, es bleibt doch eine spezifische Bühnenlebendigkeit übrig. Mit den Menschen üblicher Realität haben Shaws Gestalten gewiß kaum mehr gemein als die glühenden Seelen Schillerscher Dramen. Doch damit ist nichts über Unwahrheit gesagt, sondern

nur etwas über die Existenz einer schwer beschreibbaren Kunstwahrheit. Freilich, die Figuren Shaws scheinen auch nicht zu vollkommener Selbständigkeit erwacht. Sie können es sich nicht leisten, die Bühne zu verlassen. Sie tragen keine Zukunft und nur wenig Vergangenheit mit sich herum. Man hat keineswegs das Gefühl, als ob sie auf der Bühne nur eine Episode aus bewegtem Menschendasein mitteilten, als ob sie weiterleben und weiteratmen könnten, auch wenn nicht das Licht von Shaws genialer Unbefangenheit sie agieren läßt. Man kann sie nicht losgelöst von der Pose sehen, zu der Shaw sie bestimmt hat. Mit dieser Pose allerdings sind sie zusammengewachsen zu lebendiger Einheit. Reich, verzogen, experimentierend, menschenverachtend, ein gelehrtes Wunderkind, auf keinen Widerspruch gefaßt: Das ist Professor Higgins (*Pygmalion*). Weltklug und bieder im Türrahmen stehend, sozialistische Sonntagspredigten haltend, ein kleiner Mann mit be-

deutender Suada: Das ist Alfred Doolittle (*Pygmalion*). Undershaft baut Kanonen und behält recht, weil er sich mit dem Wirtschaftssystem in Übereinstimmung befindet, für das er lebt (*Major Barbara*). Egozentrisch, blaß, mit fliehendem Blick, feuchter Hand, genialisch und verschlampt: der Maler Louis Dubedat (*Der Arzt am Scheideweg*) ... So bevölkern sie, und nicht nur sie, die innere Bühne unseres Bewußtseins. Das ist nicht wenig. Menschen, erstarrt zu lebendiger Pose. Doch ob sie Shaws Werken nicht nur Glanz zu verleihen vermögen, sondern auch Dauer? Shaw war ein glänzender, kenntnisreicher Musikkritiker in »Star« und »The World« gewesen (Richard Wagners Musik preisend), und er hatte sich mit (für Ibsen plädierenden) Theaterkritiken, die auch heute noch blitzen vor Gescheitheit, Einfallsfülle, springlebendiger Intelligenz und der Fähigkeit, eine eigene Optik zwanglos darzubieten, einen bedeutenden Namen gemacht, als er seine Dramatikerkar-

In seiner Inszenierung des »Arzts am Scheideweg« an den Münchner Kammerspielen, 1975, milderte Rudolf Noelte die Schärfe der Shawschen Figurenzeichnung, das überraschend Verquere ihres Handelns und Argumentierens, glättete das manchmal anarchische Durcheinander und Gegeneinander der Motivationen und Doppelmotivationen, den unversöhnlichen Widerspruch von Erotik und Rabulistik: zugunsten einer Darstellung, die die Momente psychologischer Glaubwürdigkeit und Wahrscheinlichkeit herausarbeitete. Der Maler Dubedat (Klaus Maria Brandauer) provoziert mit seiner Künstler-Amoral die Ärzte Cullen (Hans Hermann-Schaufuß), Walpole (Martin Hirthe), Blumfeld-Benning (Henning Schlüter) und Ridgeon (Romuald Pekny).

riere begann. (Shaws große Journalisten-Zeit lag zwischen 1888 und 1898, aber er publizierte »natürlich« sein Leben lang weiter.)

Unpleasant Plays

1898 kamen die drei »unerquicklichen Stücke« gesammelt heraus, nachdem 1892 die erste Shaw-Uraufführung stattgefunden hatte: *Widower's Houses.* Der Titel spielt auf eine Tempelrede Jesu an, die sich gegen die Schriftgelehrten richtet. (»Sie fressen der Witwen Häuser, und wenden langes Gebet vor. Dieselben werden desto mehr Verdammnis empfahen«, Markus 12, Vers 40.) Im Deutschen heißt es *Die Häuser des Herrn Sartorius.* Dr. Trench, ein reicher junger Engländer aus besten Kreisen, verliebt sich auf einer Ferienreise in Blanche Sartorius, die Tochter eines Neureichen. Im zweiten Akt erkennt Trench, daß Herr Sartorius von Ausbeutung lebt, daß er aus seinen Mietshäusern grausam das Äußerste herausschlägt. Trench will nun auf Sartorius' Geld verzichten, muß aber erkennen, daß sein Vermögen im Namen des Kapitalismus selbstverständlich genauso »arbeitet«, wie es die Häuser des Herrn Satorius tun. Und er muß sogar zugeben, daß man diese Slums zwar verbessern und modernisieren könnte, daß sie dann aber noch viel unerschwinglicher für die Ärmsten der Armen würden. Inzwischen hat sich Blanche von Trench getrennt. Erst der letzte Akt führt die beiden wieder zusammen.

Die Anlage des Dramas verrät Technik und Schule Ibsens. Der Dialog ist flüssig, witzig, schreitet schwerelos fort. Die – typisch Ibsensche – »Enthüllung« über die Herkunft des Vermögens von Herrn Sartorius ruft die Katastrophe nicht anders hervor, als es die langsam ins Spiel eindringende Vorgeschichte in Ibsens Drama tat. Dennoch gibt es einen typischen Unterschied. Wenn die gesellschaftliche Position von Herrn Sartorius einmal am Licht ist, werden weniger die psychischen Konsequenzen der Enthüllung – so folgenschwer sie sind – diskutiert als die ökonomisch-sozialen. Nicht auf die Seele blickt Shaw, sondern er legt den Zustand der Welt frei. Sein Stück läuft deutlich auf eine Änderung des bestehenden Systems hinaus, gerade weil es die Kapitalbildung des Herrn Sartorius mit eben diesem System sehr geschickt zu rechtfertigen ver-

mag. Der Schritt zu Brechts angewandter Gesellschaftskritik liegt nahe. Es war ungerecht von Brecht, auf die Frage, worüber er lache, im Filmkurier vom 11. Juli 1927 zu antworten: Kurzes Auflachen, »als ich hörte, daß Shaw ein Sozialist sei«. Interessant ist der Charakter des Herrn Sartorius insofern, als hier ein »Wucherer« zugleich treusorgender, ja zärtlicher Vater ist.

Zu den »unerquicklichen Stücken« gehört neben dem sorglos analytischen, im ersten Akt fast schon einen Hollywood-Dialog parodierenden Stück *Der Liebhaber* auch das Drama *Frau Warrens Gewerbe (Mrs. Warren's Profession,* 1902). Wiederum Ibsens Technik: Fräulein Vivie Warren erfährt im zweiten Akt, daß die Mutter ihr Vermögen als Bordellwirtin (beziehungsweise »Leiterin«) gemacht hat und dabei mit dem geradezu monumental üblen Kapitalisten Crofts zusammenarbeitet. Wiederum wird nicht so sehr der psychische Schock dramatisch hervorgekehrt als die Rolle der Prostitution im Leben besitzloser Frauen. Shaw spricht Sätze aus, wie sie Wedekind und Karl Kraus, der ja Frauen lieber als Prostituierte denn als Journalistinnen sah, nicht unerschrockener gewagt haben. Vivie jedoch macht sich aus dem Schmutz los und fängt ihr eigenes Leben an – allein, von vorn.

Pleasant Plays

1898 erschienen auch die »erquicklichen Stücke«. Sie trugen den Ruhm Shaws in alle Welt, obwohl sie heute recht harmlos anmuten, sowohl in ihrem Skeptizismus, der spleenig, als auch in ihrem Optimismus, der flach wirkt. Oft liegen die Dialoge allzu nah an der Pointe des Common sense, man wartet auf einen vernünftigen Witz oder einen brillanten Einfall und versäumt dabei – aber es ging dem Autor mitunter auch so – das Drama.

Zu den erquicklichen Stücken gehören die unverwüstlichen *Helden (Arms and the Man,* 1894). Ein Werk, dessen Zivilisationsoptimismus 20 Jahre später von der leider dramaturgisch etwas zerfaserten, zornigen Komödie *Haus Herzenstod* zurückgewiesen wurde. In den *Helden* erscheint der Krieg als eine nicht mehr ganz ernsthafte Balkanaffäre, wie sie fortgeschrittene Nationen sich nicht mehr leisten. Die Konstruktion ist blitzgescheit, der zivile Fremdenlegionär aus der Schweiz weiß, was Pralinés wert sind

und macht die ehrpußligen bulgarischen Offiziere zu komischen Figuren.

In *Candida* (1895) hat Shaw sich aufgeteilt. Das Stück hat zwei Helden und einen Mittelpunkt. Um die kluge wie schöne Pfarrfrau Candida werben der junge Dichter Marchbanks mit seinem Geheimnis, seiner Empfindsamkeit und Candidas Mann, der »demagogische Sozialist« Pfarrer Morell, der sehr sicher tut, aber sehr hilfsbedürftig ist. »Diese beiden Figuren«, so schreibt Eric Bentley, »könnten vielleicht als zwei Hälften von Shaws Wesen gelten: seine äußere, glatte, zuversichtliche Hälfte – gleichzeitig sozialistisch und sozial – und seine geistige, einsame und künstlerische Hälfte, die ihn außerhalb der Grenzen der Gesellschaft stellt.«

Der erquickliche Napoleon-Einakter *Der Mann des Schicksals (The Man of Destiny,* 1898) verwandelt den Schlachtenlenker in eine Privatperson. In *Man kann nie wissen (You Never Can Tell,* 1898) macht Shaw aus dem Publikum eine Vereinigung von Kupplern, weil es ewigen Spaß bereitet, zuzuschauen, wie zwei sich kriegen. Da wimmelt es zudem von Gags und Konstellationen (Beginn beim Zahnarzt, mißglücktes Mittagessen am Strand, am Ende Maskenfest), deren Wirkung heutzutage nur wenig erheitert und das Alberne streift, weil dergleichen inzwischen allzusehr auf den Film gekommen ist.

Wie *Der Mann des Schicksals* desilusioniert die Komödie *Cäsar und Cleopatra* die Geschichte und ihre Helden. Zwar ist Shaws Cäsar unzweifelhaft ein vernünftiger Mann, ein genialer Diplomat und ein sich selbst ironisierender Liebhaber, und die sechzehnjährige Königin von Ägypten lernt von ihm römische Diplomatie – doch im Herzen bleibt sie natürlich grausame Orientalin.

Shaws Mittlere Periode

Überblickt man Shaws Schaffen, wie es sich in zwei Menschenaltern entfaltete, dann zeigt sich, daß die Kluft zwischen dramatisierter Didaktik (Shaw spricht von seinem »revolutionären Appetit«) und theatralischem Jokus immer größer wurde. Manchmal findet sie sich sogar innerhalb eines einzigen Stücks. So findet sich in *Mensch und Übermensch* ein Traumakt voller Diskussionen zwischen Don Juan und dem

Teufel, der mit dem Verlauf der übrigen Akte kaum etwas zu tun hat. In *Zu wahr um schön zu sein* zeigt der 76jährige Shaw im ersten Akt, daß er durchaus noch Situationen flüssig zu entwickeln weiß, aber im weiteren Verlauf des Stücks hat er gleichsam keine Lust mehr dazu, sondern er nimmt sich anderer Probleme an. Das Intermezzo des *Kaiser von Amerika* ließe sich mühelos aus dem dürftigen Zusammenhang der beiden Eckakte herausdenken. Wie gesagt, »Reißerisches« und »Problematisierendes« treten immer weiter auseinander, während sich in Shaws besten Werken (*Der Arzt am Scheideweg; Die heilige Johanna*) bewältigte Dramaturgie und spekulative Intelligenz anmutig die Waage halten. *Die Millionärin (The Millionairess,* 1935) will nur noch Kassastück sein, *Zurück zu Methusalem* (1921) nur noch Lesedrama.

Im Untertitel von *Mensch und Übermensch (Man and Superman,* 1903) – er lautet: »Eine Komödie und eine Philosophie« – wird diese Kluft zum erstenmal angedeutet. Der erste Akt ist noch eine zwingend gescheite Komödie, gehört zum besten, was Shaw je geschrieben. Dann aber läßt das Handlungsinteresse spürbar nach. Shaws These, daß die Frauen sich, dem Weltplan gemäß, der Männer bedienen, also werbend und aktiv sind, um die Art zu erhalten, wird mehr diskutiert als gezeigt, obwohl die Grundidee des Stücks, den Don Juan als einen Verfolgten darzustellen, auch eine immanent dramatische Darstellung zugelassen hätte. (Max Frisch hat in seiner Komödie *Don Juan oder Die Liebe zur Geometrie* Shaws Ansatz dramatisch zu Ende gebracht, allerdings auf beinahe jede begründende »Philosophie« verzichtet.) Immerhin darf man nicht darüber hinwegsehen, daß Shaws rhetorische Kraft sich kaum glänzender zu entzünden wußte als am Don-Juan-Stoff. Die Fülle der Formulierungen und Aspekte besticht. In der Komödie *Major Barbara* (1905) gelingt der Ausgleich zwischen dramatischer Aktion und Bewältigung eines Problems gleichfalls nicht mehr ganz. Das Mitleid für die arme Barbara Undershaft, das Interesse für den verliebten Altphilologen Cusins und der bewundernde Schauder vor dem Kanonenkönig Andrew Undershaft erlöschen in den Unwahrscheinlichkeiten des dritten Akts. Um so präziser gelang *Der Arzt am Scheide-*

Shaw »Die heilige Johanna« – Barbara Jefford in der Titelrolle und Alec McCowen als Dauphin in einer Inszenierung von Douglas Seale im Londoner Old Vic, 1960.

weg (*The Doctor's Dilemma,* 1906). Wenn man die schwer einsehbare Voraussetzung mitmacht, daß in einer Klinik nur eine bestimmte Anzahl von Patienten behandelt werden kann und nicht ein einziger mehr, daß also, falls zwei Anwärter auf das letzte Bett da sind, einer gewählt und einer verworfen werden muß . . ., dann entwickelt sich ein herbes Gedankenspiel von großer Kraft und wildem, puritanischem Ernst. Wer soll gerettet werden, ein durchschnittlicher, anständiger Armenarzt, oder ein gewissenloser, aber genialischer Maler? Shaws antiwissenschaftlicher Affekt läßt sich keine Möglichkeit entgehen, dumme Ärzte zu blamieren; aber den intelligenten geschieht ebenso wie den hilfsbereiten recht – im Vorwort und noch mehr im Drama. Shaw selbst schrieb den Umstand, daß er für originell und witzig gehalten wurde, seiner »Optik« zu. Er sieht eben anders, richtiger, normaler, als alle anderen. Wenn er dann sagt, was er sieht, hält man das schon für ausnehmend witzig. Shaws Logik ist nur eine Systematisierung dieser spezifischen Optik.

Historisch gebildeter als die meisten seiner Kritiker, ging Shaw mit naturwissenschaftlicher, »unhistorisch« wirkender Unbefangenheit an alle Größen und Gegebenheiten unserer Welt heran. Über die »Bigotterie des matthäischen Jesus« oder die Schwächen Shakespeares – »Sein *Cäsar* ist eingestandenermaßen ein Fehlgriff« – schrieb er mit der gleichen, flüssigen Überlegenheit wie über das Londoner Theaterpublikum. Darin aber verbirgt sich nicht etwa Hohn oder Respektlosigkeit – wenn vielleicht auch die Unfähigkeit zum devoten Respekt –, sondern ein unhistorischer Pragmatismus des

»Androklus und der Löwe«. Daß richtig eingesetzter Menschenverstand mit terroristischer Übermacht fertig werden könne, ist die sehr optimistische und etwas einfache These in Shaws Stück über die Christenverfolgung im alten Rom. In der Inszenierung Fritz Kortners spielte im Münchner Residenztheater 1958 Curt Bois den tierlieben Schneider, der sich und die Christen rettet, indem er das Raubtier zähmt. Die Faschismuserfahrung – aber nicht nur sie – reflektierte Kortners Inszenierung, milderte dazu die knalle Komik der szenischen Farce.

Denkens. Der losgelassene gesunde Menschenverstand, der neunundneunzigmal unwiderstehlich ins Schwarze trifft und beim hundertstenmal eine kokette Absurdität vorbringt.

Androklus und der Löwe (*Androcles and the Lion*, 1912) etwa, ein Märtyrer-»Märchen« in drei Akten, leidet weniger an Shaws Bosheit als an seinem Übermut. In diesem Stück wird zuviel gelacht. Und so befreiend es auch sein mag, einmal heiteren, mutigen Christen zu begegnen und nicht nur kleinmütigen, dogmatischen, dürren – so schwer kann man doch damit zurechtkommen, daß die Christen Roms, angesichts der Löwen und der Gladiatoren, die lustigsten Leute von der Welt gewesen sein sollen.

Die Alterswerke

In Shaws berühmtestem Stück, *Die heilige Johanna* (*Saint Joan*, 1923), halten sich dramaturgische Brillanz, Weisheit und Leichtigkeit genau die Waage. Shaw rührt nicht ans Geheimnis der Heiligkeit Johannas. Er gibt sich nicht die Mühe, sie zu widerlegen, noch sie zu bestätigen. In Szenen von einprägsamer Bildhaftigkeit stellt er das Mädchen als natürliche Protestantin dar. Das Stück besitzt Gefühl, Weisheit, Gerechtigkeitsliebe. Es ist kein großes Drama, keine Tragödie äußersten Stils, denn auf das »fiat tragoedia, pereat mundus«, also auf den sprengenden Riesenanspruch der alles in Frage stellenden Tragödie läßt Shaw sich nicht ein. Gleichwohl wurde *Saint Joan* ein Welterfolg.

Shaw selbst hat *Zurück zu Methusalem* (*Back to Methuselah*, 1921) für sein bedeutendstes Werk gehalten. Der »metabiologische Pentateuch« – ein Lesedrama voller Kühnheiten – besteht aus fünf Dramen. »Am Anfang« sehen wir den Garten Eden: Adam, Eva und die Schlange. Ein paar hundert Jahre später tritt Kain hinzu. Das nächste Stück »Das Evanglium der Brüder Barnabas« spielt 1920, es behandelt Fragen der Lebensverlängerung. »Das Ereignis tritt ein« (Komödie in einem Akt, im Jahr 2170 nach Christi Geburt) folgt, im Jahr 3000 vollzieht sich die »Tragödie eines älteren Herrn« und das Schlußstück reicht »Bis an des Gedankens Grenze« (Zeit: das Jahr 31920 nach Christi Geburt).

In diesem erstaunlichen Alterswerk tritt Kain als Inbegriff des freien, unabhängigen Menschen auf, wird die Atomkatastrophe »zur Beendigung der Kriege« bestürzend geschildert (Tragödie eines älteren Herrn, zweiter Akt), der künstliche Mensch von Pygmalion gezeugt. Immer wieder diskutiert der Pentateuch das sich selbst reproduzierende Leben, die Lebensverlängerung und den vom ersten Menschenpaar in die Welt gebrachten Tod. Shaw hat sich hier – umsichtig und weise – an umfassende Begriffsdeutung gemacht. Welchen Sinn die Hauptworte des Daseins haben, fragen Adam und Eva, weil sie es noch nicht wissen, genauso wie die Menschen des Zukunftsreichs, die es nicht mehr wissen. Shaw beantwortet alles. Verglichen etwa mit der ironischen Darstellung der Schöpfungsgeschichte, wie Thomas Mann sie im vierten Band seiner Josephs-Tetralogie geliefert hat, wirkt Shaws Darstellung weise und mythennah. Und obwohl er viele Antworten gibt, alles weiß er glücklicherweise auch nicht. Sein Pentateuch schließt mit den Sätzen: »Um zu erkennen, was Jenseits sein mag, ist Liliths Blick zu trüb. Es genügt, daß es ein Jenseits gibt.«

Die bedeutende Europa-Allegorie *Haus Herzenstod* (»*Heartbreak House*, 1917), in dem ohne den strengen Faden einer Handlung (außer einer Desillusionierung) lauter Verwandte kommen und verschwinden, von Kapitän Shotovers knappen Kommentaren begleitet, endet mit einem Bombardement.

In *Zu wahr um schön zu sein* (*Too True to be Good*, 1932) hat der späte Shaw sich über sich selber lustig gemacht. Die Klagen eines alten Freigeistes, dessen Sohn zum Gläubigen wird, ähneln zum Verwechseln dem Gejammer eines Pastors aus dem 19. Jahrhundert, dessen Sprößling zu den Materialisten hinüberwechselt. (Im übrigen hob das Stück einen einfachen Soldaten hervor, der es den vertrottelten Obristen zeigt: Es war also eine Huldigung für T. E. Lawrence, der unter der Aufmerksamkeit Englands in die Anonymität auswich.)

Der späte Shaw machte aus seinem antidemokratischen Witz keinen Hehl. Doch Komödien wie *Festgefahren* (*On the Rocks*, 1933), *Genf* (*Geneva*, 1938) oder *Der gute König Karl* (*In Good King Charles Golden Days*, 1939) bemühen sich kaum mehr darum, dramatisch zu sein.

Am bekanntesten wurde noch *Der Kaiser von Amerika* (*The Apple Cart*, 1929). Aber auch das ist kein Stück, in dem politische Probleme ernsthaft zur Sprache gebracht werden. Im ersten Akt versucht der Premierminister Proteus, dem König Magnus ein Ultimatum vorzulegen. Zur Diskussion dieses Ultimatums kann es freilich kaum kommen, weil die – von ihrem König faszinierten – beiden Ministerinnen immer wieder mehr oder weniger alberne Abschweifungen unternehmen. Im zweiten Akt darf man dem König bei einem wohlverdienten Erholungsstündchen mit seiner attraktiven Geliebten zuschauen, und im dritten erwägt er das Ansinnen des amerikanischen Botschafters, England und die Vereinigten Staaten möchten sich doch wieder zusammenschließen. Das Ultimatum seiner Minister erledigt König Magnus mit dem Hinweis, er würde, falls er unterzeichnen müßte, abdanken und sich ins Unterhaus, wenn nicht zum Premierminister, wählen lassen. Shaw würzte diese bescheidene Handlung mit ironischen Hinweisen darauf, daß die gewählten Volksvertreter zwar einerseits das Volk nicht vertreten (sondern tun, was ihnen beliebt), andererseits aber auf die Instinkte der Wählermassen Rücksicht nehmen müßten, während ein König unabhängig sein kann. Es wimmelt von Invektiven gegen die Demokratie, die Gewerkschaften, die Regierenden. Doch die dramatische Verpackung der Anwürfe ist simpel, die jeweilige Begründung leichtfertig, die Figuren, die das alles vorbringen müssen, wirken unglaubhaft.

So ist also die Bilanz, die Shaws Werke uns auferlegen, zwiespältig. Bedeutend die dramaturgische Intelligenz der Vorreden, seine Erläuterungen etwa, warum es kein gutes Passionsdrama geben könne, seine lebenslange Auseinandersetzung mit Shakespeare. Unübersehbar der Gedankenreichtum, groß immerhin die Fülle der Figuren, der Posen zumindest, in die Shaw seine Gestalten bannt. Vielleicht sind wir einerseits Shaws Scherzen zu fern, um uns noch von ihnen überraschen zu lassen, andererseits aber doch zu nah, um uns über sie unverstört zu amüsieren. Noch ist nicht entschieden, was bleiben wird. Hat Shaws Don Juan recht, wenn er sagt: »Die Natur ist eine Kupplerin, die Zeit eine Zerstörerin und der Tod ein Mörder?«

Theater der Jahrhundertwende II: Symbolismus, Groteske, Traumspiel

Gleichzeitig – ebenfalls im letzten Jahrzehnt des 19. Jahrhunderts – entwickelte sich mit, neben und teilweise gegen das Theater des Realismus (das Theater Antoines, Brahms und Stanislawkis) ein anderes Theater – es suchte die (vor allem seelische) Wahrheit hinter der äußeren Erscheinung, drückte sie symbolisch aus: Das Theater des Symbolismus, dramatisch-lyrisch formuliert von Maeterlinck, Hofmannsthal, D'Annunzio, oder es verschärfte, radikalisierte die Darstellungsmittel zur überrealistischen Groteske: das Theater Wedekinds, Jarrys, Sternheims. Symbolisches und Groteskes mischt sich im Theater August Strindbergs – und Strindberg brachte mit der Traumspieldramaturgie Strukturen des Unterbewußten und Unbewußten ins Drama und aufs Theater.

Die Theaterszene

Théâtre d'Art und Théâtre de l'Œuvre
Im November 1890 gründete der enthusiastische Anhänger der symbolistischen Poesie Mallarmés und Verlaines, der achtzehnjährige Paul Fort (1872–1960) in Paris das Théâtre d'Art, das Theater der Kunst; er will gegen die »Wahrheit der Fotografie« (damit ist die Zolas und Antoines gemeint) die Wahrheit der Poesie ins Feld führen. Befreundet war Fort mit der Malergruppe der Nabis (hebräisch »Propheten«) – Vuillard, Bonnard, Maurice Denis u. a. –, die gerade dabei waren, über den Impressionismus hinaus die malerischen Mittel zu sich selbst zu befreien, vom Abbildungszwang abzulösen. Von den sieben Abenden, die Fort bis zum Frühjahr 1891 zustande brachte, sind die wichtigsten und erfolgreichsten zwei im Jahr 1891, bei denen *Die Blinden* und *Der Eindringling* des belgischen, französisch schreibenden Autors Maurice Maeterlinck

vorgestellt wurden. *Die Blinden* ist Maeterlinck radikalstes Stück: Zwölf Blinde haben sich im Wald verirrt, verzweifelt warten sie auf die Rückkehr ihres Führers, der sitzt tot in ihrer Mitte. Was hier symbolisiert wird, drängt sich auf: Unerkenntliche Schicksalsmächte, plötzlich tödlich eingreifend, walten hinter allem. Maeterlinck hat sie »die dritte Person, die rätselhaft, unsichtbar, aber überall gegenwärtig ist« genannt. Märchenhaft-romantisch verkleidet ist Maeterlincks fatalistische Weltsicht in *Pelléas und Mélisande:* Der unbeherrschte Feudale Goland findet die schöne Unbekannte Mélisande im Walde, macht sie auf seinem Schloß zu seiner Frau. Sie lernt Golands jüngeren Bruder Pelléas lieben, den erschlägt der eifersüchtige Goland. Die geflohene Mélisande gebiert und stirbt beim König Arkel; Goland findet sie dort, er bereut.
Dies traurige Melodram wurde 1893 ebenfalls in Paris uraufgeführt – von Lugné-Poë (eigentlich Aurélien Lugné, 1869–1940), der bei Antoine und im Théâtre d'Art gespielt hatte und der von 1893 bis 1914 das Théâtre de l'Œuvre betrieb; er eröffnete es mit Ibsens von Symbolen durchzogenem *Rosmersholm.* Unter seinen insgesamt über 100 Inszenierungen bis 1914 waren bis 1898 acht weitere Ibsen-Stücke, 1894 Strindbergs *Vater,* im Jahre 1905 sowohl Gorkis *Nachtasyl* wie des italienischen pathetischen Poeten D'Annunzio *La Gioconda* (mit der Duse in der Titelrolle). 1908 spielte er Hofmannsthals *Elektra,* 1910 Schnitzlers *Letzte Masken* und 1915 in einer effektvoll vereinfachten malerischen Dekoration Variots des jungen Paul Claudel Drama *Verkündigung.* Lugné-Poë grenzte sich bei der Vorankündigung von *Pelléas und Mélisande* 1893 polemisch von Antoine ab: »Jetzt aber Schluß. . . mit dem Triumph der angeblichen exakten Accessoires . . . Der Wert der Dekoration be-

Max Reinhardt inszenierte 1910 in der Musikfesthalle München Hofmannsthals Version des sophokleischen »Ödipus«, ein rauschhaftes Theaterfest mit Massenchor und dem darüber ragenden, melodiös schmetternden Protagonisten Alexander Moissi als Ödipus.

mißt sich am Grad des Gesamteindrucks und nicht an Einzelheiten. Er ist dazu da, den Schauspielern einen Rahmen zu geben, die Stimmung zu verdeutlichen (préciser le sentiment) und nicht, um Tischbeine und Buffets bewundern zu lassen.«

Seit 1894 machte sich an Lugné-Poës Théâtre de l'Œuvre ein ungebärdig-vitaler Literat zu schaffen: Alfred Jarry. Im Dezember 1896 ging Lugné-Poë das größte Wagnis seines Theaterlebens ein und ließ Jarry mit Hilfe der Nabis die aggressive, höhnische Groteske über den Spießbürger *Père Ubu* inszenieren. Die Aufführung entfesselte einen tobenden Skandal. Der Kritiker Sarcey, der den Boulevardiers Lob spendete, wenn sie die Konventionen der »pièce bien fait« ein gehalten hatten, war erregt: »Das Publikum hat sich endlich gegen das Übermaß an Dummheit und Vulgarität aufgelehnt. Diese Spaßvögel haben sich lange genug über uns lustig gemacht. Das Maß ist voll.«

Das Theater Max Reinhardts

Antoines wie Lugné-Poës Theater mit ihrem Engagement für die schwierige zeitgenössische dramatische Literatur blieben gegenüber der Übermacht des Boulevardtheaters in Paris Randerscheinungen. Das war anders in Berlin, wo in schnellem Aufstieg von 1902 an das Theater Max Reinhardts durchaus die zentrale Stellung in der Theatermetropole und Hauptstadt des Deutschen Reiches einnahm. Der aus jüdischem Wiener Milieu herkommende Reinhardt (1873–1943) wurde 1894 als 21jähriger von Otto Brahm ans Deutsche Theater engagiert, spielte vorwiegend alte Männer (so in der Matineeaufführung von Maeterlincks *Pelléas und Mélisande* 1898 beim Berliner Sezessionstheater den König Arkel) und fand sich seit 1898 mit anderen jüngeren Schauspielern des Deutschen Theaters zu Tourneen und Kabarettprogrammen zusammen. Seit 1901 hieß das Kabarett »Schall und Rauch«, es lebte vor allem von Paro-

dien: darunter eine mit dem Titel »Carleas und Elisande. Eine Gobelineske in fünf Verschleierungen von Ysidore Mysterlinck«. 1902 spielte »Schall und Rauch« auch Stükke: zuerst *Die Stärkere, Das Band* und *Rausch* von Strindberg, dann Wildes *Salome* und Wedekinds *Erdgeist.* Ab Januar 1903 firmierte man unter dem Namen Kleines Theater, startete mit einem überwältigenden Erfolg: mit Gorkis *Nachtasyl* (516 Aufführungen – Reinhardt spielt wieder eine Altmännerrolle, den Pilger Luka). Es folgten – Reinhardts Name stand zum erstenmal als Regisseur auf dem Zettel – im von Reinhardt, der jetzt auch der Unternehmer des Ganzen war, dazu gepachteten Neuen Theater *Pelléas und Mélisande* (57 Aufführungen) und weitere 102 Aufführungen von Wildes *Salome.* Nach Wedekinds *Kammersänger,* Hofmannsthals *Elektra* und Tolstois *Früchte der Bildung* gab es den ersten Klassiker: Lessings *Minna von Barnhelm,* Januar 1904, Regie: Reinhardt. Januar 1905: Reinhardt inszenierte zum erstenmal Shakespeares *Sommernachtstraum* – mit einem veritablen Wald auf der Drehbühne und rauschendem Erfolg: 305 Aufführungen. Sein Programm hatte Reinhardt 1902 schon formuliert (jedenfalls teilte es sein Dramaturg Arthur Kahane 1928 so mit):

»Was mir vorschwebt, ist ein Theater, das den Menschen wieder Freude gibt. Das sie aus der grauen Alltagsmisère über sich selbst hinausführt in eine heitere und reine Luft der Schönheit. Das heißt nicht, daß ich auf die großen Errungenschaften der naturalistischen Schauspielkunst, auf die nie vorher erreichte Wahrheit und Echtheit verzichten will! Das könnte ich nicht, auch wenn ich wollte. Ich bin durch diese Schule durchgegangen und bin dankbar, daß ich es durfte. Die strenge Erziehung zu unerbittlicher Wahrheit ist aus der Entwicklung nicht mehr wegzudenken, und es gibt keine, die an ihr vorübergehen kann. Aber ich möchte ihre Entwicklung weiterführen, sie auf anderes anwenden als auf Zustands- und Umweltschilderung, über Armeleutgeruch und die Probleme der Gesellschaftskritik hinaus, möchte denselben höchsten Grad von Wahrheit und Echtheit an das rein Menschliche wenden, in einer tiefen und verfeinerten Seelenkunst. Ich denke nicht daran, mich auf ein bestimmtes literarisches Programm festzulegen, auf den Naturalismus so wenig wie auf ein anderes. Ich fühle freilich, daß die mir höchste Kunst unserer Zeit, die Tolstois, weit über den Naturalismus hinausgewachsen ist, daß im Ausland Strindberg, Hamsum, Maeterlinck, Wilde ganz andere Wege gegangen sind, in der deutschen Kunst Wedekind und Hofmannsthal andere Wege gehen; und ich spüre überall neue, junge Kräfte im Wachsen, auf neuen Wegen. Und dann, wenn ich mein Instrument so weit habe, daß ich darauf spielen kann wie ein Geiger auf seiner kostbaren alten Geige, wenn es mir gehorcht, wie ein gut gespieltes Orchester dem Dirigenten, dem es blindlings vertraut, dann kommt das Eigentliche: Dann spiele ich die *Klassiker*.«

Unter den zeitgenössischen Dramatikern war es Hofmannsthal, mit dem Reinhardt am häufigsten und engsten zusammenarbeitete, von der *Elektra* (1903) bis zum *Salzburger Großen Welttheater* (1922). Der gebildete Eklektizismus des Bearbeiters Hofmannsthal diente dem intuitiven, ausgreifenden Pluralismus des Reinhardtschen Theaterimperiums. Um das schwierigste, eigenständigste Hofmannsthal-Werk *Der Turm* hat Reinhardt allerdings einen Bogen gemacht.

Was Wedekind anlangt, hat Reinhardt ein besonderes Verdienst: Er setzte 1906 die Uraufführung des von der Zensur lange unterdrückten *Frühlings Erwachen* durch, ließ sich als Inszenator vor allem auf das Stimmungshafte ein, dämpfte die Groteske. 1907 inszenierte Wedekind selbst den *Marquis von Keith* am Deutschen Theater, 1912, 1913, 1914 und noch einmal 1916 gastierte Wedekind dort in jeweils einem halben Dutzend seiner Stücke – neben ihm spielte seine Frau Tilly die weiblichen Hauptrollen. Wedekinds Spielweise, diese harte, forcierte, unnachgiebige, aggressive Art des Selbstvortrags und der Selbstpreisgabe, blieb allerdings ein Fremdkörper in der letztlich auf differenzierte Identifikation angelegten Schauspielerei des Reinhardtschen Ensembles.

Vier Sternheim-Uraufführungen fanden in Reinhardts Theater statt, die entscheidenden: *Die Hose* und *Die Kassette* 1911, und dann zwei, bei denen Reinhardt selbst Regie führte: *Bürger Schippel* 1913 und *Der Snob* 1914, mit Albert Bassermann in der Titelrolle. Doch Sternheims trockene Schärfe

war Reinhardts Sache wohl nicht: Er hat ihn (Jacobsohn über *Die Kassette*) »durchschattiert«.

1912 kehrte Reinhardt auch zu Strindberg zurück. Dem *Totentanz* mit Paul Wegener und Tilla Durieux folgten die deutschen Erstaufführungen von drei der späten, gespenstischen Kammerspiele: *Wetterleuchten* (1913), *Pelikan* (1914, unter dem Titel *Scheiterhaufen*) und *Gespenstersonate* (1916). Im gleichen Jahr 1916 – das Jahrzehnt zwischen 1910 und 1920 war das der intensivsten deutschen szenischen Auseinandersetzung mit Strindbergs Werken – inszenierte Rudolf Bernauer höchst erfolgreich die Uraufführung des *Traumspiels* im Theater in der Königgrätzer Straße. 1914 hatte der dritte der Berliner Strindberg-Spezialisten, Viktor Barnowsky, im Lessing-Theater den ersten Teil von *Nach Damaskus* in Szene gesetzt. 1921, beim Abschied von Berlin – er zog sich bis 1924 nach Wien zurück – inszenierte Reinhardt seinerseits *Ein Traumspiel* mit aus Licht und Lichtwechseln modellierten, rasch wechselnden, doch schwer lastenden Schwarzweiß-Szenen.

Max Reinhardt war der erste der Regisseure, die absolute Herrschaft über das Instrument »Theater« beanspruchten. Er hatte in dieser Hinsicht durchaus zeittypische Züge, als Zeitgenosse des politischen und militärischen Imperialismus der Wilhelminischen Ära. Der Zusammenhang ist gleich nach dem Ersten Weltkrieg von Max Reinhardts vertrautestem und distanziertestem Kritiker, von Siegfried Jacobsohn, gesehen worden. Reinhardts Theaterkonzern bemächtigte sich des Dramenvorrats der Vergangenheit und der Gegenwart. Antike, Shakespeare, Molière, deutsche Klassik; Ibsen, Strindberg, Hofmannsthal, Sternheim, Wedekind, Shaw: das alles kam gleichzeitig vor. Aber was noch wichtiger ist, Max Reinhardt griff nicht nur literarisch aus, sondern auch theatralisch, indem er die verschiedenartigsten Spielformen und Spielanordnungen ausprobierte und etablierte: Er begann im Kleinen Theater, in einer relativ intimen Situation. Er bemächtigte sich 1905 des größeren Deutschen Theaters, eines Rangtheaters, ließ sich gleich darauf, 1906, daneben die kleineren, saalartigen Kammerspiele bauen, diese von Strindberg geforderte und gemeinsam mit Falck 1907 im Stockholmer Intimen Theater verwirk-

lichte Theaterform zur Vorführung subtilster psychischer Prozesse. Reinhardt benutzte die Reliefbühne im Münchner Künstlertheater – eine ganz flache Bühne; er ging schon um 1910 in den Zirkus und inszenierte für 4000 Zuschauer den von Hofmannsthal übersetzten Sophokleischen *Ödipus*, ließ sich 1919 von Poelzig den Berliner Zirkus Schumann zum Großen Schauspielhaus umbauen; er interessierte sich für asiatische Theaterformen und inszenierte Pantomimen mit dem japanischen Blumensteg durchs Publikum; er bot Operette, Revue und Kabarett, und er etablierte 1920 die Salzburger Festspiele, mit Hofmannsthals *Jedermann* vor der Domfassade in Salzburg.

Die Reinhardtschen Theaterunternehmungen waren kapitalistisch organisierte Geschäftsunternehmen mit Konzerncharakter. Der kaufmännische Konzernleiter war Reinhardts Bruder Edmund. Finanziert wurde dieses Theaterunternehmen größten Stils durch stille Teilhaber im Hintergrund, die aber anscheinend mindestens bis zum Beginn des Ersten Weltkrieges von ihrer Kapitaleinlage reichlich Zinsen gezogen haben dürften. Reinhardts Theater war Theater im industriellen Zeitalter; auch darin war er Pionier, die technischen Fortschritte im Theater zu nützen – die sich rasch entwickelnde elektrische Beleuchtungstechnik, die Drehbühne und die Etagenbühne. Durch die zunehmende Arbeitsteilung im Theater (im technischen Bereich am deutlichsten zu erkennen) wurde der Regisseur zum Spezialisten für die Zusammenordnung der Einzelteile der Theaterproduktion. Da er eben diese Spezialistenrolle einnahm, hatte er auch die Chance, das Produkt dieser arbeitsteilig hervorgebrachten Zusammenarbeit, die Aufführung, als »Markenprodukt« dem Unterhaltungsmarkt zuzuführen, indem er dieses Produkt mit seinem Namen signierte. Mit Reinhardt begann die Zeit, in der man von Max Reinhardts *Romeo und Julia* oder *Gespenstern* sprach, nicht von Shakespeares oder Ibsens.

Nach dem Ersten Weltkrieg zeigte sich, daß ein Unternehmen wie der Reinhardtsche Theaterkonzern nur möglich war in der Zeit einer gutverdienenden, vermögenden Bourgeoisie: Sie füllte die Reinhardtschen Theater mit Parkett-Platzpreisen ab fünf

Goldmark (dem halben Wochenlohn eines Arbeiters). Inflation und Weltwirtschaftskrise erschütterten diese materielle Basis eines Theaters, das Geschäft mit Kunstanspruch machte. Nach der Weltwirtschaftskrise 1929 war auch in Berlin Theater mit Kunstrang nur noch subventioniert möglich.

Die Inszenierungen Meyerholds
Erst nach dem Tod seines Hauptautors Tschechow im Sommer 1904 öffnete sich auch das Moskauer Künstlertheater für die fatalistische Botschaft Maeterlincks. Stanislawski eröffnete die Saison 1904/05 mit drei Einaktern Maeterlincks, darunter *Die Blinden* – ein Mißerfolg: »Die Schauspieler waren von den neuen Aufgaben mehr verwirrt als begeistert, sie fielen ständig in die gewohnten ›natürlichen‹ Betonungen zurück oder wurden bei der Darstellung der Schrecken des Todes schwülstig-geschmacklos« (H. Poljakowa). In dieser Situation lud Stanislawski den 1902 im Zorn aus dem Künstlertheater ausgeschiedenen Wsewolod Meyerhold (1874–1940) ein, zurückzukehren. Der 30jährige hatte in drei Saisons für die von ihm geleitete Gesellschaft des Neuen Dramas in Cherson und Tiflis über 100 Stücke inszeniert, darunter solche von Tolstoi, Ibsen, Tschechow, Hauptmann, Gorki, Schnitzler und *Der Eindringling* von Maeterlinck. Am Künstlertheater wurde ihm jetzt die Leitung eines »Studios« übertragen, damit er mit jungen Ensemblemitgliedern und Studenten vier Inszenierungen erarbeitete, darunter Maeterlincks *Tod des Tintageles*. Meyerhold formulierte im voraus vollmundig das Ziel der »neuen Truppe«: es gelte »neue darstellerische Mittel zu finden für jene neue Dramatik, die bislang keine Bühne hat, weil sie zu weit vorausgegangen ist – so wie die moderne Malerei weit vorauseilte im Vergleich zur Bühnentechnik und zur Schauspielkunst«. Mit »Fanatismus« wolle man sich auf die »Suche machen nach der Poesie und Mystik des neues Dramas«.
Das Resultat der Suche gefiel Stanislawski ganz und gar nicht. Er hatte während der Arbeit freundlich-neugierig zugesehen, nach Besichtigung der fertigen Inszenierungen entschied er, daß sie nicht öffentlich gezeigt werden sollten. Die 80 000 Rubel, die das Studio-Unternehmen gekostet haben soll,

zahlte er angeblich aus seinem Vermögen. Dessen Grundlage, eine Fabrik, stellte im Herbst 1905 monatelang die Produktion ein: die Arbeiter kämpften gegen die zaristische Regierung, sie versuchten, die Februarrevolution, die vorwiegend in Petersburg stattgefunden hatte, in Moskau weiterzutreiben. Das Künstlertheater mußte wegen der Kämpfe schließen; um die Kasse aufzufüllen, gab das Ensemble in den ersten Monaten des Jahres 1906 Gastspiele in Mittel- und Westeuropa, mit triumphalem Erfolg. Zurückgekehrt, machte sich Stanislawski daran, selbst herauszufinden, was denn die dem neuen Drama entsprechende Schauspielkunst sei: Er inszenierte Knut Hamsuns *Spiel des Lebens,* Andrejews symbolistisches *Leben des Menschen* und 1908 die Uraufführung des Märchenspiels von der Suche nach dem Guten und dem Glück, *Der blaue Vogel* von Maeterlinck.
Der gefeuerte Meyerhold ging in die andere russische Hauptstadt, nach Petersburg, wo er, zuerst am Theater der großen Schauspielerin Kommissarschewskaja (das ihren Namen trug) wirkte – 1907 kam es zum Bruch, weil Meyerhold auf der Unterordnung der Schauspieler unter seine Inszenierungsprinzipien bestand. Das von ihm so genannte »bedingte« Theater verlangte gestisch scharf ausgeprägte, also nicht verinnerlichte, sondern eher veräußerlichte Schauspielerei, die nur ein Element in einem strikt komponierten Ganzen aus zeichenhafter Malerei und metaphorisch verknappter Poesie sein sollte. Von den elf Inszenierungen, die Meyerhold bei der Kommissarschewskaja verantwortete, galten drei Werken Maeterlincks. Am weitesten in Neuland vor – und von Maeterlinck weg – stieß Meyerhold aber mit der »tragischen Groteske« *Balantschik* auf einen Text des großen russischen Lyrikers Alexander Blok (1907). Im Theater auf dem Theater, der Schaubude, warten drei Mystiker auf den Tod. Statt dessen erscheint die wunderschöne Columbine und nachfolgend Pierrot, den Meyerhold selbst spielte, »aus lauter scharfen Ecken … stachlich und herzzerreißend, sanft und frech zugleich«. Was bei Stanislawski zu einem Lebensvorgang illusioniert wurde, gab sich jetzt bei Meyerhold bewußt und demonstrativ als Theater.
Meyerhold betrieb neben der Inszenierungsarbeit (ab 1907 setzte er an den beiden

kaiserlichen Theatern in Petersburg sowohl Opern wie Schauspiele in Szene) theaterhistorische Studien über das asiatische, das Barock-, das elisabethanische Theater, über Zirkus und Clownerie. Er lobte die Groteske: Sie »kennt nicht nur das Niedrige oder nur das Hohe. Sie vermischt die Gegensätze, spitzt die Widersprüche bewußt zu und läßt mit ihrer Originalität spielen.«

Hugo von Hofmannsthal

Hofmannsthal (1874–1929), Sohn aus einer 1835 geadelten jüdischen Wiener Familie, begann als Sechzehnjähriger Gedichte und Aufsätze zu publizieren und 1891 die »dramatische Studie in einem Akt in Versen« *Gestern,* spielend in der »sinkenden Renaissance zur Zeit der großen Maler«, unter Künstlern; 1892 erschien in den von Stefan George herausgegebenen »Blättern für die Kunst« das dramatische »Bruchstück« *Der Tod des Tizian.* Nicht nur die Wiener literarische Öffentlichkeit bewunderte das junge Genie.

Der Tor und der Tod
Schon der Neunzehnjährige zog eine Lebenssumme, eine des melancholisch-selbstgenüßlichen Abschieds: In der biedermeierlich kostümierten »kleinen Totentanzkomödie« (1893) erkennt der frühreife Claudio im Angesicht des Todes, daß er sein Leben als »Ewigspielender« an »Künstliches« verschwendet hat: »Stets schleppte ich den rätselhaften Fluch, / Nie ganz bewußt, nie völlig unbewußt, / Mit kleinem Leid und schaler Lust / Mein Leben zu erleben wie ein Buch.« Der Tod erscheint jugendstilhaft: »Ich bin nicht schauerlich, bin kein Gerippe! / Bin aus Dionysos, der Venus Sippe. / Ein großer Gott der Seele steht vor dir.« Und so sinkt Claudio sterbend weg: »So wach ich jetzt, im Fühlensübermaß, / Vom Lebenstraum wohl auf im Todeswachen.« Die gereimten, wohllautenden Verse stammen vom jungen Goethe des *Urfaust* her, sind aber geglätteter, unkräftiger. Noch einmal, gleich nach dem Zweiten Weltkrieg das Verbot unter den Nazis wollte man damit wettmachen – wurde da und dort versucht, das Kurzstück mit seinem Gefühlsübermaß zu spielen.

Vier Jahre später, 1897, entstanden noch einmal fünf lyrische Dramen: *Der weiße Fächer,* »Ein Zwischenspiel vor dem Eingang eines Friedhofs nahe der Hauptstadt einer westindischen Insel, Kostüm der zwanziger Jahre des vorigen Jahrhunderts«, *Der Kaiser und die Hexe,* worin der verirrte Kaiser dem Teufel sich entwindet und den Weg nach Hause findet, *Das kleine Welttheater oder die Glücklichen,* auf einer »gewölbten Brücke« vor dem Abendhimmel und Baumwipfeln spielend, mit den nacheinander monologisierenden Figuren: Dichter, Gärtner, junger Herr, junges Mädchen, Diener, Wahnsinniger: »Abspiegelungen harmonischer Momente einzelner glücklicher Seelen, jede einsam«, schließlich noch *Die Frau im Fenster* und *Die Hochzeit der Sobeide.*

Der Abenteurer und die Sängerin

»Ein ernstes Stück mit heiterem Ausgang« (1898), angeregt von einer Casanova-Episode, spielt in Venedig, einem Lieblingsort Hofmannsthals. Der Baron Weidenstamm erkennt in der Sängerin Vittoria seine einstige Geliebte, ihr angeblicher Bruder ist in Wahrheit Weidenstamms und Vittoriens Sohn – und jetzt Weidenstamms Konkurrent bei einer Tänzerin.

Das Bergwerk zu Falun

1899 veröffentlichte Hofmannsthal den ersten Akt als »Ein Vorspiel«, die anderen Akte später und einzeln, der dritte erschien erst aus dem Nachlaß. Rudolf Goldschmit hat das so gedeutet, daß den Autor vor allem beschäftigte, was er im ersten Akt darstellte: Wie der junge Elis Fröbom in der Erfüllung unbewußter Sehnsüchte sich mit Hilfe eines alten Bergmanns ins Erdinnere versinken läßt: »Als kröch ich in den Mutterleib zurück.« Hofmannsthal: »Im ›Bergwerk‹ ist jenes gewaltig Hinüberziehende (das die Seele dem Wesen entfremdet) erst wirklich gestaltet: das Reich der Worte, worin alles Gegenwart.« Es ist das Reich der puren, prunkenden Poesie, das den jungen Hofmannsthal anzog, das aber dem Älterwerdenden fraglich wurde. Im ersten Akt des *Bergwerks* wird von dessen »magischer« Anziehungskraft noch einmal gehandelt. Die folgenden Akte spulen die Geschichte ab, die Hofmannsthal von Hebel und E. T. A. Hoffmann übernahm: die vom jungen Bergmann, dessen verschütteter, aber

unveränderter Leichnam nach Jahrzehnten geborgen und der jetzt greisenhaften, getreuen Verlobten präsentiert wird.

Um sich nach den lyrischen Jugenddramen die Form des »dramatischen Dramas« anzueignen, aber auch um seine Figuren- und Bilderwelt an blutig-elementaren alten Stücken zu kräftigen, antikisierte Hofmannsthal, schrieb 1903 *Elektra* nach Sophokles, im gleichen Jahr von Reinhardt in Berlin uraufgeführt, danach von Richard Strauss unter Musik gesetzt. Es folgte *Ödipus und die Sphinx,* die Geschichte des Ödipus bis zum Totschlag am eigenen Vater behandelnd, frei nach einem Drama des Franzosen Péladan, 1905 entstanden und 1906 wiederum von Reinhardt inszeniert; drittens die Übertragung des Sophokleischen *König Ödipus* für die Zirkus-Inszenierung durch Reinhardt, zuerst 1910 in München.

Das gerettete Venedig

In die Phase der Stücke nach Stücken gehören auch zwei eingreifende Bearbeitungen von älteren englischen Vorlagen. Das in allzu bewußt simplen Knittelversen gehaltene »Spiel vom Sterben des reichen Mannes« *Jedermann* (1911), nach der mittelalterlichen Moralität, und *Das gerettete Venedig* (entstanden 1904, Uraufführung 1905 in Berlin). Blutfarbe ist fast über alle Personen und Situationen dieses Stückes ausgegossen. Blut, Gewaltsamkeit als ästhetisches Bedürfnis: »Wunderschön ist es auch, in einem Kunstwerk die Schwäche des Künstlers zu fühlen, die Stellen, wo er aus Unzulänglichkeit und Sehnsucht nach der Schönheit sonderbar und gewaltsam wird« – so Hofmannsthal 1896 nach der Lektüre seiner Vorlage, des *Venice Preserved* von Thomas Otway (1682). 1904, nach Abschluß des eigenen Stücks, meinte Hofmannsthal, daß »der Geist des Ganzen ja gar nicht der üppig flammende der Renaissance« sei, sondern der »einer finster lastenden, hie und da von fahlen Blitzen durchzuckten, in den Wurzeln verfaulten, konservativ-reaktionären Periode«. Gewalttätigkeit mit revolutionärem Anstrich ist das politisch-apolitische Thema des Stücks. Es ereignet sich zwischen psychisch Labilen und kommt mit »glühenden« und prunkenden Worten einher. Jaffier, ein verarmter, schwächlicher Kleinadliger, hat gegen den Willen ihres Vaters

Belvidera, die Tochter eines reichen venezianischen Senators geheiratet. Er wird von seinem früheren Kriegskameraden Pierre in eine Verschwörung gegen den Senat von Venedig gezogen, die anderen Verschwörer trauen ihm nicht, er setzt Belvidera als Pfand. Doch die Bluttaten schrecken sie und machen ihn unter ihrem Einfluß wankend, er verrät die Verschwörung, wird aber als Denunziant getötet, während Pierre sich selbst umbringen darf.

Obwohl Hofmannsthal fand, Richard Strauss habe über die in sich komplette *Elektra*-Tragödie »eine – entbehrliche – Symphonie« geschüttet »wie Sauce über den Braten«, und Strauss befand, man müsse Hofmannsthals Texten »noch ein bißchen Scribe und Sardou einimpfen«, kam es zur langen, fruchtbaren Zusammenarbeit beider – im Zeichen der Rückwendung ins Rokoko, in die Welt von 1001 Nacht und ins Biedermeier. Für Strauss schrieb Hofmannsthal die Libretti *Rosenkavalier* (1911), *Ariadne auf Naxos* (1912), *Frau ohne Schatten,* (1919), *Die ägyptische Helena* (1924) und *Arabella* (1929, Uraufführung 1933).

Cristinas Heimkehr

Wiederum einer Casanova-Episode verdankt sich diese Komödie. Sie entstand durch einen Hinweis von Josef Kainz und wurde 1911 von Reinhardt in Berlin uraufgeführt. Vor der Abreise aus Venedig, nach vergeblicher Gattensuche, sinkt die anmutig-spröde Berghofbesitzerin Cristina dem phantasievollen Verführer Florindo in Arm und Bett. Florindo, dem Augenblick lebend, verläßt sie, neuen Verführungen zustrebend – vorher allerdings sieht und befestigt er die Neigung, die der Kapitän Tomaso für Cristina hat. Im dritten Akt, Wochen später, in den Bergen bei Cristina, ist noch ein kurzer Auftritt Florindos nötig, bis Cristina in Tomaso findet, was ihr entspricht: Beständigkeit und Treue. Dazu noch ein Bediententrio, ein Malaie, der mit Kopfschütteln Europens erotische Umständlichkeiten glossiert, ein trocken philosophierender, abgründig-gemächlicher Hausknecht, und die Witwe Pasca, Cristinas Magd, bäuerlich weltunkundig, aber auch weiblich-schlau.

Der Schwierige

Ein einziges Mal nur hat Hofmannsthal ein

Stück geschrieben, das in seiner eigenen Gegenwart spielt: dieses 1908 konzipierte, 1920 vollendete »Lustspiel in drei Akten«. Der 37jährige Graf Hans Karl Bühl ist vor sieben Wochen »aus dem Felde« zurückgekehrt, in eine intakte, anscheinend auch ökonomisch unerschütterte adlige k.u.k.-österreichische Salonwelt, in der es auch noch ein Herrenhaus gibt, in dem der Graf seit anderthalb Jahren sitzt – schweigsam, denn »alles Reden basiert auf einer indezenten Selbstüberschätzung«, wie er sagt. Er redet trotzdem, wenn auch zögernder und überlegender als die anderen, als seine ältere Schwester Crescence, die möchte, daß Hans Karl seiner ehemaligen Geliebten, der Antoinette Hechingen, deren neuesten Liebhaber, Crescences Sohn Stani, ausredet – und stattdessen die junge, schöne, reiche Helene Altenwyl für den Stani gewinnt. Hans Karl sagt ohne viel Worte irgendwie zu, klappert allerdings mit der Schublade – man merkt, er denkt selbst an Helene. Die Antoinette – im zweiten Akt, bei der Soirée in den Rokokosalons der Altenwyls – ist eine lebhaft-gefühlvolle, gar leidenschaftliche Person; sie sagt dem Hans Karl auf den Kopf zu, daß er die Helene heiraten möchte und deshalb sich bemüht, ihre, Antoinettes, Ehe zu leimen.

Hans Karl aber, dessen Überredungserfolge zu groß sind, als daß man jeder seiner naiven Beteuerungen, er habe nichts Zielstrebiges im Sinne (»Wie fern mir das alles liegt!«), er könne nur Konfusionen anrichten, glauben könnte, verwirrt und bezaubert Antoinette und ihre drei Freundinnen, mit denen er wohl auch mal was gehabt hat. Er eröffnet ihr, daß alles, was geschieht, der Zufall mache, aber es gebe da das Institut, das aus dem Zufälligen und Unreinen das Notwendige und das Bleibende und das Gültige mache: die Ehe. Darauf Antoinette: »Ich spür, du willst mich verkuppeln mit meinem Mann«, und: »Alles, was du da re-

Der Nervenspieler mit dem hochpersönlichen Formbewußtsein Leopold Rudolf spielte Hofmannsthals zögerlichen Aristokraten Hans Karl Bühl, den »Schwierigen«, zuerst 1954 am Wiener Theater in der Josefstadt mit Aglaja Schmidt als Helene Altenwyl, die sich den Hans Karl gewinnt.

dest, das heißt ja gar nichts anderes, als daß du … demnächst die Helen heiraten wirst.« Auch die zieht Hans Karl, der Magnet, an; ihr erzählt er von den 30 Sekunden, in denen er »draußen« (das Wort Krieg wird nie gebraucht in dem Stück) verschüttet gewesen und in einer Art tiefstem Traum mit Helene verheiratet sei. Und im »Feldspital«, genesend, habe er sich ausdenken können, »wie das sein muß: zwei Menschen, die ihr Leben aufeinanderlegen und werden wie ein Mensch«. Helene ist dem »Umsinken nah, beherrscht sich aber«, Hans Karl, »Tränen in den Augen«, meint, er habe sie »bouleversiert« in seiner unmöglichen Art, »Konfuses« zusammenzureden: »Adieu, Helen, Adieu.« Sie werden gestört, Crescence denkt, ihr Stani sei der Erwählte. Ende des zweiten Akts.

Der dritte spielt im Vorsaal des Altenwylschen Hauses. Antoinette weist den holsteinischen Baron Neuhoff ab (der es im zweiten Akt schon mal bei Helene versucht hatte) – er gibt die fiese Folie ab, vor der Hofmannsthal seinen Hans Karl sich abheben läßt. Neuhoff, »mit odiosem Spitzbart«, will als Willens- und Kopfmensch überzeugen und überhebt seine Rede in eine (sehr wilhelminisch-nachnietzscheanische) Melange von Markigkeit und Schwulst. (Hofmannsthal wollte wohl den in Wien recht verhaßten Rathenau in Neuhoff treffen, nicht anders als Musil im *Mann ohne Eigenschaften* – der übrigens mit dem Hofmannsthalschen Hans Karl verglichen denn doch die weitaus komplexere Figur ist.) Einmal läßt Hofmannsthal den Neuhoff sogar diese sonst so unbezweifelte k.u.k.-Adelswelt negieren: »Alle diese Menschen, die Ihnen hier begegnen, existieren ja in Wirklichkeit gar nicht mehr«, aber gleich darauf folgt die Relativierung, wenn nicht Negation des Neuhoffschen Durchblicks: Es ist der erfolgreiche Konkurrent Graf Hans Karl Bühl, den Neuhoff als mit der »Selbstsicherheit der unbegrenzten Trivialität« ausgestattet, als das »absolute, anmaßende Nichts« eifersüchtig schmäht.

Im Vorsaal des dritten Aktes findet auch das Happy-End statt: Helene, die Hans Karl mutig entschlossen nachgehen wollte, trifft auf den Zurückkehrenden und sagt ihm, der mit unsicherer Stimme unter Tränen »Sie, du, du willst?« und »Du – Sie haben etwas gesagt?« stammelt, die entscheidenden,

lang angestauten Sätze: »Jetzt weiß ich zwar nicht, ob du wahrhaft jemand liebhaben kannst – aber ich bin in dich verliebt, und ich will – aber das ist doch eine Enormität, daß Sie mich das sagen lassen!« Daß er nochmal seinen unmöglichen Charakter, die vielen Frauen, denen er weh getan hat, seine Unstetheit ins Feld führt, sind nur noch Scheinrückzüge – sie hat ihn, und selbst seine komische Befürchtung, er könnte, wenn er morgen um Helenes Hand anhält, von deren Vater nebenbei dazu gepreßt werden, im Herrenhaus den Mund aufzumachen, hindert nicht mehr das glückliche Ende.

Der Unbestechliche
Das 1922/23 entstandene Lustspiel zeigt in fünf Akten »auf dem Gut der Baronin in Niederösterreich«, wie der Diener Theodor den Sohn des Hauses, Jaromir, in den Sinn der Ehe einführt: indem er die beiden Geliebten, die Jaromir eingeladen hat, wegintrigiert und Anna, Jaromirs naive Frau, diesem wieder näherbringt. Das Schlitzohr Theodor wird von Jaromir »Erzengel« genannt, mit »Machtkitzel« allerdings, und den Erzengel kehrt Theodor am Ende selber hervor: »Es sind Euer Gnaden die irdischen Dinge sehr gebrechlich. Es kann auch eine sehr starke Hand keine Schutzmauer aufbauen für ewige Zeiten um ihre anbefohlenen Schützlinge. Aber ich hoffe, solange ich hier die Aufsicht über das Ganze in Händen halte, wird demgemäß alles in schönster Ordnung sein!« Ein starktönender Schluß für das sonst eher harmlos-konventionelle Stück (das Hofmannsthal zu Lebzeiten nicht drucken ließ).

Das Salzburger Große Welttheater
Das 1922 von Max Reinhardt bei den Salzburger Festspielen (die er mit Hofmannsthal und Strauss gegründet hatte) uraufgeführte Stück fußt auf Calderon. Der König, der Reiche, der Bauer, der Bettler, die Schönheit und die Weisheit – das sind von Gott gegebene Rollen im Theater der Welt; sie müssen akzeptiert, durchgehalten werden, auch die Macht- und Geldunterschiede sind gottgewollt, die Idee der Gleichheit ist des Teufels. Der ärmste, der Bettler, hebt die Axt, um »mit eins die ganze Welt zu Falle« zu bringen, aber es wird ihm wunderbarerweise im Akt der Empörung die Gnade der Erleuchtung zuteil: Er läßt die Axt sin-

ken und geht als Einsiedler, gottesfürchtig, in den Wald.

Der Turm
Mit diesem seinem letzten Werk hat sich Hofmannsthal schwer getan. Er wollte schon 1902 Calderons *Leben ein Traum* eingreifend bearbeiten, das Spiel vom Prinzen Sigismund, der von seinem Vater im Turm wie ein Tier gefangengehalten wird, weil prophezeit worden ist, er werde sich gegen den Vater erheben. Für einen Tag bringt man den im Gefängnis Verwilderten ins Schloß, spielt dem Erwachten vor, er sei der Herrscher. Er erweist sich als wüst und jähzornig, wird in den Turm, sein Gefängnis, zurückgebracht. Der eine Tag auf dem Thron, in der Welt, erscheint ihm nun als Traum; von aufrührerischen Soldaten befreit, verzichtet der Prinz auf Rache und bewährt sich christlich.

Dies Ende schien Hofmannsthal angesichts der eigenen Wirklichkeitserfahrung nicht mehr möglich; in den zwanziger Jahren erprobte er in drei Fassungen vor allem einen ganz anderen fünften Akt: Sigismund wird von seinem Aufseher und Lehrer Julian an die Spitze des aufständischen Pöbels gestellt, doch auf Geheiß Olivers, des brutalen Exponenten des Pöbels, ermordet. Aber noch auf dem Sterbelager übergibt Sigismund die Herrschaft dem Kinderkönig, der Frieden herbeiführen wird: »Wir haben Hütten gebaut und halten Feuer auf der Esse und schmieden die Schwerter zu Pflugscharen um. Wir haben neue Gesetze gegeben, denn die Gesetze müssen immer von den Jungen kommen.«

Hofmannsthal starb mit 55 Jahren an dem Tag, da sein einziger Sohn, der Selbstmord begangen hatte, begraben wurde.

Alfred Jarry

Schon als Gymnasiast in der französischen Provinz verspottete Jarry (1873–1907) seine Lehrer mit Szenen um eine Groteskfigur namens Ubu, für die der Mathematiklehrer das Modell abgegeben haben soll. Als hungernder, zur radikalen Geste neigender Literat in Paris lebend, brachte Jarry Lugné-Poë, den Direktor des Théâtre de l'œuvre, dazu, 1896 ein erstes Stück um die Figur des Père Ubu aufführen zu lassen; ein Premieren-

Jan Grossman inszenierte Jarrys »Ubu«-Stücke 1964 im Prager Theater am Geländer (das damit in vielen Ländern gastierte) als »unbarmherzige Demaskierung einer bürokratisierten Freiheit, die im Verordnungswege streng kontrolliert wird« (Grossman), mit Jan Libicek und Maria Malkowa als Vater und Mutter Ubu.

skandal war die Folge. Auf *Ubu Roi* (*König Ubu*) folgten *Ubu enchainé* (*Ubu in Ketten*) und *Ubu cocu* (*Hahnrei Ubu*). Jarry gelang es jedoch nicht mehr, sie aufführen zu lassen – er starb, vom Hunger geschwächt.

Die Ubu-Stücke

Père Ubu ist der überdimensionierte, aller Konvention und Moral entwachsene Spießer, der pure, grandiose und rückhaltlose Egoist, ein ungeheurer Bauch auf zwei Beinen. Er regiert mit seiner ebenso beschaffenen Frau »Polen« – ein »Niemandsland«, wie

Jarry vor der Uraufführung dem Publikum mitteilte. Jarry sagte: »Deswegen wird es Ihnen freistehen, die vielfältigsten Assoziationen, die Ihnen kommen, auf Monsieur Ubu zu beziehen oder in ihm nur einen einfachen Hampelmann zu sehen, Deformation eines jener Professoren durch einen Gymnasiasten, der in ihm die Welt des Grotesken verkörpert sieht.« Ubu ist zugleich »jovial, burlesk, grausam, feige, dumm und infernalisch« (Carola Giedion-Welcker), er agiert im Stil des Kasperltheaters und seiner infantilen Grausamkeit. Politik und Krieg erscheinen auf Jarrys Bühne als blindes, bloßes Gemetzel; Ubu mäht seine Feinde reihenweise nieder. Die Steigerung ins Simple und Groteske macht die Kraft des Stücks aus, befördert es auf eine neue, sowohl antiklassische wie antinaturalistische Weise zur Allgemeingültigkeit. Nicht das Edle oder das Natürliche werden gesucht, sondern das provozierende Banale ohne Rücksicht und mit dröhnendem Nachdruck ausgesprochen. »Es gilt, daß einige bewußt machen, was alle unbewußt tun.« Eins der bis dahin im französischen literarischen Bereich unaussprechlichen Wörter wird, leicht umgebildet und dadurch in Form gebracht, zum Hauptverständigungsmittel zwischen Ubu und seiner Frau: »Merdre« – damit Lust und Unlust, Jubel und Kummer zugleich ausdrückend.

Realismus oder gar Naturalismus erscheint als nicht mehr geeignet, die Wirklichkeit durchdringend abzubilden. Der übersteigerte Realismus, die Groteske, bietet sich (wie in anderen Zeiten der Unruhe und des Umbruchs) als angemessenes Kunstmittel an. So extrem solches Verfahren ist, so ist es doch eminent theatralisch in dem Sinn, daß das Theater von komplizierter, psychologisch vertrackter Literatur weggeführt wird, zurück zu seinen derben und simplen Ursprüngen als Jahrmarktsspiel, Posse und Clownerie.

August Strindberg

Sein Vater, Gewürzhändler und dann Kommissionär in Stockholm, heiratete eine Kellnerin und ging 1853 in Konkurs – Strindberg (1849–1912) stammte also wie Ibsen aus Verhältnissen, die in bürgerlicher Sicht dubios erschienen. Der intelligente Junge begann Medizin zu studieren, arbeitete als

Hauslehrer, schrieb als 20jähriger 1869 sein erstes Drama (bis 1887 folgten acht weitere, ohne Erfolg). Er brach 1872 das Medizinstudium ab, versuchte sich als Journalist und zweimal als Schauspieler, arbeitete von 1874 bis 1882 als Hilfskraft an der Königlichen Bibliothek in Stockholm. Zwischen 1883 und 1889 hielt er sich in Frankreich, in der Schweiz, in Deutschland und Dänemark auf. 1887 schrieb er das erste seiner erfolgreichen Stücke, das Trauerspiel *Der Vater,* 1888 folgte das »naturalistische« Schauspiel *Fräulein Julie.* Seitdem dauerte der Produktivitätsstrom an: insgesamt 56 Stücke (darunter auch Einakter), fünf Romane, mehr als 100 Novellen, Gedichte, Essays, Memoiren, Tagebücher. Die drei Ehen (mit der Schauspielerin Siri von Essen, 1877 bis 1891; mit der Journalistin Frida Uhl, 1893 bis 1897; mit der Schauspielerin Harriet Bosse, 1901–1904), ihre »Dramatik« und ihr Scheitern lieferten psychischen Stoff für die Werke. Während eines zweiten Auslandsaufenthaltes (1892–1896) geriet er 1894 in Paris in wirtschaftliche Not und eine seelische Krise. Vor dem ersten Auslandsaufenthalt argumentierte Strindberg radikal demokratisch, sympathisierte mit dem utopischen Sozialismus; seit 1885 bekannte er sich zum Atheismus, neigte unter Nietzsches Einfluß zum Geistesaristokratismus. Die Vorstellung, daß Frauen den Männern intellektuell und moralisch unterlegen, aber raffinierter seien, verfestigte sich zwanghaft, verband sich mit anderem zum paranoiden Wahn. Aus der als »Inferno« beschriebenen tiefsten psychischen Krise ging Strindberg 1897 als »geläutert« hervor; er glaubte an »unbekannte Mächte«, die dem Menschen das Böse verzeihen. 1899 kehrte er nach Stockholm zurück. Die schon in der außerordentlichen psychischen Anspannung der »naturalistischen« Dramen angelegte Aufsprengung des Realitätsbegriffs wurde weitergetrieben mit den drei *Damaskus*-Stücken, Wanderungen durch die Landschaft der Seele in Kreisform, und vollendet mit der *Traumspiel*-Dramaturgie seit 1902 – an die Stelle zeitlicher Kausalität und räumlicher Kontinuität tritt eine assoziative, bildreiche, traumähnliche szenische Struktur, die Ich-Spaltung drückt sich in gegeneinanderstehenden Figuren aus, Über-Ich und Unterbewußtsein erscheinen ebenfalls figuriert. Für das 1907 gemeinsam mit August

neuen Arzt und erzählt ihm, ihr Mann sei gemütskrank. Der zurückkehrende Rittmeister ist erfreut, im Doktor einen Leser seiner mineralogischen Abhandlungen zu finden. Diese Freude löst sich schnell ins Unwirsche auf, als der Arzt in konventioneller Unentschiedenheit verharrt, obwohl der Rittmeister ihm zwei Wohnungen zur Auswahl bietet. Die Amme tritt auf; der Rittmeister ist ihr, ihrer Härte, ihrer Bigotterie, unendlich fern – und er ist ihr unendlich nah: Er begegnet ihr gespalten, einmal als Intellektueller, den ihr raunendes Gewese befremdet, einmal süchtig nach Geborgenheit, als einer, der in den großen Mutter-, Weiberschoß zurückkriechen möchte. »Ich weiß wohl, daß die Gelehrsamkeit nichts hilft gegen solche Bestien, wie ihr es seid… Hilf mir, denn ich fühle, daß hier etwas geschehen wird.« Herein stürzt, zweite stichflammenhafte Unterbrechung des ersten Aktes, das Kind, Berta, die Tochter. Sie fleht den Vater an, er möge sie vor den Gespenstern, die ihr die Großmutter einredet, schützen – aber er möge doch auch die Mutter nicht zum Weinen bringen. Schließlich das Finale des ersten Aktes: Frau, Tochter, Amme, und hinter der Szene auch Schwiegermutter, Gouvernante, Hausmädchen, umstellen den Rittmeister. Diese Ansammlung von »Weibern« macht des

Fritz Kortner inszenierte Strindbergs »Vater« 1967 am Hamburger Deutschen Schauspielhaus als nuancengenauen Machtkampf, in dem die weibliche Tücke der Laura (Maria Wimmer) einen trostlosen Sieg über die verbohrte männliche Rationalität des Rittmeisters (Werner Hinz) davonträgt.

Strindbergs »Fräulein Julie« inszenierten B. K. Tragelehn und Einar Schleef 1975 am Berliner Ensemble mit Jutta Hoffmann als Komtess Julie im Tüllkleid und Jürgen Holtz als Kammerdiener Jean vielfältig aufgesplittert, tragikomisch, auch heutige Geschlechterverhältnisse betreffend.

Falck gegründete Intime Theater schrieb Strindberg die Kammerspiele seiner letzten Jahre.

Der Vater

Fadren (1887 in Kopenhagen uraufgeführt) konfrontiert den Mann, den bornierten Rationalisten und Freizeitwissenschaftler, mit der ebenso borniert irrationalistischen Frau: den Rittmeister mit seiner auf Haus, Küche und Bett beschränkten Frau Laura. Sie kämpfen, unter anderem, um die halberwachsene Tochter. Die erste Szene wird vom Pastor, dem Bruder Lauras, einem mitleidigen Kleingeist, und dem sich als Freigeist gebenden Rittmeister bestritten. Des Rittmeisters Bursche, der Soldat Nöjd, wird gerufen. Er hat der Magd ein Kind gemacht. Mit unverfrorener Pfiffigkeit spricht Nöjd seinen Zweifel aus: »Ja, wenn ich wüßte, daß ich der Vater des Kindes bin, aber … das kann man doch nie wissen« – und schlägt das Titelthema an: Ist man je sicher, daß

man der Vater des Kindes ist, das eine Frau gebiert?

Der Pastor ist gegangen, der Rittmeister rechnet; Laura, seine Frau tritt auf. Sie steht störend da. Sie verschärft die Störung durch die Frage danach: »Störe ich vielleicht?« Erste, nach all den leisen Sätzen donnernd laute Antwort: »Gar nicht!« Wilde, ironische Wut. Sie hält aber nicht an: »Wohl das Wirtschaftsgeld?« Laura soll Rechenschaft ablegen, der Rittmeister spricht von finanzieller Misere. Der Verwalter, den ihm die Frauen aufgeschwätzt haben, zahlt die Pacht nicht. Streit über den Verwalter, Streit um die Erziehung des Kindes, das der Vater in die Stadt, zu freidenkenden Leuten in Pension geben will. Laura erkundigt sich nach ihren Rechten. Der Rittmeister: Sie habe keine. Jedenfalls solange kein Zweifel an der Vaterschaft bestünde. Auf ihre Frage »Und wenn die Frau untreu gewesen ist?« stutzt er. In der nächsten Szene – der Rittmeister hat sich zurückgezogen – empfängt Laura den

Rittmeisters Ausbruch verständlich: »Zur Hölle, ihr Hexen!« Sie wollten ihn nur zum Essen rufen, er aber stürmt aus dem Haus. Der zweite Akt – Laura beschwatzt den Doktor, ihren Mann für wahnsinnig zu halten, den Zurückkehrenden reizt sie, bis er die Lampe nach ihr wirft und sich damit ihr ausliefert – zeigt auch die erotische Verfallenheit des Rittmeisters; mitten in ihrem Kampf lehnen sich die Gatten aneinander, sie singt sirenenhaft: »Du hörst ja nicht auf mich.« Er bittet: »Ich kann nicht mehr … Gib mir den Gnadenstoß.« Er gibt ihn sich selbst, indem er die Lampe wirft.

Der dritte Akt: Oben im ersten Stock tobt der eingesperrte Rittmeister, unten finden sich die Mediokren langsam, hühnerhirnig zum Entschluß, ihn in die Zwangsjacke zu schnüren. Der Bursche Nöjd giert danach, seinen Herrn zu fesseln, er macht den Schergen mit sensationsgeiler Lust. Nur die Amme behält ihre unpersönliche, überpersönliche Ruhe: Die große Mutter wird, indem sie den Rittmeister in die Zwangsjacke schmeichelt, das Kind in ihren Schoß zurücknehmen. Der Rittmeister tritt die Tür nieder, kommt herein mit blutverschmiertem Verband um die Hand, einen Blutfleck an der Stirn. Das Schrecklichste: Die Raserei, die ihn übermannte, hat seine Vernunft nur beiseite gedrängt, nicht ausgeschaltet. Er weiß, daß er im Wahn ist. Er will das Leben niedertreten. Das Ende: der Herztod des Rittmeisters in der Zwangsjacke, den Kopf im Schoße der Amme.

Fräulein Julie

Über dieses naturalistische Trauerspiel *Fröken Julie,* 1888, schrieb Alfred Kerr 1904: »Fräulein Julie ist die Gräfin, die sich ihrem Diener hingibt. Und die sich zuletzt mit seinem Rasiermesser den Hals abschneidet. Dieses Rasiermesser bildet das Grauenvollste in dem komitragischen Stück.

Fräulein Julie ist das 25jährige Mannweib mit Niedergangsmerkmalen; nicht ohne sadistische Züge. Sie tut ihren Schritt vierzehn Tage nach aufgelöster Verlobung: der Mann ist fort, ihre Nerven vermissen ihn. Die Johannisnacht wirkt dazu: schwül von Flieder und Sang und Getränken und Liebe. Noch ein physiologischer Grund spricht mit: ihre Menstruation – auf der Bühne ausgemerzt. (Man denkt: es bleibt erstaunlich, weshalb die Menschen Scham empfinden,

diese Faktoren in Betracht zu ziehen, da sie doch auf das Handeln der Menschen tatsächlich wirken; in welcher Welt leben wir?…

Julie fühlt den Hang nach unten; sie ahnt, daß sie dahin muß; sie fürchtet (oder hofft), daß sie nicht widerstehen kann; und sie weiß, daß sie dann sterben wird. Warum ist dieses Stück ein Trauerspiel? Darum: weil an ihr ein menschlicher, natürlicher Hang durch die Kaste mit dem Tode bestraft wird; genauer: mit dem kategorischen Harakiri bestraft wird. Weil das (entartende) Blut ihrer Kaste sie zu dem verbotenen Schritt willenlos gemacht hat. Und weil sie willenlos ist, die Folgen aufrecht zu tragen. Sie stirbt an einer Marotte … nicht ihrer Person, sondern der Umschicht; und an dem Blut, das ihr dieselbe Umschicht gab. Sie starb (wie Strindberg mit unersetzbarem Ausdruck sagt) an dem ›lebensgefährlichen Vorurteil betreffs der Ehre‹. Ein Kastenmensch nicht mehr, ein Massenmensch noch nicht … Das ist Julie.

Bei Jean, ihrem Bediener, ist es umgekehrt: ein Massenmensch ist er nicht mehr, ein Kastenmensch ist er noch nicht. Doch er wird es … behauptet der Dichter, (Wir sehen es nicht). Sie fällt, er steigt. Das ist der Gegenstand dieses Werks – das August Strindberg irrtümlich ein naturalistisches Trauerspiel nennt.

Das Stück ist so naturalistisch wie alle naturalistischen Stücke: nämlich nicht naturalistisch. Sondern stilisiert. Es gab da nur Gradstufungen. *Fräulein Julie* hat einen hohen Grad der Stilisiertheit. Sie fällt, er steigt; diese Idee; diese Architektonik; dieser Parallelismus im Aufbau, wie ihn das Leben nicht bietet; dies Ausmerzen der unwesentlichen Züge; dies kunstvolle Gruppieren, um die Idee herauszubringen: das alles ist das Gegenteil vom Naturalismus; der ja nach Kräften wenig stilisieren will. Julie spricht im tiefsten Schmerz recht symmetrisch. ›Welche entsetzliche Macht zog mich zu Ihnen hinab? Die, welche den Schwachen zum Starken hinzieht? Den Fallenden zum Steigenden?‹ Und Jean redet, nicht als wär' er Zimmerkellner gewesen, sondern Feuilletonist. Es gibt also viel naturalistischere Dramen (wenn es auch kein naturalistisches Drama gibt). Naturalistisch ist an *Fräulein Julie,* daß nachts darin … getan wird, was getan wird.«

Der Produktivitätsausbruch nach der Inferno-Krise ist staunenswert: In den sechs Jahren von 1898 bis 1903 schrieb Strindberg 25 Stücke, darunter neun historische Dramen aus der schwedischen Geschichte – von *Gustav Vasa* (1899), dem Reichsgründer zur Reformationszeit, bis zu *Gustav III.* (1902), dem Schauspieler auf dem Thron während der Französischen Revolution. Dann die Jahrestagespiele *Advent* (1898) und *Ostern* (1900); das düstere Sagenspiel *Die Kronbraut* (1901) und das Märchenstück vom Sieg der Liebe über den Tod: *Schwanenweiß* (1901). Weiter die drei »welthistorischen« Kurzdramen *Moses, Sokrates* und *Christus* (alle 1903), noch einmal ein naturalistisches Meisterwerk: *Totentanz* (zwei Teile, 1900) und schließlich die beiden Hauptwerke der traumähnlichen Dramaturgie: *Nach Damaskus* (Teil I/II: 1898; Teil III: 1904) und *Ein Traumspiel* (1902).

Karl XII.

Dieses Stück (1901) ist ein herausragendes Beispiel für die Dramen aus der schwedischen Geschichte: Der König kehrt, nachdem er 1709 von Peter dem Großen bei Poltawa geschlagen worden und Schwedens Großmachtstellung endgültig verlorengegangen ist, 1714 aus der Türkei nach Schweden zurück. Obwohl Strindberg den glänzenden Militär für »Schwedens Verderber«, einen »großen Verbrecher« hielt, begründete er seine Arbeit über ihn damit, »daß jeder Verbrecher das Recht hat, sich zu verteidigen«. Auch zog ihn das Unglück, die Einsamkeit, die Furcht vor Frauen an, die den scheiternden König umgaben. Er »fällt im Kampf gegen die Mächte, bereits verfallen durch zutage getretene Disharmonien und geweckte Zweifel« (Strindberg brieflich). In kurzen Szenen und lakonischen Dialogen, bei Sturm, Regen und jagenden Wolken, wird das Ende, der Soldatentod Karls XII. vor der norwegischen Feste Frederikshald, als unabwendbar erreicht.

Advent

Ein ungerechter Richter und seine böse Frau preisen pharisäisch ihr vermeintlich wohlverdientes Glück – so das prächtige Mausoleum, das sie sich haben bauen lassen. Doch die »Mächte« setzen die Strafe in Gang: Gespenstische Figuren, darunter der Tod mit der Sense, ziehen vorüber; der Teufel erscheint als armer Schulmeister, der den Richter mit dem Rohrstock abstraft. In einem menschenleeren Gerichtssaal mit einem Beil an der Wand wird des Richters Urteil verkündet; er wird von denen, die er ungerecht verurteilte, gesteinigt. Seine Frau versinkt im Morast. Im Höllental kommen beide zur Einsicht ihrer Schuld; der Adventsstern, der auf Erlösung hoffen läßt, leuchtet auf.

Nach Damaskus

Die drei Teile enthalten insgesamt 36 Bilder, Stationen auf dem Weg zur Erlösung – des »Unbekannten«, der Zentralfigur, die Strindbergs Alter ego ist und eigentlich die einzige Figur des Stückes. Alle anderen Figuren und alle Stationen sind wie heraufgerufen von den inneren Zuständen, den Fühl- und Denkbewegungen des Unbekannten, sind deren Manifestation. Die »Dame«, die weibliche Hauptfigur, tritt auf, wie der Unbekannte das andere Geschlecht gerade sehen will oder fürchtet: als die ewig ersehnte Geliebte, als die gräßlich an des Unbekannten Nerven zerrende Gattin, als das Ur-Weib, das das Männliche erlöst *und* vernichtet, als bergende Mutter, als verführerische, schlangenhafte Eva. Anfangs, an der Straßenecke – der Unbekannte hat Frau und Kind verlassen –, ist für ihn nur fraglich: »Wenn ich überhaupt wüßte, warum ich noch auf der Welt bin.« Er lädt Schuld auf sich, indem er die Dame verlockt, sich vom Arzt, dem er als Jugendfreund Unrecht tat, zu trennen und ihn zu heiraten. Der Bettler – eine seiner inneren Stimmen – sagt ihm: »Herr, Sie glauben nur Böses und bekommen deshalb nur Böses. Versuchen Sie einmal, Gutes zu glauben.« Im klosterähnlichen Asyl begegnet er dem Konfessor, dem Bekenner seines eigenen, noch nicht erlösungsbereiten Gewissens. Wieder an der Straßenecke geht er der Dame nach, die in der Kirchenpforte verschwand. Zwischen Hoffnung und Skepsis sagt er: »Nun ja, ich kann ja einmal hindurchgehen, aber stekkenbleiben werde ich nicht.«

Der zweite Teil beginnt in der zur Hölle gewordenen Ehe mit der Dame; der Unbekannte versucht, Gold zu machen (wie Strindberg selbst in Paris) – um die aufs Geld gegründete Weltordnung außer Kraft zu setzen; das Bankett, bei dem Wissenschaftler ihn feiern, verwandelt sich in ein

Zweimal Strindbergs »Totentanz«: oben am
Schauspiel Frankfurt 1984, Regie Peter
Löscher, mit Edgar M. Böhlke als Edgar und
Elisabeth Schwarz als Alice – sie führten
einen in 25 Jahren eingeübten, durch die
Dauer-Kampf-Situation hin immer noch
lustvoll-tückischen Ehekrieg.
Anders Rudolf Noeltes Inszenierung 1971
am Berliner Schloßparktheater: er begriff
das Stück als einen »Tanz zum Tode hin«, als
ein eher leises, im Leisen vielfältig schattier-
tes Endspiel, mit Elfriede Rückert als Alice
und dem ungemein knapp, beherrscht und
undurchdringlich zeichnenden Bernhard
Minetti als Edgar.

krudes Saufgelage. Er wird eingesperrt, weil ihm das Geld fehlt. Am Ende folgt er dem Konfessor, aber ohne ungebrochenen Glauben. Der dritte Teil führt den Unbekannten schließlich über mancherlei Stationen ins Kloster im Hochgebirge, wo er vom Prior geprüft wird und schließlich tot in den Sarg sinkt. Bernhard Diebold: »Im Unbekannten steht zum erstenmal der Monologist des expressionistischen Dramas auf dem Theater. Jener im Kerne eher lyrische als dramatische Ankläger der Menschheit und Ausschreier seiner Schmerzen ...«

Totentanz

Die Handlung von *Dödsdansen:* Der Hauptmann der Festungsartillerie Edgar und seine Frau Alice leben in der Dienstwohnung, in einem Festungsturm auf einer Insel weit vor Stockholm. Er geht seinen (geringen) militärischen Pflichten nach, sie ärgert sich mit dem Dienstmädchen herum, weil nicht genug Geld im Haus ist. Vor allem aber sind die beiden miteinander in einen Ehekrieg mit ritualisierten Abläufen verstrickt – sie haben sich in fast 25 Jahren Ehe darin eingeübt; der Krieg ist in vielen Einzelheiten repetierbar geworden, doch sind die Waffen durch die Dauer-Kampf-Situation scharf und geschliffen gehalten. Jede Wendung verletzt den jeweils Getroffenen, der jeweils Treffende amüsiert sich höhnisch. Kampfmittel sind Bosheiten, Unterstellungen, tückische Komplimente, Erinnerungen, die harmlos beginnen und als erneuter, nie auszulöschender Vorwurf enden. Grausamkeiten als gewöhnlichste Gewohnheit. Kaum Gefühle mehr, wenn, dann in der Schrumpfform der Sentimentalität oder der beschränkten des Selbstmitleids (das kann aber auch Kampfmittel sein: um dem Gegner Schwäche vorzutäuschen).

Ein Dritter, der nach langem Auslandsaufenthalt zurückkehrende Vetter und frühere Freund Edgars, Kurt, tritt auf. Jeder der Kämpfer versucht, ihn auf seine Seite zu ziehen; Edgar, indem er an die Jugendfreundschaft erinnert; Alice, indem sie Kurt verführt. Den graust es zunehmend, am Ende flüchtet er. Edgar hat zwischendurch Herzattacken (gespielte?). Alice war früher Schauspielerin, ein Lorbeerkranz blieb davon. Sie spielt jetzt ein riskantes Spiel mit Edgar; doch der hat seine Rolle gleichfalls exzellent parat: die des patriarchalen Mannes.

Sie macht, wenn's in den Kampf paßt, die kapriziöse Dame. Auch vom schwersten Anfall, der ihn nachts aufs Lager wirft, erhebt sich Edgar wieder. Der Kampf geht weiter: »Durchstreichen, weitergehen« heißt das offenhaltende Schlußwort des wieder ganz streitlustigen Edgar.

Der zweite Teil des *Totentanz*, noch im gleichen Jahr 1900 geschrieben, ist unkonzentrierter und abschwächend. Drei neue Figuren treten auf: Edgars und Alicens Tochter Judith spielt kokett mit einem jungen Leutnant und mit Allan, Kurts Sohn, reißt dann sich und Allan in einer Meeres- und Leidenschaftsvision von der Koketterie in die Liebe los. Sie durchkreuzt damit das Kalkül ihres Vaters, der sie mit dem Inselkommandanten, dem greisen Oberst, verheiraten wollte, um damit die »Herrschaft« über die Insel an sich zu bringen. Der »Verrat« der Tochter streckt Edgar tödlich nieder. Vorher hat er Kurt gedemütigt, ihm mit hinter den Kulissen stattfindenden Manövern Geschäft, Vermögen und Reichstagskandidatur genommen. Am Ende meint Kurt, Haß und Liebe hätten Edgar und Alice verbunden.

Ein Traumspiel

Strindberg im Vorwort zu *Ett drömspel:* »Im Anschluß an mein voriges Traumspiel *Nach Damaskus* habe ich versucht, die unzusammenhängende, aber scheinbar logische Folge des Traums nachzubilden. Alles kann geschehen, alles ist möglich und wahrscheinlich. Zeit und Raum existieren nicht. Auf dürftigem Wirklichkeitsgrund entspinnt sich die Einbildung und webt neue Muster, eine Mischung von Erinnerungen, Erlebnissen, Erfindungen, Unwahrscheinlichkeiten und Improvisationen. – Personen spalten sich, verdoppeln sich, zerfließen, treten wieder zusammen. Aber *ein* Bewußtsein steht über allem: das des Träumers. Für dieses gibt es keine Geheimnisse, keine Inkonsequenz, keine Skrupel, kein Gesetz. Es verurteilt nicht, es spricht nicht frei, es berichtet nur ... Was die lose zusammenhängende Form betrifft, so ist auch sie nur scheinbar. Denn bei näherem Hinsehen erkennt man eine ziemlich feste Komposition – eine Symphonie, polyphonisch, hier und da gefugt mit dem immer wiederkehrenden Hauptmotiv, in allen Tonarten repetiert und variiert von über 30 Stimmen.«

Strindberg ist in diesen Passagen sein bester Interpret, auch in dem Hinweis auf die »ziemlich feste Komposition« des Stückes – sie gehorcht eben nur nicht der Alltagswahrscheinlichkeit einer abgebildeten realen Handlung, sondern ist quasi musikalisch, leitmotivisch, bei einer gewissen jugendstilhaften Üppigkeit der Farben und Formen.

Strindberg führt die Tochter des Gottes Indra auf einer Traumreise zu dem gefangenen Offizier in dem seltsam wachsenden Schloß, zu der weltweisen Pförtnerin vor der Oper und zum Plakatkleber, dessen höchster Wunsch es ist, ein grünes Boot und ein Senknetz zu besitzen. Sie sieht den Offizier auf die Sängerin, Fräulein Victoria, warten, bis sein Haar ergraut und sein Rosenstrauß verwelkt ist. Mit dem Advokaten erprobt sie die Alltagsprosa der Ehe und versucht ihn zu trösten, als seine Promotion mißlingt. Nachdem er die Doktorwürde erlangt hat, muß sie erleben, wie er auf die Schulbank zurückversetzt wird und selbst die Frage nicht beantworten kann, wieviel zwei mal zwei ist. Nach einem Abstecher an die Riviera, wo sie sich über das proletarische Elend der Kohlenträger im Kontrast zum Luxus der Reichen empört, lauscht sie mit dem Dichter allein in der Fingalsgrotte auf das Klagelied der Winde und Wogen. Als die mystische Tür am Operneingang geöffnet wird, erblickt sie hochgelehrte Vertreter von vier Fakultäten im Streit über die Grundprobleme des Wissens. Der Dichter übergibt ihr eine Klageschrift der leidenden Menschheit, worauf sie den irdischen Staub von den Füßen schüttelt und das wachsende Schloß betritt. In dem Augenblick, da die Flammen über dem Dach zusammenschlagen, zeigt es »eine Wand von Menschengesichtern, fragend, trauernd, verzweifelt«, und die Blumenknospe auf dem Dach erblüht zu einer Riesenchrysantheme.

Die Kronbraut

Kronbruden geht auf die vom folkloristischen Patriotismus der Zeit genährte Sagenlektüre Strindbergs zurück – Sagen aus Dalarne, aus dem späten Mittelalter. Als mit der Krone der Ehrbarkeit gekrönt will Kersti heiraten, deshalb erstickt sie ihr uneheliches Kind. Geistererscheinungen quälen sie: Ausgeburten ihres Gewissens. Am

Strindbergs Kammerspiel »Wetterleuchten« inszenierte Giorgio Strehler am Mailänder Piccolo teatro 1980 in einem intensiven Klima von Beklemmung und Verwirrung mit Tino Carraro als dem psychisch tief verunsicherten Herrn X und Francesca Benedetti als dessen ehemaliger Frau Gerda – ein schwarz gekleideter, grell agierender Todesengel.

Hochzeitstag gesteht sie ihr Verbrechen; ein kindlicher Christus erscheint und vergibt ihr. Ihre Familie und die des Kindsvaters sind böse zerstritten; der Streit endet, nachdem Kersti ertrunken ist: Sie wollte am Ostermorgen vom Gefängnis zur Buße in die Kirche gehen, übers Eis, in das sie einbricht.

Ein letzter Schub von Dramen wurde bei Strindberg ausgelöst, als er zusammen mit dem jungen Regisseur August Falck, dessen *Fräulein Julie*-Inszenierung erfolgreich und einträglich für Strindberg gewesen war, 1907 das Intime Theater in Stockholm gründete – das Repertoire dafür sollte die »Idee der Kammermusik auf das Drama« überführen: »Kleines Motiv, ausführlich behandelt, wenige Personen, große Gesichtspunkte, freie Phantasie, aber entsprungen aus Beobachtungen, Erlebnis, gut studiert, einfach, aber nicht zu einfach, kein großer Apparat, keine überflüssigen Nebenpersonen,

kein regelmäßiger Fünfakter oder ›alte Maschinen‹, keine abendfüllenden Stücke.«

Wetterleuchten

Oväder (1907) heißt das erste dieser kurzen atmosphärischen Kammerspiele. Der anonyme »Herr« lebt zurückgezogen in seiner Stockholmer Wohnung: »Keine Liebe, keine Freude, nur ein bißchen Gesellschaft im Alleinsein, dann werden die Menschen zu Menschen, ohne gegenseitiges Besitzrecht an Gefühlen.« Diese resignative Behaglichkeitsphilosophie hindert indes nicht, daß der Herr bedrückt ist und erwartet, daß etwas Bedrohliches geschehen werde. Es ist schon geschehen; in der Wohnung über ihm hat ein Spieler einen Club eröffnet. Und: Mit ihm lebt Gerda, die frühere Frau des Herrn samt der gemeinsamen Tochter. Der Spieler läßt die beiden Frauen im Stich, doch ein Gespräch des Herrn mit Gerda, vermittelt vom Konsul, dem Bruder des Herrn, zeigt, daß zwischen den beiden nur noch Fremdheit ist, selbst der Haß ermüdet. Gerda und die Tochter werden auch ausziehen. Das Gewitter, das die Gespräche begleitet, endet mit klarer Luft am Herbstabend.

Die Gespenstersonate

Spöksonaten (1907), das dritte der Kammerspiele, spielt in einem vom Studenten angestaunten, fast luxuriösen Haus in Stockholm. Die Bürgerlichkeit der Bewohner wird richterlich entlarvt, vom Direktor Hummel, einem aggressiven Krüppel im Rollstuhl: Der Oberst sei weder Offizier noch adlig, sondern Hochstapler; die Frau des Obersten, seit 20 Jahren als »Mumie« in einem Wandschrank vegetierend, war Hummels Geliebte, er ist der Vater ihrer Tochter. Der Ehebruch geschah aus Rache, der »Oberst« hat Hummels Verlobte verführt, die als Greisin oben im Haus lebt. Die »Mumie« schlägt zurück: Hummel war Wucherer, gar Mörder. Sie schickt ihn in den Wandschrank, er soll sich dort erhängen. Der Student soll nach dem Willen Hummels seine und der »Mumie« Tochter heiraten, doch die siecht oben im Hyazinthenzimmer dahin. Der Student ruft ihr nach: »Kind dieser Welt des Wahns, der Schuld, des Leidens und des Todes.«

Pelikan

Pelikanen (1907), das vierte der Kammerspiele, ist ein Grusel-Kammer-Spiel. Die Mutter (Elise, Witwe) hat den Vater in den Tod gequält, den Sohn (Friedrich, stud. jur.) und die Tochter (Gerda) hungern und frieren lassen, die Tochter an ihren eigenen Liebhaber verkuppelt. Jetzt sucht sie nach dem Testament des Gatten und dem darin vermuteten Hinweis auf Vermögen. Der Sohn, ihrer Suche nachspürend, findet den letzten Brief des Vaters, der die Schuld der Mutter aufdeckt. Wo vorher Mutter und Liebhaber-Schwiegersohn herrschten, ergreifen nun der hüstelnd-kranke und drohend falsch klavierspielende Sohn und seine daumenlutschende Schwester die Macht; die Mutter, als ur-bös entlarvt (wenn auch schuldlos: »Du konntest wohl nicht anders sein«, sagt der Sohn und formuliert die Ausweglosigkeit dieser Familienverstrickungen als uranfängliches Menschenlos tautologisch: »Was keiner konnte, war unmöglich«) – die Mutter stürzt sich aus dem Fenster, die Kinder verbrennen im

Drei Szenen aus Peter Zadeks hell-kräftiger Inszenierung von Wedekinds »Frühlings Erwachen« 1965 in Bremen auf der Bühne von Wilfried Minks: links oben die homoerotische Szene im Weinberg zwischen Ernst Robel (Hans Peter Hallwachs) und Hänschen Rilow (Wolfgang Giese); rechts oben die Lehrer-Konferenz; rechts die Szene in der Korrektionsanstalt mit den onanierenden jugendlichen Häftlingen und Melchior Gabor (Vadim Glowna). Das zum Zeichen des Szenenwechsels verschobene Groß-Foto der englischen Schauspielerin Rita Tushingham mit dem offenen, forschenden Blick signalisierte die Haltung der gesamten Aufführung: Hier wird Not und Druck, aber auch Glanz und Gefühlskraft der Pubertät offengelegt.

realen Feuer und im Hell-Traum von der wiedergekehrten Kindheit.

Frank Wedekind

Der Naturalismus war von Anfang an nicht seine Sache, er polemisierte gegen ihn – nicht sehr treffend – in seinem frühen Stück *Die junge Welt* (1889). Wedekind (1864–1918) war Realist, aber einer von der Sorte, die Realität auch durch die Mittel der grotesken Zuspitzung, der Satire, der aggressiven Polemik zu treffen vermögen. Er war ein unbürgerlicher Entlarver der Bürgerwelt, an die er als an seinen zu sezierenden Gegenstand fixiert war.

Er stammte aus einem nicht gewöhnlichen bürgerlichen Elternhaus: Der Vater war als Demokrat nach den USA ausgewandert, lernte dort die Mutter, deutsche Sängerin, kennen. Der nach dem amerikanischen Aufklärer und Freiheitskämpfer genannte Sohn Franklin kam nach der Rückkehr der Eltern 1864 in Hannover zur Welt, wuchs in der Schweiz auf, wo sich der Vater, wieder aus politischen, demokratischen Gründen, auf Schloß Lenzburg bei Aarau niedergelassen hatte. Der Junge war als Gymnasiast ungebärdig, streitbar, schrieb schon mit dreizehn. Wollte Literat werden – oder auch Zirkusartist (mit solchen ging er um). 1886 arbeitete er als Vorsteher des Reklame- und Pressebüros der Firma Maggi in Zürich, es folgten Aufenthalte in Berlin, Paris, München. 1891 ließ er in Zürich sein bis heute erstaunliches, sein frischestes Stück drucken.

Frühlings Erwachen

Es zeigt die Pubertät von Vierzehnjährigen so unverschminkt, so selbstverständlich und parteinehmend wie nichts in der Literatur vorher und nachher. Wedekind nannte es im Untertitel »Kindertragödie«, doch obwohl zwei der Protagonisten sterben, haben sie doch das Leben und das Lachen auf ihrer Seite – die Verklemmten, moralisch Verbissenen (und eigentlich Defekten) sind die Erwachsenen, die demzufolge grotesk dargestellt werden, zur Kenntlichkeit verzerrt.

Der Gymnasiast Melchior Gabor hat sich im Ekel vor den Erwachsenen die Philosophie angeeignet: »Das Leben ist von einer ungeahnten Gemeinheit«, und sich sexuelle Aufklärung aus Büchern verschafft. Wendla Bergmann will von ihrer Mutter wissen, woher die Kinder kommen. Die antwortet mit Sentimentalitäten über die große Liebe. Melchior und Wendla, einander quälerisch und lockend reizend, schlafen miteinander im Heu. Die schwangere Wendla wird von der Mutter gefragt: »Warum hast du mir das getan?«; die Mutter besorgt eine Abtreiberin, an deren Mitteln Wendla stirbt. Der empfindsame Freund Melchiors, Moritz Stiefel, erträgt den Schuldrill und die Verlogenheit der Erwachsenen nicht, auch das Malermodell Ilse, das freimütig von ihrer Prostitution im Bohememilieu erzählt, kann ihm nicht helfen, er erschießt sich. Beim Begräbnis befindet der Vater: »Der Junge war nicht von mir!« Die Lehrer, mit Ticks behaftete, gegeneinander wütende Kretins mit Namen Affenschmalz, Knochenbruch, Zungenschlag, Fliegentod, Sonnenstich – so sehen sie die Schüler, müssen sie so sehen –, stellen am Grabe fest: »Wir hätten ihn ja wahrscheinlich doch nicht promovieren können.« Hänschen Rilow onaniert auf dem Klo, liegt mit Ernst Röbel im Weinberg. Melchior wird, weil in Moritz' Papieren seine Schrift »Der Beischlaf« gefunden wurde, mit Billigung seiner (vorher verständnisvoll erscheinenden) Mutter, in die Korrektionsanstalt verbracht. Dort onanieren die Knaben-Häftlinge sportiv. Melchior bricht aus, trifft an Moritzens Grab diesen selbst mit dem Kopf unter dem Arm. Moritz will den Freund in den Tod locken; dagegen argumentiert der »Vermummte Herr«, der Melchior erfolgreich »ins Leben« zu führen verspricht.

Der Liebestrank

In diesem Stück von 1892 wird Wedekinds Faszination durch den Zirkus als »Rechtfertigung körperlicher Kunst gegenüber geistiger Kunst« exemplifiziert. Der Kunstreiter Fritz Schwigerling, vom brutalen und dummen Fürsten Rogoschin als Hauslehrer engagiert, flieht mit dessen Mündel Katharina (das er Rogoschin hatte gefügig machen sollen) in eine neue Zirkuskarriere, die glücklich »die Glieder löst, damit Freiheit und Freude durch jede Ader zittert«. Rogoschins Frau, die Fürstin Cordelia, ehemals Trapezkünstlerin, eine »würdevolle Erscheinung, etwas sentimental«, entschließt sich dagegen, nicht mit dem Diener Cöle-

Wedekinds »Lulu« inszenierte Patrice Chéreau 1971 am Mailänder Piccolo teatro. Tino Carraro spielte den Dr. Schön monokelblitzend, als herrenhaft-brutalen Ausbeuter Lulus: ein kritisches Porträt der präfa-schistischen bourgeoisen Intelligenz. Lulu (Valentina Cortese) versucht, sich durch ausgreifende sexuelle Gier dem Diktat des Dr. Schön zu entziehen, erschießt ihn aus Notwehr, weil er auf sie und ihre Männer zielt.

stin durchzubrennen, sondern da auszuharren, wo »Gott sie vor Anker gelegt hat«. Wedekind mischt in diesem ziemlich unbedenklichen »Schwank in drei Aufzügen« szenische Effekte und Spruchbänderthesen.

Erdgeist

Diese »Tragödie in vier Aufzügen« entstand 1893, wurde 1895 gedruckt und 1898 in Leipzig uraufgeführt (in der Rolle des Dr. Schön Wedekind selbst, der sich kurzfristig hatte als Schauspieler ausbilden lassen). Der Verleger und Chefredakteur Dr. Schön, ein willensmächtiger, aber empfindsam-egozentrischer wilhelminischer Herrenmensch, hat Lulu, das animalische Weib von subproletarischer Herkunft, auf der Straße aufgelesen und zu seiner Mätresse gemacht. Da er sich bürgerlich verheiraten will, vermittelt er Lulu an den Dr. Goll, der vom Schlag getroffen wird, als er Lulu mit dem Maler Schwarz überrascht (erster Akt); Schwarz, ein nervenschwacher, antibourgeoiser-bürgerlicher Künstler, bringt sich um, als er erkennt, daß Lulu nur an Schön hängt (zweiter Akt); Lulu, von Schön als Tänzerin an ein von ihm protegiertes Theater gebracht, zwingt ihn, seine Verlobung rückgängig zu machen (dritter Akt); Schön hat Lulu geheiratet, in ihrem Haus verkehren Lulus Verehrer: Schigolch, ein asozialer Alter, vielleicht Lulus Vater, der Athlet Quast, der Gymnasiast Hugenberg, die lesbische Gräfin Geschwitz und Schöns Sohn Alwa; Schön will Lulu zum Selbstmord überreden, sie erschießt ihn (vierter Akt).

Die Büchse der Pandora

Entstanden seit 1893, zum Druck 1895 von Wedekinds Verleger Langen aus Angst vor der Zensur abgelehnt, erschien die »Tragödie« 1902 in der Zeitschrift »Die Insel«; ihre Uraufführung fand als Privatvorstellung 1904 in Nürnberg statt. Es ist der Lulu-Tragödie zweiter Teil: Lulu wird von der Gräfin Geschwitz aus dem Gefängnis befreit, in dem sie wegen des Mordes an Schön einsitzt; die Geschwitz tauscht die Kleider mit ihr und wählt freiwillig, masochistisch-opferwillig, das Gefängnis (erster Akt); in Paris versucht der Polizeispion und Mädchenhändler Casti-Piani, Lulu ins Bordell zu verkaufen, sie flieht (zweiter Akt); in London haust sie mit Alwa, der Geschwitz,

Schigolch in einer Dachkammer und und geht auf den Strich; ein Kunde erschlägt Alwa, der Lustmörder Jack ersticht die Geschwitz und Lulu. Schigolch, der als einziger überlebt, sagt von Lulu: »Die kann von der Liebe nicht leben, weil ihr Leben die Liebe ist.« Karl Kraus: »Daß der Freudenquell in dieser engen Welt zur Pandorabüchse werden mußte: diesem unendlichen Bedauern scheint mir die Dichtung zu entstammen.« Lulu ist keine Dirne. Das ist sie in den Augen der Gesellschaft, die die Hetäre verdammt und die Einrichtung der Ehe geschaffen hat, die die Frau entweder zur treuen Gemahlin oder Dirne bestimmt. Wedekind entwirft mit der Lulu ein Modell des Weibes als Herrin der Liebe und läßt sie als »Allzerstörerin« auftreten, weil sie »von allen zerstört ward« (Karl Kraus). Alle Vorzüge der Frau hat die bürgerliche Gesellschaft zu Lastern erklärt. Sie hält der Dirne das Ideal ihres Familienlebens entgegen. Wedekinds Ideal der Hetäre ist dazu bestimmt, die Verfügungsgewalt des Mannes über das Weib zu brechen. Deshalb stellt er sich auch entschieden gegen die Frauenrechtlerin, die nur eine Anpassung an die vom Mann bestimmte Gesellschaft erkämpfen will. Wedekind formuliert die Frauenfrage schärfer als die bürgerliche Frauenbewegung, die ja heute auch nicht mehr erreicht hat »als die Befreiung vom Korsett und das Recht zu rauchen, zu wählen und zu studieren« (Ernst Bloch in *Das Prinzip Hoffnung*). In der Lulu ist die Frauenfrage als eine Funktion der sozialen Frage gesehen. Der Dichter verlangt die völlige Gleichstellung der Geschlechter, nicht die Überwindung von Geschlechtsschranken. Das erklärt seine utopische Beschwörung der Hetärenzeit, die sich bei ihm nicht gegen die Rechte der Frau richtet wie etwa bei Nietzsche oder Otto Weininger. In der Hetäre erst kann sich die Frau als Weib verwirklichen. Wedekind setzt diese Forderung als Utopie, weil er sich darüber klar ist, daß der Grad weiblicher Emanzipation nur am Maß einer allgemeinen gesellschaftlichen Emanzipation gemessen werden kann. (Zu Wedekinds Arbeitsmaterial gehörten auch die Staatsutopien von Morus und Campanella, die bereits in diesem Sinne argumentierten.) Alle Personen der Lulu-Tragödie haben genaue Namen und sind gesellschaftlich determiniert. Nur Lulu und Schigolch sind Wesen von außerhalb. Sie

haben eine gemeinsame Herkunft. Lulu bemerkt einmal zu ihm: »Du meinst, man könnte dich drüben vergessen haben.« Schigolch ist mit Lulu auf eine geheimnisvolle Weise verbunden. Er ist der einzige Mann, der nicht ihrem Einfluß unterliegt. Bevor er auftritt, spürt Lulu bereits seine Nähe: »(visionär) – Du? – Du? (schließt die Augen.)« Lulu besitzt keinen Familiennamen, ihre Herkunft ist ungeklärt. Sie heißt Mignon, Nelly und Eva. Sie verkörpert den Begriff Weib und unternimmt den Versuch, ihre »Natur« in einer genau bezeichneten Gesellschaft zu verwirklichen. Dieser Gesellschaft erscheint sie als »Tier« und »unbeseelte Kreatur«. Und sie wird auch als Tier behandelt.

Der Kammersänger
Ein dreiszeniger Einakter, geschrieben 1897, uraufgeführt 1899 in Berlin (Sezessionsbühne): Gerardo, der Künstler als Unternehmer seiner selbst (»Das Singen allein tut es nicht«), muß das kleine Bürgermädchen, das sich schwärmend hinter der Gardine versteckt, den verkannten greisen Komponisten Dühring und die abgelegte, leidenschaftlich-verzweifelte Geliebte Helene abschieben. »Wenn ich mit dem nächsten Zug nicht reise, bin ich für diese Welt ruiniert.« Helene bringt sich um.

1896/97 lebte Wedekind in München als Mitarbeiter der satirischen Zeitschrift »Simplicissimus«, 1898 gab er ein kurzes Gastspiel als Schauspieler und Regisseur beim Ibsen-Theater in Leipzig. Ein satirisches Gedicht über die Palästinareise Wilhelms II. verschaffte ihm von Juni 1899 bis März 1900 (»ehrenvolle«) Festungshaft auf Königstein. Ab April 1901 wirkte er als Sänger eigener Bänkellieder am Literaten- und Künstlerkabarett »Die Elf Scharfrichter« in München.

Der Marquis von Keith
Das Schauspiel in fünf Aufzügen (Uraufführung Berlin 1901) zeigt den hochstaplerischen Unternehmer Keith, der die drei »Karyatiden«, wohlhabende Münchner Spießbürger, dazu überredet, Geld in sein Spekulationsobjekt, das Mammut-Amüsieretablissement Feenpalast, zu stecken. Die sähen es gern, wenn auch Konsul Casimir, »das größte deutsche Finanzgenie«, beteiligt würde. Da Keith ein Glückwunschtele-

gramm Casimirs fingiert, kann dieser Keith wegen Betrugs ausschalten und Keiths Freundin, die extravagante Gräfin Werdenfels, heiraten. Keith fühlt sich ausgestoßen – »das Leben ist eine Rutschbahn«. Ihm, dem Don Quichotte des Lebensgenusses, tritt dessen Jugendfreund Scholz als Don Quichotte der Moral entgegen, in einer Welt, deren Devise lautet: »Der Mensch wird abgerichtet oder hingerichtet.« Beide reagieren auf diese Welt in verschiedener Weise. Keith hat die Devise erkannt und versucht, nach ihr zu leben; Scholz leugnet sie und leidet. Der Marquis vertritt die Moral der Gewissenlosigkeit: Nur wer Geld hat, ist ein Mensch. Er sieht sich selbst als eine Art Kreuzung von Philosoph und Pferdedieb. Das Lebensprinzip der bürgerlichen Gesellschaft hat sich ihm eingeprägt – »die allergrößte Hochschätzung für die Verhältnisse«, in die man geboren wird. Keith gehört nicht zur Bourgeoisie, er steht außerhalb, aber sein ganzes Streben ist darauf gerichtet, als vollwertiges Mitglied aufgenommen zu werden. Seine Outsider-Position bedeutet täglichen Kampf, er will es leichter haben: »Gute Geschäfte lassen sich nun einmal nur innerhalb der bestehenden Gesellschaftsordnung machen.« Scholz will eine Existenz durch ehrliche Arbeit. Er hat im Gegensatz zu Keith die Voraussetzungen zum gesellschaftlichen Spiel: ein großes Vermögen und Ansehen. Diese Voraussetzungen anerkennt er nicht, er fühlt sich als Opfer der Gesellschaft, an deren Inhumanität er leidet.
Keith, der negative Charakter, ist Herr seines Lebens, er steht über den Gesetzen. Er ist Zyniker. Ihm ist der eigene Vorteil in der Gesellschaft wichtig, Egoismus, weiß er, zahlt sich aus, und er spendet durch diese Haltung weiteren Nutzen (= Profit). Der moralische Scholz aber, die positive Gegenfigur, hat durch seine übertriebene Gewissenhaftigkeit vielen Menschen geschadet und sie ins Unglück gebracht. Der Wunsch, seine Existenz durch ehrliche Arbeit zu rechtfertigen, erwies sich als unmöglich. Beide wollen sich nun helfen, Scholz, den Freund von seinen Untugenden abbringen.

König Nicolo oder so ist das Leben
In diesem Stück von 1901 verfügt Wedekind nicht mehr über die schneidende Trockenheit der früheren Werke: In die jetzt manch-

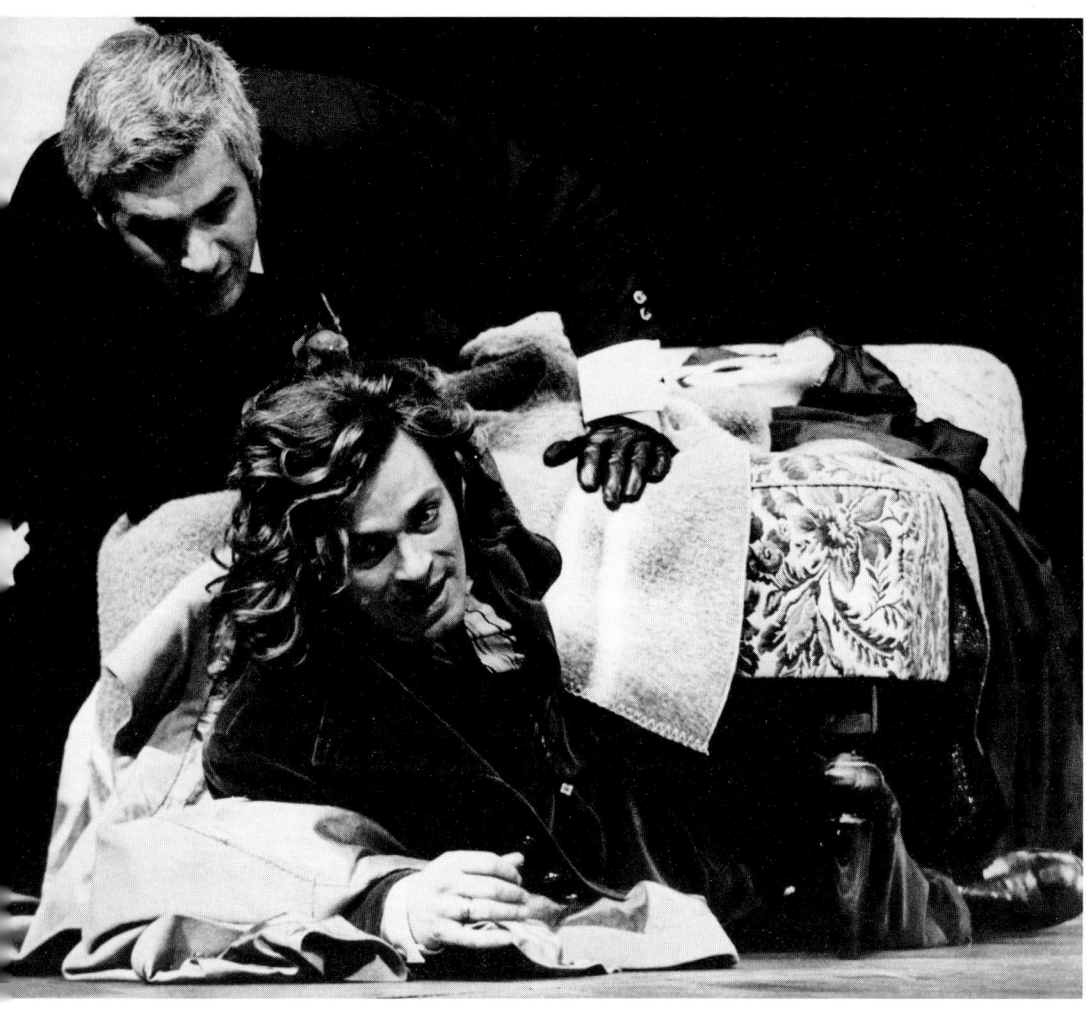

Wedekinds »Marquis von Keith« stattete Hans Neuenfels als Regisseur der Kölner Aufführung von 1972 mit grellen Manierismen aus. Den Zyniker Keith, der schließlich aus einer gesellschaftlichen Realität ausgestoßen wird, die schlimmer ist als seine Zynismen, spielte Peter Eschberg, seinen Gegenspieler, den Don Quichotte Ernst Scholz, gab Matthias Fuchs in reizvoller Mischung von Anmut und Hemmung, Selbstbewußtsein und Depression.

mal papierne, spannungslose Prosa mischen sich sentimental-pathetische Verse. Zur Titelgestalt – dem gestürzten König, der sich selbst bemitleidend den Narren am Hofe des Usurpators spielt – scheint der Autor in einem zu engen Mitleidsverhältnis zu stehen.

Hidalla

1903 schrieb Wedekind diese Tragikomödie des Moralpropheten, des »Zwergriesen« Karl Hetman, der einen Verein zur »Züchtung von Rassenmenschen« gegründet hat und die Schönheit preist, die höher zu achten sei als Geld und Leben, als Familie und Ehe. Der Schönheitsapostel aber ist selbst häßlich und verwachsen. Für den Geschäftsmann Launhart ist Hetman und seine Botschaft gutgängige Ware. Selbst als eine Nummer seiner Zeitschrift für Sozialwissenschaft wegen Hetmans darin abgedrucktem Aufsatz über »Das Liebesleben in der bürgerlichen Gesellschaft im Vergleich

zu dem unserer Haustiere« konfisziert wird und Launhart vor dem Staatsanwalt ins Ausland flüchten muß, bringt die Auflagensteigerung der Zeitschrift ihm noch Geld ein. Fanny Kettler liebt Hetman, weil er seine Lehren so überzeugt vertritt – er weist sie zurück, weil ein Häßlicher kein Recht auf Liebe habe. Er empört sich bei seinen Vorträgen über die Häßlichkeit seiner Zuhörer, wird verprügelt und in die Irrenanstalt eingeliefert, doch als gesund wieder entlassen. Seine Lehre wird schon an der Universität vertreten, doch Hetman sieht sich selbst nur noch als Karikatur eines Erneuerers. Das Angebot, als Clown im Zirkus aufzutreten, treibt ihn in den Selbstmord. Launhart wird mit Hetmans nachgelassenem Werk »Hidalla oder die Moral der Schönheit« weiter verdienen.

Musik

Das »Sittengemälde« in vier Bildern (1906) wird wie eine Skandalgeschichte für die Lokalzeitung abgewickelt. Der Stoff bestimmt den Stil: »Bei Nacht und Nebel« (erstes Bild) setzt der Gesangspädagoge Josef Reißner seine Schülerin Klara Hühnerwadel in einen Zug nach Antwerpen. Es ist ruchbar geworden, daß er sie verführt und zu einer Abtreibung bewogen hat. Reißner überredet die Hühnerwadel nach einiger Zeit, ihrer musikalischen Ausbildung wegen zurückzukommen und sich den Behörden zu stellen. Wegen Kindesabtreibung muß Klara doch noch »hinter schwedische Gardinen« (zweites Bild), aber ein Immediatgesuch Frau Reißners an den Landesherrn erwirkt die vorzeitige Begnadigung. Die hoffnungsvolle Wagnersängerin folgt dem Rat des Gefängnisdirektors: »Halten Sie sich nur immer an Ihre Freunde, mein Fräulein, dann werden Sie in Zukunft vor solchen Kalamitäten gesichert sein«, und kommt »Vom Regen in die Traufe« (drittes Bild). Reißner macht ihr erneut ein Kind, und sie überläßt dem verschuldeten Lehrer ihr väterliches Erbteil als Darlehen. Dafür nennt Reißner seine Schülerin »das edelste, anständigste Menschenkind«. Frau Reißner trägt sich unterdessen mit Selbstmordgedanken und vertraut sich dem Literaten Lindekuh an, einem moralischen Monomanen, der »die Dirne« mit Hilfe der Presse zwingen will, die Stadt zu verlassen. Als ihm Reißner die wahren Zusammenhänge eröffnet, nimmt er alle Vorwürfe zurück und zeigt sich ebenfalls gerührt. Klara verläßt, begleitet von Lindekuh, die Stadt, um an einem abgelegenen Ort ihr Kind zur Welt zu bringen. Am Totenbett des Kindes, das einer Epidemie zum Opfer fällt, trifft sie »der Fluch der Lächerlichkeit« (viertes Bild): »Die Menschen bekommen Krämpfe vor Lachen, wenn sie die Erzählung meiner Qualen hören!« Die Reißners, auf dem Wege zur Kur, besuchen das »gute Kind«, die Mutter Klaras ist ebenfalls zu einem Besuch eingetroffen. Frau Oberst Hühnerwadel hält Lindekuh für den »Übeltäter« und dankt Reißner, dem Hauptschuldigen, für alles, »was Sie in den drei Jahren an meiner Tochter getan haben«.

Mit *Musik* schrieb Wedekind ein Stück in naturalistischer Manier als Polemik gegen den kleinbürgerlich verstiegenen Naturalismus. Er denunzierte das verkitschte sozialpolitische Tendenzstück, indem er den Stoff eines solchen Stückes zum Gegenstand einer Parodie machte. Die Antithese, die das Stück anbietet, wurde nur von wenigen Kritikern erkannt. Alfred Klaar hat sie am besten formuliert: »Aber wie das Schicksal hier zu tief in blöder Gemeinheit steckt, um tragisch zu wirken, so ist andererseits die Pein zu groß, um ein befreiendes Lachen auszulösen.« Gerade dieses »Nicht-zueinanderpassen-Wollen« ist die Eigenart der Dramaturgie dieses Stückes: Auf der Bühne wird ein Mensch zugrunde gerichtet, dessen Verhalten, dessen unerschütterliche Naivität man nur lächerlich finden kann. Aber zum Lachen ist das nicht.

Die Frage, welche Bedeutung dem Eros an der Gestaltung der menschlichen Zukunft zukommt, ist auf der Bühne seit Wedekind kaum mehr zur Sprache gekommen. Die Dramatiker, die über Geschlechterbeziehungen schreiben, folgen konsequent Strindbergs Verkrampfheit. Wird Sexualität einmal nicht als reine Konsumware ausgebreitet, dann sind ihr die Menschen fatalistisch unterworfen. Bei Tennessee Williams oder Edward Albee kämpfen die Menschen mit gewaltigem lyrischen Aufwand mit ihrem Geschlechtstrieb. Während Wedekind Sexualität und Gesellschaft in direktem Zusammenhang betrachtet, lösen die Strindberg-Nachfolger alle sexuelle Problematik in Metaphysik und gequältes Seinsgestammel auf.

Auch Wedekind selbst ging mit seinem Spätwerk diesen Weg. In den Werken, in denen er die eng gesteckten Grenzen der Gesellschaft sprengte, in denen er ein utopisches Modell vortellen konnte, war er ein Revolutionär des modernen Dramas. Er scheiterte schließlich an der Unerfüllbarkeit seiner utopischen Prämissen.

Tod und Teufel

In diesem Einakter (1905) gelang es Wedekind zuletzt, die Utopie vorzuführen und gleichzeitig ihre radikale Widerlegung in der bürgerlichen Gesellschaft zu konstatieren. Der Untertitel lautet »Theodizee in einem Akt«. Da soll nun »Gott« gerechtfertigt werden wegen des Übels in der Welt. Der Schriftsteller Buridan erlebt den tragischen Widerspruch von Geist und Sinnlichkeit. Weil er sich nicht entscheiden kann, springt seine Geliebte vom Balkon, und Buridan windet sich in Krämpfen, Gott anflehend: »Er läßt seiner nicht spotten! – Er läßt sich nicht versuchen! – O Gott! – O Gott, wie unergründlich bist du …«

Wedekinds nunmehr verzweifelter Versuch, jeder gesellschaftlichen Bindung und sozialen Ordnung zu entsagen, seine Feststellung endlich, daß der unlösbare Widerspruch ihn zur Anerkennung der gegebenen Ordnung zwingt, läßt ihn das Leben als Rätsel sehen. Der Dichter isoliert sich als autobiographischer Bekenner.

Dramen wie *Schloß Wetterstein* (1910) und *Franziska* (1911) stecken voller räsonierender Anspielungen auf die einsame Stellung des verkannten Künstlers.

Schloß Wetterstein

Die Montage dreier Einakter enthält Wedekinds Anschauungen »über die inneren Notwendigkeiten, auf denen Ehe und Familie beruhen«. Nachdem er ihren Gatten ermordet hat, erzwingt Rüdiger, Freiherr von Wetterstein, mit der »Ritterlichkeit eines Pferdehändlers« die Ehe mit Leonore. Ihrer Einschätzung der bürgerlichen Ehe als »das Unerbittlichste, dem wir Menschenkinder verfallen sind«, begegnet der Freiherr großzügig mit der Devise: »Die Ehe ist keine Fessel, außer für die Geisteskrüppel, die sie dafür halten«. Er selbst betrachtet die Ehe als eine Geschäftsgrundlage. Wie der Marquis von Keith durchschaut Rüdiger die Gesell-

schaft und lebt zynisch mit der Gewißheit: »die gute Gesellschaft ist die Gesellschaft, in der man gute Geschäfte macht«. Effie, die Tochter Leonores, unterwirft sich auf ihre Art den Gesetzen dieser Gesellschaft, sie behauptet sich als Dirne und wird am Schluß wie Lulu Opfer eines Lustmörders. Wedekind glaubt nicht mehr an die Überzeugungskraft seines Ideals, wodurch dem Stück die formale Strenge fehlt.

Franziska

Hier werden in ähnlich angestrengter Form die Themen Ehe, Prostitution und Frauenfrage diskutiert. Der erste Akt dieses »modernen Mysteriums« verläuft in deutlicher Analogie zu Goethes *Faust*. Die Gestalt der Franziska betrachtet der Dichter als »weiblichen Faust«. Sie will den Sinn ihres Lebens erfahren und möchte deshalb als Mann leben, um für sich Genußfähigkeit und Bewegungsfreiheit fordern zu können. Mit Veit Kunz, dem Mephisto des Mysteriums, schließt sie einen Vertrag. Er will sie zwei Jahre lang das Leben eines Mannes führen lassen und sie dann ganz für sich haben. Franziska scheitert jedoch an ihrem angenommenen Geschlecht, weil sie schwanger wird. Die Geprellte aber ist eher Sophie, die Ehefrau von Franziska alias Franz, die all ihre Liebe vergeblich in eine groteske Ehe investiert. Wedekind hat eine so »unglückliche Ehe, wie sie in Wirklichkeit gar nicht vorkommt«, konstruiert, um zu zeigen, wie selbst unter den ungünstigsten Verhältnissen zwei Menschen durch »Aufopferungen« aneinander gefesselt werden. Gegen alle Anfechtungen bleibt sich Franziska bis zum Ende treu. Sie wird eine glückliche Mutter auf dem Lande und findet in dem Maler Karl Almer einen Mann, der sie liebend verehrt und an ihrer Seite als Künstler »wächst«. Die Frau, meint der Dichter nunmehr abgeklärt und aller Ironie bar, schafft bleibende Werte als Mutter und Weib.

Herakles

In seinem letzten Stück (1917), das die Schwierigkeiten des Künstlers in der Welt im mystischen Kleid abhandelt, hat Wedekind die Erkenntnis aus *Franziska* noch deutlicher ausgesprochen: »Des Daseins Irrgang endet das Weib gehorchend, wie das Kind begann.« Herakles selbst findet von revolutionärem Tatendrang zu zärtlicher

Demut, preist die »Treue« des Weibes und erhofft sich sterbend Stärkung durch »brünstiges« Gebet. Den einst »über Bord geworfenen Gott« hat Wedekind am Ende seines Lebens wieder eingeholt.

Carl Sternheim

In Leipzig als Sohn eines Bankiers geboren, ist er sein Leben lang (1878–1942) Bürger geblieben.

Als Kind übersiedelte Sternheim mit seiner Familie nach Hannover und Berlin. Von 1898 bis 1902 studierte er Philosophie, Psychologie und Jura in München, Göttingen, Leipzig, Jena und Berlin. Nach Reisen in die Türkei, nach Italien und Griechenland heiratete er 1907 Thea Bauer und zog in die Nähe Münchens. Er lernte Wedekind kennen, dessen Einfluß für sein Werk wesentlich wurde.

Von 1908 bis 1910 gab er zusammen mit Franz Blei die Zeitschrift »Hyperion« heraus. Seine ersten Dramen, *Der Heiland* (1898), *Judas Ischariot* (1901) und *Don Juan* (1908), bei der Uraufführung in Berlin wurde das Stück ausgepfiffen, sind tastende, eklektizistische Versuche. Mit der *Hose* (am 20. Oktober 1911 in München unter Ausschluß der Öffentlichkeit uraufgeführt, die erste öffentliche Premiere in Berlin wurde zum Theaterskandal) kam Sternheim zu seinem großen Thema. 1912 übersiedelte er nach Belgien, kehrte 1915 nach Deutschland zurück, ging 1916 abermals nach Belgien, 1917 nach Holland, zog 1919 in die Schweiz, lebte dann vorübergehend in Dresden und heiratete 1930 Pamela Wedekind. Er übersiedelte nach Brüssel, wo er sich scheiden ließ. In Brüssel erlitt er eine schwere Nervenerkrankung. 1942 starb Sternheim im Exil.

Wie kein zweiter Autor ist Sternheim an die Zeit gebunden, der er mit seinen Komödien »chirurgisch« auf den Leib zu rücken trachtete: an das wilhelminische Deutschland. Er ist darin mit dem Zeichner George Grosz zu vergleichen, der mit dem Wilhelminismus und den kämpferischen Jahren der Republik ebenfalls sein Thema fand und verlor. Bei Sternheim starb mit dem Objekt auch die dichterische Kraft, die es bewältigt hatte. Danach glückten nur noch die Komödien, die das heimliche oder offenkundige Weiterleben wilhelminischer Bürgerwirk-

lichkeit in der Weimarer Republik zum Thema hatten. Sternheim muß das selbst bemerkt haben; denn er versuchte, dieser für sein Schaffen verhängnisvoll gewordenen Bindung zu entkommen, indem er seinen unverwechselbaren Stil gegen die Moden der Stile eintauschte. Aber die Kritik an der neuen Sachlichkeit mißlang (*Die Schule von Uznach*, 1926), das Pathos vom wiederentdeckten, wahren Menschentum mißglückte (*Die Marquise von Arcis*, 1918), die Verherrlichung des Übermenschentums mißriet (*Oscar Wilde*, 1925). Mit diesen Werken trug er dazu bei, den eigenen Ruhm abzubauen.

Die Komödien des bürgerlichen Heldenlebens

Kaum ein Zweifel besteht darüber, daß sie das Kernstück des Sternheimschen Schaffens darstellen. Sie sind nicht von vorneherein zyklisch geplant gewesen, sondern wurden nachträglich zusammengefaßt. Das äußerlichste Merkmal dieser nachträglichen Vereinigung sind die familiären Bande, die zwischen den Figuren der einzelnen Komödien geknüpft werden. In dieser Verknüpfung darf man mehr sehen als nur eine Marotte des Autors. Sternheim kann auf diese Weise zeigen, wie sich der von ihm immer wieder bloßgelegte Elan vital im kleinsten dumpfsten Kreise austobt. Er offenbart mit den verwandschaftlichen Verschlingungen und Überkreuzungen die Verfilzung und Typengleichheit dessen, was er »Juste milieu« genannt hat: eine ganz in sich geschlossene, selig-unselige Bürgerwelt.

Das Thema all dieser Komödien ist die Selbstbehauptung und Anpassung eines Helden an eben diese Welt. Eine Selbstbehauptung, die nicht als antagonistische Auseinandersetzung des einzelnen mit der Gesellschaft gezeigt wird, sondern als »Gleichung«. Der einzelne und die Gesellschaft sind zwei Seiten ein und derselben Sache: Die Gesellschaft bezieht ihre Intaktheit und Allgegenwart aus der Zustimmung, mit der sich jede von Sternheims Gestalten ihr anvertraut – der einzelne wiederum kann sich nur dann behaupten, wenn er die Gesellschaft nicht angreift, sondern sich ihr angleicht, sie zu seiner eigenen Sache macht. Diese Bürgerwelt kennt in sich keinen anderen Zweck als die egoistischen Interessen des einzelnen, deshalb kennt auch der einzelne keinen außerhalb der Gesell-

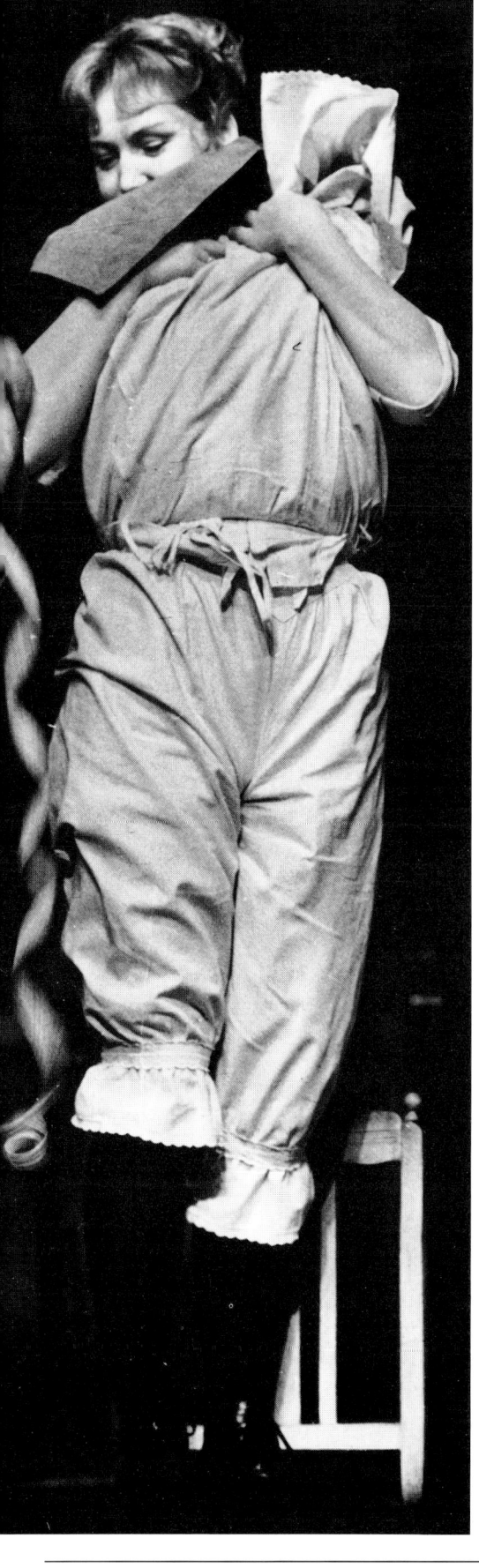

Sternheims »Hose« inszenierte Carl M. Weber 1961 im Ostberliner Deutschen Theater als einen in die entlarvende Groteske vorgetriebenen Vorgang – mit Gisela May als lüsterner Nachbarin Frl. Deuter und Margarete Taudte als des Erzspießers Maske Frau Luise.

Rudolf Noelte inszenierte 1961 Sternheims »Snob« in Stuttgart: eine aus einer Fülle realistischer Details ingeniös komponierte Aufführung, mit (stehend) Heinz Baumann in der Titelrolle des Christian Maske, Mila Kopp und Hans Mahnke als dessen Eltern Luise und Theobald Maske.

schaft liegenden Zweck. Sternheim in *Juste milieu:* »Ich entfachte zu keiner Erziehung; im Gegenteil warnte ich vor Kritik göttlicher Welt durch den Bürger und machte ihm Mut zu seinen sogenannten Lastern, mit denen er Erfolge errang, und riet ihm, meiner Verantwortung bewußt, Begriffe, die einseitig nach sittlichem Verdienst messen, als unerheblich und lebensschwächend endlich aus seiner Terminologie zu entfernen.«

Die Hose

»In meinem Stück verlor ein Bürgerweib die Hose, von nichts als der banalen Sache sprach in kahlem Deutsch man auf der Szene.« Dieser Satz, aus der Vorrede zur zweiten Auflage von 1918 (Uraufführung 1911), wirkt wie eine prägnante Formel, auf die sich die Intentionen der Komödie – und aller anderen »aus dem bürgerlichen Heldenleben« – bringen lassen.

Das Thema (daß ein Bürgerweib die Hosen verliert) ist als schockierende Herausforderung an die Prüderie der wilhelminischen Epoche gemeint, die für das besagte Kleidungsstück, wenn überhaupt von ihm gesprochen wurde, nur die Umschreibung von den »Unaussprechlichen« zuließ. Tatsächlich duldete die Zeit das Stück auch nur unter dem Titel *Der Riese* – ein Umstand, der schon allein dafür spricht, wie sehr Sternheim hier ins Schwarze traf. Eine Welt, die ihr wahres Leben ängstlich vor dem Außen abzuschirmen sucht – dieses große Thema seiner Komödien hat Sternheim hier zum erstenmal in aller Konsequenz verwirklicht. Sein erster Held, Stammvater der späteren, heißt Maske – und er kann nur leben, wenn er sich nach außen tarnt, vor der Welt maskiert, verbirgt. Sternheim demaskiert ihn, indem er ihn sich maskieren läßt. Indem er ihn zu dem Bekenntnis nötigt: »Meine Freiheit ist mir verloren, achtet die Welt auf mich in besonderer Weise. Meine Unscheinbarkeit ist die Tarnkappe, unter der ich meinen Neigungen, meiner innersten Natur frönen darf.«

In der *Hose* geschieht nach außen gesehen nichts, jedenfalls nichts, worauf »die Welt in besonderer Weise achten« müßte. Es ist sicher kein Zufall, daß die Komödie ähnlich endet, wie sie anfängt: Der kleine Beamte Theobald liest seiner Frau mit dem wohligen Schauer dessen, der sich in seinen schützenden vier Wänden geborgen weiß, von der indischen Seeschlange vor, während sie am Herd dem Sprichwort nachzukommen trachtet, daß seine Liebe durch den Magen geht. Hammelschlegel und grüne Bohnen bereitet sie am Anfang, Schweinebraten am Ende. Dies ist der einzige Unterschied in einem öden Gleichmaß, aus dem es – so hat sich für Luise Maske gezeigt – kein Entrinnen gibt. Was sich anließ wie eine Komödie vom Hahnrei, der sein Einkommen aufzubessern sucht, indem er potentielle Hausfreunde als Untermieter aufnimmt und dabei wie mit Blindheit geschlagen zu sein scheint, wächst sich angesichts seines platten, gefräßigen, geradlinigen Egoismus nur zu seinem eigenen Vorteil aus. Die Untermieter, die durch den Anblick der Hose angereizt und ins Haus gelockt wurden, stehen einander zunächst gegenseitig im Weg, verlieren sich dann in Grundsatzdebatten und werden schließlich von Maskes skrupelloser »Gesundheit« an die Wand gespielt. Mandelstam, ein kränklicher jüdischer Friseurgehilfe, erliegt schon allein der muskelstrotzenden Kraft des Hausherrn, die ihn, zusammen mit der Nordostlage seines Zimmers, in panische Angst versetzt. Scarron, dessen verblasene Poesie seiner erotischen Zielstrebigkeit im Weg steht, unterliegt als schwärmerischer Nietzscheaner, von Kraft nur faselnd. Die angesäuerte Jungfer Deuter, die schon bereit war, die eigene Lust durch das Gelegenheitenmachen für Frau Maske zu kompensieren, ist ausersehen zu demonstrieren, wie Maskes unbekümmerte Direktheit den Ehebruch, nach dem sich seine Frau das ganze Stück hindurch vergebens sehnt, mit fünf, sechs Sätzen herbeiführt.

Der Snob

Auf *Die Hose* folgte 1913 erst *Der Snob,* etwas später dann *1913* (1913/14); auf die Selbstbehauptung Maskes im kleinbürgerlichen Mief der entscheidende Schritt zu wirtschaftlicher Macht und gesellschaftlichem Ansehen und schließlich der Sturz in die bourgeoise Apokalypse.

Der Snob, Christian Maske, ist Produkt und Ausdruck einer bestimmten gesellschaftlichen Situation. Der bürgerliche Aufstieg in eine Welt, die noch feudales Gepräge hat, ist in der Gestalt konzentriert. Die Mittel, die nach oben führen, sind schonungslos freigelegt. »Der zu industriellen Profitinteressen herabgekommene Adel, die zu feudaler Lebenshaltung heraufgekommene Bourgeoisie: das ist die Komödienkontroverse. Fäulnis von oben, Strebertum von unten, in der Mitte das Vakuum jenes hysterischen Macht- und Besitzwahns, der sich eben anschickt, Deutschlands Sendung gegen eine partout andersgläubige Welt zu praktizieren« (Paul Rilla). Die Komödie markiert innerhalb der Maske-Trilogie die Wende. Christian Maske steht im Schnittpunkt zwischen seiner ärmlichen Herkunft und seiner glänzenden Zukunft. Vorgeführt wird, wie er sich aller Hemmnisse entledigt, die sich seiner Karriere in den Weg stellen könnten.

Diese Komödie parodiert den herkömmlichen Heldenbegriff. Während Theobald Maske in der *Hose* die Selbstbehauptung in der vertrauten Welt gelang, weil er sie nie in Zweifel zog, muß der Snob gerade diese Welt seiner Eltern abschütteln, um sich die neuerrungene Umwelt vertraut und zu eigen zu machen. In der Regel ist man vom Helden gewöhnt, daß er sich gegen eine Welt zu behaupten sucht. Der Snob ist das Gegenteil eines solchen Helden. Seine Selbstbehauptung geschieht in rückhaltlosester Anpassung an die Umwelt. Die Antinomie zwischen dem einzelnen und der Gesellschaft wird von Sternheim nicht als heroischer Kampf geschildert. Er zeigt vielmehr, daß die Gesellschaft so ist, weil die einzelnen sich ihr so bedingungslos in die Arme werfen. Das, was Sternheim »Juste milieu« genannt hatte, triumphiert nicht *über* den Helden, sondern *im* Helden.

Der Wille zur Macht, der den Snob antreibt, duldet nichts, was sich dem äußeren Erfolg in den Weg stellt. Er zahlt seine Geliebte aus, die Schauspielerin Sybil Hull, die ihn zunächst durchgefüttert, dann mit den nötigen Umgangsformen ausstaffiert hatte – mit fünfprozentiger Verzinsung. Und er kauft sich von seinen Eltern los, weil er fürchtet, ihr ärmliches Auftreten würde seinen Plänen schaden – und verfrachtet sie in die Schweiz. Als es »schick« wird, auch in feineren Kreisen, arme, aber ehrliche und reinlich gekleidete Eltern vorzuführen, weil es die eigenen Verdienste deutlich machen könnte, will er sie ebenso unbedenklich zurückholen, zu Clowns seines Ruhms degradieren.

Die Komödie läßt von der ersten Konfrontation der gräflichen Sippschaft mit dem Snob kaum einen Zweifel daran, daß Maske schon allein durch seine wirtschaftliche Potenz gewonnen hat. Während er glaubt, die Gesellschaft zu besiegen, erliegt sie ihm in Wirklichkeit aus purer Notwendigkeit. Für den verarmten Grafen Palm ist die Heirat seiner Tochter Marianne ein Schritt der Notwendigkeit, bei dem man ohnehin beide Augen zudrücken würde – und auch nur zum Schein Einwände vorschützt, mit gequälter Mühe die Form zu wahren sucht. Marianne selbst wird von Sternheim nicht ohne Grund als spätes Mädchen gezeich-

net, das keinesfalls mit großen Anstrengungen erobert werden müßte, sondern ungeduldig auf eine lange verpaßte Chance wartet. Daß sich Maske dieser Welt mit skrupelloser Behendigkeit in die Arme wirft, ist so durch keine Notwendigkeit gerechtfertigt. Er entlarvt durch sein Handeln weniger die »besseren Kreise«, die im Grunde schon zu schwach geworden sind, um noch entlarvt werden zu müssen. Er demaskiert vielmehr sich selbst als »wildgewordenen Spießer« (Friedrich Luft), der im letzten Akt alle Hemmungen verliert und den der Triumph in einer Art dämonischen Rausch zur Selbstentäußerung treibt.

Erwin Piscator inszenierte »1913«, Sternheims drittes Stück über den Aufstieg der Familie Maske, 1960 in den Münchner Kammerspielen mit karikaturistischen Zuspitzungen; Szene mit dem dekadenten Playboy Philipp Ernst Maske (Herbert Bötticher), der energischen Sophie von Beeskow, geborene Maske (Pamela Wedekind) und dem trotteligen Herrn von Beeskow (O. E. Fuhrmann).

1913

Der ehemalige Snob Christian Maske steht hier, kurz vor seinem 70. Geburtstag, an der Spitze des größten deutschen Wirtschaftsunternehmens. Er rückt sich und seine Taten in die Nähe Napoleons: Seiner Tochter Ottilie, die ihre Zeit mit in seinen Augen unnützer Lektüre vertut, hält er den 18. Brumaire entgegen; den Kampf mit seiner anderen Tochter erklärt er im voraus zu »seinem Austerlitz«. Auch der Sekretär Maskes, Wilhelm Krey, klettert auf das hohe Roß der Historie, wenn er, mit Mirabeau verglichen, diesen Vergleich mit offenherziger Eitelkeit sich zu eigen macht.

Mit diesen grellen metaphorischen Mißgriffen seiner Personen in das Arsenal historischer Größe drückte Sternheim zweierlei aus. Einmal nimmt er diese Größen – so paradox das scheinen mag – so ernst, wie seine Personen sie nehmen. Wenn Christian Maske sich als ein neuer Bonaparte empfindet, so geschieht das in der Einsicht, daß die neuen Schlachten auch auf dem Felde der Wirtschaft geschlagen werden, daß wirtschaftliche Entscheidungen gerade die Konsequenzen haben, die die Gewohnheit nur im breiten Genrebild des Schlachtengetümmels vermutet. Aktien, Fusionen, Handelsverträge übernehmen die Rolle von Schwert und Fanfare, bereiten zumindest das vor, was sich nachher als Austerlitz, Sedan oder Verdun ebenso blutig wie augenfällig verwirklicht. Zum anderen läßt Sternheim die Vergleiche absichtlich grotesk hinken, er entlarvt die Lächerlichkeit der großen Attitüde, enthüllt die Hybris eines Sendungsbewußtseins, das seine mickrige Mittelmäßigkeit mit der hehren historischen Kostümierung zu verbergen sucht.

Innerhalb der Maske-Trilogie ist 1913 das Stück der dritten Generation. In dieser sind die Eigenschaften, die erst zusammen das Bild der faszinierenden, zukunftsträchtigen Scheußlichkeit der Maskes ergeben hatten, auseinandergesplittert. Sofie hat nur den unbändigen Machtwillen des Vaters geerbt, nicht seinen instinktiven Weitblick für Grenzen und Möglichkeiten. Ihr Egoismus verläßt die sichernde Tarnung, die zu Maskes Lebensgrundlage gehörte. In Philipp Ernst, dem Sohn, spiegelt sich der ehemalige Snob wie in einem Zerrspiegel. Die Veräußerlichung ist von einem Mittel zum Selbstzweck geworden. Der Sohn des Parvenus ist ein hohler Dandy. Ottilie schließlich, die zweite Tochter, die ihre Backfischromantik und die unverdaute Lektüre von Weiningers *Geschlecht und Charakter* dem Sekretär des Vaters, Wilhelm Krey, nachjagen läßt, »übersetzt« sich die väterlichen Ermahnungen, zur Wirklichkeit zu erwachen, in die zielstrebige Verfolgung ihrer erotischen Ziele.

Ein Vater kämpft gegen seine Tochter (Sofie), die eine »Palastrevolution« gegen ihn anzettelt. Den Coup der Tochter, die – um die katholische Konkurrenz beim Waffengeschäft mit Holland auszuschalten – ihren Protestantismus publicitywirksam entdeckte – kontert der Vater mit der Konversion zum Katholizismus. Maske reduziert die Welt auf die dürre, von allen schönen Worten freie Formel: »Magenhunger des Pöbels, Machthunger der Reichen. Sonst nichts.« Und während das Stück die auf ihren Kern reduzierten Triebe grell und schonungslos freiknüppelt, werden die dazwischengestellten Maskeraden – ob es sich um die Modevorführungen Philipp Ernsts, um das alle Direktheit verbrämende romantische Liebesgeplapper Ottiliens, um den Weiheworte-Tausch deutscher Waldläufer zwischen Krey und Stadler handelt oder um die abendliche Kunstdarbietung, bei der man »Himmlischer Schumann« und »Großer Eichendorff« seufzt – einer Wirklichkeit ausgeliefert, die sie höhnisch auf den Boden der Tatsachen zurückversetzt.

In den Konflikt, der sich innerhalb des Kapitals, eben in der Familie, abspielt, hat Sternheim einen zweiten eingeblendet – und ihn als Scheinkonflikt der Lächerlichkeit preisgegeben. Wilhelm Krey, der Sekretär Maskes, träumt im Hause Maske, wo er die »Korruptheit des Kapitals« aus nächster Nähe studieren konnte, von der Rettung durch die »deutsche Idee«. Neid und Ehrgeiz lassen ihn sich als die Schlange empfinden, die sich der verderbte Kapitalismus an seinem Busen großgezogen hat. Von Seele, Wald und deutscher Art tönt er ohne Unterlaß. Die übernächste Zukunft übt ihre Schlagworte. Sternheim liefert auch diese sich »ideal« gebende Verblasenheit ans Messer der Realität.

Das Fossil

(1921/22) ist das feudale Nachspiel zum bürgerlichen Heldenleben. Die enge Anknüpfung, die Sternheim hier an die Maske-Trilogie herzustellen suchte, geht schon daraus hervor, daß Sofie von Beeskow, Christian Maskes Tochter, und ihr Mann Otto in *1913* wie in *Fossil* auftreten.

Mit dem Einfall, den General a. D. von Beeskow, in dessen Haus die Komödie spielt, an Kaisers Geburtstag sich säbelrasselnd und sporenklirrend in den Sattel eines Schaukelrosses schwingen und dabei aus dem Grammophon den Hohenfriedberger Marsch erklingen zu lassen, ist die »Tonart«, der »Übersetzungsgrad« des ganzen Stückes umrissen. »Fort Fossil, auch Montsalvatsch genannt« – mit der Klitsche, auf die sich Traugott von Beeskow zurückgezogen hat, ist gleichzeitig das übersteigerte Bild für die Abkapselung gefunden.

Traugott von Beeskow scheint nur tot für die Welt. Und auch für ihn wird sie wieder springlebendig, als sich eine erste neue Auseinandersetzung ankündigt. Die Komödie führt vor, wie ein Fossil virulent wird, wie ein Totgeglaubter gefährlich lebendig werden kann. Der Neffe und Quasi-Verlobte der Tochter, ein verarmter adeliger Nachbar, wird als Besuch angemeldet. Er ist in russischer Gefangenschaft zum »Bolschewisten« geworden. Das Fossil rüstet sich zum Streit. Die Tochter wird strategisch eingesetzt. Die Ideologie soll der Liebe auf den Leim gehen. Aber das späte Töchterchen spielt, in den Augen des Vaters, ein falsches Spiel. Auch ihr dient das feudale Panier nur als Vorwand für ein dringlicheres Verlangen. Zwar steigt sie willig für die fossile Gesinnung in die Schützengräben, den Sieg jedoch feiert sie gleich in den Armen des Besiegten. Darauf knallt der General in das frischvereinte Glück. Seinen kommunistischen Chauffeur, der ihn triumphierend verhaften will, packt er – jede Fluchtmöglichkeit barsch verschmähend – am Arm: »Fahren Sie mich selbst, Jüngling, und – liefern mich der Gerechtigkeit.« Und zu seinem bestürzten Sohn: »Was soll mir heutzutag passieren?«

Diese höhnische Frage des Schlusses läßt aufhorchen, weil sie die Hellsichtigkeit Sternheims den »Zeichen der Zeit« gegenüber offenbart. Daß der General »Fossil« spielte, scheinbar von der Welt abgeschnitten, enthüllt sich plötzlich als bloße Tarnung. Der wilhelminische General kennt seine Weimarer Zeit und ihre Gerichte.

Rudolf Noelte inszenierte 1960 Sternheims »Kassette« im Berliner Theater am Kurfürstendamm mit Theo Lingen als geldgeilem Oberlehrer Krull: er »ist der ideale Sternheim-Sprecher, scharf, todernst in der Komik … Objekt der eigenen Habsucht mit einem kleinen Schatten von Tragik« (Friedrich Luft).

Die Kassette

Geschrieben 1910/11, zeitlich also die zweite Komödie innerhalb des Zyklus aus dem bürgerlichen Heldenleben, handelt es sich äußerlich gesehen um eine »Requisitenkomödie« – ähnlich wie die *Hose.* Doch anders als in dieser liegen die Ereignisse, mit denen das Requisit die Handlung der Komödie verursacht und in Gang setzt, nicht vor dem Stück. Die Kassette wird von Sternheim als eine Art Reagenz eingesetzt, an dem sich die Charaktere offenbaren müssen. Blickt man auf das Personenverzeichnis und den An-

fang der Handlung, so scheint Sternheim das Modell einer deutschen Familienidylle aufzubauen.

Das Haus des Oberlehrers Krull rüstet sich für die Wiederkehr des (zum zweitenmal) Frischvermählten von der Hochzeitsreise. Girlanden werden angebracht, auf der Torte prangt die Inschrift »Friede und Segen den Liebenden«. Gemüt und Gemütlichkeit in Schokoladekringeln. Weder fehlt die brummige Erbtante (Elsbeth) noch das von der Liebe träumende halbflügge Töchterlein (Lydia) oder die treue Hausgehilfin (Emma), die mit einem im Hause wohnenden Fotokünstler (Seidenschnur) der Liebe pflegt. Aber diese Idylle wird nur hergestellt, damit sie der Autor widerlegen kann. An Sternheims realistisch-unbarmherzigem Zugriff geht die Gemütlichkeit rasch zuschanden.

Das Stück greift, scheinbar treuherzig, ein Milieu auf – und offenbart dessen Selbstzerfleischung.

In dem Haus, in das die Frischvermählten zurückkommen, wartet die Erbtante auf sie, die die wahre Natur ihrer Familienmitglieder kennt und auch das Mittel in der Hand hat, sie hervorzulocken. Ihr verknittertes Gefühl, das sich selbst nach dem Oberlehrer sehnte, hat sie gekränkt, die Hohlheit seiner Gefühlsphraseologie durchschauen lassen. Sie kann ihm entgegenhalten: »Der Rhein hat ungünstig auf deine Neigung zur Phrase gewirkt.« Und indem sie ihn mittels der Kassette immer mehr das Blut der Erbschaft lecken läßt, auch völlig richtig auf seine Schlüssellochneugier spekuliert und so mit einem fingierten Testamentsentwurf seine Hoffnungen wild ins Kraut schießen läßt, kann sie ihn bald ganz nach der Kassette tanzen lassen.

Die Kassette ist eine Art Sinnbild des Molochs, dem eine ganze Familie verfällt. Auch der Fotograf Seidenschnur, der mit stets den gleichen literarischen Phrasen die diversen Liebeswünsche im Hause Krull vom Dienstmädchen zur Tochter und schließlich als Stellvertreter im durch die Kassette verwaisten Ehebett Krulls zu stillen unternimmt, wird ihr Opfer. Er läßt sowohl das Bett seiner Lydia, die er heiratete, sobald er von der Erbschaft erfahren hatte, als auch das Fannys für die Kassette im Stich. Diese Komödie zeigt Sternheims szenische und sprachliche Meisterschaft auf dem Höhepunkt. Das Stück entwickelt sich mit einer Folgerichtigkeit und Zwangsläufigkeit, bei der jede Szene als Korrektiv die vorhergehende höhnisch aufhebt und bestätigt.

Bürger Schippel

Die Handlung dieser Komödie (1913): Um ein Gesangsquartett aus den momentanen Schwierigkeiten zu befreien – der Tenor ist gestorben – leisten die drei übriggebliebenen Sangesbrüder Hicketier, Krey und Wolke eine Art Rütli-Schwur an der Rampe. Von dem verstorbenen Tenor wird, um zur Tagesordnung übergehen zu können, gesagt: »Er war, nehmt alles nur in allem, ein Mann«, was um so grotesker wirkt, da der Zuschauer aus dem Mund der Verlobten, Hicketiers Schwester Thekla, längst weiß, daß er das gerade nicht so recht war. Auf die eigene Impotenz anspielend und sie dem Sangesbruder in die Schuhe schiebend, bemüht Wolke, die Folgen ausmalend, das *Lied von der Glocke:*»Mütter jammern, Väter wimmern unter Trümmern.« Der gleiche Wolke fühlt sich in ein großes Drama verwickelt, wenn er Thekla dem widerstrebenden, sich mit Händen und Füßen wehrenden Krey zuschanzen möchte, weil er sich, trotz seiner Zuneigung zu Thekla, nicht in der Lage fühlt, das Mädchen zu freien und deshalb pathetisch konstatiert: »Hier setzt Tragik ein.«

Der Fürst, der Theklas Unberührtheit lädiert, naht zum nächtlichen Rendezvous, indem er sich bald Harun al Raschid, bald dem Eberhard von Württemberg vergleicht, weil er – wie Sternheim Uhlands Gedicht höhnisch in die Wirklichkeit »übersetzt« – gern auch sein Haupt dem Untertan, eben Thekla, in den Schoß legen möchte. Vor allem aber bemüht er Shakespeare: »Herunter mit dir! Wie bei Shakespeare trete ich hier auf. Habe eine Neigung auf dich geworfen und donnere dir den Befehl zu.« Und während er mit Thekla im Schuppen zu verschwinden sich anschickt, tönt Schippels Tenor aus den *Lustigen Weibern,* und das Gesangsquartett ermuntert die Liebenden durch fröhliche Jagdgesänge.

Auch die Bibel muß herhalten, wenn es gilt, literarisch den unangenehmen Sachverhalt zu vergolden, daß das Quartett auf die Teilnahme des verachteten Proleten Schippel nicht verzichten kann. Krey sagt dann zu Hicketier: »Du kannst nicht leben, du zwängest diesen Schippel denn.« Die falsche Innigkeit, mit der Hicketier seine Schwester verhätschelt und umhegt – und sie dann skrupellos, nach dem erotischen Malheur mit dem Fürsten, an den verachteten Schippel verkuppeln will –, persifliert Sudermanns *Ehre.*

Schippel, ärmlicher Prolet und unehelicher Sohn dazu, ist der einzige Tenor weit und breit, mit dem man den nahe bevorstehenden Sängerkrieg mit Aussicht auf Sieg überstehen könnte. Aber Schippel weiß auch, was er wert ist. Der jahrelang Gedemütigte möchte das Gold seiner Kehle voll ausmünzen. Er ahnt, daß sein Weg zum gesellschaftlichen Ansehen über die tenoralen Höhen seiner Stimme führt. So stößt seine Unverschämtheit mit der bürgerlichen Arroganz zusammen.

Der Zusammenstoß, der sich in der Komödie zwischen dem dritten und vierten Stand ereignet, ist wiederum nur ein Scheinkonflikt. Sternheim entlarvt rasch sowohl den

Bürgerstolz als auch die proletarische Bürgerverachtung als bloße Attituden. Als Hicketier die Schwester durch den Fürsten »verunehrt« weiß, will er sie schnell dem bis dato heftig verachteten Schippel verloben. Schippel aber, der bisher dem Bürger Haß und Verachtung entgegenschleuderte und die Schwester heftig als Genugtuung begehrte, nimmt jetzt jäh den bürgerlichen Ehrenkodex an. Er weist die entehrte Braut schnöde zurück: »Glaube ich nicht, daß der in mir wurzelnde Begriff von Mannesehre mir erlaubt, die Werbung länger aufrechtzuerhalten.«

Der Kandidat

Innerhalb der »Komödien aus dem bürgerlichen Heldenleben« nimmt dieses Stück insofern eine Sonderstellung ein, als es sich um eine Bearbeitung der gleichnamigen Komödie Flauberts handelt. Es ist im dramatischen Schaffen Sternheims nicht die einzige. Sternheim bearbeitete das *Leidende Weib* Klingers, den *Geizigen* von Molière und *Die Marquise von Arcis* von Diderot.

Wenn der *Kandidat* sich wie keine der anderen Bearbeitungen selbstverständlich als Werk Sternheims ausweist, so hat das mehrere Gründe. Wie Sternheims Helden ist Flauberts Rousselin zu jeder Anpassung bereit. Er kennt keine Überzeugung, die er nicht freudig und ungerührt opfern würde, wenn es gilt, sein Ziel zu erreichen und die Wahl zu gewinnen. Die Tochter wird dann je nach Bedarf verkuppelt, bald ist er stockkonservativ, bald dem Fortschritt mit offenen Armen zugetan – Sternheim brauchte da nur ein wenig zu akzentuieren, zu verschärfen, zuzuspitzen, und Rousselin war als Russek einer der Seinen, Verwandter der Maskes, Ständers und Friesekes.

So sehr auch das Handlungsgerüst (besonders in den ersten drei Akten) und die Personen unverändert übernommen zu sein scheinen (lediglich der Diener aus der Vorlage wird bei Sternheim völlig unwichtig und Gruchets Haushälterin fällt ganz weg), so sehr verändern sie sich in Wirklichkeit. Sie nehmen die Diktion Sternheims an – und werden dadurch von Grund auf anders. Sie sind knapper, schärfer, »ungemütlicher«.

Tabula rasa

1915 nahm Sternheim das Schippel-Thema vom Emporhangeln des Proleten ins Bür-

gertum noch einmal in politisch zugespitzter Form auf. Hier wird der Arbeiterfunktionär gezeigt, der in einer Arbeiterwelt nach außen Sozialist spielen muß, um in seinen schützenden vier Wänden den Schritt in die Freiheit und ins Bürgertum vorbereiten zu können. Held ist der Pantoffelsozialist Wilhelm Ständer, der an seinem Lebensabend reinen Tisch – Tabula rasa – macht. Zwei Akte lang tänzelt er durch alle Verstellungen und bietet skrupellos seinen ganzen Witz auf, um sich wenigstens für seine alten Tage die »Freiheit« zu erkämpfen. Ständer ist eine Art Tartuffe der Arbeiterideologie, dem als sozialdemokratischem Funktionär das Wohl des Arbeiters deshalb so leicht von den Lippen fließt, weil es ihm sein ganz privates Hausglück mit den Pantoffeln, dem Bürgerplüsch, dem Hühnerbein zum Frühstück, dem heimlichen Aktienpaket im Schrank und der Magd im Bett garantiert. Das bevorstehende 100. Betriebsjubiläum jedoch stellt seinen Frieden in Frage. Während er laut die Trommel für den sozialen Fortschritt rühren muß, bedrohen die Forderungen der Arbeiter, die er mit viel Geschick auf ein so harmloses Ziel wie die Errichtung einer Werksbibliothek abgelenkt hat, den Wohlstand des heimlichen Couponschneiders. So bleibt nur die Flucht nach vorn. Aus der Hauptstadt holt sich Ständer den wortgewaltigen Radikalinski Sturm, der den Arbeitern klarmachen soll, daß Werksbibliotheken nur eine kapitalistische List gegen die Weltrevolution seien. Damit dieser Sturm sich aber nur im Wasserglas austobt, hetzt er ihm, von neuer Besorgnis ergriffen, einen gemäßigten Redakteur auf die Fersen, der das sozialistische Heil von der Verbrüderung mit dem Bürgertum erwartet. Auch ihn legt er an die Leine, indem er ihn in die weichen Arme seines Mündels treibt, dem er zuvor eigenhändig das erotische Einmaleins beigebracht hat und das sich seine Sinne an dem erotischen Schwulst des damals beliebten Populärwissenschaftlers Boelsche vorgewärmt hat.

Er selbst aber kann, mit den nötigen Renten, Versicherungen und Dividenden in der Tasche, seinen 60. Geburtstag als Tag der Freiheit feiern und die heuchlerische Maske proletarischer Rücksichten endlich fallen lassen. Die Jalousie kann jetzt offenbleiben, wenn er sich reichlichen Tafelfreuden hingibt oder handgreifliche Studien an den

Ohne Zynismus, sondern eher gutgelaunt und selbstgerecht spielte Heinz Reincke den in den Egoismus aussteigenden Arbeiterfunktionär Ständer in Sternheims »Tabula Rasa« – in der sorgfältigen, überlegten Inszenierung von Angelika Hurwicz am Wiener Burgtheater 1978 mit Klaus Behrendt als Ständers Freund Heinrich Flocke.

Vorzügen seiner Nichte treibt. Die Magd, die ihm bisher in allem treu, wenn auch ächzend gedient hat, erhält den Fußtritt, und die angestaute Verachtung rechnet gnadenlos mit der Dummheit des Mündels, den verbrüdernden und den nach Blut lechzenden Wortdrechslern seiner Partei ab. Die Freiheit wird mit dem ungehemmten Bekenntnis zum Egoismus gefeiert. Innerhalb der Heldenreihe der Sternheimschen Komödien ist Ständer der geschickteste Taktierer, weil sein Weg nach oben der schwierigste ist.

Der Stänker

Neben Ständer ist der Budiker Frisecke der andere Held des bürgerlichen Heldenlebens, den Sternheim sozusagen als Musterexemplar zur Definition des gesamten Zyklus in seinem Vorwort heranzieht. Friseckes Satz »Ich bin so«, mit dem das Stück endet, ist das Selbstbekenntnis zur eigenen Abscheulichkeit, die sich für den persönlichen Vorteil und für das Ausleben der eigenen Natur brutal über die Mitmenschen hinwegsetzt. Trotzdem wirkt die Komödie (1919) innerhalb des bürgerlichen Heldenlebens seltsam fremd und »unsternheimisch«. Einmal durch ihre Sprache: Während das Stück mit der knappen, bösen, alle Tarnungen durchbrechenden Direktheit beginnt, die die übrigen Dramen des Zyklus auszeichnet, wird sie – nach dem ersten Akt – mehr und mehr breit, duldet romantische Aufweichungen ebenso wie eine naturalistische Diktion. Zum anderen tritt in dem Stück ein durchaus ideal gesinnter Held auf, der mit seiner reinen, edlen Menschlichkeit seine Mitmenschen zum Guten bekehrt. Diesem Lehrer Tack billigt Sternheim in dem Stück außerdem einen sentimental gesehenen Lungentod zu.

Der entfesselte Zeitgenosse

Eine reiche Erbin, auf einem Schloß lebend, wird da zunächst von einer Gruppe von Mitgiftjägern umlagert. In diese Gesellschaft kommt rein und ahnungslos – mit einem gefundenen, aber diskreterweise ungelesenen Tagebuch der Heldin – ein frischgebackener Jurist (der Tischler werden möchte!) und verliebt sich, nach bloßem Anblick eines Fotos, in die Schloßherrin Klara. Edelmütig hat er es dabei ganz und gar nicht auf die Erbschaft abgesehen. Seine Selbstlosigkeit und Liebe geht so weit, daß er der zu ertrinken drohenden, angehimmelten Frau ins Wasser nachspringt und sie zu retten versucht, obwohl er Nichtschwimmer ist. Schon zur Abreise entschlossen – denn den Dank der Dame begehrt er nicht – erfährt er endlich, daß auch Klara ihn liebt, steigt schnurstracks mit einer Leiter in ihr Schlafzimmer und sinkt in ihre Arme.

Nebbich

Zwei der Generalthemen des bürgerlichen Heldenlebens werden in diesem Stück (1922) noch einmal aufgenommen: Einmal die Sucht des Spießers nach seinen ruhigen, abgesicherten Bezirken, die ihm allein sein Dasein garantieren; zum anderen die Metapher als Tarnung des abgesicherten Bezirks, deren der Bürger bedarf, weil er nur im Einverständnis mit der Banalität seiner Welt leben kann, wenn er sie sich mit dem Flitter glänzender Vergleiche vergoldet.

Das spießige Beharrungsvermögen läßt Sternheim Weltkrieg und Revolution unverletzt überlebt haben: »Tritz ist Begriff der Zeit. Wir halten im fünften Jahr der Republik, der Revolution, meine Herren, die anfangs, das gebt ihr zu, mit Liebknecht und Eisner munter genug ging. Tritz hat das Chaos gebremst, das Ganze triftig zum Stillstand gerichtet. Revolution aus.«

Diesen leibhaftigen Bremsklotz Tritz zeigt das Stück am Anfang beim Ausflug mit zwei Freunden, einem Mehrheitssozialisten und einem Kommunisten. Obwohl sich die beiden über den Nebbich Tritz lustig machen, sind auch sie nur Varianten der alles überdauernden Spießerruhe. Über die ideologischen Gegensätze hinweg verbindet sie der Vereins- und Wandertrieb.

Sternheim läßt eine berühmte Kammersängerin als leibhaftige Versuchung in dieses Spießerparadies einbrechen. Bei einer Autopanne erblickt die stets nach neuen Reizquellen Ausschau haltende Gesangsdiva den Nebbich und zieht ihn zu sich hinan in die »große Welt«. Dort strapaziert sie ihn eine Zeitlang über seine Verhältnisse und entwickelt auch Ehrgeiz für sein berufliches Fortkommen. Aber seine ruhebedürftige Natur widersetzt sich den geistigen und körperlichen Strapazen.

Deutsches Theater und Drama 1910 bis 1933

Der szenische Expressionismus

Der Expressionismus – diese sehr deutsche Kunstbewegung, die der Darstellung der Wirklichkeit durch pathetische Übersteigerung, ideelle Verkürzung, Ekstase des Willens und der Gefühle beizukommen suchte – ist in der Malerei, in der Musik, in der Lyrik schon 1914, vor Kriegsausbruch, virulent. Auch einige gegen die wilhelminische, die autoritäre Vätergeneration aufbegehrende Stücke, die nach der »Wandlung«, nach dem »neuen Menschen« verlangten, wurden noch vor dem Herbst 1914 geschrieben: Sorges *Bettler,* 1910, Hasenclevers *Sohn,* 1913, Bronnens *Vatermord,* 1913, Barlachs *Armer Vetter,* 1913/14. Aber die noch bestehende Zensur und wohl auch der Umstand, daß das Theater nicht nur Kunstform, sondern auch Institution und Apparat war – was es schwerer beweglich machte als andere Kunstformen – trugen dazu bei, daß der Expressionismus die Bühne gegen Ende des Krieges zunächst zögernd und sporadisch, nach der Novemberrevolution 1918 dann nachhaltig erreichte.

Im Oktober 1916 spielte der junge deutsch-jüdische, aus Prag stammende Schauspieler Ernst Deutsch in Dresden, in geschlossener Vorstellung, Hasenclevers *Sohn;* Deutsch war auch mit von der Partie, als das junge Kraftgenie Heinrich George im Juni 1917 des Malers Oskar Kokoschka ekstatische Kurzdramen *Mörder Hoffnung der Frauen, Hiob* und *Der brennende Dornbusch* im Dresdner Albert Theater uraufführte. Von der Regie her wurde Hasenclevers *Sohn* erst im Januar 1918, in Mannheim, angemessen verwirklicht: Richard Weichert konzentrierte auf den »Sohn« das Licht der (erst seit einigen Jahren zur Verfügung stehenden) elektrischen Scheinwerfer; um ihn herum im Halblicht, schattenhaft, die anderen Figuren, seine, des Sohns, Visionen, Quälbilder. Weichert darin vorangegangen war im Dezember 1917 Max Reinhardt: er hatte (wieder aus Zensur-, aber auch aus Risiko-

minderungsgründen) den Verein »Das junge Deutschland« gegründet, der, von Reinhardts Dramaturg Heinz Herald betrieben, bis 1920 zehn Inszenierungen in Berlin vorstellte. Bei der ersten, bei der Uraufführung von Sorges schon 1912 mit dem Kleistpreis ausgezeichneten *Bettler,* führte Reinhardt selbst Regie. »Es wird auf der leeren Bühne gespielt ... Aus dem großen schwarzen Raum, der etwas Unberührtes, Nochnichterfülltes, Grenzenloses hat, reißt das Licht einen Teil: hier wird gespielt. Oder ein Mensch steht, allein, als Lichtfleck vor einer schwarzen Fläche ... eine Birke in blauem Licht gibt einen Garten« (Herald). Mit der Titelrolle, dem Bettler und jungen Dichter, debutierte Ernst Deutsch in Berlin. Noch ein zweitesmal, mit der Inszenierung von Reinhard Goerings *Seeschlacht* (März 1918), ließ sich Reinhardt auf Expressionistisches ein, dann – nach Kriegsende – ließ er den Zirkus Schumann von Hans Poelzig zum Großen Schauspielhaus, dem Theater der Viertausend, umbauen – und zog sich 1920, vor dem Neuen, dem expressiven und dem aktivistischen Theater resignierend, zurück, retirierte nach Wien und nach Salzburg (dort mit Hofmannsthal und Richard Strauss die Festspiele als konservative Einrichtung begründend). 1924 bis 1929 leitete Reinhardt wieder selbst seine Berliner Theater; er inszenierte bezeichnenderweise zwei Uraufführungen von Werken Gerhart Hauptmanns *Dorothea Angermann* (1926) und *Vor Sonnenuntergang* (1932), und zwei Stücke Shaws: *Die Heilige Johanna* (1924) und *Der Kaiser von Amerika* (1929). Der dramatischen Moderne hielt er sich fern, mit Ausnahme von Pirandellos *Sechs Personen suchen einen Autor* (1924).

Karl Heinz Martin

Wie die expressionistische Dramatik zuerst außerhalb Berlins vorgestellt worden war, so kamen auch die Regisseure, die Reinhardts Gegenspieler in Berlin werden sollten, aus der »Provinz«: Karl-Heinz Martin

und Ludwig Berger aus Hamburg, Leopold Jessner und Erwin Piscator aus Königsberg. Und es war wohl erst die politische Revolution, der Sturz des Kaiserreiches, die Republik, die es möglich machten, daß sie sich in Berlin durchsetzten. Am 30. September 1919 fand auf der vorhanglosen Podiumsbühne des neugegründeten Theaters Die Tribüne (»Wir werden nicht spielen, wir werden Ernst machen«, hieß es in deren Manifest) die Uraufführung von Ernst Tollers Stationendrama *Die Wandlung* statt. Der Autor, wegen seiner Teilnahme an der Müncher Räterepublik in Haft, hatte seinen eigenen Weg vom Kriegsfreiwilligen zum Pazifisten und Revolutionär dramatisch dargestellt. Die beiden wichtigsten, später scharf antipodischen Kritiker, Herbert Ihering und Alfred Kerr, waren sich über Rang und Bedeutung des Abends einig. Ihering notierte: »An Ernst Tollers Schauspiel wurde der Expressionismus des Theaters zum ersten Male nicht Experiment, sondern Erfüllung. Die Dekorationen (von Robert Neppach) waren Versatzstücke der Andeutung. Transportzug – und vor dunklem Vorhang stand ein mittelhohes und mittelbreites Stück Wand mit Gitterfenster; Wüstenlager – und ein gemaltes Wachtfeuer war da; Drahtverhau – und ein kurzes Gestell; Lazarett – und ein getünchter Wandausschnitt wurden hingesetzt. Das lokale Motiv der Szene wurde angeschlagen, und die Motive wurden gebunden und aufgelöst durch dunkelnde und hellende Beleuchtung. Vor diesen verkürzten, gedrängten Bildklängen spielten verkürzt und gedrängt die Schauspieler. Worte ballten sich rhythmisch und brachen auseinander. Schreie gingen auf und versanken. Bewegungen stießen vor und zurück. Man gab nicht Psychologie und Entwicklung, sondern Ballung und Moment. Nicht Zeichnung, sondern Punktierung. Nicht Gebärde, sondern Kraft. Die innere Richtung war festgelegt. Die Richtung des Falles und des Aufstiegs. Eine Volksversammlung wurde nicht durch Massen, sondern durch akzentuierte Gruppen bestimmt. An diesem Abend kam das Theater einen Schritt weiter.«

Martin hat die tiefe Wirkung der *Wandlung* niemals wieder erreicht; er arbeitete 1920–1922 an Reinhardts Bühnen, zeigte im Großen Schauspielhaus 1921/22 einen Zyklus deutscher Revolutionsstücke, darunter *Florian Geyer* und *Die Weber* von Hauptmann, Schillers *Räuber* und Tollers *Maschinenstürmer;* 1929–1932 versuchte er als künstlerischer Leiter der Berliner Volksbühne an sein politisches und soziales Engagement der ersten Nachkriegsjahre noch einmal anzuknüpfen; vor den Nazis mußte er nach Wien und in die Filmregie ausweichen; von 1940 an inszenierte er wieder in Berlin, an dem von George geleiteten Schillertheater, und 1945 bis zu seinem Tode 1948 war er Intendant des (damals städtischen) Hebbeltheaters.

Kortner und Jeßner

Der Protagonist der *Wandlung* Fritz Kortner – nach eigenem Zeugnis hatte er »den Konflikt mit der Umwelt . . . als junger deutscher Jude und Rebell« gespielt – trat drei Monate später, am 12. Dezember 1919, wiederum vor das Berliner Premierenpublikum: im Preußischen Staatstheater (wie das ehemalige Königliche Schauspielhaus seit der Revolution hieß) als Geßler in Schillers *Wilhelm Tell*. Inszeniert hatte der neue Intendant, der Jude und Sozialdemokrat Leopold Jeßner (1878–1945), der in Hamburg und vor allem in Königsberg während des Krieges seinen Stil der szenischen Vereinfachung, Abstraktion, der dynamischen Knappheit und Beschleunigung, der Konzentration der Idee ausgebildet. Den *Tell* ließ er ohne illusionierende Dekoration, auf einer gestuften, treppenartigen Bühne spielen, als »Freiheitsschrei«. Zu seiner Inszenierung von Shakespeares *Richard III.* (1920) notierte Jeßner 1924: »Derselbe Versuch: statt historischer Reproduktion die *Idee* des Dichtwerkes symbolisch wiederzugeben, wurde dann in »Richard III.« noch sichtbarer erstrebt. Hier erschien der Stufenbau nicht mehr, wie noch im »Tell«, als selbständiger architektonischer Aufriß, sondern als Ausdruck des Schicksalhaften. Zur Höhe einer roten Stufenflucht jagt Richard Gloster und wird als Richard III. gekrönt. Dann entrollen sich die Schlachten. Und von derselben rotgestuften Bühne, auf der er als Krieger im Höhepunkt seines Glanzes gestanden, halb entkleidet – zerrissen – verworren – ein Wahnsinniger schon – von der obersten Höhe bis zur untersten Tiefe torkelnd, vollzieht sich sein Untergang. Bis in die Farbe der Kostüme hinein sollte das Symbolhafte sich durchsetzen: weiß die Krieger Richmonds, das Heer, das für die Wahrheit kämpft; rot die Krieger Richards, der Blut vergießt nur um des Blutes willen. Die Schlachten aber sollten, aller örtlichen Zerstückheit enthoben, zu einheitlicher Vision gesteigert werden, in dem der musikalische Rhythmus unzähliger Pauken ihre Darstellung vermittelt – ein Prinzip, das sich später in Grabbes »Napoleon« zu noch zentralerer Bedeutung entwickeln sollte.«

Im Verlauf der zwanziger Jahre schattierte sich Jeßners Stil (»den seelischen Vorgang bis in die leiseste Schattierung hinein zeigen«); er griff aber auch weiterhin an, so im *Hamlet* (1926), wo der verderbte Hof in wilhelminischem Kostüm vorgeführt wurde. Mit »epischer« Objektivität führte Jeßner 1929 den Untergang des Sophokleischen *Ödipus* vor. 1930, angesichts dauernder Angriffe der nationalistischen Rechten gegen den entschiedenen Anhänger der Weimarer Republik, trat Jeßner als Intendant zurück, blieb aber bis zur aufgezwungenen Emigration 1933 Regisseur am Staatstheater. Jeßner starb 1945 im amerikanischen Exil, in Los Angeles, wo er 1939 noch einmal den *Tell* inszeniert hatte.

Piscators politisches Theater

Erwin Piscator (1893–1966), vor 1914 Schauspieler am Münchner Hoftheater, war im Krieg, als Soldat, zum Pazifisten geworden, kehrte als Gegner autonomer Kunst zurück, lernte die aggressiven Berliner Dadaisten kennen (»Kunst ist Scheiße«), erprobte sich mit dem nur einige Monate bestehenden »Tribunal« in Königsberg 1920 und führte 1920/21 das Proletarische Theater (dessen Gründung Karl-Heinz Martin mitbewirkt hatte). Piscator agitierte mit *Rußlands Tag* (1920) gegen die Intervention der Westmächte in der Sowjetunion, er spielte u. a. von Franz Jung *Wie lange noch – Du bürgerliche Hure Gerechtigkeit?«* Im Central Theater 1922/23 übte er sich in realistischer Inszenierungsweise an Stücken von Gorki, Rolland und Tolstoi. Von 1924 bis 1927 arbeitete Piscator als Oberregisseur an der Berliner Volksbühne, »ein paar Meter links von links« (Alfred Polgar). Gorkis *Nachtasyl* inszenierte er »durch seine fiebernde Beziehung zu Heute und Morgen gezwungen . . . so . . . als sei es nach Weltkrieg, Revolution und Inflation aus den Scheunenvierteln einer Stadt mit hunderttausenden Arbeitslosen förmlich herausgesprungen«. Alfons Paquets *Fahnen* (1924) über den Chikagoer Anarchistenprozeß 1886 und *Sturmflut* (1926) über die russische Revolution 1917 und die deutschen Revolutionsereignisse, Elm Welks sozialrevolutionäres Störtebekerstück *Gewitter über Gottland* (1927) erweiterte Piscator dokumentarisch mit Foto- und Textprojektionen und Filmen.

Die Vormacht der Weltrevolution, der Piscators Theater dienen wollte, war die Sowjetunion, ihr Vorkämpfer Lenin. Sein Bild erschien, seine Stimme ertönte in fast allen Aufführungen Piscators. Rote Fahnen wehten. Piscator war damals unumwunden Kommunist (für die KPD inszeniert er 1924 die *Revue Roter Rummel* und 1925 *Trotz alledem*). Daraus entstand 1927 der Volksbühnenkampf: die sozialdemokratische Mehrheit des Vorstands der Besucherorganisation und des Theaters sprach für die Mehrheit der sozialdemokratischen Mitglieder der Organisation, als sie Piscator das Recht zu kommunistischen Demonstrationen in den Volksbühneninszenierungen bestritt. Piscator wurde entlassen, er zog mit sich die »Sondergruppen« der Volksbühne und etablierte im September 1927 seine eigene Bühne am Nollendorfplatz, die Piscator-Bühne. Ein Kollektivunternehmen: Die Autoren Becher, Brecht, Döblin, Walter Mehring, Mühsam, Toller, Tucholsky arbeiteten mit; junge Schauspieler (darunter Kalser, Steckel, Lindtberg, Busch) unterwarfen sich Training und Disziplin, der Kontakt mit dem ZK der KPD war eng. Aber, Paradoxie, finanziert wurde die Piscator-Bühne von Kapitalisten. Ein Kollektiv? Piscators Name stand über allem, vor allem. Er faßte die Teile – kollektiv erarbeitete Texte, technische Maschinerie auf der Bühne, Prospekt, Projektion, Film, Musik, schließlich Schauspieler – zur Einheit zusammen. Piscator war (so Peter Szondi) das epische Ich, das die Revue-Elemente seiner Inszenierungen in maßloser Überdimensioniertheit zusammenhielt und mit dem Gestus des politischen Redners vor dem Publikum ausbreitete. Was gab es auf der Piscator-Bühne zu sehen? *Hoppla, wir leben* nach Toller: Ein wegen Teilhabe an der Revolution 1919 Gefangengesetzter begegnet nach seiner Freilassung der fiebrigen, amerikanisierten, ihm unverständlichen Realität von 1927. *Rasputin,*

»die Erweiterung des Rasputin-Schicksals zur Schicksalsrevue ganz Europas« (Piscator), mündete wieder in die Revolutionsapotheose ein. Schließlich *Die Abenteuer des braven Soldaten Schwejk* (1928), dem Theaterzettel zufolge eine Dramatisierung des Hasekschen Romans durch Max Brod und Hans Reimann, Piscator zufolge eine Kollektivleistung, Brecht zufolge weitgehend von Brecht. Piscators Erfindung jedenfalls war das laufende Band, auf dem Schwejk – vor Prospekten von George Grosz – von Episode zu Episode durch Etappe und Krieg marschierte. Eine geniale Erfindung: die adäquate Entsprechung der epischen Struktur des Romans, zugleich die Versinnlichung der Zeitabläufe und des Verlaufs der Geschichte, hin zur Auflösung des Habsburgerreiches.

Piscators Zeit: der Erste Weltkrieg und sein Katastrophenende. Immer wieder beschwor er das. Immer wieder am Ende, noch einmal, die Revolution – um ihre (nach Piscators damaligen Begriffen) kleinbürgerliche, kompromißlerische Entwicklung in Deutschland rückgängig zu machen, wenigstens auf dem Theater? Piscator, die Politik theatralisierend, hat den Umweg, den schwierigen, von Brecht mit großer Geduld und Konsequenz beschrittenen, über die Kunst (die Distanz, die Form, auch die »Verfremdung«) gescheut. Er wollte, ungeduldig, erregt, betroffen, unmittelbar wirken, Stoffe ins Publikum schleudern. Kunst hält auf, Agitation ist besser. Brecht hat, auf langen Umwegen, sein Theater (im Berliner Ensemble) vollendet, in Ästhetik aufgehoben. Piscator hat immer neu angefangen. Er hat herausgefordert, projektiert, entworfen. Nicht die Resultate, sondern die Ansätze zählen. Gehört Piscator, typologisch gesehen, nicht eher zu den großen Anregern des Theaters in diesem Jahrhundert? An die Seite Craigs und Artauds? Piscator formulierte (schon im *Politischen Theater,* 1929) Sätze, die auch bei Artaud stehen könnten: »Eigentlich möchte ich ohne Dekoration, ohne Kostüme, ja ohne Kleider spielen, nackt, aber nicht körperlich, sondern seelisch nackt, um endlich dahinter zu kommen, wo die Wahrheit liegt, der Inhalt unseres Lebens, und um die Gesetze zu finden, nach denen wir leben und glücklich sein können.« 1929 brach die Piscator-Bühne zusammen

ohne daß der Zusammenbruch ihren Initiator irritierte. Er fing bald neu, kleiner, an, im Wallner-Theater. War er 1927 Brecht einige Schritte voraus gewesen, so suchte er jetzt, 1931, den anderen einzuholen. Herbert Ihering über Piscators Inszenierung von Friedrich Wolfs Stück über die chinesische Revolution *Tai Yang erwacht:* »Ein politisches Lehrstück. Die Entscheidung wird in den Zuschauer gelegt. Zum erstenmal setzt Piscator sich wirklich mit weltanschaulichen Thesen auseinander. (Keine rückwärtsgewandte Polemik gegen den Krieg) . . . Die Stärke der Aufführung sind die pantomimischen Ansätze . . . Keine Dekoration, nur Plakate, nur Fahnen – Piscator hat gelernt: von *Mahagonny* bis zu den Lehrstücken.« Im gleichen Jahr 1931 reiste Piscator ins Land der Verheißung, in die Sowjetunion. Er begann dort, Anna Seghers' Novelle *Der Aufstand der Fischer von St. Barbara* zu verfilmen. Der Film blieb Fragment. Doch im Staat der stalinistischen Säuberung war kein Platz für Piscator. 1936 ging er nach Paris, 1938 nach New York, leitete dort den Dramatic Workshop an der Neuen Schule für Sozialforschung. Der Prediger kehrte den Pädagogen hervor. Tennessee Williams, Arthur Miller, Marlon Brando, Judith Malina waren dort seine Schüler. Erst 1951 kehrte Piscator nach Deutschland zurück, in die Bundesrepublik (darüber im Kapitel deutsches Theater nach 1945).

Fehling und Hilpert

1918 war der in Lübeck geborene Schauspieler Jürgen Fehling aus Wien nach Berlin gekommen, an die Volksbühne. Hier wurde er Regisseur, zu seinen ersten Erfolgen gehörte *Masse Mensch* von Toller 1921. Siegfried Jacobsohn erkannte: »Welches unerschöpfliche Lager von Rhythmen hat dieser musikalische Regisseur! Der Höhepunkt: wie die Masse dem Gewehrgeknatter ihr Schlachtlied entgegen singt . . . Man lebt.« Fritz Kortner, mit Fehling aus Wien bekannt, überredete ihn 1923, ans Staatstheater überzuwechseln, wo er bis 1933 Jeßners Antipode war – und danach, in der Nazizeit, der dominierende Regisseur nicht nur dieses Theaters. Fehling gelang es in den zwanziger Jahren, schwierige und schwerlastende Außenseiterstücke in ein adäquates Bühnenleben zu bringen: Barlachs *Armen Vetter* (1923) und *Blauen Boll* (1930) – beide mit

Heinrich George –; Hans Henny Jahnns *Medea* (1926) und *Die Wupper* der Else Lasker-Schüler (1927). Darüber Alfred Kerr: »Der Alltag so zwingend gearbeitet wie das Schwerfaßbare, was um den Alltag schwebt.« 1933 ließ Fehling seine Arbeits- und Lebensgenossin Lucie Mannheim in die Emigration ziehen, er selbst blieb in Nazideutschland, inszenierte 1933/34 gleich fünf den Nazis genehme zeitgenössische Stücke am Staatstheater. Erst als Gründgens 1934 dort Intendant wurde (und seitdem sorgsam bemüht war, Fehling als die zwar schwierigste, aber stärkste Regiepotenz zu halten), kam er aus den Blut- und Bodenniederungen wieder hervor – seine kühnste Inszenierung war 1937 *Richard III.* von Shakespeare mit Werner Krauß, als (Goebbels ähnlicher) hinkender Stratege der lügnerischen Rhetorik in der Titelrolle. Der Untergang der hybriden Naziherrschaft war in Richards Fall prophezeit, nicht aber die Machtprozesse, analysiert, die diese Herrschaft ermöglicht und befestigt hatten.

Der Berliner Heinz Hilpert (1890–1967) begann wie Fehling als Schauspieler an der Volksbühne; er inszenierte das letzte expressionistische und das erste Volksstück Zuckmayers: *Pankraz erwacht* und *Der fröhliche Weinberg,* beide 1925. Davor, 1924, hatte er des damaligen Brechtfreundes Arnolt Bronnen *Anarchie in Sillian* in Szene gesetzt, 1925 dann dessen skandalbegleitete *Exzesse.* Von 1926 arbeitete er zumeist am Deutschen Theater Reinhardts, ein sicherer Schauspielerführer, ein berlinischer Realist. Er hatte Glück mit Uraufführungen: mit *Die Verbrecher* von Bruckner (1928), einer kolportagehaften Attacke auf die Klassenjustiz, mit Zuckmayers Uniformsatire *Der Hauptmann von Köpenick* (1931) und mit dem bedeutendsten Stück der letzten Jahre der Weimarer Republik, mit Horváths subtiler Kleinbürgeranalyse *Geschichten aus dem Wiener Wald,* ebenfalls 1931. Dazu notierte Kerr, dem der Realismus am nächsten lag: »Lebhaft aus wahrer Wirklichkeit«. 1934 übernahm Hilpert im Auftrag des Reichspropagandaministeriums, aber auch mit Zustimmung des exilierten (und 1933 enteigneten) Max Reinhardt dessen Deutsches Theater, führte es bis 1944 so redlich, wie das irgend möglich war.

Brechts Theaterarbeit

Auch der Weg Brechts, des einzigen Stückeschreibers, der hartnäckig auch Theaterproduzent (Regisseur, Apparatinhaber) sein wollte, begann außerhalb Berlins, obwohl die Reichs- und Theaterhauptstadt schon früh das selbstverständliche Ziel seiner Bemühungen war. In den ersten Nachkriegsjahren pendelte er zwischen dem Heimatort Augsburg (wo er heftig ins Theater hineinrufende Theaterkritiken schrieb) und dem Studienort München, wo der 21jährige 1919 gelegentlich als Klarinettist in des bewunderten Karl Valentin Oktoberfestbude auftrat. Erst im September 1922 erreichte er es, daß sein zweites Stück *Trommeln in der Nacht* an den Münchner Kammerspielen uraufgeführt wurde – immerhin an einem der angesehensten Theater außerhalb Berlins, inszeniert von dessen Leiter Otto Falkenberg. 1923 führte Erich Engel, seitdem enger Mitarbeiter Brechts auf verschiedenen Stationen seines Arbeitsweges, Regie bei der Uraufführung von *Im Dickicht der Städte* im Münchner Residenztheater. Ende des gleichen Jahres wurde Brechts erstes, ungebärdigstes Stück *Baal* in Leipzig uraufgeführt. Wenig später saß Brecht zum erstenmal am Regiepult: Er inszenierte seine gegen die gipserne Klassizität gerichtete Bearbeitung der Marlowschen Historie unter dem Titel *Leben Eduards II.* an den Münchner Kammerspielen. Als Brecht den neben ihm sitzenden Karl Valentin fragte, wie Soldaten in der Schlacht aussähen, antwortete der: »Angst haben's, weiß san's«, worauf Brecht die Gesichter der militärischen Statisterie mit dicker, kalkweißer Schminke zustreichen ließ: ein Grundzug des Brechtschen (von ihm später »episch« und noch später »dialektisch« genannten) Theaters war geboren – die distanzierte Veräußerlichung, Objektivierung, »Verfremdung« innerer, psychischer Zustände. Im Oktober 1924 gab es gleich zwei Brechtpremieren in Berlin: Erich Engel inszenierte im Deutschen Theater *Im Dickicht der Städte,* Jürgen Fehling im Staatstheater *Leben Eduards II.* Aber Berlin war noch nicht erobert, das geschah erst, trotz aller lauthals vorgebrachten Frechheiten Brechts, 1928; da hatte im Januar *Mann ist Mann* Berliner Premiere in der Volksbühne, Regie Erich Engel; und am 31. August gab man im Schiffbauerdammtheater zum erstenmal die *Dreigroschen-*oper, aggressives Amüsiertheater – überall im Reich nachgespielt, von Protesten und Beifall begleitet. Das Schiffbauerdammtheater wurde damals von Ernst Josef Aufricht geleitet, Brecht nannte es später des Stückeschreibers Theater, obwohl er eigentlich nur noch bei einer anderen Inszenierung die Hand im Spiele hatte: bei der Uraufführung von Marieluise Fleißers Kleinstadtballade über Bürgersöhne, Dienstmädchen und Soldaten *Pioniere in Ingolstadt* (1929).

Das Theatersystem verändert sich

Das Schiffbauerdammtheater wurde wie die meisten Berliner Theater damals kommerziell betrieben; nur die Staatstheater erhielten Zuschüsse. Seit dem Ende des Ersten Weltkrieges, mit Inflation, Stagnation und noch mehr mit dem Einbruch der Weltwirtschaftskrise, der Massenarbeitslosigkeit seit 1925, wurde es zunehmend schwieriger, Geschäftstheater zu betreiben. Die früher im Publikum dominierende Bourgeoisie hatte durch Kriegsanleihen und während der Inflation an Vermögen verloren; die neuen Kleinbürgerschichten, das wachsende Heer der Angestellten, konnte die hohen Eintrittspreise nicht allzu oft aufbringen. Außerhalb Berlins hatten die meisten Städte die Konsequenz gezogen, die Theater in ihre Trägerschaft zu übernehmen und zu subventionieren, um so anstelle des »Geschäftstheaters« das »Kulturtheater« zu etablieren, wie man damals sagte. 1914 noch waren von ca. 120 Stadttheatern nur 16 von den Städten selbst getragen worden; schon 1929 waren es dagegen ca. 110. Außerdem entstanden in den zwanziger Jahren etwa 20 in einer bestimmten Region reisende Landesbühnen oder Städtebundtheater, auch sie subventioniert. Dieses »Kulturtheater« hatte die Weltwirtschaftskrise (mit marginalen Einschränkungen) überstanden; schlechter dagegen war es einer ganzen Reihe von Privattheatern ergangen, denen das Publikum auch ins Kino weglief. In der Nazizeit wurde das öffentliche Theatersystem noch weiter ausgebaut. Das wichtigste der literarisch ambitionierten Privattheater, das Deutsche Theater Max Reinhardts mit seinen Nebenbühnen, wurde 1933 seinem Besitzer weggenommen und ging in staatlichen Besitz über. Die Machtübernahme der Nazis trieb viele füh-rende Theaterleute, die jüdischen und die politisch linksstehenden, in die Emigration. Fast die gesamte wichtigere dramatische Produktion der vier Jahrzehnte seit 1890 durfte nicht mehr gespielt werden: die Werke Wedekinds, Sternheims, Hofmannsthals, Georg Kaisers, fast der gesamte Expressionismus, die Zeit- und Volksstücke Zuckmayers, Brückners, Horváths. Am 20. April 1933, an Hitlers Geburtstag, wurde das ihm gewidmete, 1931/32 geschriebene Ruhrkampfdrama *Schlageter* im Preußischen Staatstheater uraufgeführt und dann von vielen Bühnen im Reich nachgespielt. Der Autor Hanns Johst war mit seinen expressionistischen Stücken *Der junge Mensch* (Uraufführung 1919 in Hamburg) und *Der Einsame* (Uraufführung 1917 in Düsseldorf) und sieben weiteren Werken nicht über Provinzinszenierungen hinausgelangt. Jetzt okkupierte er, der seit 1928 Parteimitglied war, die erste Bühne des Reiches. Im ersten Akt von *Schlageter* schreit der junge Freikorpsoffizier Friedrich Thiemann (in Berlin gespielt von Veit Harlan): »Hier wird scharf geschossen! Wenn ich Kultur höre ... entsichere ich meinen Browning.«

Der dramatische Expressionismus

Die Autoren des expressionistischen Theaters wurden fast alle um 1890 geboren, fast alle von ihnen kamen aus bürgerlichen und intellektuellen Häusern. Den meisten war der Frieden, den die Vätergeneration mit der Gesellschaft und dem Staat geschlossen hatte, ein Ärgernis – sie rebellierten, begehrten auf, fühlten sich wie gefangen. Die meisten von ihnen rechneten sich einer jungen Generation zu, die ein eigenes Ethos entwickelt hatte – und sich auch eine eigene Welt schaffen sollte. Diese Impulse verschmolzen immer wieder in den einzelnen Dramen: Die Autorität des Vaters und Staates erschienen als dasselbe, das bürgerliche (manchmal auch das kleinbürgerliche) Zuhause wirkte wie ein Gefängnis, das die jungen Menschen vom wirklichen Leben abhielt. Der Ausbruch war offensichtlich nur gewaltsam vorstellbar, nicht zivil, nicht friedlich. Viele zogen 1914 als Kriegsfreiwillige ins Feld. Etliche von ihnen wandelten sich durch die Erfahrungen an der Front zu radikalen Pazifisten und Sozialisten. Das Selbstbewußtsein der jungen Generation steigerte sich gegen Kriegsende bei einigen zu einem fast messianischen Sendungsbewußtsein: Die Jungen, die zunächst die Opfer der alten Welt werden sollten, erheben sich zu ihren Richtern. Der Krieg wurde als größter Schrecken, aber auch als Durchgangsphase zu einem besseren Leben verstanden, als eine Art Feuer, das die schlechten alten Substanzen ausbrennen könnte. So verbinden sich mit oft konkretem Zorn auf bestimmte Einrichtungen, etwa auf die Korrektionsmaßnahmen der herrschenden Patriarchen vor 1914, egal welcher Klasse sie angehörten, hochfliegende Erwartungen von etwas Kommendem, das wohl »ganz anders« aussehen müßte.

Deshalb bevorzugte das expressionistische Drama als Zentralfigur den jungen Menschen, der im Mittelpunkt eines Geschehens alles auf sich bezieht, die Erscheinungen um sich herum als Abbilder eigener Sehnsüchte und Ängste deutet, der in fahriger Ekstase aus den konventionellen Normallagen hinausschießt und in der Sprache zu manchmal predigthaftem, manchmal elementarem Pathos tendiert: Unruhe, Impulsivität, die scharfen hohen Töne beherrschen die Figuren und ihre Rede.

Der Theaterexpressionismus der ersten Nachkriegszeit lebte nicht nur von dem Protest gegen den Kult der falschen Autoritäten in der Vorkriegszeit, lebte auch nicht nur durch die Kriegserfahrung, er lebte auch daraus, daß die Szene als stilisierter Symbolraum nun fähig war, mit Licht und Dunkel, Gruppierung und Massenverteilung, dynamisierten Räumen und bildhaften Zeichen sowohl den Subjektivismus der expressionistischen Heldenfiguren auszudrücken, als auch aus dem Schauplatz ein Tribunal werden zu lassen. Die Appelle, die von der Bühne aus in den Zuschauerraum gerichtet wurden, verstärkten sich erheblich – die Dramatiker wünschten sich eine hohe Plattform, von der aus sie herab und zu vielen reden könnten. Entsprechend nahm die Stimmstärke der an die Rampe vorgeschickten Redner zu. Zweifellos, das expressionistische Drama war mit einem gleichmütig genießenden Publikum nicht länger zufrieden, auch nicht mit der kleinen Zahl der Kenner (obwohl paradoxerweise die ersten Aufführungen fast nur vor ausgewählten Zuschauern stattfanden, da etliche der Stücke vor Kriegsende nicht

öffentlich aufgeführt werden durften). Die Dynamik, die ihren Ausgangspunkt auf der Bühne nahm, sollte in die Zuhörer und Zuschauer hineinwirken. Die szenisch demonstrierte Revolte war daraufhin angelegt, ein Gleiches bei denen zu erreichen, die Zeugen dieses Vorgangs wurden.

Natürlich konnte diese Spannung nicht durchgehalten werden, die hochfliegenden Erwartungen erfüllten sich nicht – die Nachkriegszeit und die Staaten, die sich anstelle der alten Kaiserreiche, des Wilhelminischen und des Habsburgischen, etablierten, verlangten nüchternere Betrachtung. Die revolutionäre Hoffnung von 1918, es werde etwas entstehen, was in der deutschen Geschichte bis dahin noch nicht zu erleben gewesen war (und gewiß hatte die Botschaft von der russischen Oktoberrevolution auch viele in Deutschland beflügelt), wich der Enttäuschung darüber, daß die alten Mächte sich als stabiler erwiesen, als vermutet worden war. Der Rückschlag – und es war ja nicht nur ein geistiger – traf all die empfindlich, die sich ein von dem Vorkriegszustand grundsätzlich verschiedenes Deutschland oder Österreich gewünscht hatten. Die breite Masse der Bevölkerung wurde spätestens durch die Inflation in Panik versetzt, als nicht nur der Wert des Geldes sank, sondern auch noch die über den Krieg hinaus geretteten Ideale in den Strudel eines globalen Vertrauensschwundes hineingerissen wurden. Diese zweite Umwälzung (nach der Kriegserfahrung) überstand der Theaterexpressionismus nicht; endgültig wechselten die jungen Dramatiker das Genre. Walter Hasenclever (1890–1940), der mit dem Drama *Der Sohn*, einer Anklage an die Väter, die ihre Autorität mißbrauchten, debütiert, der während des Krieges eine Variation der *Antigone* geschrieben hatte, um seinem radikalen Pazifismus Ausdruck zu verleihen, der nach dem Krieg einem eigentümlichen Mystizismus huldigte in Stücken, die an Drehbücher für Filme erinnerten – er schrieb nun fröhliche Komödien, Konversationsstücke mit einigen zeitkritischen Schärfen. In *Ein besserer Herr* (1927) interessiert er sich für einen Heiratsschwindler, der seinen Beruf in industriellem Maßstab ausübt. Liebe war für ihn nun etwas, das stimuliert und reguliert werden konnte. Dem Glühen der expressionistischen Jahre folgte

neusachliche Gelassenheit, dem Gefühlsüberschwang die Gefühlskälte, dem Pathos der Weltveränderung das Kalkül des Erfolgsstrebens. Arnolt Bronnen (1895–1959) vollzog nicht die gleiche abrupte Wandlung. Nach seinem *Vatermord* verfolgte er mit einer gewissen Konsequenz die einmal eingeschlagene Linie: den Aufruhr der Triebe bis zum Exzeß lärmig vorzuführen und zugleich dieses Theater der Begierden mit aktuellen politischen Akzenten zu versehen. Um so wechselhafter war sein politischer Weg: Er, der als junger Mann noch mit Bertolt Brecht zusammenarbeitete, wendete sich bald nach rechts, wurde zu einem Parteigänger der Nazis, erlebte im Dritten Reich eine Art später Umkehr und ging nach dem Zweiten Weltkrieg schließlich in die DDR, wo er bis zu seinem Tode 1959 als Theaterkritiker schrieb. Hasenclever dagegen wählte den Freitod im Exil 1940, als er nicht mehr hoffen durfte, sich dem Zugriff der mit den deutschen Truppen vorrückenden Gestapo entziehen zu können. Die frühen Gemeinsamkeiten der expressionistischen Generation waren also bald vergessen, die Lebenslinien fächerten über ein breites Spektrum aus.

Der Generationskonflikt spielte eine erhebliche Rolle im Expressionismus, weil sich in Vater und Sohn nicht nur Repräsentanten unterschiedlicher Altersgruppen gegenüberstanden, sondern Rivalen. Für den Sohn galt der Vater meist als Statthalter der alten Ordnung; seine Herrschaft, gesetzlich verbürgt, schien identisch mit der Herrschaft des Staates und der Vorkriegsgesellschaft. Die Empörung der Jungen, so diffus sie auch war, strebte zumindest zweierlei an: die Befreiung von der Diktatur der Alten, die Machtübernahme oder den Ausbruch aus dem bürgerlichen Hause – wohin der Weg den rebellierenden Sohn allerdings dann führen würde, blieb auch in den beiden Dramen unklar, die am programmatischsten ausgefallen sind.

Walter Hasenclever

Der Sohn

In dem 1914 entstandenen, 1916 in Prag uraufgeführten Stück läßt Hasenclever den jugendlichen Helden, der achtzehn Jahre alt sein soll, als Opfer eines in eiserner Disziplin erstarrten Hauswüterichs erscheinen. Der im bürgerlichen Leben erfolgreiche Vater, er ist Sanitätsrat, will aus seinem Sohn offenbar ein nützliches Glied der Gemeinschaft schmieden. Mit seinen extrem soldatischen Ansichten, die er auch in durchaus ziviler Umwelt mit drakonischen Maßnahmen durchzusetzen bemüht ist, verträgt sich nicht, daß der Sohn auch nach Frauen Ausschau hält. Dessen ersten Beischlaf beurteilt er als Akt der Revolte – und hat vielleicht damit gar nicht einmal unrecht: Aus dem Kind ist offenbar ein Mann geworden, der sich nicht weiter in gleicher Weise in den Käfig des Hauses einsperren läßt. Der starrsinnige Vater läßt sich nicht beraten, so steigern sich die Gegenspieler in ihrer Wut und bedrohen einander in der Schlußkonfrontation – bevor es zum Vatermord kommt, fällt der ältere Mann einem Herzanfall zum Opfer. Der Sohn verläßt triumphierend die Bühne.

Dieses etwas einfältige Stück über einen bösen Hauskrach mit fatalen Folgen, über die Unversöhnlichkeit zwischen Vater und Sohn, dem Patriarchen und dem nachwachsenden »Thronerben«, verdankt seine außerordentlich starke Wirkung eher dem Thema, den Motiven, die es aufgreift – als der dramatischen Zurüstung. Der Regisseur Richard Weichert hat in seinen Glossen zur ersten öffentlichen Aufführung 1917 in Mannheim erwähnt, daß Hasenclevers Sohn auch als Signal für die Abkehr vom Naturalismus und dessen Dogmen, als Eröffnung des expressionistischen Zeitalters auf der Bühne zu verstehen sei. Das Stück erinnerte ihn an Georg Büchner, an Bilder von Edward Munch, und so läßt er die Geschichte vom »werdenden Menschen, der aus der Umklammerung enger Begriffe, den hinreißenden Gesang des brausenden, lockenden Lebens hörend, hinaus will«, in visionären Bildern verdeutlichen, die »aus dem Dunkel auftauchen und verglimmen«. Weichert betonte das Unrealistische, das Phantastische der Szene: »Der Raum hat keinen Plafond und geht . . . nach oben ins Unendliche, um den Lichtkegel wirken zu lassen. Im grellen Lichtkreis, der gewissermaßen die Seele des Sohnes sichtbar symbolisiert, sitzt und lebt der Sohn; er allein in belebendem Lichte, hemmungslos in Gang und Geste. In umgebendem Halbdämmer und Rembrandt-Dunkel führen die anderen Figuren nur ein schattenhaftes Scheinleben, haben alle eine Art Automatenhaftigkeit und sind so, wie es der Dichter wollte, halb Menschen, halb Visionen. Sie erscheinen und verschwinden lautlos, gleiten hinein und hinaus (die Türen öffnen sich lautlos und von selbst). Sie leben ganz von der hemmungslos herausgeschleuderten Innerlichkeit des Sohnes, dessen Grundton der Rolle in dem Satz ruht: Ich muß mich aussprechen mit mir! Dieser monologische Charakter bleibt streng gewahrt. Verschwindet der Sohn von der Bühne, so geht auch der Lichtkreis weg . . .« Die Szene wird zum Bewußtseinsraum eines Individuums, zum Austragungsort seiner Projektionen, Ängste und Wünsche, das Drama auf diese Weise zu einem eher lyrischen Produkt, zum Monologstück, in dem die Präsenz eines übergroß sich gebärdenden Ich vordringlich wirkt. Die Regie hat auf diese Weise den gesellschaftlichen Konflikt aus dem Drama beinahe hinausgedrängt bzw. umgedeutet in eine eher archetypische Auseinandersetzung um den Ausbruch und Aufbruch des isolierten Menschen ins ersehnte Leben.

Arnolt Bronnen

Vatermord

Wie sehr der scheinbar biologisch vorbestimmte Vater-Sohn-Konflikt mit den familiären Umständen, diese wiederum mit den gesellschaftlichen Antagonismen zu tun haben, wird – deutlicher als bei Hasenclever – sichtbar in Bronnens Drama. Die Uraufführung des angeblich 1915 entstandenen Stücks rief 1922 einen Skandal hervor. Schuld daran waren vielleicht die extreme Heftigkeit, mit der der Kampf zwischen den Generationen auf der Bühne tobt, und der Umstand, daß der Sohn am Ende mit der Mutter ins Bett geht, den Vater erdolcht und zu guter Letzt frohgemut und »blühend« die Szene verläßt. Das Milieu, in dem sich dieses rabiate und keuchende Geschehen abspielt, wird genau umrissen. Der Vater mit dem bezeichnenden Namen Fessel ist ein

»Der Vatermord« von Arnolt Bronnen, 1979 in Mannheim inszeniert von Jürgen Bosse – gegen Schluß versperrt der nackte Sohn (Hans Falár) dem beilbewaffneten Vater (Heinz Schubert) den Zutritt zu dem Zimmer, in dem er eben mit der Mutter schlief. Gleich drauf wird er den Vater erschlagen. Die Aufführung etablierte das Kleinbürgermilieu mit verbissenem Aufstiegsstreben und Familientyrannei des Vaters in einem hohen, grauen Zimmerkasten (Bühne Herbert Wernicke) und ließ in pausenlosen zweieinviertel Stunden darin das Ineinanderverhaftetsein eskalieren.

kleiner Beamter und Sozialist, geduckt durch die Geschichte seiner Erniedrigungen und seines vergeblichen Aufbegehrens. Den Sohn will er zum Instrument der Rache an denen da oben schmieden. Deshalb soll der Junge eine gute Schulausbildung erhalten, soll sich stählen für die Revanche. Der störrische Sohn aber will diesen Auftrag durchaus nicht übernehmen. Ihm fällt die bedrückende und triste Umgebung der Kleine-Leute-Wohnung in der großen Stadt ebenso zur Last wie die Aussicht, als späterer Aufsteiger Triumphideen seines Vaters zu verwirklichen. Es ist Krieg, die allgemeine Not schlägt auf die spezielle dieses Haushalts durch.

Waren es bei Hasenclevers Erstlingsstück großbürgerliche Verhältnisse, die der rebellierende Sohn keineswegs gänzlich beseitigen, sondern nur sich selbst dienstbar machen will, so sind es hier kleinbürgerliche Zwänge, ungleich viel einengender und einschneidender. An diesen Banden zu zerren, verlangt noch mehr Triebkraft und Ungestüm, mehr Brunst sogar noch als Inbrunst. Den Jungen plagt ja nicht nur der Stachel der Autorität des kleinen Tyrannen in den vier Wänden, sondern auch der Stachel der unerfüllten Sexualität. Immerhin gibt es eine recht junge Mutter, die die Neigung des heranwachsenden Mannes erwidert. Der Umgangston zwischen den Generationen ist drastisch, direkt. Bronnen versteht es auf bemerkenswerte Weise, die Rede seiner Personen einzufärben, der Herkunft, der sozialen Sphäre, dem Charakter gemäß – ohne Scheu vor einer Kraßheit, die man eher naturalistisch als expressionistisch nennen könnte. Handgreiflich vollzieht sich die Handlung, die Liebesszene zwischen Mutter und Sohn hinter der Kulisse, der Zweikampf zwischen Vater und Sohn vor den Augen des Zuschauers. Der junge Mann, nachdem er solche Taten vollbracht hat, verläßt die Stätte nackt (anfangs schwärmt er auch für das Landleben) und jubelt noch, in der Tür zur Mutter zurückgewendet, mit ekstatischem Schlußfurioso: »Ich hab' genug von Dir / Ich hab genug von allem / Geh' Deinen Mann begraben Du bist alt / Ich bin jung aber / ich kenn Dich nicht / ich bin frei / niemand vor mir niemand neben mir niemand über mir der Vater tot / Himmel ich spring Dir auf ich flieg / Es drängt zittert stöhnt klagt muß auf schwillt quillt sprengt fliegt muß auf muß auf / Ich / Ich blühe.« Weniger der hier gipfelnde Schreiton als der um gerechte Darstellung bemühte Realismus vieler Szenen und Dialoge gibt dem Drama *Vatermord* als einem Schauspiel über die Antriebe und Umtriebe einer »Kleinbürgerhölle« dokumentarischen, sogar analytischen Wert. Das Verbrechen, das der Sohn am Vater verübt, ist nämlich nur zum Teil dadurch entschuldigt, daß der junge Mensch zuvor der Leidende, der Geplagte und Gepeinigte gewesen ist; zum Teil auch nur dadurch, daß er als nackter Mann den schwerbewaffneten Vater anspringt und dennoch Sieger bleibt. Denn dieser Vater hat sich im Verlauf der Spielhandlung als die eigentlich tragische Hauptfigur erwiesen: als hilfloser Wahrer einer Ordnung, die längst in die Brüche gegangen ist; als Versager, der nur vor seiner Familie noch den starken Mann markieren kann; als ein Mensch, der viel empfindlicher und tiefer getroffen ist als sein Sohn.

Fritz von Unruh

Der einer alten Offiziersfamilie entstammende Unruh (1885–1970) wandelte sich im Ersten Weltkrieg zum Pazifisten. Von seinem dramatischen Werk ist vor allem die 1918 uraufgeführte Tragödie *Ein Geschlecht* erörtert und erinnert worden.

Ein Geschlecht
Diese Tragödie, so heißt es in einer Vorbemerkung, ist »an kein Zeitkostüm gebunden, ihre Handlung spielt vor und in einem Kirchhof auf Berges Gipfel«. In quaderhafter Sprache empört sich ein »ältester Sohn« gegen den Krieg, den »Massenwahn«, und stürzt sich schließlich rücklings auf den Kirchhof. Die Mutter wird zur rasenden Prophetin, »über aller Häupter wachsend«; sie wird von einer landsknechthaft wütenden Soldateska schließlich niedergestoßen, die anschließend den »jüngsten Sohn« schultert und mit ihm als Anführer zu Tal stürmt – »zu Dir, o Mutter!« Schon Zeitgenossen war das Stück in seiner Logik nicht ganz durchsichtig, in seinem grollend-pompösen Ton sogar fragwürdig: Siegfried Jacobsohn schrieb in seiner Zeitschrift »Die Weltbühne« 1919: »Schiller begattet hier die Antike, und die Frucht ist ein neues Barock... Auf daß der Schein eines Dramas erzielt werde, muß ein ältester Sohn wider seine Mutter wüten, was vielleicht gerechtfertigt wäre, wenn des einen Verhältnis zum Krieg die anderen aufreizte. Aber so weit mir die wirren Reden klar geworden sind, überbieten sie einander in Flüchen auf diese Pest, die mit einem solchen Fortissimo einsetzen, daß keine Steigerung möglich und der bereiteste Hörer nach zwanzig Minuten erschöpft ist. Eine geblähte Wildheit, eine blutige Quälligkeit, eine stickige Qualmigkeit: ist das das junge Deutschland?«

Reinhard Goering

Seeschlacht
Eine intensivere Wirkung auf die Zeitgenossen, als dies bei Unruh der Fall war, wurde dem ebenfalls 1918 uraufgeführten Kriegsdrama Goerings (1887–1936) zugemessen. Im Panzerturm eines Schlachtschiffes warten sieben Matrosen auf den Beginn des Kampfes. Einer von ihnen, der sogenannte fünfte Matrose, ist der erste Meuterer in der Reihe der »revolutionspolitischen Stücke« (Bernhard Diebold) von Ernst Toller, Erich Mühsam, Friedrich Wolf und anderen – Stücke, die während der Weimarer Republik die Erinnerung an die zwar verlorene Revolution von 1918/19, aber auch an deren historisches Recht und deren Motive aufrechterhielten. Bei Goering wird aus den Stimmen der Matrosen am Ende ein »Chor der Not«, den der letzte der todgeweihten Soldaten im Tosen der Explosionen mit den vielzitierten Worten abschließt: »Ich habe gut geschossen, wie? / Ich hätte auch gut gemeutert! Wie? / Aber schießen lag uns wohl näher!«

Diese Dramatik ist zum großen Teil unter dem Schock der Schlachten und des Stellungskrieges in den Jahren 1914 bis 1918 entstanden. Der Zweite Weltkrieg hat fast keine Dramen über das Grauen in diesen Grenzsituationen hervorgebracht – es ist doch bezeichnend für den Publizitätsgrad und den Rang des Theaters 20 bis 30 Jahre davor, daß man es als Forum für diese Klagen und Anklagen nützte. Dies gilt nicht nur für die deutsche, sondern ebenso für die englische und französische Dramatik. Offensichtlich haben aber nur solche Stücke nachhaltiger wirken können, die aus der Erfahrung der Front und der Fron eine revolutionäre oder pazifistische Perspektive gewinnen. Dazu gehören die Werke, die zehn Jahre nach Kriegsende die Matrosenaufstände zum Thema wählen, wie Ernst Tollers *Feuer aus den Kesseln* oder Friedrich Wolfs *Die Matrosen von Cattaro* (beide 1930). Zu den bedeutendsten Antikriegsdramen der deutschen Literatur überhaupt zählt Ernst Tollers Erstlingswerk *Die Wandlung*.

Ernst Toller

Toller (1893–1939) ist eine der leuchtendsten und anziehendsten Erscheinungen in der Literatur in der Zwischenkriegszeit. In Samotschin/Posen als Jude geboren, versuchte er sich in seiner *Jugend in Deutschland* (so auch der Titel seiner 1933 erschienenen Lebensgeschichte) zu assimilieren: Bei Kriegsausbruch wurde er Freiwilliger, unbedenklicher Parteigänger der »deutschen Sache«, doch die Fronterfahrungen belehrten ihn eines Besseren. Als er schließlich, kriegsuntauglich, entlassen wurde, kehrte er als Pazifist nach Hause zurück, beteiligte sich an den ersten Streiks 1917, wurde unter dem Einfluß Gustav Landauers und Kurt Eisners zum überzeugten Sozialisten. Als einen der verantwortlichen Führer der Münchner Räterepublik 1919 verurteilte man ihn zu fünf Jahren Festungshaft. Wieder frei ging er auf Vortragsreisen – inzwischen durch die Dramen, die er publiziert hatte, schon zu einem bekannten Autor geworden. Seine leidenschaftlich geäußerte Brüderlichkeit, anfänglich mit dem Anspruch, die Welt zu verändern, später zur praktischen Gerechtigkeit ermunternd, sein Sozialismus ohne Parteibuch nötigt Respekt und Bewunderung ab. Ihn, einen der wenigen deutschen Intellektuellen, die handelnd in die Geschichte eingegriffen haben, beschäftigte in seinem Leben und Werk das Problem der Tat, der Revolution, an deren Versuch er sich selbst nach dem Ersten Weltkrieg beteiligt hat: »Ich hatte geglaubt, daß der Sozialist, der Gewalt verachtet, niemals Gewalt anwenden darf, ich selbst habe Gewalt gebraucht und zur Gewalt aufgerufen ... Hatte Max Weber mit dem Wort recht, daß, wollten wir dem Übel nirgends mit Gewalt widerstehen, wir so leben müßten wie Franz von Assisi, daß es für die absolute Forderung nur einen absoluten Weg gäbe, den des Heiligen? Muß der Handelnde schuldig werden, immer und

immer? Oder wenn er nicht schuldig werden will, untergehen?« Es ist bezeichnend für Toller, daß er diese Fragezeichen nie eindeutig aufgelöst hat. Unter den politischen Dramatikern der Weimarer Republik ist er – was die Differenziertheit seiner Position und die Wirkung in der Öffentlichkeit betrifft – sicherlich an erster Stelle zu nennen, vor Friedrich Wolf und auch vor Bertolt Brecht.

Toller begann im Stil und im Denken des Expressionismus, dessen Energie zur Veränderung der schlechten Weltverhältnisse er sich zu eigen machte: Er hat dieses Pathos nie ganz aufgegeben, mit dem sich das Wissen darum verband, daß nicht alle Leiden durch gesellschaftliche Umwälzungen zu beheben sind, daß es einen großen Rest an Schmerzen in der Welt gibt, für die keine rationale Erklärung besteht und für die es kein Rezept gibt. So hat er zwar immer Stücke geschrieben, die in politische Verhältnisse und Konflikte eingriffen, die eindeutig gegen die demokratiefeindliche Reaktion in den zwanziger Jahren Stellung bezogen. Immer aber hat er auch hingewiesen auf die nicht wieder gut zu machenden Verletzungen, die durch Krieg, Demütigung, Ausbeutung und Unterdrückung zugefügt werden. Toller, der Intellektuelle, der mit einer Konsequenz wie kaum ein anderer und beglaubigt durch sein eigenes Handeln, zur Teilnahme und Wachsamkeit im republikanischen Staat aufgerufen hatte, mußte 1933 vor Hitler und dessen Deutschland fliehen. Im Exil setzte er seinen Kampf gegen den Faschismus deutscher und anderer Spielart unermüdlich fort – als Einzelgänger, dem es dennoch immer wieder gelang, die Opposition zu formieren. Tollers »aktiver Idealismus« machte die Kraft seiner Persönlichkeit aus, die auch in seinen Werken spürbar wird, und zugleich auch sein Verhängnis: Erschöpft im Widerstand gegen eine Welt voll Gleichgültigen und Feinden, nahm er sich 1939 in New York das Leben – ein Freitod, der bei den Emigranten aus dem Dritten Reich große Betroffenheit auslöste.

Tollers Dramen werden von den Zeitgenossen immer wieder mit dem »Bürger« Toller und seiner Lebensgeschichte in Verbindung gebracht, selten als losgelöste Kunstwerke beurteilt. Oft sind auch Bedenken spürbar, die sich auf die Sprache des Autors beziehen, die gerne zum Pamphlet-Ton ten-

diert. Tollers Werke zeigen eine durchsichtige Anlage des Konflikts, deren relative Einfachheit keineswegs gleich Einfalt ist oder Vereinfachung. Sie zeigen ferner eine heute noch anrührende Humanität, die sich mit Klischees nicht zufrieden gibt, leichtfertigen Optimismus vermeidet und genau um die Widerstände weiß, die Trägheit und Müdigkeit der Aufklärung und Arbeit an einer besseren Welt in den Weg stellen. »Die Macht der Vernunft, glaubte ich, sei so stark, daß wer einmal das Vernünftige erkannt hat, ihm folgen muß. Erkenntnisse werden vergessen. Erfahrungen werden vergessen, mühselig ist der Weg des Volkes, nicht der Gegner schlägt ihm die härtesten Wunden, es schlägt sie sich selbst.«

Die Wandlung

Bernhard Diebold nannte dieses erste, 1917 geschriebene, 1919 uraufgeführte Drama Ernst Tollers, das noch vor seiner Zeit als Kommandant der Roten Garde bei der Münchner Räterepublik entstanden ist, einen »Ich-Roman in redenden Bildern«, hob damit die autobiographischen Züge dieses dramatischen Berichts in dreizehn Stationen hervor. Der junge Bildhauer Friedrich läßt sich zur Demonstration vaterländischer Gesinnung verführen, weil er hofft, damit den Sinn seines Lebens zu finden. Doch als er den Irrsinn in den Lazaretten, der Verstümmelung des Leibes und der Seele im Kampf begegnet, zerschlägt er die Statue des siegreichen Vaterlandes. Auf der Suche nach den Menschen wandelt er sich in mancherlei Figuren: Er wird zum Pfarrer im Krankensaal, zum Gefangenen in der Zivilisationsfabrik, zum Schlafburschen bei der Dirne, zum Bergsteiger auf dem Weg zum höchsten Gipfel. Am Ende ist er der ekstatische Führer der Menschenmasse, die ihm wie einem Heiland huldigt. Ähnliche Bekehrungsszenen durch die Ansteckungskraft des triumphierenden Menschenjubels erhofft er sich bei der Ausbreitung dieser Massenekstase. Die Revolution, von der gesprochen wird, wirkt wie ein »freudiger Ton«; sie bezwingt nicht physisch, sie überwältigt psychisch: »Nun geht hin zu den Machthabern und kündet ihnen mit brausenden Orgelstimmen, daß ihre Macht ein Truggebilde sei. Geht hin zu den Soldaten, sie sollen ihre Schwerter zu Pflugscharen schmieden. Geht hin zu den Reichen und zeigt ihnen ihr Herz, das ein Schutthaufen ward. Doch seid gütig zu ihnen, denn auch sie sind Arme, Verirrte. Aber zertrümmert die Burgen, zertrümmert lachend die falschen Burgen . . .«

Die Revolution, die Toller hier propagiert, hat den Charakter einer geistigen Erweckung und wenig Ähnlichkeit mit einem Klassenkampf. Der Revolutionär ist von heiliger Aura umgeben, seine Aufgabe die des Propheten. Das Volk schließt sich zu einer gläubigen Gemeinde zusammen, der Sieg wird als Feier friedlicher Gesinnung vorgestellt.

Autoren, die die Menschen fundamental und nicht allein als politische Wesen, als Angehörige der unterdrückten und geknechteten Klassen, aufrütteln wollen, greifen in dieser Phase häufig auf die Motive, Sinnbilder und Sprache der Passion Christi zurück. Religiöse Elemente finden sich auch in den nächsten Dramen Tollers *Masse Mensch, Die Maschinenstürmer* oder im Revolutionsdrama Erich Mühsams, *Judas.* Bei Toller verbindet sich das dynamisierende Tremolo der Parolen und gläubigen Rufe sowohl mit einer imaginären Handlung, die »in Europa vor Anbruch der Wiedergeburt« spielen soll, als auch mit präzisen Vorstellungen vom »Feind« – »in Gestalt eines Soldaten, des Professors, des Richters«. Im Vorspiel führt er den Kriegs- und den Friedenstod als allegorische Figuren auf einem weiten Grabfeld zusammen. Die Skelette, mit Stahlhelmen bedeckt, stehen stramm. Toller gelingt hier ein eindringliches, groteskes Nachtstück – ähnlich bei dem Chorus der kalkbespritzten Skelette in den Drahtverhauen, die die Erde von ihren Knochen abschütteln und im stürmischen Ringelreihen tanzen, indem sie zynisch-ehrlich die Gleichheit der Menschen, auch der Geschlechter, im Tode ausrufen. Ausgestattet mit der Härte des Wahrheitssuchers, zeigt Toller auf der Bühne, in welchem Maß der Krieg und die am Krieg interessierten Mächte »wertvolle Glieder einer nützlichen Gemeinschaft« verunstalten, verkrüppeln und dann noch »verwerten« – zum Beispiel, wenn nackte Amputierte wieder zu kriegsverwendungsfähigen Mechanismen »aufgerüstet« werden. Den Satiriker Toller treibt hier Ekel vor den Manipulationen derer, die ihre menschenfeindliche Macht um jeden Preis zu erhalten und auszuweiten wissen.

So sehr *Die Wandlung* Zeugnis und Dokument der Kriegserfahrung im zweiten Jahrzehnt unseres Jahrhunderts ist, so beständig wirken doch etliche eindringliche Szenen, in denen Bekennertum und Theatersymbolik eine enge Verbindung eingehen, in denen die Schreckensbilder und visionären Vorgänge halb undeutlich und schattenhaft wirklich wie im Traum erscheinen. Daß der Dichter auf der Bühne als Führer auftritt, der den »Weg weisen« soll, mag als zeitgenössische Idee hingehen. Sie ist nicht ganz so unverständlich, wenn man berücksichtigt, daß in der Perspektive der jungen Generation, die eine gerechtere und friedlichere Weltordnung anstrebte, die alten Machteliten abgewirtschaftet hatten: Der Staat hatte sich – wie es in diesem Drama heißt – als Zuhälter entpuppt, das Vaterland als Hure und die Kirche als Kupplerin. Also mußte die Opposition einen überzeugenden Sprecher erhalten, der sich gleichsam im Auftrag gegen Elend, Krieg und Haß richtet und zur Nachfolge aufruft, wenn er das Leben, den Geist und das Gebären preist. Nicht jeder Intellektuelle kam dafür in Frage – auch in der Wandlung spricht Toller von wankelmütigen Opportunisten, Handlungsgehilfen, die heute das Volk vergotten und morgen die Maschine, den sogenannten »Kommis des Tages«.

Masse Mensch

Dieses 1920 uraufgeführte »Stück aus der sozialen Revolution des 20. Jahrhunderts« präzisiert mit großer Schärfe die Problematik der politischen, der revolutionären Tat. Zwei Figuren und zwei Ethiken stehen einander gegenüber: auf der einen Seite Sonja Irene L., die Frau bürgerlicher Herkunft, die sich vom staatstragenden Ehemann löst mit Rücksicht auf ihr Werk, die die revolutionären Arbeiter von sinnloser Selbstaufopferung abhalten will und die Forderung der Humanität über der Praxis des Kampfes nicht vergißt; auf der anderen Seite der Namenlose, der letzten und rücksichtslosen Kampf verlangt, der für die Gewalt plädiert, da sie doch gegen Gewalt ist, für den Mann Mann ist, der Haß und Rache das Wort redet und die Aufständischen in die Gewehrsalven hinein treibt. Die Frau will Gemeinschaft und ein »Volk in Liebe«, der Namenlose akzeptiert die Kette der Niederlagen, da irgendwann einmal doch die Kraft der

Schwachen ausreichen werde, um den Sieg zu erringen. Die Frau erkennt, daß Leben auch Schuld ist, der Namenlose sieht nur das abstrakte Ziel vor Augen, der »fromme Wille« gebietet ihm als einzigen »Heilsweg«: »Tod« und »Rottet aus!« Die Frau verteidigt gegen solche Radikalität der Lehre die Besonderheit des einzelnen. Sie akzeptiert nicht den Vorwurf des Namenlosen, ihr fehle der Mut zur harten Tat: »Nur selbst sich opfern darf der Täter.« Zwischen der Rachedogmatik im erbarmungslosen Handeln des Namenlosen, des Repräsentanten der blutigen Revolution, und der militärischen Logik der »Mördergenerale« des Staates vermag sie keinen Unterschied zu sehen: Die Angleichung der Mittel erzeugt zugleich die Verkümmerung des Menschlichen. Die Frau stirbt – verurteilt zur Exekution – wie eine Heilige; um ihrer Rettung willen will sie kein anderes Menschenleben gefährden. Dieses Beispiel wirkt auf der Szene fort: Wir, die Zuschauer, werden Zeugen davon, wie »heilend« und fast im christlichen Sinne vorbildlich diese Haltung ist und zur Nachahmung anstiften kann. Das Plädoyer der Sonja Irene L. für eine Humanität, die Skepsis gegenüber der raschen grausamen Tat anmeldet, die die Schwerkraft der Schuld nicht gänzlich durch die Unterwerfung unter den politischen »Befehl« aufgehoben sieht, offenbart nicht nur eine vielleicht bürgerliche Moral, sondern auch die Moral einer Frau. Kein anderes Drama aus dieser Epoche hat die Polarität von Masse und Mensch zugleich mit der Polarität von Frau und Mann besetzt und so den Streit um die richtige Strategie des revolutionären Kampfs um die Dimension weiblicher und männlicher Empfindungs- und Verhaltensweisen erweitert. So spröde und abgehackt die Sprache in diesem Drama auch artikuliert sein mag, so komplex, schwierig und tragisch ernst entfaltet sich der Widerspruch zwischen den beiden Hauptfiguren, den Statthaltern antagonistischer Kräfte, die doch den gemeinsamen Impuls haben, aus einer Welt realen Elends in die des Friedens vorzudringen – wobei auf dem Weg dorthin die Frau dieses Ziel weniger vergißt als der Mann, der sich im Kampf die Brutalität des Gegners aneignet. Das Drama *Masse Mensch* endet nicht eindeutig: Der Parteidiktatur in Gestalt des Mannes, des Namenlosen, begegnet das Mißtrauen seiner Gegenspielerin und des Autors zugleich. Andererseits gelingt es gerade dem Funktionär, zu überleben und den Kampf fortzuführen. Das Drama hat dank dieser grundsätzlichen Problemstellung und der engagierten Trauer, mit der das Dilemma der Suche nach dem wahren Weg erörtert wird, nichts an Aktualität verloren – es ist verwunderlich, daß das Theater ihm nicht die gleiche Wertschätzung wie die Literaturwissenschaft widerfahren läßt.

Toller hat das Problem des politischen Handelns, bei dem man schuldig wird, auch wenn es dem richtigen Ziel dient, später oft noch aufgegriffen – zum Beispiel in seinem Drama aus der Zeit der Ludditenbewegung in England, *Die Maschinenstürmer* (1922) – und markiert dadurch, daß es ihm immer weniger möglich ist, sich einer Doktrin zu beugen, die die Subjektivität der Handelnden ignoriert oder, ohne zu zögern, Gewalt empfiehlt, um Gewalt zu brechen: »Wer Euch hineinpeitscht in Befreiung, / Dem nur folgt Ihr . . . Knechte!« Die beschädigte Subjektivität beschäftigt Toller auch in *Hinkemann* (1923), einer Tragödie über das Leiden der im Krieg entmannten Kreatur (einer Art Woyzeck-Variation), und der beinahe als Pendant zu denkenden Komödie *Der entfesselte Wotan* (1926), die einen arbeitslosen Friseur als Anführer und schreiendes Sprachrohr einer nationalistisch-völkischen Massenbewegung vorführt – eine parodistische Auseinandersetzung mit dem frühen Nationalsozialismus und Hitler.

Hoppla, wir leben

Nachdem Toller aus dem Gefängnis entlassen worden ist, thematisiert er diese Rückkehr in die Gesellschaft in dem 1927 uraufgeführten Drama. Der Held des Stücks, Karl Thomas, hat wie sein Autor an der Revolution 1919 teilgenommen, seitdem seine Zeit in der Anstalt verbracht und erlebt nun eine völlig veränderte Gegenwart, in der er sich selbst als Träumer vorkommt. Die ehemaligen Mitkämpfer sind nüchterner geworden oder haben Karriere gemacht: »Wo wir schnurgerade Wege sahen, kam die unerbittliche Wirklichkeit und bog sie krumm. Es geht dennoch vorwärts.« An diesen Fortschritt kann der Held nicht recht glauben. Er sieht Verräter und Abtrünnige, kann die

neue Ehrlichkeit oder Sachlichkeit nicht als Kraft erkennen; er begegnet vor allem einer jüngsten Generation, die nur noch die Namen von Schlachten weiß, aber nichts mehr vom Krieg: »Was bedeutet Leid und Erkenntnis von Millionen, wenn schon die nächste Generation dafür taub ist? Alle Erfahrung rinnt ins Bodenlose.« Umgetrieben von der Frage, was aus »unserem Kampf geworden« sei, provoziert durch die Etablierung von Warenhaus und Bürokratie in dieser Nachkriegsgesellschaft, die wie ein Tollhaus auf ihn wirkt, will er die Schlafenden durch eine Tat aufwecken: ein Attentat. Aber ein junger Nationalist kommt ihm zuvor. Karl Thomas jedoch wird verhaftet, verurteilt, kommt ins Irrenhaus. Dort erklärt ihm der Professor die Normalität der Welt (»Geschäfte blühen wieder«), die er nicht mehr versteht – die auch eine Pseudonormalität ist, wie eine Kette von Bildern auf der Bühne, in denen der Bankier, der Hausdiener, der Telegrafist, ein gräßliches Grinsen auf dem Gesicht, ihr persönliches Debakel als normal ausschreien und in den Tod gehen. Karl Thomas, ein zweites Mal eingesperrt, glaubt nicht mehr, warten zu können, und springt vom Karussell ab. Er entkommt dem »Irrsinn der Welt« durch den Selbstmord.

Die Charakteristik und der Weg dieser Bühnenfigur sind bald aus parteilicher Überzeugung scharf angegriffen worden. Weil der Held verzweifelt und sich erhängt, hat man (zum Beispiel Alexander Abusch in der »Roten Fahne«) darin »Tollers schwächliches Verhältnis zum revolutionären Kampf« gesehen. Erwin Piscators berühmt gewordene Inszenierung, die Uraufführung von 1927, akzentuierte noch in der letzten Szene, in der die Überlebenden den Tod von Karl Thomas kommentieren, die bleibende Aufgabe als politische Botschaft. Drama und Aufführung galten fortan als Musterfall zeitgenössischer Theaterkonzeption: Filmouvertüren eröffnen die Handlungen, die auf der Bühne spielen; Filmeinspielungen durchsetzen auch im weiteren den Gang der szenischen Ereignisse. Projektionen leuchten auf, Lautsprecher verkünden Wahlnachrichten. Die äußere, die historische Welt wird ins Theater hineintransportiert, hineinzitiert: Das dramatische Geschehen ist nur zu begreifen im Zusammenhang mit allem, was außerhalb,

andernorts, sich ereignet. Im dritten Akt wird beispielsweise ein Hotel im Querschnitt gezeigt. Mehrere Räume sind gleichzeitig zu sehen, die Personen bewegen sich in einem gesellschaftlichen Gebäude. Das Individuum erscheint von vornherein als eingeordnet, als Zellenbewohner. Die Vorstellung eines engen, fensterlosen, erdrückenden Gefängnisraums dominiert auch in diesem Drama Tollers. Das titelgebende Lied, das Walter Mehring geschrieben hat, demaskiert den Flitter einer leichtlebigen, selbstvergessenen Zeit als Trugbild gegenüber dem Zustand, in dem die meisten Menschen tatsächlich vegetieren; es desillusioniert neusachliches Sich-eingerichtet-Haben in der scheinbar stabilen Weimarer Republik: »Es sind wieder dieselben Gesichter! / Es ist wieder ganz wie vor dem Krieg – / Vor dem nächsten Kriege eben . . .«

Das expressionistische Drama, gleichgültig ob es sich mit dem Generationskonflikt oder mit der Kriegserfahrung, mit der Suche nach einem neuen Ethos oder mit der Revolution beschäftigt – ästhetisch gesehen ist es jedesmal ein ungleichartig zusammengesetztes Gebilde: Sehr häufig läßt sich ein Nebeneinander, sogar ein Gegeneinander von idealer und banaler Sphäre beobachten. Dies drückt sich auch in der Sprache aus. Prosa, in die umgangssprachliche Formulierungen und gar Dialektwendungen eingestreut sind, kennzeichnet vorwiegend die bürgerlichen Figuren, erdennah, kriechend und träge, wie sie sein sollen. Im Vers dagegen drückt sich eher die Erhabenheit der Empfindungen junger Menschen aus. Die für das expressionistische Drama charakteristische Struktur offenbart zwei gegenläufige Tendenzen: Wenn der Autor diese Welt auf die Bühne bringen will, zeigt er sie in ihrer kläglichen Bedürftigkeit und zähen Unbeweglichkeit. Spricht er von der anderen, der neuen Welt, so schwärmt er sozusagen aus, auch in der Sprache. Die vorhandene Wirklichkeit sieht er satirisch, die erahnte erscheint ihm in einem Glanz, der nichts Genaues erblicken und sich nicht präzise beschreiben läßt. Die Metapher des Weges ist aufschlußreich für diese Dramatik: Häufig genug durchläuft der Held einen Prozeß, in dem er sich aus der Gravitation der materiell irdischen Gegenwart löst und

Ernst Tollers Szenenfolge »Hoppla wir leben« wurde 1980 in Wuppertal von Horst Siede in strenggeführten Figurenensembles als ein »Panorama der Weimarer Republik«, als »Requiem über die gescheiterte Revolution« und die Heraufkunft der Nazis inszeniert – »seine Trauer bezieht es aus Wissen und Erfahrung der Nachgeborenen« (Heinz Kluncker).

»umwendet«, um dem neuen Leben entgegenzueilen (wie und wo er es antrifft, darüber schweigt der Autor meist). Diese Abhebung vom Alten kann als plötzliche Bekehrung, als abrupter Aufbruch oder als Lernvorgang in mehreren Stufen stattfinden. Jeweils führt die Entwicklung aus den bestehenden Verhältnissen, aus eingeübten Ritualen, aus traditionellen Sicherungen hinaus. Das Erlebnis des Krieges hat diese Dynamik der Suche, des Unterwegs-

seins, des Fortgehens nur verstärkt – dies soll betont werden, da das Mißverständnis noch allzu verbreitet ist, es hätte erst des Krieges bedurft, um die expressionistische Unrast auszulösen.

Georg Kaiser

An die Seite der durchweg jungen Dramatiker des Expressionismus trat der schon ältere Georg Kaiser (1878–1945), der fast 30 Stücke in den ersten zwölf Jahren seiner schriftstellerischen Laufbahn schrieb und zwischen 1913 und 1922 mit 21 Uraufführungen der meistgespielte deutschsprachige Dramatiker war. Diese Erfolgskette dauerte fast bis zum Ende der zwanziger Jahre an. Kaiser trug die Doppelzüge des Konjunkturdramatikers: Er achtete, man kann es nicht anders nennen als flink und aufmerksam, auf Zeitströmungen und aktuelle Sujets, die er sofort in seine Dramatik aufnahm; Robert Musil sprach maliziös, aber nicht unzutreffend von Kaisers »figaroschneller Kunst«. Kaiser war zugleich aber als empfindlicher Seismograph manifester und unterschwelliger Entwicklungen und Moden der Dramatiker, der immer das aktuell passende Drama dem Theater zur Verfügung stellte – und dementsprechend häufig tauchte er auf dem Spielplan auf. Der eigentliche Kaiser ist hinter der Vielzahl der Stile und Stilmasken im Rückblick kaum auszumachen. In der Zeit zwischen 1912 und 1922 galt er als expressionistischer Dramatiker. Bernhard Diebold hat ihn seinerzeit als »Denkspieler« bezeichnet. Dieses Etikett verrät zugleich Anerkennung und Bedenken. Auch anderen zeitgenössischen Kritikern ist immer wieder aufgefallen, daß Kaiser eine außerordentlich spannungsvolle Konstellation entwerfen konnte, die Handlung aber dann oft überhetzt zu Ende führte. »Jedesmal wird das Thema mit fesselnder Kraft angeschlagen, das Problem geistreich und stark aufgerollt – und jedesmal erfolgt eine hilflose Lösung: die dramatische Lehre wird am Ende mühsam mit bloßer Rhetorik verschleiert, irgendeine schöne Zukunft wird prophezeit« (Julius Bab, 1925). »Formelhaft läuft die Rechnung ab – bis zur nächsten Explosion« (Diebold). Kaiser entwickelte das Idiom der Dramen Carl Sternheims weiter, verknappte den Satz zu Stichworten, Schlagworten, verzichtete auf glatte oder geschmeidige Fügungen. Die Personen seiner Bühnenstücke aus dieser Epoche reden im Plakatstil. Es war kein psychologisches Theater, das er im Sinn hatte: Gerade dieser Umstand trug ihm das Interesse und die Wertschätzung Bertolt Brechts ein. Und wiederholt ist den Rezensenten, die sich mit den Uraufführungen der Kaiserschen Stücke auseinandersetzten, die Verwandtschaft dieser Dramatik zum Kino aufgefallen: Ähnlich schnell, auf äußere Handlung konzentriert, ohne Aufschluß über innere Motivation oder innere Bewegung zu geben, läuft das Stück ab, häufig im Wechsel von langen Reden (sozusagen Zwischentiteln im Film) und fast ebenso langen Szenen mit stummem Spiel, gespickt mit Knalleffekten, in Auftritten, die gerne durch zugespitzte Formeln oder »Ausbrüche« abgeschlossen werden und den Black-out geradezu verlangen. Kaisers Dramatik hat nach 1945 mehr Beachtung in der Literaturgeschichte als beim praktischen Theater gefunden. Seine Werke sind allzusehr mit einem zeitgenössischen Stilempfinden und Ausdrucksvermögen verknüpft, als daß sie generell ohne Verlust von diesem loszutrennen und gegenwärtigen Auffassungen anzunähern wären.

Von morgens bis mitternachts

In diesem Stück (1912, uraufgeführt 1917) begegnet einem schon älteren Kassierer der Reiz der Welt in Gestalt einer italienischen Dame, die den Kassenraum betritt. Ihre Parfums erregen ihn, er wird zum Defraudanten, unterschlägt 60 000 Mark und macht sich auf, als Gegenwert für diese Summe rauschhaftes Leben einzufordern. Der ältere Herr wird zum Ganoven, sucht die Genüsse: in der Großstadt, im Sportpalast, im Ballhaus. Endlich, zu nächtlicher Stunde im Heilsarmeelokal angekommen, erkennt er das Vergebliche seines Aufbruchs, zerstreut das Geld unter die Versammlung (die sich gänzlich unfromm darauf stürzt) und erschießt sich. Mit ausgebreiteten Armen sinkt er gegen das Kreuz des Vorhangs: »Sein Ächzen hüstelt wie ein Ecce – sein Hauchen surrt wie ein Homo«. Die Anspielung auf Christi Leiden und Friedrich Nietzsches Selbststilisierung überhöht das traurige Ende dieses Aussteigers.

Die Ballade vom gescheiterten Entkommen wird in oft fragmentarisch wirkenden Szenen oder Bildern aufgerollt, zwischendrin mit grotesken Effekten versetzt, als Entfaltung übertriebener Hoffnung, auf die übertriebene Enttäuschung antwortet. Doch im Vergleich zu dem, was das Leben zuvor für diesen einst ehrbaren Bankkassierer bereitgehalten hat, muß ihm doch der schnelle Ablauf der Ereignisse, in dem er vom Sechs-Tage-Rennen zum Tanzvergnügen und dann zum Tod eilt, als Kette von Sensationen erscheinen. Der Autor jedenfalls betrachtet den letzten Weg seines Helden unter diesem circensischen Aspekt. Der Kleinstadtbürger kommt in die Großstadt, erlebt die Masse um ihn herum und geht schließlich in ihr unter. Ein schwacher Trost ist die Aufregung, die ihm die Flucht vor der Polizei, die Jagd nach dem Glück zu verschaffen scheint. In keinem anderen Drama dieser Zeit ist das Tempo, die Geschwindigkeit des modernen Lebens, derart in die dramatische Struktur, in die Philosophie der Heldenfigur mobilisierend eingedrungen. Kaiser konfrontiert einen älteren Menschen, der aus kleinen, biederen, sozusagen altdeutschen Verhältnissen kommt, mit dem technischen Zeitalter, das sich mit seinem Lärm und seiner Hetze über den Helden hinwegwälzt. Die große Welt, die großstädtische Welt richtet sich nicht nach ihm und nicht nach ihm aus, oder nur für ganz kurze Zeit. Er stellt auch fest, daß er für Geld nicht das haben kann, was ihm als Inbegriff der Lusterfüllung vorschwebt, daß sich das volle Leben nicht kaufen läßt. Denn dies war sein, dem Geschäftsdenken der Epoche entsprechender Trugschluß: Ihm, dem närrisch gewordenen Egoisten, soll das Geld eine neue »Existenz« verschaffen, während es die anderen nur entmenschlicht, die viehische Gier danach alle zivilisatorischen Regeln der Wohlanständigkeit vergessen läßt. Der Autor selbst kam 1921 in eine ähnliche Lage wie sein Kassierer und mußte wegen leichtfertigen Umgangs mit dem Besitz anderer für ein Jahr ins Gefängnis; dies verrät, daß er sich die wohlgemeinte Lehre seines eigenen Stücks: Geld schafft allenfalls Aufregung, aber kein Glück, nicht sehr zu Herzen genommen hat.

Die Bürger von Calais

In diesem Drama aus dem Jahre 1914 (Uraufführung 1917) geht es Kaiser um eine Art Wiedergutmachung: um die Entdeckung des neuen Menschen. Allerdings will ihm das auf der Bühne nur in historischem Umfeld gelingen: Das Stück spielt im Mittelalter. Dennoch sind die Bezüge zur Zeit des Ersten Weltkriegs deutlich. »Die Frage ist:

Nationale Erhebung vor sicherem Untergang des Gemeinwesens oder ruhmlose Ergebung, aber Erhaltung des Werks, des Hafens, und der werktätigen Bevölkerung? Prestige über Massengräbern oder phrasenlos selbstverständlicher Wieder- und Weiteraufbau?« (Siegfried Jacobsohn, 1919). Der »Prediger zur weisen Bescheidung« setzt sich gegen die Kriegsschreier und deren »leeren soldatischen Ehrbegriff« (Jacobsohn) durch. Das Stück, als Parolen lieferndes Werk immer wieder zitiert, verliert – so lautet die übereinstimmende Meinung derer, die es seinerzeit auf dem Theater gesehen haben – »im Fluß einer unendlichen Rhetorik jede Wirkung« (Julius Bab).

Gas-Trilogie

In drei aufeinander bezogenen Dramen *(Die Koralle, Gas I, Gas II)* versuchte Kaiser zwischen 1917 und 1920, den Konflikt zwischen Mensch und Maschine darzustellen. Der erste Teil der Trilogie fungiert allenfalls als Vorspiel: Ein Milliardär leidet an seinem Beruf, an seiner alten Existenz (wie der Kassierer in *Von morgens bis mitternachts)*. Er erschießt seinen Doppelgänger in der seltsamen Hoffnung, dessen Vergangenheit damit zu seiner eigenen zu machen. In *Gas I* entbrennt ein Rede- und Machtkampf zwischen dem Milliardärssohn und dem Ingenieur: Der Milliardärssohn will die Menschen vor der zerstörenden Fabrikarbeit bewahren und sie aufs Land hinausführen; »Triften von Breite in Grüne sind neuer Bezirk! Über Schutt und Trümmer, die liegen, erstreckt sich die Siedlung. Ihr seid alle entlassen aus Fron und Gewinn! – Siedler mit kleinstem Anspruch und letzter Entlohnung: – Menschen!!« Der Ingenieur setzt dieser Idylle des Ernährers und der Idee des neuen Lebens die alten, eitlen Gefühle, die Geltungssucht der Menge entgegen: Ihm neigen sie sich zu, als er die Arbeiter und Arbeiterinnen zu schaffenden Helden verklärt: »Helden seid ihr – in Ruß und Schweiß! Helden seid ihr am Hebel – vorm Sichtglas – am Schaltblock! Reglos harrt ihr aus im Treiben der Riemen und mitten im Donner der polternden Kolben! – Und noch das Schwerste stößt in euch kein langes Erschrecken: – die Explosion!!« Der Milliardärssohn, der zuvor an der Technik verzweifelt, muß dies am Ende auch angesichts der Menschen: »Ich habe den Men-

schen gesehen – ich muß ihn vor sich selbst schützen!« Seine Tochter jedoch will einen neuen Menschen gebären.

In *Gas II* steigert sich der Konflikt – nunmehr zwischen Gelb- und Blaufiguren – bis zu einem offenen Kampf aller gegen alle und zum kompletten Untergang. Es ist nicht gelungen, die Produktion von Gas und schließlich von Giftgas zu verhindern – das Ergebnis ist der Triumph, der Unvernunft, das Ende mit Schrecken: »Die Halle ist ein Trümmerfeld von Betontafeln, die sich übereinanderschieben wie aufgebrochene Grabplatten – ausragend die schon geweißten Skelette der Menschen in der Halle.« Und irr schreit eine Figur noch ins Telefon: »Kehrt die Geschütze gegen euch und vernichtet euch – die Toten drängen aus den Gruben – jüngster Tag – dies irae – solvet – in favill – (er zerschießt den Rest in den Mund).« Der Kampf um ein neues Reich, für einen neuen Menschen ist offensichtlich endgültig verlorengegangen. In den Massenauftritten, in denen die Luft schwanger ist von Schreien, Rufen und den (mehr gestanzten als gehämmerten) Reden der Antagonisten, strebt Kaiser monumentale Wirkungen an. Unverbunden stehen die Antithesen nebeneinander, die von Milliardärssohn oder Milliardärsarbeiter auf der einen Seite und dem Ingenieur oder Großingenieur auf der anderen Seite in die Menge gebrüllt werden, die wiederum als Spielmasse zwischen diesen beiden dynamischen Polen hin- und herflutet, am Schluß sich aber – zu ihrem eigenen Unglück – um die Position des Technikers sammelt, der sie »in den alten tödlichen Kreislauf zurückreißt« (Julius Bab). Unzweifelhaft finden sich Elemente eines jugendbewegten Romantizismus, eines pessimistischen Argwohns gegenüber der technischen Industriegesellschaft, also Spurenelemente einer »grünen Philosophie« in Kaisers Trilogie. Seine positive Hauptfigur schlägt einen Heilsweg vor, muß aber entdecken, daß die Menschen nicht bereit sind, ihn zu betreten. Nicht von ungefähr wird im Schlußbild unausgesprochen an das berühmte Bild Caspar David Friedrichs von der gescheiterten Hoffnung im Geschiebe der Eisschollen erinnert.

Die Widersprüchlichkeit des Dramas erweist sich darin, daß Kaiser als Programmatiker vor dem Horror des bedenkenlosen

technischen Fortschritts bei gleichbleibend archaischer Seelenverfassung warnt, aber als Dramatiker durchaus Vorteile aus der Apokalypse der Maschinenwelt zieht. »Die Szene besteht aus Platten, Drähten, Hebeln, Schaltbrettern, Bogenlampen. Menschen reagieren in mechanischen Schlag- und Zuckbewegungen. Das Organische wird zum Mechanischen. Das Animalische zum Maschinellen. Die Sprache zerhackt sich zur klappernden Telegrammatik. Die Technik des Dramas wird zum Ausdruck der Technik des Lebens. Statt der Seele reagiert das Gespenst des Dynamos« (Bernhard Diebold, 1925). Kaiser gewährt auf seiner Bühne nicht einmal dem Vorschein einer anderen Welt Platz. Seine Neigung, Probleme, Figurenkonstellationen und Räume geometrisch vereinfacht zu disponieren (Diebold), erweist sich als ein relativ simples und nur auf den ersten Blick sinnfälliges Verfahren, verschiedene Standpunkte voneinander zu trennen oder getrennt zu halten. Kaiser vereinfacht sich auf diese Weise die Argumentation und kommt durch rechtzeitig ausgelöste Detonationen den Nachfragen zuvor. Die ornamentalen Gebärden bei den Massenauftritten sind nicht nur äußerliche Inszenierungsmomente, sondern entsprechen der generell rabiaten Formalisierung in diesen Stücken. Die allzu mechanische Auffassung des Themas: Technik ohne Vernunft führt zum Weltuntergang, und die extreme Stilisierung des Bühnengeschehens, die durch allzu große Abstraktion die Realität verdünnt, heften dem großgemeinten Werkgedanken den Makel karger Stereotypie auf der Szene und mangelnder Reflexion im Dialog an. Und Musils Skepsis ist wohl berechtigt; er meinte 1924, es fände sich in Kaisers *Gas* nicht ein Gedanke, »der nicht aus der geistigen Konkursmasse unserer Literatur stammte«.

Nebeneinander

Kaiser führt hier (1923) in drei parallelen Handlungen drei Schauplätze und drei Dimensionen der Nachkriegs-, der Inflationszeit vor: Der alte Pfandleiher entdeckt in einem Mantel einen Brief, der vielleicht das Leben einer jungen Frau retten kann. Er fühlt sich aufgerufen, nach dem Verfasser des Briefs zu suchen, damit der wiederum die Adressatin finde und sie vor dem angedrohten Selbstmord zurückhalte. Doch er muß im Verlauf der Handlung erkennen, daß man schon »irrsinnig« sein müsse, »um für die Qualen anderer Verständnis zu haben«. Nachdem er bittere Erfahrungen gesammelt hat, scheidet er am Ende des Stücks zusammen mit seiner Tochter aus diesem Leben und dieser Welt – aus »Ekel vor der Harthörigkeit der anderen«. Er allein hat die Stimme seines Nächsten vernommen, doch die anderen sind taub geworden durch den Lärm des Schachers. Die zweite Handlung ist um den Briefschreiber, Otto Neumann, konzentriert, der als Ellbogentyp und Karrierist im Filmgeschäft sein Geld machen will. Wie der Name dieser Figur schon sagt, ist er der Mann des neuen, des sachlichen Zeitalters, brutal, rücksichtslos, außen ein Kavalier im Frack, innerlich ein Rüpel. »Das ist der Typ, der durchkommt. Wenn wir alle im Dreck und Speck verrekken, pfeift er uns noch die Wacht am Rhein mit vollen Backen.« Die dritte Handlung wird getragen von Luise, der Adressatin des Briefs, die nach der enttäuschenden Erfahrung mit der Großstadt und ihrem Repräsentanten Neumann sich wieder aufs Land zurückzieht und dort in der Wohnstube des Schleusenhauses mit ihren gardinenweißen Fenstern und Blumenstöcken das Glück an der Seite von Franz findet.

Kaiser eröffnet den Blick in drei Welten, zwischen denen nur kurzfristig Verbindungen geschlagen werden: Da ist die Welt des Pfandleihers, eine expressionistische und bereits antiquiert wirkende Szenerie, in der sich ein nicht mehr zeitgemäßer Charakter bewegt – einer, der noch ein Bekehrungswunder erlebt wie seinerzeit der Kassierer in *Von morgens bis mitternachts*, einer, den das Pathos der Mitmenschlichkeit über seine eigene trübe Existenz für eine Weile hinaushebt; da ist die Welt des erfolgsbesessenen Geschäftsmanns, der gelassen notfalls über Leichen geht; Kinowelt, Großstadtwelt, in der sich anmaßende, berechnende Herren und Filmdiven bewegen; da ist schließlich die fast pastorale Idylle, wo Verzeihung und Liebe das von der Stadt terrorisierte Mädchen erwarten, wo die Wanderjugend mit Lauten und Geigen am Haus vorbeizieht. Kaiser zeigt nicht nur das Nebeneinander, sondern auch das historische Nacheinander der Epochen: Das edle Narrentum des Expressionismus wird ver-

drängt durch das neue Barbarentum der Gewinner und den zivilisationsskeptischen Biedersinn kreuzbraven Bürgertums.

Die Vermischung, ja Verschmelzung von Vision und Realität, Traum- und Tagerleben kennzeichnet den vorherrschenden Dramentypus im zweiten und beginnenden dritten Jahrzehnt unseres Jahrhunderts – jedenfalls auf dem deutschen Theater. Georg Kaisers geometrisches Prinzip der Darstellung ist für andere Theaterautoren der Zeit nicht vorbildlich. Ganz im Gegenteil, manche Werke zeichnen sich eher durch verrätselnde als durch erschließende Symbolik,

Von Georg Kaisers zahlreichen Stücken wurde nach 1945 noch am ehesten das Groschenromane harmlos karikierende Lustspiel »Kolportage« gespielt – so 1964 im Wiener Theater in der Josefstadt mit Theo Lingen als Degenerations-Protz Baron Barrenkrona und Matthias Fuchs als strahlend-charmantem Erik.

eher durch Mystifikation als durch plane Konstruktion, eher durch verwirrende Vielsinnigkeit als durch eine klare Botschaft aus. Diese Charakteristik darf nicht als Abwertung verstanden werden. Else Lasker-Schülers Schauspiel *Die Wupper* (1909, Uraufführung 1919) ist ein frühes Beispiel für diesen Stücktypus; Barlachs Dramen repräsentieren ihn insbesondere.

Else Lasker-Schüler

Die Wupper

Dramatische, szenische und sprachliche Phantasie überwuchert hier jegliche konventionelle Logik der Handlung. Auf der Bühne wird ein faszinierendes Labyrinth aufgeschlagen, in dem sich Arme und Reiche, Seßhafte und Vagierende, Arbeiterkinder, Rummelplatzfiguren und Fabrikanten verirren. Die Lasker-Schüler selbst hat das Drama eine »Stadtballade« genannt: Sie weiß um die sozialen Differenzen, um die Not in den Arbeitervierteln, verfolgt aber mit größerer Aufmerksamkeit die Liebesbeziehungen, die zwischen den Klassen, über die Klüfte hinweg entstehen. Doch nirgends ist ein gutes Ende in Sicht – einer rettet sich ins Trinken, der andere erschießt sich; die eine spielt nur, die andere wird ins Heim gesteckt. Zwischen diesen kleinen, aber für die, die es trifft, verhängnisvollen Schicksalen treiben sich drei Narren als herabgekommene Nachfahren antiker Chorfiguren herum, Stadtstreicher ohne bürgerliche Ehre, die den Gegensatz zu einer von religiösem Sektierertum erfüllten Stadtgesellschaft bilden und dennoch an ihr teilhaben. Schwermütige lyrische Augenblicke unterbrechen oft den Lauf der Ereignisse. Dann werden die Rollenfiguren gleichsam durchsichtig, und es kommt zu einer unmittelbaren Ansprache der Dichterin an ihr Publikum.

Ernst Barlach

Auch bei Barlach (1870–1938) liegt die Vertrautheit mit einer Region dem Werk zugrunde – ist es bei der Lasker-Schüler das Wuppertal, so bei Barlach das Flachland in der Nähe des Meeres, der Ost- und der Nordsee. Und beide haben in ihren Stücken die Realitätsgrenzen alltäglicher Räume durchbrochen, haben existentiell-religiöse

Der Regisseur Hans Bauer hat das Verdienst, Else Lasker-Schülers Stadtballade »Die Wupper« wieder für die Bühne gewonnen zu haben. Seine Kölner Inszenierung von 1958 war noch umkämpft; diese zweite, 1966 in Wuppertal, schon ein einhelliger Erfolg. Der aus Wuppertal stammende Teo Otto trug mit seinen milieusicheren Bühnenbildern entscheidend dazu bei; für den Rummelplatz baute er das Karussell, auf das Lieschen Puderbach (Regine Lutz) sich nur allzugern vom Fabrikanten Heinrich Sonntag (Horst Dieter Sievers) einladen läßt.

Erfahrungen gestaltet. Barlach scheute dabei auch vor drastischen Theaterwirkungen, Stimmungskontrasten, Spieleffekten nicht zurück. Es ist unzutreffend, ihn den Bildhauer zu nennen, der nebenbei Dramen geschrieben hat. Seine Theaterstücke haben einen eigenen Charakter, den man nur sehr allgemein als expressionistisch umschreiben kann. Sie verquicken gottsucherische Naivität und volksstückhafte Humoreske, Mystizismus und Bürgersatire in einer Weise, die man im deutschen Theater sehr viel seltener findet als zum Beispiel im irischen oder französischen. Die Souveränität, mit der Barlach diese Kombination von Hohem und Niedrigem, Erhabenem und Lächerlichem austariert, läßt sich zum Teil vielleicht auch daher erklären, daß er, als er seine Dramen schrieb, ein als Mensch und Künstler erfahrener Mann war.

Der arme Vetter

Im Vergleich zu Musterfällen des expressionistischen Dramas erscheint dieses Stück (1913/14, uraufgeführt 1919) als viel realitätsgesättigter. »Das Stück spielt an der Waterkant, es hat was Salziges, was Bitteres, es hat die Ruhelosigkeit, allerdings auch die Monotonie der wiederkehrenden Wellenbewegung.« »Barlachs Gestalten sind plötzlich da, aus der Atmosphäre verdichtet, richtige Geburten von viel Nebel und karger Sonne über einer richtigen Dichterlandschaft« (Arthur Eloesser). Dem jungen Hans Iver, einem Selbstmörder, der »den Rest seiner letzten Stunden durch die wirkliche, die allzu wirkliche Welt schleppt und der im Hinscheiden noch Seelen auftut« (Eloesser), steht der Wirklichkeitsmensch Siebenmark gegenüber, dessen Braut sich für den sterbenden jungen Mann interessiert und ihm nach dessen Tod gänzlich zufällt. So wird der Realist gezwungen, über die schmalen Grenzen seiner Selbstsicherheit hinauszudenken und sich hinauszutasten. Da hinein fallen mitunter grelle Lichter, zum Beispiel ein orgiastisch-obszöner Auftritt von und mit Dampferpassagieren, die in das Wirtshaus geströmt kommen, unter dessen Dach der todkranke, der »arme Vetter« liegt und in der jungen Frau die Sehnsucht nach der Begegnung mit dem »hohen Herrn« erregt. »Der arme Vetter ist der Vetter von uns allen, ist das andere Ich, das einen Abglanz von dem Drüben, also von dem wahren Inneren

empfangen hat« (Eloesser). Ständig changiert das Drama zwischen dem erdhaft Derben, der greifbaren und zuverlässigen Alltagsrealität und dem unheimlichen, lockenden, verstörenden Irrealen, von dem eine Saugkraft ausgeht, der zumal der Bürger Siebenmark sich nach Kräften widersetzt. Er, der sich vielleicht am meisten quält, kann nicht in jene Region vordringen, in die der junge Selbstmörder hineingestorben und seine, Siebenmarks ehemalige Braut gefolgt ist.

Während Georg Kaiser eher den einen Erweckten schildert, der überstürzt, sozusagen prestissimo, aus seiner alten Lebensform flüchtet und nach einem Rundlauf durch die vorhandene Welt irgendwo zusammenstürzt (der Kassierer in *Von morgens bis mitternachts*), zeigt Barlach den Vorgang der Wandlung als schwierigen Kampf zwischen den Kräften, die den Menschen am Ort verankern, und denen, die ihn in ein dunkles, vielleicht auch helles Anderswo ziehen wollen. Der Dramatiker spannt dabei einen weiten Bogen: von Kalauern bis zu einer geheimnisvoll raunenden, gleichsam heiligen Konversation, von den Selbstanklagen des jungen Hans Iver, der für seine relativ kleine Schuld gründlich büßen will, bis zu der Weltläufigkeit Siebenmarks oder dem deftig-lauten und ungerührten Egoismus Frau Kefersteins, von der Szene am Strand bei Sternennacht bis zu den Auftritten enthemmter Ausflügler.

Der blaue Boll

Der Gutsbesitzer Boll aus dem Mecklenburgischen, Protagonist dieses 1926 uraufgeführten Stücks, ist blau im Gesicht vom guten Leben. Diesem Menschen in seinem Safte widerfährt ein ungewöhnliches Erlebnis: Er sieht sich plötzlich von außen und gerät in eine Krise. In der Stadt, um den von Nebel verhüllten Kirchturm, begegnet Boll nun eigenartigen Figuren, zum Beispiel Grete, der »besessenen« Frau eines Schweinehirten, die von Visionen verfolgt wird, zum Beispiel dem Wirt Elias, der viel vom Teufel an sich hat; schließlich gar einem Herrn, der zwar hinkt, von anderen aber als Herrgott erkannt wird. Boll, der förmlich vergessen hat, wer er gewesen ist – seine unglücklich normale Frau Martha konstatiert: »Als ob er sich verloren hätte« –, muß sich neu gebären. Er will aus sich raus – raus aus seinem

alten Existenzschema, aus seiner trüben Irdischkeit.

Der legendäre Grundzug des Stücks zieht sich nur wie ein Faden durch das farbige Panorama einer Stadt mit Sonderlingen und Originalen, die jedoch nicht als kuriose Abweichung vom Üblichen gesehen werden, sondern als merkwürdige und ernstzunehmende Naturen. Das christliche Inventar, soweit erkennbar, ist in realistische und schalkhafte Züge eingesponnen. Nirgendwann stellt sich das ehrwürdige Gehabe des Mysterienspiels ein – wie es doch, durchaus zeitgenössisch, in den katholisierenden *Welttheater*-Spielen Hugo von Hofmannsthals (etwa für die Salzburger Festspiele) prätentiös zur Geltung kommt. Auf seine kaum nachahmbare Weise verschränkt Barlach die Dimensionen des leisen Pathos und erheiternder Situationskomik, unheimlicher Angstträume und drastischen Theaterspiels. Der Weg Bolls, der ein anderer werden will, führt ihn knapp am Selbstmord vorbei. Am Ende zeigt er seine neue Qualität etwa darin, daß er Verantwortung übernimmt – er wird Vormund für Grete, die geistig verwirrte junge Frau. Die Mischung der Sphären ist auch in der Sprache zu erkennen: Bolls Rede kann sich würdig geben, wenn es auch nur um banale Eifersucht geht, sie wird einfältig, holzschnitthaft gerade, wenn es sich auch um das Höchste handelt: Es gibt keinen vorgeschriebenen und keinen von welcher Hierarchie und Kaste auch verbürgten Ton mehr, in dem das Große und das Kleine auszusprechen seien. Niemand verfügt eben über die »rechte Art«, am allerwenigsten Boll selbst, der doch neu beginnen muß: »Boll kann's nicht lassen und bringt Boll zur Welt, man wird schon sehen, Bolls Geburt und turmhohe Veränderung steht vor der Tür. Jeder ist sich selbst der nächste bei seiner Entfaltung und muß wissen, wie er's schafft.«

Als das Drama in einer Inszenierung von Jürgen Fehling im Staatstheater Berlin 1930 aufgeführt wurde, schrieb der Kritiker Herbert Ihering: »Wer Niederdeutschland, wer die Küste kennt, fühlt auf der Bühne die unheimliche bedrängende Komödiennähe dieser Figuren. Barlach wäre der größte niederdeutsche Lustspieldichter. Aber schon beginnt man auch ihn für ›ostisch‹, für undeutsch zu erklären. Schon beginnt auch hier die Hetze wie früher gegen sein

Magdeburger Gefallenendenkmal. Es wird bald an der Zeit sein, einmal zu untersuchen, was die Nationalsozialisten für deutsche Kunst halten.«

Hans Henny Jahnn

»Jahnn ist ein großer Dichter gegen die Zeit (wie Barlach) ... Jahnn ist einer der wenigen, die noch tragische Gesinnung haben« (Herbert Ihering). Hans Henny Jahnn (1894 bis 1959) war schon 1920 von Oskar Loerke mit dem renommierten Kleist-Preis ausgezeichnet worden: Jahnn erhielt ihn für sein Drama *Pastor Ephraim Magnus* (1917) – einem der ungeheuerlichsten Theaterstükke, die je geschrieben worden sind. Der Kritiker Julius Bab, der es sehr schätzte, wünschte es doch am liebsten in den Giftschrank.

Pastor Ephraim Magnus
Jahnns Stück gelangte 1923 zur Uraufführung, nachdem Arnolt Bronnen und Bertolt Brecht sich des Werks annahmen und es um fast zwei Drittel zusammenstrichen – der übriggebliebene Text fand nicht die Zustimmung des Autors. Doch war auch für die Besucher dieser Vorstellung erkennbar, daß in Jahnns Drama eine »wüstere Form von Weltschmerz« (Emil Faktor) vorliegt, die notwendig eine andere Sprache und andere szenische Ereignisse verlangt. Drei Geschwister beschreiten eigene Wege: Pastor Ephraim Magnus quält sich in seinem mönchischen Leben, schließlich blendet er sich und erdrückt seine Schwester (eine Art Liebesversuch); sein Bruder Jakob schlachtet eine Hure, weil er sehen will, wie es darinnen, hinter der Maske, aussieht. Aber er findet nichts. Die Schwester Johanna kastriert am Ende Ephraim und steckt sich selbst eine glühende Eisenstange in den Schoß. Ephraim will für ihre Leiche und die des Bruders Jakob ein Gewölbe bauen. Dieses Greuelspiel erhält fast ein kleines Satyrspiel als Anhang: Zwei heranwachsende Knaben treiben ihre präsexuellen Spiele.

Das Leiden am Körper ist das zentrale Thema der Dramen (und auch der Romane) Hans Henny Jahnns: der Leib in seinen Möglichkeiten und seinen Grenzen, in seiner Verletzlichkeit und Verderblichkeit. An seiner Befindlichkeit entzünden sich die Tiraden dieses Dramas, die sich in Katarakten von Sentenzen, Bildern und Vergleichen ergießen und das zwiespältige Fühlen des Autors artikulieren: Er ist nämlich »zugleich äußerst brutal und bis zur Unfaßbarkeit sensibel, äußerst primitiv und differenziert, exhibitionistisch und zugleich himmelwerbend keusch, fanatisch und christushaft, voll irdischen Schlamms, aus Abgründen der Erotik herausgepumpt und nichtsdestoweniger nach seraphischen Klängen und Lichtmagie des Erlösertums dürstend« (Emil Faktor). In Exzessen des Erleidens und Tuns rennt Jahnn auf der Bühne gegen die Grenzen körperlicher »Fassungskraft« an; ein Gleiches geschieht in der Sprache: »Meine Schmerzen verdienen andere Laute als die aus einem Sprachregister. Wenn ich sie sagen könnte! – Sie sind wie das Gurgeln, das Eingeweide geben, wenn sie aus einem aufgeschlitzten Bauch hervorquillen ...« Oder es heißt in ähnlichem Sinne: »Die Worte sind eine Wand geworden, und die anderen nackten, tötenden oder irrsinnig machenden Worte gibt es nicht.« Haben die Expressionisten ihre Dramenhelden gewöhnlich nach dem neuen Leben oder nach einer neuen Welt suchen oder fragen lassen, haben sie gelegentlich die Töchter der Helden beauftragt, den neuen Menschen zu gebären, so will Jahnn mit fast zwanghafter Besessenheit nach neuen Erfahrungen streben – in der Erwartung, daß aus körperlichen Vernichtungserlebnissen das Gefühl einer unfaßlichen Reinheit, jedenfalls der richtige leibliche Zustand erwachse.

Medea
Dieser anarchische Impuls von außerordentlicher Energie verbindet sich mit sozialem Interesse in Jahnns 1926 uraufgeführter Tragödie. Hier beherrscht nicht mehr eine an alle Schranken vortobende junge Generation die Szene, sondern eine alternde Frau (Medea), die als Negerin eingeführt wird und sich von Jason als Geliebte abgeschoben, dazu als Außenseiterin und Ausländerin verachtet, gar den Tieren gleichgestellt sieht. Ihre Rache gilt dem Mann aus der anderen Kultur und der Arroganz der weißen Rasse. Medea gelangt bis an die Grenze ihrer Erlebnismöglichkeit. An diesem Prozeß wird das Publikum beteiligt. Von grausigen Todesarten ist nicht nur die Rede, die Spuren entsetzlicher Handlungen

Hans Henny Jahnns blutiges und wortreiches Spektakel »Die Krönung Richards III.« 1978 in Bremen, im ehemaligen Schlachthof inszeniert von Frank-Patrick Steckel mit Wolf Redl in der Titelrolle, der auf dem Bild seinen Schergen Gurney (Christian Redl) und Tyrell (Peter Franke) den Mord an den kleinen Prinzen, seinen Neffen, nahelegt.

sind auch auf der Szene noch zu sehen. (Alfred Kerr, halb respektvoll, halb abwehrend, amüsiert sich zum Beispiel darüber, daß die Heldin ein ausgestochenes Augenpaar längere Zeit auf der Bühne handhabt, bevor sie es einem vom Chor zum Halten gibt.) Am Ende versinkt das ganze Haus auf den Meeresgrund. Als Unschuldige fragen, weshalb sie in diese Katastrophe mit hineingerissen werden, kann Medea sie nur vage trösten: Sterben sei leicht, schwerer sei es zu leben. Auch hier gilt Sprache nicht als flexibles Medium, sondern als störrisches, altertümliches oder durch Konvention abgenutztes Vehikel. Und wieder versucht Jahnn, diesem Problem durch die Kumulierung des Sprechens zu begegnen. Allerdings, dem Boten, der die ungeheuerlichsten Nachrichten mitteilen soll, gebricht es doch an Worten. Jahnns Medea ist offensichtlich nicht nur als vulkanisches Temperament konzipiert – in ihr sollen die Demütigungen, die sie als Schwarze unter Weißen über Jahre hinweg erfahren hat, zur explosiven Masse gespeichert worden sein.

Jahnns Dramen, außer den genannten noch *Die Krönung Richards III.* (1916/20), *Hans Heinrich* (1913/21), *Der Arzt, sein Weib, der Sohn* (1921/22), *Straßenecke* (1930), *Armut, Reichtum, Mensch und Tier* (1933), *Thomas Chatterton* (Uraufführung 1956 durch Gründgens) und *Die Trümmer des Gewissens* (Uraufführung 1961 durch Piscator) – Jahnns Dramen dokumentieren jeweils die denkbar heftigste Reaktion auf die Erfahrung körperlicher Verwundbarkeit wie auf die erlittener Diffamierung. Doch der beinahe ohne Umschweife gesuchte stärkste Ausdruck in der Sprache, die Wahl der ungeheuerlichsten Möglichkeit in der Fabel bewirken ein fast taubmachendes Dröhnen, das die Explikation von Konflikten übertönt. Jahn gibt ein tragisches Zeugnis, aber kein Konzept einer Tragödie.

Das realistische Zeittheater

Gegen Ende der zwanziger Jahre erlebte das realistische Zeittheater einen starken Aufschwung. Die »journalistisch-szenische Aufmachung von Zeitstoffen« (Herbert Ihering) sollte das Theater aus der »Isolierung« herausbringen, in die es als künstlerische Anstalt angeblich geraten war; Reportagen erschlossen die zeitgenössische Wirklichkeit; die Bühne wollte sich nicht mit der Ausstellung von Innenwelten bescheiden. Durch die Öffnung für Zeitschicksale und Zeitungsnachrichten verlor das Theater aber auch an »Aura«. Die »Wichtigkeit des Dramas« schien Alfred Kerr 1927 »im Verhältnis zur heutigen Erdkrisis etwas beschränkt« – diese Beobachtung ging mit der Prognose einher, daß das künftige Drama »unpathetisch« sein werde (Kerr), ohne daß deshalb der »Anteil am Schmerz von Mitgeschöpfen verlorengehen müsse«. Die Abkältung des Gefühls, die als Demonstration der Neuen Sachlichkeit in allen kulturellen Bereichen dieser Zeit zu beobachten war, wurde bald auch als Furcht vor dem »unsicheren Los hienieden« (Kerr), als Ausweichen, Pseudokühle, als Kaschierung der Angst durchschaut. Also versuchten Dramen dieser Periode im Gegenzug die verborgenen Abgründe auszuleuchten, die verdrängten großen Probleme aufzuzeigen, die Erinnerung an den Auftrag der Revolution, an die verpflichtende Kriegserfahrung aufzufrischen (und zwar von rechter und linker Seite aus): Die Schau- und die Kehrseite der Zeit werden im Zeitstück präsentiert. Da erweist sich zum Beispiel die tiefgreifende Entwertung der alten monetären und ideellen Valuta in der Inflation als nachhaltige Verstörung der deutschen Gesellschaft. Die Satire auf das Wiedererstarken der alten Mächte in der Republik läßt skeptische Ansichten von der zu erwartenden Zukunft erkennen. Die soziale Realität wird auf der Bühne rekonstruiert, durch Filmprojektion und Lautsprecher dringt der Alltag ins Theater; aus dieser Abbildung schlägt das Zeitstück aber auch agitatorische Funken. Walter Mehrings »historisches Schauspiel aus der deutschen Inflation«, *Der Kaufmann von Berlin* (1929), mit seinen Straßenszenen, dem Panoptikum Berliner Milieus, wäre da ebenso zu nennen wie die dokumentarischen und sozialistischen (oder kommunistischen) Appelldramen Ernst Tollers, Friedrich Wolfs (1888 bis 1953) oder Gustav von Wangenheims (1895–1975).

Friedrich Wolf

Cyankali

Das 1929 uraufgeführte Stück problematisiert die tödlichen Folgen des Abtreibungsparagraphen 218. Eine schwangere arbeitslose Frau bittet um Hilfe, die ihr der Arzt verwehrt, zumal er auch keine ausreichende Abfindung erwarten kann. Hete, die Heldin, kann zwar selbst die Schwangerschaft unterbrechen, doch sie liegt dafür auf dem Krankenbett. Ihr Fall entwickelt sich so fatal, daß als letzte Maßnahme nur Cyankali übrig bleibt. Das Stück endet mit dem Schrei um Hilfe, der sozusagen von Tausenden ausgestoßen wird – den Opfern einer heuchlerischen Klassengesellschaft, die nur denen Beistand leistet, die ihn bezahlen können. Friedrich Wolf, der selbst Arzt gewesen ist, hat mit diesem Tatsachen- und Thesenstück einen großen Erfolg errungen. Das Drama ist aus aktuellem Anlaß vor wenigen Jahren (im Zusammenhang mit der erneuten Diskussion um die Legitimität von Schwangerschaftsunterbrechungen) wieder aufgeführt worden. Es war übrigens in der Weimarer Zeit nicht das einzige Theaterstück, das sich dieses Themas annahm. Bestimmten gesellschaftlichen Problemen widmeten sich oft mehrere gleichartig konzipierte und argumentierende Dramen. Ein solches »attraktives« Thema war etwa die gefährdete Jugend.

Ferdinand Bruckner

Krankheit der Jugend

Bruckner (1891–1958), aus Österreich gebürtiger Dramatiker, hat in seinem 1924 entstandenen, zwei Jahre später uraufgeführten Stück die Verwirrung der jungen Menschen in der Inflationszeit als Disposition zur Selbstzerstörung gesehen. In Abweichung von den Vater-Sohn-Dramen des Expressionismus spielen ältere Menschen keine Rolle mehr. Auf der Bühne fallen Sätze wie: »Alle Menschen sollten sich mit siebzehn erschießen«, »Jedenfalls kann Jugend nie gesund sein.« Der Verlust an äußerer und innerer Sicherheit gibt sich im ziellosen sexuellen Verhalten dieser Jugendlichen zu erkennen: Alle möglichen Spielarten, die von der »Gewohnheitslinie« abstechen, müssen als Anzeichen der Krise dienen; so nimmt es auch nicht wunder, daß

eine der weiblichen Hauptfiguren den Ruin ihres Lebens durch die Aufforderung zum Lustmord vollendet, den eine »Verbrecher-natur«, ein Barbar im Sinne Nietzsches an ihr vollziehen soll und vollzieht. Das effekt-volle Stück über die Binnenspannungen zwischen Jugendlichen, die vor sich und für sich keine Zukunft sehen, hat sich bis in die Gegenwart auf dem Spielplan gehalten.
Dem breiter angelegten späteren Drama Brückners *Die Verbrecher* (1928) ist das Überleben weniger gelungen. Bruckner legt hier einen zwangsläufig zeitverhafte-ten Querschnitt durch die damalige Gesell-schaft, einen Querschnitt, der – bezeich-

nend für die Theaterästhetik in den ausge-henden zwanziger Jahren – im Bühnenauf-bau eines aufgeschnittenen Hauses mit vie-len Zimmern gespiegelt wird. Die scharfe Kritik des Autors an einer selbstgerechten Rechtsprechung, die durchaus vorgefaßte Meinungen von dem vertritt, was ein Ver-brechen ist, und ahnungslos über die Fol-gen sozialer Not urteilt, findet sich auch in einer nicht unbeträchtlichen Anzahl von Dramen, die die Kriminalisierung von Ver-zweiflungstaten und die Urteilsvollstrek-kung an Opfern gesellschaftlicher Mißstän-de aufgreifen und angreifen. Diese Dramen sind zum Teil von Juristen geschrieben wor-

Die Stuttgarter Staatsschauspieler beim Ver-such, Proletariat der späten zwanziger Jahre nachzuspielen: Szene aus dem Anklagestück um den Paragraphen 218 »Cyankali« von Friedrich Wolf, 1975 von Niels-Peter Rudolph inszeniert mit Anneliese Römer (Mutter Fent), Michael Altmann (Max), Elke Twiesselmann (Frau Klee), Martin Schwab (Kuckuck), Manfred Zapatka (Paul), Kirsten Dene (Hete).

den, die hier zur Feder griffen, weil auch sie das Theater als geeignetes Forum ansehen, ihre Beschwerden über die rechtspolitische Praxis vor die Öffentlichkeit zu tragen. In all diesen Stücken kommt erheblicher Zweifel an den ererbten Autoritäten zu Wort. Das Pochen auf die alten Gesetze scheint nur noch Unheil zu stiften: Die Falschen werden bestraft, die wahren Schuldigen gehen frei aus. Die polemische Anstrengung dieser Dramen galt zumal dem Hochmut derer, die das alte Denken vertraten und exekutierten. Die Blindheit solcher Justiz für die reale Verzweiflung äußerte sich in Bruckners Drama etwa in höhnisch-zynischen Bemerkungen des Vorsitzenden eines Kriminalgerichts: »Soweit haben wir es in der Republik gebracht, daß sich alle das Leben nehmen wollen. Ein verweichlichtes, entmanntes Geschlecht, von dem nun soll die Zukunft Deutschlands abhängen.« Die, von denen dann tatsächlich Deutschlands Zukunft abhängen wird, sprechen hier »deutsche Fraktur«. Das Plädoyer der Dramatiker lautete anders: Die sogenannten Verbrechen sind aufgezwungen durch die Natur oder durch die Gesellschaft, durch Leidenschaft oder Armut; amoralischer Egoismus, Gefühllosigkeit und Mord erscheinen als Ergebnisse einer Fehlordnung.

Bei Bruckner und anderen dominierte eine Mitleidsdramaturgie, die sich darauf konzentrierte, die Opfer der Verhältnisse zu verstehen und zu rechtfertigen. Diese poetische Struktur konnte sich übrigens durchaus mit verschiedenen politischen Absichten verbinden: Auf der einen Seite sammelten sich die demokratischen Dramatiker, die die Republik durch die wiedererstarkenden alten Eliten gefährdet – oder, recht pessimistisch, die Einrichtung einer Gesellschaft noch gar nicht erreicht sahen, in der alle vor dem Leben gleich seien. Auf der anderen Seite kam es, Ende der zwanziger und Beginn der dreißiger Jahre, zur Aufführung einer Reihe von Stücken, die gerade die Republik und die Republikaner für die Hauptschuldigen an der Misere erklärten, die aus nationalistischer oder aus völkischer, aus militaristischer oder revanchistischer Perspektive das »System« (wie die Weimarer Demokratie bei ihren Gegnern hieß) als Verwalter der angeblich aufgezwungenen Niederlage und des demütigenden Versailler Vertrags betrachteten. Es handelte

sich hierbei vor allem um Stücke, die das Kriegserlebnis, das mittlerweile über zehn Jahre zurücklag, feierten und die mißlungene Reintegration der Soldaten, die sich in der Frontgemeinschaft offensichtlich so wohl und aufgehoben gefühlt hatten, in die angeblich verdorbene und verrottete Friedensgesellschaft der Nachkriegszeit konstatierten. »Kunst ist Waffe« – die Devise, die Friedrich Wolf für die Linke ausgegeben hatte, wurde durchaus auch von der Rechten aufgegriffen.

Das neue Volksstück

Das Zeitstück der Weimarer Republik, auf die Gegenwart fixiert, hat sie auch nur in seltenen Fällen überdauert. Als ein beständigeres Genre hat sich das neue Volksstück der zwanziger Jahre erwiesen: ein Genre, das bis in unsere Gegenwart hinein auf dem Spielplan präsent ist und meist mit den Namen von Carl Zuckmayer, Marieluise Fleißer und Ödön von Horváth verbunden wird. Mit diesen neuen Volksstücken ist weniger auf die Popularisierung von bestimmten Stoffen, auf die Durchsetzung trivialer Muster, auf die Philosophie des Schusterbleib-bei-deinem-Leisten abgezielt worden als vielmehr auf die Rehabilitation einer gesellschaftlichen Gruppe, die bisher nicht als bühnenwürdig galt. Diese Figurentypen, die Menschen aus den unteren Gesellschaftsschichten darstellen, durchleiden andere, nicht-klassische, nicht-traditionelle Konflikte: Sie bewegen sich in anderen Verhältnissen, sind anderen Zwängen ausgesetzt, sprechen anders – situationsbezogener, kürzelhafter, in rudimentären Formeln oder gar in einer entliehenen, daher in ihrem Mund falsch klingenden Sprache. Handeln und Reden hemmen sich bei diesen Personen gegenseitig und sind daher durch eigentümliche Lähmungserscheinungen gekennzeichnet. So bietet das Volksstück nicht nur die Möglichkeit, verschiedene Dialekte und Soziolekte aufzugreifen und zu vermengen, es kann auch – legitimiert durch die Wahl des Milieus – verschiedene Grade der Sprachunfähigkeit oder gar Sprachlosigkeit selbst vorführen. Während im expressionistischen Drama die emphatischen Tonlagen dominieren, manchmal sogar in Verbindung mit dem Vokabular der bürgerlichen Konversa-

tion, manchmal verstärkt durch lyrische oder lyrisierende Wortkombinationen; während im neusachlichen Drama die geschäftsmäßige Sprache, durchsetzt von Kraftsprüchen und Devisen, ein allen Personen im wesentlichen gleiches Idiom prägt, um damit auch zu zeigen, wie das Individuum selbst in der Artikulationsweise nur als Teil eines Kollektivs agiert, während das Zeitstück Gebrauch von typischen Rollenreden und spezifischen Phraseologien macht, um die Repräsentanten verschiedener Institutionen oder Instanzen schon durch den Zungenschlag und den im Redestrom mitgeschwemmten Formelkram erkennbar werden zu lassen, ist der Dialog im Volksstück einer tiefgreifenden Prüfung unterworfen: Nirgendwo anders wird so deutlich das Mißverstehen, Aneinandervorbeireden, Verfehlen im Gespräch thematisiert, wie gerade hier, wo mittelständische Sprachkompetenz eben nicht selbstverständliche Voraussetzung ist. Dies hat aber auch zur Folge, daß im Volksstück der Marieluise Fleißer oder des Ödön von Horváth bestimmte neue Konstruktionen entstehen, die in der Verbindung von Redeautomatismen, Auslassungen, Pausen und gestischer Sprache, eine bis dahin kaum bekannte (allenfalls vom mittleren Gerhart Hauptmann erschlossene) Poetik verwirklichen.

Karl Valentin

Ein sonderbar anmutendes Sprachverhalten legte der Münchner Komiker Karl Valentin (1882–1948) an den Tag. Ab 1922 trat er in den Münchner Kammerspielen auf: *Theater in der Vorstadt* (1923), *Raubritter vor München* (1924), *Sturzflüge im Zuschauerraum* (1925), *Brillantfeuerwerk* (1926), *Der Firmling* (1927), *Der reparierte Scheinwerfer* (1927), *Der Umzug* (1938) u. a.
Eine ganze Reihe von Szenen, die er fast immer mit seiner Partnerin Liesl Karlstadt spielte, lebt von der Reibung zwischen zwei Logiken – der Logik des normalen Verhaltens, die eher von Liesl Karlstadt vertreten wurde, und der Logik des Noch-mal-von-vorne-Denkens, die keine sprachliche und soziale Paßform hinnimmt und an das antike Paradox erinnert, nach dem Achilles, der berühmte Läufer, sobald er auf seine Beine sieht, notwendig stolpern müsse. Diese

zweite Logik erweist sich, weil sie nicht bereit ist, die üblichen Gemeinplätze zu akzeptieren, immer wieder auch als rechthaberisch, als spitzfindig, als Störmoment in der sonst alltäglich glatt funktionierenden Kommunikation. Da erhält die Kellnerin, wenn sie den Gast nach seinem Begehr fragt mit der – zugegeben – flüchtigen Redeweise: »Was is?«, die passende, aber in der Situation unpassende Antwort Karl Valentins: »Sonntag is«. Da erhält die Verkäuferin im Schallplattenladen auf ihre Frage, die wiederum etwas schlampig formuliert ist: »Was sollen das dann für Platten sein?«, die zunächst einmal sehr präzise Antwort: »So

runde dunkelschwarze Platten.« Dabei macht die sonderbare Wortschöpfung »dunkelschwarz« darauf aufmerksam, daß Valentin sich halb bewußt ist, daß er nicht den Konventionen entsprechend reagiert, und dieses Manko (offenbar sieht er es als ein Manko an) durch eigentlich unnötige Verstärkungen seiner Aussagen kompensieren möchte. Er will nicht gerne mißverstanden werden; da er aber wiederum mißversteht, muß er ständig nachfragen: »Meyerbeer-Platten seien ausgegangen«, sagt die Verkäuferin. Valentin fragt: »Wohin?« Die Verkäuferin zeigt ihm »noch verschiedene Platten«. Valentin fragt:

Kann man Karl Valentins Grotesk-Szenen und Zerdenk-Monologe ohne Valentin selbst spielen? Einen der ersten Versuche dazu machte der Regisseur Niels-Peter Rudolph 1971 im Werkraumtheater der Münchner Kammerspiele. Auf dem Bild: der Lehrbub (Ruth Drexel) und der Elektriker (Georg Stadtmüller) stören den Dirigenten (Walter Schmidinger) bei der Orchesterprobe. »Zu der introvertierten, stoischen Komik Stadtmüllers ist Schmidinger ein extremer Kontrast: … inmitten greller Verzweiflung erscheint da plötzlich ein kurzes, starres Lächeln, ein winziger Moment von Glück« (Benjamin Henrichs).

»Gestorbene Platten?« Seine erstaunliche Penetranz bei dem Streben nach klarer Verständigung kann auf die Dauer nur zu einem Wutanfall der Gesprächspartnerin führen. Valentin bemerkt dies, tritt aber selten als Beleidigter ab – sein Genauigkeitsfanatismus ist in Introversion umgeschlagen. Er will so gerne wahrnehmen, was um ihn herum passiert; da er aber nicht ausreichend mit den üblichen Kulturtechniken und Schemata ausgestattet ist, bestätigt der Kontakt mit der Außenwelt nur die Fremdheit und Unvereinbarkeit, die zwischen ihnen besteht, auch zwischen dem grüblerischen Fragen auf der einen Seite und dem bequemen Gerede auf der anderen Seite. Die Welt erscheint dem verzwickt und rätselhaft, der ihr Man-redet-halt-so und Man-tut-halt-so nicht mitmachen kann: Valentin wird zur skurrilen Figur, weil er den ernsthaft bemühten Narren darstellt, der es rechtmachen will und nicht ankommt. Seine einaktigen Szenen und Funkstücke sind vielfach als Filme und als Tonaufzeichnungen erhalten. Und seit Anfang der sechziger Jahre hat sich gezeigt, daß Valentinsche Szenen auch ohne ihn zu spielen sind. Der junge Bertolt Brecht war in seiner Münchner Zeit, Anfang der zwanziger Jahre, viel mit Karl Valentin zusammen. In Brechts *Kleinbürgerhochzeit* und ihrer kettenreaktionsartig sich entwickelnden Katastrophenkomik ist vermutlich manches von dem Valentinschen Groteskspiel eingegangen. Das Wortgrüblerische, die fortschreitende »Zersetzung« der Verkehrssprache hat dagegen weniger Nachhall im frühen Werk des jungen Dramatikers gefunden.

Carl Zuckmayer

Der fröhliche Weinberg
Der in Rheinhessen geborene Zuckmayer (1896–1977) erlebte – nach expressionistischen Anfängen – mit seinem 1925 uraufgeführten Lustspiel einen außergewöhnlichen Erfolg. Für die Zeitgenossen signalisierte dieses Stück das Ende des Expressionismus, seines Pathos, seines vibrierenden Tons, auch wohl der Suche nach dem neuen Menschen. Hier gelten Weltkrieg und Revolutionsversuch, gelten Nachkriegswirrsal und Inflation nur noch als anekdotische Ornamentik eines turbulenten Provinzalltags.

Der Weingutbesitzer Gunderloch will seine Tochter mit einem zeugungsfähigen Mann verheiraten, denn ihm geht es darum, daß diese Ehe mit Kindern gesegnet sei. Der Vater hat einen Freier ausgesehen, die Tochter will jedoch einen anderen: Die Lustspielmechanik entwickelt sich, bis hinter Buchsbaumhecken und in Ligusterlauben sich die Paare neu zusammenfinden. Es scheint ein gesegnetes Jahr zu werden. Das Stück ist durchwirkt mit vielen Liedern und rheinischen Dialekten. Über die Bühne laufen Vertreter zahlreicher Stände und Schichten, unter anderem völkische Phrasendrescher, aber auch Juden: In dieser bunten Vermischung torkeln (am Ende auch im eigentlichen Sinne des Wortes) die Personen über alle herkömmlich gezogenen Grenzen hinweg. Das Weltgeschehen erscheint als Miniatur im frohgemuten Kleingeist widergespiegelt. Da klagt der Gastwirt: »Es gibt heutzutage kei' noble Leut' mehr. Als Gastwirt merkt ma's.« Kurrle: »Das sind die traurigen Folgen der Revolution.« Eismayer: »Das ist alles, weil die uns den Dolch in de Rücke gebohrt hawwe. Darunter leide mir heut auch in der Viehzucht.« Über allen und über alles triumphiert der lebfrohe alte Gunderloch: Inkarnation des vitalen Prinzips, das sich durch alle bürgerliche und politische Moral hindurchschiebt. Weinselig und drastisch obszön explodiert hier ein ganz anderer Drang als in den Stücken des expressionistischen jungen Deutschland. Das zeitgenössische Publikum empfand die dionysische Veranstaltung als eine Art Befreiungsaktion, in der alle möglichen Sublimierungszwänge einfach als lachhaft annulliert werden.

Der Hauptmann von Köpenick
Nach weiteren Stücken über die kleinen tüchtigen Leute (*Schinderhannes*, 1927, und *Katharina Knie*, 1929), deren Tapferkeit und stämmige Gesinnung dramatisiert Zuckmayer das Schelmenstück des Schusters Wilhelm Voigt aus dem Jahre 1906. »Ein deutsches Märchen« hat der Autor dieses Werk (Uraufführung 1931) überschrieben, das wohl das bedeutendste von all seinen Theaterstücken ist. Der Chronologie der historischen Ereignisse entsprechend, stellt Zuckmayer in 21 Szenen den Werdegang des Schusters dar, eine Laufbahn, die für lange Jahre ins Gefängnis führt, da der Held

in seinem arglosen Selbsthelfertum gelegentlich erwischt wird. Da die Geschichte in Preußen spielt, wo alles seinen Gang geht, kommt Wilhelm Voigt wiederholt in die Verlegenheit, weder Paß noch Aufenthaltserlaubnis zu erhalten, wobei das eine vom anderen abhängt, und wird daher aus den Listen der vertrauenswürdigen Subjekte gestrichen. Da die Geschichte in Preußen spielt, wo – so heißt es auch – der Mensch erst beim Leutnant anfängt und der Zivilist weniger gilt als der Soldat, strebt der Held wenigstens im Zuchthaus danach, das Exerzierreglement zu erlernen und militärische Kenntnisse zu erwerben. Sein Gegenspieler ist eine Uniform, die von dem Herrn, der sie bestellt hat, leider nicht getragen werden kann und so von Station zu Station wandert, bis sie endlich bei einem jüdischen Händler landet, wo sie dem gleichfalls vagierenden Wilhelm Voigt ins Auge fällt. Angetan mit des Königs Rock wirkt der schäbige kleine Mann offenbar wie ein echter Hauptmann. Mit einer Gruppe Soldaten, die er auf der Straße aufliest, marschiert er nach Köpenick, um sich dort einen Paß zu holen. Das Unternehmen schlägt fehl – aber es wird publik. Die Reaktion des Kaisers – »Kein Volk der Erde macht uns das nach!« – ist zwiespältiger, als Wilhelm II. wohl bewußt war. Nur wo eine strenge unmenschliche Bürokratie und eine wahnhafte Überschätzung alles Militärischen den Lebens- und Spielraum der Bürger so stark beschneiden, ist für die Parodie Platz – eine Parodie, die Voigt selbst, während er sich im Spiegel betrachtet, mit dem Wort »Unmöglich!!« kommentiert. Wo Potsdam Mode ist, da ist auch das denkbar, was der jüdische Händler Krakauer anspricht: »Wenn die Uniform kennt allein spazierengehn, ohne das einer drinsteckt – ich sag ihnen, jeder Soldat wirdse grießen, so echt iss se!«
Der Schuster Wilhelm Voigt, der mit einer Uniform vom Trödler auszieht, um sich, als Hauptmann verkleidet, den Schein seiner Existenzberechtigung zu verschaffen, pocht an die Weltordnung – so wird es im Stück bezeichnet. Er ändert sie nicht, er bleibt nur ein halbgefährlicher Mensch. Durch Mimikry, so lächerlich und übertrieben sie wirken mag, gewinnt er endlich vorübergehend die Anerkennung, die ihm in seinem Leben zuvor versagt geblieben ist. Durch seine Anpassung beweist er, wie per-

fekt die Ordnung funktioniert. Man muß sich in sie nur hineinfügen. Zuckmayers Drama ist durch den genauen Blick ausgezeichnet, den er in Uniformläden und Polizeibüros, in möblierte Zimmer und bürgerliche Wohnstuben, in Kleiderläden und Amtsräume wirft. Der Umgangston zwischen den Personen ist vielfältig schattiert – schnarrende Offiziere und jüdische Händler, arme devote Kerle und brave Bürger sind, so wenig sie auch zu sagen haben, deutlich und unverkennbar zu hören, allesamt gezeichnet von der Untertänigkeit im Wilhelminischen Reich, »Feinde von jeder Unregelmäßigkeit«. Und die Uniform gibt in diesem Staat, der einer Kaserne gleicht, »kolossalen Halt«. Zuckmayer entwirft ein Bild von einem höchst bedenklichen Preußentum – in einer Zeit, als der Tag von Potsdam nicht mehr fern war (an dem Hitler und Hindenburg die fritzisch-preußische Tradition beschworen). Sein Drama ist bei aller Satire nicht frei von Sentimentalität. Vielleicht gelingt es auch nicht anders, die Ehrenhaftigkeit des kleinen Gauners wider Willen ins rechte Licht zu rücken, seine mitfühlende, liebenswürdige Bescheidenheit herauszustreichen.

Auch Zuckmayer ging ins Exil. Er kehrte auf die deutschen Bühnen gleich nach 1945 mit einem kurz vor Kriegsschluß beendeten Drama zurück, das ihm wieder für Jahre viel Aufmerksamkeit zuwenden sollte.

Des Teufels General

Harras, General der Flieger, ist ein viriler Soldat, aufrecht und politisch unerfahren und Hitlers Offizier. Im Lauf von drei Akten, die

»Der Hauptmann von Köpenick« blieb Zuckmayers erfolgreichstes Stück – auch wegen der dankbaren, zentralen Rolle des Schusters und verzweifelten Hochstaplers Wilhelm Voigt. Heinz Rühmann spielte sie zum erstenmal 1963 in den Münchner Kammerspielen, gab am Anfang »noch den kessen Halb-Kriminellen, der ein Lächeln riskiert, das ihm niemand abnimmt und das dann erstarrt« (Joachim Kaiser).

sich in Innenräumen abspielen, die geselliges, gesellschaftliches Gespräch erlauben, lernt er erkennen, daß er dem Teufel gedient hat und richtet sich selbst. Als konsequenter Anti-Nazi verfährt der Ingenieur Oderbruch, der den Flugzeugbau sabotiert, so daß die Maschinen vorzeitig abstürzen. Doch die Entscheidung beider Männer, des Generals und des Ingenieurs, trägt nicht viel dazu bei, den Krieg wesentlich zu verkürzen.

Das Stück erregte in den ersten Nachkriegsjahren sehr heftige Diskussionen, nicht zuletzt, weil der Figur des Generals Harras vom Autor viel Kraft und Attraktivität verliehen worden ist. Später, in den sechziger Jahren, wurden Bedenken gegen die als schablonenhaft empfundene Charakteristik der Nazis geäußert. Es ist jedoch nicht zu bestreiten, daß dieses im Exil geschriebene Stück als erstes und für lange Zeit einziges literarisches Werk das Verhältnis zwischen den Nationalsozialisten und ihren allzu willfährigen Offizieren, frei von verdunkelnder Symbolik, debattiert hat.

Marieluise Fleißer

Marieluise Fleißer (1901–1974), in Ingolstadt geboren, hat diese Stadt stets nur für kurze Zeit verlassen. Durch die Vermittlung von Lion Feuchtwanger und Bertolt Brecht sind ihre zwei Dramen *Fegefeuer in Ingolstadt* (1926) und *Pioniere in Ingolstadt* (1928) in Berlin aufgeführt worden und haben sogleich viel Beachtung gefunden. Die junge Autorin hat in beiden Stücken Ingolstadt als Lebensform vorgestellt, die durch erstikende Enge, durch Sitten und Gebräuche

Marieluise Fleißers »Fegefeuer in Ingolstadt« wurde 1971 zuerst in Wuppertal wiederaufgeführt, die fünfte Nachkriegsinszenierung dann schloß die in den verschrobenen und verstiegenen Sätzen enthaltene Kleinstadt-Pubertäts-Realität auf: Peter Stein führte Regie 1972 an der Schaubühne am Halleschen Ufer, Angela Winkler spielte die Olga, Rüdiger Hacker den Roelle.

*Marieluise Fleißers »Pioniere in Ingolstadt«
kam 1970 zum erstenmal wieder auf die
Bühne: im Münchner Staatsschauspiel
inszenierte Niels-Peter Rudolph das Stück
sinnlich-streng und mit sparsamer, bedeutender Gestik mit Christine Ostermayer als
Dienstmädchen Berta und Hans Michael
Rehberg als ruppigem Liebhaber Karl.*

gekennzeichnet ist, in denen sich »über-
tünchte Raubtierschaft« (Alfred Kerr) regt.

Fegefeuer in Ingolstadt

Das Stück handelt vom mißlungenen Versuch zweier junger Menschen, von Olga
und Roelle, aus den Banden einer religiösen
Erziehung auszubrechen. Doch die Anstrengung, sich von der kleinstädtisch-
kirchlichen Moral zu entfernen, führt nur
zu einem anderen religiösen Wahn. In verzweifelten, fast grotesken Ritualen und
einer eigenartig gepreßten und fetzenhaf-

ten Sprache schafft sich der unterdrückte
Trieb schmale Auswege.

Pioniere in Ingolstadt

Als deutlicher gezeichneter und vielgestal-
tiger Prospekt der Jugend in Ingolstadt entfaltet sich das zweite Stück. Die Karikatur
der Bürger fällt verschärft aus, die Hilflosigkeit der von den Soldaten ausgenützten
jungen Frauen wird präzise dargestellt. In
der Sprache dominieren die Wiederholungen; sie bezeichnen die Armut des Erlebens
und das »Nichtweiterkönnen« (Kerr) dieser
in der »Heimat« gefangengehaltenen,
»armseligen, weltfernen« Personen (Kurt
Pinthus). Alfred Polgar hat seine Reaktionen bei diesem Spiel über Soldaten und
Dienstmädchen genau beobachtet: »Ihre
Einfachheit, ihr Geradezu ist, versteht sich,
auch komisch. Komisch mit flauem Nach-
geschmack. Es sieht nämlich zuweilen so
aus, als würde der primitive Mensch, weil er
das ist, dem Spott preisgegeben, und eine

Not, die sich nicht artikulieren kann, dem
Gelächter derer, die Worte haben« (1929).
Die Sprachschwierigkeiten der jungen
Menschen auf der Bühne hängen aber
nicht nur mit dem Standort Ingolstadt zusammen, also mit dem womöglich hinder-
lichen Lakonismus der bayrischen Mundart,
sondern wohl auch damit, daß der »Held des
Spiels … der Geschlechtstrieb« ist, der die
Menschen hier zu Paaren treibt, wenn
anderes sie nicht verbindet. Weil sich die
Beteiligten über diesen entscheidenden
Motor ihres Verhaltens kaum Aufschluß geben, verzichten sie in Sprechen und Tun
überhaupt auf Erklärungen, Begründungen oder Verknüpfungen. In fast mechanischen, oft reflexhaften Kundgebungen, die
manchmal grausig, manchmal albern und
oft banal wirken, äußert sich verschandelte
Naivität – ein »hinterwäldlerisches« Phänomen (Kurt Pinthus), aber nicht nur dies,
sondern Symptomatik eines Volks, das bis
dahin gewöhnlich selten auf der Szene in
Erscheinung getreten ist. Die Vaterstadt verstand Fleißers frühe Dramen zunächst nur
als Topographie der inneren Befindlichkeit
einer Kleinstadt an der Donau – und nahm
ihr diese Ortsbeschreibung anfangs übel.

Marieluise Fleißer hat später nur noch wenig geschrieben – zu erwähnen ist etwa das
(durchaus nicht neu konzipierte) Volksstück *Der starke Stamm* (1950), das von den
Nöten eines verwitweten Handwerkers
handelt, der am Ende die junge Magd heiratet und den erbschaftsgierigen Verwandten
ein Schnippchen schlägt. Doch die Autorin
konnte noch ihre Rehabilitation Ende der
sechziger Jahre erleben – dadurch, daß die
Theater ihre frühen Stücke wiederaufführten,
sowie dadurch, daß ihr sprachempfind-
licher Provinzrealismus von jüngeren
Autoren wie Rainer Werner Fassbinder,
Martin Sperr und vor allem Franz Xaver
Kroetz fortgesetzt wurde, ihren »Söhnen«,
wie Marieluise Fleißer sie selbst bezeichnete. Zusammen mit dem Werk Ödön von
Horváths sind ihre Stücke zu den Mustern
eines sozial- und kommunikationskriti-
schen Theaters geworden, das in Deutschland in den letzten 20 Jahren von außer-
ordentlichem Einfluß gewesen ist.

Ödön von Horváth

Horváth (1901–1938) wurde in Fiume (heute Rijeka) als Sohn eines ungarischen Diplomaten und einer deutsch-tschechischen Mutter geboren. Er bezeichnete sich später als eine »typische österreichisch-ungarische Angelegenheit«. Vielsprachig aufgewachsen, hat er die deutsche Sprache angeblich erst als Gymnasiast zu schreiben und zu lesen gelernt. Seine Dramen scheinen zu bezeugen, daß es ihm nie völlig gelungen ist, Herrschaft über diese Sprache zu gewinnen – dies haben ihm die Gegner, zumal aus dem rechten Lager, vorgeworfen. Aber einem solchen Dichterideal – der Schriftsteller als Meister einer verbindlichen und musterhaften Hochsprache – wollte Horváth auch nie entsprechen. Im Gegenteil: Seine Stärke lag darin, daß er zu den Zuhörern gehörte – in Kneipen und Wirtshäusern, in Vergnügungsetablissements aller Art und auf Rummelplätzen. Er lauschte, was die Leute um ihn herum zu sagen hatten und wie sie es sagten. Gerade in seinen bedeutendsten Theaterstücken, die sämtlich noch vor der Machtergreifung der Nationalsozialisten geschrieben und in der Mehrheit auch aufgeführt worden sind, erweist er sich als hellhöriger Protokollant der eigentümlichen Artikulationsschwächen und Ausdruckskonventionen kleiner Ladenbesitzer, Angestellter oder Beamter, die seine Bühne bevölkern. Zweifellos, er ist nicht nur die automatisch funktionierende Membrane für die Rede der aufgescheuchten unteren Mittelschicht, der die Wirtschaftskrise erheblich zugesetzt und deren Selbstbewußtsein sie nach der Inflation zum zweitenmal einschneidend demontiert hat. Er stilisiert, treibt die Eigentümlichkeiten dieser unbeholfenen und zugleich verräterischen Sprache hervor, die in den meisten Fällen das eigentlich Gemeinte verhehlen soll oder schief herausbringt: einer grimassierenden Rede, zwischen deren Rissen Dummheit und Schmerz, Verzweiflung und kaum bemäntelter Egoismus erkennbar werden. »Stille« herrscht immer wieder zwischen den Sätzen des Dialogs auf Horváths Bühne – vom Autor unerbittlich häufig vorgeschrieben, damit sich die sprachliche Organisation seiner Dramen fast wie eine musikalische Komposition als Dialektik von Laut und Pause entwickle. In dieser Stille wird dann das Verschwiegene sozusagen hörbar, jedenfalls angezeigt.

Wie Brecht wurde auch Horváth nachweislich von Frank Wedekinds Werk beeinflußt; die Wirkung, die schon von der Person dieses Dramatikers ausging, lernte er noch im Kreis von Arthur Kutscher kennen, dessen Veranstaltungen er an der Münchner Universität nach dem Ersten Weltkrieg besuchte: Wedekind, der sprachkritische Satiriker der Gesellschaft, der so außerordentliche Sensibilität für kreatürliches Leid und kreatürliche Lust hatte und auch Fragen nicht abhold war, die sich auf das metaphysische Dunkel im Jenseits richteten. Vielleicht beeinflußte ihn auch der quälerisch zergliedernde Dialog des Familiendramas bei August Strindberg. Horváth begann zunächst mit gesellschaftskritischen Stücken, *Revolte auf Côte 3018* (später umgearbeitet zu *Die Bergbahn*, 1929), verkreuzte aber gleich den sozialen Konflikt zwischen Arbeitern, Ingenieuren und Unternehmern mit Tonarten und Szenentypen des Volksstücks. Daneben reizte ihn eine ins Irrwitzige, fast Surrealistische hochgetriebene Szenen- und Situationskomik, die sich in dem Virtuosenstück *Zur schönen Aussicht* (1926, Uraufführung 1969) findet. Nach einigen Halberfolgen – etwa mit seiner »Historie aus dem Zeitalter der Inflation«, *Sladek, der schwarze Reichswehrmann* – erlebte Horváth dann mit seinen von ihm so genannten Volksstücken *Italienische Nacht* (1931), *Geschichten aus dem Wiener Wald* (1931), *Kasimir und Karoline* (1932) und *Glaube Liebe Hoffnung* (1932, uraufgeführt 1936) den großen Durchbruch wenigstens beim Berliner Theaterpublikum. In Wien hatte er es zunächst schwerer, nicht zuletzt auch wegen der *Geschichten aus dem Wiener Wald*, da dieses Werk unnachsichtig an der Legende vom goldenen Wiener Herzen kratzt. Daß sich Wien in den fünfziger Jahren mit Horváth befreundete, wurde nicht zuletzt auch dadurch begünstigt, daß er als Antipode des vermaledeiten Marxisten Brecht gelten konnte. Eine ähnliche Konstellation hatte sich schon vor 1933 ergeben: Von vielen, zum Beispiel auch von Alfred Kerr, wurde Horváth als die eigentliche Hoffnung des neueren deutschen Theaters betrachtet und ausdrücklich oder unausdrücklich dem anarchistischen oder klassenkämpferischen »Schema-Dramatiker« Brecht entgegengehalten (wie berechtigt oder unberechtigt eine solche Konfrontation der beiden Dramatiker auch immer sein mag).

Nach der Machtergreifung Hitlers waren die deutschen Theater für Horváth versperrt. Er schrieb in großer Geschwindigkeit einige weitere Stücke, die in der Präzision der Figuren- und Konfliktzeichnung nicht an die großen Volksstücke zu Beginn der dreißiger Jahre heranreichen. Keines dieser Dramen – etwa *Die Unbekannte aus der Seine* (1933) oder *Figaro läßt sich scheiden* (1937) – hat sich auf dem Spielplan durchgesetzt. Da die Zahl der deutschsprachigen Bühnen, die den von den Nazis verfemten Autoren noch offenstanden, natürlich rapide abgenommen hatte, konzentrierte sich Horváth (nach einem etwas sonderbaren Aufenthalt in Berlin, wo er sich im Laufe eines Jahres auch als Drehbuchautor zu verdingen suchte) auf Prosawerke. Ein Ergebnis war *Jugend ohne Gott,* einer der am meisten gelesenen Exilromane. Nach dem Anschluß Österreichs ans Deutsche Reich irrte Horváth durch Europa. Am 1. Juni 1938 wurde er in Paris während eines Gewitters von einem herabstürzenden Ast getötet. Seine Grabrede hielt Carl Zuckmayer, der ihm wenige Jahre zuvor, 1931, den Kleist-Preis, den würdigsten Literaturpreis der Weimarer Republik, zuerkannt hatte.

Horváth verteidigte in einem Interview, das er 1932 Willi Cronauer im Bayerischen Rundfunk gab, die von ihm gewählte Rubrizierung seiner wichtigen Dramen: »Ich gebrauchte diese Bezeichnung Volksstück nicht willkürlich, das heißt, nicht einfach deshalb, weil meine Stücke mehr oder minder bayrisch oder österreichisch betonte Dialektstücke sind, sondern weil mir so etwas ähnliches wie die Fortsetzung des alten Volksstücks vorschwebte … Es gibt eine Anzahl ewig-menschlicher Probleme, über die unsere Großeltern geweint haben und über die wir heute lachen – oder umgekehrt. Will man also das alte Volksstück heute fortsetzen, so wird man natürlich heutige Menschen aus dem Volke – und zwar aus den maßgebenden, für unsere Zeit bezeichnenden Schichten des Volkes auf die Bühne bringen. Also: Zu einem heutigen Volksstück gehören heutige Menschen, und mit dieser Feststellung gelangt man zu einem interessanten Resultat: Nämlich, will man als Autor wahrhaft gestalten, so muß man der völligen Zersetzung der Dialekte durch den Bildungsjargon Rechnung tragen … um einen heutigen Menschen realistisch schildern zu können, muß ich ihn also dementsprechend reden lassen.« Was in diesem Bekenntnis zum abbildenden Realismus nur anklingt, doch die eigentliche Substanz seines dramatischen Konzepts ausmacht, wird in einer Randbemerkung zum Drama *Glaube Liebe Hoffnung* deutlicher ausgedrückt: Es gehe ihm hier wie in fast allen seinen Stücken um »den gigantischen Kampf zwischen Individuum und Gesellschaft«, »dieses ewige Schlachten, bei dem es zu keinem Frieden kommen soll – höchstens, daß mal ein Individuum für einige Momente die Illusion des Waffenstillstandes genießt«. Wichtig ist für Horváth die Erkenntnis, daß »dieser aussichtslose Kampf des Individuums auf bestialischen Trieben basiert«. Seine Personen haben sich eines doppelten Drucks zu erwehren – des Drucks, den die Gesellschaft in Gestalt Konformität heischender Normen auf sie ausübt, und des Drucks, den sie durch ihr Triebleben erfahren. In solcher Zwickmühle kommt es selten zur Ausprägung eines reinen Ethos, gar zu einer reinen Handlung – fast nur durch Zufall, in wenigen Momenten. Und meistens dringen auch nur Frauen zu solcher Sublimität vor. Wähend sich bei den Männern in Horváths Bühnenstücken Gier hinter phrasenhaften Selbstrechtfertigungen versteckt, überglänzt etwas vom reinen Schimmer legitimer Sehnsucht das Verhalten und Reden der Frauenfiguren, enthüllt sich etwas von der realen Dimension des erlittenen Unglücks – deutlicher als in dem eher grotesken Ausdruck des Glücks, das meist auch nur scheinbar, flüchtig und eingebildet ist.

Entdeckte Brecht seit 1926 für sich und sein Publikum den zentralen Konflikt der Klassen untereinander, so Horváth den zwischen dem halb zivilisierten Bewußtsein und der kaum gebändigten Trieb- und Instinktdynamik, zwischen Engel und Tier, zwischen Männern und Frauen – und dies in der Gesellschaft der Kleinbürger. Sie erscheint dank patriarchalischer Herrschaft, konventioneller Lügenhaftigkeit und automatischer Heuchelei als repräsentativ für den Ruin einer durch allgemeine Entwertung (und nicht nur des Geldes) und Krise gekennzeichneten Lebensverfassung. So tragen die Frauen und Männer, die Horváth – wie vor ihm wohl nur noch Strindberg – in einander peinigender Umklammerung zeigt, keineswegs archetypisches Profil; sie sind Zeitgenossen der zwanziger Jahre, Bürger der Weimarer oder österreichischen Republik, in sich ungefestigter Staatswesen, Mitglieder einer Schicht, die mit geborgtem Selbstbewußtsein auskommen muß, weil sie zusehends an realem Status und Ansehen verliert. Der Prestigeverlust des kleinen Mannes treibt ihn dazu, sich kompensatorisch ein künstlich würdiges Gesicht anzuschaffen, um sich vor sich selbst und den anderen eine Art von Ehre zu geben.

Die Frauen, unmittelbare Partner und Opfer, noch niedriger in der Rangfolge angesiedelt und daher auch hellsichtiger, empfindlicher, haben bei Horváth selten die Chance aufzubegehren. Oder ihr Protest richtet sich gegen irgendeinen Verursacher des ganzen Elends, der da oben, über allen Menschen, wohnen soll – und verstummt bald. Im Grunde hat Horváth in seinen Volksstücken immer wieder Passionsgeschichten erzählt, wobei die Passion vor allem von Frauen durchlitten wird. Abstechend von der Satire auf die als grauenhaft vorgestellte Wichtigtuerei und Rechthaberei der Männer, die bei aller vorgetäuschter Harmlosigkeit doch schlimme Wunden zufügen, gibt sich dieses oftmals »stumme Drama« seiner Frauenfiguren im Schweigen oder in zarten Tönen einer beinahe unaussprechlichen Not zu verstehen. Es ist begreiflich, daß in den sechziger und siebziger Jahren, als im Theater das Leiden an der Gesellschaft vorgeführt und studiert wurde, Horváth neue Aufmerksamkeit errang: Es ist nicht nur die offene Kritik an einer korrumpierten kleinbürgerlichen Mentalität und der von ihr geprägten Lebensform, es ist auch die Wahl der Frauen als Opfer und der Männer als (gelenkter) Täter, die diese Dramatik als Entlarvung immer noch unserer Wirklichkeit erscheinen läßt.

Zur schönen Aussicht

Das 1926 entstandene, aber erst 1969 uraufgeführte Stück spielt in einem verwahrlosten Hotel in der Vorsaison. Dort haust eine verkommene Gruppe von Menschen: ein Kellner, der gänzlich unaktuelle Speisekarten den selten einkehrenden Gästen anbietet, ein Chauffeur, der eine ältere Dame ausführt und ausfährt, die wiederum – eine kreischende, aber im übrigen recht souveräne und offenbar reiche Frau – mit dem Direktor dieses Hotels einigermaßen zärtlich verbunden ist. Zu diesem Verein stoßen ein »zierlicher Lebegreis« mit Spielschulden und ein Sektvertreter, der sich gerne Generaldirektor titulieren läßt. Endlich tritt Christine auf, scheu, ängstlich lächelnd und doch bei allem zielbewußt: Sie war eine Geliebte des Direktors, hat wohl auch von ihm ein Kind und will nun etwas von ihm – was, wird erst gegen Schluß verraten. Der Direktor fürchtet, er müsse Alimente zahlen. Um ihm dabei zu helfen, sich davor zu drücken, rottet sich die Männerkorona zusammen und inszeniert ein bösartiges Spiel mit dem jungen Mädchen: Jeder will sie plötzlich als seine ehemalige Geliebte erkennen, jeder könnte – so soll ihr suggeriert werden – der Vater sein. Das sinnverwirrende Täuschungsmanöver gelingt allerdings nicht. Zwar ist Christine entsetzt, verstört und gedemütigt – aber sie erkennt auch den Charakter ihres ehemaligen Liebhabers. Ihre Offenbarung, daß sie nicht Geld eintreiben, sondern vielmehr bringen wolle (hat sie doch gerade geerbt), kann zwar die Herren umstimmen. Doch Christine ist nicht mehr davon abzuhalten, diese Gesellschaft zu verlassen. Irgendwann einmal will sie mit dem Kind zurückkehren – wenn dieses Haus dann noch stehen sollte.

Es ist in der Tat eine Komödie, da die junge Heldin am Ende nicht verdirbt oder stirbt, sondern entkommen kann. Die Hotel-»Besatzung« erregt kaum gemildertes Grausen. Die Personen wirken weniger als skurrile Karikaturen, vielmehr als psychologisch einsichtig handelnde Gesellschaftstypen, die sich mit größter Konsequenz eben in dem Rahmen ihrer jeweiligen Normalität bewegen. Wenn sie auf gerissen arglistige Weise die junge Frau zu übertölpeln suchen, ist dies nicht deshalb so beunruhigend, weil man eine reine Theaterintrige vor Augen zu haben glaubt, sondern weil sie nach Regeln handeln, die andernorts auch als zweckmäßig gelten, um effektiv seinen Vorteil zu erlangen oder irgendeiner unangenehmen Verantwortung zu entgehen – Regeln, die vor allen Dingen für Männer nützlich sind, die sich wie selbstverständlich in der arroganten Attitüde der Aufreißer (anders kann man es nicht nennen) gefallen und wohl fühlen. Sie verteidigen sich mit allgemeinen moralischen Devisen – noch keiner scheint ihren Anspruch auf Vorrechte ernstlich angetastet zu haben. Und »Gottes« Wirken wird nur darin sichtbar, daß er ausnahmsweise der richtigen Seite Geld schenkt, Christine also hilft, in einer monetär und materiell bestimmten Gesellschaft zu überstehen. In der Fügung absurder Situationen und surrealistischer Gesprächsrhetorik, in satirisch scharfer Zeichnung der verkommenen Herren-Schicht und der Reizbarkeit durch die empörende Normalität der Verhältnisse, in die die poetische Gerechtigkeit hier rettend eingreift, entfaltet sich bereits das Themenspektrum der Horváthschen Dramatik – auch wenn hier noch nicht oder kaum im Dialekt gesprochen wird.

Sladek, der schwarze Reichswehrmann

Die »Historie aus dem Zeitalter der Inflation« (1929) erzählt von Sladek, der ein Kellner werden wollte, »kindisch-männlich; etwas dumm; etwas jung; mit aufgeschnapptem Halbkram; nicht schlecht – sondern in der Blödheit mit phrasiger Sehnsucht nach einem Gewissen; begeistert kompaßlos. Ein armes, ulkiges Schaf … Er fällt beim ersten Zusammenstoß der Staatstruppe gegen die Schwarze Reichswehr. Die Oberen kommen davon« (Alfred Kerr). Es handelt sich bei Sladek um eine Art Woyzeck, der bei aller Dumpfheit einen Ernüchterungs- und Desillusionierungsprozeß bis zu seinem Tod durchmacht. Sterbend, bittet er abschließend, ihn als Menschen zu betrachten und »nicht als Zeit«. Das in den Positionen oft unklare Stück versteht es doch, eine Art Stimmung wiederzugeben: Unverträgliche Moralansichten bestehen in der Epoche der Inflation offensichtlich nebeneinander, kaum will der Dialog zwischen ihren Repräsentanten gelingen. Einzelne Szenen wirken fast wie Merkbilder einer Zerfallsperiode, in der keiner mehr den anderen erreicht, die Störung des Verständnisses eine viel tiefer sitzende Störung zu verraten scheint. Ein Fräulein zieht sich beispielsweise für nicht ganz eine Milliarde vor Sladek aus, flieht aber und schreit, daß sie

kein Hund sei: »Hier wird nicht gehaßt, hier wird geliebt!« Ein Ruf in eine Wüste, durch die die Horden der Hakenkreuzler und der Schwarzen Reichswehr ziehen, rohe und mörderische Lieder singen, zu irrsinniger Geheimbündelei und sinnlosem Töten bereit. Horváths Gespür für die drohende Realität der kleinbürgerlichen Kohorten, deren Ressentiment in Aggressivität umschlägt, ist in diesem Werk noch größer als seine Fähigkeit, einen bestimmten gesellschaftlichen Ausschnitt präzise und detailreich darzustellen.

Italienische Nacht

Dieses erste der Volksstücke (1931), die Horváths Ruhm in den letzten zwei Jahren der Weimarer Republik bewirkt haben, mischt noch viele komödiantische Elemente in die eigentlich bittertraurige Geschichte vom Zerfall republikanischen Widerstandswillens und vom Vertrauensverlust zwischen Liebenden. Martin, der junge Sozialist,

schickt Anna, seine Geliebte, als Spitzel zu den Faschisten. Daß er das will, daß sie ihm folgt, ist nicht wiedergutzumachen. Die Errettung des republikanischen Schutzverbandes, der eine italienische Nacht ausrichtet, vor dem Anschlag der Rechten, ist nur mit knapper Not gelungen. Das positive

Im hellen Licht, auf der Demonstrationsbühne von Thomas Richter-Forgách inszenierte Hans Hollmann 1967 im Staatstheater Stuttgart Ödön von Horváths »Italienische Nacht« – in welcher Vergnügung ein sozialdemokratischer Ortsverein durch die aggressiv auftretenden Nazis nicht gestört werden möchte, insbesondere nicht der Vorsitzende und Bürgermeister, der phraseologisch die Szene und seine Frau Adele zu beherrschen sucht. Ingeborg Engelmann spielte diesen Musterfall einer Unterdrückten, die aber schließlich aufbegehrt und den Bann der Nazis bricht.

Ende verschwebt, übrig bleiben die Spuren eines Unbehagens, das nicht weggelacht werden kann. Zu viel ist nur beinahe wieder ins Gleis gekommen: Sicherlich, es hat nicht die erwartete Schlacht zwischen Faschisten und Roten gegeben, der Wirt, der nacheinander für beide Parteien sein Lokal dekorieren muß, hat keinen großen Verlust erlitten. Der autoritäre sozialdemokratische Stadtrat, der ziemliche Bange vor den Feinden der Republik hat, die er rhetorisch so selbstherrlich vertritt, kann sich wieder aufmanteln. Dabei hat gerade seine von ihm unterdrückte Ehefrau, die er seit Jahren demütigt, ihn in der Stunde der Gefahr – als er ängstlich zurückschreckt – vehement und erfolgreich verteidigt: Sie sagt die richtigen Worte am richtigen Ort, an die richtigen Personen adressiert, Fraktur der Entrüstung. Doch die fragwürdige Normalität wird sich schon am Morgen nach der italienischen Nacht wieder stabilisieren. Der junge Martin sieht völlig richtig, daß es wohl nicht die Zeit ist, als brave Republikaner italienische Nächte zu feiern, während sich »die Reaktion bewaffnet«, aber er kann leider auch nur »hochdeutsch«, also gestelzt reden, wenn Anna ihn fragt, was er sich dabei gedacht habe, sie als Spionin zu benutzen – und es droht die Gefahr, daß ihn eben der Vorstand, den er vor dem Verprügeltwerden bewahrt hat, bei anderer Gelegenheit wieder aus der Partei hinauswirft. Der staatstragende Stadtrat kehrt seine bessere Einsicht, auch seine Erfahrung, unter den Teppich hohler pompöser Phrasen – und der junge Sozi kann, unsicher, störrisch, zu der Versicherung, das die Republik ruhig schlafen könne, nur die letzten Worte dieses Dramas sagen: »Gute Nacht!«

Horváths Stück über den Mangel an Bürgersinn und republikanischer Wehrhaftigkeit, über selbsteinschläfernde Platitüden und markige Worte, denen keine Taten folgen, über die Vorzeichen des realen Angriffs auf das demokratische System, wirkte auf die Zeitgenossen vor allem durch seine realitätsgerechte Prophetie. Das volksstückhafte Lokalkolorit einer süddeutschen Kleinstadt verdeckt nicht den Blick auf die schonungslos offengelegten Positionen nationalistischen Gewaltanspruchs und maulheldenhaften Gewährenlassens.

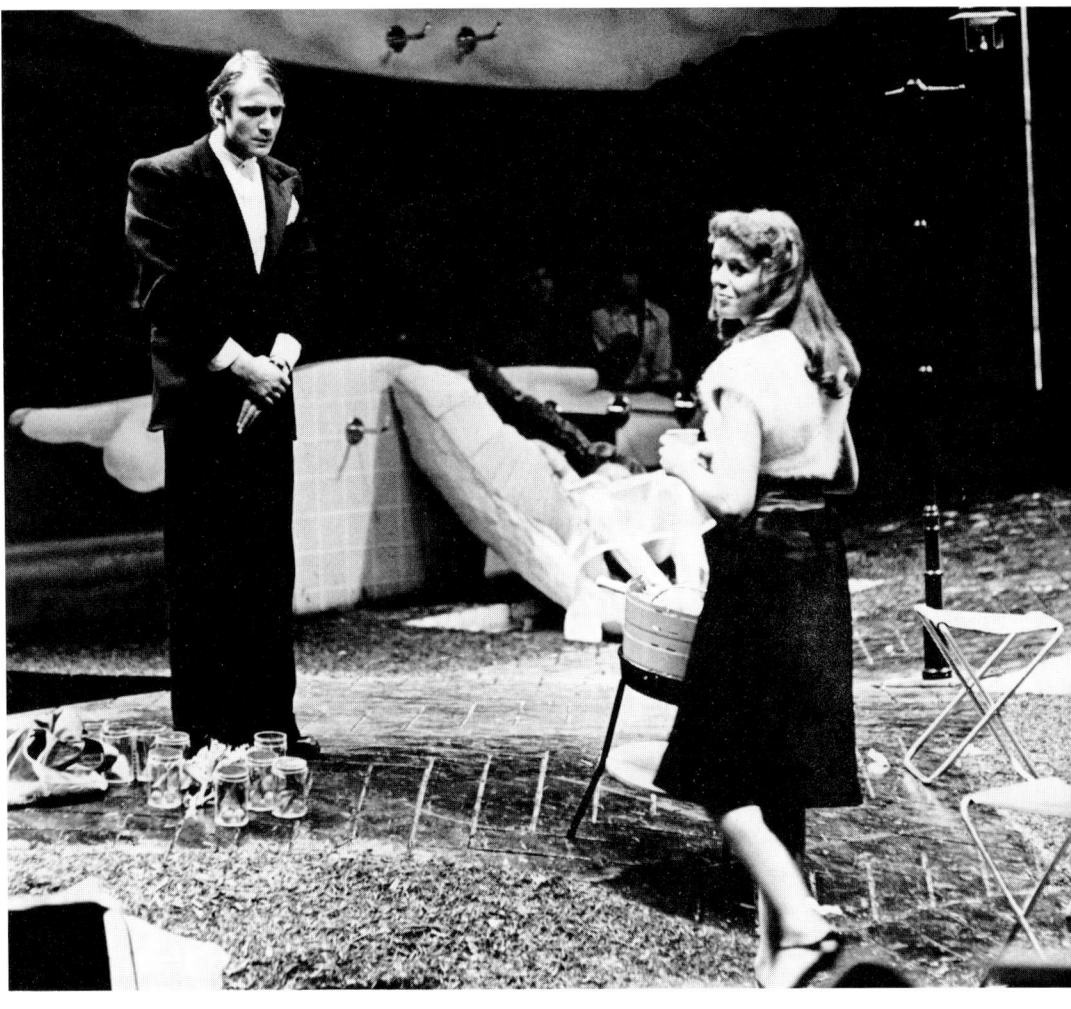

Geschichten aus dem Wiener Wald

Horváths vielleicht bedeutendstes Drama (1931) spielt in Wien und in der Wachau. Lokalpatriotisch gereizte Beleidigtheit war in der Tat auch die Folge. Aber der soziale Raum, den Horváth in seinem Werk zeigt, ist nicht auf diese eine Stadt beschränkt, noch weniger kann man die auftretenden Personen als unvergleichliche Wiener Originale bezeichnen. Die traurige Geschichte von dem Mädchen Marianne aus der stillen Straße im achten Bezirk, die der Enge der Nachbarschaft entrinnen und einmal eine Liebe erleben will, die sie groß macht, die sie erhöht, und die auf schreckliche Weise – regelrecht von Klippe zu Klippe – in eine schäbige und schändende Realität zurückfällt, dieser Passionsweg eines »süßen Mädels« ist auch andernorts denkbar – überall da, wo kleinbürgerliche Männermoral zur Richtschnur und zum Richtschwert wird. Horváths erotische und erotisierende Vorliebe für seine, von dieser Gesellschaft und

Horváths »Geschichten aus dem Wiener Wald«, seit den sechziger Jahren überall in den Spielplänen erscheinend, meistens (ungefähr) »realistisch« inszeniert, zeigten Klaus Michael Grüber (Regie) und Karl-Ernst Hermann (Raum) 1972 an der Schaubühne am Halleschen Ufer Berlin ins Surreale, Alptraumhafte aufgebrochen. Bruno Ganz spielte den Fleischermeister Oskar als finster verquält; Jutta Lampe, eine nüchternvernünftige, auch mal verbockte Marianne, wirft, wenn sie auf den ihr zwangsweise anverlobten Oskar zugeht, einen lächelnden Sehnsuchtsblick zurück auf den Hallodri Alfred, in den sie sich eben verliebt hat.

ihren Widrigkeiten gebeutelten »Märtyrerinnen« verbindet sich in keinem anderen seiner Stücke aus dieser Zeit so eng mit existentieller Verzweiflung, religiöser Empörung über den Gang der Dinge in dieser offenbar gottverlassenen und gnadenlosen Weltordnung.

Marianne, die unschuldige Sünderin, eine Art Maria Magdalena, ist von ihrem Vater, dem »Zauberkönig«, Besitzer eines Scherz- und Spielartikelgeschäfts, dem Fleischermeister Oskar von nebenan versprochen, der mit weißer Schürze in der Tür zu seinem Laden steht und sich mit seinem Schlächtermesser die Hände manikürt, der Jiu-Jitsu-Griffe an seiner Verlobten ausprobiert und ihr mit unheimlich sanfter Stimme prophezeit, daß sie seiner Liebe nicht entgehen werde. Als der junge Hallodri Alfred, der sich von einer älteren Trafikantin aushalten läßt, ihren Weg kreuzt, kommt es zu einer Art Liebe zwischen den beiden – beim Ausflug an die Donau. Marianne bekommt ein Kind, das in der Zeit ökonomischer Bedrängnis noch zusätzlich die aus sentimentalem Überschwang eingegangene Verbindung belastet. Ein Freund Alfreds verhilft Marianne dazu, einen ziemlich zwielichtigen Beruf zu finden. Als der Zauberkönig mit seinen Nachbarn nach dem Besäufnis beim Heurigen ins Maxim geht, entdeckt er seine Tochter dort als »Artistin« in einem lebenden Bild – eben nur nackt. Der Skandal wird noch größer dadurch, daß Marianne, ratlos und in Panik, aus der Brieftasche eines reichen amerikanischen Touristen ein wenig Geld nimmt und ins Gefängnis muß. Ihr uneheliches Kind, der Großmutter draußen in der Wachau zur Pflege übergeben, wird von dieser zeternden und bigotten Dame in die Zugluft gestellt (denn die Eltern sind ja keine ehrlichen Leut') und stirbt. Marianne entkommt nun nicht mehr der Liebe des Fleischhauers Oskar. Sie hadert zum Schluß mit Gott – dem Inbegriff all derer, die sie gedemütigt und geprügelt haben wie einen Hund: »Ich habe mal Gott gefragt, was er mit mir vorhat … Er hat mir überhaupt nichts gesagt. – Er hat mich überraschen wollen. – Pfui!«
Während diese todtraurig stimmenden Geschehnisse auf der Bühne ihren Gang nehmen, ist immer wieder ein »Klingen und Singen« zu hören, »als spielte ein himmlisches Streichorchester die ›Geschichten aus dem Wiener Wald‹ von Johann Strauß«. Die akustische Präsentation einer Kitschlegende vom heiteren und beschwingten Wien kontrastiert mit der Erbärmlichkeit der meisten Charaktere (insbesondere der männlichen) und der Erbarmenswürdigkeit Mariannes. Mit der Ausnahme der wenigen Sätze, die

Marianne gegen Schluß des Dramas zu sprechen hat, scheint keine der Aussagen mehr authentisch zu sein: Alles ist angelesen, angeflogen, halb verstanden, selten ernst gemeint, fast immer verlogenes, selten rührend-hilfloses Geschwätz, eine Flut von Formeln, die ihren Sinn spätestens dann verlieren, wenn sie von diesen Sprechern in den Mund genommen werden. Da ist der Zauberkönig, der gerne über den Verlust an Sittlichkeit und Grundsätzen moralisiert, aber selbst nicht zwischen seiner Rolle als Vater und als Mann Einklang herzustellen weiß, bei dem Geilheit und patriarchalischer Brustton einander abwechseln, der am Korsett der Nachbarin riecht und über die verkehrte Welt von heute orakelt, die ohne Treue und ohne Glauben sei, und den der Anblick nackter Mädchen kitzelt, wenn's nicht gerade seine Tochter ist. Da ist der Verlobte Oskar, ein von masochistischen Strafvisionen und Torturphantasien verfolgter Metzger, der beißt, wenn er Marianne küßt, ein wandelnder, sanftstimmiger Alptraum, der seiner Frau zweifellos die Hölle bereiten wird, die er in sich herumträgt. Da ist der Schmarotzer Alfred, der gerne schick und bequem als Angestellter leben möchte, verwöhnt und unfähig, ein wenig liederlich, ein wenig liebenswürdig dazu, ein Vorstadtstrizzi ohne allzu ausgeprägte Neigungen, außer der, durch Liebesbezeugungen ans Geld der jeweils umworbenen Frauen zu kommen. Da ist auch der zackige Erich aus Kassel, ein junger strammer Nazi, der markige Reden hält. Da ist auch der Mister aus Amerika, der sich selig zur Musik beim Heurigen wiegt, Schampus für alle auffahren läßt, aber den kleinen Diebstahl Mariannes unerbittlich bestraft wissen will. Da ist die Großmutter in der Wachau draußen, die beinahe wie ein Negativbild zu allen schönen Vorstellungen figuriert, die man sich vom lieben Ahndl machen kann. Und auch die anderen Figuren demonstrieren diesen scharfen Widerspruch zwischen äußerer Erscheinung und tatsächlichem Verhalten, zwischen dem arglosen ersten Eindruck und der dann enthüllten Bestialität.
Eine scheinbar schöne und milde Welt zerbricht, um den Blick auf ein Gewimmel von Trieben, Begehrlichkeiten, Gemeinheiten freizugeben. In dieser enormen Spannung bewegt sich das ganze Stück, entfalten sich

die Dialoge: Kaum ein Wort kann für sich bestehen, es wird in den Sog dieser Entlarvung hineingerissen.
Die Demaskierung, von der Horváth gerne in seinen wenigen Kommentaren zu den eigenen Werken gesprochen hat, ist dabei durchaus nicht nur ein befreiender, sondern auch ein erschreckender und verstörender Vorgang. So kann man selbst dem Liebesgespräch zwischen Alfred und Marianne nicht gelassen zuhören. Zweifellos reden beide romantischen Unsinn, quälen sich damit ab, der Situation angemessene hohe Worte von sich zu geben, doch ist keine komische Erleichterung des Zuhörers oder Zuschauers der Effekt. Eher erstarrt man, wenn man diese Mechanik beobachtet, da man zumindest bei Marianne ein vages und wahres Gefühl wahrnimmt, das wie hilflos und »zitternd« zwischen den Lücken dieser gestanzten Phrasenmasken hervorschaut. Das dramatische Prinzip Horváths erinnert an die charakteristische Drehung der mittelalterlichen Frau-Welt-Figur: Von vorne sieht sie lockend und üppig aus, von hinten zeigt sie die Male der Verwesung und des Greuels. In der zeitgenössischen Kritik war daher von Horváths »bösem Blick« (Monty Jacobs) die Rede. Diese Formel beschreibt die Einstellung Horváths nicht schlecht: Das Zerbrechen der Fassaden, die sich biedere Nachbarn aufgerichtet haben, geht eben nicht mit jener ironischen Gelassenheit vonstatten, die sich über die Verbogenheiten der lustigen Personen erhebt, sondern mit dem nötigen Ernst, den die Anteilnahme an der »leidenden Kreatur« (Julius Bab) erfordert. Und alle »zynische Witzigkeit«, die zweifellos an Horváths Stück ablesbar ist, verheimlicht nicht, daß auch die Männer, die die Signatur der entfremdeten Sprache besonders grell präsentieren, als Stigmatisierte, Gezeichnete erscheinen. Übrigens ist der »Jargon der Uneigentlichkeit« (Dieter Hildebrandt) nicht für alle Dialoge charakteristisch. Gespräche unter Komplizen (ob es nun Frauen oder Männer sind) werden kaum behindert durch das Aneinander-vorbei-Reden, durch das gräßliche Mißverstehen einzelner Wörter, durch die Kaschierung der wahren Absichten mit Hilfe verbaler Ablenkung – Symptome, die dann auffallen, wenn die Triebe nach Kräften zensiert und verdrängt werden.

Kasimir und Karoline

Horváths »künstlichstes« Volksstück (1932) spielt auf dem Münchner Oktoberfest. Kasimir ist ein abgebauter Chauffeur, der erleben muß, daß die Arbeitslosigkeit auch nachteiligen Einfluß auf die Liebe hat. Karoline will zuerst nicht wahrhaben, daß die allgemeine Krise und das Private viel miteinander zu tun haben – gegen Ende demonstriert sie am eigenen Fall, daß diese These richtig ist, indem sie Kasimir verläßt. Nach einem mißglückten Abstecher mit einem Kommerzienrat und einem Landgerichtsdirektor, zwei älteren Herren, die mit der Arroganz der Mächtigen ihr Pläsier auf dem Fest suchen, flüchtet sie sich relativ reumütig an die Brust des mageren Zuschneiders Schürzinger: zwei Angestelltenseelen, deren Sehnsüchte nach Aufstieg und Anerkennung wieder einmal enttäuscht worden sind. Kasimir sieht sich auf der sozialen Leiter weiter hinabgestoßen und zieht mit Erna ab, deren krimineller Freund Franz verhaftet worden ist. Während Karoline zum Schluß vor sich hin sagen kann: »Man hat halt oft so eine Sehnsucht in sich – aber dann kehrt man zurück mit gebrochenen Flügeln und das Leben geht weiter, als wäre man nie dabeigewesen«, klingt Ernas Resümee noch ernüchterter: »Solange wir uns nicht aufhängen, werden wir nicht verhungern. (Stille)« Karolines Hoffnung, angeheizt durch die Feststimmung und den Trubel um sie herum, daß auch sie sich einen »rosigeren Blick in die Zukunft erringen könnte«, ist schäbig zunichte geworden. Immerhin, sie bleibt nicht alleine, und vermutlich kehren auch bald die trügerischen Illusionen wieder, daß es immer besser und besser werden wird. Klarsichtiger, weil auch geschundener, ist Erna; sie tröstet sich bescheidener und formuliert den zentralen Satz des Stücks, den es im Spiel zu beweisen galt: »Aber die Menschen wären doch gar nicht schlecht, wenn es ihnen nicht schlecht gehen tät'.« Bei allem Lärm, der, schon durch die Wahl des Milieus Oktoberfest bedingt, auf der Bühne entfacht wird, endet diese Geschichte vom Streit und der Neugruppierung der Paare doch zart und traurig. Von der rumorenden Volksbelustigung hebt sich der kaum durch den Verstand eingeholte Schmerz der Trennung ab. Schließlich finden sich die zusammen, gezaust und er-

schöpft, die sich in der gleichen materiellen Situation sehen und eine entsprechende, mehr oder weniger als Nothilfe eingestandene Überlebensideologie entwickeln. Über einige Szenen hinweg sind auch die Mitglieder einer Abnormitätenbühne auf der Szene präsent. Horváth macht keine grundsätzlichen Unterschiede zwischen diesen und den scheinbar Normalen: Die Sorge ums Überstehen und nackte Weiterkommen hat beide Gruppen angekränkelt oder das Vertrauen vergiftet. Die Lieder auf die Liebesnacht und die Prosits auf die Gemütlichkeit bieten uneinlösbare Versprechen, daß es jenseits dieses dumpfen Treibens noch etwas anderes, etwas Besseres gibt. Was bleibt, ist Selbstbetäubung oder Resignation oder beides.

In ein Kaleidoskop von 117 Szenen hat Horváth diesen Prozeß zersplittert, durch den fast kinohaften schnellen Wechsel einzelne Momente herausgehoben, die gelegentlich Memento-Charakter erhalten. Dieses Bühnenstück weist weniger Detailrealismus und psychologische Nuancierung auf als etwa *Geschichten aus dem Wiener Wald*: Es fällt demonstrativer, ausschnitthafter, stilisierter aus. Wie die Mundart, der Redestil der zwischen Originalton und Zitat schwebenden Sätze richtig zu treffen sei, hat Alfred Kerr zu präzisieren versucht. Er spricht von dem »Musiklaut« dieser natürlich-artifiziellen Sprechweise: »Real? Ja, doch mit fast rhythmischer Versfärbung, mehr unbewußt parodistisch; mehr ungebildet feierlich; mehr mit gesuchter Feinheit … im Gegensatz zu dem Mist, den Sie reden. (Der aber ein ernstgemeinter Gefühlsmist bleibt.)«

Glaube Liebe Hoffnung

»Ein kleiner Totentanz« ist dieses letzte der großen Volksstücke Horváths (1932, uraufgeführt 1936) unterschrieben. In einer Randbemerkung zu seinem Drama erwähnt der Autor, daß alle seine Stücke »Glaube Liebe Hoffnung« heißen könnten. In dieser Zeit glauben, lieben, hoffen zu wollen, kommt offensichtlich einem Wahn gleich. Doch die Befreiung von diesem Wahn erweist sich als Zerstörung der Person. Entweder bleibt es bei der faden Illusion, die kaum die bittere Realität überglänzen kann, oder es fehlt, nach der Begegnung mit der offenbar stets schlimmen Wahrheit,

an Gründen weiterzuleben. Vor solche Alternativen gestellt, die keinerlei Aussicht auf eine, auch für den einzelnen erreichbare, menschenwürdige Zukunft bieten, sieht sich Elisabeth, die Hauptfigur des Dramas. Sie ist Verkäuferin im Wandergewerbe, braucht Geld für einen Gewerbeschein, kann dieses Geld aber nur durch ehrliche Arbeit in ihrem Beruf erwerben – Arbeit, die ihr vorerst verboten ist, da sie zuvor der gesetzlichen Billigung bedarf. Natürlich verstößt sie gegen die kleinen Paragraphen. Natürlich muß sie ins Gefängnis. Natürlich will sie diesen Makel verdecken – doch es gelingt ihr am Ende nicht. Als es zu einer Beziehung mit einem Schupo kommt, flackert noch einmal Hoffnung auf. Für kurze Zeit ist auf der Bühne das »Bild des glücklichen Friedens zweier liebender Herzen« zu sehen – bis die Sittenpolizei in die Idylle einbricht und nach Elisabeth sucht, weil sie keine Arbeit nachgewiesen habe. Der Liebhaber denkt an seine Karriere, an seine Moral und verrät Elisabeth. Die wiederum erinnert sich an den guten Rat, den ihr im ersten Bild der Präparator vom anatomischen Institut (dem sie für Geld ihre Leiche verkaufen will) gegeben hat: »Glauben's mir Fräulein: das Beste ist, Sie springen zum Fenster hinaus.« Da Elisabeth, von allen im Stich gelassen, nichts mehr zu essen hat, geht sie ins Wasser. Sie wird gerettet; der tollkühne Held handelt übrigens ziemlich eigennützig, er denkt an die Reklame für die Firma und wünscht sich als Belohnung von der Mama ein Motorrad. Elisabeth wird in das Polizeirevier gebracht, in dem ihr ehemaliger Geliebter Dienst tut. Verzweifelt ironisch konstatiert sie, daß sie diesem Leben ohne Chancen zurückgewonnen worden ist, zeigt sich aber gar nicht dankbar, beißt den Lebensretter, wirft mit der Schnapsflasche nach ihrem Schupo, verfällt dann in Apathie und stirbt sanft. Draußen zieht eine Parade vorbei, es erklingt der Marsch »Alte Kameraden«.

Horváth hat sich in vieler Beziehung an einen Fall gehalten, der sich tatsächlich ereignet hat; der Gerichtsreporter Lukas Kristel ist von ihm als Mitarbeiter am Drama genannt worden. Das Drama konnte in Deutschland nicht mehr aufgeführt werden, da die Nationalsozialisten, in der Zwischenzeit zur Macht gekommen, seine Werke aus dem Spielplan strichen. Noch konse-

weiter weiß. Die größte Infamie (was ja wohl Unehre heißt) besteht darin, daß von den direkten oder indirekten Tätern eine Art Umschuldung vorgenommen wird. So muß sich Elisabeth schon im vierten Bild fragen lassen: »Sie wollen doch nicht behaupten, daß Sie unschuldig sind?« Darauf kann sie nur antworten: »O nein, das habe ich mir schon längst abgewöhnt. Entschuldigen's, aber jetzt muß ich lachen.«

Was als Rechtskuriosum beginnt und als Tragödie endet, enthüllt sich als Geschichte von der »Unerbittlichkeit des Lebens«, wobei Horváth wohl auch die strukturelle Mißordnung der so verwalteten Welt meint, dies aber nur punktuell artikuliert, zumal durch die Anklagen der Elisabeth. Es handelt sich jedoch nicht nur um ein gesellschaftskritisches Drama, da es erkennen läßt, daß selbst eine bessere Verfassung oder ein grundsätzlicher Wandel das einmal verursachte Leid nicht wieder auslöschen könnten, daß dieses Sterben erst in zweiter Linie ein Exempel sein will für die Misere und Desolatheit der gegenwärtig herrschenden Zustände. Die Schrecken der Wirklichkeit verschlucken hier jeden Fortschrittsglauben, der noch denkbar ist. Es kündigt sich schon die »Regressionstendenz« an, die für das spätere Werk so charakteristisch ist: In einer feindlichen, unbegreiflichen Welt erwacht die »heimliche Todessehnsucht nach der weltlosen Geborgenheit und Unschuld der Heimat, der Kindheit, der Nacht und des Mutterschoßes« (Jürgen Schröder). Das verzweifelte Strampeln dieser Existenz, die endlich sinnlos ausgelöscht wird, beschäftigt den Dramatiker mehr als die Satire auf den Komplex des Bösen: auf das Paragraphendickicht und die Herrenmoral, auf den Gehorsam der Subalternen und die Egozentrik der Tüchtigen. Elisabeth wird nicht Opfer einer grausamen, sondern einer eher gedankenlos handelnden, nicht so sehr einer ungerechten, sondern einer gleichgültigen Gesellschaft. Die Szenen dieses Dramas verzeichnen die unaufhebbare Fremdheit zwischen den Eingepaßten und den Ausgestoßenen – bis hin zu der kleinen Szene, als der Buchhalter im Revier sich leise der schon toten Elisabeth nähert und behutsam auf die Tischplatte klopft, indem er – hilflos und verrückt unpassend – sagt: »Herein, Fräulein, herein!«

Auf einer knallhellen, mit ramponierten, großen Rummelplatz-Geräten vollgestellten Bühne (Hannes Meyer), bei donnerndem, breiigem Oktoberfest-Lärm, dem die Schauspieler nur schreiend beikamen, inszenierte Hans Hollmann 1968 in Basel Horváths »Kasimir und Karoline« – als Demonstration des Faktums, daß die materielle Lage auch die Gefühle bedingt und deformiert. Den arbeitslosen Chauffeur Kasimir spielte, vorwiegend hart erregt, Wolfgang Reinbacher; das angestellte Fräulein Karoline, die sich den Kasimir nicht mehr leisten mag, zeigte schwyzerisch nölend, Oberschenkel und Beine verdreht, verquer, verklemmt, auch mal lüstern, Hilde Ziegler – und gab damit den grellen Erhellungs-Ton der Aufführung an.

quenter als in *Kasimir und Karoline* hat der Autor hier privates mit öffentlichem Unglück verbunden: Ein unmenschliches Gesetz, das die Bürger schuldig werden läßt (nicht länger ist es in erster Linie ein Gott wie in *Geschichten aus dem Wiener Wald* – vielleicht aber in einer tieferen Schicht, handelt es sich doch um einen Totentanz), und eine Biedermannsmoral, treuherzig und unerbittlich, treiben die junge Frau fast zwangsläufig in den Tod. Und Elisabeth hat nicht das Glück wie der Schuhmacher Wilhelm Voigt, der Hauptmann von Köpenick, sich durch einen Trick aus der Patsche helfen zu können und das beifällige Lachen Europas zu ernten. Die mörderischen Umstände und die fühllosen Umstehenden sind daran beteiligt, daß die Heldin nicht

Sowjetisches Theater und Drama

Wladimir Majakowski

Majakowski (1893–1930) ist vor allem als Lyriker bekannt geworden, er war aber auch der brillanteste und originellste Dramatiker, den die frühe Sowjetepoche hervorgebracht hat. Der im Kaukasus geborene, seit 1906 in Moskau ansässige Kunststudent gehörte 1912 zu den Unterzeichnern des futuristischen Manifests »Eine Ohrfeige dem öffentlichen Geschmack«, in dem es hieß, die Klassiker von Puschkin bis Gorki seien über Bord zu werfen. In seiner faszinierenden Dichtung *Wolke in Hosen*, die bei ihrem Erscheinen 1915 von der Zensur seitenweise mit Auslassungspünktchen versehen wurde, sagte Majakowski der bürgerlichen Gesellschaft die Fehde an: »Weg mit eurer Liebe, mit eurer Kunst, mit eurer Ordnung, mit eurer Religion – das sind die vier Schreie der vier Poemteile.«

Der russische Futurismus, mit Persönlichkeiten wie Majakowski, Pasternak und Chagall der künstlerisch bedeutendste Zweig der gesamten futuristischen Bewegung, strebte wie der italienische aus antibürgerlichem Affekt zur Revolution und zum politischen Extrem; nur daß sich die Italiener nach rechts zum Faschismus, die Russen nach links, zum Bolschewismus, wandten. Majakowski wurde schon als Halbwüchsiger wegen revolutionärer Umtriebe verhaftet. 1917, so wird berichtet, sangen die roten Matrosen beim Sturm auf das Petersburger Winterpalais seine Verse: »Friß Ananas, Bürger, und Haselhuhn, mußt bald deinen letzten Seufzer tun!« Nach der bolschewistischen Machtergreifung besetzten die Futuristen die Schlüsselpositionen im Kulturleben und entfalteten eine ungeheure Aktivität. »Ich will – meine Feder ins Waffenverzeichnis! Bajonett und Feder – so laute das Gleichnis!« Majakowski schrieb für die revolutionären Massenfeste sein *Mysterium Buffo*, hielt Vorträge, verfaßte Drehbücher und spielte selbst Filmrollen, entwarf für die Russische Telegrafenagentur (ROSTA) Tausende von Propagandaplakaten mit Knittelversen und Karikaturen, machte Reklame für die Staatliche Handelsorganisation (»Ich halte ›Alles für jeden in Mosselprom-Läden‹ für Poesie höchster Qualifikation«), gründete Verlage, Zeitschriften und Organisationen. In seinen großen Poemen *Wladimir Iljitsch Lenin* (1924) und *Gut und Schön* (1927) besang er mit machtvollem Pathos die revolutionären Hoffnungen: »Sah den Erdball sich drehn, war von Eile beschuht, ja, das Dasein ist schön, und das Leben ist gut.« Bezeichnend ist jedoch, daß der Enthusiast des Kommunismus der kommunistischen Partei nicht beitrat. Schon Lenin sah die wortgewaltigen Ausbrüche des »Kommunisten und Futuristen« mit Mißtrauen, doch er wie vor allem sein Volksbildungskommissar Lunatscharski waren tolerant genug, das »Chaos gären« zu lassen. Nach Lenins Tod zerstörte die Realität der Sowjetgesellschaft nicht nur die künstlerischen, auch die politischen Träume Majakowskis. Aus seinen Arbeiten Ende der zwanziger Jahre spricht tiefer Haß auf das hochgekommene bolschewistische Bonzentum, die »rote Bourgeoisie«. 1929/30 führte der große Regisseur Wsewolod Meyerhold, der schon *Mysterium Buffo* kreiert hatte, Majakowskis Satiren auf die Funktionärsbürokratie *Die Wanze* und *Das Schwitzbad* auf; sie lösten bei der parteiamtlichen Kritik Empörung aus und mußten vom Spielplan abgesetzt werden. Der in die Enge getriebene Dichter veranstaltete, unterstützt allein von ein paar Freunden, eine Rechenschaftsausstellung »Zwanzig Jahre Arbeit«; bei der Eröffnung las er aus dem Notizbuch sein Requiem *Aus vollem Halse* vor: »Auch mir wächst die Agitpropkunst zum Hals heraus, auch ich schriebe Goldschnitt und Fliederstrauß – das wär was für Scheckbuch und Seele. Doch ich bezwang mich, trat bebenden Hauchs dem eigenen Lied auf die Kehle.« Die politische Depression wurde verstärkt durch Krankheit und Liebeskummer. Noch im selben Jahr, 1930, schoß sich Majakowski eine Kugel ins Herz. Sein Regisseur Meyerhold, 1939 verhaftet, erlag 1940 mit 66 Jahren den Verhören.

Mysterium Buffo

Majakowski hat dieses Werk (1918, zweite Fassung 1921) ein »heroisches, episches und satirisches Abbild unseres Weltalters« genannt. Die Welt ertrinkt in einer Sintflut (erster Akt), selbst der Pol, das letzte trockene Fleckchen, zu dem sich Menschen aller Klassen und Nationen geflüchtet haben, hat schon ein Leck, ein Eskimo hält den Finger drauf, wird aber weggestoßen, so daß die Fluten hervorbrechen; sieben Paar reiner Wesen, d. h. Bourgeois, und sieben Paar unreiner Wesen, d. h. Proletarier, retten sich auf eine Arche (zweiter Akt), auf der erst der Negus von Abessinien, dann die bürgerliche Demokratie herrscht; trotz der Beschwichtigungsversuche eines Versöhnlers bricht an Bord der Klassenkampf aus, und die Arche geht in Trümmer; unbeirrt durch Hölle (dritter Akt) und Himmel (vierter Akt) stürmen die Proletarier vorwärts und aufwärts; sie räumen das von den Katastrophen verwüstete Trümmerfeld auf (fünfter Akt); und am Ende öffnen sich vor ihnen die Pforten des Gelobten Landes (sechster Akt): »Zum Himmelsgewölbe aufgetürmt und aufgetan stehen die Riesenleiber durchsichtiger Fabriken und Wohnhäuser; umwunden mit Regenbogen-Fluoreszenzen geistern Eisenbahnzüge, Straßenbahnen, Kraftwagen, und in der Mitte – ein Gartensquare von Sternen und Monden, gekrönt von der strahlenden Sonnenkorona.« Alle singen die Internationale.

Der Inhalt bedarf keiner Interpretation, es handelt sich um eine ziemlich vordergründige Allegorie der bolschewistischen Revolution. Wesentlich ist die formale Gestaltung. Das Stück ist ein Produkt des sogenannten Theateroktober, einer von Meyerhold nach der Oktoberrevolution initiierten Bewegung, die sich die »Theatralisierung des Lebens« zum Ziel setzte. Auf den Straßen und Plätzen der großen Städte, aber auch auf Dorfangern und in Scheunen wurden an den Feiertagen des Roten Kalenders, z. B. am Jahrestag der Revolution und am 1. Mai, imposante Volksfeste und Revuen veranstaltet, die Ereignisse der Revolutionsgeschichte reproduzierten und kommentierten. An manchen dieser Veranstaltungen nahmen Tausende und Abertausende von Mitwirkenden, ganze Regimenter der Roten Armee mit Panzerwagen und Geschützen teil. Diese revolutionären Mysterienspiele waren ein Mittel, der vorwiegend analphabetischen Bevölkerung die kommunistische Ideologie nahezubringen und die revolutionäre Dynamik in die Massen zu tragen.

Mysterium Buffo weist alle Merkmale der neuen Theaterform auf. Es ist weniger ein Drama als ein Libretto: Der dichterische Entwurf läßt Freiheit für Arrangement und Improvisation, für die schöpferische Phantasie des Regisseurs und der Darsteller. Wie Majakowski im Vorspruch anregt und in der Zweitfassung vorgemacht hat, soll der Inhalt jeweils den aktuellen Gegebenheiten angepaßt werden. Psychologie und individuelle Verkörperung werden von Ausdrucksmitteln verdrängt, die eindeutig, weithin vernehmbar und von den zahllosen Mitwirkenden ohne Vorkenntnisse zu bewältigen sind: von Massenbewegungen, Chören, pathetischen und satirischen Gebärden und Symbolen.

Die Grenze zwischen den einzelnen Kunstsparten fällt: Der Vielfalt des naturwüchsigen, noch nicht spezialisierten Kollektivs gemäß werden neben der Schauspielkunst Pantomime, Rezitation, Tanz, Musik, Gesang, Akrobatik und Clownerie eingesetzt. Besonders die Hanswurst-Posse (»Buffo«) erfreut sich großer Beliebtheit. Man sieht in ihr eine volkstümliche, ja witzig rebellische Form der darstellenden Kunst und spielt sie gegen das dekadente und kulinarische Feiertagstheater der besitzenden Klassen aus.

Durch Ansprache des Publikums, Auftritte aus dem Saal, gemeinsamen Gesang wird die Kluft zwischen Darstellern und Zuschauern überbrückt; allesamt sind sie Mitwirkende einer politischen Aktion. Schauplatz des Spiels ist nicht mehr die Guckkastenbühne mit ihren Vorhängen und Pappkulissen, sondern eine Arena, eine Estrade, die zum öffentlichen Forum wird, bebaut mit den Gerüsten, Apparaturen und Mechanismen der technischen Welt. Diese nackte, metallen schimmernde und lärmende Szenerie befindet sich in ständiger Bewegung und wird simultan bespielt. Projektion und Film werden in den Bühnenvorgang einbezogen.

Die Wanze

Diese Zauberkomödie (1929) handelt davon, daß eine brave Kleinbürgerfamilie sich einen Schwiegersohn mit Gewerkschaftsbuch einfängt, um auf diese Weise ins Proletariat, die in der Sowjetunion herrschende Klasse, aufzusteigen. Der Held Prisypkin (in der deutschen Übersetzung Bratfisch), »ehemaliger Arbeiter, ehemaliger Parteigenosse und jetziger Bräutigam«, fühlt sich seinerseits durch die glänzende Partie geschmeichelt und läßt sich's in der bourgeoisen Atmosphäre wohl sein. Eitel Jubel herrscht. »Beethoven spielen … Shakespeare aufführen!« verlangen die aufgeräumten Gäste. Das spießbürgerliche Bacchanal der »roten Hochzeit« geht schließlich in Flammen auf. Nur Prisypkin bleibt übrig – im Löschwasser eingefroren. Als er 50 Jahre später samt einer Wanze aufgetaut wird, stellt man ihn – die Welt ist streng rational, berechenbar, technisch perfektioniert geworden – als Überbleibsel aus überwundenen Zeiten im Zoologischen Garten aus.

Das Schwitzbad

Tschudakow (in der deutschen Übersetzung Käuzerich), Held des Dramas mit Zirkus und Feuerwerk von 1930, hat eine Zeitmaschine konstruiert. Sofort verschwört sich der ganze sowjetbürokratische Apparat, die Erfindung zu unterdrücken: der »Chefvorstand der Hauptverwaltung für Koordinierung und Kompromißprojektierung, abgekürzt Koprochef«, Genosse Pobjedonossikow (Trutzwackerl), sein Sekretär Optimistenko (Optimistelzweig), der Reporter Momentalnikow (Momentannenzapf), der Schlachtenmaler Belwedonskij (Belwederski) und dergleichen phrasenschmetternde Parasiten mehr. Die Affäre nimmt eine glückliche Wendung durch das Erscheinen einer phosphoreszierenden Frau, die, von Feuerwerk umsprüht, mit der Zeitmaschine aus dem Jahr 2030 herbeigeradelt kommt und den verkannten Erfinder in die bessere Zukunft entführt. Der Koprochef fällt vom Rad der Zeit und tritt verstört an die Rampe: »Was soll das heißen? Daß ich und solche wie ich für den Kommunismus unbrauchbar sind?«

Mit ihren agitatorischen und technischen Effekten, dem Massenaufgebot an Darstellern erinnern beide Satiren, *Die Wanze* und

Der Prolet Prisipkin wird den staunenden Menschen einer steril-technokratischen Zukunft als vulgärer Spießer aus den zwanziger Jahren vorgeführt – Ernst Schröder mit Augenblicken rührender Verlassenheit in Majakowskis »Wanze«, Schiller-Theater Berlin 1964, Regie Konrad Swinarski.

Das Schwitzbad, an das Revolutionsstück. Doch mit der neuen Problematik treten auch formal neue Elemente auf. Die Szenen werden realistischer, die Hauptpersonen bekommen Profil und sogar Psychologie. Die kritische und die utopische Komponente, im heroisch-satirischen *Mysterium Buffo* untrennbar verschmolzen, werden streng geschieden, die Einheit von Wirklichkeit und Vision zerfällt. Es führt kein Weg von der Revolution zum Paradies; Majakowski hilft sich mit Hexerei, mit den magischen, nicht mehr sozialen Kräften von Feuer und Wasser. Die utopisch-technische Welt, die keine spezifisch kommunistischen Züge mehr hat, wirkt fremd und kalt, so daß man, dem Autor zum Trotz, für Prisypkins Sehnsucht nach dem Spießerglück und für Pobjedonossikows allzumenschliche Eitelkeiten einiges Verständnis hat. Der Geist ist willig, er strebt den Sternen zu, aber ach, das Fleisch ist schwach – indem Majakowski seiner politischen Enttäuschung auf den Grund zu kommen suchte, rührte er an einen Widerspruch in unser aller Leben. Mit der Wiederaufführung der Satiren Majakowskis 1953 begann in der Sowjetunion das Tauwetter; wie schon 1929/30 signalisierten sie Ernüchterung.

Nikolaj Erdmann

Erdmann (1902–1970), baltendeutscher Herkunft, in Moskau geboren, geriet sehr jung in den Kreis der Theateravantgardisten um Meyerhold und Wachtangow. Anfang der zwanziger Jahre schrieb er Sketche für das Wachtangow-Theater und das Theater der Satire. Seine Stunde kam, als Meyerhold 1925 sein erstes abendfüllendes Stück aufführte: *Das Mandat*. Der revolutionäre Enthusiasmus war aufgebraucht, die Prosa des Alltags und des Überlebens hatte den Sowjetstaat eingeholt. 1921, nach dem Aufstand der Matrosen von Kronstadt, verkündete Lenin eine Neue Ökonomische Politik (NEP), die privatkapitalistische Elemente zuließ und dem Land eine Atempause schenkte. Meyerhold sagte sich vom Theateroktober los: »Die Zeit der Agitkas (Agitationsstücke) ist vorbei. Wir treten für eine kompliziertere Lösung der Probleme unserer Übergangszeit ein – mit höchst komplizierten Verfahren der Theatertechnik.« Die Partei ermutigte die Schriftsteller und Künstler, schonungslos alle alten und neuen Mißstände zu kritisieren. Nun war ein Talent wie Erdmann gefragt, das nicht pathetisch, sondern satirisch angelegt war. Die Übergangszeit dauerte nicht lange; 1929 hatte Stalin den Machtkampf für sich entschieden. 1932 wurde Erdmanns zweites Stück *Der Selbstmörder*, wiederum von Meyerhold inszeniert, verboten. Es scheint noch ein drittes Stück gegeben zu haben, *Die Lachsitzung* (oder *Das Lachkabinett*), das verschollen ist. Ausschnitte wurden auf einer Soiree des Künstlertheaters vorgetragen und mißfielen Marschall Woroschilow.

Als Stalin Ende der dreißiger Jahre das Meyerhold-Theater schloß, ließ er noch vor dem Chef, den der alte Stanislawski beschützte, die beiden Starautoren verhaften: neben Erdmann Sergej Tretjakow (1892 bis 1939), der damals der Berühmteste war. Mit Tretjakows Revolutionsstück *Brülle, China* (1926) war das Meyerhold-Theater 1930 im Triumph durch Europa gezogen. Von heute aus gesehen, liegt Tretjakows Bedeutung nicht in seinen Stücken, sondern in der Einführung zweier wegweisender Techniken: des Dokumentarspiels und der Verfremdung. Die Spielweise der Verfremdung brachte er aus dem Fernen Osten mit, wo er von 1919 bis 1922 politisch gearbeitet hatte. Der Einfluß Tretjakows auf Meyerhold, Eisenstein, Piscator und Brecht ist nicht hoch genug einzuschätzen. Brecht widmete ihm ein Gedicht: »Mein Lehrer, der große, freundliche, ist erschossen worden, verurteilt durch ein Volksgericht. Als ein Spion. Sein Name ist verdammt. Seine Bücher sind vernichtet …« (*Ist das Volk unfehlbar?*, Gedichte 1938–1941).

Meyerhold und Tretjakow waren Kommunisten und Revolutionäre, in den Augen Stalins besonders gefährlich. Erdmann war für ihn ein krittelnder bürgerlicher Liberaler, nicht gar so schlimm. Politisch und menschlich vereinsamt, hörte Stalin damals auf Personen, die ihm zwar fremd, aber keine gefährlichen Gegner waren, auf Bulgakow und Pasternak, den Kreis um Tochter Swetlana. Die Fürsprache Bulgakows scheint den Ausschlag gegeben zu haben. Erdmann kam mit der zivilen Verbannung nach Sibirien davon. Er durfte Drehbücher für Kinder- und Märchenfilme schreiben, bekam dafür 1950 sogar einen Stalinpreis 2. Klasse. 1956, nach Chruschtschows Abrechnung mit Stalin, wurde er wie alle anderen verfolgten Schriftsteller und Künstler (auch Meyerhold, Tretjakow, Babel, für die es freilich zu spät kam) rehabilitiert, und es wurde ihm erlaubt, nach Moskau zurückzukehren. Die Wiederaufführung des *Mandat* im selben Jahr, zum Teil mit den Schauspielern der Uraufführung, war ein politisches Ereignis.

Das Mandat
Zur Zeit, als das Stück entstand (1924), erläuterte Trotzki, damals noch ein mächtiger Mann, wie die Partei die Forderung nach

einem »sowjetischen Sittenlustspiel, das lacht und brandschatzt« verstanden wissen wollte: »Man rede sich nicht mit der Theaterzensur heraus, denn das würde nicht stimmen. Freilich, wenn unser Lustspiel sagen würde: So weit hat man uns also gebracht – zurück zum alten, molligen adligen Nest, so würde sich die Zensur ein solches Lustspiel verbitten und würde recht daran tun. Wenn aber euer Lustspiel sagen würde: So, wir bauen das neue Leben, und nun wollen wir die alte und neue Schweinerei, Niederträchtigkeit und Gemeinheit hinausfegen, dann wird die Zensur es nicht hindern.« Meyerhold arbeitete damals an der Inszenierung des *Revisor* von Gogol (1926), einer nicht nur persönlichen, sondern theatergeschichtlichen Wende. Er stieß weit über die Parteidirektiven zu Kritik und Satire in den Raum des absurden Theaters vor (ein Begriff, der erst 30 Jahre später formuliert wurde). Erdmann folgte Gogol in Stückaufbau, Ensemble der Figuren, dem kühlen, bissigen Stil, beim *Mandat* vor allem dem Vorbild des *Revisor*. Das Mandat oder Parteimandat bedeutet einen geheimnisvollen Parteiauftrag, und die Kleinbürger, denen es nur ums Anpassen geht, reagieren wie ein Schwarm Hühner. Auf die Partei, der man alles Böse zutraut, wirft das Stück natürlich kein gutes Licht. Zar Nikolaus I. hatte den sehr viel kompromißloseren *Revisor* als Akt der Selbstreinigung zugelassen; Stalin verbot Erdmanns *Mandat* sofort nach seiner Machtergreifung.

Der Selbstmörder
Auch Erdmanns bestes und bleibendes Stück (1928) wurde von Meyerhold inszeniert – obwohl das Zentrale Spielplankomitee zuvor schon dem Wachtangow-Theater eine Aufführung untersagt hatte. Damals schien Meyerholds Autorität und Integrität noch unantastbar. Erdmann behandelt hier das Schicksal eines kleinen, unscheinbaren Sowjetbürgers, der, von der Trostlosigkeit des Lebens zermürbt, den Entschluß faßt, seinem Leben ein Ende zu machen. Dieser Vorsatz, den er allen Verwandten und Bekannten mitteilt, verwandelt den kleinen Mann in einen richtigen Helden, der sich nun, da alle Ängste und Rücksichtnahmen von ihm abfallen, vor nichts mehr fürchtet. Er bringt es schließlich, angeschwipst und in fröhlicher Gesellschaft, fertig, den Kreml

Der Kleinbürger Prisipkin wird als Held bewundert, weil er seinen Selbstmord ankündigt. Aber er vollzieht ihn nicht – Helmut Lohner spielte den hintergründigen Schalk im Thalia Theater Hamburg 1971, Regie Otto Schenk.

anzurufen und den Vorsitzenden des Rates der Volkskommissare ans Telefon zu bitten. Vertreter aller Schichten der Sowjetgesellschaft pilgern zu ihm als ihrem Stellvertreter, der tapferer zu sein scheint als sie. Der

Held entwischt am Schluß aus dem schon aufgebahrten und blumengeschmückten Sarg. Das Stück ist heute aus zwei Gründen interessant: Mit seinen farbigen Figuren, der Situationskomik, den biederen, aber immer hintergründigen Szenen und Dialogen gehört es zu dem kargen Lustspiel-Reservoire des Welttheaters. So kann man es als Burleske spielen. Aber es ist auch der absurde Schein darin: ein bißchen Komik und ein bißchen Traurigkeit, ein Clown, der sich abschminkt.

Isaak Babel

Babel (1894–1941) wurde als Sohn eines Kaufmanns im jüdischen Viertel von Odessa geboren. Das Milieu aus Juden, Ukrainern und zahlreichen anderen Völkerschaften, der Schmelztiegel am Schwarzen Meer hat ihn geprägt. 1905 erlebte er den großen Oktoberpogrom gegen die Juden von Odessa. Da er wegen des Numerus clausus für Juden in seiner Heimatstadt nicht studieren durfte, besuchte er das Institut für Finanz- und Handelsstudien in Kiew. Als er sich seinen Neigungen gemäß literarisch versuchte, riet man ihm, lieber beim traditionellen Metier seiner Rasse zu bleiben. 1915 entdeckte ihn Gorki, der lebenslang sein Mentor blieb. »Und für sieben Jahre – von 1917 bis 1924 – ging ich unter die Menschen. Während dieser Zeit war ich Soldat an der rumänischen Front, an der Nordfront, in der Ersten Reiterarmee, arbeitete im Volkskommissariat für Volksbildung, in der Tscheka (Außerordentliche Kommission zur Bekämpfung der Konterrevolution, Vorläufer der Geheimpolizeiapparate GPU und NKWD), bei Expeditionen zum Aufbringen von Lebensmitteln, war Redakteur, Reporter …«

Als 1926 sein Erzählungsband *Budjonnys Reiterarmee* erschien, wurde Babel mit einem Schlag weltberühmt. Es waren Erzählungen aus dem Bürgerkrieg von pittoresker Romantik und düsterer Schönheit, goyasche Szenen, deren Schrecken gedämpft wird durch Poesie und Verzauberung. Marschall Budjonny, ehemaliger Befehlshaber der Ersten Reiterarmee, erklärte militärisch knapp, die Darstellung gebe ein einseitiges und verzerrtes Bild der Armee und ihrer Heldentaten. Niemand in der Welt (das Werk wurde in 40 Sprachen übersetzt) verstand es so, aber Stalin war Budjonnys Politkommissar gewesen und für eventuelle Ausschreitungen verantwortlich.

1931 erschienen die *Geschichten aus Odessa,* Erinnerungen also an Babels frühe Welt. Damit war der Themenkreis des Dichters abgesteckt. Babel arbeitete sehr langsam und gewissenhaft; von einer Erzählung weiß man, daß er sie erst nach der 26. Bearbeitung freigab. Diese Sprödigkeit, dieser Lakonismus beherrscht auch seine beiden Theaterstücke und macht sie nur schwer und hintergründig spielbar: *Sonnenuntergang* (1927) und *Marija* (1935). *Marija* wurde verboten, weil es, wie schon *Reiterarmee,* das tiefe, ehrliche Engagement für die Revolution mit der Erkenntnis verbindet, was sie kostet. Das konnte 1926 noch durchgehen, nicht aber 1935, als offenbar wurde, daß die Revolution ihren Preis nicht wert war. Babel wurde 1939, drei Jahre nach dem Tod seines Beschützers Gorki, verhaftet und kam im Lager ums Leben.

Sonnenuntergang

Das Stück spielt vor dem Ersten Weltkrieg in einem jüdischen Kaufmannshaus in Odessa. Mendel Krik, ein Fuhrunternehmer, ist reich geworden. Der Konflikt entfaltet sich zwischen Vater und Söhnen, jüdischen und russischen Kaufleuten, alten Sitten und neuen Chancen. Alle verlieren ihre Haltung, am Ende aber nicht ihre Würde. Der Titel suggeriert die Darstellung einer sterbenden Welt. Wollte man das Stück politisch deuten, könnte man sagen: Diese Menschen waren nicht reif für den Aufbruch Rußlands ins 20. Jahrhundert. So mußten sie gegen die neuen Menschen, die hier noch nicht auftauchen, die Bolschewiki, verlieren. Wenn man genau hinsieht, beschreibt aber Babel gar keine sterbende, sondern eine brodelnde Welt. Daß das Milieu seiner Jugend untergehen würde, war gewiß – dazu hätte es weder Lenins noch Hitlers bedurft. Doch hier tritt es noch einmal auf in seiner ganzen Farbe, Kraft und Gier, verkörpert in starken Personen, die schon im Aufbruch sind. Man kann das Stück im melancholischen Stil Tschechows inszenieren, aber auch in der rauhen Dynamik Gorkis. Dann könnte der Titel »Vor Sonnenaufbruch« heißen.

Marija

Das Stück spielt in Petrograd nach der Revolution. Eine Familie ist übriggeblieben: ein ehemaliger General, ein ehemaliger Fürst am Cello, ein ehemaliger Garderittmeister, der zynische Reden führt und vergewaltigt, ehemalige Bedienstete, höhere Töchter, die ein bißchen Leben und Glück zu erhaschen suchen, aber in dieser Zeit nicht wissen wie. Es trifft die Atmosphäre von damals genau: noch scheidet alte und neue Gesellschaft, soweit sie sich Rußland verbunden fühlt, keineswegs ein Abgrund. Der General, die beherrschende Figur, treibt historische Studien, er respektiert die Revolution und die Revolution respektiert ihn. Seine Tochter Marija ist als bolschewistische Kommissarin an die Front gegangen. Sie taucht nie auf. Einmal schickt sie einen Brief, der andächtig verlesen wird, einmal einen Rotarmisten mit einem Sack voll Lebensmitteln. »Sie kann nicht kommen, es wird gekämpft.« Die Erfindung eines positiven Helden in Abwesenheit (»Mascha ist als einzige von uns eine zeitgemäße Frau«) ist ein genialer dra-

maturgischer, aber auch politischer Einfall. Marija verkörpert das Prinzip Hoffnung, das immer in der Ferne ist. »Man spricht vom Recht der Masse«, sagt eines der Mädchen, sie ist mit einem jungen kommunistischen Funktionär (der ebenfalls nicht auftritt) liiert. »Ich bin doch auch ein kleines Stückchen Masse. Zählt das gar nichts …?« »Es sollte zählen«, sagt leise der Fürst am Cello, der Bach nun für Arbeiter spielt. Marija in ihrem Brief: »Unser Park wird dann grünen und blühen …« Der letzte Akt ist ein Bruch. Die neuen Menschen, Proletarier, beziehen nach dem Tod des Generals das alte Haus. Das kann man sozialistisch-realistisch spie-

Ludmilla, Tochter eines ehemaligen zaristischen Generals, läßt sich, während Petrograd im Bürgerkrieg hungert und ihre Schwester Marija bei der Roten Armee kämpft, aus Lebenslust mit Schiebern ein und verkommt: Hannelore Hoger als Ludmilla in »Marija« von Isaak Babel, neben ihr Werner Schwuchow als Krawtschenko, Szene aus der diffizilen und nuancenreichen Stuttgarter Inszenierung von 1967, Regie Peter Palitzsch.

len, aber auch tragisch, was Babel wohl eher gemeint hat.

Wsewolod Wischnewski

Auch er war ein Kind des Theateroktober, sein Vorbild war Meyerhold, sein Mentor Tairow. In Petersburg geboren, verließ Wischnewski (1900–1951) mit vierzehn die Schule, um sich als Freiwilliger für die Front zu melden. 1917 schloß er sich den Bolschewiki an und nahm an der Oktoberrevolution in Petrograd teil. Während des Bürgerkriegs war er Kommissar in der Ersten Reiterarmee und Kommandeur in der Baltischen Flotte.

1921 organisierte er in Noworossisk am Kaukasus eine revolutionäre Massenveranstaltung im Freien, die acht Stunden dauerte; ihr Thema war der Kronstadter Aufstand, der gerade niedergeschlagen war. 1929 wurde sein erstes Stück aufgeführt: *Die Erste Reiterarmee*, ein faszinierendes Revolutionsspektakel im Stil Tairows und Meyerholds. Marschall Budjonny lobte den Autor sofort, ernannte den ehemaligen Kommissar zum »unbekannten Helden«: den »Maschinengewehrschützen Wischnewski«, und erklärte *Die Erste Reiterarmee* zu »unserem Reiterarmeestück«. Das Werk wird heute nirgendwo mehr gespielt, weil selbst die raffinierteste Inszenierung den undifferenzierten, pathetischen Inhalt nicht decken kann. 1932 führte Tairow die *Optimistische Tragödie* auf; Alice Koonen, seine Frau, spielte die Kommissarin. Das war nun wirklich ein Stück, das an die Wurzeln der Existenz nicht nur Wischnewskis, sondern des Sowjetstaates ging. Es riß die Widersprüche auf und bejahte sie. Als Stalin Mitte der dreißiger Jahre alle anderen Schauspiele der Sowjetepoche verbot, erklärte er die *Optimistische Tragödie* zum Vorbild. Warum liegt auf der Hand: Die Tragödien sollten nicht mehr hinterfragt, sondern optimistisch bewältigt werden. Am Rang des Stücks änderte das nichts. Wischnewski hat sich persönlich immer integer verhalten; er verteidigte auf dem Ersten Sowjetischen Schriftstellerkongreß 1934 Joyce und Dos Passos, denen er viel zu verdanken hatte, setzte 1944 als Schriftleiter den Stalingradroman von Viktor Nekrassow durch. Sein literarisches Ende wird leider bezeichnet durch das Schauspiel *Das unvergeßliche Jahr 1919* (1949), das mit dem Stalinpreis 1. Klasse ausgezeichnet wurde und ein Höhepunkt des Personenkults um Stalin war. Chruschtschow kommentierte: »Mit Vorliebe sah sich Stalin den Film ›Das unvergeßliche Jahr 1919‹ an, in welchem er auf den Stufen eines Panzerzuges gezeigt wird und den Feind praktisch mit blankem Säbel niederschlägt . . .«

Die optimistische Tragödie

Historisch konkret gesehen, handelt es sich hier um den Versuch, das Urerlebnis des Sowjetstaats zu bewältigen: den Aufstand der roten Matrosen von Kronstadt, der Helden der Oktoberrevolution, gegen die bolschewistische Herrschaft (1921). Ihre Losung hieß: »Sowjets (Räte) ohne Kommunisten. Schluß mit den Erschießungen und Plünderungen« (worunter die Lebensmittelbeschaffungen der Tscheka zu verstehen waren). In der sowjetischen Geschichtsschreibung werden die Aufständischen als Anarchisten bezeichnet, aber die Führer von Kronstadt wie von Tambow und vieler anderer Aufstände waren Sozialrevolutionäre, linke Sozialdemokraten, unabhängige Kommunisten, die 1917 Lenins Machtübernahme möglich gemacht hatten. Auch Wischnewski nennt die Gegner Anarchisten; aber er, der selbst vor Ort damit konfrontiert war, lotet tiefer. Sein Thema heißt Freiheit oder Disziplin. Eine Einheit revolutionärer Matrosen bewegt sich als Kader des Bürgerkriegs von der Ostsee zum Schwarzen Meer. Auf diesem langen Marsch wird die sowjetische Staatsräson durchgesetzt. Wortführer der Mannschaft sind Anarchisten, aber der politische Kommissar ist eine Bolschewikin und der Kommandeur ein »militärischer Spezialist«, ein zaristischer Offizier. Von den drei anarchistischen Anführern wird einer liquidiert, einer desertiert, einer ordnet sich ein. Die Dialoge vor allem werfen Fragen auf, die nicht abgegolten sind: Sind menschlicher und realer Sozialismus vereinbar?

Das Stück ist erregend nicht nur durch die Konsequenz seiner Fragen, die in Krisenzeiten überall und immer wieder wichtig sind, auch durch seine revolutionäre Form. Beeindruckt durch die Technik von Dos Passos und Joyce, hat Wischnewski ein episches Stück, zerrissen in hastende Szenen, geschrieben. Es gibt kommentierende und respondierende Sprecher (»Der Sprecher, das ist unser Gewissen, unser Gedächtnis, unser Herz«), eingeblendeten Film, Auftritte aus dem Saal, Rotarmisten mit Fahnen, im Hintergrund knatternde Maschinengewehre. Getragen wird das ganze Geschehen von einem durchgehenden revolutionären Pathos – der Tod der Kommissarin ist eine Apotheose in der Art des Schlusses der *Jungfrau von Orleans*.

Michail Bulgakow

Er gehörte nicht zu den Autoren der Revolutionstheater, sondern des Künstlertheaters von Stanislawski. Dennoch hielten ihn schon Ende der zwanziger Jahre alle für den bedeutendsten Dramatiker der frühen Sowjetunion – ein Rang, der ihm bis heute geblieben ist. Bulgakow (1891–1940) wurde als Sohn eines Professors der Geistlichen Akademie in Kiew geboren, studierte Medizin, wurde Arzt in der Provinz, schrieb Zeitungsartikel, die den Redaktionen sofort Probleme mit der Zensur bescherten. 1926 führte das Moskauer Künstlertheater die *Tage der Turbins* auf, eine Elegie auf das Schicksal der besiegten Weißgardisten. Zum erstenmal wieder seit der Revolution wurde die Zarenhymne auf offener Bühne gesungen. Die proletarischen Schriftsteller beschwerten sich bei Stalin, erklärten Bulgakow für einen »inneren Emigranten«, den »rechten Flügel der Sowjetliteratur«, einen »neobürgerlichen Schriftsteller«, Stalin antwortete 1929, gerade an der Macht, souverän: »Warum gehen so oft Stücke von Bulgakow über die Bretter? Weil es wahrscheinlich an eigenen Stücken, die zur Aufführung taugen, mangelt. In der Not frißt der Teufel sogar *Tage der Turbins* . . . Was letzten Endes *Tage der Turbins* betrifft, gibt es mehr Nutzen als Schaden. Vergessen Sie nicht, daß der Haupteindruck, den der Zuschauer von diesem Stück erhält, ein für die Bolschewiki günstiger ist: Wenn sogar solche Leute wie die Turbins die Waffen strecken müssen – so heißt das, die Bolschewiki sind unbesiegbar.« Gleichzeitig rechtfertigte Stalin das Verbot zweier anderer Stücke: der *Purpurinsel*, einer tolldreisten, in allegorisches Gewand gehüllten Satire auf das Treiben der Kulturfunktionäre, und der *Flucht*, eines Emigrantenschicksals. *Flucht*, meinte Stalin, sei »ein Versuch, Mitleid für antisowjetische Emigrantencliquen zu erwecken«. Er habe aber nichts gegen eine Aufführung von *Flucht*, »wenn Bulgakow zu seinen acht Träumen noch einen oder zwei Träume hinzufügen würde, in denen er darstellt, daß alle diese auf ihre Weise ehrenhaften Serafims und Privatgelehrten nicht wegen einer Laune der Bolschewiki aus Rußland hinausgeworfen wurden, sondern weil sie trotz ihrer Ehrenhaftigkeit auf Kosten des Volkes schmarotzten.« 1930 waren alle Stücke Bulgakows von den Bühnen verschwunden. Der Dichter richtete ein Gesuch an Stalin, er möge ihn als Bühnenarbeiter beschäftigen oder erschießen oder ins Ausland gehen lassen. Am 18. April 1930, vier Tage nach Majakowskis Selbstmord, erhielt Bulgakow einen Anruf aus dem Kreml: »Hier ist Stalin. Ich habe das Künstlertheater angewiesen, daß es Sie als Dramaturg beschäftigt und *Tage der Turbins* wieder auf den Spielplan setzt. Kein Dank, ich habe mich gefreut, Sie zu sprechen, alles Gute für Ihre Arbeit.« *Tage der Turbins* erschien tatsächlich, eine Sensation im stalinistischen Moskau der dreißiger Jahre, wieder auf der Bühne, nur mußte der tragische Selbstmord eines weißen Offiziers am Schluß gestrichen, die Zarenhymne gegröhlt werden. Aus der Beschäftigung mit klassischer Literatur, seiner Aufgabe als Dramaturg des Künstlertheaters, entstanden Bulgakows reifste Stücke: *Die Kabale der Scheinheiligen* (Molière), *Die letzten Tage* (Puschkin) und *Don Quijote*. Es sind nur scheinbar distanzierte Stoffe; Bulgakow ging es um den immerwährenden »Zusammenprall von ägyptischer Finsternis und Strömen der Aufklärung«. Auf dem Sterbebett diktierte der schon erblindete Dichter die letzten Korrekturen zu seinem Hauptwerk, dem Roman *Der Meister und Margarita*. Es kam erst Ende der sechziger Jahre ans Licht.

Tage der Turbins

Das Stück spielt 1918/19 in Kiew, in den Monaten zwischen weißer und roter Herrschaft. Bulgakow war, als Arzt von den Weißen mobilisiert, Zeuge; er erkrankte an Typhus. Als er aus dem Delirium aufwachte, waren die Roten da, war der »Wechsel der Zeiten«, die »Umwertung der Werte« vollzogen. Der Roman *Die weiße Garde* (1924) ging dem Stück voraus und war bereits heftig umstritten; die Zeitschrift, die ihn vorab-

druckte, wurde geschlossen. In *Tage der Turbins* (1926) gibt es, was für die damalige Kulturszene ungewöhnlich war, keine Kommunisten, nur weiße Offiziere im Angesicht der Niederlage. Bulgakow schildert sie als aufrechte, tapfere, ritterliche Männer, die nicht aus eigensüchtigen Motiven, sondern wegen ihrer Vorstellung vom Vaterland gegen die Bolschewiki kämpfen. Das gilt besonders für die Gebrüder Turbin. Der ältere ist ein enttäuschter Liberaler, der jüngere ein romantisch veranlagter, nun überflüssiger Held. Es war, wie Gorki sofort sah, die Ehrenbezeugung der Revolution für den geschlagenen Feind, aus dessen Reihen sich einige der Besten, so der zaristische Generalstabschef Brussilow und der erste rote Marschall Tuchatschewski, an die Seite der jungen, gefährdeten Sowjetrepublik stellten. Die fairste Interpretation hat 1929 der frühe Stalin geliefert; allerdings hat er nur den Schriftsteller Bulgakow begnadigt, den Marschall Tuchatschewski dagegen erschießen lassen.

Die Flucht

Ursprünglich betitelt *Der Lauf* (womit der Lauf der Geschichte wie des Lebens gemeint war), zeichnete Bulgakow (1926/28) in acht Bildern, die im Kaukasus und der Krim bis Konstantinopel und Paris spielen, das Schicksal der Emigration sehr menschlich, in »objektiver Technik«. Die acht Bilder heißen Träume; Rußland hält Gerichtstag über sich selbst. Gorki forderte die Aufführung (die nie stattfand): »Ein großartiges Werk, es wird verdammten Erfolg haben.« Es handelte sich in der Tat um ein heißes Thema jener Jahre. Nicht nur Gorki, auch Ilja Ehrenburg und Graf Alexej Tolstoi kehrten aus dem Exil zurück. Die Motive lassen sich aus den Träumen Bulgakows ablesen: Nicht nur wirtschaftliche Not, Einsamkeit und Heimweh waren es, gerade bei Schriftstellern spielte die Suche nach der verlorenen Identität für die Heimkehr eine entscheidende Rolle.

Die Kabale der Scheinheiligen; Die letzten Tage

Diese Stücke, in den dreißiger Jahren geschrieben, waren der rührende, aber weltfremde Appell Bulgakows an seinen Beschützer Stalin (in Anlehnung an Molière und Puschkin), sich als Sonnenkönig, als

aufgeklärter Zar zu verstehen, die Dichter gegen Pfaffen (Ideologen) und Höflinge (Funktionäre) zu verteidigen. Höhepunkt ist die großartige Szene, in der Ludwig XIV. zum Schrecken seiner Hofschranzen Molière an seinen Tisch bittet. Es war nicht so. Dennoch stellen Bulgakows Bearbeitungen literarhistorischer Stoffe: Molière, Puschkin, Gogol, Cervantes, einen wesentlichen Beitrag zur Klassikerrezeption in moderner Zeit dar.

Don Quijote

In diesem späten Stück (1938) macht sich Bulgakow keine Illusionen mehr. Die komisch-melancholisch nacherzählte Geschichte vom Ritter in der traurigen Gestalt und seinem Knappen Sancho Pansa nimmt Abschied vom Traum eines Goldenen Zeitalters, der gegen das Eiserne Zeitalter keine Chance hat. Was bleibt, ist die moralische Rechtfertigung des Traums.

Der Meister und Margarita

Bulgakow hat den Roman, seine letzte Arbeit, nicht mehr selber dramatisieren können, obwohl es ein Vorwurf gerade auch für das Theater ist. Es hätte ein russischer »Faust« daraus werden können. Der Teufel erscheint als Magier Voland im Moskau der dreißiger Jahre und bringt mit seinen bunten Gesellen alles durcheinander. Parallel dazu verläuft die Geschichte des »Meisters«, eines Schriftstellers, der an einem Pilatus-Roman arbeitet und immer wieder Szenen aus dem Jerusalem der Karwoche, Jesus und Judas, beschwört. Die dritte Ebene ist der graue sowjetische Alltag mit Zensur, Polizei, Wohnungsnot, Versorgungsproblemen, kleinen menschlichen Gaunereien. Die drei Ebenen sind kunstvoll ineinander verschränkt, so daß die eine der anderen stets eine neue, tiefere Dimension gibt. Bulgakow hat hier noch einmal und nun ohne jede Rücksicht alle Gaben seines Talents spielen lassen: Satire, Parodie, burleskes Theater, Romantik und Phantastik, doppelbödige Philosophie. Margarita ist die Geliebte des Meisters, das positive weibliche Prinzip.

Jewgenij Schwarz

Schwarz (1896–1958) wurde als Sohn eines Arztes in Kazan an der Wolga geboren. Jurastudium ohne Abschluß in Moskau, Schauspieler in Rostow am Don und Petrograd, Journalist. 1924 wurde er Mitarbeiter der Kinderbuchabteilung des Staatsverlages. Sein Name fehlte lange Zeit in den einschlägigen Literaturgeschichten, weil man in ihm einen Autor für Kinder sah. Dennoch war er der wichtigste, der einzig wichtige Dramatiker auf den Bühnen der Stalinzeit. Er konnte das werden, eben weil er ein Autor für Kinder und somit eine Randerscheinung des Sowjetlebens war. Gorki hat einmal gesagt: »Für Kinder muß man schreiben wie für Erwachsene, nur besser.« Schwarz drehte die Weisheit um: Für Kinder muß man so schreiben, daß es »sogar der allererwachsenste Zuschauer versteht«. In der Theaterwelt des Sozialistischen Realismus hatte man wenig Sinn für wunderliche und irisierende Elemente, für Spiel, Schaustellung, Verzauberung, Komik und Ironie, gar Gespenster – das lenkt vom Thema ab, verwirrt die Aussage, verharmlost den Klassenkampf und verschleiert den Ernst des Lebens. Eine Ausnahme macht die Kinderliteratur. Spiel, Phantasie, Farbe sind die Lebenselemente der kindlichen Welt. Wer sich an Kinder wendet, muß in ihrer Sprache sprechen; auch Stalins Staat mußte, wenn er seinem Programm gemäß die Menschen von Kindesbeinen an erfassen und formen wollte, der kindlichen Mentalität Konzessionen machen. Das war der Grund, warum das Regime die Märchendramatik von Schwarz duldete, ja förderte – wie es auch das Puppentheater von Sergej Obraszow protegierte, für das Schwarz gelegentlich Szenen schrieb. Kehrseite war die Politisierung der kindlichen Welt. Auch Schwarz hat da Konzessionen machen müssen. In seiner vielgespielten Fassung von *Rotkäppchen* (1936) wird der böse Wolf durch Zusammenwirken aller Tiere des Waldes besiegt, eine, wenn auch dezente, Popularisierung des Kollektivgedankens. Die Popularisierung politischer Gedanken in Märchenform hat aber ebenso vom Standpunkt des Regimes aus ihre Problematik. Das Märchen spricht in Gleichnissen; es gestaltet elementare Vorgänge, Charaktere, Konflikte, die überall und jederzeit auftreten. Der Wolf oder der Drache: Das kann der Imperialismus, der Faschismus sein – aber auch ganz etwas anderes, denn das Untier trägt kein Parteiabzeichen. Das Gute kämpft gegen das Böse – aber was nun »historisch konkret« das Gute

und das Böse ist, das muß, das kann sich jeder selber denken. Der Zensur waren die Stücke von Schwarz, wenngleich gegen sie politisch und polizeilich nichts Definitives vorlag, nicht geheuer. Das galt vor allem für die beiden großen Stücke, die offensichtlich Märchen für Erwachsene sind. *Der Schatten* (1940) wurde nur in der kurzen liberalen Phase am Ende des Krieges aufgeführt (Gründgens' berühmte Inszenierung 1947 am Deutschen Theater in Ost-Berlin). *Der Drache* (1943) kam über die Generalprobe nicht hinaus, Die Uraufführung fand erst 1961 in der polnischen Industriestadt Nowa Huta statt.

Der Schatten

Ein Gelehrter reist ins Märchenland; er heißt Christian Theodor oder Theodor Christian nach den Säulenheiligen des Dichters Hans Christian Andersen und E. T. A. Hoffmann. Dort verliert er inmitten bizarrer Intrigen um eine schöne Prinzessin und ihre schurkischen Minister seinen Schatten. Da der Gelehrte ein sehr guter Mensch ist, ist sein Schatten das Gegenteil. Am Schluß siegt das Gute in Gestalt eines einfachen braven Mädchens, und der Schatten verflüchtigt sich. Sehen wir von allen mythologischen und tiefenpsychologischen Erklärungen ab – sie pflegen bei einem gelungenen Märchen länger zu sein als die Geschichte selbst. Hier hat E. T. A. Hoffmann Pate gestanden, was die Originalität nicht mindert; es könnte eine der schönsten von Hoffmanns Erzählungen sein. Mit dem hintergründigen preußischen Kammergerichtsrat verbindet Schwarz zweierlei: formal der unmerkliche, fast filmische Übergang von der Realität zu Märchen und Traum; inhaltlich das wiederum fast unmerkliche Ineinandergreifen von romantischer Anmut und boshafter Gesellschaftskritik.

Der Drache

Ein Drache beherrscht die Welt und wird durch den Helden Lanzelot besiegt. Ohne Zweifel hat Schwarz mit seinem Drachen Hitler gemeint. Nicht nur, daß dies bei dem Stück eines russischen Schriftstellers im Jahre 1943 selbstverständlich war; Schwarz hat es auch an einigen Stellen deutlich gemacht: in den Anspielungen auf den Rassenwahn und in den Verlautbarungen über

Lanzelot (Eberhard Esche), der zukünftige Drachenbesieger im Westernlook, und Elsa (Katharina Lind) – in der hintergründigen Inszenierung des »Drachen« von Jewgeni Schwarz, Deutsches Theater Ost-Berlin 1965, Regie Benno Besson, Bühne Horst Sagert.

den Kampf des Drachen, die die Wehrmachtsberichte vom siegreichen Rückzug bei Stalingrad parodieren. Dennoch wirkte die metaphorische Darstellung einer Diktatur und ihrer Niederlage schon damals so explosiv, daß das Stück zwar gelobt, aber nicht gespielt wurde. Man sollte meinen, daß *Der Drache* nach Stalins Tod als Beitrag zur Entstalinisierung hätte willkommen sein müssen. Aber da kam der Pferdefuß erst richtig zum Vorschein. Denn das Stück zeigt, wie nach des Drachen Tod nicht etwa sein Besieger, der Freiheitsheld Lanzelot, das Erbe antritt, sondern der Bürgermeister, ein Helfershelfer des Ungeheuers, der sich als Drachentöter feiern läßt und, die alte Tyrannei verfluchend, eine neue errichtet.

Irisches Theater

Irland hat der englischen Literatur über Jahrhunderte hin das satirische Salz und die Lust am bitteren Paradox hinzugefügt: Swift, Farquhar, Sheridan, Shaw und Wilde, so verschieden sie sind, lassen sich doch auf diese Ingredienzen hin zusammen nennen. Auch das Dramatische, die Begabung für die Entgegensetzung von Farben und Temperamenten, scheint genuin irisch: Von den fünf genannten Schriftstellern sind alle bis auf Swift vorwiegend Dramatiker, ihre Werke machen den wesentlichen Teil der nachelisabethanischen englischen Dramatik überhaupt aus.

Diese Werke gehören ganz eindeutig, der Sprache, dem Stil, der Tradition nach, auch der Wirkungsweise wegen, in die englische Literatur. Sie sind ein Teil der Tribute, die das unterworfene und geknechtete Irland den englischen Fremdherrschern zahlte – denn diese Fremdherrschaft hatte fast alles eigene geistige Leben Irlands zerstört. Literarische Wirksamkeit war bis zum Ende des 19. Jahrhunderts nur im Bereich der größeren, der englischen Literatur möglich. In den langen Jahrhunderten der englischen Herrschaft war der politische Wille nach irischer Unabhängigkeit nie ganz abgestorben, er entlud sich in mancherlei Demonstrationen, Revolten und Verschwörungen. Dieser politische Wille verschränkte sich gegen Ende des vorigen Jahrhunderts mit dem Willen zur Neuformulierung der geistigen Unabhängigkeit, der sprachlichen und dichterischen Eigenheit Irlands – mit der sogenannten keltischen Renaissance. Sie fand ihren wirksamsten, weil am meisten öffentlichen Ausdruck im Theater.

William Butler Yeats

Yeats (1865–1939) wurde in Dublin geboren und starb am Cap Martin in Südfrankreich. Er stammte aus der dünnen Mittelschicht des Landes, aus einer protestantischen Familie. Sein Großvater war Pfarrer gewesen, sein Vater ein beliebter Porträtmaler. Die Kindheit verbrachte er zu einem Teil im Westen der Insel, da, wo Verstädterung und Anglisierung wenig wirksam geworden waren und die Quellen der alten Sagen- und Märchenüberlieferungen noch flossen. Nach zwei Jahren auf der Kunstakademie wandte sich Yeats 1886 endgültig der Dichtung zu – schon damals mit der Überzeugung, daß alle Kunst eine nationale Grundfarbe haben müsse. »Können wir nicht eine Nationalliteratur aufbauen, die zwar der Sprache nach englisch, dem Geiste nach aber darum nicht weniger irisch ist?«

Yeats empfing seine literarischen Weihen – des Programms der irischen Renaissance ungeachtet – in London, wo er seit 1889 häufig weilte, im Kreise der Präraffeliten, befreundet mit William Morris und Oscar Wilde. Friedrich Nietzsche und William Blake, der Visionär der englischen Literatur um 1800, beeinflußten ihn tief. 1893 gab Yeats die Werke Blakes heraus. Als Lyriker und lyrischer Dramatiker entwickelte er seinen Frühstil, der deutlich die Prägung des Symbolismus trägt, also den Frühwerken Hugo von Hofmannsthals und den Dramen Maurice Maeterlincks verwandt ist. Die Schönheit des Sonderbaren und des Seltsamen wird gesucht, das Leben als zitternder Seelenhauch gefaßt, Figuren werden nicht in plastischer Fülle dargestellt, sondern in den spröden, knospenden Linien des Jugendstils auf kostbarem Grund gemalt. Yeats hat im Laufe seines Lebens nicht weniger als 31 Dramen geschrieben, darunter allerdings viele Einakter. Nicht alle davon sind nach der ersten Aufführung wieder gespielt worden, keines wirklich ins Repertoire des Welttheaters eingegangen.

Die Gräfin Cathleen

Diese Verslegende in fünf Szenen ist des Dichters erster dramatischer Versuch (*The Countess Cathleen*, 1892). Das Stück zeigt irisches Grundelend: eine Hungersnot, eine von den vielen, die bis an unsere Tage heran die Bevölkerung des Landes dezimierten. Die Gräfin Cathleen, legendäre Hauptgestalt, verkauft ihre Seele für 50 000 Kronen an zwei als orientalische Händler gekleidete Abgesandte der Hölle. Das Geld gibt sie den Bauern und Häuslern, die sie dadurch vor dem Hunger und der Versuchung bewahrt, ihre Seelen den Händlern zu verschachern und sich so vor dem Hungertod zu retten. Am Opfer der Gräfin Cathleen werden die Absichten der Hölle zuschanden. Sie tritt als idealistisches, großgeartetes Phantasiegeschöpf, als Märchenfigur den bitter und böse in der kargen Realität gefangenen Bauern gegenüber – da klafft der irische Abgrund zwischen Traum und Wirklichkeit, den nach Yeats die großen irischen Dramatiker Synge, O'Casey, Brendan Behan ins lebenssatt Tragikomische hinübergespielt haben. Davon noch nichts bei Yeats. Hier herrscht die literarische Stilisierung. Sie faßt, was heute doch recht bedenklich anmutet, Privates, Politisches und Religiöses unverdrossen zusammen: Die Gräfin Cathleen ist – Yeats hat es selber bekannt – ein idealisiertes Porträt der irischen Freiheitskämpferin Maud Gonne, die der Dichter glühend und vergeblich liebte; sie ist zugleich die jungfräulich unerlöst dargestellte Verkörperung Irlands – des besseren, zukünftigen Irlands –, und sie ist Heilige, überwindende Erlöserin nach äußerlich christlich-katholischem Zuschnitt. Schließlich hat sich Yeats noch selbst in das Stück eingezeichnet, als junger Dichter Ahlil mit der Harfe, der die Gräfin vergeblich, starr, störrisch liebt.

Das Einhorn von den Sternen

Yeats schrieb *The Unicorn from the Stars* zusammen mit Lady Gregory 1907 für das Abbey Theatre, wo es noch im gleichen Jahr gezeigt wurde. Der erste und zweite Akt spielen in einer Wagnerwerkstatt in einem Städtchen im Westen Irlands, Zeit um 1800. Der junge Wagnergeselle Martin, ein schwärmerischer, unbedingter junger Mensch, hat die Kraft seines Herzens und seiner Imagination an den Bau einer goldenen Karosse gewandt: Dem Absoluten, nach dem er hungert, sucht er so, unbewußt, ein Gefäß, einen Ausdruck zu schaffen. Sein Gefühl entrückt ihn der Zeit: In einem Anfall von träumerischer Abwesenheit erscheint ihm das Einhorn, das alte Symbol der überweltlichen Reinheit. Welterlösungsdrang bricht in ihm auf, reißt den Mitgesellen Andreas, selbst den bedächtigen Meister Thomas an seine Seite, weckt das Mitgefühl des längst abgeklärten Paters Johannes. In seine törichte, enthusiastische Reinheitsrevolte mischt sich aber sogleich das wüstanarchische Element ein: Vier Bettler und Landstreicher schließen sich ihm an, eigennützig raubend, wölfisch reißend. Im Kampf mit den Konstablern fällt Martin, die Vagabunden machen sich mit der Leiche davon, die Bürger bleiben zurück, vom Außerordentlichen für eine Weile berührt, aber nicht verwandelt.

Die Komödiantenkönigin

Das ist das erste der Stücke von Yeats, das nicht in Irland, sondern an einem nicht genau bezeichneten Ort spielt – Yeats führt das auf den Einfluß Edward Gordon Craigs zurück, vor dessen wandschirmartig vereinfachten Bühnendekorationen es 1922 mit Ninette de Valois in der Titelrolle im Abbey Theatre gespielt wurde. Im ersten Akt begegnet der betrunkene Dichter Septimus der Verachtung der Bürger und zwei eingebildeten Auch-Poeten (seinen negativen Spiegelbildern). Im zweiten Akt setzt sich die Komödiantin Decima an Stelle der scheuen und frommen Königin auf den Thron. Der Decima jubelt das einbrechende Volk, dem die Zurückgezogenheit der Königin unheimlich-zauberisch vorkam, sofort als Herrscherin zu. Decima reicht dem verblüfften Kanzler die Hand, spielt mit Glanz die königliche Rolle – und entlastet so die wirkliche Königin, die sich ins Kloster, an den Ort ihrer Bestimmung, zurückziehen kann.

Die Spiele für Tänzer

Folgenreicher noch als die Begegnung mit Craig und seinem radikalen Theatersinn sollte für Yeats die Bekanntschaft mit dem japanischen Nô-Spiel werden. Er lernte es, zusammen mit seinem langjährigen Privatsekretär Ezra Pound, in den Übertragungen des englischen Sinologen Ernest Fenellosa kennen. Es löste in ihm den Schritt zur letzten, endgültigen Vereinfachung aus, den er 1915/17 ging, als er die *Spiele für Tänzer* schrieb. Dazu gehören: *At the Hawk's Well* (*Am Falkenbrunnen*), *The Dreaming of the Bones* (*Knochentraum*), *The Only Jealousy of Emer* (*Emers einzige Eifersucht*), *Calvary*

(*Golgatha*, deutsch von H. E. Herlitschka) und *The Cat and the Moon* (*Der Kater und der Mond*, deutsch von H. E. Herlitschka). 1933/34 folgte noch *The King of the great Clock Tower* (*Der König des großen Glockenturms*).

Alle diese Stücke sind mit Masken zu spielen, auf offenem Podium, vor einfachen Wandschirmen. »In einem geschlossenen Raum ist die wirksamste Beleuchtung eine solche, wie wir sie in unsern Wohnräumen gewohnt sind. Diese maskierten Schauspieler wirken ungewöhnlicher, wenn keine technischen Vorrichtungen sie von uns trennen.« Am Anfang und am Schluß treten drei Musikanten auf, sie tragen Tücher, die sie unter rhythmischem Gesang entfalten und wieder zusammenlegen. Für die eigentliche Handlung sind nur zwei oder drei Schauspieler, wiederum maskiert, erforderlich. Während die meisten dieser Stücke ernsten Charakters sind (in *Golgatha* hadert Lazarus mit Christus, daß er ihn wieder zum Leben brachte, und fordert jetzt des Gottes eigenes Leben dafür), ist *Der Kater und der Mond* grotesk-komischen Zuschnitts: Es sollte nach Yeats Absicht dem entsprechen, was beim Nô-Spiel das »Kiogen« ist, das der Entspannung der Aufmerksamkeit zwischen zwei ernsteren Stücken dient, eine Art Satyrspiel also. Es tritt auf ein Blinder, der auf seinem Rücken einen Lahmen trägt – irische Landstreicher wieder; in den elementaren Gestalten und ihrer Anhänglichkeit voneinander drückt Yeats seinen Grundgedanken vom Ich und Gegen-Ich aus. Der Lahme und der Blinde nähern sich der Quelle des heiligen Colman, der mit der Stimme des einen Musikanten zu ihnen spricht und ihnen Heilung ihrer irdischen Gebrechen oder aber himmlische Seligkeit zur Wahl stellt. Der Blinde wählt die Heilung. Wieder sehend geworden, findet er sein Schafsfell auf des Lahmen Rücken, prügelt ihn – aus der Prügelei wird ein Tanz (in all den Stücken geht das, was man den Konflikt nennen könnte, in Tanz, in gebundenen Ausdruck über, wird darin aufgehoben). Der Blinde tritt ab, dem Lahmen wird die Seligkeit zuteil, denn der Heilige setzt sich ihm, leichter als ein Heuschreck, auf die Schulter – er ist eins geworden mit seinem besseren Ich.

John Millington Synge

Yeats lernte den jungen Synge 1896 in Paris, im Quartier Latin, kennen. Synge (1871 bis 1909), bei Dublin geboren (sein Vater war Rechtsanwalt), hatte am Trinity College in Dublin zuerst Hebräisch und Irisch, dann Musik studiert, bis 1898 reiste er in Europa und ging mit dem Plan um, Kritiker zu werden. Nicht ohne Yeats' Zutun, aber auch um seine schwache Konstitution zu kräftigen, hielt er sich von 1899 bis 1902 vorwiegend im irischen Westen, besonders bei den noch ganz unberührt von der modernen Zivilisation lebenden Fischern der Aran-Inseln vor der irischen Westküste auf. Er lernte kennen, was es schon zu dieser Zeit nur noch am Rand Europas, in Rußland, im Spanien Lorcas, im Nordnorwegen Hamsuns und eben in Irland gab: das unvermischte, kräftige, sowohl elementare wie dämonische »Menschliche« – die unverkürzte, vom Bewußtsein noch nicht gebrochene, in simple, überlieferte Formen gefaßte Kreatur, sicher im Lebensganzen wurzelnd, der Tragik und der Komik, ineinander verschränkt, gleich mächtig unterstellt.

Mit (sicher unbewußter) Ökonomie schritt Synge von knappen Einaktern, *Im Schatten der Bergschlucht* (*The Shadow of the Glen*, 1903), *Reiter ans Meer* (*Riders to the Sea*, 1904), zum burlesken, kurzen Dreiakter, *Die Quelle des Heiligen* (*The Well of the Saint*, 1905), und Zweiakter, *Kesselflickers Hochzeit* (1907), schließlich zum ganz ausgereiften dramatischen Meisterwerk *The Playboy of the Western World* (1907) fort. Die letzte Anstrengung vor dem frühen Tod 1909 galt dem irischen Sagenstoff (*Deirdre*), den auch Russel und Yeats dramatisch verarbeitet hatten. Synges Abwandlung des Themas blieb unvollendet, Freunde komplettierten und publizierten den nachgelassenen Text. Synges Dramen (außer ihnen hat er nur noch zwei eher als Gelegenheitsarbeiten zu wertende Prosabücher geschrieben, eines davon über die Aran-Inseln) – Synges Dramen befinden sich, auf ihren Stil hin betrachtet, außerhalb der literarischen Kategorien, die in ihrer Entstehungszeit in Mode waren. Vom Symbolismus sind sie völlig fern, aber auch mit dem sozial engagierten Realismus und Naturalismus der Zeit haben sie nicht viel zu tun. »Realismus allein genügt nicht, die Bühne muß Wirklichkeit

Synges »Playboy of the Western World« wurde von Peter Hacks unter dem politisch zu verstehenden Titel »Der Held der westlichen Welt« übersetzt und so 1956 am Berliner Ensemble unter Mitarbeit von Brecht inszeniert: als Exempel westlicher Verrohung. Annemarie und Heinrich Böll übersetzten den Titel mit »Ein wahrer Held« um damit ironisch auf die Fragwürdigkeit des aufschneiderischen Fast-Vatermörders Christy aufmerksam zu machen. Der trokken-berlinische Komiker Heinz Schubert hat den Christy in beiden Versionen gespielt, am Berliner Ensemble und dann 1962 an den Münchner Kammerspiele (Regie Hans Schweikart) in der Böll-Übersetzung. Das Foto zeigt ihn in dieser Aufführung, noch schüchtern, und neben ihm Ruth Drexel als Wirtstochter Pegeen »herb, rührend und bös zugleich« (Joachim Kaiser).

Synges »Quelle der Heiligen« führt ein blindes Bettlerpaar auf die Bühne, das die Illusionen, die sie sich voneinander machen, einbüßt, als das Wasser der Heiligen beide sehend macht. 1962 in Münster, Regie Georg Lhotzky, spielten Karl Striebeck und Annemarie Gaul.

Donald Donalley als Christopher Mahon, der aufschneiderische »Held der westlichen Welt« Synges, und die große irische Schauspielerin Siobhan McKenna als Wirtstochter Pegeen Mike in einer zugleich kräftigen und poetischen Inszenierung der Dublin Festival Company 1960.

und Fröhlichkeit ausstrahlen«, heißt eine der seltenen theoretischen Bemerkungen von Synge.

Im Schatten der Bergschlucht

Der Einakter führt in eine Bauernküche mit Torfherd und wenigen einfachen Möbeln. Nora Burke, der jungen Bäuerin, ist ihr alter Mann gestorben. Der Landstreicher, der abends in die Hütte tritt, verliert bald seine Angst vor der Leiche, die unter einem weißen Leintuch aufgebahrt liegt. Als Nora von ihm hört, daß nicht weit vom Haus ein junger Schäfer weidet, läßt sie den Landstreicher mit dem Toten allein. Der aber schaut plötzlich unter dem Tuch vor, erweist sich als quicklebendig und verflucht seine Frau. Als sie mit dem Schäfer zurückkehrt, stellt der Alte sich wieder tot. Es geschieht, was er erwartete: Noch an der Leiche finden sich die Jungen – in kräftig-bilderreichen Wendungen stimmen sie sich miteinander auf ihre Angst vor dem Alter, dem Nebel, der Armut ein. Der Alte fährt dazwischen, mit derber Verwünschung weist er Nora aus dem Haus, mitsamt dem Landstreicher geht sie: »Ich glaube, ich werde röcheln, wenn ich unter dem offenen Himmel liege und die kalten Nächte kommen. (Zu dem Alten gewandt) Du glaubst wohl, daß du eine große Heldentat getan hast, als du dich wie tot hingelegt? Was ist da großes dabei? Wie soll denn eine Frau an einem so verlassenen Ort wie diesem hier leben, wenn sie nicht mit Männern redet, die vorübergehen?« Der Alte hält den Schäfer zurück: »Ich wollte Dich schlagen, Michael Dara, aber Du bist ein harmloser Mann, Gott steh Dir bei, und ich achte Deiner kaum.« Sie trinken zusammen, wenn der Vorhang fällt. In dem Stück ist alles nahe beisammen, Leben und Tod, Wut und Gelächter. Landstreicherei unter dem Himmel ist so selbstverständlich wie Geschwätz und Trinken und Tod, alles ist hart und prall gefügt.

Reiter ans Meer

Gradlinig, düster geballt ist dieser Einakter. Der alten Maurya wird vorenthalten, daß nach vieren nun der fünfte, der vorletzte von sechs Söhnen, auf dem Meer beim Fischen ertrunken ist – sie ahnt es und sieht den Toten hinter dem letzten Sohn, Bartley, herreiten. Auf das, was folgt, ist sie nun gefaßt. Mit schwerer Selbstverständlichkeit

trägt man bald darauf Bartley auf dem Totenbrett herein. »Dies Mal sind alle beisammen und das Ende ist da . . . niemand wird ewig leben.« (Bertolt Brecht hat den Stoff, auf seine Weise abgewandelt, für *Die Gewehre der Frau Carrar* verwendet.)

Kesselflickers Hochzeit

In diesem Zweiakter herrscht nicht Düsternis, sondern breite, burleske Fröhlichkeit. Der herumziehende Kesselflicker Michael kampiert mit seiner Frau Sarah und seiner Mutter Mary neben dem Straßengraben. Michael und Sarah möchten, daß der Pfarrer der nahegelegenen kleinen Dorfkirche sie am Altar vermählt; Mary, längst ins Kreatürliche ganz und gar eingesunken, hat dafür keinen Sinn. Der Pfarrer feilscht um die Höhe der Heiratsgebühr, aber ehe der heilige Handel seinen Abschluß findet, hat Mary den größeren Teil der Gebühr – in Gestalt einer Kanne – gegen Schnaps eingetauscht. Der Pfarrer wütet ob des entgangenen Geschäfts, aus urkräftiger gegenseitiger Beschimpfung wird ein Handgemenge, bei dem der geistliche Herr den kürzeren zieht. Ungebändigt rennen die Vagabunden davon, der Pfarrer sendet ihnen düstere Verwünschungen nach.

Die Quelle des Heiligen

Das alte blinde Bettlerpaar, das in diesem kurzen, dreiaktigen Stück auftritt, erscheint heute als Vorwegnahme von Becketts clownesken Landstreichern. Bei den Alten wechseln Zank und Zärtlichkeit so schnell wie Sonne und Schatten an wolkigen Tagen. Einer bewundert die Schönheit des anderen, die niegesehene. In der Blindheit sind sie geborgen, als sie das wundertätige Wasser eines umherziehenden Heiligen sehend macht, entsetzt den einen des anderen Alter und Häßlichkeit. Deshalb sinken sie wohlig in die alten Täuschungen zurück, als ihre Sehkraft wieder nachläßt. Sie weigern sich, zum zweitenmal und endgültig vom Wasser des Heiligen sehend zu werden und ziehen am Ende des Stücks davon. Landstreicher, heimat-, aber nicht humorlos, im Lachen vereint.

The Playboy of the Western World

Der Titel dieses Stücks, des reichsten und reifsten von Synge, ist schwer übersetzbar. Mit »the western world« (die westliche Welt)

ist wieder das Land an der irischen Westküste, am rauhen Ozean gemeint. Der Playboy, der Junge, der sich im Spiel, im Sprachspiel, im zuerst schüchternen, dann wie ein Bergbach kräftig hervorschießenden Phantasieren zu dem schafft, was er am Stückende ist, heißt Christopher Mahon. Müde und verdreckt kommt er in das einsam gelegene Gasthaus, wo die schöne, spröde und scharfzüngige Margaret, genannt Pegeen Mike, über ihren Vater, die Gäste und besonders ihren schwerfälligen Verlobten Shawn herrscht. Die Neugier Pegeens und der anderen wandelt sich in staunenden Respekt, als sie erfahren, daß Christopher seinen Vater erschlagen hat – der Täter ist für sie, die alle mehr in der üppigen Phantasie als der kärglichen Realität leben, ein Held. Was sie in ihm sehen, beflügelt ihn und führt ihn bei allen Wettbewerben unten am Strand zum Sieg – bis Christophers Vater erscheint, mitnichten gestorben an dem schädelspaltenden Schlag. Christopher sieht seinen erredeten Ruhm hinschwinden, wiederholt den Schlag, findet aber jetzt nur wütende Ablehnung. Pegeen sagt: »Aber ein Streit vor meiner Tür und ein Schlag mit dem Spaten haben mich gelehrt, daß da ein großer Abgrund gähnt zwischen einer blendenden Geschichte und einer schmutzigen Tat.« Christopher, jetzt endgültig Herr über seinen Vater, der wiederum am Leben geblieben ist, zieht unter dem ohnmächtigen Gezeter der Leute mit dem Alten davon. Pegeen, die ihn eben noch verwünschte, klagt: »O weh, ich habe ihn verloren, den letzten Helden des Westerlands.«

James Joyce

Der größte der irischen Schriftsteller (1882 bis 1941) hat in seinen Dubliner Erzählungen und im *Jugendbildnis* viel vom Theater, von der Oper zumeist, gehandelt. Im Epos *Ulysses* gibt es auch dramatische Passagen. Aber Joyce hat nur ein einziges Theaterstück geschrieben.

Verbannte

Exiles wurde zwischen 1913 und 1915, während er in Triest darbte, geschrieben. Eine Buchausgabe erschien 1918 in London und New York; niemand wollte das Stück aufführen. Joyce ließ es auf eigene Kosten ins Deutsche übersetzen und 1919 in Zürich drucken. Im gleichen Jahr spielte es das von Hermine Körner geleitete Münchner Schauspielhaus: ein Mißerfolg. Erst die von Harold Pinter besorgte Londoner Aufführung 1970 erwies den Rang des Werkes, zeigte, was hinter der konventionellen Form des Salon- und Konversationsdreiakters verborgen ist.

1912 hatte Joyce in Dublin eine bittere Niederlage einstecken müssen: sein Erzählungsband *Dubliner*, bereits gesetzt, wurde wegen Zensurschwierigkeiten und, wie Joyce meinte, aus Böswilligkeit und Rachsucht nicht veröffentlicht. Er ist daraufhin nie mehr nach Irland zurückgekehrt, sondern im Exil geblieben. Im Stück, in *Verbannte*, aber kehrt der Schriftsteller Richard mit seiner Lebensgefährtin (nicht Ehefrau) Bertha und dem achtjährigen Sohn Archie nach Dublin zurück. Er trifft dort den erfolgsverwöhnten, willenskräftigen, auch intriganten Jugendfreund und früheren Kumpanen Robert, Chefredakteur, Politiker. Der lädt Bertha in die kleine private Absteige ein, die er jetzt allein unterhält (früher gemeinsam mit Richard). Sie erzählt quälerisch aufrichtig ihrem Mann von der Offerte, so daß (zweiter Akt) Robert dort auf Richard trifft. Nach ausführlichem Seelen- und Körpergerangel der beiden Männer läßt Richard Bertha mit dem Freund dort zurück. Es kommt während der versucherischen, wortreich die Gefühlsmöglichkeiten erwägenden Dialoge nur zu einem Kuß. Am anderen Morgen (dritter Akt), im Hause Richards und Berthas, erklärt Robert, daß er ins – symbolische – Exil gehen werde. Richard wird weiter schreiben, unkorrumpierbar durch den Wunsch nach dem trotzdem ersehnten Erfolg; er wird in seine Gefühls- und zugleich Schreibexperimente sich selbst und seine Nächsten als Material einbringen (so wie Joyce die von gegenseitiger Eifersucht angespannte Beziehung zu seiner eigenen Frau Nora und damit sich selbst in das Stück eingebracht hat); es bleibt ein nie gänzlich aufhebbarer Zweifel, der eingemischt ist in jede Empfindung, jeden Gedanken füreinander.

Sean O'Casey

Während Yeats und Synge dem irischen Bürgertum entstammten, wurde O'Casey (1880–1964) als Sohn einer protestanti-

schen Proletarierfamilie in Dublin geboren. John Casside – wie er eigentlich hieß, bis er seinen Namen gälisierte – war das jüngste von dreizehn Kindern, von denen acht zum Zeitpunkt seiner Geburt nicht mehr lebten. Der Vater, durch einen Unfall gelähmt, starb früh; die Mutter brachte in ständigem Kampf gegen Krankheit und Hunger die Familie durch. Wegen Unbotmäßigkeit der Schule verwiesen, konnte O'Casey als Dreizehnjähriger nur mühsam lesen und schreiben. Aber er bildete sich heißhungrig weiter, als Autodidakt. Der Siebzehnjährige schrieb das erste Stück. Als Zeitungsfahrer, Erdarbeiter, Hafenarbeiter ernährte er sich und die Mutter, lernte Gälisch und stieß zur nationalistischen Bewegung. Den jungen Proletarier verdroß es, daß seine Mitkämpfer Kathleen, das Sinnbild Irlands, »lieber in modischen Kleidern als im Rock einer Arbeiterfrau« sehen wollten. Sean O'Casey wurde Mitglied der Transportarbeitergewerkschaft und schrieb die Geschichte des blutig niedergeschlagenen Streiks im Jahre 1913, an dem er teilnahm. Am Osteraufstand von 1916 gegen die Briten war er nicht dabei, weil dieser seiner Meinung nach politisch nicht genügend vorbereitet war. Nach der blutigen Niederlage sagte er sich von den Republikanern los und trat der sozialistischen Partei bei.

1920 reichte er sein erstes Theaterstück *The Frost in the Flower* (*Frost auf den Blüten*) dem Dubliner Abbey Theatre ein. Es wurde abgelehnt, ebenso das nächste, *The Harvest Festival* (*Herbstfest*), und das übernächste, *The Crimson in the Tricolor* (*Das Rot in der Trikolore*). 1923 kam der Erfolg: Das Abbey Theatre führte O'Caseys *The Shadow of a Gunman* auf (an deutschen Bühnen unter den Titeln *Harfe und Gewehr* und *Der Rebell, der keiner war*).

Der Rebell, der keiner war
In dem Zweiakter ist schon alles beisammen, was O'Caseys Dramen auszeichnet: Lebensfülle, schroffer Wechsel von Komik und Tragik, Gestaltenreichtum, quellfrische, zu natürlichem Pathos gesteigerte Rede und Gegenrede. Schauplatz ist ein Mietshaus, von Dubliner Proletariern bewohnt. Ein seltenes Paar haust in einem der Zimmer: Donald Davoren, der sich Dichter wähnt und den Helden vor sich und den anderen spielt, und Seumas Shields, der ängst-

liche und witzige Hausierer. Um sie herum Trunkenbolde und verhärmte Frauen. Donald Davoren liebt das fröhliche und begeisterte junge Arbeitermädchen Minnie, sie staunt seine poetischen Exaltationen an. Draußen, das erfährt man beiläufig, geht der Bürgerkrieg vonstatten. Der Kampf ist in den Alltag eingebettet: Ein Bekannter der beiden, Kämpfer der irisch-republikanischen Armee, stellt einen Koffer in der Bude ab. Erschreckt entdecken sie, daß er Waffen und Munition enthält. Die Furcht hindert Davoren aber nicht, sich mit deutlicher Anspielung auf den Koffer vor Minnie als Held zu brüsten. Englische Soldaten brechen auf der Suche nach Rebellen ins Haus ein. Die »Helden« zittern; Minnie, naiv heroisch, will den Koffer retten und wird (hinter der Szene, auf der Straße) erschossen. Davoren bricht in Deklamationen aus, Seumas sieht seinen Aberglauben bestätigt. Das Stück desillusioniert durch Komik: Die irischen Männer sind Träumer mehr als Täter, Helden mehr mit dem Maul als handelnd. Die Frauen leiden, glauben, sterben – oder überdauern. Sie wurzeln in der Realität.

Kathleen schaltet sich ein
Ebenfalls 1923, im Oktober, wurde diese »politische Phantasie in einem Akt« (*Kathleen Listens In*) im Abbey Theatre uraufgeführt. Aus Kathleen ni Houlihan, der poetischen Verkörperung Irlands, die Yeats in *Die Gräfin Cathleen* als Aristokratin auf die Bühne brachte, ist bei O'Casey ein Bauernmädchen geworden, das sich im neuen Haus ein wenig langweilt und Jazz tanzen möchte wie eine echte Lady. Ihre Besucher vertreten verschiedene politische Positionen der Entstehungszeit; sie werden vom Autor satirisch gesehen – alle behaupten, der Osteraufstand 1916 sei ihre Schule gewesen, und sie hätten sie mit Kathleen gemeinsam besucht. Ihr Vater aber meint, Kathleen habe seitdem eine Menge dazugelernt; sie studiere jetzt Mathematik.

Nachts geht Nannie aus
Der Einakter (*Nannie's Night-out,* 1924) ist die trostlose Geschichte einer Frau, die abends ihren verkrüppelten zwölfjährigen Sohn verläßt, um auf der Straße einen Kunden zu finden, aber meistens in der Kneipe landet, wo sie singt und säuft, bis sie zusammenbricht. Unter dem Namen Mild Millie

kommt sie auch in O'Caseys Autobiographie vor und wurde vom Autor als eine weitere bittere Personifikation Irlands betrachtet: eine »Kathleen ni Houlihan, die ihre flammenden Blicke zur Erde gesenkt hat«.

Juno und der Pfau

Juno and the Peacock (1924) spielt während des Bürgerkrieges 1922 in der Zweizimmerwohnung der Familie Boyle. Die Mutter, ihrer herzlichen Gelassenheit wegen Juno (die »Leuchtende«) genannt, rackert sich ab, um die Ihren durchzubringen. Ihr Mann Jack, der »Pfau«, ist arbeitsscheu, versoffen und ein ausschweifender, charmanter Phantast, den sein Kumpan Joxer Daly den »Käpten« nennt, wenn er geduldig Jacks großspurigen Geschichten zuhört. Der Sohn Johnny hat beim Osteraufstand mitgekämpft und einen Arm verloren, ist arbeitslos und verbittert. Gegen Ende des Stückes wird er von Angehörigen der weiterkämpfenden, von der irischen Regierung für illegal erklärten Republikanischen Armee abgeholt und erschossen, weil er nicht mehr mitmachen wollte und seinen Freund, den Nachbarjungen Robbie, verraten hat, um dadurch seine Distanzierung von den Illegalen zu beglaubigen. Die Tochter Mary, bildungseifrig, impulsiv und im Grunde kraftvoll wie die Mutter, ist mit dem Gewerkschafter Jerry befreundet, der ihr jedoch zu sehr an seine Funktionärskarriere denkt. Sie fällt auf den englischen Lehrer Bentham herein, der der Familie die Nachricht von einer Erbschaft überbringt und Mary wegen der Mitgift aus dieser Erbschaft heiraten will. Der zu erwartende Reichtum wird auf Pump gefeiert, als in den Trubel Robbies Mutter eintritt; sie trägt Trauer und ist auf dem Weg zum Begräbnis ihres Sohnes. Aus der Erbschaft wird nichts – Bentham zieht sich zurück, Jerry will Mary heiraten: »Bei uns in der Gewerkschaft steht Menschlichkeit an erster Stelle.« Das Bekenntnis erweist sich als Phrase, denn Jerry distanziert sich von Mary, als er erfährt, daß sie von Bentham schwanger ist. Als Juno die Nachricht vom Tode ihres Sohnes erhält, beschließt sie, mit Mary zu ihrer Schwester zu ziehen und ihren Mann zu verlassen: »der ändert sich sein Lebtag nicht«. In die leere Wohnung kehren Jack und Joxer besoffen zurück. Jack: »Hör mal zu, Joxer, die ganze Welt ist schauderhaft, chaotisch.«

Der Pflug und die Sterne

Das vor und während des Osteraufstands 1916 spielende Stück (*The Plough and the Stars*, 1926) ist O'Caseys schärfste Abrechnung mit der nationalistischen Verherrlichung dieses seiner Meinung nach sinnlosen Unternehmens. Jack Clitheroe hat sich von der militanten antibritischen Bürgerwehr nur abgewandt, weil er nicht befördert wurde. Als man ihn zum Kommandanten ernennt, zieht er das mörderische Kriegsspielen wieder auf Kosten seiner schwangeren Frau Nora vor. Als die Bürgerwehr losgeschlagen und das Postamt besetzt hat, riskiert Nora auf der Suche nach ihrem Mann, den sie retten will, ihr Leben; der aber fürchtet, durch ihre Sorge vor seinen Kameraden blamiert zu werden. Als Nora eine Fehlgeburt erleidet, kümmert sich die resolute, menschenfreundliche Obsthändlerin Bessie um sie, die zwar alle Männer verachtet, die »nicht im Postamt« sind, die sich aber umstandslos an der Plünderung der Läden beteiligt. Sie wird von einer englischen Kugel tödlich getroffen, als sie Nora vom Fenster wegreißt. Der Bürgerwehr-Hauptmann Brennan ist anfangs überzeugt, daß Noras Kummer über den Tod ihres Mannes »sich in Freude verwandelt, wenn sie erkennt, daß sie einen Helden als Mann hatte«, doch dann zieht er die Uniform aus und versteckt sich in der Dachkammer der toten Bessie. Wie nebenbei stirbt das schwindsüchtige Mädchen Mollser, die männlichen Hausbewohner trinken und spielen Karten, der junge Monteur Covey vermag seine Kritik am Aufstand nur in phrasenhaft wirkenden Zitaten aus marxistischen Schriften auszudrücken, Nora wirkt wie wahnsinnig, die Engländer schließen den Ring um das Postamt enger.

Bei der Uraufführung im Februar 1926 im Abbey Theatre reagierte der größte Teil des Publikums mit wütender Ablehnung; Yeats trat auf die Bühne und solidarisierte sich mit Autor und Stück: »Soll sich denn ewig das gleiche Wiederholen, wenn sich ein neuer irischer Genius ankündigt?« Die Presse fiel über O'Casey her, der Irland daraufhin im Zorn verließ. In London befreundete er sich mit Shaw. Sein nächstes Stück *Der Preispokal* wurde vom Abbey Theatre abgelehnt. Den Ablehnungsbrief Yeats' veröffentlichte O'Casey mit einer scharfen Entgegnung, der sich Shaw anschloß.

Der Preispokal

Diese »Tragikomödie in vier Akten« (*The Silver Tassie*, 1929) zeigt eine neue Stufe von O'Caseys Kunst. Im ersten Akt ergießt sich ein Sturzbach von Kraft, Lebensfülle, Geschlechtlichkeit, wenn die jungen Hafenarbeiter und Rugbyspieler auf die Szene stürmen. Als Lebenstrunkene torkeln sie in den Krieg. Das Schlachtfeld in Frankreich stellt O'Casey im zweiten Akt dar, aber der entsetzliche Gegenstand ist mit den bisherigen Stilmitteln nicht mehr zu bewältigen. O'Casey benutzt die überhöhten Ausdrucksformen des Expressionismus und die rhetorische Gewalt biblischer Sprache. Schon der Ort der Handlung erscheint wie von Otto

O'Caseys »Juno und der Pfau« 1972 am Deutschen Theater Ost-Berlin, Regie Adolf Dresen: der »irische Doppellaut tragikomischer Ironie, Gelächter im Anblick des Todes, Erschrecken im Augenblick der Ausgelassenheit« (Rolf Michaelis) wird getroffen. In der Wohnküche singen die Nachbarin

Dix gemalt: »Zwischen . . . zerfetzten, wie Finger in den Raum weisenden Mauerstükken wird das Land sichtbar, bis zum Horizont hin, wo die Front verläuft. Hie und da Trümmerhügel – ehemalige Häuser. Aus einigen dieser Hügel ragen magere tote Hände.« Neben einem halbzerstörten Kruzifix ist Barney, einer der Hafenarbeiter, auf ein Wagenrad gebunden. Die Soldaten, die auftreten, singen chorisch. Der Dialog steigert sich zur Versform. Der Krieg wird zur höllischen Vision. Die im dritten und vierten Akt, als Helden gefeiert, in das wieder ganz realistisch gezeichnete Milieu der Heimat zurückkehren, sind tief voneinander geschieden: in Gesunde und Krüppel. Die

Maisi Madigan (Käthe Reichel) und der Hausfreund Joxer (Reimar Joh. Bauer), indes Juno, die Hausfrau (Else Grube-Deister) und ihr aufschneiderischer Mann Jack Boyle (Dieter Franke) lauschen.

O'Caseys »Preispokal«, die Geschichte junger Dubliner Fußballer, die an der französischen Front im Ersten Weltkrieg kämpfen müssen, erzählte Peter Zadek 1967 in Wuppertal unter dem Titel »Der Pott« vital, frech und aggressiv, aber schließlich schrecklich schmerzhaft. Sport und Krieg gingen ineinander über, und in die Banalität brach Schrecken und Trauer ein. Das Bild zeigt den Freudentaumel des Anfangs, mit Christoph Quest als dem Siegestorschützen Harry Heegan auf den Schultern der Mannschaft. Harry wird lahmgeschossen aus dem Krieg zurückkehren.

Blinden und Beinlosen bäumen sich verzweifelt auf, aber mit oder ohne Skrupel gehen die Gesunden über sie hinweg ihren rücksichtslosen Weg, feiern, lachen, lieben. Yeats schreckte vor der krassen Kraft des Stücks zurück, Bernard Shaw aber schrieb bewundernd: »Eine neue Art von Drama steigt auf aus noch unausgeloteten Tiefen, um die kleinen, konventionellen Bemühungen, die meine Stücke und die meiner Zeitgenossen darstellen, in den Ascheimer zu fegen ... nicht ein einziger toter Punkt. Die Schläge hageln heftig; mit steigender Heftigkeit, je näher das Stück seinem Ende entgegenrückt.«

O'Caseys Landsleute teilten Shaws Enthusiasmus nicht. Des Dichters entschiedener Antiklerikalismus, sein Bekenntnis zum Sozialismus isolierten ihn. Seine Hoffnungen knüpfte er an den Kommunismus, der für ihn nicht ein Wirtschaftssystem, geschweige denn eine totalitäre Herrschaftsordnung, sondern eine bessere, menschlichere Zukunft bedeutete. Je isolierter O'Casey wurde, um so mehr verstärkten sich seine politischen Illusionen. In *The Star Turns Red* (*Der Stern wird rot*) von 1940 kämpfen Arbeiter gegen den kapitalistischen Staat und die mit ihm verbündete Kirche. Der Stern, der anfangs durch ein Fenster neben dem Kirchturm kalt und weiß funkelt, strahlt am Ende rötlich neben dem Fabrikschornstein. *Within the Gates* (*Das Parktor*), 1933 geschrieben, 1934 in London uraufgeführt, ist gar eine Wortoper, in Tanz übergehend: Leben und Tod streiten um ein tuberkulöses Straßenmädchen, der Dichter tanzt jubelnd mit ihr vor dem Sterben. In *Purple Dust* (*Purpurstaub*), einer satirischen Komödie von 1940, siegt irische Kraft und Phantasie über vertrottelte Briten: Zwei närrische reiche Engländer, die vor den deutschen Luftangriffen nach Irland geflüchtet sind, geraten in einen komischen Aufruhr der Elemente, als sie ein altes irisches Herrenhaus beziehen wollten; ihre Mädchen, die das Geld lockte, laufen ihnen mit irischen Handwerkern davon. Auch in *Oak Leaves and Lavender* (*Eichenlaub und Lavendel,* 1946) schießt Phantastisches in die reale Handlung ein, die auf etwas mühsame Weise die Positionen des prinzipiellen Pazifismus und der antifaschistischen Aktion in den ersten Jahren des Zweiten Weltkriegs gegeneinanderführt. – *Cock-a-Doodle Dandy* (*Gockel der*

Geck), 1959 in Edinburgh uraufgeführt, spielt wieder in Irland; dargestellt ist der Kampf zwischen natürlicher, ungebundener Lebensbejahung und zelotischer Bigotterie – diese vertritt ein junger Priester, jene ein mannsgroßer, buntgefiederter Gockel.

Des Bischofs Freudenfeuer
Auch dieses Stück (*The Bishop's Bonfire*), 1955 in Dublin uraufgeführt, ist in Irland angesiedelt – aber es kehrt wieder ganz zum Realismus zurück, nur durch die Schärfe, mit der die Figuren umrissen sind, kommen satirische Elemente ins Spiel. Bigott und hartherzig sind der Ortspfarrer und der Stadtrat, ein emporgekommener Unternehmer. Sie bereiten den Besuch des Bischofs vor, der ihnen Ehrentitel einbringen soll. Die Töchter des Stadtrats scheitern beide in ihrer Liebe: Die ältere ist zu sehr im Herkömmlichen erstarrt, als daß sie den jungen Geistlichen, der sie liebt, ins Leben reißen könnte; die jüngere kann dem versoffenen Kriegshelden keinen Halt geben. Aus zwei Handwerkern, beide nicht ohne skurrile Züge, spricht die Stimme des Volks, und der alte, selige Trunkenbold und Weise Sleehaun mischt zauberische Poesie ins Spiel.

Rote Rosen für mich
1942, auf seine Jugendzeit in Irland zurückblickend, schrieb O'Casey *Red Roses for Me*. Der junge Arbeiter Ayamonn ist die jetzt ganz positiv, gläubig handelnd gesehene Hauptfigur. Er kämpft und fällt im Streik, mit dem er und seine Genossen der Verwirklichung ihres Traums von der besseren Zukunft näherkommen wollen. Der alte Brennan, geizig und kindlich, listig und lustig, singt sich mit seiner Ziehharmonika durch das Stück. Ayamonn zur Seite steht seine Mutter; in ihrer Gestalt hat O'Casey seine eigene Mutter mit ihrer unerschöpflichen Lebenstapferkeit verklärt.

Die Trommeln des Pater Ned
In *The Drums of Father Ned* (1958) hat O'Casey korrupten und bigotten Konservatismus mit weltfrohem, optimistischem Fortschritt konfrontiert. Auf der einen Seite stehen der Pater Fillifogue und zwei verfeindete Geschäftsleute, der Bürgermeister Binnington und sein Stellvertreter McGilligan. Deren Gegenspieler, der Pater Ned, kämpft für Veränderung und Lebensfreude; ihm

hängen Michael und Nora, die Kinder der Geschäftsleute, an. Sie setzen sich – glücklichere Nachfahren von Romeo und Julia – über die Feindschaft der Väter hinweg, werden heiraten und gegen die Väter bei der Bürgermeisterwahl kandidieren. O'Casey schrieb das Stück für das Dubliner Theaterfestival, der Erzbischof erwirkte das Verbot der Aufführung.

Für O'Casey war das Verbot der Beweis, daß in Irland nach wie vor der Klerus herrsche. Ihn und den borniertem Antikommunismus griff er an in seinem letzten Stück.

Hinter grünen Vorhängen
Zentrale Figur von *Beyond the Green Curtains* (gedruckt 1961) ist der Unternehmer und Senator Chatastray (etwa: Vielschwätzer), der sich mit schmarotzenden Künstlern umgibt, heimlich atheistische Bücher liest und letztlich doch den offiziellen Antikommunismus mitmacht. Mit ihm ist auch Yeats gemeint, der als einziger der großen irischen Schriftsteller des Jahrhunderts nicht ins Exil ging und der von 1922 bis 1927 Senator des irischen Freistaates war.

Einakter
Einen »Knock-About-Einakter« nannte O'Casey die Groteske *Das Ende vom Anfang* (*The End of the Beginning*, 1934 geschrieben, 1937 im Abbey Theatre uraufgeführt). Das Ehepaar Darry und Lizzie streitet sich, wer mehr tut. Die tatkräftige Lizzie schmeißt dem faulen Darry die Küchenschürze hin und geht nach draußen, die Landwirtschaft zu besorgen. Mit seinem Kumpan Barry versucht Darry, die Hausarbeit zu verrichten, wobei die beiden Tölpel den Haushalt demolieren.

In *Ein Pfund abheben* (*A Pound on Demand*, ca. 1930) versuchen zwei Arbeiter, der betrunkene, streitlustige Sammy und sein schüchterner Freund Jerry, auf dem Postamt von Sammys Sparbuch Geld abzuholen. Das Unternehmen scheitert, weil Sammy mit der Postbeamtin Streit bekommt und im Suff keine überzeugende Unterschrift zustande bringt.

Die Halle der Heilung (*Hall of Healing*, publiziert 1951) nannte O'Casey eine »aufrichtige Farce«. In einer Dubliner Poliklinik für Arme drangsaliert und unterhält der asthmatische Wärter Aloysius die Heilungsuchenden, deren Leiden vom Hunger und vom Wohnungselend herrühren, also nicht medizinisch beseitigt werden können.

In der »Burleske« *Süßes Erwachen* (*Bedtime Story*) findet sich der bis dahin keusche und bigott-katholische Junggeselle Mulligan morgens als Sünder im Bett: nämlich mit Angela Nightingale (Nachtigall), die seine Angst, daß Wirtin und Pfarrer ihn erwischen könnten, ausnutzt, um ihm Geld abzupressen.

Die »komische Moralität« *Ein merkwürdiger Handel* (*Time to go*) verspottet den kapitalistischen Krämergeist mit einem positiven Beispiel: Die Witwe Machree sucht den Käufer ihrer Kuh, weil sie denkt, sie hätte ihn übervorteilt; der Käufer Kelly meint, er hätte zu wenig bezahlt. Das bringt die reichen Kaufleute auf; ein Polizist verhaftet die beiden Idealisten, weil sie die wirtschaftliche Ordnung stören. Sie entkommen durch ein Wunder.

Der Mond scheint auf Kylenamoe (*The Moon Shines on Kylenamoe*) – darin sucht ein spleeniger englischer Lord den Ort dieses Namens, dieweil ein Eisenbahner und andere Iren mit ihm ihren Spaß treiben.

»Der grausamen Keuschheit Irlands« ist der Einakter *Figaro in der Nacht* (*Figaro in the Night*) gewidmet. O'Casey verspottet darin den Puritanismus und preist den »heidnischen« Geist der Freiheit, der sexuellen wie der politischen.

O'Caseys Dramen wurden begleitet von einer langen Reihe von Prosaschriften, in denen das Autobiographische sich mit Polemik mischt. Innere Monologe verbinden sich mit scharfen Erinnerungsbildern. O'Caseys kraftvoller Optimismus triumphierte am Schluß des letzten Bandes seiner Erinnerungen: »Selbst hier, selbst jetzt, da die Sonne sich gesenkt hatte und der Abendstern keusch den Busen der Nacht berührte, gab es Dinge zu sagen, Dinge zu tun. Zuerst ein Trank! Worauf sollte er trinken – die Vergangenheit, die Gegenwart, die Zukunft? Auf sie alle. Er würde auf das Leben trinken, das alle drei umschließt! Hier, mit weißem Haar, von Wünschen verlassen, mit entschwindender Kraft, da die Sonne untergegangen war, und ihm nur noch die Heiterkeit und die stille Mahnung des Abendsterns blieb, trank er auf das Leben, auf alles, was es gewesen war, was es jetzt war und was es sein würde. Hurra!«

Brendan Behan

Obwohl aus einer nicht unvermögenden Dubliner Familie stammend – sein hochgebildeter Vater hatte Priester werden wollen –, arbeitete Behan (1923–1964) als Anstreicher. Seine Mutter Kathleen soll überzeugte Kommunistin *und* Katholikin gewesen sein. Brendan konnte mit drei Jahren lesen, mit neun schrieb er Briefe in Versen, mit zwölf Zeitungsartikel. Er war rebellisch und ein mitreißender Protestredner. Den Halbwüchsigen steckte man wegen Sprengstoffbesitzes drei Jahre (1939–1941) in das englische Jugendgefängnis Borstal; über seine Erlebnisse dort schrieb er den lebensprallen Prosaband *Borstal Boy*. Von 1942 bis 1946 saß er als IRA-Angehöriger in Dublin ein und bildete sich dabei literarisch weiter. 1948 bis 1951 lebte er von Gelegenheitsarbeit und literarischen Arbeiten in Paris, verkehrte mit Camus und Beckett. Von 1950 an konnte er sich mit Rundfunkarbeiten und Gedichten finanzieren. Schon als Kind war er durch seine Großmutter mit Alkoholismus in Berührung gekommen. 1956 stellte man fest, daß er zuckerkrank war. Behan lebte und arbeitete exzessiv; er liebte öffentliche Auftritte, verpulverte seine Energie in (höchst erfolgreichen) Lese- und Redereisen. Ab 1960 hat er noch drei Prosabücher aufs Tonband diktiert. 1964, nach vielen Zusammenbrüchen, kam der tödliche Kollaps. Die IRA, obwohl illegal, richtete ihm ein Ehrenbegräbnis aus, der Präsident Irlands, mehrere Minister und Zehntausende Trauernder folgten seinem Sarg.

Der Spaßvogel

Behans erstes Stück (*The Quare Fellow*) wurde 1956 in London uraufgeführt. Der Dreiakter spielt in einem irischen Gefängnis, am Vortag, in der Nacht vor und am Morgen einer Hinrichtung. Die Häftlinge reden vor allem über dieses Ereignis, sie denken sich eine Begnadigung im letzten Moment aus, schließen darüber Wetten ab, schaufeln das Grab, begutachten die Henkersmahlzeit. Den Henker, einen besoffenen Gastwirt, nennen sie »Euer Herrlichkeit«, während er anhand des Körpergewichts des Verurteilten die Länge des Stricks berechnet: Der Halswirbel soll brechen, nicht aber der Kopf abreißen. Hinter dem buchstäblichen Galgenhumor ist der Schrecken und die Wut

der Gefangenen spürbar – und die des Autors, der auf diese Weise, mittels der szenischen Gestaltung, gegen die Todesstrafe plädiert. Der zum Strang Verurteilte erscheint nicht auf der Szene. Den Vollzug reportiert einer der Häftlinge wie einen sportlichen Vorgang: »nur noch wenige Längen zum Ziel . . . jetzt wird er gefesselt, und der Beutel wird ihm übers Gesicht gezogen, die beiden Meister treten von der Falltür runter und halten ihn fest, Seine Herrlichkeit tritt an den Hebel . . . und . . .« Einer der Wärter fällt vor Ekel in Ohnmacht; am Ende meißelt ein Häftling die Gefangenennummer des Gehängten in die Steinplatte für sein Grab.

Die Geisel

Die Handlung des Stücks (*The Hostage*) von 1958: Weil in Belfast, in Nordirland, ein IRA-Mitglied hingerichtet werden soll, hat die IRA dort einen jungen britischen Soldaten als Geisel genommen und nach Dublin geschafft – in ein Bordell, dessen Geschäft Pat führt, ein IRA-Veteran mit Holzbein, unterstützt von der herzlich ordinären Mag. Pat: »Auf die Dauer konnten wir nicht davon leben, immer nur verfolgte Republikaner zu verbergen. So ist dieses vornehme alte Haus in eine Neppbude verwandelt und du hast mir dabei geholfen.« Meg: »Oh du dreckiger alter Lump. Ich bin nur eine Hure, aber eine wahre Patriotin.« Pat: »Schon gut, meine Beste – sind wir nicht Mann und Frau, sozusagen?« Es treten auf und ab: die Huren Bobo und Colette, die Strichjungen Prinzessin Gracia und Rio Rita, der Kriminalpolizist Mr. Muleady und seine ältliche, aber lebenslustige Freundin Mrs. Gilchrist, der schon etwas senile ehemalige IRA-Offizier Musjö. Sie trinken, singen, tanzen. Mittendrin die Geisel, ein junger Soldat, der sich mit dem Küchenmädchen Teresa, einer entlaufenen Klosterschülerin, über Kindheitsspiele verständigt, woraus eine zarte Liebesgeschichte sich entwickelt, die jäh abbricht: Mehr aus Versehen wird der Soldat erschossen.

Richards Korkbein

Richard's Cork Leg stammt wohl nur teilweise von Behan, er soll daran 1960/61 geschrieben haben; erst 1965, nach Behans Tod, wurden die ziemlich wüsten Szenen, in denen Huren, Bettler und Bürger auf den Gräbern des Dubliner Friedhofs saufen, singen und schweinigeln, uraufgeführt.

Spanisches Theater im 20. Jahrhundert

Bürgerliches Unterhaltungs- und Geschäftstheater dominierte in Spanien in der ersten Hälfte dieses Jahrhunderts; der beliebteste Autor, Jacinto Benavente (1866–1954), schrieb nicht weniger als 171 Stücke verschiedenen Genres, hauptsächlich aber Konversationskomödien mit milder Gesellschaftskritik. Benavente gründete ein Kindertheater, leitete kurze Zeit das Teatro Espanol, das Staatstheater in Madrid, und erhielt 1922 den Nobelpreis. Die beiden bedeutendsten Dramatiker der Zeit vor dem Bürgerkrieg, Valle-Inclán und García Lorca, haben jeder auf seine Art sich vom moderaten Theater Benaventes durch Radikalität distanziert. In der langen Agonie des Francoregimes, seit den späten fünfziger Jahren, bedeutete jede gegen die Zensur durchgesetzte Aufführung eines ihrer Werke einen Schritt auf dem Wege zur Verlebendigung des Theaters. Wichtige Impulse gingen vom Studententheater aus, während die beiden Staatstheater (neben dem Teatro Espanol seit 1950 das Teatro Maria Guerrero) eher stagnierten. Gegen das System der zwischen Madrid, Barcelona und den Provinzstädten wechselnden, um Starschauspieler gruppierten Companias entstanden in den sechziger Jahren politisch und ästhetisch engagierte Truppen: die katalanische Els Joglas seit 1962, die Gruppe Goliardos seit 1967. International erfolgreich war seit 1959 die Compania um die Schauspielerin Nuria Espert mit dem argentinischen Regisseur Victor Garcia (1932–1982), der mit der Espert in Hauptrollen u.a. Genets *Zofen, Yerma* von García Lorca und *Worte Gottes* von Valle-Inclán inszenierte. García arbeitete außerdem in Paris, inszenierte dort 1961 *Der Autofriedhof* von Fernando Arrabal, dem 1932 in Spanisch-Marokko geborenen, seit 1956 in Paris lebenden und französisch schreibenden Autor.

Rámon del Valle-Inclán

Valle-Inclán (1866–1936) in Galicien, im Nordwesten Spaniens geboren, gehörte noch zur »Generation von 1898« (mit Unamuno), die um die Jahrhundertwende als junge Moderne in Spanien aufgetreten war und die spanische Niederlage gegen die USA als Herausforderung empfand, mit den Illusionen über die große spanische Vergangenheit abzurechnen. Valle-Inclán gab sich exzentrisch und aufschneiderisch, spielte effektvoll die Literatenrolle gegen die Gesellschaft.

Worte Gottes

1919 schrieb er (nach Erzählungen, Autobiographien und Theatererfahrungen) *Divinas Palabras* (Worte Gottes), eine »Tragikomödie auf dem Dorfe«, einen Bilderbogen in 20 Szenen, in Galicien auf dem Lande spielend, unter Landstreichern, Bettlern, Kleinstbauern – in einer so ärmlichen, in Geschichtslosigkeit zurückgebliebenen Gegend, daß die marxistische Unterscheidung zwischen Proletariat und Lumpenproletariat oder die konservative zwischen Landsässigen und Landarmen verschwimmt. Dorfrichter und Polizisten treten nur am Rande auf. Die soziale Struktur ist nur noch in den Mentalitäten und Emotionen, indirekt, spürbar: fröhlicher, wie unschuldiger Zynismus vermischt mit Aberglauben und Bigotterie. Wie unbewußt geübte Brutalität steht neben wortreicher Klage und Zärtlichkeit.

Laureano, ein sprachunfähiger Schwachsinniger mit hin- und herschwankendem Wasserkopf, wird in einem *Schweinetrog auf vier Rädern* als Bettelobjekt herumgefahren: erst von seiner Mutter, die aber am Wegrand stirbt, dann von seinen um den einträglichen Besitz konkurrierenden Tanten, schließlich in einer Kneipenszene von anderem Gelichter durch Schnapseinflößung zu Tode gebracht, als Leichnam noch herumgestoßen (keine der Tanten will das Begräbnis zahlen). Eine der Tanten ist Mari-Gaila, Frau des Sakristans Pedro, eines düsteren, alten Mannes. Sie schläft im Feld mit dem Landstreicher und Schausteller Lucero, wird nackt von den Dörflern aufgespürt, aber in einem überraschenden, zeremoniellen Verzeihungsakt von ihrem Mann bedeckt und wie zur Entsühnung in die Kirche geführt. Er hat Grund zur Verzeihung: in einer besoffenen nächtlichen Szene versucht er, seine spröde Tochter Sidonina in sein Bett zu ziehen.

Barbarische Komödie

Unter diesem Obertitel faßte Valle-Inclán die drei Stücke *Silbergesicht* (*Cara de plata,* 1922), *Wappenadler* (*Aguila de bláson,* 1907) und *Wolfsbrut* (*Romance de lobos,* 1908) zusammen. Es handelt sich um eine wüste, bittere Ballade vom Ende des Feudalismus in Galicien mit der Zentralfigur des Gutsherren Don Juan Manuel Montenegro, einem vitalen, seine Söhne patriarchalisch dominierenden Kerl, Liebhaber der von ihm abhängigen Mädchen, doch auch Beschützer der Bauern gegen bürokratischen und kirchlichen Druck. Sein Gegner ist der Abt, kein frommer, sondern ein betrügerischer und streitlustiger Mann, der mit dem Teufel paktiert. Montenegro endet am Bett seiner toten Frau: Sein Sohn Pedrito erschlägt ihn mit dem Beil, weil er sich in den Streit der Söhne ums Erbe eingemischt hat.

Lichter der Boheme

Den bitteren, grotesken, auch zynischen Witz seiner Werke ließ Valle-Inclán in seinem Stück *Luces de Bohemia* (1924) von dem blinden, ruinierten Dichter Maximo folgendermaßen begründen: »Unsere Tragödie ist keine Tragödie. Eine Farce (un esperpento) . . . Die Farcen (esperpentismo) hat Goya erfunden. Die im Zerrspiegel reflektierten klassischen Heroen ergeben die Farcen. Der tragische Sinn des spanischen Lebens kann nur in einer systematisch entstellten Ästhetik wiedergegeben werden. Spanien ist eine groteske Entstellung der europäischen Zivilisation. In einem Zerrspiegel wirken auch die schönsten Bilder absurd. Die Entstellung hört auf, sobald sie einer perfekten Mathematik unterworfen wird. Meine Ästhetik besteht darin, die klassischen Normen mit der mathematischen Genauigkeit eines Zerrspiegels umzuformen.«

Dieses scharfsinnige, verzweifelte Kunstbekenntnis spricht Maximo im Hinterhof einer Mietskaserne, zwischen streunenden Hunden und Mülltonnen, unterbrochen von seinem zynischen Blindenführer Don Latino (»Laß diese Scherze, Du bist total besoffen!«). Die beiden sind durch die Madrider Großstadtnacht gezogen, durch fünfzehn Szenen mit wechselndem, zahlreichem Personal. Maximo hat seinen Mantel versetzt, um weiter zu saufen, er kauft ein Los. Er stirbt im Hinterhof; Don Lationo hat das Los an sich gebracht, es gewinnt natürlich – während Maximos Frau und Tochter, hungernd, Selbstmord begehen.

Federico Garcia Lorca

In seinem Werk floß vieles zusammen. Der Dichter (1899–1936) stammte aus Andalusien, einer jahrtausendealten Kulturlandschaft, in der Kelten und Karthager, Römer und Griechen, Germanen und Mauren, Juden und Zigeuner ihre Spuren zurückgelassen haben, vor allem in der Sprache und im Fühlen, in der Sitte und in der Kunst. Andalusien ist nichts Uniformes, sondern lebt aus der Spannung zwischen den beiden Zentren Sevilla und Granada. Jenes ist »farbig, graziös, mehr reizvoll als intensiv, Freude ohne Komplikationen durch Leidenschaft«, dieses ist »stark, tragisch, Glut, Feuer, Leidenschaft, elementar«, wie Enrique Beck, der Übersetzer von Lorcas Werk, sagt. Das Sevillanische fehlt zwar nicht bei Lorca, aber das Granadinische herrscht vor. In einem der Dörfer in der künstlich bewässerten Granadiner Ebene, in Fuentevaqueros, wurde Lorca geboren. Sein Vater war ein wohlhabender Grundbesitzer, seine Mutter Lehrerin. Vielleicht ist das Erbteil der Mutter in dem Dichter stärker gewesen. Das Mütterliche, ja das Matriarchalische spielt in vielen seiner Dramen eine entscheidende Rolle, so daß einer seiner Deuter Lorca ganz im »Reich der Mütter«, im vorgeschichtlich-archaischen, dunkel-unbewußten, elementar-emotionalen Bereich ansiedeln wollte – was sicher einseitig ist. Der junge Lorca studierte, mehr seinen Eltern zu Gefallen als mit Eifer, Jura, Philosophie und Literatur in Granada, er flüchtete zu »Büchern, Frauen und Gitarren«, veröffentlichte 1921 Verse, »wie sie ihm die Mode, Impressionismus und Symbolismus in die

Feder diktiert«, sie sind ichbezogen und etwas blasiert und wurden kritisch aufgenommen. Sein erstes Stück, *Die Hexerei des Schmetterlings*, wurde 1920 in Madrid erfolglos aufgeführt. Es folgte eine Periode der Sammlung und Läuterung. Sie galt einerseits der Auseinandersetzung mit dem

Die wegen Ehebruchs von den Dorfbewohnern entkleidete Küstersfrau wird von ihrem Mann in die Kirche gerettet – Schluß von Victor Garcias Inszenierung der »Worte Gottes« von Vallé-Inclan mit Nuria Espert als Küstersfrau.

französischen Surrealismus, der Lyrik als Stenogramm des Unbewußten, als traumhaft entfesselter Flucht von Bildern (Lorca war damals mit Salvador Dali, dem spanischen surrealistischen Maler, befreundet). Gleichzeitig beugte sich Lorca über den tiefen Brunnenschacht der traditionellen Volksdichtung, der Hirten-, Tanz- und Liebeslyrik der Spanier und Zigeuner mit ihrer Musikalität, rhythmischen Vielfalt und Urwüchsigkeit, ihrer kraftvollen Bildlichkeit. Er arbeitete mit dem Komponisten de Falla zusammen und schrieb Puppenspiele. 1928 erschienen die *Zigeunerromanzen* (*Romancero gitano*); sie waren sehr schnell in aller Munde und in allen Herzen. Lorca galt von nun an als die Stimme Spaniens. Er reiste in den folgenden Jahren nach Südamerika und nach New York. Von dort brachte er die *Ode an Walt Whitman*, den amerikanischen Rhapsoden des 19. Jahrhunderts, mit nach Hause, aber auch die große lyrische Auseinandersetzung mit der zivilisatorischen Unnatur und fiebrigen Künstlichkeit der Metropole, *Ein Dichter in New York*. Dabei war Lorca deutlich geworden, daß er einem alten Volk und einer alten Kultur angehörte, einer ländlich-bäuerlichen, die ihre Kraft und Einfachheit unter Strenge und Kargheit verbirgt. Er wurde sich bewußt, daß er im besten Sinn Volkssänger war und erinnerte sich, daß früher auch neben den Sängern die Mimen und die Dramatiker aus dem Volk zum Volk gesprochen hatten. Das Theater als Bühne des Volks, als »eine Schule des Weinens und Lachens und eine freie Tribüne, auf der die Menschen alte oder irrige Morallehren deutlich zeigen und durch lebendige Beispiele ewige Regeln des menschlichen Herzens und Gefühls ausdrücken« (Lorca, *Plauderei über das Theater*), rückte in den Mittelpunkt seiner Aufmerksamkeit.

Die Stücke der zwanziger Jahre

Lorca wurde mit der großen Schauspielerin Margerita Xirgu bekannt, die sein 1924/25 entstandenes Stück *Mariana Pineda* 1927 aufführte – eine »volkstümliche Romanze in drei Bildern«, ein etwas sentimentaler, wenn auch wunderbar lyrisch durchwirkter, historisch-patriotischer Bilderbogen über die 1831 hingerichtete Vorkämpferin des Liberalismus. 1928 veröffentlichte Lorca die beiden grotesken Einakter *Buster Keatons Spaziergang* und *Die Jungfer, der Matrose und der Student*. Es folgten die kurzen Stücke *Die wundersame Schustersfrau* (1930, im Untertitel eine »tolle Volkskomödie in zwei Akten« genannt) und *In seinem Garten liebt Don Perlimplin Belisa* (1929 zur Uraufführung angekündigt, aber von der Zensur verboten – »vier Bilder eines erotischen Bilderbogens in der Art eines Kammerspiels«). Die Handlungen dieser Stücke scheinen wie aus Cervantes' Erzählungen oder dem Decamerone entnommen, sie werden in hurtiger, derbkomischer Manier, in einem kasperltheaterhaft vereinfachten, poetischen Realismus abgehandelt; – aber unter der heiteren, grotesken Oberfläche gähnt (besonders in *Don Perlimplin*, der tragisch endet) die dunkle Tiefe – die dunkle Tiefe nämlich des Erotischen, in dessen Bereich bei Lorca die Verfehlung, das Aneinandervorbei, das Nichterkennen (im biblischen Sinn) eher die Regel als die Ausnahme ist. Immer wieder stößt bei Lorca die flammende Leidenschaft des einen Ehepartners auf die steinerne Unfruchtbarkeit des anderen, oder es findet die unersättliche Sinnlichkeit nicht Genüge in dem einen Herzen, das dem anderen zugetan ist. Eros ist bei Lorca der Bruder des Todes.
Unter all diesen personenreichen, zwar poetischen, aber doch wirklichkeitsgesättigten Stücken nimmt sich die 1929/30 entstandene »Legende der Zeit« *Sobald fünf Jahre vergehen* als ein Rückfall in die ichbezogene, traumbefangene, blasse Phase vor den *Zigeunerromanzen* aus. Hier gibt es eigentlich nur eine Gestalt: den – offenbar autobiographisch zu verstehenden – Jüngling, dem sich die Wirklichkeit in immer neue Spiegelungen seiner selbst auflöst, der sich in lyrischem Selbstgenuß verliert.

Lorcas dramatische Meisterwerke entstanden in rascher Folge von 1932 bis zu seinem Tod 1936: *Bluthochzeit* (*Bodas de sangre*), *Yerma, Dona Rosita bleibt ledig* und *Bernarda Albas Haus*. Die Menschen in Lorcas Dramen sind zwischen Sensualität und Askese eingekeilt, der Konflikt ist immer wieder der zwischen Sitte und Sinnlichkeit, zwischen den starren Formen der bäuerlichen oder bürgerlichen Gesellschaft und den Leidenschaften des Individuums. Die vier genannten Dramen zeigen allerdings eine Entwicklung.

Bluthochzeit

In diesem Stück von 1933 gilt die Sitte ungebrochen; das junge, liebende Paar (der arme Bauer und die junge Frau, die er am Tag ihrer Hochzeit mit dem ungeliebten Reichen entführt) weiß im Grunde, daß sein Ausbruch aus der herkömmlichen Ordnung nur in den Tod führen kann. Nicht nur die Menschen und die menschliche Ordnung sind gegen sie, nicht nur das bäuerliche Besitzdenken, sondern auch die kosmische Ordnung, durch den Mond verkörpert, der den Wald erhellt und den Verfolgern leuchtet. Die ganze »lyrische Tragödie in drei Akten und sieben Bildern« ist durchwoben von Gesang, Beschwörung und Lied. Sie ist Tragödie im antiken Sinn insofern, als es von Anfang an keinen Zweifel am tödlichen Ausgang gibt. Die Personen haben denn auch – bis auf den Entführer Leonarda, den Löwenhaften – keine individuellen Namen, sondern sind nur gekennzeichnet durch ihre familiäre oder gesellschaftliche Stellung.

Yerma

Der Name der Titelheldin dieser »tragischen Dichtung in drei Akten und sechs Bildern« (1934) bedeutet auch unbebautes Feld, Ödland. So empfindet sich die Bäuerin Yerma: Sie will fruchtbar werden, will ein Kind. Ihr Mann Juan dagegen, ein arbeitsamer, reicher Bauer, will reicher werden, will kein Kind, will seine Frau nur gelegentlich als (fremdes) Lustobjekt, sie soll sonst »im Haus« bleiben, »ehrbar«; er schläft oft draußen, bei den Bäumen und Tieren, an seinem Arbeits- und Wunschort. Sie will fruchtbar sein, aber – der Ehre wegen, die sie auch bindet – nicht durch einen anderen Mann. Weil Juan sie nicht zeugend liebt, sondern mit »kalter Lende«, erdrosselt sie ihn, als er in sie eindringen will. Über dem Toten klagt sie: »Ich habe mein Kind ermordet!« – Sie hat die einzige Möglichkeit, Mutter zu sein, getötet, weil – tragisches Paradox – dieser einzig mögliche Erzeuger sich an ihr (und mit ihr) als unfruchtbar erwies. Das Stück handelt von der (nicht nur spanischen) Fremdheit zwischen den Geschlechtern. Sie wird vor allem mit Yermas Augen gesehen – der Homosexuelle Garcia Lorca nimmt Partei für das Recht der Frau aufs Kindgebären, auf Mutterschaft. Aber er leitet Juans Zeugungsunlust nicht bloß aus Hab- und Ehr-

García Lorcas »Yerma«, andalusische Bäuerin, will, was auch das Herkommen verlangt, ein Kind – ihr Mann aber liebt sie nur mit »kalter Lende«, sie tötet schließlich den Zeugungsunfähigen. Peter Zadek inszenierte das Stück 1983 an den Münchner Kammerspielen – mit Eva Mattes als teilnehmender Nachbarin und der beeindruckend empfindungsklaren Jutta Hoffmann als Yerma (die auf dem Bild das Kind der Nachbarin an sich drückt).

sucht her, sondern auch aus dessen Lust an der Männer(Arbeits-)welt. Garcia Lorcas poetische Rechnung ist komplex.

Seit Mitte der zwanziger Jahre war Lorca befreundet mit der Schauspielerin und Truppenchefin Margarita Xirgu, die 1927 schon *Mariana Pineda* in Barcelona uraufgeführt hatte. 1930 spielte sie *Die wundersame Schustersfrau*, 1934 *Yerma*, 1935 *Dona Rosita*. Lorcas letztes Stück, *Bernarda Albas Haus*, konnte sie – die 1936 von einer Tournee nach Lateinamerika aus politischen Gründen nicht ins Spanien Francos zurückgekehrt war – erst 1945 in Buenos Aires uraufführen. Neben dieser Zusammenarbeit mit einer professionellen Schauspielerin und ihrer Truppe, die sich auf den Bühnen von Madrid und Barcelona vor bourgeoisem Publikum abspielte, wollte Lorca Theater ins Volk, in die Dörfer tragen: 1932 gründete er mit dem Schriftsteller Eduardo Ugarte die studentische Wanderbühne La Barraca; sie führte im Sommer 1933 die Stücke der spanischen Klassik, von Calderon, Lope, Cervantes und Tirso de Molina, in den spanischen Provinzen, unter freiem Himmel auf. Lorca inszenierte und spielte mit.

Dona Rosita bleibt ledig oder
Die Sprache der Blumen
Lorca hat sehr genau gewußt, was er mit dieser lange Jahre ausgetragenen, 1935 uraufgeführten »Granadiner Dichtung um das Jahr 1900« wollte:
»Dona Rosita ist das äußerlich ruhige, innerlich verhärmte Leben eines Granadiner Mädchens, welches nach und nach sich in das groteske und erschütternde Etwas ver-

wandelt, das in Spanien eine alte Jungfer ist. Jede der drei Abteilungen des Werks entfaltet sich in einer anderen Epoche. Die erste Zeit vergeht in den gezierten und geleckten Jahren um 1885. Turnüre, komplizierte Frisuren, viel Woll- und Seidenzeug auf der Haut, farbige Sonnenschirme … Dona Rosita ist jetzt 20 Jahre alt. Alle Hoffnung der Welt ist in ihr. Der zweite Akt verstreicht um 1900. Wespentaillen, Glockenröcke, Pariser Ausstellung, Modernismus, die ersten Automobile … Dona Rosita erreicht ihre volle physische Reife. Wenn du mich ein klein wenig drängst, würde ich fast sagen, daß sich ein bißchen Welkheit auf ihren Reizen zeigt. Dritter Abschnitt: 1911: Rock entravé, Flugzeug. Einen Schritt weiter – der Krieg. Man möchte sagen, daß die wesentliche Verwirrung, die der Krieg auf der Welt verursacht, sich schon in Seelen und Dingen erahnen läßt. Dona Rosita ist in diesem Akt ziemlich nah den Fünfzigern. Schlaffe Brüste, abfallende Hüften, ein ferner Glanz in den Augen, Asche im Mund und Flechten, die sie sich ohne Anmut knotet. Ich sage auf den Theaterzetteln, daß es eine Dichtung für Familien ist, und es ist nichts anderes. Wie viele reife spanische Damen werden sich in Dona Rosita reflektiert sehen wie in einem Spiegel! Ich wollte, daß von Anfang bis Ende die reinste Linie meine Komödie führt. Habe ich Komödie gesagt? Es wäre besser, Drama der spanischen albernen Verbohrtheit, der spanischen Duckmäuserei zu sagen, des Sehnens nach Genuß, das die Frauen gewaltsam in die tiefsten Tiefen ihres fiebernden Innern zurückdrängen müssen.«

Den Vorgang der Erstarrung – hin zum Lebensstillstand, zur Todesvorwegnahme – hat Lorca subtil und sicher ansetzen lassen in den täglich sich wiederholenden Gereiztheiten, in dem nervös rekapitulierten Aneinander-müde-geworden-Sein dieser unproduktiven, aussichtslosen Bürgerfamilie im Abseits: Gewiß, sie lieben sich, der Gärtnerschrullen nachgehende Onkel, die damenhaft den Haushalt und den Mann dirigierende Tante Rositas. Und sie lieben – in der fragwürdigen Übersteigerung, die diese Liebe in der Eingeschlossenheit, Aussichtslosigkeit annimmt – ihre Nichte Rosita. Der Tante Klugheit verhindert nicht, daß sie sich in Gezänk mit der Haushälterin einläßt, ihre Empörung über deren Unver-

blümtheit verhehlt doch nicht den (sogar ein klein wenig lüsternen) Spaß daran. Doch alle ihre Regungen bleiben letzten Endes in der ihr eigenen Isolation befangen: der Damenhaftigkeit. Sie ist die überindividuelle Form der Unproduktivität, des gesellschaftlichen »Schicksals« der bürgerlichen Gattin – in der verschärften spanischen Ausprägung. Die Erklärung des Neffen, des Verlobten Rositas, daß er zu seinen Eltern zurückkehren müsse, nach Übersee, kann die Tante nur bestätigend hinnehmen. »Sohnespflicht« hat Vorrang – den muß sie akzeptieren, obwohl sie weiß, daß hinter der dezidierten Kühle der Erklärung wahrscheinlich Eheflucht steckt.

Im zweiten Akt – Rositas Geburtstag, Besuch der verarmten Mutter mit den drei Jungfern und der neureichen beiden Fotografentöchter, am Ende die neue Illusionen stiftende Nachricht, der ferne Verlobte wolle die Heirat durch Vollmachten vollziehen – erscheint Rosita in Rosa. Der letzte Akt – die drei Frauen, Tante, Rosita (jetzt in Weiß, entfärbt), Haushälterin – müssen das Haus verlassen, das der vor sechs Jahren verstorbene Onkel belieh, es kommt die Nachricht, daß der Verlobte längst in Übersee geheiratet hat – wird durch Auftritte von draußen gegliedert: Don Martin, erfolgloser Poet und von seinen reichen Schülern drangsalierter Lehrer, zieht mit törichter, rührender Milde die Summe seiner vergeblichen Existenz; ein Jüngling erscheint, fragend, naiv, ein Mensch ohne Geschichte, ohne Last, mit welcher Zukunft? Am Schluß brechen die drei Frauen auf in die neue, engere, wahrscheinlich noch isoliertere Wohnung.

Bernarda Albas Haus

Das Poetische und Mythische tritt ganz zurück in diesem letzten Stück Lorcas (*La casa de Bernarda Alba*, 1936). Diese »Frauentragödie in spanischen Dörfern«, vom Dichter selbst als »photographisches Dokument« bezeichnet, ist bewußt und nachdrücklich sozialkritisch. Im Mittelpunkt steht die 60jährige Großbäuerin Bernarda Alba, ein grandios harter, herrsch- und eigensüchtiger Charakter. Sie hat nach dem Tode ihres Mannes acht Jahre Trauer über das Haus verhängt und ihre fünf Töchter dadurch eingeschlossen. Die zwischen 40 und 20 Jahre alten Frauen sticken an ihrer Ausstattung; jede von ihnen kämpft auf ihre Weise,

auch gegen die anderen, um ein Quentchen Selbstbehauptung. Nur die Älteste darf – durchs Fenstergitter – mit ihrem Verlobten Pepe sprechen. Der aber liebt Adela, die Jüngste, trifft sich mit ihr im Stall; Bernarda Alba vertreibt den Mann (den Hengst) mit dem Gewehr. Die eifersüchtige Tochter sagt Adela, Pepe sei tot. Adela stürzt weg und erhängt sich. Bernarda Alba behauptet, Adela sei unberührt gestorben – und versucht dadurch, den Ruf ihres Hauses und die Geltung des Sittenkodex zu behaupten. Den unterläuft auf ihre Weise die Magd Poncia, mit Bernarda gleich alt, aber auf kraftvolle plebejische Weise »unsittlich«, dabei listig

und – ihre Klassenlage bedenkend – opportunistisch.

In den ersten Wochen des von General Franco geführten Putsches gegen die spanische Republik, am 19. August 1936, wurde Federico García Lorca bei Granada, 20 Kilometer von seinem Geburtsort Fuentevaqueros entfernt, zusammen mit anderen Gefangenen von Falangisten erschossen. Der Ort seines Todes ist bis heute unbezeichnet geblieben. 1949 kam die erste spanische Lorca-Publikation nach seinem Tode heraus, 1960 wurde zum erstenmal wieder ein Stück von ihm – Yerma – in Franco-Spanien aufgeführt.

García Lorcas »Bernarda Albas Haus«, diese »Frauentragödie in spanischen Dörfern«, inszenierte 1984 mit großer Strenge und daraus aufbrechender Expressivität Andrea Breth in Freiburg. Das Foto oben zeigt im kahlen Bühnenraum (Gisbert Jäkel) über die Nähmaschine gebeugt, an der Ausstattung für die älteste ihrer vier Schwestern nähend Martirio (Doris Merz), dann an der Wand stehend die hart herrschende Mutter Bernarda Alba (Lore Stefanek), mit der Schüssel demutsvoll stehend Amelia (Dorothée Rüttimann) und schließlich hinten rechts die Magd La Poncia, Vertraute und Gegnerin Bernardas – Katharina Tüschen

dominierte mit ihrer rauchigen, lebenssatten Stimme, ihren mühseligen und doch unaufhaltsamen Gängen durch den Raum die Aufführung.

Brechts episch-dialektisches Theater

Bertolt Brecht

Der Dramatiker, Lyriker, Regisseur, Theoretiker und Erzähler Brecht (1898–1956) hat die Entwicklung des Theaters im 20. Jahrhundert entscheidend beeinflußt. Zum prägenden Vorbild – und provozierenden Gegenbild – wurde nicht nur das umfangreiche dramatische Werk, sondern vor allem das damit eng verbundene theaterpraktische und -theoretische Konzept. In den fünfziger und sechziger Jahren hatte das episch-dialektische Theater Brechts große Ausstrahlungskraft, als Methode wie als theatralisches Ereignis (Tourneen der Modellinszenierungen des Berliner Ensembles) und politische Provokation. Brechts Dramatik wird heute in Ost und West aus verschiedener Zielsetzung kanonisiert. Andererseits gibt es ebenso unübersehbar abschätzige Beurteilungen, die in Brechts Werken Produkte langweiliger Besserwisserei mit der »durchschlagenden Wirkungslosigkeit eines Klassikers« sehen. Hinsichtlich der aktuellen Theaterwirksamkeit wird diese Kritik noch verschärft durch Einschatzungen, denen zufolge Brecht seine Theaterfiguren verraten und verkleinert habe, deren didaktische Weisheit mithin kein brauchbares Material mehr anbiete – ein Autor also, von dem sich das Theater verabschieden müsse (so u. a. Genet, Handke, Frisch, Dürrenmatt, Heiner Müller, wobei manche erfolgsarm, -reich den Brechtschen Methoden gefolgt waren).

Ausgenommen die Arbeit an fragmentarisch Gebliebenem (was die unabdingbaren inszenatorischen Freiräume öffnet) und an den anarchischen Frühwerken (*Fatzer, Baal, Dickicht*) stellt sich die Lage der Brechtrezeption ab Mitte der siebziger Jahre etwa folgendermaßen zweischneidig dar. Die DDR, die Brecht nach einiger Wartezeit die Möglichkeit gegeben hatte (Berliner Ensemble im Theater am Schiffbauerdamm), das weiterzuentwickeln und inszenatorisch zu erproben, was er in der Emigration dramatisch und theoretisch erarbeitet hatte, gleichzeitig aber auch im Zeichen stalinistischer kulturideologischer und ästhetischer Prämissen (Sozialistischer Realismus, Stanislawskischule) das epische Theater unter Formalismusverdacht gestellt und anfangs nicht wenig behindert hatte, reklamiert heute das Brecht-Werk als nationales Erbe und sakrosanktes kulturelles Guthaben. Der Konservativismus dieser Provenienz droht das Brechttheater um das zu bringen, was seine Grundlage ausmacht: das dialektische Prinzip, Gesellschaft und Ästhetik fortschreitend zu ändern. Auf der westlichen Theaterszene werden Berührungsängste und Überdrußgefühle gegenüber der Brechtschule geäußert. Andererseits aber ist Brecht unangreifbarer Repertoireautor, der mit verblüffender Garantie Publikumserfolge einspielt. Aber nicht nur der bleibende Unterhaltungswert ist zu vermerken. Offensichtlich geben die Stücke immer wieder Material her, aus dem heraus Fragen nach einer utopischen Hoffnung, einem Widerstandspotential angesichts der desillusionierenden Kenntnis und Erfahrung vergangener und gegenwärtiger gesellschaftlicher Ordnungen gestellt werden können. Der Verwertungsgrad der Stücke scheint mit oder gegen Brechts Intentionen bedeutend, sofern widersprüchliche, also reiche Theaterfiguren auftreten. Gerade in den ausgearbeiteten Individuen wie Baal, Galilei, Azdak bleibt ersichtlich, daß die unentwegte Aufforderung Brechts nach Aufhebung der subjektiven Gebärde zugunsten der »Dritten Sache«, des Sozialismus, vom Autor selbst nicht beherzigt wurde, so daß Heiterkeit und Erkenntnisfreude der Übermächtigkeit realer (nicht gesetzmäßiger) Prozesse wirksam die Stirn bieten können.

Wie kaum ein anderer Dramatiker hat Brecht fortwährend seine Theaterstücke kommentiert, ihnen politische, soziologische und dramaturgische Verlautbarungen beigefügt, die bis zur Eigenständigkeit einer praxisbezogenen Theatertheorie ausgearbeitet und veröffentlicht wurden. Über sein Interesse hinaus, Theatermittel bereitzustellen, die es erlauben sollten, zeitgenössische Wirklichkeitsentwürfe auf die Bühne zu bringen, ohne daß traditionelle, besonders auch expressionistische und naturalistische Inszenierungs- und Spielgewohnheiten sie entwerteten, erforderten die politische Zuspitzung und seine Parteinahme für die marxistische Theorie (beeinflußt durch Karl Korsch und Fritz Sternberg) intensive Neuerkundungen der Theatermöglichkeiten. Theorieähnlicher wurde der Denkprozeß, der späterhin unter dem Begriff »episches Theater« firmierte, im Vorlauf der Vorarbeiten zu *Die Dreigroschenoper* und zu *Aufstieg und Fall der Stadt Mahagonny*, deren Kommentar die Gegenüberstellung »dramatische Form« versus »epische Form« enthält (1930). Brecht forderte die Trennung der Elemente des Theaters; Musik, Text, Bühne, Darstellungsform sollten in Widerspruch zueinander gestellt werden, um es dem Zuschauer zu erlauben, der erzählten Fabel wieder – nach Trennung von Unterhaltung und Reflexion – mit Erkenntnisfähigkeit und -freude zu begegnen.

Mit dem »Lehrstück« schlug Brecht einen neuen Theatertypus vor, ein auf die Mitwir-

kenden zentriertes Manövrierfeld, auf dem – in explizit pädagogischer Absicht – Lernprozesse, Veränderungen, Positionen durchlaufen, verfolgt, eingenommen werden sollten: eine kollektive Kunstübung, bei der Produzenten- und Zuschaukunst ineins fielen. Im Spiel sollten konkretes Denken und dessen praktische Anwendung vermittelt werden. Postuliert und szenisch vollzogen wurde die Aufhebung der Figur zugunsten signifikanter Handlungsmuster. Obwohl zweifellos Brechts didaktisch-theatraler Entwurf zur Bewußtseinsbildung die Kulturorganisationen der proletarischen, spätbürgerlichen und sogenannten realistischen Gesellschaften überforderte, waren diese Vermittlungsversuche mit Lehrstückelementen folgenreich. In der DDR entstanden u. a. Heiner Müllers *Die Korrektur* und *Die Lohndrücker;* in der Bundesrepublik waren bei der Wiederentdeckung von Theaterformen außerhalb der Institutionen viele Anlehnungen zu verzeichnen; bekannt wurde auch die Erprobung von *Die Ausnahme und die Regel* durch die Arbeiter des italienischen Stahlwerkes Terni 1975 in der Regie von Benno Besson; in der Forschung erklärte zuletzt Hans Thies Lehmann die Bedeutung des Lehrstücks als »Theorie zum Zweck der Harmonikerbekämpfung«, die steten Ein-

spruch gegen die unbegriffene Objektivität geschichtlicher Prozesse einlege.
Lehrhafte Züge tragen auch Brechts Bearbeitungen geschichtlich-gesellschaftlicher Vorgänge. Ziel war es laut Brecht, »ein Weltbild zu entwerfen, Modelle des Zusammenlebens der Menschen, die es dem Zuschauer ermöglichen konnten, seine soziale Umwelt zu verstehen und sie verstandesmäßig und gefühlsmäßig zu beherrschen«. Detaillierteres über die Verfremdungsmethoden (Divergenzen im Handlungsablauf, Distanz zwischen Reflexion und Aussage, formale Unterbrüche und anderes mehr) und den zu erzielenden Gestus (bezeichnet die Beziehung der Menschen untereinander, macht subjektive Haltungen durch intersubjektive zugänglich und verständlich) leistete die Schrift *Der Messingkauf* (1937/51). Konzentrat der Theorie des »wissenschaftlichen Zeitalters« auf dem Theater war die 1948 fertiggestellte Schrift *Kleines Organon für das Theater.* Weitere Methoden und Hindernisse auf dem Weg, den Widerspruch in einer Figur mit Hilfe der distanzierten Betrachtung der begrenzten Einsichten von Gestalt und Zuschauer als einen dialektischen Prozeß zu zeigen, dokumentierten die Texte *Neue Technik der Schauspielkunst* (1949–1952/55). Brecht wußte bei all seiner Theoriearbeit um das

Brechts »Im Dickicht der Städte«, den »unerklärlichen« Kampf zweier Männer »in der Riesenstadt Chicago«, inszenierte Klaus Michael Grüber 1973 am Schauspiel Frankfurt auf der Bühne Eduardo Arroyos aus der Emigranten-Erfahrung: in einem weiten Raum mit Krankenhausbetten, Turngeräten und Tausenden von Schuhen auf dem Boden stehen (nur stark verlangsamt die Positionen wechselnd) über vierzig Figuren in Mäntel und Hut, mit Koffern: »Wenn ihr ein Schiff vollstopft mit Menschenleibern, daß es birst, es wird eine solche Einsamkeit in ihm sein, daß sie alle gefrieren«, sagt der Malaie Shlink am Ende des Stückes.

objektive Dilemma, in das seine Theaterarbeit durch bürgerliche Restauration im Westen und durch Anknüpfungen an idealistische Kunstpositionen im Osten zu geraten drohte. Seine *Stanislawski-Studien* zeugen von dem Bestreben, an die übermächtigen Theoreme von »Einfühlung« und »Idee« heuristisch anzuknüpfen, um sie dann in der Betonung des prozessualen und eingreifenden Charakters seines Theaters exemplarisch außer Kraft zu setzen. In der letzten, fragmentarisch gebliebenen Textsammlung *Die Dialektik auf dem Theater* (1951/56) hat Brecht als Ursache für die Zähigkeit politisch-ästhetischer Umwälzung herausgehoben: »Der reinigende Prozeß einer Revolution war Deutschland nicht beschieden.« Dagegen hielt er die Renaissancemaxime, nach der Erkennen nicht Identifizierung des Gegebenen sei, sondern das Resultat schöpferischer Arbeit. »Erzeugen aber heißt verändern. Es bedeutet Einflußnehmen … Man muß einiges wissen, können, wollen.« Den originärsten Eindruck der praktischen Theaterarbeit Brechts (und auch seiner Programmatiken) vermitteln die Berichte seiner Inszenierungen nach 1948. (Modellbücher des Berliner Ensembles: *Antigone, Courage, Galilei*).

In Augsburg, in gutsituierter und überschaubarer Umgebung aufgewachsen (sein Vater war kaufmännischer Direktor einer Papierfabrik), zeigte Brecht (sein eigentlicher Vorname: Eugen Berthold) früh Verhaltensweisen, in denen ein radikaler Anspruch auf künstlerische Verwirklichung (zuerst nur Selbststilisierung), auf persönliches Glück zum Ausdruck kam. Ab 1913 erschienen erste Veröffentlichungen in der Schülerzeitschrift »Die Ernte«, darunter auch der Einakter *Die Bibel,* eine Variation des Judith-Themas mit der Ausrichtung, daß gerade die moralistische Strenge des Katholizismus das junge Mädchen von ihrer Opferbereitschaft abbringt, so daß anstelle des Feldherrn die belagerte Stadt untergeht. Nach Notabitur 1917 wurde Brecht als Kriegsdiensthelfer verpflichtet, konnte sich aber dennoch im Oktober an der Medizinischen Fakultät in München immatrikulieren. Der Lebensstil der »Brecht-Clique« entsprach zeitgemäßen Bohème-Sentiments. Brecht plante ein Stück über Villon, schrieb dann, nach Besuch einer Aufführung von Hanns Johsts *Der Einsame*, in kürzester Zeit *Baal*.

Baal

Für das Stück, von dem fünf Fassungen existieren (1918, 1919, 1922, 1926, 1955. Uraufführung 1923 in Leipzig), waren Rimbaud, Verlaine, Wedekind einflußreich. Mit dem Namen des syrischen Erd- und Fruchtbarkeitsgottes versieht Brecht die wechselvolle Talfahrt eines asozialen Genies, der Poet, Liebhaber, Herumtreiber und Mörder ist, der die Nähe zu Frauen sucht und sie nicht erträgt, die Animalität verherrlicht und an ihr zugrunde geht. Genußsucht und Glücksverlangen, Zynismus und Einsam-

keit bringen Baal zu seinem ebenso miesen wie konsequenten Tod, bei dem ihn die Erinnerung an seinen im Affekt erschlagenen Freund einholt. Zwar hat sich Brecht in späteren Jahren von seinem ersten großen Stück zögerlich distanziert, gleichwohl sind Mythos und Entmythisierung der hermetischen Egozentrik bedeutungsvoll geblieben (neben dem poetischen Reichtum einiger Lieder in *Baal*). Anfang der achtziger Jahre sind Genußsucht und schöpferische (selbst-)verzehrende Widersprüchlichkeit als Aktivität erneut zeitnah, wie eine Reihe von Inszenierungen belegt (u.a. 1981 in Köln, Regie: J. Flimm; 1983 in Bochum, Regie: A. Kirchner). Auch der pessimistische Blick auf den Hedonismus interessiert. Die Asozialität in asozialer Gesellschaft zerrinnt zur narzißtischen Trauerarbeit, deren Melancholie nurmehr dazu reicht, die unglaubhaft gewordenen Träume von Rausch/Vernichtung in der Rolle des Dandys oder des Schreibenden zu fixieren.

Ende 1918 schrieb Brecht die ersten pazifistischen Gedichte und Lieder; vermutlich war er kurzzeitig auch Mitglied des Augsburger Arbeiter- und Soldatenrates. Im Mai 1919 vernichtete die Konterrevolution die Räterepublik. »Er stand selbstverständlich auf der anderen Seite und hatte es als schmerzlich empfunden, daß ich mit der Waffe ihm gegenüberstand«, schrieb der Bruder Walter Brecht (auf seiten der Freikorps), und auch: »Eugen zeigte sich vom Reiz der Situation beeindruckt.«

Trommeln in der Nacht

Die erste Fassung entstand im Januar 1919, mehrfache Bearbeitungen bis zur Uraufführung 1922 in München folgten. Der Kriegsheimkehrer Kragler kämpft um seine Braut, die ein durch den Krieg an der Heimatfront Arrivierter geschwängert hat. Abgelehnt von der Familie, kommt er in Kontakt zu umstürzlerisch Gestimmten, die er wieder verläßt, nachdem seine Braut, angezogen von dem exotischen »Tier«, zurückkehrt. Er distanziert sich vom Kampf, da er meint, das ihm Fehlende nun zurückerlangt zu haben. Der erste Titel *Spartakus* verweist, wie auch die Ortsangabe »Zeitungsviertel«, auf den Berliner Aufstand im Januar 1919. Der Outsider Kragler erinnert wieder an die abenteuerlichen Phantasien Rimbauds, ist romantischer Überlebender

des Krieges, dessen Überlebens- und Untergangslust in keine revolutionäre Reihe passen will, ein ausdrückliches Negativbild des Edelproletariers. Mit der Figur Kragler wird einerseits Brechts damalige Perspektive (Aufrührerisches in seiner Dachkammer den Freunden vorsingend) beleuchtet, andererseits aber auch eine »realistische« Begründung für das Scheitern der Novemberrevolution angeboten: die Interessenunterschiedlichkeit der Revoltierenden, die geschlagen und enttäuscht, vom Bewußtsein eines revolutionären Proletariats hingegen weit entfernt waren.

Von Oktober 1919 bis Januar 1921 veröffentlichte Brecht Theaterkritiken in der Augsburger USPD-Tageszeitung »Der Volkswille«, in denen eine klare Vorliebe für das »Volksstück« als Form des unliterarischen, aber vitalen Theaters zum Ausdruck kommt. Verschiedene Einakter datieren um das Jahr 1919: *Die Kleinbürgerhochzeit*, ein sarkastisches Schlaglicht auf Ideal und Wirklichkeit des Kleinbürgerlebens; *Der Bettler oder der tote Hund* (ein blinder Bettler leugnet im Gespräch mit dem unerkannten Kaiser die Existenz eines Souveräns); *Er treibt einen Teufel aus,* eine Groteske nach Art des süddeutschen Schwanks mit Vätern, Pfarrern, Fensterln; *Lux in Tenebris*, ein Moralapostel wird zum Teilhaber eines Bordells; *Der Fischzug*, ein Fischer fängt statt Wassergetier seine Frau samt Liebhaber; schließlich *Prairie* (nach Hamsuns Novelle *Zachäus*), ein Kampf auf Leben und Tod gemäß dem Brechtschen »Dschungelgesetz«, an dessen Ende der erniedrigte Schwache den Überlegenen erschießt, was die Umgebung interessiert gelassen zur Kenntnis nimmt.

Brechts Leben in der Zeit zwischen Räterepublik und Inflation spielte sich hauptsächlich ab zwischen Augsburg und München; einzelne Reisen führten ihn nach Berlin (Zusammentreffen mit dem Theaterkritiker Herbert Ihering, Inszenierungsversuch von Arnolt Bronnens *Vatermord*). Im Oktober 1922 unterschrieb Brecht einen Dramaturgenvertrag mit den Kammerspielen München. Im November wurde ihm der Kleist-Preis für *Trommeln in der Nacht* zugesprochen. Brechts Aversion gegen bestimmte Kulturideologeme des Bürgertums fand eine neue Form: den Kampf. Er proklamierte »Theater als sportliche Anstalt«, dessen

Zuschauer Spaß haben soll bei der »sachlichen« Betrachtung des Schlagabtausches bis zum K.o. (der »sachliche« Blick und die Kunstströmung der »Neuen Sachlichkeit« entsprachen durchaus der Leistungs- und Produktionsorientiertheit des Bürgertums).

Im Dickicht der Städte
Im Mai 1923 wurde das 1922 begonnene Stück in München uraufgeführt (Regie: Erich Engel; zwei Fassungen, Titel: *Garga, Im Dickicht*). Der neu in Chicago angekommene Büchereiangestellte Garga wird von dem malaiischen Holzhändler Shlink zum Kampf gefordert; Einsatz ist das von materiellen Gesichtspunkten unabhängige Denken. Von der Ringecke Shlinks aus ist es der »ideale Kampf« um Selbstverwirklichung oder die Partizipation am Kapital. Der erste Schlag vernichtet Beruf und Traumflucht Gargas. Den Konter pariert Shlink, indem er ihm, statt sich seiner Tötungslust auszusetzen, den Holzhandel überschreibt. Der Kampf der Prinzipien Intelligenz/Liebe (Shlink) gegen Animalität/Rache (Garga) setzt sich fort: Der eine wirbt mittels Erniedrigung, der andere sucht ihn zu verkuppeln; Shlink will für den wegen Betrug Angeklagten ins Gefängnis, der lehnt diesen Akt moralischer Überlegenheit ab. Garga, dessen Familie inzwischen zerbrochen ist, der aber die Kosten-Nutzen-Relation mittlerweile gelernt hat, überantwortet schließlich Shlink dem rassistischen Mob, der Herausforderer aber vergiftet sich: »So groß ist die Vereinzelung, daß es nicht einmal einen Kampf gibt.« Garga will sich nicht messen und verläßt damit das auch erotische Feld des Kampfes. Wieder steht Pate das Verhältnis Verlaine (Text als Beziehungssuche) und Rimbaud (hermetisch-monologische Dichtung). Siegfried Jacobsohn schrieb in der Weltbühne: »Dickicht verschafft mir die Emotionen nicht der Tragödie, sondern der Rennbahn, des Sportplatzes, des Varietés…« Ihering betonte die Atmosphäre des Stückes gegen Ansprüche auf Klarheit. Brecht selbst notierte selbstkritisch: »Die Dialektik ist von idealistischer Art.« Kampf als Mittel zur Aneignung eines völlig fremden, dafür begehrten Erfahrungsbereiches (und der notwendigen Niederlage der asiatischen Lebenshaltung gegenüber der expandierend westlichen) akzentuierten neuere Inszenierungen (besonders W. Seesemann 1982 in Düsseldorf, A. Dresen in Frankfurt 1983). In der Tradition des Absurden stand K. M. Grübers Regie 1973, als er in Arroyos emblematischem Bühnenbild Kämpfe, Geschichte, sinnfällige Tat in den Bereich des Vergangenen verwies. »Das Chaos ist aufgebraucht. Es war die beste Zeit«, läßt Brecht den Garga am Ende des Stückes sagen.

In den Entstehungszeitraum 1922/23 fallen auch die beiden Fragmente *Hannibal,* ein Versuch, mit allen Mitteln theatralischer Monumentalität imperialistischen Territorialisierungsanspruch, vertreten durch einen überlegenen einzelnen gegenüber der mediokren Masse, auf der Bühne umzusetzen, und die Lagerlöf-Bearbeitung *Gösta Berling,* die nochmals die verschwenderisch-genußvolle Existenz des naturgemäßen Lebens in den Mittelpunkt rückt. 1923 entstanden Kontakte u.a. zu Marieluise Fleißer, Carl Zuckmayer, Helene Weigel. (Hanne Hiob, Tochter Brechts und Marianne Zoffs, wurde geboren.) Zusammen mit Lion Feuchtwanger begann Brecht eine Bearbeitung von Marlowes elisabethanischer Historie über Edward II., die er unter dem Titel *Leben Eduards des Zweiten* im März 1924 in München selbst inszenierte.

Im Gegensatz zur Vorlage, in der Eduard noch das Kalkül des Machterhalts berücksichtigt, widersetzt sich der König hier jedweder Ratio, die seine Herrschaft aufrechterhalten könnte. Für den Geliebten Gaveston geht er in die Schlacht, deren katastrophalen Ausgang er nur durch schnöden Verrat übersteht. Anstelle des Begehrens, zum Erhalt der Nähe zu Gaveston, verfällt er wie auch sein Gegenspieler Mortimer zunehmend der Lust an der Gewalt. Als Mortimer den König zur Strecke bringt, willigt dieser ohne Reue ein in seine Tötung. Auch der siegende Taktiker Mortimer bekennt sich zum Zynismus der Gewalt, gemahnt, als er überwunden wird, den jungen Thronfolger an den steten Lauf des Schicksals. In der Brecht-Feuchtwanger-Bearbeitung steht der Zusammenprall der Individuen vor der Darstellung der Geschichte.

1924 wurde Brecht dramaturgischer Mitarbeiter an Max Reinhardts Deutschem Theater in Berlin. (Stefan, der Sohn Helene Weigels und Brechts, wurde geboren.) Im Verlauf des Jahres konstituierte sich ein Arbeitsteam, bestehend u.a. aus Elisabeth Hauptmann, Emil Burri, Caspar Neher, Bernhard Reich und Asja Lacis, die Brecht fundiertere Kenntnisse des russischen Theaters vermittelte. Brecht präzisierte 1925 in dem Artikel *An den Herrn im Parkett* die intendierte Zuschau- und Spielhaltung: »Es ist dem Schauspieler nach meiner Meinung gänzlich unmöglich, dem rauchenden Mann im Parkett ein unnatürliches, krampfhaftes und veraltetes Theater vorzumachen.«

Mann ist Mann
Im Herbst 1925 beendete Brecht die Arbeit an diesem »Lustspiel«, dessen Vorarbeiten unter dem Titel »Galgei« u. ä. bis 1918 zurückreichen (Uraufführung in Darmstadt; vier Fassungen existieren: 1925, 1926, 1931/ 38, 1955). Der Packer Galy Gay wird »ummontiert«. Aus dem Schwerfälligen, der sich nicht wehren kann, wird eine »menschliche Kampfmaschine«, rekrutiert, weil eine Militärabteilung ihren vierten Mann vorweisen muß. Zum Schein erschossen, darf er wieder auferstehen mit gestärktem Selbstbewußtsein und (erfolgsträchtiger) Lust an Krieg und Mord: eine grausig-komische Groteske vom Menschen, der gelebt und derart zum unbesiegbaren dumpfen Automaten emporgeschwungen wird. Die Boxer des Berliner Sportpalastes bzw. die Produktions- und Kampfgiganten des zeitgenössischen Amerikanismus bilden mit Rudyard Kiplings Indien-(Kolonial-)Romantik Rahmen und Figuren von *Mann ist Mann.* Die Unentschiedenheit des dargestellten Verhältnisses von einzelnem und Kollektiv führten zu verschiedenen Bearbeitungen, die aber das Problem: verbrecherisches Gemeinwesen einerseits und Affirmation der Veränderung entlang des Kollektivs andererseits, auch nicht aufzuheben vermochten. Bemerkenswert bleibt, daß Brecht die funktionalistische Figurenzeichnung nicht verneint. Das Personal der großstädtischen Massen kann vom Bürger in die Maschine ohne Verlust übergehen. In der Buchausgabe 1926 wurde dem Stück ein Zwischenspiel »Das Elefantenkalb« eingefügt mit Bilderangeboten zur Demonstration der gewünschten Zuschauerhaltung.

Ab 1926 vertiefte Brecht im Rahmen der »marxistischen Arbeiterschule« seine Marxlektüre. 1927 entstand in Zusammenarbeit mit Leo Lania, Erwin Piscator und F. Gasbarra eine dramaturgische Bearbei-

tung des Hasek-Romans *Die Abenteuer des braven Soldaten Schwejk.* Es erschien *Bert Brechts Hauspostille,* eine Lyriksammlung. Den entscheidenden Durchbruch zur vorübergehenden Berühmtheit erlangte Brecht dann mit der *Dreigroschenoper.*

Die Dreigroschenoper
Nach John Gays *The Beggar's Opera,* auf Anregung von Elisabeth Hauptmann, mit der Musik Kurt Weills am 31. August 1928 in der Regie von Erich Engel uraufgeführt (mehrere Fassungen bis 1931), wurde die Oper bis 1933 in Moskau (Regie: Tairow), Paris und New York nachgespielt. Die Wahrung eines strengen Formprinzips (drei Akte, Spannungsbögen der Operndramaturgie, wirkungsvolles, wenn auch parodiertes Finale) erleichterte den Publikumserfolg. Die Geschichte um den Gentleman-Gangster Mackie Messer, der mit seinen zahlreichen Geliebten die bürgerliche Allianz aus organisiertem Verbrecher- und Unternehmertum durcheinanderbringt, die wechselhafte Solidarität des Polizeichefs genießt und doch nur mittels eines Deus ex machina vor dem Galgen gerettet werden kann, hat Brecht später noch für das Drehbuch *Die Beule* und für den marxistisch gestrafften *Dreigroschenroman* verwendet. Dem My-

Als Regisseur seiner eigenen Stücke ging Brecht am weitesten in Richtung auf ein durch artistische Mittel verfremdetes Theater bei »Mann ist Mann«, 1931 im Staatstheater Berlin: »Die Soldaten (Theo Lingen, Wolfgang Heinz, Alexander Granach) und der Sergeant (rechts Paul Bildt) erschienen mittels Stelzen und Drahtbügel als besonders große und besonders breite Ungeheuer. Auch der Packer Galy Gay (Peter Lorre, ohne Helm) verwandelte sich ganz zuletzt in ein solches Ungeheuer« (Brecht). Vorn Elfriede Borodin als Galy Gays Frau.

thos, der sich um die Uraufführung rankte, begegnete man später mit mehr Skepsis. So wurde Brechts Gay-Adaption in Relation gesetzt zu Beaumarchais' *Figaro,* um zu verdeutlichen, daß eine dem Untergang zutaumelnde Gesellschaft die eigenen Totengräber beklatscht hat (so Elias Canetti). Brecht begrüßte die vielbeachtete Inszenierung Giorgio Strehlers 1956 in Mailand, besonders weil diese die Aggressivität bewahrt hätte. Die leicht konsumable Mischung aus Musik, Songs und Tanz erfreut sich auch bei Transponierungen der Sujet-Zeit breiter Resonanz (so 1983 in Köln, Regie: J. Flimm, als der forcierte Wiederaufbau der fünfziger Jahre in der Bundesrepublik den historischen Bezugsrahmen bildete).

Happy End
Um an den Erfolg der *Dreigroschenoper* anzuknüpfen, produzierten Elisabeth Hauptmann, Weill und Brecht unter dem Pseudonym Dorothy Lane die Komödie *Happy End* (1929 in Berlin uraufgeführt), wiederum ein Gangsterspektakel, das diesmal besonders die US-amerikanischen Gründungslegenden der materiellen und organisatorischen Macht (Rockefeller, Vanderbilt) mit der Lobpreisung von Religion und Umsatz, Mord und seiner Rechtfertigung konterkariert. Das Musical, das neben manchen einprägsamen Songs auch die sprichwörtlich gewordene Sentenz »was ist ein Einbruch in eine Bank gegen die Gründung einer Bank« enthält, erlebte einen Broadwayerfolg in den sechziger Jahren.

Der Brotladen
Thematisch verwandt ist dieses Fragment aus dem Jahr 1929 (uraufgeführt 1967 vom Berliner Ensemble, Regie: Karge/Langhoff). In den Kampf zwischen Arbeitslosen und denjenigen, die noch Unterstützung erhalten, greift die Heilsarmee mit Scheinlösungen ein. Die Revolte der Entrechteten wird durch kleinbürgerliche Produzenten und deren Abhängige niedergeschlagen. In formaler Hinsicht unterscheidet sich das Fragment weitgehend von *Happy End:* Es experimentiert mit Theaterzitaten, Haltungs- und Positionswechseln und der Verwendung der tradierten tragischen Form, um diese satirisch zu brechen und aufzuheben. Brecht strich deshalb seinen hohen technischen Standard heraus.

Aufstieg und Fall der Stadt Mahagonny
Schon 1927 arbeitete der Brecht-Stab an dem Songspiel, dessen komplettierte Form 1930 in Leipzig uraufgeführt wurde (drei Fassungen, 1929/30/31). Drei Gescheiterte gründen mit furiosem Erfolg eine Vergnügungsstadt, in der es keine Arbeit gibt, dafür Alkohol und Mädchen, in der Gewinner und Gescheiterte ihr Geld lassen sollen. In der schillernden »Netzestadt« brechen angesichts eines drohenden Taifuns Risse auf; das Geld erfüllt nicht sämtliche Glückserwartungen. Der Sturm verschont die Stadt, die daraufhin in einer Art Totentanz zugrunde geht am (selbst-)zerstörerischen Hedonismus der Gescheiterten, Kleinbürger, Männer. Diese »Sittenbilder des 20. Jahrhunderts« (Brecht-Weill) sind parabolisch-satirisch auf die Glücksverheißungen kapitalistischer Marktwirtschaft gemünzt. In Bochum brachte 1984 M. Karge die Oper als irrwitzigen Boxkampf auf die Bühne, an dessen Ende anstelle des Taifuns Atombomber stehen.

Die heilige Johanna der Schlachthöfe
Aus *Happy End, Der Brotladen* und *Joe Fleischhacker* ist dieses Schauspiel (Fassungen 1931, 1938) hervorgegangen, das 1959 unter der Regie von Gustaf Gründgens in Hamburg uraufgeführt wurde. Der Wandlungsprozeß eines idealistischen Bewußtseins in ein revolutionäres wird dargestellt. Pierpont Mauler, der »Fleischkönig in Chicago«, ist Monopolkapitalist und Philantrop zugleich, was den im Konkurrenzkampf anstellungslos gewordenen Arbeitern wenig hilft. Mit Johanna Dark an der Spitze propagiert die Heilsarmee Gott als Mittel gegen Willkür und unternehmerische Gewalt. Das durch Dumpingpreise und Aussperrung bedingte Elend rührt Mauler, der zu einem günstigen Preis eine gewisse Produktionsstabilisierung einleitet. Die Aussperrung dauert an; die Börsenmanöver reussieren. Johanna erlebt ihren Traum, in dem sie die Führerin eines riesigen Demonstrationszuges ist. Als eine Emissärin der Ausgesperrten überbringt sie, auf gütliche Einigung hoffend, den Aufruf zum Generalstreik nicht. Nach Normalisierung der Börsenkurse soll Johanna Stellvertreterin der Unternehmer mit humanem Antlitz sein. Sterbend fordert sie dagegen die revolutionäre Gewalt.

Beeinflußt vom Schwarzen Freitag der New Yorker Börse 1929, den Romanen Upton Sinclairs *Der Sumpf* und *Die Börsenspieler,* versuchte Brecht in einem Gegenentwurf zu Schillers *Jungfrau von Orleans* Dramaturgie und Versform der Klassik zur Darstellung neuer Thematiken zu benutzen und zu kritisieren. »Das klassische Drama wird erledigt, indem es erfüllt wird« (Klaus Völker). »Bleiben muß: es hilft nur der Generalstreik, woraus das Publikum ziehen wird: es hilft der Streik…« (A. Müller zur Inszenierung von Benno Besson in München 1974). »Die Mächtigen agieren lautlos, leise; deren Opfer schreien und röcheln, schlagen ›mit Eisen sich die Köpfe blutig‹ für einen Cent mehr Lohn« (H. Schubert zur Inszenierung von C. H. Meyer 1973 in Tübingen). 1980 inszenierte A. Kirchner in Bochum ein Szenarium aus blühender, quirliger Konjunktur, in der die Figuren wie an Fäden geführte Marionetten wirkten.

1929 begegnete Brecht Walter Benjamin, führte Regie bei der Uraufführung von Marieluise Fleißers *Pionieren in Ingolstadt* im Theater am Schiffbauerdamm. Im April heirateten er und Helene Weigel. 1930 erschienen im Kiepenheuer Verlag die ersten beiden Hefte der *Versuche.* In den Jahren 1929/30 entwickelte Brecht einen neuen Stücktypus des experimentellen Theaters, eine Didaktik der theatralischen Handlung für die Mitwirkenden: das Lehrstück. Dazu gehören *Der Flug der Lindberghs* (1929, später *Der Ozeanflug*), *Das Badener Lehrstück vom Einverständnis,* (1929, Musik von Paul Hindemith), die Schulstücke *Der Jasager/Der Neinsager, Die Ausnahme und die Regel* (1930), *Die Maßnahme* (1930). Genaue Ausgrenzungen sind schwer möglich: In den experimentellen Zusammenhang des Lehrstücks gehören auch die Fragmente *Der Untergang des Egoisten Fatzer* (1927/30; Uraufführung 1976, Berlin-West; Regie: F. P. Steckel) und *Die Mutter* (1932).

Der Untergang der Egoisten Fatzer
Vier Soldaten entfliehen dem System des Krieges; Fatzer entfernt sich zudem vom selbstgeschaffenen Bild der gemeinschaftlichen Aktion. Zweimal übt er Verrat: zuerst läßt er die herrschende Tötungsmaschinerie hinter sich, dann die vorweggenommene proletarische Gesellschaftlichkeit. Sein Tod, seine Exekution werden beschlossen.

Als asoziales Element kann Fatzer weder auf den »richtigen« revolutionären Zeitpunkt warten, noch darauf verzichten, Einspruch zu erheben gegen jede Disziplinierung der (Bewegungs-)Freiheit. »Zuviel Gefragter / Werde teilhaftig des unschätzbaren / Unterrichts der Masse: / Beziehe den neuen Posten« (Brecht) – »Zugrunde gehen heißt immer: auf den Grund der Dinge gelangen« (Walter Benjamin).

Die Maßnahme

Hier werden radikale Fragen an das Verhältnis einzelner/Kollektiv/Veränderung gerichtet. Durch undiszipliniertes Verhalten hat ein junger Genosse die Revolution gefährdet und behindert. Um nicht durch seine (der Polizei bekannte) Person das ganze illegale Kollektiv zu gefährden, willigt er, nach Diskussion und Interessenabwägung, ein in seine »Auslöschung«, Liquidierung »im Kalk«. Dieser wohl entschiedenste Versuch, Begriffe und Theoreme der Ethik des revolutionären Kampfes auf der Bühne zur Disposition zu stellen, wurde in der Folgezeit gerade von parteikommunistischer Seite abgelehnt mit der janusköpfigen Begründung, daß die Partei eine derartige Praxis nicht kenne. Brecht untersagt später die Aufführung seines Lehrstücks, das fortdauernde Fragen des Individuums im Prozeß des Handelns und Verhandeltwerdens innerhalb eines revolutionären Prozesses artikuliert. 1970 unternahm Heiner Müller in dem Stück *Mauser* einen Versuch des inhaltlichen und formalen Weiterdenkens dieser nun auch vielfach historisch erfahrenen Grenze, an der Zeit und Anspruch des Subjekts unlösbar auf die behaupteten Gesetze der Geschichte treffen: eine Grenze, die historisch/ästhetisch weiterhin verdrängt/verklärt blieb. Diese Lesart, die das Subjekt als (wenn auch aktives) Opfer vorrückt, spricht ein negatives Urteil über den historischen Prozeß, dessen »Richtung und Gangart ... nur noch durch die Blutspur, die er hinterläßt, definiert (ist).«
»Bei Brecht führt die gleichzeitige und gleichberechtigte Position (Begreifen) und Negation (Nichtbegreifen) zu einer Offenheit, in der die Betrachter/Spieler intervenieren, seine Entscheidung, seine Wertung, seine Problematik investieren muß« (Lehmann/Lethen). Dem verwandt, inszenierte 1981 G. Tabori *Der Jasager/Der Neinsager* in

Kassel, indem er qua Subjektivierung den Akt des »Einverständnisses« als unvernünftig verfremdete, so den Einspruch des Subjektes als Ansatz nahm, Einverständnis von Massen als prinzipiell unvernünftig erscheinen zu lassen. »Die christliche Endzeit der *Maßnahme* ist abgelaufen, die Geschichte hat den Prozeß auf die Straße vertagt ... Auf einem Gelände, in dem die ›Lehre‹ so tief vergraben und außerdem vermint ist, muß man gelegentlich den Kopf in den Sand ... stecken, um weiterzusehn« (Heiner Müller).

Die Mutter

Nach dem Roman Gorkis erarbeiteten Slatan Dudow, Günther Weisenborn, Hanns Eisler und Brecht die Geschichte der Pelagea Wlassowa, den Weg von der mitfühlenden Frau zur revolutionären Kämpferin (Uraufführung 1932, Regie: E. Burri). Ihr Opfermut erhält seinen langen Atem durch die »Dritte Sache«, die Revolution und die ihr folgende Befreiung. Die Gefallenen und ihr Leid überleben im Bericht, im Produkt des siegenden Kollektivs. F. P. Steckel und Peter Stein schrieben 1970 zu ihrer Inszenierung an der Westberliner Schaubühne: »(Die Zuschauer) werden, sofern sie das Beispiel gelten lassen ... aufgefordert, die besonderen Widersprüche in ihren eigenen Tätigkeiten aufzusuchen und zu deren Lösung überzugehen.« »Sie hat das Politische gelernt, ist aktiv geworden ... Der historische Erfolg stellt sich zwar ein, aber ihre Situation ist eine traurige: sie steht am Ende allein, sie hat keine Gefolgschaft« (Therese Giehse über ihre Rolle der Wlassowa, 1970).
1932 wurde das »Greuelmärchen« *Die Rundköpfe und die Spitzköpfe* fertiggestellt (drei Fassungen: 1933, 1933/34, 1938; 1936 in Kopenhagen uraufgeführt). Es ging hervor aus einer Bearbeitung von Shakespeares *Maß für Maß* mit der Zielrichtung, in »komischer« Szenenfolge Rassenideologie wie auch faschistische Diktatur als willfährige Instrumente in den Händen der besitzenden Klasse zu zeichnen.

Die sieben Todsünden der Kleinbürger

Angesichts der zunehmenden Machtübergabe an den deutschen Faschismus exilierte Brecht Ende Februar 1933 nach Zürich. Im Mai reiste er nach Paris, wo er mit Weill das Ballett *Die sieben Todsünden der Klein-*

bürger schrieb (Uraufführung 1933, Paris). Ausgehend von dem Katalog der sogenannten sieben Todsünden in der mittelalterlichen Scholastik, zeigt es die Disziplinierung der Tänzerin Anna auf ihrem Weg von der Provinz in die großen Städte des Erfolgs. In Umwertung der tradierten Sünden deutet Brecht etwa die »Trägheit« als eine Faulheit im Begehen des Unrechts; »Stolz« steht für die Beachtung des Selbstwertgefühls, das der Vermarktung des eigenen Körpers im Wege steht. Gespalten in die Managerin Anna I und die Künstlerin Anna II gelingt der Erfolg; alle Träume der Selbstverwirklichung und des Gefühlslebens werden domestiziert; die Konstitutionsbedingungen des Kleinbürgertums sind erfüllt. Die Brechtsche Umkehrung der mittelalterlichen Todsünden beinhaltet Produktivkraft: die Fähigkeit zum Selbstgenuß kann in die Liebe, Empörung und Unzufriedenheit über die Verletzungen der Menschenwürde können in die Gegenwehr führen. Die Choreographie/Inszenierung von Pina Bausch 1976 in Wuppertal zeigte beispielhaft die Spaltung des Menschen/der Frau in der Wettbewerbsgesellschaft. Der/die Kunstschaffende, -repräsentierende hat die Aufgabe, persönlich Vorbild für Normtreue zu sein, aufgrund derer der Erfolg, das allgemeine Wunschbild den Weg zu sich selbst bestimmt: der Künstler als Tugendmultiplikator.
Im Spätsommer 1933 ließ sich Brecht samt Familie und Mitarbeiterin Margarethe Steffin unter Hilfe von Ruth Berlau in Dänemark nieder. Dort schrieben Brecht und Steffin das »Lehrstück über Dialektik für Kinder« *Die Horatier und die Kuratier* (1934/35; Uraufführung 1958 in Halle). Ausgehend von einer Erzählung des Livius skizziert das Stück ideologische und strategische Konzepte, die es den gegen Unterdrückung Kämpfenden erlauben, qua dialektischer Erkenntnisfähigkeit Disziplin und Mobilität, Standfestigkeit und vorübergehenden Rückzug zu beherrschen (beabsichtigt war vermutlich auch, einen Kommentar zu Leninschen Strategien zu liefern). 1935 unternahm Brecht eine Reise nach Moskau, bei der er einen für die Theorieentwicklung des »epischen Theaters« wesentlichen Auftritt des chinesischen Schauspielers Mei-lan-Fan erlebt (besonders dessen Technik des Vorstellens und

Einnehmens einer Rolle). 1936 entstand das Fragment *Das wirkliche Leben des Jakob Geherda* (1983 in Düsseldorf uraufgeführt; Regie: Peter Palitzsch), ein Stück über einen ohnmächtigen Konformisten, dessen Machtfaszination (und mißbrauchbare Rückgratlosigkeit) in seinen Kinophantasmen gezeigt wird. Die Sommer 1935 und 1936 verlebte Walter Benjamin in Brechts Haus; 1936 war es ganzjähriger Aufenthaltsort von Karl Korsch. Brecht arbeitete an Texten in chinesischem Parabelstil, die später in die Sammlung *Me-ti, Das Buch der Wendungen* eingingen.

Die Gewehre der Frau Carrar
Im darauffolgenden Jahr wurde der (1937 in Paris uraufgeführte) Einakter fertiggestellt, der in Hinblick auf den Spanischen Bürgerkrieg grundsätzliche Standortbestimmungen des antifaschistischen Widerstandes zwischen Pazifismus und aktiver Parteinahme kennzeichnet. Die Carrar will ihre Söhne vom Krieg fernhalten und dadurch retten; der ältere, auf dem Meer fischend, wird von Faschisten erschossen. Zur Verstärkung der propagandistischen Wirkung arbeitete Brecht mit den Mitteln der überwundenen Dramaform. In aristotelischer Conclusio erkennt die Carrar das Illusionäre ihres Standortes, zieht die Konsequenz der Tat und eröffnet für sich die zweite Front des totalisierten, technisierten Krieges: »Das ist Aussatz, und das muß ausgebrannt werden wie Aussatz.« Gerade in der Behandlung der Sprache versucht das Stück die Totalisierung des internationalen Bürgerkrieges zu verdeutlichen; auch für noch nicht Beteiligte gilt: Es gibt nurmehr Parteigänger und -gegner. Diesem Programm folgte auch der Aufruf, den Brecht 1937 durch Ruth Berlau auf dem II. Internationalen Schriftstellerkongreß in Madrid verlesen ließ: Sprache mithin nicht als Instrument der Beschreibung, sondern als Waffe.

Brechts »Mutter«. 1951 am Berliner Ensemble, Regie Brecht, Bühne Neher, mit Käthe Reichel (Dienstmädchen), Helene Weigel (Pelagea Wlassowa), Ernst Busch (Lapkin), Erwin Geschonnek (Metzger); 14. Szene, »1917, In den Reihen der streikenden Arbeiter und meuternden Matrosen marschiert Pelagea Wlassowa, die Mutter«.

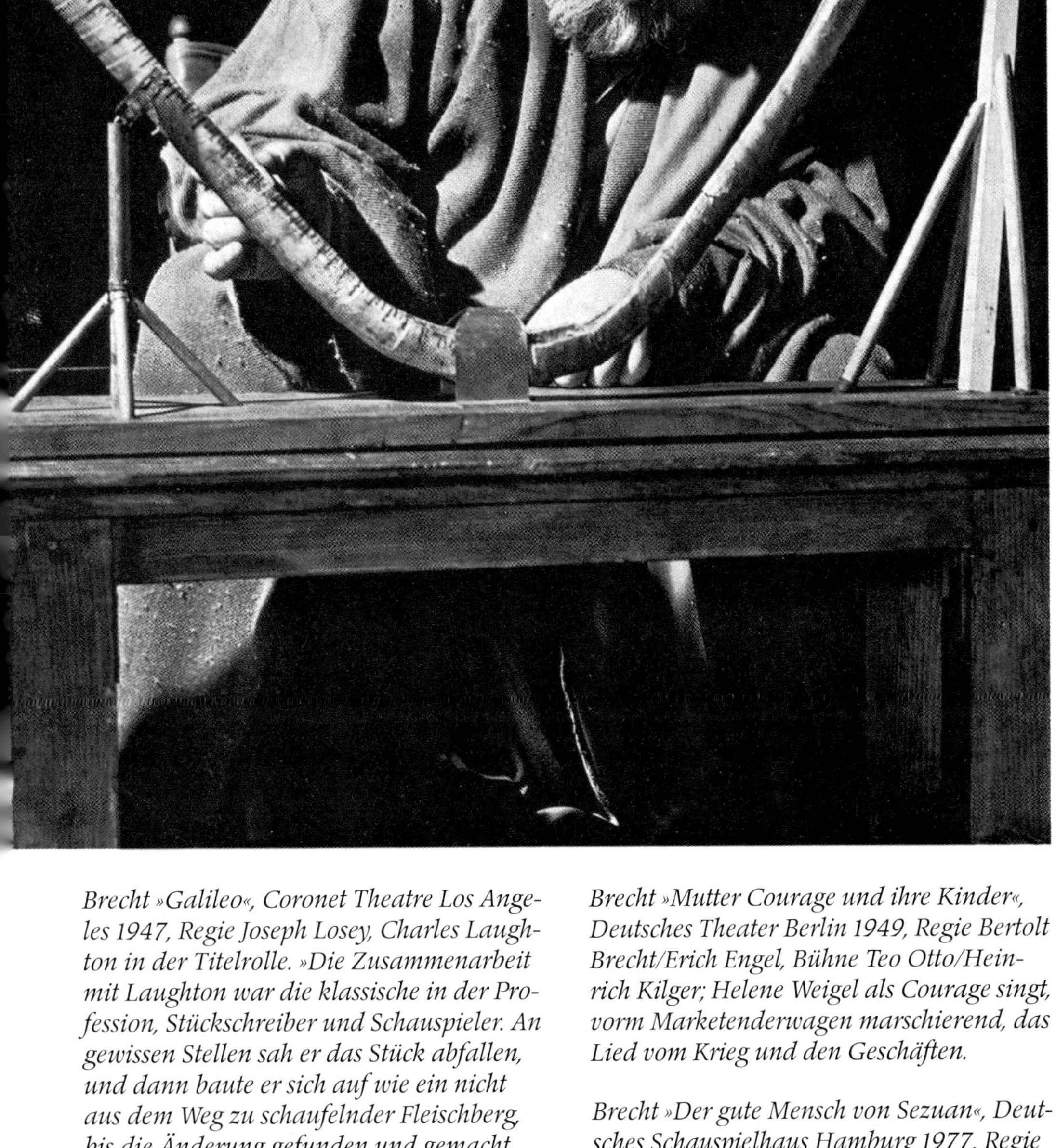

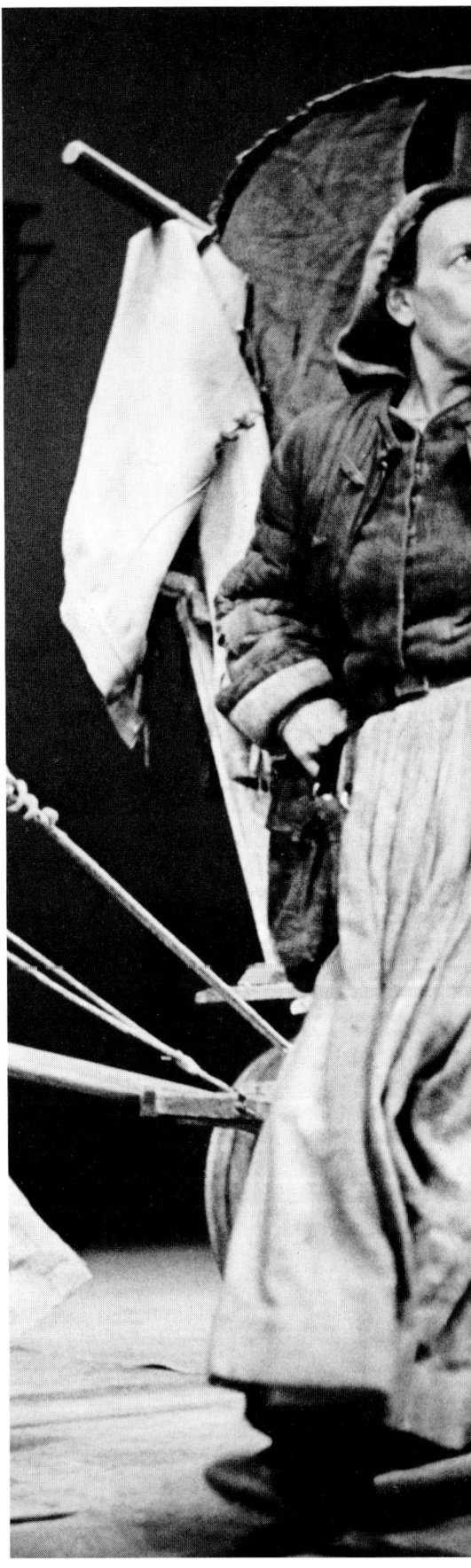

Brecht »Galileo«, Coronet Theatre Los Angeles 1947, Regie Joseph Losey, Charles Laughton in der Titelrolle. »Die Zusammenarbeit mit Laughton war die klassische in der Profession, Stückschreiber und Schauspieler. An gewissen Stellen sah er das Stück abfallen, und dann baute er sich auf wie ein nicht aus dem Weg zu schaufelnder Fleischberg, bis die Änderung gefunden und gemacht war. (…) Häufig führte die aus ästhetischen Gründen vorgenommene Änderung zu einer politischen Verschärfung, und Laughton war jedesmal sehr zufrieden hiermit.« (Brecht, 1945).

Brecht »Mutter Courage und ihre Kinder«, Deutsches Theater Berlin 1949, Regie Bertolt Brecht/Erich Engel, Bühne Teo Otto/Heinrich Kilger; Helene Weigel als Courage singt, vorm Marketenderwagen marschierend, das Lied vom Krieg und den Geschäften.

Brecht »Der gute Mensch von Sezuan«, Deutsches Schauspielhaus Hamburg 1977, Regie Giorgio Strehler, mit Andrea Jonasson als Freudenmädchen Shen-Te, die über die unter Wasser gesetzte Bühne stürmt, das Geld der Götter in der Hand; es setzt sie instand, den Tabakladen zu kaufen.

Furcht und Elend des Dritten Reiches

Im Frühjahr 1938 wurden einige Szenen in Paris uraufgeführt. Bilder aus dem Innenleben des deutschen Faschismus wurden unter Verwendung einer Vielzahl von Orten und Berufsgruppen vorgeführt. Auf Sekundärmaterial (Sehweisen der Exilanten, interessevoll oppositionelle oder konforme Medienprodukte) angewiesen, überschätzte Brecht die Unzufriedenheit und tendenzielle Widerstandsbereitschaft in Deutschland. Die Grundlagen der faschistischen Herrschaft bleiben in allen 24 (27) Szenen merkwürdig diffus. Heiner Müllers *Die Schlacht* (1951/74) und Franz Xaver Kroetz' Szenenfolge *Furcht und Hoffnung der BRD* (1983 über Arbeitslosigkeit) sind Brecht formal verpflichtet. In einer Bearbeitung Brechts (1942) wurde mittels einer zentralen dramaturgischen Struktur (ein kommentierender Chor auf einem Panzerwagen, der nach Smolensk rollt) die Folge bzw. Ursache von »Furcht und Elend« erweitert behandelt. Zum Schluß steht der vereiste Panzerwagen an der russischen Front. »Und als Epilog könnten die Schauspieler an die Rampe treten und (inhaltlich) dem Publikum sagen: Ihr aber, wenn ihr den Wagen aufhaltet … haltet ihn mit Gewalt auf! Vergeßt nicht, daß Gewalt nicht genügt in einer Welt, die so kalt ist« (Brecht an Max Reinhardt, Mai 1942).

Leben des Galilei

Von dem im Spätherbst fertiggestellten Schauspiel existieren drei Fassungen: 1938 (Uraufführung 1943 in Zürich, Regie: Leonhard Steckel); 1945/46 zusammen mit Charles Laughton (UA 1947 in Los Angeles, Regie: Joseph Losey und Brecht); 1953/56 (UA 1957 durch das Berliner Ensemble, Regie: Erich Engel). Das Schauspiel kennzeichnet eine Haltung der Hoffnung, belegt sie mit einem historischen Beispiel, nach dem Wissenschaft und Menschlichkeit Machtwissenschaft und Unterdrückung beseitigen könnten. In ausgedehnten Vorarbeiten hatte Brecht sich mit Wissenschaftsgeschichte vertraut gemacht. Im Galilei setzte er der tradierten Methode, Herrschaft über Natur durch Brechung ihrer Regeln, eine »vernünftige« Art der Wissensverwertung gegenüber. Wissen entsteht durch anpassende Beobachtung, verwertet die vortheoretischen Kenntnisse der Handarbeiten-

den, steht auf der Seite des Volkes, nicht derjenigen der Herrschaft. In immer wieder variierter Form schildert das Schauspiel am Beispiel Galileo Galileis, der forscht, sich tapfer und klug zeigt, schließlich doch dem Druck der Inquisition nachgibt, im inneren Exil weiterarbeitet (seine Resultate außer Landes bringen kann), ein anhaltendes Drama der Naturwissenschaft. Einen Ausweg aus dem Dilemma, wie Wissen der Wertung und der Beurteilung durch die Machthaber entzogen werden kann, wenn gleichwohl nur die staatliche bzw. unternehmerische Macht die Ressourcen bereitstellen kann, diese Ergebnisse zu erzielen, deutet das Stück nur in Haltungsangeboten an (so wenn während der Pest zwischen »Renaissancemensch« und Volk die Verbindung des Machtvakuums entsteht).

Auch in den dem *Galilei* thematisch folgenden Projekten, *Prometheus* (1940/52) und *Leben des Einstein* (1955) werden zwei, von der Geschichte bis heute nicht bewahrheitete Auswege geboten: Vorreflexion des Wissenschaftlers bzw. Indienstnahme der Ergebnisse durch das Volk. Einsteins oder Oppenheimers Problem, die Fabrikation der Bombe gegen das nazistische Deutschland notgedrungen billigen zu müssen, andererseits die Waffe in ihrer Vernichtungskraft zu verwerfen, ist ebensowenig durch Wissenshaltungen klärbar, wie der Exodus der Wissenschaftler von Deutschland in die USA (nach der militärischen Niederlage) dadurch verwischbar. Die zum Prinzip aufgeworfene Methode der Naturwissenschaft läßt Fragen offen. Die Nachteile und inhumanen Auswüchse, die im »Spielerischen« einer Teilbereichstheorie noch korrigierbar sein mögen, schlagen bei ihrer Übertragung auf die Gesellschaft mit der Inhumanität eines Totalitätsanspruches zurück. Demnach verkörpert die technische Welt auch die Ratio, obgleich die partikuläre Rationalität in noch gesteigerter Form die Irrationalität des Ganzen evoziert. Mit dem Appell Galileis, einen hippokratischen Eid der Naturwissenschaften einzurichten, tritt Brecht neben die eigene Methode.

Im Frühjahr 1939 verlegte Brecht seinen Wohnsitz nach Südschweden. Im Juni waren die Einakter *Dansen* (Uraufführung 1967, Köln) und *Was kostet das Eisen?* (Uraufführung 1939, Stockholm) fertig. Beide kriti-

sieren in knapper Parabelform die Neutralitätspolitik der nichtfaschistischen europäischen Staaten, waren in erster Linie konzipiert für das Publikum der Gastländer kurz vor Ausbruch des Zweiten Weltkrieges. Kurz nach dessen Ausbruch beendete Brecht seine *Mutter Courage*.

Mutter Courage und ihre Kinder

Auf einer Vorlage von Grimmelshausen beruhend, wurde das Stück 1941 in Zürich uraufgeführt (Regie: Lindtberg; Überarbeitung 1948/49). Die Musik für die Songs schrieb Paul Dessau. Die Marketenderin Anna Fierling lebt vom Krieg; sie verliert trotz aller Vorsicht ihre drei Kinder an den Krieg. Am Ende ist sie keine Mutter mehr, sondern eins mit dem fortlaufenden Töten, für das sie die Waren liefert. Es wurde kritisiert (1949 von Friedrich Wolf), daß die Courage keine Läuterung erfahre, nichts lerne, keine positive Heldin werde. Entgegen Brechts Hoffnung, die Zuschauer würden lernen, warum die Courage nichts lernt, sah das Nachkriegspublikum wohl mehr die Leiden der Courage im schlechten Krieg als ihre Schuld, ihren ungebrochenen Geschäftssinn, ihr Mitmachen. Bei Brecht aber überleben gerade Opportunismus und Mutterwitz mit Realitätstüchtigkeit. Die Tugendhaften sterben: die beiden Söhne an Tapferkeit und Redlichkeit, die Tochter an ihrer Fähigkeit zum Mitleid. *Mutter Courage* in der Inszenierung von Brecht/Engel mit Helene Weigel in der Titelrolle wurde 1949 die erste Brechtpremiere im Nachkriegs-Berlin. Das »Courage-Modell« wurde stilprägend bis Mitte der sechziger Jahre (so noch bei Palitzsch in Köln 1964 und bei Harry Buckwitz in Recklinghausen). In A. Kirchners Inszenierung (Bochum 1982) wurde die »Chronik aus dem Dreißigjährigen Krieg« zur Spielvorlage für den aktuellen theatralischen Umgang mit der Vorkriegszeit; der momentane Stand der Hochrüstung und Reaktionen des Zynismus waren zu sehen; dazu trat eine neugeschaffene Figur – der Tod als Clown, das Geschehen führend: »Ohne Krieg gibt's keine Ordnung, ohne Ordnung keinen Krieg.«

Das Verhör des Lukullus

Im November 1939 schrieben Brecht und Margarethe Steffin einen Radiotext (vier Fassungen; Erstsendung 1940), der 1951 wiederum mit Musik von Paul Dessau in Berlin als Oper uraufgeführt wurde. Im Schattenreich der Toten muß sich der Feldherr und Gastrosoph Lukullus vor den Opfern und Hinterbliebenen seiner Feldzüge verteidigen. Das Verfahren endet mit seiner Verdammung. Die Notwendigkeit der großen Führer wird negativ beantwortet. Wie schon in dem Roman *Die Geschäfte des Herrn Julius Cäsar* beschreibt Brecht in Analogiebildung zur europäischen Zeitgeschichte die Kohärenz zwischen Klassenversöhnung einerseits und ökonomischer Notwendigkeit der Expansionskriege andererseits. Das Libretto wies klare pazifistische Züge auf. Auf Intervention des Volksbildungsministeriums der DDR differenzierte Brecht zwischen Angriffs- und Verteidigungskrieg und intensivierte die Anteilnahme des Volkes bei der Grablegung eines nationalen Großen.

Der gute Mensch von Sezuan
Nach dem Einmarsch der Nazitruppen 1940 in Dänemark und Norwegen floh die Familie Brecht nach Finnland. Im Frühsommer entstand *Der gute Mensch von Sezuan* (verschiedene Umarbeitungen, Uraufführung 1943 in Zürich, Regie: Leonard Steckel). Von Not gezwungen, bricht die Figur auseinander – in Shen Te, die herzensgute, liebesfähige Hure, und Shui Ta, den lebens- und geschäftstüchtigen Vetter, unter dessen Name/Maske Shen Te eine Tabakfabrik eröffnet, Reichtum gewinnt und letztendlich als Shui Ta wegen Mordes an Shen Te angeklagt und von einem parodierten Göttergericht mit ihrem Riß durch die eigene Existenz alleingelassen wird. Ebenso verliert sie ihre Liebe zu dem Flieger Yang Sun, beweist derart das nicht eben originelle Prinzip; von der Liebe können die Liebenden nicht leben. Gegen Körper und Gefühl stehen siegreich Geist und Tüchtigkeit. Da Shen Te an ihrer Liebe festhält, ersteht die absolute Liebe als Analogie zur unbedingten Wettbewerbsgesellschaft, nur deren Produkte bleiben mehrwertträchtig; Shen Tes Produktion ist vergänglich. Neben dieser Zuspitzung der Brechtschen Parabelorthodoxie ist auch eine Deckungsgleichheit denkbar: die mühevolle Arbeit der Hure und ihre bürgerlichen Sehnsüchte als austauschbar mit der Tag- und Nachtseite der merkantilen Glätte. Diesen Zusammenfall

versuchte J. Chundela 1984 in Düsseldorf darzustellen, indem er aus unentwegten Identitätswechseln eine Figur der kompletten Verwirrung entstehen ließ.

In dem Fragment *Das Leben des Konfutse* behandelte Brecht einmal mehr die Rolle/Funktion des Kopfarbeiters zur Macht als lehrhaftes Satyrspiel. Als Lesefolie hilfreich ist der 1935 entstandene Text *Fünf Schwierigkeiten beim Schreiben der Wahrheit* (auch für die späteren Stücke *Hofmeister, Turandot*). Geplant war, *Konfutse* mit einem Stück über »Leben und Tod der Rosa Luxemburg« zu einer Aufführung nach antikem Muster zu verknüpfen.

Herr Puntila und sein Knecht Matti
Das 1948 in Zürich uraufgeführte »Volksstück« (Regie: Brecht/K. Hirschfeld) verfaßte Brecht im Sommer 1940 »nach Erzählungen der Hella Wuolijoki«. »Der Herr von Puntila hat zwei Seelen. Wenn er besoffen ist, ist er ein Mensch, aber wenn er nüchtern ist, ist er ein Gutsbesitzer.« Puntila steht in der Tradition des Baal – als vitaler Leuteschinder; hinzu treten die Eigenschaften eines anarchischen Großgrundbesitzers. Seine häufig zum Sympathieträger hin angelegte Inszenierung verdeckt nicht, daß in dieser Herr-Knecht-Beziehung der Untergebene Matti Opfer einer nahezu feudalen Willkür ist. Nach vielen erotischen und alkoholischen Eskapaden verläßt Matti, der mal Nutznießer, mal der Geprügelte ist, den Hof, unwillig, den nächsten Anfall von Klarheit abzuwarten. Weil aber der lebenslustige Saufbold bei der Wahrnehmung durchs Publikum vorherrschend blieb, erfand Brecht 1948 als Stütze der politischen Dimension den »roten Surkkala«, dessen proletarische Weisheit ausgleichend wirken sollte. Dabei ist durchaus eine Parallele zum (gleichberechtigten) Kampf im *Dickicht* denkbar, die neben dem Hegelschen Herr-Knecht-Theorem auch die Pointenfülle von Diderots *Jacque le fataliste* anböte. Fritz Kortner sah in den »lebenslustige(n) Saufbolde(n) … Nachkommen jener Junker, die Vaterland sagen und Großgrundbesitz meinen, die sich mit der Großindustrie verbündeten und zum Schutz dieser unheiligen Allianz die allgemeine Wehrpflicht einführten zur Erhaltung und Erweiterung des Großgrundbesitzes«. Puntila blieb eine wichtige Figur in der Reihe Baal, Azdak-

Egozentriker, in denen dramatische und theatrale Widerstände aufzufinden sind. In unmittelbarem Anschluß schrieb Brecht in Helsinki *Die Flüchtlingsgespräche*.

Der aufhaltsame Aufstieg des Arturo Ui
Im Frühjahr 1941, während man noch auf die amerikanischen Einreisevisa wartete, entwarfen Brecht und Margarethe Steffin das Parabelstück *Arturo Ui* (Uraufführung 1958 in Stuttgart). Ihrer Ansicht nach sollte die respektheischende Aura, die machtvolle Diktatoren umgibt, durch die Wendung ins Groteske und durch die Betonung jeder einzelnen Amtshandlung/Tötung zerstört werden. Dargestellt wird dies am Aufstieg des miesen kleinen Gangsters Ui und seiner Gang (Chicago, Dutch Schultz, Al Capone und ihre Verbindungen zu Gewerkschaften, Business und politischen Handlangern sind Rahmenangebote), denen es gelingt, in den Karfioltrust einzusteigen, da Politik und Unternehmertum durch unlautere Verquickungen erpreßbar geworden sind. Schließlich übernehmen die Gangster, nun im bürgerlichen Habitus, den Trust: Der Siegeszug des Monopolismus beginnt. Die teilweise bemühte Parabel über den Aufstieg Hitlers und die kapitalistische Konkurrenzwirtschaft wird einsichtig, wenn in parodierender Form (Geschichte als Jahrmarktspanorama) Sprache und Rituale der emotionsgerichteten Demagogie vorgeführt werden. Die vom deutschen Faschismus in seiner Ästhetisierung der Massenwünsche virtuos ausgeschöpften Emotionen sind das Thema. Derart wird Theater auf dem Theater geboten. Der glänzenden Technik und vorgetäuschten Autonomie der »Göringtheater« (Gründgens Fehling u. a.) setzte Brecht das Bestreben nach einer Bühnenkunst entgegen, die politische Wirklichkeit verarbeitet, die eigene Ästhetik daraufhin befragt und nach Zusammenhängen politischer und ästhetischer Entwicklung sucht.

Im Mai 1941 begann die Flucht über Moskau in die USA, auf der die Mitarbeiterin Margarethe Steffin starb. Im Juli gelangte Brecht nach Kalifornien und traf mit vielen Exilanten zusammen. Von vielfältigen Plänen (u. a. mit W. Dieterle, Elisabeth Bergner) blieb die Mitarbeit, allerdings kaum wiedererkennbar, an Fritz Langs Film »Hangmen also die«.

Die Gesichte der Simone Machard
Im Winter 1942/43 schrieben Brecht und
Lion Feuchtwanger in Hollywood das 1957
in Frankfurt/Main (Regie: Harry Buckwitz)
uraufgeführte Stück. Wie ein früherer Titel
Jeanne d'Arc 1940 sagt, ist der Widerstand
des französischen Volkes gegen die Okkupation durch die deutsche Wehrmacht und
ihre französischen Nutznießer das Zentrum der Fabel. Gegen den Aggressor stehen soziale Zusammenhänge, geprägt von
Mitmenschlichkeit, die es Simone/Jeanne
gestatten, qua Imagination Widerstand zu
leisten. Nicht Affektation, sondern Integrität kommt in ihren Träumen zum Aus-

druck. Gewichtig bleibt, daß im Stück über
die Phantasmen aus Poesie und Hoffnung
hinaus der Partisanenkampf als ein Kampf
um nationale Autonomie mit dem für soziale Befreiung zusammentritt.

Schweyk im Zweiten Weltkrieg
Im Sommer 1943 schrieb Brecht (für Broadway, Peter Lorre und Kurt Weill – es gelang
keine Kooperation) diese, nach dem Stück
von 1927 zweite Adaption des Hasek-Romans (1957 in Warschau uraufgeführt) –
»erheblich schärfer, entsprechend dem
Wechsel von der eingesessenen Gewalt-
herrschaft der Habsburger zur Invasion

*Brecht »Der kaukasische Kreidekreis«, Ber-
liner Ensemble 1954, Regie Brecht, Bühne
Karl von Appen, mit Angelika Hurwicz als
Magd Grusche mit dem von ihr geretteten
Gouverneurskind auf dem Schoß: »Schreck-
lich ist die Verführung zur Güte.«*

*Brecht »Herr Puntila und sein Knecht
Matti«, Deutsches Schauspielhaus Hamburg
1983, Regie Frank-Patrick Steckel mit Ulrich
Wildgruber als »Leuteschinder und anarchischem Kapitalisten, mit Willküraktaten unbedingter Umarmung« (Michael Merschmeier)
und Christian Redl als klassenbewußtem
Chauffeur.*

der Nazis« (Brecht). Benutzt werden Momente der Groteske und Parodien der nazistischen Kleinbürgerkultur. Das Verfahren der behutsamen Subversion, leises Ad-absurdum-Führen der Befehlsstrukturen durch deren (Über-)Erfüllung kann in *Schweyk* hineingelesen werden: Genußsucht und Phantasie als Sand im Getriebe. Andererseits zeigt das Stück die Überlebenden und ihre Selbstberuhigungsmechanismen, womit manche Nachkriegstendenzen in beiden Teilen Deutschlands vorweggenommen wurden.

Der kaukasische Kreidekreis
Im Frühsommer 1944 erfolgt die Niederschrift des *Kreidekreises* in Zusammenarbeit mit Ruth Berlau (uraufgeführt in englischer Sprache 1948 in Northfield/Minnesota; Musik Paul Dessau 1953/54). Das Kreidekreis-Motiv hatte Brecht schon 1925 dem Zwischenspiel »Elefantenkalb« (wohl angeregt durch Klabund) und 1939/40 der Erzählung *Der Augsburger Kreidekreis* zugrunde gelegt. Die alte, fast märchenähnliche Geschichte erzählt der Sänger neu: Im Streit zweier Frauen spricht der Richter nicht der leiblichen Mutter das Kind zu, vielmehr derjenigen, die durch mütterliches Verhalten und Liebe den Anspruch erworben hat. Es entscheidet nicht der Eigentumsbegriff. An dessen Stelle tritt das Bekenntnis zum produktiven, dem Menschen freundlichen Leben. Diese utopische Entscheidung fällt Azdak, ein Anarchist auf dem Richterstuhl. Ein Vertreter der Unordnung spricht ein revolutionäres Urteil, dessen zukunftweisender Inhalt im Vorspiel beschrieben ist: In Grusinien/Georgien debattieren nach der Befreiung von faschistischer Besatzung zwei Kolchosdörfer über die vernünftige Nutzung eines Tales, auf das sie beide Anspruch erheben. Die menschenfreundliche Art und Weise, wie dies geschieht, entwirft das Ideal eines demokratischen Sozialismus. »Der Streit um das Tal (erscheint dann) als optimistische Tragödie, nicht als sozialistisch beschönigte Fortschrittsparabel, die sich skrupellos über technokratische Landschaftsbarbarei hinwegsetzt« (Klaus Völker). »Gnade euch Gott«, läßt Brecht einen alten Bauern sagen, »wenn es nicht ein Garten ist.«
In den Jahren 1944 bis 1947 plante Brecht eine Oper »Die Reisen des Glücksgottes«,

verfaßte etliche Filmexposés, begann mit einer Versifizierung des *Kommunistischen Manifests.* Theoretische und politische Standortbestimmungen beschäftigten ihn angesichts der Niederschlagung des deutschen Faschismus. »…das Neue, was die Bourgeoisie hervorgebracht hat, war der Faschismus, und der ist besiegt, d. h. noch neueren Nachrichten nach ist er nicht besiegt und tritt auf als ›Neo‹-Faschismus. Und die ›Neue Zeit‹ scheint die Zeit zu sein, wo die Erde als Nova paradieren wird … So bekommt jedes Volkstheater der Dialektiker etwas Utopisches, und Utopien hatte man früher, sie sind etwas Altes … Die sehr verschiedenen theatralischen Formen sind keinesfalls Versuche, zu einer endgültigen Form zu kommen; endgültig sollte nur die Verschiedenheit der Formen sein« (Brecht im August 1946 an E. Bentley). Im September 1946 fand die Uraufführung von *The Duchess of Malfi* (eine Bearbeitung nach John Webster) mit Elisabeth Bergner in Boston und New York statt. Am 30. Oktober 1947 wurde Brecht vor das »Committee of Unamerican Activities« geladen – seine Aussage kann mit leise/listig umschrieben werden.

Die Antigone des Sophokles
Über Paris nach Zürich gelangt, bearbeitete Brecht die Vorlage des Sophokles (Uraufführung 1948 in Chur; Regie: Brecht/Caspar Neher). Gedacht war, die Haltung der Ödipustochter Antigone, den göttlichen Gesetzen und dem Labdakiden-Fluch gemäß zu handeln, zur beispielhaften Widerstandsform innerhalb eines diktatorischen Regimes zu gestalten. Es stellte sich heraus (dokumentiert in Anmerkungen des »Antigone-Modells«), daß nicht allein die Hölderlinsche Übertragung die Projektion des Klassenkampfes und seiner Parteiungen/Avantgarden verhinderte. Die aufhebbaren Antagonismen konvergieren nicht mit den Mythologemen der Tragödienanlage. Brechts Intention wird klar im Vorspiel: Im Endkampf um Berlin stoßen zwei Schwestern auf Lebenszeichen ihres desertierten Bruders. Während sie dessen Proviant verzehren, wird er ermordet. In seltener Eindeutigkeit zeigen die Schauspieler auf die Personen, deren Darsteller sie sind: »Bleib' innen, du; wer sehn will, wird gesehn. / So warteten wir eine Weil und sahn / Nicht nach den Dingen, die da drauß geschahn« (Brecht). Im Oktober 1948 begann Brecht mit den Proben zu *Courage* in Berlin. Helene Weigel arbeitete ab Anfang 1949 an den Vorbereitungen für das Berliner Ensemble. Gleichzeitig schrieb Brecht mit Ruth Berlau das Stück über die Pariser Commune (1956 in Karl-Marx-Stadt uraufgeführt; Regie: Besson/Wekwerth).

Die Tage der Commune
Durchaus im Hinblick auf Nachkriegsdeutschland werden Fehler und Versäumnisse der Pariser Kommunarden behandelt (keine Inbesitznahme der Produktions- und Distributionsapparate, keine Enteignungen, keine konsequente Bewaffnung des Volkes, Verhandlungsbereitschaft in Vertrauen auf beiderseitigen guten Willen usw.). Brecht wollte der Nachkriegssituation, westlicher Restauration und östlicher Inkonsequenz, entgegentreten, den Demontagen und vertikalen Weisungsstrukturen auf dem Gebiet der späteren DDR die Vorteile auch eines »befohlenen Sozialismus« gegenüberstellen, um die Notwendigkeit einer zeitweisen Aufhebung individueller Freiheiten zu begründen. In diesem Sinne seien es die bürgerlich-demokratischen Freiheiten, nämlich die, Geschäfte zu machen, die den Untergang der Commune verursacht hätten.

1949 erschienen u. a. ein Brecht-Sonderheft der Zeitschrift »Sinn und Form«, das *Kleine Organon* und Heft 9 der wiederaufgenommenen *Versuche.* Im Dezember bearbeitete Brecht die Lenzsche Komödie *Der Hofmeister* (Uraufführung 1950 Berlin; Regie: Brecht/Neher). Stand zum einen die Aneignung des literarischen Erbes im Vordergrund, so war andererseits die Misere des deutschen Bürgertums (dem Brecht Kants Philosophie zuordnete) das Thema: In der Figur des Hofmeisters Läuffer interpretiert das Stück exemplarisch den autoritätsgläubigen Lehrer (Intellektuellen), dessen Bereitschaft zur gesellschaftlichen Anpassung in der Selbstkastration gipfelt.
Im Herbst 1950 erhielt Brecht die österreichische Staatsbürgerschaft. Die Zusammenarbeit mit dem Komponisten Gottfried von Einem am *Salzburger Totentanz* blieb unvollendet. Als Kontrapunkt zur Tradition von Calderon bis Hofmannsthal sollte der Tod nicht mehr als Aufhebung von Zeit und Abhängigkeit gezeigt werden, sondern im Lichte des technisierten Massenmordens während des Krieges. 1951 hatten *Die Mutter* (nach Gorki) und *Biberpelz und roter Hahn* (Bearbeitung beider Stücke von Hauptmann) im Berliner Ensemble Premiere. Nach Beendigung der *Lukullus*-Querelen (»Daß unser Staatspräsident, der Genosse Otto Grotewohl, und andere führende Genossen mit uns wie mit alten Freunden drei Stunden lang über die Ziele und Wege des Kunstschaffens sprachen, blieb für uns beide ein unvergeßliches Erlebnis«, Paul Dessau) unternahm Brecht die Übersetzung und Bearbeitung des *Coriolan* nach Shakespeare (1962 in Frankfurt/Main uraufgeführt).

Coriolan
Der berühmte römische Feldherr bedroht mit seiner Forderung nach diktatorischen Vollmachten das Kräftegleichgewicht des Stadtregiments. Er wechselt die Fronten. An der Spitze eines feindlichen Heeres zieht er gegen seine Vaterstadt und wird nur von seiner Mutter Volumnia aufgehalten, die die Pragmatik des Machterhalts besser beherrscht als der im starren Wertesystem der Kriegerkaste gebundene Coriolan. Ihrer Analyse zufolge würde ein Sieg ihn zum Herrscher machen, aber nur mit Hilfe des Feindes, was seine Souveränität nicht gestattet; eine Niederlage gegen die Plebs Roms dagegen bedeutete das ethische und physische Ende. Brecht stärkte die Rolle der Bevölkerung, verneint die der »großen Heroen«.

Anläßlich der Registrierung tausender Jugendlicher, die von einem FDJ-Fest zurückkehrten, durch die westdeutsche Polizei schrieb Brecht das Chorwerk *Herrnburger Bericht.* Anfang 1952 äußerte Brecht, nochmals bezugnehmend auf *Lukullus,* gegenüber dem Essayisten Dolf Sternberger: »Bitte, glauben Sie mir übrigens, daß ich gegen Angriffskriege nicht nur bin, weil die Regierung der DDR gegen Angriffskriege ist. Daß sie das ist, ist einer der Gründe, warum ich für sie bin.« Im selben Jahr entstanden unter Mitarbeit von Brecht die Inszenierungen von Kleists *Der zerbrochne Krug* (Regie: Therese Giehse) und von Goethes *Urfaust.*

Der Prozeß der Jeanne d'Arc zu Rouen 1431
Mit Benno Besson schrieb Brecht eine Bearbeitung des gleichnamigen Hörspiels von Anna Seghers (Uraufführung 1952, Berlin). Jeanne ist Repräsentantin und Mobilisatorin des Volksaufstandes, Ausführende des befreienden Ideenreservoirs in der Bevölkerung. Das vorübergehende Gefühl, von dieser Grundlage abgeschnitten zu sein, verursacht ihren Widerruf. Der Nationalstaat, den diese Jeanne d'Arc vorstellt, ist nur als Ergebnis einer breiten Volksbewegung denkbar. Die Bearbeitung insinuiert zwei zeitgeschichtliche Schlußfolgerungen: die zunehmend verfestigte Teilung Deutschlands (und die hierin vorpreschenden Aktivitäten der Bundesrepublik wie auch die anhebende Wiederaufrüstungsdiskussion) erscheint ebenso konterkariert, wie die Rolle der (im Verständnis Brechts) bürgerlichen Intellektuellen beim Aufbau der DDR samt ihrer Privilegien zur Disposition gestellt werden.

1953 inszenierte Brecht Erwin Strittmatters *Katzgraben* und verfaßte dazu die *Katzgraben-Notate*. Als sich am 17. Juni 1953 die Berliner Bevölkerung erhob, nahm Brecht distanziert-abwartend Stellung. Unmißverständlich beantwortete sein Gedicht *Die Lösung* die Forderung der Herrschenden nach Wiederherstellung des Vertrauensverhältnisses: »Wäre es da / Nicht doch einfacher, die Regierung / Löste das Volk auf und / Wählte ein anderes?«

Turandot oder der Kongreß der Weißwäscher
Im Sommer 1953, den er in Buckow verbrachte, entstand neben den *Buckower Elegien* Brechts Turandot-Version (1969 in Zürich, in der Regie von Benno Besson, uraufgeführt). Vom alten Turandot-Märchen oder von Gozzis Märchenspiel ist in Brechts Bearbeitung nicht viel erhalten. Vielmehr konzentriert er sich in Analogie zu Vorkommnissen während der Weimarer Republik auf die Funktion der öffentlichen Meinungsmacher, der Tellekt-Uell-Ins. Haltungen arrivierter Kopfarbeiter in Brechts Optik waren sein Basismaterial. »…auf einer Party den Doppelclown Horkheimer und Pollok getroffen, die zwei Tuis vom Frankfurter Soziologischen Institut. Horkheimer ist Millionär, Pollok nur aus gutem Hause, so kann nur Horkheimer sich an seinem jeweiligen Aufenthaltsort eine Professur kaufen, ›zur Deckung der revolutionären Tätigkeit des Instituts nach außen hin‹« (Brecht). Die politischen Verhältnisse zwingen die Intellektuellen im Stück, sich entweder zu prostituieren oder Revolutionär zu werden. »Brecht ist weise genug, auch den Jammer der tuistischen Bemühungen zu sehen … In jedem Regime mit Diskussionslimit bleibt der Intellektuelle eben doch die einzige Hoffnung, Wortführer der Freiheit des Geistes« (Glosse von Hellmuth Plessner). »Man muß das Lustspiel in seiner banalen Oberflächlichkeit akzeptieren, die schematischen Widersprüche auf Steigerung der Situationen ins Unwahrscheinliche real machen« (Klaus Völker).

Ebenfalls 1953 wurde Brecht zum Präsidenten des PEN-Zentrums Ost und West gewählt. 1954 hatte anläßlich der Eröffnung des eigenen Hauses, des Theaters am Schiffbauerdamm, die Molière-Bearbeitung (gemeinsam mit Benno Besson und Elisabeth Hauptmann) *Don Juan* Premiere.

Don Juan
Wie schon die Kämpfer und Wissenden, gewinnt nun auch der Erotomane Don Juan (bzw. dessen Mythos) eine bemerkenswerte Hohlheit in dem Maße, wie er in feudaler Ferne zum Volk bleibt: ein Parasit, nurmehr von Kleidern zusammengehalten. Der Don-Juan-Figur ist gerade die Individualität genommen, die ihr bei Molière die Macht und Aktivität gab, mit aristokratischer Gleichmütigkeit gegen die gesellschaftlichen, d. h. spätfeudalen und frühbürgerlichen Wertesysteme zu verstoßen.
Im November 1954 nahm Brecht den 1951 gefaßten Plan wieder auf, nach Art des *Fatzer* ein Stück über Garbe, einen »Heroen der Arbeit«, zu entwerfen. Im Januar 1955 hatte Johannes R. Bechers *Die Winterschlacht* in der Regie von Brecht/M. Wekwerth Premiere. Im selben Jahr wurde Brecht der Lenin-Friedenspreis verliehen.

Pauken und Trompeten
Im Frühjahr 1955 verfaßten Benno Besson, Brecht, Elisabeth Hauptmann diese Bearbeitung nach George Farquhar (Uraufführung 1955, Berlin). Das Stück verarbeitet die tradierte Komödienstruktur in der Absicht, das Lachen des Publikums über zwei untergegangene Gesellschaftsformen (Adel, Bürgertum) hervorzurufen. Neben dieser Zielsetzung ist auch eine das Militärwesen karikierende Lesart denkbar, um der Remilitarisierung (Bundeswehr/Kasernierte Volkspolizei) entgegenzuwirken.

Mitte Dezember 1955 begannen die Proben zu *Leben des Galilei* mit Ernst Busch in der Titelrolle in der Regie von Brecht und Erich Engel. Sie mußten immer wieder unterbrochen werden wegen Brechts angegriffenem Gesundheitszustand. Er starb am 14. August 1956 vor Abschluß der Probenarbeit. 1983 formulierte der Regisseur und Dramaturg Ernst Wendt, der Brechts Stücke nicht hatte inszenieren wollen, seine Einschätzung des kritisch-produktiven Potentials Brechts folgendermaßen: »Bertolt Brechts ganzes Verdienst mag vielleicht einmal nicht in den Stücken bestehen, die er dem Theater hinterlassen hat, sondern in der Tatsache, daß er den eigentlich unsinnlichen, weil die Gefühle der Menschen um ihre Konflikte betrügenden Charakter solcher Vergnügungen sehr früh erkannt und sein Leben lang bekämpft hat.«

Französisches Theater und Drama im 20. Jahrhundert

Literarisches Theater und Avantgarde

Jacques Copeau und das Vieux-Colombier
Dem Pariser Publikum bot sich im Herbst 1913 eine neue Bühne an: das Théâtre du Vieux-Colombier. Auf Plakaten appellierte es »an die Jugend«: sich zu engagieren gegen die »Seichtheiten des Geschäftstheaters«, für eine »neue dramatische Kunst«; es appellierte »an die literarische Öffentlichkeit«: einzutreten für »le culte« (die dienende Pflege, den Kult) der »klassischen Meisterwerke«, der französischen und ausländischen, die die Basis des Repertoires des neuen Theaters bilden würden, und schließlich wandte es sich »an alle«: eine Unternehmung zu unterstützen, die bei niedrigen Preisen ästhetisch qualifizierte Inszenierungen bieten würde.
Der Kopf des Théâtre du Vieux-Colombier, Jacques Copeau (1879–1949), hatte sich als Kritiker betätigt, 1911 mit André Gide, Paul Claudel und dem Verleger Gallimard die erfolgreichste, solideste literarische Zeitung des Jahrhunderts, die Nouvelle Revue Française, gegründet und im gleichen Jahr in Lugné-Poës Théâtre de l'œuvre Dostojewskis Roman *Die Brüder Karamasow* als Bearbeiter und Regisseur auf die Bühne gebracht. Der Theaterneugründung im Oktober 1913 schickte er einen programmatischen Aufsatz im Septemberheft der »Nouvelle Revue Française« voraus. Copeau verkündete darin die Schlüsselrolle des Regisseurs, der die »wechselseitige Sensibilität und geheimnisvolle Korrespondenz der Beziehungen« unter den Spielern herstelle, das »Zusammenwirken der Bewegungen, der Gesten und Haltungen«, die

»Totalität des szenischen Vorgangs«. Dann teilte er mit, daß er alle jene Versuche kenne, Bühnenbilder »mit einer neuen ästhetischen Qualität« zu schaffen, er nannte die Namen Meyerhold, Stanislawski, Max Reinhardt, Georg Fuchs und Fritz Erler (die in München das Künstlertheater mit einer flach gebauten, sogenannten Reliefbühne 1908 hatten errichten lassen), er führte Gordon Craig an (dessen Programmschriften *Die Kunst des Theaters,* 1905, und *Der Schauspieler und die Übermarionette,* 1908, für in einfachen Formen gebaute und gestufte, vom Lichteinfall modellierte Bühnen plädierten). Mit all diesen sei er einig »in der Verdammung des realistischen Bühnenbildes, das dazu neigt, die Illusion der Dinge herzustellen«, aber er teile nicht »die Schwärmerei für ein stilisiertes oder synthetisiertes Bühnenbild«. Er erklärte sich vielmehr zum »Gegner jeder übertriebenen Stilisierung«, wolle nicht mit technischen Tricks arbeiten, verneine die »Bedeutung jedweder Maschinerie« für das Theater, weil sie »das Drama als Ausstattungsstück enden« lasse. Er brauche nur das »nackte Brett« (le tréteau nu), das Spielpodium. Dessen Zwänge würden »uns disziplinieren und zwingen, die ganze Wahrheit in den Gefühlen und Handlungen unserer Personen zu konzentrieren«. Das waren die Bestandteile des Copeauschen Theaters: die nackte Bühne, das literarische Werk, der Schauspieler – und der Regisseur als Zusammenordner dieser Elemente.
Copeaus Théâtre du Vieux-Colombier zeigte in der Saison 1913/14 auf der von einem Jugendstilportal gerahmten Podiumsbühne zehn Inszenierungen, darunter drei

Stücke von Molière, vier von Freunden der »Nouvelle Revue Française«, darunter *Der Tausch* von Claudel. Eröffnet wurde mit einem elisabethanischen Stück von Thomas Heywood, doch erst im Frühjahr 1914 kam der Erfolg mit Shakespeares *Was ihr wollt.* Die »nackte Bühne«, die Shakespeare-Bühne, bewährte sich. Es gab nur eine gebogene Bank auf ihr – und die Schauspieler, darunter den jungen Louis Jouvet als rührend-komischen Bleichenwang; er erhielt den meisten Beifall.
Der Erste Weltkrieg unterbrach die Arbeit des Vieux-Colombier; zwischen 1917 und 1919 spielte Copeau in New York, zwecks Kulturpropaganda dorthin entsandt vom französischen Ministerpräsidenten Clémenceau. Seit 1920 wieder in Paris, spielte Copeau selbst Molières Scagnarelle. Er gliederte dem Theater eine Schule an, die als Internat, klösterlich, organisiert war und von einer gemeinsamen Grundausbildung erst allmählich zur Ausbildung spezieller Talente, als Schauspieler, Bühnenbildner, Regisseur führen sollte. 1924 zog er sich aufs Land zurück, folgte seinen asketischen Neigungen. Aus den dreißiger Jahren datieren gelegentliche Gastinszenierungen, darunter 1937 Shakespeares *Wie es euch gefällt* im Théâtre de l'Atelier, Copeau in der Rolle des Jacques, des durchschauenden Skeptikers. 1940 leitete er kurze Zeit die Comédie Française, die staatliche Repräsentativbühne, an der er früher Einfachheit und Strenge, Ensemblegeist, literarischen Wagemut vermißt hatte. In Copeaus Theater blieb die Bühne nicht ganz nackt: Sie war häufig gestuft, sparsam möbliert, mit einfachen Dekorationen versehen.

Charles Dullin und Louis Jouvet
Zu Copeaus Ensemble gehörte 1913/14 und noch einmal 1919/20 Charles Dullin (1885 bis 1949). Sein größter Erfolg: Harpagon, der Geizige, von Molière. Von 1922 bis 1940 führte Dullin sein eigenes Théâtre de l'Atelier, das Werkstatt-Theater. Auch er spielte die klassischen französischen Komödien (die Tragödien überließ man der Comédie), griff aber zudem weiter aus, zeigte von Aristophanes *Die Vögel* (1928), *Der Friede* (1933), *Plutus* (1938). Er spielte Richard III. von Shakespeare in einer eigenen Inszenierung (1933) und führte 1923 und 1924 die ersten Pirandello-Werke *(Die Wollust der An-*

ständigkeit und *Jedem seine Wahrheit)* in Paris auf. 1943, unter der deutschen Besetzung, inszenierte Dullin die Uraufführung von Sartres *Fliegen* im Théâtre de la Cité. Aus Copeaus Schule kam auch Louis Jouvet (1887–1951), der sich jedoch weiter als Dullin von Copeaus Strenge und Askese entfernte. Jouvet, gebildet und reflektiert, liebte das Theater als Ort der schönen Oberfläche – seit 1933 arbeitete er aufs glücklichste mit dem Maler Christian Bérard zusammen, der ihm deutlich theaterhafte, malerisch empfundene, häufig die Barockbühne klassizistisch zitierende Kulissen malte. Seine Direktion der Comédie des Champs-Elysée eröffnete Jouvet 1923 mit seiner Inszenierung des sarkastischen Lustspiels *Dr. Knock oder der Triumph der Medizin* von Jules Romains und spielte selbst die Titelrolle – insgesamt 1440mal. 1928 wagte der dem Unterhaltungstheater nicht abgeneigte Jouvet (er schätzte die leichten, witzigen Spiele Marcel Achards) ein schwieriges, dazu noch politisch engagiertes Stück, das erste, das der Romancier Jean Giraudoux geschrieben hatte: *Siegfried.* Was als Experiment gemeint war, führte zum Erfolg: 302 Vorstellungen. Von da an blieb es bei der Zusammenarbeit des Autors Giraudoux und des Theatermannes Jouvet: sechs Stücke (die Einakter nicht gerechnet) bis 1939, dann blieb Jouvet des Krieges wegen in den USA, wo er bei Kriegsausbruch gastiert hatte. Als er 1945 zurückkehrte, war Giraudoux tot; Jouvet inszenierte die Uraufführung des nachgelassenen Werkes *Die Irre von Chaillot,* in dem er selbst den spöttisch-weisen Lumpensammler spielte.

Es folgte eine Serie scharf-graziöser Molière-Komödien: *Don Juan* (1947), *Die Schule der Frauen* (1948), *Tartuffe* (1950), die erste und dritte mit Jouvet in den Titelrollen, in der zweiten spielte er den gehörnten Arnolphe. Und mit zwei Inszenierungen öffnete sich Jouvet dem härteren Nachkriegstheater: Genets *Die Zofen* (1945) und – Jouvets letzte Regiearbeit – *Der Teufel und der liebe Gott* von Sartre (1951). Louis Jouvet hat fast nur französische Stücke gespielt – er prägte die Theaterdiktion von der französischen Sprache her. Seine *Reflexionen über den Schauspieler* knüpfen an die Essayistik und Aphoristik des 17. und 18. Jahrhunderts an: »Die Tiefe trifft uns nur durch die Oberfläche. Doch gut gesagt und gemalt ist das

Oberflächliche ebenso fruchtbar und wirksam dank der Effekte, die es erreicht. Das ist Theater: Oberflächliches weckt die Tiefe.« Gegenpol Jouvets am Pariser Theater der Zeit zwischen den Weltkriegen war der aus Tiflis stammende Georges Pitoëff (1884 bis 1939), der seit 1915/16 in Genf noch in russischer Sprache Theater gemacht hatte. Ab 1920 zeigte er in Paris ein internationales Repertoire: *Hamlet* (1920), Tschechows *Onkel Wanja* (1921), *Liliom* von Molnár (1923), im gleichen Jahr Pirandellos *Sechs Personen suchen einen Autor,* 1925 dessen *Heinrich IV., Die heilige Johanna* von Shaw (1924), Brueckners *Die Verbrecher* (1929). 1937 insze-

1929 inszenierte Louis Jouvet in der Comédie des Champs-Elysées die Uraufführung von Jean Giraudoux' geistreich-konversationeller Komödie »Amphitryon 38«. Jouvet, dessen Regiekarriere in der Zusammenarbeit mit Giraudoux ihren Höhepunkt erreichte, stand selbst als Jupiter auf der Bühne, Valentine Tessier als Alkmene.

nierte Pitoëff die Uraufführung von Jean Anouilhs *Der Reisende ohne Gepäck,* 1938 die der *Wilden.*

Jarrys Nachfahren: Dada und Surrealismus

Da das französische Theater, sei es das des Boulevard, der Comédie Française oder auch das literarisch-zeitgenössisch engagierte Theater, zum Klassizismus und zur Rhetorik neigte, fielen die wenigen Gegenbewegungen besonders schrill und radikal aus. Der Lyriker und Essayist Guillaume Apollinaire (1880–1918), Weggenosse und Theoretiker der Kubisten Picasso und Braque, hat nach eigenen Angaben schon 1903 seine als »surrealistisches Drama« bezeichnete Groteske *Die Brüste des Tiresias* (*Les Mamelles de Tirésias*) geschrieben, in der eine Frau namens Thérèse der Hausfrauen- und Mutterschaft abschwört und sich vor den Augen des Publikums in einen Mann verwandelt: Es wächst ihr ein Bart, ihre Brüste fliegen wie Luftballons davon. Nach längerem komischen Hin und Her erklärt ihr Mann sich bereit, statt ihrer das Geschlecht einer Frau anzunehmen, er gebiert 40049 Kinder – welchen Vorgang Apollinaire im Vorwort als patriotische Aufforderung an die Franzosen interpretiert, der Nation mehr Kinder zu schenken. Das aus Lyrik, Clownsnummern, Zaubertricks und Traumsequenzen montierte Stück wurde erst 1917 uraufgeführt, vier Wochen nach Jean Cocteaus Ballett *Parade* mit der Musik von Erik Satie und den Dekorationen von Picasso. *Parade* war der Versuch, Diaghilews Ballets Russes Elemente des modernen Alltags zuzuführen. Deshalb hat Cocteau von einem »realistischen Ballett« gesprochen, doch sind die Alltagselemente ohne Sinnzusammenhang montiert, das Ganze ist als Spiel ausgewiesen, es geht darum, dem gewohnten Kunstverständnis »die Zunge herauszustrecken«. Cocteau setzte seine allerdings leichtgewichtig charmanten Provokationen fort mit *Le Boeuf sur le toit ou The Nothing Doing Bar,* eine Groteske, die zur Zeit des amerikanischen Alkoholverbots spielt; das Stückchen mit Musik von Milhaud wurde 1920 von den Fratellini-Clowns im Rahmen eines Spectacle Concert aufgeführt. 1921 zeigte Cocteau noch einmal eine bunte Mischung aus Musik, Tanz, Pantomime, Clownsaktion: *Les mariés de*

Tour Eiffel (Die Brautpaare vom Eiffelturm) – da saßen die Dadaisten im Zuschauerraum und störten die in ihren Augen zu wenig aggressive und anarchistische Veranstaltung.

Die Theatervisionen Antonin Artauds

Das Theater Copeaus, Dullins, Jouvets war literarisches Theater: der Schauspieler, der Regisseur, der Bühnenbildner diente dem Werk, dem Wort. Das Werk war vor allem das Chef d'œuvre, das klassische Meisterwerk. Dagegen erhob Antonin Artaud (1896 bis 1948) seine Stimme: »Schluß mit den Meisterwerken« überschrieb er ein Manifest von 1932, in dem es heißt: »Man muß Schluß machen mit dem Aberglauben an die Texte und an die *geschriebene* Poesie«, und: »Überlassen wir den Paukern die Textkritik und den Ästheten die Formkritik, sehen wir ein, daß das Gesagte nicht noch einmal gesagt zu werden braucht; daß ein und derselbe Ausdruck nicht zweimal taugt, nicht zweimal lebt; daß jedes Wort tot ist, sobald es ausgesprochen ist, und nur in dem Augenblick wirkt, in dem es ausgesprochen wird; daß eine einmal verwendete Form zu nichts mehr nütze ist und nur dazu einlädt, nach einer anderen zu suchen, und daß das Theater der einzige Ort auf der Welt ist, wo eine Gebärde unwiederholbar ist. Wenn die Menge nicht zu den literarischen Meisterwerken kommt, so deshalb, weil diese Meisterwerke literarisch, das heißt festgelegt sind; in Formen festgelegt, die nicht mehr den Bedürfnissen der Zeit entsprechen.« Was aber braucht die Menge nach Artaud? Eine Menge, die »Erdbeben, Pest, Revolution und Krieg kennt, die empfänglich ist für die wirren Schrecken der Liebe«? Oder: »Und noch kann uns der Himmel auf den Kopf fallen. Und das Theater ist dazu da, uns zunächst einmal dies beizubringen.« Auf welche Weise? »Jedes Schauspiel wird ein körperliches, objektives Element enthalten, das für alle wahrnehmbar ist. Schreie, Klagen, Erscheinungen, Überraschungen, allerlei Knalleffekte, nach bestimmten rituellen Modellen zugeschnittene magische Schönheit der Stimmen, Charme der Harmonie, seltene Musiknoten, Farben der Gegenstände, körperlicher Rhythmus der Bewegungen, deren Crescendo und Decrescendo das Pulsieren von Bewegungen annehmen wird, die allen vertraut sind, konkrete Erscheinungen neuer, überra-

schender Gegenstände, mehrere Meter hohe Puppen, unvorhergesehene Lichtwechsel, körperliche Wirkung des Lichtes, das einen heiß und kalt überläuft usw.« Verantwortet, geschaffen werde dieses Artaudsche »Theater der Grausamkeit« durch eine »Art von alleinigem Schöpfer«, in dessen Person »die alte Dualität von Autor und Regisseur« verschwinde – natürlich meinte Artaud sich selbst. Seine Theatervision wurde von ihm selbst nie realisiert, hat aber, seit er sie Anfang der dreißiger Jahre in Manifesten postulierte, auf viele – nicht nur französische – Theaterleute als eine Herausforderung gewirkt: zu einem elementaren und vor allem emotionell wirksamen Körpertheater im Raum, das die Zuschauer aus ihrer Passivität in eine – mindestens gefühlsmäßige – intensive Beteiligung reißt. Artaud hat von 1921 an über Theater geschrieben und kleine Rollen bei Lugné-Poë, Dullin und Pitoëff gespielt, zum Beispiel 1922 den Teiresias in einer 20minütigen *Antigone*-Version von Jean Cocteau (mit Dullin als Kreon und Cocteau als Chor) und 1923 bei Pitoëff den zweiten Mystiker in *Balanttschik* von Alexander Blok. »Er spielt die Rollen (nach außen gestülpten Wahnsinns) im Leben weiter, spielt aber zugleich die Rolle Artaud auf der Bühne« (Elena Kapralik). 1925/26 gehörte er zur noch anarchistischen Gruppe der Surrealisten; als diese »kniefällig vor dem Kommunismus« (Artaud) wurden, brach er mit ihnen. Mit Roger Vitrac gründet er das Théâtre Alfred Jarry, dessen dritter Abend Strindbergs *Traumspiel,* dessen vierter Abend Vitracs *Victor* galt (1928). 1935 konnte Artaud den Versuch unternehmen, das »Theater der Grausamkeit« zu realisieren: er inszenierte das Renaissancedrama *Les Cenci* »nach einem Thema von Stendhal und Shelley« und spielte selbst die männliche Hauptrolle: »ein abscheulicher Schauspieler, aber dennoch: mit seiner absurden Heftigkeit, seinen verdrehten Augen und seiner kaum vorgetäuschten Raserei reißt er uns mit sich fort, jenseits von Gut und Böse, in eine Wüste, wo der Blutdurst uns verbrennt« – so die Kritik des »Paris Soir«.

Jean-Louis Barrault und Roger Blin

Im gleichen Jahr 1935 zeigte der 25 Jahre alte Dullin-Schüler Jean-Louis Barrault seine erste eigene Inszenierung: *Autour d'un*

Mère nach Faulkners Roman *Als ich im Sterben lag.* Barrault hatte sich nicht nur als Schauspieler, sondern auch als Pantomime, als stummer, gestisch erzählender Darsteller (von Étienne Decroux) ausbilden lassen. Er brillierte als Hamlet in seiner eigenen Inszenierung (1937), in dieser Rolle debütierte er 1940 an der Comédie Française (engagiert von Copeau), er inszenierte dort *Phädra* von Racine und 1943 – unter schwierigen Umständen, mitten im Kriege – die Uraufführung von Claudels *Seidenem Schuh.* Doch das Staatstheater hielt ihn nur bis 1946, dann gründete Barrault mit seiner Frau, der Schauspielerin Madeleine Renaud, die Compagnie Renaud/Barrault, inszenierte für das Repertoire dieser Truppe 1947 Kafkas *Prozeß* (von André Gide dramatisiert), Camus' *Belagerungszustand* (1948), Cocteaus *Bacchus* (1951), Claudels *Christoph Columbus* (1953). 1959 wurde Barrault das Théâtre de l'Odeon als zweites Staatstheater, Théâtre de France, vom Kulturminister André Malraux übergeben; sein anpassungsfähiger Eklektizimuus zeigte sich in einer großen Spannweite des literarisch-theatralischen Programms: Claudels Frühwerk *Goldhaupt* (1959) stand neben *Fußgänger der Luft* von Ionesco (1963). 1966 ließ Barrault sogar Genets *Die Wände* von Roger Blin, dem Regisseur einer neuen theatralischen Avantgarde, inszenieren. Blin (1907–1983) hatte als Filmkritiker begonnen, war dann Schauspieler bei Dullin, assistierte 1935 Artaud bei *Les Cenci,* arbeitete 1935 bis 1937 mit Barrault zusammen, inszenierte als Leiter des winzigen Theaters Gaîté Montparnasse (1949–1951) Strindbergs *Gespenstersonate,* Büchners *Woyzeck* und Arthur Adamovs *La parodie.* Blin führte Regie bei den Uraufführungen von Becketts *Warten auf Godot* (1953), *Endspiel* (1957), *Das letzte Band* (1960) und *Glückliche Tage* (1963 im Théâtre de France mit Barrault und dessen Frau Madeleine Renaud als Winnie). Für die Uraufführungsinszenierung von Genets *Die Neger* (1959) bildete Blin ein schwarzes Ensemble: Les Grigots. Genet rühmte in den 1967 publizierten *Briefen an Roger Blin* dessen »Kühnheit und Strenge«.

Théâtre National Populaire: Vilar, Planchon, Chéreau

Blins strikter Konzentration auf die neue, schwierige Dramatik steht das ausgreifende, auf ein breites Volkstheaterpublikum zielende Programm des ebenfalls von Dullin ausgebildeten Jean Vilar (1912–1971) konträr entgegen. Er inszenierte Eliots *Mord im Dom* 1945 im Théâtre du Vieux-Colombier (er selbst spielte den Becket), gründete 1947 das Festival d'Avignon mit Aufführungen im Hof des Papstpalastes. Dort und seit 1951 im riesigen Pariser Palais de Chaillot vor 4000 Zuschauern zeigte Vilar die Aufführungen des von ihm geleiteten und staatlich subventionierten Théâtre National Populaire mit einem internationalen Repertoire klassischer Werke: *Richard II.* von Shakespeare (Titelrolle Vilar), *Dantons Tod* von Büchner, Kleists *Prinz von Homburg* und *Le Cid* von Corneille (Titelrolle beide Male der junge Gérard Philipe), Brechts *Mutter Courage* und *Arturo Ui* (wieder mit Vilar in der Titelrolle). Vilar begriff Theater als »service public«, Dienst an einer breiten Öffentlichkeit; es gelang ihm in den fünfziger Jahren, Zehntausende von Freunden des nationalen Volkstheaters für die auf vorhangloser Riesenbühne mit wenigen heraldischen Zeichen vor sich gehenden Aufführungen zu gewinnen.

Das französische Theater des 19. und noch des 20. Jahrhunderts konzentrierte sich bis nach dem Zweiten Weltkrieg auf Paris – der traditionalistischen Staatsbühne Comédie Française stand das literarisch und ästhetisch engagierte, privat betriebene Theater Lugné-Poës, Copeaus, Dullins, Jouvets gegenüber, dazwischen das quantitativ dominierende Unterhaltungstheater, zwischen den Kriegen beherrscht von Autoren wie Sacha Guitry, Edouard Bourdet, Marcel Pagnol, Henry Bernstein.

1937 forderte Dullin (auch hier der große Anreger) Dezentralisierung, Theater auch in der französischen Provinz, außerhalb von Paris (wo man nur Tourneen erfolgreicher Hauptstadtinszenierungen, häufig in zweiter Besetzung, zu sehen bekam). Vilars Festival in Avignon war ebenso ein Anfang wie 1946 die staatlich geförderte Gründung von fünf »Centres Dramatiques«, dramatischen Zentren in Provinzstädten. 1967 gab es neun davon, das wichtigste darunter: das

Théâtre de la Cité in Villeurbanne, im Weichbild von Lyon.

Dessen Gründer und Leiter, Regisseur, Schauspieler und auch Autor, Roger Planchon, hatte 1951 als 20jähriger Amateur in einem Kellertheater in Lyon angefangen, sich und seine Truppe dann schnell professionalisiert. Er spielte und inszenierte den Marloweschen *Faust,* Shakespeares *Hamlet,* aber auch Brechts *Der gute Mensch von Sezuan* (1954/55) und verschiedene Stücke von Ionesco und Adamov.

Mitte der sechziger Jahre begann Planchon, seine Inszenierungen regelmäßig im Frühjahr in Paris zu zeigen, darunter seine sozialgeschichtlich fundierten Molière-Inszenierungen *Georges Dandin* und *Tartuffe.* In seinen eigenen Stücken (u.a. *La remise,* 1961/62) hat er auf seine eigene – bäuerliche – Familiengeschichte zurückgegriffen. Planchon hat im Grunde das Erbe Vilars angetreten – 1972 erhielt sein Theater dann auch den Titel Théâtre National Populaire. Von 1972 bis 1981 teilte Planchon die Leitung des Théâtre National Populaire mit dem Regisseur Patrice Chéreau. Der 1944 Geborene begann schon als Gymnasiast, Theater zu machen. Von 1966 bis 1969 leitete er das Theater des Pariser Vororts Sartrouville, inszenierte dort u.a. *Die Soldaten* des deutschen Stürmers und Drängers Lenz. Später arbeitete Chéreau am Piccolo Teatro Mailand bei Giorgio Strehler: *Murieta* von Pablo Neruda (1970), *Toller* von Tankred Dorst (1970), *Lulu* von Wedekind (1971). In Villeurbanne folgten u.a. *La Dispute* von Pierre Marivaux und *Lear* von Edward Bond. In Bayreuth inszenierte Chéreau mit seinem Bühnenbildner Richard Peduzzi 1976 bis 1980 Wagners *Ring des Nibelungen* als eine Geschichte auch der kapitalistischen Entwicklung im 19. Jahrhundert. Seit 1983 ist Chéreau Direktor des staatlich subventionierten Théâtre des Amandiers im Pariser Vorort Nanterre. 1983 rekapitulierte er dort das schmerzhafte Kapitel des Algerienkriegs mit einer Inszenierung der *Wände* Jean Genets. Für Chéreaus Interesse an deutscher Dramatik ist es bezeichnend, daß er Luc Bondy 1984 Schnitzlers *Weites Land* inszenieren ließ. Einen Bruch mit der Tradition des literarisch dominierten Theaters vollziehen auch die Inszenierungen der Regisseurin und Truppenchefin Ariane Mnouchkine am Théâtre du Soleil.

Roger Vitrac

Der junge Kleinbürgersohn Vitrac (1899 bis 1952) hatte die Pariser Dadaisten 1920, noch vor ihrem Übergang in den Surrealismus, kennengelernt, ab 1922 war er einer der eifrigsten Mitarbeiter der Zeitschrift »La Révolution Surréaliste«. Mit Artaud vom gestrengen André Breton 1925 ausgeschlossen, gründeten beide gemeinsam 1927 das Théâtre Alfred Jarry. An dessen erstem Abend wurde u. a. ein Akt von Vitracs Dreiakter *Les Mystères de l'amour* aufgeführt: die Stationen der Liebesleidenschaft zwischen Lea und Patrice werden in der alogischen Struktur eines Traums, mit überraschenden Störungen und Unterbrechungen, vorgeführt. Gegen Schluß tritt der Autor auf und überreicht den beiden Liebenden je einen Revolver – doch richten sie die Waffen nicht gegen sich selbst, wie der Autor vorschlägt, sondern Lea erschießt einen Zuschauer. Diese aggressive Wendung gegen das Publikum, die schon Jarry projektiert hatte, kehrt auch in anderen dadaistischen und surrealistischen Spektakeln und Manifesten wieder – und sie findet sich noch in Ionescos erstem Stück *Die kahle Sängerin* von 1952.

Der dritte Abend des Théâtre Jarry 1928 brachte die erste Aufführung von Vitracs wichtigstem Stück.

Victor oder Die Kinder an der Macht

Vitrac hat hier die Form, die Figuren und die Dramaturgie der bürgerlichen Ehebruchskomödie benutzt und sie durch groteske Übertreibung zerstört. Die Unwahrhaftigkeit der Boulevardstücke wird durch Unwahrscheinliches, Überrealistisches entlarvt; an der abgebildeten bourgeoisen Gesellschaft werden dadurch von Konventionen verborgen gehaltene selbstzerstörerische Triebkräfte, Sexus und Tod, offengelegt.

Der Dreiakter (*Victor ou Les enfants au pouvoir*) spielt am 12. September 1909 zwischen acht Uhr abends und Mitternacht in der Wohnung von Charles und Emilie Paumelle. Der Sohn Victor feiert seinen neunten Geburtstag, aber er ist 1,81 Meter groß und blickt durch. Für seine freizügigen Reden handelt er sich eine Ohrfeige vom Dienstmädchen Lili ein, er zerschlägt daraufhin eine kostbare Sèvres-Vase und gibt Lili die

Schuld. Esther, die sechsjährige Tochter der Nachbarn Antoine und Thérèse Magneau, gratuliert Victor zum Geburtstag und teilt ihm mit, daß sein Vater Charles und ihre Mutter Thérèse ein Verhältnis miteinander haben. In Anwesenheit von Antoine, der besessen ist von dem Trauma, ein Hahnrei zu sein (er ist es), und von der Schmach der französischen Niederlage 1870/71, dem senil-schneidigen General Lonségir sowie Thérèse und Charles spielen Victor und Esther die ehebrecherische Liebesszene zwischen Thérèse und Charles vor. Allgemeine Konsternation; Victor wünscht sich zum Geburtstag, auf dem kriechenden General zu reiten. Der kriecht.

Im zweiten Akt suchen Thérèse und Charles einen Ausweg aus dem Skandal, was zu einer leidenschaftlichen Liebesszene zwischen den beiden führt, die Victor stört. Es tritt auf ohne Motivation die schöne und reiche Ida Montemart, die fatalerweise regelmäßig furzen muß – was zuerst Esther nicht mehr erträgt, der alle hastig in den Garten folgen. Nur Victor bleibt, setzt sich auf Idas Knie, meint, er sei vielleicht 105 Jahre alt. Ida: »So alt wird man nicht. Du müßtest sterben.« Victor: »Und mein Tod würde noch nicht einmal beweisen, daß ich so alt gewesen bin. Sterben kann man jederzeit. Übrigens kann es durchaus sein, daß

»Victor oder Die Kinder an der Macht« inszenierte 1972 am Hamburger Deutschen Schauspielhaus Dieter Giesing mit Fritz Lichtenhahn als Victor und Helga Anders als Esther.

ich bald sterbe.« Victor küßt Ida auf den Hals, er sagt, daß er sie liebe. Ida bringt das auf die Praxis der Erwachsenen: »Aber du kannst nicht.« Victor: »Nein, mit einer Frau schlafen kann ich noch nicht.« Er will von Ida wissen, wie es ist, mit einer Frau zu schlafen. Sie flüstert's ihm ins Ohr. Er glaubt nicht, was sie ihm geflüstert hat. Als er möchte, daß sie für ihn furzt, stürzt sie weg: er sei ein »Monstrum«. Die anderen kehren aus dem Garten zurück mit der ohnmächtigen Esther, die von Lili mit zwei Ohrfeigen belebt wird. Antoine beschimpft Charles und treibt seine Familie nach Hause. Emilie will mit Charles abrechnen, er verschiebt es auf morgen und liest ihr aus der Zeitung vor, aus einem Kolportageroman den Auftritt einer halbbekleideten, verlockenden Grande Dame – die natürlich »wirklich« auf der Szene erscheint.

Der dritte Akt spielt im Allerheiligsten der Bourgeoisie, im ehelichen Schlafzimmer. Es wird der Ort des schrecklichen Endes.

Charles, unter Druck, beginnt die Möbel zu zersägen, sein Ehebruchsgeständnis gegenüber Emilie wird durch Lili und Victor unterbrochen. Charles schafft sich mit Ohrfeigen Raum, beichtet die erste Liebesnacht mit Thérèse und legt ein feierliches Treuegelöbnis ab – dem Esther und Victor, unterm Bett, versteht sich, zuhören. Victor kündigt seinen baldigen Tod an, weil er kein Wunderkind sei wie Herkules, Mozart, Jesus und andere; er hat aber etwas entdeckt: »das Gesetz des Unikats« (sich selbst?), er stirbt. Seine Eltern erschießen sich. Lili im Angesicht der Leichen: »Das ist ja ein Drama!« *Victor* ist 1962 von Jean Anouilh, der in den dreißiger Jahren mit Vitrac befreundet war, wieder aufgeführt worden und seitdem ins Repertoire auch des deutschen Theaters eingegangen. Das Verfahren, das dieses Stück aus den anderen surrealistischen Theaterversuchen heraushebt und seine (relative?) Dauerhaftigkeit bewirkt – die ironisch-zerstörerische Benutzung der Schemata und Figurationen des Boulevardtheaters – hat Vitrac, allerdings mit schwächer werdender Kraft, noch dreimal angewendet: *Le coup de Trafalgar* (1928/32, aufgeführt 1934), *Le loup-garou* (*Der Werwolf*, 1934) und *Le camelot* (*Der Trödler*, 1936).

Paul Claudel

Claudels Leben (1868–1955) war dramatisch. Aus der Champagne gebürtig und Paris eigentlich nur im Vorbeigehen erlebend, machte er eine glänzende diplomatische Karriere, lernte die Welt an allen nur möglichen Stellen kennen und rückte auf zu hohem Rang: Er war Botschafter in Brüssel, Tokio und Washington. Alle diese Erfahrungen blieben aber gebunden an sein Franzosentum; Weltbürger ist er nie geworden. Es ist beinah ein Hohn, daß er, der weder die Deutschen noch die Protestanten liebte oder schätzte, viele seiner Stücke in deutscher Sprache uraufgeführt sehen mußte. Frankreich war zu stark an seine Theatertradition gebunden, als daß es dem dieser Tradition so wenig fügsamen Claudel hätte leicht nachgeben können. Paris und Claudel fanden sich nur schwer, er blieb provinziell knorrig, gebunden an Land und Leute seiner näheren Heimat. Die ferne Welt wußte er eher zu erfassen als das die Provinz so gern verachtende Paris. Kaum je ein Dichter hat denn auch so viel Welt in sein Werk hereingeholt. Katholisch in jedem Sinn, weltumspannend ist sein Anspruch und sein Vermögen gewesen. Er war in seiner Griffkraft gewalttätig, fanatisch, aber auch einfach groß. In den letzten Jahren seines Lebens, die er in Brangues bei Lyon verbrachte, beschäftigte er sich nur noch mit der Bibel. Zum Glauben aber wurde er, als junger Mann 1886 in der Weihnachtszeit, seltsamerweise gebracht durch die *Illuminations* Rimbauds.

Claudel hat alle literarischen Gattungen außer dem Roman gepflegt, in allen diesen Formen ist er aber über deren traditionelle Grenzen hinausgeschritten. Seine Jugend stand ganz unter dem Gesetz der Lyrik. Für sich schuf er seinen eigenen Rhythmus, der sein Maß aus dem Atem herleitete. Ebenso frei war er in seinem Wortschatz; er erntete in allen Schichten der Sprache: Bäurisch Provinzielles steht bei ihm neben archaisch Gelehrtem, Alltägliches neben Erhabenem. Mit fünfzehn Jahren schrieb Claudel sein erstes Stück *L'endormie,* mit zwanzig Jahren seinen *Tête d'Or* (*Goldhaupt*), ein genialisch maßloses Gebilde, nach Albert Thibaudet die größte Sturzflut, die sich seit Victor Hugo auf das französische Schiff gewälzt habe. Noch ist hier keine eigentliche dramatische Auseinandersetzung, keine wirkliche Verfügung verschiedener Gestalten, so wenig wie auch in seinem nächsten Stück *La ville* (*Die Stadt*).

Mariä Verkündigung

Dann aber begann er ein Werk, das ihn über Jahrzehnte hin nicht loslassen sollte. Es entstand *La jeune fille Violaine,* deren Endform *L'annonce faite à Marie* (1912) heißt. Immer wieder hat Claudel an dem Stück gearbeitet, obwohl es von den Bühnen früh angenommen wurde – noch die Inszenierung durch Hébertot 1948 bewog ihn zu Änderungen. Das Stück kreist um ein wundertätiges Mädchen. Violaine ist mit einem jungen Bauern verlobt, den aber auch ihre Schwester Mara liebt. Diese vermag die Liebenden zu trennen; sie hat Violaine überrascht, wie sie den aussätzigen Baumeister Pierre de Craon aus Mitleid geküßt hat. Davon wird Violaine selber aussätzig. Verstoßen und erblindet lebt sie einsam im Wald. Eines Nachts bringt ihr Mara ihr totes Kind, Violaine soll es auferwecken. Violaine weigert sich; aber als sie das Kind an sich nimmt, geschieht das Wunder. Sie hat es neu geboren, es wird fortan ihre Augen haben. Das Wunder läßt Maras Eifersucht nur noch wachsen, sie versucht, die Schwester zu töten. Auf den Tod verletzt, bringt man diese in das Vaterhaus zurück. Alle wissen um den Mord, trotzdem endet das Stück mit einer Versöhnung, Mara und ihr Mann werden nur tiefer aneinander gebunden durch das Geschehene. Es gibt viele Bösewichte in der Theaterliteratur, daß ihr Dichter sie aber so offen liebt, wie Claudel diese Mara, das dürfte selten sein. Doch immer wieder hat er das entschlossene, lebensvolle Böse geliebt, er sah in ihm eine der großen Kräfte des Daseins. »Das Böse in der Welt ist wie der Knecht am Wasserrad: es treibt das Wasser des Heils hoch«, hatte der Dichter schon früher gesagt.

Mittagswende

Partage de midi (1906) bezeichnet einen Wendepunkt im Schaffen Claudels. Es ist auch die recht direkte Spiegelung eines Erlebnisses, das ihn unauslöschlich geprägt hat: die Begegnung mit einer Frau, die ihm durch ihre Ehe mit einem anderen versagt war. Liebe und Ehe trennten sich dadurch für ihn, die Ehe aber als eine sakramentale Wirklichkeit mußte in seinem Denken stets den Sieg davontragen. Er hat diesen Konflikt immer wieder in sein Werk eingeführt, in seiner Trilogie, und er steht im Mittelpunkt des *Seidenen Schuhs. Mittagswende* vereinigt vier Menschen auf einem Schiff, das nach China fährt: die schöne Ysé (der Name klingt an Yseut, Isolde an) und drei Männer, die mit ihr verbunden sind. Ihr Gatte, der windige de Cize, liebt sie kaum mehr; Amalric, der Abenteurer, ist von ihr abgewiesen worden, bleibt aber an sie gefesselt, und in Mesa erkennt sie den Mann, dem sie vorbestimmt ist. Das Leben trennt sie jedoch, und nach dem Tod de Cizes fällt Ysé Amalric zu. Die beiden geraten im Boxeraufstand in tödliche Gefahr; Amalric sieht keinen anderen Ausweg, als sich und die Frau mit dem Haus in die Luft zu sprengen. Da erscheint Mesa: Er hat einen Freipaß, er kann Rettung bringen. Amalric verwundet ihn, entreißt ihm den Freipaß und will mit Ysé flüchten. Sie aber bleibt bei Mesa, die letzte Stunde des Lebens, die ihnen die Zeitbombe läßt, bringt ihnen den Einklang. Die gewaltsame Lösung des Endes ist ein Gegengewicht zu dem in breiten Gesprächsblöcken gefügten Stück.

Die Urteile über das Stück gehen auseinander. Claudel hat es selber lange Jahre von der Bühne als zu persönlich ferngehalten und es erst freigegeben, nachdem er es umgearbeitet hatte. Wichtig ist in dem Werk auch die Konzentration – nur vier Personen. Allerdings hatte Claudel das bereits in *Der Tausch* (*Echange,* 1894) erprobt, doch waren hier die vier Personen nach seinem eigenen Geständnis verschiedene Blickseiten seines eigenen Wesens. In *Mittagswende* dagegen hat Claudel sich selbst nur in zwei Figuren eingebracht – in Mesa und Amalric.

Der Bürge – Das harte Brot – Der erniedrigte Vater

In dieser Trilogie entwickelt sich, getragen von dem Grundkonflikt verwehrter Liebe und erzwungener Ehe, ein großangelegtes Fresko der französischen Geschichte vom Empire zum Deutsch-Französischen Krieg. Sygne de Coûfontaine in *L'otage* (*Der Bürge,* 1911), aus altem Adel, liebt ihren Vetter, verzichtet aber auf ihn, um den Papst zu retten, der in ihrem Schloß versteckt ist und von dem Revolutionsmann Turelure, einem ehemaligen Leibeigenen der Coûfontaines, aufgespürt worden ist. Er wird den Papst nicht ausliefern, wenn Sygne ihn heiratet. Am Ende des Stücks tötet er Sygnes Vetter und sie selbst, die den Geliebten zu retten versuchte.

Der zweite Teil *Le pain dur* (*Das harte Brot,* 1918) spielt zur Zeit des Bürgerkönigs Louis Philippe und zeigt Sygnes Sohn Louis im Konflikt mit seinem Vater Turelure. Der Sohn ist in Afrika Kolonist geworden und kehrt zurück, um finanzielle Hilfe beim Vater zu gewinnen. Er bekommt sie nur mit Hilfe der Geliebten des Vaters, der reichen Jüdin Sichel – die beiden erschrecken den alten Turelure zu Tode und heiraten, obwohl Louis die Polin Loûmir liebt.

Der dritte Teil *Le père humilié* (*Der erniedrigte Vater,* 1916) kreist um Pensée, die blinde Tochter Sichels und Louis'. Wir sind in Rom, vor der Aufhebung des Kirchenstaates 1870. Pensée liebt einen der Neffen des Papstes, empfängt von ihm auch ein Kind, bevor er im Deutsch-Französischen Krieg für Frankreich kämpft. Er fällt, hat aber vorher seinem Bruder den Befehl gegeben, die Ge-

liebte zu heiraten. Der Bruder kehrt zurück; in einem Korb verborgen bringt er des Geliebten Herz mit – in einer ersten Fassung war es gar der Kopf –, sie soll ihn heiraten, er wolle sie aber nie besitzen, obwohl er sie liebe.

In jedem der drei Teile wird Liebe um der Ehe willen geopfert, aber nur die blinde Pensée vollzieht das Opfer in voller Zustimmung. Daß Sygne diese Zustimmung nur äußerlich aufbrachte, wirkt wie ein Gift im Geschehen des Werks und zeugt Unheil, bis Pensée die Lösung findet. Sygne erwirkt mit ihrer Heirat nicht nur die Rettung des Papstes, die ja im tiefsten Sinn gar nicht notwendig war, sie soll mit dieser Verbindung auch den Bund zwischen Adel und Drittem Stand befestigen, Louis soll mit der Ehelichung Sichels die Versöhnung der Rassen bewirken, die blinde Pensée soll als Symbol der blinden Synagoge sich mit der Kirche verbinden – diese symbolisiert durch den Neffen des Papstes, den fröhlichen Soldaten Orso. Grobe Allegorien? Allzu direkte Gleichnisse? Claudel hat sie nicht gefürchtet. Sie haben auch nicht verhindert, daß die drei Stücke von unmittelbarer menschlicher Prägung sind. Trotz ihres straffen Baus und ihrer Gewalttätigkeit – nichts Grausameres als die Sterbeszene Sygnes, wo Turelure sie förmlich erpreßt, so wie der Pfarrer Babilon sie vorher erpreßt hatte, um den Papst zu retten – trotz solcher Strenge und Raffung hat die Trilogie die Weite Europas. Der Beginn des dritten Stücks mit seiner Beschwörung Roms ist von unvergleichlichem poetischem Atem; die Figur der Polin Loûmir in dem zweiten Stück ist eine Vorausnahme der großen, dem Nichts verfallenen Gestalten der jüngsten Moderne und übertrifft sie fast alle.

Der seidene Schuh

Jetzt aber, da Claudel sich den Beweis geliefert hatte, daß ihm die traditionelle Dramenform nicht unerreichbar war, wagte er sich mit neuem Selbstvertrauen in jene Freiheit hinaus, die er in seinen ersten Stücken ohne die nötige Gründung auf das eigentlich Dramatische gewagt hatte. Er schrieb *Le soulier de satin* (1929), ein Riesenwerk, in vier Tage eingeteilt, das, so wie es im Original ist, weder früher, geschweige denn heute aufgeführt werden könnte. Erst 1943 hat es Barrault in einer vom Dichter ge-

billigten Bühnenfassung herausgebracht. Die Handlung des Werks nachzeichnen, hieße mehr als einen Roman schreiben. Ein Gewimmel von Nebenfiguren umspielt die Haupthandlung, alle Räume der Erde werden durchschweift, Zeit wird gesetzt und wieder aufgehoben. Ausgangspunkt ist Spanien im 17. Jahrhundert. Die Französin Prouhèze ist mit dem alten Don Pelage verheiratet. Sie begegnet Don Rodrigue, liebt ihn, wie er sie liebt, sucht ihn, wie er sie sucht – ein Leben lang, durch eine Welt hindurch. Die Liebenden dürfen nicht zusammenkommen, die reißende Spannung ihrer Trennung treibt die Weltmühle, beide werden sie eingesetzt in überpersönliche Pflicht hohen Rangs: Rodrigue soll Südamerika kolonisieren und dem Glauben gewinnen, Prouhèze in Mogador einen Vorposten Europas gegen die afrikanische Welt halten. Nach dem Tod ihres Mannes verfällt Prouhèze dem Apostaten Camille, der sie an sich bindet, damit sie ihn dem Glauben zuführen könne.

Wieder tritt eine Haßehe ein für die verhinderte Liebe. Prouhèze bleibt sogar bei Camille, als Rodrigue sie endlich holen kommt, denn das Opfer ist ein für allemal vollzogen. Rodrigue selber versinkt in Machtlosigkeit, er wird zum Spott seiner selbst und am Ende gar als wertloses Ding an eine Karmeliterin verkauft – aller Tatdrang mündet in die Nichtigkeit der Welt. Wieder treibt Gott zu seinem höheren Ruhm ein grausames Spiel mit den Menschen. Claudel sieht im Göttlichen immer auch Gewalttätigkeit, und so ist denn beispielsweise die Szene, wo Prouhèze vom Schutzengel wie an einer Fischangel gehalten wird, an fast unerträglicher Qual den Folterszenen Sygnes gleichzusetzen. Aber das ist nicht der Grundton. Hier bricht auch etwas anderes durch zu vollem Klang; die großartige Freiheit Claudels, seine triumphale Unbekümmertheit in der Wahl seiner Mittel und Stoffe. Alles spielt auf diesem Welttheater mit: Lachen und Weinen, alle Kontinente, Mond und Erde, Meer und Himmel, Menschen und Heilige, alles was kreucht und fleugt. In der Einleitung hat Claudel die Freiheiten formuliert, die es bedeutet, wenn Theater nicht vorgibt, anderes als Theater zu sein.

Claudels »Buch von Christoph Columbus« brachte Jean-Louis Barrault 1962 in Essen auf die Bühne, die ihm Max Ingrand baute. Die Abbildung zeigt die Szene der Ankunft in Amerika. Columbus (Günther Tabor) greift nach dem Eroberungs-Symbol, der Fahne. Das größere, bühnenbeherrschende Triumph Symbol war das große Schiffssegel. Das Unternehmen mit dem deutschen Durchschnittsensemble und dem französischen Starregisseur überzeugte die Kritik nicht recht: »Was auf der Probe, ohne Kostüme und ohne den virtuosen Lichtzauber, gelebt hatte, wirkte plötzlich mumifiziert« (Rolf Michaelis).

Oratorien

In diesem Stück kündigte sich der weitere Weg Claudels an, der Weg zum Oratorium. Die großen Gespräche des *Soulier de satin,* die Oden der Heiligen darin sind große Arie, großes Duett. Das Barockdrama hatte in seinen hohen Formen immer die mehr oder weniger offene Neigung zu Oper oder Oratorium – *Der seidene Schuh* ist aus dem Geist des Barock, aus dem Geist des kämpferischen Katholizismus. So entstand denn 1935 das für Darius Milhaud geschriebene *Le Livre de Christophe Colomb* (*Das Buch von Christoph Columbus*) und 1939 die für Arthur Honegger gedichtete *Jeanne d'Arc au*

bûcher (*Johanna auf dem Scheiterhaufen*). 1942 folgt dann die *Histoire de Tobie et Sara* (*Die Geschichte von Tobias und Sara*), die auch komponiert werden sollte. »Buch«, »Geschichte« heißt es nun hier, und in der *Johanna* wirkt ein außerhalb des Geschehens stehender Betrachter – das Werk verwendet die Rückblende, was Claudel folgendermaßen begründete: »Um ein Leben zu begreifen, wie um eine Landschaft zu begreifen, muß man den Blickpunkt wählen, und es gibt keinen bessern als den Gipfel. Der Gipfel von Johannas Leben ist ihr Tod, ist der Scheiterhaufen von Rouen.« Überschau, Buch, Geschichte – alles epische Begriffe. Betrachtung wollte hier der Dichter, Betrachtung, weil er hier Themen ergriffen hat, die ihm über alles Bisherige hinaus Ehrfurcht geboten. Christoph Columbus, seines Namens Christusträger, und Taube, der Entdecker und Bekehrer einer neuen Welt, Columbus, der sein Werk nur um den Preis fürchterlichen Mordens vollführen konnte und trotzdem ja sagte zu diesem Werk, das eben auch das Böse einspannt in den Heilsplan der Welt. Johanna, die kriegerische Heilige Frankreichs. Und zum Ende eine Geschichte aus der Bibel, in der der lateinische Bibeltext unübersetzt verwendet wird. Vor solchen Stoffen gab es für den alten Claudel nur noch Unterordnung – und Musik. Sicher war in seiner Bescheidung auch etwas von Demut angesichts der nachlassenden Kraft, aber dieses Nachlassen wurde nun seinerseits Form. Die drei Stücke bestehen auch ohne die Musik.

Jean Giraudoux

Giraudoux (1882–1944) wurde in Bellac, nicht weit von Limoges, geboren. Der überaus begabte junge Mann aus soliden Kleinbürgerverhältnissen fand Aufnahme in einer Eliteschule, die er 1904 mit einem Diplom in Deutsch verließ. Er studierte mit einem Stipendium in Berlin und München, war ein Jahr lang Hauslehrer am Hof in Meiningen und wurde 1906 Lektor an der Harvard-Universität bei Boston. 1910 trat er in den diplomatischen Dienst ein, war befreundet mit dem allmächtigen Staatssekretär des Quai d'Orsay, Philippe Berthelot. Der schickte 1916 den zweimal Verwundeten als militärischen Inspizienten wieder nach Harvard; 1924 wurde er Botschaftssekretär in Berlin. Anschließend erhielt er in Paris eine höchst angenehme und lockere Position als Abteilungsleiter, er mußte ab und zu Frankreichs Botschaften visitieren. Das ließ ihm volle Zeit für poetische Produktion. Bei Kriegsausbruch 1939 wurde er als Minister Leiter der Radiopropaganda, zog sich unter dem System von Vichy zurück – und starb im Januar 1944, viel zu früh, mit 62 Jahren; man wollte sogar Vergiftung vermuten; er starb, die *Irre von Chaillot* gleichsam noch unter den Händen – und es ist gewiß nicht zuviel spekuliert, wenn man vermuten möchte, er hätte auch sein Lukrezia-Stück über die Wollust der Anständigkeit –

Pour Lucrèce – noch überarbeitet, konzentriert, wäre er am Leben geblieben.
Was an Giraudoux faszinierte, war die Komplexheit einer universalen Bildung, verbunden mit einem gallischen Esprit, das alles aber sublimiert zu einer merkwürdigen, spürbaren Güte: Mitleid mit der niederen Kreatur, mit Straßenkehrern und Geschirrwäscherinnen. Giraudoux hatte eine unverschminkte, männliche, sogar harte Skepsis. Er hat sich keine optimistischen Dramenschlüsse abringen lassen – seine Stücke enden merkwürdig spröde, großartig illusionslos, mit einem hartnäckigen Ostinato. Was aber nicht bedeutet, daß der Gang der Dramen ledern und von Weltanschauung durchsäuert sei. Im Gegenteil, es breitet sich reicher Spieltrieb mit aller erdenklichen Phantasiekraft aus, zieht sich allmählich – unmerklich – zusammen und transzendiert dann in einem Finale von nahezu profaner Offenheit. Der Trojanische Krieg *muß* ausbrechen, weil die Menschheit boshaft und töricht ist; Sodom *muß* untergehen, weil – koste es, was es wolle – Eheleute sich streiten müssen. Einzig die *Irre von Chaillot* endet mit einem Triumph – der irren Vernunft über den Wahnwitz der Manager. Aber das ist Triumph eines Märchens. Giraudoux ließ sich von dem großen französischen Theatermann Louis Jouvet, nach ersten selbständigen Anfängen, zum weiteren Schreiben von Dramen animieren, inspirieren. Viele Szenen entstanden »im« Theater, auf der Szene, während der Proben. Es mag erlaubt sein, den großen Jouvet als gleichwertigen Miterfinder zu betrachten. Sein Anteil war enorm hoch, beide nahmen ihren Aufstieg zum Ruhm gleichsam als Zwillinge, Jouvet wurde durch Giraudoux, Giraudoux durch Jouvet berühmt und »gemacht«. Wozu sich der Dichter durchaus bekannte.
Die blitzschnell funktionierende Gescheitheit war Giraudoux eigen, wie sie seinen Figuren eigen ist. Da argumentiert sogar Undine mit ihrem täppisch verdutzten, aber sympathischen, humorvollen Ritter Hans wie ein großer gescheiter Rechtsanwalt. Da sprechen sogar die Lumpensammler erleuchtet, wie bei uns das Volk in den großen Städten den unmittelbar treffenden Mutterwitz hat, den wir Intellektuellen, davon betroffen, dann selber gerne erleuchtet nennen. Da bekommt sogar – im *Trojani-*

schen *Krieg* – die dummschöne Helena als Instrument ihrer Verteidigung einen geschliffenen Wortwitz beigestellt. Noch die geringste Kreatur wurde von Giraudoux mit Sprache begabt.

Siegfried

Louis Jouvet hatte es verstanden, den Autor 1928 zur Dramatisierung seines Romans *Siegfried et le limousin* zu bewegen. Sprache, Stil und Stoff waren neu und anspruchsvoll, und sie vermochten dennoch, das an erotische Komödien und effektvolle Farcen gewöhnte Pariser Boulevardpublikum zu überzeugen. In seinem Roman hatte Giraudoux nach dem heißesten Eisen der Nachkriegsgeschichte gegriffen: dem Problem Frankreich – Deutschland. Er hatte es dargestellt am Fall eines Franzosen, der während des Ersten Weltkriegs als Offizier verwundet worden war und dabei sein Gedächtnis verloren hatte. Wir begegnen ihm als Minister eines kleinen deutschen Landes, in Gotha. Seine Entlarvung ist das Thema der vier Akte. Die Liebe gibt ihm das Gedächtnis zurück.

Amphitryon 38

Schon das folgende Jahr bestätigte und steigerte den Triumph der Zusammenarbeit zwischen Jouvet und Giraudoux: *Amphitryon 38*, 1929 uraufgeführt, wurde ein europäischer Erfolg der letzten Jahre vor dem Einbruch der Barbarei. Die Zahl hinter dem Namen im Titel deutet auf die vielen Bearbeitungen, die der Stoff erlebt hat, seit ihn Plautus vor mehr als 2000 Jahren zum erstenmal auf die Bühne gebracht hatte. Alkmene, die von Jupiter in Gestalt ihres Gatten Amphitryon besucht wird, ist Giraudoux' erste bezaubernde Frauenfigur: gescheit, ironisch und charmant.

Der Trojanische Krieg findet nicht statt

Zwei Jahre war Hitler schon an der Macht, als Jouvet dieses schönste und bitterste aller Antikriegsstücke zur Uraufführung brachte (*La guerre de Troie n'aura pas lieu*, 1935). Die deutschsprachige Erstaufführung fand im Josefstädter Theater in Wien unter dem Titel »Es kommt nicht zum Krieg« statt. Hektor und Ulysses kommen überein, daß der drohende Krieg zwischen Griechen und Trojanern verhindert werden müsse. Aber die Kriegstreiber inszenieren einen Zwi-

schenfall und durchkreuzen die Pläne der Vernunft. Das vom Skeptiker Giraudoux für unvermeidlich gehaltene geschieht: der Krieg.

Elektra

Vier Jahre vor Sartres *Fliegen* behandelte Giraudoux den gleichen Stoff, dabei dem Euripides folgend, der schon den Gärtner als Elektras (von Ägisth ausgesuchten) Mann erfunden hatte. Doch ist die »Moral« (wenn man so will) der des späteren Stücks diametral entgegengesetzt. Bei Giraudoux ist es Elektra, die mit ihrer eigensinnigen Penetranz den Frieden einer Welt stört, in der seit Agamemnons Tod längst alles wieder ins Lot gekommen ist. Ägisth, ein König der Vernunft, will das Mädchen durch eine Heirat unschädlich machen. Die Eumeniden, die von Akt zu Akt älter werden, versuchen ebenfalls, sie zurückzuhalten. »Freude und Liebe«, sagt der Gärtner, den Elektra heiraten soll, »sind der Bitterkeit und dem Haß vorzuziehen.« Freude und Liebe sind nur durch Schweigen zu erkaufen. Aber Elektra gehört zu denen, die das Schweigen brechen müssen. Was erreicht sie? Eine der Eumeniden sagt es ihr, nachdem die Tat, der Mord an Klytaimestra und Ägisth, geschehen ist: »Sieben Jahre fandest du eines Verbrechens wegen, das andere begangen haben, keinen Schlaf. Hinfort bist du die Schuldige.«

Undine

Ondine, im Frühjahr 1939 uraufgeführt, nach einem deutschen Märchen, das der Romantiker Fouqué 1811 zu einer Novelle verarbeitet hatte (Lortzings Oper, 1842), behandelt den Zusammenstoß zwischen Märchenwelt und Menschenwelt, wobei den Wesen aus beiden Welten die Sehnsucht nach der jeweils anderen ins Herz gelegt ist. Der Ritter Hans geht an der Begegnung mit der Nixe Undine zugrunde, und diese wird vom Wasserkönig in die Tiefe zurückgeholt. In den gesteigerten Partien ist das Stück in Versen geschrieben.

In der Uraufführung des von Giraudoux nachgelassenen Dramas »Die Irre von Chaillot« spielte Marguerite Moreno die Titelfigur; Inszenierung Louis Jouvet, Ausstattung Christian Bérard; Théâtre de l'Athénée 1945.

Die Irre von Chaillot

Auf *Sodom und Gomorrha,* das während der deutschen Besetzung 1943 uraufgeführt wurde – Jouvet war in Amerika –, folgte ein Jahr nach dem Tod des Dichters im Dezember 1945 die triumphale Uraufführung von *La folle de Chaillot* unter Jouvets Regie. Das Stück krönte Giraudoux' Werk. Sein erster Akt gehört zum Besten, was er für das Theater geschrieben hat: diese »Gräfin«, die da auf der Terrasse eines Cafés im Quartier Chaillot unter Lumpensammlern, Bettlern, Kloakenreinigern, Straßensängern, Blumenmädchen und Liebesleuten Hof hält, verkörpert den lebendigen Widerspruch gegen eine Welt, in der nur noch das Kalkül und die Ausbeutung regieren. Mit ihrer höheren Klugheit versteht sie es, eine Gangsterbande, die das angeblich unter den Mauern des Viertels erspürte Öl ausbeuten und damit die Stadt zerstören will, zur Strecke zu bringen. »Eine vernünftige Frau«, sagt die »Irre«, »genügt, damit die Verrücktheit der ganzen Welt sich an ihr die Zähne ausbeißt.«

Weitere Stücke: *Judith* (1931), *Intermezzo* (1933, die Komödie einer geistersehenden Lehrerin), und das Nachlaßstück *Um Lukrezia* (1953 von Barrault uraufgeführt), dazu einige Einakter, darunter *Das Lied der Lieder* (1938) und *Der Apoll von Bellac* (1942).

Jean Anouilh

Der 1910 geborene Sohn eines Schneiders und einer Violinistin (eines Handwerkers und einer Kunstausübenden) hat sich je länger je mehr als Stückehersteller mit Metierkenntnis verstanden. Als er achtzehn war, trug er – so seine Selbstdarstellung – die Stücke Shaws und Pirandellos zerlesen in der Tasche, und die Aufführung des *Siegfried* von Giraudoux 1928 ließ ihn »verstehen«, was ein wohlgezimmertes, aber doch auch ergreifendes Stück sei. Zehn Jahre brauchte es, bis ihm Pitoëff 1937 mit *Passagier ohne Gepäck* und 1938 Barsacq mit *Ball der Diebe* in ihren Theatern Erfolge inszenierten. 1944 wurde im besetzten Paris sein bis heute am meisten gespieltes Stück *Antigone* uraufgeführt – wiederum von Barsacq im Théâtre de l'Atelier. In der Zeit der großen Erfolge, von *Ardèle* 1948 an bis zu den *Majestäten* (1962), inszenierte Anouilh die meisten seiner Stücke selbst, zusammen mit Roland Piétri.

Kaum etwas anderes als Theater hat Anouilh geschrieben, wenige Selbstkommentare. Jahr für Jahr hat er seine Premiere gehabt, so sind über drei Dutzend Stücke zusammengekommen. In den ersten zwei Nachkriegsjahrzehnten schien es so, als würden sie wie die Shaws – wegen ihres Witzes, der scharfen, knappen Figurenumrisse, der effektvollen Szenenführung – lange im Repertoire des Welttheaters bleiben. Inzwischen scheinen sie sich abgenutzt zu haben: Die Inszenierungszahlen sind gesunken, im deutschsprachigen Theater auf unter zehn pro Saison (in den fünfziger Jahren waren es fünf- bis achtmal soviel). Anstatt die lange Reihe der Titel mit knappen Angaben zu jedem einzelnen vorzustellen, sollen, der schwindenden Bedeutung des Autors wegen, drei Stücke als exemplarisch hervorgehoben werden: die bis heute am meisten gespielte *Antigone* von 1944, der die zahlreichen auf dem Theater spielenden Stücke repräsentierende Einakter *Das Orchester* und das für Anouilhsche Historienstücke kennzeichnende *Becket oder die Ehre Gottes* (1959).

Antigone

Das Stück, das möglicherweise dem Vorbild Wilders, wohl eher aber den Antikenvarianten Gides, Cocteaus und Giraudoux' folgt, ist das einzige Werk Anouilhs mit bewußt antiillusionistischem Gestus: Zu Beginn stehen alle Figuren der heutigen Mode entsprechend gekleidet auf der Bühne, der Sprecher stellt sie einzeln vor, rekapituliert die Vorgeschichte und teilt den blutigen Ausgang mit. Der ist unvermeidlich, weil alle tun müssen, was ihnen ihre Rolle aufträgt – oder ihr Charakter. Anouilh läßt also das Tragisch-Notwendige des antiken Mythos (das Fatum) und die Fatalität einer starren Charakterpsychologie ineinander verschwimmen – zu einem dritten, anderen: der Theaterrolle. Antigone, wenn sie darauf besteht, den Leichnam ihres im Kampf gegen die Vaterstadt Theben gefallenen Bruders zu bestatten (oder doch wenigstens mit ein paar Händen Erde symbolisch zu bestreuen), vertritt nicht einen mythisch-religiös begründeten Wert gegen die von Kreon repräsentierten Interessen der Polis. Vielmehr: Der Anouilhsche Kreon hat alle ver-

nünftigen Argumente in der von ihm aufmerksam, bemüht und einfallsreich geführten Debatte mit Antigone auf seiner Seite. Das Verbot, den Leichnam zu bestatten, begründet er damit, daß er die Stadt vor weiteren Bürgerkriegsgreueln bewahren wolle. Und daß die Schwester den Bruder bestatten müsse, diese human-familiäre Begründung entzieht Kreon der Antigone mit dem Hinweis darauf, daß beide Brüder, der gegen und der für Theben gefallene (und mit einem Staatsbegräbnis geehrte) gemeine Gauner waren, die ihren Vater mörderisch von der Macht verdrängen wollten, beide »Schweinehunde«. Er, Kreon, dagegen, sieht sich selbst als einen realistischen, pragmatischen, skeptischen Humanisten, mißtrauisch gegen die eigene Macht; er werde weiter »an eurem Glück arbeiten, selbst wenn ihr es nicht wollt«. Fast hat Antigone aufgegeben: »Ich weiß nicht mehr, wofür ich sterbe«, schreibt sie an ihren Geliebten Hämon, Kreons Sohn. Aber als Kreon sie erinnert: »Dein ganzes Leben liegt noch vor dir«, da wirft sie sich wieder in den Widerspruch: gegen Resignation, Kompromiß, gegen die Lügen, die Kreon für leider nötig hält. Antigone: »Ich will alles, sofort und vollkommen – oder ich will nichts. Ich kann nicht bescheiden sein und mich mit einem Stückchen begnügen, das man mir gibt, weil ich so brav war. Ich will die Gewißheit haben, daß es so schön wird, wie meine Kindheit war – oder ich will lieber sterben.« Kindheit, Kindlichkeit als absolute Reinheit, Entschiedenheit, Kompromißlosigkeit, das ist der banalphilosophisch formulierte und zugleich simpel-psychologische, nicht veränderbare Charakterkern der Anouilhschen Antigone. Und statt des Sophokleischen »Nicht mitzuhassen, mitzulieben bin ich da« sagt sie: » ich bin nicht da, zu verstehen. Ich muß nein sagen und sterben.« Ihr Sterben bedingt das des Hämon, das der Iokaste – und das Überleben des Kreon: »Wer ja sagt, muß das Leben fest mit beiden Fäusten anpacken und sich in die Arbeit knien … Nein sagen ist leicht, selbst wenn man dabei sterben muß. Wie feig ist das!« Antigone hält dagegen: »Und du, mit deiner Krone, mit deinen Wächtern und deinem ganzen Staat, du kannst mich nur noch töten lassen, weil du einmal ja gesagt hast!« Kreon, der den Staat menschlicher einrichten will, muß die Unbedingte töten lassen, das Unmenschliche tun. Auch darauf weist ihn Antigone triumphierend hin.

Die reinen, unbedingten, todbereiten jungen Mädchen und Männer kennzeichnen die Stücke Anouilhs vor der *Antigone.* Sie aber ist die Unbedingteste. Und Kreon ist der Bewußteste in einer langen Reihe von Erwachsenen, die sich um des Lebens willen abfinden, einrichten – auch in einer miesen Welt. Die ist gegeben und unveränderbar. Das ist das Fatale an Anouilhs Stükken: der ärmlich-miese Grundzug der Wirklichkeit, der den Figuren nur die Wahl zwischen Tod oder Anpassung läßt.

Becket oder die Ehre Gottes

Dargestellt wird die Freundschaft des englischen Königs Heinrich II. für den jungen, glänzenden Hofmann Thomas Becket, den Heinrich zum Kanzler macht, schließlich gar zum Erzbischof von Canterbury, Primas von ganz England. Als Becket aber dieses Amt so auffaßt, daß er die Ansprüche der Kirche auch wider den König behauptet, läßt Heinrich den Freund am Altar seiner Kathedrale ermorden (Anouilh behandelt also den gleichen Stoff wie Eliot in *Mord im Dom*).

Wie schon Anouilhs Jeanne-d'Arc-Stück *Jeanne oder die Lerche* und *Le petit Molière* ist *Becket* ein Bilderbogenstück: Raffiniert geschnittene Szenen werden in quasi filmischem Wechsel aneinandergereiht. Das kann man shakespearisch nennen, obwohl die Machart des Dialogs eher an Shaw orientiert ist: Viel Witz wird auf die Desillusionierung des historischen und politischen Getriebes verwendet. »Politik ist eine Sudelküche«, heißt es einmal. Alles Politische erscheint als Kompromiß, Korruption, Kollaboration. Es spielt im *Becket* eine wichtige Rolle: Der Titelheld ist von Herkunft Sachse, Angehöriger des von den Normannen und ihrem König Heinrich besiegten und besetzten Volkes.

Becket ist anfangs liebelos, das einzig Absolute ist für ihn die Form, die Ästhetik. (König: »Ist das so wichtig, daß die Welt eine Form hat?« Becket: »Ungeheuer wichtig, mein Prinz. Andernfalls wüßte man nicht mehr, was man in ihr zu tun hat.«) Also ißt Becket mit Gabeln, trägt Pariser Modellschuhe und hält sich eine Mätresse, die er so achtsam behandelt, daß sie glaubt, er liebe

sie. Aber er kann nicht lieben, auch nicht den König, der ihm derb und fordernd und gläubig zugetan ist. Becket erwidert diese Liebe distanziert und unausgesprochen, so wie es seiner einsamen, sich selbst hochbewußten Natur entspricht. Der Wendepunkt: Heinrich erhält die Nachricht, daß der Erzbischof von Canterbury tot ist und ernennt Becket zu dessen Nachfolger. Becket lacht; der König, wütend, besteht auf seiner Entscheidung. Becket wird still. »Wenn ich Erzbischof werde, kann ich nicht mehr Euer Freund sein … Ich kann nicht Gott und Euch zugleich dienen.« Was folgt, ist nur die Konsequenz aus diesem Satz. Becket entscheidet sich für die Kirche gegen den König; der jähe heftige Heinrich, zwischen enttäuschter Liebe und hellem Haß zerrissen, fordert seine vier Barone (tumbe Tiere, Karikaturen am Rande) indirekt zum Mord auf. Becket fällt.

Die Frage bleibt: Was hat ihn veranlaßt, das Martyrium zu wählen? Es gibt darauf zwei Antworten: Die eine setzt geradlinig die Haltung der Formstrenge, der Ästhetik, der Sachgerechtheit fort und führt sie zu der Konsequenz, daß alles Tun absurd ist. Denn Becket sagt in seiner letzten Begegnung mit dem König auf kahlem, kalten Feld: »Man muß tun, was einem auferlegt ist, bis zum Ende, sinnlos.« Die andere lautet (etwas später, im gleichen Gespräch): »Ich fühlte einfach zum erstenmal etwas auf meinen Schultern liegen« – damals, als Heinrich ihn zum Erzbischof machte. Das war: die Ehre Gottes. Dieser Begriff wird von da an zum Fetisch. Ausdrücklich erklärt Becket, daß er nicht Gott, sondern der »Ehre Gottes« diene. Hier liegt eine der Grenzen des Stücks und Anouilhs. Er ist areligiös, »die Ehre Gottes« ist nicht mehr (und nicht weniger) als ein Ausdruck jenes Unbedingten, Absoluten, nach dem der heils- und glaubenslose Anouilh, schmerzlich verwundet von der heillosen Schmierigkeit der Welt, immer gesucht hat. Becket findet es in der Absurdität des Martyriums, erlitten für einen Begriffsfetisch.

Das Orchester

Dieser Einakter (1962), ist eine kurze konzentrierte Variation von Anouilhs Grundthema: Die Welt ist mies, und eine andere gibt's nicht für uns – weder hier auf Erden noch sonstwo. Eine Damenkapelle wird auf

dem Konzertpodium im Kursaal vorgeführt. Zeit: Ende der zwanziger, Anfang der dreißiger Jahre. Madame, die Chefin des Orchesters, streicht den Kontrabaß und in den Pausen dem mickrigen Klavierspieler übers schuppige Haar. Sie steht noch füllig im Fleische, preist sich an und erregt damit den Zorn der bebrillten Cellistin. Sie, die schöne Seele, hat sich dem Pianisten hingegeben. Ausführlich erfährt man, daß das in schäbigen, entlegenen Hotels geschah, denn der schmale, schüchterne Liebhaber hat eine kranke und eifersüchtige Frau zu Haus. Die erste Geige redet von den Kerkermeisterdiensten, die sie ihrer kindischen Mutter erweist, die zweite über ihren Männerverbrauch und die hübschen Kleidchen, die sie bei Blitzbesuchen ihrem ledigen Kind aufs Land bringt. Die Bratsche schildert mit monotoner Exaltation die stummen Grobheiten ihres Kerls und führt so die Flöte, ein rotbäckiges Gänschen, ins Leben ein – oder doch in das, was Anouilh, in die schäbige Artistenwelt seiner frühen Werke (*Die Wilde, Eurydice*) zurückkehrend, dafür ausgibt. Beiläufig tragisch endet das Stück: Die Cellistin erschießt sich auf der Toilette, der Geschäftsführer des Kursaals, darob entrüstet, verlangt, sofort die nächste Musiknummer zu hören. Das Orchester setzt einander Zweispitze auf und spielt verkitschtes Rokoko: »Der kleine Marquis«.

Jean-Paul Sartre

Sartre (1905–1980) war genauso Philosoph, Politiker und Romancier wie Dramatiker. Er bediente sich des Dramas als *einer* schriftstellerischen Äußerungsform – das Theater war für ihn *ein* Mittel der Mitteilung, der Aufdeckung der Wahrheit.

Sartre, aus einer »bürgerlichen« Pariser Familie stammend, Student, dann Gymnasialprofessor für Literatur und Philosophie, hat Anstöße der deutschen Existenzphilosophie (Jaspers', vor allem Heideggers), verbunden mit Hegelschen Gedankengängen und Methoden, auf seine Weise zugespitzt. Seine Grunderfahrung war die des nackten Existierens, das Erlebnis des bloßen In-der-Welt-Seins, ohne Sinn und Ziel. Freischwebend, dem Nichts gegenüber, nur die Schwere des eigenen Seins spürend, ist der Mensch – meinte der frühe Sartre – zur Freiheit verdammt. Er macht sich selbst, defi-

Links: Jürgen Fehlings »Fliegen«-Inszenierung 1948 im Berliner Hebbeltheater: »Alles steht unter Hochdruck, alles wird hinaufgepreßt, jeder Satz als schwere Barlach-Plastik herausmodelliert… Indem Fehling seine ganze Wucht (und die aufgespeicherte Energie der langen Wartezeit) auf das Stück wirft, betont er gerade das, was an Sartre unerträglich ist« (Paul Rilla). Joana Maria Gorvin als Elektra, Kurt Meisel als Orest, Roma Bahn als Klytemnestra.

Als kühles klassizistisches Ideendrama inszenierte Gründgens 1947 in Düsseldorf die »Fliegen«, spielte dabei selbst – er ist zu diesem Zeitpunkt 47 Jahre alt – den von Sartre als Jüngling gedachten Orest; Marianne Hoppe die Elektra.

niert sich selbst durch jeden Schritt, den er tut. Er steht immer neu vor der Wahl, sich so oder so zu entscheiden – aber die Summe all dieser Entscheidungen ist das, was ihn festlegt, dem er verantwortlich ist: »Der Mensch ist, was er vollbringt.« Seine eigenen Taten bestimmen ihn, Gott ist tot, nicht existent. Die Sartresche Existenzphilosophie ist atheistisch, nur auf den Menschen als das einzig Seiende bezogen. »Das menschliche Leben beginnt jenseits der Verzweiflung« der Verzweiflung über den toten Gott. Der Existentialismus ist ein »Humanismus«, ein »harter Optimismus«.

Erste schwere, auch trübe Seinserfahrung schilderte Sartre in seinem kurzen Roman *Der Ekel* (1938), in den Erzählungen des Bandes *Die Mauer*. Sein philosophisches Hauptwerk *Das Sein und das Nichts* erschien 1943, mitten im Krieg, unter deutscher Besetzung. Sartre stand in Verbindung mit der französischen Widerstandsbewegung. Seine Philosophie der verantwortlichen Freiheit widersprach der Tyrannei der Nazis.

Die Fliegen

Sein erstes Theaterstück *Les mouches* (1943) wirkte bei der Pariser Uraufführung im Krieg als Widerstandszeugnis. Es handelt sich um ein philosophisches Thesenstück im Gewand einer Neufassung des antiken Mythos. Orest kehrt in seine Heimat Argos zurück und erschlägt seine Mutter Klytaimestra und seinen Onkel Ägisth, um deren gemeinsamen Mord an seinem Vater Agamemnon zu rächen. Durch diese frei gewollte und verantwortete Tat wird Orest vom unverbindlich-freien, losgelösten, nichtigen Jüngling zum verantwortlichen Mann: »Meine Freiheit, das ist diese Tat.« Die Bewohner seiner Vaterstadt haben zwar auch gehandelt – Agamemnons Tötung geduldet, den Mörder als Herrscher anerkannt –, aber sie bekennen sich nicht zu ihrer Tat, verleugnen, bereuen sie. Ihre Reue, ihre Angst ist in den Fliegen Gestalt geworden, die Argos überschwärmen. Der Fliegengott Jupiter zieht seine Macht aus der Angst der Argiver, er ist ihre Angst und Reue. Solange Jupiter existiert, herrscht auch Ägisth. Mittels der gleichen reuigen Angst, die er selbst empfindet, unterdrückt er die Argiver. Das ist das den Göttern und Königen (Diktatoren) gemeinsame Geheimnis: Sie existieren durch die Unfreiheit, die Unverantwortlichkeit der Menschen.

In diese stickige Atmosphäre (eine in die Antike verfremdete Wiedergabe der von Verdächtigung, Verfolgung, Unfreiheit geschwängerten unter den Nazis) bricht Orest ein, bleibt reuelos und frei – im Gegensatz zu seiner Schwester Elektra, die ihn vor der Tat hysterisch antrieb, die danach aber der Reue, der neuen Unfreiheit, verfällt. Am Ende des Stücks zieht Orest, seine Tat auf sich nehmend und die Fliegen deshalb mit sich lockend, einer ungewissen, harten, aber seiner eigenen Zukunft entgegen – die Argiver der Herausforderung durch das harte, klare Licht der Gottlosigkeit, Selbstbestimmung überlassend.

Geschlossene Gesellschaft

Während Orest noch Götter und Könige entgegentreten (wenn sie auch nur im »falschen Bewußtsein« der ängstlichen Menschen existent sind), gestaltet Sartre in seinem härtesten, ausweglosesten Stück (*Huis Clos*, 1944 im gerade befreiten Paris uraufgeführt) das völlige Aufsichselbstgestelltsein der Menschen, die Gefangenschaft im Kerker der Existenz, außerhalb derer nichts – »das Nichts« – ist. Drei Personen, ein Mann, zwei Frauen (als vierter tritt nur ein unbeteiligter Kellner auf), sind in einem schäbigen Hotelzimmer beisammen, gefangen. Sie sind aneinander – wechselseitig – durch Liebe und Haß gebunden, und doch als jeweils einzelne, nur sich selbst Verhaftete meilenweit voneinander entfernt. Unfähig, einander zu lieben, leiden sie aneinander: »Die Hölle, das sind die anderen.«

Beide Stücke, *Die Fliegen* und *Geschlossene Gesellschaft*, spielen nicht im realistischen Milieu; *Die Fliegen* – wie schon gesagt – im mythischen Argos. Das schäbige Hotelzimmer der *Geschlossenen Gesellschaft* ist eigentlich ein Symbolraum: der Kerker der Existenz. Trotzdem ist Sartre ein realistischer Autor: Es geht ihm um Aussagen über die menschliche Wirklichkeit hier und heute, um individuelle und gesellschaftliche Probleme. Der Dialog ist bei ihm weder poetisch überhöht noch symbolisch oder surrealistisch verschlüsselt, er ist nah an der Alltagssprache, wenn auch von großer logischer Schärfe und denkerischer Gewandheit.

Tote ohne Begräbnis

Nach den *Fliegen* und der *Geschlossenen Gesellschaft*, die der individuellen existentiellen Situation gewidmet sind, gilt eine zweite Gruppe von Stücken gesellschaftlichen, politischen Problemen. *Morts sans sépulture* (1946) schildert zwar wiederum eingeschlossene, gefangengehaltene Menschen, aber es ist nicht die eigene innere Einsamkeit, die das Gefängnis ausmacht, sondern weltliche Gewalten (französische Kollaborateure, Mitläufer Hitlers) halten eine Gruppe von Widerstandskämpfern gefangen, mit der Absicht, sie in wenigen Stunden zu erschießen. Auch in dieser Lage, gefangen, den Tod vor Augen, bleibt die innere Entscheidungsfreiheit des einzelnen bestehen: Er kann sich für die Würde und den Mut im Sterben oder für den würdelosen Verrat an den Mitgefangenen und der gemeinsamen Sache entscheiden. Die Versuchung dazu tritt an alle Gefangenen heran, jeder könnte durch diesen Verrat sein nacktes Leben retten. Das hieße aber auch: die Unfreiheit, die Unterwerfung, die Würdelosigkeit wählen. Der eine unter ihnen, der zu schwach, zu jung ist, um dieser Versuchung zu widerstehen, wird von den anderen getötet.

Die ehrbare Dirne

Vor einer Wahl steht auch die Hure Lizzie in dem kurzen Stück *La putaine respectueuse* (1946). Im heißen, vom Rassenhaß vergifteten Süden der USA hat der betrunkene Sohn eines reichen und mächtigen Senators mit zwei Negern Händel gesucht und einen erschossen. Lizzie wird von Fred, dem Vetter des Täters, dann von dessen Vater bedrängt, fälschlich zu bezeugen, daß der ermordete Neger sie vergewaltigen wollte. Dadurch soll der Senatorensohn vorm Gericht gerettet werden. Lizzie, zu der sich der vom Lynchmord bedrohte zweite Neger geflüchtet hat, wählt die Unwahrheit und die materielle Verlockung: Sie unterschreibt das falsche Zeugnis gegen gute Bezahlung – aber in ihr, der Hure, sind dabei mehr menschliche Skrupel wirksam als bei den Privilegierten.

Die schmutzigen Hände

Les mains sales (1948) spielt im Zweiten Weltkrieg in einem Balkanland, wo die Arbeiterbewegung im Untergrund gegen die deutsche Besatzungsmacht kämpft. Ihr Führer Hoederer will mit bürgerlichen und konservativen Kräften paktieren. Die moskauhörige Opposition innerhalb der Arbeiterpartei betrachtet diesen Pakt als Verrat. Der aus der reichen Bourgeoisie kommende junge kommunistische Intellektuelle Hugo erbietet sich, aus Tatfieber und Ekel vor Kompromissen, Hoederer zu töten. Er bekommt den Mordauftrag und wird als neuer Sekretär in Hoederers streng bewachtes Quartier eingeschleust. Hugo lernt Hoederer als sicheren, überlegenen, verständnisvollen Menschen kennen, der ihn in einem politischen Streitgespräch fast davon überzeugt, daß man Politik um lebendiger Menschen, nicht um abstrakter Prinzipien willen machen sollte, daß es besser ist, sich mit menschenfreundlichen Kompromissen die Hände zu beschmutzen, als um der reinen, kalten Idee willen Tausende zu opfern. Fast ist Hugo umgestimmt; er kehrt, im Innern aufgewühlt, nach einem Spaziergang zu Hoederer zurück, findet seine Frau Jessica in dessen Armen (Hoederers unsentimentale, unverspielte Lebensfülle hatte sie angezogen) – im Affekt erschießt Hugo den einzigen Menschen, der ihn aus seiner intellektuell-abstrakten Isolierung befreien und den Zugang zur vollen, widerspruchsvollen Wirklichkeit hätte öffnen können.

Dies Geschehen ist in eine Rahmenhandlung eingeschlossen, die zwei Jahre später spielt, in der Nacht, nach der Entlassung Hugos aus dem Gefängnis. Olga, ein Mitglied jener moskauhörigen Gruppe, die Hugo den Mordauftrag gab, läßt sich von ihm, den sie insgeheim liebt, noch einmal den Hergang erzählen. Am Ende der Nacht beschwört sie ihn, alles als einen Irrtum zu vergessen, denn auch Olgas Gruppe hat inzwischen auf höhere Weisung aus Moskau, wenn auch unter schlechteren Bedingungen, den Pakt mit bürgerlichen Liberalen und Konservativen geschlossen und den toten Hoederer als Märtyrer und Kronzeugen rehabilitiert. Hugo, um den Sinn seiner Tat, die einmal sein Leben wirklich machte, betrogen, weigert sich, hält an ihr als freiem, verantwortlichem Akt fest und wird dadurch für die Partei untragbar, die nur willige, gedächtnislose und damit unverantwortliche Werkzeuge brauchen kann. Er geht am Ende des Stücks seiner Liquidation entgegen – im Tod sich selbst wählend.

Als das Stück erschien, machte es als szenisch blendende, gedankenscharfe Abrechnung mit den unmenschlichen politischen Praktiken des Stalinismus Furore – Sartre hatte mit dem Stück ein politisches Engagement vollzogen, gegen die Stalinisten, für den demokratischen Sozialismus, zu dem er sich auch in der Schrift *Was ist Literatur?* (1948) theoretisch bekannte. Doch seit etwa 1950, vom Ekel an der verrotteten Vierten Französischen Republik getrieben, von der McCarthy-Inquisition in den USA abgestoßen, begann er, die Kommunisten bei vielerlei Anlässen öffentlich zu unterstützen. Ihre Verwurzelung in den Massen des französischen Proletariats galt ihm als Beweis für die Richtigkeit ihrer Politik – mindestens in ferner Zukunft.

Nekrassow

Sartre schrieb 1955 dies brillant gemachte, farcenhafte Stück, die Geschichte eines Hochstaplers, der, mehr von der antikommunistischen Hysterie einer korrupten Massenpresse getrieben als selbst wollend, sich als geflüchteter sowjetischer Staatsmann ausgibt – im Grunde eine erfrischende, treffende Satire auf gewisse borniere (und als bloße Reaktionen sterile) Formen des Antikommunismus. Als die Sowjets die ungarische Revolution 1956 im Blut erstickten, gehörte Sartre ebenso zu den Protestierenden, wie er gegen die Unterdrückung der algerischen Freiheitsbewegung Stellung bezog. Seine letzten Jahre nach dem Pariser Mai 1968 sahen ihn an der Seite der Maoisten. Er blieb bei seiner Abneigung gegen die Welt der Bourgeoisie, stellte in sei-

ner Autobiographie *Les mots* (Die Wörter, 1964) seine in die Kindheit reichende Fixierung an diese Welt dar, lehnte 1965 den Nobelpreis als äußerlichen Ausdruck der Bindung an diese Welt ab.

Der Teufel und der liebe Gott

Die Hauptfigur in *Le diable et le bon dieu* (1951) ist der Feldhauptmann Götz, allerdings ein ganz anderer als der saftig-tumbe Haudegen von Berlichingen, obwohl auch Sartres Stück im deutschen Bauernkrieg, in den ersten Jahren des 16. Jahrhunderts, spielt. Aber, das war zu erwarten, Sartre hat kein historisches Ritterschauspiel geschrieben, sondern wiederum – wie mit den *Fliegen* – ein philosophisches Thesenstück. Die entrückte Zeit, der fremde Ort wurden von ihm gewählt, um die extreme Situation, deren szenische Erörterung er beabsichtigte, nicht mit allzuviel Alltag und vertrauter Gegenwart zuzudecken. Noch einmal geht es um die Befreiung vom Göttlich-Außermenschlichen und Übermenschlichen. Götz, vitaler Täter und sich selbst quälender Denker zugleich, belagert an der Spitze roher Haufen Worms. Von der immer noch geglaubten, wenn auch nicht faßbaren Existenz Gottes herausgefordert, tut Götz das Schlimmste: Er bricht alle Versprechungen und Eide, läßt die Wormser hinschlachten, wartet auf ein Zeichen göttlichen Einspruchs gegen seinen ungeheuren Frevel. Kein Zeichen erfolgt. Der Priester Heinrich, Götzens Gegenspieler, am Gottesglauben trotz »unverschuldeter« Schuld festhaltend (er hatte Götz in die Stadt eingelassen, um 200 Priester vor dem Massaker durch das wiedertäuferische Volk von Worms zu retten) – Heinrich gelingt es, Götz in einer absurden Wendung zum radikal Guten zu verführen, nachdem das radikal Böse als Herausforderung Gottes versagt hat.

Götz geht den neuen, den übermenschlichguten Weg, er verschenkt sein Land an die Bauern und versucht, sie Widerstandslosigkeit und überirdische Güte zu lehren. Er greift schließlich zu einem Trick: Er bringt sich selbst Wundmale bei, um ihnen die Wiederkehr Gottes in ekstatischer Übersteigerung seiner selbst vorzutäuschen. Auch das scheitert. Auf den rauchenden Trümmern der »Stadt des Lichts«, die Götz gründen wollte und die ungute Feinde zerstörten, trifft er Heinrich wieder, der – immer noch – am Glauben festhält und der mit dem zweifelnden Götz den Zweifel selbst aus der Welt schaffen will. Götz, angegriffen, tötet Heinrich. Durch diese Tat hat er sich befreit. Gott ist für ihn – endgültig – tot. Es bleiben nur die Menschen. Nasty, die dritte Hauptfigur des Stücks, ein Doktrinär, Fanatiker und Ideologe, kein Denker, sondern ein in festen Formeln geborgener, unbedenklicher Täter, bietet Götz die Führung des im sozialen Aufstand befindlichen Bauernheers an. Es zieht, blind das Gute suchend und Böses tuend, sengend, brennend und mordend durch die Lande, seinem Untergang im Kampf mit dem überlegenen Ritterheer entgegen. Götz stellt sich an seine Spitze. Er verzichtet – so interpretiert Sartre – auf das Absolute, wählt die konkreten Menschen und ihren Kampf gegen eine Gesellschaft, die auf Ungerechtigkeit gegründet ist und in der deshalb das Gute keine Chance hat, verwirklicht zu werden.

Die Eingeschlossenen

Ein wahres Gestrüpp von Thesen, Motiven, Reflexionen und Binnensituationen stellt Sartres Stück Les séquestrés d'Altona (1959) dar, obwohl es auf ein Haus und auf eine Familie konzentriert ist – den weltmarktbeherrschenden Werftbesitzer in Hamburg, seine beiden Söhne Franz und Werner, die Tochter Leni und die Schwiegertochter Johanna, Werners Frau. Das Stück spielt nach dem Zweiten Weltkrieg. Franz hat sich im oberen Stockwerk des Hauses eingeschlossen, läßt nur Leni zu sich. Vor den Krabben, Wucherungen an der Zimmerdecke, sucht er sich und seine Vergangenheit zu verteidigen. Anders als Orest kommt er von der Vergangenheit, ihren Taten und Untaten, nicht los. Er hat Hitler im Krieg nur widerstrebend gedient. Sein Vater hat ihn daran gehindert, einen polnischen Rabbi zu retten; später an der Front hat er Folterungen geduldet. Er kann die menschliche Situation in dieser Welt nur noch als die von Henkern und Opfern begreifen, wobei der Rollentausch fast zwanghaft ist. Franz, das Opfer seines Vaters (der ihn härten wollte, als er jenen Rabbi an die SS auslieferte), identifiziert sich wütend mit der größeren, schrecklicheren Vaterfigur, mit Hitler – aber auch mit der Schuld, die er unter seinem Befehl auf sich nahm. Der Untergang Deutschlands und seine eigene Isolation erscheinen ihm als notwen-

dige Konsequenz, als Sühne fast. Franz weigert sich deshalb, vom wirtschaftlichen Wiederaufstieg Notiz zu nehmen.

Franz ist, gerade durch seine bis zum Irrsinn gesteigerte Manie, der wirkungsmächtigste unter den Gerlachs. Leni, inzestiös mit ihm verbunden, lebt durch das Gefühl, ihn allein für sich zu haben. Auch Johanna, die Frau seines labilen Bruders, wird übermächtig von seiner Entschiedenheit angezogen. Im äußersten, in der todbereiten Liebe für ihn, denkt sie sich selbst zu finden. Der alte Gerlach, der weiß, daß er bald sterben wird, will Franz die Herrschaft über sein Industrie-Imperium übergeben und möchte deshalb dessen Isolation aufbrechen. Dahin lenkt er den Kampf der beiden Frauen um Franz. Es gelingt – aber nur mit der Folge, daß Franz im Angesicht des für ihn widersinnigen Wiederaufbaus den Tod wählt, in den ihn der Vater begleitet. Leni tritt Franzens Nachfolge an, bezieht sein Zimmer, isoliert sich auch äußerlich, übernimmt es, an seiner Stelle im Angesicht der Schuld zu leben. Das Stück ist im Kern also quälende, ausweglose Gewissensprüfung – auch Sartre selbst, der es als Franzose als Zeugnis, als Offenlegung seiner duldenden Mitschuld an den algerischen Folterungen versteht. Der »harte Optimismus« aus Sartres Anfängen ist verlorengegangen.

Kean oder Unordnung und Genie

In dieser Bearbeitung (1954) des Reißers von Alexandre Dumas über den großen englischen Schauspieler des frühen 19. Jahrhunderts, geschrieben für den Schauspieler Pierre Brasseur, wird über die zwiespältige Existenz des Schauspielers räsoniert – und die des Menschen als Schauspieler seiner selbst.

Die Troerinnen des Euripides

Diese Prosabearbeitung der antiken Tragödie (1965), hergestellt für das Pariser Théâtre National Populaire, verschärft die politische Botschaft: »Was Krieg bedeutet, wissen wir heute: ein Atomkrieg hinterläßt weder Sieger noch Besiegte. Dies eben demonstriert mein Stück: Die Griechen haben Troja zerstört, vermögen aber ihren Sieg durchaus nicht zu genießen, da sie alle an der Rache der Götter zugrunde gehen. Die Götter verrecken zusammen mit den Menschen ... die Moral dieser Tragödie.«

Albert Camus

Am Anfang, nach Vorübungen, standen kurze, geschlossene, »dichte« Werke, vielleicht seine besten: die Erzählung Der Fremde (L'étranger, 1942) und der Essay Der Mythos von Sisyphos (Le mythe de Sisiphe, 1942). Beide beziehen sich aufeinander, ein Weltgefühl prägt sie. Welches? Das der Absurdität, der Unsinnigkeit dieser Welt. Nichts sehr Erfreuliches, aber, wie Camus meinte, die nackte Wahrheit. Zwischen Mensch und Welt ist eine tiefe Fremdheit, ein Sinn ist nicht zu erkennen, was geschieht, ist absurd. Entscheidend sind die Konsequenzen, die Camus daraus gezogen hat: Der freie, verantwortliche Mensch soll, fordert er, revoltieren wider die Absurdität, als ein neuer Sisyphos immer und immer wieder den Stein der Weltbewältigung den Gipfel aufwärts wälzen – den permanenten, unaufhörlichen Kampf mit der unaufhebbaren Absurdität nie aufgeben.

Camus (1913–1960) wurde in Nordafrika als Sohn eines französischen Landarbeiters und einer spanischen Mutter geboren, sein Vater fiel im Ersten Weltkrieg. Das Philosophiestudium an der Universität in Algier mußte er sich als Verkäufer, Meteorologe und Büroangestellter verdienen. Er wandte sich dann dem Theater zu, leitete eine Gruppe junger Schauspieler, inszenierte, spielte und bearbeitete Stücke, schrieb seine ersten eigenen Versuche, darunter 1938 das Schauspiel Caligula, stofflich angeregt durch die Lektüre von Suetons Zwölf Cäsaren. Er wollte es inszenieren und selbst die Titelrolle spielen. »Der Krieg zwang mich dann zur Bescheidenheit«, schrieb er selbst – der Krieg führte ihn in die französische Widerstandsbewegung gegen die deutsche Besetzung, in die Résistance. Er war von 1943 an Chefredakteur der Zeitung »Combat«, der Stimme dieses Kampfes. 1945 wurde Caligula in Paris uraufgeführt mit Gérard Philipe in der Hauptrolle.

Caligula

Das Stück ist häufig bloß als Anklage verstanden worden: gegen die totalitären Gewalthaber, denen über dem berauschenden Genuß der Macht die Welt immer unwirklicher wird, so daß sie immer freventlicher, verbrecherischer in sie eingreifen. Camus meinte es aber ernster, faßte sich selbst (und uns) direkter ins Auge: Er stellte Glanz und Gefahr der Freiheit dar. Lassen wir ihn selbst sprechen: »Caligula, ein bis dahin eher liebenswerter Kaiser, entdeckt beim Tod seiner Schwester und Geliebten, Drusilla, daß die Welt schlecht eingerichtet ist. Von diesem Tag an versucht er, vom Verlangen nach dem Unmöglichen besessen, von Verachtung und Grauen vergiftet, durch Mord und systematische Umkehrung aller Werte eine Freiheit zu üben, die er letzten Endes als falsch erkennen wird.«

Das Mißverständnis

Camus' zweites Drama (*Le malentendu*) entstand 1941 im besetzten Frankreich (Uraufführung 1944). Der Autor selbst meinte, daß sich dadurch vielleicht die drückende Enge des Stücks erkläre. Es schildert die Geschichte eines Sohnes, der nach langen Jahren in der Fremde mit seiner jungen Frau ins Heimatdorf zurückkehrt. Er möchte von Mutter und Schwester erkannt werden, ohne selbst seinen Namen zu nennen. Die beiden erkennen ihn aber nicht und ermorden ihn aus Geldgier. (Schon der »Fremde« fand in seiner Todeszelle unter der Matratze einen Zeitungsausschnitt, der eine solche Begebenheit berichtet, die in der Tschechoslowakei geschehen sein soll – deutsche Literaturkenner wissen, daß sie auch Zacharias Werners Schicksalsdrama *Der 24. Februar* zugrunde liegt.)

Das Stück ist von lastender Realität und doch auch gleichnishaft: Fremd, unverständlich sind sich Mensch und Mensch, Welt und Mensch. Camus sagte über *Das Mißverständnis*: »Gewiß verrät es eine sehr pessimistische Auffassung des menschlichen Daseins, die aber sehr wohl mit einem gemäßigten Optimismus in bezug auf den Menschen vereinbar ist. Denn eigentlich will es besagen, daß alles anders gekommen wäre, wenn der Sohn gesagt hätte: ›Ich bin's, dies ist mein Name.‹ Es will besagen, daß der Mensch in ungerechter oder gleichgültiger Welt sich selbst und seine Mitmenschen erretten kann, wenn er sich an die einfachste Aufrichtigkeit, das treffende Wort hält.«

Beide Stücke, *Caligula* und *Das Mißverständnis*, bedienen sich der herkömmlichen, geschlossenen dramaturgischen Form, sie sind in der intelligenten Ge-

spanntheit des Dialogs, in den scharfdenkenden Figuren den Stücken Sartres ähnlich, mit dem Camus befreundet war und als dessen Mitstreiter er angesehen wurde. Diese Verbindung zerbrach 1951, als Sartre den Essayband *L'homme revolté* – deutsch unter dem Titel *Der Mensch in der Revolte* – einer scharfen Kritik unterzog. Er nannte den Humanismus Camus' »trübe Maßlosigkeit, mit der Sie Ihre inneren Schwierigkeiten maskieren und die Sie, glaube ich, mittelländisches Maß nennen«. Camus antwortete mit einer ebenso scharfen, wenn auch weniger persönlichen Absage an Sartres prokommunistischen Kurs in jenen Jahren – der unversöhnliche Streit hat die intellektuelle Linke in Frankreich, deren glänzendste Wortführer Sartre und Camus waren, tief gespalten und geschwächt.

Der Belagerungszustand

Mit seinem dritten Stück (*L'état de siège*), das 1948 uraufgeführt wurde, versuchte Camus etwas Neues. Er ließ das klassische Muster des geschlossenen Aktestücks beiseite, bemühte sich, »alle Ausdrucksformen des Theaters heranzuziehen, den lyrischen Monolog so gut wie das kollektive Theater, die Pantomime, das einfache Zwiegespräch, die Posse und den Chor«. Es ging ihm nicht um Einzelschicksale, er wollte »das Theater den psychologischen Grübeleien entreißen und auf unseren von gedämpftem Murmeln erfüllten Bühnen die lauten Schreie ertönen lassen, die heute ganze Menschenmassen ins Joch beugen oder befreien«. Was geschieht? In eine spanische Stadt zieht, von Kometen angekündigt, die Pest in Gestalt eines absoluten Machthabers ein. Mit Hilfe einer Sekretärin (die den Tod symbolisiert) und des verzweifelten, verzweifelt-grimassierenden Nada (des absolut Glaubenslosen, der nichts an Gewißheit und Bindung kennt) richtet er seine knechtende, alle Lebensregungen reglementierende, kontrollierende, schließlich liquidierende Bürokratie ein – bis in Diego, dem menschlichen Widerpart der Pest, das Bewußtsein der Freiheit erwacht, der Protest, die Revolte. Diego demonstriert seine (und aller) Freiheit, indem er für die andern stirbt; die Pest, die Diktatur, der Tod müssen weichen – für Zeit, nicht für Ewigkeit. Die alten, korrupten, aber doch menschlichen Gewalten kehren wieder, alles ist wie vor-

Claus Peymann inszenierte 1976 am Stuttgarter Staatstheater Camus' »Gerechte« – zur Zeit der Terrorismus-Ressentiments, der Fahndung nach Bombenlegern und Sympathisanten. Peymann aktualisierte das Stück nicht vordergründig, versuchte viel-

mehr – und darin lag Aktualität –, mit seiner szenischen Interpretation für die geistigen, sozialen und psychischen Motive und Widersprüche der fünf »Gerechten« einzunehmen. Es spielten Peter Brombacher, Kirsten Deue und Manfred Zapatka.

her, vor der Pest, aber das Beispiel der Revolte aus Freiheit ist einmal gegeben worden. Die Ähnlichkeiten mit Sartres *Fliegen* sind deutlich, aber wo Sartre im scharfen, dialektischen Dialog zwischen Individuen Situationen und Werte zerlegt und neu formuliert, da begnügt sich Camus mit Handlung, negativem und positivem Symbol und schließlich dem auffordernden Beispiel, da gibt es bei Camus nur jene symbolischen Figuren, unverändert und einfach geprägt: den Terror (die Pest), den Tod (seine Sekretärin), den Nihilismus (Nada) und die Freiheit (Diego). Dazu das Volk: eine schwankende, des Beistandes und Beispiels bedürftige Masse.

Die Gerechten

Camus' viertes Stück (*Les justes,* 1950) erzählt einen historischen Vorgang, nämlich den Mordanschlag einer Gruppe von russischen Revolutionären auf den Großfürsten Sergius, 1905. Camus wählte wieder die geschlossene Form des Dialogstücks: Auf der Bühne diskutieren die Verschwörer vor und nach der Tat, die Frau des ermordeten Großfürsten besucht den Mörder in der Zelle. Es geht um die Frage der Gerechtigkeit. Die Verschwörer glauben an ihre Sache, glauben daran, daß der Mord nötig ist, um dem russischen Volk einen Ansporn zu geben, daß es sich die Freiheit erkämpft. Aber es gibt doch auch Unterschiede zwischen ihnen: Iwan Kaliajew weigert sich beim ersten Mal, die Bombe zu werfen, weil zwei unschuldige Kinder im Wagen des Großfürsten mitfahren – und nachdem er beim zweiten Mal mörderisch gehandelt hat, die Gerechtigkeit in seine Hände nahm, ist er bereit, den Preis, seinen eigenen Tod, dafür zu zahlen. Stepan Fiodorow dagegen, sein intellektueller Gegenspieler, rechtfertigt vor sich und den andern jede Tat, die seine abstrakte und utopische Vorstellung von absoluter Gerechtigkeit und Freiheit fordert, in ihm meldet sich die Stimme der terroristischen Entartung der kommenden Revolution. Camus bemerkte im Vorwort zu diesem Stück: »Ich wollte bloß darlegen, daß auch der Tat selbst Grenzen gesetzt sind. Nur die Tat ist gut und gerecht, die diese Grenzen anerkennt und, falls sie sie überschreiten muß, zumindest in den Tod willigt.«

Die Besessenen

Camus' letzte Arbeit für das Theater war eine Dramatisierung von Dostojewskijs Roman *Die Dämonen*; sie erschien 1959 unter dem Titel *Les possédés.* Dieses Drama zeigte ihn auf dem Weg zu neuer tiefer Beunruhigung – angeregt durch einen der wirkungsmächtigsten europäischen Beunruhiger. Camus bediente sich auch der Bühne, um seine Fragen, bohrende Fragen, zu stellen. Nicht seine Theaterfertigkeiten, sondern sein intellektueller Mut hält die Stücke lebendig.

Jean Genet

Genet, von unbekannten Eltern 1910 in Paris geboren, wuchs als Fürsorgezögling auf, brach aus, ging in die Fremdenlegion, desertierte, war Schwarzhändler und saß mehrmals im Gefängnis, ehe ein starker Strom von literarischer Produktivität als Existenzausdruck die Stelle der kriminellen Aktivität einnahm. Ein höchst merkwürdiger Vorgang: Genet, seiner wütenden Aktion entgegen, ist sich nach eigenem Zeugnis der Wirklichkeit seiner eigenen Person in der Welt nicht sicher. »Selbst heute (nach dem literarischen Erfolg) bin ich nicht so weit, mir ein wirkliches soziales Dasein zuzuerkennen. Das läßt mich an der sozialen Wirklichkeit überhaupt zweifeln. Da haben sie das Hauptthema meiner Theaterstücke. Das Theater hat für mich mehr Realität als die Wirklichkeit, genauso wie ein Gedicht. Wenn meine Bühnenstücke das kleine bißchen Wirklichkeit der sozialen Welt verleugnen, so müssen sie dafür eine poetische Welt erschaffen. Sie sollen zwar das Hochstaplerische allen sozialen Getues zeigen, aber nachdem sie das erreicht haben, bleibt trotzdem eine Realität übrig, nämlich das Stück selbst als Dichtung.«

Das ist, überraschend vor dem wüsten biographischen Hintergrund, eine neue, mit Provokation gesättigte, Perversionen und geschlechtliche Aberration als Material benützende L'art-pour-l'art-Position. Mit der Literatur, der dramatischen Dichtung wird ganz »ernst« gemacht: Das Spiel, die Rollen, die Fiktion sind die einzige Realität, komplex, vieldeutig, immer wieder den Anschein durchbrechend, als würde gelebt, immer wieder spielend diesen Anschein erzeugend. Eine Spiegelwelt, nicht ohne hochstaplerische Züge, zwar mit stupender stilistischer Sicherheit errichtet, aber nicht ohne Stellen, die zufällig und angeberisch anmuten. In den dichtesten Partien allerdings von starker, durch die Spielhaftigkeit doppelt intensiver Seelen-Innenspannung – ein Geflecht von Motivationen und Begehrlichkeiten, so engmaschig, daß es sich von der sozialen Thematik abzulösen scheint und quasi ungegenständlich, abstrakt im Bühnenraum ausgespannt ist.

Die Zofen

Dies erste Stück Genets (*Les bonnes*, 1947) ist Sartres *Geschlossener Gesellschaft* nahe: reduziert auf drei Personen in höllenhafter Isolation. Mit Cocteaus romantischen *Enfants terribles* teilen *Die Zofen* die gefährliche Binnenwelt geträumter und sich aus dem Traum heraus realisierender Taten. Die Namen Sartre und Cocteau sind auch sonst nicht ohne Belang für Genet: Unter dem Patronat beider ging des Zuchthäuslers Eintritt in die literarische Welt vonstatten, Sartre engagierte sich am Fall Genet als existenzphilosophischem Beispiel besonders intensiv und gab 1952 seinem Engagement in einem dicken Buche, *Saint Genet, comédien et martyr* (*Der heilige Genet, Schauspieler und Märtyrer*), Ausdruck.

Aber zurück zu den Zofen. Sie heißen Claire und Solange und leben in der Innenwelt der abgeschlossenen Wohnung ihrer Herrschaft – in ihrer eigenen, lesbisch verdichteten Rausch- und Traumwelt. Solange spielt Claire, und Claire spielt Madame. Herrschafts- und Minderwertigkeitskomplexe durchdringen sich. Eines der Mädchen hat den Herrn von Madame bei der Polizei denunziert. Die Begier nach dem bloßen, dem »wirklichen« Verrat und nach der Tyrannei über Madame, die Tyrannin, liegt als Motivbündel zugrunde. Madames Auftritt zerstört solche Wünsche: Sie ist im Besitz ihrer eigenen, selbstbezogenen Hysterie, überlegen, trinkt auch nicht die Tasse vergifteten Lindenblütentees, die die Zofen ihr kredenzen. Mit grausliger Folgerichtigkeit bleibt den Mädchen nur übrig, spielend nachzuvollziehen, was ihnen nicht glückte: Der verfehlte kriminelle Anschluß an die Wirklichkeit wird unter den beiden, in ihrer Hölle qualvoller Beziehungen, nachgespielt. Claire trinkt in Stellvertretung von Madame die Tasse Gift aus. Das Spiel hat

Realität erzeugt und zugleich in letzter, lustvoller und tödlicher Steigerung diese Realität zerstört.

Unter Aufsicht

Das zweite Stück (*Haute surveillance*, 1949) ist durchaus das Pendant zum ersten. Wieder eine Binnensituation: drei Häftlinge in der Gefängniszelle. Der Herrscher unter ihnen, Grünauge, zieht seine Überlegenheit aus der Mörder-Gloriole, die er um sich erzeugt. Je mehr er sie sich im Gespräch erspielt, um so mehr fühlt sich auch der zweite Häftling Lefranc gefordert, sie zu realisieren. »Auf der Höhe seines Traums« erwürgt er den jungen, weibischen Maurice, den dritten Zellengenossen, der sich eitel im Zentrum der erotischen Begehrlichkeit der beiden andern bewegt. Die Kraßheit des Vorgangs ist aufgehoben in der Dichtigkeit des Dialogs. Der dramatische Vollzug nimmt die Form des Rituals, des geformten Nach-Vollzugs an. Die erste Szenenanweisung lautet: »Das ganze Stück läuft wie ein Traum ab … Die Bewegungen der Schauspieler sind nach Möglichkeit schwerfällig oder blitzartig oder unbegreiflich rasch, ihre Stimmen dumpfer als gewöhnlich. Keine Beleuchtungseffekte. Soviel Licht wie möglich. Die Schauspieler bewegen sich lautlos auf Filzsohlen.«

Nach den beiden Drei-Personen-Stücken trat eine Pause in der dramatischen Produktion Genets ein, wohl weil das aus der eigenen Biographie gewonnene Material erschöpft war. Von 1956 an erschienen dann die drei großen, personenreichen, durchaus als barocke Schaustücke verfaßten Dramen *Der Balkon, Die Neger, Wände*. Das Ritual zieht eine Fülle von Figuren, Masken, Allegorien herbei. Die konzentrierte Binnenspannung wird durch weite Bilderflucht, brüchigen Pomp verdrängt. Die Obszönität der Sprache, ihre Sättigung mit »Tränen, Blut und Samen« (Siegfried Melchinger), erscheint jetzt als Kunstmittel. Die drei späteren Stücke sind reicher und artifizieller als die beiden früheren. Außereuropäische Theaterformen wirken herein: »Was man mir von japanischen, chinesischen oder balinesischen Zeremonienspielen berichtet …, läßt mir das Grundsätzliche des abendländischen Theaters als zu grob und zu plump erscheinen … Der abendlän-

dische Schauspieler versucht gar nicht, ein Zeichen zu sein, das wieder nur Träger von Zeichen ist.«

Der Balkon

Schauplatz dieses Stücks (*Le balcon,* 1956) ist ein durchaus als Symbolraum aufgefaßtes Bordell: weniger die sexuellen Wünsche der Kunden als ihre sozialen Wunschvorstellungen werden illusionär befriedigt: Bürger lassen sich hier als Bischof, Richter und General kostümieren. Das Rollenspiel greift über: Vor dem Hintergrund einer »draußen« tobenden Revolution paradieren die Kunden, vom Polizeichef veranlaßt, als das, was sie sein wollen; Madame Irma, die Bordellbesitzerin, als Königin in ihrer Mitte. Wieder ist das Spiel mächtiger als die Realität. Die einbrechenden Revolutionäre anerkennen die erspielten Gewalten; die wirkliche Revolution erscheint als illusionär, die Illusion als im Spiel immer wieder zu erzeugende Realität. Madame Irma hat das letzte Wort im Stück: »Verriegele die Türen, mein Liebling, und lege die Schonbezüge auf die Möbel. Gleich wird man wieder von vorn beginnen müssen …, alles wieder erleuchten …, sich ankleiden (man hört einen Hahnenschrei), sich anziehen … ah, diese Verkleidungen! Ich werde wieder die Rollen verteilen …, die eigene auf mich nehmen … (sie bleibt mitten auf der Bühne stehen, zum Publikum gewendet), Eure Rollen vorbereiten …, Ihr Richter, Generäle, Bischöfe, Kammerherren, Revolutionäre, die ihr die Revolution gerinnen laßt. – Ich gehe jetzt, um meine Kostüme und meine Salons für morgen vorzubereiten … und Sie müssen nun nach Haus gehen, wo alles noch unwirklicher sein wird als hier, zweifeln Sie daran nicht … Sie müssen gehen … Rechts durch die kleine Straße … Es ist schon früher Morgen (Maschinengewehrfeuer).«

Die Neger

Eine weitere Stufe der Ausweitung ins Universelle stellt das Stück *Les nègres* (1959 uraufgeführt) dar. Eine radikalere Attacke auf die Herrschaft, die der weißen Rasse, ist nicht denkbar. Neger spielen, mit Masken, sich selbst: »Die Neger sollen noch schwärzer werden, sie sollen bis zum Wahnsinn an dem festhalten, dessen man sie beschuldigt, an ihrem Ebenholz.« Schwarz heißt hier auch: elementar verbrecherisch. Konven-

Roger Blin inszenierte 1959 die erste Auf-
führung der »Neger« von Jean Genet; im
Pariser Théâtre de Lutèce, mit schwarzen
Schauspielern, der Gruppe »Les Griots«. Als
Theater-im-Theater führten die Schwarzen
dem »weißen«, weiße groteske Masken
tragenden Hofstaat ein Schauspiel vor,
innerhalb dessen die »Weißen« die Masken
ablegen, zu »Schwarzen« werden – das
Negersein bleibt weiterhin ein Verbrechen.
Bühne und Kostüme: André Acquart.

tionen, Moral, Herrschaft sind Spiel im Spiel: Auf einer Balustrade sitzt der Hofstaat, Neger mit den Masken von Weißen, als Königin, Missionar, Richter, Gouverneur aufgeputzt. Das Liebes- und Mordritual, das unten vor sich geht, zieht sie herab, aus der Illusion der Herrschaft in die Realität des Spiels. Der als Spielleiter fungierende Archibald bezieht auch das Publikum ein: »Wir spielen heute abend für Sie. Damit Sie aber ruhig und bequem auf Ihren Stühlen sitzen bleiben können, auch angesichts des Dramas, das sich hier oben abspielt, damit Sie sichergehen, daß dieses Drama nicht etwa in Ihr eigenes kostbares Leben eindringt, so werden wir die von Ihresgleichen gelernte Höflichkeit besitzen, die Verständigung unmöglich zu machen. Die uns ursprünglich schon voneinander trennende Distanz vergrößern wir durch unser Selbstbewußtsein und unser Benehmen, durch unsere Frechheit – denn wir sind auch Komödianten. Sobald ich meine Rede beendet habe, wird alles sich hier – (Er stampft mit dem Fuß wütend auf den Boden.) hier abspielen, in der erlesenen Welt der Verworfenheit. Ein Kontinent mag untergehen, wenn wir die Taue kappen!« Der düsteren revolutionären Drohung wird aber im Spiel der Boden entzogen: Denn nur seine, des Spiels, rituelle Ordnung ist real. Village: »Diese Zeremonie tut mir weh.« Archibald: »Uns auch. Man hat von uns gesagt, wir wären große Kinder. Also was bleibt uns dann, uns zu entfalten! Das Theater! Wir spielen, um uns in unserem Spiel zu spiegeln und uns als großer, schwarzer Narziß im Wasser dieses Spiels langsam verschwinden zu sehen.« Village: »Ich will nicht verschwinden.« Archibald: »Wie die anderen! Es wird von dir nichts übrigbleiben als nur der Schaum von deiner Wut. Man hat uns in ein Bild zurückversetzt, und da man uns in diesem Bild ertränkt, soll dieses Bild sie mit den Zähnen knirschen lassen!«

Wände

Genets letztes Stück (*Les paravents*, unter dem Titel *Wände überall* 1960 zuerst im Druck erschienen und 1961 uraufgeführt, und zwar in deutscher Sprache) spielt im Algerien der französischen Kolonialherrschaft. Den Protest stellen die Ausgestoßenen dar: Said, »der ärmste Sohn des Landes«, Leila, »dessen Frau, die häßlichste Tochter des Landes« – dazu Saids Mutter, eine alte Araberin von stupender, obszöner Lebenskraft. Die Kolonialherren sind Popanze, lächerliche Schranzen, Urbilder der Bosheit, des Dünkels, des Kleinmuts. Wieder transzendiert das Spiel zu sich selbst, aus der Realität draußen in seine eigene, für Genet alleinige Wirklichkeit: Es ist die des Todes, in dessen Bereich die Araber, die häßlichen, dreckigen, listigen, triumphieren. Ein Erlösungsvorgang? Am Ende sehen die Toten zu, wie die noch Lebenden die Bühne (nach Genets Vorstellung aus Paravents, verschiebbaren Wänden immer neu errichtet) abbauen. Aber auch die Toten bleiben nicht, ziehen sich samt ihren Wänden zurück. Die letzten Sätze des Stücks heißen: »Die Bühne ist ganz leer. Das Spiel ist aus.«

Samuel Beckett

Beckett, 1906 in Dublin (Irland) geboren, studierte am Trinity College in seiner Heimatstadt, ging Ende der zwanziger Jahre als Lektor an die Pariser Sorbonne, reiste in den Dreißigern durch Europa und zog sich nach 1945 in seine kleine Pariser Wohnung zurück, um seine Hauptwerke zu schreiben. Im Zentrum des Beckettschen Werkes steht ungeheuer intensiv das Bewußtsein, daß die hinfällige Kreatur Mensch vom Nichts umgeben ist, daß der Gewalt dieses Nichts gegenüber alles menschliche Treiben, Tun und Lassen als sinnlos und nichtig erscheint. Becketts Figuren lassen alle übliche, normale, alltägliche »Beschäftigung«, bürgerliche Existenz, Brotberuf, alles, was über die bloße Notdurft hinausgeht, mit Selbstverständlichkeit beiseite.
Obwohl er wie James Joyce, dem er in Paris nahestand, früh Irland verließ (wohl mit der Absicht »den Netzen von Vaterland, Sprache, Religion« zu entfliehen, wie das Joyces dichterisches Ebenbild Stephen Dädalus formulierte), obwohl Beckett sogar in die radikale Fremdheit der anderen Sprache emigrierte (er hat einen wichtigen Teil seines Werks zuerst auf französisch geschrieben), so haftet seinen Figuren doch genuin Irisches an: Landstreicher und Clownspaare, typische Beckettsche Kunstfiguren, tauchen schon bei Synge (*The Playboy of the Western World*) auf, ziehen sich durch das Werk O'Caseys und finden sich beim späten Yeats.

Peter Palitzsch interessierte bei seiner Interpretation des »Godot« das »nicht mehr« – als Gegenstück zur kindlichen Welt, zum »noch nicht«. Diese utopische Dimension brachten mit ihrem Spiel zum Leuchten Gerhard Just als Wladimir und Peter Roggisch als Estragon. Sie spielten die beiden Landstreicher, so Ivan Nagel, »als ob noch niemand aus Becketts »Godot«-Stück herausinterpretiert hätte, daß es ein Clownsstück sei. Daß dies gelang, kommt sozusagen der Rettung des Stückes gleich. Denn das einzig irritierende – allmählich in Vergehen, in Totes übergehende – Element von ›Godot‹ sind die Spuren des Clownskults der vierziger und fünfziger Jahre: eine Kombination von schwermütig stierendem Tiefsinn und mild-mitleidsvoller Rührseligkeit. Ihr gehen Roggisch und Just fast immer aus dem Wege.« Pozzo: Hugo Lindinger.

Warten auf Godot
In dem ersten, 1952/53 auf die Bühne des Pariser Théâtre de Babylone gekommenen Stück (*En attendant Godot*) heißen diese clownesken Landstreicher in zerrissenen Kleidern mit steifen Hüten auf dem Kopf Estragon und Wladimir – ihre scheue Zärtlichkeit füreinander kommt in den Kosenamen Gogo und Didi zum Ausdruck. Auf der leeren Bühne warten sie auf Herrn Godot, ihr in Wiederholungen sich bewegender Dialog tritt auf der Stelle. An Handlung geschieht zweimal ähnliches in beiden Akten: Ein Mann namens Pozzo, brutal und naiv herrenhaft, erscheint; er führt am Strick Lucky, seinen mit Gepäck überladenen Diener. Die beiden, als Herr und Knecht wechselseitig aufeinander angewiesen, muten wie die szenische Demonstration des Hegelschen Beispiels für dialektische Entsprechung an. Im ersten Akt läßt Pozzo den Lucky auf Befehl »denken«: Luckys Monolog, von vielen Interpreten als inhaltsloser Wortschrott bezeichnet, ist eine Vision: von der Abwesenheit Gottes, dem Schrumpfen der Menschen, dem Stein werden. Am anderen Tag, beim zweiten Auftritt von Pozzo und Lucky, ist der Herr blind und lahm, der Diener stumm. Zweimal auch tritt der Knabe auf: Godot kommt nicht, erst morgen, richtet er aus. Es wird weiter gewartet.

Fritz Kortner inszenierte 1954 »Warten auf Godot« in den Münchner Kammerspielen mit zahlreichen, genau placierten szenischen Gags, Slapsticks und Pointen, kitzelte den Humor der Sache heraus, nutzte die schüchtern-präzise Komik Heinz Rühmanns und die pralle Drastik Ernst Schröders.

Wie ein Resümee mutet folgender Passus aus Wladimirs Mund an: »Habe ich geschlafen, während die andern litten? Schlafe ich denn in diesem Augenblick? Wenn ich morgen glaube, wach zu werden, was werde ich dann von diesem Tage sagen? Daß ich mit meinem Freund Estragon an dieser Stelle bis in die Nacht auf Godot gewartet habe? Daß Pozzo mit seinem Träger vorbeigekommen ist und daß er mit uns gesprochen hat? Wahrscheinlich. Aber was wird wahr sein von alledem? (Estragon, der sich angestrengt und vergeblich mit seinen Schuhen beschäftigte, ist von neuem eingeschlafen. Wladimir schaut ihn an.) Er wird nichts wissen. Er wird von den Schlägen sprechen, die er bekommen hat, und ich werde ihm eine Rübe geben. (Pause) Rittlings über dem Grabe und eine schwere Geburt. Aus der Tiefe der Grube legt der Totengräber träumerisch die Zangen an. Man hat Zeit genug, um alt zu werden. Die Luft ist voll von unseren Schreien. (Er lauscht.) Aber die Gewohnheit ist eine mächtige Sordine. (Er betrachtet Estragon.) Auch mich, auch mich betrachtet ein anderer, der sich sagt: Er schläft, er weiß nichts, laß ihn schlafen. (Pause) Ich kann nicht mehr weiter. (Pause) Was hab ich gesagt?«

Wladimir und Estragon sind Jedermannsfiguren – längst ist all das, was den Jedermann der spätmittelalterlichen Moralität beschwerte, Geld, Gut, Wohlsein, weggesunken – weggesunken auch die Allgegenwart Gottes. Nicht ohne Humor drücken sie aus, daß sie stellvertretend stehen: »Aber in dieser Gegend und in diesem Augenblick sind wir die Menschheit, ob es uns paßt oder nicht. Nutzen wir es aus, ehe es zu spät ist. Wir wollen einmal würdig die Sippschaft vertreten, in die das Mißgeschick uns hineingeworfen hat.«

Endspiel

Becketts eigene Inszenierung des 1957 entstandenen Stücks (*Fin de partie*) in der Werkstatt des Berliner Schillertheaters (1967) soll hier als Interpretation des Textes durch den Autor selbst verstanden werden. Sie ist erst einmal rückhaltlos real: ein gelähmter Blinder, der Herr Hamm im thronartigen Rollstuhl (Ernst Schröder), ein gebeugter Diener, Clov (Horst Bollmann), der trippelnd läuft, weil sein Gesäß zermürbt ist. Keine Clownerien, entschiedener Ernst. Die

Samuel Beckett hat in den letzten Jahrzehnten sich immer mehr Inszenierungen seiner eigenen Werke zugewandt, besonders am Berliner Schiller-Theater. 1975 inszenierte er mit zarter, aber unnachgiebiger Genauigkeit »Warten auf Godot« mit Stefan Wigger (Wladimir) und Horst Bollmann (Estragon).

Witze, die die beiden gelegentlich zu machen suchen, mißlingen. Mit nüchternem Lachen weist es Hamm zurück, daß er und sein Diener Symbolfiguren seien. Es ist ihnen (und Beckett) ernst damit, diese Final-Situation hier, auf diesen Brettern, zu Ende zu bringen. Davon spricht Clov zu Beginn mit großer Dringlichkeit. Dem Tode wirft sich Hamm am Schluß entgegen, wenn er sein Gesicht unterm Tuch verbirgt. Wird er nach den Eltern, die in den Tonnen krepieren, der dritte Tote sein? Clov steht da, in Regenhaut und mit Hut und Utensilien, vorgebeugt, das Profil (wie fast immer in dieser Aufführung) zeigend, schweigend – des Todes von Hamm (seines Vaters?, seines Herrn?) sicher?

Es gibt da keine Stilisierungen des Ausdrucks, nur den genauen Nachvollzug jedes Satzes. Innerhalb dieser außerordentlichen Bestimmtheit geht es recht derb zu zwischen Hamm und Clov, sie sind ungemütliche Gesellen. Wenn sie hoffen oder träumen, geschieht das um so direkter, ganz unsentimental, aber unmittelbar gefühlvoll. Schröder, seiner voluminösen körperlichen Ausdrucksmittel durch die Fesselung im Rollstuhl beraubt, erweist sich mit der realistischen Vielfalt seiner Stimme und seiner Mimik als großer Schauspieler – und Bollmann, mit dem geradezu wilden großäugigen Profil, den grollenden, harten Tönen, dem strikt durchgehaltenen Körpergestus des in der Mitte eingeknickten Plumpsacks, steht ihm nicht nach.

Beide sind nur leicht weißlich geschminkt – nicht »sehr rot« im Gesicht, wie es im gedruckten Text steht. Mutter Nell in der Tonne (Gudrun Genest) spricht zwar ganz zart und hoch, lieblich und entsetzlich greisenhaft zugleich – aber diese Form deckt keineswegs den realen Inhalt ihrer Sätze zu. Vater Nagg (Werner Stock) redet kräftig und geradezu, auch greinend ist er noch bestimmt und fordernd – seine Hinfälligkeit wird allein durch die schreckliche Starrheit seiner Kopfhaltung, durch die geisterhafte Langsamkeit seiner auf den Tonnenrand geschobenen Hände wirksam.

So also entzieht Beckett sein Stück den Interpretationen, den Indirektheiten. Er läßt es auch nicht zu, daß aus den mancherlei Erzählungen über Vergangenes etwa Visionen werden, daß die insistente Gegenwärtigkeit des Textes, daß das Jetzt und Hier des Vorgangs durchbrochen wird. Mit der gleichen realen Dringlichkeit, die das Ganze hat, werden die zahlreichen Bemerkungen, daß es sich hier um Spiel, Rollen, fixierte Abläufe handelt, vorgetragen. Auch der Spielcharakter des Abends ist real, keine zweite Ebene, nichts Mittelbares. Dies ist nicht »nur« ein Spiel. Das »nur« wird energisch durchgestrichen. Wenn Hamm zu Anfang einsetzt: »Also: ich bin wieder dran … Jetzt spiele ich! Altes Linnen!«, so realisiert Schröder die Ausrufezeichen des Textes als Aufforderungen zur Dringlichkeit. Das alte Linnen, ein (nicht blutbeflecktes) ungleichmäßig graues Tuch, vielleicht Zentimeter im Quadrat, wird straff vorgezeigt. Es ist der Vorhang des Spiels (es bedeutet ihn nicht bloß).

Beckett weigert sich, vom Theaterhaften, Scheinhaften Notiz zu nehmen. Er hat der Verzweiflung ihre szenische Verwirklichung entgegengesetzt. Ein stoischer Akt!

Das letzte Band

Die Handlung des englisch geschriebenen Stücks (*Krapp's Last Tape*, 1958): Krapp, ein clownischer Greis, hat sich seit Jahrzehnten auf die Rekapitulation seiner Existenz beschränkt: Auf dem Tisch unter der grellen Lampe steht das Tonbandgerät, das er benutzt, um seine aufs Band gesprochenen Tagebuchnotizen von einst abzuhören. Bei dem Stück kommt vieles auf die szenische Interpretation an. Bei der ersten deutschen Aufführung des Stücks spielte Walter Franck in der Werkstatt des Berliner Schillertheaters greisenhafte Auflösung, Selbstmitleid und Vergeblichkeit. Ganz anders – und, wie wir meinen, richtiger – Bernhard Minetti. Dauernd brachte er feste, clowneske Formen hervor, die Figur erhob sich klar aus den Emotionen, durch die unmittelbar wirksame Komik hindurch erlangte sie eine kennzeichnende, reale, heiter-stoische Würde. Die Senilität, sonst als bloße Reduktion begriffen, wurde ins Anfänglich-Beständige, ins Kindliche verwandelt. Wenige eingeschränkte Lebensvorgänge gewannen durch die Reduktion und die Präzision, mit der das Reduzierte vorgezeigt wurde, eine bemerkenswerte Intensität, die sich als Kraft dem Zuschauer mitteilte. Als das Band ablief, ertönte die »kräftige, ziemlich feierliche Stimme, die als Krapps ehemalige Stimme zu erkennen ist«. Der greise Krapp lachte meckernd, voll von neidlosem Hohn, wenn sein jüngeres Ich sardonisch wurde. Ungerührt, fast ungeduldig ließ er an sich vorbeilaufen, was an Wirrnis, Aufschwung, Pathos der jüngere damals auf Band gesprochen hatte – so lange, bis er zu jener Stelle kam, der unvergeßlich dichten, durch Dichtigkeit wahrhaft lyrischen, da der 39jährige von der Liebe im Kahn, im Schilf, auf dem Wasser erzählt: »Wir trieben mitten ins Schilf und blieben stecken. Wie die Rohre sich seufzend bogen unterm Bug! Ich sank auf sie nieder, mein Gesicht in ihren Brüsten und meine Hand auf ihr. Wir lagen regungslos da. Aber unter uns bewegte sich alles und bewegte uns, sanft, auf und nieder und von einer Seite zur anderen.«

Diese Stelle, von anschaulichster Intensität des Fühlens und zugleich von höchster Bewußtheit, von sinnlicher Klarheit (wie sie sich auch im Werk von Becketts großem Lehrmeister Joyce findet) – diese Stelle des Bands spielt sich der greise Krapp mehrmals vor. Minetti lauschte dem Band fast ausdruckslos, sehr intensiv, aber ohne sich in Sehnsucht nach der verlorenen Zeit aufzulösen. Vielmehr: Der Greis Krapp, reduziert, aber konzentriert, wurde zum Fels, an den die glasklaren Wellen der Vergangenheit branden. Als Fels, der er ist, hat er es nicht nötig, die Wellen zu verleugnen. Er genießt sie stoisch. Als er zum Schluß noch einmal das Band aus der Vergangenheit wiederholt (nachdem er ein anderes Band, das er zwischendurch besprach, zerrissen hat), ist die Felsenhaftigkeit vollkommen, die unangestrengte Konzentration absolut geworden. Wo es in Becketts Text heißt: »Pause. Krapps Lippen bewegen sich lautlos«, öffnete und schloß Minetti sechsmal, ganz deutlich, ganz gleichmäßig den Mund. So geringfügig diese Bewegungen sonst wären, in diesem Stadium waren sie von höchster, gegenständlicher Ausdruckskraft, Siegel, Bekräftigung, deutliche Unterstreichung. Die Vergangenheit ist durchsichtig, ist Gegenwart geworden. Die Worte, die zum Schluß vom Band ertönen, sind dauernde Worte: »Vielleicht sind meine besten Jahre dahin. Da noch eine Aussicht auf Glück bestand. Aber ich wünsche sie nicht zurück. Jetzt nicht mehr, wo dieses Feuer in mir brennt. Nein, ich wünsche sie mir nicht zurück.«

Auf einen anderen Aspekt des Werks wird man aufmerksam durch einen merkwürdigen Widerspruch. Der 39jährige Krapp spricht vom Band: »Werde ich singen…? Nein. Habe ich als Knabe gesungen? Nein. Habe ich je gesungen? Nein.« – Doch der Greis singt, zweimal: »Der Tag ist auf der Neige, / es dämmert schon ganz sacht, die Abendschatten schleichen / am Himmel. Es wird Nacht.« Krapp singt. Ja, der ganze Text, den Beckett schrieb, erlangt durch seine Dichtigkeit die Qualität des Gesangs. Krapp ist, auf seine mythologische Grundfigur hin betrachtet, Orpheus, der Sänger. Er steigt in die Schattenwelt der Vergangenheit hinab. Entgegen kommt ihm aus der Tiefe der Zeit der erfüllte erotische Moment, die Liebesszene im Boot – Eurydike, gleichsam zur bloßen Situation konzentriert. Anders als der antike Sänger verliert Krapp sie nicht, sondern behaupt sie gegen die Schattenwelt, macht sie für sich dauernd.

Glückliche Tage

Auch *Happy Days* (1961) ist fast wieder ein Monodrama. Winnie, eine aufgetakelte, hochblonde, fast schon verwitterte Soubrette, im ersten Teil halben Leibes, im zweiten bis zum Hals in einen grasbewachsenen Sandhügel eingesunken, läßt in ihrem platten, durch Wiederholungen subtil rhythmisierten Geschwätz und Getue (Zähnebürsten, Nägelpolieren) doch nicht vom Optimismus ab, sie führt eine metaphysische Operette auf, von Schlagern grundiert. Von ihrem Mann Willie, der hinterm Hügel haust, sehen wir nur den blutigen Hinterkopf, später die Zeitung, die er liest. Erst am Ende kriecht er, mit Cut und Zylinder bekleidet, um den Hügel herum auf Winnie zu, die ihm entgegensieht, das Lied »Lippen schweigen, s'flüstern Geigen« aus der *Lustigen Witwe* auf den Lippen. Auf ihre Weise steht auch Winnie durch, eingesunken in ihre Beschränktheit und Banalität. Sie steht für uns durch.

In den letzten Jahrzehnten wurden Becketts Texte immer kürzer; sie reduzierten sich auf Stimmen, monologische Bruchstücke. Es sind *Cascando* (1963), *Worte und Musik* (*Words and Music,* 1963), *Nicht ich* (*Not I,* 1973), *Damals* (*That Time,* 1974), *Tritte* (*Footfalls,* 1975), *Geister-Trio* (*Ghost Trio,* 1976), *…nur noch Gewölk* (*…but the clouds*), *Atem* (*Breath*) sowie die im folgenden knapp charakterisierten Stücke.

Spiel

In diesem Zwanzig-Minuten-Stück (*Play*, 1962) sitzen in Urnen ein Mann und zwei Frauen, sie erinnern sich an die qualvollen Beziehungen, die sie miteinander verbanden. Ein Stoff wie bei Sartre (*Huis clos*) wird bei Beckett in ein rhythmisches Gebilde verwandelt.

Kommen und Gehen

Dieser Text (*Come and Go*, 1965) ist ganz sparsam, ereignet sich gleichsam in einem Meer von Stille. Drei Schulfreundinnen, jetzt Damen, auf einer Bank, jeweils eine geht hinaus, die zurückgebliebenen klatschen über die Abwesende. Die leicht abgewandelte Wiederholung der wenigen Sätze entmaterialisiert sie. Die Banalität transzendiert in Dichtung und Dauerhaftigkeit.

Rockaby

In dem 1981 entstandenen Stück sitzt eine alte Frau vor ihrem Tod im Schaukelstuhl; sie hört sich selbst über Lautsprecher Satzbruchstücke sprechen. Darin heißt es sowohl »more«, mehr, weiter, aber auch: »Time she stopped«, und: »Es ist Zeit, daß sie aufhört.«

Ohio Impromptu

Zwei alte Männer mit langen weißen Haaren sitzen für fünfzehn Minuten einander gegenüber am Tisch, die Köpfe aufgestützt, so daß man ihre Gesichter nicht sieht. Auf dem Tisch liegt *ein* Hut: Die beiden sind ein Ich? Der eine liest aus einem Buch vor: Erinnerungen an eine Insel, auf der er mit jemand zusammengewesen ist mit »liebem Namen.« Dieser Namensträger hat dem Vorleser sagen lassen, er brauche nicht mehr zu kommen. Während der eine liest, klopft der andere gelegentlich auf den Tisch, die Vorlesung unterbrechend, Wiederholungen verlangend. Der letzte Satz der Erzählung und des Stücks (1982) lautet: »Es gibt nichts mehr zu erzählen.«

Georg Hensel schrieb 1981, im Entstehungsjahr des Stücks: »Es ist eine Beckett-Geschichte, die auf andere Beckett-Geschichten anspielt durch ein geteiltes Ich, durch einen Erinnerungsstrom voller Zweifel, durch das Warten auf einen Boten, durch einen – wie in *Godot* – botschaftslosen Boten, der schließlich nicht einmal mehr ohne Botschaft kommen wird, und durch eine er-

starrte Welt. Eine Geschichte aus vielen Beckett-Geschichten geht zu Ende, bis sich ihr nichts mehr hinzufügen läßt… Und jetzt nehmen die beiden Alten auf der Bühne plötzlich die Hand von den Augen und blicken einander an: Der 75 Jahre alte Beckett blickt sich selbst an und erstarrt. Prüfend? Verzweifelt? Resigniert? Zu Tode ermüdet? Das *Ohio Impromptu* ist ein Selbstporträt Becketts: ein Innenbildnis des Künstlers als alter Mann – nicht ohne Selbstironie.«

Eugène Ionesco

Er wurde 1912 in Slatina in Rumänien geboren; der Vater Rechtsanwalt, die Mutter Französin. Mit anderthalb Jahren kam er mit seinen Eltern nach Frankreich. 1925, mit dreizehn Jahren, war er wieder in Rumänien. Er besuchte Schulen, lernte Rumänisch lesen und schreiben. Als einsames Kind las er außerordentlich viel, hatte ein »Gefühl wie im Exil«. Er studierte romanische Philologie und Literaturwissenschaft und polemisierte als Literaturkritiker heftig und witzig. 1938 erhielt er vom rumänischen Staat ein Stipendium, um nach Paris zu reisen. Der offizielle Grund dieser Reise: die Vorbereitung einer Doktorarbeit über die moderne Lyrik seit Baudelaire. Diese wissenschaftliche Arbeit aber wurde nie geschrieben. Ionesco blieb in Frankreich. Den Krieg überstand er in Marseille. Ab 1944 arbeitete er in Paris als Korrektor.

Die kahle Sängerin

Sein erstes Stück (*La cantatrice chauve*), 1948/49 geschrieben, wurde 1950 im winzigen Pariser Théâtre des Noctambules uraufgeführt und blieb vorerst fast unbeachtet. Ionesco bezeichnete den Einakter als »Anti-Stück«, womit er wohl darauf hinweisen wollte, daß hier mehr gemeint ist als eine parodistische Farce. Das Stück ist auf trockene und verwirrende Weise sehr komisch. Es fängt so an: »Ein gutbürgerliches englisches Interieur mit englischen Fauteuils. Eine englische Abendunterhaltung. Mr. Smith, ein Engländer, mit seinen englischen Pantoffeln, sitzt in seinem englischen Fauteuil, raucht eine englische Pfeife und liest eine englische Zeitung an einem englischen Kaminfeuer. Er trägt eine englische Brille, einen kleinen grauen englischen

Schnauz. – Neben ihm, in einem zweiten englischen Fauteuil, seine Frau – eine Engländerin, die englische Socken strikt. – Ein langes englisches Schweigen. – Die englische Wanduhr schlägt siebzehn englische Schläge. Mrs. Smith: Sieh mal an, es ist neun Uhr. Wir haben Suppe, Fisch, Kartoffeln mit Speck und englischen Salat gegessen. Die Kinder haben englisches Wasser getrunken. Wir haben gut gegessen heute abend, weil wir in der Umgebung von London wohnen und weil unser Name Smith ist.« Auf die gleiche, kalte Weise wird das Groteske durch immer neue Variationen verdichtet: Ein zweites Ehepaar tritt auf, dazwischen ein unausdenkbares Trampel von Dienstmädchen, schließlich, völlig unerklärlich, ein Feuerwehrmann, der in einem Nebensatz, ganz beiläufig, auch die kahle Sänge-

Ionescos »Kahle Sängerin« wurde – zusammen mit Clownsspielen – 1974 von Alfred Kirchner am Württembergischen Staatstheater Stuttgart inszeniert. Henning Rischbieter schrieb dazu: »Dem aberwitzig sprunghaften, blühend blödsinnigen Dialog entgegen wurden mit Delikatesse und Genauigkeit Figuren gezeichnet, die von realen eben nur soweit abgesetzt waren, wie das nötig ist, um zu zeigen, daß hier beobachtende und nachschaffende Distanz am Werke ist«. Hier noch friedlich konversierend: Hans-Helmut Dickow (Mr. Smith), Anneliese Römer (Mrs. Smith), Alexander Grill (Feuerwehrmann), Karin Schlemmer (Mrs. Martin), Wolfgang Höper (Mr. Martin).

Ionescos »Stühle« inszenierte Jürgen Flimm 1977 im Hamburger Thalia-Theater. »Ingrid Andrée in grotesker Aufmachung (Gummiprothese, Löckchen in Aspik, verschmuddelter Unterrock zu künstlichem Hängebusen) und Peter Striebeck (Glatzenperücke mit Haarflämmchen, weiße Clownshose und einen schwarzen Kinderrucksack auf dem Buckel) gehen mit Virtuosität in die immer engeren, hektischeren Spiralen dieses Spiels – mit mutig ausgehaltenen Pausen der Erschöpfung nach jeder Runde« (Rolf Michaelis). Die Funktion des vom greisen Hausmeisterehepaar erwarteten Redners übernahm ein »vorsintflutlicher« Fernsehapparat. Dessen unverständlich krächzende, rauschende und stöhnende Message wurde begleitet von Beatles-Songs, die Vergangenheit beschwörend: »a long long time ago«.

rin erwähnt, die dem Stück ironischerweise den Titel gab.

Die Unterrichtsstunde

Schon mit dem zweiten Stück (*La leçon*, 1950 geschrieben und 1951 im Pariser Théâtre de Poche uraufgeführt) hat er das so bezeichnete Programm, die rücksichtslose Gegeneinandersetzung von Tragik und Komik, erfüllt. Lebendig, frisch, frech kommt die Schülerin herein, trocken, unsicher erscheint der Professor. Der Unterricht beginnt. Allmählich senkt sich die graue, lebensferne, tote Wissenschaftlichkeit auf das Mädchen. Sie, eben noch überlegen, unterliegt. Der Professor unterwirft sie dem Terror einer in grandiose Unsinnigkeit umgeschlagenen Spezialistensprache. Das Mädchen wird in toter, abstrakter Wissenschaftlichkeit erstickt. Ionesco drückt den Seelenmord dadurch aus, daß der Professor am Ende das Mädchen körperlich mordet. Der Schock ist groß, der seelische Vorgang wird derb ins Körperliche übersetzt.

Die Sprache erfüllt in diesem wie in anderen Stücken Ionescos nicht mehr die Aufgabe, Verbindung zwischen den Menschen herzustellen, zu vermitteln – die Verbindungen sind abgerissen, die Menschen reden nebeneinander her, unverbunden. Es gibt keinen Dialog, kein Wechselgespräch mehr. Manchmal wird sehr viel geredet, sinnlose, verückte Wortgebäude türmen sich auf, werden immer grotesker, beklemmender, brechen schließlich zusammen. Es bleibt Stille und Leere. Die Sprache taugt nicht mehr.

Amédée oder Wie wird man ihn los?

Überhaupt: Psychologische, seelische und geistige Vorgänge werden vergegenständlicht. In *Amédée ou Comments s'en débarrasser,* dem ersten, 1954 aufgeführten, abendfüllenden dreiaktigen Stück (vom Autor als Komödie bezeichnet), ist ein Ehepaar, ineinander verhakt, aneinander müde und bitter geworden. Ihr gemeinsames Leben ist leichenhafte Vergänglichkeit. Das drückt Ionesco dadurch aus, daß ein ständig wachsender Leichnam das Ehepaar aus seiner Wohnung zu verdrängen droht. Gegenseitige Schuld, Einanderverfehlen, hat sich in der Leiche vergegenständlicht.

Opfer der Pflicht

Der Polizist in *Victimes du devoir* (entstanden 1952, uraufgeführt 1953 im Théâtre du Quartier Latin in Paris) erscheint anfangs höflich, fast schüchtern, ein blonder, blasser Jüngling – dann aber, als die Grundsituation dieses Stücks (bedrohliche, tief und lang vergessene Schuld) vergegenständlicht wird, dringt er hart, höhnisch und inquisitorisch auf Choubert, die Hauptfigur des Stückes, ein. Dieser Choubert, ein Fall szenisch vergegenständlichter Psychoanalyse, steigt in die Untiefen seines Unterbewußtseins hinab, getrieben von seiner megärenhaften Frau.

Die Stühle

Zwei alte Eheleute sind die Hauptfiguren dieser »tragischen Farce« (*Les chaises*, 1951, uraufgeführt 1952). Sie sind farcenhaft, komisch in ihren Kindereien und Phantastereien – und sie sind tragisch in ihrer Verlassenheit und Verzweiflung. In der Leere lebend, gelangweilt, spielen sie jeden Abend das gleiche Spiel: Gäste kommen. Sie wähnen, daß die Welt, von der sie lange vergessen sind, bei ihnen Besuch macht. Sie reden mit imaginären Gästen, spreizen sich, dienern und schäkern, schleppen Stühle herbei, bitten die Unsichtbaren, Platz zu nehmen. Sie reden Rührendes und Unsinniges, alte Schuld steigt auf (»Ich ließ meine Mutter ganz allein in einem Straßengraben sterben«). Vergeblichkeit bedrängt sie, irre Hoffnung dazu (»Wir hätten sein können. Vielleicht wachsen die Blumen unter dem Schnee«), sie steigern sich hinein in den Glauben, daß der alte Mann eine Botschaft für die Menschheit habe (eine Botschaft vom Sinn des Lebens), aber diese Botschaft ist so imaginär wie die Gäste, denen sie verkündet werden soll. Zwar erscheint der Redner, der sie auszusprechen hat, die Alten stürzen sich im verstiegenen Rausch in den Tod – aber der Redner würgt nur sinnlose Laute hervor.

Der neue Mieter

Hier in *Le nouveau locataire* (1954) steigert sich das Mitspielen der Dinge zum »Requisitenballett« (Albert Schulze-Vellinghausen). In ein kahles Zimmer zieht der schweigsame Mieter ein, gepeinigt vom grauslich banalen, sinnentleerten Wortschwall der Portiersfrau. Er drängt sie hinaus, als die Möbelträger erscheinen, die nun den Raum mit Stühlen, Tischen, Tischchen, Schränkchen, Schränken, mit Plunder und Pofel, Vogelkäfig und Blumenständer, Krügen und Vasen zu füllen beginnen – Clownerie, zirkushaftes Jonglieren bis zur Verstopfung, Verbarrikadierung. Mittendrin, im toten, angefüllten Dunkel zurückbleibend, der endlich von der Welt durch Urväterhausrat, Vergangenheitsrelikte isolierte, der geborgene, aber vereinsamte Mieter.

Jacques oder Der Gehorsam

Anders wirkt die Welt auf Jakob ein, den »Helden« der »naturalistischen Komödie« *Jacques ou la soumission* (uraufgeführt 1955). Die spießige Familienbande ist es, Schwester, Vater, Mutter, Großvater und Großmutter (zum Zeichen ihrer Starrheit, Unpersönlichkeit, Konventionalität Masken tragend), die auf Jakob und sein nacktes menschliches Gesicht eindringt, von ihm verlangt, sowohl Bratkartoffeln zu essen als eine Frau zu nehmen – welche beiden Forderungen groteskerweise mit gleichem Nachdruck erhoben werden, denn beide entsprechen der gleichen starren Herkömmlichkeit. Jakob, listig, verlangt eine dreinasige Braut, die Familie, absurd tüchtig, schafft sie herbei – worauf er mit dem Alptraumgeschöpf das Roß seiner Einbildungskraft besteigt und aus der Hölle der schematisierten Sprache ins Paradies der vorbegrifflichen, kreatürlichen Unmittelbarkeit entfleugt, dahin, wo das eine Wort »Katze« für alle Wörter steht.

Erziehung eines Autors

Ionescos Theater ist ein Theater der Überraschungen, der Schocks, der lachenden Provokation. Es ist undogmatisch, selbstironisch und mehrbödig, auch mehrdeutig. Es lebt von der Lust an der Nasführung und vom Grimm auf das Festgelegte, Fertige, Verläßliche. Es ist der äußerste Gegensatz zu Brechts formklarem und -strengem Theater der vergnüglichen Lehrhaftigkeit. Ionescos *Impromptu d'Alma* (*Erziehung eines Autors oder Der Hirt und sein Chamäleon,* 1955), im Titel an Moliéres und Giraudoux' Theaterstücke über das Theater und die Theatermenschen anknüpfend, ist eine witzige Attacke auf die Brechtologen, die Doktoren der dogmatischen »Theatrologie«. Drei ihrer Vertreter, der von fast allen Dramatikern wenig geschätzten Zunft der Kritiker angehörend, versuchen den Autor Ionesco, der hier leibhaftig auftritt, über »Verfremdung« zu belehren, beschildern ihn mit »der Dichter« und lehren ihn – rückwärts zu gehen. Denn für Rückschritt hält Ionesco Brechts fortschrittlich gedachtes Theater.

Ionesco hat Brecht, den er gelegentlich einen »Briefträger«, Übermittler von doktrinären Ideologien, nannte, als seinen Widerpart empfunden. Das ist berechtigt, wenn man bedenkt, daß Brecht, vernunftgläubig, die Welt für begreiflich und zum Menschlichen hin veränderbar hielt – während Ionesco mit Nachdruck auf der Unbegreiflichkeit des Kosmos und der menschlichen Existenz in ihm besteht. Er berichtete über seine Kindheit: »Ich erinnere mich noch, daß es meiner Mutter kaum gelang, mich vom Puppentheater im Luxemburggarten wegzuholen. Wenn ich dort war, hätte ich immer bleiben können, gebannt, tagelang. Und doch lachte ich nicht. Die Vorstellungen des Puppenthaters hielten mich fest. Ich war wie betäubt vom Anblick dieser Puppen, die sprachen, sich bewegten, sich schlugen. Das war das eigentliche Welttheater, ungewöhnlich, unwahrscheinlich und doch wahrer als das Wahre, in einer unendlich vereinfachten und karikierten Form, wie um die groteske und brutale Wahrheit gleichsam zu unterstreichen. Später noch, bis ich etwa fünfzehn Jahre alt war, konnte irgendein Stück in mir Erstaunen und Leidenschaft wecken; jedes beliebige Stück vermochte das Gefühl hervorzurufen, die Welt sei unbegreiflich, ein Gefühl, das tief in mir verwurzelt ist und mich nie verlassen hat.« Die Fremdheit in der Welt – wie verhält sich das zum Marxschen Begriff der »Selbstentfremdung« des Menschen in der arbeitsteiligen, besonders der hochindustrialisierten Gesellschaft? Ionesco legt diese Entfremdung als Grundtatsache durch demonstrative, groteske Übertreibung bloß – aber er leitet sie keineswegs aus ökonomischen oder politischen Voraussetzungen, aus Besitz- und Machtverhältnissen her. Er bleibt, sagen die Marxisten, in der puren Darstellung der Kleinbürgerwelt und ihrer Hoffnungs- und Perspektivenlosigkeit befangen. Wenn es ein Jenseits (nicht ein christliches, versteht sich) für Ionesco gibt, etwas Menschlicheres als eben jene in Ba-

nalität, trübe Alltäglichkeit, Sinnlosigkeit verstrickte und erstickte Kleinbürgerwelt, so liegt es im Unsagbaren, Wortlosen, Irrationalen und Vorrationalen. Der Einbruch des Unlogischen, des Mächtig-Tragikomischen, der für viele Stückschlüsse Ionescos typische Paroxysmus nimmt, so betrachtet, den Charakter eines (tödlichen) Erlösungsvorgangs an.

Die Nashörner

So geht man wohl auch fehl, in diesem abendfüllenden Stück (*Les rhinocéros*, entstanden 1958, uraufgeführt 1959 im Düsseldorfer Schauspielhaus) bloß eine Tierfabel wider den Totalitarismus zu sehen. Behringer, der »Held« des vieraktigen Stücks (ein Mann dieses Namens ist schon die Zentralgestalt in Ionescos schwächstem, zerfahrenstem Drama *Mörder ohne Bezahlung – Tueur sans gages* von 1957/58) – Behringer ist der einzige, der bis zum Schluß der Verlockung widersteht, der alle anderen Personen des in einer »typischen« französischen Provinzstadt angesiedelten Stückes verfallen: sich in Dickhäuter zu verwandeln, in fühllose, gleichartige Wesen, um kolonnenweise, fähnchenschwingend durch die Straßen zu trampeln. Doch auch Behringers Haltung ist zweideutig: Zwar ist er, versoffen, verschlampt, unsicher redend, ein Mensch mit dünner, fürs Elend seiner Existenz und der der anderen durchlässiger Haut – aber beileibe kein Held. Seine Schlußrede, in mancher Aufführung durch geschickte Striche in einen heroischen, humanen Appell verwandelt, hat im Original paroxistischen, angstvoll zeternden Charakter: Eher ein Ertrinkender denn ein Widerständler stößt sie hervor.

Fußgänger der Luft; Der König stirbt; Hunger und Durst

Diesen drei schnell hintereinander (1962, 1963, 1965) uraufgeführten, ebenfalls abendfüllenden Stücken fehlt das Farcenhafte. Das Phantastische wird schweifender, subjektiver; persönliches Attachement macht sich bemerkbar: Ionesco schreibt, mit seinem zweiten Ich Behringer jeweils als Hauptfigur, Künstlerdramen. Er scheint auf dem Weg zu der grandiosen und zugleich wehleidigen Selbstbezogenheit Strindbergs zu sein.

Im *Fußgänger der Luft* (*Le piéton de l'air*) verwirklicht Behringer den alten Menschheitstraum des Fliegens – zur Überraschung eines grotesken Personals von englischen Sonntagsspaziergängern, zur Freude seiner Familie (Frau und Tochter). Aber was er in den Lüften sieht, verändert sich vom Heiteren zum Düsteren: Behringer wird, durch die Luft fahrend, zum Zeugen einer chaotischen Katastrophe.

In *Der König stirbt* (*Le roi se meurt*) ist Behringer ein Herrscher, dessen Reich zusammenschmilzt. In einem langen, grandiosen, von Farcenhaftem nur zeitweise abgelenkten Dialog übt er sich in den Tod ein, läßt die junge Königin Maria hinter sich zurück und folgt der älteren Königin Margarete.

Hunger und Durst (*La soif et la faim*) zerfällt in drei Teile: Der erste zeigt die grotesk verworrenen Familienverhältnisse des Schriftstellers Behringer; der kürzeste zweite Teil bringt seine abstruse Begegnung mit zwei Museumswächtern; der dritte, längste Teil führt ihn, den Wanderer auf der Suche nach sich selbst, in ein sonderbares Kloster, das sich als ein Gefängnis enthüllt. Gehirnwäsche findet statt, der entsetzte Behringer sieht in Käfigen zwei Schriftstellerkollegen, Brechtoll (Brecht?) und Tripp (Beckett?). Dem einen wird die Suppe (der Materialismus?) entzogen, dem anderen wird sie eingelöffelt, schließlich werden alle drei dem Zwang der Gefangenschaft, als die hier die Welt erscheint, unterworfen.

Ionescos späte Stücke gelangten meistens nicht über die Uraufführung hinaus. *Triumph des Todes* (*Jeu de massacre*, 1979) reiht 20 Szenen und Szenchen um die platte Pointe »So ist das Leben, man stirbt«. Die Shakespeare-Variante *Macbett* (1972) verdünnt das Vorbild zu einem kasperltheaterhaften Reigen von Morden. *Welch gigantischer Schwindel* (*Le formidable bordel*, 1975) variiert Ionescos Roman *Der Einsame*: Die zentrale Figur, der eine Erbschaft Müßiggang ermöglicht hat, bleibt lange Zeit stumm, indes wechselnde andere Figuren vom Einerlei und von der Sinnlosigkeit ihrer Wirklichkeitserfahrung auf sie einreden. *Der Mann mit dem Koffer* (1978) ist ältlich, hat den »Kopf voller Zitate, Motive und längst verbrauchter Einfälle seines Autors« (Peter von Becker).

Italienisches Theater im 20. Jahrhundert

Das italienische Theater des 19. und noch des 20. Jahrhunderts war vom Schauspieler geprägt und von den reisenden Schauspielertruppen, die sich aus denen der Commedia dell'arte des 17. und 18. Jahrhunderts entwickelt hatten. So wie diese in ganz Europa gastierten, so reisten die großen italienischen Schauspieler des 19. Jahrhunderts triumphal durch die europäischen Länder und bald auch durch die USA. Sie stammten alle aus Schauspielerfamilien, traten meist schon als Kinder auf: Adelaide Ristori (1822–1906), kräftig, elementar, spielte von 1853–1885 Goldonis Mirandolina, aber auch Schillers Maria Stuart und Medea (in einer zeitgenössischen, für sie geschriebenen Version). Die drei Virtuosen Tommaso Salvini (1829–1915), Ermete Novelli (1851–1919) und Erneste Zacconi (1857–1948) spielten alle drei Hamlet, Othello und Lear; Salvini hat Stanislawski stark beeindruckt und dessen eigene Othello-Interpretation beeinflußt; Novelli, vielleicht der Größte unter ihnen, begann als Charakterkomiker und scheiterte 1900 mit dem Sehnsuchtsziel aller bewußten, standesstolzen und gebildeten italienischen Theaterleute, nämlich ein festes Theater mit Ensemble und Repertoire zu begründen: Casa di Goldoni nannte Novelli sein römisches Unternehmen. Zacconi schließlich war – anders als seine Rhetorik und Realismus im leidenschaftlichen Ausdruck verschmelzenden Vorgänger – Naturalist, nervöser Nuancenspieler, konnte ebenso erschreckend komisch wie subtil erschütternd sein, so als Oswald in Ibsens Gespenstern. Er reiste zeitweise mit Eleonora Duse (1858–1924), die um die Jahrhundertwende das Publikum überall in Europa und den USA durch Tiefe, Kraft und Feinheit ihrer Empfindungen faszinierte, ob sie nun Goldonis Mirandolina oder Dumas' Kameliendame spielte oder auftrat in den für sie geschriebenen Dramen des prätentiösen italienischen Poeten D'Annunzio, als La Gioconda (zuerst 1899)

oder in der Toten Stadt (zuerst 1901). Die Duse spielte aber auch die Ibsen-Frauen: Nora, Hedda Gabler, Rebecca West in Rosmersholm, Ellida in Die Frau vom Meer; sie starb unterwegs, auf Tournee, im amerikanischen Pittsburgh. Dieser Sterbeort steht symbolisch für die Instabilität des italienischen Theaters – und die übernationale Attraktion der italienischen Schauspieler.

Nachfolgend ist zu lesen, daß in den zwanziger Jahren Luigi Pirandello versuchte, ein stabiles, ein Kunsttheater zu schaffen. Es gelang nur für ein paar Jahre. Die anderen beiden Autoren, Eduardo De Filippo und Dario Fo sind (waren) auch Schauspieler, Theaterleiter. Sie schrieben, was und wie sie spielten.
Erst nach dem Zweiten Weltkrieg, aus dem Geist der Widerstandsbewegung, des Antifaschismus, der moralischen und kulturellen Erneuerung heraus, kam es endlich zur Bildung wenigstens einiger fester, stehender Theater mit Repertoire und Ensemble, zur Gründung von Teatri stabili. Das erste und bis heute hervorragendste: das Piccolo Teatro di Milano, Paolo Grassis und Giorgio Strehlers Gründung von 1947. Grassi vertrat das Theater politisch, dramaturgisch, verwaltete es; Strehler inszenierte. Er begann in der ersten Spielzeit 1947/48 mit dem Rückgriff auf die Masken der Commedia dell'arte: Goldonis Diener zweier Herren, und mit dem Musterstück der sozialen Empfindung, mit Gorkis Nachtasyl. Das Repertoire des Piccolo Teatro ist seitdem europäisch, mit den Grundpfeilern Shakespeare (z. B. Coriolan, 1957; die Heinrich VI.-Fassung Spiel der Mächtigen, 1965; Lear, 1972), Goldoni (immer wieder Arlecchino, der Diener zweier Herren; Die Trilogie der schönen Ferienzeit, 1954; Viel Lärm in Chiozza, 1964 u. a.), Tschechow (z. B. Kirschgarten, 1955 und 1974, Platonow, 1959) und Brecht (z. B. Dreigroschenoper, die Brecht noch kurz vor seinem Tode sah und beifällig aufnahm,

Leben des Galilei, 1963; Der gute Mensch von Sezuan, 1981).
Der größte Teil des italienischen Schauspieltheaters wird jedoch auch heute noch von den Truppen bestritten, etwa 100 mehr oder weniger dauerhaften Ansammlungen von Schauspielern um einen Capocomico (Hauptschauspieler) oder auch zwei. Sie inszenieren sich selber, und sie spielen europäisches Repertoire. Italienische Autoren mit dauerhaftem Erfolg gibt es neben den Schauspieler-Schreibern Filippo und Fo keine.

Luigi Pirandello

Pirandello (1867–1936) wurde auf einem Landsitz mit dem Namen Il Caos in der Nähe des sizilianischen Girgenti (heute Agrigento) geboren. Als Sohn eines gutsituierten Schwefelminenbesitzers studierte er ab 1886 Literatur und Recht in Palermo und Rom. 1889 ging er nach Bonn, wo er zwei Jahre später mit einer »Laute und Lautentwicklung der Mundart von Girgenti« betitelten Arbeit promovierte. 1892 zurückgekehrt nach Rom, arbeitete er für literarische Zeitschriften und lehrte ab 1897 italienische Literatur. In Girgenti heiratete er 1894 Maria Antonietta Portulano, Tochter aus ebenfalls reichem Hause. Seine Frau brachte zwischen 1895 und 1899 die drei Kinder Stefano, Lietta und Fausto zur Welt.
In der Bonner Zeit publizierte Pirandello seine erste Gedichtsammlung Mal giocondo (Heitres Leiden, 1889), 1890 folgten die Elegie renane (Rheinische Elegien) und eine Übersetzung von Goethes Römischen Elegien ins Italienische; eine zweite Gedichtsammlung, Pasqua di Gea (Gäas Osterfest), erschien 1891, und 1893 schrieb Pirandello seinen ersten Roman L'esclusa (Die Ausgeschlossene). Nach der Publikation seiner ersten Novellensammlung Amori senz' amore (Liebschaften ohne Liebe, 1894) erschien 1895 sein zweiter Roman Il turno (Die Schicht). 1898, mit 31 Jahren, veröffentlichte Pirandello in der Zeitschrift Ariel sein erstes Bühnenstück; der Einakter trägt den Titel L'epilogo, später La morsa (Der Schraubstock).
Ein Erdrutsch zerstörte im Jahre 1903 die Schwefelmine des Vaters, das gesamte Kapital seiner Familie und die Mitgift seiner Frau gingen verloren. Pirandello lebte seitdem in

wirtschaftlich schwierigen Verhältnissen; seine Frau geriet in eine psychische Krise mit Symptomen körperlicher Lähmung. Die Höllenjahre der Ehe begannen und mit ihnen die Ausprägung der Sensibilität des Autors für die Vieldeutigkeit der persönlichen Erscheinung und die Relativität des subjektiven Urteils – eine Sensibilität, die in eigentümlichem Kontrast steht zu dem stoischen Ausharren Pirandellos in der Bürgerlichkeit. Der 1904 erschienene Roman *Il fu Mattia Pascal* (*Die Wandlungen des Mattia Pascal*) ist gespeist aus den Erfahrungen dieser Zeit und wurde sogleich in mehrere Sprachen übersetzt; er begründete Pirandellos literarisches Ansehen. Die ökonomische Zwangslage steigerte seine schriftstellerische Produktivität. Er schrieb für Zeitschriften und gab Unterricht in Italienisch und Deutsch.

1910 wurden die ersten Stücke Pirandellos öffentlich aufgeführt: *La morsa* und *Lumie di Sicilia* (*Zitronen aus Sizilien*) gingen am Teatro Metastasio in Rom in Szene. Die Prosaproduktivität Pirandellos in diesen Jahren – bis 1915 erschienen vier weitere Novellensammlungen und ein Roman – gab dem Autor Anlaß zu der selbstkritischen Bemerkung, daß er das Publikum mit Romanen und Novellen genug gequält habe und nun die Rechtfertigung finden müsse für die Eroberung eines anderen Ausdrucksmittels: das der Bühne. Freunde waren es, allen voran der Regisseur und Schauspieler Angelo Musco, die den Autor für das Theater gewannen. Pirandello stand der enorme Fundus seines Prosawerkes zur Verfügung; aus ihm schöpfte er die Stoffe für die meisten seiner Bühnenwerke.

1916 feierte Pirandello mit der in sizilianischem Dialekt geschriebenen Komödie *Pensaci, Giacomino!* (*Professor Toti*) einen großen Bühnenerfolg, eine Serie weiterer Stücke entstand: 1916 *Liolà* und *All'uscita* (*Am Ausgang*); 1917 *Il berretto a sonagli* (*Die Narrenkappe*), *Così è (se vi pare)'* (*So ist es – wenn es euch so scheint*), *La giara* (*Der Ölkrug*), *Il piacere dell' onestà* (*Das Vergnügen, anständig zu sein*) sowie *La patente* (*Das Diplom*), die allesamt unmittelbar nach ihrer Entstehung durch und mit Angelo Musco aufgeführt wurden. Der Tod seiner Mutter (1915), die zunehmende Verschlechterung des Zustands seiner Frau und die Kriegsschicksale seiner beiden Söhne steigerten

sein persönliches Leiden, wirkten sich auf seine Schaffenskraft jedoch eher beflügelnd aus. Die 1918 entstandenen Stücke *Il giuoco delle parti* (*Das Spiel der Rollen*) und *Ma non è una cosa seria* (*Aber es ist keine ernste Sache*) wurden ebenfalls noch im gleichen Jahr durch Ruggero Ruggeri in Rom aufgeführt. 1918 publizierte Pirandello den Novellenband *Il cavallo della luna* (*Das Mondpferd*); ein Jahr später entstand eine Euripides-Übersetzung in sizilianischem Dialekt: *I ciclopi* (*Der Zyklop*) und die Stücke *L'innesto* (*Die Veredlung*) und *L'uomo, la bestia e la virtù* (*Der Mann, das Tier und die Tugend*).

Im Februar 1919 folgte Pirandello dem Rat der Ärzte und ließ seine Frau – die ihn um viele Jahre überleben sollte – in eine psychiatrische Anstalt in Rom einweisen. 1919 erschienen die Novellensammlungen *Berreche e la guerra* (*Berreche und der Krieg*) und *Il carnevale dei morti* (*Der Karneval der Toten*), 1920 die Stücke *Tutto per bene* (*Alles anständig*), *Come prima, meglio di prima* (*Wie früher – besser als früher*) und *La signora Morli, una e due* (*Frau Morli, eine und zwei*). Im Mai des Jahres 1921 fiel die Uraufführung von *Sei personaggi in cerca d'autore* (*Sechs Personen suchen einen Autor*) im Teatro Valle in Rom kläglich durch. Ein sich genarrt fühlendes Publikum schrie Skandal; schon wenige Monate später allerdings, im September, feierte das Stück im Teatro Manzoni in Mailand einen triumphalen Erfolg. Den Durchbruch Pirandellos in die weltliterarische Öffentlichkeit markierten Aufführungen von *Sechs Personen suchen einen Autor* in: New York (1921); London (1922); Paris, Krakau, Prag, Warschau, Barcelona, Amsterdam (1923); Berlin (durch Max Reinhardt in der Komödie am 30. Dezember 1924). Während dieser Zeit der Erfolge erschienen ab 1922 die *Novelle per un anno* (*Novellen für ein Jahr*); ebenfalls 1922 schrieb Pirandello die Stücke *L'imbecille* (*Der Schwachkopf*), *Enrico IV* (*Heinrich der Vierte*), *Vestire gli ignudi* (*Die Nackten kleiden*) und ein Jahr später *L'uomo dal fiore in bocca* (*Der Mann mit der Blume im Mund*), *La vita che ti diedi* (*Das Leben, das ich dir gab*) sowie *L'altro figlio* (*Der andere Sohn*).

1925 gründete eine Gruppe junger Schriftsteller – unter ihnen Pirandellos Sohn Stefano – das mäzenatisch unterstützte Teatro d'Arte in Rom. Pirandello wurde die künstle-

rische Leitung dieses Theaters übertragen, zu dessen Repertoire nicht nur seine eigenen Stücke zählten. An diesem Theater debütierte die 24jährige Marta Abba; in ihr gewann Pirandello die »zweite Frau seines Lebens«. Sie inspirierte ihn in den folgenden – und also seinen letzten und wohl auch erfülltesten – Lebensjahren zu zahlreichen Stücken, und eine ganze Reihe von Rollen – in *Diana e la Tuda* (1927), *L'amica delle mogli* (*Die Freundin der Ehefrauen*, 1927), *O di uno o di nessuno* (*Von einem oder keinem*, 1929), *Trovarsi* (*Sich finden*, 1932) und *Quando si è qualcuno* (*Wenn man jemand ist*, 1932) – wurde für sie geschrieben. Noch im Jahre seines Entstehens 1925 unternahm das Teatro d'Arte eine Tournee durch deutsche Städte und durch Europa, auf die amerikanischen Kontinente und bis nach Japan; im Sommer 1928, nach dreijähriger Aktivität, löste es sich wegen finanzieller Schwierigkeiten auf. Marta Abba setzte fortan als Leiterin einer eigenen Compagnie die Verbreitung des Pirandellianischen Theaters fort und feierte Erfolge auch als Filmschauspielerin.

Im Herbst 1928 reiste Pirandello wegen einer geplanten Verfilmung von *Sechs Personen suchen einen Autor* nach Berlin, wo er am Drehbuch schrieb; zur Produktion des Films kam es nicht. 1929 vollendete Pirandello – immer noch in Berlin, wo er eine Wohnung besaß – das Stück *Questa sera si recita a soggetto* (*Heute abend wird aus dem Stegreif gespielt*) mit einer Rolle für Max Pallenberg und widmete es Max Reinhardt, der es jedoch nicht inszenierte. Als die Aufführung 1930 in Berlin (Regie: Gustav Hartung) einen der größten Theaterskandale hervorrief, zog Pirandello es vor, Berlin zu verlassen. In Italien kam er zu öffentlichen Ehren; 1929 wurde er – seit 1924 Mitglied der faschistischen Partei, die er später wieder verließ – in die Akademie berufen. 1934 erhielt Pirandello den Nobelpreis für Literatur.

Zwar schrieb er Anfang der dreißiger Jahre noch die Stücke *Come tu mi vuoi* (*Wie du mich willst*, 1930) und *Non si sa come* (*Man weiß nicht wie*, 1934) sowie eine Reihe von Drehbuchentwürfen und Libretti, aber die zur selben Zeit entstandenen – von ihm selbst so genannten – »Mythen« *La nuova colonia* (*Die neue Kolonie*, 1928) und *Lazzaro* (*Lazarus*, 1929) kennzeichnen doch bereits seine letzte Schaffensphase. Der letzte in der Reihe dieser Mythen, *I giganti della montagna* (*Die Riesen vom Berge*, 1931/36) blieb unvollendet und beschäftigte Pirandello bis zu seinem Tode am 10. Dezember 1936 in Rom.

Bei dem Theaterautor Pirandello lassen sich vier Schaffensphasen unterscheiden: Dialektstücke in veristischer Tradition (bis ca. 1915); Fallstücke als Ehedramen und Porträts einzelgängerischer Protagonisten (bis ca. 1920); Experimentalstücke mit Reflexionen über das Theater im Theater (etwa über den Zeitraum der zwanziger Jahre hinweg); Entwicklung der »Mythen« in den dreißiger Jahren. Über diesen unterscheidbaren Phasen darf ein Grundzug sämtlicher Werke Pirandellos nicht übersehen werden: das naturalistische Erbe, das sich auch bis in seine spätesten Schöpfungen hinein erhält und sich auswirkt in der liebevoll minutiösen Gestaltung aller seiner Figuren. Vorrang hat bei Pirandello stets die Person, nicht der poetische Akt oder die lyrische Pose. Ungerührt durch den Aufschrei des Expressionismus und symbolistische Tendenzen, fern aller Pragmatik des politischen Theaters und zunehmend entsetzt über die Schuld, in die der Autor durch das Ziehen seiner Marionettenfäden geraten kann, hat Pirandello seine Stücke hervorgebracht.

Professor Toti

Der alte Gymnasiallehrer Toti, Hauptfigur dieser Komödie in drei Akten (1916), will die junge Lillina heiraten, um ihr so den Anspruch auf eine staatliche Pension zu sichern. Er läßt von seinem Entschluß auch dann nicht ab, als er erfährt, daß das Mädchen bereits schwanger ist von Giacomino; er gewährt dem jungen Mann sogar jederzeitigen Zutritt zu seinem Haus und zu Lillina, der gegenüber er nur väterliche Gefühle hegt, und macht sich dadurch zum Gespött der Stadt. Toti – der weiß, daß er nur noch eine kurze Zeit zu leben hat – hält unbeirrt und geduldig fest an seinem Plan: ein Lebenswerk zu hinterlassen, mit welchem er und die ihm Nahestehenden zufrieden sein können. Giacomino indessen, dem Hilfsbereitschaft und Güte des Lehrers zur Qual geworden sind, hat sich mit einer anderen Frau verlobt und von Lillina abgewandt. Toti verteidigt nun Giacomino gegen diesen selbst; ihm vor Augen führend, welches

Unglück er durch seine Ungeduld heraufbeschwören werde, rührt er ihn und stimmt ihn um: Giacomino will zu Lillina und dem Kind zurückkehren.

Die Gesellschaftskritik des Stückes – vorgetragen durch die Protesthaltung Totis – dringt vor in eine Dimension der elementaren Kritik an jeder Art von Vorurteilen. Selbst seine scheinbare Selbstlosigkeit wird von Toti deutlich eingestanden als ein Interesse, und zwar nicht am guten Werk um des guten Werkes willen, sondern daran, mit geliebten Menschen zusammenzuleben. Toti nimmt dabei den Gegensatz zwischen seinem äußeren Erscheinungsbild und seinem – von Giacomino und Lillina geteilten – Wissen um seine wahren Beweggründe in Kauf; er, der im Schmerz einmal vom Kamillentee spricht, der statt Blut in den Adern der Alten fließe, ist die vitalste Gestalt des Stückes und ein überzeugend aufrechter Charakter.

Liolà

Die in der bäuerlichen Gesellschaft Siziliens spielende Komödie (1916) ist kein entfesselter faunischer Reigen, keine Beschwörung erotischer Urkräfte, wie ihr Grundthema – eine Serie von Schwängerungen – vermuten lassen könnte. Sie ist eher in der Nähe des Schwanks angesiedelt und entfaltet, gebunden an die Volkstheatertradition, ihre ureigene Kraft im sizilianischen Milieu und Dialekt.

Dem reichen Bauern Simone Palumbo gelingt es nicht, mit seiner um viele Jahre jüngeren Frau Mita einen Erben zu zeugen. Die Dorfbewohner verspotten ihn, denn sie sehen den Grund für seine Kinderlosigkeit in Altersschwäche. Um von diesem Odium loszukommen, bezahlt er die Dorfbewohnerin Tuzza dafür, daß sie herumerzählt, er sei der Erzeuger des Kindes, mit dem sie gerade schwanger geht. Dessen wirklicher Vater aber ist der Tagelöhner Liolà, von dem schon andere Frauen der Gegend Kinder haben, die allesamt von Liolàs Mutter aufgezogen werden. Liolà kommt es in seinem neuesten Vaterschaftsfall zupaß, daß ihm eine Heirat mit Tuzza durch Palumbos Bekenntnis erspart bleibt; Palumbos Frau aber ist untröstlich, daß sie ein fremdes Kind aufziehen soll. Aus Rachlust läßt nun auch sie sich von Liolà schwängern. Das ganze Dorf weiß, daß ihr Kind ein von Liolà gezeugtes

sein wird; Palumbo aber muß es als das seine anerkennen.

Das Vergnügen, anständig zu sein

Der in einer unglücklichen Ehe gebundene Marchese Fabio Colli hat ein Verhältnis mit der ihn liebenden Bürgerstochter Agata Renni; sie erwartet ein Kind von ihm, Schande droht dem Bürgerhaus. Collis Vetter Maurizio Setti vermittelt als Proforma-Gatten den »Philosophen« Angelo Baldovino, der sich nicht ohne Eigeninteresse bindet, was er Fabio – der durch seine »Tat« in eine Lage der Unanständigkeit geraten ist – deutlich eingesteht. Baldovino verkörpert in dieser »Konstruktion« die Anständigkeit Fabios und prophezeit diesem, daß zwar er, Baldovino, nicht aber die anderen die Folgen seines Verhaltens werden ertragen können. Was nach der opferbereiten Übernahme einer Rolle, der des Ehemanns, aussieht und einen gesellschaftlichen Schein zu wahren hilft, bedeutet für Baldovino, für sich selbst seine Anständigkeit unter Beweis zu stellen. Der mit einem außerordentlichen Selbst(wert)bewußtsein ausgestattete Philosoph ist geleitet von der Maxime »Wenn der Verstand dem Tier in uns verzeiht, dann wird er selber tierisch« und überzeugt, sich durch die Scheinehe von dem Tier, der »Bestie« in seinem Inneren, befreien zu können. Baldovinos Schachspielen mit den Betroffenen nach den Regeln (psycho-)logischer Deduktion nimmt Züge des Zynischen und Grausamen an. Er sagt, er habe den klaren Blick, weil er sein Leben nicht lebe, die anderen aber, die ihr Leben lebten, seien eben deshalb mit Blindheit geschlagen. Aus seiner gnadenlosen Lauterkeit, an der er die anderen sich messen lassen will, entfaltet sich etwas Magisches. Fabio und seine Geschäftspartner wollen ihn loswerden und versuchen, ihn in einen kriminellen Handel zu verstricken. Jene »Konstruktion der Anständigkeit« ist aber bereits in wirkliches Leben umgeschlagen. Agata, immer verständigere Zeugin der Haltung und des Verhaltens Baldovinos, fühlt sich zu ihm gehörig und stellt sich auf seine Seite gegen die anderen. Baldovino wird in seinem Vabanque-Unternehmen zum Gewinner; Fabio Colli dagegen ist zu einem Schemen zerfallen, diskreditiert und als Persönlichkeit entkräftet. Baldovino nimmt als von Agata Erkannter seine wahre Gestalt an. Wenn auch die Schlußperspektive des Stückes – durch die allzu weiträumige Replik des »Wer bin ich?« »Der, der Sie sind« – eher vage ausfällt, so ist es doch eine, nicht zuletzt wegen der zahlreichen, auch inszenatorisch auslotbaren Anspielungen und schillernden Hintergründigkeiten, spannende Studie.

Das 1917 entstandene Stück unterscheidet sich damit von einem thematisch verwandten aus demselben Jahr (*So ist es – wenn es euch so scheint*), bei dem die Suche nach dem Schein/Sein-Verhältnis so auf die Spitze getrieben ist, daß nur noch die Variation einer formellen Möglichkeit dargestellt wird, die Substanz eines als Person ernst zu nehmenden Protagonisten aber verlorengeht.

Drei seiner Stücke: *Sechs Personen suchen einen Autor* (1921), *Jeder nach seiner Art* (1924) und *Heute abend wird aus dem Stegreif gespielt* (1929), hat Pirandello unter dem Titel *Trilogia del teatro nel teatro* (*Trilogie des Theaters auf dem Theater*) mit einigem Stolz auf die Komplexität ihrer künstlerischen Komposition als zusammengehörig betrachtet. In ihnen variierte er die bei der szenischen Reflexion des Theaters im Theater möglichen Konflikte und spielte die Konstellationen durch: zwischen Personen (personaggi) und Schauspielern (attori) sowie Direktor/Regisseur und Protagonisten in *Sechs Personen suchen einen Autor;* zwischen Theaterzuschauern und Autor sowie Schauspielern in *Jeder nach seiner Art;* und zwischen Schauspielern, die zu Personen und Regisseuren selber werden, in *Heute abend wird aus dem Stegreif gespielt.*

Sechs Personen suchen einen Autor

In eine Theaterprobe – es wird gerade ein frühes Stück eines Autors mit dem Namen Pirandello geprobt – bricht eine Gruppe von sechs Personen herein. Getrieben von dem Anspruch, zu Bühnenfiguren zu werden, überreden sie den Direktor, ihm ihre Schicksale vorspielen zu dürfen. Der Direktor soll zum Autor des Stückes werden und damit an die Stelle jenes anderen Autors treten, von dem sie gerade fortgeschickt worden seien. Spielen wollen sie die geformten Rollen selber, da niemand in der Lage sei, dies authentischer zuwege zu bringen als sie. Ihr Drama ist ein Familiendrama; es entspinnt sich als Bericht des die Gruppe an-

führenden Vaters über die Vorgeschichte. Aus wirklichem Mitgefühl, sagt er, habe er vor Jahren seine Ehefrau – im Stück »Die Mutter« genannt – zu einem anderen Mann geschickt. Von diesem erst kürzlich verstorbenen Mann hat die Mutter drei uneheliche Kinder: die erwachsene »Stieftochter«, ein »kleines Mädchen« und einen »kleinen Jungen«. Alle drei gehören zu der Truppe; ebenso »Der Sohn«, als eheliches, aber bei einer Amme aufgewachsenes Kind die personifizierte Anklage gegen seine Mutter, die er als solche nicht anerkennt. Mutter und Kinder sind in Not geraten; der Vater, bereit dieser Not abzuhelfen, scheut sich indessen nicht, zu seiner Stieftochter, auf die er schon lange ein begehrliches Auge geworfen hat und die zur Prostituierten geworden ist, ins Bordell zu gehen. Dort wird er von der Mutter, die als Näherin für die Bordellbesitzerin Madame Pace arbeitet, wiedererkannt. Madame Pace tritt als siebte der Personen auf; ihre Erscheinung wird als eine »heraufbeschworene« suggeriert. Die Szene im Bordell ist als Höhepunkt eines ersten Aktes geplant; er soll die Qualen der Mutter, den Ekel der Stieftochter und die Schuld des Vaters zur Anschauung bringen. Der zweite Akt soll spielen – und spielt bereits – im Haus des Vaters, der Mutter und Kinder wieder bei sich aufgenommen hat; das kleine Mädchen ertrinkt, der Junge erschießt sich zwischen den Kulissen. Hiermit eskaliert das bisherige Vorspielen in der Unheimlichkeit eines möglicherweise »wirklichen« Todesfalls auf der Bühne. Die Stieftochter verläßt mit gellendem Gelächter den Zuschauerraum; Vater, Mutter und Sohn bleiben als Silhouetten hinter einem angeleuchteten Bühnenvorhang zurück.

Im Vorwort zu seinem Stück hat Pirandello angemerkt: »Die sechs Personen dürfen keineswegs als Phantome erscheinen, sondern als erschaffene Wirklichkeiten, Schöpfungen der unwandelbaren Phantasie und daher wirklicher und dauerhafter als die unbeständige Natürlichkeit der Schauspieler.« Sein Bedürfnis nach einem »höheren Sinn« der dichterischen Darstellung läßt den Autor ringen mit seinen Gestalten; ihren Ursprung kennt er nicht, aber sie sind schon da, sie haben schon ihr Eigenleben und sie wollen mehr: Einlaß in die Sphäre der Kunst, eine Form, die ihnen zu einem Weiterleben verhilft – eine Form, die das Ster-

ben unmöglich macht. Der Autor aber weiß, daß diese Form auch Tod bedeutet, indem sie festlegt. Zunächst hatte er bezweifelt, daß es sich lohne, diese ihm von seiner Phantasie ins Haus geschleppten Gestalten festzulegen; dann aber findet er den gesuchten »höheren Sinn« in der Erregung des verzweifelten Kampfes, den hier jeder gegen jeden führt. Innerhalb des real stattfindenden Bühnenereignisses spielen – je nach Konstellation der Figuren zueinander – mehrere Dramen simultan sich ab: die innerfamiliären, das Werben der Familie um die Gunst des Direktors und das Drama der zu kurz kommenden Schauspieler des Probentheaters. Hinter ihnen allen zeichnet sich das Drama des Autors ab, der doch eben so und nicht anders geschrieben und sein Geschriebenes zu verantworten hat.

Sechs Personen suchen einen Autor ist das Drama auch einer Dramentechnik; die Desillusionierung ist bis zu einem äußersten Punkt getrieben, und doch bleibt am Ende die Illusion. Die hier vorliegende Desillusionierungstechnik schließt sich kurz, wo sie ansetzt, eine Freiheit der Bühnenfiguren zu suggerieren, eine Qualität jenseits des gestalterischen Zugriffs des Theaterapparats (inklusive des Autors), während diese eben doch durch den determinierten Text vereitelt ist. Abgesehen von diesem Dilemma, das Auswirkungen auch auf das jeweilige Selbstverständnis der Schauspieler haben muß, bleibt der Dialogtext eine reiche Quelle des Witzes, der Weisheit und des Scharfsinns – eine Herausforderung, die von deutschen Bühnen so häufig wie bei keinem anderen Stück Pirandellos angenommen worden ist.

Heinrich der Vierte

Der Hof Heinrichs IV., der als historische Figur im 11. Jahrhundert zu suchen ist, wird in Pirandellos 1922 uraufgeführtem Stück in einem umbrischen Landhaus des 20. Jahrhunderts angesiedelt. Stilecht ausgestattet und mit Bediensteten sowie einem Stab höfischer Vasallen versehen, dient das Haus der Hauptgestalt seit nun schon fast 20 Jahren als Zuhause. Der Hausherr lebt seit einem Sturz vom Pferd anläßlich einer karnevalistischen Kostümparade, bei welcher er als der deutsche Kaiser Heinrich IV. verkleidet war, das Leben der historischen Figur als sein ganz gegenwärtiges eigenes.

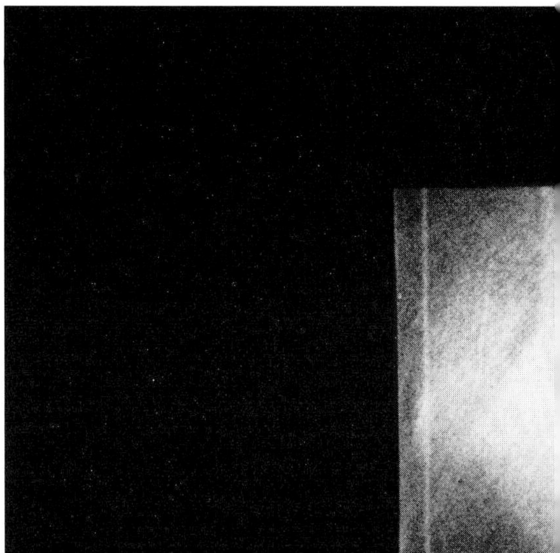

Giorgio Strehler hat Pirandellos »Riesen vom Berge« dreimal inszeniert – zum zweiten Mal in deutscher Sprache, 1958 am Düsseldorfer Schauspielhaus. Maria Wimmer spielte die sterbenskranke, der Theaterkunst verschworene »Gräfin«, Anführerin und Hauptaktrice der armseligen sizilianischen Wandertruppe, mit »unerhörter Geschmeidigkeit sowohl was den Mimus des stummen Spiels wie was den Stimmklang betrifft«. Hinter ihr, halb verdeckt, Bernhard Minetti, als der »Zauberer« Cotrone, Herr einer verfallenen Villa, in der Krüppel und Zwerge hausen.

1966 inszenierte Giorgio Strehler Pirandellos »Die Riesen vom Berge« zum zweiten Mal in seinem eigenen Haus, dem Mailänder Piccolo teatro. Auf der strikten, aus braunem Filz gestuften Bühne von Ezio Frigerio in grauem Licht ging die Konfrontation der Asozialen und der Artisten vor sich – mit Valentina Cortese (mit ausgestreckten Armen) als Truppenchefin und sterbender Diva in halblangem, violettem Musselinkleid und weißem, vom Schmerz wirksam aufgerissenem Madonnengesicht.

Seine Verrücktheit wird nicht nur toleriert, sondern von allen, die in seine Nähe kommen, bestätigt und gestützt. Seine Bediensteten und Besucher lassen sich auf Täuschungsspiele ein und fügen sich in die Rollen, die Heinrich kraft seiner »Kaisermacht« ihnen abverlangt. Es gab einmal Nutznießer seines Unfalls: Der Baron Tito Bancredi, früherer Nebenbuhler Heinrichs um die Gunst der Marchesa Mathilda Spina, hatte nach dem Verrücktwerden seines Rivalen freie Bahn und ist noch heute der Liebhaber der Frau, deren Liebe Heinrich nie hat erlangen können. Der Baron, Mathilda, deren Tochter Frida und der junge Marchese Carlo di Nolli (Neffe Heinrichs und heimlich von dessen jüngst verstorbener Mutter beauftragt, sich um das Wohl des Kranken zu kümmern) treffen im Landhaus ein. Angeführt von dem auf Heilung erpicht psychologisierenden Doktor Dionisio Genoni hegen sie den Plan, Heinrich durch eine Schocktherapie von seinem Wahn zu befreien. Heinrich hat ihr Ansinnen, das sie voreinander gönnerhaft und überzeugt vom Wert ihres Mitleids vertreten, längst durchschaut; die Gäste ihrerseits wissen nicht, daß Heinrich bereits zwölf Jahre nach seinem Sturz wieder zu klarem Bewußtsein gelangt war, seine Rolle aber weitergespielt hat aus der Erkenntnis, die verlorenen Jahre und das Liebesglück mit der Marchesa nicht mehr nachholen zu können. Aus seiner tiefen Verletztheit wird Heinrichs Haltung verständlich. Sein Verrücktspielen war eben nicht nur ein Spaß. Den will er sich jetzt allerdings mit seinen Besuchern erlauben, will sie ihrerseits verrückt spielen lassen. Aber Heinrich ist nicht auf den Schock gefaßt, den die anderen ihm zufügen: Aus einem Wandbild tritt als leibhafte Gestalt Frida hervor, gekleidet als Markgräfin der Toskana, wie damals bei der Kostümparade Mathilda. Heinrich soll in ihr seine frühere Liebe erkennen, bis diese sich selbst, ebenfalls im Kostüm der Markgräfin, aber 20 Jahre älter, neben Frida stellt. Als sie ihn mit Namen anspricht, schaut Heinrich in den Abgrund des erneut möglichen Wahnsinns. Eifersuchtsgefühle und das grausam klare Wissen um die Vergeblichkeit seines Liebeswunsches treiben Heinrich dazu, seine Verrücktheit doch wieder unter Beweis zu stellen: er richtet seinen blanken Degen gegen Bancredi und verwundet diesen tödlich. Heinrich wird nun für alle Zukunft in seinem Wahn gefangen bleiben. Das Ausweichen vor der gerichtlichen Verfolgung seines Verbrechens ist eher ein Nebeneffekt; schwerer wiegt das Befinden einer durch äußerste Reize überforderten Psyche, der es auf den Beweis eines Unterschieds zwischen Wahn und Wahrheit nicht mehr ankommen muß.

Der Mann mit der Blume im Mund
Einaktiges Musterbeispiel für die späte Theaterfassung einer frühen Novelle (La morte addosso), Dramenminiatur und Miniaturdrama, verblüfft es zum einen als kräftiges philosophisches Konzentrat, zum andern durch die Weiträumigkeit seines dramaturgischen Plans und stellt das Vermächtnis einer Vielzahl Pirandellianischer Motive dar. Die zufällige Begegnung zwischen einem Reisenden und einem vom Tode Gezeichneten in einem Nachtcafé gibt den Abriß eines tragischen Dialogversuchs, in dem sich Mitteilungswille, Verständnisunmöglichkeit und Solipsismus verschlingen. Der Todgeweihte eröffnet die Rede, berichtet von sich und seinem Leben, das ihm zu dem eines Aussätzigen geworden ist. Er will dessen Schalheit, Absurdität und Grausamkeit beweisen, doch kommt er von diesem Leben, das er doch schon verloren glaubt, nicht los; ein Sisyphos der existenziellen Anstrengung, wälzt er den Stein der Rede. Die harmlos anmutende Titelmetapher entpuppt sich als sarkastische Pointe auf dem Umschlagplatz zwischen physiologischem Faktum (einer Krebsgeschwulst) und philosophischem Spekulieren (dem des Todgeweihten). Der Abgrund zwischen den Bühnengestalten und – katalytisch hervorgerufen durch den fast stummen Reisenden – zwischen Publikum und Szene kann schließlich nur noch durch das Humanum des Humors ausgehalten werden – Versuch eines Lächelns aus der einsamen Intimität mit dem Tode. Das Todesstigma der Titelperson findet sich nicht nur zufällig – in Gestalt der Geschwulst – an deren Mund: dem Ausgangsort der Rede, die gegen das Schweigen des Todes noch anzutreten vermag.

Drei seiner späten Stücke wurden von Pirandello selbst im Untertitel als Mythos (mito) bezeichnet. Mit ihnen verließ er das Feld der Individualdramatik mit den ausschließlich zwischenmenschlichen Konflikten; das hatte Folgen auch für den auf der Bühne entstehenden Raum. Eine Sprengung des realistischen Rahmens hatte Pirandello bereits in zweien seiner Einakter unternommen: 1916 in *Am Ausgang* durch die Festlegung des Szenariums als einem Reich der Schatten, in dem ein Philosoph, ein Dickwanst und eine ermordete Frau miteinander kommunizieren, und 1929 durch die Anwendung eines filmdramaturgisch anmutenden Überblendungsverfahrens in *Traum – vielleicht auch kein Traum* (*Sogno ma forse no*), das in dieser Betrugs- und Eifersuchtsgeschichte die Darstellung von Tagtraum- und Halbschlafzuständen ermöglicht. In beiden Stücken aber wird der surreale Kontext zugunsten eines naturalistischen Bildes wieder zurückgenommen. In den Mythen verzichtete Pirandello auf die Aufhebung der einmal ins Universelle erweiterten Perspektive und gewann ihnen so eine eigene neue Qualität.

Die neue Kolonie
Auf eine verlassene Vulkaninsel hat sich eine Gesellschaft von Außenseitern und Sonderlingen zurückgezogen, die versuchen, ein nach den Prinzipien von Gerechtigkeit und Freiheit funktionierendes soziales Leben aufzubauen. Zu ihnen stößt auch Spera, die – ihre Hoffnung als Wunder erfahrend – ihr früheres Prostituiertenleben hinter sich lassen und mit ihrem Kind und dessen Vater ein neues Leben beginnen will. Die Inselbewohner aber – auszulegen nicht zuletzt im Hinblick auf die faschistisch sich formierende italienische Gesellschaft – hat sich bereits binnen kurzer Zeit heillos zerstritten. Ihre internen Machtkämpfe gipfeln in dem Entschluß, Spera von der Insel zu vertreiben. Sie übersteht jedoch zum Schluß als einzige ein Erdbeben, das auf der Insel zu toben anfängt, als ihr Geliebter ihr das Kind zu entreißen versucht. Speras – muttermythisch beladene – Apotheose bildet den Schluß des Stückes.

Lazarus
Anspielend auf den neutestamentarischen Lazarus, wird das Drama eines streng katholischen Sizilianers erzählt, der nach einem schweren Autounfall mit einer Adrenalinspritze behandelt wird. Der Mann, der seinen Tod erlebt zu haben glaubt, hat allerdings nur einen Zustand der Bewußtlosigkeit durchgemacht. Sein Glaube an ein jenseitiges Leben, für das er ja während seines »Totseins« keinen Beweis erhalten hat, ist erschüttert, was sein weiteres Leben mit Fragen, tiefen Zweifeln und großer Unduldsamkeit gegen sich und andere belastet. Sein Sohn Lucio indessen rekonvertiert zum katholischen Glauben, predigt gegen die Blasphemie seines Vaters und vollbringt schließlich ein Wunder an dem gelähmten Mädchen Lia, das sich aus seinem Rollstuhl erhebt und wieder gehen kann.

Die Riesen vom Berge
Rücken die beiden vorher genannten Stücke soziale und religiöse Mythen ins Blickfeld, so ist das Zentralthema dieses dritten im weitesten Sinne der Mythos der Kunst und deren Bedrohtheit durch die Kräfte eines materialistischen Zeitalters. Pirandello hat an diesem seinem letzten Stück seit 1931 gearbeitet; die ersten beiden Akte sind 1932 bzw. 1934 erschienen, der dritte Akt liegt nur in Skizzen und Fragmenten vor. Das Stück spielt in der agrigentinischen Landschaft Siziliens; dort ist unterwegs, getrieben von einem Wiedergutmachungsbedürfnis gegenüber einem jungen Autor, der sich ihretwegen umgebracht hat, die Schauspielerin Ilse mit ihrer Theatergruppe und dem Stück »La favola del figlio cambiato« (Die Legende vom vertauschten Sohn); Ilses Ehemann, ein Graf, finanziert das Unternehmen. Die Truppe reist von Mißerfolg zu Mißerfolg und steht vor dem Bankrott. Noch aber wird sie geleitet von der Hoffnung, vor dem Volk der Riesen spielen zu dürfen; von dem Vermögen dieses barbarischen Volkes, die Natur zu beherrschen, hat die Truppe gehört; daß es nicht weiß, was das Theater ist, gilt ihr als Herausforderung. Auf der Suche nach diesem Volk gerät die Truppe auf einer Insel vor die Villa des »Zauberers« Cotrone und begegnet dessen Gefährten: den »Pechvögeln«. Cotrone gewährt den Künstlern – Ausgestoßene wie die »Pechvögel« und somit ihresgleichen – Quartier. Ihre erste Nacht läßt sie ein erstaunliches und entsetzendes Arsenal von Erscheinungen an einem Ort erleben, an dem Traum und Wirklichkeit ununterscheidbar geworden und die Gesetze der Realität aufgehoben sind. Cotrone liest das

Stück der Truppe – es fasziniert ihn; Ilse findet jedoch kein Genügen an der Begeisterung des die Poesie liebenden Zauberers: Sie will das Stück vor dem Volk der Riesen zur Aufführung bringen und bittet Cotrone um Vermittlung. Cotrone schildert die Riesen als Volk des technischen Zeitalters, das materialistisch ausgerichtet sei und ohne jegliches Verständnis für die Kunst, will sich aber dennoch dort für die Truppe einsetzen. Der zweite Akt bricht ab bei einem gewaltigen Lärm, verursacht durch die zu Tal reitenden Riesen, die eine große Hochzeit feiern wollen. Die Skizzen zum dritten Akt lassen vermuten, daß es mit den Schauspielern ein schreckliches Ende nehmen wird. Ob Pirandello durch Krankheit und Tod von der Ausführung dieses dritten Aktes abgehalten wurde oder ob er den Ausgang der bevorstehenden Begegnung nicht festlegen konnte oder wollte, läßt sich nicht mit Sicherheit entscheiden. Der Cotrone der nachgelassenen Skizzen versucht zu vermitteln; Ilse bezahlt die Begeisterung für ihre Mission mit dem Leben; die übrigen Mitglieder der Truppe kommen ebenfalls um. Allesamt werden sie Opfer der rohen Gewalt der Riesen, die sich auf ihrem Volksfest pantagruelischen Ausmaßes durch Gauklerspiele zwar belustigt sehen wollen, Poesie und Dichterworte jedoch verabscheuen.

In *Die Riesen vom Berge* schlummert ein Komplementärstück zu *Sechs Personen suchen einen Autor*. Gerade hier ist ein Autor anwesend als Instanz: Cotrone, der zauberkräftige Besitzer der Villa. Besteht in dem früheren Stück die Aufgabe, Phantasiegestalten durch die Schauspieler einen Körper zu geben, damit sie leben, so kehrt Cotrone den Vorgang um und will aus den Körpern der auf der Bühne Anwesenden Phantasiegestalten werden lassen, die dann als solche – eben auch leben. Was Pirandello hier konzipiert hat als Poetisierung der materiell gegebenen Realität, wünschte er zu feiern als einen »Triumph der Poesie«. Dieser Triumph ist weder im Text, noch auf der Bühne, noch in einer anderen Wirklichkeit je gefeiert worden.

Italienisches Volkstheater: De Filippo und Fo

Eduardo De Filippo und Dario Fo repräsentieren zwei Generationen des italienischen Volkstheaters, das – anders strukturiert als die subventionierte Theaterkultur hierzulande – von den oft als Familienbetrieb organisierten unabhängigen Compagnien lebt. De Filippo und Fo, beide ebenso virtuose wie populäre Schauspieler, haben ihre Stücke für sich und ihre Truppe geschrieben und selbst inszeniert. Ihr Selbstverständnis als Autor bezieht sich nicht primär auf den Theatertext als ein Stück Literatur, sondern auf die theatralische Praxis. Die Wirksamkeit dramaturgischer Techniken haben sie in kontinuierlicher Theaterarbeit über Jahrzehnte erprobt und in engem Kontakt mit dem Publikum weiterentwickelt. Im Rückgriff auf die traditionellen Formen der Commedia dell'arte haben sie einen eigenen Stil geschaffen. Die bewährten Muster der Situationskomik sind verbunden mit den sozialen Fragen der Gegenwart; Komödie und Farce erwachsen aus realistischem Untergrund.

Provoziert wird ein Lachen, das nicht folgenlos bleiben soll: Die ironische Melancholie der Weltsicht De Filippos bewirkt Einsicht in die Condition humaine; die politisch aggressive Farce Fos zielt unmittelbar auf die revolutionäre Umgestaltung der Gesellschaft. In Fos *Mistero Buffo* heißt es: Der Volksschauspieler versuche immer, »das Bewußtsein seines Publikums zu verletzen, damit in ihm etwas Bitteres zurückbleibt, etwas, das in ihm brennt«. De Filippo und Fo, beide eine Institution in ihrer Heimat, haben mit ihren Bühnenwerken über das Theater hinaus gewirkt: Mit *Filumena Marturano* und *Sabato, Domenica e Lunedi (Samstag, Sonntag, Montag)* löst De Filippo öffentliche Diskussionen über die rechtliche Gleichstellung unehelicher Kinder und die Ehescheidung aus. Fos *Morte accidentale di un anarchico (Zufälliger Tod eines Anarchisten)* diente der Aufdeckung eines Polizeiskandals und erzwang die Verurteilung der Täter.

Volkstheater lebt immer von der Persönlichkeit des Komikers. Doch diese Theaterstücke erwiesen sich, obwohl geschrieben für das eigene Ensemble und in einem bestimmten gesellschaftlichen Kontext entstanden, als übertragbar. De Filippos Szenen aus dem neapolitanischen Volksleben, Fos politisches »Wegwerftheater« haben die internationalen Spielpläne erobert. *Filumena Marturano* von De Filippo wurde ein Bühnenerfolg ebenso am Moskauer Wachtangow-Theater wie am New Yorker Broadway; Fo-Stücke erreichten seit Anfang der siebziger Jahre Serienerfolge in England, Frankreich und in beiden deutschen Staaten. Wobei die deutschen Theater offensichtlich Schwierigkeiten haben, italienischen Gestus auf der Bühne zu imitieren; nur wenige Inszenierungen fanden einen Weg, Übertragungsverluste auszugleichen durch ein überzeugendes Konzept der Aneignung.

Eduardo De Filippo

Uneheliches Kind des Komikers Eduardo Scarpetta, gründete De Filippo (1900–1984) zusammen mit seinen Geschwistern Peppino und Titina 1931 eine Theatertruppe. Der Erfolg der Compagnia erweckte die Aufmerksamkeit Luigi Pirandellos, der ihm die neapolitanische Version seiner Stücke anvertraute (*Liolà,* 1934; *Il beretto a sonagli,* 1935; *L'abito nuovo,* 1937). In der Zeit des Faschismus schützte seine Popularität De Filippo vor dem Regime; listenreich verstand er es, satirische Anspielungen in seine Komödien einzuschmuggeln. Seine wichtigsten Werke entstanden in der Nachkriegszeit, sozialkritische Stücke wie *Napoli millionaria* (*Neapel im Millionenrausch,* 1945), die den Verlust moralischer Werte, die Verelendung und die Prostitution zum Thema haben. Nach der Trennung von seinem Bruder Peppino (der in mehreren Fellini-Filmen mitgewirkt hat) kaufte De Filippo 1949 ein Theater in Neapel; um die Kosten für den Umbau und den laufenden Spielbetrieb des Teatro di Eduardo zu decken, arbeitete er beim Film, später auch beim Fernsehen. 1974, nach einer schweren Herzoperation, konnte er nicht mehr auf die Bühne zurückkehren und wirkte mit jungen Autoren an der von ihm initiierten Scuola di Dramaturgia. Mit zahlreichen, auch internationalen Auszeichnungen geehrt, wurde er 1981 vom Staatspräsidenten Pertini zum Ehrensenator auf Lebenszeit ernannt; trotz seines hohen Alters widmete er sich voller Enthusiasmus sozialen Projekten. Seine letzte Arbeit war eine neapolitanische Fassung von Shakespeares *Sturm;* insgesamt hat er mehr als 40 Stücke verfaßt.

De Filippos Thema ist der Konflikt des Individuums mit der Gesellschaft, lokalisiert in den schlechteren Wohnvierteln Neapels. Seine Helden sind die kleinen Leute, die mit List und Tücke, aber auch voller romantischer Illusionen um ihr Überleben kämpfen in einer Welt von Neid, Eitelkeit, Heuchelei und Egoismus. Wie der Theaterdirektor in *Die Kunst der Komödie* wollte er nicht bloß Possen, sondern »wahre Begebenheiten« vorführen: »Meine Augen und Ohren beobachten unermüdlich und wie besessen, was um mich her vorgeht, und sind regelrecht gefesselt an das, was die Menschen um mich tun, wie sie leben – das fasziniert mich.« Sein Blick auf die Menschen war unsentimental, aber nicht leidenschaftslos; weder denunzierte er seine Figuren noch stellte er sie als unschuldige Opfer der Verhältnisse hin. De Filippo war ein Moralist, aber kein Mitleidsdramatiker: Milieuschilderung und psychologische Einfühlung werden konterkariert durch absurde Komik und Phantastik. Neapolitanisch »pazzire« bedeutet gleichzeitig »spielen« und »verrückt sein«; dieser Zusammenhang ist in De Filippos Komödien immer präsent. Dieser Realismus geht mühelos ins Groteske über. De Filippo schrieb im neapolitanischen Dialekt, einer eigentümlichen Mischung aus phönizisch, griechisch, spanisch und etwas Italienisch; unter den deutschen Mundarten gibt es dafür keine Entsprechung. Er benutzte eine gestische, rhythmische Sprache und hat seine Theaterstücke einmal »Gesänge« genannt. So präzise sie lokalisierbar sind, so wenig haben sie mit den (vorgeblich heimatbezogenen, tatsächlich aber international austauschbaren) Klischees des volkstümlichen Lokalstücks zu tun. De Filippo in einem Interview: »Folklore, ich?! In meinen Szenen hat man nie einen Vesuv gesehen, nie eine Mandoline oder eine Gitarre. Nichts anderes als die Realität.« Das Dialekttheater verfügt in Italien über eine große Tradition; erinnert sei an den Venezianer Goldoni – der wie De Filippo ein nichtmetaphysisches Theater anstrebte – oder an den Sizilianer Pirandello, dessen Spiel mit Realität und Fiktion unverkennbar Spuren in *Die Kunst der Komödie* hinterlassen hat.

Szenentechnik und Dramaturgie verraten die kalkulierte Mechanik der Farce; in der Figurenzeichnung schimmert die Typenkomödie der Commedia dell'arte durch (De Filippo hat den Pulcinella, die neapolitanische Variante des Arlecchino, wieder zum Leben erweckt). Bereits die (in den Regieanweisungen penibel beschriebenen) Räume verweisen auf das Volksstück: Mietskaserne und Wohnküche sind die Schauplätze, auf denen Ehekriege und Familienzwiste, Streitereien um Geld und Liebe ausgetragen werden. Der Zuschauer erlebt, wie Verwechslungen und Notlügen kunstvoll eskalieren, wie am Ende die unvermeidlich erscheinende Katastrophe ausbleibt, obwohl die Situation unbereinigt, das Chaos unentwirrbar bleibt. Nicht in elegant gesetzten Dialogpointen, sondern im szenischen Arrangement liegen die Qualitäten dieses Komödienautors. Die Männer sind müde Helden, versponnene Idealisten und melancholische Sonderlinge, die am Leben scheitern. Sie zerbrechen an den gesellschaftlichen Konventionen und flüchten in die Agonie, oder sie glauben lieber an Gespenster, als der Wahrheit ins Auge zu sehen. Vor dem realistischen Hintergrund wirkt ihr Verhalten lächerlich und traurig zugleich; eine wehmütige Kritik am Zustand dieser Welt.

Filumena Marturano

Das 1946 entstandene Stück folgt einem einfachen dramaturgischen Muster und bietet den Schauspielern Gelegenheit zu komödiantischen Bravourstücken. Der Fabrikant Domenico hat vor 25 Jahren Filumena aus dem Bordell in sein Haus geholt, sie gleichsam aus Gemein- in sein persönliches Eigentum überführt. Nun sind beide im Rentenalter, keifen sich an wie ein altes Ehepaar – nur das entsprechende Papier fehlt. In drei Akten wird vorgeführt, wie Filumena sich (auf dem angeblichen Sterbebett) die Ehesakramente erschwindelt, der getäuschte Domenico die unter falschen Voraussetzungen geschlossene Ehe annullieren läßt und wie schließlich Filumena ein Überraschungscoup gelingt: Sie präsentiert drei uneheliche Söhne, einer davon hat Domenico zum Vater; sie verrät aber nicht, welcher es ist. Vergeblich bemüht sich der Fabrikant um Klarheit, am Ende bittet er Filumena um die Heirat – Familiensinn und

Vaterstolz italienischer Prägung siegen, Happy-End. Anders als die männlichen Helden De Filippos sind die Frauen realitätstüchtig und hartnäckig in der Verfolgung ihres Glücks, das sie auf Umwegen und oft am Rande der Legalität zu erkämpfen wissen.

Die Kunst der Komödie

L'arte della commedia (1965) unterscheidet sich deutlich von den Volksstücken und stellt als Alterswerk eine Konfession des Theatermanns über sein Metier dar. Campese, der abgebrannte Direktor einer Schauspieltruppe, wird vorstellig beim Präfekten, der soeben seinen Posten in dem Provinznest angetreten hat. Obwohl er eigentlich die Honoratioren des Ortes erwartet, läßt er sich auf eine Grundsatzdiskussion mit Campese über die Theaterkrise und die Subventionspolitik ein. Nach einem erregten Wortwechsel kündigt der Theaterdirektor an, er werde seine Komödianten verkleidet unter die Honoratioren mischen. Der Präfekt gibt das Stichwort Pirandello, Campese erwidert: »Nicht doch, Exzellenz. Wenn ich Ihnen meine Schauspieler herschicken sollte, dann werden nicht Personen auf der Suche nach einem Autor erscheinen, sondern Schauspieler auf der Suche nach einer Autorität.« Der zweite Akt bringt die Auftritte von Arzt, Pfarrer, Lehrerin und Apotheker, die alle ihre Probleme in einer Weise vortragen, daß es dem Präfekt zweifelhaft bleibt, ob er reale Figuren oder von Schauspielern erfundene vor sich hat. Die Verwirrung erreicht ihren Höhepunkt mit einem melodramatischen (d.h. auch verdächtig theatralischen) Selbstmord. Doch selbst an diesem Punkt, wo gemeinhin alle Scherze aufhören, wird noch eine überraschende Volte geschlagen, dann fällt der Vorhang.

In den Volksstücken läßt De Filippo den Zuschauer nie in Zweifel darüber, was Illusion und Hirngespinst des Helden ist; in der *Kunst der Komödie* wird das Spiel mit Sein und Schein dagegen nicht aufgelöst. Campese erklärt: »Schauspieler oder Nichtschauspieler, die Tatsachen hier bleiben doch dieselben. So oder so, man wird sich jedenfalls mit uns beschäftigen müssen.« Die Irritation als Provokation, die Verletzung der unausgesprochenen Verabredungen zwischen Bühne und Parkett, die Ver-

Die Rolle des Theatertruppen-Chefs Campese, der den Präfekten mittels der »Kunst
der Komödie« die Wirklichkeit zweifelhaft
macht, hat der neapolitanische Schauspieler –
Autor Eduardo De Filippo für sich selbst
geschrieben. An der Berliner Schaubühne
am Lehniner Platz spielte sie 1982 furios
und komisch erschreckend Wolf Redl, Regie
Fred Berndt.

Bild oben: Eine von den Figuren, von denen
der tieferschreckte Präfekt (Werner Rehm)
nicht mehr weiß, ob sie von Schauspielern
aus Campeses Truppe gemimt oder »wirkliche« sind, spielte an der Schaubühne
Elke Petri.

schränkung der Fiktionsebenen erinnern an Pirandello, ohne daß dessen philosophischer Ernst mitgeliefert wird. Der Titel weist das Stück als Reflexion über das Theater aus; intelligent spielt De Filippo mit dem Moment des Unerwarteten und dem Voyeurismus des Zuschauers. Das Stück, das dem Präfekten, sei es nun durch echte Honoratioren oder verkleidete Theaterleute, vorgespielt wird, heißt »Das Auge am Schlüsselloch«. Der Präfekt war bereit, den Schauspielern materielle Unterstützung zukommen zu lassen, aber vehement lehnte er es ab, eine Vorstellung zu besuchen. Ihm wird bewiesen, daß sich die Vertreter des Staates mit dem Theater beschäftigen müssen. Eduardo De Filippo kündigte nach der Ernennung zum Senator an, er werde im Parlament aus seinen Komödien zitieren. Auch wenn sie bloß Theater seien, könnten die Politiker aus ihnen etwas vom Leben erfahren.

Dario Fo

Zusammen mit seiner Frau und wichtigsten Mitarbeiterin, der Schauspielerin Franca Rame, hat der 1926 geborene Fo ein massenwirksames politisches Volkstheater geschaffen, das trotz Repressalien nicht mundtot gemacht werden konnte. In radikaler Opposition zum herrschenden System hat er den Boden bürgerlicher Kultur verlassen, ohne sich ins Abseits bedeutungsloser Subkultur zu begeben; allen Versuchen linker Gruppierungen, sein Theater für ihre Agitation zu vereinnahmen, hat er widerstanden. Taktische Rücksichten hat er nie akzeptiert: »Wir sind«, heißt es im Vorwort zu *Non si paga, Non si paga! (Bezahlt wird nicht!),* »keine ›seriösen‹ Marxisten, wir sind Flegel, und wie allen Flegeln dieser Welt gefällt es uns, zu lachen und zu spotten, grotesk, vulgär und manchmal auch possenhaft zu sein.« Die lustvolle Destruktion gesellschaftlicher Mythen und Ideale, die Parodie religiöser und ideologischer Werte ist ein Grundelement der Foschen Dramaturgie.

Die frühen Einakter und Komödien knüpfen an die Tradition der Commedia dell'arte an und verwenden als Material teilweise die Rollenbücher der alten Schauspielerfamilie Rame. Im Untertitel werden die Texte als Farce ausgewiesen; es sind Übungsstücke

eines Dramatikers, der sich bewußt vom Literaturtheater abgrenzt: Fo handhabt das Theater als Maschine. Nicht individuelle Personen und ihre Entwicklung treiben die Handlung voran, sondern ein Konflikt, der rein funktional als Aktion auf der Bühne definiert wird. Fo in einem Interview: »Die Figuren, die in die entstehenden Situationen verwickelt werden, sind wie Räder, die die Maschine bewegen und in Funktion setzen. Ein Hebeldruck setzt einen zuweilen paradoxen Mechanismus in Gang, vergrößert ihn, kehrt ihn um, beschleunigt ihn, bringt ihn zur Explosion.« In den fünfziger Jahren legte er eine Sammlung von Schemata komischer Szenen an und schuf sich damit ein Arsenal von verfügbaren Einzelteilen, aus denen er seine Theatermaschine zusammensetzt.

Fo stammt aus einem Dorf am Lago Maggiore; er hat auf den Fundus der Geschichten zurückgegriffen, die dort umlaufen, hat ihren Erzählduktus und Gestus imitiert. Seine vielgerühmten Solo-Auftritte sind Erzählungen auf der Bühne, ständig durchbrochen von Dialogen mit dem Publikum. Was frei improvisiert wirkt, beruht auf einer variabel strukturierten Inszenierung. Die berichtete und mimisch dargestellte Fiktion wird durch komische und groteske Ausfälle, Perspektivenwechsel und Aus-der-Rolle-Fallen, ironische Kommentare und genau gesetzte Pointen ständig kontrapunktiert.

Fos Theaterarbeit läßt sich anhand der verschiedenen Theaterkollektive periodisieren, doch seine Entwicklung (bezogen auf die theatralischen Mittel wie das politische Engagement) erscheint als kontinuierlicher Prozeß. Auch die frühen Komödien sind gesellschaftskritisch und nicht, wie der Autor später meinte, unpolitisch. 1967/68, als auch in Italien sich eine studentische Opposition gegen das Establishment formierte, wollte Fo nicht länger »Hofnarr der Bourgeoisie« sein. Er verweigerte sich dem bürgerlichen Theaterbetrieb, weil er dort die eigentlichen Adressaten seiner Stücke, die Arbeiter und Unterprivilegierten, nicht erreichte. Konsequenz der politischen Radikalisierung war die Suche nach neuen Spielorten (Kulturhäuser der Gewerkschaft, Fabriken und Vorstadtkinos, Auftritte bei Kundgebungen und Demonstrationen) und alternativen Organisationsformen. Die Compagnia Fo-Rame wurde aufgelöst und ein

Kollektiv gegründet. Die Gruppe Nuova Scena schloß sich der ARCI, der Kulturorganisation der kommunistischen Partei, an. Dieses Agitproptheater war erstaunlich vielgestaltig in den ästhetischen Mitteln: Fo machte Anleihen bei der Avantgarde, setzte Montage- und Dokumentartechniken ebenso ein wie Masken und Marionetten; er entwickelte einen Lehrstücktypus, der ohne die Strenge und Kälte des Brechtschen Modells auskommt. In scharfer Form verurteilte er den »historischen Kompromiß« zwischen den Kommunisten und den bürgerlichen Parteien; der Bruch mit der PCI war unvermeidlich. 1970 gründete Fo eine neue Theatergruppe: La Comune, die vier Jahre später in Mailand ein festes Haus, die Palazzina Liberty, bezog. Unbeirrt votiert Fo für eine autonome Kultur der Arbeiterklasse.

Mistero Buffo

Fos Konzeption einer »cultura popolare« schließt die Beschäftigung mit den alten Zeugnissen der sog. zweiten Kultur (in Abgrenzung zur Hochkultur) ein. Entgegen der konservativen Theorie, Volkskunst reproduziere lediglich gesunkenes Kulturgut, legt er Kreativität und Ursprünglichkeit, oppositionelle und emanzipatorische Inhalte frei. Die Aufarbeitung solcher Traditionen dient ihm als Quelle unverbrauchter theatralischer Ausdrucksmittel, deren Gestus und soziale Funktion er studiert und für die eigene Theaterpraxis produktiv gemacht hat. Mit den Monologen *Mistero Buffo* (1969) und *Fabulazzo Osceno (Obszöne Fabeln,* 1982) hat er die Tradition der »giullari«, der mittelalterlichen Spielleute und Possenreißer, fortgesetzt.

In den alten Texten fand Fo eine sprachliche Besonderheit, die aus der Not der Wanderschauspieler im dialektzersplitterten Italien entstanden ist: eine synthetische Sprache als Kommunikationsmittel. Die »lingua padana« oder »gramelot« ist ein Substrat aus verschiedenen Mundarten der Po-Ebene und Ergebnis langjähriger Studien von linguistischen »signifiants« und nonverbalen Zeichensystemen. Gramelot setzte Fo erstmals in der Komödie *Settimo: ruba un po' meno (Siebentens: Stiehl ein bißchen weniger,* 1964) ein; in der Regieanweisung heißt es: »Plötzlich hört man ein Wispern, das sich in Sprechlaute verwandelt: Laute ohne jeden Sinn, aber so onomatopoetisch und typisch im Sprechrhythmus, daß man den Sinn des Gesagten erraten kann.« *Mistero Buffo*, eine Art säkularisiertes Mysterienspiel, ist Fos Repertoirestück bei internationalen Auftritten. Gramelot entzieht sich weitgehend der schriftlichen Fixierung; aus gutem Grund hat der Übersetzer Peter O. Chotjewitz darauf verzichtet, eine deutsche Entsprechung für diese Kunstsprache zu erfinden.

Zufälliger Tod eines Anarchisten

Gogols *Revisor* lieferte das Modell für diese Farce (*Morte accidentale di un anarchico*, 1970), mit der Fo direkt ins politische Zeitgeschehen eingriff. Ein an »Istriomanie« leidender Verrückter taucht im Polizeikommissariat auf und gibt sich als Untersuchungsrichter aus, der dem mysteriösen Fenstersturz des Anarchisten Pinelli nachgehen will. Die Beflissenheit, mit der er die widersprüchlichen Schutzbehauptungen glaubt und zu Ende denkt, deckt die Lügen und Vertuschungen auf und treibt die Polizisten zur Verzweiflung. Als der Schwindel auffliegt, geht das Licht aus. Ein Schrei, der Verrückte stürzt aus dem Fenster. Das Ende: Der (vielleicht echte) Untersuchungsrichter tritt ein.

Bezahlt wird nicht!

Aus Wut über Preiserhöhungen plündern Frauen den Supermarkt. Die derart billig erstandenen Waren müssen sie zu Hause verstecken – vor der Polizei und vor den braven Ehemännern. Jetzt schnurrt der Farcenmechanismus ab: Eine Frau ist plötzlich hochgradig schwanger, ein Carabinieri wird mit Sauerstoff aufgepumpt und eine Leiche im Schrank versteckt. *Non si paga, Non si paga!* (1974) attackiert den Reformismus der traditionellen Arbeiterbewegung und propagiert illegale spontaneistische Aktionen als neue Form des Widerstands.

Hohn der Angst

Das Tabuthema Terrorismus wird als Groteske abgehandelt in *Clacson, trombette e pernacchi* (1981). Der Arbeiter Antonio rettet – ohne zu ahnen, in was er geraten ist – bei einer mißglückten Entführung den Fiatboß Agnelli und liefert ihn im Krankenhaus ab. Der verstümmelte Agnelli wird fälschlich als Antonio identifiziert; mühsam von Chirurgen zusammengeflickt, bekommt der multinationale Industrielle das Gesicht eines seiner Arbeiter verpaßt und flüchtet aus dem Krankenhaus. Antonio, von Terroristenfahndern gesucht, muß sich vor der Polizei verstecken. Opfer werden für Täter gehalten, Täter werden zu Opfern ihrer Handlungen: Konsequent hat Fo die absurde Maschinerie der politischen Gewalt in die Absurdität der Farce übersetzt.

Über Entführung und Ermordung Aldo Moros wollte Fo zunächst eine Tragödie nach griechischem Vorbild schreiben, ließ aber diesen Plan wieder fallen. Brecht wollte Distanz schaffen, um Einfühlung zu verhindern; Fo erreicht das gleiche Ziel, indem er mit den Schrecken der Realität seine Scherze treibt. Mit der satirischen Farce hat er eine Form gefunden, »die Mythen der Bourgeoisie, des Kapitals zu zerstören«, ohne durch Gefühle des Mitleids Zorn und Empörung abzuschwächen. Das Lachen schütze vor der schlimmsten Gefahr der Katharsis. Höhnisches Gelächter, das die »innere Wut befeuern« soll, will er provozieren.

Das linksradikale Volkstheater Fos büßt auf den Subventionsbühnen des bundesdeutschen Stadttheaters viel von seiner politischen Sprengkraft ein. Ihres konkreten Bezugsfeldes beraubt, kann auch die aggressive Farce als folgenloses Unterhaltungstheater goutiert werden. Seit der Saison 1976/77 (und d. h. auch: seit Peter O. Chotjewitz und Renate Chotjewitz-Häfner sich mit Witz und Jargon der Übersetzung annahmen) ist Fo einer der meistgespielten fremdsprachigen Dramatiker auf deutschen Bühnen. Neben den bereits erwähnten Stücken wurden das Drogenstück *La marijuana della mamma è la più bella* (*Mamma hat den besten Shit*, 1976), die gemeinsam mit Franca Rame geschriebenen Frauenmonologe *Tutta casa letto e chiesa* (*Nur Kinder, Küche, Kirche*, 1977) und die politischen Parabeln *Storia della tigre e altre storie* (*Geschichte einer Tigerin und andere Erzählungen*, 1979) zu Serienerfolgen. Wird die Groteske vergröbert und die politische Tendenz unscharf, so schrumpfen Fos Stücke zu harmlosen Klamotten, angereichert mit italienischer Folklore. Die Wirkung Fos ist nicht allein an den Aufführungszahlen seiner Stücke abzulesen. Er hat eine Generation von Theaterleuten ermutigt und auch in Deutschland die Gründung freier Gruppen initiiert.

Dario Fo in seinem Mono-Spektakel »Misterio Buffo«, Auftritt 1978 bei den Berliner Festwochen. Blitzschnell die Rollen wechselnd, erzählt er biblische Geschichten aus der Sicht der Plebejer, in der Art mittelalterlicher Volksschauspieler, Jokulatoren.

Osteuropäisches Theater

Polnisches Theater und Drama

In Polen, dem immer wieder fremdbeherrschten, geteilten Land, hat das Theater – mehr noch als in anderen osteuropäischen Ländern – seit dem späten 18. Jahrhundert eine wichtige Rolle bei der Formulierung des polnischen Selbstverständnisses, Selbstbewußtseins, aber auch der nationalen Selbstkritik gespielt. Die Gründerfigur dieses Theaters war der Schauspieler, Nationaltheaterdirektor (1783–1794 und 1799–1814) und Dramatiker Wojcieck Boguslawski (1757–1829). Er schrieb an die 80 Werke, um den Grundstock eines nationalen Repertoires zu schaffen, darunter das Libretto der Oper *Das vermeintliche Wunder oder Krakauer und Goralen,* in dem ein armer, patriotisch gesonnener Student durch einen Elektrizitäts-Trick den Streit zwischen armen polnischen Bauern schlichtet. Die Uraufführung fand 1794 statt, im Jahr des Aufstandes gegen die zaristische Fremdherrschaft, an dem Boguslawski führend beteiligt war.

Der große polnische Lyriker und Epiker Adam Mickicwicz (1798–1855), cingekerkert und verbannt, hat in seinem Versdrama *Die Ahnenfeier* (*Dziady,* entstanden 1822/23 und 1831) die polnische Passion gestaltet: Teil 1 zeigt den Helden Gustav, der an unerfüllbarer Liebe laboriert, zwischen allegorischen Gestalten; Teil 2 spielt in der Nacht zu Allerseelen, Totenbeschwörung des Zauberers Guslarz vor den unter der Feudalherrschaft leidenden Bauern; Teil 3, der weltschmerzlich leidende Gustav hat sich in den Helden Konrad verwandelt, den der russische Gewaltherrscher eingekerkert hat; in einer prometheischen Anklage gegen Gott als den »Zaren« der Welt fragt er nach dem Sinn des Leidens der polnischen Nation. Dem demütigen Priester Pjotr wird die Antwort als Vision zuteil: Polen ist der Christus unter den Völkern, seine Kreuzigung ist das Unterpfand für die Erlösung aller Völker; in Teil 4 wiederholt der herumirrende Tote Gustav seinen Selbstmord vor einem Geistlichen.

Auch Mickiewicz' Zeitgenosse Juliusz Slowacki (1809–1849) mußte nach dem Scheitern des antizaristischen Aufstandes von 1831 emigrieren. In seinem Hauptwerk *Kordian* (1834) will der hamletische Titelheld den tyrannischen russischen Großfürsten umbringen, fällt aber vor der Tat in Ohnmacht, wird zum Tode verurteilt. Es bleibt offen, ob er begnadigt wird.

Der dritte der polnischen Klassiker, Zygmund Krasinski (1812–1859), läßt in seiner von Goethes *Faust* beeinflußten *Ungöttlichen Komödie* (1835 veröffentlicht) die vom Organisator und Fanatiker Pankraz geführten Massen der Armen über die Aristokratie siegen (der Krasinski selbst entstammte). Der Dichter Heinrich, Anhänger der Aristokratie, geht zugrunde.

Die Werke Mickiewicz', Slowackis und Krasinskis galten lange als Lesedramen, erst der in (dem damals österreichischen) Krakau wirkende Politiker, Maler, Bühnenbildner, Regisseur und Autor Stanislaw Wyspianski (1869–1907) begründete um die Jahrhundertwende eine seitdem nicht mehr abreißende Aufführungstradition. Sein eigenes Hauptwerk *Die Hochzeit* führte er 1901 auf: Ein Dichter heiratet eine Bauerntochter, was als der symbolische Akt der Verbindung von Intelligenz und Volk erscheint; in der durchtanzten und durchzechten Hochzeitsnacht treten Figuren aus den schlimmsten Phasen der polnischen Geschichte auf, zuletzt ein ukrainischer Adeliger mit einem Horn, dessen Ton die polnische Befreiung und Wiedervereinigung einleiten soll. Doch der Chochol, der Strohwisch aus dem Vorgarten, den der Hausherr zur Hochzeit lud, greift zur Fiedel; überm Tanzen wird das Horn vergessen.

Gegenfigur zu Wyspianski, dem visionären Poeten, ist Gabriela Zapolska (1859–1921), von 1892 bis 1895 Schauspielerin an Antoines naturalistischem Théâtre Libre in Paris. Sie schrieb mehr als 40 naturalistische Stücke über krankmachendes Milieu, Prostitution, Unterdrückung von Frauen. In ihrer »Spießertragikomödie in drei Akten« *Die Moral der Frau Dulska* (1907) läßt sich der bohèmehaft protestierende Sohn der Dulska schließlich doch seine Absicht ausreden, das von ihm geschwängerte Dienstmädchen Hanka zu heiraten; das gedemütigte Mädchen wird entfernt, die »moralische« Fassade der Bürgerfamilie ist gerettet.

Stanislaw Ignacy Witkiewicz

Der Sohn eines Kunstmalers (1885–1939) studierte Malerei in Deutschland, Frankreich und Italien, reiste mit dem Ethnologen Malinowski in die Südsee (wo er rituellen Tanz und zeremoniell formalisiertes Theater sah); er lernte von Strindbergs »Traumspiel«-Dramaturgie und Wedekinds Grotesken (eine luluhafte Femme fatale taucht in fast jedem seiner über 30 Stücke auf), er kannte aber auch Jarrys *Père Ubu* und die Theatervision Artauds. Zwar sprach er von einem »Theater der reinen Form« als theoretischem Ziel, doch seine Stücke sind eher das Gegenteil: unreinliche, Wirklichkeitsbruchstücke grimassierend montierende, tragikomische Farcen, in denen das Unwahrscheinliche als Gewöhnliches daherkommt und in die auch die theatertheoretische Reflexion mit hineingenommen ist. So sagt der Sohn Leon im Drama *Die Mutter:* »Aber bitte keine Dramen à la Ibsen mit all der Tragödienspielerei um die verschiedenen Berufe und die Unzulänglichkeiten jedes einzelnen. Lieber eine Kalte-Suppen-Tragödie à la Strindberg.« Und die Mutter erwidert: »Nichts ist dir heilig. Du gehst mit Ibsen und Strindberg genauso um wie mit mir. Gibt es etwa ein genialeres Werk als Strindbergs *Gespenstersonate*?«

Politisch war Witkiewicz ein hochmütig verzweifelter, zum intellektuellen Aristokratismus Nietzscheanischer Prägung neigender Konservativer, der in der zaristischen Armee im ersten Weltkrieg kämpfte, die bolschewistische Revolution verachtete und sich umbrachte, als er 1939 als Offizier der geschlagenen polnischen Armee nur noch die Wahl zwischen der Gefangenschaft bei den Deutschen oder den Sowjets gehabt hätte.

Das Wasserhuhn

»Sphärische Tragödie in drei Akten« lautet der Untertitel des 1921 entstandenen, 1922 in Krakau uraufgeführten Stücks (*Kuska Wodna*). Edgar Walpor, wohl ein Intellektueller, dürstet nach Taten, braucht aber den lebhaften Zuspruch seiner todeswilligen, flachsblonden Geliebten, des »Wasserhuhns«, bis er sie erschießt. Die Leiche taucht wie selbstverständlich im zweiten Akt lebendig wieder auf, ist befremdet, daß Edgar auf dem Weg zur Vollendung nicht weitergekommen ist. Statt dessen lebt er mit der Fürstin Alice of Nevermore, einer »majestätischen und sehr hübschen Blondine«, und deren zehnjährigem Sohn Tadzio zusammen und will sich an einem religiös-kapitalistischen Unternehmen, der »Theosophical Jam Company«, beteiligen. Das Wasserhuhn mahnt ihn, doch endlich ein großer Mensch zu werden; er läßt sich von einer Foltermaschine traktieren, was ihm jedoch auch nicht zur Wesentlichkeit verhilft: Er bleibe, stellt er fest, eine »Marionette …ein chinesischer Schatten, der sich auf der Leinwand bewegt«. Im dritten Akt bringt er das fordernde Wasserhuhn ein zweites Mal um, danach sich selbst. Draußen ist Revolution, die »Welt geht in Trümmer«, Alice of Nevermore und ihr Verehrer, der »Schurke« Ryszard, werden ins Gefängnis geführt. Edgars Vater aber fordert drei der enteigneten Mitgründer der »Theosophical Jam Company« zum Kartenspiel auf, daraufhin wehren sie erst ab:

»Ewader: Sind Sie verrückt geworden? In so kritischen Zeiten Karten zu spielen?

Vater: In meinem und Ihrem Alter ist das die einzige Möglichkeit, sich während eines sozialen Umsturzes die Zeit zu vertreiben. Was sollten wir sonst tun? Wint oder Auction Bridge? That is the question.

Typowicz: Pik.

Ewader: Pik zwei.

Vater: *sich setzend* Karo zwei. *Ein roter Schein überflutet die Bühne, und man hört den gräßlichen Knall einer in der Nähe explodierenden Granate.* Schießen nicht schlecht. Sie, Herr Widmower?

Widmower: *mit zitternder, etwas weinerlicher Stimme.* Herz zwei. Die Welt geht in Trümmer. *Schwächere rote Blitze und gleich darauf das Krachen zweier weiter entfernt krepierender Geschosse.*

Typowicz: Passe.«

Witold Gombrowicz

Er betrachtete Witkiewicz, den Erzähler Bruno Schulz und sich selbst als die »drei Musketiere der polnischen Avantgarde zwischen den Kriegen«. Gombrowicz (1904–1969) entstammte einer Landadels-(Schlachta-)Familie, studierte Jura und Philosophie in Warschau und Paris, publizierte 1933 einen ersten Erzählungsband. 1937 erschien sein Roman *Ferdydurke*; 1939 wurde er in Argentinien, wo er nur zwei Wochen bleiben wollte, durch den Kriegsausbruch festgehalten – für 20 materiell schwierige Jahre. Im kommunistischen Polen blieben seine Bücher bis 1957 unterdrückt. Nach einem Berliner Jahr lebte Gombrowicz von 1964 bis zu seinem Tode an der Côte d'Azur. Anfangs stand für die Kenner seines Werkes nicht das Theater im Mittelpunkt des Interesses, sondern die Romane. Doch haben auch die erzählenden, reflexiven, autobiographischen Schriften einen eminent »theatralischen« Zug. Alles wird Szene, Tableau, Dialog, Konflikt. Selbst seine Philosophie drückt sich in grotesk-komischen Konfrontationen aus – in *Ferdydurke* in einem skurrilen Duell zwischen Philosophen verschiedener Observanz, die zugleich komplementär und konträr sind, einander nicht ertragen, aber ohne einander nicht bestehen. Es findet ein andauernder Machtkampf statt zwischen Unreife und Reife, ungeformter Energie und bedrückend perfekter Form; es gibt eine ständige Kampfsituation zwischen den Werten von »oben«, die sich auf Tradition, Glanz, Prestige, fraglose Autorität stützen, und den Werten oder den Unwerten von »unten«, die, solange sie selber nicht ein neues »oben« bilden, in ihrem Protest, ihren Revolten neue Möglichkeiten, neue Gedanken freilegen.

Die Chancen von Witold Gombrowicz' Theater liegen – hierin ist er Pirandello am ehesten vergleichbar – darin, daß das »Theatralische« selber das Thema seines Theaters ist: die Funktion der Zurschaustellung der Erschaffung von Figuren aus Situationen und Konflikten, das Bewußtsein und Sichtbarmachen der Logik des Spielens. Jedes seiner drei Schauspiele zieht die »Summe« einer ganz bestimmten, sogar geographisch umreißbaren Phase des Lebens und Schaffens dieses Autors.

Yvonne, Prinzessin von Burgund (entstanden 1938), das ist das Polen vor dem Krieg. *Die Trauung* (entstanden 1945 in Argentinien) ist, wenngleich ein »Heimkehrerstück« nach dem Krieg und mit polnischen Vornamen, ein Stück, das in die argentinische Zeit paßt, *Operette* (aus dem Nachlaß) ist in Frankreich und entschieden gegen Frankreich entstanden, und zwar gegen jenes Frankreich, das für Gombrowicz durch zwei ihn ständig und kritisch beschäftigende Schriftsteller verkörpert ist: durch Marcel Proust (Albertinette ist die Antwort auf Prousts Albertine) und durch den von Gombrowicz als Philosophen bewunderten Jean-Paul Sartre. (Der Profesor ist durch die »nausée«, den Ekel, determiniert und durch den Selbsthaß des Bürgers, der sich in der Revolution endlich auslöschen will.)

In allen drei Stücken spielt das Ritual, die Zeremonie eine beherrschende Rolle – das ist die auch in den Berliner Notizen fast verärgert zugestandene Nähe zu Jean Genet – die Krönung, die Trauung, das Begräbnis, das Bankett, der »cercle«, das Vorgestelltwerden usw. Die Zeremonie setzt kraft der Macht des lange Dagewesenen und des Prestiges Wirklichkeit von »oben« und verfälscht sie zugleich, zwingt sie in Schablonen; gegen diese Zeremonie steigt das noch »Formlose« von unten auf.

Wieso Königsdramen? Bei *Yvonne* ist das augenfällig. Sie soll durch die Trauung Prinzessin von Burgund werden; der König, dessen Sohn die abstoßende Person in die Familie bringen wollte, ist ein wirklicher Herrscher. Er empfängt Bericht von internationalem Geschehen, er unterschreibt Todesurteile – bewußt ungerechte noch dazu, denn wäre er König, wenn ihn das Recht »zwingen« würde? Er ist Macht und besitzt Macht, und mit der komplizenhaften Mitwirkung des ganzen Hofes, auch des Prinzen selber, bringt er die Schlampe Yvonne von »oben, in aller Majestät« zu Tode, indem sie an einer Fischgräte ersticken muß.

Die Trauung: Nach einem Krieg, nach Verwustung und dem Sturz von Ordnungen – im Hintergrund eine Kirchenruine – ist es die imaginäre, manchmal zu betont »traumhafte« Wiedergründung einer majestätischen Ordnung; der Gastwirt ist zugleich König, seine versoffenen Knechte ein Hofstaat, die Dirne soll Königin sein, und eine

Mit drohendem Finger geht der lästerliche Säufer (Hans Dieter Zeidler) durch die »Trauung« von Gombrowicz; er weist auf ein – nie ganz aufzudeckendes – Verbrechen hin, dessen sich der Vater-König (Ernst Schröder) schuldig gemacht haben soll, weshalb auch der Sohn Henrik (Helmut Griem) den Vater bedrängt – Szene aus Ernst Schröders Inszenierung im Berliner Schiller-Theater 1967.

»Usurpation« – der Sturz des Vaters zugunsten des ehrgeizigen Sohnes – findet statt, als ginge es hier um höchsten Ruhm und nicht um ein verkommenes Wirtshaus in verbranntem Land.

Operette schließlich ist ein Hof ohne König, unterworfen dem Königtum der Mode, wie es Meister Fior verkörpert; die Mode ist zugleich imaginär und wirkliche Macht, und die Abfolge von Uniformen – Gasmasken, SS-Uniformen, Volkskommissarkittel – ist zugleich, mitten in Revolution und Krieg, eine Modenschau, die Apotheose des Herrn Fior. Hier wird die Zeremonie Selbstzweck; genau wie die Verführung der schö-

nen Albertinette durch zwei reife Lebemänner Graf Charme und Baron Finelet, die ihr Leporelloregister verlängern wollen, Selbstzweck ist, mit fleischlicher Begierde oder gar Vereinigung nichts zu tun hat. Man sieht: Von einem Stück zum andern ist das Königtum weniger substantiell, mehr Kulisse, bleibt aber dennoch jedesmal Mittelpunkt.

Wie aber äußert sich der Protest, diese Kontestation »von unten«? Hat Antonin Artaud das »Theater der Grausamkeit« in Frenesie und Ritual angestrebt, so hat Gombrowicz sich eines Motivs bemächtigt, das grausamer sein kann als alle Grausamkeit: er ist der Meister eines Theaters der Peinlichkeit. Zunächst Yvonne: Sie ist stur, blutarm, häßlich. Dabei noch kleinbürgerlich in Vorurteilen erstarrt, aggressiv, in einer zwar passiven aber unerträglichen Provokation. Sie in den Hof einführen, heißt, ein Gefühl intensiver Peinlichkeit verbreiten – eine Inszenierung, die nur mit menschlichen Marionetten agiert und im Zuschauerraum nicht dieses Gefühl der Betretenheit sich ausbreiten läßt, wird niemals dem Stück entsprechen. Albertinette in *Operette* ist im Gegenteil reizvoll, schön, angenehm, nicht abstoßend, sondern angenehm ungeistig. Die Zeremonie des Kleidens und Schmückens, die ihr die beiden Lebemänner zudenken, bleibt ihr so unbegreiflich wie der Yvonne eine Konversation bei Hof. Sie wurde im Schlafen von der Hand eines Diebes berührt und träumt seither von lüsterner Berührung. Am Ende wird Albertinette zu Grabe getragen – kein Gombrowicz-Drama ohne Begräbniszeremonie, ohne »trionfo della vita«. Der Säufer in *Die Trauung,* dessen Finger so obszön auf die falschen Majestäten deutet, ist Ausdruck der gleichen »Peinlichkeit« wie Yvonne und Albertinette. Es ist jeweils die Wirklichkeit von »unten«, die der Form von »oben« das Spiel verdirbt. Mit der Funktion der Peinlichkeit hat Gombrowicz sich mehr identifiziert als mit andern Motiven seines Werkes, und zwar wird auf der Bühne die Peinlichkeit zur treibenden Kraft der Handlung, das, was wieder überdeckt und beseitigt werden soll, das, wodurch neue Wirklichkeit in alte Fiktion einbricht. Peinlichkeit ist nicht ein Moment des Stils, es ist die Dialektik dieses Theaters. *Yvonne* ist das Ancien régime des Volkspolens, es ist die Macht als Zeremonie, die noch einmal die Kräfte »von unten« wegschafft, noch einmal Herrschaft spielt. *Die Trauung,* das ist der Sturz aller Ordnungen und Majestäten in Kriegen und Revolutionen und die Schaffung der neuen, wiederum majestätischen Form, die trachtet, vergessen zu machen, daß Menschen »von unten« sie erst gemacht und über sich gehoben haben, die Prestige und fraglosen Gehorsam fordert, als käme sie vom Übermenschlichen herab, sei immer dagewesen. Es ist das Paradox der Usurpation als Sturz einer sakralen Majestät und zugleich die Anerkennung des »Majestätischen« als solches, als sei es nicht stürzbar. Auf den König

folgt der Führer, auf das Gottesgnadentum die unfehlbare Partei. *Operette* schließlich, das sind Jahrzehnte von Kriegen und Revolutionen, der Einsatz des übernatürlichen Prestiges durch die Zeitmacht der Mode, die desto mehr herrscht, als ihre Erscheinungsformen schneller sterben, und die eben dadurch »Mode an sich« ist.

Mag man Gombrowicz nun, der jede Ideologie zunächst einmal als »Kleidung« sieht, als Reaktionär entlarven, weil seine indifferenzierte Ideologiefeindlichkeit nicht zwischen rechts und links unterscheiden will? In der Tat: Gombrowicz ist nicht der Professor von *Operette,* er ist eher die sture Yvonne, der schamlose Säufer, die nackte Albertinette.

Aus dem Nachlaß des Autors ist noch ein Fragment aufgetaucht: *Geschichte, eine Operette,* in dem eine Figur namens Witold von der Familie einer »Unreifeprüfung« unterworfen wird, die er besteht, worauf er (vor 1914) in Intrigen und Komplotte am Hof des russischen Zaren und beim deutschen Kaiser Wilhelm II. verwickelt wird. In einem dritten Akt finden wir Witold in einem Warschauer Literatencafé der zwanziger Jahre (in dem auch Gombrowicz verkehrt hatte), wo er auf den Marschall Pilsudski trifft, den damaligen polnischen Diktator.

Slawomir Mrozek

Der 1930 Geborene arbeitete zuerst als Karikaturist; seine ersten Stücke haben die lakonische Schärfe, die schlagende Vieldeutigkeit erstrangiger Cartoons. Sie bringen das Leben in einer Gesellschaft, in der Polizei, Partei, Staat, Bürokratie zu einem übermächtig gesichtslosen herrschenden Allgemeinen geworden sind, auf grimmige Pointen.

Die Polizei

Die Polizei in Mrozeks erstem Stück (1958, »Drama aus dem Gendarmenmilieu in drei Akten«) hat nichts mehr zu tun: Alle Bürger in dem altmodischen, durch Säbel und martialische Schnurrbärte diktatorisch regierten Staat haben unter permanentem Druck begriffen, daß sie ihren furchtsamen Gehorsam »Freiheit« nennen müssen. Der letzte politische Gefangene unterschreibt eine entsprechende Erklärung und wird entlas-

sen. Aber ist eine arbeitslos gewordene Polizei nicht entbehrlich? Um solcher Folgerung entgegenzuwirken, wird einer der Polizisten bestimmt, einen politischen Widerständler zu spielen. Den Verhafteten empfängt man mit Girlanden im Gefängnis. Doch die Rolle des Widerständlers brennt sich dem Verhafteten ein, er ruft ohne Furcht und Tadel im Ernst: »Es lebe die Freiheit!«

Auf hoher See; Karol; Striptease

Die drei Einakter (alle 1961) demonstrieren dreimal höhnisch, daß unter diktatorischen Bedingungen »Freiheit die Einsicht in die Notwendigkeit, das heißt in den Zwang ist«. In *Auf hoher See (Na penym morzu)* diskutieren drei Schiffbrüchige, der Dicke, der Mittlere und der Schmächtige, die Gründe, weshalb einer von ihnen zur Speise der beiden anderen werden soll. Der Schmächtige entschließt sich angesichts des drohenden Messers des Mittleren zum »freiwilligen« Verzicht aufs Leben. Darin liege, sagt er, die »wahre Freiheit«, die es nur da gebe, wo die »gewöhnliche Freiheit« überwunden sei. *Karol* soll der heißen, den der bösartige Großvater als nächsten mit seinem Gewehr abknallen will. Dem Enkel reicht das als Mordmotiv, und der Zahnarzt, der Angst vor dem Schießwütigen hat, lenkt von sich ab, indem er behauptet, der nächste Patient heiße Karol. Der Großvater erschießt den Eintretenden. Der Zahnarzt hat Spaß an dem makabren Spiel gefunden: Er ruft den Großvater, als ein neuer Patient, der tatsächlich Karol heißt, zu erwarten ist.

In *Striptease* finden sich zwei Herren (1 und 2) mit Aktentasche, gleich gekleidet und ähnlich bis aufs Haar, als anscheinend Verhaftete in einem Zimmer ein. Der eine begründet seine »innere Freiheit« mit einer pseudo-existentialistischen Argumentation: »Mit dem Augenblick aber, wo ich aufstehe und herausgehe, treffe ich die Wahl, beschränke also die Möglichkeit meines Handelns und verliere die Freiheit. Ich werde zum Sklaven meines Hinausgehens.« Beide zwingt eine riesige, in die Zelle sich hereinschiebende Hand, Striptease zu machen, sich auszuziehen, sie werden mit Handschellen aneinander geschlossen. Entnervt, geängstigt bitten sie die Hand schließlich »um Verzeihung für alles, daß wir da waren, daß wir da sind,...für das, was

Sie, hochverehrte Hand, wissen und wir nicht, denn was kann unsereins schon viel wissen? Also, wenn so etwas vorliegen sollte, dann Entschuldigung!. . . Ich küsse Ihre Hand.« Eine zweite Hand, »ganz in einen roten Handschuh gekleidet«, führt die beiden ab.

Tango

Mit diesem Dreiakter (1965) begann Mrozek, nicht mehr nur die polnische (stalinistisch überherrschte, deformierte) Gegenwart in der Groteske abzubilden; er wandte sich auch der bürgerlich-autoritären Zwischenkriegszeit Polens zu und nahm bei ihrer Darstellung Motive und Figurationen von Witkiewicz und Gombrowicz auf. *Tango* spielt in einem durch Achtlosigkeit in zufällige Unordnung geratenen bourgeoisen Salon. Das bürgerliche Ehepaar Stomil und Eleonore ist einst in die Anarchie der avantgardistischen (Möchte-gern-)Kunstausübung ausgebrochen. Eleonore: »Stomil, weißt du noch, wie wir die Tradition zertrümmerten? Wie ich mich dir zum Zeichen des Protestes vor den Augen von Papa und Mama hingab? In der ersten Parkettreihe, während der *Tannhäuser*-Premiere . . . Wohin ist die Zeit, da so etwas noch Eindruck machte?« An das Formen negierende Gehabe Stomils und Eleonores haben sich Oma Eugenia (gelegentlich greisenhaft abwesend, großgeblümtes Kleid und Turnschuhe) und Onkel Eugen (Schwalbenschwanz und schmutziger Stehkragen, aber khakifarbene Shorts und nackte Knie) angepaßt; sie spielen Karten mit dem »ordinär und höchstverdächtig« wirkenden Edek, einem brutal zugreifenden Dauergast. Der Sohn des Hauses aber, Artur, 25jährig, korrekt gekleidet mit Schlips und Jackett, protestiert gegen das Familienchaos, das er »Bordell« nennt und »in dem nichts funktioniert, weil alles erlaubt ist, in dem es keine Regeln und kein Vergehen gibt«. Im zweiten Akt hat er die Eltern gezwungen, in das Kostüm der ersten Vorweltkriegszeit zurückzukehren; Edek muß den Butler spielen und Artur will Ala, seine Kusine, im weißen Brautkleid heiraten und damit Alas frühere sexuelle Freizügigkeit auslöschen. Zur Hochzeit im dritten Akt kommt Artur zu spät; er ist betrunken und verzweifelt: »Es gibt keine Wiederkehr. Die alte Form schafft keine Wirklichkeit.« Er will die anderen zwingen, mit ihm

Ideen daraufhin zu mustern, ob sie die Gegenwart gestalten könnten. Eugen schlägt die Idee Gott vor, dann die des Sports, Stomil ist »immer für das Experiment eingetreten«. Edek, von Stomil »der Repräsentant einer kollektiven Vernunft« genannt, schlägt »ganz einfach« den Fortschritt vor. Eugenia sagt, sie sterbe, und besteigt den Katafalk in der Salonmitte. Ist der Tod die gesuchte Idee? Artur, drohend faselnd, erklärt, er wolle ein System schaffen, »in dem sich der Aufruhr mit der Ordnung, das Nichtsein mit dem Sein verbindet«. »Nur die Macht kommt in Frage.« Seine Omnipotenzpose bricht zusammen, als Ala erklärt, sie habe ihn mit Edek betrogen. Als er den Revolver sucht, um Edek zu erschießen, erschlägt dieser ihn mit dem Kolben der Waffe. Die Macht fällt an Edek, der den Onkel Eugen zwingt, mit ihm Tango über Arturs Leiche hinweg zu tanzen. Edek, sagte die polnische Kritik (und ermöglichte dadurch die Aufführung in Warschau), sei die Verkörperung des Faschismus. *Tango* stellt (wie Gombrowicz' *Trauung*) auch eine *Hamlet*-Paraphrase dar: Artur kommt, um eine unordentlich und moralisch gewordene Welt »einzurenken«, er verwickelt sich in sie, wird beseitigt.

Seit 1963 lebte Mrozek überwiegend im Westen, kein erklärter Emigrant. Die Stücke *Noch mal von vorn* (1968), *Die Propheten* (1968), *Watzlaff* (1970), *Ein freudiges Ereignis* (1971) wiederholen Themen und Konstellationen von *Tango,* allegorisieren aber undeutlicher und verworrener. *Emigranten* (1975) zeigt in deprimierendem Dauerstreit zwei aus einer Art Polen nach Paris ins Kellerexil verschlagene Männer: AA, einen hochfahrenden, bornierten, aus Verletzlichkeit verletzenden Intellektuellen, und XX, den primitiven Proleten.

Der Prolet XX (Georg Corten), von der zynischen Arroganz des immer noch herrschaftlich-snobistischen AA (Stefan Wigger) in die Enge getrieben, droht sich zu erhängen, doch AA macht ihm schon vor, wie seine Zunge heraushängen würde nach dem Selbstmord – Szene aus Mrozeks Zweipersonenstück »Emigranten«, deutsche Erstaufführung im Schloßpark-Theater Berlin 1975, Regie Günter Krämer.

Der Buckel

Rückbezogen ist auch dieses Stück (1977): Sieben Personen vor der Fassade einer ländlichen Pension, fünf davon Sommergäste, einer der (bucklige) Besitzer und Bediener, der siebte ein undurchsichtiger, spät auftretender Herr. Die Zeit bleibt unbestimmt, vor dem Zweiten, vielleicht sogar vor dem Ersten Weltkrieg spielt das Stück: Der Student trägt die Uniform wie vor 1914 in Rußland; der Baron lebt vom Spiel und von der Intrige, seine ihm liebend-hassend verfallene Gattin hat eigenes Vermögen; der Rechtsanwalt Onek ist ein unsicher-aggressiver Parvenü, seine Frau Onka läßt sich nur zu gern aus der Gänschenhaftigkeit in den Flirt mit dem Baron und die backfischhafte Intimität mit der Baronin locken.

Bei alledem ist nur eine ziemlich schematische Psychologie im Spiel, die Figuren vervollständigen und verselbständigen sich nicht zu Personen, sondern bleiben Marionetten des Spieltriebs und des Debattenwitzes ihres Autors. Er läßt sie über den Buckel des (fast stummen) Pensionswirts als über das beleidigend Anormale und/oder das beunruhigend Ausgefallene verschwörerisch und verängstigt plaudern; sie unternehmen, sektberauscht, einen nächtlichen Ausflug zum »Buckelrigi«, dem Hexenberg, von dem sie durchnäßt, derangiert und voneinander isoliert zurückkommen. Die Gesellschaft löst sich auf: Die Baronin reist mit Onka als Begleiterin an die Riviera ab; Onek rennt wütend davon; der Baron bleibt so lange, bis der Bucklige des nahenden Krieges wegen die Pension schließt. Zwischendurch wäre das Stück schon fast zum Erliegen gekommen, hätte nicht der Auftritt jenes zweideutig-amtlich redenden Herrn im Cut ihm ein bißchen neue Spannung zugeführt: Er scheint den Studenten zu überwachen, wird erschossen (vom Studenten?).

Der Botschafter

Die politische Groteske verzerrt Ideologien und Positionen, um sie jenseits der »realistischen« Wahrscheinlichkeit grell ad absurdum zu führen: Erkenntnis durch Übertreibung. Den Ost-West-Gegensatz forciert Mrozek grotesk: dort nur noch Allgegenwart des Staates, hier – im Westen – dessen Auflösung ins völlige Gewährenlassen. Im Osten nur noch ein Polizeisystem, im Westen keine Regierung mehr, sondern blanke

Anarchie. Von letzterem betroffen ist die Titelfigur des (im Oktober 1981 in Warschau uraufgeführten) Stücks: Die Weisungen von zu Haus, aus der Staatsauflösung, der Anarchie, bleiben für den Botschafter aus, aber der Sonderbeauftragte des (östlichen?) »Gast«-Landes erklärt dem Diplomaten, man brauche (und bezahle) die Schein-Fortexistenz der Botschaft, um dem eigenen Volk zweierlei zu erhalten: den Haß auf und die Angst vor einem potenten ideologischen Gegner. Noch ehe aber der Zuschauer überprüfen kann, ob Mrozeks Groteske denn nicht allzu simpel übertreibe (haben wir im Westen zu wenig Staat? Was nistet als Widerstandspotential in den östlichen Systemen?), führt Mrozek zweierlei im vollen, grotesk-widrigen Ernste in sein Stück ein: Psychologie und leider auch Philosophie. Des Botschafters Gattin ist nach zig Ehejahren die formelle, offizielle Existenz leid, sie bricht (wohin?) auf, um »ihre eigene Identität« zu finden. Und der Botschafter wird in ethische Philosopheme verstrickt angesichts eines »einfachen« Asylanten, der sich in die Botschaft (nicht wissend, daß sie vom Gastland ausgehalten ist) flüchtet und der an das glaubt, was er flüchtend bewahren will: die »Seele«, die man ihm »aus dem Leib prügeln« will. Der Botschafter ringt schmerzlich-stoisch um seinen Unglauben angesichts des Simpel-Gläubigen – und klammert sich an die »Ehre«, die ihm gebietet, den Asylanten nicht auszuliefern. Aus der wortreich geführten ethischen Debatte findet Mrozek keinen Ausweg mehr: der Vorhang fällt eine Minute vor Ablauf der ultimativ vom Sonderbeauftragten gestellten Auslieferungsfrist. Der Botschafter hat seine Pistole in der Hand – richtet er sie gegen sich oder gegen den Asylanten?

Tschechisches Theater und Drama

Die Gründerfigur des tschechischen Theaters, das sich gegen die deutsch-österreichische politische und kulturelle Vorherrschaft durchsetzen mußte, ist der Schauspieler und Dramatiker Josef Kajetan Tyl (1808–1856). Sein märchenhaftes Volksstück »Der Dudelsackpfeifer von Strakonitz« (1847) erzählt von dem Feensohn Schwanda, dessen Spiel die Menschen fröhlich macht, der unterm Einfluß des verkrachten Studenten Wozielka verludert, schließlich aber durch die treue Liebe des Mädchens Doratka gerettet wird. Tyl gründete in Prag das Kajetan-Theater, leitete ab 1846 auch die tschechischsprachigen Aufführungen im Ständischen Nationaltheater, wurde aber durch die Reaktion auf die 48er Revolution, an der Tyl sich beteiligt hatte, von 1850 an gezwungen, sich auf die Schauspielerei zu beschränken.

Das 1907 in Prag gegründete tschechische Theater in den Weinbergen wird 1914–21 von dem Regisseur K. H. Hilar geleitet, dessen Inszenierungen expressive und groteske Züge tragen. Er übernimmt 1921 das nun, nach Gründung des tschechoslowakischen Staates, ganz dem tschechischen Repertoire gewidmete Nationaltheater und fördert die Dramatiker Karel Capek (1890–1938) und Frantisek Langer (1888–1965).

Capeks utopisches Stück »RUR« (1921), ein Welterfolg der zwanziger Jahre, läßt die von Menschen geschaffenen Roboter gegen ihre Konstrukteure sich empören; die Menschheit wird ausgerottet, doch zwei der siegreichen Roboter humanisieren sich durch Liebe füreinander und setzen die menschliche Art fort. Langer schrieb bittere Komödien über kleine Leute im vorstädtischen Milieu. In »Peripherie« (1925), seinem erfolgreichsten Stück, tun sich Franz, der entlassene Strafgefangene, und das Straßenmädchen Anna zusammen; er erschlägt ungewollt einen reichen Freier Annas; sein Gewissen drückt ihn, doch ein ehemaliger Richter, ein weiser Trinker, spricht ihn in einem fingierten Prozeß frei.

Im tschechischen Theater gibt es seit den zwanziger Jahren die Tendenz zum spielerischen Experiment, so in dem von E. F. Burian gegründeten Theater D 34 und im »Entfesselten Theater« Jindrich Honzls, wo die Komiker und Autoren Voskovec und Werich ihre satirischen Kabarettrevuen zeigten. Sie werden nach dem Zweiten Weltkrieg wiederaufgenommen und weitergeführt in der von dem weltberühmten Bühnenbildner Josef Svoboda entwickelten Laterna Magika und im Schwarzen Theater. Gegen die unterm Druck des »sozialistischen Realismus« erstarrten großen Bühnen Nationaltheater und Theater in den Weinbergen entstanden in den sechziger Jahren, im Zuge der Entstalinisierung, drei

wichtige »Kleinbühnen«: das »Theater vor dem Tor« des bedeutenden Regisseurs Otomar Krejca, der Cinoherni-Club mit den Regisseuren Jan Kacer und Jiri Menzel und das Theater am Geländer mit dem Regisseur Jan Grossman und dem Hausautor Vaclav Havel, dem bedeutendsten tschechischen Dramatiker seiner Generation. Die drei Bühnen bereiten theatralisch das Terrain zum »Prager Frühling« vor; nach dem sowjetischen Einmarsch mußten Grossman und Krejca ihre Theater verlassen.

Vaclav Havel

Das Technikstudium durfte der 1936 geborene wegen seiner großbürgerlichen Herkunft nicht zu Ende führen, im Theater am Geländer arbeitete er zuerst als Bühnenarbeiter, bald aber als Dramaturg und Hausautor. Mit Jan Grossman entwickelte er seine ersten Stücke: »Das Gartenfest« (1963) und »Die Benachrichtigung« (1965). Sie blikken mit kaltem Spott und Grimm in eine Welt der sinnlos funktionierenden, sich selbst unverständlich gewordenen Bürokratie. Im »Gartenfest« löst der aufstiegsbesessene Hugo Pludek den Kampf zweier Ämter, des einen für Eröffnung, des anderen für Auflösung, indem er sich durch Schmeichelei und Imponiergeschwätz aufschwingt zum Leiter einer projektierten Zentralkommission, die ein Gemeinschaftsamt für Eröffnung *und* Auflösung einrichten soll, mit einem von Hugo in sinnloser Suada entwickelten »System der progressiven Eröffnungs-Auflösungs-Eröffnung«. »Die Benachrichtigung« kommt dem Amtsleiter Josef Gross auf den Schreibtisch: sie ist in der Gross unbekannten Sprache Ptydepe verfaßt, welche Gross' Stellvertreter Balas benützt, um Gross zu ersetzen und auf die unterste Stufe der Büro-Hierarchie hinabzudrücken. Nur die Sekretärin Marie hilft Gross, übersetzt ihm eine zweite Benachrichtigung, die Ptydepe verwirft und Gross rehabilitiert. Marie aber wird entlassen: sie hätte die Benachrichtigung – trotz und/oder wegen ihres Inhalts – nicht übersetzen dürfen. Auch Gross tut nichts für Marie, die ihr Glück beim Theater suchen wird. Balas bleibt unverdrossen: er bereitet eine neue (Unsinns-Geheim-Herrschafts-)Sprache vor: Chorukor, um die Attacke auf Gross zu erneuern.

»Erschwerte Möglichkeit der Konzentration« (1968) zerlegt den Tag des Wissenschaftlers Dr. Huml in 23 vor- und zurückspringende Szenen, in denen Humls Frau und seine Geliebte verlangen, daß er sich von der jeweils anderen trenne, indes er selbst seiner Sekretärin ohne Erfolg sich zu nähern sucht. Erfolglos ist auch die von einem clownshaften Monteur bediente Frage-Maschine Puzuk beim Versuch, Humls Individualität zu erforschen.

Der Prager Frühling (wie Havel sagt: die »Stunde der Wahrheit«, der »Ausbruch der Leidenschaft«), die sowjetische Okkupation und die allmähliche Abwürgung des Dubcek-Regimes haben Havel veranlaßt, vor allem politisch, öffentlich tätig zu sein. Dann versuchten die neuen (alten) Herren, Havel in die Nichtöffentlichkeit zu drängen. Er wich scheinbar aus, zog in sein Wochenendhäuschen nach Nordböhmen, arbeitete als Hilfsarbeiter in einer Brauerei. Erst 1977 kehrte Havel (in der ČSSR nur mit-

1980 veranstaltete Amnesty International in München eine szenische Wiedergabe des Prager Prozesses gegen die Bürgerrechtler, unter ihnen Vaclav Havel. Neben Simone Signoret, Yves Montand, Hans-Christian Blech, Volker Schlöndorff bekundete dort der französische Regisseur Patrice Chéreau seine Solidarität mit den von der CSSR-Justiz Verfolgten.

Bei der ersten deutschen Aufführung von Vaclav Havels »Gartenfest« 1964 in der Werkstatt des Berliner Schiller-Theaters (Regie Hansjörg Utzerath) spielte Stefan Wigger mit virtuoser Rhetorik den im Bürokratie-Machtkampf sich verzweifelnd abarbeitenden Pludek.

tels eines Privatdrucks) in die Literatur zurück; mit den beiden Einaktern »Audienz« und »Vernissage«.

Der Schriftsteller und Brauereihilfsarbeiter Vanek in »Audienz« ist Havels alter ego, er ist konfrontiert mit der Figur des Braumeisters. Diesen auch »Direktor der Brauerei« genannten Dauer-Biertrinker sollte man nicht unterschätzen. Er hat was Schwejkhaftes: noch in seinen dümmsten Fragen nach der Schauspielerin und dem Schnulzensänger tastet er ab, was der andere für Macht-Reservate aus der Vergangenheit hat, die in Zukunft wieder nutzbar zu machen wären. Noch in seiner Säufer-Sentimentalität steckt auch Gefühlskraft, noch in seinem weinerlichen Rückblick auf frühere Kumpanei steckt (vielleicht) eine Möglichkeit zu zukünftiger Solidarität. Die schweigsame Zurückhaltung. Vaneks ihm gegenüber – sie resultiert nicht bloß aus Vorsicht, sondern auch aus Ohnmacht und Einsicht in den anderen Vanek (Havel) weiß, scheint mir, daß des Braumeisters Ausbruch und Vorwurf nicht unbegründet und schwer abweisbar ist: »Du wirst einmal zu deinen Schauspielerinnen zurückkehren – wirst vor ihnen prahlen, daß du Fässer gerollt hast – wirst ein Held sein – und was ist mit mir? Wohin kann ich zurückkehren?« Die Arbeitswelt (jede?) schließt die Arbeiter ein, läßt Lust (und Leiden) der Distanz nicht zu. Der Braumeister räsonniert – vergeblich. Der Schriftsteller hört zu – er ist unfähig, dem Braumeister zu antworten. Seine Antwort – das Stück – erreicht das Theaterpublikum vielleicht. Aber den Braumeister? Das ist *ein* Strang des Stückes. Ein anderer, grimmig-satirischer: alles Räsonnement des Braumeisters ist umweghaft-listig auf einen Endzweck gerichtet, nämlich den Schriftsteller sich selbst bespitzeln zu lassen. Diese Pointe des Stückes ist ja nun nicht bloß ein böser Witz. Vielmehr: sie liegt in der Konsequenz eines Öffentlichkeit ausschließenden, Geschichte aussperrenden, Bewußtsein privatisierenden Systems, wie es Havel in einem offenen Brief an den Staatspräsidenten Husák beschrieben hat. Der Schriftsteller wird zu einem Spezialisten der Bewußtseinskontrolle isoliert.
Havels immer wieder unternommene Versuche, eine kritische Öffentlichkeit gegen

das Husák-Regime herzustellen, führten schließlich zu seiner Verhaftung. 1977 wird er zu 14 Monaten Gefängnis mit Bewährung verurteilt; später erneut verhaftet, verbringt er vier Jahre, von 1979–82, im Gefängnis.

Largo Desolato (1984)
Der Philosoph Dr. Leopold Kopriva hat seit längerem seine *ältere und solide bürgerliche* Wohnung nicht mehr verlassen: er trinkt, schluckt heimlich Tabletten, versucht sich durch schnell aufeinander folgende Gesichts-Waschungen frisch zu halten, im Zwangs-Rhythmus rennt er zur Tür und späht durchs Guckloch: *Die können doch jederzeit kommen,* erklärt er in stereotyper Wiederholung seinem Freund Uli (der ihn ebenso stereotyp nach seiner Verdauung befragt) und seiner Lebensgefährtin Susanne, die aber keine Zeit für ihn hat, weil sie mit Uli im ersten Teil des Stückes ins Kino, im zweiten Teil zum Ball geht. Wenn

Vaclav Havels szenische Analyse des verstörten Bewußtseins eines verfolgten Philosophen »Largo desolato« wurde 1985 am Wiener Akademietheater zum ersten Mal gespielt, Regie Jürgen Bosse mit Maresa Hörbiger als Freundin des Philosophen, Joachim Bißmeier als Philosoph Dr. Kopriva sowie Karl Menrad und Horst-Christian Beckmann als den beiden Brauereiarbeitern, die vom Philosophen politische Aktivität erwarten.

Uli und Susanne gegangen sind, erscheinen beidemale Wenzel und Wenzel, die sich Arbeiter einer Papierfabrik nennen und erklären, daß sie an Kopriva glauben, daß er nicht zurückweichen dürfe, daß der Respekt, den er sich errungen habe, ihn verpflichte – welche Beteuerungen wiederum wiederholt und wiederholt werden. Die beiden Wenzel- und Wenzel-Auftritte weichen nur darin ab, daß beim ersten der eine Wenzel kettenraucht, beim zweiten der andere zahllose Gläser Rum kippt. Sie bringen dem Dr. Kopriva nicht nur ihr Vertrauen, sondern beim zweiten Besuch auch das beim ersten angekündigte Papier: leeres, daß er es beschreibe, beschriebenes, daß er alle Verwaltungs- und Personalvorgänge der Papierfabrik studiere: *Wenn Sie das irgendwie ausarbeiten, dann wird das ganz bestimmt ne Bombe.* Und: *Für viele Menschen sind Sie Stütze und Hoffnung.* Er soll das, meinen sie, was er schreibt, *irgendwie in etwas verwandeln, was wirklich greift,* in eine *Erklärung, in der alle wichtigen Dinge enthalten sind.* Zweimal treten auch die beiden *Kerle* auf. Auch sie wollen, daß Leopold eine Erklärung unterschreibt, nämlich, daß er der Dr. Leopold Kopriva nicht sei, der den Essay geschrieben habe, den die beiden Kerle auf diese Weise – die der Geheimpolizei – unwirksam zu machen hoffen. Kopriva hat Angst vor den Kerlen, und sie zeigen ihm, daß diese Angst nicht unberechtigt ist: als sie ihn das erste Mal aufsuchen, hat er gerade (erfolglos) dem Drängen seiner Freundin Lucie, die erklärt, ihn zu lieben, im Schlafzimmer nachzugeben versucht, er ist wie sie nackt unterm Morgenmantel. Als sie bei ihm bleiben will, lassen die Kerle sie brutal entfernen. Mit Lucie hatte Kopriva, der Philosoph der existentiellen Schwierigkeiten mit der Kommunikation, insbesondere mit der Liebe, über Liebe reden sollen, was er so simpel und *kitschig,* wie sie das tut und will, nicht vermag.

Lucie: *Du bist einfach blockiert – du zensierst dich – fürchtest, dich einem Gefühl oder Erlebnis hinzugeben – immerzu kontrollierst du dich, verfolgst dich selbst, beobachtest dich.* Leopold daraufhin: »Dein unermüdliches Bemühen, unsere Beziehung zu benennen und deine Stellung sozusagen zu institutionalisieren – die Art, wie du dein Territorium schützt und wie du unauffällig, aber ausdauernd versuchst, es zu erweitern – wie du es nötig hast, dies alles ständig zu diskutieren – das alles ruft in mir ganz gesetzmäßig eine Art Schutzreaktion hervor: als ob ich mich durch meine Zurückhaltung, durch erhöhte Aufmerksamkeit und vielleicht auch leichten Zynismus bemühte, die unterbewußte Furcht vor deiner Manipulation, wenn nicht gar Kolonisierung meines Ich zu kompensieren – ich mache mir selbst dieses Verhaltens wegen nicht selten bittere Vorwürfe, aber trotzdem bin ich nicht fähig, dem entgegenzutreten –.«

Diese deplorable Analyse allerdings ist in der Szene zuvor schon einmal vorgenommen worden – von Leopolds Freund Olbram, der sie abschloß mit der Forderung; *wir brauchen dich so, wie du einmal warst.*

Am Ende des fünften Bildes werden all die fordernden Frauen, Freunde und Wenzels mit der litaneihaften Wiederholung ihrer Vorwürfe und Appelle um Kopriva versammelt. Im sechsten Bild tritt eine neue Figur auf: Marketa, Philosophiestudentin, aus der Kopriva bald heraus gefragt hat, daß sie ihn – aufgrund des Studiums seiner Schriften über die Liebe – liebe. Es kommt, wie es nach dem witzig-trostlosen Kompositionsprinzips des Stückes kommen muß: es sind Lucies Bekundungen der unbedingten und unbedenklichen Liebe, die Marketa dem sich verschließenden Leopold entgegenruft. Den zum zweitenmal eindringenden Kerlen aber bekennt Leopold, er werde nichts unterschreiben, sie sollten ihn *dahin*

bringen. Sie erklären beides *vorläufig* für unnötig, er werde so weiterleben müssen. Letztes Bild (wie das erste und ohne Text): Leopold sitzt, sieht zur Wohnungstür, tritt ans Guckloch, späht hinaus. Dann geht er an die Rampe, den Applaus entgegen zu nehmen.

Das Stück ist, wie unschwer bemerkt werden kann, eine traurig-trickreiche Selbstdarstellung, aber auch Selbstironisierung des Dissidenten *und* Dramenverfertigers Havel in der Figur des Philosophen Dr. Leopold Kopriva. Er zeigt sich gefangen im Netz der Forderungen und Verfolgungen. Er relativiert sich selbst im Wortsinne: löst seine Existenz bis in den Kern in Beziehungen auf, die an ihm zerren. Er führt vor, wie das Subjekt durch Repressalien, private und polizeiliche, zum Objekt wird – auch eine (ironische) Form der Objektivierung. Also: indem er sich in die (zerstückte) Form des Dr. Korpriva bringt, sieht Havel von sich ab, entfernt sich grinsend, zieht sich in sein unberührbares Selbst zurück.

Als Politiker, als einer der zähen und bis jetzt unermüdeten Charta 77-Manifestanten, fordert Havel die Essentials der Demokratie: Öffentlichkeit, Freiheit der Meinung und deren Publizität. Und praktiziert sie, wann immer es geht. Als Autor dieses Stücks zeigt er, wie der Zustand der Nichtöffentlichkeit (der Diktatur, des Geheimpolizeistaats) auch die private Sphäre destruiert, die Individuen zerstört. An die Stelle des individuellen Ausdrucks tritt der stereotype, der gestanzt wiederholte. Das ist der Realitätsbefund – und zugleich das Formprinzip von Havels Stück. Die Verdopplungen und Wiederholungen, das Baugesetz des Stückes, reproduzieren die Wirklichkeit in der Form. Der produktive Umgang mit der Realität, ihre Veränderung, ist dem Politiker Havel verwehrt. Der Poet Havel konstatiert das auf die Weise der Kunst.

Amerikanisches Drama im 20. Jahrhundert

Das Spektrum der großen amerikanischen Dramatiker dieses Jahrhunderts hat sich in den letzten 25 Jahren kaum verändert. Nach Edward Albees aufsehenerregendem Beginn im Berliner Schillertheater (1959) ist kein neuer Autor von Weltruf mehr hervorgetreten. Die 20 Jahre von der Uraufführung von Thornton Wilders *Wir sind noch einmal davongekommen* (1942) bis zu Albees *Wer hat Angst vor Virginia Woolf?* (1962) erscheinen im Rückblick als goldene Periode des amerikanischen Dramas, umfassen sie doch die Uraufführungen von O'Neills eindrucksvollem Spätwerk ebenso wie alle bedeutenden Stücke von Tennessee Williams und Arthur Miller. Die stürmische Aneignung durch die deutschen Theater und das Publikum nach 1945 war nicht nur die Folge neuer politischer Orientierung, sondern auch die instinktsichere Nutzung dieser großen kreativen Phase des amerikanischen Dramas.

Die überragende Bedeutung O'Neills, der das moderne amerikanische Drama von seinen Anfängen während des Ersten Weltkriegs bis in die fünfziger Jahre beherrscht, ist inzwischen um so klarer hervorgetreten, als Wilder, der einst, zumal in Deutschland, überschwenglich gefeiert wurde, in seinem dramatischen und philosophischen Rang heute sehr viel nüchterner eingeschätzt wird und weil der jüngst verstorbene Williams und der noch schreibende Miller kein großes Alterswerk geschaffen haben. Auch Albee hat die in ihn gesetzten hohen Erwartungen nicht erfüllt. Ein neues Stück von ihm gilt in den USA zwar immer noch als ein Ereignis, findet jedoch nur zögernd seinen Weg auf ausländische Bühnen. Die jüngste Wiederentdeckung der vor allem in den dreißiger Jahren hervorgetretenen Clifford Odets und Lillian Hellman, wie auch des für zwei Jahrzehnte völlig vergessenen William Inge ist hauptsächlich noch auf den englischsprachigen Raum beschränkt. Die jüngere und mittlere Dramatikergeneration hat zwar manche Talente aufzuweisen,

doch keinen, der sich etwa mit dem Engländer Harold Pinter an Bedeutung vergleichen ließe; insgesamt ist die amerikanische dramatische Produktion der letzten beiden Jahrzehnte weniger beeindruckend als die britische.

Die deutschen Uraufführungszahlen spiegeln diese Situation wider. Die fünf amerikanischen modernen Klassiker haben erfreulicherweise ihren festen Platz im Repertoire, wobei Tennessee Williams zu dem beliebtesten Dramatiker aufgerückt ist. Von den Jüngeren wird nur gelegentlich ein Stück von Mamet oder Sam Shepard gespielt; an andere wie den produktiven Lanford Wilson oder David Rabe haben die deutschen Theater sich noch nicht herangewagt. Statt dessen erfreut sich – wie in den USA – die Boulevardkomödie Neil Simons großer Beliebtheit; auch ältere Evergreens wie John Steinbecks *Von Mäusen und Menschen* (*Of Mice and Men,* 1937) oder Thornton Wilders *Die Heiratsvermittlerin* (*The Matchmaker,* 1954) finden sich nahezu alljährlich auf den Spielplänen wieder.

Eugene O'Neill

O'Neill (1888–1953) ist der große Klassiker des amerikanischen Dramas. Die in den letzten Jahrzehnten verstärkten theaterhistorischen Forschungen haben zwar manche Wurzel der einheimischen Unterhaltungstheatertradition vom Burlesque bis zum Vaudeville freilegen können, doch ist trotz der beachtlichen Schauspielaktivitäten des 19. Jahrhunderts, die New York zum Rivalen Londons aufsteigen ließen, kein früherer Dramatiker von zeitlosem Rang entdeckt worden. In seinen Ursprüngen war O'Neill mit dem blühenden amerikanischen Unterhaltungstheater eng verbunden. Sein Vater James, melodramatischer Titelheld im jahrzehntelang laufenden *Grafen von Monte Cristo,* hatte den Aufstieg aus den armseligen Verhältnissen irischkatholischer Emigranten zu Starruhm ge-

schafft. Allerdings empfand der Vater diesen Erfolg, der u. a. auch eine Universitätsausbildung für seine beiden Söhne ermöglichte, als Vergeudung seines schauspielerischen Talents. O'Neills entschiedene Wendung gegen das kommerzielle Theater seiner Zeit entsprang somit auch höchst persönlichen Familienerfahrungen. Ähnlich wie Shakespeare und Molière kannte O'Neill das Theater nicht nur als passionierter Zuschauer, und seine lebenslangen Experimente mit der dramatischen Form hatten hier ihre Wurzeln. Die Tourneetätigkeit des Vaters und die Morphiumsüchtigkeit der Mutter ließen den Heranwachsenden schon früh die Erfahrung existentieller Ungeborgenheit machen, auch weil der junge Mann aus der akademischen Ausbildung (Princeton) in ein Trampleben zur See und in die Boheme New Yorks ausbrach. Nach einem frühen Selbstmordversuch vertiefte O'Neill während einer durch lebensbedrohende Tuberkulose erzwungenen Sanatoriumsmuße die Kenntnis der neuen europäischen Dramatiker von Eugène Brieux über Gerhart Hauptmann bis zu Henrik Ibsen und August Strindberg. Einen entscheidenden Einschnitt brachte im Sommer 1916 die Begegnung mit den Provincetown Players, einer jener Zusammenschlüsse, die nach 1910 auch in den USA den Aufstieg der literarisch ambitionierten »kleinen« Theater markierten. In der künstlerischen Einbettung in diese nach New York umsiedelnde Theatergruppe reifte der Dramatiker schnell heran; von *Jenseits vom Horizont* (*Beyond the Horizon,* 1920), *Anna Christie* (1921) und den expressionistischen Stationendramen *Kaiser Jones* (*The Emperor Jones,* 1920) und *Der haarige Affe* (*The Hairy Ape,* 1922) führt eine aufsteigende Linie zu den beiden großen Tragödien *Gier unter Ulmen* (*Desire Under the Elms,* 1924) und *Trauer muß Elektra tragen* (*Mourning Becomes Electra,* 1931). Die kritische Anerkennung des Dramatikers weitete sich zu erstaunlicher Publikumsbegeisterung, obwohl die Werke dieser Zeit zum Überdimensionalen neigen und in ihrer Qualität erheblich variieren. In der letzten glanzvollen Saison vor dem großen Börsenkrach 1929 wurde die neunaktige Trilogie *Seltsames Zwischenspiel* (*Strange Interlude,* 1928), die bisher tabuisierte Themen wie Abtreibung und Eugenik unter Nutzung der wachsenden Popularität Freudscher Thesen in der Form des Bewußtseinsstroms auf die Bühne brachte, trotz ihres experimentellen Charakters zu einem Ereignis für die New Yorker Gesellschaft und als Buchpublikation zu einem Bestseller. Skeptische Stimmen zur Leistung O'Neills wollten jedoch selbst bei der Verleihung des Nobelpreises für Literatur im Jahre 1936 nicht verstummen, zumal auf *Trauer muß Elektra tragen* wiederum zwei unbedeutende Stücke folgten, von denen das vermeintlich das Lebenswerk abschließende *Tage ohne Ende* (*Days Without End,* 1933) die Rückkehr des Autors zum Katholizismus anzudeuten schien. Erst als das im Jahrzehnt zwischen 1932 und 1943 im Kampf mit fortschreitender Parkinsonschen Krankheit und schweren Depressionen entstandene Alterswerk posthum und nach den großen Erfolgen von Williams und Miller in vollem Umfang bekannt wurde, folgte die uneingeschränkte Anerkennung O'Neills als größter amerikanischer Dramatiker.

O'Neill gehört zu den wenigen Autoren des 20. Jahrhunderts, die ihren wesentlichen Ausdruck im Tragischen gesucht haben. Der dem katholischen Glauben seiner Vorfahren Entfremdete, Anhänger von Nietzsches Philosophie vom Tode Gottes, wollte das Theater zu seinen kultischen Ursprüngen zurückführen. Dieser Gedanke dominiert in den Briefen, Vorworten und Tagebüchern der mittleren Jahre. Das charakteristische Thema der Heimatlosigkeit und Entfremdung hatte zwar einen sehr persönlichen Ausgangspunkt, doch überhöhte die künstlerische Gestaltungskraft individuelles Empfinden zum anthropologischen Gleichnis, paradoxerweise am überzeugendsten im Spätwerk, wo das stets vorhandene autobiographische Substrat unverhüllt hervortritt. Jenseits sozialen Engagements wenden sich alle bedeutenden Dramen Grundfragen der menschlichen Existenz zu; deshalb scheint es von symbo-

Maria Wimmer hat die bis zum Mörderischen leidenschaftliche Christine in O'Neills »Trauer muß Elektra tragen« wiederholt gespielt – so am Düsseldorfer Schauspielhaus mit Wolfgang Arps als Christines Sohn Orin.

lischer Bedeutung, daß sich O'Neill in den dreißiger Jahren von der Bühne zurückzog und sein Werk erst nach der Erschütterung durch den Zweiten Weltkrieg seine tiefste Wirkung entfaltete. Formal ist er der angestrebten Erhabenheit der griechischen Tragödie in *Trauer muß Elektra tragen* am nächsten gekommen, doch gelang ihm erst im Alterswerk die stärkste Annäherung an die Tragik, die unserem Jahrhundert möglich zu sein scheint: Ein abgründiger Pessimismus wird durch ein von Sentimentalität befreites Mitleid aufgewogen.

Manches aus O'Neills früher und mittlerer Phase ist heute vorwiegend von historischem Interesse, vor allem das Zeugnis seiner lebenslangen Suche nach dem jeweils besten dramatischen Ausdruck. Hierher gehören beispielsweise die effektvollen expressionistischen Experimente der zwanziger Jahre ebenso wie die Versuche mit Masken, etwa die kontrastive Studie von Künstlertum und Materialismus *Der große Gott Brown* (*The Great God Brown,* 1926) oder die praktisch unspielbare biblische Parabel *Und Lazarus lachte* (*Lazarus Laughed,* 1928) mit hundertköpfigen Maskenchören. Einige der frühesten Einakter haben in jüngster Zeit auch hierzulande wieder ein Publikum gefunden; von den drei bedeutenden Dramen jener Schaffensperiode *Anna Christie, Gier unter Ulmen, Trauer muß Elektra tragen,* wird heutzutage nur das letzte gelegentlich auf deutschen Bühnen gespielt.

Anna Christie

Bereits hier hat O'Neill mehrere für sein Werk charakteristische Motive, wie die seelische Befreiung durch das Erlebnis der See, die symbolisch genutzte Außenseiterrolle des Einwanderers oder die Aufdeckung einer Illusion, verarbeitet, doch bleibt ein konzeptioneller Konflikt zwischen naturalistischer Milieustudie und tragischer Bestimmtheit des Menschen. Die junge Anna ist zur Prostituierten abgesunken, ohne daß es Vater Chris beim Wiedersehen im New Yorker Hafen bemerkt. Auf dem väterlichen Kohlenkahn erfährt die blasierte Dirne ihre moralische Wiedergeburt, aber die Idylle wird zur Bedrängnis, als der Matrose Mat Burke sie gegen den Willen des Vaters zur Frau begehrt. Voller Zorn enthüllt Anna schließlich ihre Vergangenheit. Vater und Freier heuern in trunkener Verzweiflung

auf einem Überseedampfer an; Anna wird ihre Rückkehr erwarten. Die mehrfache Ironie der Handlungsführung wie auch der Sieg der jungen Generation rücken das Stück in die Nähe der Komödie; trotzdem insistiert O'Neill nicht ganz überzeugend mit Vater Chris auf der See als dunkler und gefährlicher Schicksalsmacht.

Gier unter Ulmen

Geschlossener und elementarer wirkt dieses Stück. Den Steinen hat der gottesfürchtige Ephraim Cabot seine Farm abgerungen. Um deren Besitz rivalisieren der Sohn Eben, dessen Mutter sich für die Farm zu Tode gerackert hat, und Ephraims junge Frau Abbie, die dem 75jährigen noch einen Leibeserben schenken soll. Aus kühler Berechnung der physischen Möglichkeiten verführt Abbie zunächst ihren Stiefsohn, um ihr materialistisches Ziel durch Kindesunterschiebung zu erreichen. Sie tötet jedoch das Neugeborene, weil sie Eben ihre inzwischen erwachte selbstlose Liebe beweisen will. Das Abschlußbild der Verhaftung Abbies und Ebens erinnert an die Vertreibung aus dem Paradies. Das Wort »desire« im Originaltitel bedeutet Gier nach Boden und Besitz ebenso wie sexuelle Leidenschaft und Sehnsucht nach emotionaler Geborgenheit.

Trotz realistischer Einbettung in das harte Farmerleben Neuenglands erinnert die archetypische Wucht der Figuren an die Mythen von Phädra, Ödipus und Medea; der in Ephraim verkörperte leibfeindliche Calvinismus und die anarchische Fruchtbarkeit der jungen Liebenden verweist auf den Widerstreit des Apollinischen und des Dionysischen. Unsere Sympathie gilt Abbie und Eben, die aus materialistischer Verhärtung bzw. egozentrischem Trotz zur Selbstlosigkeit großer Liebe geführt werden, doch überragt sie der unbeugsame Ephraim. Die karge, an die Sprache der Bibel angelehnte und dialektal gefärbte Diktion ist prägnant. Das von O'Neill entwickelte Simultanbühnenbild bettet das Farmhaus in ein historisches Kerngebiet der USA ein und verwendet geschickt die Einzelräume, um die emotionale Zuordnung seiner Bewohner hervortreten zu lassen. Diese Bändigung komplexer Fülle in Handlungsführung und Personenzeichnung ist der erste Höhepunkt in O'Neills Schaffen.

Trauer muß Elektra tragen

Durch Bühne und Unterricht weitaus bekannter ist hierzulande diese Trilogie Freudscher Figurenkonzeption, die sich in der Plotstruktur an die *Orestie* des Aischylos anlehnt. Geschildert wird der Untergang einer traditionsreichen Familie Neuenglands. Der aus dem Amerikanischen Bürgerkrieg heimkehrende Ezra Mannon (Agamemnon) wird von seiner Ehefrau Christine (Klytaimestra) vergiftet, da sie auf Liebeserfüllung mit dem illegitimen Mannon-Sproß Kapitän Brant (Ägisth) hofft. Lavinia (Elektra) entdeckt Mord und Ehebruch und stiftet ihren Bruder Orin (Orest) zur Rache an. Christine und später Orin begehen aus Verzweiflung Selbstmord; Lavinia kerkert sich im elterlichen Hause ein. Das Werk verknüpft erstmals zwei meist getrennte autobiographische Motive: das der See, das stimmungsbildend eingesetzt wird, und das des emotionalen Familienkonflikts, der keinen Außenseiter zuläßt. Obwohl die Vaterbindung Lavinias und die Mutterbindung Orins die Handlung vorantreiben, wächst das Drama über eine klinische Fallstudie hinaus. Der Puritanismus, dessen Negierung elementarer Liebesbedürfnisse Ezra und Christine einander entfremdet hat und später auch die Kinder vernichtet, erscheint als lebenszerstörender Familienfluch. Die neoklassische Architektur Neuenglands nutzte O'Neill zu einem zwanglosen Verweis auf die Antike; das Trauma des Amerikanischen Bürgerkriegs bezog er auf das Pathos des Kampfes um Troja; vor allem aber gelang ihm die Ineinssetzung des griechischen Schicksalsglaubens mit der puritanischen Überzeugung von der Unausweichlichkeit von Schuld und Sühne. Das Streben O'Neills in jenen Jahren nach dem »Geist griechischer Größe« hat in dieser Tragödie formvollendeten Ausdruck gefunden.

Die späten Werke haben diesen Ehrgeiz nicht mehr. Charakteristisch für ihre formal bescheidenere Konzeption ist der Ausspruch Edmunds, des fiktiven Äquivalents des jungen Autors in *Eines langen Tages Reise in die Nacht:* »Stammeln ist die angeborene Beredsamkeit von uns Menschen des Nebels«. Obwohl auch das Spätwerk durch den Bühnenrealismus der dreißiger Jahre geprägt ist, erreicht es in emotionaler Verdichtung eine symbolische Dimension,

Die kaputten Säufer in Harrys New Yorker Bar (»Der Eismann kommt« von O'Neill) versammelten die Heidelberger Inszenatoren David Mouchtar-Samorai (Regie) und Erich Fischer (Bühne) jeweils zum Aktschluß um einen runden Tisch wie zum Abendmahl, mit dem »Erlöser« Hickey (Franz Nagler) in der Mitte. Der will den Schnapsbrüdern die Illusion nehmen, in dem er sich zu seiner Schuld, dem Mord an seiner Frau, mit beiläufiger Selbstverständlichkeit bekennt. »Die großen Phrasen inszeniert Mouchtar-Samorai als das, was sie sind, und als ob sich die Figuren wie aus Versehen in sie verirren« (Manfred Seiler).

die es trotz seines autobiographischen Bekenntnischarakters über persönliche Betroffenheit hinaushebt und in die Nähe des existentialistischen Dramas der fünfziger Jahre rückt.

Fast ein Poet

Neben dem unvollendeten und sich handlungschronologisch anschließenden *Alle Reichtümer der Erde* (*More Stately Mansions*) ist *A Touch of the Poet* (1935/42 entstanden, 1957 uraufgeführt) der einzig erhaltene Teil eines Zyklus, der in elf abendfüllenden Stücken das Schicksal der fiktiven Neuengland-Familie Harford zwischen 1750 und

1930 darstellen sollte. Cornelius Melody, Sohn eines irischen Bauern, ist nach dem unrühmlichen Ende seiner Offizierslaufbahn unter Wellington nach Neuengland ausgewandert. Als kleiner Gastwirt lebt er von der Illusion einer großen Vergangenheit und kultiviert die Pose byronschen Weltschmerzes. Dieses zweite Selbst wird vernichtet, als die geldstolzen Harfords zur Verhinderung der Ehe ihres Sohnes Simon mit Melodys Tochter eine finanzielle Abfindung bieten und der Satisfaktion verlangende Melody von Harfords Dienerschaft verprügelt wird. Bezeichnenderweise stehen im Zentrum nicht die Harfords als Exponenten eines angelsächsisch-protestantischen Neuengland, sondern die irischen Außenseiter. Melody ist allerdings nicht der durch die große Hungersnot von 1845/49 aus seiner Heimat vertriebene sozialtypische irische Einwanderer des 19. Jahrhunderts, sondern Symbol des modernen Menschen, der nach dem Verlust religiöser Wurzeln nur in einer prekären Illusion leben kann. Der dramatische Held nimmt die Schauspielergestalt des älteren Tyrone vorweg, zumal auch er eine Reise vom Morgen in die Nacht antritt.

Auch die verbleibenden Dramen mit ihren kaum verhüllten autobiographischen Zügen verkünden diese Botschaft einer »hoffnungslosen Hoffnung«. Das Zweipersonenstück *Hughie* (Uraufführung 1958), Relikt eines geplanten sechsteiligen Einakterzyklus, zeigt in der nächtlichen Verlassenheit eines schäbigen Hotels den hartnäckigen Versuch, duch ein Gespräch die Isolation zu durchbrechen; der bescheidene Erfolg läßt inmitten von Resignation einen Funken Hoffnung.

Der Eismann kommt

Mit seiner düsteren Titelanspielung auf das Kommen des Todes statt des Bräutigams der biblischen Parabel ist *The Iceman Cometh* (1939, uraufgeführt 1946) in jener Absteige aus Bohemetagen angesiedelt, wo der Autor einen Selbstmordversuch unternahm. Wie ihr vergeblicher Ausbruchsversuch in die Wirklichkeit demonstriert, können die sozialen Randfiguren – der Wirt Harry Hope und seine Klientel – nur im Nebel ihrer Wunschträume existieren. In grimmiger Ironie und Umkehrung Ibsenscher Dramatik erscheinen Lebenslüge und Illusion als eigentliche Lebenshilfe; Wahrheitssuche und Selbsterkenntnis führen zu Verzweiflung und Selbstmord. Trotz realistischer Skizzierung des Schauplatzes und der Figuren wird ihr Gleichnischarakter deutlich; die Heranziehung komischer Elemente für die bedrückend nihilistische Aussage nimmt eine Paradoxie des absurden Dramas vorweg.

Ein Mond für die Beladenen

Das zweite noch zu Lebzeiten zur Aufführung freigegebene Stück treibt dieses Ineinandergreifen komischer und tragischer Züge weiter; *A Moon for the Misbegotten*

(1941/43, Uraufführung 1947) behandelt mit dichterischer Freiheit das Schicksal von O'Neills älterem Bruder Jamie, der nach dem Tod der Mutter bereits 1923 als Alkoholiker starb. In der Begegnung mit Josie Hogan, der grotesk-herkulischen Tochter des irischstämmigen Nachbarn, kann

James Tyrone, Vater und Sohn, beide Schauspieler, der ältere ausgebrannt, geizig, der jüngere versoffen, aufbegehrend – in Rudolf Noeltes Inszenierung von O'Neills »Eines langen Tages Reise in die Nacht« im Hamburger Deutschen Schauspielhaus 1975, mit Will Quadflieg und Uwe Friedrichsen.

James Tyrone für einen Augenblick den Schatten der Vergangenheit entfliehen; zentrales Szenenbild ist das Pietà-Tableau der beiden ungleichen Liebenden in der Mondnacht. Die mit der bauernschlauen Figur von Josies Vater verknüpfte Burleske kontrastiert mit dem lyrisch-elegischen Ton der ungewöhnlichen Liebesszene; der Gegensatz zwischen verdrängender Illusion und unerträglicher Wirklichkeit unter Betonung irischer Eigenarten wird fast versöhnlich abgehandelt.

Eines langen Tages Reise in die Nacht

Den Schlüssel zum Spätwerk liefert das gegen den testamentarischen Willen bereits 1956 in Stockholm uraufgeführte Stück *A Long Day's Journey into Night* (entstanden 1940/41), das traumatische Erinnerungen in ein Drama handlungs- und personenkarger Konzentration verwandelt. Biographischer Bezug ist ein Aufenthalt O'Neills im Ferienhaus seiner Eltern kurz nach seinem Selbstmordversuch und vor jener Sanatoriumskur, die ihm Gewißheit über seine Schriftstellerlaufbahn verschaffen sollte. Quälende Selbstanalysen der drei männlichen, sich dem Alkohol anheimgebenden Tyrones, des Schauspielervaters, des zynisch-verbummelten Jamie und des tuberkulosegezeichneten jungen Edmund, werden durch den Drogenrückfall der Mutter ausgelöst. Durch die Änderung historischer Details und die dramatische Verdichtung latenter Konflikte der elterlichen Familie auf einen Tag erreichte O'Neill spannungsgeladene Geschlossenheit. Strenger Realismus, etwa der Beleuchtungswandel vom sonnendurchfluteten Morgen zum klaustrophoben Lichtkegel einer Glühbirne, erhebt sich zu symbolischer Bedeutung; der abschließende Auftritt der Mutter im Drogenrausch verleiht dem Stück eine optische und emotionale Klimax, die die theatralischen Effekte früherer Stücke weit hinter sich läßt. Trotz seiner erbarmungslosen psychologischen Intensität, die alles Vorhergegangene in den Schatten stellt, wirkt das Drama als Gleichnis der Unbehaustheit und der Heillosigkeit des modernen Menschen. Das unsentimentale, widerstrebende Mitleiden der einzelnen Familienmitglieder bei der individuellen Erforschung einer schuldbeladenen Vergangenheit ermöglicht, in deutli-

chem Gegensatz zu *Der Eismann kommt,* das zeitweilige Ertragen der Wahrheit, wenngleich die Vergebung der anderen nicht generell Erlösung bedeuten kann. Lediglich für Edmund wird die Möglichkeit eines dichterischen Morgen angedeutet.

Im Vergleich mit diesem tragischen Meisterwerk verdrängt O'Neills einzige Komödie *O Wildnis* (*Ah, Wilderness!* 1933) die Probleme zu harmonischem Ausklang; Jamies Alkoholismus ist auf einen trinkfreudigen Onkel, Edmunds drohender Untergang auf eine spätpubertäre Pose verniedlicht.

Autoren der dreißiger Jahre

Maxwell Anderson

Nach dem scheinbaren Verstummen O'Neills in den dreißiger Jahren galt zeitweilig Anderson (1888-1959) mit seiner Blankversrestauration als Nachfolger, doch sind dessen Anknüpfungen an Shakespeares Tragödien und Historien, etwa *Dezembertag* (*Winterset,* 1935), heute nur noch von historischem Belang. Ähnliches gilt auch für die meisten Werke, die dem gesellschaftskritischen Impetus jener »roten Dekade« entsprangen, vom Formalexperiment des an Piscator erinnernden »living newspaper« (lebende Zeitung) bis zu den Stücken, die den deutschen Widerstand gegen Hitler thematisieren. Theatergeschichtlich sind die vielfältigen, vom Federal Theatre Project subventionierten Aktivitäten und die neuen engagierten Bühnen, etwa die unorthodox marxistische Theatre Union, von großem Interesse, doch mangelte es an bedeutenden Dramatikern.

Clifford Odets

In dieser Hinsicht eine Ausnahme ist Odets (1906–1963), der aus dem linksliberalen Group Theatre von Harold Clurman und Lee Strasberg hervorging. Mit *Warten auf Lefty* (*Waiting for Lefty,* 1935) verfaßte er nicht nur das populärste Agitpropstück jener Jahre, sondern er schrieb auch das beachtliche New Yorker Milieudrama *Wachet auf und singet!* (*Awake and Sing!* 1935), das den heroischen Aufbruch des Enkels eines jüdischen Sozialisten aus der kleinbürgerlichen Verzweiflung der Weltwirtschaftskrise zum Thema hat. *Goldene Hände* (*Golden Boy,* 1937), entstanden, nachdem Odets von

New York nach Hollywood gewechselt war, gibt den Detailrealismus der frühen Familiendramen auf und arbeitet mit plakativen Symbolen: Der junge Held steht vor der Wahl zwischen einer entsagungsreichen Karriere als Violinist oder einer schnellen Befriedigung des Ehrgeizes im Boxring. Die Entscheidung gegen die Kunst führt zum moralischen und physischen Untergang. Der Hollywood-Einfluß ist in einem Dreiecksverhältnis erkennbar, doch der Verzicht auf klassenkämpferisches Pathos und die Konzentration auf eine bühnenwirksame Metapher haben das Drama überleben lassen.

Lillian Hellman

Neben Odets schrieb Lillian Hellman (1905 bis 1984) die profilierteste Dramatik der dreißiger Jahre. Präzise Fabeln, bühnenwirksamer Realismus und markante Figuren bösen Willens verraten die Tradition des Melodramas. Im Mittelpunkt steht die freie Entscheidung der meist weiblichen Figuren zum Guten oder Bösen, doch sind Hellmans Dramen trotz eines lebenslangen politischen Engagements keine ideologischen Vehikel.

Die Stunde der Kinder (*The Children's Hour,* 1934) rankt sich um das seinerzeit tabuisierte Thema lesbischer Liebe. Anders als etwa bei Williams geht es jedoch nicht um die individuelle Psyche, sondern um die staatsbürgerlichen Tugenden Toleranz und Zivilcourage. Fälschlich werden die beiden idealistischen Leiterinnen einer Privatschule von einer bösartigen Schülerin bezichtigt und durch das Vorurteil einer Dame der Gesellschaft und die Feigheit einer wichtigen Zeugin ruiniert.

Auch *Die kleinen Füchse* (*The Little Foxes,* 1939) ist als moralisches Plädoyer an die Nation konzipiert. Hemmungslose Besitzgier kennzeichnet die drei Geschwister Hubbard, unter denen die entschlossene Regina ihre beiden Brüder durch geschickte Intrigen ausmanövriert. Authentischer Hintergrund war die Industrialisierung des heimatlichen Südens der Autorin um die Jahrhundertwende, doch wird generell der kalte Materialismus angeklagt, dessen Ungeist das ganze Land bedrohte. Unter den in den späten dreißiger Jahren häufiger werdenden Dramen mit antifaschistischer Thematik, die vor drohender Kriegsgefahr warnten und die USA aus dem Geist des Isolationismus aufzurütteln suchten, ist Hellmans *Die Wacht am Rhein* (*Watch on the Rhine*, 1941) trotz seines melodramatischen Endes eins der besten.

Thornton Wilder

Chronologisch wie auch thematisch nimmt das Werk Wilders (1897–1975) eine Sonderstellung ein. Der in Madison/Wisconsin Geborene wuchs, durch die Stellung des Vaters (Verleger und Generalkonsul) bedingt, in China und Kalifornien auf. An eine erstklassige Schul- und Universitätsausbildung schloß sich ein europäisches Jahr an, jedoch nicht wie bei den anderen Angehörigen der »Lost Generation« das Pariser Exil, sondern ein Studium in Rom. Intensiver Kontakt mit alten Kulturen, der asiatischen wie der abendländischen, prägten Wilders Weltbild als das eines kosmopolitischen Patrioten, der zwar aus einer streng calvinistischen Familie stammte, aber auch mit dem zum Katholizismus neigenden Oxford Movement bekannt wurde. Aus beschaulicher Lehrtätigkeit katapultierte ihn vorübergehend sein zweiter Roman *Die Brücke von San Luis Rey,* der trotz des historisch eingekleideten Themas der Theodizee zu einem Bestseller wurde. Erst ein Jahrzehnt später, gegen Ende der großen Wirtschaftsflaute, trat Wilder mit *Unsere kleine Stadt* (*Our Town,* 1938; Pulitzer-Preis) als Dramatiker hervor, und nach dcm Kriegseintritt der USA wurde *Wir sind noch einmal davongekommen* (*The Skin of Our Teeth*, 1942) zu einem überwältigenden Erfolg, der sich nach Kriegsende in Europa, vor allem auch in Deutschland, wiederholte. Von den übrigen Dramen, meist Einaktern, hat sich lediglich die Posse *Die Heiratsvermittlerin* auf deutschen Bühnen behauptet, deren erste Fassung, die Nestroy-Adaption *The Merchant of Yonkers,* unter Max Reinhardt 1938 am Broadway durchgefallen war. Es ist eine deutsche Besonderheit, daß dieses gutgemachte Leichtgewicht weitaus häufiger gespielt wird als die witzigen Boulevardkomödien der George Abbott oder George Kaufman aus den dreißiger Jahren mit ihren Anspielungen auf die amerikanische Gesellschaftswirklichkeit.

Form und Aussage der Wilderschen Stücke sind eng aufeinander bezogen. Schon die frühen Einakter, unter denen *Das lange Weihnachtsmahl* (*The Long Christmas Dinner,* 1931) das bekannteste ist, zeigen jene charakteristische philosophische Überhöhung, die im schärfsten Gegensatz zum Realismus des sozialkritischen Dramas der dreißiger Jahre steht. Alltägliche Ereignisse werden als sinnvoller Bestandteil eines geordneten Kosmos gedeutet, der Gedanke historischer Entwicklung und individueller Bedeutung von der Vorstellung zyklischer Wiederholung überschattet. Formal entspricht dieser Intention der nahezu vollständige Verzicht auf die seinerzeit üblichen Requisiten. In scharfem Gegensatz zum aufwendigen Bühnenrealismus wird mit knappsten technischen Mitteln gearbeitet; die Kommentierung des Geschehens unterbricht die Einfühlung in die Figuren.

In Intention und Aussage erinnert vieles an Brecht, so daß dieser in seinem amerikanischen Exil bei der Uraufführung von *Wir sind noch einmal davongekommen* auch unbescheidenerweise meinte, Wilder habe dies alles bei ihm gestohlen. Wenngleich eine unmittelbare Beeinflussung Wilders trotz seiner Deutschlandreise von 1929 schon aus chronologischen Gründen unwahrscheinlich ist, besteht die Bezeichnung seines Theaters als »episch« doch zu Recht. Gemeinsam ist Brecht und Wilder die Durchbrechung der Theaterillusion aus didaktischen Gründen, doch waren ihre Intentionen entgegengesetzt. Wilder zielte nicht auf die Ratio des Zuschauers und die Änderung seines politischen Bewußtseins, sondern auf die Weckung seiner schöpferischen Phantasie und die Erkenntnis zeitentrückter Universalität menschlicher Existenz. Marxistische Kritik hat dies kurzschlüssig als christliche Heilsgewißheit zu verstehen gesucht, doch ist Wilders humanistische Zuversicht nicht notwendigerweise transzendent. Angesichts atomarer oder ökologischer Apokalypsen wirken seine Dramen heute weniger erbaulich als unmittelbar nach dem Kriege.

Unsere kleine Stadt

Die Kleinstadt, zur Zeit der Uraufführung (1938) noch Lebenswirklichkeit der Mehrheit der Amerikaner, war als literarisches Thema zwischen den Polen des Satirischen und des Idyllischen schon öfters behandelt worden, doch Wilders fiktives Grover's Corner/New Hampshire ist trotz der Hervorhebung seiner liebenswerten Züge keine Idylle. Die Individualisierung durch die Figur eines Theaterleiters, der Ort und Zeit (1901 bis 1913) sowie die auftretenden Bewohner charakterisiert, ist eine scheinbare. Grover's Corner dient als Paradigma menschlicher Existenz; die drei Akte sind den Grunderlebnissen Geburt, Liebe und Tod gewidmet. Die auch sprachlich betont alltäglichen Szenen wirken einzeln realistisch, doch erfolgt eine Distanzierung von der historischen Wirklichkeit durch die ständigen Kommentare und Unterbrechungen des Theaterleiters, der den Ablauf scheinbar spontan lenkt, durch die Evokation der historischen und geologischen Vergangenheit des Ortes, die den Menschen als Eintagsfliege erscheinen lassen, und schließlich durch die Einbeziehung der Toten, die in ihren Kommentaren den Übergang vom Individuellen zum Typischen, allgemein Menschlichen betonen. Durch die gelegentlichen Ausblicke des Theaterleiters auf die Entwicklung bis zur Gegenwart von 1938 wird noch die weitere Dimension persönlicher Erinnerung hinzugefügt, die aber anders als bei Proust oder Williams nicht subjektiv gefärbt ist, sondern den gelassenobjektiven Grundzug des Stückes verstärkt.

Wir sind noch einmal davongekommen

Hier wird der Grundgedanke des vorhergegangenen Stücks ins Gigantische gesteigert. Die Familie Antrobus (anthropos/omnibus = jeder Mensch) ist eine amerikanische Durchschnittsfamilie der Gegenwart und gleichzeitig Archetyp menschlicher Gemeinschaft: Mr. Antrobus ist Adam, Abraham, Noah, unermüdlicher Erfinder und Schützer der Familie; Mrs. Antrobus Eva wie auch der Urtyp von Ehefrau und Mutter. Negative Komplementärgestalten sind ihr Sohn Henry, wie Kain ein Symbol des Bösen in dieser Welt, und das Dienstmädchen Sabina, verführerische Lilith. Die drei Akte zeigen die Meisterung der Katastrophen der Eiszeit, der Sintflut und des modernen Kriegs durch Mr. und Mrs. Antrobus. Die allegorische Dimension und der Kreislaufgedanke erinnern an Joyces *Finnegans Wake,* zumal die offene Handlung mit den letzten Worten ebenfalls zum Anfang zurückkehrt. Der verhalten elegische Ton

Den deutschen Theaterbesuchern der ersten Nachkriegsjahre erschien Thornton Wilders Katastrophen-Spiel »Wir sind noch einmal davongekommen« wie eine (auch verwirrende) Steigerung eigener Erfahrungen. Mr. Antrobus (der Mensch) geht durch Eiszeit, Sintflut, Weltkrieg – er und seine recht amerikanische Normal-Familie kommen immer noch mal davon. Karl Heinz Stroux inszenierte das mit Zeiten und Figuren kühn und witzig umspringende Spiel im Berliner Hebbeltheater 1946 – das Bild zeigt das Ende des ersten Aktes, links die beiden Alten sind Flüchtlinge vor den vordringenden Eislawinen: Moses (Robert Müller) und Homer (Max Grothusen). Vorn Antrobus' Tochter (Gundel Thormann), seine Frau (Käthe Haack) und – den Kopf aufstützend ob des drohenden Menschheitsuntergangs – Mr. Antrobus (O. E. Hasse).

von *Unsere kleine Stadt* ist in witzige Komik verkehrt. Insbesondere die respektlosen Äußerungen Sabinas, die scheinbar aus der Rolle fallend Stück und Autor kommentiert, sowie kabarettistisch-burleske Einschübe mildern das menschheitshistorische Pathos. Die Aussage des Stücks, das Kriege mit Naturkatastrophen gleichstellt und ein Jenseits impliziert, aber nicht allegorisch faßt, kann weder einen marxistischen noch einen christlichen Kritiker voll befriedigen; auch stehen die cleveren Gags, etwa das Heraufreichen der Stühle aus dem Auditorium für das eiszeitmildernde Feuer, im scharfen Gegensatz zur gewichtigen philosophischen Aussage und sind nicht, wie im absurden Drama, ihr adäquates Korrelat. Trotz dieser für einen Regisseur schwer zu überbrückenden Spannungen hat sich das Stück jedoch als eine der wenigen erfolgreichen, auch immer wieder von Amateuren gern gespielten dramatischen Allegorien des 20. Jahrhunderts erwiesen.

Tennessee Williams

Die ersten Erfolgsstücke von Williams und Arthur Miller folgten denen von Wilder unmittelbar, doch gehörten diese beiden Autoren bereits jener Generation an, zu deren wichtigsten Jugenderfahrungen die Große Depression, die Wirtschaftskrise und die Arbeitslosigkeit, zählte. Für mehr als ein Jahrzehnt nach Kriegsende dominierten beide die amerikanische und die internationale Bühne, wurden noch zu Lebzeiten moderne Klassiker. Vermeintliche Gemeinsamkeiten schienen durch Elia Kazans Regie ihrer besten Dramen und Jo Mielziners berühmte Bühnenbilder weiter akzentuiert zu werden, doch ist ihr dramatisches Werk grundverschieden.

Williams war ein Autor des Südens und ein Poet der individuellen Psyche: New Orleans, das Mississippidelta, die Golfküste sind Schauplatz und gesellschaftlicher Hintergrund seiner Werke; im Zentrum steht der labile einzelne, Symbol einer stets von Korruption und Untergang bedrohten Idealität in einer grobschlächtigen, verständnislosen Welt. Miller hingegen ist ein New Yorker Intellektueller, der zwar auch mit einem für sein Werk charakteristischen Konflikt zwischen Vätern und Söhnen psychologische Probleme aufwirft, der jedoch in der Tradition der dreißiger Jahre die soziale Verantwortung in der Bindung von Familie und Gesellschaft erörtert.

Thomas Lanier (später Tennessee) Williams (1911–1983) erfuhr als sensibles Kind im Haus seines Großvaters mütterlicherseits jene Erinnerung an den verblichenen Glanz des Südens, den seine Werke evozieren. Von seinem maskulinen Vater gehänselt, schockiert vom einsetzenden Wahnsinn seiner geliebten Schwester Rose, entfloh er nach seinem Studium in die Boheme von Greenwich Village und New Orleans, die seinem vielfältigen schriftstellerischen Talent zur Entfaltung verhalf. Nach einigen Jugendstücken wurde *Die Glasmenagerie* zum ersten großen Erfolg, doch Kränklichkeit und Homosexualität ließen den Autor eine scheue Außenseiterexistenz führen und trieben ihn in späteren Jahren in schaffenshemmende Depressionen.

Williams' Memoiren (1972), seine Kurzgeschichten und Gedichte helfen beim Verständnis seiner Dramen. Die Kontrastierung eines in der Erinnerung glanzvollen Lebensstils mit einer schäbigen Gegenwart ist wiederkehrendes Thema. Die Zeichnung psychischer Abgründe in einer Atmosphäre physischen Verfalls erhält eine markante Zuspitzung durch die Rebellion gegen den leibfeindlichen Calvinismus. Der verdrängte oder frustrierte Sexus der Figuren äußert sich in Krankheit, Wahnsinn und latenter Gewaltbereitschaft. Die für die fünfziger Jahre noch sensationelle Thematik, von der psychoanalytischen Kritik als Sublimierung der eigenen Probleme des Autors gedeutet, wird jedoch in den besten Stücken durch die Poesie eines Gesamtkunstwerks objektiviert, das Wort, Geräusch, Licht und Farbe symphonisch verbindet. Nicht ganz so radikal wie O'Neill hat auch Williams mit der dramatischen Form experimentiert; in all seinen Dramen jedoch galt sein Hauptaugenmerk dem Aufbau einer suggestiven, von Südstaaten-Neurosen fiebernden Atmosphäre.

Die Glasmenagerie

The Glass Menagerie (1944) ist in mancher Hinsicht atypisch. Der enge autobiographische Bezug auf seine eigene Situation in St. Louis unmittelbar vor seinem künstlerisch befreienden Aufbruch hat nur im späten und weniger bedeutenden *Vieux Carré* über die frühen Jahre in New Orleans (1977) eine Parallele. In einer bescheidenen Mietwohnung sorgt der verhinderte Poet Tom Wingfield für den Unterhalt der dem alten Süden nachtrauernden Mutter Amanda und seiner introvertierten Schwester Laura. Der auf Drängen der Mutter von Tom inszenierte Herrenbesuch erweist sich als Katastrophe für Laura, die nach kurzer Weckung ihrer Gefühle noch tiefer in ihre Traumwelt zurückgestoßen wird. Im Zentrum stehen jedoch weder Laura mit ihrer titelgebenden Sammlung zerbrechlicher Tiere aus Glas noch der »Gentleman Caller« des ursprünglichen Drehbuchtitels, sondern die Mutter Amanda, die verblichene Schöne des Südens, und das groteske Pathos ihres beherzten Kampfes gegen die zukunftslose Lethargie ihrer Kinder. Das formale Experiment eines »Erinnerungsstücks« filtert die gesamte dramatische Handlung durch Toms Perspektive, der zu Anfang und am Ende als epischer Berichterstatter auftritt.

Endstation Sehnsucht

Während *Sommer und Rauch* (*Summer and Smoke,* 1947) mit dem diagrammatischen Rollentausch des ausschweifenden Arztsohnes John und der gehemmten Pfarrerstochter Alma in der späten Bearbeitung *Die exzentrische Nachtigall* (*Eccentricities of a Nightingale,* 1976) auch in Deutschland einen vorübergehenden Neugiererfolg errang, gilt *A Streetcar Named Desire* (1947; Pulitzer-Preis 1948) als Williams bedeutendstes Drama. Bereits die Titelzitierung einer – inzwischen durch Bus ersetzten – Straßenbahnlinie in New Orleans spiegelt jene für Williams charakteristische Verfremdung der Realität zu einem symbolgeschwängerten Alptraum. Blanche DuBois, Nachfahrin einer alten Pflanzerfamilie, sucht auf ihrem unaufhaltsamen moralischen und sozialen Abstieg Unterschlupf in der winzigen Wohnung ihrer Schwester Stella, die mit dem polnischstämmigen Proletarier Stanley Kowalski in einer allein von sinnlicher Erfüllung getragenen Ehe lebt.

Stanley erkennt Blanche instinktiv als Gefahr für seine Lebenswelt, verhindert, daß ein Freund ihr einen letzten Halt durch eine Ehe bietet, vergewaltigt die unsicher Kokettierende und treibt sie damit in den Wahnsinn. Bezeichnenderweise wird unsere Sympathie nicht auf Stella, auf deren darwinistische Blutauffrischung und ihre erfüllte Liebe gezogen, sondern auf die verlogene Nymphomanin Blanche. Ihre schäbige Eleganz symbolisiert einen bedrohten und dem Untergang geweihten Rest von Idealität, zu der sich die in Stanley verkörperte listige Grobschlächtigkeit dieser Welt niemals wird aufschwingen können. Über die Allegorie hinaus bieten Blanches komplexe Zeichnung und Stanleys Vitalität großartige Rollenmöglichkeiten, wie auch der Aufbau der Atmosphäre von New Orleans mit seinen schwülen Sommernächten, grellen Lichtern und lebenspulsierendem Jazz in einem dramatischen Spannungsbogen zur Klimax der mit expressionistischen Mitteln untermalten Vergewaltigung führt.

Die Katze auf dem heißen Blechdach

Seit der Broadway-Aufführung von 1955 ist *Cat on a Hot Tin Roof* in den Spielplänen geblieben. Die Titelfigur Maggie führt soziale Züge von Amanda und Blanche weiter, doch ist ihre zielbewußte Energie atypisch; die charakteristische Williams-Figur ist ihr Ehemann Brick, der sich ihr und der Erkenntnis seiner latenten Homosexualität durch Flucht in den Alkohol entzogen hat; das tragische Moment der Selbsterkenntnis führt bereits am Ende des zweiten Aktes zur Klimax, als krebskranker Vater und Lieblingssohn einander brutal mit der Wahrheit konfrontieren. Satirische Momente kommen ins Spiel mit der Erbschaftsintrige um Big Daddy, den zum Plantagenbesitzer aufgestiegenen Selfmademan. Nach seinem Besitz gieren der kalt berechnende Erstgeborene und die listig-kämpferische Maggie; sie, die Katze des Titels, siegt durch eine vorgetäuschte Schwangerschaft. Obwohl Williams hier ein persönliches Problem unverhüllt thematisiert, vermag uns Bricks klinischer Fall kaum zu fesseln; die Willensmenschen Maggie und Big Daddy, der Züge von Williams' Vater trägt, beherrschen die Bühne. Auch das von Elia Kazan angeregte optimistische alternative Ende – Brick wird sich

Maggie wieder zuwenden – hebt das unsichere Schwanken zwischen der Tragödie Bricks und der Komödie Maggies nicht auf.

Im Jahrfünft nach *Die Katze auf dem heißen Blechdach* hat Williams in schneller Folge noch vier bemerkenswerte, doch schwächere Dramen verfaßt, die charakteristische Formen und Themen hervortreten lassen. Der Drang zu symbolischer Überhöhung und melodramatischer Handlungssteigerung ist am deutlichsten in *Orpheus steigt herab* (*Orpheus Descending,* 1957). Die moderne Inkarnation des Titelgotts, Val Xavier (saviour –»Erlöser«), erweckt die italienischstämmige Lady aus ihrer liebesleeren Ehe mit dem krebskranken Jabe Torrance, doch erschießt dieser die schwangere Ehebrecherin; Val wird als vermeintlicher Mörder gelyncht. Orpheus kann seine Eurydike nicht dem Totengott entreißen. In der kontrastierenden Symbolik von seelenlosem Krämerladen und liebeserfüllter Weinlaube werden christlicher und antiker Mythos nicht ohne Widersprüche miteinander verknüpft.

In *Süßer Vogel Jugend* (*Sweet Bird of Youth,* 1959) wirken die melodramatischen Töne schriller, da Korruption und Untergang des idealen Paares Chance Wayne und Heavenly ohne mythologische Korrespondenzen gezeichnet werden; das Gigolothema der Nebenhandlung wurde später in *Der Milchzug hält hier nicht mehr* (*The Milk Train Doesn't Stop Here Anymore,* 1963) breiter ausgeführt. Symbolgeschwängert, doch diffus in der Handlung ist *Die Nacht des Leguan* (*The Night of the Iguana,* 1961). In der Sinnkrise des Daseins entscheidet sich der ehemalige Geistliche Shannon für Maxine Faulk, eine Figur gezähmter Sinnlichkeit, und gegen die androgyne Künstlerin Hannah Jelkes.

Tennessee Williams »Die Katze auf dem heißen Blechdach« – Brick, der körperlich (und seelisch) Verletzte, der verschwiegene Homosexuelle, und seine um einen Erben, um Bricks Liebe (auch rüde) kämpfende Frau Maggie – am Zürcher Schauspielhaus 1965 (Regie Werner Düggelin), gespielt von dem stillen, gesammelten Peter Arens und der nervös-heftigen Sonja Ziemann.

Plötzlich letzten Sommer

Strukturell und thematisch sticht aus dieser Periode *Suddenly Last Summer* (1958) hervor. Das personenbegrenzte Konversationsstück gewährt in spannungsreicher Enthüllung eines mysteriösen Todesfalls grausige Einblicke in die Verdorbenheit menschlicher Natur. Der homosexuelle Sebastian ist kannibalisches Opfer seiner Kinderklientel geworden; seine reiche Mutter sucht das Einverständnis zur chirurgischen Auslöschung des Erinnerungsvermögens der Zeugin zu erkaufen. Die schwüle Szenerie des subtropischen Gartens im eleganten Garden District von New Orleans und die unlauteren Motivationen der dramatischen Personen werden von dem finsteren Bild des calvinistischen Rachegottes überschattet, das sich Sebastian im Gemetzel ausschlüpfender Schildkröten durch eine Wolke von Raubvögeln offenbarte.

Einige von Williams' Fehlschlägen, wie die phantastische Allegorese *Camino Real* (1953), beeindrucken durch ihren formalen Ehrgeiz und haben manchen Regisseur zu heroischen Rettungsversuchen animiert. Eine große Komödie ist Williams ebensowenig wie O'Neill gelungen; *Die tätowierte Rose* (*The Rose Tattoo,* 1950) als Preislied auf Dionysos für Anna Magnani geschrieben, verbleibt im Bereich symbolträchtiger Posse. Mit Amanda jedoch, mit Blanche und Stanley, Maggie und Big Daddy hat Williams einige der lebensvollsten Figuren des Dramas des 20. Jahrhunderts geschaffen, die trotz ihrer psychologischen Extremsituation und einer ursprünglich als schrill empfundenen Sexualthematik zu Symbolen der ungesicherten Existenz des modernen Menschen aufgestiegen sind. Eine höchst individualistische Weltsicht verbindet sich mit der Szenerie des Südens zu atmosphärisch verdichteten Dramen, in denen Handlung und Sprache, Bühnenbild und Ton zu einem poetischen Bühnenwerk unverwechselbaren Stils verschmelzen. Trotz erheblicher Qualitätsschwankungen, die sich vor allem in seinem Spätwerk bemerkbar machen, ist Williams doch der bedeutendste amerikanische Dramatiker nach O'Neill geblieben.

Arthur Miller

Miller (1915 geboren) wirkt wie Williams' Gegenpol. Miller ist nicht Nachfahre alter angelsächsischer Familien, sondern Abkömmling deutsch-jüdischer Einwanderer. Sport, nicht Bücher, füllte seine frühen Jugendjahre; eiserner Arbeitswille in vielen Jobs führte ihn durch das Studium und zur Gründung einer Familie fern von Greenwich Village. Ein lebenslanges politisches Engagement – zeitweilig auch die spätere Ehe mit Marilyn Monroe – ließ ihn als Kämpfer gegen den McCarthyismus und den Vietnamkrieg ebenso wie als Vorsitzenden des internationalen PEN-Clubs im Rampenlicht des öffentlichen Interesses stehen.

Unter den literarischen Einflüssen ist Ibsen, dessen *Volksfeind* er bearbeitete (1950), an erster Stelle zu nennen, hinzu kommt das sozialkritische amerikanische Drama der Odets und Hellman. Miller ist ein moralischer Autor, der soziale Tugenden verkündigt, an denen das Individuum zu messen ist. Seine besten Werke stellen die Frage, wie die Verantwortung gegenüber der Gemeinschaft mit einem individuellen »Streben nach Glück« vereinbart werden kann, wobei das problematische Verhältnis eines Vaters zu seinen Söhnen wiederholt als Motiv erscheint.

Alle meine Söhne

Nach Versuchen im Hörspiel, in der Kriegsreportage, im Roman und auch im Drama brachte *All My Sons* 1947 den unverkennbaren Hinweis auf ein großes Talent. In dem wirkungsvollen Dreiakter bestimmen das nachklingende Pathos des Weltkriegs und das Ibsensche Motiv der verschleppten Lebenslüge die Charakterisierung des verantwortungslosen Rüstungsfabrikanten Keller, der erst durch den Selbstmord eines seiner Söhne erkennt, daß neben der Familie auch die größere Sozialgemeinschaft einen Anspruch auf Loyalität hat. Die Parabel gewinnt psychologische Vertiefung im zweiten Sohn Chris, der eigene Schuldgefühle durch die unbarmherzige Anklage des Vaters zu betäuben sucht.

Der Tod des Handlungsreisenden

Im Gegensatz zu Williams ist Miller vor allem als Autor *eines* Dramas bekannt:

Death of a Salesman (1949) wurde zu einem überwältigenden Erfolg beim Publikum und bei den Kritikern, stieg als Buchpublikation zu einem Bestseller auf und hat sich bis heute in höchst unterschiedlich akzentuierten Inszenierungen auf der internationalen Bühne behauptet. Willy Loman, der 60jährige wenig erfolgreiche Vertreter, hat zeit seines Lebens versucht, seinen inzwischen erwachsenen Söhnen Biff und Happy das angebliche Erfolgsrezept einer gewinnenden Persönlichkeit zu vermitteln, doch zeigt der dramatische Ablauf eines Tages das Trügerische dieser Hoffnung. In letzter Verblendung begeht Willy Selbstmord, um Biff mit der Versicherungsprämie den Aufbau einer Traumkarriere zu ermöglichen. Das formale Experiment blendet subjektiv übersteigerte Erinnerungen Willys in eine realistische Gegenwartshandlung ein und erinnert in seiner Nutzung von Beleuchtung und leitmotivischen Melodien an Williams. Der Erfolg des Stücks liegt nicht zu-

Arthur Millers amerikanischer Jedermann, den Illusionisten und Kämpfer Willy Loman im »Tod eines Handlungsreisenden« haben Anfang der fünfziger Jahre Fritz Kortner und Erich Ponto gespielt. 1961 übernahmen Heinz Rühman (links, Burgtheater Wien, Regie Paul Hoffmann) und Leonard Steckel (rechts, Theater am Kurfürstendamm Berlin, Regie Erwin Piscator) die dankbare Rolle: Rühmann spielte sie präzis, leise, erschütternd; Steckel mit einem starken Rest von Vitalität, kämpfend, doch fallend.

letzt in der vieldeutigen Komplexität von Willys Persönlichkeit und Schicksal. Er ist sowohl als Opfer objektiver Verhältnisse als auch subjektiver Täuschung gedeutet worden. Die mangelnde Selbsterkenntnis schließt eigentlich tragische Größe aus, doch erheben sich Willys grandiose Visionen über die Banalität des Alltags. Kritik am American way of life, insbesondere an den Klischees der Werbeindustrie, klingt an, doch anders als im sozialkritischen Drama der dreißiger Jahre geht es nicht um die Sicherung der bloßen Existenz; universale Dimension erhält das Drama vielmehr durch die Unvereinbarkeit von Willys Träumen – exemplifiziert in seinem Abenteurer-Bruder Ben und dem legendaren Erfolgsvertreter Singleman – mit der Wirklichkeit. Diese traumhaft-nostalgische Komponente, die mit nüchterner Sozialanalyse wenig gemein hat, wie auch ein Schuß Sentimentalität bestimmen die Atmosphäre des Stücks und bedingen bis heute seinen Erfolg.

Hexenjagd

Von seiner tagespolitischen Anspielung inzwischen gelöst, hat *The Crucible* (1953) in jüngsten Inszenierungen seine Lebensfähigkeit erwiesen. Thema sind die in der amerikanischen Literatur schon häufig behandelten Salemer Hexenprozesse von 1692, deren grausige Absurdität zum Zusammenbruch der puritanischen Theokratie von Neuengland führte. Miller benützte sie als aktuelles Gleichnis für die Kommunistenjagd des Senators McCarthy. Der Farmer John Proctor steht vor der Wahl, unschuldige Mitbürger zu bezichtigen oder in den Tod zu gehen. Mit seinem heroisch-triumphalen Ende mag das Stück der Hintergründigkeit von Shaws *Heiliger Johanna* unterlegen sein, doch ist der sorgfältige Aufbau einer beklemmenden Atmosphäre der Massenhysterie eine Glanzleistung.

Die späteren Stücke rücken die schon immer berührten individuell-existentialistischen Fragen auf Kosten der Sozialkritik in den Vordergrund. *Ein Blick von der Brücke* (*A View from the Bridge,* 1955) legt den Akzent nicht auf die gesellschaftliche Problematik der illegalen Einwanderer im italoamerikanischen Milieu des New Yorker Hafens, sondern auf ein Verbrechen aus Leidenschaft: Die Liebe zu seiner Nichte treibt Eddie Carbone zum Verrat an einem Landsmann. Als glanzvolle Eröffnung des Theaters im Lincoln Center in New York diente die Premiere von *Nach dem Sündenfall* (*After the Fall,* 1964), das die ursprünglich für den *Tod des Handlungsreisenden* vorgesehene Struktur eines subjektiven Erinnerungsstücks voll realisiert. Formaler und autobiographischer Reiz können jedoch nicht über die Schwächen larmoyanter Selbstbespiegelung und einer bloßen Reihung von Kurzauftritten hinwegtäuschen. Neuinszenierungen sind nicht zuletzt durch das Interesse an dem nur leicht verschlüsselten Part der Marilyn Monroe motiviert, die inzwischen zur Kultfigur geworden ist.

Der Preis

Während der Einakter *Zwischenfall in Vichy* (*Incident at Vichy,* 1965) über die Judenverfolgung im besetzten Frankreich mit abschließender heroischer Geste ein Diskussionsstück mit klischeehaften Figuren ist, weist *The Price* (1968) trotz Verzicht auf Handlung und Personenfülle verhaltene Dynamik auf. Miller kehrte zum Motiv seiner frühen Stücke, dem Verhältnis zwischen Vater und Söhnen zurück, doch sind diese älter, die Antworten differenzierter geworden. Beim Verkauf der elterlichen Möbel erörtern zwei Brüder mit den gesellschaftlich gleich wichtigen, aber im Prestige unterschiedlichen Berufen Arzt und Polizist ihr Leben. Im Verlauf der graduellen Enthüllung erweist sich weder rücksichtslose Erfolgskarriere noch entsagungsvolle Familienloyalität als absoluter Wert; es bleibt offen, wer von den Brüdern den höheren Preis gezahlt hat. Das Pathos der Lebensbilanz der 50jährigen wird durch die vitale und für Miller ungewohnt komische Figur des 90jährigen Möbelaufkäufers Solomon gebrochen.

Die letzten fünfzehn Jahre, in denen sich Miller zusammen mit seiner dritten Ehefrau, der Fotografin Inge Morath, auch wieder der Reportage zuwandte, haben keine Überraschungen mehr gezeitigt. Die gesammelten Essays zum Theater wurden 1977 vorgelegt; *The Archbishop's Ceiling* (1977), ein Drama über die Existenz des Schriftstellers in totalitären Ostblockstaaten, ist überarbeitet soeben im Druck erschienen. *Die Große Depression* (*The American Clock,* 1980) ist eine Dramatisierung von Studs Terkels Interview-Anthologie *Hard Times* (1970). Das Lebenswerk des 70jährigen ist überschaubar. Ob nach dem Übergang vom Zeitgenossen zum Klassiker stärker die gesellschaftskritischen Aspekte seiner Dramen oder die Gestaltung individuellen Schicksals hervorgehoben werden, ist noch ungewiß. In jedem Fall wird *Der Tod des Handlungsreisenden* als Quintessenz des Millerschen Werks angesehen werden können.

Edward Albee

Albees Schaffensprozeß ist noch nicht abgeschlossen. Das eigenwillige Adoptivkind reicher Eltern (geboren 1928) brach schon früh in die künstlerische Boheme von Greenwich Village aus, obwohl ihm die besten Privatschulen und Universitäten offenstanden. Albee trat gleichzeitig mit Jack Gelber (*The Connection,* 1959) und Arthur Kopit (*O Vater, armer Vater, Mama hängt Dich in den Schrank, und ich bin ganz krank,* 1960) hervor, galt mit vier avantgardistischen Stücken sogleich als »King off-Broadway« und wurde mit dem Broadway-Erfolg *Wer hat Angst vor Virginia Woolf?,* der sich in London, auf dem Kontinent und in der Filmversion mit den Stars Elizabeth Taylor/ Richard Burton wiederholte, weltberühmt. Sein umfangreiches dramatisches Werk läßt sich nicht einer einzigen Stilrichtung zuordnen oder auf eine bestimmte Aussage reduzieren. Existentialistische Züge zeigen nicht nur die frühen Kurzstücke, die von der europäischen Kritik sogleich dem absurden Drama zugeordnet wurden, sondern auch die späteren; ihre hintergründige Kulturkritik und dunkle Symbolik haben unterschiedliche Interpretationen provoziert. Unbeeindruckt von den kommerziellen Möglichkeiten der mit *Virginia Woolf* wiederbelebten Gesellschaftskomödie hat Albee bisher eine große Experimentierfreude an den Tag gelegt, wobei er der dramatischen Wiedergabe des Bewußtseinsstroms besondere Aufmerksamkeit geschenkt hat. Vergleiche mit Beckett und Pinter liegen nahe, doch beeinträchtigt der Drang zu philosophischer Aussage und Abstraktion öfters die dramatischen Qualitäten; keins der späteren Dramen hat sich bisher als großer Wurf erwiesen. Während der letzten 20 Jahre ist Albee jedoch einer der großen Anreger des amerikanischen Dramas geblieben, der übrigens auch einen beträchtlichen Teil seines Vermögens als Mäzen einsetzt.

Die Zoogeschichte

In *The Zoo Story* (1959), dem Lieblingseinakter eines intellektuellen Publikums, versucht der homosexuelle Jerry verzweifelt, seine grüblerische Isolation zu durchbrechen, indem er sich einem bürgerlichen Jedermann mitteilt. Epische und dramatische Elemente gipfeln in einem schockierenden Ende, das mancherlei Deutungen bis zum Opfertod Christi gezeigt hat.
Stärker autobiographisch und kulturkritisch zugespitzt wirken der symbolisch-realistische Einakter *Der Amerikanische Traum* (*The American Dream,* 1961) und der daraus extrapolierte Sketch *Der Sandkasten* (*The Sandbox,* 1960) mit jungem Mann, dominierender Mommy, invalidem Daddy und vitaler Grandma. *Der Tod von Bessie Smith* (*The*

Albees erstes Stück, »Die Zoogeschichte«, wurde zuerst in deutscher Sprache, in der Werkstatt des Schiller-Theaters Berlin 1959, Regie Walter Henn, mit nachhaltigem Erfolg aufgeführt: »Kurt Buecheler spielt den

Spießer, der in Raserei und Mord geredet wird, Thomas Holtzmann, Berlins Spezialist in gefaßter Bühnendämonie, den geistigen Verführer, den armen, intellektuellen Sittenstrolch« (Friedrich Luft).

Death of Bessie Smith, 1960) verdeutlicht Albees Absage an das politisch engagierte Theater, denn im Zentrum des Dramas um den Unfalltod (1937) der berühmten schwarzen Bluessängerin stehen nicht Star und Rassismus, sondern die sexuelle Frustration einer tyrannischen Krankenschwester.

Wer hat Angst vor Virginia Woolf?
Who's Afraid of Virginia Woolf? (1962) ist bis heute Albees bekanntestes und bedeutendstes Stück geblieben. Die Party des erfolglosen Geschichtsprofessors George und seiner frustrierten Ehefrau Martha, der Tochter des Collegepräsidenten, mit dem karrierehungrigen Biologen Nick und seiner farblosen Frau Honey enthüllt die Sterilität und Leere modernen Lebens. Existentialistische Grimmigkeit wird durch ein Ende verhaltener Hoffnung gemildert, vor allem aber durch den brillanten Dialog zwischen George und Martha überlagert, den intellektuelle Schärfe und heftige Emotionen zu einer kathartischen Orgie steigern. Zahlreiche symbolische Verweise von den Vornamen des ersten amerikanischen Präsidenten und seiner Ehefrau bis zu Anspielungen auf Augustins Karthago und Spenglers *Untergang des Abendlandes* betonen kulturkritische Verallgemeinerung, doch lebt das Drama aus der Individualisierung der beiden älteren Figuren, deren Dynamik und Vitalität die oberflächliche Frivolität einer Gesellschaftskomödie à la Oscar Wilde weit hinter sich läßt.

Empfindliches Gleichgewicht
Thematisch und formal steht *A Delicate Balance* (1966), das ebenfalls die Sinnleere und Existenzangst zweier Mittelstandspaare aufzeigt, *Virginia Woolf* nahe, doch erreicht das Stück weder in Handlung noch in Personencharakterisierung dessen Intensität. Der Pulitzer-Preis war eine späte Entschädigung dafür, daß man ihn *Virginia Woolf* aus Gründen der Prüderie verweigert hatte.

Die übrigen Dramen sind interessante Experimente. *Winzige Alice* (Tiny Alice, 1964), mit der bizarren Fabel der reichsten Frau der Welt, die einen frommen Mann korrumpiert, ist ein ambitionierter Fehlschlag obskurer Symbolik. *Kiste–Mao–Kiste* (Box and

Bei der ersten deutschen Aufführung von Albees Geschlechterkampf-Stück »Wer hat Angst vor Virginia Woolf?« im Berliner Schloßpark-Theater 1963, Regie Boleslaw Barlog, spielte Maria Becker mit dunkelkräftigen Stimmorgien, verschattete Heftigkeit im Gesicht, die Martha, Erich Schellow den Richard: nuancenreich, von scharfem Witz bis zur sanften Ironie, vom Hohn bis zur ätzenden Attacke, in der äußersten Demütigung noch ein Hauch von Souveränität.

Quotations from Chairman Mao-Tse-Tung, 1968) montiert kulturkritisch drei Monologe, die Worte des großen Vorsitzenden, erotische Erinnerungen einer älteren Dame, die Rezitation einer einst populären Ballade, und bettet sie in den klagenden Bewußtseinsstrom einer Alternden ein. Elegische Evokation liebeserfüllter Vergangenheit zeigen auch die beiden Kurzstücke *Spielarten* (*Counting the Ways*, 1977) mit betonter sprachlicher Banalität und revueartigen Kurzauftritten und der Dialog *Zuhören* (*Listening*, 1976) mit schockierendem Ende. Unter den abendfüllenden Stücken mit bürgerlichem Milieu erprobt *Alles vorbei* (*All Over*, 1971) die Montagetechnik am Bewußtseinsstrom der Überlebenden an einem Sterbebett; das als philosophischer Dialog konzipierte *Seeskapade* (*Seascape*, 1975) gewinnt lediglich durch die Eidechsenkostümierung eines der beiden Ehepaare dramatisches Interesse; *Die Dame von Dingsda* (*The Lady from Dubuque*, 1980) behandelt die Todesthematik in symbolischer Einkleidung. Unter den Romandramatisierungen hat *Lolita* (1981) besondere Aufmerksamkeit erfahren.

Die jüngere Kritik hat den Verdacht geäußert, daß sich unter der Abstraktion und der Symbolik der späteren Stücke philosophische Trivialität verberge, und hat das Nachlassen der dramatischen Kraft Albees beklagt. Dieses Abschreiben eines der größten Talente mag voreilig sein, doch scheint in der Tat Albees charakteristische Stärke, jene sprachliche Virtuosität und nuancenreiche Treffsicherheit, ihren wirkungsvollsten Ausdruck bisher im Bereich der Satire und der Komödie gefunden zu haben.

Das amerikanische Drama der Gegenwart befindet sich in einem Übergangsstadium. Die radikale Diskussion traditioneller Werte, die mit der Ermordung Kennedys einsetzte, sich durch den scheinbar ausweglosen Vietnamkrieg hinzog, durch das Emanzipationsstreben ethnischer Minderheiten

Das nicht ohne Prätention mystifizierende Stück »Tiny Alice« von Edward Albee wurde zum ersten Mal in deutscher Sprache 1966 am Hamburger Deutschen Schauspielhaus von Heinrich Koch inszeniert, gespielt von Will Quadflieg als Bruder Julian und Joana Maria Gorvin in der Titelrolle der Alice.

akzentuiert wurde und schließlich im Watergate-Skandal kulminierte, ließ das Bühnengeschehen der jüngsten Vergangenheit, insbesondere Off-off-Broadway, zeitweilig Züge einer Kulturrevolution annehmen. Überragende Dramatiker sind jedoch aus ihr nicht hervorgegangen; selbst die Werke der beiden bedeutendsten Talente eines »schwarzen Theaters«, Amiri Baraka (Le Roi Jones) und Ed Bullins, erscheinen im Rückblick zunehmend als zeitgebunden.

Auch aus der Sicht des deutschen Theaters verdichtet sich der Eindruck einer großen, bereits klassischen Epoche des amerikanischen Dramas der vierziger und fünfziger Jahre. In ihr ist die Anregung der frühen europäischen Moderne von Ibsen und Strindberg bis zu den Expressionisten in eigenständiger Gestaltungskraft zu unver-

kennbar amerikanischen Schauplätzen und Figuren verarbeitet worden. Im Gegensatz zum gesellschaftlich engagierten Drama der dreißiger, sechziger und siebziger Jahre wurde gleichzeitig eine Universalität der Deutung des menschlichen Schicksals erreicht, die auch ein deutsches Publikum unmittelbar ansprach und weiterhin anspricht. Erleichtert wurde diese Wirkung durch die für das Drama von O'Neill bis Albee charakteristische Einbettung von Handlung und Figuren in Ehe und Familie. Diese sind freilich nicht Orte physischer und emotionaler Geborgenheit, sondern Stätten der Bedrohung und Unbehaustheit. Diesen inneren Widerspruch zur überzeugenden Metapher moderner weltlicher Existenz gemacht zu haben, ist ein wesentliches Merkmal des amerikanischen Dramas.

Englisches Theater und Drama im 20. Jahrhundert

Die Londoner Bühnen

Das englische Theater war lange Zeit auf London konzentriert wie das französische auf Paris – in den Provinztheatern bekam das Publikum die Londoner Stars im Sommer auf Tourneen zu sehen. Bis 1843 galt in London das Theaterpatent: Nur im Covent Garden Theatre und im Drury Lane Theatre durfte das immer noch puritanischen Vorbehalten begegnende Theater vor sich gehen. In der zweiten Hälfte des 19. Jahrhunderts, nach der Aufhebung des Patents und parallel zum ökonomischen und politischen Boom der Welt- und Kolonialmacht England, expandierte das Londoner Theaterleben: Dutzende neuer Theatergebäude wurden errichtet, für Schauspieltheater, Melodramen, »pantomimes« (revueartige Spektakel zur Weihnachtszeit). Und eine krude, vitale Form von Unterhaltung entwickelte sich, die Music-Hall mit Artistik, Clownerie, Tanz, Conference. Das Schauspieltheater wurde vom Typus des Actor-Managers dominiert: Starschauspieler kauften oder errichteten Theater, in denen sie mit ihrer Truppe spielten und (sich) selbst inszenierten. Charles Kean (der Sohn des großen Edmund Kean) betrieb so das Princess's Theatre (1850–1859), Herbert Beerbohm Tree das Haymarket Theatre (1887–1897), dann das von ihm erbaute Her Majesty's Theatre, George Alexander das St. James's Theatre (1891–1918). Kean und Tree spielten neben Melodramen und anderer Tagesware auch und erfolgreich Shakespeare; Tree und Alexander zeigten Stücke von Oscar Wilde und George Bernard Shaw. Der erfolgreichste unter den Actor-Managers war Henry Irving, der erste Schauspieler, der in England geadelt wurde (1895). Er leitete von 1878 bis 1898 das Lyceum' Theatre, spielte Hamlet weniger willensschwach als weichherzig. Er brillierte in seit Beginn des Jahrhunderts außerordentlich beliebten Melodramen, hielt sich von ernsthaften zeitgenössischen Stücken fern.

Einen Versuch zu literarischem Theater unternahm im kleinen Royal Court Theatre zwischen 1904 und 1907 Harley Granville-Barker, er zeigte neben Shaws *Mensch und Übermensch* Stücke von Ibsen, Hauptmann, Schnitzler, Maeterlinck. Ansonsten blieb der literarische Wagemut beschränkt auf die Stage Society, die an Sonntagen (an denen in England öffentlich nicht Theater gespielt werden durfte) nur für Mitglieder Vorstellungen gab – und damit die Zensur umging. Sie begann 1899 mit Shaws *You Never Can Tell* und schloß 1939 mit García Lorcas *Bluthochzeit*. Die Aufführungen von Pirandellos *Sechs Personen suchen einen Autor* (1922) und Joyces *Die Verbannten* (1926) wurden wie andere erfolgreich von kommerziellen Theatern übernommen.

In den zwanziger und dreißiger Jahren dieses Jahrhunderts dominierte in den großen Theatern im Londoner Westend weiterhin das Unterhaltungstheater, in seinen intelligentesten und witzigsten Ausprägungen betrieben von Somerset Maugham (*Home and Beauty*, 1923, unter dem Titel *Victoria* von Max Reinhardt 1925 in Berlin inszeniert, *The Constant Wife*, 1927, deutsch: *Finden Sie, daß Konstanze sich richtig verhält?* u. a.) und von Noël Coward, der seine Komödien, Revuen und Musicals selbst inszenierte und darin die Hauptrollen spielte, darunter *Private Lives* (1930, deutsch: *Intimitäten*), *Design for Living* (1932), *Blithe Spirit* (1941, deutsch: *Geisterkomödie*).

John Priestley und Christopher Fry

Moralischer und politischer Eifer lag dem Theater Maughams und Cowards fern – nicht aber dem des Vielschreibers John Boynton Priestley (1894–1984). Unter seinen mehr als 50 Stücken finden sich zwar auch Komödien, aber am kennzeichnendsten für ihn sind seine, die bürgerliche Gesellschaft von einer »rosaroten« sozialistischen Position aus kritisierenden Dramen. Zwei Beispiele: *Die Zeit und die Conways* (*Ti-*

me and the Conways, 1937) – der erste Akt spielt 1919: die Conways feiern hoffnungsvoll und glücklich den Gebrutstag der Tochter Kay. Der zweite Akt, 1937 spielend, zeigt, wie die Hoffnungen enttäuscht sind und die Familie zerfallen ist. Der dritte Akt kehrt ins Jahr 1919 zurück, im Lichte des zweiten Aktes erscheinen die Hoffnungen von 1919 nun als Illusionen. *Ein Inspektor kommt* (*An Inspector Calls,* 1945) entlarvt eine Fabrikantenfamilie als moralisch verkommen und in unterschiedlichem Grade schuldig am Selbstmord eines vom Fabrikantensohn geschwängerten Proletariermädchens.

Priestleys Stücke wurden im Westend (und auch am New Yorker Broadway) gespielt. Nicht so die ersten Stücke zweier Dramatiker, die sich der Versform bedienten: T. S. Eliot schrieb 1935 die Märtyrerelegie *Mord im Dom* für die (kirchlich unterstützten) Festspiele in Canterbury. Seine düstere Atriden-Variante *Familientag* kam 1939 in dem kleinen Londoner Westminster Theatre heraus. Die drei (prosanahen) Versdramen aus der britischen besseren Gesellschaft *Cocktail Party* (mit Alec Guiness in der Hauptrolle), *Der Privatsekretär* und *Ein verdienter Staatsmann* wurden 1949, 1953 und 1958 bei den Festspielen in Edingburgh uraufgeführt und dann erst zu kurzen Laufzeiten nach London übernommen.

Erfolgreicher, wenn auch nur für einige Jahre, waren auf dem Londoner Theater die Versdramen Christopher Frys (geboren 1907). Auch Fry hatte im kirchlichen (Laienspiel-)Zusammenhang begonnen: *The Boy with a Cart* (1937) und *The Tower* (1939) schrieb er für Aufführungen in Kirchen, das Mosesdrama *The Firstborn* (1948) für die Edingburgher Festspiele. *A Sleep of Prisoners* (*Ein Schlaf Gefangener,* 1951) – englische Kriegsgefangene träumen alttestamentarische Geschichten von Schuld und Vergebung – wurde zuerst in der Londoner St.-Thomas-Kirche aufgeführt. Die »weltlichen« Versdramen Frys aber, zumindest die ersten, setzten sich im Londoner Westend durch: *The Lady's not for Burning* (*Die Dame ist nicht fürs Feuer*) wurde zwar im kleinen, literarisch engagierten Arts Theatre 1948 uraufgeführt, dann aber des Erfolges wegen ins größere Globe Theatre im Westend übernommen. Die im Frühling, »im fünfzehnten Jahrhundert ebenso zu irgendei-

Laurence Olivier bei seiner virtuosen Darstellung des bankrotten Schmierenkomö-
dianten Archie Rice in Osbornes »Entertainer«. 1957 hatte sich der erzkonservative,
hochgeehrte Schauspieler überraschend entschlossen, mit dem Antiestablishment-Regis-
seur Tony Richardson zusammenzuarbeiten

(dem Begründer des Londoner Free Theatre,
der maßgeblichen Anteil hatte an der
Durchsetzung des Dramatikers Osborne;
dem Mitbegründer auch des English Free
Cinema). Auf den sensationellen Erfolg im
Royal Court Theatre folgten weitere Inszenierungen, im Palace Theatre im West End

und am Broadway; 1960 wird das Stück,
Olivier wieder als Archie Rice, verfilmt;
daraus die beiden Entertainer-Posen.

ner anderen Zeit« (Fry) spielende Geschichte von der als Hexe verdächtigten und von bigotten Bürgern zum Feuertod bestimmten, freimütig-querköpfigen jungen Jennet und dem todessüchtig aus dem Krieg zurückkehrenden, entlassenen Soldaten Thomas wurde auch dadurch zum Erfolg, weil der große und populäre Schauspieler John Gielgud inszenierte und den Thomas spielte. Laurence Olivier, der damals erklärte, Fry sei der größte englische Dichter seit Shakespeare, spielte 1950 den weise resignierenden Herzog in dem Herbst-Stück *Venus Observed* (*Venus im Licht*); 1954 inszenierte Peter Brook im Aldwych Theatre mit Edith Evans als österreichische Gräfin Ostenburg das in der Revolution 1848/49 spielende *The Dark is Light Enough* (*Das Dunkel ist licht genug*). Es war die metaphernreiche, manieristische, an den Elisabethanern gebildete Sprache dieser Stücke und die durch sie transportierten Individualempfindungen, die für die an den großen Rollen Shakespeares gewachsenen englischen Starschauspieler den Reiz an Frys Stücken ausmachten. Dieser Reiz verblaßte jedoch schnell, als sich mit Osbornes *Blick zurück im Zorn* 1956 eine rauhere, direktere, der Gegenwarts-Alltagssprache nahe Diktion auf dem englischen Theater durchsetzte. Frys *Curtmantle* (*König Kurzrock*), nach Eliots *Mord im Dom* und Anouilhs *Becket oder die Ehre Gottes*, ein weiteres Drama über den englischen König Heinrich II. und den Mord an dem Erzbischof Thomas Becket, wurde 1961 nicht in England, sondern in den Niederlanden uraufgeführt; das vierte der Jahreszeit-Stücke, *A Yard of Sun* (*Ein Hof voller Sonne*, im Untertitel »eine Sommerkomödie« genannt), kam 1970 nicht in London, sondern in Nottingham heraus.

Royal Shakespeare Company und National Theatre

Das Old Vic Theatre, zuletzt eine übelbeleumdete Music-Hall, wurde 1880 von der sozial engagierten Emma Cons erworben und als antialkoholisches Konzerthaus betrieben. 1912 übernahm Emma Cons Nichte Lilian Baylis das Theater; bis 1923 zeigte sie fast alle Stücke Shakespeares in einem Zyklus, mit Sybil Thorndike in vielen Hauptrollen. In den dreißiger Jahren spielten John Gielgud, Ralph Richardson und Laurence

Olivier im Old Vic; nach Lilian Baylis' Tod 1937 leiteten der Regisseur Tyrone Guthrie und dann Olivier und Richardson das Theater, Michael Bentham inszenierte zwischen 1953 und 1958 den zweiten kompletten Shakespeare-Zyklus, eröffnet von *Hamlet* mit Richard Burton in der Titelrolle. 1963 übernahm – bis zur Fertigstellung des eigenen Gebäudes mit drei Bühnen am Themse-Ufer (1976/77) – das neugebildete National Theatre unter Oliviers Direktion das Old Vic; eröffnet wurde wiederum mit *Hamlet,* diesmal gespielt von Peter O'Tool.

Nach einem Nationaltheater hatten schon Garrick im 18., William Archer im 19., Granville-Barker und Shaw zu Beginn des 20. Jahrhunderts gerufen. Doch erst während des Zweiten Weltkriegs war zum erstenmal ein staatliches Förderungsprogramm für die Künste beschlossen worden und seitdem werden staatliche Gelder durch den Arts Council, ein von der Regierung und vom Parlament unabhängiges Gremium, verteilt. Langsam wachsende Subventionen erhielten u. a. das Old Vic und das Shakespeare Memorial Festival in Stratford.

Die Leitung dieses alljährlichen Festivals übernahm 1960 der damals 30jährige Regisseur Peter Hall, der an der Universität, in Cambridge, begonnen hatte, Theater zu spielen und zu inszenieren. 1954–1956 arbeitete er am kleinen Londoner Arts Theatre, führte Regie bei der ersten englischen Aufführung von Becketts *Warten auf Godot.* In Stratford begann er mit Dreijahresverträgen ein Ensemble, die Royal Shakespeare Company, zu bilden, für das als zweites Haus das ganzjährig bespielte Aldwych Theatre in London gemietet wurde. In Stratford spielte man von April bis Oktober Shakespeare (und gelegentlich andere Elisabethaner), im Aldwych entwickelte Hall einen modernen Spielplan. In Stratford gab es 1963 einen Höhepunkt mit den *Rosenkriegen* – Shakespeares *Heinrich VI.* und *Richard III.* an drei Abenden zu einer Historie verbunden, um Wesen und Widersprüche der Macht zu zeigen.

1962 stieß der bedeutendste englische Regisseur seiner Generation, der damals 37jährige Peter Brook, zur Royal Shakespeare Company. Auch er hatte damals an der Universität begonnen: als Achtzehnjähriger inszenierte er Marlowes *Faust,* zeigte

1946/47 in London drei Stücke von Sartre, gewann 1955 Shakespeares Schauerstück *Titus Andronicus* mit Laurence Olivier in der Titelrolle der Gegenwartsbühne zurück. Bei der Royal Shakespeare Company debütierte er mit einer exzeptionellen *Lear*-Inszenierung: Auf leerer Bühne drehte sich die Schraube des Schreckens, die Lear aus der Narrheit in die Weisheit und den Tod beförderte. 1964 experimentierte Brook mit der Artaudschen Theatervision: »Theatre of Cruely«, Theater der Grausamkeit. 1965 inszenierte er Peter Weiss' *Marat/Sade*-Stück als leidenschaftlich erregte Debatte. Das englische Theater hat den radikalen Infragesteller Brook jedoch nicht auf Dauer halten können: Seit 1970 arbeitet er in Paris, in dem von ihm geleiteten Internationalen Zentrum für Theaterforschung und in den letzten Jahren im halbzerstörten Théâtre Bouffes du Nord, seine wenigen Inszenierungen zeigt er auch auf internationalen Tourneen (*Les Ikes,* 1975; *Ubu, Carmen,* 1981 u. a.).

Die Royal Shakespeare Company hat 1981 im Barbican Centre zwei für sie entwickelte Theater bezogen: ein großes (1166 Plätze) und ein kleines (200 Plätze). Dort und in Stratford spielte sie jetzt unter der Leitung des jungen Terry Hands, nachdem Peter Hall 1973 als Nachfolger von Laurence Olivier die Leitung des National Theatre übernommen hat. 1965 inszenierte Hall die Uraufführung von Harold Pinters *Heimkehr* und hat seitdem bei allen neuen Stücken des Autors Regie geführt.

Das englische Theatersystem der achtziger Jahre sieht folgendermaßen aus: Die beiden großen subventionierten Ensemble- und Repertoiretheater, National Theatre und Royal Shakespeare Company, mit jeweils über 100 Schauspielern erhalten mit mehr als je 20 Millionen Mark jährlich den Löwenanteil der vom Arts Council für Theaterförderung vergebenen etwa 60 Millionen (in DM). Der Rest geht an die English Stage Company und das kleine, von Bernhard Miles gegründete Mermaid Theatre – und an die etwa 60 regionalen und lokalen Repertoiretheater außerhalb Londons, die außerdem von den Städten, in denen sie arbeiten, und von den Country Councils unterstützt werden. In London, im Westend, arbeiten (mit schwankendem Profit) etwa 45 kommerzielle Theater, sie spielen vorwiegend Musicals und Lustspiele en suite. Am Rande des Systems schlagen sich ca. 130 »freie« Gruppen mit unterschiedlichem Niveau und Wagemut durch.

Das Royal Court Theatre

1956 gründete eine Gruppe von Theaterleuten, darunter die vom Universitätstheater gekommenen Schauspieler und Regisseure George Devine und Tony Richardson, die English Stage Company – mit dem ausdrücklichen Zweck, neue Autoren für das englische Theater zu finden und zu fördern – Autoren, die englische Realität der Gegenwart auf die Bühne zu bringen vermochten. Anfangs wandte man sich an alle englischen Schriftsteller: Sie sollten das Theater so ernst nehmen, wie das zu Shakespeares Zeiten der Fall gewesen sei. Es erwies sich bald, daß man mit erfahrenen und erfolgreichen Romanautoren nicht weiter kam, sondern daß mehr zu erhoffen war von jungen, unbekannten Stückeschreibern. Unter den Stücken, die die English Stage Company in ihrer ersten Saison im Londoner Royal Court Theatre (einem kleineren Rangtheater mit gut 600 Plätzen) präsentierte, war das erfolgreichste das eines fast Unbekannten: *Look Back in Anger* (*Blick zurück im Zorn*) von dem 27jährigen Schauspieler John Osborne. Der »zornige« junge Mann, Osbornes Protagonist Jimmy Porter, rüde, redselig und ein Arbeiterkind, markierte einen tiefen Bruch gegenüber der Komödientradition mit bourgeoisem Personal für bürgerliches Publikum. Bis 1968 brachte das Royal Court acht weitere Stücke Osbornes; die Aufführungen wurden meist ins Westend weiterverkauft, und auch an den Film- und Fernsehrechten partizipierte die English Stage Company.

Die nächste wichtige Entdeckung: die schwierigen Stücke John Ardens – fünf zeigte das Royal Court, von *The Waters of Babylon* (1957) bis *Armstrongs Last Good Night* (1964). Arnold Weskers Trilogie über eine proletarische jüdische Familie wurde zwar zuerst in Coventry gespielt (1958–1960), aber jedes der drei Stücke gleich danach ins Royal Court übernommen. Weskers erstes Stück, das personenreiche, in einer Restaurantküche spielende *The Kitchen,* wurde 1959 in einer einmaligen dekorationslosen Sonntagabendaufführung in Clubform ge-

zeigt, 1961 dann aber ins Hauptprogramm übernommen. Weskers fünftes Stück, *Chips with Everything,* militärischen Drill kritisierend, war 1962 am Royal Court so erfolgreich, daß es erst in ein Westend-Theater, dann an den New Yorker Broadway transferiert werden konnte. Je mehr Weskers Stücke vom sozialistischen Engagement des Autors geprägt – und auch ausgedünnt – wurden, um so mehr distanzierte sich das Royal Court von ihm.

Von dem Bergmannssohn und Schauspieler David Storey hat das Theater seit *The Restauration of Arnold Middleton* (1967) mehr als ein halbes Dutzend Stücke gezeigt. Auf George Devine, der bis zu seinem Tode 1965 die English Stage Company und das Royal Court leitete, geht eine Art Autorenwerkstatt zurück: die Royal Court Writers Group: Da wurden Entwürfe und Szenen diskutiert, aber auch ein Schauspieltraining für die noch theaterunerfahrenen Autoren angeboten. »Da habe ich gelernt, daß ein Theaterstück von menschlichen Beziehungen handelt und nicht nur vom einzelnen Individuum« – so Edward Bond, der schon mehrere Jahre dort mitgearbeitet hatte, ehe sein erstes Stück *The Popes Wedding* (1962) in einer Sonntagabend-Clubvorführung gezeigt wurde. 1965 hatte dann Bonds zweites, krasses Stück *Saved* im Hauptprogramm Premiere, was zum schwersten Konflikt mit der Theaterzensur führte. Vor Gericht sagte Sir Laurence Olivier zugunsten von Bonds Werk aus, und er rühmte die English Stage Company: Sie sei in den letzten zehn Jahren der wichtigste Anstoß für ihn und jeden seiner Profession gewesen; die Arbeit dort hätte ihm gezeigt, daß er in der Gefahr gewesen sei, allzusehr festgelegt und selbstsicher zu sein. Er sei dafür dankbar, daß er dort neue darstellerische Möglichkeiten entdeckt und entwickelt habe.

Das Royal Court wurde zu 50 Pfund Geldstrafe verurteilt, aber der Prozeß und die Debatte darüber trugen nicht wenig dazu bei, daß 1968 die Theaterzensur in England abgeschafft wurde. Fünf weitere Stücke Bonds wurden von 1968–1975 im Royal Court uraufgeführt – inszeniert von William Gaskill, der vom Tode Devines bis 1972 das Theater leitete.

Seit seiner Gründung sind am Royal Court mehr als 300 Stücke uraufgeführt worden. Von den bedeutenderen Autoren der letz-

ten Jahrzehnte sind nur zwei nicht durch dieses Theater gefördert worden: Harold Pinter und der trickreiche Tom Stoppard. Auch die neueste, selbst in den USA erfolgreiche Autorin, Caryl Churchill, ist mit dreien ihrer Werke (1979–1983) am Royal Court zuerst gespielt worden.

Thomas Stearns Eliot

Eliot (1888–1965) ist als Dramatiker dem deutschen Publikum mit dem Versdrama *Mord im Dom* bekanntgeworden. (1935 in England, 1947 in der Übersetzung von Rudolf Alexander Schröder in Deutschland zuerst gespielt.) Ein historisches Ereignis wird darin wiedergegeben: der Mord an dem Erzbischof Thomas Becket, geschehen am 2. Dezember 1170 zu Canterbury (Conrad Ferdinand Meyers Novelle *Der Heilige,* Jean Anouilhs *Becket oder Die Ehre Gottes* und Christopher Frys *König Kurzrock* beziehen sich ebenfalls darauf). Eliots Drama schildert nur den Mordtag. Es beginnt mit der Rückkehr des Erzbischofs aus dem französischen Exil nach äußerer Aussöhnung mit dem König Heinrich II., dem Thomas das Recht abgesprochen hatte, die Bischöfe einzusetzen (Investiturstreit). Die Frauen von Canterbury, von dunkler Ahnung getrieben, daß mit dem fallenden Jahr auch ein Märtyrer fallen wird, sammeln sich im Dom. Sie schrecken zurück vor dem Gedanken, daß dem ungerechten Gericht über den Erzbischof gerechtes »Gericht allüber die Welt« folgen könne. Thomas, von drei Priestern und den Frauen empfangen, tritt auf, jetzt schon sicher seines Todes, bereit, durch Leiden auf eine nachdrücklichere Art zu handeln, als das im Aufbegehren möglich wäre. Vier Versucher treten an ihn heran, sie bieten ihm nacheinander: Schwelgen in weltlichen Freuden, berauschende staatliche Macht, Wahrung »wohlverstandener« materieller Interessen, schließlich der vierte die lockendste, die tiefste Versuchung: den bewußten, selbststeigernden, hochmütigen Genuß des Martyriums. Thomas widersteht. Er hat sich dem Alltag, der Alltagswirrnis entzogen, dem unfreien, gebundenen Leben, das nur ein »halbwegs« Leben ist, unwirklich.

Das ist Eliots tiefste, existentielle Erfahrung: die Unwirklichkeit des Menschlich-Diesseitigen. »Mensch-Sein ist Schwindel, Trug und

Enttäuschung, ist stets unwirklich, unwirklich und enttäuschend, das Feuerwerksrad, der gestiefelte Kater, die Preise, verlost auf der Kindergesellschaft, die Preise, gewährt für den englischen Aufsatz, des Doktors Rang und des Staatsmanns Orden, stets wirds unwirklicher. – Der Mensch geht aus Unwirklichem in Unwirkliches«, heißt es im *Mord im Dom.* So klang es aber schon in der Lyrik des jungen Eliot, vor allem in dem für alle moderne Lyrik zentralen Gedicht von 1922 *The Waste Land (Das wüste, öde Land).* Eliot wurde 1888 in den USA, im neuenglischen Massachusetts, geboren, er studierte in Cambridge und an der Sorbonne Sprachen, unter anderem Sanskrit. Sein Freund und Lehrer war Ezra Pound, der »Cheftrainer« der angloamerikanischen Lyrik jener Zeit, dem auch *The Waste Land* gewidmet ist. Die Lyrik Eliots ist dunkel, hochsensibel und hochgebildet, zugleich Ausfluß einer empfindsamen und verletzlichen Seele und eines breit- und tiefgebildeten Intellekts, Montage aus Alltagsabfall und Bildungsgut, aus enervierender Gewöhnlichkeit und hochgespannter Empfindung: Spätzeitlyrik, alexandrinisch, von Vergänglichkeit und Untergang wissend und zugleich das Dauernde vieler Zeiten durch Vergegenwärtigung für heute bewahrend. Eliot ist unter den Modernen (seine Sprache, die dunkle Fügung, die kühnen Bilder, die Montagetechnik sind exemplarisch modern) der Tradition am meisten zugewandt. Die Antike, Dante vor allem, weniger Shakespeare, heißen seine großen Muster. Er hat eine ganze Theorie der »patterns«, der klassischen, kanonischen Muster, Grundfiguren und -formen entwickelt, er hat sich als Essayist die Stellung eines Präzeptors von weltliterarischem Rang geschaffen, als Herausgeber der Zeitschrift »Criterion« (1922 bis 1939) höchste Maßstäbe gesetzt. Der Nobelpreis für Literatur (1949) ist ihm mit großer Selbstverständlichkeit zugefallen. Jener verzweiflungsvollen, ohnmächtigbitteren Unwirklichkeit, die das Frühwerk Eliots beherrscht, setzte er später die Wirklichkeit Gottes und des Glaubens entgegen, dem *Wüsten Land* von 1922 kontrastieren die *Vier Quartette* von 1943. Eliot kehrte in den dreißiger Jahren in die anglikanische Hochkirche zurück, für ihn die englische katholische Kirche, er war seitdem politisch konservativ und royalistisch, aber kein

Reaktionär, kein Phraseur. Er sah (auch in seinem Spätwerk) offenen, wachen Blicks die Realität, er leugnete sie nicht, bemühte sich, sie zu durchdringen. Was Wunder, daß ein Dichter seines Zuschnitts, von der Verantwortlichkeit, der öffentlichen Aufgabe des Poeten überzeugt, sich dem Drama, dem Theater näherte, der Kunstform, die am meisten Öffentlichkeit verlangt? Was Wunder, daß er die gebundene, die bindendste Form wählte, das Versdrama?

Mord im Dom

Das Zentralthema von *Murder in the Cathedral* (1935): Der in ihrer Wirrnis und Kleinlichkeit, in ihrer Kreatürlichkeit und Hinfälligkeit unwirklichen Welt enthebt sich Thomas Becket, der als Märtyrer des Glaubens fällt und im Fallen die Wirklichkeit Gottes bezeugt. Die erschütterten Zeugen seines Martyriums, die Priester, die Frauen von Canterbury, die Zuschauer im Theater, will er für einen Augenblick dieser Wirklichkeit aussetzen – nur für einen Augenblick, denn der »Mensch erträgt nicht sehr viel Wirklichkeit« (nicht sehr viel Absolutes, Unbedingtes). Das ist ein Kernsatz bei Eliot, er steht nicht nur in *Mord im Dom,* er kehrt wieder in den *Quartetten,* im *Familientag* in der *Cocktail Party.* Nur auf dem Weg des Heiligen, des Martyriums, ist Wirklichkeit erreichbar, nur für wenige Begnadete – für die anderen, die vielen, bleibt nichts, als sich im Relativen, im Unvollkommen-Weltlich-Diesseitigen einzurichten. *Mord im Dom* demonstriert die Ausnahme – *Der Familientag* und besonders *Die Cocktail Party,* Eliots nächste Dramen, gelten der Regel, gelten der Frage: Wie ist es halbwegs erträglich, im Unwirklichen zu leben?

Der Familientag

Das Stück (*The Family Reunion,* 1939 zuerst veröffentlicht) spielt auf einem englischen Landsitz. Amy, verwitwete Lady Monchensey, erwartet mit drei unverheirateten

Gustaf Gründgens inszenierte 1950 in Düsseldorf die erste deutsche Aufführung von T. S. Eliots »Familientag« – mit Sybille Binder als Agatha, Paul Henkels als Charles Piper, Adolf Dell, Thea Grodtzinsky und Gerda Maurus – als Gesellschaftsstück mit spiritueller Aura.

Die andern bleiben zurück, weiter in die Totenstarre und Unwirklichkeit der Konvention gebannt – bis auf Agatha und Mary, die Harry auf den Weg geholfen haben und die sich auf ihren »Wanderungen in der neutralen Zone zwischen zwei Welten« wiederbegegnen werden, als Seher und Helfer.

Der Familientag ist nach der Meinung des Autors ein mißlungenes Stück. Das heißt nicht, daß Eliot den Weg für falsch hielt, den er eingeschlagen hatte: mit der Kraft der Poesie moderne Situation und antike Fabel zu verschmelzen. Nur mußte der Tonfall selbstverständlicher, lockerer, ungezwungener werden – der Bezug zum tragischen Modell weniger penetrant, geistreicher, schwereloser.

Die Cocktail Party

Diese Komödie (*The Cocktail Party*, 1949) spielt, wie *Der Familientag*, in den oberen Rängen der englischen Gesellschaft, wo hinter mühsam bewahrten Formeln moralische Läßlichkeit, Egoismus und eitle Selbstbezogenheit herrschen. Edward Chamberlayne gibt eine Cocktail Party – es kommen die junge Celia, die er liebt; Peter Quilpe, der ebenfalls Celia liebt, die geschwätzige Julia, der betriebsam-heitere Alex; schließlich ein unbekannter Gast, der unverständlich redet und betrunken zu sein scheint – nur Lavinia, Edwards Frau, fehlt zur Bestürzung ihres Mannes. Ein glänzender erster Akt: geistreiche Konversation, untergründige Spannung, Verwirrung und Entwirrung. Edward erfährt, daß seine Frau ihn verlassen hat, und ist mehr davon getroffen, als er erwartete. Celia erkennt, daß Edwards Liebe zu ihr wenig belastbar ist. Die heitere Aufdringlichkeit von Julia und Alex, vor allem aber die verwirrende Souveränität des unbekannten Gastes helfen Edward, zu sich selbst zu kommen – seiner Hilflosigkeit, Schwäche, Verzweiflung ins Gesicht zu sehen. Die Illusionen verfliegen, Leere und das Gefühl der Ohnmacht und Unwirklichkeit bleiben. Aber »Desillusion kann selbst

Marianne Hoppe als ehe- und wirklichkeitsenttäuschte Celia und Gustaf Gründgens als distinguierter, in anonymem Zwielicht bleibender Seelenberater Sir Reilly bei der deutschen Erstaufführung der »Cocktail-Party« 1950 in Düsseldorf.

zur Illusion werden, wenn man in ihr verharrt«. Auch das ist ein Kernsatz in Eliots Werk, er erscheint zuerst in den Essays aus den dreißiger Jahren. Im zweiten Akt finden wir Edward im Sprechzimmer eines Seelenarztes, Sir Harcourt-Reilly – er ist niemand anders als der unbekannte Gast des ersten Aktes. Edward stößt – gegen seinen Willen – auf Lavinia, seine Frau; einer wirft dem anderen die Schuld am Scheitern ihrer Ehe vor, bis jeder erkennt, daß die Vorwürfe auf ihn selbst zurückfallen: »Die Hölle, die ist man selbst.« (Das ist ein bewußter Kontrast zu Sartres »Die Hölle, das sind die andern« aus dessen Drama *Geschlossene Gesellschaft*.) Von Sir Harcourt-Reilly behutsam geführt, entschließen sich Edward und Lavinia, ihr altes Leben wieder aufzunehmen, sich gelassen mit Unvollkommenheit und Unwirklichkeit abzufinden. Nicht so Celia. Sie geht den anderen Weg, den heiligen, den unbedingten, den Weg Thomas Beckets und Harrys im *Familientag*, den Weg des

---

Schwestern und zwei Schwägern ihre drei Söhne. Zwei, der durchschnittliche und der mißratene, kommen nicht, aber Harry, Lord Monchensey, der älteste, kehrt nach acht Jahren Abwesenheit zurück, ebenfalls verwitwet, von Sonderbarkeit und Verzweiflung umwittert. Es bleibt unklar, ob er seine Frau umgebracht hat. Die Eumeniden, die Rachegöttinnen, erscheinen ihm plötzlich – aber es geht nicht um Verbrechen und Strafe, sondern um Schuld und Sühne. Harry ist durch seine (reale oder seelische) Schuld an letzte Fragen geraten: »In dieser Welt bleibts unfaßlich, die Lösung liegt in einer andern« – von Agatha, der priesterlichen der Schwestern unterstützt, löst sich Harry aus der konventionellen und unwirklichen Welt der Familie und des Hauses. Er sagt: »Wohin geht man aus einer Welt des Wahnsinns? Irgendwohin jenseits der Verzweiflung. Zum Gebet in die Wüste, zu Durst und Entsagung … zur Sorge für das Wohl von geringen Menschen.«

Glaubens, der »aus der Verzweiflung entspringt« und der aus dieser Welt hinausführt. Im dritten Akt, zwei Jahre später, ist wieder Cocktail Party bei Edward und Lavinia, die Gäste aus dem ersten Akt erscheinen wieder. Mitten im heiter-konventionellen Gespräch, fast beiläufig, erfahren sie, daß Celia als Pflegerin im Urwald, unter Heiden, den Märtyrertod gestorben ist.

Die Cocktail Party ist ein durchaus sublimes Stück, der bittere Ernst des Stoffes ist in spielerisch anmutende Konversation aufgelöst, die Figuren sind sicher gezeichnet, folgerichtig entwickelt und reizvoll kontrastiert. Es ist ein vielschichtiges Stück, das zugrunde liegende antike Muster ist die *Alkestis* des Euripides.

Der Privatsekretär

In dieser Komödie (*The Confidential Clerk*, 1953) hat Eliot auf den Apparat der Seher und Helfer (Agatha im *Familientag*, Julia, Alex und Sir Harcourt in der *Cocktail Party*) verzichtet, und der andere, der heilige Weg spielt nur von ferne herein. Es geht um das anständige menschliche Sich-Einrichten in dieser Welt, um ein Leben »ohne Illusion und falsche Ambitionen«. Die Fabel ist schwankhaft: verlorene und vertauschte Kinder, wiedergefunden und plötzlich wieder vertauscht. Die Milieu ist erneut die obere englische Gesellschaft, der Gesprächston leicht, der Tiefsinn nicht ohne zarte Distanz und Ironie ausgesprochen. Eigentlich geht es darum, daß Menschen einander nie ganz kennen, daß sie sich dauernd wandeln, daß Täuschung und Schein auch Realität haben. Die Moral heißt: Man muß »die Bedingungen auf sich nehmen…, die das Leben einem stellt, sogar bis zur Billigung des Scheins«. Wirklichkeit ist schwer, kaum erreichbar.

Das zentrale Eliot-Thema wird aber nicht so sonor wie in *Mord im Dom*, nicht so quälend wie im *Familientag*, nicht so bedeutungsschwer wie in der *Cocktail Party* abgehandelt. Und es gilt nicht allein mehr nur die Wirklichkeit des Glaubens; es ist viel von der Wirklichkeit des schöpferischen Kunstwerks die Rede – nicht, daß die Personen des Stücks schöpferische Künstler wären, aber sie verlangen nach dem »Losgelösten«, nach der Welt »in der die Form die Realität ist und das Materielle nur noch ein Schatten davon«.

Ein verdienter Staatsmann

Eliots letztes Stück (*The Elder Statesman*, uraufgeführt 1958) ist wieder von schwererem Stoff. Dem älteren, abgedankten Staatsmann Lord Claverton erscheinen die Gespenster der Vergangenheit: der Jugendfreund aus Oxforder Studententagen, durch leichtsinniges Beispiel von Claverton auf die schiefe Ebene gebracht, jetzt reicher, etwas zweifelhafter Geschäftsmann in Mittelamerika; die Geliebte aus den gleichen Jahren der Bedenkenlosigkeit, später Revuestar, jetzt geschwätzige, mit ordinärer Herzlichkeit sich aufdrängende reiche Witwe; es erscheint Clavertons Sohn Michael, in dem des Vaters Jugendtorheit wieder lebendig wird, grell und vertrotzt sein Scheitern entschuldigend und geldliche Hilfe für einen neuen Anfang in Übersee fordernd. Claverton nimmt seine Jugendsünden an, er hat damals nach durchschwärmter Nacht einen alten Mann überfahren, er hat das Heiratsversprechen, das er der Geliebten gab, gebrochen. Er bekennt sich zu alldem vor seiner Tochter und dem zukünftigen Schwiegersohn, läßt sogar in schweigsamer, schwächlich wirkender Milde den Sohn an der Hand des zweifelhaften Jugendfreundes ebenso zweifelhaften Geschäften entgegenziehen (da ist viel unausgesprochene Bitternis im Spiel, da wird Schuld nicht nur bekannt, sondern heimgesucht im zweiten Glied). Entlastet nicht nur von vergangener Verfehlung, sondern auch freigeworden von falschem Anspruch an sich und die Welt, freigeworden davon, »Jemand« ein »Ich« sein zu müssen, geht er in den kühl gewordenen Garten hinaus, einem heiteren und leichten Nichts entgegen. (Verbirgt Eliot das strahlende Sein im christlichen Jenseits diskret in dieser Formel, oder ist sein früher so bestimmter Anglokatholizismus buddhistisch aufgeweicht?) Zurück bleibt die Tochter mit ihrem zukünftigen Mann, sie vereinigen ihre Stimmen zu einem Hymnus auf die sanfte und sichere Liebe, bis zu den »Grenzen der Sprache und darüber hinaus« feiern merkwürdig triumphierend »das Tote, das Segen über das Lebende ausgegossen« hat.

Das antike Muster, das diesem Stück zugrunde liegt, ist offenbarer als in der *Cocktail Party* und im *Privatsekretär* – es ist der Sophokleische *Ödipus*. Der getötete alte Mann auf der Straße weist darauf hin, auch die treue, stützende Tochter. Der Jugendfreund in seinem nüchternen politischen Realismus erinnert an Kreon, im unguten Sohn Michael sind des Ödipus Söhne Eteokles und Polyneikes zusammengezogen. Jokaste und die Blutschande fehlen, überhaupt liegt über dem ganzen Stück mehr die lösende und überwindende Altersmilde des *Ödipus auf Kolonos* – das Sanatorium des zweiten und dritten Akts entspricht dem Hain, von den Eumeniden bewohnt, vor dem der greise Ödipus seine letzten Lebensstunden verbringt und in den er entschwindet wie Lord Claverton in den abendlichen Park des Sanatoriums, um zu sterben.

John Osborne

Dem unteren Mittelstand entstammend, wuchs der 1929 geborene Osborne in London auf und arbeitete nicht sehr erfolgreich als Regieassistent und Schauspieler bei einem reisenden Ensemble. In dieser Zeit, 1954, schrieb er mit Anthony Creighton zusammen *Epitaph for George Dillon*, das erst 1958 aufgeführt wurde.

Hier ruht George Dillon

Der erfolglose junge Schauspieler und Stückeschreiber George Dillon bricht als Schmarotzer und Herzensverwirrer, als Liebling und arger Spötter in die kleinbürgerliche Familie Elliot ein, geliebt von der weich- und warmherzigen Mutter, die in ihm ihren gefallenen Sohn wiederzuhaben glaubt, geliebt von den Töchtern, der scheuen Nora und der süßen und gräßlich banalen Josie, gehaßt von dem ohnmächtig knurrenden Vater. George nutzt sie aus und verachtet sie; mit dem verzweifelten Hochmut des erfolglosen Dichters sieht er auf sie herab und lebt von ihrem Geld. Das ist (mal amüsant, mal enervierend) breit geschildert. Am Ende kriecht George zu Kreuz: hat Erfolg mit einem kommerziell verbogenen, verlogenen Stück, wird von der Schwindsucht geschwächt und schwängert die jüngste Tochter. Mit einem letzten Aufheulen unterwirft er sich der Welt platter Liebe und schmutzigen Geldes und spricht seinem »besseren Selbst den Nachruf: Hier ruht George Dillon … der da hoffte, eines jener geheimnisvoll lächerlichen Wesen zu sein, die man Künstler nennt«.

Blick zurück im Zorn

Look Back in Anger (zuerst aufgeführt 1956) führt in einer engen Mansardenwohnung in einer mittelenglischen Großstadt fünf Personen vor: Jimmy Porter, Student, jetzt Bonbonladenbetreiber, knapp 30 Jahre alt, unruhig, heftig, rücksichtslos, mißmutig, von Reflexion und scharfer Kritik an andern und an sich zerrissen; seine Frau Alison, aus einer »guten« Familie stammend, einfühlsam, aber in einer schwer zu fassenden Konventionalität gefangen; dann Cliff, den Freund und Partner Jimmys im Bonbongeschäft, gutmütig, freundlich, Jimmy bewundernd. In die durch immer neue hektische Ausbrüche und Attacken Jimmys gespannte Atmosphäre gerät die damenhafte Helena, Alisons Freundin, Schauspielerin. Alison, die ein Kind erwartet, versucht zwar, ihrem Vater, dem Kolonialoffizier, dessen Ähnlichkeit mit Jimmy deutlich zu machen: »Du fühlst dich verletzt, weil sich alles verändert hat. Jimmy fühlt sich verletzt, weil sich nichts geändert hat«, verläßt Jimmy aber und kehrt zu ihren Eltern zurück. Helena tritt, Jimmys Anziehungskraft erliegend, an Alisons Stelle, erweist sich jedoch als noch schwächer: Alison, die eine Fehlgeburt gehabt hat, kehrt zurück, Helena geht. Am Ende finden sich Jimmy und Alison – allerdings schwerlich für dauernd. Sie errichten in gemeinsamer poetischer Flucht ein Traumland, von dem der Zuschauer weiß, daß es nicht dauern wird.

Jimmy Porter ist eine komplexe, vieldeutige, verbissene Figur. Sie formuliert ein Grundgefühl: Man kann nichts tun. Der Zorn des Jimmy Porter kommt aus der Lähmung: »Ich glaube, Leute von unserer Generation sind nicht mehr fähig, für eine gute Sache zu sterben. Das ist schon für uns erledigt worden, in den dreißiger und vierziger Jahren, als wir noch klein waren. Es gibt keine gute ehrliche Sache mehr. Wenn der große Krach (der Atomtod) kommt und wir alle draufgehen, dann nicht für den altmodischen großen Plan (die Verwirklichung des Sozialismus?). Nur für das Ehrliche Neue Nichts Weiter.« Jimmys Vater, ein Arbeiter, hat in Spanien gekämpft, ist krank zurückgekehrt und gestorben, von seinen Labour-Party-Genossen im Stich gelassen, wie Jimmy meint.

Günther Klotz: »Osborne gab dem neuen Helden, dem sich entrüstenden, verwundeten jungen Menschen, eine für das Theater neue Sprache. So extrem andere, Artaud folgend, ein körperliches Theater machten, wiedererweckte er das sprachliche. Es ist keine Sprache der Verinnerlichung oder der bloßen Verlautbarung der Gefühle. In ihren virtuos gehandhabten Formen der Umgangssprache, durchsetzt von den soziologischen, technischen und juristischen Begriffen einer jungen politischen Opposition, in der gebrochenen Syntax und den Wiederholungen, in den sarkastischen, parodierenden und untertreibenden Pointen drückt sich dieser tief empfundene und bedrückende Zusammenhang der persönlichen Krise mit der öffentlichen aus.«

Aber Jimmys Zorn ist doch zumindest eine Regung. »Zornig werden, heißt beteiligt sein, und da wir von Teilnahmslosigkeit, pedantischer Gleichgültigkeit und einem allgemein herrschenden Zustand der Drückebergerei umgeben sind, kann es nicht schaden, wenn man ein paar Leute dazu bringt, geräuschvoll ... das Theater zu verlassen« (Osborne in der Vorrede zu seinem Stück).

Der Entertainer

Archie Rice (*The Entertainer,* 1957), singender und tanzender Conferencier der untergehenden Unterhaltungsform Music Hall, ausgebrannt, drittklassig, wendet sich mit fünf ordinären und dumm-patriotischen Entertaining-Nummern ans Publikum, zwischen sechs Szenen in der Bruchbude im Badeort, wo die Rice-Familie wohnt: Archies Vater Billy war früher ein guter und berühmter Conferencier, Archies Frau Phoebe säuft, seine Tochter Jean hat ihren konservativen Verlobten und London verlassen, weil er ihren politischen Aktivismus mißbilligte. Der Sohn Frank, Pianist, saß wegen Wehrdienstverweigerung im Gefängnis; der andere Sohn Mick ist braver Soldat, fällt im Zusammenhang mit dem Suezkrieg. Archie mißbraucht seinen Vater Billy für seine abgedroschene Show; der Alte stirbt. Archie macht weiter, zynisch und illusionslos: »Ich bin tot hinter diesen Augen, ich bin tot wie der ganze faule Haufen da draußen (vor der Bühne). Es macht nichts, weil ich nichts mehr fühle, und weil auch sie nichts mehr fühlen.« Die Rolle des drittklassigen, schmierigen Entertainers ist für Laurence

Olivier geschrieben worden – als Herausforderung an einen erstklassigen Schauspieler: Wie spielt der das Drittklassige?

Luther

Ein Bilderbogenstück (1961) um den deutschen Reformator, seine Gewissens- und Darmverstopfungsprobleme: Der Augustinermönch begehrt 1506 auf, streitet mit seinem Vater, agiert vor der Wittenberger Schloßkirche, disputiert gröblich mit dem Professor Eck, betet 1525 über den Leichnamen toter aufständischer Bauern und zeigt sich schließlich 1527 als resignierter, doch behäbiger Familienvater. Die Reformation erscheint als Nebenprodukt der zornigen Revolte gegen den Vater, den leiblichen und den in Rom (Osborne ließ sich von Erik Eriksons psychoanalytischer Studie *Der junge Mann Luther* anregen).

Richter in eigener Sache

Der 39 Jahre alte Scheidungsanwalt Bill Maitland in *Inadmissable Evidence* (1964) ist vor einem imaginären Gericht wegen eines »obszönen Objekts«, wegen seines verpfuschten Lebens, angeklagt. Alles, was ihm seine Frau und seine Geliebte Liz sagen, was er meint, daß seine (schweigende) siebzehnjährige Tochter denkt, was die von ihm schwangere Sekretärin und die von ihm mal eben verführte Telefonistin meinen – alles nährt seine egozentrische Selbstverteidigung, die doch zugleich auch Selbstverurteilung ist. Selbst im Beruf wird er, deutet sich an, scheitern.

Ein Patriot für mich

Den Fall des k. und k. Obersten und Geheimdienstoffiziers Redl, der vor 1914 für die Russen spionierte, bettete Osborne in *A Patriot for Me* (1965) nicht in eine Feinzeichnung der österreichischen Vorweltkriegsverhältnisse ein, sondern benutzte ihn zur Demonstration der These, daß Außenseiter der Gesellschaft an den Vorurteils- und Aussonderungsmechanismen scheitern: Redl war Jude und Homosexueller. Osborne war vor allem an letzterem interessiert; er plädierte mit dem Stück für die Liberalisierung der betreffenden Gesetzgebung – im Zusammenhang mit einer öffentlichen Kampagne, die zum Erfolg führte.

Die Titelrolle in Osbornes »Luther« spielte bei der Uraufführung am Londoner Royal Court Theatre 1961 der junge Albert Finney. Die beiden Bilder zeigen Finneys Ausdrucksskala. »Tony Richardsons Regie ist mönchisch einfach, und es läßt sich kein besserer Luther denken als der Tölpel, der Klotz, der unendlich verwundbare Jedermann Albert Finneys. Wenn er zweifelt, blaß und an den Lippen nagend, wirkt er wie eine Reinkarnation des jungen Irving, den man für ein Kannibalenfest herangemästet hat« (Kenneth Tynan).

Nach drei nicht sehr erfolgreichen Umformungen älterer Vorlagen 1968 – *A Bond Honoured* nach *La Fianza Satisfecha* von Lope de Vega, *A Place Calling Itself Rome* nach Shakespeares *Coriolan* und der Dramatisierung von Oscar Wildes Roman *Das Bildnis des Dorian Gray* – kehrte Osborne in die englische Gegenwart, ins Milieu von Künstlern und Intellektuellen zurück, die aber jetzt kaum noch materielle, sondern vor allem psychische Probleme haben. In *Time Present* (*Gegenwart,* 1968) flüchtet sich die Schauspielerin Pamela aus der Gegenwart, indem sie sich an den Lebensstil ihres (sterbenden) Vaters anklammert. In *The Hotel in Amsterdam* (1968) sind drei beim Film beschäftigte Ehepaare dort für ein Wochenende abgestiegen, um dem Boß K. L. zu entgehen, den sie hassen. Die Nachricht von dessen Tod wirft die Frage auf, ob denn nicht die Furcht vor ihm und der Haß auf ihn das war, was die sechs verband.

Westlich von Suez

Die Handlung von *West of Suez* (1971): Auf einer Tropeninsel, die ehemals britische Kolonie war, reden die Feriengäste einer Generalsgattin – ihre drei Schwestern, deren Männer und ihr Vater, ein berühmter englischer Schriftsteller – darüber, wie betrüblich es um das ehemals glorreiche britische Weltreich bestellt ist, wie die eingeborenen Diener sich faul um die Arbeit drücken, wie die Kritiker das Theater verhunzen und warum so viele Männer schwul sind. Schwul ist anscheinend der zweite Schriftsteller, der auftritt – er lebt als Steuerflüchtling auf der Insel. Ein amerikanischer Hippie, Freund eines Friseurs, bricht in eine unflätige Tirade wider das Establishment aus. Am Ende wird jener erste Schriftsteller von zwei Guerilleros erschossen.

In den siebziger Jahren hat Osborne versucht, dem nachlassenden Interesse für seine Werke mit formalen Reizen entgegenzuwirken: In *A Sense of Detachment* (1972) läßt er zwei Spieler aus dem Zuschauerraum in die vage Debatte der Figuren auf der Bühne eingreifen, es gibt literarische und musikalische Zitate. Die Satire *The End of My Old Cigar* greift doppelt an: die Männerherrschaft als dekadent, die Frauenemanzipation als verrannt fanatisch. Alle diese Stücke kamen nicht mehr über die Londoner Uraufführung hinaus – aber *Blick zurück im Zorn* hat in den achtziger Jahren (wie andere Schlüsselwerke der fünfziger Jahre) neues Interesse gefunden: sechs Inszenierungen allein in der Saison 1983/84 an deutschsprachigen Theaters.

Arnold Wesker

Mit ihm meldet sich das Proletariat zu Wort: Wesker, 1932 im Londoner East End geboren, entstammt einer Familie jüdischer Einwanderer aus Ungarn, einer Familie begeisterter Sozialisten. Wesker arbeitete als Tischler, Buchhändler und Küchenjunge.

Die Küche

Dieses Stück (*The Kitchen*, 1959) ist eine breite, genau beobachtete Milieustudie aus einer Restaurantküche, auf eigenen Erfahrungen basierend, vorangetrieben vom unerbittlichen Arbeitsrhythmus der Vorbereitung und Herstellung der Mahlzeiten, des Abräumens und der Reinigung – ein seltenes Beispiel für die Darstellung von Arbeitswelt, von entfremdeter Arbeit, auf dem Theater. Gekochten und gedünsteten Fisch stellt die Hauptperson her, ein junger Deutscher namens Peter. Peter ist ein Wildling. Er haut dem Zyprioten am Fleischgrill das Auge blau, er ist ein ganz und gar ungarer Mensch, ein, wenn man so will, Hecht im Karpfenteich – aufsässig, unruhig, übelnehmerisch, dabei weder unsympathisch noch untüchtig. Er spürt am deutlichsten von allen den Zwang der Arbeit, fühlt am klarsten, daß er sich in einer Tretmühle befindet. Er liebt die Kellnerin Monique, die sich aber von ihrem Mann nicht scheiden lassen will. Der will ihr ein Haus kaufen. Sie sagt es Peter. In der Verzweiflung flegelt er eine andere Kellnerin an, worauf die ihn einen »Boche«, einen »dreckigen deutschen Bastard« nennt. Da dreht er durch. Er schmeißt einen Hocker durch die Anrichte, zerhackt ein Gasrohr, wirft einen Stapel Teller um, zerschneidet sich die Hände und sinkt erschöpft zusammen.

1960 wurde die Trilogie über die jüdische und sozialistisch geprägte Familie Kahn, autobiographisch genährt, mit dem Intellektuellen Ronnie Kahn als Weskers Alter ego, am Royal Court Theatre erstmals insgesamt aufgeführt.

Hühnersuppe mit Graupen

Der erste Teil (*Chicken Soup with Barley,* 1958) hat drei Akte, drei Zeiten: 1936 agitiert die jüdische Proletarierfamilie Kahn in der Kommunistischen Partei gegen die englischen Mosley-Faschisten. 1946, nach dem Sieg über die Nazis, ist die Familie zwar vom Souterrain-Slum in eine Neubauwohnung aufgestiegen, die regierende Labour Party hat soziale Reformen durchgesetzt, doch schon droht Korruption und Verspießerung. 1956: Die Sowjets haben den ungarischen Aufstand mit Gewalt niedergeworfen, Ronnie Kahn trennt sich deshalb von der Kommunistischen Partei und zieht die Utopie des Sozialismus in Zweifel. Nur der Kraftquell im Zentrum der Familie, Mutter Sarah, bleibt sicher: »Der Sozialismus ist mein Licht.« Ronnie soll sich nicht von der Politik ins Private abwenden: »Wenn du dich nicht kümmerst, stirbst du ab!«

Tag für Tag

Roots (1959), der zweite Teil, zeigt zwei Landarbeiterfamilien in Ostengland im täglichen Stumpfsinn, mit kärglicher Sprache. Ronnie Kahn tritt nicht auf, sondern wirkt von draußen in das Stück hinein: Er hat Beatrice Bryan, Tochter der einen Familie, als Küchenhilfe in London kennengelernt; sie redet in seiner Sprache vom Sozialismus und von abstrakter Malerei, die Familie versteht das nicht. Der an der Welt zweifelnde Ronnie löst per Brief die Verlobung mit Beatrice; in einem Zornesausbruch – gegen ihn und die Familie – findet sie zu ihrer eigenen Sprache: »Habt ihr das gehört? Ich rede … Ich frage an, auf meinen eigenen Füßen zu stehen.«

Nächstes Jahr in Jerusalem

Im dritten Teil (*I'm Talking about Jerusalem,* 1960) wird noch einmal geredet von der sozialistischen Utopie, in der religiös aufgeladenen Sprache der Frühsozialisten vom »neuen Jerusalem«. Ada Kahn, Ronnies Schwester, lebt mit ihrem Mann dreizehn Jahre auf dem Lande, gemeinsam mit anderen in einer Genossenschaft und von unentfremdeter (Handwerks-)Arbeit. Das langt schließlich doch nicht zum Leben, und sie kehren nach London zurück. Ronnie, der ihren Versuch als Flucht in eine Idylle anfangs bezweifelt hatte, ist trotzdem enttäuscht über das Scheitern.

Der kurze Prozeß

Weskers fünftes Stück war *Chips with Everything* (1962); es schildert acht Wochen harten, unmenschlichen Drills in einem Rekrutenlager der Air Force. Unter den Rekruten befindet sich der Bankierssohn Pip. Er verspottet die Anpassungsbereitschaft seiner proletarischen Kameraden: »Ihr habt schon Babies, freßt Chips und befolgt jeden Befehl.« Er erzählt ihnen von Revolutionären aus der Geschichte, führt sie bei einem Kohlediebstahl an. Aber er bleibt der Sohn einer anderen Klasse; am Ende stellt er nicht das kapitalistische Herrschaftssystem selbst in Frage, sondern nur dessen im Militär besonders arrogant und autoritär hervortretende Formen. Bei den proletarischen Rekruten gibt es wenig bewußten Widerstand gegen die entwürdigende Drillmaschine, aber Ansätze zur Solidarität. Gefragt, ob das Stück pessimistisch sei, antwortete Wesker, es erfülle die »Funktion der Kunst, zu warnen. Es sagt der herrschenden Klasse: Ihr könnt uns nicht länger an der Nase herumführen. Wir wissen, wie es geschieht. Und den Beherrschten sagt es: Seht her, Jungs, auf diese Weise geht das vor sich.«

Der kurze Prozeß war Weskers größter Erfolg, es gelangte an den Broadway und wurde verfilmt. Wesker selbst setzte auf die Resolution Nr. 42 des britischen Gewerkschaftskongresses 1960, er gründete das Centre 42, das unter Arbeitern und arbeitergemäß Theater, Malerei und Musik verbreiten sollte. 1970 mußte Wesker das Unternehmen aufgeben.

Seine späteren Stücke gerieten schütterer, phraseologischer oder sind dünne Konstruktionen. *Goldene Städte* (*Their Very Own and Golden Cities,* 1966): Der Architekturstudent Andrew träumt 1926 voraus, wie bis 1990 seine Pläne sozialistischer Mustersiedlungen nur verwässert werden und aus ihnen nur mit Hilfe von Kapitalisten etwas wird. *Die Vier Jahreszeiten* (*The Four Seasons,*

Johannes Schaaf inszenierte 1962 in Bremen (Kammerspiele) Weskers »Tag für Tag«; mit Ellen Waldeck als Mrs. Bryan, Hannelore Hoger als Beatie und Josef Kamper als Mr. Bryan. Ernst Wendt schrieb über die Darstellung des durch und durch durchschnittlichen Mädchens Beatie durch Hannelore Hoger: »Lebenstrotzende Kraft gibt sie ihr, und zu erregter Ungebärdetheit treibt sie hoch – aber mit Gesten kindhafter, weicher Anmut grundiert sie den fast verzückten, ekstatischen Versuch, das Reden zu lernen. Und Stufe für Stufe hebt sie das anfangs noch trivial plappernde ...Mädchen über die Verstocktheit ihrer Familie hinaus; bis wachsende tiefinnere Verzweiflung ihr die Sprache auf die Zunge treibt.«

1965) ist die Geschichte einer scheiternden Liebe zwischen zweien, die wegen dieser Liebe ihre jeweiligen Familien verlassen haben. In *The Friends* (*Die Freunde,* 1970) bereden fünf befreundete 40jährige am Totenbett eines sechsten ihre Enttäuschungen und Niederlagen. Am Ende setzen sie die Leiche aufrecht hin und lassen sie die Faust zum sozialistischen Gruß ballen. *The Old Ones* (*Die Alten,* 1972) zeigt noch einmal die nun greise Sarah Kahn aus der Trilogie: Es gelingt ihr, die anderen Alten aus ihrer trauervollen Vereinzelung in das hoffnungsvolle gemeinsame jüdische Erntefest, das Laubhüttenfest, zu reißen, in ein Hoffungsfest. *Die Journalisten* (*The Journalists,* 1977) zeigt Deformationen der Wahrheit durch die Presse, zeigt die Tretmühle der Journalisten, die alles zu dummen Sensationen verfälschen müssen. *Das Hochzeitsfest* (*The Wedding Feast,* 1974): Der Immigrant, Jude und Schuhfabrikbesitzer Litwanow in Norfolk möchte seinen Arbeitern gegenüber, seinem Glauben gemäß, gerecht und großzügig sein und ist das sogar, wenn auch auf naive Weise. Shakespeares *Kaufmann von Venedig* variierte Wesker in *The Merchant* (*Der Kaufmann,* 1982) zugunsten des getretenen Juden Shylock.

Harold Pinter

Pinter, 1930 geboren, stammt aus dem Londoner East End, aus einer proletarischen jüdischen Familie, der Vater war Schneider. Ähnlich wie bei Wesker also, doch gab es in der Pinterschen Familie anscheinend keine sozialistische Tradition, oder wenn es sie gab, hat Pinter sie verdrängt. Als Kind wurde er evakuiert, erlebte 1944 noch den Bombenkrieg in London. Zum Studium in Oxford oder Cambridge fehlten ihm die Lateinkenntnisse. Pinter verweigerte den Kriegsdienst, brach die als Stipendium der Stadtverwaltung gewährte Schauspielausbildung an der Royal Academy of Dramatic Arts nach zwei Trimestern ab, streunte ein Jahr herum, spielte von 1950 an Rollen bei der BBC. Ein gutes Jahr lang (1951/52) reiste er mit der Wandertruppe des berühmten Schauspielers Anew McMasters durch Irland, danach spielte er bis 1957 vornehmlich in Provinztheatern und heiratete 1956 seine Kollegin Vivien Merchant, die dann in vielen seiner Stücke spielte.

1957 schrieb er die Stücke *Das Zimmer, Der stumme Diener, Die Geburtstagsfeier.* In ihnen ist die Grundstruktur seiner frühen Stücke bereits ausgebildet. Es gibt einen Raum, der hell ist und Sicherheit zu versprechen scheint. Draußen, im Dunkel, auf der Straße, lauert Gefahr, Gewalt. Sie dringt in den Raum ein, in Gestalt von Figuren, deren Herkunft und Auftrag unklar bleiben. Pinter selbst hat diese Grundstruktur von Jugenderfahrungen abgeleitet: »Jeder begegnet auf die eine oder andere Weise der Gewalt. Was mich betrifft, so begegnete ich ihr in einer recht extremen Form, nach dem Krieg, im Londoner East End, als die Faschisten wieder lebendig wurden« – in antisemitischen Exzessen. In dieser konkreten, historisch und ideologisch zu fixierenden Form kommt Bedrohung und Gewalt allerdings nicht vor in Pinters Stücken. Er hat Beckett und Kafka gelesen, die einzigen literarischen Vorbilder, die er anerkennt: »Ich dachte, hier passiert etwas, was auch in mir vorgeht.« Pinter verallgemeinert und verrätselt wie Kafka: »Wir sind alle in dieser Situation, alle in einem Zimmer, und draußen eine Welt …, die unerklärlich ist, furchterregend, seltsam, bedenklich. Der von draußen hereinkommt, wird nicht eindeutig zu identifizieren sein: Es besteht keine Gewähr dafür, daß er eine Visitenkarte besitzen wird, mit genauen Angaben … Der Wunsch nach Nachprüfbarkeit ist verständlich, kann aber nicht immer erfüllt werden. Es gibt keine scharfen Unterscheidungen zwischen dem, was wirklich ist und was unwirklich, zwischen dem, was wahr ist und was falsch. Die Dinge sind nicht notwendigerweise entweder wahr oder falsch; sie können sowohl wahr als auch falsch sein. Die Annahme, daß es wenig Schwierigkeiten macht, nachzuprüfen, was geschehen ist und was geschieht, halte ich für unrichtig. Eine Bühnenfigur, die kein überzeugendes Argument, keine überzeugende Information über ihre vorhergehende Erfahrung, ihr gegenwärtiges Verhalten oder ihre Absichten für die Zukunft noch eine umfassende Analyse ihrer Motive liefern kann, hat die gleiche Lebensberechtigung wie eine Bühnenfigur, die – beunruhigenderweise – zu alldem instande ist.« Was allerdings Pinter aufs genaueste formuliert, das ist die tatsächlich gesprochene, alltägliche Sprache des heutigen England –

oder genauer gesagt: die sozial und regional bedingten Sprachgewohnheiten. Martin Esslin hat das (in seiner Pinter-Monographie, der auch die Zitate entstammen) so formuliert. »Pinters revolutionäre Neuerung besteht einerseits darin, daß er die Sondersprache gewisser bisher auf der Bühne vernachlässigter Schichten virtuos beherrscht und damit eine neue Region, die der untersten Schichten des Londoner Ostens, für das Theater erschlossen hat, daß er aber andererseits zum ersten Mal den Konflikt, der sich aus der Existenz dieser Sondersprachen ergibt, als einen dramatischen Konflikt auf die Bühne gestellt hat. Die englische Klassenstruktur ist hierarchisch, jede Sonderklasse hat eine, der sie überlegen, und eine, der sie unterlegen ist; daraus ergibt sich eine Hierarchie der Sprachen. Wer den Dialekt der höheren Schicht beherrscht, erweist sich als überlegen; jede Begegnung zweier verschiedener sprachlicher Schichten wird so zum höchst dramatischen Machtkampf.«

Das Zimmer

The Room wurde 1957 an der Bristol University uraufgeführt. Bert Hudd, ein 50jähriger Lastwagenfahrer, und Rose, 60 Jahre, wohnen in einem Zimmer, in dem Rose sich geborgen fühlt. Mr. Kidd, den Rose als Hauswirt anredet, gibt Rose keine Auskunft darüber, wieviel Stockwerke das Haus hat: Alle Zimmer seien vermietet. Kidd und Bert gehen. Das junge Ehepaar Mr. und Mrs. Sands, auf Zimmersuche, meint, ein Mann im dunklen Souterrain habe gesagt, Nr. 7 sei frei – das ist Roses Zimmer. Der Mann (der Kidd zufolge seit Tagen darauf wartet, mit Rose zu sprechen) erscheint: Riley, ein blinder Neger. Er nennt Rose Sal (Sarah), ihr Vater (und er selbst) wünsche, daß sie nach Hause komme. Bert erzählt rückkehrend, daß sein Lastwagen ihm gefügig war (das klingt wie der Bericht über einen Liebesakt), er sieht Riley und erschlägt ihn, Rose wird blind. Das Stück ist noch unökonomisch (zu viele Personen für einen Einakter); die Symbolik ist noch nicht eingeschmolzen in den scheinbar alltäglichen Vorgang.

Der stumme Diener

Die Handlung von *The Dumbwaiter* (1959 in Bochum uraufgeführt): Zwei Killer, Ben und Gus, warten in einem Souterrainraum auf den, den sie töten sollen. Ben instruiert Gus, wie das zu geschehen habe, und liest in der Zeitung Einzelheiten über den Tötungsauftrag, was ihn erstaunt. Gus geht ein Glas Wasser holen. Ben wird durch die Sprechanlage des Speiseaufzugs der Name des zu Tötenden mitgeteilt: Es ist Gus, der entwaffnet und halb entkleidet hereinstolpert, dem Revolver Bens entgegen. Vor dem Schuß fällt der Vorhang.

Die Geburtstagsfeier

Die Uraufführung von *The Birthday Party* am Arts Theatre in Cambridge, 1958, war zunächst ein Mißerfolg. Pinters erstes abendfüllendes Stück, ein Dreiakter, spielt in einem Raum innerhalb von 24 Stunden: in der Pension der über 60jährigen Meg und ihres schweigsamen Mannes Petey in einem englischen Badeort. Der einzige Pensionsgast Stanley wird von Meg bemuttert und geliebt, er ist als Pianist eines Unterhaltungsorchesters in den Badeort gekommen, aber seit Monaten nicht mehr auf die Straße gegangen. Lulu, das Mädchen von nebenan, hübsch und ein bißchen hurenhaft, möchte mit dem unwilligen Stanley ausgehen. Goldberg, jüdisch, in den Fünfzigern, und McCann, Ire, ein Dreißiger, erscheinen. Sie haben Stanley gesucht, sie wirken bedrohlich, er hat Angst vor ihnen. Meg schenkt ihm eine Kindertrommel, auf die er besessen einschlägt.

Die beiden Fremden arrangieren für Stanley eine Geburtstagsparty. Beim Blindekuhspiel wird Stanleys Brille zertreten, er demoliert unabsichtlich die Trommel, würgt Meg. Das Licht geht aus. Goldberg und McCann holen eine Taschenlampe. Stanley bückt sich über die ohnmächtig auf dem Tisch liegende Lulu, als wolle er sie vergewaltigen. Goldberg und McCann drängen den Kichernden gegen die Wand. Am nächsten Morgen versucht Petey, Goldberg und McCann, die Stanley in der Nacht malträtiert haben, von weiteren Brutalitäten abzubringen. Vergebens: Sie wollen, sagen sie, ihn zu einem Arzt bringen. Stanley erscheint in gestreifter Hose, schwarzem Jackett, Melone (wie ein Geschäftsmann in der Londoner City); Goldberg und McCann

schildern ihm klischeehaft, wie er ein nützliches Mitglied der Gesellschaft sein könne. Er kann aber nur noch unartikulierte Laute von sich geben, sie bringen ihn weg. Der von Einkäufen zurückkommenden Meg verheimlicht Petey, daß Stanley weg ist.

Der Hausmeister

Des überaus großen Erfolges wegen wurde die Inszenierung des Arts Theatre Clubs in ein Westend-Theater übernommen; *The Caretaker* (1960) erreichte über 400 Aufführungen. Der Dreiakter spielt in des gutmütigen, kopfkranken (entmannten?), etwa 30jährigen Aston Zimmer: ein vollgestopfter Raum in einem Haus, das angeblich Mick, Astons Bruder, gekauft hat, damit Aston eine Wohnung hat und das verfallene Haus Zimmer für Zimmer renoviert. Aston hat den alten Stadtstreicher Davies von draußen mitgebracht, der sagt, er habe keine Papiere mehr, aber auch keine Schuhe, um neue zu holen. Mick, der Eigentümer, tritt als renommierender Geschäftsmann (oder Kleingangster?) auf. Zwischen den beiden tief unterschiedlichen Brüdern und dem mal weinerlichen, mal versteckt aggressiven Davies findet ein in vielen kleinen Vorgängen, Behauptungen, Empfindlichkeiten, Gewaltandrohungen stattfindender Machtkampf statt: um Davies' Platz im Hause. Davies steht am Schluß kurz vor der Niederlage: Sein Versuch, Mick gegen Aston auszuspielen, ist mißlungen, beide Brüder haben unabhängig voneinander erklärt, daß sie Davies loswerden wollen.

Zwar gibt es im *Hausmeister* den Raum als das bergende und das umkämpfte Territorium, doch in den nur noch drei Figuren sind die Rollen des Bedrohten und des Eindringlings jeweils zur Komplexität (mindestens aber zur Ambivalenz) zusammengezogen. Auch läßt sich von den reich differenzierten Vorgängen zwischen den dreien keine generelle Symbolik mehr ablösen.

Es folgten drei Einakter: In *Ein leichter Schmerz* (*A Slight Ache*, 1961) tauscht eine ältere Frau ihren Mann gegen den (ihr anfangs auf die Nerven gehenden, aufdringlichen) Streichholzverkäufer aus. *Die Kollektion* (*The Collection*, 1962) zeigt ein hetero- und ein homosexuelles Paar: Aber hat nicht die einzige Frau mit dem einen der beiden Schwulen geschlafen? Die beiden sich be-

trogen fühlenden Männer sind eifersüchtig; was »wirklich« war, bleibt ungeklärt. *Der Liebhaber* (*The Lover*, 1963): Richard verläßt das Haus, um eine Hure aufzusuchen und weil seine Frau Sarah ihren Liebhaber empfangen will. Der Liebhaber kommt: Es ist der verkleidete Richard, Sarah spielt die Hure. Oder hat die Hure vorher die Ehefrau gespielt?

Die Heimkehr

The Homecoming (1965), Pinters dritter Dreiakter, spielt in einem abgenutzten Londoner Haus, bewohnt von einer Familie, die nur aus Männern besteht: dem 70jährigen ehemaligen Fleischer Max, seinem schwächlichen (homosexuellen?) Bruder Sam und den beiden Söhnen von Max: Lenny, einem Zuhälter; Joey, dem Boxer. Zu Besuch kommen aus Amerika: Teddy, der älteste Sohn von Max, Philosophieprofessor, und seine Frau Ruth. Sie gleitet – im Verlauf des Stückes – von der Seite ihres Mannes weg zu den anderen Männern, sie wird – eine psychoanalytische Deutungsmöglichkeit – als Ur-Frau, Mutter, Geliebte, Dirne, von ihnen installiert oder, von ihr aus gesehen, sie ergreift die Herrschaft. Max, mit vulgärer Vitalität ausgestattet, leistet ihr am längsten Widerstand, seine Vaterherrschaft wird ja auch beseitigt, mindestens eingeschränkt. Teddy, der Intellektuelle, ist ein ohnmächtiger Beobachter der brutalen und wie selbstverständlich obszönen Vorgänge. Er verläßt am Ende das Haus ohne Ruth. Sie ist die Heimgekehrte.

Nahe – allzu nahe – an Beckettschen Texten sind die beiden Redestückchen *Schweigen* (*Silence*, 1969) und *Landschaft* (*Landscape*, 1968); im ersten werden die Erinnerungsmonologe dreier Figuren, im zweiten die von zweien ineinandergeschoben.

Alte Zeiten

Old Times (1971), das sind für Pinter und für die drei Figuren dieses Stücks die späten vierziger und fünfziger Jahre, als man Mitte zwanzig war und im Kino Carol Reeds Film aus dem Untergrund-Zwielicht der irischen Republikanischen Armee »Odd man out« sah; spontane Bottleparties in irgend jemandes Bude oder Küche gab, Nächte voller verklemmten Schweigens in irgend jemandes Bett verbrachte. Pinter und seiner Figuren Erinnerung fixiert diese Zeit keineswegs präzise politisch oder sozial: Es sind emotionale Erinnerungen an sogenannte Privatgefühle, -verwirrungen, -sentimentalitäten, -melancholien. Eine durch den Krieg verspätete, von pubertären Zügen nicht freie, nachgeholte Jugend.

Mittvierziger leben in der Erinnerung an die 20 Jahre zurückliegenden alten Zeiten. Die Wehmut über ihre Unwiederholbarkeit, aber auch Unergründlichkeit ist nicht ohne sarkastische und ironische Beimengung: alte Zeiten, alte Kumpels. Die Jahre seitdem haben die Gefühle von damals ja auch etwas fadenscheinig werden lassen, die Erinnerungsarbeit hat das Gewebe der Vergangenheit abgewetzt, ein geradezu abstraktes Beziehungsmuster ist übriggeblieben, vieldeutig, unpersönlich rätselhaft. Die Knotenpunkte dieses Musters waren einstmals Individualisten und deren intensive Augenblicke: sie sind jetzt farblos, ununterscheidbar, leicht zu verwechseln, austauschbar.

Bei dem Ehrpaar Deeley und Kate (er ist Filmregisseur?), in deren komfortabel umgebautem, großräumigem Bauernhaus auf dem Lande ist Kates alte Freundin Anna (in Sizilien verheiratet?) zu Besuch (oder hat sich nur die Erinnerung des Ehepaares an sie zur Spielfigur materialisiert?). War das damals eine Dreiecksgeschichte? Hat Deeley damals im Kino am frühen Nachmittag bei »Odd man out« Kate kennengelernt oder war Anna dort? Das Mädchen mit den schwarzen Dessous auf der Party damals – war es Kate oder wiederum Anna, die sich Kates Unterwäsche ausgeliehen hatte? War Deeley der Mann, der in der Nacht auf dem einen Bett im Zimmer der beiden Mädchen (waren sie Sekretärinnen?) weinte? Hat Anna totenähnlich auf dem einen Bett gelegen, starr über die Untreue der Freundin, die sie lesbisch liebte? Ist Anna tot?

Am Schluß des Stückes hockt Kate, die schweigsamste, sinnlichste Figur, im weißen Bademantel, jungfräulich-priesterlich, auf dem einen der Ehebetten im Schlafzimmer; Anna liegt, gekleidet und frisiert, wie man es damals war, totenähnlich auf dem anderen; Deeley (abgewiesen?) sitzt bewegungslos auf dem Stuhl. Diese Gruppierung wird plötzlich, für 20 bis 30 Sekunden, hell beleuchtet, dann Blackout. Alle Fragen bleiben offen, wenn der Vorhang sich schließt.

Der Dialog besteht vornehmlich aus Zwiegesprächen. Der jeweilig Dritte ist ausgeschlossen, auch wenn er anwesend ist. Das macht die Vertauschungen, das ununterscheidbar Auswechselbare der Erinnerungen möglich. Parteibildungen: Anna wirbt um Kate, versucht sie in ihren Erinnerungsaspekt einzuspinnen. Deeley unterhält Kate mit sarkastischen Pointen, hat sie ganz für sich, solange die beiden ein Potpourri aus den Schlagern von damals im Wechselgesang abziehen.

Niemandsland

No Man's Land (1975), geschrieben für die Schauspieler Ralph Richardson und John Gielgud, wirkt wie eine ein bißchen mechanische Wiederholung älterer Pinter-Themen und -Figurationen. Der erfolglose, vagabundenhafte und lustig listige Schriftsteller Spooner, ein Mittsechziger, wäre gern Sekretär des erfolgreichen, schwer trinkenden und gesundheitlich lädierten Schriftstellers Hirst. Doch das zwielichtige (kriminelle? gewalttätige) Gespann, der Sekretär Foster und der Hausdiener Briggs, ist dagegen. Wie der Machtkampf ausgeht, bleibt am Ende unentschieden.

Betrogen

Am Anfang von *Betrayal* (1978) steht der Rückblick auf eine Affäre: 1978, zwei Jahre nach der Trennung, hat Emma, Galeristin, ihren ehemaligen Liebhaber Jerry, einen Schriftsteller, in eine Londoner Bar bestellt, um ihm mitzuteilen, daß ihre Ehe mit Robert, dem Freund und Verleger Jerrys (die Ehe hatte bisher das seit sieben Jahren andauernde Verhältnis zwischen Emma und Jerry überstanden) ans Ende gelangt sei. Das ist der Trick dieses vertrackten Dreiecks-Stücks: Was man für den anderen übrig hat, was den einen mit dem anderen verbindet, kommt – meist zu spät – zum Ausdruck, nämlich erst dann, wenn darüber gehandelt wird, was mit der Beziehung zum Dritten (oder gar zum – nicht auftretenden – Vierten) gerade los ist. Das tut auf schäbige Weise weh, ist so blödsinnig unauflöslich. Mehr ist aber nicht an diesem Stück, nur diese trostlos-komische Vertracktheit, kein »Geheimnis«, keine unbewußt-mythische Grundfigur.

Ein zweiter Trick: Pinter erzählt seine Geschichte aus Zweier- und zwei Dreierszenen rückwärts, genauer: in vier Jahresstufen (1978/1976/1973/1968) zurück, auf den Stufen 1976 und 1973 allerdings in je drei Szenen vorwärts. Hinter diesem Verfahren scheint allerdings (die Pinter-Philologie wird es anders deuten) kein formales oder gar philosophisches Raffinement zu stecken, sondern nur Kalkül: ja auch alle Spannungs- und Unterhaltungsreize auszunutzen.

Trotzdem (oder gerade deshalb) baut das Stück im Verlauf der zwei Stunden Spieldauer ab: Die angetrunkene Bewunderungssuada Jerrys für und vor Emma, mit der Pinter in der letzten Szene den Beginn der Affäre 1968 zu begründen versucht, hat in ihrem Überschwang viel Unglaubhaftes, Fadenscheiniges, nach all den Desillusionierungen vorher (hinterher). Der Trick der Rückwärtserzählung verbraucht das Stück.

Das Treibhaus

The Hothouse wurde 1958, noch vor dem *Hausmeister* geschrieben. 1966 erklärte Pinter in einem Interview, es handele »von einer Institution, in der Patienten untergebracht sind: aber es wurde nur die Hierarchie der Leute gezeigt, die die Institution betreiben … Es war massiv satirisch und völlig unbrauchbar. Ich habe nie angefangen, eine der Figuren zu mögen, sie haben nicht wirklich gelebt«. 1980 revidierte Pinter seine Meinung und inszenierte selbst die Londoner Uraufführung. Er wäre besser bei der Selbstzensur geblieben. Diese drei einander belauernden Offiziere oder Beamten oder Ärzte sind tatsächlich nicht mehr als vertrottelt, hinterfotzig oder schleimig: der whiskysaufende Chef der Institution Root, der verschlagene, nach dem Chefsessel strebende Gibbs und dessen aggressiver Konkurrent Lush. Die Assistentin Miss Cutts ist eine allzeit willige Beischläferin; der Beschließer der Patientenzimmer ist das Opfer des Machtkampfes.

An anderen Orten

Unter dem Obertitel *Other Places* präsentierte Pinter 1982 drei Einakter: In *Family Voices* (*Familienstimmen*) lesen eine Mutter und ihr Sohn, in den Zuschauerraum starrend, aus ihren Briefen vor, so Vergangenheit bruchstückhaft heraufholend. *Victoria Station:* der Taxivermittler versucht aus der Zentrale über Funk den Fahrer des Wagens

274 zu veranlassen, zum Victoria-Bahnhof zu fahren; der Fahrer sitzt aber lieber im stehenden Auto im dunklen Park, eine Frau (eine Leiche?) auf dem Rücksitz. In *A Kind of Alaska* (*Eine Art Alaska*) erwacht eine Frau im Krankenhausbett aus jahrzehntelanger Schlafkrankheit.

John Arden

Anders als seine Generationsgenossen Osborne, Pinter, Wesker, Bond hat Arden (Jahrgang 1930) eine Public School und die Universität besucht; er studierte Architektur, daneben die Geschichte des Dramas und des Theaters. Er setzte sich mit der Theorie und der Theaterpraxis Brechts auseinander und knüpfte an die Song- und Balladentradition des englischen volkstümlichen Theaters an. Seit 1956 lebt und arbeitet er mit der irischen Schauspielerin Margaretta d'Arcy zusammen, die Mitautorin der meisten seiner Stücke ist.

In seinen frühen Stücken zeigte Arden anarchistische Querköpfe und Nonkonformisten, mit denen er deutlich sympathisierte, die er aber nichtsdestotrotz, meistens tödlich, scheitern ließ. Sein politischer Radikalismus nahm im Verlauf der siebziger Jahre zu; er siedelte sich in Irland an, behandelte irische Themen aus radikal-sozialistischer Sicht, arbeitete mit politischen und Laiengruppen zusammen.

Am Osterwochenende 1975 fand in der Liberty Hall in Dublin, einem Gewerkschaftsbau, Ardens zweitägige *Non Stop Connolly Show* statt. In Szenen (auf zwei Bühnen), Liedern, Zitaten aus Reden und Artikeln wurde vor einem Publikum, das aß und trank, das Leben des irischen Arbeiterführers Connolly erzählt, der 1916 beim Osteraufstand in Dublin die Irish Citizen Army anführte und fiel. Für Arden ist (anders als beispielsweise für O'Casey, der dabei war) dieser Aufstand sinnvoll gewesen –

In der 1979 in Hamburg von Dieter Giesing auf die Bühne gebrachten Dreiecks-Geschichte »Betrogen« von Harold Pinter lagen die Galeristin Emma (Ingrid Andrée) und ihr Mann Robert (Hans-Michael Rehberg) im venetianischen Hotelzimmer zuerst nackt unter Leinentüchern, reglos – nur ein Ventilator summte am Boden. Sich anziehend, umhergehend, in Rage geratend, machte er ihr Vorwürfe – sie wehrte das ab, sich narzistisch mit ihrem Körper beschäftigend. Als sie gesagt hat, daß sie seit Jahren mit Jerry ein Verhältnis hat, der zweijährige Sohn aber von ihm, Robert, gezeugt wurde zu einem Zeitpunkt, als der Freund verreist war, ballt Robert die Faust vor ihrem Schoß.

Im 1971 von Peter Hall im Londoner Aldwych Theatre in Szene gesetzten Drei-personenstück »Alte Zeiten« von Harold Pinter (Royal Shakespeare Company; Bühne John Bury) spielten Dorothy Tutin und Colin Blakely das Ehepaar Kate und Deely. Zu Blakelys Darstellung schrieb Henning Rischbieter: »...untersetzt, dickköpfig, rauhstimmig, ein Charakterspieler von solcher körperlichen und sinnlichen Präsenz, daß er wie aus dem Stand spielen kann; ohne je sich anzustrengen oder zu forcieren, holt er aus jedem Satz das an Komik, an freundlicher, treffsicherer Bosheit heraus, was sich irgend herausholen läßt.«

Hans Lietzau inszenierte 1975 im Berliner Schloßpark-Theater »Niemandsland« von Harold Pinter. Martin Held und Bernhard Minetti verkörperten die beiden Schriftsteller Hirst und Spooner. Den ärmeren, weni-ger erfolgreichen der beiden spielte Minetti, machte die aus vielerlei Sentenzen, Halbwahrheiten, Zaubereien und Tricks zusammengesetzte Rolle zur spannenden szenischen Folge virtuoser Miniaturen, komödiantischer Nummern.

als ein Glied in der Kette von Aufständen Unterdrückter bis in die Gegenwart. Gegengewalt ist für Arden geboten. Vor diesem Spektakel in Dublin entstanden die folgenden vier, noch fürs professionelle Theater geschriebenen Stücke.

Leben und leben lassen
Die Handlung von *Live Like Pigs* (1958): Die »asoziale« Familie Sawney ist bunt zusammengesetzt: Der alte Seefahrer, massig, träumerisch, zieht mit der Hure Rachel herum, an ihnen hängen des Seefahrers Tochter mit zwei Kindern und Rachels halbstarker Sohn. Sie werden von der Sozialbehörde, die sie seßhaft machen will, eingewiesen

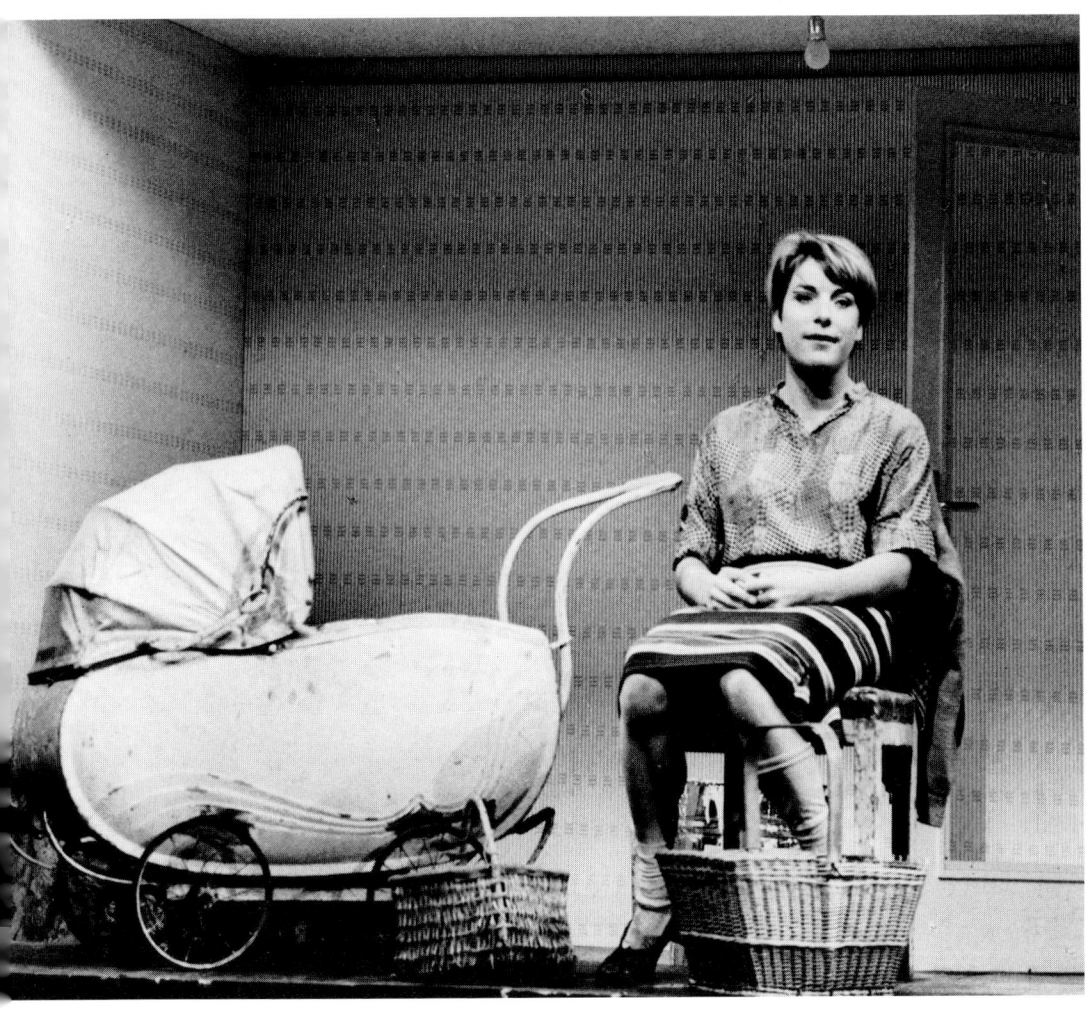

daß sie ein ganz anderes Ziel verfolgen. Desertiert sind sie mit der Regimentskasse und suchen einen Ort, die Menschen gegen den Krieg aufzurufen. Musgrave ist ein pflichtstarrer Mensch, sektiererisch; seine drei Soldaten sind ihm jeder auf seine Weise hörig. Menschen mit ihren Gegensätzen, sündenbewußt, lebensgierig, verbraucht, gebrochen. Als Waffen haben sie ein Maschinengewehr mitgebracht und das Skelett eines Kameraden, der von Heckenschützen im Kolonialkrieg getötet worden ist – er stammt aus der Stadt, in der sie jetzt sind. Im Kampf um ein Mädchen wird einer der drei Soldaten umgebracht von den beiden anderen. Aber Musgrave versucht seinen Plan, den er lange Zeit hindurch mit pedantischem Fanatismus bewegt hat, doch noch durchzusetzen – geht es nicht mit Überredung, dann eben abermals mit Gewalt. Das Skelett wird der Bevölkerung gezeigt, und das Maschinengewehr auf sie gerichtet. In tollwütigem Ausbruch, in einem »Tanz« des Aufruhrs, einem Tanz, in dem sich der Herrgott selber der Beine des Tanzenden bediene, um seinen Willen durchzusetzen, will Musgrave mit dem einzigen Soldaten, der ihm zuletzt noch geblieben ist, den Erfolg erzwingen – da erscheinen die königlichen Dragoner und stellen die (Zwangs-)Ordnung wieder her. Musgrave und der Soldat Attercliffe werden am Galgen enden.

1966 inszenierte Peter Palitzsch am Stuttgarter Staatstheater Ardens »Leben und leben lassen«. Hannelore Hoger machte mit geringsten äußeren Mitteln die Gefühle der scheinbar fühllosen, meist stummen Rosie spürbar. Den Text der Song-Einlagen steuerte der Protestsänger Franz Josef Degenhardt bei.

in eine städtische Sozialwohnung, Reihenhaus in der Vorstadt. Sie schlagen zwischen den kahlen Wänden, unter den nackten Glühbirnen ihre Matratzenlager auf, knoten ihre Bündel nur halb auf. Sie ziehen andere nach: eine Zigeunergruppe, Schwarzmaul mit dem Ohrring, der aus dem Gefängnis kommt, die alte Krächze und ihre kokette Tochter. Um die kämpfen Rachels Sohn und Schwarzmaul. Der Zigeuner wird vertrieben und zieht nachts mit Wolfgeheul ums Haus.
Gefährlicher sind die Begegnungen mit den angepaßten Nachbarn: Der Halbstarke stellt dem dünnen, aufgeregten Ladenmädchen nach, deren Vater, Vertreter, legt sich verstohlen zur Hure Rachel. Wäsche wird zerrissen, Gelegenheitsdiebstahl geschieht. Die Siedlung empört sich gegen die Asozialen. Abneigung gegen die Ungebundenen schlägt in Verfolgung um. Der Zigeuner wird verhaftet, der Halbstarke flieht mit der jungen Zigeunerin, der sterbende Seefahrer wird von der immer noch lebensgierigen Rachel verlassen. Songs gliedern die Szenen der Sozialstudie, verwandeln sie in eine Ballade.

Der Tanz des Sergeanten Musgrave

In dem Stück (*Serjeant Musgrave's Dance*, 1959), dessen Untertitel »Eine unhistorische Parabel« lautet, kommen drei Soldaten mit ihrem Sergeanten, der in jeder stillen Minute die Bibel liest, in eine streikende norwegische Bergarbeiterstadt, mit schweren Kisten und nicht wenig Geld – als Armeewerber. Allmählich enthüllt sich jedoch,

Der Packesel

The Workhouse Donkey (1963) ist episches Theater mit kommentierendem, das Publikum direkt ansprechendem Erzähler und Räsoneur, Gesang, Tanz und Versen. Auf den ersten Blick handelt es sich um eine komplizierte lokalpolitische Intrige in einer nordenglischen Industriestadt: Der neue Polizeichef des Orts ist unparteiisch und unbestechlich und löst dadurch eine Reihe von Skandalen aus, welche die in dem Städtchen herrschende Labour Party ebenso in Verlegenheit setzen wie die oppositionellen Konservativen. Am Schluß essen, vereint am Tische, Konservative und Labourleute einträchtig des Armen Brot ... Der Arme ist in diesem Fall auch ein Labour-Politiker, Charlie Butterthwaite, der, gerade weil er als einziger ein wirklich warmherziger, dem Volk naher und menschlicher Politiker ist, von beiden Seiten zum Sündenbock gemacht wird.

Armstrong sagt der Welt Lebwohl
Armstrong's Last Goodnight (1964) handelt von einer Raubrittergestalt aus dem 16. Jahrhundert; Armstrong ist eine Art schottischer Götz. Arden hatte sich bei der Bearbeitung des Goetheschen Schauspiels zu dem seinen inspirieren lassen. Die blutigen Fehden im Kongo zwischen Tschombé und Lumumba kamen ihm dabei als Beleg für die seinem Stück immanenten Thesen gerade zupaß. Die erste These besagt, daß auch eine noch so sympathische Freibeuterei – hier personifiziert in Armstrong und seinen Raubritterkollegen aus dem gleichen Holze, Stobs und Wamphrey – im Interesse des staatlichen Ordnungsprinzips nicht tragbar sei. Die zweite besagt, daß im intrigenreichen, blutigen Geschäft des Politischen auch ein redlicher Makler – hier personifiziert in Sir Lindsay, dem »Salamander der Vernunft« – nicht unangefochten davonkommt. Blut wird auch an ihm, der es nicht will, hängenbleiben. Im Evangelienmann und der nymphomanischen Meg Eliot zeigt Arden Spielarten der Ekstase: der fleischlichen, der religiösen und der pazifistischen. Das Verhältnis Ardens zu seiner Geschichte ist zweifellos nicht eindimensional, sondern gebrochen, skeptisch und ironisch. Er demonstriert fragend; die Anklage wird nur indirekt vorgetragen. Die Verlogenheit der Macht braucht nicht durch Übertreibung oder Aktualisierung denunziert zu werden, sie besorgt das selbst.

Edward Bond

Aus der unteren Arbeiterklasse stammend, wurde Bond 1934 im Norden Londons als Sohn eines Gelegenheitsarbeiters geboren. Er besuchte die Schule bis zum fünfzehnten Lebensjahr, arbeitete in vielen Jobs. Als Schüler wurde er einmal ins Theater geführt, er sah *Macbeth* und berichtete später darüber: »… zum allerersten Male in meinem Leben – ich erinnere mich ganz deutlich daran – begegnete ich jemandem, der über meine wirklichen Probleme sprach – über das Leben, das ich führte, über die politische Gesellschaft um mich herum. Kein Mensch hatte bisher auch nur ein Wort über mein Leben zu mir gesagt. Als erstes war da einfach ein Gefühl des vollkommenen Wiedererkennens. Ich kannte alle diese Menschen. Es gab sie auf der Straße oder in den Zeitungen – das war wirklich meine Welt … Und was sich noch durch Wolfits Darstellung einstellte …, war ein Gefühl für menschliche Würde. Nun, es stimmt nicht, daß Gott jedesmal im Spiel ist, wenn ein Spatz zu Boden fällt – das wäre etwas viel für ihn – aber wahr ist, daß Shakespeare sich darum kümmerte. Ganz ohne Zweifel sogar um diesen Menschen Macbeth – der vielleicht wie Hitler war. Und so erwachte in mir durch dieses Stück ein Gefühl für menschliche Würde – für den Wert menschlicher Wesen.«

Zwei Jahre diente Bond in der Armee, begann Gedichte zu schreiben und Stücke. Zwei davon wurden von der English Stage Company abgelehnt, mit deren Playwright Workshop Bond 1956 in Kontakt gekommen war. Erst 1962 wurde – in einer einmaligen Sonntagabendvorstellung – sein erstes Stück aufgeführt.

Die Hochzeit des Papstes
The Pope's Wedding (1962) präsentiert sechzehn Szenen aus einer mit überschärftem Realismus gesehenen englischen Gegenwart, in ländlicher Gegend in Essex. Eine Gang aus arbeitslosen Jugendlichen, ruppig, geil: Ihr Boß (Papst) ist Scopey; der heiratet, ziemlich wortlos, das Mädchen Pat – auch deshalb, weil sie den am Dorfrand in einer Blechbude hausenden alten Alen mit dem Nötigsten versorgt. Scopey will herauskriegen, warum Alen so isoliert lebt, dessen Erklärung: »Ich wollte immer mit Leuten zusammensein. Aber die wollten nie mit mir zusammensein«, glaubt er nicht. Als er merkt, daß der Alte tatsächlich voyeuristisch an der Welt hängt, erschlägt er ihn – und übernimmt seine Rolle und die Blechbude. Ein »verzweifelt ergebnisloser Lernvorgang« (Peter Iden).

Gerettet
Saved (1965) spielt in London, im Arbeiterquartier südlich der Themse. Das Mädchen Pam, träge und gierig, 23, nimmt den unerfahrenen, unsicheren Len, 21, mit nach Hause auf das Kuchensofa, wie schon andere vor ihm. Er hofft: »Wir würden ganz gut zusammenpassen … Das ist das Leben«, und bleibt als Untermieter. Sein Geld wird gebraucht, und Pams Mutter Mary mag ihn, auch Vater Harry, der nur noch geduldet ist im Haus. Pam geht mit Fred, dem Wortführer der Gang, bekommt ein Kind, um das sich Len kümmert. Fred angelt im Park, Pam will ihn binden, behauptet, er sei der Vater des Kindes, er weicht aus. Pam geht weg ohne den Kinderwagen. Die anderen Jungen schubsen den Wagen herum, schmeißen Steine hinein, töten den Säugling; Len sieht der Szene aus der Ferne zu. Fred sitzt im Gefängnis, Pam besucht ihn, sie ist immer noch hinter ihm her, doch als er entlassen ist, will er nichts von ihr wissen.

Heftiger Streit zwischen Mary und Harry, der einen heißen Teetopf abkriegt. Len redet vom Weggehen, bleibt aber. In der letzten, der dreizehnten Szene schreibt Harry langwierig einen Brief, Mary verrichtet Hausarbeit, Pam blättert in der Radiozeitung. Len versucht den Stuhl zu reparieren, der im Streit zwischen Harry und Mary zu Bruch gegangen ist. Seine Bemühungen sind minutiös beschrieben. Er spricht in der Mitte der langen Szene den einzigen Satz: »Hol' mal 'n Hammer.« Sie kommt kurz darauf ohne Hammer zurück. Schluß: »Lens Kopf liegt auf der Sitzfläche des Stuhls. Mary sitzt. Pam sitzt. Harry beleckt die Lasche des Umschlages und klebt ihn langsam zu.«

Das Stück wurde wegen der Steinigungsszene von der Zensur für öffentliche Aufführungen verboten. Laurence Olivier hat es einleuchtend verteidigt und gewürdigt: »Edward Bond führt seinen wunderbar beobachteten Dialog, seine vorzügliche dramatische Form in der ersten Hälfte des Stücks zu einem Akt der Gewalt – so geschiehts auch in *Macbeth* und *Julius Caesar*. Der äußerste Schrecken dieser Szene (obwohl er nicht größer und anders ist, als das, was wir täglich in den Zeitungen lesen) ließ viele Kritiker und Zuschauer übersehen, welche seltenen Eigenschaften den Rest des Stückes prägen. Dieses Stück erreicht erstaunliche Höhen der dramatischen Kühnheit und Richtigkeit und enthält eine letzte Szene, die selbst Tschechows Gefallen erregt hätte …«

Trauer zu früh
Mit diesem Stück (*Early Morning*, 1968) demolierte Bond englische Idealfiguren: Die Königin Victoria entjungfert lesbisch Florence Nightingale, das Urbild der barmherzigen Krankenschwester. Prinzgemahl Albert konspiriert mit Premierminister Disraeli gegen seine Frau Victoria. Der Viktoria-

nische Hof wird mit satirischen Mitteln wie der der Borgias gezeigt. Ins Getriebe verwickelt, und zwar auf verschiedenen Seiten, sind die beiden Söhne Victoria und Alberts, die Prinzen Arthur und George. Ihre Konkurrenzmöglichkeit ist begrenzt dadurch, daß sie an den Schultern aneinandergewachsen sind – siamesische Zwillinge also. Im ausbrechenden brutalen Bürgerkrieg wird George getötet, er hängt nur noch als schrumpfendes Skelett am Bruder, der mit Trauermonologen à la Hamlet und Macbeth auf das Gemetzel reagiert. Arthur erschießt sich – und findet im Himmel die anderen wieder: einander die (nachwachsenden) Extremitäten abfressend. Arthur verweigert diese Nahrung und stirbt noch einmal, fährt in einen nächsten, unbekannten Himmel auf.

Schmaler Weg in den tiefen Norden
Narrow Road to the Deep North (1968) verbindet antiviktorianische Groteske – die militante Georginia und ihr Commondore erobern im Vollgefühl weißer Überlegenheit ein imaginäres Japan für England – mit dem Versuch eines Lehrstücks über die zwei Wege: den der Gewalt sowie den der Askese und Erleuchtung. Der Tyrann und Kindermörder Schogo, der Gewalttäter, endet als zerstückelter Leichnam; der Mönch Kiro, der ihn begleitet, beobachtet und durch Gewaltverzicht überwinden wollte, begeht Harakiri. Kein Weg ist gangbar.

Lear
Anders als Shakespeares nur starrsinniger und egoistischer König ist Bonds Lear (1971) ein blutiger Gewaltherrscher. Seine bösen Töchter Bordice und Fontanelle haben Lears Feinde, die Herzöge von North und von Cornwell, geheiratet und entreißen dem Vater die Herrschaft. Gegen sie steht Cordelia auf, bei Bond keine Tochter Lears, sondern die Frau des Totengräbersohnes. Soldaten vergewaltigen sie, sie führt den Aufstand der kleinen Leute gegen die Töchter Lears an und läßt beide töten; Soldaten Cordelias blenden Lear. Währenddessen wird am Symbol der Macht, an der Mauer, weitergebaut, wer auch immer an der Macht ist. Der blinde Lear lernt unter den Zwangsarbeitern an der Mauer und vom Gespenst des Totengräbersohnes das Mitleid, und er erkennt, daß die Mauer zerstört,

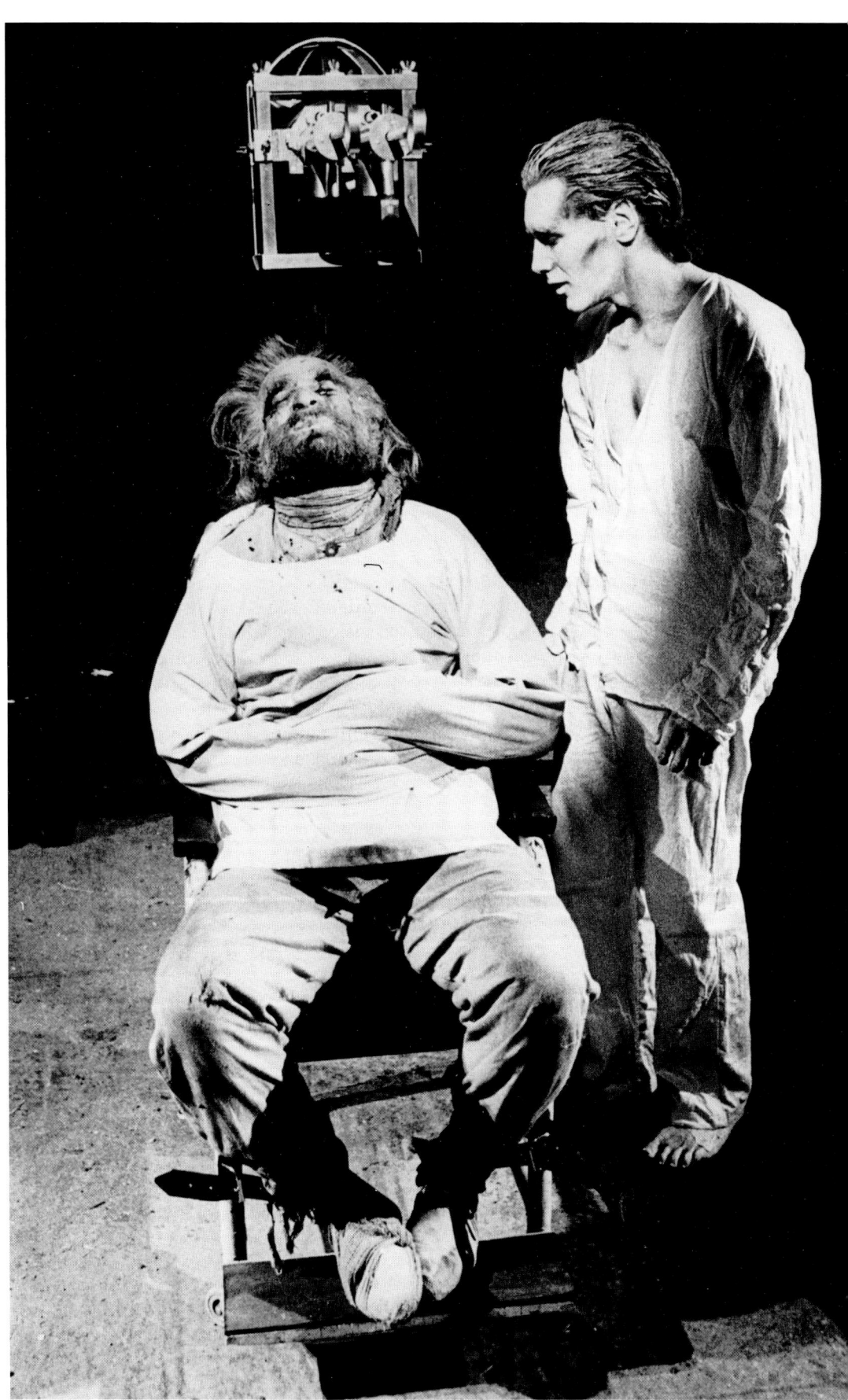

die Gewalt beseitigt werden müßte. Er fängt (aussichtslos) an, die Mauer abzutragen und wird erschossen.

Die See

In dem an der englischen Küste, in einer Kleinstadt – etwa der Jahrhundertwende – spielenden Stück (*The Sea*, 1973) dominiert die reiche, kalte, herrschsüchtige Mrs. Rafi. Sie inszeniert Theateraufführungen mit sich selbst als Hauptfigur, sie treibt den Tuchhändler Hatch mit riesigen, launisch stornierten Bestellungen in Verzweiflung und Wahn: Er versucht, die Bürger-Strandwache, die er anführt, mit der (von ihm geglaubten) Bedrohung aus dem Weltall zu fanatisieren. In dem jungen Fremdling Willy, der sich aus seinem im Sturm sinkenden Boot – sein Freund ertrank – hatte retten können, vermutet Hatch einen jener bedrohlichen Invasoren, und er verdächtigt den versoffenen Evens, der in einer Hütte am Strand haust, der Verbindung mit Willy. Beim Begräbnis von Willys ertrunkenem Freund hat Mrs. Rafi einen Schmierenauftritt – und Hatch's Wahnsinn wird offenbar. Im letzten, dem achten Bild, verabschiedet Evens Willy, der mit Rose, der Verlobten des Ertrunkenen, weggeht: »Denk daran, daß ich dir das alles gesagt habe, damit du nicht verzweifeln brauchst. Aber du mußt trotzdem die Welt verändern.«

Bingo

»Szenen von Geld und Tod« lautet der Untertitel des Stücks von 1974. Shakespeare hat seine Theatereinnahmen in Grundbe-

Edward Bonds »Lear«, die Shakespeare-Tragödie im Schrecken übertreffend, wurde bei der Londoner Royal Shakespeare Company 1981 ein zweitesmal (nach der Uraufführung 1971 am Royal Court Theatre London) inszeniert; den blinden, in die Zwangsjacke gefesselten Lear spielte Bob Peck, den Totengräbersohn Mark Rylance.

sitz angelegt und sich zur Ruhe gesetzt; seine Frau kränkelt, die bigotte Tochter Judith keift. Der Spekulant Combe will die Pächter vertreiben und ihr Ackerland in profitablere Schafweiden verwandeln. Shakespeare, der »korrupte Seher«, läßt die Bauern im Stich, erhält seine Pachtgewinne garantiert. Eine Landstreicherin verkauft sich für ein Stück Brot an Shakespeares Gärtner, sie wird wegen Hurerei ausgepeitscht und gehängt; Shakespeare ist zwar mitleidig, bleibt aber passiv. Ein pessimistisches (oder nur ein warnendes?) Bild über die Rolle der Literatur (des Künstlers) angesichts sozialer Misere.

Der Irre

The Fool (1975), im Untertitel »Szenen von Brot und Liebe« genannt, ist ein weiteres Künstlerdrama in mieser Welt: Der Lyriker John Clare (1793–1864) wächst als Kind ärmster Landarbeiter auf, dient dem luxeriös lebenden, adligen Frühkapitalisten Lord Milton als eine Art Hofnarr. Als er die sozialen Mißstände im Gedicht anprangert, schmeißt man ihn hinaus. Er will nicht mehr Ackerknecht sein, nur schreiben, läßt die Familie hungern. Der Lord läßt ihn ins Irrenhaus bringen, er bricht aus und trifft Mary, den Sehnsuchtsgegenstand seiner Poesie, als Landstreicherin im Straßengraben. Er wird von seinem Jugendfreund Darkie, dem erblindeten Boxer, zusammengeschlagen; Mary geht mit dem stärkeren Darkie. Letzte Szene: Clare im Rollstuhl, wieder im Irrenhaus, fast wortlos.

Die Schaukel

Bei *The Swing* (1976) handelt es sich um ein bluttriefendes Spektakel über einen Lynchmord in den USA 1911. »Bond haßt die Gewalt und ist ihr doch unlösbar verbunden« – so der Kommentar von Georg Hensel.

Das Bündel oder Neuer Schmaler Weg in den tiefen Norden

Nach so vielen »Frage-Stücken« wird *The Bundle* (1978) von Bond als erstes »Antwort-Stück« betrachtet. Es korrigiert den *Schmalen Weg in den tiefen Norden* von 1968. Dort wurde aus einem Findelkind der Tyrann Schogo. Jetzt wird daraus der Guerillakämpfer Wang, der für die Bauern siegt, was durch deren Entschluß zum Deichbau gegen Überschwemmungen gefeiert wird.

Die Frau

The Woman (1979), im Untertitel »Szenen von Krieg und Freiheit«, ist eine wilde und platte Variante der Ilias: Die Männer töten, vergewaltigen, plündern; bei den Frauen Hekuba und Ismene ist die Vernunft. Den Anführer der Schlächter, Heros, besiegt und tötet »The Dark Man«, der Dunkle, ein kranker Minenarbeiter.

Sommer

Mit *Summer* (1982, Untertitel: »Ein europäisches Stück«) kehrte Bond in die Gegenwart zurück, aber in eine, die tiefverwickelt ist in die Vergangenheit. Xenia, eine in England komfortabel lebende Frau, verbringt samt ihrer erwachsenen Tochter Ann die Ferien jedes Jahr in dem Haus am Mittelmeer, in dem sie aufgewachsen ist und das jetzt von der ehemaligen Magd ihrer Familie, Marthe, als Pension geführt wird. Das Land ist jetzt kommunistisch (Jugoslawien?), damals jedoch, im Zweiten Weltkrieg, während der deutschen Besetzung, herrschte Xenias Vater mittels Kollaboration über Haus und Ort, belieferte aber auch die Widerstandsbewegung mit Nachrichten. Marthe rettete er vor der Erschießung als Geisel (auch deshalb, weil man die Magd im Haushalt brauchte), sie sagte trotzdem nach dem Krieg gegen ihn aus, er starb in der Haft. Die todkranke Marthe kann nicht vergessen, daß die früheren Herrschaftsverhältnisse ungerecht waren – sie bleibt ebenso wild wie streng bei der Rückschau. Marthe und Xenia sind kompliziert miteinander befreundet, ineinander verhaßt – selbst auf die Liebe zwischen Xenias Tochter Ann und Marthes Sohn David fällt dadurch ein Schatten. Am Ende stirbt Marthe nach einem wilden Tanz. Zwischendrin noch ein für deutsche Zuschauer würgender Auftritt eines deutschen Touristen, der mit salbadernder Selbstgerechtigkeit an den Ort zurückgekommen ist, wo er einst an routinemäßigen Partisanen- und Geiselerschießungen beteiligt war.

Peter Iden: »In Bonds Werken wird die Welt erfahren als ein Schauplatz der Gewalt und der Qual – und werden die Kräfte des Lebens angerufen gegen die äußersten Schrecken und gegen den Tod. Auch in *Sommer* ist das wieder Bonds Thema: ›Was die Menschen so anrichten in dieser Welt‹ – das ist das eine, ist, was aus den Dunkelheiten der Vergangenheit an den hellen Ferientag kommt; und dagegen steht, was die sterbende Marthe der jungen Engländerin mitgibt: ›Wenn wir nicht sterben könnten, müßten wir wie die Toten leben. Ohne den Tod gibt es kein Leben. Keine Schönheit, keine Liebe und kein Glück . . . Am Ende ist der Tod ein Freund, der ein Geschenk mitbringt: Leben. Nicht dir, aber den andern Ich sterbe, damit du leben kannst.‹«

Für das gegenwärtige englische Theater bietet sich eine Fülle von Stückeschreibern an. Ein Dutzend davon kann hier nur noch mit Namen, Geburtsjahr und wenigen Stücktiteln aufgereiht werden.

James Saunders (geboren 1925) hält sich mit seinen Nerven-Spielen in der Nähe des absurden Theaters: *Ein Eremit wird entdeckt* (1962); *Ein Duft von Blumen* (1964); *Leib und Seele* (1977). Witzige und boshafte, technisch brillante Farcen schreibt der 1939 geborene Alan Ayckbourn: *Normans Eroberungen* (1974); *Bedroom Farce* (1977). Peter Shaffer (geboren 1926) arbeitet mit reißerischer Psychologie: *Equus* (1973); *Amadeus* (1981). Zu Tricks, historischen Montagen und bissigem Witz neigt der in der ČSSR 1937 geborene Tom Stoppard: *Rosenkranz und Güldenstern sind tot* (1966); *Travesties* (1974); *Nacht und Tag* (1978); Christopher Hampton, geboren 1946, begann mit geistreichen Zergliederungen der Psyche von Universitätsintellektuellen: *Der Menschenfreund* (1970); in *Geschichten aus Hollywood* (1982), ließ er prominente deutsche Emigranten im kalifornischen Exil aufeinandertreffen. Bittere provokante Satire und Grotesken schreiben die gelegentlich auch zusammenarbeitenden Howard Brenton (geboren 1942; *Christie in Love,* 1969; *Die Römer in Britannien,* 1980) und David Hare (geboren 1947; *Eine Stadt wird vernommen,* 1974). Barry Keefe (geboren 1945) sieht scharf auf das Elend und die Wut Jugendlicher: *Gimme Shelter* (1975); *Barbaren* (1977). Caryl Churchill, 1939 geboren, hat sich erst ziemlich spät, dann aber auch in New York, durchgesetzt mit ihren scharf entblößenden Skizzen über Sex und Gewalt: *Cloud 9* (1979); *Top Girls* (1982); *Fen* (1983).

Athol Fugard

Fugard, 1932 in Middelburg Südafrika geboren (der Vater ein Invalide und Alkoholiker) arbeitete zeitweise als Jazzpianist. Seine Mutter leitete eine Pension, später ein Café. Der Sohn war ein Einzelgänger. Seine engsten Vertrauten waren die schwarzen Angestellten seiner Mutter. Nach der Schulzeit ließ er sich zum Automechaniker ausbilden und erhielt aufgrund guter Leistungen ein Stipendium für die Universität in Kapstadt, wo er Philosophie, Sozialwissenschaften, Anthropologie und Französisch studierte. Kurz vor den Abschlußprüfungen brach er das Studium ab und reiste per Anhalter durch Afrika. Ohne einen Pfennig Geld in der Tasche heuerte er in letzter Not in Port Sudan auf einem Frachter nach Japan an. Unter der Mannschaft war er der einzige weiße Matrose, eine Erfahrung, die ihn nach eigenen Aussagen von allen rassistischen Vorurteilen kuriert hat. Es vergingen zwei Jahre, bis er in die Heimat zurückkehrte. Er nahm verschiedene Jobs als Journalist an, gründete die Schauspieltruppe Circle Players und begann Einakter (*Klaas and the Devil*, *The Cell*) zu schreiben. Da er davon nicht leben konnte, arbeitete er am Gericht für Bantuangelegenheiten in Johannesburg. Diese Arbeit, die er als »die häßlichste Sache, an der ich je teilgenommen habe« bezeichnete, gab den letzten Anstoß zu seinen beiden ersten abendfüllenden Dramen *No-Good Friday* (1958) und *Nongogo* (1959), die sich mit dem Leben der Schwarzen in den Vorstädten auseinandersetzen. Hier trifft man bereits auf die Beschreibungen des Leids, der Verletzungen und Deformationen, der Entfremdung und Unterdrückung durch die Apartheid, die für Fugards Stücke kennzeichnend werden. Nach einem zweijährigen Europaaufenthalt, der ihm nicht den erwarteten Durchbruch brachte, gelang ihm dieser in Südafrika mit seinem dritten Stück *Blutsband* (1961), das in seiner Anlage und seinem Aufbau wegweisend für Fugards zukünftige Dramen wurde. Wie Sartre in *Geschlossene Gesellschaft* beschreibt Fugard aneinandergekettete Charaktere. Sartre und Camus standen auch Pate bei seinen beiden folgenden Werken: *Da leben Leute* und *Hallo und Adieu* (beide 1963), die sich mit der weißen südafrikanischen Unterschicht befassen. Auf *Busch-*

mann und Lena folgte eine intensive Arbeitsperiode mit der schwarzen Theatergruppe Serpent Players. Neben Schauspielübungen wie *The Coat* (1966) entstanden Stücke wie *Fridays Bread on Monday* (1970) über den Hunger in den schwarzen Vorstädten. 1971 arbeitete Fugard an dem Gruppenprojekt *Orestes*, das Teile der griechischen Tragödie mit einem Bombenanschlag aus der süd-afrikanischen Gegenwart verknüpft. *Aussagen nach einer Verhaftung aufgrund des Gesetzes gegen Unsittlichkeit* (1972) stellt dar, wie das gesetzliche Verbot der Liebe zwischen Weiß und Schwarz sich auswirkt. In Zusammenarbeit mit John Kani und Winston Ntshona, zwei Schauspielern der Serpent Players, entstanden *Sizwe Bansi ist tot* (1972) und *Die Insel* (1973). Für das Edinburgh Festival schrieb Fugard 1975 *Dimetos,* die Geschichte einer inzestiösen Liebe. Es folgten *A Lesson from Aloes* (1978) und *Master Harold… und die Boys* (1982), zwei autobiographisch gefärbte Stücke. *Road to Mecca* (1984) zeigt, wie zwei Frauen, ein junge Lehrerin und eine alte Bildhauerin, sich durch Freundschaft stützen und stärken.

Fugards Werke wurzeln in der sozialen Realität Südafrikas und werden damit zum Politikum. Allerdings sind die Charaktere seiner Stücke weniger in den Kampf gegen spezifische politische Unterdrückung verwickelt als vielmehr in einen Bewußtwerdungsprozeß ihrer Ausbeutung. Ihre primäre Frage dreht sich um das Verständnis des Lebens unter den gegebenen Verhältnissen, einem Leben in Hoffnungslosigkeit und Resignation. Als Liberaler steht Fugard zwischen den Fronten, angefeindet von den weißen Reaktionären und den revolutionären Schwarzen. Sein Hauptziel bleibt das Aufzeigen von Entfremdung und Unrecht durch die Apartheid.

Buschmann und Lena

Die Titelfiguren des Stücks (1968), ein farbiges Paar, sind wieder einmal auf Wanderschaft. Am Morgen haben Bulldozer ihre ärmliche Behelfsbehausung im Zuge einer »Slum-Säuberung« niedergewalzt und die Bewohner vertrieben. Den ganzen Tag sind sie mit ihrer spärlichen Habe gelaufen, um am Ufer des Swartkopp-Flusses ihr Lager zu bereiten. Hier bietet sich die Möglichkeit, nach Ködern zu graben, die an die Angler der umliegenden Farmen verkauft werden können. Buschmann und Lena sind Alkoholiker. Sie leben von der Hand in den Mund. Lena weiß nicht, wo sie ist und wie sie an diesen Ort gekommen ist. Buschmann, der sich auszukennen scheint, hilft ihr nicht. Aus herumliegendem Müll und Schrott zimmert er einen notdürftigen Schutz. Während des Dialogs der beiden wird deutlich, wie Lena von Buschmann ausgenutzt wird. Er schlägt sie für Dinge, die sie nicht getan hat. Plötzlich erblickt Lena in der Nähe einen alten Afrikaner. Sie holt ihn gegen den Willen Buschmanns ans Feuer. Der Preis, den sie dafür an Buschmann zahlt, ist ihre Ration Wein. Lena erzählt dem Alten von sich, obwohl der Schwarze ihre Sprache nicht versteht und während der Nacht stirbt. Lena versucht Buschmann einzureden, daß die Polizei glauben wird, er habe ihn umgebracht. Von Panik ergriffen, packt er alle seine Sachen zusammen, um den Platz zu verlassen. Lena lehnt es ab, ihn zu begleiten. Er nimmt die Schuld auf sich, daß er sie ungerecht behandelt hat, erzählt von den Städten und Dörfern, durch die sie gekommen sind, und von den Jobs während ihrer Wanderschaft. Buschmanns und Lenas Unfreiheit drückt sich darin aus, daß sie aneinander gefesselt und außerstande sind, diese Fesseln zu lösen. Es scheint, daß beide ihren Lebensinhalt und -sinn im Leben des anderen suchen. Die Beziehung abzubrechen, würde bedeuten, mit dem Leben zu brechen. Das Stück kehrt am Ende zu seinem Ausgangspunkt zurück, aber so, daß Buschmann noch etwas gebrochener und Lena vielleicht etwas stärker als zu Beginn dasteht.

Die Insel

The Island (1973) nimmt im Titel Bezug auf die Zuchthausinsel Robben Island, eine Kapstadt vorgelagerte Insel mit fast ausschließlich politischen Häftlingen. Sie ist berüchtigt für die unmenschlichen Bedingungen, unter denen die Gefangenen leben müssen. Isolationshaft, Folter und Zwangsarbeit gehören zum Gefängnisalltag. Für die Häftlinge besteht keine Beziehung zur Außenwelt. Besuche von Angehörigen sind nur selten möglich. Es dürfen weder Zeitungen gelesen noch Radioprogramme gehört werden. Das Stück beginnt mit der Sisyphusarbeit der beiden Gefangenen John und Winston.

Beide stehen sich mit Schaufel und Schubkarre am Strand gegenüber. Jeder hat einen Haufen Sand, den er in die Schubkarre schaufelt und dann seinem Gegenüber vor die Füße kippt. So werden die Sandhaufen niemals kleiner. Eine Pfeife ertönt, die beiden Gefangenen werden mit den Füßen aneinandergekettet und unter Schlägen in ihre Zelle getrieben. Sie sind als politische Gefangene auf der Insel. Während der Abende proben sie in ihrer Zelle Sophokles' *Antigone,* die sie bei dem alljährlichen Gefängnisabend aufführen wollen. Winston, der die Rolle der Antigone spielen soll, hat keine rechte Lust dazu. Er fürchtet Gelächter und den Spott seiner Mitgefangenen. John versucht mit ganzer Überzeugungskraft, Winston zu motivieren. Mühsam trichtert er ihm die Rolle ein. Während dieser Proben erfährt John, daß er begnadigt wird und nur noch drei Monate absitzen muß. Die Freude ist groß, wird aber bald gedämpft, als ihm klar wird, was dies für seinen zu lebenslanger Haft verurteilten Freund und Zellengenossen Winston bedeutet.

Die baldige Freiheit des einen wird zur Tortur für beide, die ihren Höhepunkt in der Aufführung der *Antigone* findet, in der sie noch einmal ihre Wut und Verzweiflung über die brutale Tyrannei zum Ausdruck bringen. Winston schließt mit den Worten: »Brüder und Schwestern des Landes! Ich begebe mich jetzt auf meine letzte Reise. Ich muß für immer aus dem Licht des Tages gehen, hin zur Insel, fremd, kalt, verloren zwischen Leben und Tod. Und so in mein Grab, mein ewiges Gefängnis, lebendig verurteilt zu einsamem Tod.«

Master Harold . . . und die Boys

Mit diesem Stück (1982) erzählt Fugard ein Erlebnis aus seiner Kindheit. Die Begebenheit ist authentisch, sogar die Namen der agierenden Personen wurden nicht geändert. Master Harold, genannt Hally, ist niemand anderes als Harold Athol Lannigan Fugard. Auch die beiden Kellner Sam Semela und Willie Malapo hat es in Mrs. Fugards Café in Port Elizabeth gegeben. Der Vorfall ereignete sich zwar 1942, doch aus dramaturgischen Gründen hat Fugard ihn in die fünfziger Jahre verlegt, auf einen Zeitpunkt, da Hally bereits siebzehn Jahre zählt und pubertäre Labilität zeigt.

Das Stück spielt an einem Nachmittag im Café. Hally kommt wie jeden Tag nach der Schule, um hier seine Schulaufgaben zu erledigen. Sam und Willie, die beiden schwarzen Kellner, sind dabei, das Café aufzuräumen und den Boden zu wischen. Zwischendurch üben sie für ein Gesellschaftstanzturnier. Die Eltern von Hally sind nicht anwesend. Der Vater, ein Krüppel und Alkoholiker, liegt wieder einmal im Krankenhaus, und die Mutter ist bei ihm, um ihn – falls die Umstände es zulassen – mit nach Hause zu nehmen. Sie hält Hally telephonisch auf dem laufenden. Das Café bedeutet für den Jungen einen Ort der Geborgenheit, der Sicherheit und der Ruhe, fern vom Säufer-Vater. Die Kellner Sam und Willie – besonders Sam – sind seine Freunde und Vertrauten. Hier gibt es für Hally eine Welt, die noch in Ordnung scheint, wo stabile menschliche Beziehungen, im Gegensatz zur harten Realität der Außenwelt, möglich sind, vor allem durch das Einfühlungsvermögen der Schwarzen. Diese Ordnung gerät ins Wanken, als Hally von der Mutter am Telefon erfährt, daß der Vater entlassen wird. Der Haß auf den Vater richtet sich nun gegen den engsten Freund Sam. Hally will in Zukunft mit Master Harold angeredet werden.

In seiner Verzweiflung spielt er den Weißen, der den schwarzen »Boys« zeigt, wer der Herr im Hause ist. Hally: ». . . Du bist hier nur der Dienstbote, das merk dir. Und was meinen Vater betrifft, brauchst du dich nur daran zu halten, daß er dein Boß ist.« Sam: »Nein, ist er nicht. Ihre Mutter bezahlt mich«. Hally: »Keine Widerrede, Sam!« Sam: »Dann sagen Sie nicht, er ist mein Boß.« Hally: »Er ist ein Weißer, und das sollte dir reichen.« Damit stellt Hally die südafrikanischen Herrschaftsverhältnisse klar. Als Sam ihn darauf aufmerksam macht, was das für ihre Freundschaft bedeutet, spuckt Hally ihm ins Gesicht. Der Schock ist bei allen Beteiligten groß, aber Sam versucht, sich mit Hally auszusöhnen. Der bleibt stur und verläßt das Café. Zurück bleibt ein für das Tanzturnier probendes Paar, Sam und Willie.

Deutsches Theater und Drama nach 1945

Theater der ersten Nachkriegszeit

In den ersten Monaten nach der deutschen Kapitulation am 8. Mai 1945 ging es in vielen Städten schon wieder los mit dem Theaterspielen, vor allem in Berlin, wo die erste Premiere am 27. Mai im Renaissancetheater stattfand. Es war der Schwank *Der Raub der Sabinerinnen.* In den sieben Monaten von Juni bis Dezember 1945 fanden in Berlin etwa 120 Premieren statt, in zwei Dutzend mehr oder weniger komplett erhaltenen Theatern (zwei Dutzend waren eingreifend oder weitgehend zerstört), aber auch in Wirtshaus- und Gemeindesälen, Kinos und Schulaulen.

In den drei westlichen Besatzungszonen dauerte es häufig länger, bis wieder Theater gespielt wurde – in vielen Fällen mußte man in Behelfsräumen beginnen, weil die Theatergebäude zerstört oder stark beschädigt waren. Die Schauspieler, Regisseure und Bühnenbildner des Wiederanfangs waren die gleichen, die in der Nazizeit das Theater gemacht hatten – nur die Theaterleiter, die Intendanten, wurden zumeist erst einmal an der Fortsetzung ihrer Leitungstätigkeit gehindert.

Die Intendanten von zwei der großen Berliner Theater der Nazizeit waren Schauspieler gewesen: Gustaf Gründgens am Staatstheater, Heinrich George am Schillertheater. Gründgens und George wurden von den Russen interniert; George starb in der Haft, Gründgens wurde im Frühjahr 1946 rehabilitiert (vor allem, weil er jüdischen Schauspielern oder jüdischen Frauen von Schauspielern geholfen hatte). Er spielte und inszenierte anschließend am Deutschen Theater in Ost-Berlin, verließ aber im Sommer 1947 die ehemalige Reichshauptstadt und übernahm die Intendanz des Theaters seiner Geburtsstadt Düsseldorf.

Heinz Hilpert, der neben dem Deutschen Theater in Berlin seit 1938 auch das Wiener Theater in der Josefstadt geleitet hatte, kehrte nicht nach Berlin zurück. Er insze-

nierte im Dezember 1946 die Uraufführung von Zuckmayers *Des Teufels General* am Zürcher Schauspielhaus – ein quasi symbolischer Akt, mit dem die Leitung des Schauspielhauses, der wichtigsten freien, antinazistischen Bühne deutscher Sprache seit 1933, bekundete, daß sie den größeren Teil der deutschen Theaterleute für nicht unverzeihlich belastet hielt. 1948 gründete Hilpert in Konstanz ein Deutsches Theater, zog 1950 weiter nach Göttingen – bekannte sich zum Theatermachen in der »Provinz«. In den Entscheidungen Gründgens' und Hilperts gegen Berlin drückte sich eine neue, für die Nachkriegszeit konstitutive Theaterstruktur aus: Nicht länger war Berlin die zentrale Theatermetropole, die Spitze der Pyramide, auf die hinaufzugelangen jeden Schauspielers und Regisseurs Ehrgeiz war, sondern es gab (und gibt in der Bundesrepublik) eine Reihe etwa gleich wichtiger Schauspieltheater-Zentren: Berlin, Hamburg, zeitweise Bremen, Bochum, Düsseldorf, Köln, Frankfurt, zeitweise Darmstadt, Stuttgart, München. Und mit ihnen in engem Austauschverhältnis stehen Wien und Zürich. Der Wechsel von einem dieser Zentren zum anderen bedeutet meistens keinen Auf- und keinen Abstieg mehr.

Durch die Rührigkeit der alliierten Kulturoffiziere sowie durch die Vorreiterfunktion des Zürcher Schauspielhauses kam es zu einem starken Anteil ausländischer zeitgenössischer Dramatik an den deutschen Nachkriegstheaterspielplänen bis in die sechziger Jahre hinein. Ardreys *Leuchtfeuer* war in Zürich schon 1941 gespielt worden, Wilders *Wir sind noch einmal davongekommen* 1944. Gegenüber den Werken von Jean Anouilh, von denen zehn bis 1950 in deutscher Sprache aufgeführt wurden, hielten die Zürcher sich zurück, aber sonst formulierten sie den zeitgenössischen Teil der deutschen Nachkriegsspielpläne vor: Sie spielten von Camus *Die Gerechten* (1950), von Claudel *Der seidene Schuh* (1944), von Eliot *Mord im Dom* (1947) und *Familientag*

(1945), von Giraudoux *Undine* (1940), *Sodom und Gomorrha* (1944), *Die Irre von Chaillot* (1946; nur *Der Trojanische Krieg findet nicht statt* spielte man in Zürich erst 1949, nach München, Berlin und Frankfurt), von García Lorca *Bluthochzeit* (1944), von Arthur Miller *Der Tod des Handlungsreisenden* (1950), von O'Neill *Trauer muß Elektra tragen* (1943) und *Der Eismann kommt* (1948), von Sartre *Die Fliegen* (1944) und *Die schmutzigen Hände* (1948), von Wilder *Unsere kleine Stadt* (schon 1939), von Tennessee Williams *Die Glasmenagerie* (1947) und *Endstation Sehnsucht* (1949). Alle diese Stücke machten nach der Zürcher deutschsprachigen Erstaufführung ihren Weg über ziemlich viele Bühnen in den Westzonen bzw. in der Bundesrepublik.

Diese Internationalität mußte auch ein Vakuum füllen: Es gab kaum neue deutsche Stücke. Natürlich waren nicht, wie man damals sagte, die »Schubladen leer«. Nur, was in der Nazizeit geschrieben worden war (ob nun aufgeführt oder nicht aufgeführt), das waren zumeist Geschichtsdramen, shakespearisierende oder klassizistische, fast alle tragisch-heroisch (nach den Mustern Erwin Guido Kolbenheyers oder Hans Rehbergs), oder es handelte sich um Milieudramatik, die antistädtisch und antizivilisatorisch die Mächte des Blutes und des Bodens »beschwor« (nach dem Muster Max Halbes und Richard Billingers). Beide Dramentypen waren durch ihre forcierte Förderung im Dritten Reich und durch ihren fatalen Irrationalismus diskreditiert.

Es gab aber andererseits nur wenige Rückgriffe auf die »linke«, die expressionistische und nachexpressionistische Dramatik der ersten Jahrzehnte des Jahrhunderts und ihre Fortsetzung im Exil. Man spielte da und dort die Dramen Wedekinds, Sternheims oder Georg Kaisers und scheiterte meist schon an den sprachlichen Stilisierungen, weil es an historisch-politischem Sinn für die dargestellte gesellschaftliche Realität fehlte.

Die im Exil entstandenen und in Zürich zum Teil schon gespielten Hauptwerke Brechts (*Courage, Galilei, Der gute Mensch von Sezuan, Puntila*) hielt der Autor zurück: Er wollte sie in seinen eigenen Inszenierungen präsentieren. Brechts schonungslose Darstellung des Alltagsverhaltens im Nazideutschland, die Szenenfolge *Furcht und*

Elend des Dritten Reiches, wurde als verzerrt bezeichnet und weggedrängt; Friedrich Wolfs Stück von 1933, vom Beginn der Juden- und Kommunistenverfolgung, *Professor Mamlock*, wurde mit dem beginnenden Kalten Krieg nur noch in der Sowjetzone gespielt. Ebenso erging es den *Illegalen*, einem idealisierenden, verschlüsselten Stück über die Widerstands- und »Landesverräter«-Gruppe Rote Kapelle, das Günter Weisenborn 1945 gleich nach seiner Befreiung aus dem Zuchthaus geschrieben hatte.

Das Stück, mit dem die Nazizeit äußerst erfolgreich auf die Bühne der Westzonen kam, hieß *Des Teufels General*. Auch ein Schlüsselstück: über den Luftwaffengeneral Udet, den Verantwortlichen für Flugzeugbau und -erprobung unter Göring. Umstritten war von Anfang an, ob des Generals Harras (alias Udet) breite Männer- und Ordensbrust, seine Bekenntnisse zu Wein, Weib und Fliegerei die stärkere Wirkung machten als seine endliche Selbsttötung. Daß Harras' engster Mitarbeiter und Gegenspieler Oderbruch Widerstand gegen die Nazis durch Sabotage der Rüstungsproduktion übt, erschien vielen der Millionen Besucher des Stückes als unmoralisch – Zuckmayer, der Autor, bekam es bei den Diskussionen, die er landauf, landab führte, oft genug zu hören.

In fast allen Theaterstädten ist *Des Teufels General* über mehrere Spielzeiten hinweg und häufig mehr als hundertmal aufgeführt worden; als mit der Währungsreform 1948 die Zuschauerräume der Theater zuerst einmal leer blieben, hielt in vielen Städten allein die Zugkraft dieses Stücks an. Nicht ganz so in die Breite ging der Erfolg

Das »Marat/Sade«-Stück von Peter Weiss präsentierte 1964 mit der Entgegensetzung des politischen Revolutionärs Marat und des sexuell-radikalen de Sade zwei seit 1933 unterdrückte bzw. verdrängte deutsch-jüdische Denkschulen, die marxistische und die freudianische, in Vorläuferfiguren, dazu aber auch die respektlosen plebejischen Figuren der Sänger, die einklagen: »was ist aus unserer Revolution geworden?« – hier Rossignol (Barbara Morawiecz) und Cucurucu (Klaus Herm) in der Uraufführungsinszenierung im Schiller-Theater Berlin 1964, Regie Konrad Swinarski.

von Wolfgang Borcherts Heimkehrer-Klagegesang *Draußen vor der Tür*.

In den fünfziger Jahren hat es zwar Uraufführungen neuer deutscher Stücke gegeben, aber die Werke der Autoren damals (von Leopold Ahlsen bis Karl Wittlinger) sind heute so gut wie vergessen. Das deutschsprachige Drama repräsentierten die beiden am Zürcher Schauspielhaus durch intensive dramaturgische Arbeit geförderten und geforderten Schweizer Dürrenmatt und Frisch. Ihre erfolgreichsten Dramen (*Der Besuch der alten Dame*, 1956, und *Die Physiker*, 1963, von Dürrenmatt; *Andorra*, 1961, von Max Frisch) dominierten auch auf bundesdeutschen Spielplänen.

Das öffentliche Theatersystem aus Staats-, Stadt- und Landestheatern, das in der Weimarer Republik expandiert hatte und in der Nazizeit stabilisiert worden war, hatte die Währungsreform überlebt: Unangetastet blieb der sozial-kulturelle Grundkonsens, daß Theater als öffentliche Bildungseinrichtungen zum kulturellen Selbstbildnis einer Stadt, einer Region, eines Landes gehören – wie Bibliotheken, Museen, Kunstvereine, Volkshochschulen und wie diese aus den Etats der Städte und Länder subventioniert.

Die schon 1945 da und dort begonnene, 1946 bis 1948 fortgesetzte Reparatur- und Wiederaufbautätigkeit an den im Krieg marginal oder teilweise in Mitleidenschaft gezogenen oder gar ausgebrannten Theatergebäuden verstärkte sich, und bald wurden, nach der Währungsreform 1948, die ersten Neubauten in Gang gesetzt. Insgesamt sind auf dem Gebiet der Bundesrepublik, was Theater mit eigenem Ensemble angeht, etwa 45 Theatergebäude weitgehend erhalten geblieben, etwa 20 wieder aufgebaut und 54 neu errichtet worden. Das stimulierte den Theaterbesuch. Die Besucherzahlen in den Stadt-, Staats- und Landestheatern stiegen von 11 Millionen 1949/50 auf 20 Millionen in der Spielzeit 1956/57 – eine Höhe, auf welcher der Theaterbesuch sich etwa zehn Jahre lang bis 1966/67 hielt, bei über 90prozentiger Platzausnutzung in den Großstadttheatern (im Durchschnitt aller Theater lag die Platzausnutzung zwischen 75 und 80 Prozent). Von 1966 bis zu Beginn der siebziger Jahre ging der Theaterbesuch in den öffentlichen Theatern um rund drei

Millionen zurück (eine Folge der ersten Rezession, der Zunahme des Fernsehkonsums, der »Politisierung« der Theater?). Seitdem stagnieren die Besucherzahlen der öffentlichen Theater bei gut 17 Millionen.

Die Intendanten und Regisseure

1949 wurde der sogenannte Intendanten-Mustervertrag verabschiedet. Er fixierte die vorher schon faktisch entwickelte zentrale Position der Intendanten abschließend auch juristisch: legte allein in des Intendanten Hand das Recht, zu engagieren und den Spielplan festzulegen – sicherte also die künstlerische Freiheit des Intendanten gegenüber den Theaterträgern, den Ländern und Städten, und fixierte nach innen die hierarchische Struktur des Theaterbetriebs, die unumschränkte Spitzenstellung des Intendanten gegenüber allen anderen im Theater Tätigen. In der Realität des Theaters konkurriert die Intendantenmacht allerdings oft mit der starken Position der Regisseure. Sie haben einen manchmal dominierenden Einfluß auf den je einzelnen Produktionsvorgang einer Inszenierung, auf Stückwahl und Besetzung, Ausstattungskosten und Probedauer.

Das Dilemma der Konkurrenz Intendant–Regisseur wurde, auch das eine in den Jahrzehnten zuvor schon entwickelte Lösung, in den meisten Fällen aufgehoben durch die Personalunion von Intendant und erstem Regisseur. Gründgens (der 1934–1944 am Staatstheater noch den genialen Regisseur Jürgen Fehling neben, im Einzelfall über sich zugelassen hatte) erweiterte diese Personalunion noch um eine dritte und vierte Funktion: Er war Intendant, erster Regisseur, erster Schauspieler und auch alleinverantwortlicher Geschäftsführer der nach seinen Vorstellungen 1951 so formierten Düsseldorfer Schauspielhaus GmbH. Als Gründgens 1955 ans Hamburger Deutsche Schauspielhaus überwechselte, folgte ihm in Düsseldorf bis 1972 Karl Heinz Stroux (der als junger Regisseur in der Nazizeit am Gründgensschen Staatstheater gearbeitet hatte); das Bochumer Schauspielhaus regierte von 1949 bis 1972 Hans Schalla (der vorher bei Gründgens Oberspielleiter gewesen war); Oscar Fritz Schuh leitete das Theater am Kurfürstendamm Berlin (1953–1959), dann die Kölner Städtischen

Bühnen (1959–1963), schließlich das Deutsche Schauspielhaus Hamburg (1963–1968). Diese vier (und es ihnen nachtuend die Intendanten kleinerer Bühnen) praktizierten eine Identifikation ihrer Person mit den von ihnen geleiteten Theatern.

Nicht ganz so unumschränkt regierte Boleslaw Barlog die Berliner Staatsbühnen Schiller- und Schloßparktheater (1945 bzw. 1951–1972); er blieb als Regisseur Spezialist für zeitgenössische Werke, mußte die großen Klassikerinszenierungen anderen überlassen. Harry Buckwitz hatte in Frankfurt (1951–1968) neben sich als gleichgewichtigen Regisseur und Schauspieldirektor Heinrich Koch; das Stuttgarter Staatstheater wurde – ein Ausnahmefall – von dem Autor und Dramaturgen Walter Erich Schäfer geleitet. Die Münchner Kammerspiele dirigierte (1947–1962) in einem eher kollegialen Stil der Regisseur Hans Schweikart und das Münchner Staatsschauspiel – auch ein Ausnahmefall – ein zurückgekehrter Emigrant, der Schauspieler und Regisseur Kurt Horwitz (1953–1958), danach der ehemalige Dramaturg und Regisseur Helmut Henrichs. Sie alle gehörten *einer* Generation an, waren im Zeitraum von 1895 (Schweikart) bis 1908 (Stroux) geboren, hatten als junge Theaterleute noch die Weimarer Republik erlebt, aber ihre entscheidende Prägung in der Nazizeit erfahren. Der unumstrittene Primus inter pares war Gründgens, der als einziger schon in der Nazizeit Theaterleiter gewesen war. Sein an der »großen Form« orientierter Klassizismus, der Theater als Kunstort und -form gegen die Wirklichkeit gesetzt begriff, und die gewalttätig Werke und Schauspieler zu »Visionen« umschaffende Expressivität Fehlings – zwischen diesen Polen (nicht Gegensätzen) bewegten sich auch die Inszenierungen der anderen. Vom Expressionismus hatten sie die Realitätsferne, die Knappheit, die »Stilisierung« als pure Mittel übrigbehalten, aus der Nazizeit eine (vielleicht unabsichtliche) Neigung zu kaltem Pomp – »Reichskanzleistil« nannten die rückgekehrten Emigranten Berthold Viertel und Fritz Kortner das, was ihnen Ende der vierziger Jahre auf den deutschen Bühnen begegnete.

Die aus dem Exil, in das man sie 1933 gezwungen hatte, zurückkehrenden Brecht, Kortner und Piscator forderten und praktizierten dagegegen ein wirklichkeitsbezogeneres, politisch bewußteres Theater. Piscator inszenierte seit 1951 wieder in der Bundesrepublik; niemand dachte daran, ihm eine Theaterintendanz einzuräumen, obwohl sein kommunistisches Engagement von vor 1933 durch die Erfahrung des Stalinismus längst in ein allgemein humanistisches und pazifistisches sich entdogmatisiert hatte. Piscator zog als Gastregisseur durch Provinztheater, in Marburg, Tübingen, Essen durfte er arbeiten, in Berlin wurde seine plakathaft-pazifistische Dramatisierung von Tolstois Roman *Krieg und Frieden* 1955 scharf verrissen. Erst 1962 gelang es Piscator, Waffenstillstand mit der Volksbühne zu schließen (deren sozialdemokratische Vorstandsmehrheit ihn 1927 als Oberspielleiter des vereinseigenen Theaters gefeuert hatte): Er übernahm die Leitung der Freien Volksbühne in West-Berlin und inszenierte dort die Uraufführung der drei wichtigsten Stücke eines neuen politisch-dokumentarischen Theaters: Hochhuths *Stellvertreter* (1962), Kipphardts *Oppenheimer* (1964) und die *Ermittlung* von Peter Weiss (1965).

Kortner (wie Piscator im US-Exil in freundschaftlich-distanziertem Kontakt mit Brecht), vor 1933 der Protagonist des für die Weimarer Republik engagierten Jeßnerschen Berliner Staatstheaters, im Hinblick auf Intelligenz und Energie die stärkste schauspielerische Potenz des damaligen deutschen Theaters, hatte im Exil als Drehbuchschreiber und politischer Ratgeber theaterfern existieren müssen. Nach seiner Rückkehr spielte er zwar ab 1950 noch wenige Rollen, ging aber gleichzeitig zur Regie über. Auch er wurde nie Theaterleiter, mußte seine Inszenierungen in West-Berlin und München, später auch in Wien und Hamburg dem Routine- und Terminbetrieb und dem Intendanzsystem abtrotzen. Kortner setzte in langen, intensiven Proben einen gesten- und detailreichen, von Beobachtung und Erfahrung gesättigten, leidenschaftlich auf (auch widersprüchliche) Wahrheiten dringenden Realismus durch; seine 43 Inzenierungen von 1949 bis zu seinem Tode 1970 bildeten das stärkste Gegengewicht zum Gründgensschen Klassizismus und zum kalten und knappen »Stil«-Theater der dominierenden Regisseursintendanten. Kortner wurde damit zum Vor-

bild und (indirekt) Lehrer einer jüngeren Regisseurgeneration, insbesondere von Peter Zadek und Peter Stein.

Brechts Theaterarbeit war von früh an auf die Einheit von Autor und Regisseur hin angelegt. In der skandinavischen und US-amerikanischen Emigration formulierte er weiter an seiner Theorie vom »epischen Theater« und der »verfremdeten«, distanzierten Darstellung, die den Zuschauer in den Stand versetzen sollte, nicht nur mit dem Gefühl dabei zu sein, sondern auch mit dem Verstand »dazwischen« zu kommen, nicht an einem Wirklichkeitsbild zu kleben, sondern auch Möglichkeiten der gesellschaftlichen Veränderung zu erkennen. Die Theoriebildung war für Brecht zugleich der Ersatz für die mangelnde Gelegenheit, selbst Theater zu machen. Mit erstaunlicher Umsicht und Konsequenz betrieb Brecht nach Kriegsende die Errichtung eines eigenen Berliner Ensembles in Ost-Berlin, das zuerst im Deutschen Theater spielte und 1954 ins eigene Haus, ins Theater am Schiffbauerdamm, einzog. Brecht inszenierte in den wenigen Jahren bis zu seinem Tode 1956, umgeben von einem diskutierenden, protokollierenden, lernenden Kollektiv junger Leute (Benno Besson, Egon Monk, Manfred Wekwerth, Peter Palitzsch u. a.) eigene Stücke (*Mutter Courage, Puntila, Die Mutter, Der Kaukasische Kreidekreis*), Bearbeitungen wichtiger klassischer Werke, *Die Antigone des Sophokles, Der Hofmeister* von Lenz, *Don Juan* von Molière. Brechts Versuch, sein Theater lehr- und tradierbar zu machen, nämlich die Inszenierungen in sogenannten Modellbüchern (in Textfassungen, Fotoserien und Szenenbeschreibungen) festzuhalten, wurde von vielen Theaterleuten in Ost und West als Anschlag auf ihre Originalität, »schöpferische Freiheit«, mißverstanden – erst auf Umwegen, durch das Studium der Schriften Brechts und die Inszenierungstätigkeit seiner Schüler, setzte sich, und das erst in den sechziger Jahren, einiges von dem durch, was Brecht eigentlich damit gewollt hatte: größere Bewußtheit, politische, historische, ästhetische, der Theaterarbeit.

In der späteren DDR hatten die herrschenden Kulturfunktionäre gleich nach 1945 begonnen, die Doktrinen des stalinistischen »Sozialistischen Realismus« verbindlich zu machen, was im Theater Festlegung

auf die emotionale Einfühlung in heroisch gezeichnete Vorbildfiguren aus Geschichte und Gegenwart bedeutete.

Als die eigentliche und eigentümlichste Gegenposition zum Gründgensschen Klassizismus galt in den fünfziger Jahren der Modernismus Gustav Rudolf Sellners.

Nach Berufsverbotsjahren fing er in Kiel und Essen als Regisseur wieder an und wurde 1951 Intendant in Darmstadt. Er ließ alle psychologische und naturalistische Dramatik konsequenter noch beiseite als andere Intendanten; in seiner ersten Phase kaprizierte er sich vor allem auf Antike, Shakespeare, Barlach: ließ sich leere, roh bestückte, ins Publikum vorgekippte Bühnen bauen, auf denen ein »mystisches« und »magisches« Theater stattfinden sollte, die Schauspieler sollten das »Instrument« der heideggerisch raunenden Weltanschauung des Regisseurs sein. Sellner konfektionierte seinen »Stil« im Verlauf der fünfziger Jahre erfolgreich: Er wurde zum herausragend beschäftigten Klassiker-Regisseur in Berlin, Wien, Hamburg und bei den Ruhrfestspielen. Diese, als Festspiele für die Arbeiter und Angestellten des Bergbaus und der Stahlindustrie gedacht, gaben geradezu ein Konzentrat bundesrepublikanischen Theaterverständnisses ab. Regisseure waren neben Sellner vor allem Stroux, Schalla, Heinrich Koch.

Weil die Schauspieltheaterzentren fest in der Hand der Intendanten-Regisseur-Autokraten waren, konnte Veränderung, Widerspiel (sieht man von Kortners provokativer Gegenarbeit ab) nur von unten her, aus der tiefen Provinz, formuliert werden. Ein Ausgangspunkt war Ulm. Der dort seit 1959 amtierende Intendant Kurt Hübner engagierte zwei von außen kommende Regisseure: den Brecht-Schüler Peter Palitzsch und den in England aufgewachsenen, aus einer emigrierten jüdischen Berliner Familie stammenden Peter Zadek. Hübner hielt nach dem Bau der Berliner Mauer 1961, als ein letztes Mal ein Brecht-Boykott drohte, an Palitzschs Inszenierung der Brechtschen Bearbeitung eines Hörspiels von Anna Seghers *Jeanne d'Arc von Rouen* im September fest, und Hübner stand zu Zadek, der Shakespeare-Komödien frech und grell inszenierte. Zadeks skandalbegleiteter erster Triumph (Einladung zum Berliner Theatertreffen) war 1961 die Inszenierung von Brendan Behans irischem Kneipen- und Bordellstück *Die Geisel*: shakespearisierend wurde da anarchische Lebenslust und kreatürliche Todesangst, käufliche und keusche Liebe gegeneinandergesetzt. Das hatte keinen »Stil«, sondern Vitalität, da ging es nicht um »Kunst« und »Form«, sondern um Menschenkenntnis und Menschenfreundlichkeit – als Entertainment. Von 1962 bis 1971 leitete Kurt Hübner das Bremer Theater. Hier inszenierte Zadek auf knallhellen, leergeräumten, von Fotos, Pop-Plastiken, Schrifttafeln gerahmten und sparsam gegliederten Bühnen (von Wilfried Minks, der auch in Stuttgart mit Palitzsch zusammenarbeitete und in den siebziger Jahren Anreger einer neuen Bühnenbildnergeneration wurde) provozierend, in einer heftig aktualisierenden Weise Shakespeare (*Held Henry,* 1964), Wedekind (*Frühlings Erwachen,* 1963), Schiller (*Die Räuber*). Peter Palitzsch amtierte von 1966 bis 1972 als Schauspieldirektor in Stuttgart, vom Intendanten Schäfer (der sich vor allem der Oper widmete) unterstützt bei dem Versuch, Gegenwart und Geschichte nach Brechts Beispiel, aber nun ohne sozialistische Heilserwartung, auf die Bühne zu bringen. Palitzsch ließ sich bei seiner Bemühung um neue deutsche Autoren auf die allegorisch überfrachteten, sprachlich überpointierten Stücke Martin Walsers ein: *Der schwarze Schwan* (1964), ein Stück über Gewissensentzündung der jungen Generation angesichts der Mordverstrickungen der Naziväter; *Überlebensgroß Herr Krott* (1963), ein in dünner Sanatoriumshöhenluft angesiedeltes Requiem auf den Kapitalismus, der hinfällig ist, aber nicht sterben kann. Palitzsch ging sogar soweit, Hochhuths Kolportagedrama über Weltpolitik und Weltverschwörung *Guerrillas* aufzuführen. Das ehrgeizigste Stuttgarter Unternehmen war ein Shakespeare-Zyklus, eröffnet mit dem *Krieg der Rosen* (1967), die drei Teile der Historie *Heinrich VI.* an zwei Abenden vorführend: das Rad der Geschichte, umgetrieben vom Machtehrgeiz der Großen, diese selbst und die Kleinen zermalmend, eine eher fatalistische Geschichtsvision, essayistisch entwickelt von dem Polen Jan Kott in seinem Buch *Shakespeare, unser Zeitgenosse,* das auch Inszenierungen Peter Brooks in England und Giorgio Strehlers in Mailand anregte.

Während Palitzschs Schauspieldirektion kam im Stuttgarter Ensemble ein Politisierungsprozeß in Gang, der von außen herausgefordert wurde (Auschwitzprozeß, Vietnamkrieg, Auseinandersetzung um Notstandsgesetze) und im Inneren stimuliert wurde durch Palitzschs Bereitschaft, die hierarchische Struktur abzubauen und das Ensemble an Spielplan- und Engagementsentscheidungen teilnehmen zu lassen, auch im Inszenierungsvorgang selbst die autoritäre Position des Regisseurs aufzugeben zugunsten der Partizipation der Schauspieler schon an der dramaturgischen Vorarbeit und am Probenprozeß. So entwickelten sich die Ideen und Energien, die dann 1972 bis 1980 (zu spät) in das von Palitzsch und seinem Ensemble entwickelte Frankfurter Mitbestimmungsmodell mündeten: Dreierdirektorium mit einem vom Ensemble gewählten Mitglied als Leitung, häufige Vollversammlungen des Ensembles als Basismitbestimmungsgremium.

Der bedeutendste Regisseur der sechziger und frühen siebziger Jahre neben (und gegen) Kortner und Zadek blieb ein Einzelgänger: Rudolf Noelte, ein Realist, der gesellschaftliche (vor allem bürgerliche) Finalzustände, zur Erstarrung gekommene, abbildete. Er entdeckte in dem als Sprachstilisierer mißverstandenen Sternheim den unbestechlichen Porträtisten der wilhelminischen Vorweltkriegsgesellschaft und ihrer Fragwürdigkeit (*Die Kassette,* Berlin 1960; *Der Snob,* Stuttgart und Berlin 1964); er leistete Entscheidendes für die theatralische Entdeckung der Werke Tschechows als den reichsten der bürgerlich-realistischen Dramatik: *Drei Schwestern* (Stuttgart 1965) und *Der Kirschgarten* (München 1970). Noeltes Sternheim- und Tschechow-Inszenierungen sind zugleich Teil eines umfassenderen Vorgangs: der Darstellung der Geschichte der bürgerlichen Gesellschaft, insbesondere der deutschen, als der Vorgeschichte der heutigen Gesellschaft, was auch bedeutet: Theater als sinnliches Erkenntniswerkzeug von Gesellschaftsgeschichte zu verstehen und zu nutzen. Zadeks Tschechow- (*Der Kirschgarten,* Stuttgart 1968; *Die Möwe,* Bochum 1973) und Ibsen-Inszenierungen (*Nora,* Bremen 1967; *Hedda Gabler,* Bochum 1977; *Die Wildente,* Hamburg 1975; schließlich *Baumeister Sol-*

ness, München 1983) waren einläßliche und für diesen Regisseur erstaunlich gelassene Menschenerkundungen als Gesellschaftserkundungen.

Zadek arbeitete zeitweise eng mit dem Autor Tankred Dorst (geboren 1925) zusammen. Dessen bilderreiches Stück um die Münchner Räterepublik 1919 und ihren Protagonisten *(Toller)* hatte 1968 Palitzsch in Stuttgart uraufgeführt; Zadek inszenierte es als Fernsehfilm. Seine Bochumer Intendanz eröffnete er 1972 mit Dorsts Dramatisierung des Fallada-Romans aus den Vor-Nazi-Jahren *Kleiner Mann was nun?;* 1973 inszenierte er die Uraufführung von Dorsts *Eiszeit,* des Stücks über die Altersstarrsinns-Jahre Knut Hamsuns.

Seit 1963 findet alljährlich in Berlin das »Theatertreffen« statt, für das eine Jury von Theaterkritikern bis zu zehn »herausragende« Inszenierungen eines Jahres auswählt. Dort dominierten in den sechziger Jahren die Inszenierungen Noeltes, Palitzschs und Zadeks, das Theatertreffen trug zu deren Durchsetzung bei. 1969 wurde es eröffnet mit zwei Inszenierungen von Stücken Goethes: mit Fritz Kortners Hamburger Inszenierung des *Clavigo* – der unnachgiebig-langwierigen Entfaltung von Denk- und Gefühlsprozessen – und Peter Steins Bremer Inszenierung des *Tasso.* Stein, der Kortners Arbeit als Regieassistent an den Münchner Kammerspielen kennengelernt hatte, übernahm die gestische Deutlichkeit und Differenziertheit der Kortnerschen Spielweise, verschärfte sie aber und ließ sie als gesellschaftlich konditioniert erkennen.

Der 1937 geborene Regisseur Peter Stein wurde seit seiner ersten Inszenierung (Bonds *Gerettet,* Münchner Kammerspiele 1967) als vielleicht bedeutendstes Talent einer neuen Regisseursgeneration angesehen. Er sammelte um sich eine Gruppe von Schauspielern bei seinen Inszenierungen in München, Bremen und Zürich; 1970 nahmen sie ein Angebot des Berliner Senats an, die bisher ohne festes Ensemble betriebene Schaubühne am Halleschen Ufer zu beziehen und auf der Basis der (damals) erklecklichen Subvention von 1,6 Millionen DM ein Kollektivtheater zu betreiben, dessen Spielplan-, Engagements-, Besetzungs- und Gagenentscheidungen in der Vollversammlung aller am Theater Tätigen getroffen werden sollten.

Die Gründung der Schaubühne ist die wichtigste institutionelle und zugleich künstlerische Folgerung aus den Politisierungsprozessen der späten sechziger Jahre – aber sie blieb ohne viel Nachfolge, denn außer in Frankfurt kam es nirgendwo zur Festschreibung der Mitbestimmung als Einschränkung oder gar Ersatz der Intendanzverfassung. Wichtiger für die bundesdeutsche Theaterarbeit (und nicht nur für sie) wurde der neue Standard der Inszenierungsarbeit, den die Schaubühne setzte: längere, materialreiche Informations- und Diskussionsvorarbeit des ganzen Ensembles, sorgfältige Dokumentation und dadurch bessere Überprüfbarkeit und Bewußtheit der Probenprozesse, Entwicklung immer neuer Raumanordnungen von Spielern und Zuschauern, dem Grundgedanken der jeweiligen Inszenierung entsprechend. So wurde 1971 Ibsens *Peer Gynt* an zwei Abenden als »Eine Geschichte aus dem 19. Jahrhundert« erzählt, auf einer längelang sich durch den Raum ziehenden, gehügelten Landschaft aus hellem Filz.

Der Weg der Schaubühne in den frühen siebziger Jahren läßt sich exemplarisch aufzeigen an vier Inszenierungen Peter Steins: Zur Eröffnung 1970 spielte man Brechts *Mutter,* erzählte, wie eine russische Proletarierin von der ersten russischen Revolution 1905 bis an die Schwelle der zweiten, 1917, heran politisches Bewußtsein und Engagement lernt. 1972 spielte man die *Optimistische Tragödie* des Sowjetautors Wischnewski, den Marsch eines anarchistischen Matrosenregiments im Jahr 1918 von der Ostsee in die Ukraine und dessen Disziplinierung durch eine bolschewistische Kommissarin zeigend. 1974 ging die Schaubühne hinter das Datum der ersten russischen Revolution zurück, spielte Gorkis 1904 entstandene *Sommergäste,* die figurenreiche Situationsbeschreibung bürgerlicher Ehe-, Liebes- und Emanzipationsvorgänge. Botho Strauß, als Schaubühnendramaturg wichtigster Mitarbeiter Steins, hatte eine Stückbearbeitung hergestellt, die die Aufbruchsenergie ins politisch-soziale Engagement, die am Stückschluß vier der Figuren vereint, abschwächte. 1978 inszenierte Stein dann Botho Strauß' eigenes Stück *Trilogie des Wiedersehens,* eine ebenfalls figurenreiche Situationsbeschreibung, jetzt von bundesdeutschen Künstlern, Intellek-

tuellen und künstlernahen Bürgern, spielend am spannungsreichen Nachmittag in den Ausstellungsräumen eines Kunstvereins vor der abendlichen Vernissage. Steins Inszenierung schloß mit einem sprachlosen, starken Bild: Der Kunstvereinsdirektor Moritz, eigentümlich unfähig, erotische Bindungen einzugehen, durch den Zensureingriff eines Politikers um die kritische Pointe seiner Ausstellung zum »Kapitalistischen Realismus« gebracht, wickelt sich den Kopf in Binden ein.

1977, in kalten Dezembernächten, zeigte die Schaubühne im Berliner Olympiastadion, dessen faschistische Architektur zum Assoziationsbestandteil der Aufführung machend, die *Winterreise,* Texte der Klage und Trauer über die Deutschen aus Hölderlins *Hyperion;* es inszenierte Klaus Michael Grüber, der mit weitreichender, verletzlicher Phantasie und Vorstellungskraft arbeitende Regie-Antipode Peter Steins. Auch mit anderen Produktionen – so mit der aufwendigen, aber den Aufwand nicht rechtfertigenden Shakespeare-Unternehmung *Shakespeares Memory* und *Wie es euch gefällt* – war die Schaubühne aus den engen Räumen am Halleschen Ufer ausgezogen. Dem Wunsch, sie ganz zu verlassen, kam der Berliner Senat (der die Schaubühne um beinahe jeden Preis als kulturelles Repräsentationsobjekt mit Weltruhm in Berlin halten wollte) mit dem Teilabriß und anschließenden Wiederaufbau eines von Mendelsohn erbauten Großkinos am Kurfürstendamm entgegen: Dort verfügt die Schaubühne seit 1981 über einen variablen, in drei Sälen nach Bedarf aufzuteilenden Riesenbau. Obwohl die Schaubühne der Rechtsform nach ein Privattheater ist, der inneren Verfassung nach ein Kollektivtheater mit dem (bis 1985) »künstlerischen Leiter« Peter Stein als zentraler Bestimmungs- und Integrationsfigur, ist sie nach ihrem äußeren Status heute das, was sie anfangs sicher nicht werden wollte: ein Staatstheater, subventioniert mit 13,7 Millionen DM (1982/83).

Erst spät, als sie ihre Positionen als prägende Regisseure schon eingebüßt hatten, räumten die Regisseurs-Intendanten der ersten Nachkriegsphase ihre Positionen: 1972 zogen sich Barlog (Berlin), Stroux (Düsseldorf), Schalla (Bochum), Henrichs (München), Schäfer (Stuttgart), Erfurth (Frank-

furt) zurück. In Frankfurt begann Palitzsch, in Bochum Zadek mit Konzepten, die der Mitbestimmung, mindestens der Teamarbeit verpflichtet waren. Von 1973 bis 1979 leitete Ivan Nagel, vorher Kritiker und Dramaturg, das Deutsche Schauspielhaus Hamburg (er setzte dort vor allem auf die Regisseure Noelte und Zadek). 1974 wurde Claus Peymann Schauspieldirektor in Stuttgart, zog von dort 1979 (nach einem Konflikt mit der CDU-Landesregierung wegen angeblicher Sympathien Peymanns für Terroristen) mit dem größten Teil des Stuttgarter Ensembles nach Bochum. 1986 wird er das Wiener Burgtheater übernehmen. Auch andere jüngere Regisseure gelangten in Intendanzpositionen, die sie sich allerdings mindestens faktisch mit Regisseuren und/oder Dramaturgen teilen: Jürgen Flimm am Kölner Schauspiel (1979–1985, danach Thaliatheater Hamburg); Niels-Peter Rudolph am Hamburger Deutschen Schauspielhaus (1980–1985); Dieter Dorn an den Münchner Kammerspielen (ab Herbst 1983). Hansgünther Heyme, in den siebziger Jahren in Wiesbaden, dann in Köln Betreiber eines manchmal verstiegenen, erhitzten, politisch pointierten Theaters, leitete ab 1979 das Stuttgarter Schauspiel; ihm ist 1985 Ivan Nagel gefolgt.

In fast all diesen Theatern wird (nach dem Vorbild Brechts und der Schaubühne) in engen Kooperationsverhältnissen zwischen Regisseur, Dramaturg und Bühnenbildner gearbeitet, mit Ensembles, die durch die Diskussionsprozesse der späten sechziger Jahre hindurchgegangen sind. In Stuttgart und in Bochum traten Peymann (der in den siebziger Jahren am Frankfurter Theater am Turm die wichtigsten Werke Peter Handkes uraufgeführt hatte), seine Dramaturgen und sein Ensemble besonders entschieden für neue deutsche Stücke ein, mit bis zu einem halben Dutzend Uraufführungen pro Saison – fast alle Stücke von Thomas Bernhard, Gerlind Reinshagen, Botho Strauß, Herbert Achternbusch, Thomas Brasch, Heiner Müller wurden gespielt.

Wolfgang Borchert

Der 1941 an die Ostfront eingezogene und zweimal wegen »Wehrkraftzersetzung« zu Haftstrafen verurteilte Borchert (1921–1947) kehrte schwerkrank nach Hause zu-

»Gibt denn keiner eine Antwort?« – dies die klagende Schlußfrage in Wolfgang Borcherts *»Draußen vor der Tür«,* dem Stück von der scheiternden Heimkehr des Unteroffiziers und Kriegsgefangenen Beckmann. Hans Quest, dem der Autor das Stück widmete, spielte den Beckmann in der Uraufführungsinszenierung Wolfgang Liebeneiners an den Hamburger Kammerspielen 1947, die einen Tag vor Borcherts Tod stattfand.

rück. Vorübergehend war er als Regieassistent und Kabarettist in Hamburg tätig; er starb während eines Kuraufenthaltes in der Schweiz, einen Tag vor der Uraufführung seines Heimkehrerdramas.

Draußen vor der Tür

Das einzige deutsche Stück aus dem ersten Nachkriegsjahrzehnt, das heute noch öfters gespielt wird, entstand in zehn Tagen im Januar 1947, mit koketter Bitternis untertitelt: »Ein Stück, das kein Theater spielen und kein Publikum sehen will« – es ist zuerst als Hörspiel gesendet worden, am 13. Februar 1947 im Nordwestdeutschen Rundfunk, wo damals Axel Eggebrecht und Ernst Schnabel mit Engagement experimentierten.

Heinz Schwitzke hat 1960 das Stück für die Gattung Hörspiel reklamiert: Es sei dafür musterhaft durch »die Erzähl- und Blendtechnik, die Stilisierung der Figuren . . ., die Verinnerlichung des Schauplatzes und das Musikalisch-Fragmentarische der Handlungsführung, die Schluß-Coda mit der Wiederkehr aller Gestalten«. Daß aber ähnlich auch die Traumspieldramaturgie Strindbergs, die Stationenstücke Tollers (*Die Wandlung*; *Hinkemann*) oder Georg Kaisers zu charakterisieren wären, weist auf Muster der dramatischen Moderne hin, die Borchert aufnahm – bewußt und/oder aus einem ähnlichen Ausdrucksbedürfnis.

Die Theateruraufführung fand am 21. November 1947 in den Hamburger Kammerspielen statt, danach wurde das Stück in etwa einem Drittel aller Theater in den westlichen Besatzungszonen bzw. der Bundesrepublik gespielt. Der Vorspruch »Ein Mann kommt nach Deutschland« zeigt schon die Spannweite zwischen pathetisch-verzweifelten Tonfällen (»Er hat 1000 Tage draußen in der Kälte gewartet«) und galgenhumorig-ironischen (»Und da erlebt er einen ganz tollen Film«), die das Stück im Ganzen aufweist. Drei Jahre also ist der Unteroffizier Beckmann nicht in seiner Heimatstadt gewesen, sondern an der Front (und in Gefangenschaft?). Er kommt humpelnd, mit zerschossener Kniescheibe zurück. Im »Vorspiel« unterhält sich der Beerdigungsunternehmer Tod mit dem Alten Mann, dem »Gott, an den keiner mehr glaubt«: Jener ist ein wüster Geselle mit verächtlichem Rülpsen über die Menschen, die »wie die Fliegen sterben«, dieser ein verzweifelter, müder alter Mann. Im zweiten Vorspiel, »Der Traum« überschrieben, schmeißt die Elbe den selbstmordsüchtig in den Fluß gesprungenen Beckmann mit dem zerschossenen Bein und der untreu gewordenen Frau wieder an Land, wo er (erste Szene) den Anderen, den Jasager, trifft, sein ewig optimistisches Alter ego – oder nur einen Illusionär, einen eingebildeten Realisten? Die zweite Szene mit dem Mädchen, das den nassen Beckmann, den »kalten Fisch«, ziemlich umstandslos in ihr Zimmer mitnimmt, zeigt wenig von Lust oder gar Lüsternheit auf den so lange im Bett entbehrten Mann; panische Angst dagegen beim Mädchen und bei Beckmann, wenn der einbeinige Riese erscheint, das Alptraumbild des Mannes, dessen Platz im Bett des Mädchens Beckmann einzunehmen sich angeschickt hatte. Peter Rühmkorf hat in seiner Borchertbiographie gerade hierin ein Kernmotiv gesehen: Beckmanns erste Niederlagen seien »erotische Versagungen«, der Mutterschoß Elbe speie ihn aus, der einbeinige Ehekrüppel verjage ihn aus dem Bett des Mädchens – das schlage, sagt Rühmkorf, »überall durch die dünne Folie quasi moralischer Begründungen durch«. Dem widerspricht, daß Beckmann im Einbeinigen plötzlich nicht mehr den Mann des Mädchens sieht, sondern den Obergefreiten, den er, Beckmann, als Unteroffizier in den Einsatz befehligte, der ihn das Bein und elf andere das Leben kostete. Dritte Szene: Beckmann beim Obersten, dem er die Verantwortung zurückgeben will – für den Befehl, den der Oberst ihm gab und dessen Ausführung andere tötete oder verkrüppelte. Im schneidigen Kasinojargon und lachend weist der vom Familienabendessen aufgestörte Oberst Beckmanns Alptraum-Erzählung ab, vom fetten General, der auf einem Xylophon aus Menschenknochen spielt. Der lachende Oberst liefert die Motivation für Beckmanns nächste Station: »Sie müssen so auf die Bühne!« wiehert er. Die Bühne ist ein Kabarett-Nudelbrett (wie Borchert es zweimal, im Pik As, Hamburg 1944, im Janmaaten, September/Oktober 1945, selbst erklettert hatte). Der Kabarettdirektor fordert von Beckmann den »Aufschrei der Herzen«, und er wiegelt diese pathetische Forderung lau ab aufs Erbauliche, Heitere, Positive. Beckmann aber singt

seine bittere Variante des Liedes von der »tapferen kleinen Soldatenfrau« – mit dem verzweifelt-zotigen Ende: »Nun lauf ich wieder draußen rum / und in mir geht das Lied herum / das Lied von der sau- / das Lied von der sau- / das Lied von der sauberen Soldatenfrau.« Hiernach endlich, erstaunlich spät, souffliert der Andere dem Beckmann das Stichwort »Mutter« und »Elternhaus«, den Übergang zur fünften Szene: dem Beckmann tritt aus der Tür, die für ihn aufgehen soll, statt der Mutter die Frau Kramer entgegen. Ihre abwehrende Suada ist aus Kälte, Tratschsucht und Alltagsschüchternheit zusammengestückt. Sie erzählt, was mit Beckmanns Vater, der Nazi und Judenfresser gewesen sei, geschah: »Als es nun vorbei war mit den braunen Jungs, da haben sie ihm mal ein bißchen auf den Zahn gefühlt«, haben ihn »an die Luft gesetzt ohne Pension, versteht sich. Und dann sollten sie noch aus der Wohnung raus . . . Und das hat den beiden Alten den Rest gegeben. Da konnten sie wohl nicht mehr . . . Na, und da haben sie sich dann selbst endgültig entnazifiziert . . . Einen Morgen lang lagen sie steif und blau in der Küche« (dieses erzählte, eigentümlich kleinbürgerlich-miefig konkrete Minidrama ist doch auch atypisch: Wieviel Nazimitläufer haben sich umgebracht? Wieviel sind um die Pension gekommen?). Frau Kramer schickt Beckmann ungerührt wieder auf die Straße; dort erscheinen ihm Tod und Gott, Mädchen und Einbeiniger, Oberst und Kabarettdirektor noch einmal, im fiebrigen Traum. Aus ihm erwachend, findet Beckmann auch den Anderen, den optimistischen Jasager nicht mehr vor.
Großartig und larmoyant die ins Publikum gerufene Schlußpassage:
»Wo bist du, Anderer? Du bist doch sonst immer da!
Wo bist du jetzt Jasager? Jetzt antworte mir! Jetzt brauche ich dich, Antworter! Wo bist du denn? Du bist ja plötzlich nicht mehr da! Wo bist du, Antworter, wo bist du, der mir den Tod nicht gönnte! Wo ist denn der alte Mann, der sich Gott nennt?
Warum redet er denn nicht!!
Gebt doch Antwort!
Warum schweigt ihr denn? Warum?
Gibt denn keiner eine Antwort?
Gibt keiner Antwort???
Gibt denn keiner, keiner Antwort??«

Die Antwort auf Beckmanns (Borcherts) Verzweiflungsfrage gab die Realgeschichte: Währungsreform, Wirtschaftswunder, Westintegration und Wiederbewaffnung.

Max Frisch

Nun singen sie wieder
Als erstes Stück des 1911 geborenen Schweizer Architektensohns, Germanistik- und Architekturstudenten, Journalisten und dann Dramatikers und Romanciers wurde dieser »Versuch eines Requiems« 1945 in Zürich uraufgeführt und im Zusammenhang der Schulddebatte jener Zeit diskutiert. 21 Geiseln hat der deutsche Soldat auf Befehl in Rußland hingerichtet. Sie sangen, als sie getötet wurden, und jedesmal, wenn Unrecht geschieht, ertönt wieder dieser Gesang. Neben den schuldgequälten, sich selbst tötenden Soldaten stellt Frisch den Befehlsgeber, der mit schöngeistigen Gesten seine Verantwortung zu überspielen versucht, die Besatzung des Bombenflugzeugs, die Opfer des Bombardements. Die Sphäre des Lebens reicht hinüber in die des Todes, und die Frage der szenischen Darstellbarkeit der Kriegsbrutalität und Entfremdung hat Frisch 1945 fast mit einem theatralen Bilderverbot beantwortet: »Der Ort, wo die folgenden Szenen spielen, geht immer aus dem gesprochenen Wort hervor. Kulissen sollten nur soweit vorhanden sein, als sie der Schauspieler braucht, und auf keinen Fall dürfen sie eine Wirklichkeit vortäuschen wollen.«

Die Chinesische Mauer
Ort der Handlung sei die Bühne und die Zeit die des Theaterabends, erklärt der Repräsentant der Gegenwart, der episch sich und den Zuschauern die Welt erklärende »Heutige« in Frischs »Farce« (1946; Neufassung 1955). Metaphorische Sujetzeit ist das kaiserliche China 200 Jahre vor der Zeitrechnung, das China der großen Mauer: Metapher für den obsoleten Versuch, die Zeit aufhalten, es sich anachronistisch einrichten zu wollen. Gemessen an den (natur)wissenschaftlichen Erkenntnissen, technischen Möglichkeiten der Gegenwart, die Weltkatastrophe mittels Atomspaltung herzustellen, die »Sintflut« auszulösen – so argumentiert mit High-tech- und moralischer Terminologie der »Heutige« – hinke das Be-

wußtsein der Menschen um Jahrtausende hinter dieser Realität her. Schon auf der Ebene der chinoisen Geschichtshandlung, nicht erst im aktualisierenden Bezug, wird das signalisiert: Der Kaiser, der alle Feinde endgültig geschlagen zu haben glaubt und seine Macht durch die Große Mauer zu konservieren gedenkt, hat unwillkürlich den Eindruck, als baue er an etwas, das eigentlich »schon verbröckelt ist«, als liege »unsere Zukunft – gewissermaßen . . . hinter uns«. Zur Demonstration der abgelebten, unwiderruflich Lumpenfundus gewordenen traditionellen Geschichte läßt Frisch Klischeegestalten Revue passieren aus allen Jahrhunderten: Don Juan, Cleopatra, Pilatus, Napoleon, Philipp II. Die ganze Farce, erklärt der »Heutige« der einen dieser Lemurengestalten dann, beginne gerade von vorn, so »als dürften wir sie wiederholen«. Den Kreis- und Leerlauf der Geschichte in die letzte, große Katastrophe prangert Frisch empört an, glaubt ihn zugleich aber auch, bestätigt ihn resignativ.

Graf Öderland

Hier wird der terroristische Aussteigertraum eines Staatsanwalts auf der Bühne entwickelt (1950; 1956; 1961). Gegen den »Urwald der Grenzen und Gesetze« richtet die »mythische« Figur die blanke Axt. Die Faszination der unbedingten Gewalt mündet in die Erkenntnis, in die Katzenjammerpointe, die Karl Moor schon in den *Räubern* zur Erkenntnis wurde: daß Gewalt gegen Gewalt nicht Freiheit bewirkt, der Weg das Ziel verstellt. In der ersten 1951 in Zürich uraufgeführten Fassung endet der Graf mit der Axt in der Hand, dem Klischeefiguren der Macht konfrontiert werden, gewissermaßen ordentlich, durch Selbstmord. Ein Ende aus Verlegenheit, wie Frisch später bekannt hat. Dürrenmatt hat dem Versuch, die Figur durch Schuldmotive plausibel zu machen, sie psychologisch und geschichtsphilosophisch zu erklären, widersprochen und ihr seine Geschichtsphilosophie eingeschrieben: »Öderland ist ein Beil und nichts weiter. Ein Beil denkt nicht, empfindet keinen Ekel, es mordet. Leben ist Mord geworden. Ein solches Leben hat aber im strengsten Sinne keine Geschichte mehr. An die Stelle des Schicksals tritt die bloße Mechanik. Kann man dies auf der Bühne darstellen«, fragt er rhetorisch, seine Komö-

dientheorie im Hinterkopf: »Ist der ungeheuerlichen Gestalt mit der Kunst der Bühne beizukommen?«

Don Juan oder die Liebe zur Geometrie

Das Stück (1953) spielt mit dem alten Stoff aus dem 17. Jahrhundert, setzt den Versionen Tirso de Molinas, Molières, Mozarts und Da Pontes, Grabbes, eine intellektuelle Metafassung entgegen. Dieser Don Juan ist zunächst an Frauen überhaupt nicht interessiert, kein Verführer. Er glaubt an die Einmaligkeit der Liebe, ist geschockt, als er erfährt, daß die Geliebte, mit der er fliehen will, die ihm zugedachte Gattin ist. Darüber erst wird er zum anachronistischen Spötter, spielt er die Rolle des traditionellen Don Juan, weil das Rollenklischee, weil die Frauen es so wollen. Eine Figur also mit fremd zugeschriebener Identität – zentrales Motiv auch in Frischs Romanen (*Stiller* u. a.); dann in *Andorra*.

Biedermann und die Brandstifter

Wie Dürrenmatt im Sog der Brechtschen Parabeldramaturgie und gegen sie zugleich opponierend, sucht Frisch in diesem »Lehrstück ohne Lehre« (1958) psychologischer und milieurealistischer Schilderung zu entgehen, hat andererseits aber das Problem abstrakter Lehrhaftigkeit, bestimmter Lehre, die er mit seinem szenischen Modell ebenfalls nicht meint oder hervorrufen will: »Die Parabel strapaziert den Sinn«, bekennt Frisch später, das Spiel »*tendiere* zum quod erat demonstrandum. Es hilft dann wenig, wenn ich mich durch den Untertitel verwahre: ›Lehrstück ohne Lehre‹. Die Parabel impliziert Lehre – auch wenn es mir nicht um eine Lehre geht.«

Biedermann und die Brandstifter, Andorra und dann in äußerst zurückgenommener Form selbst noch *Biographie* spielen modellhaft soziale, psychische und moralische Situationen und Möglichkeiten durch, die zur Vereindeutigung durch den Zuschauer herausfordern. Diese Vereindeutigungen und die Dementis des Dramatikers haben die publizistische Debatte und die Literaturwissenschaft in den fünfziger und sechziger Jahren bewegt.

Biedermann ist argloser, arg naiver, dann aber auch wieder – an falscher Stelle – mißtrauischer Spießer, ist »Haarwasserfabrikant« und »Millionär«; seinem Verhalten

nach eine kleine Krämerseele, deren Horizont fürs normale Geschäftsleben schwerlich weit genug ist, idiotisch beschränkt geradezu, was das Gesellschaftsverständnis anlangt. Ein Mensch ohne eigene Erfahrung, ein Opfer der veröffentlichten Meinung und deshalb wieder Täter. Nur als klischierte Redensart verfügt Biedermann über ein Verständnis der um ihn herum sich ereignenden Welt. »Verdacht! Das hatte ich sofort, meine Herren«, sagt er ausgerechnet den »Hausierern«, die sich mit Benzinfässern und Lunten als seine Freunde bei ihm einquartieren. Dem Mitleidsappell der Ganoven kann er nicht widerstehen, seinen Angestellten (»Knechtling«) fertigt er dagegen geschäftsmäßig, mit »verhärtetem Herz« ab. Der eine Hausierer ist vulgärer Verbrecher ex officio, lügt, stiehlt, lästert Gott – alles dies ebenfalls im Bann ideologischer Norm; der ganovische Ringer »Schmitz« ist davon überzeugt, für seine Verbrechen im Jenseits zahlen zu müssen. Größeres Format hat »Eisenring«, der teuflisch zynische, seine Verbrechen wie ästhetische Ereignisse genießende Kollege. Obwohl Biedermann alles, was er mit den beiden erlebt, bereits in der Zeitung gelesen hat, fällt er auf die »Brandstifter« herein bzw. läßt sie aus Feigheit gewähren. »Aufhängen sollte man sie«, hatte er zuvor gemeint, und dann trinkt er mit den »Hausierern« Freundschaft, gibt ihnen am Ende die Streichhölzer fürs Benzin. Ein parodistisch antikisierender Feuerwehrchor erörtert die Frage der »Lehre«, die Möglichkeit der »Veränderbarkeit« der Welt: »Sinnlos ist viel, und nichts/ Sinnloser als diese Geschichte:/ Die nämlich, einmal entfacht,/ Tötete viele, ach, aber nicht alle/ Und änderte gar nichts . . .« Der schwärzliche Glanz der Satire überstrahlt, was die Fabel des *Biedermann* sonst wäre: melancholisches oder apathisches Einverständnis in die Idiotie der Verhältnisse. Im »Nachspiel in der Hölle« imaginiert Frisch durch die Reden des zynischen Eisenring einen Himmel, in dem die Großmörder, sich selbst begnadigend, lustwandeln, in dem der Liebe Gott allwissend ist und wenn er seine Stimme erhebt, genau das sagt, was auch in den Zeitungen steht: »wörtlich«. Die kleinen Leute aber sitzen in der Hölle wie eh und je.

Andorra

Hier ist das Problem der fremd zugeschriebenen und gesuchten Identität, das Frisch in seinen Romanen beschäftigt, als Parabel des Rassevorurteils gestaltet. Dem »weißen« Staat Andorra droht die Aggression der »Schwarzen«. Es geht das Gerücht, Andri, Pflegesohn eines Lehrers, sei Jude. Vor dem Zugriff der »Schwarzen« habe ihn der Lehrer gerettet. Tatsächlich verdeckt dieser mit dieser Version, daß es sich um seinen unehelichen Sohn handelt. Lehrherr, Soldat, Arzt behandeln Andri als Juden. Als der Lehrer ihm die Liebe zu seiner Tochter – Andris Halbschwester also – verwehrt, akzeptiert der rassistisch Denunzierte und Gekränkte das Fremdbild der anderen als seine Identität: Er will nun »anders« sein. Und es geschieht dann, was die Tochter des Lehrers zu Beginn des Stücks (Uraufführung 1961) den Pater fragte: »Ist's wahr, Hochwürden, was die Leute sagen? Sie sagen: Wenn einmal die Schwarzen kommen, dann wird jeder, der Jud ist, auf der Stelle geholt. Man bindet ihn an einen Pfahl, sagen sie, man schießt ihn ins Genick.«

Frischs *Andorra* arbeitet sich ab an der Toleranz-Utopie Lessings und dessen Geschichte vom angenommenen Christenkind in *Nathan der Weise;* übernommen ist auch das Motiv der Geschwisterliebe. Ausgang und Ende sind entgegengesetzt konstruiert bei Frisch: statt der selbstlosen Tat Nathans nach dem Pogrom die Verdeckungstat, Vorurteilskonstruktion des Lehrers in *Andorra;* statt der harmonisch wiedervereinten Familie bei Lessing der Mord am vermeintlichen Juden. Dem Zuschauer soll die Genese von Vorurteilen durchschaubar werden in modellhafter Demonstration. Die »Veränderbarkeit«, die Frisch positiv nicht auf der Bühne verkündet, ist allerdings im vorausgesetzten Verständnis der Zuschauer von »Lehrstücken ohne Lehre« immer schon mitgesetzt.

Biographie

Die Skepsis gegenüber der Parabeldramaturgie wird in Frischs Rede *Der Autor und das Theater* (1964) dann sehr grundsätzlich. Als Wendung gegen Brechts These der »Abbildbarkeit« und »Veränderbarkeit der Welt« beklagt er nun, Brecht habe gar nicht »die Welt«, sondern nur die von ihm ideologisch rekonstruierte dramatisch in den Griff bekommen. Frischs agnostizistische Antwort auf den Abbildbarkeits- und Veränderungsglauben der Parabeldramaturgie: das »Spiel« *Biographie* (1967). Es führt, nolens volens parabolisch, Unveränderbarkeit vor. Entworfen ist eine Welt, die »Varianten«, »Permutationen« zuläßt. Doch es ist eine brettspielartig ungeschichtliche Welt, und der Held dieses »Spiels«, Kürmann, der sein Leben verändern können soll, hat – dramaturgische wie ideologische Message – in Wahrheit keine Wahl. Zwar wird er Mitglied der Kommunistischen Partei, gibt drei verschiedene Begründungen dafür, aber in keiner einzigen geht er auf das Motiv ein, das er angab, als er sich für den Parteieintritt entschied. Und seine Frau schlägt er nun nicht mehr, wie zuvor auf dem Höhepunkt der Ehekrise, aber damit ergeben sich nur neue Probleme. Tödlich heiter der Schluß: »Sie haben immer gesagt, ich könnte wählen? Was kann ich wählen?« – »Wie sie sich dazu verhalten, daß sie verloren sind.«

Triptychon

Erst ein Jahrzehnt nach seinem *Biographie*-Spiel veröffentlicht Max Frisch – als Lesedrama, die Bühnenrechte waren zunächst gesperrt – diese »szenischen Bilder« (1978). Die Parabeldramaturgie und auch die »Dramaturgie der Permutation« war ihm in der Zwischenzeit als »Sackgasse« erschienen, er selbst sich als »Saurier« des Dramatikertheaters, das durchs moderne Regietheater der sechziger und siebziger Jahre ins Abseits geriet: ». . . es war eine Sache zu Ende. Darum hat es mich nicht mehr interessiert. Und wenn ich sage, ich gehe sehr selten ins Theater, es interessiert mich nicht, so muß ich präzisieren: genau die Art Theater, die wir gemacht haben – und ich stelle immer vorne ran Bertolt Brecht – die hat mich auf der Bühne nicht mehr interessiert« (Gespräch mit P. Ruedi, 1978).

Um »Repetition«, Wiederholung des Immergleichen, scheinbar nur Veränderbaren, geht es in diesem Todes-*Triptychon*, und dies konsequenter als in den früheren, politische Geschichte oder private Lebens- und Bewußtseinsgeschichte im Kreise bewegenden Dramen: der Tod ist *die* Wiederholung, endgültige Unveränderbarkeit. Bereits in Frischs Roman *Stiller* findet sich der Satz: »Was ich am meisten fürchte, ist die Repetition«, und ihrer Darstellung gilt die große poetische Ausdauer, ja Liebe Frischs. Das erste Bild zeigt eine Trauergesellschaft, die über verlegene Reden zunehmend in Partygesprächen sich findet; das zweite schildert das Totenreich am Ufer des Styx; das dritte führt einen Lebenden und eine Tote auf einer Parkbank in Paris zusammen. Es geht um den Tod, die Liebe und den Tod der Liebe. Im zweiten Bild, in der »weiten, weißen, leeren Landschaft mit Toten«, wird dialogisch verhandelt, was im Leben schon verhandelt wurde, werden die Verhältnisse und Ärgernisse wieder durchgekaut, die das Leben ausmachten: der Vater erzieht an seinem Sohn herum wie früher, obgleich der seinen »Alten« altersmäßig überlebt hat, der Nachbar nervt den Nachbarn mit seinem Flötenspiel. Die ärgerlichen Kleinigkeiten, die »dummen Geschichten«, sind das Höllische. Und Entfremdung wird zur Gewißheit, wenn im Park – Verkehrslärm von fern erinnert ans Leben – der Mann der gestorbenen Frau erzählt, wie er sich ausgeschlossen gefühlt, sie als »Portugiesische Nonne« gesehen habe, die nur ihre Liebe und nicht ihn liebte, und dann »sieht, daß sie ihn nicht hört«. Die »irre Zuversicht« des Lebenden, es könnte sein, »daß nichts vergangen ist«, seine Hoffnung, zu erfahren, was »wirklich« gewesen ist in der vergangenen Beziehung, widerlegt der ersterbende, nurmehr Bruchstücke der Erinnerung reihende, leer wiederholende Dialog.

Friedrich Dürrenmatt

Der 1921 geborene Schweizer Pfarrerssohn wechselte – wie es in einer seiner vielen launigen Selbststilisierungen heißt – »nach zehn Semestern Philosophie ohne akademischen Abschluß gleich ins Komödienfach« über. Er schrieb nicht nur Dramen, sondern auch Kabarett-Texte, Hör- und Fernsehspiele, Kriminalromane, Theaterkritiken; eigentlich hatte er Maler werden wollen, hat diese Kunst nebenbei auch betrieben.

Es steht geschrieben

Sein erstes Theaterstück wurde 1947 in Zürich uraufgeführt und machte gleich Skandal. Ein glücklicher Karrierestart, wie Dürrenmatt später gemeint hat. Bis in die fünfziger und sechziger Jahre wirkte das Image des derb-sinnlichen, zynisch lästerlichen

Provokateurs nach; auch des »Nihilisten«, ein Titel, den man kritischen Geistern in der ersten Nachkriegszeit, der Zeit des behaupteten Geistes- und Wertevakuums, mit besonderem Abscheu verlieh.

Am Beispiel zweier symmetrisch gegeneinander konstruierter Figuren, des falschen Propheten »Bockelson« und des Reichen »Knipperdollinck«, wird ein Fall, ein Geschichtsmodell, entwickelt. Die Ereignisse der Jahre 1533 bis 1536 um die Wiedertäufer im westfälischen Münster sind historische Einkleidung ahistorischen Geschichtsverständnisses: Es geht um eine Welt, die »gestern genauso war wie heute und morgen«. Das Stück führt vor, wie »Knipperdolling« seinem Reichtum entsagt und seinen Sinn auf Immaterielles richtet, während der Parvenue und Betrüger Bockelson den Sinnenfreuden des materiellen Lebens zuspricht. Beider Weg führt aufs Rad. Man kann die

Kurt Hirschfeld inszenierte 1961 die Uraufführung von Frischs erfolgreichstem Stück »Andorra«. Das Bild links oben zeigt – auf der von schmutzigweißen Mauern umstellten Spielfläche von Teo Otto – die Szene der »Judenschau«: die »Schwarzen« haben Andorra überfallen, der rechts sitzende Judenschauer selektiert nach »Rasse«, links zusammengesunken stehend vor der Mauer der »Jude« Andri (Peter Brogle), dann der kollaborierende Soldat mit der Trommel (Kurt Beck), das protestierende Mädchen Barblin (Kathrin Schmid), hinten an der Wand, bloßfüßig und mit verdeckten Köpfen, die geängstigten Andorraner. 1962 inszenierte (Bild links unten) Fritz Kortner »Andorra« im Berliner Schiller-Theater, nuancierter, reicher an realistischen Details als in Zürich. Als Andri, ganz unterm Leidensdruck, Klaus Kammer, daneben Helmut Wildt als Soldat.

Verschränkung von reinem Glauben und Terrorherrschaft u. a. als Parabel des »Dritten Reichs«, den »König« der Wiedertäufer als »Führer« verstehen. Wichtiger ist, daß Dürrenmatt in provokanter, bunt-kräftiger Verkleidung ein Geschichtsbild auf die Bühne gebracht hat, das für die Nachkriegszeit repräsentativ war: Geschichte als notwendig blutiges, unplanbares – und wenn doch geplant, um so blutiger verlaufendes – Geschehen, als unabwendbare, perennierende Katastrophe. Was Dürrenmatts Figuren in grauslicher Fröhlichkeit, ihrem Rollenhorizont, formulieren, entspricht der Weltsicht des Autors, wie spätere Stücke, programmatische Äußerungen und Selbstkommentare zeigen. »Wir stehen erst in der Mitte der Weltgeschichte! Eben ist das dunkle Mittelalter zu Ende gegangen! Bedenkt, was wir noch zu schuften haben! Vor uns, in der neblichten Zukunft, liegt der ganze Dreißigjährige Krieg, der Erbfolgekrieg, der Siebenjährige Krieg, die Revolution, Napoleon, der Deutsch-Französische Krieg, der Erste Weltkrieg, Hitler, der Zweite Weltkrieg, die Atombombe, der dritte, vierte, fünfte, sechste, siebente, achte, neunte, zehnte, elfte, zwölfte Weltkrieg!«

Die ebenso schwarz wie munter sich aussprechende dramatische Katastrophengewißheit hat Dürrenmatt Mitte der fünfziger Jahre *(Theaterprobleme)* poetologisch mit den Leitbegriffen »Groteske« und »Komödie« verbunden – germanistischen Gattungstheoretikern wegen der Mehrdeutigkeit dieser Begriffe alle Hände voll zu tun

Die immens reiche und allmächtige, ihre Heimatstadt Güllen unter Mord-Druck setzende Claire Zachanassian, in Dürrenmatts »Der Besuch der alten Dame«, hat die außerordentlicher Härte fähige Therese Giehse 1956 bei der Uraufführung am Zürcher Schauspielhaus gespielt. Im gleichen Jahr noch spielte sie die Rolle auch an den Münchner Kammerspielen (Regie Hans Schweikart). Das Bild links zeigt die Szene, in der sie stehend und lächelnd eröffnet, daß sie die Ermordung ihres treulosen Jugendgeliebten Ill von den Güllenern verlangt. Der links neben ihr sitzende Ill (Paul Esser) hat die Ungeheuerlichkeit noch nicht begriffen, der Bürgermeister (Herbert Hübner) rechts greift sich bestürzt ans Herz.

gebend. Wirkungsvoll wird die »neue« ahistorische Geschichtssicht in Kontrast gesetzt zur tradierten Meinung der ahistorischen Gültigkeit der Klassiker:
»Schiller schrieb so, wie er schrieb, weil die Welt, in der er lebte, sich noch in der Welt, die er schrieb ... spiegeln konnte. Gerade noch. War doch Napoleon vielleicht der letzte Held im alten Sinne.« Die »heutige Welt« dagegen sei eine von »Weltmetzgern« und »Hackmaschinen« gemachte und: Aus »Hitler und Stalin lassen sich keine Wallensteine mehr machen«. Die Sichtbarkeit der Macht sei der Unüberschaubarkeit, Anonymität und Bürokratie gewichen. Der Staat und die Machtrepräsentanten hätten ihre Gestalt verloren: »Die Kunst dringt nur noch bis zu den Opfern vor, dringt sie überhaupt zu Menschen, die Mächtigen erreicht sie nicht mehr. Kreons Sekretäre erledigen den Fall Antigone.« Allein die Groteske, so Dürrenmatts Lösung der als »neu« begriffenen gesellschaftlichen Situation, komme der Welt noch bei. Die anonym gewordene Welt sei ein »Rätsel an Unheil, das hingenommen werden muß, vor dem es jedoch kein Kapitulieren geben darf.« Als überscharf abbildende, aufstörende Formen seien »Komödie« und »Groteske« am ehesten noch geeignet, der Undurchschaubarkeit und Anonymität der Macht zu opponieren. Sie leisteten, was der Tragödie bzw. dem Trauerspiel unmöglich geworden sei.
Der Reiz der Dürrenmattschen Komödienkonzeption liegt nicht zuletzt darin, daß Leser und Zuschauer die Verstehenskonventionen des »Klassikertheaters« per Negation, in »antiautoritärem« Schwung vor Augen geführt bekommen.

Romulus der Große

Das Stück (1949; Neufassung 1957) zeigt den Protagonisten im Angesicht des eigenen Niedergangs und des Niedergangs des Römischen Reichs, statt in tragischer Ausweglosigkeit oder in tragischem Irrtum befangen, als gelassenen Beobachter, fröhlich-weisen, zuweilen pubertär assoziierenden Ironiker. Paradoxal sieht Dürrenmatt in diesem konsequenten Nicht-Kämpfer und Hühnerzüchter, der seinem Todfeind den Namen eines Legehuhns gibt, den Sittlichkeit verwirklichenden Helden.

Die Ehe des Herrn Mississippi

Die umgekehrt angelegten Helden dieses Stücks (1952; 1957) werden dem Spott überantwortet. Beide eifern sie nach Vollkommenheit, ein mit Todesurteilen Rekorde aufstellender Staatsanwalt, ein weltfremder Weltrevolutionär, Kommunist. Die Realpolitik, die Hackmaschine, gewinnt. Der Staatsanwalt, wie der linientreue Kommunist ehemaliger Strichjunge, landet in der Irrenanstalt, stirbt dann am Gift, das er seiner Frau, der Hure, zugedacht hat. Den Kommunisten (»Saint-Claude«) liquidiert die Moskauer Zentrale. Dürrenmatt führt den überdeutlichen Beweis, wie der Veränderungs- und Perfektionswille an der Unveränderbarkeit der Welt und des Menschen scheitert. In grotesker Übersteigerung bringt er ein von Anfang an »totes Rennen« zwischen zwei antagonistischen Figuren in Gang, die beide demselben Prinzip leben. Obsolet die »kühne Energie«, »rasende Tollheit«, die »unerschöpfliche Gier nach Vollkommenheit«, die der überlegen die Zuschauer zum Einverständnis in die Katastrophen-Geschichte einladende Autor ausfabelt.

Ein Engel kommt nach Babylon

Gleich mehrere Vollkommenheitsexperimente, göttliche und menschliche, scheitern in dem 1953 entstandenen Stück.
Nebukadnezar will ein makelloses Reich durchsetzen, »ein durchsichtiges Gebilde, das alle umschließt, vom Henker bis zum Minister, und alle aufs angenehmste beschäftigt«. »Wir streben nicht nach Macht«, sagt der Herrscher, der sich mit Nimrod groteske Machtkämpfe liefert, »wir streben nach Vollkommenheit.« In dieses Experimentierfeld der Vollkommenheit wird an der Hand eines Engels ein himmlisches Gnadengeschenk abgeschickt, ein Mädchen. Dem ärmsten der Menschen soll es zugeführt werden. Der als Bettler verkleidete Nebukadnezar liefert sich mit seinem geringsten Untertan, dem Bettler Akki, einen Bettelwettstreit, bekommt am Ende vom Engel das Gnaden-Geschöpf zugesprochen. Jan Knopf hat den Irrtum des Engels, der nach eigener Aussage kein »Anthropologe« ist, sondern »Physiker« einleuchtend so erklärt: »Der Engel ist ein zweiter Nebukadnezar, der nur die Vollkommenheit überall und immer bestätigt wissen will und auf die Frage, was der Mensch sei, keine Antwort weiß. Er übersieht die menschlichen Händel, sein Blick gilt einzig den Vollkommenheiten der Natur.« Nur in der Wüste kann die göttliche Gnade eine Heimstatt auf Erden finden; hierhin wandern die moralischen Helden aus, das göttliche Mädchen und der Bettler Akki.

Der Besuch der alten Dame

Weltweit erfolgreich ist Dürrenmatt mit seiner »Komödie der Hochkonjunktur« von 1956: Claire, eine ehemals von ihrem Geliebten mit einem Kind sitzengelassene Frau, kommt, im Ausland zur Multimillionärin geworden, in ihr Heimatdorf »Güllen« (Jauche) zurück und setzt wie zum Beweis einer mechanisch-materialistischen Gesellschaftstheorie eine Rachegeschichte kalt ins Werk, bei der zum Schluß aus »gut« makellos »böse«, aus »böse« »gut« wird. Die verarmte Schweizer Gemeinde läßt sich alle Moral abkaufen.
Eine tödliche Retourkutsche: Mit einem Liter Schnaps bestach der Krämer Ill vor 45 Jahren zwei junge Güllener, damit sie behaupteten, mit »Kläri« geschlafen zu haben. Die Vaterschaftsklage wurde durch die Falschaussage abgewiesen, und Ill konnte sich verbessern, die Tochter eines reichen Krämers heiraten. Diese Vorgeschichte wird Zug um Zug, analytisch, ans Licht gebracht, während die Güllener zunehmend korrumpiert werden vom großen Geld. Moralisch verelendend, wird aus dem elenden Flecken ein moderner Ort. Alle, auch der Pfarrer und der Lehrer, sind am Ende einverstanden mit dem Rachemord. Ausdrücklich moralisch wird er begründet vom Lehrer in der Gemeindeversammlung. Im Chorgesang danken die Dörfler ihrem Gott für den Reichtum. Eine »tragische« Komödie hat Dürrenmatt sein Stück später genannt. Tragische Züge, eine verzweifelt mutige Integrität, gewinnt in diesem Stück am ehesten das Opfer, der kleine Krämer, den das große Geld in Gestalt der Milliardärin Claire, mehr aber die opportunistischen Dörfler verfolgen: Dem Stück zufolge wird ihn Claire in einem besonderen Mausoleum auf der Insel Capri beisetzen lassen. Eine große Rolle ist für ältere Schauspielerinnen diese »alte Dame«, parodistische Medea-Figur.

Dürrenmatts die schlimmstmögliche Wendung nehmende Komödie »Die Physiker« wurde 1962 am Zürcher Schauspielhaus uraufgeführt (Regie Kurt Horwitz). Den Einstein gab Theo Lingen mit wirrem Haar und sparsamen Mitteln, mit unvergeßlichen Einzelheiten: »Sein lautloses Lachen etwa, das er aus innerer Tiefe heraufholt« (Irma Vohser); den Möbius Hans-Christian Blech »mit vorgebeugtem Kopf, den weitaufgerissenen, tiefliegenden Augen, dem verzerrten Mund, aus dem die leisen, klaren Worte kamen« (Siegfried Melchinger), den Newton spielte Gustav Knuth.

Die Physiker

Die Handlung dieser Komödie (1962): Die Menschheit vor der Katastrophe zu bewahren, begibt sich die größte wissenschaftliche Leuchte ins Irrenhaus. Hier am ehesten hofft er verstecken zu können, was er entdeckt hat: ungeheure Energien ermöglichende Technik, die nicht »in die Hände der

Menschen« fallen darf. Hatte Brechts Galilei noch das Problem, wie das Wissen als Fortschritt stiftende Kraft zum Zuge kommen könnte in fortschrittsfeindlicher Zeit, geht es dem Dürrenmattschen Physiker Möbius darum, den Fortschritt in die Katastrophe aufzuhalten. Er spielt im Irrenhaus Theater, verkörpert einen vom Geist Salomos Besessenen. Und das gleiche tun zwei andere, scheinbar nur Geisteskranke, Agenten der Sowjetunion bzw. der USA, die an Möbius' Formeln heranwollen. Eine Kriminalgeschichte ist mit dem irren Versteckspiel der Physiker verschränkt. »Unglücksfälle«, offenbar Morde, werden von der Polizei untersucht. Alle drei Physiker haben ihre Krankenschwestern umgebracht, als diese dahinterkamen, daß ihr Patient kein Patient war. Das irre Theaterspiel erweist sich im doppelten Sinne am Ende als bloßes Theater: Die einzige wirklich irre (misogyne) Figur, das bucklige adelige Fräulein, die Irrenärztin von Zahnd, hat die Formeln des »Pa-

tienten« Möbius, wie sich herausstellt, kopiert, die Katastrophenmaschine in Gang gesetzt. Der Irrsinn, der durchs Theater verhindert werden sollte, ist längst Realität.

Peter Weiss

Ist sein Werk nicht eines der »Recherche« auf dem Spannungsfeld Ästhetik und Engagement? Recherche meint im Deutschen ja zweierlei: die deutsch-romantische »Suche« nach der Individualität, Identität, Selbstübereinstimmung, und es meint die »Untersuchung«, die Ermittlung von Personen, Ideen, Fakten der Gegenwart und der Geschichte auf das hin, was dem Subjekt gesellschaftliche Perspektive gibt, soziale Zusammenhänge eröffnet, auch: Glauben, Zuversicht, Solidarität vermittelt.

Der Rechercheur Weiss (1916–1982) schritt fort vom Sucher zum Untersucher. Der in Nowawes bei Berlin (heute Potsdam-Babelsberg) geborene, in Bremen zur Schule Gegangene stammt aus bürgerlich-jüdischem Haus, durchwanderte nach 1933 mit den Eltern (und gegen sie aufbegehrend mit dem Versuch zu künstlerischer Produktion) die Emigrationsstationen ČSSR, England, Schweden. Auf der Suche nach seinem (unbürgerlichen) Selbst isolierte er sich als (erfolgloser) Maler und Schriftsteller, vergrub sich in sich selbst, um aus den Tiefen des vorher ungewußten Unbewußten surrealistische Bilder und Texte heraufzuholen, in denen eine entfremdete Realität übermächtig-destruierend und selbst destruiert sich abbildet – so in den frühen Texten *Der Vogelfreie* und *Gespräch der drei Gehenden*. Das kurze, als Hörspiel gedachte, 1948 in Stockholm gespielte Stück *Der Turm* ist eine Parabel über die Künstlerexistenz unter dem Einfluß Kafkas: Pablo, ein Entfesselungskünstler, kehrt, anfangs unerkannt, an den Ort – den Zirkus, den Turm – zurück, wo er groß geworden ist. Er läßt sich fesseln, erhängt sich aber bei dem Versuch, die Fesseln zu lösen. Die surrealistische Alptraumbilderfolge *Die Versicherung* (geschrieben 1952, gedruckt 1967, uraufgeführt 1971 in Essen) läßt an grassierender Triebentfesselung die (bürgerliche) Welt zuschanden werden.

1960 erst gab es die erste deutschsprachige Veröffentlichung Weissens, den exakt alptraumhaften Prosatext *Der Schatten des Kör-*

pers des Kutschers. Es folgten zwei autobiographische Werke, in denen Weiss seine Lebens-, Denk- und Gefühlsgeschichte rekapituliert hat: *Abschied von den Eltern* (1961) und *Fluchtpunkt* (1962). Die bis dahin Weiss und sein Werk beherrschende zwanghafte Fixierung an sein ihm rätselhaftes Ich wurde durch diese Rekapitulation auflösbar. Das politische Engagement erschien dem Autor jetzt als unabweisbare, wenn auch noch nicht leistbare Folgerung. An diesem Lebensscheitelpunkt entstand 1964 Weissens reichstes, vielstimmigstes Theaterstück.

Die Verfolgung und Ermordung des Jean-Paul Marat, dargestellt durch die Schauspielgruppe des Hospizes zu Charenton unter Anleitung des Herrn de Sade

Weiss, dem der französische Surrealismus und Artauds Theater der Grausamkeit schon lange vertraut waren, faszinierte die Unerschrockenheit, die Illusionslosigkeit, die Außenseiterrolle de Sades in seinem, dem 18. Jahrhundert und gegenüber jeder Gesellschaft. Er stieß in der Biographie dieses Enzyklopädisten der sexuellen Verhaltensweisen auf zwei Fakten: De Sade hatte 1793 als Mitglied des Jakobinerklubs die Totenrede auf den von Charlotte Corday ermordeten Marat gehalten, und er hatte, von 1801 bis zu seinem Tode 1814 in der Heilanstalt Charenton interniert, mit den Insassen Theateraufführungen veranstaltet, an denen die »gute« Pariser Gesellschaft zuschauend teilnahm. Die Stücke, die de Sade zu diesem Zweck schrieb, bestanden, so Peter Weiss, zumeist »aus Deklamationen im herkömmlichen Stil«. De Sades dramatische Auffassung werde vielmehr in seinen Prosadialogen, vor allem in *La philosophie dans le boudoir,* deutlich, in denen »analysierende und philosophische Dialoge gegen Szenerien körperliche Exzesse gestellt werden«.

Da haben wir die Formel auch für Weiss' Stück. Denn er läßt vor einer jäh und gefährlich bewegten, brodelnden Kulisse von Irren de Sade mit Marat (genauer mit einem Irren, der den Marat figuriert) philosophische und politische Grundfragen erörtern. Kein Drama findet statt, sondern Positionen begegnen sich, Anschauungen werden formuliert. Die zugleich emotionale wie rationale Debatte staut sich auf, immer noch einmal wird der Dolchhieb der Corday in den Leib des Marat in der Badewanne aufgehalten, wie ein Coitus interruptus.

De Sade vertritt den bis zum äußersten geführten Individualismus, er haßt die Natur, sieht im Tode das Prinzip alles Lebendigen. »Ich bin fähig zu allem und alles füllt mich mit Schrecken.« De Sades Erkenntnisdrang im Bereich des Geschlechtlichen wird von ihm selbst sozial interpretiert: »In einer Gesellschaft von Verbrechern / Grub ich das Verbrecherische aus mir selbst hervor.« Die Revolution ist ihm entzaubert: sie führt »zu einem Versiechen des einzelnen . . . unter einem Staat / dessen Gebilde unendlich weit / von jedem einzelnen entfernt ist.« De Sades Gewißheit am Ende seines Lebens heißt dagegen: »Nah ist nur dieser Leib / . . . / als ich in der Zitadelle lag / dreizehn Jahre lang / da habe ich gelernt / daß dies eine Welt von Leibern ist / . . . diese Gefängnisse des Inneren / sind schlimmer als die tiefsten steinernen Verliese / und so lange sie nicht geöffnet werden / bleibt all euer Aufruhr / nur eine Gefängnisrevolte.« Radikale Emanzipation des Geschlechts, Befreiung der Triebe heißt also de Sades Folgerung – der Chor der Irren nimmt sie verzerrt auf: »Denn was wäre schon diese Revolution / ohne eine allgemeine Kopulation.«

Der vom Ausschlag befallene, halbnackte Marat in der Badewanne, Jakobiner, Volkstribun, Gleichheitsgläubiger, ist gegen den gelasseneren de Sade ein fanatisch Unruhiger, er kapituliert nicht vor »der großen Gleichgültigkeit«, sondern müht sich, ihr »einen Sinn zu erfinden«. Er weiß um die schwere Geburt des Neuen, er formuliert Marxens Ansicht über die Verzahnung von Theorie und Praxis, von Denken und Handeln auf seine Weise: »Wie wir uns auch abmühen / das Neue zu fassen / es entsteht doch erst zwischen ungeschickten Handlungen.« Er hält Gewalt für unentbehrlich, auch er spricht wie de Sade in die Zukunft, in unsere Gegenwart: »Laßt euch nicht täuschen / . . . wenn es heißt / daß die Zustände sich jetzt gebessert haben / Auch wenn ihr die Not nicht mehr seht / weil die Not übertüncht ist.« Marats Stimme wird verstärkt durch die des ehemaligen Mönches Jacques Roux, eines radikal egalitären Sozialisten, und durch die vier Sänger, »halb Volkstypen, halb Possenreißer«. Sie sind die Stimme des Lumpenproletariats, des zynischen Anarchismus, der fröhlichen Unordnung.

Ins Konzert der Stimmen und Positionen gehören weiter: Charlotte Corday, die Mörderin Marats 1793, und ihr erotomanischer Liebhaber Duperret, girondistischer Abgeordneter, eleganter und blasierter Liberaler. Charlotte wird von einer Somnambulen dargestellt, ihre Klage über den Blutgeruch der Revolution gehört zu den schönsten »Arien« in freien Rhythmen, die das Stück durchziehen. Sie ist vom Blut, vom Geschlecht und von Marat ebenso fasziniert wie angewidert – ein schwankes Bündel starker, widerstreitender Gefühle.

De Sade ist zugleich Partner und Dirigent des rationalen und emotionalen Konzerts, Autor, Regisseur der Gefängnisaufführung. Außer ihm hat Weiss aber noch zwei Außenfiguren hinzugefügt. Coulmier, der Direktor der Heilanstalt Charenton, ein bornierter Anhänger Napoleons, den die Radikalismen Marats erschrecken und zum Einspruch nötigen, versucht, das Spiel der »Irren« in den Geschmacks- und Denkgrenzen der Napoleonischen monarchistischen Restauration von 1808 zu halten. Er repräsentiert damit zugleich die Restauration der Adenauerzeit, während Roux und die vier Sänger die studentische Revolte von 1967/68 gegen die Restauration vorfigurieren.

Aber nicht genug mit dem Regisseur de Sade und dem Zensor Coulmier. Es gibt überdies noch einen Ausrufer im Harlekinskittel. Er fungiert als Erzähler und Inspizient, er stellt am unmittelbarsten die Beziehung zum Publikum von heute durch Anspielungen her (»Wir bitten, geehrtes Publikum / zu bedenken, wie unüberlegt und dumm / das Volk wieder ins Unglück gerät / . . . Anstatt solch kopflose Ungeduld zu zeigen / sollte es in dieser schwierigen Zeit lieber schweigen / und für jene arbeiten und ihnen vertrauen / die aus eigener Kraft wieder was aufbauen / Genau wie Sie, meine Damen und Herren« – so und ähnlich hört sich das an). Der Ausrufer spricht nur in Knittelversen, in unregelmäßigen, vierhebigen, mit dem groben Kitt der paarweisen Reime. Es ist nicht immer ganz auszumachen, wo diese Verse rauhe Frische haben und wo sie sprachliches Ungeschick verdecken – holpert der Autor oder wollte er seine Figuren redend holpern lassen? Jedenfalls ist der Kontrast der Knittelverse zu den weiter oben zitierten freien Rhythmen (nach

Brechtschem Muster) von hohem Reiz – die dünne, spitzige, aber vielfädige, ambivalente Gedanklichkeit des Stückes wird so Klang, Bild.

Die wahre Raffinesse des Werkes aber liegt darin, daß Wort, Klang und Bild noch kontrapunktiert werden durch Körper und Fleisch, durch Exzesse und Rausch. Die vielfachen szenischen Brechungen des Stückes – die nur möglich sind, weil ein Raum das Ganze umfaßt – relativieren auch seine Gedanklichkeit. Es hängt vom jeweiligen Regisseur ab, in welches Wirkungsverhältnis die Gedanklichkeit und die Sinnlichkeit des Textes treten.

Marat/Sade ist letzten Endes, auch als Schuttberg von Fassungen, ein inkommensurables Gebilde. Dem, der die gedankliche Unschärfe, das allzu Allmähliche der Ideenentwicklung, das Changieren, die Unbeholfenheit des Ausdrucks kritisiert, läßt sich schnell entgegnen mit dem Hinweis darauf, daß eben kein Ideendrama gemeint ist, sondern ein Ineinander von Reflexion und Emotion, und daß das Halbgare, das Mühsame, das Undeutliche eben in der individuellen und gesellschaftlichen Realität gefunden wird, um deren Abbildung es hier letzten Endes geht. Die artifizielle Mache, die Raffinesse der Mixturen, die mancher dem Autor vorgeworfen hat, die so dominierend sei, daß nichts wirklich Erhebliches übrig bleibe – sie ist wiederum zu entschuldigen durch den Hinweis auf eben jene Unbeholfenheit, Unglätte, die an anderen Stellen spürbar ist. Hier wird ein additives ästhetisches Verfahren angewandt. Komposition heißt hier: Aneinanderreihung, bestenfalls emotionales Auseinanderhervorwachsen der Nummern, heißt Wiederholung bis zur Grenze der Monotonie, heißt Stauung, Interruptus, Anheizen durch relativ beliebige Chor-Reaktionen. Aber schlagen die aneinandergereihten Quantitäten nicht an dem oder jenem Punkt immer wieder in Qualitäten um? Entsteht nicht so – bildlich, also fragwürdig ausgedrückt – ein Geflecht, das vibriert? Das sind ästhetische Prinzipien, die auch sonst in der Kunstübung der Gegenwart zu beobachten sind. Weiss mischt sie unbedenklich mit traditionellen, allerdings Mitteln des kruden, außerliterarischen Theaters: Bänkelsang, Moritat, Schaubude, Tableau, Pantomime, Grand Guignol.

Selten ist ein Stück so zum richtigen Zeitpunkt auf die Bühne gekommen wie dieses. Es gab dem von Hochhuth geweckten Hunger nach bedeutenden historisch-politischen Stoffen und großen Figuren Nahrung, aber es erschien auch als »entfesseltes«, »totales« Theater, als »Theater der Grausamkeit«. Für Weiss sind literarische Veräußerlichungen des Inneren, der Triebe, des Sexus in gewisser Weise selbstverständlich, er hatte die entsprechenden Traditionen – Strindberg, den Surrealismus, Artaud, die Filme Bunuels und Vigos – schon lange rezipiert. So kann man auch nicht von modischer Anpassung bei ihm sprechen, und *Marat/Sade* hat gegenüber diesen Traditionen seine Selbstverständlichkeit. Es erschien zu Recht reich und frei gegenüber den kleinlichen Dimensionen des deutschen Nachkriegsdramas. Mit dem schwersten Alpdruck, der auf diesem Nachkriegstheater liegt, mit dem Riesenwerk Brechts, hat *Marat/Sade* so gut wie gar nichts zu tun. Es ist nicht optimistisch, abgezweckt aufklärerisch, und vor allem nicht dialektisch. Das Gedankliche wird verklebt durch das Emotionale, es wird exzessiv hervorgestoßen, es ist Resultat von Taten und Leiden. Und *Marat/Sade* ist letzten Endes nicht anti-illusionistisch, kennt keine Verfremdung. Die anti-illusionistischen Formen, deren es sich bedient, werden überspielt vom emotionalen Nachdruck des Stückes. Überherrscht wird das Stück von der Irrenkulisse.

Daraus ist gefolgert worden, es stelle die Welt als Irrenhaus dar. Das Umgekehrte will mir richtig vorkommen: Es drängt im Irrenhaus die Welt zusammen. Es sei an jenes Zitat aus Weissens Strindbergvortrag erinnert: »Ich sehe nichts Krankes an ihm. Strindberg war sein eigener Arzt. Er machte sich selbst zum Gegenstand der Untersuchung, der Visisektion.« Das gilt uneingeschränkt auch für den Peter Weiss des *Marat/Sade*. Das, was normalerweise als krankhaft erscheint, Sades Perversion, Marats und Roux' Fanatismus, die mörderisch fehlgeleitete Sexualität der Corday, der obszöne Anarchismus der vier Sänger, selbst die Raserei der Patienten – das sind für Weiss menschliche (humane) Extremzustände, Steigerungsfälle. Das Psychologische ist in seinem Werk nur in der Form des Psychopathologischen anwesend – ich betone: in der

Form. Es ist viel weniger inhaltlich zu verstehen (seit dem Surrealismus), als das ein in diesem Punkt immer noch provinzieller literarischer Geschmack meint.

Mag sein, daß dies exzessive Moment die politische Wirkung des Stückes in Deutschland gemindert hat. Dabei wäre gerade sie zu wünschen gewesen: In Marat und Sade präsentiert Weiss zwei Vorformen. Jener vertritt einen Prämarxismus mit syndikalistischem, dieser einen Präfreudianismus mit anarchistischem Einschlag. (Sie sind denn auch manchmal so nahe beieinander, wie es historisch gesehen Anarchismus und Syndikalismus waren.) Die nationalistische und antisemitische Reaktion in der deutschen Geistesgeschichte hat für Jahrzehnte die Wirksamkeit der beiden größten deutschen Juden des 19. Jahrhunderts, die von Marx und die von Freud, behindert, abgewürgt. Sie wird hier auf die Weise des Theaters, erstens vom Emotionalität beflügelt, zweitens auch kritisiert, drittens aber verschliffen präsentiert. Und sie wird auf einen außerdeutschen Ursprung, die große Französische Revolution, zurückgeführt. Mag sein, daß der bürgerlich-biedermeierliche deutsche Schauder vor dieser Revolution aufs neue heraufgerufen wird durch *Marat/Sade*: Er wird dadurch auch zur Artikulation provoziert, beleuchtet, vielleicht also kritisierbar gemacht. Das Stück gewinnt so eine aufklärerische Funktion. Es enthält allerdings kaum die rationalistischen Elemente der Aufklärung, es enthält mehr die skeptizistischen, die radikalen, die materialistischen. Es fehlen dem Stück dagegen die allzu deutschen Züge der Sublimierung der Aufklärung zu einem weltflüchtigen Idealismus, die in Deutschland vor allem kultiviert wurden.

Die Ermittlung

Im Sommer 1964 war Weiss Zuhörer beim Frankfurter Auschwitzprozeß; aus seinen Notizen und den Berichten entstand dies Stück. Es wurde im Sommer 1965 abgeschlossen, noch vor der Urteilsverkündung im August 1966, und bezieht sich nur auf die »Vernehmung der Angeklagten zur Sache« und auf die »Beweisaufnahme«. Gutachten, Plädoyers, Schlußworte und Urteilsbegründungen blieben unberücksichtigt. Weissens Vorgehen ist dem Vorgehen Heinar Kipphardts bei seinem Stück *In der Sa-*

che *J. Robert Oppenheimer* ähnlich: Ein umfangreicher Stoff wird konzentriert, geordnet, sprachlich strikter formuliert. Wie Kipphardt verminderte Weiss die Zahl der Zeugen, aber er machte sie auch anonym: Zeugen 1 bis 9. Er zog auch das Gericht zusammen: Ein Richter, ein Vertreter der Anklage (»stellt Staatsanwalt und Nebenkläger dar«), ein Vertreter der Verteidigung treten auf, auch sie ohne Namen. Von den 22 Angeklagten des Frankfurter Prozesses erscheinen 18 auf der Bühne von Peter Weiss. Die Formalisierung im Sprachlichen konnte sich hier nur in einem schmalen Bereich abspielen: Metaphorik, prunkende Versifikation, Alliteration oder andere auffällig poetisierende Mittel schloß der Stoff aus. Auch etwa die Charakterisierung der Sprecher durch Dialektfärbung hätte der Absicht Weissens, die Fakten dominieren zu lassen, widersprochen. Er tut nicht mehr oder weniger, als die Farblosigkeit der Prosa des Gerichtsverfahrens zu einer in ihr angelegten Qualität zu bringen: Sie erscheint bei Peter Weiss aschenfarben, insistent grau. Floskeln werden entfernt, an Stelle der Satzzeichen treten die Verseinschnitte, längere Sätze mit mehreren sinnbetonten Satzteilen werden in mehrere Verse auseinandergeschnitten. Die zahlreichen Verszäsuren haben nur selten pointierenden Charakter, eher bewirken sie den Eindruck der Reihung von knappen, aber gleichwertigen Einzelheiten.

Die elf Gesänge des Stückes haben Überschriften. Schon an ihnen läßt sich der Aufbau des Ganzen ablesen: Der Text führt von der Peripherie des Lagers zu dessen Zentrum, von den ankommenden Zügen an der Rampe (»1 Gesang von der Rampe«) bis zur Vergasung (»10 Gesang vom Zyklon B«) und Verbrennung (»11 Gesang von den Feueröfen«).

Der dritte Gesang (»Gesang von der Schaukel«) ist der »Politischen Abteilung« gewidmet, dem Folterzentrum im Lager, dem Terrorinstrument, das für Disziplin durch Schrecken sorgte. Der vierte Gesang (»Gesang von der Möglichkeit des Überlebens«) stellt die aller Brutalität und Schrecklichkeit zum Trotz komplizierten und labilen Beziehungen zwischen Bewachern und Bewachten, SS-Leuten und Häftlingen dar. Der »Gesang vom Ende der Lili Tofler« gibt ein Beispiel für die »Möglichkeiten des Überle-

bens« – Lili Tofler hält sich Monate auf der Pflanzenstation eines der landwirtschaftlichen Betriebe des Lagers, dann wird ein Brief entdeckt, den sie an einen Mithäftling geschrieben hat; sie wird in der Politischen Abteilung gefoltert und erschossen. Verbunden mit der Schilderung ihres Schicksals sind Hinweise auf die Funktion des Lagers für die großdeutsche Rüstungsindustrie: »die großen Konzerne / erreichten durch unbegrenzten Menschenverschleiß / Jahresumsätze von mehreren Milliarden«. Weiss gibt durchaus auch die Kampfsituation des Prozesses wieder. In der Figur des Anklägers hat er die Staatsanwälte des Frankfurter Verfahrens mit den Vertretern der Nebenkläger zusammengezogen: Häufig schlägt durch die inquisitorischen Fragestellungen des Anklägers der politisch abgezweckte Tonfall des Rechtsanwalts Kaul, des DDR-Staranwalts, durch. Der Ankläger macht den Versuch, nicht nur die achtzehn Angeklagten, sondern das kapitalistische System als Nährvater des faschistischen Systems und damit auch der Vernichtungslager anzuschuldigen. Das bleibt bei Hinweisen. Der Schoß, aus dem das kroch, wird nicht erhellt. Die Hinweise auf die Nutznießerschaft der Industrie geraten gerade dadurch, daß Weiss in seinem Material, dem authentischen Frankfurter Prozeß, keine Ansatzpunkte für eine großlinige Darstellung der Integration des Vernichtungslagers ins Gesamtsystem finden konnte, in ein polemisches Zwielicht. Der Verteidiger (alle Rechtsanwälte, die die Angeklagten vertraten, sind zu dieser einen Figur zusammengezogen) ist nicht nur um jegliche Entlastung seiner Mandanten, sondern um die Verharmlosung des ganzen Mordapparates bemüht. Seine Argumentation reicht von wirtschaftswunderlichem Quietismus bis zu neonazistischen Tönen. Er gibt sich mal wie ein CDU-, mal wie ein NPD-Anhänger. Fast alle Angeklagten verhalten sich bei Weiss wie in Frankfurt: uneinsichtig, verstockt, soviel wie möglich abstreitend. Auch sie werden bei Weiss zusammengefaßt: durch das Lachen, mit dem sie pointierte Beschuldigungen abweisen oder pointierten Entlastungen zustimmen.

Im vierten Gesang, in Passagen, die meist Weissens eigene Zutaten zum Stück sind, schildern die klügsten, die weisesten Zeugen, wie sie selbst Teil des Terror- und Todes-

apparates wurden. Zeuge 3: »Viele von denen die dazu bestimmt wurden / Häftlinge darzustellen, waren aufgewachsen unter denselben Begriffen / wie diejenigen / die in die Rolle der Bewacher gerieten / Sie hatten sich eingesetzt für die gleiche Nation / . . . / und wären sie nicht zum Häftling ernannt worden / hätten auch sie einen Bewacher abgeben können / Wir müssen die erhabene Haltung fallen lassen / daß uns diese Lagerwelt unverständlich ist / Wir kannten alle die Gesellschaft / aus der das Regime hervorgegangen war / das solche Lager erzeugen konnte / Die Ordnung die hier galt / war uns in der Anlage vertraut.«

Gesang vom lusitanischen Popanz
Dieses Stück (1967) agitiert in einer Art Nummernrevue-Form gegen den portugiesischen (und allen) Kolonialismus, gegen seine Verquickung mit dem Kapitalismus und gegen die klerikal-faschistische Diktatur Salazars in Portugal. Jede der elf Nummern ist in sich wiederum geteilt: in die Stimmen der Unterdrücker (Popanz, Bischof, General, Kolonisatoren), des Chores (die Afrikaner) und der Einzelsprecher (Wortführer der Afrikaner und der Solidarität des Autors mit ihnen). Diese Dreiteilung ist allerdings nicht strikt durchgehalten, der Text weist eine Fülle von Varianten, Kleinformen, Entgegensetzungen auf. Auch die drei Sprachformen sind nur ungefähr auf die drei Gruppen verteilt: rhythmisierte Prosa für die Unterdrücker, Knittelverse für die Einzelsprecher, freirhythmische lyrische Formen (manchmal an afrikanische Lyrik angelehnt) für den Chor. Spott- und Schmähstrophen (grob gereimte Knittelverse) auf den lusitanischen Popanz eröffnen den Text. Der Popanz ist eine Allegorie des Systems, des totalitären in Portugal, des kolonialistischen in Portugiesisch-Afrika – und er ist eine Person: Salazar. Der Name selbst fällt nie (auch nicht der seines Landes: es wird immer römisch-mittelalterlich Lusitanien genannt). Salazar heißt im Text, in dessen Pamphletperspektive, der »Betrüger«. Gegen Ende tritt er in der Papageienmaske auf: eine Anspielung auf sein scharfgeschnittenes Profil.

*Die Aufführung des »Diskurs über Vietnam«
1968 im Werkraum der Münchner Kammerspiele (auf dem Podium mit karikierenden
Pappköpfen die »imperialistischen« Politiker
der USA) führte zu einem für die späten
sechziger Jahre charakteristischen Konflikt:
Ensemble und Regisseur – der im Vorjahr
zu jungem Ruhm gekommene Peter Stein –
wollten am Ende der agitatorischen
Inszenierung das Publikum auffordern,
Geld zu spenden, damit Waffen für den
Vietcong gekauft werden könnten. Dies verbot der Intendant; Stein verließ daraufhin
die Kammerspiele.*

Diskurs über Viet Nam

Der erste Teil des zweiteiligen Stückes
(1968) rekapituliert im Geschwindschritt
2500 Jahre vietnamesischer Geschichte,
vom Auszug des Volkes der Viet vom Jang-
tse an den Mekong über Feudalkriege und
chinesische Fremdherrschaft bis zur Kolo-
nialisierung durch die Franzosen, Eroberung durch die Japaner im Zweiten Weltkrieg, Selbstbefreiung 1944/45, neue Etablierung der französischen Kolonialherrschaft durch die Alliierten. Tendenz dieser
Geschichte: Die Bauern, die Unteren,
werden unterdrückt und ausgebeutet. Die
Oberen, die das tun, wechseln. Aber nicht
ihr Ausbeutungssystem. Trotzdem kämpft
das Volk der Viet immer wieder. 1945 erreicht es die Freiheit. Ein einfaches Schema
also, eine Kette von Wiederholungen. Nur
Machtwechsel, Machtmißbrauch werden
gezeigt. Über das wirtschaftliche System
wird knapp informiert, die gesellschaftliche
Schichtung wird stark vereinfacht abgebil-

det. Religion, Kultur, Kunst kommen kaum
vor. Ein ziemlich oberflächlicher, aber
durch die Tendenz effektvoll gemachter
Geschichtsunterricht findet statt, von fünfzehn Sprechern vorgetragen und mit sparsamer Choreographie veranschaulicht.
Der zweite Teil setzt 1954 ein, während des
von Frankreich geführten Indochinakrie-
ges und des Kampfes um Dien Bien Phu.
Weiss zeigt die Steigerung des amerikanischen Engagements in Vietnam: die Finanzierung des französischen Krieges gegen
die Vietminh, die Einsetzung des in den USA
auf seine Aufgabe vorbereiteten Diem als
Regierungschef in Südvietnam, die Teilung
des Landes in Genf, die Gründung der FLN,
den Einsatz amerikanischer Truppen seit
1961, den Tonking-Zwischenfall und den
Beginn des Luftkrieges gegen Nordvietnam
(1964). Mit einem Chor (Stadium XI)
schließt der zweite Teil und damit das Stück:
»Dieser mächtige Feind / tritt an die Stelle /
aller früheren / Unterdrücker« und: »Wir

zeigten / den Anfang / Der Kampf geht weiter.«

Wie dem Herrn Mockinpott das Leiden ausgetrieben wird

Geschrieben 1963 und 1968, uraufgeführt 1968: Irgendwann einmal, vor dem Beginn des Stückchens, lebte Mockinpott behaglich, wie die Made im Speck, in seiner beschränkten, vertrauten Welt, er fragte nicht, zweifelte nicht, wollte nicht weiter sehen als bis vor seine Wohnungstür. In der ersten Szene findet Mockinpott sich aber im Gefängnis, weiß nicht, warum er eingelocht wurde. Im folgenden hält sein unwissendes Erleiden an: Er weiß nicht, warum er aus dem Kittchen entlassen wird, warum seine Frau und sein Chef ihn hinausschmeißen, warum der Arzt ihn brutal operiert, warum die greisen Regierenden nur mümmelnde Privatheiten auf seine Fragen zu antworten wissen. Dann plötzlich schlägt das Leiden an der Fremdbestimmung um – vor dem lieben Gott, der seine Firma, die Welt, nicht mehr übersieht, revoltiert Mockinpott: »Aber das kann ich Ihnen sagen von diesem Betrug / habe ich jetzt ein für allemal genug.« Die blechflügelklappernden Engel, deren Miserere seinen Leidensweg begleitet, singen, daß er sein Leiden nun verstehen könne. Er zieht endlich den rechten Schuh an den rechten Fuß und den linken an den linken – bis dahin ging er mit vertauschten Tretern –, in der Geste, im Schritt gewinnt er Bestimmung über sich und die Welt: er »entwickelt beim Umhergehen immer größere Kunst und beschwingt wie ein Tänzer, wie ein Schlittschuhläufer« entfernt er sich vom Publikum seiner Torturen und Taten, »in immer weiteren Bögen«. Durchs Leiden wird dem Mockinpott also das Leiden ausgetrieben, der Mißbrauch macht ihn schließlich – für sich selbst – brauchbar, das Ungeschick, maßlos aufgehäuft, schlägt schließlich in Geschicklichkeit um. Das Schicksal – mit dem übergroßen Papphammer der Groteske – schlägt so lange auf ihn ein, bis er es als aufhebbar erkennt. Eine derbe, grobgestrickte Moralität also über Fremd- und Selbstbestimmung. Analyse findet nicht statt, Ursachen kommen kaum in Sicht, nur Auswirkungen werden – zu Effekten gesteigert – vorgeführt.

Trotzki im Exil

Der »Einfall«, der die Struktur des Stückes (1970) bilden sollte: Trotzki blickt aus den beiden sibirischen Verbannungen 1902 und 1929, unterm Zaren und unter Stalin, vor allem aber aus dem Exil nach der Landesverweisung, aus der Türkei, Norwegen, Mexiko, zurück in die Stationen seines Lebens: Brüsseler Parteitag 1903, wo Lenin die Bolschewistenpartei formierte, indem er gegen die danach hinausgedrängte Minderheit die berufsrevolutionäre Kaderpartei durchsetzte; Petersburg 1905, wo Trotzki dem ersten Revolutionssowjet vorsaß; Zürich 1916, wo den im Exil wartenden bolschewistischen Führern die Dadaisten, die anarchistischen Kunstrevolutionäre begegnen.

Trotzki blickt zurück: aber die knappen Zwischenmonologe, die er an dem Arbeitstisch, dem Haupt- und Grundrequisit, hält, vermögen nicht, stoff- und personenreiche Vergangenheitsstationen zu einer in sich spannungsreichen Vision zu verschmelzen. Die Titelfigur etabliert sich nicht in ihrer komplexen Ganzheit. Die Stichworte der politischen Position Trotzkis kommen vor: permanente Revolution, Internationalismus, Antibürokratismus, aber sie werden mit vage angedeuteten individuellen Charakteristika – intellektuelle Brillanz bis zur Isolation, schnelle Reaktionsfähigkeit, die als Anmaßung erscheinen konnte, Mangel an letzter Rücksichtslosigkeit im Machtkampf – nicht zu dem verbunden, was Peter Weiss nach eigener Erklärung wollte: die Präsentation eines Charakters. Die Beziehung Trotzki–Lenin wird nicht geklärt, sondern in einer Duoszene sentimentalisiert.

Peter Weissens Hölderlin wurde im Herbst 1971 gleichzeitig an vier Bühnen, in Basel, Stuttgart, Hamburg, Berlin uraufgeführt. Am Deutschen Schauspielhaus Hamburg inszenierte Claus Peymann aufwendig. Den in der Tübinger Psychiatrie malträtierten, krankgemachten Hölderlin spielte Fritz Lichtenhahn und Peter Herzog den Schreinermeister Zimmer, der den Dichter aus der Anstalt abholt und ihn jahrzehntelang im Turm pflegt.

Hölderlin

Das Stück (1971) besteht aus acht Bildern (in zwei Akten), dazu Prolog und Epilog. Es gibt, wie im *Marat/Sade*, Knittelverse und freie Rhythmen, sie sind aber nicht wie in dem älteren Stück einander kontrastiert, sondern weisen den gleichen altertümelnd-papiernen Duktus auf. Zwischen Ansage, Reflexion, Dialog, Vision, Vor- und Rückbezug wechseln die Perspektiven. Das Zitierte (aus Hölderlins und seiner auftretenden Zeitgenossen Werken) ist in die sprachliche Fügung einbezogen, es belastet den Dialog mit Bildungsschwere.

Der »Prolog« gibt Einordnung des Stückes (»Ein Stük um Friedrich Hölderlin / kann sich den düsteren Aspecten nicht entziehen«), und Ortsangabe (»Im Julius Siebzehnhundert Dreiundneunzig / Am Stift zu Tübingen«) und nimmt den Verlauf vorweg (»Sich nicht an das Vereinzelte zu binden / auf Erden überall Beheimathung zu finden / In Sprache ganz seine Bestimmung zu erfüllen / dafür so gut es ging spannt er den Willen / doch zogen sich um seine Stimme Mauern immer enger«). Der Ausgang, 40 Jahre Einsamkeit im Turm, wird vorweggenommen: »Als hingekommen in die Stadt er war / zum ersten Mahl lag da der Thurm schon da / ganz nah am Neckar drauf er runtersah / durchs nidre Fenster seiner Cammer sonderbar / lag dort sein Kercker und er nahm ihn wahr.« Und auch die Sorge Weissens, es könne die Aktualität des Themas übersehen werden, spricht sich schon im Prolog aus: »Und das führt weiter bis in unsre Zeit / so lang ein solcher nicht aus seinem Thurm befreyt / und fortbestehn Entbehrung Auszehrung und Laid.«

Die erste Szene zeigt den jungen Genietrupp der Tübinger Stiftler (Hölderlin, Hegel, Schelling, Sinclair) im Juli 1793, wie sie für die Revolution schwärmen und agitieren (sogar den württembergischen Herzog). Die »Zweite Scene worinn / Hölderlin sich notgedrungen als Erzieher versucht« spielt auf dem Kalbschen Gute Waltershausen, Herbst 1794 (auch alle folgenden fünf Szenen sind herbstliche). Der Hausherr Heinrich von Kalb votiert gegen bürgerliche und Rassengleichheit, während Hölderlin seinen Schüler, den Knaben Fritz, universale Brüderlichkeit zu lehren sucht. In der dritten »Scene«, November 1794 in Jena: Hölderlin verteidigt sich gegen Schiller,

und er ereifert sich gegen Goethe (den wie zufällig hereintretenden hat er allerdings nicht erkannt). Die Eröffnung, daß der Unbekannte, mit dem er haderte, Goethe war, treibt Hölderlin am Schluß der Szene in ein Eselsgeschrei – der Verzweiflung, dem Wahnsinn näher. Das vierte Bild, zeitlich und räumlich (ebenfalls Jena 1794) an das dritte anschließend, zeigt den Professor Fichte auf dem Katheder, seine Sicht auf die Revolution erläuternd. Während in der ersten Fassung dem Fichteschen Jakobinismus ganz hart ein späterer, nationalistischer Rassismus des gleichen Fichte gegenübergesetzt war, wird in der zweiten Fassung die jakobinische Argumentation Fichtes verfeinert, der nationalistische Rassismus aber allein den randalierenden Studenten überlassen. Die »Fünfte Scene«, spielend im September 1798 im Gontardschen Park in Frankfurt, zeigt den Hauslehrer Hölderlin (und Liebhaber der Susette Gontard) und ist als Reigen kurzer (über 20) Auftritte geschrieben. Hölderlin (mit den schon in gesicherte Positionen gelangten Jugendfreunden Hegel und Sinclair) wird den Frankfurter Bankiers, dem Geldkapitalismus, konfrontiert – und von Susette Gontard angezogen und zurückgestoßen. Das Bild endet in einem Chorus auf die Zukunft des Kapitalismus: »Wir projectieren producieren / und accumulieren / Und immer weiter steigt der Curs / an unsrer Burs.« Sechste Szene: 1799, Homburg vor der Höhe. Hölderlin liest Freunden sein Drama *Empedokles* vor. Die Vorlesung geht in chorische Darbietung über, und der Geschichte vom Agrigenter Philosophen der Antike, der gegen die Herrschaft von Priesterlitaneien und Beamtenhierarchie durch den Aufstieg zum Ätna ein aufrührisches Zeichen setzte, dieser Geschichte unterlegt Weiss die des Che Guevara, der, seiner geringen Chancen nicht achtend, mit wenigen Guerilleros das Landproletariat zur Revolution zu agitieren suchte. Im siebten Bild sehen wir den in die Zwangsjacke Gefesselten im Tübinger Klinikum 1807. Weiss führt die Zerrüttung Hölderlins auf Eindrücke vom Gemetzel in der Vendée 1802 zurück; der Arzt Autenrieth wird zum politischen Examinator, der dem Patienten den Jakobinismus austreiben will. Dem Verwirrten erscheinen seine toten und lebenden Freunde. Das achte (letzte) Bild zeigt

Hölderlins 40 Jahre im Tübinger Turm: Er wird erst von Christiane Zimmer, dann von deren jüngerer Schwester Lotte schwäbelnd betreut, von Hegel und Schelling noch einmal aufgesucht und – jetzt ein freundlicher Greis – von einem »Redactor an der Rheinischen Zeitung« besucht, von dem der Theaterzuschauer erst bei dessen Abtreten erfährt, daß er Karl Marx heißt. Der junge Mann teilt dem (nur Bruchstücke aufnehmenden) Hölderlin mit, daß er der Poesie entsagt habe, als er auf Hölderlins Verse stieß, daß jetzt die politische und ökonomische Analyse sein Geschäft sei, und er formuliert angesichts der Entrücktheit des Alten: »Zwei Wege sind gangbar / zur Vorbereitung / grundlegender Veränderungen / der eine Weg ist / die Analyse der konkreten / historischen Situation / Der andre Weg ist / die visionäre Formung / tiefster persönlicher Erfahrung« – zwei gleichwertige Wege: der Marxens und der Hölderlins (und Weissens).

Mit den letzten Theaterarbeiten kehrte Weiss zu Kafka zurück, der ihn in seinen jüngeren Jahren so sehr angezogen hatte. Er dramatisierte Kafkas Roman *Der Prozeß* 1975 simplifizierend: Die Welt seines Stükkes ist die vor dem Ausbruch des Ersten Weltkrieges, die Schuld des Angestellten Josef K. ist die unterwürfige, kriecherische Anerkennung ihrer Herrschaftsstrukturen. In einem zweiten Angang *Der neue Prozeß* (1981) löste Weiss sein Stück noch weiter vom Roman Kafkas ab und versuchte, Josef K. als (scheiternden) Aufsteiger in die Direktions- und Machtetagen einer nicht nur kapitalistischen, sondern auch imperialistischen Herrschaftsclique zu zeigen.

Rolf Hochhuth

Der Stellvertreter
Dies Stück hat gezeigt, daß das Theater auch heute noch imstande ist, direkte politische Wirkungen zu zeitigen. Allen (berechtigten) ästhetischen Einwänden entgegen hat es durch seine Fragestellung und die leidenschaftliche Antwort, die der Autor durch seine Hauptfigur gibt, eine erregte Diskussion ausgelöst, die Reformbewegung innerhalb der katholischen Kirche beeinflußt und die Zeitgeschichtsschreibung zur Auseinandersetzung mit einem vorher wenig beachteten Thema genötigt: Wie hat sich die katholische Kirche zum nationalsozialistischen Massenmord an den europäischen Juden verhalten?

Hochhuth (1931 geboren) hat sich in jahrelanger Arbeit in sein Thema verbissen. Diese Verbissenheit merkt man dem Stück noch an, sie bewirkte seine Schwächen, förderte aber auch seine weit übers Theater hinausreichenden Wirkungen. Die polemische These des Stückes behauptet, daß Papst Pius XII. und die von ihm zu einmütigem Protest geführte Kirche hätten erreichen können, daß die Massenmorde an den Juden eingestellt worden wären. Hochhuth ist nicht müde geworden, im Stück selbst, in den der Buchausgabe beigegebenen »historischen Streiflichtern« und in der hitzigen Diskussion, die den Aufführungen folgte, darauf hinzuweisen, daß der Protest von Geistlichen, besonders des Münsterschen Bischofs Galen, dazu geführt habe, daß der Tötung der Geisteskranken Einhalt geboten wurde. Dagegen habe Papst Pius XII. niemals eindeutig und gezielt gegen die Judenausrottung, über die der Vatikan sehr wohl unterrichtet gewesen sei, protestiert. Man habe es mit blumigen Allgemeinheiten bewenden lassen.

Hochhuths Forderungen an Papst und Kirche werden in seinem Stück von zwei Figuren vertreten: einer historisch überlieferten und einer erfundenen. Die erste ist die des SS-Offiziers Gerstein, eines Angehörigen der Bekennenden Kirche, der vom Reichssicherheitshauptamt als Chemiker und Techniker hinzugezogen wurde, um die Vergasungsmechanismen zu verbessern. Er dringt im ersten Bild des ersten Aktes zum päpstlichen Nuntius in Berlin vor, um ihm seine entsetzlichen Beobachtungen in Auschwitz mitzuteilen. Anwesend ist dabei außer dem Nuntius der junge Jesuitenpater Graf Riccardo Fontana (eine von Hochhuth erfundene Figur), der von Gersteins Bericht tief erschüttert wird und von nun an leidenschaftlich die Auflehnung der Kirche und des Papstes bis hin zum Martyrium verlangt. Der zweite Akt spielt ein gutes halbes Jahr später, im Februar 1943 in Rom. Riccardo gewinnt seinen Vater, den päpstlichen Kämmerer, für sein Anliegen und findet in dem »realpolitisch« denkenden »Kardinal« einen Widerpart. Der dritte Akt zeigt die Verhaftung der römischen Juden – unter dem Fenster des Papstes – und führt Riccardo noch einmal mit Gerstein zusammen.

Der gedankliche Höhepunkt des Stückes wird im vierten Akt erreicht, in dem der Papst selbst, Pius XII., ehemals Kardinal Pacelli, die Szene betritt und von Riccardo bedrängt wird. Die realpolitischen Einwände von Papst und Kardinal schiebt Riccardo beiseite: »Gott soll die Kirche nicht verderben, nur weil der Papst sich seinem Ruf entzieht.« Riccardo heftet sich selbst den Judenstern an (er hat ihn von einem jungen Juden erhalten, den Gerstein in Berlin versteckte) und geht den Weg des Märtyrers; er begleitet die in Rom verhafteten Juden nach Auschwitz. Dort spielt der letzte Akt des Stückes: Riccardo begegnet der Gegenwelt, den Funktionären, die die Todesfabrik leiten oder von ihr nutznießen (einige von ihnen waren schon im zweiten Bild des ersten Aktes, im »Jägerkeller« aufgetreten, wo sich SS-Offiziere, Industrievertreter und Wehrmachtsleute beim Saufen, Kegeln und Schweinigeln vergnügen). Der Auschwitz-Akt fällt auseinander in symbolische Überhöhungen (lyrische Monologe der Todgeweihten, die Gestalt des »Doktors«, der sich als Vertreter des satanischen Prinzips selbst präsentiert) und Kolportage: etwa der Bettszene zwischen der SS-Nachrichtenhelferin Helga und dem »Doktor«. Hochhuth hat es auch nicht lassen können, Riccardo in Auschwitz andere Figuren aus den ersten Akten des Stückes (Gerstein, den jungen Juden, den Gerstein versteckte, die Italiener, deren Verhaftung man im dritten Akt erlebte) treffen zu lassen. Solch Handwerkskalkül erscheint gegenüber der unfaßbaren Anonymität, mit der in Auschwitz gestorben wurde, deplaciert.

Hochhuths »Stellvertreter« war – nach der Uraufführung durch Erwin Piscator im Theater am Kurfürstendamm Berlin 1962 – auch ein internationaler Erfolg. 1965, bei der Royal Shakespeare Company in London, trat Alan Webb als dem Papst Pius XII. Alan McCowen als Pater Riccardo mit dem provokativen Judenstern auf der Soutane entgegen.

Peter Weiss
Rolf Hochhuth

So sind denn auch fast alle Regisseure des Stückes – mit kleinen Abweichungen – dem Beispiel Erwin Piscators gefolgt, der bei der Uraufführung (1963) das Stück zusammendrängte auf die Auseinandersetzung im Schoße der Kirche, der den »Jägerkeller« und die Verhaftungsszenen in Rom wegließ und vom Auschwitz-Akt nur Teile der Monologe und ein Bruchstück aus dem Dialog Riccardo–Doktor auf die Bühne brachte. Hochhuth läßt die Figuren in den meisten Szenen jambisch sprechen, in einer zögernd rhythmisierten Prosa, aber er dringt nicht zum strikten Blankvers durch. Auch darin zeigt sich die Zwitterstellung des Stücks zwischen Dokument und Fiktion.

Soldaten
Entscheidend für Hochhuths Mißerfolg scheint mir das Folgende zu sein: Der Impuls, aus dem heraus die »Tragödie« (1967; Untertitel »Nekrolog auf Genf«) begonnen wurde, ist problematisch. Hochhuth meinte, man könne durch eine Begrenzung des Luftkrieges, durch ein Luftkriegsrecht als Zusatz zur Genfer Konvention vermeiden, daß sich die im Zweiten Weltkrieg praktizierte Massentötung von Zivilisten durch Bomben-»Teppiche« wiederholt. Er trat für den »begrenzten« Krieg ein, weil er meinte, daß gegen Diktaturen wie die Hitlersche gekämpft werden muß. Dies Ausgangsthema wird überlagert und im Verlauf des Stückes beiseite geschoben durch die zunehmend dominierende Figur Churchill. Hochhuth häuft die Aspekte dieser Figur: Churchill als Spieler, Histrione, fast Clown; Churchill als Privatperson; Churchill als funktionierender Premierminister. Hochhuth hält daran fest, daß Individuen und individuelle Entscheidungen den geschichtlichen Verlauf bestimmen, er glaubt an Helden. Andererseits überfällt ihn – nicht angesichts des einzelnen, aber angesichts des Ganzen – die Skepsis: »Absurd sind Dasein und Exitus des Menschen in der Geschichte« oder »Geschichte ist, was uns mißglückt«.
Eine besonders in Großbritannien heftig geführte publizistische und zeitgeschichtliche Diskussion entzündete sich an der Parallelhandlung des Stücks, dem »Fall Sikorski«. Hochhuth unterstellt hier, daß der damalige Chef der polnischen Exilregierung nicht einem Flugzeugabsturz zum Opfer fiel, sondern auf Veranlassung

Churchills vom britischen Geheimdienst umgebracht wurde, weil Sikorskis politische Forderungen das kriegswichtige Bündnis mit der Sowjetunion zu sprengen drohten.

Guerillas

Hochhuth, dem Dokumentartheater absagend (stattdessen wollte er wie Spengler Geschichtsmetaphysik betreiben: »letztes Schauen«, und so »geschichtliche Konstanten« suchen, »denen man den Dokumentarschutt zuordnet«) – Hochhuth wollte in dieser Tragödie (1970) den Amerikanern »vorspielen«, wo allein ihre Zukunftschancen liegen. Er hat die »Idee«, er kennt das Gesetz der vergangenen und der zukünftigen Geschichte. Hybrid deklamiert er: »Zu viele Stücke suchen Geschehnisse nachzuspielen, dies spielt eines vor … Diesem Versuch liegt das Gesetz zugrunde, daß Wirklichkeit in sich immer langweilig ist, nämlich nur Stoff. Erst ihre Überwindung durch Phantasie, das heißt: ihre Bedeutung durch eine Idee, gibt ihr Transparenz und Feuer.«

So sieht diese Phantasie aus: Hochhuth dekretiert, daß die einzige Rettung der USA vor dem Untergang im Rassen- und Klassenkampf der Staatsstreich sei. Eine Elite von Revolutionären »getarnt als Repräsentanten der Highest Society wie einst die Gracchen und wie vor 40 Jahren Roosevelt und Hopkins«, Politiker, Generale, Technokraten, Vietnamveteranen (ein paar Schwarze nicht vergessen) sollen sich der Nervenzentren der USA bemächtigen, ein untergetauchtes Atom-U-Boot als Druckmittel in der Hinterhand. Die 200 Millionäre (manchmal sind's auch nur 120 Millionärsfamilien), die nach Hochhuth jetzt allein die Macht in den USA innehaben, werden außer Landes gebracht, ihr Besitz gerecht verteilt, eine Arbeitnehmerpartei gegründet und so die soziale Demokratie in den USA eingerichtet.

Die Gefahr, daß der Staatsstreich in einer Militärdiktatur endet, schiebt Hochhuth durch seinen »Helden« leichthändig beiseite: »Handeln wird in Krisen das Militär gewiß:/ergo muß man auf seine Seite ziehen«, doziert der Senator Nicolson, »Oligarchie«-Mitglied, Vorsitzender des Verteidigungsausschusses im Senat, Beauftragter des Präsidenten für die Pazifizierung der Slums und Gettos, Erbauer der U 2 und erster Er-

prober dieses Flugzeugs, Werftbesitzer – und Anführer der Staatsstreichler. Ehe der Staatsstreich losbricht, wird sein Anführer, der Senator, am Ende des Stücks aus dem Hochhausfenster geschmissen, vom CIA-Oberst Stryker, mit dem Nicolson seit 25 Jahren befreundet ist. Der Kampf zweier Männer, eines maßlos edlen und eines abgründig bösen, endet mit des letzteren Sieg. Nicolson fällt, weil er es nicht lassen konnte, auch mit lateinamerikanischer Guerilla zu paktieren. Er führt in der Tropennacht ein unklares und schweifendes Gespräch mit einem Guerillero, dessen Name nicht fällt. Nicolsons Frau, Maria Amanda, ist Lateinamerikanerin. Sie bringt einem Bischof, geheimem Guerillero, Nachrichten über CIA-Agenten, wird dabei ertappt, entführt, vergewaltigt und massakriert. So ist Stryker seinem Busenfreund Nicolson auf die Schliche gekommen und das Stück kann traurig enden. Das Dokumentartheater ist bei der schieren Kolportage gelandet.

Die Hebamme; Lysistrate und die Nato

Es folgten zwei »Komödien«: *Die Hebamme* (1972) ist eine resolute Oberschwester, die kriminelle Mittel nicht scheut, um den zu Asozialen degradierten Bewohnern einer bundesdeutschen Barackensiedlung zu menschenwürdigen Wohnungen zu verhelfen. In *Lysistrate und die Nato* (1974) verweigern die Frauen auf einer griechischen Insel, angeführt von einer scharfzüngigen und überaus attraktiven Lehrerin und Abgeordneten, sich ihren Männern – mit doppeltem Effekt: sie verhindern die Errichtung eines Nato-Stützpunktes und befreien sich vom Patriarchat, das sie unterdrückt hat.

Tod eines Jägers

In einem zweistündigen, dem bereits beschlossenen Selbstmord vorhergehenden Monolog (1977) bereut Hemingway, daß er mit seiner ersten Liebe auch den eigentlichen Auftrag des Schriftstellers verraten hat: nämlich den, auf der Seite der Opfer und Verlierer zu sein, nicht auf der der Sieger und Jäger. »Mit anderen Worten: Hochhuth läßt seinen Hemingway bereuen, daß er Hemingway gewesen ist und darüber versäumt hat, ein amerikanischer Hochhuth zu werden« (Buddecke/Fuhrmann). Mit der Erzählung *Eine Liebe in Deutschland* (1978), nach aufgefundenen Dokumenten

entstanden, hat Hochhuth zweifellos ein politisches Verdienst – auf sinnlose und ungerechtfertigte Bluturteile von Richtern im Zweiten Weltkrieg aufmerksam gemacht und jene Affäre in Gang gebracht zu haben, die zum Rücktritt des (ehemaligen Kriegsrichters und) Ministerpräsidenten Filbinger führte. In *Juristen* (1979, »drei Akte für sieben Spieler«) wird ein bundesdeutscher Minister, vor 1945 Militärrichter, »später einer der Väter des Radikalenerlasses«, mit seiner Tochter, ebenfalls Juristin, in ellenlangen Debatten konfrontiert. In *Ärztinnen* (1980) attackiert Hochhuth mittels einer Kolportagehandlung – eine Ärztin, die aus wissenschaftlichem Ehrgeiz den Tod einer Patientin verursachte, erlebt, daß ein österreichischer Arzt aus ähnlichem Motiv den Tod ihres Sohnes verursacht – Gewissenlosigkeit und Gewinnsucht bei Ärzten und bei der pharmazeutischen Industrie. *Judith* (1984) führt vor, wie eine Amerikanerin die alttestamentarische Methode – Judith köpfte den Holofernes vor dem Liebesakt – auf den US-Präsidenten anzuwenden versucht.

Heinar Kipphardt

Shakespeare dringend gesucht heißt sein erstes, 1953 am Deutschen Theater Ost-Berlin uraufgeführtes Stück – eine mäßig bissige Satire auf die angestrengten Versuche, DDR-Themen im DDR-Theater parteifromm und nach der doktrinären Schnur des Sozialistischen Realismus zu behandeln. Heinar Kipphardt (1922–1982) war zwei Jahre zuvor aus der Assistenzarztposition in der Berliner Charité in die Dramaturgie des Deutschen Theaters übergewechselt. Von 1942 bis 1945 hatte der in Heidersdorf (Schlesien) Geborene die Landseruniform der deutschen Wehrmacht getragen. Dann schloß er sein Medizinstudium in Düsseldorf ab. Weshalb er 1949 nach Ost-Berlin ging, hat er ebensowenig zum spektakulären Thema gemacht wie die Übersiedlung 1959 von dort zurück nach Düsseldorf. Nicht die deutsche Teilung (die er für sich so unwirksam wie möglich zu machen suchte) war sein Thema, sondern deren historische Verursachung: der deutsche Faschismus.

Der Hund des Generals

Das Stück (1962) zeigt mancherlei Einflüsse – den Brechts in der Sprache und bei der Figur des Viechkerls und ehemaligen Schaustellers Czymek, der nach des Autors Vorschlag oberschlesischen Akzent sprechen soll, aber vornehmlich wie Schweyk redet. Doch wichtiger als die Anlehnungen bei Brecht sind die bei der Piscator-Bühne der zwanziger Jahre. Kipphardt handelt Zeitthemen ab, indem er den Bühnenvorgang an Dokumente anlehnt oder als dokumentarisch erscheinen läßt. Sowohl *Der Hund des Generals* wie das folgende Stück über Oppenheimer sind Prozeßstücke. Beide Male möchte der Autor die grundsätzliche Bedeutung seiner Fälle unterstreichen durch die Einblendung von Wochenschaumaterial und Standfotos. Sie sollen den Anschein der Authentizität des Bühnenvorgangs verstärken. Die Bühne wird in den Dienst der politischen Aufklärung gestellt. Kipphardt will die politische Wirksamkeit des Theaters erhöhen, indem er das sonst sofort als »Theater« erkennbare entweder als Dokument, Zeugnis erscheinen läßt oder als Verhandlung, Untersuchung.

Die Kommission zur Untersuchung von Kriegsverbrechen, die beim *Hund des Generals* fungiert, bleibt in den Figuren blaß. Der Fall, den sie verhandelt, wird in Szenen und Szenenbruchstücken von den Zeugen scheinbar der Kommission, tatsächlich dem Publikum vorgespielt, indem die Zeugen des heutigen Verfahrens in die Uniformjacken und -mäntel des Jahres 1943 in Rußland zurückschlüpfen. Bei einer dezimierten Division im Dnjeprbogen werden drei Panzer vom General Rampf zum Divisionsgefechtsstand zurückbeordert, damit sie als bewegliche Reserve zur Verfügung stehen. Der Posten bei den Panzern, ein bebrillter, hilfloser Soldat namens Pfeiffer, erschießt den herumstreunenden Hund des Generals. Der Gefreite Czymek, Schutzpatron Pfeiffers, marschiert mit dem Unglücksmenschen zum Rapport beim General und erinnert an einen Divisionsbefehl, demzufolge streunende Hunde zu erschießen seien. Der General wütet, schickt 60 Soldaten mit drei Panzern zurück an die Front, zu einer aussichtslosen Aktion. Alle fallen, auch Czymek, nur Pfeiffer kommt davon. Er tritt jetzt vor der Kommission als Zeuge gegen den General auf: Der habe wegen des Hundes die Soldaten in den Tod gejagt. Der Beschuldigte bringt Entlastungszeugen bei: Von der Armee wurde befohlen, die Ak-

tion durchzuführen, nur die drei Panzer standen dafür zur Verfügung. Der General wußte schon damals, daß der Befehl sinnlos war – seine Ausführung hätte, behauptet er, Hitlers starre Strategie ad absurdum führen sollen.

In der Sache J. Robert Oppenheimer

Für das zuerst im Fernsehen, 1964 auf dem Theater aufgeführte Stück hatte Kipphardt ein Dokument von hoher politischer und moralischer Bedeutung gefunden – und erkannt, daß man einen Zuschnitt davon mit großer Wirkung auf Bildschirm und Bühne bringen kann. Das Dokument: die etwa 3000 Seiten Protokoll der mehrwöchigen Untersuchung gegen J. Robert Oppenheimer 1954 vor dem Sicherheitsausschuß der US-Atomenergiekommission. Es ging dabei um die Frage, ob der Physiker und Nobelpreisträger, der Leiter des amerikanischen Atombombenprogramms während des Zweiten Weltkriegs, ein »Sicherheitsrisiko« darstelle und von weiterer Beteiligung an militärisch wichtigen Entwicklungsvorhaben auszuschließen sei. Die Vorwürfe gegen Oppenheimer hatten zwei Schwerpunkte: Er sei, erstens, bis in den Krieg hinein wenn nicht ein Kommunist, so doch ein »fellow traveller«, ein Sympathisierender, gewesen und habe undurchsichtige Verbindungen mit Leuten gehabt, die dem sowjetischen Spionageapparat angehörten; er habe, zweitens, durch seine Haltung und Meinung nach dem Krieg den Bau der Wasserstoffbombe verzögert und damit die amerikanische Sicherheit gefährdet. Zwei zentrale politisch-moralische Kernthemen also: erstens das der politischen Wandlungen »linker« Intellektueller und der nachträglichen Gesinnungsschnüffelei und -verfolgung ihnen gegenüber; zweitens das der Verantwortung der Physiker für die Vernichtungskraft der Bomben, deren Herstellung sie vorbereiteten und leiteten.

Kipphardt hat – nach eigener Aussage – seinen »Stoff«, die 3000 Protokollseiten, durch Auswahl »konzentriert«. Er hat statt über 40 nur sechs Zeugen auftreten lassen. Aber er hat auch »ergänzt« und »vertieft«: Er hat den Dialog des Protokolls teilweise neu geschrieben (»Worttreue« durch »Sinntreue« ersetzt – wie er selbst sein Verfahren kennzeichnet), er hat kleine theatralische Zutaten dreingemischt, Pointen und komische

Lichter aufgesetzt. Hinzugefügt hat er außerdem überleitende Sprechertexte und einen Schlußmonolog Oppenheimers. Kipphardts Interesse galt mehr dem zweiten als dem ersten Thema seines Stückes. Die Verantwortung der Physiker war für ihn das Hauptthema. Er läßt deshalb Oppenheimer schon gleich zu Beginn des Verfahrens den (im Protokoll nicht erscheinenden) Satz sagen: »Man machte von den großen Entdeckungen der neueren Naturwissenschaften einen fürchterlichen Gebrauch.« Er unterstreicht die Skrupel Oppenheimers angesichts der ersten Atombombenexperimente in der Wüste von Nevada. Wichtiger als die stockende, aussparende, hinhaltende Verteidigung des wirklichen Oppenheimer in dem wirklichen Verfahren sind ihm diese fortgesetzten Skrupel. Kipphardt konnte mit Recht behaupten, daß ihre wiederholte Interpolation zwar die »Wirklichkeit«, aber nicht die »Wahrheit« beschädige: Sie lagen nämlich dem wirklichen Oppenheimer nicht fern, wie andere seiner Äußerungen zeigen, und sie geben die »objektiven« Gefahren und Schwierigkeiten der Weltstunde wieder. Eine Literarisierung stellen sie – und ihr Höhepunkt, der Schlußmonolog – insofern dar, als sie Kipphardts Stück als aktuelle Paraphrase zu Brechts *Leben des Galilei* erscheinen lassen.

Brecht hat in das Historienstück über den italienischen Mathematiker und Physiker von Anfang an eine grundsätzliche Auseinandersetzung über die gesellschaftliche Verantwortung der Naturwissenschaftler eingearbeitet, und er hat diese Auseinandersetzung verschärft, als die Atombombe gefallen war: »Von heute auf morgen las ich die Biographie des Begründers der neuen Physik anders.« Das düstere, schwere Pathos, mit dem Galilei im vierzehnten Bild des Stückes von den zukünftigen Gefahren durch eine versklavte Wissenschaft spricht: »Eure neuen Maschinen mögen nur neue Drangsale bedeuten«, eines Tages könnte »euer Jubelschrei über irgendeine neue Errungenschaft von einem universalen Entsetzensschrei beantwortet werden«, findet sich, nicht ganz gleichwertig nachgeahmt, als gegenwärtige Gefahr im Schlußmonolog wieder, den Kipphardt Oppenheimer sprechen läßt: »So finden wir uns in einer Welt, in der die Menschen die Entdeckungen der Gelehrten mit Schrecken studieren,

und neue Entdeckungen rufen neue Todes-
ängste bei ihnen hervor.«

Kipphardt hat eine Korrespondenz gesucht
zu Brechts (marxistischer) Grundthese, daß
die Verantwortung des Naturwissenschaft-
lers nicht eine abstrakt-moralische, sondern nur eine konkret-gesellschaftliche
sein kann. Galilei: »Wofür arbeitet ihr? Ich
halte dafür, daß das einzige Ziel der Wissenschaft darin besteht, die Mühseligkeit der
menschlichen Existenz zu erleichtern.« Genau darauf geht der Kipphardtsche Oppenheimer ein: »Es scheint ein weidlich utopi-
scher Gedanke, daß die überall gleich leicht
und gleich billig herstellbare Kernenergie
andere Gleichheiten nach sich ziehen werde und daß die künstlichen Gehirne, die wir
für die großen Vernichtungswaffen entwickelten, künftig unsere Fabriken in Gang
halten könnten, der menschlichen Arbeit
ihren schöpferischen Rang zurückgebend.
Das würde unserem Leben die materiellen
Freiheiten schenken, die eine der Voraussetzungen des Glücks sind, aber man muß
sagen, daß diese Hoffnungen durch unsere
Wirklichkeit nicht zu belegen sind.« Nun
wird die Argumentation dünn: »Doch sind
sie unsere Alternative zu der Vernichtung
dieser Erde, die wir fürchten und die wir uns
nicht vorstellen können.«

Was Galilei derb ausspricht: »Ich überlieferte mein Wissen den Machthabern, es zu gebrauchen, es nicht zu gebrauchen, es zu
mißbrauchen, ganz wie es ihren Zwecken
diente. Ich habe meinen Beruf verraten«,
deutet Oppenheimer zögernd an: »... denn
frage ich mich, ob wir den Geist der Wissenschaft nicht wirklich verraten haben, als wir
unsere Forschungsarbeiten den Militärs
überließen, ohne an die Folgen zu denken.«
Brecht verfährt mit seiner Titelfigur härter
als Kipphardt mit dem seinen. Kein vager
»Geist der Wissenschaft« ist die Instanz, vor
der er sich zu verantworten hat, er verurteilt
sich selbst: »Ein Mensch, der das tut, was er
getan habe, kann in den Reihen der Wissenschaft nicht geduldet werden.« Kipphardts
Oppenheimer dagegen will »fernerhin an
Kriegsprojekten nicht arbeiten«, will sich
»wieder ausschließlich der Forschung
widmen«.

Joel Brand

Zwei Verfahren hat Kipphardt im Fall Adolf
Eichmann, des Hauptorganisators des Mas-
senmordes an der europäischen Judenheit,
theatralisch stattfinden lassen.

Das erste (1965) ist die »Geschichte eines
Geschäfts«: 10 000 Lastwagen gegen das Leben von einer Million Juden – darüber verhandelt Eichmann im Frühjahr 1944 in Bu-
dapest mit dem Sprecher des Rates der ungarischen Juden, Joel Brand. Das Geschäft
scheitert, die Alliierten haben Zweifel und
Bedenken – und ob Eichmann es wollte,
wollen konnte, bleibt offen… Das Schauspiel beruht auf Quellen und historischen
Darstellungen; Kipphardt nahm sich (so
formulierte er selbst) »die Freiheit, die
Handlung auf diejenigen Hauptzüge zu
konzentrieren, die ihm bedeutend schienen«. Das heißt: Er schrieb weitgehend erfundene Dialoge, reihte illusionistische
Szenen. Ein Historienschauspiel herkömmlichen Typus. Nicht (wie Hochhuths *Stellvertreter*) in schwerfälligem Versduktus geschrieben, sondern in der gelenkigen, vom
Süddeutschen abgeleiteten Diktion, die
Brecht als Kunstsprache, z.B. in der
Courage, im *Schweyk* benutzt hatte. *Joel
Brand* war – wohl wegen der ungelösten
Relation Realität/Fiktion – ein Mißerfolg.

Bruder Eichmann

Kehrte Kipphardt wegen dieses Mißerfolgs
mit seiner letzten Arbeit zum Thema Eichmann zurück? Schon unter den Quellen zu
Joel Brand hat er das Tonbandprotokoll der
Befragungen, denen Eichmann vor seinem
Prozeß über ein Jahr lang in Jerusalem unterzogen wurde, genannt. Aus den 3564 Seiten, auf denen die Befragungen protokol-
liert wurden, hat Kipphardt den einen Teil
der Szenen seines letzten Stückes (uraufgeführt 1983 nach dem Tod des Autors) kon-
densiert. Diesen Verhörszenen hat Kipphardt andere hinzugefügt: solche mit
einem kanadischen Pfarrerehepaar, das
sich um Eichmanns Seelenheil bemüht, und
vor allem sogenannte »Analogieszenen«,
darunter fiktive Fernsehinterviews mit
amerikanischen Offizieren, die selbstgefäl-
lig über ihre Raketenwaffen schwadronie-
ren, Sätze eines B-52-Bomberpiloten vorm
Einsatz in Vietnam, neueste Türkenwitze
eines Schmierenconférenciers, die Aussage
Irmgard Möllers, man habe sie (wie Baader
und Ensslin) in Stammheim ermorden wollen, machtarrogante Statements des israeli-
schen (Ex-)Verteidigungsministers Sharon

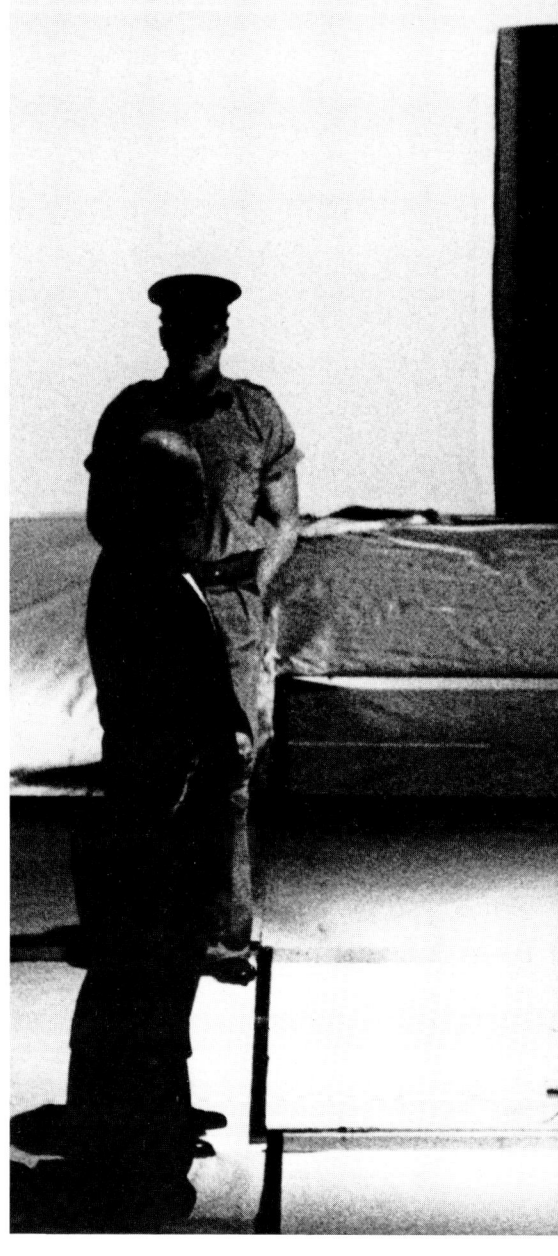

*Heinar Kipphardts nachgelassenes Stück
»Bruder Eichmann« wurde 1983 im Münch-
ner Staatsschauspiel uraufgeführt (Regie
Dieter Giesing). Die Titelrolle spielte Hans-
Michael Rehberg (hier in der Hinrichtungs-
Szene) im Bühnenraum von Johannes
Schütz.*

März, ein Künstlerleben

Des Mediziners Kipphardt Spezialfach war die Psychiatrie. Sicher *ein* Grund, weshalb er sich von 1973 bis 1980 mit dem Fall eines schizophrenen Dichters beschäftigte, den er Alexander März nannte – als Film 1975, als Roman 1976, als Schauspiel 1980.

Der Patient und Dichter März wird von der Maschine zur Wiederherstellung der Normalität, dem Irrenhaus, und seinen (im einzelnen wohlmeinenden) Funktionsträgern so bedrückt, daß er sich seinen eigenen Tod gibt. In dem Arzt Dr. Kofler löst März aber immerhin prinzipielle Zweifel aus: »Die besseren Psychiater gehen davon aus, daß ihre therapeutische Arbeit darin besteht, die falschen subjektiven Perspektiven des Patienten in die richtigen, objektiven des Therapeuten zu verwandeln. Dies sind aber die Perspektiven unserer kranken Gesellschaft. Ich kann dem Schizophrenen nur nahe kommen, wenn ich mich wenigstens frage, ob er mir nicht mehr über die innere Welt beibringen kann, als ich ihm. Da bin ich auf dem Weg zu ihm.«

Peter Handke

Handke, 1942 in Griffen/Kärnten geboren, besuchte von 1954 bis 1959 ein katholisches Knabeninternat in Klagenfurt, studierte in Graz Jura und schrieb während des Studiums Buchbesprechungen für den Rundfunk. Er hatte enge Kontakte zum Grazer Forum Stadtpark, das ihm in den »manuskripten« Publizierungsmöglichkeiten bot. Als der Suhrkamp Verlag 1965 seinen Roman *Die Hornissen* akzeptierte, brach Handke das Studium ab.

Wie kaum ein anderer zeitgenössischer Autor hat Handke zur Auseinandersetzung mit seinem Werk wie seiner Person herausgefordert. In Kreisen des herrschenden Kulturbetriebs machte sich der »Behringer der Beat-Generation« (Ernst Wendt) 1966 erstmals pressewirksam unbeliebt, als er auf einer Tagung der Gruppe 47 in Princeton (USA) gegen die dort versammelten Literatur- und Kritikergrößen den Vorwurf der Beschreibungsimpotenz richtete. Handke wurde als formalistischer Ästhetizist oder auch als Vertreter einer neuen Innerlichkeit etikettiert, weil er Ende der sechziger Jahre – zu einer Zeit, als Künste und Wissenschaften zunehmend politisch begriffen wurden,

und zuletzt der Bericht einer Palästinenserin über das Massaker an ihren Landsleuten in den Flüchtlingslagern Sabra und Shatila, September 1982.

Der problematische Effekt dieser Szenen: Auch andere, auch die Israelis, tun ähnliches wie Eichmann, wie die Nazis. Peter von Becker: »Eichmann hat sich im Jerusalemer Prozeß keineswegs auf ein ›gutes Gewissen‹ berufen, sondern auf Befehlsnotstand; er bekannte sich sogar schuldig, nur nicht ›im juristischen Sinne‹, und Hannah Arendt vermerkte bereits in ihrer 1964 auf Deutsch erschienenen Studie *Eichmann in Jerusalem*, dem berühmten ›Bericht von der

Banalität des Bösen‹, es sei eine Unterlassung der Jerusalemer Richter gewesen, diesem ›Teilschuldgeständnis‹ nicht weiter nachgeforscht zu haben. – Kipphardt hat es jetzt auch nicht getan. Sondern mit seinem Stückmotto noch unfreiwillig auf Freispruch plädiert. Denn wäre Eichmann ›guten Gewissens‹ gewesen, dann wäre er in jedem Falle auch schuldunfähig, möglicherweise sogar unzurechnungsfähig gewesen. Dann wäre das Urteil von Jerusalem ein Fehlurteil gewesen.«

ja die Frage aufkam, ob nicht die Literatur, weil unbrauchbar zur Veränderung gesellschaftlicher Verhältnisse, überhaupt abgeschafft werden sollte – am Autonomieanspruch des Individuums bzw. dem Recht auf individuelle Sensibilität festhielt. Freilich ist die Sprachkritik, die Handke mit seinen Stücken übt, zumindest indirekt, auch Gesellschaftskritik.

Handke argumentierte zunächst in jener kulturkritischen Manipulationslogik, die in den sechziger Jahren die Kulturdiskussion der Neuen Linken bestimmte – eine Popularisierung u. a. der Einsichten Theodor Adornos und Max Horkheimers in ihrer *Dialektik der Aufklärung* (Verblendungszusammenhang der Kulturindustrie) und Herbert Marcuses »affirmativer Kultur«. Handke zufolge beherrsche nicht der Mensch die Sprache, sondern diese ihn; sie unterdrücke, manipuliere ihn, und dies besonders heimtückisch, weil das sorgsam strukturierte System der Sprachcodes, einmal verinnerlicht, die gesellschaftliche und individuelle Unterdrückung besorge: durch Selbstzensur.

Die ersten Theaterarbeiten waren eine Revolte gegen jede Art von tradierten Mustern und Modellen. Und sie waren Ergebnis der Auseinandersetzung mit dem Werk Brechts, von dem Handke 1968 sagte, er habe geholfen, ihn zu »erziehen«. Ein sehr ambivalentes Erziehungsresultat: Handke war fasziniert von Brechts Technik der Verfremdung: »Er hat Funktionsmöglichkeiten der Realität, die einem vorher glatt aufgingen, zu einem Denkmodell von Widersprüchen arrangiert. Dadurch hat er es möglich gemacht, daß den Funktionen der Realität, die einem früher wie ein glattes Funktionieren erschienen waren, beweiskräftig, mit Brechtschen Widerspruchsmodellen, widersprochen werden konnte. Endlich erschien einem der Zustand der Welt, der vorher wie gegeben und natürlich war, gemacht: und gerade dadurch auch machbar, änderbar . . .« Handke lehnte allerdings die für Brecht eng mit der Verfremdung verschränkte Historisierung ab, zeigte sich einzig – und das in einem sehr formalen Sinn – am sprach- und ideologiekritischen Aspekt interessiert, der Möglichkeit, eingefahrene Bewußtseinshaltungen zu durchbrechen. Politik und Kunst aber hielt er für unvereinbar: »Eine engagierte Literatur gibt es nicht.

Der Begriff ist ein Widerspruch in sich . . . Kunst hat überhaupt keine Bedeutung über sich hinaus, sie ist Bedeutung.« Im selben Jahr polemisierte Handke gegen das politische Theater: »Das Theater als gesellschaftliche Einrichtung scheint mir unbrauchbar für eine Änderung gesellschaftlicher Einrichtungen.« Theater sei produktiv als »Spielraum zur Schaffung bisher unentdeckter innerer Spielräume des Zuschauers . . .«.

Als müsse er sich von einem Übervater befreien, erklärte Handke ebenfalls 1968 Brecht zum Trivialautor, dessen »aufgeklärte Weltproblemstücke« und »abgeklärte chinoiden Teekannensprüche« für ihn nur noch als reine Formspiele erträglich seien. Handkes Ziel: die Darstellung des Theaters als Sprachwelt, die Thematisierung des Mediums und die Offenlegung seiner Mechanismen, wobei der Zuschauer seiner Sprechstücke ins theatrale Geschehen einbezogen, also vom bloß Schauenden zum Mitagierenden werden soll: »Die Worte, aus denen die Sprechstücke bestehen, geben kein Bild von der Welt, sondern einen Begriff von der Welt . . . Die Sprechstücke bedienen sich der natürlichen Äußerungsform der Beschimpfung, der Selbstbezichtigung, der Rechtfertigung, der Ausrede, der Weissagung, der Hilferufe . . . Sie ahmen die Gestik all der aufgezählten natürlichen Äußerungen ironisch im Theater nach.«

Publikumsbeschimpfung

Das Stück (1966) thematisiert die normative Erwartungshaltung von Theaterzuschauern, provoziert sie, »spielt sie an«. Vier »Sprecher«-Figuren machen die Zuschauer zum Objekt der Aufführung: »Sie sind das Thema.« Damit sie ihre Rolle als Zuschauende erfahren können, die Zuschauer sich auf »gleicher« Ebene mit den sie anspielenden Schauspielern sehen, sollen Bühne und Zuschauerraum gleich hell beleuchtet sein, soll die Spielzeit der gespielten Zeit entsprechen bzw. beides zusammenfallen, soll die Bühnenhandlung reiner und gegenwärtiger Vollzug von Sprache sein – keine Imagination fiktiver Welten und Handlungen. Natürlich bleibt dieser Versuch, die Rampe zu überspielen, die Theaterereignisse zu defiktionalisieren, sich dem Theaterapparat und seinen Konventionen zu entziehen bzw. dessen Zeichensystem »illu-

sionslos« offenzulegen, theatrale – und dabei sehr vergnügliche – Manifestation, die auf Fiktionalität, auf ästhetischer Distanz beruht. Die Breitseiten gegen die konventionalisierte Zuschauererfahrung hängen ganz und gar ab von dem, was sie »beschimpfen« – keine Aufhebung theatraler Fiktion also, sondern deren Potenzierung, Spiel im Spiel.

Claus Peymann setzte 1966 bei der Uraufführung der *Publikumsbeschimpfung* im Frankfurter Theater am Turm die Sprachstrukturen konsequent in Körperbewegungen um, in gestische Abläufe, mimische Strukturen, so aus einem »Libretto« ein Theaterstück machend, wie Günther Rühle über die Schauspieler schrieb: ». . . beweglich-lustig, mit frechen, witzigen, heiteren, zu Komik aufgelegten Gesichtern, Burschen, die mit ihren Stimmen und dem Publikum spielen und die Tastatur dieses monotonen, aber konsequent durchrhythmisierten Textes in ein ironisch-pointiertes Bewegungsspiel umsetzen: laufen, gehen, stehen, vortreten, rückkehren, Gruppen bilden, sich vereinzeln, einander auszählend, einander zurückholend, hockend, liegend, verschwindend, auftauchend, ins Publikum und bis auf den Rang hinaus stürmend.«

In anderen Sprechstücken variierte Handke die Struktur der *Publikumsbeschimpfung*, machte sie zum theatralen Muster einer neuen Konvention.

Weissagung (gleichfalls 1966 uraufgeführt) besteht aus etwa 200 gereihten Sätzen, die allesamt einen Vergleich enthalten, in futurisch gerichteten Tautologien endend: »Die Fliegen werden sterben wie die Fliegen / Jeder Tag wird sein wie jeder andere.« Der Zuschauer soll, Handke zufolge, nicht nach einem hinter dem Bezeichnenden steckenden Bezeichneten (Sinn) suchen, sondern die Sätze nehmen als das, was sie (auch) sind: akustische Signale und rhythmische Reize.

Selbstbezichtigung (1966) ist eine an die Form des katholischen Beichtspiegels angelehnte fiktive Selbstanklage, die auf das normierende, nivellierende und besitzergreifende Regelsystem der Sprache aufmerksam macht. Fast alle Sätze beginnen mit einem »Ich bin . . .« oder »Ich habe . . .«. Es spricht kein individuelles Ich, sondern,

Peter Handke »Die Publikumsbeschimpfung«, 1965 im Theater am Turm Frankfurt: »Hier war alles offen. Diese Offenheit und der mit Unsicherheit gepaarte Mut zum Absprung, zum Sprung in einen Skandal, in ein Fiasko, waren das einzige Kapital. Was sollte hier tragen: Der Text? Er verweigerte jede Handlung. Er hatte kein Personenregister, keine Rollen. Jeder war nur er selbst. Michael Gruner war Michael Gruner, Ulrich Hass war Ulrich Hass, Claus Dieter Reents war Claus Dieter Reents, Rüdiger Vogler war Rüdiger Vogler. (…) Der junge schnauzbärtige Blondling, der einmal bei einem Versteck- und Abholgang auf der Bühne als der falsche Mann sich aus der Kulisse eingliederte und über die Szene lief, war der Regisseur, von dem man alsbald sprach: Claus Peymann.« (Günther Rühle)

Handke zufolge, ein allgemeines, unpersönliches, »das Ich der Grammatik«.

Es bezichtigt sich der Verletzung eines ganzen Katalogs einander widersprechender Regeln, Pläne, Ideen, Postulate, Grundsätze, Etiketten, Satzungen, allgemeiner Meinungen und Weltformeln. Gleichgültig, wie dieses Ich sich verhält und was es tut, es bricht in jedem Fall irgendeine Regel. Handke: »Die Komik der Widersprüche vorzuführen ist eine der Absichten des Stückes.«

Hilferufe (1967) ist ein um die Begriffe »Gefahr«, »Not« bzw. »Hilfe« kreisendes Sprachspiel.

Kaspar

Hier (1968) tritt an die Stelle der direkten Publikumsanrede die an eine Bühnenfigur. Eine Variation der Kaspar-Hauser-Figur: »Das Stück zeigt nicht, wie es wirklich ist oder wirklich war mit Kaspar Hauser. Es zeigt, was möglich ist mit jemandem. Es zeigt, wie jemand durch Sprechen zum

Sprechen gebracht werden kann. Das Stück könnte auch ›Sprechfolterung‹ heißen« (Handke im Vorwort). Kaspar steht zu Beginn ein einziger Satz zur Verfügung (»Ich möcht' ein solcher werden wie einmal ein anderer gewesen ist«), dessen Bedeutung ihm unklar ist. Eine (nur durch ihre Stimmen präsente) Gruppe von »Einsagern« baut ihn in 16 Phasen und 65 zumeist sehr kurzen Szenen mit modellartigen Satzkonstruktionen so um, daß am Ende Kaspars ursprünglicher Satz sich aufgelöst, er die Sprache der »Einsager« gelernt hat und schließlich in deren Gruppe integriert ist. Durch die Verwandlung hat er gelernt, sich zu orientieren und sozial zu artikulieren, dabei sich einer vorgegebenen und nun »selbstverständlichen« Ordnung unterwerfend. Kaspar ist damit, wie er erkennt, »in die Wirklichkeit übergeführt«. Der in seinem ursprünglichen Satz artikulierte Wunsch ist am Schluß ebenso in Erfüllung gegangen, wie er sich in sein Gegenteil verkehrt hat.

Die Sozialisation Kaspars hat ihn zugleich entindividualisiert. Zum Schluß des Stücks versucht eine Gruppe, Kaspar-Sätze bzw. deren Vollzug zu stören. Kaspars Sprache geht allmählich in Stammeln über und endet in einer Selbstbezichtigung: »Ich:bin:nur:zufällig:ich« (in einer späteren Fassung: »Ich:bin:nur:Ziegen und Affen«).

Das Mündel will Vormund sein

Zwei namenlose Figuren mit Halbmaske demonstrieren in elf Szenen alltägliche Unterdrückung in einem pantomimischen Spiel (1969): ein Rollenspiel um Herrschaft und Knechtschaft. Das Verhältnis von oben und unten kann sich, so der Text, auch umkehren; vage Versuche der Auflehnung werden angedeutet oder stellen sich beim Zuschauer assoziativ ein (so wenn das Mündel in der Bedienung einer Rübenhackmaschine unterwiesen wird), bleiben aber folgenlos. Das Prinzip, auf das sich Herrschaft gründet, scheint unaufhebbar.

Quodlibet

Wieder ein reines Sprachspiel (1970) mit den Figuren des modernen Welttheaters: General, Bischof, Rektor im Talar, Malteserritter, Korpsstudent, Gangster, Politiker, Leibwächter. Handke gibt mit seinem Text nur einen lockeren Rahmen szenischer Improvisationsmöglichkeiten. Das Publikum wird in diesem Stück nicht mehr direkt angespielt, sondern absichtsvoll ignoriert. Scheinbar Belangloses verweist (oder kann aus dem akustischen Kontext so bezogen werden) auf die Sphären der Gewalt, Politik, Sexualität.

Der Ritt über den Bodensee

Das Stück (1971) hat als Motto die Frage: »Träumt Ihr oder redet Ihr?« Die Figuren tragen die Namen bekannter Schauspieler (Jannings, George, die Bergner, Henny Porten, die Kessler-Zwillinge). Bei der Inszenierung sollen die Figuren nach dem Willen des Autors »mit dem jeweiligen Namen der Schauspieler benannt werden: die Personen sind zugleich ihre Darsteller«. Die Theaterspieler sind nicht die Figuren, die Figuren aber Schauspieler mit vielen Masken. Das Spiel wird zum Spiel im Spiel, in dem die Darsteller auch zu Zuschauern (auch ihrer selbst) werden. Handke stellt alltägliche Kommunikationssituationen

nach, zeigt, wie unterschiedliche Figurenkonstellationen das Verhalten der Figuren prädestinieren, in welche Rolle und Maskierung sie schlüpfen können oder müssen. Die Figuren reden zwar, und durchaus auch miteinander, aber in Mustern und Formeln und wie unbewußt, wie träumend, also ohne vor- und nachzudenken. In Momenten des Erwachens jedoch erkennen sie voller Schrecken, daß ihr Leben Lüge ist, das Eingeständnis dieser Lüge aber ihre alltägliche Existenz zerstören müßte. Kultur und Zivilisation erweisen sich als dünne Kruste, unter der sich Unmenschlichkeit und das Erschrecken vor dem eigenen Ich verbergen. Handkes System von Zeichen und Metaphern ist voller Ambiguität. Und so gibt es immer wieder Momente, in denen das Zerbrechen der Regeln als Hoffnung, die »Einbrüche« der Figuren als Befreiungsversuche von gesellschaftlichen Rollenzwängen gedeutet werden können – Momente, in denen die Ahnung einer Utopie aufscheint.

Die Unvernünftigen sterben aus

Die Handlung des Stücks (1974): Ein erfolgreicher Unternehmer, Hermann Quitt, trifft sich mit vier Kollegen. Sie wollen ihre Geschäftsinteressen koordinieren und ihre Kapitalmacht im Kartell organisieren. Quitt hält sich in der Folge jedoch nicht an die Abmachung, sondern ruiniert seine Partner, die real Konkurrenten geblieben sind. Zugleich ist Quitt »unvernünftig«, weil er der gesellschaftlich erwarteten Rolle nicht länger entsprechen will, sich Gefühle leistet und auf seiner Individualität, der Sehnsucht nach Menschlichkeit und Wärme besteht. Er begibt sich auf Sinn-Suche. Dabei gerät er in einen Konflikt zwischen seinem privaten Anspruch und seinen gesellschaftlichen Zwängen als Kapitalist. Selbst seine Versuche zur Mitmenschlichkeit erweisen sich als für seine Geschäfte förderlich und profitsteigernd. Verzweiflung treibt Quitt schließlich in den Selbstmord: er rennt mit dem Kopf gegen die Wand, die hier ein Felsblock ist.
Ein Rollenspiel voller Ambivalenzen und Unentschiedenheiten. Teilweise Tragödie (die Handke aber für nicht mehr tragfähig hält), teilweise deren Parodie. Zielt Handke auch auf Kapitalismuskritik, so wird diese Absicht konterkariert durch die Personalisierung und Individualisierung gesell-

schaftlicher Prozesse. Die Abdankung des sich selbst verwirklichenden Individuums wird behauptet, halb bewiesen, und gleichzeitig wird dessen Wiederauferstehung als Privat-Ich als Utopie beschworen.

Über die Dörfer

Handke veröffentlichte erst 1981 wieder ein Theaterstück. Sein »dramatisches Gedicht« *Über die Dörfer* bildet den Abschluß einer Tetralogie (*Langsame Heimkehr,* 1979; *Die Lehre der Sainte-Victoire,* 1980; *Kindergeschichte,* 1981; *Geschichte des Bleistifts,* 1982). Gregor, die Hauptfigur kehrt nach dem Tod der Eltern aus der Stadt, wo er Schriftsteller geworden ist, in das Dorf seiner Kindheit zurück, trifft seine Geschwister wieder, den jüngeren Bruder Hans, einen Bauarbeiter, und die Schwester Sophie, eine Verkäuferin. Er haßt Bruder und Schwester wegen deren provinzieller Enge und fühlt sich ihnen gegenüber zugleich schuldig, weil er sie mit seinen maßlosen Forderungen und seiner Selbststilisierung zur Vorbildfigur an der Entwicklung ihres eigenen Lebens demütigend gehindert hat. Äußerer Anlaß seiner Rückkehr ist der Umstand, daß ihm, als dem älteren Sohn, das elterliche Haus als Erbe zufallen soll, in dem Hans und Sophie leben und auf das Hans eine Hypothek aufnehmen will, damit sich Sophie durch die Eröffnung eines Geschäfts doch noch eine eigene Existenz aufbauen kann. Unter der Äußerlichkeit der Erbfrage brodelt ein erbarmungsloser Kampf aus Haßliebe zwischen den Geschwistern, der bis zum Vernichtungswillen geht, genährt aus einem Existenzbewußtsein, das ständig zwischen dem »verdammt in alle Ewigkeit« und einer Heilserwartung auf sinnstiftende Ordnung schwankt. Handkes Technik- und Zivilisationskritik korrespondiert die Sehnsucht nach Heimat, Natur und Geborgenheit. In einem langen Schlußmonolog verkündet, Dea ex machina, Gregors Gefährtin Nova(!) die Ankunft des neuen, mit sich, den Mitmenschen und der Natur versöhnten Menschen: »Der ewige Friede ist möglich ... Richtet euch auf. Abmessend-wissend, seid himmelwärts.«

Martin Sperr

Der 1944 in Steinberg/Niederbayern geborene Sperr kam über das Schauspielen zum

»Der grobe braungrüne Cordanzug, abgewetzt und zerbeult, den ollen Hut schräg aus der Stirn gelüpft, übers kuglige Embonpoint erreicht die Weste den Hosenbund nicht mehr: schäbiges Fossil der Nachkriegs-Prosperität – zänkisch macht sich der alte Laiper gegen den Fortschritt stark. Auf die Gewerkschaft scheißend, von der Eigenverantwortlichkeit des Individuums schwafelnd, führt er verbissen den nationalökonomischen Jargon seiner Väter im Munde. Struggle of Life und patriarchalischer Starrsinn.« (Botho Strauß).
Der kleinstädtische bayerische Bauunternehmer Laiper (Paul Verhoeven) und seine Frau (Therese Giehse) in Martin Sperrs »Landshuter Erzählungen«, Uraufführung 1967 in den Münchner Kammerspielen, Regie August Everding.

Stückeschreiben. Nach Schauspielunterricht in München debütierte er 1962 am Theater 44. Es folgten zwei Jahre Ausbildung am Max-Reinhardt-Seminar in Wien und 1965/66 ein Engagement in Bremen. Seine realistischen Volksstücke zeigen Einflüsse des Werks von Marieluise Fleißer (vor allem von deren Komödie *Der starke Stamm*), von Horváth und Büchner. Seine *Bayrische Trilogie* durchmißt einen Zeitraum von 1949 über 1958 bis in den Anfang der siebziger Jahre. Der gesellschaftliche Hintergrund weitet sich vom Dorf mit Bauern und Tagelöhnern über eine Kleinstadt mit mittelständischen Unternehmern und Arbeitern hin zur Metropole mit Großkapital und außerparlamentarischer Opposition.

Jagdszenen aus Niederbayern

Das Stück (1966) spielt 1949 in einem niederbayrischen Dorf. Sperr thematisiert die latente Gewalt, die hinter der scheinbar normalen Alltäglichkeit lauert. In Reinöd herrscht der gleiche verhängnisvolle Ruf nach Ruhe und Ordnung wie im Ingolstadt der Fleißer 40 Jahre früher. Tradierte Regeln und Gesetze schweißen die Menschen zur dumpfen, in sich abgschlossenen Dorf-»Gemeinschaft« zusammen. Alles Fremde ist bedrohlich und wird konsequent ausgegrenzt und, wenn nötig, erbarmungslos zur Strecke gebracht. Aggressionen kehren sich nicht gegen die Unterdrücker, sondern werden am Nächstschwächeren ausgelassen. Die Rückkehr des homosexuellen Abram setzt den Mechanismus in Gang. Die Dörfler beschließen seine neuerliche Vertreibung, umkreisen, bedrohen, verfolgen ihn, treiben ihn schließlich zum Mord an der als Hure gebrandmarkten Magd Tonka, die von ihm schwanger ist und ihn als »schwule Drecksau« beschimpft. Abrams Kontakte zu dem verhaltensgestörten »Dorftrottel« Rovo treiben diesen in den Selbstmord und machen Abram zum »Freiwild«.

Landshuter Erzählungen

Gezeigt wird hier (1967) in satirischer und parodistischer Form der Kampf zweier Bauunternehmer in einer Kleinstadt 1958 um das Monopol am Ort, der mit der Ermordung des einen Vaters durch seinen geschäftstüchtigeren Sohn und dessen Einheirat bei der Konkurrenz und der Fusionierung beider Betriebe endet.

Münchner Freiheit

Eine Kolportagegeschichte um Stadtsanierung (1971): Ein Stadtviertel soll »entmietet«, abgerissen und mit Büro- und teuren Wohnhäusern profitabel neu aufgebaut werden. Drahtzieher ist ein Brauereibesitzer, der die korrupte Verwaltung und karrierebewußte Politiker in der Hand hat. Sperrs Kapitalismuskritik verliert an Schärfe, weil er gesellschaftliche Konflikte zu einer großbürgerlichen Familientragödie mit Ehe- und Generationskonflikten verkürzt.

Koralle Meier

1970 thematisierte Sperr kleinbürgerliches Verhalten im Nazideutschland Ende der dreißiger Jahre an der Geschichte einer Prostituierten, die mit den Ersparnissen aus ihrem Gewerbe in die gesellschaftliche Normalität einsteigen und sich mit einem Gemüseladen eine respektierte Existenz aufbauen will. In einem Gespinst aus Lügen, Intrigen und Denunziation scheitert sie am Neid, den Vorurteilen und der Konkurrenzangst ihrer Umwelt.

Adele Spitzeder

1972 zuerst ein Fernsehfilm (Regie: Peer Raben), adaptierte Sperr 1977 den Stoff fürs Theater und erhielt dafür 1978 den Mülheimer Dramatikerpreis. Es ist die moritatenhafte Geschichte aus dem 19. Jahrhundert um eine Hochstaplerin, die die Spareinlagen der einfachen Leute zur Finanzierung ihres luxuriösen Lebensstils mißbraucht.

Rainer Werner Fassbinder

»Unser Balzac ist tot«, überschrieb 1982 Wolfram Schütte den Nachruf auf den 37jährig gestorbenen Filmemacher Fassbinder, der in nicht einmal fünfzehn Jahren etwa 40 Filme gedreht, dabei den deutschen Autorenfilm entscheidend mitgeprägt hat. Der Ort, an dem der besessen arbeitende, Kunst als »Überlebenstraining« auffassende Fassbinder, der egozentrische »Stammeshäuptling« einer überaus produktiven Clique, seine Karriere begann, war das Theater.

Der 1945 in Bad Wörrishofen bei München geborene Fassbinder, der vorzeitig das Gymnasium verließ und an einer privaten Schauspielschule Unterricht nahm, war die dominierende Figur der 1968 gegründeten »antiteater« Truppe, einer vom antiautoritären Geist der außerparlamentarischen Opposition beseelten Gruppe von etwa zehn festen Mitgliedern (darunter Peer Raben, Kurt Raab, Rudolf Waldemar Brem, Hanna Schygulla). Ihr Vorsatz, egalitär zusammenzuarbeiten, so daß jeder in der Gruppe Autor sein würde, blieb Vorsatz – nicht zuletzt wegen des von Fassbinder durchgedrückten Führungsanspruchs, seiner Auffassung der Kollektivarbeit. Er selbst spielte, inszenierte, bearbeitete, schrieb Stücke, die zunächst im Büchner-Theater, dann in der Akademie der Künste und in der Schwabinger Kneipe Witwe Bolte aufgeführt wurden. Vorstufe des »antiteaters« war das »action-theater« (1967) in der Münchner Müllerstraße. Die produktivste Zeit der Fassbinder-Truppe, bevor das Interesse sich fast ganz auf den Film richtete, waren die Jahre 1967 bis 1971. In diesen

knapp fünf Jahren entstanden acht Theaterstücke, acht Bearbeitungen, über fünfzehn Inszenierungen; außerdem fünfzehn Filme und vier Hörspiele.

Man kann nicht von einer stringenten Entwicklung Fassbinders und seiner Truppe vom Theater zum Film sprechen, eher von einer Parallelität oder Verschränkung: »Ich habe im Theater so inszeniert«, so Fassbinder über Fassbinder, »als wäre es ein Film, und habe dann den Film so gedreht, als wär's Theater, das hab ich ziemlich stur gemacht.« Die »antiteater«-Produktionen wollten irritieren, grell schockieren, Theaterkonventionen antiautoritär auf den Kopf

stellen; nicht aufklären über konzise Analyse, Programm, Theorie. In kürzester Zeit wurden Projekte entworfen und realisiert. Stückbearbeitung, das bedeutete radikale Einstreichung, Aktualisierung und Improvisation. Banalste Tages- oder Gruppenneuigkeiten wurden in die Stücke eingebaut und gleichzeitig der historische und soziale Kontext beiseite gelassen. Herrschaftsverhältnisse erschienen oftmals als Ausbrüche sexueller Gewalt. Betont war dabei der Collage- bzw. Montagecharakter der Aufführung: »Alles in Einzelteile zerlegen und neu zusammensetzen, das müßte schön sein.«

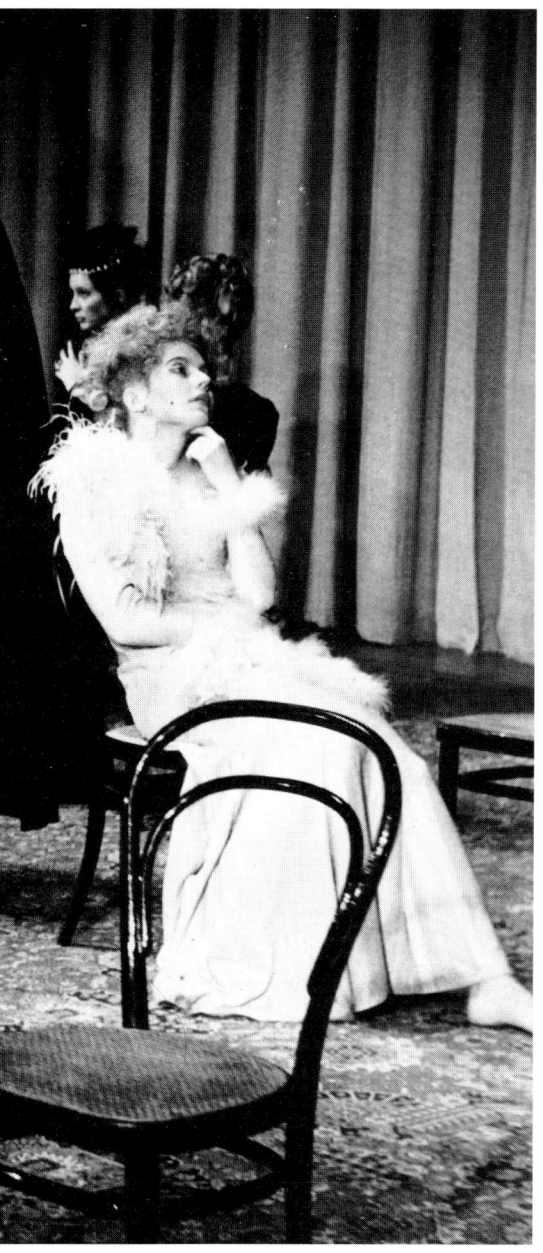

Rainer Werner Fassbinder und seine Truppe, von denen einige mit ihm zusammenblieben bis an sein frühes Ende, nannte sich provokativ »antiteater«, und spielte 1967–69 in Hinterzimmern von Schwabinger Kneipen, machte aus Dilettantismus einen Stil. Fassbinder spielte, inszenierte und schrieb – schrieb auch um, so Goldonis »Kaffeehaus« 1968, mit Harry Bär, Kurt Raab, Ingrid Caven und Hanna Schygulla mit Pleureusen, aber barfuß.

Fassbinder inszenierte u. a. *Leonce und Lena* von Büchner vor Stellwänden, die mit Fotos des persischen Kaiserpaares vollgeklebt waren. Zur Hochzeit zwischen Leonce und Lena fragten die Beatles singend: »Will you still need me, will you still feed me, when I'm sixty-four?« *Die Verbrecher* von Bruckner (zusammen mit Jean-Marie Straub), eine Textmontage aus Marieluise-Fleißer-Texten unter dem Titel *Zum Beispiel Ingolstadt*. Bei Goethes *Iphigenie auf Tauris* las Fassbinder zunächst aus seinem Schulheft vor: Er habe gelernt, die Iphigenie sei »das Drama von der Großmut der Mächtigen«. Seine Iphigenie ist ein in den Käfig gesperrter rothaariger Lockvogel, zu dem sich Orest und Pylades, zwei junge Homosexuelle, Subkulturfiguren, gesellen. Die Dialoge mit dem Machtmenschen Thoas gehen alsbald in jenes Wortgefecht um Orgasmusprobleme über, daß sich Fritz Teufel und Rainer Langhans im Berliner Kommuneprozeß mit dem Landgerichtsdirektor lieferten. Den *Ajax* von Sophokles stellte Fassbinder unter das Motto: »Das wichtigste ist, scheint mir, Unbehagen an den Einrichtungen des Bürgertums zu schaffen«, verlegte die Handlung aus der Antike in ein Bundeswehrkasino und machte daraus Kabarett.

Katzelmacher

Das Marieluise Fleißer gewidmete kritisch-realistische Volksstück (1968) ist thematisch verwandt mit Sperrs *Jagdszenen aus Niederbayern*. Die kurze, lockere Szenenfolge erhält ihre Intensität vor allem durch ein kurios stilisiertes Kunstbayrisch (»Eine Liebe und so, das hat immer mit Geld was zum tun./Die hat Geld. Und die wo Geld haben, die können alles.«) Das Erscheinen des gutaussehenden griechischen Fremdarbeiters Jorgos in einem stockkonservativen katholischen bayrischen Provinznest legt faschistoide Sozial- und Alltagsstrukturen frei. Fremdenhaß und aggressiver Sexualneid steigern sich. Die perspektiv- und orientierungslosen Jugendlichen des Dorfes schlagen den Griechen brutal zusammen, um die »Ordnung« wiederherzustellen. Seine Vermieterin, die ihn ausnützt, und das Mädchen, das ihn liebt, werden aus der »Gemeinschaft« ausgegrenzt, geächtet. Eine kritische, die Totalidentifikation mit Jorgos verhindernde Schlußwendung erfährt das Stück dadurch, daß der Grieche

sich weigert, mit einem Türken zusammenzuarbeiten. Der Verfolgte erweist sich als potentieller Verfolger. Fassbinders Beziehung zum kritischen Volksstück blieb marginal. Zum offenen Konflikt zwischen ihm und Kroetz, beide sahen sich als Fleißerschüler, kam es bei der Verfilmung von Kroetz' *Wildwechsel*. Fassbinder habe, so der Autor, den Stoff trivialisiert, die Figuren des Stücks denunziert, den geschichtlichen Zusammenhang zerstört.

Pre-paradise sorry now

Polemisch konterkariert wird hier die utopische Glücksverheißung des New Yorker ›Living Theatre‹ (*Paradise Now*). Die streng formalisierte Szenenreihung (1969) demonstriert »faschistoides Grundverhalten im Alltag«, wobei vier verschiedene Erzählebenen ineinander verschränkt werden. Auf epischer Ebene dargestellt ist die authentische Geschichte zweier britischer »Moormörder« (Ian Brady und Myra Hinley), die kontrastiert wird durch dramatische Dialoge zwischen den Kindermördern, in denen wirre Aussprüche Hitlers und de Sades sich mischen. Wiederum fiktiv konstruierte Szenen thematisieren den alltäglichen Faschismus. In Wiederholungen und Variationen quälen und erniedrigen jeweils zwei Figuren eine dritte. Faschismus erscheint hier im Bild sadomasochistischer Gewalt, nicht primär als historisch besondere, politische Situation, in der Gewalt entsteht. Liturgische Litaneien, die ironisch die masochistische Unterwerfung des Christenmenschen preisen, durchbrechen bzw. verknüpfen die verschiedenen Ebenen szenischer Darstellung.

Blut am Hals der Katze

Ursprünglich betitelt »Marilyn Monroe contre les vampirs«, erinnert das Stück (1971) an die sprachkritischen Versuche Handkes, vor allem an *Kaspar*. Fassbinder hat hier melodramatisch die Pathologie einer Gesellschaft entworfen, indem er in einer Reihe von Miniszenen banale oder oberflächliche Alltagssituationen zeigt; dies aus verfremdender Perspektive. Phoebe Zeitgeist, Titelfigur des amerikanischen Science-fiction-comic-strip, soll, von einem fremden Stern auf die Erde geschickt, eine Reportage über die Menschen schreiben. Zwar hat sie die Wörter der menschlichen

Sprache gelernt, ihren unmenschlichen Sinn aber versteht sie nicht. Ihr Scheitern schafft – den Zuschauern – die Einsicht in die Phrasenhaftigkeit, Verlogenheit der Alltagssprache. Kritischer Zusammenhang entsteht gerade dadurch, daß Phoebe scheinbar zusammenhanglos und wirr Reden, Gesten, Haltungen reproduziert.

Die bitteren Tränen der Petra von Kant

Ein Melodram voller Manierismen (1971): die Liebesgeschichte zwischen der exaltierten Modeschöpferin Petra von Kant und der gut zehn Jahre jüngeren Karin Thimm. Petra fordert unbedingte Liebe von Karin, Selbstaufgabe. Karin will die vermögende Petra ausnutzen und an ihrem beruflichen Erfolg teilhaben. Ihre Liebe scheitert, nicht an den gesellschaftlichen Vorurteilen (die Darstellung einer lesbischen Beziehung auf der Bühne bedeutete 1971 durchaus noch eine Tabuverletzung), sondern am verinnerlichten Besitz- und Erfolgsdenken der Frauen selbst und vor allem an den Männern, die in den Gesprächen der Frauen immer anwesend sind.

Bremer Freiheit

Fassbinders größter Theatererfolg (1971), bisher über sechzigmal nachgespielt, greift eine Kriminalgeschichte aus dem frühen 19. Jahrhundert auf, die Geschichte der notorischen Giftmischerin Geesche Gottfried. Sie vergiftet ihren tyrannischen Ehemann; ihre Mutter, die ihr Vorhaltungen über ihren Lebenswandel macht; ihre beiden Kinder, weil sie mit ihrem Lärm den Liebhaber vertreiben; den Liebhaber, von dem sie angeblich ein Kind erwartet; einen Mann, weil der ihr Geschäft zu ruinieren droht; einen Vetter; den Bruder; schließlich eine Freundin. Immer enden die Ausbruchsversuche der Frau in erneuter Unfreiheit und Einsamkeit – schließlich im Tod.

Der Müll, die Stadt und der Tod

1976 entstanden, blieb das Stück bisher unaufgeführt und hat eine heftige Kontroverse ausgelöst. Ein modernes Großstadtmärchen nach dem Frankfurtroman von Gerhard Zwerenz (*Die Erde ist unbewohnbar wie der Mond*) um die Hure Roma B., die aus dem zwanghaften Verhältnis zu ihrem Zuhälter in das mit einem reichen Juden flieht, von dem sie schließlich getötet wird – auf

ihren eigenen Wunsch. Ein Stück voller Anspielungen und Zitate – auf Brechts *Im Dickicht der Städte*, die *Dreigroschenoper* und *Mahagonny*, aber auch auf die fünfziger Jahre, die Wiederaufbauphase der Bundesrepublik und ihrer Bankenmetropole Frankfurt am Main. Die Rolle des reichen Juden, ehemals Verfolgter des Naziregimes, jetzt reicher und korrupter Börsen- und Häuserspekulant, der die Fäden der Politik mitzieht, brachte Fassbinder (und dem nach dem Stück gedrehten Film »Schatten der Engel« von Daniel Schmidt) zu Unrecht den Vorwurf des Antisemitismus und eines »linken Faschismus« (Joachim Fest) ein.

Franz Xaver Kroetz

Der am 25. Februar 1946 in München geborene Kroetz kam zum Stückeschreiben über die Schauspielerei. Sechzehnjährig verließ er vorzeitig die Wirtschaftsoberschule, um Schauspielunterricht zu nehmen, zunächst in München, später am Max-Reinhardt-Seminar in Wien. Seine ersten praktischen Theatererfahrungen machte er als Schauspieler an Klein- und Kellertheatern in München. 1968 wurde sein *Oblomow* (nach dem Roman von Iwan Gontscharow) aufgeführt, er selbst inszenierte seine Fassung des *Julius Cäsar* (nach Shakespeare). Daneben versuchte er sich in den derb-handfesten Formen des (nieder-)bayerischen Bauerntheaters (Uraufführung seines »Bauernschwanks« *Hilfe, ich werde geheiratet!* 1969 an der Ludwig-Thoma-Bühne Rottach-Egern).

Er arbeitete mit Fassbinder in dessen »antiteater« zusammen und spielte 1968 eine Rolle in dessen Bearbeitung und Inszenierung von Marieluise Fleißers *Pioniere in Ingolstadt*. Die Bekanntschaft mit Person und Werk der Fleißer ist entscheidend für Kroetz' Entwicklung als Stückeschreiber gewesen, einer Entwicklung vom desillusionierenden zum realistischen Volksstück. Der neue Realismus, dessen Formen und Stoffe Kroetz entscheidend mitbestimmt hat, ist zeit- und gesellschaftsbezogen wie beispielsweise das dokumentarische Theater oder die in jenen Jahren entwickelte Form der Industrie- und Arbeiterliteratur. Er unterscheidet sich von ersterem aber durch einen veränderten (auch verengten) Blickwinkel auf die Gesellschaft. Kroetz

konzentriert sich auf ganz besondere soziale Ausschnitte; und im Unterschied zur Arbeiterliteratur (Kelling, Henkel, Max von der Grün) thematisiert Kroetz Abhängigkeitsstrukturen, soziale und psychische Deformationen und gesellschaftliche Anachronismen nicht in der Sphäre der Produktion, sondern dort, wo sich die Folgen zeigen: bei den Opfern, den sozial Ausgegrenzten. Seine eigenen sozialen und beruflichen Erfahrungen als Krankenpfleger, Kraftfahrer, Hilfsarbeiter kommen ihm dabei zugute. Ästhetisch orientiert sich Kroetz vor allem an den Werken von Horváth und Fleißer, als deren »Schüler« er sich ausdrücklich bezeichnet.

Seine Produktion läßt sich in drei Phasen einteilen. Die erste reicht von den Anfängen 1968 (*Wildwechsel*) bis etwa 1971/72 (*Wunschkonzert*) und steht am deutlichsten unter dem Zeichen der Horváth/Fleißer-Renaissance an bundesdeutschen Bühnen. Ihre Bedeutung manifestiert sich bei Kroetz in Form und Funktion von Sprache: Die Figuren in seinen Stücken sprechen einen (gemilderten, stilisierten) bayerischen Dialekt. »Der analytische Befund weist die Sprache der Kroetz-Figuren zwar nicht als Protokoll, wohl aber als Stilisierung eines tatsächlich gesprochenen restringierenden Codes aus« (Buddecke), eine Kunstsprache, die Kroetz als »filterndes Moment menschlichen Seins« zu funktionalisieren versucht hat und in der die häufigen Pausen (die ein Verstummen sind), »auf immer wieder abbrechendes und im Abbruch scheiterndes Denken« (Buddecke) verweisen. Seine Figuren sind sprach-ohnmächtig. Zugleich zeichnet die frühen Stücke ein hohes Maß an antiillusionistischem Beobachtungs- und Beschreibungsrealismus aus.

In (mindestens) einem Punkt unterscheiden sich Kroetz' frühe Stücke deutlich von denen seiner Vorbilder: Seine Protagonisten sind gerade keine Repräsentanten der »Masse der Unterprivilegierten«, sondern durchweg deutlich (sozial, körperlich, geistig oder psychisch) »stigmatisierte« Außenseiterfiguren, repräsentativ allenfalls als Vertreter von Randgruppen der Gesellschaft. Kroetz (darüber rückblickend 1975): »Ich habe gesehen, was die Gesellschaft an den Ärmsten der Armen anrichtet. Und da habe ich mich ganz simpel gewehrt und habe mich durch die Darstellung der Schicksale der Ärmsten

Franz Xaver Kroetz »Heimarbeit«, Uraufführung an den Münchner Kammerspielen 1971, Regie Horst Siede. »Walter Schmidinger, der den Heimarbeiter Willy spielt, läßt in vielen schmerzend genauen Nuancen der Verwunderung, der Verinnerlichung, trauriger Verzweiflung eine Menschennot erkennen, wie man sie auf dem Theater ganz selten sieht. Ruth Drexel bleibt vielleicht an einigen Stellen der zu spielenden Figur zu fern, da setzt sich die erläuternde Beobachtung vor die Darstellung und macht die Figur der Frau spröder, verhärteter als sie ist.« (Ernst Wendt).

der Armen von meiner Hilflosigkeit gegenüber dieser Gesellschaft befreit. Aber obwohl diese Stücke einfach nur widerspiegelten, hat allein dieses Aufzeigen von Wirklichkeit eine ungeheure Sprengkraft gehabt.«

Die Stücke der frühen Phase weisen einige Gemeinsamkeiten auf: Sie sind in »kleiner Form« geschrieben, stellen eine zum Scheitern verurteilte Mann-Frau-Beziehung dar, wobei die Figuren in ihren sozialen Kontakten auf den engsten familiären und privaten Lebensraum beschränkt bleiben und nur in ihrem individuellen Verhalten beschrieben werden. Sie alle enden in der Katastrophe.

Heimarbeit

Die Handlung des 1971 uraufgeführten Stücks: Willy kann nach einem Unfall nur noch Heimarbeit verrichten, während seine Frau Martha mit Putzarbeiten die Familie mit zwei Kindern durchbringen muß. Nach einem Seitensprung ist Martha schwanger geworden. Ein dilettantisch durchgeführter Abtreibungsversuch mit einer Stricknadel mißlingt, der Säugling kommt als Krüppel zur Welt. Willy treibt Martha durch Demütigungen und Drohungen aus dem Haus, ertränkt das Baby beim Baden und versucht, einen Unfall vorzutäuschen. Nach der Beerdigung kehrt Martha zur Familie zurück: »Jetzt bin ich wieder da. Jetzt herrscht wieder Ordnung.«

Hartnäckig

Ebenfalls 1971 uraufgeführt, wird hier die Geschichte von Helmut Rustorfer erzählt, der bei der Bundeswehr das rechte Bein verloren hat. Für seine Eltern, ein Gastwirtsehepaar, ist Helmut kein vollwertiger Mensch mehr, kann ihren Erwartungen nicht mehr entsprechen, wird deshalb enterbt. Weil er jetzt ein Krüppel ist, wird auch seine Freundschaft mit der Gastwirtstochter Christine hintertrieben. Ihr Vater nötigt die Schwangere, das Kind abtreiben zu lassen und die Verlobung zu lösen. Helmut zerbricht an den gesellschaftlichen Vorurteilen und wird beinahe zum Mörder an seinem jüngeren, in der Erbfolge jetzt begünstigten Bruder Axel.

Michis Blut, ein Zwei-Personen-Einakter (1971), zeigt eine brutale Abtreibung durch den Mann, Karl, an deren Folgen seine Frau, Marie, stirbt.

Wildwechsel

Das vierte, 1971 uraufgeführte Stück thematisiert den Vatermord: Hanni, minderjährige Tochter des Kraftfahrers Erwin und seiner Frau Hilda, flüchtet aus der Lieb- und Kommunikationslosigkeit ihres Elternhauses in die Liebe zu Franz, einem Hilfsarbeiter, bei dem sie Verständnis findet. Erwin kann das nicht normgemäße Verhalten seiner Tochter nicht verstehen, reduziert die Verbindung aufs (tabuisierte) Sexuelle, hintertreibt die Beziehung mit allen Mitteln, dabei auch vor faschistischen Hetzreden nicht zurückschreckend (»Den Bermeier

»Stallerhof« von Franz Xaver Kroetz, die Liebesgeschichte zwischen dem alten Knecht (Bruno Dallansky) und der kindlich-zurückgebliebenen, schielenden Kleinbauerntochter Beppi (Eva Mattes) inszenierte 1972 zur Uraufführung im Malersaal des Deutschen Schauspielhauses Hamburg Ullrich Heising mit genauem Ernst auf der Material-Bühne von Karl Kneidl.

müßtert man kastriern, einfach kastriern, das ist das einzige. Das hat man von der Demokratie, daß sich der Bürger nicht mehr schützen kann. Da warn die Nazis anders … Da denkt man eben zurück an bessere Zeiten, da kommt das ganz von selber«). Nachdem Hanni schwanger geworden ist, überwindet sie die Angst vor ihrem Vater und ihre Selbstmordgedanken. In einer quälend langen, brutalen Szene bringen Franz und Hanni Erwin um. Der Stoff wurde 1973 von Fassbinder verfilmt.

Männersache
Das Stück (1972) schildert in acht Bildern die späte Liebesgeschichte zwischen der alternden »ziemlich häßlich(en)« Kuttlerin (Metzgerin) Martha und dem brutalen, sie erniedrigenden Eisenflechter Otto. Martha hat einen ausgesprochen »männlichen« Beruf, ist also »untypisch«, Otto vielleicht sogar überlegen, was er privat kompensieren zu müssen glaubt und was Martha leidend akzeptiert. Das Stück endet in einem mörderischen Gewehrduell.
Kroetz hat den Stoff mehrfach umgearbeitet: 1973 änderte er, unter dem neuen Titel *Ein Mann, ein Wörterbuch* den Schluß des irrwitzigen Geschlechterkampfs in einen scheinharmonisierenden Neubeginn ab. Eine nochmalige Neuakzentuierung und gründliche Überarbeitung, vor allem des Schlusses, nahm er unter dem Titel *Wer durchs Laub geht* (1981) vor.

Lieber Fritz (1971) behandelt anhand der Beziehungsgeschichte von Mitzi und Fritz wieder die Außenseiterproblematik und schildert das Scheitern eines aus der Haft entlassenen, freiwillig sterilisierten Sexualstraftäters.

Stallerhof
Auf dem Stallerhof spielt sich die ungleiche Liebesbeziehung zwischen dem vom Leben gebeutelten und sozial deklassierten Altknecht Sepp und der geistig und körperlich und von ihren Eltern in der Entwicklung noch zusätzlich behinderten Beppi ab. Zwar akzeptiert Sepp Beppi, aber er benutzt sie auch – als abermals Unterlegene. Die Beziehung zwischen beiden bleibt nicht unentdeckt, Sepp wird vom Hof geworfen, sein Hund vergiftet. An der schwangeren Beppi wird eine Abtreibung vorgenommen, die mißlingt. Beppi wird ihr Kind zur Welt bringen. Die Uraufführung des Stücks fand 1972 statt.

Geisterbahn
Thematisch ist das Stück (1975) eine Fortsetzung von *Stallerhof*. Durch ihren kleinen Sohn Georg gewinnt Beppi an Selbständigkeit und Sozialisationsfähigkeit. Aus den ständigen Demütigungen durch ihre Eltern und der erzwungenen Trennung von Sepp zieht sie (und damit erstmals eine Figur bei Kroetz) die Konsequenz, verläßt den Hof und zieht zu Sepp in die Stadt. Weitergehende Perspektiven kann Kroetz für seine Figuren allerdings (noch) nicht erkennen: In einem heruntergewohnten möblierten Zimmer schmieden die beiden bei Heimarbeit (kleinbürgerlich-idyllisierende) Pläne für ihr Kind. Als Sepp stirbt, tötet Beppi ihr Kind lieber, als daß sie es auf behördliche Anweisung in ein Heim gibt.

Wunschkonzert
Höhe- und Schlußpunkt der frühen Stücke ist dieses stumme Monodrama (1973). Es stellt insofern etwas Neues dar, als hier nicht eine gesellschaftlich determinierte Figur in die Isolation gedrängt wird, weil sie der Norm (subjektiv oder objektiv) nicht genügt, sondern hier scheitert eine Figur gerade daran, daß sie die Normalität völlig verin-

nerlicht hat, sie deshalb auch nicht reflektieren, schließlich nicht länger aushalten, leben kann. Kroetz beschreibt den typischen und ritualisierten Feierabend im »armseligen« Leben der ca. 45jährigen alleinstehenden kleinen Angestellten Fräulein Rasch, in dessen Verlauf sie die Leere ihres Lebens erkennt (=stumm spielt) und der in einem undramatischen, ebenso konsequenten wie sinnlosen, ebenso selbstverständlich und »ordentlich« vorbereiteten wie plötzlich durchgeführten Selbstmord endet.

Kroetz hat Fortschritte und Defizite in der Entwicklung seiner Dramentechnik um 1971 selbstkritisch registriert: »Seit etwa Herbst 1971 stört mich das Extreme an meinen Stücken. Mir scheint, es verhindert, daß die Dinge, die der ›junge Kroetz‹ richtig gesehen hat, voll verstanden werden können, weil die Beispiele, an denen allgemeingesellschaftliche Mängel angeprangert werden, immer an Extremen abgehandelt werden.« Er folgert daraus: »Wenn ich über die Macht Aussagen machen will, muß ich die Mächtigen zum Reden bringen. Also klar: Weg von den Randerscheinungen, hin zu den Mächtigen auf der einen und zum Durchschnitt auf der anderen Seite.«

Ab etwa 1972 (dem Jahr, in dem er in die DKP eintrat, die er 1980 wieder verließ) versuchte Kroetz, neue Wege zu gehen. Zwar standen zunächst noch »Randgruppen«-Vertreter im Zentrum seines Interesses; sie lernen aber, sich zu artikulieren, und die Situationen, in die Kroetz sie stellt, nähern sich der Normalität. Gleichzeitig versuchte er, sich von der hermetischen Struktur der »kleinen Form« und dem »nur beschreibenden Realismus« seiner frühen Stücke zu emanzipieren und zu Analysen und Perspektiven zu gelangen. Seine Hinwendung zur epischen Technik und zur Ästhetik Brechts (»Inzwischen ist mir Brecht näher als die Fleißer und der Horváth, und ich lerne von ihm fortwährend«) ist allerdings mehr behauptet als wirklich vollzogen.

Globales Interesse

Die Auftragsarbeit anläßlich der Olympischen Spiele 1972 ist eine »satirische Komödie« um die Zwangsumsiedlung des Rentners Katterloher, dessen denkmalgeschützte Villa dem U-Bahn-Erweiterungsbau weichen muß.

Dolomitenstadt Lienz

Die »Posse mit Gesang« thematisiert Sinn- und Hoffnungslosigkeit des Strafvollzugs anhand eines beliebigen Nachmittags dreier in U-Haft einsitzender Männer. Sie räsonieren schach- und kartenspielend über ihre augenblickliche Situation, ihre Wünsche und Ängste. Kroetz hat versucht, dem Stück eine zweite, reflektorische Ebene zu geben, indem er die Schauspieler sozialkritische Songs (Lied von der »Freiheit«, dem »Heimweh«, der »Ehe«, dem »Durchschnitt«, der »Lektüre«, der »Hoffnung«) vortragen läßt, die nicht nur die träge dahinfließende Zeit und das handlungsarme Spiel unterbrechen, sondern zugleich den Figuren – aus ihren Rollen heraustretend – die Möglichkeit geben sollen, ihre eigene stückbedingt beschränkte (verengte) Bewußtseinshaltung zu durchbrechen und als gesellschaftlich vermittelte zu reflektieren und zu kommentieren. Um diese Absicht zu verdeutlichen, wechseln die Schauspieler vom Dialekt zur (bewußt kunstlosen) Schriftsprache. Dennoch wird die wohl beabsichtigte »verfremdende« Wirkung im Sinne des dialektischen Theaters Brechts nicht erreicht, die Songs wirken wie schlecht auflockernde Liedeinlagen, die Vermittlung zwischen naturalistischem Spiel und epischer Reflexion bleibt formal.

Münchner Kindl

Mit seiner »Ballade aus Bayern« (1973 für ein DKP-»Bodentribunal« geschrieben), in der es um Bodenspekulation und Mietwucher geht, näherte sich Kroetz ein einziges Mal dem Dokumentarischen Theater. In collageartiger Montagetechnik (recherchiertes Faktenmaterial wird von einem Sprecher in rhythmisierter Prosa »balladesk« vorgetragen, unterbrochen von Prosakommentaren und Beispielszenen, mündend in den agitatorischen Aufruf »Wehrt Euch!«) experimentierte Kroetz mit seinen Erfahrungen aus der Beschäftigung mit Brechts Lehrstücken, dem Agitprop-Theater der zwanziger Jahre, Piscators »politischem Theater« und Formen des Straßentheaters.

Zur »Experimentierphase« sind auch zwei Hebbel-Adaptionen zu rechnen:

Maria Magdalena

1973 unternahm Kroetz den schon tollkühn zu nennenden Versuch, Hebbels bürgerliches Trauerspiel von 1848 in die bundesrepublikanische Gegenwart zu transponieren und es in eine »Komödie« umzufunktionieren. Herausgekommen ist bei dieser »freien« Bearbeitung aber lediglich eine Enthistorisierung der Vorlage, die auch durch »willkürlich (zu Versen) segmentierte Prosa« (Buddecke) aus »Umgangsdeutsch mit Süddeutsch« nicht zu einer Satire über die gesellschaftlichen Widersprüche der Gegenwart wird.

Agnes Bernauer

Von vornherein nur äußerlich an Hebbel angelehnt ist die – unter Mitarbeit von Hans Dieter Schwarze – entworfene Agnes Bernauer (1977). Auch hier der Versuch, den »Wohnküchenrealismus« zu durchbrechen und mit einem »bürgerlichen Schauspiel« zu »großer Form« vorzustoßen. Das Stück trieft allerdings von Mitleidspathos – appellative Mitleidsdramatik, die die Grenze zum Kitsch, zum sentimentalen Krippenbild des öfteren überschreitet.

Die gerade mutterlos gewordene Agnes, Tochter eines bankrotten Handwerkers, heiratet Albrecht, Sohn des Rosenkranzfabrikanten Ernst Werdenfels. Sie will sich jedoch nicht ins großbürgerliche Milieu intergrieren lassen, sondern wendet sich anklagend gegen den Fabrikanten, nachdem sie erkannt hat, daß dessen Reichtum aus der Ausbeutung der Tagelöhner und Heimarbeiter stammt. Sie will sich mit den armen Leuten solidarisieren, stößt aber bei den Arbeitern durch ihren Reichtum und ihre Mitleidshaltung auf Ablehnung und Verachtung. Als das Kind einer Heimarbeiterin verhungert, schlägt ihr Mitleid in Aktion um. Sie bezichtigt Werdenfels des Diebstahls, nennt ihn »Mörderschwiegervater«, schmeißt ihm schließlich seinen Reichtum vor die Füße. Mit ihrem Mann verläßt sie das herrschaftliche Haus, um fortan selbst als Tagelöhnerin zu leben. Im Schlußbild bringt sie ihr Kind »in einer Arbeiterunterkunft« zur Welt.

Aus seinem Scheitern im Umgang mit großen Stoffen und Formen zog Kroetz die Konsequenzen und kehrte zu Fabeln mit wenigen Figuren und Schauplätzen und einem überschaubaren Milieu zurück. Mit dem Monodrama Weitere Aussichten (1975), das mit Therese Giehse von Kroetz erfolgreich fürs Fernsehen verfilmt wurde, knüpfte er formal an das *Wunschkonzert* an. Geschildert wird in ruhigen, sorgfältigen Bildern die Alltäglichkeit und die sozialen Schwierigkeiten der Rentnerin Ruhsam und ihre Vorbereitungen für den Umzug ins Altersheim. *Die Reise ins Glück* (1976) ist der Monolog einer ledigen Mutter auf der Eisenbahnfahrt mit ihrem Baby zu dem verheirateten Vater des Kindes.

Sterntaler

Mit diesem Stück, für das Kroetz 1974 den Hannoverschen Dramatikerpreis erhielt, war die Experimentierphase abgeschlossen. Kroetz schildert in plakativ-didaktischer Manier die Geschichte der Familie Distl, die aus der DDR geflohen ist und deren Träume von schnellem Reichtum und unbegrenzter Konsumfreiheit an den bundesrepublikanischen Verhältnissen rasch zerbrechen (wobei der Handlungsverlauf durch Lieder mit Desillusionierungs- und Kommentarfunktion unterbrochen wird). Der Vater ist auf die Vergangenheit fixiert, vermißt ordnende Autoritäten, verläßt die Familie, sinkt ins asoziale Milieu und endet als Trinker. Die Mutter muß die Familie mit Heim- und Putzarbeiten finanziell durchbringen, klammert sich an illusionäre Aufstiegsträume, die sich realisieren ließen, wenn man nur die »Spielregeln« beachte, und steht am Ende, krank geworden, mittellos da. Karli, der Sohn, Hilfsarbeiter, träumt vom schnellen Geld und wird beim dilettantischen Versuch, seinen großen Coup zu landen, erschossen.

Oberösterreich

Nur scheinbar auf eine typische Katastrophensituation zurückgreifend, nimmt dieses Stück (1972) eine gewisse Sonderrolle ein. Es ist die Geschichte des Arbeiterehepaares Heinz und Anni, beide berufstätig (er Kraftfahrer, sie Verkäuferin), die ein normales und »heiles« Privat- und Eheleben führen: mit Auto, Fernseher, Ratenzahlungsgeschäften, Träumen von (mehr) Konsum, von Freizeit, Reisen. Das »Unglück« bricht in diese Scheinidylle, als Anni ungewollt schwanger wird. Für beide stellt sich die Frage, inwieweit ein Kind überhaupt »finanzierbar« ist. In einer die Lohn-, Konsum- und Abzahlungsgesellschaft als voll von Zwängen, Zwecken und Existenzgefährdungen entlarvenden »Bilanz« rechnet

Heinz seiner Frau vor, daß man sich das Kind nicht »leisten« kann. Während Anni als völlig auf die künftige Mutterrolle fixiert gezeigt wird, als eine, die für ihr Recht auf privates Glück und Konsumverzicht plädiert, wird Heinz ein wesentlich höheres Reflexions- und Abstraktionsniveau zugestanden. Er fühlt sich auf der privaten Ebene vom Zentrum an den Rand gedrängt, plötzlich mehr Ernährer als Mann, spürt vage auch die Entfremdung von sich und seiner Arbeit (»Die Zeit zwischen der Arbeit ist zu kurz. Man kommt nicht richtig zu sich die ganze Woch.«), hegt mit einem Mal Flucht- und Ausstiegsgedanken, glaubt ohne Familie vielleicht das Abitur nachmachen und dann studieren zu können. Aber alle Druck- und Drohmittel versagen, Anni läßt sich nicht zur Abtreibung zwingen.

Kroetz gelingt es in diesem Stück zum ersten Mal, seine Figuren soziale Lernprozesse durchlaufen zu lassen und Perspektiven für sich zu entwickeln. Sie lernen, sich zu den Situationen, in die sie geworfen sind, zu verhalten, wo sie früher nur hingenommen wurden oder hingenommen werden konnten. Die Perspektive bleibt allerdings noch vage und unverbindlich: Anni und Heinz setzen ihre Hoffnung in das Kind: »Das muß anders werden wie mir, sonst hätt das ja alles keinen Sinn. Von Anfang an. – Hoffnungsvoll.«

Kroetz hob 1977 – aus der Distanz wohl und wegen des großen Publikumserfolgs – die Bedeutung dieses Stücks für seine dramatische Produktion hervor, als er es zum ersten Teil einer »Trilogie« erklärte, die er mit *Das Nest* und *Mensch Meier* zu Ende geführt habe. »Heute versuche ich, in die Stücke auch Fortschritt zu implizieren … Man kann sich an einer gewissen Gruppe von Menschen festbeißen. Und das waren für mich diese absolut Sprachlosen. Der erste Vorwurf an die Gesellschaft: Enteignung von Sprache. Und wenn man das dann bewußter beobachtet und sich sagt: Jetzt betrachte ich das einmal nicht als Fatalist, sondern versuche, mit dem Optimismus eines Kommunisten in der Bundesrepublik einen Blick für die Leute zu entwickeln – dann entdeckt man nämlich in jedem Betrieb mindestens einen, der weiter ist und weiter kommt. Es gibt immer wieder Leute, die ausbrechen, die vorankommen…«

Das Nest

1975 legte Kroetz dann dies erste »realistische« bzw. »kritische« »Volksstück« vor (er verwendete diese Gattungsbezeichnung hier erstmalig, dann wieder für *Mensch Meier,* schließlich für *Der stramme Max*). Thematisch eine Fortsetzung von *Oberösterreich* (unterstrichen dadurch, daß Kurt und Martha im ersten Bild dieses Stück im Fernsehen anschauen), beschreibt Kroetz hier das Leben der Kleinfamilie (Kurt, Martha, Baby Stefan), die sich ihr kleines privates Glück, ihr »Nest« (Wohnung, Laube im Garten), ihren Lebensstandard und Abzahlungskonsum nur durch (all dies gleichzeitig wieder gefährdende) Überstunden und Schwarzarbeit von Kurt leisten kann. Als Sohn Stefan beinahe im See umkommt, in den Kurt kurz zuvor auf Geheiß seines Chefs (unwissentlich) giftige Chemikalien gekippt hat, droht – wieder einmal – die Katastrophe: Martha beschimpft Kurt als »Mörder«, Kurt will sich in seiner Verzweiflung erhängen. Martha ist es dann, die durch ihr Nachdenken und ihre Einsichten bei Kurt einen Denk- und Veränderungsprozeß in Gang setzt (so erst das Stück von der privaten Tragik zum Gesellschaftlichen weitend), der schließlich bei ihm dazu führt, sowohl seine Abhängigkeiten und seine Ausnutzbarkeit zu erkennen, als auch den wahrhaft Schuldigen für den »Unfall« auszumachen. Trotz aller Versprechungen und der schließlichen Androhung von Repressalien entschließt er sich zur Anzeige bei der Polizei und verklagt seinen Chef. Am Ende des Stücks hat er die Einsicht in die Notwendigkeit zu Solidarisierung und gesellschaftlichem Engagement (in der Gewerkschaft) gewonnen.

Mensch Meier

Hat sich im *Nest* der Mann von der Entmündigung durch seinen Chef befreit, so sind es in diesem Stück (1978) der Sohn Ludwig, der sich von seinem übermächtigen Vater, und vor allem Martha, die sich von ihrem Mann, der im Betrieb aus Angst nicht aufzumukken wagt und zu Hause den Tyrannen rauskehrt, emanzipieren.

Otto Meier ist Fließbandarbeiter bei BMW. An die Stelle der direkten wirtschaftlichen Notlage sind andere Zwänge und Abhängigkeiten getreten. Die Familie erscheint hier auch als Fessel, die die Entfaltungsmöglichkeiten der Menschen behindert: Otto beispielsweise muß seinem Hobby in einer winzigen Abstellkammer nachgehen, wo er ein überdimensioniertes Modellflugzeug baut; der Sohn Ludwig hat kein eigenes Zimmer, schläft im Wohnzimmer auf der Couch und muß immer dann, wenn die Eltern das Zimmer benutzen wollen oder es nur einfach »aufgeräumt« auszusehen hat, seine »Diaspora« (Fotos, Poster, Schallplatten) spurlos verschwinden lassen. Die Figuren stehen hier einander permanent auf den Füßen. Hinzu kommt: Otto empfindet sich mehr und mehr als Werkzeug, als Anhängsel der Maschine, an der er arbeitet, hat auch begründete Angst, aus Rationalisierungsgründen abgebaut zu werden. Auch die Entfremdung von der Familie, von Freunden und von sich selbst kann er sehr differenziert reflektieren und ansatzweise analysieren. Er wehrt (und schützt) sich, indem er sich in Träume und in sein Hobby flüchtet, seine Phobien und Alpvorstellungen versucht er durch Brutalität und Unterdrückung gegenüber der Familie abzuleiten. Der Sohn Ludwig ist arbeitslos. Er will Maurer werden. Seine Eltern wollen ihn »weiter oben« sehen, mindestens als Angestellten, am liebsten als Zahntechniker. Mit seinem mittelmäßigen Schulabschluß hat er aber keine Aussicht auf eine entsprechende Lehrstelle. So muß er sich – auch dies Ableitungen der Vaterängste – als Versager beschimpfen lassen. Er verläßt das Elternhaus, nachdem ihn Otto – auf der Suche nach Geld, das Ludwig für die Eintrittskarte zu einem Popkonzert an sich genommen hat – erniedrigt hat. »Lieber tot, als so wie du.« Er nimmt eine Lehrstelle als Maurer an. Martha verläßt ihren Mann, nachdem er – die engen Fesseln der Familie sprengen wollend, dann in blinder Zerstörungswut – die gesamte Ratenzahlungs-Schöner-Wohnen-Welt zerschlagen hat. Sie mietet sich ein möbliertes Zimmer, nimmt eine Stelle als Verkäuferin an.

Otto fühlt sich zunächst als Opfer, flüchtet sich in seine Träume und Ängste. Aber die alte (kleine) Ordnung, das Nest Familie, das Nest Wohnung, sind zerstört. Das Stück endet nur scheinbar hoffnungslos. Otto Meier hat die analytischen Fähigkeiten, daß zu vollziehen, was Martha von ihm fordert und was sie selbst praktiziert: »Lernen« in mehrfacher Hinsicht.

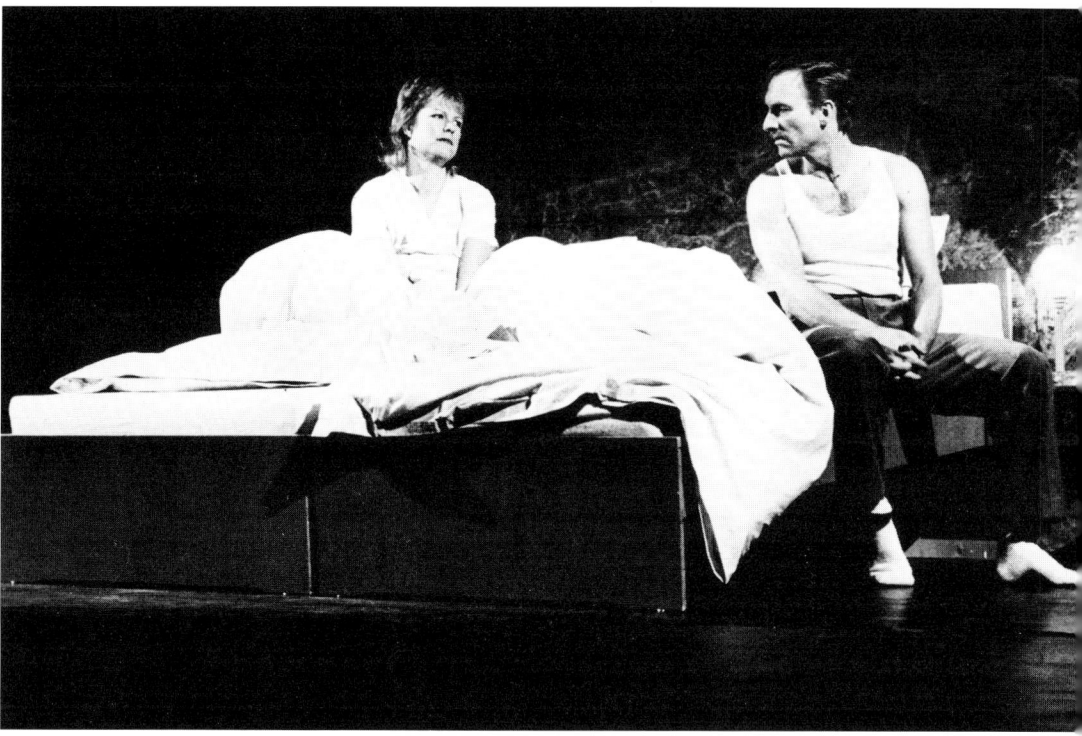

Nicht Fisch nicht Fleisch
Auch in diesem Stück (1981) stehen die Auflösungserscheinungen familiärer und freundschaftlicher Bindungen zur Disposition – vordergründig jedenfalls.
Kroetz schildert die Geschichte der beiden befreundeten Ehepaare Helga und Hermann/Emmi und Edgar. Hermann und Edgar arbeiten (»1980 in München«) als Schriftsetzer im selben Betrieb. Als der Betrieb von einem Großkonzern aufgekauft wird, soll im Zuge von Rationalisierungsmaßnahmen vom Blei- auf den Fotosatz umgestellt werden, sollen die Setzer umgeschult werden. Hermann ist aktiver Gewerkschafter, voll gesunder Skepsis und gegen jedes Gerede von »Sozialpartnerschaft« zwischen oben und unten. Er akzeptiert aber die neue technische Entwicklung, weil er sie für unaufhaltsam hält, und versucht, seine Position innerhalb des Betriebsrats zu Verhandlungen über soziale Verbesserungen (wenigstens doch Sicherungen) für seine Kollegen zu nutzen. Anders Edgar: Er hat eine Aufsteigermentalität entwickelt und wähnt sich als unentbehrlicher Teil des Ganzen, eigentlich der Betriebsführung zugehörig. Von der technischen Entwicklung wird er überrollt. Er will nicht Anhängsel eines Bildschirmtextgerätes werden, nicht nur einfach Arbeit haben, sondern den er-

Franz Xaver Kroetz, gelernter Schauspieler, tritt in den letzten Jahren öfters in seinen eigenen Stücken auf, so 1983 in Bonn und auf Tournee in »Nicht Fisch, nicht Fleisch«: »mit einer storren Kraft, einer inständigen Lakonie den sich dem technokratischen Fortschritt anpassenden Gewerkschafter Hermann« (P. v. Becker). Dazu Lisa Fritz als Hermanns haushalts- und kinderseliger Frau Helga, Regie Karl-Heinz Kubik.

lernten Beruf ausüben. Bei der Umschulung versagt er, will vielleicht versagen, kündigt schließlich. Die beruflichen Auseinandersetzungen verlagern sich ins Privat-Familiäre. Edgar wird Emmi gegenüber gewalttätig, weil er sich als Mann von ihr nicht mehr ernstgenommen fühlt, sie ihm zudem noch – inzwischen zur Filialleiterin aufgestiegen, also Vorgesetzte geworden – einen zu dem seinen in umgekehrt proportionalem Verhältnis stehenden Weg innerhalb der Konkurrenzgesellschaft vorlebt. Schließlich läßt auch Hermann ihn fallen, mit der Begründung, Edgar sei durch seine Kündigung aus der geschlossenen Front der Arbeiter ausgeschert. Andererseits bleibt auch Hermanns Gewerkschafts- und Betriebsarbeit nicht ohne nachteilige Auswirkungen auf sein Zusammenleben mit Helga.

Das Stück endet scheinbar grotesk und wenig vermittelt. Beide Männer verlassen unabhängig voneinander eines Nachts Frau und Wohnung, beide treffen sich in einer Art Niemandsland wieder: »irgendwo Wasser«. Edgar zieht sich aus, will in »die Wildnis der Meere« wegschwimmen, Hermann ist von seinen Kollegen mit Luft vollgepumpt worden und leidet unter schrecklichen Blähungen. Während Edgar losschwimmt, kriecht Hermann »zurück ans Land: Menschen, da geht's lang, da muß was sein, da stinkt's«. Die nächste, letzte Szene zeigt die vier wieder vereint in der Wohnküche. Beide Frauen sind schwanger, füttern die Männer.

Furcht und Hoffnung der BRD
Das 1984 uraufgeführte Stück beschreibt in fünfzehn selbständigen Szenen die Folgen der Dauerarbeitslosigkeit und trägt den Untertitel »Szenen aus dem Alltag des Jahres 1983« – Szenen von überwiegend monologischer Struktur, manche geschwätzig und wehleidig, andere knapp und treffend, ein Bilderbogen von Zeitsymptomen, illustrierte Zeitungsschlagzeilen, auch Stimmungsbilder des Autors Kroetz zur Seelenlage seiner selbst.

Wolfgang Bauer

Bauer gilt als einer der wichtigsten Vertreter der Grazer Autorenversammlung und des Forum Stadtpark. Der 1941 in Graz geborene Autor hat nach dem Studium der Theaterwissenschaft, Romanistik, Jura und Philosophie Lyrik, Hör- und Fernsehspiele sowie einen Roman (*Der Fieberkopf*, 1967) geschrieben. In seinen Stücken knüpft er an das absurde Theater, vor allem Ionescos, an und arbeitet bewußt mit trivialen Form- und Stilmitteln (Pop-art, Action-Dramaturgie, Boulevard und Reißer) und surrealen Effekten. Seine »Mikrodramen« *(Der Schweinetransport; Franz Xaver Gabelsberger; Ende sogar noch besser als alles gut)* und das frühe Stück *Party for Six* bezeichnete Bauer als »Hörspiele im Theater«. Absicht der handlungsarmen Stücke ist die Verweigerung ge-

genüber den Zuschauererwartungen. Anders aber als der frühe Handke hat Bauer die Institution Theater nicht grundsätzlich in Frage gestellt. Seine Stücke wollen den Zuschauer aus seiner Sesselgemütlichkeit reißen, indem sie gesellschaftliche Vorurteile (vor allem gegen Jugendliche) höhnisch als Realität bestätigen. Seine Figuren sind Outcasts und Cliquen-Künstler, die aber in der Kunst inzwischen so wenig Sinn sehen wie in dem Leben, aus dem sie einmal in die Kunst flüchteten. Bauers Stücke sind »Künstlerdramen« die sich selbst ironisieren, Dramen, die in geschlossenen Räumen spielen.

Bauer nennt *Party for Six* (1967) ironisch »Ein Volksstück«. Die Zuschauer »erleben« eine Party, die hinter der Bühne stattfindet. Die Figuren werden sichtbar fast nur auf dem Weg zum Klo, die Unterhaltung der Partygäste dringt als Gesprächsfetzen in den Zuschauerraum, ebenso wie die Musik. Bauer kritisiert und steigert so den Voyeurismus der Zuschauer.

Magic Afternoon (1968) zeigt die Innenansicht einer Clique von vier Personen zwischen 22 und 30 Jahren. »Eine Gruppe, worin die definierten, gefestigten Rollen sich in einer Vielzahl von spezifischen Attributen, Gepflogenheiten, Genuß- und Verhal-

Wolfgang Bauer arbeitet öfters als Regisseur seiner eigenen Stücke – so inszenierte er in der Freien Volksbühne Berlin seine sonntagnachmittägliche, tötlich endende Zimmerschlacht »Magic Afternoon« mit Erich Mülbusch als Joe, Christine Prober als Birgit und Heribert Sasse als Charly.

tensweisen der Beat- und Pop-Generation verteilen und auflösen« (Botho Strauß). In ihrem gesellschaftsfernen, inhalts- und kommunikationslosen Leben entwickeln sie Aggressionen, die zu gegenseitigen Verletzungen bis hin zum Totschlag führen.

In *Change* (1969) thematisiert Bauer die als manipuliert erfahrene Realität. Das Stück spielt im Milieu der »Wiener Bohème 1969«, in das ein Maler aus der Provinz, Blasi Okopenko, durch einen Kritiker, Reicher, eingeführt wird. Der (nicht mehr schreibende) Schriftsteller Fery Kaltenböck will Okopenko als sein »Kunstwerk« manipulieren und ihn letztlich in Verzweiflung und Wahnsinn treiben. Doch der Außenseiter durchschaut die Gruppenmechanismen, und es gelingt ihm, diese anwendend, sich die anderen zu unterwerfen und Kaltenböck in den Selbstmord zu treiben.

Film und Frau (1970) ist ein Einakter aus 49 kurzen, durch Blackouts getrennten (Film-)Bildern, in dem Bauer »eine Wirklichkeit ausspielt, die mit den Fiktionen der Unterhaltungsindustrie identisch geworden ist« (Ernst Wendt).

Silvester oder Das Massaker im Hotel Sacher (1971) schildert eine neurotische Theater- und Literatenschickeria und thematisiert als Spiel im Spiel die Theatralisierung der banalen Realität des Theaters.

Gespenster (1974) spielt ebenfalls im Künstlermilieu, zeigt das Nichtzustandekommen einer Ibsen-Bearbeitung eines Schriftstellers (Fred), ein alkoholgetränktes Verwirrspiel zwischen und um Fiktion und Realität, die hypernaturalistische Abbildung der pathogenen Unproduktivität und Arbeitsunfähigkeit von jüngeren, bürgerlichen Literaten, ihre Selbstzerstörungstendenzen; es demonstriert ritualisierte Gruppenzwänge, an denen hier, im Unterschied zu *Change,* der Außenseiter (Magda, eine Bekannte Freds) schließlich zerbricht.

Magnetküsse (1976) ist ein »Kriminalstück« in elf grotesken, teilweise surrealen Szenen ohne durchgehende Fabel um einen Kriminalschriftsteller, Ernst Ziak, und die Übergänge zwischen Alptraum und (noch schlimmerer) Realität.

Thomas Bernhard

Bernhard verficht mit Besessenheit (und Monotonie) seine These, daß diese Welt die schlechteste aller denkbaren sei – und rettungslos verloren. Sein zentrales Thema ist der unerträgliche Anachronismus der menschlichen Existenz in einer sinnentleerten, völlig durchorganisierten und übertechnisierten Welt. In der Außenwelt sei nichts, an dem man sicheren Halt finde, man könne auf sie, einmal hineingeworfen, nur mit Angst und Verzweiflung reagieren. Das sinnlose Leben als Absterbensprozeß. Tod als Erfüllung und Bedrohung zugleich, die einzige Wahrheit, neben der alles andere bedeutungslos, gleichgültig (also gleich wichtig und gleich unwichtig) wird. Er demonstriert das nicht mit dem Pathos hoffnungsloser Verzweiflung, für ihn ist der »universale Frost«, die »totale Kälte« eine (banale) Selbstverständlichkeit geworden, über deren Richtigkeit zu diskutieren sich nicht mehr lohnt, die er vielmehr aus der Distanz (und der Isolation) unsentimental und sezierend offenlegt.

Thomas Bernhard wurde 1931 als (uneheliches) Kind österreichischer Eltern im Kloster Heerlen bei Maastricht/Holland geboren. Er wuchs bei den Großeltern mütterlicherseits auf, zunächst in Wien und in Seekirchen am Wallersee, ab 1938 in Traunstein (Oberbayern). Ab 1943 besuchte er ein Gymnasium (Internat) in Salzburg. 1947 brach er den Schulbesuch ab und trat in eine Lehre bei einem Lebensmittelhändler ein. An einer schweren Rippenfell- und Lungenentzündung erkrankt, wurde er vier Jahre lang in der Lungenheilstätte Grafenhof behandelt, wo er mehrfach dem Tod nahe und von den Ärzten schon abgeschrieben war. In diese Jahre (1948–1951) fiel auch der Tod seiner Mutter und seines Großvaters, eines Schriftstellers, der wichtigsten Bezugsperson des jungen Bernhard. Seinen eigenen Angaben zufolge begann er in dieser Zeit, »immer den Tod vor Augen«, zu schreiben. 1951 begann er ein Musikstudium an der Hochschule in Wien, ab 1952 studierte er am Mozarteum in Salzburg Gesang, Regie und Schauspielkunst, schloß das durch freie Mitarbeit (als Gerichtsreporter) beim Demokratischen Volksblatt finanzierte Studium 1957 mit einer vergleichenden Arbeit über Artaud und Brecht ab.

Bernhard veröffentlichte zuerst Lyrik, in den sechziger Jahren Romane und Erzählungen (u. a. *Frost,* 1963; *Verstörung,* 1967; *An der Baumgrenze,* 1969; *Das Kalkwerk,* 1970),

Thomas Bernhard schrieb, nachdem Bernhard Minetti drei seiner Stücke durch seine Bezeichnungskraft geprägt hatte, ein Stück mit dem Titel »Minetti«. Und Minetti spielte darin (am Staatstheater Stuttgart 1976, Regie Claus Peymann) den greisen, engagementslosen Schauspieler, der in einer Hotelhalle in Ostende, Sylvesterabend, seine Lebens- und Kunstmaximen verkündet – der angetrunkenen Dame (Karin Schlemmer) und dem Lohndiener (Branko Samarovski).

danach vor allem Theaterstücke und autobiographische Schriften (*Die Ursache,* 1975; *Der Keller,* 1976; *Der Atem,* 1978; *Die Kälte,* 1981). In allen Stücken Bernhards gibt es ein dominantes Motiv (sei es, daß es direkt thematisiert wird, sei es, daß es zur Vorgeschichte gehört): »In einem Augenblick plötzlicher Klarheit, einem Erschreckensmoment... wird ein Mensch der Wahrheit seiner Existenz inne, die immer eine tödliche, diese Existenz vernichtende Wahrheit ist... Die Betroffenen... sind fortan verschlossen mit ihrer Wahrheit in sich als in ihrem eigenen Grab, herausgetreten aus dem Kreis der Lebendigen (durch Be-

wußtlosigkeit Lebendigen), als Randexistenzen ihrer selbst und der Gesellschaft... In der Katastrophe des Einzelkopfs, seiner Krankheit, seinem Wahnsinn, finden die Katastrophe, die Krankheit, der Wahnsinn der menschlichen Natur, der Gesellschaft zu ihrem Bewußtsein... Alle... Theaterstücke setzen mehr oder weniger deutlich ein solches ›Ereignis‹ voraus, einen Bruch in der Existenz, eine ›Erschütterung‹« (Gamper). Diese Erschütterungen haben die Figuren, Ausdruck ihrer Entfremdung von der gesellschaftlichen Wirklichkeit und von sich, verkrüppelt: körperlich, geistig, seelisch. Geradezu zwanghaft ergeben sich aus diesem »Elementarbruch« für Bernhards Figuren unaufhebbare Widersprüche, beispielsweise Lebensekel und Todesangst, das »bohrende Scherzen über den Tod« (Sorg), oder der Zwang zum unbedingten Wahrheitswillen, und wenn es eine Wahrheit wäre, die im nächsten Moment schon nichts mehr gilt. Allgemeingültige Wahrheiten gibt es nicht für Bernhard, lediglich die Wahrheit als Geschichte einer Figur.

Seine Stücke haben meist eine handlungsverweigernde Struktur, tendieren zum Mo-

nodrama. Kommunikationsversuche werden von den Figuren gar nicht mehr ernsthaft angestrebt bzw. scheitern kläglich. Stilprinzip Bernhards und Denkprinzip der Figuren ist das Moment der Wiederholung; die meisten Figuren stehen unter einem durch nichts zu kompensierenden Wiederholungszwang. Alle Katastrophen erscheinen ihnen als Wiederholungen der einen, des Erkennens der Wahrheit oder (weiter zurückgehend) der Geburt. Solche Wiederholung hat rituellen Charakter; weil Bernhards Figuren keine Zukunft haben, die Gegenwart nur »gelebt« wird, um die drohende und zu erfahrende Katastrophe von Tod *und* Leben auszuhalten, bedeutet der Wiederholungszwang auch, daß die Vergangenheit immer präsent bleibt. Das monomanische Reproduzieren von Reden, Situationen, Haltungen führt zur Maske, zum gelebten Zitat. Bernhard nennt viele seiner Stücke »Komödien«. Aber es sind auch grotesk-komische »Endspiele«, Satyrspiele auf Figuren und auf ein Leben, das zur »leerlaufenden Gewohnheit des Existierens geworden (ist), zur künstlichen Imitation, zu Theater« (Gamper).

Ein Fest für Boris

Im Mittelpunkt des Stücks (1970) steht eine reiche, von allen nur »die Gute« genannte Witwe. Die »Güte« dieser beinamputierten, im Rollstuhl fahrenden Frau, das sind zynische Lügen und Maskierungen, Rollenspiele, durch die sie ihre Hilflosigkeit zu kompensieren versucht. Ihre (gesunde) Dienerin Johanna demütigend und ihre eigene Behinderung als Mittel zur Tyrannei benutzend, hat sie Boris, den häßlichsten und einfältigsten Krüppel, aus einem Asyl geholt und geheiratet, ihn damit zu ihrem Besitz und Opfer gemacht.

Der Hauptteil des Stückes zeigt eine makabre Geburtstagsfeier, zu der Boris sich »dreizehn beinlose Krüppel aus dem Krüppelasyl« einladen durfte. Sie bereiten das Fest für Boris singend so vor: »Jetzt kommt die Düsternis / jetzt kommt die Finsternis.« Während eines viehischen Gelages versucht Boris vergeblich, durch wildes Trommeln auf sich aufmerksam zu machen. Von den anderen unbemerkt, stirbt er schließlich. Und: »Kaum ist die Gute mit dem toten Boris allein, bricht sie in ein fürchterliches Gelächter aus.«

Der Ignorant und der Wahnsinnige

Das 1972 uraufgeführte Stück spielt im ersten Teil in der Künstlergarderobe einer Starsängerin vor ihrem 222. Auftritt als Königin der Nacht in Mozarts *Zauberflöte*. Zwei Männer sprechen miteinander, der alte, dem Alkohol verfallene, voller Ungeduld auf seine Tochter wartende Vater der Sängerin (der Ignorant) und ein Arzt (der Wahnsinnige). Es spricht vor allem der Arzt: von der Trunksucht des Vaters, dem Verhältnis zwischen Vater und Tochter, über die Sinnlosigkeit der menschlichen Existenz. Und er hält (in Fortsetzungen) einen klinisch kalten, virtuosen Vortrag über die Sektion menschlicher Leichen und zeigt so den auf handwerkliche Präzision und Brillanz reduzierten »Kunstmenschen«. Der zweite Teil zeigt die Feier nach der Vorstellung. Die Gespräche drehen sich um Kunst, Künstler, Publikum und erweisen, daß auch die Künstlerin nur noch im Funktionalen existiert: als »perfekte Koloraturmaschine«, spezialisierter »Mechanismus«, als »Kunstgeschöpf«. Das Stück endet im Chaos: Während der Arzt in der Beschreibung der Leichensektion fortfährt, bricht die Künstlerin unter immer intensiver werdenden Hustenanfällen »todunglücklich«, voller »Erschöpfung« zusammen, und die Bühne soll sich am Ende völlig verfinstern.

Die Jagdgesellschaft

Die Handlung des »allegorischen« Spiels (1974): Der General liebt – als Besitzer und Bewohner – seinen Wald über alles. Jetzt, am Grauen Star erkrankt, entschwindet ihm sein Bild. Die Krankheit wird zur Todeskrankheit, von seiner Umwelt, der Jagdgesellschaft, erbarmungslos und gierig beobachtet, sein Absterben so fördernd. Der General aber nimmt mit seinem doppelt getrübten Blick den Verfall um ihn herum nicht wahr, nicht den der Gesellschaft und den der Natur auch nicht: Der Wald wird, von Parasiten befallen, abgeholzt werden. Ein ständig über den Selbstmord meditierender und räsonierender Schriftsteller zeigt dem General schließlich eine von ihm verfertigte Komödie, in der er dessen Privattragödie verarbeitet hat. Der General setzt durch einen Gewehrschuß im Wald sich und der »Kunstnaturkatastrophe« ein Ende.

Die Macht der Gewohnheit

Zum erstenmal spielte hier Bernhard Minetti in einem Bernhard-Stück die Hauptrolle, und Dieter Dorns Inszenierung von 1974 für die Salzburger Festspiele ist die einzige vom Autor autorisierte. (Das Stück ist seitdem für weitere Inszenierungen gesperrt.) Gezeigt wird eine der Proben, zu der Zirkusdirektor Caribaldi sich und seine Truppe – seine Enkelin, den Jongleur, den Dompteur und den Spaßmacher – Tag für Tag seit 22 Jahren despotisch zwingt. Ziel der Zwangsunternehmung: Schuberts Forellenquintett mit höchster Präzision, wenigstens aber doch fehlerfrei zu spielen. Die Probe scheitert kläglich, wie alle früheren, alle weiteren scheitern müssen: »Wir hassen das Forellenquintett / aber es muß gespielt werden.« Es muß gespielt werden als disziplinierende »Therapie« gegen das Chaos seiner gesellschaftlichen Umwelt, gegen Caribaldis »Krankheit«, die nachlassende »Konzentrationsfähigkeit« und die »Überempfindlichkeit« seines Kopfes. Der Zwang, dem sich Caribaldi aussetzt, ist auch der – vergebliche – Versuch, erlittene Demütigungen und Verletzungen zu transzendieren, beschädigtes Leben in streng formalisierter und ritualisierter Kunstform aufzuheben: »Wir wollen das Leben nicht / aber es muß gelebt werden.«

Der Präsident

Die Handlung des Stücks (1975): Auf den rücksichtslosen und brutalen Präsidenten eines kleinen, ordentlichen, totalitären Staates voller Angst ist ein Attentat verübt worden. In dieser »Ordnung« werden anscheinend laufend von Anarchisten Attentate verübt. Der Präsident ist auch diesmal verschont geblieben, statt seiner starb sein Adjutant; der Schoßhund der Präsidentin starb infolge Schocks. Aus den Monologen von Präsident und Präsidentin, »Duse« genannt, wird deutlich, daß zumindest ganz oben Ordnung die Kehrseite von Chaos ist. Hier ist es ausgebrochen: Ihr Sohn ist zu den Anarchisten übergelaufen, hat möglicherweise gar persönlich den Mordanschlag zu verantworten; Frau Präsidentin hält sich anstelle ihres dahingegangenen Ratgebers, ihres Schoßhundes, nun erstens einen Kaplan, »Geistesliebhaber«, zweitens einen Fleischer, »Körperliebhaber«. Der Präsident verbringt wie immer, seinen Urlaub mit

einer jungen Schauspielerin in Portugal – wo sie zu guter Letzt sein Geld beim Roulette durchbringt. Die letzte Szene zeigt als Epilog den toten, aufgebahrten Präsidenten.

Die Berühmten

Nach der Uraufführung 1976 schrieb Paul Kruntorad: »Bernhards Haß gilt den reproduzierenden Künstlern und ihrem Publikum, die ›berühmten Puppen‹ sind Gründungsmitglieder der Salzburger Festspiele gewesen. Was er seinen Gestalten diesmal in den Mund legt, ist viel Insider-Anspielung, Adorno, Sontheimer, unzählige Sänger und Dirigenten werden erwähnt. Diese Künstler, ›Stimmbandkünstler, Klavierkünstler, Theaterkünstler‹ sind konservativ und boshaft, tratschen, machen sich über Politik lustig, ›die höchstbezahlten Totengräber sitzen im Parlament‹, beklagen den Verfall der Kunst, ›so hochbegabte Talente wie niemals vorher / alle kaputtgemacht . . . Keine Ausdauer keine Ökonomie kein Ethos‹.«

Minetti

Das Stück, eine Auftragsarbeit des Stuttgarter Theaters und eine Hommage für den Schauspieler Bernhard Minetti, wurde 1976 mit dem Untertitel »Ein Portrait des Künstlers als alter Mann« uraufgeführt. Es ist das erste Stück von Bernhard, das sich deutlich der Form des Monodramas nähert (obwohl es mit erstaunlich vielen Figuren arbeitet, die aber sämtlich die völlige Isolation des Künstlers nur noch unterstreichen; dies gilt selbst für die angedeutete zarte Liebesgeschichte zwischen dem Schauspieler und dem jungen Mädchen). »Minetti«, Schauspieler aus Profession und ausschließlich Schauspieler, der aber seit 30 Jahren nicht mehr auf der Bühne gestanden hat, sich so »der Klassik« wie einem unterhaltungssüchtigen Publikum »verweigernd«, wartet an einem Silvesterabend in einer Hotelhalle in Ostende vergeblich auf den Theaterdirektor aus Flensburg, von dem er glaubt, daß er ihn für die Titelrolle in Shakespeares *König Lear* verpflichten will, jene Rolle, die er tagtäglich zu Hause in Dinkelsbühl in einer Maske von James Ensor vor dem Spiegel (ein-)studiert, sich vorgelebt hat und mit der er sich inzwischen völlig identifiziert. »Minetti« stirbt am Schluß auf einer Parkbank im Schneetreiben, die

Lear-Maske vor dem Gesicht und gänzlich zur Maske erstarrt. Das Motiv der Maske und Verweise auf die grotesk-verfremdende, entlarvende Bilderwelt des belgischen Malers James Ensor durchziehen das Stück: Maskierung, Demaskierung, Rollenspiel und Rollenfixierung.

Immanuel Kant

Bernhard stellt in dieser »Komödie« (1978) den Philosophen der Aufklärung auf den Kopf und verpflanzt ihn aus dem 18. Jahrhundert ins 20., aus Königsberg auf einen Ozeanriesen der Luxusklasse auf der Fahrt nach Amerika. Dorthin will »Kant« seine Philosophie expedieren. Aber seine Prophetien sind apokalyptische Visionen und enthalten die radikale Absage an jeglichen Aufklärungs- und Fortschrittsgedanken. In einer Zeit, in der die »Menschheit verrückt geworden« ist, hat »die Vernunft keinerlei Begründung«. Seine Umwelt: ein farcenhaft-grelles Panoptikum voller Ignoranten und Wahnsinniger, er selbst, nahezu erblindet, fatalistisch und todesbesessen, mag sich nur noch mit seinem Papagei unterhalten und fühlt sich verstanden nur noch durch ihn. Die Schlußvolte überrascht denn auch nicht: Nach der Ankunft entpuppt sich die »Abordnung der Columbia-Universität« als Gruppe von Ärzten und Pflegern eines New Yorker Irrenhauses.

Vor dem Ruhestand

Das »Eine Komödie von deutscher Seele« untertitelte Stück (1979) verstand Bernhard als seinen Beitrag zur Auseinandersetzung zwischen dem damaligen Ministerpräsidenten von Baden-Württemberg Filbinger und dem Theaterleiter Peymann. Benjamin Henrichs schrieb darüber: »Der Ministerpräsident Filbinger fand den Schauspieldirektor Peymann (diesen ›Sympathisanten des Terrors‹) an einem Staatstheater untragbar – und sorgte für seinen Abgang. Schöne Ironie: Der Ministerpräsident mußte noch vor dem Schauspieldirektor in den Ruhestand gehen. Hatte man doch, angeführt von Rolf Hochhuth, herausgefunden, daß auch er einmal ein Sympathisant war, und nicht nur das; einer, der als Hitlers Marinerichter ganze, tödliche, Arbeit geleistet hatte.«

Das Stück spielt im Haus des kurz vor der Pensionierung stehenden Gerichtspräsidenten und ehemaligen SS-Offiziers Rudolf Höller. Es zeigt Höller und seine beiden Schwestern, Vera und die an den Rollstuhl gefesselte Clara, bei einer makabren »Geburtstagsfeier« zu Heinrich Himmlers Geburtstag. Dabei stehen auf der einen Seite Höller, der stolz darauf ist, »nicht das geringste Schamgefühl« zu kennen, und die ihm (auch inzestuös) tief verbundene Vera, auf der anderen die hilflose und gedemütigte Clara, die anklagend, aber ohnmächtig, Widerstand gegen dieses Ritual zu leisten versucht.

Die Weltverbesserer

Das monologische Stück (1980), wieder »Für Minetti« geschrieben und mit einem Zitat von Voltaire leitmotivisch überschrieben: »Ich bin krank. Ich leide vom Kopf bis zu den Füßen«, zeigt in sechs Szenen einen Tag im Leben eines fast tauben, halb erblindeten und nahezu ständig an seinen »hohen Sessel« gefesselten (sonst auf Krücken angewiesenen) Philosophen; es ist der Tag, an dem ihm vom Magistrat der Stadt (Frankfurt) der Ehrendoktortitel verliehen werden soll. Zu diesem Zweck wird sich eine Abordnung der Honoratioren sogar in sein Haus bemühen, zu ihm kommen, zu ihm, den man »jahrzehntelang gedemütigt hat / heruntergemacht hat / lächerlich gemacht hat«. Jetzt, an der Grenze des Todes, wird er ausgezeichnet für seinen »in achtunddreißig Sprachen« übersetzten »Traktat zur Verbesserung der Welt«, obwohl, wie er überzeugt ist, kein Mensch seine Schrift jemals verstanden hat, dessen (und des Stücks) zentrale Stelle lautet: »Alle Wege führen unweigerlich in die Perversität und in die Absurdität / Wir können die Welt nur verbessern / wenn wir sie abschaffen.« Der Weltverbesserer muß aus den Umständen der Ehrung für sich den Schluß ziehen: »Der Inhalt meines Traktats / wird wohl oder übel / mein Geheimnis bleiben / . . . / Die Welt verdient meinen Traktat nicht.«

Am Ziel

Das Stück (1981) soll nach Intention des Autors »eine Art symbolische dramatische Dichtung in zwei Sätzen (sein), einem langsamen und einem noch langsameren. Der 1. Teil spielt ›in der Stadt‹, der 2. Teil ›am Meer‹« in Holland: Mutter und Tochter haben einen jungen »dramatischen Schrift-

steller« für ein paar Tage zu sich eingeladen. In langen Monologen (eigentlich einem Dauermonolog, bei dem Tochter und junger Mann nur dann Gelegenheit für ein paar Worte finden, wenn die Mutter Luft holen muß) enthüllt die Mutter ihre monomanische Fixierung auf eine Hauptfigur des Schriftstellers, interpretiert, kritisiert, kurz: verändert das Werk zu ihrem eigenen »Kopftheater«, macht so auch den Schriftsteller zu ihrem (Kunst-)Produkt und gleichzeitig zu einer Wunsch-, Angst-, Zwangsprojektion ihres verstorbenen Mannes. Schließlich steigert sie sich in die (allerdings folgenlose) fixe Idee, zur »Anarchistin« zu werden, die das Drama vollenden könnte: »Zuerst eine kleine Revolution machen im eigenen Kopf / dann eine größere Revolution / dann eine noch größere Revolution / und dann die Revolution aus dem eigenen Kopf / in die Welt setzen wie man ein Kind in die Welt setzt / und alles zur Explosion bringen / ein dramatischer Schriftsteller hat doch / nichts anderes zu denken / wie jage ich die ganze Welt in die Luft / wie mache ich dem ganzen Spuk ein Ende.«

Über allen Gipfeln ist Ruh

Das 1983 uraufgeführte Stück war eine Auftragsarbeit des Bochumer Schauspielhauses und Bernhards Beitrag zum Goethe-Jahr 1982. In elf Szenen persifliert und karikiert er den deutschen Literaturbetrieb, die Kanonisierung der Klassiker und die ideologisierte Sachwalterschaft dieses Erbes durch den deutschen Spieß- und Bildungsbürger, die deutsche »Seelen-Innerlichkeit«, den Provinzmief und den Verleger Unseld (seinen eigenen). Bei Bernhard heißt der Dichter der Nation anspielungsreich »Moritz Meister«, der in seiner alten Villa »in den Voralpen« residiert und der literarischen Öffentlichkeit soeben eine ebenso voluminöse wie schwülstig-dumpfe »Tetralogie« übereignet hat. Bei ihm und seiner Frau Anne zu Gast: sein Verleger, ein Journalist (»von Wegener«) und ein »Fräulein Werdenfels«, hingebungsvolle Doktorandin über des Meisters Œuvre und leidenschaftliche Fotografin des »Olympiers«.

Der Schein trügt

Die Handlung des Stücks (1984): Zwei alternde Brüder treffen sich zweimal in der Woche, dienstags (erster Akt) bei Karl, einem ehemaligen Artisten, donnerstags (zweiter Akt) in Roberts Wohnung; der war früher Schauspieler. Beide hassen diese Zusammenkünfte und leben doch nur darauf hin. Beide reden sie, aber ein Gespräch kommt nie zustande: »Selbstgesprächskünstler«, so typisiert sich Karl. Sie treffen sich, um zu reden – wie um ihr Leben (kurz vor dem Tod): über die Leere, die Langeweile zumeist, die Vergangenheit, Krankheit, über Mathilde neuerdings, Karls vor kurzem gestorbene Frau und ihre Hinterlassenschaft (Karl: »Wir nehmen eine Frau für die Ewigkeit / verpflichten uns ihr für immer / und sie verläßt uns im ungünstigsten Moment«). Die »sanfte« Mathilde hat durch ihr Ableben in dem an Abwechslungen und Überraschungen eher armen Leben der beiden Brüder eine Pointe gesetzt, indem sie völlig unerwartet ein »Wochenendhäuschen« zu vererben hatte und dieses nun gerade nicht ihrem Mann Karl, sondern dem Schauspieler Robert zugedacht hat, dessen Beruf (und die Person gleich mit) Karl wegen seiner »Unpräzision« haßt.

Der Theatermacher

Das Stück (1984) kann als Beleg der These genommen werden, daß sich Bernhards Produktion im inzwischen nur noch virtuosen Leerlauf heißläuft, daß der jammernde Spott über die Folgenlosigkeit (hier: der Kunst) zum Selbstzitat geworden ist.

Botho Strauß

Strauß wurde 1944 in Naumburg an der Saale geboren. Nach dem Schulbesuch im Ruhrgebiet und in Hessen studierte er in Köln und München Germanistik, Theaterwissenschaft und Soziologie. Von 1967 bis 1970 arbeitete er als Kritiker und Redakteur der Zeitschrift *Theater heute* und von 1970 bis 1975 als Produktionsdramaturg an der Schaubühne am Halleschen Ufer Berlin. Hier richtete er zusammen mit dem Regisseur Peter Stein Ibsens *Peer Gynt* (1971), Kleists *Traum vom Prinzen Homburg* (1972), die Komödie *Das Sparschwein* von Eugène Labiche (1973) und die *Sommergäste nach Gorki* (1974) ein. Neben Theaterstücken hat Strauß Prosa veröffentlicht: *Marlenes Schwester* und *Theorie der Drohung* (1975), *Die Widmung* (1977), *Rumor* (1980), *Paare, Passanten* (1981), *Der junge Mann* (1984).

Auf die Inszenierungen der ersten beiden Stücke von Strauß (*Die Hypochonder*, 1972, und *Bekannte Gesichter, gemischte Gefühle*, 1975) reagierte die Kritik überwiegend mit Unverständnis, und die ersten Arbeiten waren auch keine Publikumserfolge. Was Strauß auf Anhieb erreichte und was bis heute anhält, war eine deutliche Polarisierung der kritischen Auseinandersetzung mit seinem Werk. Das wird verständlich vor dem zeitgeschichtlichen wie dem theaterästhetischen Hintergrund der frühen siebziger Jahre. Das Theater von Botho Strauß stellt sich bewußt in Opposition sowohl zum Dokumentartheater wie zu dem im Zuge der Horváth-/Fleißer-Renaissance unter den neuen deutschen Stücken dominierenden sozial- und milieukritisch orientierten und auf Mikrostrukturen fixierten »neuen Realismus«, wie ihn z. B. Kroetz vertritt. Strauß' Stücke sind zudem als Reflex auf die Desillusionierung der Möglichkeiten direkten gesellschaftlichen Eingreifens und Veränderns (auch der Literatur, vor allem des Theaters) zu verstehen, wie sie im Zuge und in der Folge der von der Studentenbewegung initiierten gesellschaftlichen Politisierung und Polarisierung gehegt wurden. Die qualitative Veränderung des Blickwinkels auf Realität und Gesellschaft ist allerdings keine simple Wende von außen nach innen, keine bloß esoterische »Sensibilisierung« oder Rückkehr zu einer letztlich konservativer Kulturkritik verpflichteten Neoromantik.

Um etwas über die Haltung des Autors Botho Strauß der Wirklichkeit und der Wirklichkeit des Theaters gegenüber, seinen Ansprüchen und eingeschätzten Möglichkeiten zu erfahren, muß man zurückgreifen auf die gut 50 Aufsätze und Besprechungen des Kritikers Strauß, deren Titeleien rückblickend schon einiges über Motive und Themen des späteren Autors zu verraten scheinen: »Ist das Chaos aufgebraucht?« – »Stücke nach der Revolte« – »Geschichte ist nicht, was geschah«. Vor allem sein »Versuch, ästhetische und politische Ereignisse zusammenzudenken« (»Theater heute« 10/1970), liest sich heute programmatisch, so wenn Strauß über das »Ende der Nachkriegszeit« 1967/68 äußerte: »Die Spannungen beim Wahrnehmen der Realität wurden so groß, daß es zu einer Sinnestäuschung kam: die Realität selber spielte ein Abenteuer, das alle Nerven in Anspruch nahm.« Jeglicher Form von Abbildrealismus unterstellt Strauß »ästhetisches Unvermögen«. Er setzt »gegen Illusionismus und Realismus, die Imperfektformen der szenischen Darstellung«, ein »Bewußtseinstheater«, ein »mentales« Theater, ein »Synonym für eine Bühne der unentwegt passierenden Zeitläufte« und der »Gegenwart unter der Schädeldecke«: »Zur Zeit ist das Irresein, so scheint es, eine ganz gewöhnliche Metapher für das Befinden des Individuums überhaupt, für die internierten Kräfte seiner Fantasie, inmitten einer Gesellschaft, welche nur zur Raison zu bringen versteht, welche im Namen der Vernunft eine perverse Unterdrückungsherrschaft ausübt.«

Die Hypochonder

Hier herrscht entschieden das Chaos. Vordergründig ein dramatisches Verwirrspiel nach bester Hitchcock-Manier, spielt das Stück (1972) im Amsterdam des Januar 1901 in einem »großen, herrschaftlichen Raum« mit dem Personal des Besitzbürgertums vor dem Hintergrund eines Mordes aus wirtschaftlichen Interessen. Nelly, des Mordes an ihrem Liebhaber, einem Chemiker, bezichtigt, kehrt aus der Untersuchungshaft zu ihrem Mann, Vladimir, einem Naturforscher, zurück. Aber dieser scheinbar rationale Hintergrund schafft keine Klarheit, im Gegenteil. Strauß verweigert sich einer schlüssigen Fabel und nachvollziehbarer Handlungsführung. *Die Hypochonder* sind ein Mosaik (oder ein Vexierbild) aus unterschiedlichsten Versatzstückchen: der Kriminal- und Mordgeschichte um Nelly, einer zwischen Melancholie und Verlangen unentschieden schwankenden Liebesgeschichte zwischen Nelly und Vladimir, durchsetzt mit märchen- und alphaften Traumgeschichten und Doppelgängermotiven (Vladimir verwandelt sich in seinen eigenen Vater Jakob; oder ist Jakob die aus Vladimirs zwanghafter Selbstbeobachtung resultierende hypochondrische Übersteigerung seiner selbst, seine Angstvision?) bis hin zum schauerlich opernhaften Familienmelodram (Vladimir-Jakob bringt seine Mutter, anschließend auch Nelly um). Auf die extrem ausgekältete Künstlichkeit dieses Stücks hat Reinhard Baumgart 1984 aufmerksam gemacht, den Untertitel

»Theaterstück« programmatisch nehmend: »Von heute aus läßt sich trotzdem begreifen, was Strauß an diesen ekstatischen, hypochondrischen Ausnahmezuständen und -menschen fasziniert: eine Einbildungskraft, die alle Wahrscheinlichkeitsrechnungen, jedes Realitätsprinzip angstvoll und lustvoll außer Kraft setzt, die unbefangen sozusagen drauflos somatisiert, die alles Empfundene also sofort in Verkörperungen, in Theatralik nach außen treibt. Körperliche Zeichen für innere Zustände, also Theaterbilder zu erfinden, das kann Strauß schon in dieser seiner ersten Liebesgeschichte, gerade weil sie so ohne allen Realitätsdruck, als reines Theaterspektakel abläuft.«

Bekannte Gesichter, gemischte Gefühle
Strauß hat hier (1975) das »Zustandsbild einer Partnertauschgesellschaft« montiert aus lauter »Jargonfertigteilen« (Baumgart). Drei Paare treffen sich zu Weihnachten in einem kleinen Hotel, dessen Besitzer, Stefan, für sie alle zur wichtigsten Bezugsperson geworden ist. Thema der Komödie: die vom Kältetod bedrohte oder schon überwältigte Kommunikationsfähigkeit der Menschen. Das Hotel hat seine eigentliche Funktion längst verloren, ist für die hier versammelte Gruppe nurmehr ein »Museum der Leidenschaften« in dem es »keine Trennungen, keine Abschiede« mehr gibt, sondern nur noch ritualisierte Rollenspiele als Reflex auf gesellschaftlich verdrängte Konflikte. Die »unüberwindliche Nähe« zwischen den Menschen und den Sieg der Spezialisten und Funktionalisten über menschliche Spontaneität und Kreativität in einer weitgehend automatisierten und standardisierten Gesellschaft macht Strauß an dem Paar Doris und Günther deutlich, das für eine Meisterschaft im Turniertanzen trainiert. Die anderen Figuren reagieren auf dieses fehlerfreie Funktionieren, bei dem der Inhalt (Harmoniebedürfnis, Erotik, Natürlichkeit) von der ritualisierten Form (Disziplin, Regeln) längst erdrückt worden ist, mit Faszination, aber auch mit Angst und Ekelgefühlen. Stefan betrachtet die bekannten Gesichter indes nicht länger mehr nur mit gemischten Gefühlen. Er versucht, aus der gesellschaftlichen Leere für sich Konsequenzen zu ziehen, indem er aus dem »Privatbesitzertum« aussteigt, das Hotel

verkaufen und ein »vernünftiger Mensch« werden will. Damit zerbricht er die sowieso nur noch äußerlich und aus Gewohnheit zusammengehaltene Gruppe, begibt sich selbst in Opposition und Isolation. Nachdem er der Doppelgängerin seiner Frau Doris begegnet ist und diese nicht halten konnte (Projektion einer zweck- und zwangfreien Liebe, jedenfalls einer anderen Liebe), schließlich erfährt, daß die »reale« Doris von ihm schwanger ist, zieht er sich in einer Tiefkühltruhe in embryonaler Haltung in den Kälteschlaf der Liebe zurück, während Doris (dabei das Schneewittchen-Märchenmotiv variierend) neben ihm auf sein Auftauen wartet: »Ich möchte ihn so gern in meine Arme nehmen. Aber er ist so kalt, so furchtbar kalt.«
In den folgenden Stücken verlagert sich Strauß' Interesse. Von der exzentrisch-verrätselten Künstlichkeit wendet er sich jetzt (erst jetzt wirklich) dem »alltäglichen Wahnsinn« und der inhaltsleeren Banalität der westdeutschen Mittelstands-und Angestelltengesellschaft zu. Zugleich unterfüttert er seine Stücke in der Folge mit quasirealistischen gesellschaftlichen Konflikten, die jedoch durchweg als dramaturgisch nicht zwingende Hilfskonstruktionen wirken, als Vehikel eines unumkehrbaren Endzeitgefühls. Gleichwohl etabliert sich Strauß durch diese scheinbare Realitätsnähe bei gleichzeitig differenzierterer, widersprüchlicher Figurenzeichnung in den kommenden Jahren in den Spielplänen der bundesdeutschen Theater, aber auch im Ausland, in London, in New York.

Trilogie des Wiedersehens
Das Stück (1977) ist zeitlich fixiert, spielt im Sommer 1975 von mittags bis spätnachmittags im Ausstellungsraum eines Kunstvereins, zeigt dessen Mitglieder und Freunde bei der Vorbesichtigung einer Ausstellung über Malerei des »kapitalistischen Realismus«. Eine exklusive Vernissage mit ausgesuchten Gästen, eine Gruppe miteinander bekannter Menschen, nach außen (ab-)geschlossen. Strauß schreibt eine Konstellation von sechzehn Personen vor: ein alter und (dessen Sohn) ein junger Schauspieler, ein Arzt und seine Frau (sich permanent über das gemeinsame Kind streitend), eine Malerin und ihr Freund (ein aufgestiegener Verkäufer), ein Drucker, ein altes Drogisten-

ehepaar (die Frau leidet an Krebs), ein Schriftsteller, ein Wärter, dann der nur kurz und mächtig auftretende Kiepert, dessen geschiedene Frau und ihr kleiner Sohn, schließlich Susanne und Moritz, der Kunstvereinsdirektor. Das Stück gliedert sich in drei Teile, »Kleine Gesellschaft«, Niemand Bestimmtes«, »Gute Beziehung« betitelt. Strauß entwirft kaleidoskopartig mit filmischer Schnitt- und Blendentechnik ein Zustandsbild dieses Mikrokosmos (keineswegs ein Panorama bundesdeutscher Wirklichkeit).
Alle Figuren kennzeichnet ein beziehungsloses, im Wortsinn verantwortungsloses Alleinsein, und sie alle flüchten sich nicht in ein erinnerungsvolles, sondern in dumpf ahnungsvolles Alleinsein. Sie alle wollen »niemand Bestimmtes« sein und leben so eine unreflektierte Abwehrhaltung gegen undurchschaute, für sie vielfach undurchschaubare, sozial definierte Rollenzwänge. Die Ängste, die sie in allen möglichen Situationen befallen, sind sehr reale und irrational zugleich, und sie haben nichts damit zu tun, daß der Ausstellung die Schließung droht, weil sich Kiepert durch ein fotografisch-realistisches Gruppenbild (Karneval der Direktoren) diskriminiert sieht (dieser »politische« Hintergrund wirkt weit hergeholt und bleibt weitgehend wirkungslos), diese Angst sitzt den Figuren wie ein böses Tier im Kopf, als Ahnung einer Endzeit.
Nur eine Figur versucht, die doppelte Künstlichkeit dieser Kunst-und Scheinwelt aufzubrechen, sich ihren Regeln auf ihrer Suche nach einer »guten Beziehung« zu verweigern. Die 42jährige Susanne, die da durch das Stück herum-und ihrer vergeblichen Liebe zu Moritz hoffnungslos hinterherirrt, erscheint zunächst wie der typisch flippige Kulturgroupie und Anhängsel dieser Schickeria von der Stange. Sie als einzige aber, scheint mir, stellt sich der Inhaltsleere dieses nur äußerlich komplizierten Gruppen-Beziehungsgeflechts, will den Zustand des »Ununterscheidbaren« und die Nichtexistenz als »Nullperson« überwinden, und glaubt dies nur (die Unmöglichkeit immer gleich mitrealisierend) in einer unbedingten Liebe zu können.

Groß und klein
Zum erstenmal verwendet Strauß in diesem Stück (1978) eine Zentralfigur, emotionali-

Lotte aus Lennep, Grafikerin und Sucherin nach den Gerechten im Lande, geht durch elf Stationen, Gegenden und Städte der deutschen Gegenwart in »Groß und klein« von Botho Strauß. In »Familie im Garten« ist sie (Edith Clever mit Baskenmütze in der Uraufführungsinszenierung Peter Steins an der Schaubühne 1978) bei Zahnarztens an der Nordseeküste angelangt, links die Tochter Josefine (Tina Engel), Gewohnheitstrinkerin, daneben der autoritäre Vater (Hans Madin), hinten auf dem Deich der Sohn, sexbesessen (Udo Samel), rechts hockend der seine Frau beklauende Schwiegersohn Bernd, Lottes Bruder.

siert diese gleich noch kräftig (bis hin zur Mystifizierung). In zehn Szenen durchläuft die Protagonistin Lotte aus Remscheid-Lennep, »nicht alt, nicht jung« und »äußerst frei«, ihren Passionsweg durch die Bundesrepublik dieser Jahre, entwickelt sich das Psychogramm einer Frau, deren Ehe mit einem Journalisten ebenso gescheitert ist wie ihre Arbeit in früheren Berufen (Krankengymnastin und Graphikerin). Die zehn Stationen: Ausschnitte aus ihrer hoffnungslosen Suche nach Halt, Bestätigung, Kommunikation und Liebe. Hinausgedrängt und sich verabschiedend aus einer Gesellschaft, die sie höchstens dulden will, flüchtet sie in

religiösen Wahn, hält sich zeitweilig für eine der »sechsunddreißig Gerechten, die die Welt zusammenhalten, und die aber im Verborgenen leben«, eine auserwählte Vollstreckerin göttlichen Wollens. In der letzten Szene findet sie sich unangemeldet »in Gesellschaft« (so der Titel der Szene) wieder, im Wartezimmer eines Internisten. Aus dieser Gesellschaft verabschiedet sie sich mit den Worten: »Ich bin hier nur so. / Mir fehlt ja nichts.«

Kalldewey, Farce

Das Stück (1982) beginnt mit einer Abschiedsszene. Auf einer dunklen Bühne entfernen sich »Der Mann« und »Die Frau«, beide Orchestermusiker, er Flötist, sie Geigerin, unter wiederholten gegenseitigen Liebesbekundungen voller Angst voneinander und von der Bühne. Die Szene ist mit einem Satz voller Ambivalenzen überschrieben: »Der Schlaf der Liebe gebiert Ungeheuer« (den Titel von Goyas Capricho »Der Traum der Vernunft erzeugt Ungeheuer« variierend). Die nächste Szene bringt den Sprung von der Welt des schönen Scheins in die alltägliche Banalität. Die Frau, Lynn, hat ihren Mann, Hans, verlassen. Sie flüchtet sich zu zwei modischen Lesben, K und M; in einer Szene-Kneipe bittet sie die beiden um Hilfe gegen ihren Mann, der sie zu perversen Liebesspielen erniedrigt. Zu dritt suchen sie Hans in seiner Wohnung auf. Nach gegenseitigen Wutausbrüchen und Provokationen gipfelt die Szene darin, daß die drei Frauen den Mann in einem orgiastischen Ausbruch verzückt in Stücke reißen, so wie im antiken Mythos Bacchantinnen des Dionysos den Orpheus und den Pentheus zerrissen.

Der zweite Teil (»Das Leben eine Therapie« überschrieben) zeigt die vier zur munteren Selbsterfahrungsclique vereint an Lynns Geburtstag. Für Lynn ist Ehe und Welt durch Psychotherapie, Ich-Analysen, Rollenspiele und Dauerdiskussion inzwischen so weit in Ordnung, daß sie ihre Umwelt gar nicht mehr wahrnimmt, eigentlich auch nicht mehr benötigt. Und auch die anderen Figuren erfahren sich nur noch in Dauerrede, unreflektiertem Aktionismus und Rollenspiel. Auf der Feier erscheint ein allen unbekannter Mann, Kalldewey mit Namen, der den anderen geduldig zuhört, ihnen auf diese Weise fast vertraut wird, sie allerdings abstößt, weil er nur Obszönitäten absondert, und von der Gruppe schließlich vertrieben wird – um in der Erinnerung um so präsenter zu sein und schließlich zum Guru, zum Führer mythisiert zu werden. Vor allem K und M fühlen sich zu ihm hingezogen und völlig verändert, ohne daß sie sagen könnten, wie und warum. Und tatsächlich sind bei beiden die Uhren stehengeblieben, in dem Moment, in dem er verschwand.

Ein Zwischenakt zeigt die zufällige Begegnung des inzwischen alt gewordenen Paares Hans und Lynn im Gebirge. Nach dem langsamen Wiedererkennen das mühsame

Erinnern und Zurückbuchstabieren ihrer eigenen Geschichte: Durch einen weißen Vorhang beobachten sie schließlich das Leben der Menschen – und sehen sich, »verflucht in eine ewige Komödie, verbannt ins Grauen heftiger Belustigung. So überleben wir und wiederholen uns und werden's wohl für alle Zeiten tun«. Nach einem höhnischen Appell an die »Überlebenskünstler« treten beide wieder in das Spiel ein. Der dritte Teil »Korridor«, spielt in einem Therapie-Institut. Hier wird das Überlebenstraining der Figuren fortgesetzt und variiert, mit Hilfe der Unterhaltungsindustrie, der Werbung, von Talkshows. Die Patienten werden zu Therapeuten und umgekehrt.

Am Schluß steht wieder die Trennung von Mann und Frau. Ratlos, erschöpft und ernüchtert, erklärt der Mann: »Das war's, was ich dir noch sagen wollte.« Der Kreis scheint geschlossen, der Leerlauf bestätigt. Kurz zuvor allerdings, nachdem das »Zauberflöten«-Motiv erklungen ist, die Figuren sich von Kostümen und Requisiten getrennt haben, erlöst aus ihren Rollen getreten sind, hat der Mann als Ansprache ans Publikum erklärt: »Es war dies nur ein Spiel mit tieferen Spielen / Nicht wirkliche Magie: nach Katalog bestellte Therapie / Ein Wühlen in der Krabbelkiste namens Seele.« Hat also gar nichts stattgefunden? Haben Hans und Lynn schlecht geträumt, wie es der Untertitel zur ersten Szene nahelegen könnte? Ein Stück voller Ambiguitäten und Paradoxien, unlogisch, überscharf in Details und schroff in seinen Gegensätzen, wie es nur der Traum sein kann – und das Theater eben, voll von Mythen-, Märchen-, Hexenzitaten. Menschen verschwinden spurlos (Kalldewey), andere stehen wieder auf (Hans). Über aller Desillusion und allem Aufklärungszweifel eine vage Hoffnung, symbolisiert durch das immer wiederkehrende befreiende »Zauberflöten«-Motiv.

Die Ambivalenz dieses Stücks rührt, denke ich, von einer inzwischen prinzipiellen Orientierungslosigkeit des Autors Strauß her. Das verleitet ihn dazu, mit seinem Skeptizismus zu kokettieren und in immer neuen Anläufen zu beweisen, daß vom Standpunkt eines tanzenden Springballs aus Bewegungsgesetze nicht zu beschreiben sind.

Der Park

Wurden in *Kalldewey* einerseits eine irgendwie menschliche Liebes-Utopie behauptet und andererseits die gesellschaftlichen Verhältnisse als bedrohlich und unentrinnbar in der Figur Kalldewey erst mystifiziert und dann zum Mythos stilisiert, so geht Strauß in diesem Schauspiel (1983) einen entscheidenden Schritt weiter. Das Stück ist entstanden aus Strauß' Arbeit an einer Neuübersetzung von Shakespeares *Sommernachtstraum* für eine Inszenierung an der Schaubühne Berlin. Als Dramaturgen scheinen ihm dann Zweifel gekommen zu sein, ob in dieser Gesellschaft ein »Sommernachtstraum« überhaupt noch möglich ist, andererseits scheint es ihn gereizt zu haben, den Stoff in die Gegenwart zu transponieren. In seinem Prosawerk *Paare, Passanten* hat er folgende Idee entwickelt: »Was die Arbeit am Drama erschwert, das uns doch in die großen Konflikte und Fallhöhen hineinreißen soll, die wir sonst nirgends zu spüren bekommen: solche Konflikte und Antithesen lassen sich heute nicht einmal mehr im Gedanklichen auseinandersetzen. Unsere Erlebniswelt ist voll von Ambivalenz und Doppelbindung, voll auch von sinnlicher ›Meinungsvielfalt‹ und von einem ungeheuerlichen Quidproquo. Das läßt ein schieres Gegenüber zweier widersprüchlicher Positionen auf dem Theater zu einer extrem künstlichen und wirklichkeitsfremden Herausforderung werden.« Das entstandene Schauspiel (das in der Spielzeit 1984/85 von mehr als einem Dutzend Bühnen in den Spielplan genommen wurde) hat etwas seltsam Zwitter- und auch Zwanghaftes an sich in seinem Bemühen, die schlechte Wirklichkeit und eine »ermüdete Gesellschaft« durch ein Kunstwerk zu therapieren. Strauß versucht das Unmögliche, ein Zeitstück zu schreiben, wobei sein »hiesiges Personal besetzt und bewegt, erhoben und genarrt (ist) durch den *Geist* von Shakespeares *Sommernachtstraum*«. Eine Mischung aus Traum, Mythos und Weltliteratur, mit Fragmenten typisierter Alltagssituationen.

Bei Strauß spielt die Handlung nicht im Athener Wald »zu unbestimmter Zeit«, sondern hier und heute im umweltgeschädigten Stadtpark. Seine Paare sind nicht liebesverrückt wie Hermia und Lysander, Helena und Demetrius, sondern zivilisationsverkrüppelte Ehepaare: die abgestürzte Zirkusartistin Helen und der Rechtsanwalt Georg, die Nur-Hausfrau Helma und der Fahrschullehrer Wolf, der früher einmal Geschichte studiert hat. Ihnen allen haben »Bewußtsein und Geschäfte« den »Trieb verdorben«, wie der Elfenkönig Oberon und die Mondfee Titania feststellen müssen. Sie wollen die Liebesentwöhnten zur Lebensleidenschaft therapieren. In ihrem Auftrag fertigt der Künstler Cyprian kleine magische Liebesamulette, welche die Sinne verwirren sollen. Stattdessen setzen sie aber bei den Paaren aufgestaute Aggressionen frei und führen zu typischen Dreiecksgeschichten, auf die der um so tristere Alltag folgt. Der Mythos wird von der grauen Alltäglichkeit bald eingeholt und zugedeckt, Geister und Künstler von der Angestelltengesellschaft erbarmungslos in ihren Dienst genommen. Titania, angekränkelt schon zu Beginn, wo sie jeden verführen will, der ihren Weg kreuzt, verfällt brünstig einem Stier, vermenschlicht dann immer mehr, um zum Schluß als bürgerlich-anständige Ehefrau ihre Silberne Hochzeit zu feiern. Auch Oberon dankt resigniert ab und wird zum Durchschnittsbürger Mittentzwei, der in der Paare- und Passantenwelt mühsam deren Regeln und Sprache lernen muß.

DDR-Dramatik

Die Dramatik in der DDR läßt sich in Nachfolge wie Abstoßung als andauernde Auseinandersetzung mit dem Theater Bertolt Brechts beschreiben. Obwohl der 1948 aus dem Exil nach Ost-Berlin zurückgekehrte Stückeschreiber lange warten mußte, bis er innerhalb des Bühnenlebens der im Jahr darauf gegründeten Deutschen Demokratischen Republik Breitenwirkung erreichte, war er schon früh wichtigster Bezugspunkt für den dramatischen Nachwuchs.

Gemeinsam mit Erwin Strittmatter entwickelte Brecht an seinem Berliner Ensemble die Spielfassung von Strittmatters *Katzgraben* (1953). Dessen »Szenen aus dem Bauernleben« zeigen Situationen der ersten sozialistischen Umgestaltung auf dem Lande, allerdings nicht als Tendenzstück, sondern als »historische Komödie«: Zu den verfremdenden, poetisierend-historisierenden Mitteln gehört die Versifizierung des Dialogs und die betont heiter-überlegene Fabelführung.

Kurz vor seinem Tod 1956 trat Brecht für eine Neubelebung von Agitprop-Stilelementen der zwanziger Jahre ein. An solche Vorschläge konnte das »Didaktische Theater« anknüpfen, mit dem eine Reihe Autoren Ende der fünfziger Jahre debütierten: Während Heiner Müller (*Der Lohndrücker*, 1957; *Die Korrektur*, 1958) konsequent Sozialismus-immanente Widersprüche thematisierte, begnügte sich Helmut Baierl (*Die Feststellung*, 1958) mit harmonisierenden Lösungen.

Eine Ausnahmeerscheinung unter den jüngeren Bühnenschriftstellern war der 1955 aus München nach Ost-Berlin übergesiedelte Peter Hacks. Die methodische Nähe zu Brecht ließ die künstlerische Originalität vor allem der sprachlichen Gestaltung in seinen ersten Stücken nicht übersehen: komödiantisch-materialistische Umdeutungen bürgerlicher Geschichtslegenden *(Das Volksbuch vom Herzog Ernst oder Der Held und sein Gefolge*, 1953; *Eröffnung des indischen Zeitalters*, 1954). Zusammen mit Heiner Müller und (dem 1964 die DDR verlassenden) Hartmut Lange hoffte Hacks im Übergang zu den sechziger Jahren mit großen Stoffen und hoher Form die Phase nach-Brechtschen Theaters einleiten zu können. Aber kulturpolitische Eingriffe

verhinderten Inszenierungen oder unterbanden Aufführungen der besten DDR-Theaterstücke: Hacks' *Die Sorgen und die Macht* (1959) und *Moritz Tassow* (1961) durften nur kurz, Müllers *Die Umsiedlerin* (1961), *Der Bau* (1964) oder Langes Bauernkomödie *Marski* (1964) gar nicht gespielt werden.

Die zweitrangige Zeitdramatik, sozialistisches Gebrauchstheater hingegen wurde zugelassen und gespielt – angefangen von den ersten »Produktionsstücken« (Hermann Werner Kubsch, Karl Grünberg) über die einfachen Alltagsgeschichten des auf eine von Arbeitern für Arbeiter geschriebene Literatur orientierten »Bitterfelder Weges« (Helmut Sakowski, Horst Kleineidam, Rainer Kerndl, Horst Salomon, Claus Hammel) bis hin zum DDR-Boulevard von Rudi Strahl. Ein Autor ohne Bühne blieb auch Alfred Matusche, dessen Stücke dramaturgisch eigenwillige, sprachkräftige, mit lyrisierend-symbolischen Momenten arbeitende Balladen sind (*Die Dorfstraße*, 1955; *Nacktes Gras*, 1958 u. a.).

Brecht und seine »Aufhebung« durch Hacks und Müller beeinflußten maßgeblich die nun nachrückenden Autoren wie Volker Braun (*Die Kipper*, 1965 u. a.), Stefan Schütz (*Odysseus' Heimkehr*, 1972 u. a.), Thomas Brasch (*Rotter*, 1977). Anziehungskraft hatte weniger der antizipatorische, die Niederungen der Gegenwart meidende sozialistische Klassizismus von Hacks als vielmehr die auf historische Brüche, Verwerfungen und ihr Hineinragen in die neue Gesellschaft weisenden episch-fragmentarischen Entwürfe Müllers. Mit Christoph Hein stellte sich andererseits der talentierteste jüngere Bühnenschriftsteller in die Nachfolge des frühen Hacks (*Cromwell*, 1977 u. a.).

Die siebziger Jahre waren geprägt von kulturpolitischen Öffnungen – die Theater holten bisher Gemiedenes nach – und einer neuerlichen Verhärtung im Anschluß an die Ausbürgerung des DDR-Liedermachers Wolf Biermann 1976. Gewinne gab es für die Dramatik im kleinen Sujet: Deformierte Alltagswirklichkeit stellten ungeschönt beispielsweise die Stücke von Jürgen Groß dar (so *Match*, 1976); zum überragenden Erfolg wurde Ulrich Plenzdorfs *Die neuen Leiden des jungen W.* (1972) – die schnitt- und blendenreiche Nacherzählung des kurzen Lebens eines jugendlichen Randgängers in freier Anlehnung an Goethes Vorlage.

Nach wie vor findet DDR-Dramatik nur zum (schlechteren) Teil auch auf DDR-Bühnen statt, schreiben gerade die besseren Autoren für die Schublade oder für westdeutsche Bühnen. Manche wie Thomas Brasch oder Stefan Schütz haben inzwischen ihr Land verlassen. Neuere Stücke von Heiner Müller oder Volker Braun scheinen mit ihrer kompromißlos-pessimistischen Haltung in der DDR kaum realisierbar. Die Schere zwischen Zeittheater und Zeitdramatik hat sich noch immer nicht geschlossen. Im Gegenteil: Die Kluft weitet sich.

Peter Hacks

Der 1928 geborene Autor ist der bedeutendste Komödienschreiber im deutschsprachigen Gegenwartstheater. Schon mit den frühen, noch auf feudale, bürgerliche Vorgeschichte zielenden Historien (*Die Schlacht bei Lobositz*), dann mit den politisch von der Staatspartei befehdeten Komödien über sozialistische Gegenwartsthemen (*Die Sorgen und die Macht; Moritz Tassow*) sowie in den zeitenthobenen Gestaltungen mythischer antiker Stoffe (*Amphitryon,* 1967; *Adam und Eva,* 1971) demonstrierte Hacks sprachkünstlerisch und dramaturgisch überragendes Können in der Fortführung eines überlieferten Vers- und Formenrepertoires. Um 1960 entwickelte er seine Position einer vorgreifenden neuen sozialistischen Klassik, deren Aufgabe es sei, in einer postrevolutionären Gesellschaft die humanen Möglichkeiten zur künftigen Lösung auch bisher unbekannter Widersprüche vorwegzunehmen. In zunehmender Allgemeinheit und formstrenger Poetizität formulierte er grundlegende Problemstellungen der sozialistischen Gesellschaft in zeitenrücktem Gewand. Während die bodennäheren Stücke aus den letzten Jahren häufig inszeniert wurden – wie *Das Jahrmarktsfest zu Plundersweilern* – tun sich die Bühnen mit der perfekten klassizistischen Hermetik der größeren Schauspiele – wie *Prexaspes* (1976) – schwer: Die Fallhöhe, auf der bei Hacks Götter und ähnlich erhabenes Personal agieren, ist selbst für die Theater in der DDR eine zu ideale.

Die Schlacht bei Lobosiz

Wenn Hacks in seinen ersten beiden Komödien bürgerliche Historie kritisch gegen den Strich interpretierte, so benutzte er hier (1955; Uraufführung Ost-Berlin 1956) mit gleicher Intention eine alte Vorlage zu aktueller politischer Stellungnahme: Die »Lebensgeschichte und natürliche Abenteuer des armen Mannes im Tockenburg« von Ulrich Braeker, eine plebejisch-autobiographische Schilderung einfachen Soldatenlebens aus den 18. Jahrhundert, wird zum antimilitaristischen Bühnenstück, geschrieben gegen die westdeutsche Wiederaufrüstung der fünfziger Jahre. Abgerechnet wird mit der Ideologie einer »menschlichen« Armee, mit den Klasseninteressen verschleiernden Grundsätzen der »Inneren Führung«. Für Preußen ließ sich der arme Schweizer Braeker vom gewitzten Werbeoffizier Marconi mit ebensolchen Argumenten einfangen: Nicht die »Furcht« vor, sondern die »Liebe« zum militärischen Vorgesetzten soll nämlich Soldatentreue begründen. Nur langsam und unter Mühen durchschaut Braeker das falsche Spiel, er lernt denken und desertiert in den Frieden: »Eh sie dich von dieser Welt wegmelden, / Meld dich weg vom Soldatenstand.« Der Autor bezeichnete das mit Liedern und schlagfertiger Situationskomik arbeitende Stück als »Teil der menschlichen Bemühungen um Abschaffung des Krieges«.

Die Sorgen und die Macht

Ein zentraler Konflikt sozialistischer Ökonomie, der Widerspruch zwischen hoher Planerfüllung und niedrigem Qualitätsniveau, wird in diesem Stück (1959; Uraufführung Senftenberg 1960, Neufassung Ost-Berlin 1962) verhandelt auf der Ebene der kleinen Leute. Das Gegenwartsthema, die gegensätzlichen Interessen zweier volkseigener Betriebe – eine weit über Plansoll produzierende Brikettfabrik liefert einer Glashütte so schlechten Brennstoff, daß es dort für die Planzahlen nicht reicht – verbindet sich mit einer Liebesgeschichte: Der prämienverwöhnte Brikettierer Max lernt durch die Neigung zur karg entlohnten Glasarbeiterin Hede, daß Eigennutz nicht alles ist. Er tritt für Qualitätssteigerung und damit Lohnverzicht ein. Als aber das Blatt sich wendet und Hedes Geld nun das häusliche Glück sichern soll, versagt Max die

Manneskraft. Lösungen deuten sich an: Technische Verbesserungen lassen auf Qualität und Quantität hoffen, die private Dialektik scheint in Richtung Gleichberechtigung und Liebe zu gelingen. Weniger die komödiantisch-direkte Gestaltung prosaischer Betriebsvorgänge erregte, als das Stück nach wenigen Aufführungen abgesetzt wurde, die kulturpolitischen Gemüter, sondern die ungeschminkte pointierte Sicht auf falsche Parteidirektiven, »Tonnenideologie« und kommunistischen Kleingeist. Vorgeworfen wurde dem Autor (auch von dem damaligen SED-Chef Ulbricht persönlich) die mechanistische Konfrontation mißlicher Wirklichkeit mit hehren sozialistischen Idealen. Lobt bei Hacks doch eine Brikettbrigadistin: »Kollegen, Kommunismus, wenn ihr euch / Den vorstellen wollt, dann richtet eure Augen / Auf, was jetzt ist, und nehmt das Gegenteil . . .«

Moritz Tassow

Die Komödie (1961; Uraufführung Ost-Berlin 1965) spielt 1945 nach Kriegsende auf einem Rittergut in Mecklenburg. Dort, im »hintersten Winkel einer entlegenen Welt«, verjagt der intellektuelle Sauhirt Moritz Tassow, ein sinnenfreudiger Anarchist, den Junker und begründet eine Landkommune. Aber er ist nicht nur seiner Zeit und den kaum revolutionären Dörflern voraus, er gerät zudem in Streit mit der Partei, die Bodenreform statt Kollektivierung betreiben will. Als im mecklenburgischen Flecken die Konterrevolution droht, greift der Gegenspieler Tassows, der erfahrene, von KZ-Haft gezeichnete Kommunist Mattukat, ein und setzt den linksradikalen Kommunechef ab. Die Utopie muß, um als Ziel realisierbar zu sein, fürs erste weichen. Tassow verabschiedet sich, »seiner Zeit voraus«, um Schriftsteller zu werden: »das ist der einzige Stand, / In dem ich nicht verpflichtet bin, kapiert / Zu werden oder Anhänger zu haben.« Aber nicht der kluge Mattukat, sondern ein linientreuer Funktionär neuen Typs bleibt am Ende als Vorsteher im Dorf zurück. Den überlegenen Witz bezog *Moritz Tassow* aus der historischen Distanz: Als das Stück geschrieben wurde, war das, was Tassow auf eigene Faust zu Wege brachte, längst abgeschlossene SED-Politik, die Landwirtschaft kollektiviert. Wenn der Sauhirt prophezeite, »in fünfzehn Jahren« sei alles Gemeineigen-

In der in den ersten Nachkriegsmonaten spielenden Komödie »Moritz Tassow« von Peter Hacks trifft der Altkommunist und unermüdliche Parteisekretär Mattukat, der für die Aufteilung des Großgrundbesitzes argumentiert, auf den als Schweinehirten die Nazizeit überlebt habenden, sich clownisch gebenden Titelhelden, der gleich ins utopische Reich der Freien und Gleichen will, in das des Kommunismus, wo jeder arbeiten, essen und lieben können soll nach seinen Bedürfnissen. Arno Wyzniewski und Jürgen Holtz spielten die Kontrahenten in Benno Bessons kunstvoll-komischer Uraufführungsinszenierung 1965 an der Ostberliner Volksbühne.

tum, hatte er die Tatsachen und die Lacher auf seiner Seite. Vorausweisend waren jedoch die Konfliktfronten, die der Autor unmittelbar nach der Befreiung vom Faschismus innerhalb der Partei schon ortete: Nicht den anarchistischen Helden Tassow und den positiven Antagonisten Mattukat trennen Welten, beide sind gegen die alte Ordnung und für die Revolution, uneins sind die Wege. Dem Nebenhelden Blasche, dem Vertreter der relativen Parteiwahrheiten, der seinen Kurs nach den jeweiligen Direktiven wechselt, gehört die Zukunft. Die Zuschauer wußten, wer gemeint war, und die Kulturwächter reagierten prompt: Drei Monate nach der Uraufführung verschwand die Inszenierung vom Spielplan.

Omphale

Schon in seiner anderen »olympischen« Komödie *Amphitryon* zielt der antike Mythos, von Hacks verstanden als archaisch-reine Einkleidung von Menschheitsfragen, nach

vorne: Die Götterwelt lebt Menschenmögliches vor. Die Liebesbegegnung Alkmenes mit Jupiter wird für die irdische Frau zur faßlichen sinnlichen Idealerfahrung. In *Omphale* (1969; Uraufführung Frankfurt/Main 1970) ist Herakles, Sohn von Alkmene und Jupiter, freiwillig Sklave der lydischen Königin Omphale: Aus Liebe strebt der Heros zu einer anderen, größeren Vollkommenheit, will die männliche mit der weiblichen Rolle tauschen und nach all den beseitigten Plagen nun das zweisame Glück finden. Er hat die Helden »wie die Ungeheuer satt«. Aber der Entschluß kommt zu früh, ein letzter Unhold, der menschenfressende Bauer Lityerses, ist noch zu bezwingen. Nicht bloßer Willen, sondern die notwendige, abschließende Gewalttat schafft Frieden und läßt am Ende aus der Keule den Ölbaum wachsen. Der den Niederungen sozialistischer Gegenwart weit enthobene poetische Ansatz führt nicht zum apologetischen Weihespiel einer postrevolutionären Gesellschaft, denn Hacks' Herakles erkennt schließlich: »Geschicklichkeit des Tötens macht mich / Zum Leben ungeschickt. Allmächtig wirkt / Im Gang des Seins das längst Erledigte.«

Das Jahrmarktsfest zu Plundersweilern

Die Vorlage stammt von Goethe, und Hacks machte daraus ein virtuoses Possenstück mit achtzehn Rollen für drei Schauspieler (1973; Uraufführung Ost-Berlin 1975). Die Szene ist ein Provinzjahrmarkt im späten 18. Jahrhundert, gemeint ist das kleine Staatswesen DDR. Denn, das belegen viele Anspielungen, Plundersweiler hat mit dem Rummelplatztheater ebensolche Probleme wie der Sozialismus mit seinen staatlichen Bühnen. Der Platz der Kunst wird mit heiterer Ironie bezeichnet: Er liegt am nicht recht züchtigen Rand des Gemeinwesens; was die Künstler treiben, ist selbstgenügsamer Tugendmoral selten förderlich. Als Stück im Stück wird in einer Schaubude die Geschichte von Esther, Ahasver und Mordechai aufgeführt, der böse Chefideologe Hamann dekretiert in dieser Schauermoritat: »Ein wohlgefügter Staat kann eher Krieg und Schulden / Als einen Hauch von Kunst oder gar Dichtkunst dulden.« Die säuerlichen Sprüche Plundersweiler Spießbürger klingen wie oft gehörte Lehrsätze aus einem sozialistisch-realistischen Kunstkatechismus: »Nur was nützet, ist vollkommen schön«, heißt es da, und »die neueste Malerei / Gesellt der Wissenschaft sich bei…«. Für den Autor behandelt das äußerst theaterwirksame und in beiden deutschen Staaten vielgespielte Stück nach Goethe »lächerliche Mißverständnisse« von heute: den »Kampf der veramteten Aufklärung mit der vergammelten Empfindsamkeit«.

Ein Gespräch im Hause Stein über den abwesenden Herrn von Goethe

Nach der Goethe-Adaption (der eine *Pandora*-Bearbeitung, 1981, folgte) wurde der Weimarer Dichterfürst selbst Thema eines Monodrams (1974; Uraufführung Dresden 1976). Nach Goethes fluchtartiger Abreise gen Italien läßt Hacks die Freifrau von Stein sich und ihrem (stummen, ausgestopften Bühnen-)Gemahl Rechenschaft über die sonderbare Beziehung zwischen Hofdame und Hofdichter ablegen. Die paradigmatische Rolle Goethes im rückständigen Deutschland seiner Zeit, allgemeiner noch das Verhältnis zwischen Genie und Mittelmaß der Umwelt wird eingekleidet in den Monolog einer verlassenen, liebenden Frau. »Um die Seele des Dichters…kreist die Welt. Die Wirklichkeit ordnet ihn nicht ein, er ordnet die Wirklichkeit um sich. Der Dichter ist die Mitte.« Die lange Selbstbefragung der Charlotte von Stein ist eine nicht traurige Abhandlung über die vergebliche Mühe, einem Genie beizukommen. Annäherung und Anerkennung durch die Welt gehört nicht zur Wesensbestimmung außergewöhnlicher Geister. In einem Kommentar zu diesem Paradestück für große Schauspielerinnen schreibt Hacks: »Das Gesetz der verzögerten Billigung der Genies hat zwei Wurzeln: die Spätererkennung der Genies durch die Welt und die Früherkennung des Genies durch sich selbst. Alle Genies haben also an sich, sich unverstanden zu fühlen.«

Heiner Müller

Müller (1929 geboren) arbeitete in einer Ostberliner Bücherei und als Journalist, als er die ersten, zusammen mit seiner Frau Inge Müller (sie starb 1966) geschriebenen Theaterstücke vorlegte: »didaktische« Versuche in der Nachfolge Brechts. Kaum von diesem Vorbild emanzipiert, schlug er Anfang der sechziger Jahre im Gegensatz zu seinem Generationsgefährten Hacks einen diametral anderen Weg ein: Statt einer neuen Klassik als Versöhnung im Utopisch-Humanen begründete er mit *Der Bau* (1964) eine »romantische« Linie sozialistischer Dramatik, Befunde des Nichtgenügens, der Niederlagen und der offengehaltenen Widersprüche. Die geschlossene Fabelführung wird aufgegeben, fragmentarische, collagierte, subjektivierte Elemente zersetzen die dramatische Form. Die Rezeption der Antike konzentrierte sich folgerichtig bei Müller auf die Tragödie. Die Fortschreibung revolutionärer Thematik (*Mauser*, 1970; *Zement*, 1972) stellt keine Lösungen mehr in Aussicht, der Kampf für eine bessere sozialistische Welt ist nur ein weiteres blutiges Kapitel der Menschheitsentwicklung. Auch die Adaption der Shakespeare-Dramen *Macbeth* (1968) und *Titus Andronicus* (1984) belegt die Vorliebe Müllers für Stoffe voll Gewalt und Terror. Deutsche Geschichte behandelt er aus der Perspektive der faschistischen Katastrophe, die nationale Misere belastet die Nachkriegsära im sozialistischen Deutschland (*Die Schlacht*, 1974; *Germania Tod in Berlin*, 1971). Er selbst bezeichnete seine Haltung als »konstruktiven Defaitismus«. Die Gegenwart, auch in der DDR, deutete er als eine »Restaurationsphase…«, wo die Geschichte auf der Stelle tritt«. Indem Müller die »asozialen« mythischen Triebkräfte als bleibende Motive historischer Prozesse in seinen Stücken betonte, Sexualität, Gewalt und Tod als bleibende Menschheitstatsachen unabhängig vom jeweils zu konstatierenden Geschichtsfortschritt darstellte, mußte er zum Außenseiter im Theater seines Landes werden. Dennoch hatte er die Möglichkeit, ab 1981 paradigmatische Eigeninszenierungen einiger Werke in Ost-Berlin vorzustellen. In der Bundesrepublik und im westlichen Ausland wird Müller heute als wichtigster deutscher Dramatiker seit Brecht betrachtet. Als einziger deutschsprachiger Gegenwartsautor hat er den nötigen Tabubruch gewagt und heute den Ort seines Theaters als den nach der nächsten Weltkatastrophe, nach dem dritten, dann nuklearen Krieg definiert. Ob ihn dorthin die Radikalität des illusionslosen Aufklärers oder der Zynismus des Endzeitdenkers trieb, lassen seine letzten Texte offen.

Die Bauern

Als der Verfasser das Stück unter dem Titel *Die Umsiedlerin oder Das Leben auf dem Lande* 1961 erstmals vorlegte, nannte er es eine »Komödie« (Neufassung 1964; Uraufführung Ost-Berlin 1976). Aber mit den positiven Landschwänken sozialistischer Nutzdramatik hat Müllers Text nichts gemein. In fünfzehn Bildern zeichnet diese szenische Chronik Phasen der ländlichen Entwicklung zwischen 1946 und 1960. Ausgeleuchtet wird weniger das bei Hacks (*Moritz Tassow*) und Lange (*Marski*) noch dominante Gegeneinander von alter und neuer Gesellschaftsordnung, sondern die durch Bodenreform und späterhin Kollektivierung neu aufbrechenden Konflikte: Der objektive Fortschritt geht auf Kosten der Individuen. So bringt sich gleich zu Beginn ein Neubauer um; statt auf die versprochenen sowjetischen Traktoren zu hoffen, kapituliert er vor den staatlichen Abgabebestimmungen und den Schuldforderungen eines anderen Landwirts. Die Umbruchsituation trifft den einzelnen, fördert Karrieristen- und Schiebertum, erlaubt aus politischen Gründen oft nicht das kleine Glück. Zentralen Symbolwert erhält, wenngleich nicht von der Handlung her, die keine Mittelpunktfigur kennt, die Umsiedlerin: Aus den ehemaligen deutschen Ostgebieten kommend, steht sie vor einem neuen Anfang, hängt zunächst am falschen Mann, einem bald nach Westen gehenden Nichtsnutz, erwartet ein Kind von ihm und zieht schließlich zusammen mit der verlassenen Frau des nur in diesem Punkt tadeligen Parteisekretärs auf eine Neubauernstelle. Nüchtern-rigide Aufbaudisziplin kollidiert mit uneingelösten Glücksansprüchen (»fürs bessere Leben, das vielleicht zu spät kommt«). Auch der Stückausklang reißt im Schlußlachen Widersprüchliches auf: Der letzte Genossenschaftsfeind überlebt den selbstgewählten Strick, aber kaum kollektiviert, meldet er sich schon krank. Und der Sieg der sozialistischen Produktionsverhältnisse wird vom politikgebeugten SED-Sekretär nachdenklich gefeiert: »Das Feld ging übern Bauern und der Pflug / Seit sich die Erde umdreht in der Welt. / Jetzt geht der Bauer über Pflug und Feld. / Die Erde deckt uns alle bald genug.«

Der Bau

Die Handlung des Stücks (1964, Uraufführrung Ost-Berlin 1980): Ein neuer Parteisekretär, frisch auf einer Großbaustelle, sucht sich dort die unbequemen Partner: die rüde Brigade, die auf eigene Faust wirtschaftet; den resignierten Jungingenieur, dessen Ideen der vorgeordnete Schreibtisch jedesmal begräbt; die nicht minder junge, gerade von der Hochschule gekommene Ingenieurin, die sich mit Trott und Mißlichkeiten nicht abfinden will. Die unorthodoxen Bundesgenossen setzen sich durch, sie sind Vorreiter des »Neuen Ökonomischen Systems der Planung und Leitung«, das ab 1963 (das Stück spielt zwei Jahre früher) den DDR-Betrieben größere Eigenverantwortung einräumte. Aber der erfolgreiche SED-Sekretär erlebt eine persönliche Niederlage: Aus Parteidisziplin trennt er sich von seiner Liebe, der jungen Ingenieurin, er bittet die Schwangere, ihn als Kindesvater zu leugnen. »Es lebt morgen, nicht mehr dein Kind, wenn ich dir die Lüge sage, die du brauchst, wer braucht sie außer dir, und wenn du sie brauchst, wer braucht dich…«, ist ihre Antwort.

Vorlage für das Stück war der Roman *Spur der Steine* von Erik Neutsch (1964). Müller radikalisierte und fragmentarisierte die Fabel. Das Kontrapunktische von verordnetem Plan und kaum zu bändigendem Baugeschehen, von schlechten Direktiven und scheiternden Initiativen, von politischer Zweckrationalität und vermenschlichender Unvernunft verschränkt sich in den sprunghaften, keiner stringent motivierten Handlung folgenden Stückvorgängen. Der *Bau* wird zur gesamtgesellschaftlichen Metapher, seine Schwierigkeiten sind die Schwernisse des neuen Systems (»Praxis Esserin der Utopien«). Die konstruktive Wandlung des anarchischen Brigadeführers ist ursächlich verknüpft mit der Nachricht vom Mauerbau im August 1961: Abhauen scheidet als Lösung aus. Seine desillusionierten Einsichten schneiden tief: »Fleisch wird Beton. Der Mensch ruiniert sich für den Bau.« Ein Held der Arbeit, der sich als »Fähre zwischen Eiszeit und Kommune« beschreibt, mußte in den sechziger Jahren auf den kulturpolitischen Index geraten. *Der Bau* durfte erst sechzehn Jahre später uraufgeführt werden.

Philoktet

Die Tragödie des Sophokles montierte Müller um zu einem in seiner dialektischen Strenge erschreckenden Gleichnis über die tödliche Konsequenz einer richtigen Politik (1964; Uraufführung München 1968). Auf jene Insel, wohin die Griechen den bresti-

In Heiner Müllers »Philoktet« nach Sophokles spielten im Ostberliner Deutschen Theater 1977 (in einer gemeinsamen Arbeit ohne Regisseur) Roman Kaminski den Neoptolemos und Alexander Lang die Titelrolle.

gen Philoktet verbannten, weil er für ihren Kampf »nicht mehr dienlich« war, kommen der Taktiker Odysseus und der zum unbedarften Handlanger werdende Achillsohn Neoptolemos. Sie wollen den zum einsamen Menschenverächter gewordenen Bogenhelden nach Troja bringen, um dort mit seiner Hilfe, seinem Ruf, das Blatt für die hellenischen Belagerer zu wenden. Mit Trug entwaffnet Neoptolemos den ihm vertrauenden Krieger, Philoktet ist seinem verhaßten Verderber Odysseus ausgeliefert. Die List gelingt, aber die beiden Sieger geraten in Streit, und der schon überwunden Geglaubte erlangt seinen Bogen zurück, bedroht Odysseus (»Dein Tod ist meine Arbeit«), und Neoptolemos ersticht den kranken, noch immer gefährlichen Philoktet. Jetzt entdeckt Odysseus seinen ganzen Plan: »Wenn uns der Fisch lebendig nicht ins Netz ging / Mag uns zum Köder brauchbar sein der tote.« Der Frevel soll den trojanischen Feinden angelastet werden. Die Ermordung des unbeugsamen Philoktet setzt seinem Ruhm kein Ende, macht diesen im Gegenteil frei verfügbar für Lüge, Taktik, Politik.

Den Eingangsprolog spricht der Philoktetdarsteller als Clown mit Todesmaske, er definiert das nachfolgende »Spiel« als eines aus der »Vergangenheit / Als noch der Mensch des Menschen Todfeind war«. In Bemerkungen hat der Autor Bezüge zu deutschen Schlachten, Stalingrad und den Nibelungen, angedeutet. Im Zusammenhang mit seiner anderen Antike-Adaption, *Ödipus Tyrann* (nach Sophokles/Hölderlin, 1966), drängt sich jedoch ein zweiter Kontext auf: die parteiliche Zweckmoral und die zwanghaft funktionalen Wahrheiten sozialistischer Systeme, die durch die Abwesenheit von Wahrheit charakterisierte spezifische Geschichtslosigkeit des »realen Sozialismus« nach Stalin.

Die Schlacht

Die auf erste Entwürfe bis 1951 zurückgehende Szenenfolge (1974; Uraufführung Ost-Berlin 1975) ist ein Gegenentwurf zu Brechts *Furcht und Elend des Dritten Reiches*, dessen realistischen Gehalt Müller für unzureichend hielt. Die während des Faschismus allgemein sich ausbreitende Verrohung und Kannibalisierung menschlicher Beziehungen, inhumanes Verhalten als

Normalfall, sind Thema der kurzen schockhaften Bilder. Das Stück zeigt den Alltag der Nazidiktatur als gegenseitiges Schlachten, Ans-Messer-Liefern, als Selbstzerfleischung und Brudermord: Vor Hunger irre Landser nehmen den schwächsten Kameraden zur Mahlzeit; ein Nazi-Vater erschießt Tochter und Frau und setzt sich ab in den Nachkrieg; ein Verräter im Braunhemd bittet den kommunistischen Bruder um den Gnadenschuß; ein SA-Fleischer verwurstet einen abgestürzten US-Piloten; Bürger im Bunker liefern einen jungen deutschen Soldaten noch der letzten SS-Einheit aus und machen den Toten kurz danach gegenüber einmarschierenden Rotarmisten zum gefallenen Sohn … Die lakonisch-schrecklichen Szenen sind gegen jeden Naturalismus in sprachlich-rhythmisierter Stilisierung gehalten, teilweise gereimt; sie scheinen wie Bruchstücke einer düsteren Ballade.

Germania Tod in Berlin

Die Geschichte des sozialistischen Teilstaats, gelesen vor dem Hintergrund eines drückenden, blutigen deutschen Erbes, leuchten die collagierten Kontrastszenen dieses Stückes aus (1971; Uraufführung München 1978). Momente der DDR-Entwicklung – Staatsgründung, 17. Juni 1953 – werden konfrontiert mit Rückblenden, die in grotesker Verzerrung preußische Episoden (Friedrich II. und der Müller von Sanssouci), faschistische Endzeit (Kabarett mit Hitler, schwangerem Goebbels und Germania im Führerbunker), Novemberrevolution und Stalingrad (samt Nibelungen) zitieren. »Der Terror, von dem ich schreibe, kommt aus Deutschland«, war das Motto der westdeutschen Buchausgabe. Der neue Anfang mußte mit den alten Menschen und bei offener Grenze von einer entschlossenen Minderheit unter dem Schutz sowjetischer Panzer geschaffen werden: Das rote Berlin, der Ostsektor ist Kampfplatz mit den Lasten und den Spukgestalten der deutschen Geschichte. Zwei Maurer sind (neben dem kurz auftretenden ersten DDR-Präsidenten Wilhelm Pieck) die einzigen positiven Leitfiguren: Den alten Hilse steinigen Jugendliche am 17. Juni 1953 fast zu Tode, weil der gestandene Genosse nicht mitstreiken will. Der junge Kollege liebt ausgerechnet eine Straßendirne. Das ungleiche Paar besucht am Ende den krebskranken Hilse

in der Klinik, die Hure wird für den Sterbenden zur Apotheose der »roten Rosa« (Luxemburg), über Rhein und Ruhr meint er rote Fahnen zu sehen: die deutsche Revolution als letzte Schimäre eines Todgeweihten.

Versuche, dieses für ein DDR-Publikum geschriebene Stück dort auch auf eine Bühne zu bringen, scheiterten. Auch das in ausschweifenderer Weise deutsche Geschichte und Obrigkeitswahn darstellende Stück *Leben Gundlings Friedrich von Preussen Lessings Schlaf Traum Schrei* (1977), in dem die Menschheitsträume des Aufklärers Lessing nur noch als trostlose Wegweiser zur Gegenwart dienen, Ohnmacht signalisieren gegenüber einer zur Maschinenkultur verkommenen Rationalität, konnte bisher in Müllers Heimatstaat nicht gespielt werden.

Die Hamletmaschine

In diesem Bühnentext (1977; Uraufführung Saint-Denis/Frankreich 1979) gibt Müller wie in einigen anderen (*Verkommenes Ufer Medeamaterial Landschaft mit Argonauten*, 1982; *Bildbeschreibung* 1984) die herkömmliche Rollendramaturgie auf und entwickelt einen fragmentarischen, Dialogfetzen, Monologe, Lyrismen, Prosaeinschübe mischenden Stil, der dem Theater keine fertige Spielvorlage, sondern nur ein (allerdings exzessiv auszumessendes) Assoziationsfeld bietet. In *Hamletmaschine* schändet der Shakespeare-Held gleich zu Beginn den gemeuchelten Vater und die zur Mitmörderin gewordene Mutter. Ophelia wird in der Folgeszene zur Stellvertreterin aller sich selbst den Tod gebenden Frauen. Wenn der Hamletdarsteller schließlich seine Figur und das alte Drama verabschiedet, beschreibt der Autor die eigene, nurmehr »zwischen den Fronten« zu ortende Position: »In der Einsamkeit der Flughäfen / Atme ich auf Ich bin / Ein Privilegierter Mein Ekel / Ist ein Privileg / Beschirmt mit Mauer / Stacheldraht Gefängnis.« Mittels Fremd- und Selbstzitaten zieht der Stückeschreiber Welt, Geschichte und Literatur zusammen im schreibenden Subjekt. *Hamletmaschine* ist der zurücktaumelnde Monolog eines Autors, der seine Themen wie in einer heillosen Trümmerlandschaft ein letztes Mal sichtet: »Meine Gedanken sind Wunden in meinem Gehirn. Mein Gehirn ist eine Narbe. Ich will eine Maschine sein. Arme zu greifen Beine zu gehen kein Schmerz kein Gedanke.« Das Schlußwort gehört Ophelia – als »Elektra«: Die Unterdrückten haben noch die Kraft zu Haß und Aufstand.

Der Auftrag

Die Negation der Revolution als Idee, als Exportartikel, bestätigt in diesem, Müllers einzigartige Sprachbilder zu noch größerer Prägnanz bringenden Stück die Revolution als Bewegungsgesetz der Geschichte, wird Bejahung der Befreiungsbewegungen der nichtweißen Welt. Gleich zu Anfang steht in dem auf Anna Seghers Erzählung *Das Licht auf dem Galgen* basierenden Schauspiel (1979; Uraufführung Ost-Berlin 1981) die Nachricht einer Niederlage: Im schon napoleonischen Paris trifft der letzte Brief eines französischen Revolutionskommandos ein, das noch die Republik in Marsch setzte, um auf Jamaika eine Sklavenerhebung zu organisieren. Das war der »Auftrag« für den Sklavenhaltersohn Debuisson, den befreiten bretonischen Bauern Galloudec und den einstigen schwarzen Leibeigenen Sasportas. Die gemeinsame Aufgabe machte sie gleich; als diese entfällt, entzweien sich die Revolutionäre. Debuissons Ausweg ist der Verrat (»Ich fürchte mich … vor der Schande, auf dieser Welt glücklich zu sein«), Sasportas geht weiterkämpfend ins Verderben (»Die Heimat der Sklaven ist der Aufstand«), Galloudec wird ihm folgen – auch im Tod. Leitmotivisch zieht sich das Satzpaar – »Der Tod ist die Maske der Revolution. Die Revolution ist die Maske des Todes« – durch das Stück, aber nicht als resignative pessimistische Weisheit, sondern als Absage an europäisch-abendländische Geschichtsteleologien, die das kreatürlich-naturhafte Wesen kollektiver Emanzipationsvorgänge hinwegrationalisieren. Befreiung ist nicht als Auftrag von Befreiern, sondern nur als Aufbegehren, als Werk der Unterdrückten selbst möglich. Verrat, das Zurückfinden in die alte Ordnung, der restaurative Rückschlag ist, so betrachtet, ein Augenblick des Innehaltens in einem revolutionären Weltprozeß, der sich unaufhaltsam und blutig voranwälzt.

Volker Braun

Arbeiter in einer Druckerei, im Tiefbau und in einer Braunkohlengrube war Braun (Jahrgang 1939), bevor er 1960 das Studium aufnahm. Bekannt wurde er zuerst mit Gedichten, die in ihrem aufrufhaften, kantig-dialektischen Gestus gleichermaßen von Brecht und von russischer Revolutionslyrik beeinflußt waren und diese Vorbilder aus den zwanziger, dreißiger Jahren für die DDR der sechziger Jahre produktiv machten. Die ersten, zunächst ungespielten Theaterstücke lassen den weniger am szenischen Geschehen als an zugespitzter Demonstration interessierten Ansatz des Lyrikers erkennen. Gegenüber Hacks und Müller fällt Brauns Version des »anarchischen Selbsthelfers« (*Die Kipper*, 1965) qualitativ ab. Auch wenn er sich zunehmend größeren Sujets zuwandte, blieb er ein Nachzügler, der länger als die genannten Dramatiker an der Brechtschen Position des kritischen Aufklärers und eines in die Tageskämpfe »eingreifenden« Theaters festhielt: Die Bühne soll »eine öffentliche Szene ständigen Probens und Findens der nötigen Haltungen sein, allen zugänglich und gemäß«. Von der frühen Aneignung des Faust-Themas (*Hinze und Kunze*, 1968) über die Auseinandersetzung mit revolutionären Stoffen (*Lenins Tod*, 1970; *Guevara oder der Sonnenstaat*, 1975, *Großer Frieden*, 1976) bis hin zu seinen, in den weiblichen Titelgestalten die Einheit von gesellschaftlicher und geschlechtlicher Emanzipation auslotenden Stücken (*Tinka*, 1973; *Schmitten*, 1978) blieb Brauns grundsätzlicher Geschichtsoptimismus ungebrochen. Erst in den letzten Jahren, angefangen mit der Schiller-Bearbeitung *Dmitri* (1980) und kulminierend mit dem Nibelungentext *Siegfried Frauenprotokolle Deutscher Furor* (1985) bricht sich eine merklich an Müllers »konstruktivem Defaitismus« orientierte Skepsis Bahn.

Die Kipper

Das erste Schauspiel (1962/65; Uraufführung Leipzig 1972) des als Lyriker anerkannten Autors handelt von einem Stück knochenharter sozialistischer Arbeitswelt, einem »Rest Barbarei«: Stumpfsinnig ist die Tätigkeit im Abraumbereich einer Braunkohlengrube, aber der Kipper Paul Bauch, zupackend und mit hohen Ansprüchen an

Arbeit und Leben, stiftet »seine« Brigade an, gegen Planfestlegungen und deprimierende technische Bedingungen neue Normrekorde durchzusetzen. Der »sozialistische Abenteurer« schafft Vorbildliches, jedoch mittels zu riskanter Spontaneität. Ein Brigademitglied, ein in die Produktion abgewanderter Schriftsteller, gerät unter einen Grubenzug, Bauch muß daraufhin ins Gefängnis. Als er zurückkehrt, brauchen ihn seine Leute nicht mehr, das Kollektiv hat sich emanzipiert. Bauch geht ab, aber auch die Zeit der Kipper geht zu Ende, denn zunehmende Maschinisierung macht die menschenunwürdige Plackerei überflüssig, Qualifizierung und andere Berufe warten. Das in sechzehn Bilder aufgeteilte Stück erlebte mehrere Bearbeitungen; die Gewichte zwischen großem einzelnen und lernfähiger Gruppe verschoben sich zugunsten letzterer. In den sechziger Jahren waren *Die Kipper* trotzdem nicht aufführbar: Auch ein Bauch-Satz wie der über die DDR als »langweiligstes Land der Welt« trug dazu bei.

Tinka

Öffentlicher und privater Konflikt durchdringen sich in dem 1972/73 entstandenen, 1976 in Karl-Marx-Stadt uraufgeführten Schauspiel: Die junge Titelheldin kehrt nach der Fortbildung in ihren Betrieb zurück und muß erfahren, daß das Studium verlorene Mühe war, da die geplante Automatisierung abgeblasen wurde, ihre Qualifikation als Fertigungsingenieur also nicht mehr gebraucht wird. Der beruflichen Enttäuschung entspricht die private: Ihr Freund, der Technische Direktor, beugt sich dem neuen Beschluß. Für seine vorsichtig-taktischen Versuche, durch die ministerielle Hintertür doch noch den technologischen Rückschritt zu verhindern, hat sie kein Verständnis. Ihre Kritik wird grundsätzlich: »Armes Land, das Kriecher nötig hat.« Man droht ihr mit Entlassung, als sie nicht einlenkt und gar eine hochrangige Delegation belästigt – sie kündigt. Als ihr Partner schnellen Trost in der Heirat mit einer Kollegin findet, platzt sie in die Hochzeitsfeier. Das Ende ist tragisch: Der Ex-Freund erschlägt Tinka mit einer Bierflasche. Nicht das Einzelschicksal interessiert den Verfasser in psychologischer Detailliertheit, sondern die Überprüfung von Hal-

Christoph Hein »Die wahre Geschichte des Ah Q« Uraufführung im Deutschen Theater Ostberlin 1983, Regie Alexander Lang Christian Grashof als zickig-hochfahrender Intellektueller Wang, Dieter Montag als naiv-durchtriebener Ah Q – beide Asoziale, Existenz-Anarchisten, Penner, eingenistet (oder gefangen?) in einem Tempel, staunend und unzulänglich kontrolliert vom Tempelwächter (Roman Kaminski).

tungen an typischen sozioökonomischen Widersprüchen. Auch wenn diese nach parteilicher Lesart keine »antagonistischen« mehr sein sollen, so wirken sie auf der Ebene der Individuen gleichwohl in aller Härte – bis zur Zerstörung von einzelnen. »Was ist der Mensch?«, fragt ein Werkmeister; wie auswendig gelernt antwortet ein Beamter: »Nun, das Ensemble der gesellschaftlichen Verhältnisse wohl. – »Dann brauchten wir nur eine Kaderakte«, meint darauf der alte Arbeiter. Den für die Automatisierung

kämpfenden Betriebsleiter ereilt der Herztod, sein Nachfolger exekutiert fromm die neue Linie: »Ich bin gewöhnt, seit ich selber denken kann, meine Gedanken beim Frühstück, aus der Zeitung, zu erfahren, sind es nicht meine?«

Großer Frieden

»Die neuen Zeiten, von den alten wund / Sind neu genug erst, wenn wir aufrecht stehn«: Das sagt am Ende des weit ausgreifenden Schauspiels (1976; Uraufführung Ost-Berlin 1979) ein Philosoph. Der Ort ist China »zweitausend Jahre vor unserer Zeitrechnung«, ein König wurde abgesetzt, in die Macht teilen sich der gerissene Usurpator Tschu Jün und der Bauernführer Gau Dsu. Der historische Kompromiß macht aus dem Thronwechsel eine revolutionäre Umwälzung. Tschu Jüns Vorschläge sind die praktisch-richtigen: Auf die Freilassung der Bauern folgt der Aufbau einer staatsergebenen Bürokratie. Der »kleine Frieden« kehrt

ein. Aber Gau Dsu läßt von seinen urkommunistischen Zielen auch als frischgekrönter Bauernkaiser nicht: Als sein Gefährte ihm die Kaufleute als neue Bundesgenossen empfiehlt, den Kapitalismus einführen will, erdrosselt er Tschu Jün. Auf dem Lande sammelt sich unterdessen eine Guerilla zur nächsten Revolution. Die entrückte Szenerie erinnert an Brechts China-Parabeln, und wie jene zielen die Bühnenvorgänge direkt in die Gegenwart. Braun behauptet mit diesem bilderreichen, Fragen der Machterringung wie des Machterhalts, Korrumpierung, Dissens, Unterdrückung, Rebellion diskutierenden Stück die Permanenz revolutionärer Prozesse. In einer der eingeschobenen »Geisterszenen« läßt der Geist der Revolution dem Revolutionskaiser Gau Dsu das Schwert »nur bis zur nächsten neuen Zeit«. Die Zuschauer in der DDR erkannten in chinoiser Verkleidung vieles wieder: »Die hohe Einsicht in die Große Lehre ist der Ausweis für ein Amt« ebenso, wie die Verfolgung unbotsamer »Sektierer« für die Staatsräson unabdingbar erscheint. »Wie viele Fehler braucht ein System, bis es steht?«, fragt der Philosoph im Stück.

Dmitri

Schillers Fragment *Demetrius* baute Braun aus zu einem dunklen Lehrstück über Gewaltpolitik (1980; Uraufführung Karlsruhe 1982). Der falsche Zar, erfunden und gestützt von Adel und Kirche in Polen, zieht ein in Moskau, weil das russische Volk zu ihm überläuft. Die getäuschten Massen aber sind leicht ein zweites Mal zu betrügen: Die beharrenden Kräfte im Zarenreich mobilisieren gegen Polens Einflüsse nationale Vorurteile; Dmitri wird ermordet, der engste Vertraute des vorletzten Zaren ist am Ende neuer Herrscher der Reussen. Daß es diesmal kein Gleichnis für andere Zeiten und Welten sein soll, unterstreicht eine Art Vorblende: Drei Bolschewiki schildern nach der Machtergreifung Dmitris die Situation im Moskauer Oktober 1918. Einer der Kommunisten sagt: »Wenn die Massen sich von den Spitzen entfernen…, dann ist es Aufgabe der Partei, sich ernsthaft in die Frage hineinzudenken, was die Masse will!« Ein weiterer anachronistischer Einschub kann als Autorkommentar über das Drama als Kunst eines grausamen Zeitalters verstanden werden, nicht mehr faßbar den Zuschauern einer anderen, besseren Zeit: »Das Trauerspiel, vor ihren ungeborenen Augen ein katalaunisches Feld, das sie verlegen betrachten mit seinen Pappenheimern, schlesischen Webern und Bolschewiki.« Das Stück beschließen einige Volksgestalten, die ihre anfechtbaren Lehren aus dem blutigen Zarenreigen ziehen, die letzte verweigert sich: »Ich mach ihnen ni den Demetrius ... Ich hab genuch von Politik im Betrieb und der Zeitung.« Perspektive im positiven Sinne vermittelt der Verfasser mit diesem Stück nicht mehr. Daß die geplante Uraufführung durch das Berliner Ensemble nicht realisiert wurde, hatte jedoch einen anderen tagespolitischen Grund: Die Vorgänge in Polen seit 1980 ließen die historischen polnisch-russischen Kämpfe in einem fatal aktuellen Licht erscheinen.

Christoph Hein

Der 1944 geborene Hein lebt seit 1960 in der DDR, arbeitete als Theaterdramaturg in Berlin, ist seit 1979 freischaffender Autor. In seinen Bühnentexten wie in seiner Erzählprosa wechselt er von Themen des DDR-Alltags zu solchen historischen Zuschnitts. Typisch ist die Erprobung überkommener literarischer Formen als poetisch verfremdeten Trägern aktueller Fragestellungen. Es geht dabei weder um die genaue Erfüllung vorgefundener Muster noch um die bloße Camouflage von Zeitproblemen. Die Adaption zielt darauf, die vom Autor erfahrene und zu gestaltende Wirklichkeit »auf den poetischen Begriff« zu bringen. Kleistscher Novellenstil kann so z.B. in einer Erzählung zum überraschend tauglichen Vehikel einer DDR-Justizposse werden, Shakespeares Historientechnik als Strukturmodell für die Diskussion eines Revolutionsführers dienen (Cromwell, 1977) dessen Widersprüche auch solche der sowjetischen Oktoberrevolution sind. Für *Lassalle fragt Herbert nach Sonja. Die Szene ein Salon* (1979) bemühte Hein die Mittel des bürgerlichen Salonstücks, um die Leitfigur der deutschen Arbeiterbewegung im Widerstreit zwischen öffentlicher und privater Existenz zu zeigen. In einer vornehmlich auf den politischen Gebrauchswert von Gegenwartskunst orientierten Gesellschaft hat diese Anstrengung der Poesie nicht den Fluchtcharakter der Hacksschen Klassizität, sie

setzt allerdings dort an, wo Hacks seinerzeit aufhörte: bei der Suche nach jenen Bühnenmetaphern, die geschichtlichen Ort und zukünftige Entwicklung des Sozialismus unmittelbar betreffen.

Cromwell

Die Handlung des Stücks (1977, Uraufführung Cottbus 1980): Das Schicksal des Puritanergenerals Oliver Cromwell, der mit seinen Siegen gegen Krone, Schotten und Iren und als Lordprotektor einer unter militärischer Kuratel stehenden kurzlebigen Republik die bürgerliche Revolution in England einleitete, wird genutzt als Demonstrationsmaterial zur Beschreibung politisch-ökonomischer Umwälzungen und ihres Bezugs zur Subjektivität des geschichtsmächtigen Individuums. Anachronismen und der Verzicht auf jede Psychologisierung, die über Typisierendes hinausgeht, machen den Zuschauern schnell deutlich, daß keine historische Dokumentation angestrebt ist. Die starke Persönlichkeit, der revolutionäre Machtmensch Cromwell überwindet bei Hein Gegner, indem er zur rechten Zeit Bündnisse schließt und verrät. Mit den »Gleichmachern«, frühkommunistischen Bauernmilizen, im Bunde gelingt es ihm so, nach dem Königssturz auch die Allianz von Adel und Banken zu zügeln. Zur Etablierung einer neuen Staatsordnung aber muß »die Nation zur Ruhe kommen«, braucht es die Ruhe der Diktatur. Der Preis für das Bündnis mit der kapitalistischen »City« ist die Liquidation der Linksabweichler und der Krieg gegen Irland. Statt die eigene Herrscherposition zu festigen, besiegelt Cromwell mit diesem taktischen Manöver seinen Untergang: Als er stirbt, inthronisieren die falschen politischen Freunde schon den Sohn des verjagten, dann geköpften Königs als neuen Marionettensouverän. Neben den Staatsszenen, dem politischen Disput stehen Familien- und Volksszenen. Sie kommentieren und relativieren in einer an Shakespeare ausgerichteten Dramaturgie die Vorgänge auf hoher Ebene. Der große Geschichtsheld kämpft gegen mehr als die politischen Gegner, er unterliegt auch gegen die Borniertheit der eigenen Herkunft und die Rückständigkeit der unterdrückten Massen. Im Scheitern der Revolution deckt der Verfasser Fehlentwicklungen im Sozialismus auf – so die Herausbildung

einer neuen privilegierten Herrschaftskaste und die aus Systemräson bedingungslose Unterdrückung linker Opposition.

Die wahre Geschichte des Ah Q

Eine Novelle des chinesischen Schriftstellers Lu Xun aus dem Jahr 1911 war Vorlage für dieses Schauspiel (1982; Uraufführung Ost-Berlin 1983): Der Knecht Ah Q gerät in die Wirren einer Revolution, die alles beim alten läßt, jedoch an ihm, dem einfältigen Außenseiter, ihre Macht ausübt; er wird hingerichtet. Bei Hein wurde die »wahre Geschichte des Ah Q« zu einer dialektisch-ironischen Parabel über Varianten kleinbürgerlicher Radikalität und das Fortdauern politischer Pression als Mittel auch einer revolutionärer Macht. Ah Q und sein intellektueller Gefährte Wang hausen – als »Anarchisten« – in einem verkommenen Unterschlupf, behütet-bewacht von einem subalternen »Tempelwächter«, mildtätig versorgt von einer keuschen Nonne, bisweilen brutal gemaßregelt von einem Polizeibüttel. Wang hat seinen versoffenen Frieden mit den elenden Verhältnissen längst geschlossen – durch Verweigerung. Er ist theoretisch »gegen alles« und schickt sich daher praktisch ins Unvermeidliche. Ah Q hingegen fordert Veränderungen, verletzt die Regeln, und die folgende Strafe treibt ihn aus dem abgeschotteten Asyl. Als er, reich geworden, zurückkehrt, verpassen die wiedervereinten »Anarchisten« die so lang ersehnte Revolution. Wang hält sich weiter aus allem heraus (»Wer sich in der Geschichte auskennt, ist vor Überraschungen sicher. Die gleichen Geschichten, alles wiederholt sich. Es ist widerlich. Es ist ermüdend.«); der »Dummkopf« Ah Q kommt unter die revolutionären Räder; man köpft ihn. Verweigerung und lächerliche Revolte bergen Anzüglichkeiten für die Gegenwart, aber das chinesisch drapierte Lehrstück ist diesmal ein intelligentes sozialistisches Clownspiel.

Register

Personen

491

493

494

Literatur

Theater der griechischen und römischen Antike

Fiechter, E.
Antike griechische Thea-
terbauten, 9 Bde., 1930 ff
Beare, W. The Roman Stage,
³1964
Kalistrow, D. P. Antikes
Theater, 1974
Thomson, G. Aischylos und
Athen, 1976
Taplin, O. The Stagecraft of
Aischylos, 1977
Rohdich, H. Die euripidei-
sche Tragödie, 1968
Murray, G. Euripides und
seine Zeit, 1969
Melchinger, S. Euripides,
1967
Kott, Jan Gott-Essen. Inter-
pretationen griechischer
Tragödien (1973), 1975
Ehrenberg, V. Aristophanes
und das Volk von Athen,
1968
Hofmann, H. Mythos und
Komödie, 1976

Theater in Mittelalter und Renaissance

Michael, W. F. Frühformen
der deutschen Bühne, 1963
Ders. Das deutsche Drama
des Mittelalters, 1971
Nolden, R. Machtstruktu-
ren … in the mystery
plays, 1980

Rauhut, F. Maistre Pierre
Pathelin. In: Zschr. f.
franz. Phil., 81, 1965
*Mastropasqua, F. u. C.
Molinari,* Ruzzante, 1970
Goethe, J. W. v. Hans Sach-
sens poetische Sendung,
1776
Krause, H. Die Dramen des
Hans Sachs, 1979
Denzler, G. Harlekin auf
den Bühnen Europas, 1981
Krömer, W. Die italienische
Commedia dell'arte, 1976

Theater der Shakespeare-Zeit

Chambers, E. K. The Eliza-
bethanian Stage, 4 Bde.,
³1951
Nicoll, A. Stuart Masques
and the Renaissance Stage-
craft, 1967
Melchinger, S. Shakespeare
auf dem modernen Welt-
theater, 1964
Kott, J. Shakespeare heute,
(dt.) 1965
Naumann, W. Die Dramen
Shakespeares, 1978
Gazdar, A. Deutsche Bear-
beitung der Shakespeare-
Tragödien, 1979
Hallyday, F. E. A Shake-
speare Companion (m.
ausf. Bibliographie), 1964
*Übersicht der Textfassungen
bei Schaberth, I.
(Hrsg.)* Shakespeare-
Handbuch, 1972
Lebedur, Ruth v. Deutsche
Shakespeare-Rezeption
seit 45, 1974

Theater des spanischen Barock

Shergold, N. D. A History of
the Spanish Stage from
Medieval Times until the
End of the 17th Century,
1967
Müller, H.-J. Das spanische
Theater im 17. Jahrhun-
dert, 1977
Voßler, K. Lope de Vega und
seine Zeit, 1978
Gerstinger, H. Calderon de
la Barca, 1967
Kaufmann, B. Die comedia
Calderon de la Barcas, Stu-
dien zur Interdependenz
von Autor, Publikum und
Bühne, 1976

Theater der französischen Klassik

*Stackelberg, J. v.
(Hrsg.)* Das französische
Theater – vom Barock bis
zur Gegenwart, 2 Bde.,
1960
Boileau-Despréaux, N. Art
poetique, 1674 – dt.: Die
Dichtkunst, 1967
Thomas, F. Studien zu einer
Poetik der klassischen Tra-
gödie (1673–1678), 1977
Eder, S. Corneille und
Racine, 1969
Bürger, P. Die frühen Komö-
dien Pierre Corneilles und
das klassische Theater
um 1630, 1971
Matzat, W. Dramenstruktur
und Zuschauerrolle. The-
ater im französischen
Klassik, 1982
Biermann, K. Selbstentfrem-
dung und Mißverständnis
in den Tragödien Jean
Racines, 1969

Europäisches Theater im 18. Jahrhundert

Nicoll, A. A History of Eng-
lish Drama … Restoration,
⁴1952
Rothstein, E. George
Farquhar, 1967
Dulk, J. Les Comédies de
Sheridan, 1962
Bibliographie ›Sheridan‹
R. C. Rhodes, 1927
Bibliographie ›Congreve‹
A. M. Lyles/J. H. Dobson,
1970
Goldoni, Carlo Mémoires
pour servir à l'histoire de
sa vie et a celle de son thé-
âtre, 1787; dt. Übers.:
Mein Leben, mein Theater,
1954; Geschichte meines
Theaters, 1968
Dieckmann, G. Diderot und
Goldoni, 1961
Porkory, J. Goldoni und das
venetianische Theater,
1968
Bartolomeo, A. Goldoni in
Deutschland, 1970 (Diss.
Innsbruck)
Marelli, A. Ludwig Tiecks
frühe Märchenspiele und
die Gozzische Manier,
1968 (Diss. Köln)
Schricke, G. u. P. Lotschak
Leben und Werk Pierre
Carlet de Chamblain de
Marivaux', 1968
Mieting, Ch. Marivaux'
Theater, 1975
Scherer, I. La Dramaturgie
de Beaumarchais, 1954
Klein, E. Kontinuität und
Diskontinuität in der soge-
nannten Trilogie von Be-
aumarchais, 1978

Deutsches Theater des 18. Jahrhunderts und Weimarer Klassik

Maurer-Schmoock, S. Deut-
sches Theater im 18. Jahr-
hundert, 1982
Lutz, B. (Hrsg.) Deutsches
Bürgertum und literari-
sche Intelligenz
1750–1800, 1974
Hammer, K. (Hrsg.) Drama-
turgische Schriften des 18.
Jahrhunderts, 1968
Hinck, W. Das deutsche
Lustspiel des 17. und 18.
Jahrhunderts und die ita-
lienische Komödie, 1965
Steinmetz, H. Die Komödie
der Aufklärung, 1966
Daunicht, R. Die Entstehung des bürgerlichen
Trauerspiels in Deutsch-
land, 1963
Barner, W. u. a. Lessing,
Epoche, Werk, Wirkung,
1975
Guthke, K. Gotthold
Ephraim Lessing, 1979
Kertscher, H.-J. Die Rezeption Lessings in der DDR,
1978 (Diss. Halle)
Stadelmaier, I. Lessing auf
der Bühne 1968–1974,
1980
Kließ, W. Sturm und Drang,
1966
Hinck, W. (Hrsg.) Sturm
und Drang. Ein literatur-
wissenschaftliches Stu-
dienbuch, 1978
Guthke, K. S. Geschichte
und Poetik der dt. Tragi-
komödie, 1961

Conrady, K. O. (Hrsg.) Deutsche Literatur zur Zeit der Klassik, 1977

Jauß, H. R. Literaturgeschichte als Provokation, 1970

Sautermeister, G. Idyllik und Dramatik im Werk Friedrich Schillers, 1971

Borchmeyer, D. Tragödie und Öffentlichkeit. Schillers Dramaturgie im Zusammenhang seiner ästhetisch-politischen Theorie und der rhetorischen Tradition, 1973

Berghahn, K. L. Friedrich Schiller. Zur Geschichtlichkeit seines Werkes, 1975

Ders. Zum Drama Schillers. In: W. Hinck (Hrsg.): Handbuch des deutschen Dramas, 1980, 157–173

Glaser, H. A. Klassisches und romantisches Drama. In: H. A. Glaser (Hrsg.): Deutsche Literatur. Eine Sozialgeschichte, Bd. V., 1980, S. 276–312

Bürger, P. Der Ursprung der bürgerlichen Institution Kunst im höfischen Weimar, 1977

Borchmeyer, D. Die Weimarer Klassik. Eine Einführung, 2 Bde, 1980

Rudloff-Hille, G. Schiller auf der deutschen Bühne seiner Zeit, 1969

Adorno, Th. W. Zum Klassizismus von Goethes Iphigenie. In: Th. W. Adorno Noten zur Literatur IV, 1974

Jauß, H. R. Racines und Goethes Iphigenie. In: Warning, R. (Hrsg.) Rezeptionsästhetik, Theorie und Praxis, 1975, 353–400

Französisches Theater im 19. Jahrhundert

Hofmannsthal, H. v. Versuch über Hugo, ²1925

Heimbecher, V. H. Victor Hugo und die Ideen der Französischen Revolution, 1967

Gidel, H. La dramaturgie de Georges Feydeau, 1979

Bentley, E. Das lebendige Drama, 1967

Pez, G. Das Komische bei Courteline, 1945 (Diss. Heidelberg)

Ruprecht, H.-G. Eugène Scribes Theaterstücke auf den Bühnen in Wien, Leipzig, Weimar und Berlin, 1965 (Diss. Saarbrücken)

Lefebvre, H. Alfred de Musset, 1955

Deutsches Theater im 19. Jahrhundert

Hinderer, W. Kleists Dramen, 1981

Blöcker, G. Heinrich von Kleist oder das absolute Ich, 1960; Taschenb. 1977

Mayer, H. Heinrich von Kleist, 1962

Kanzog, K. Prinz von Homburg, Text, Kontexte, Kommentar, 1977

Wittkowski, W. Kleists Amphitryon, Materialien zur Rezeption und Interpretation, 1978

Kaiser, J. Grillparzers dramatischer Stil, 1962

Politzer, H. Franz Grillparzer oder das abgründige Biedermeier, 1972

Skreb, Z. Grillparzer. Eine Einführung in das dramatische Werk, 1976

Kopp, D. Geschichte und Gesellschaft in den Dramen Grabbes, 1982

Bergmann, A. (Hrsg.) Grabbe in Berichten seiner Zeitgenossen, 1968

Ders. Grabbe-Bibliographie, 1973

Brüggemann, D. Grabbe-Scherz, Satire, Ironie und tiefere Bedeutung. In: W. Hinck (Hrsg.) Die deutsche Komödie vom Mittelalter bis zur Gegenwart, 1977, 127–144

Arnold, H. L. (Hrsg.) Georg Büchner, Sonderband Text und Kritik, 1979

Becker, P. v. (Hrsg.) Georg Büchner: Dantons Tod. Die Trauerarbeit im Schönen, 1980

Stolte, H. Friedrich Hebbels Leben und Werk, 1977

Schlaffer, H. Friedrich Hebbels tragischer Historismus. In H. u. H. Schlaffer Studien zum ästhetischen Historismus, 1975, 121–139

Hein, J. (Hrsg.) Theater und Gesellschaft. Das Volksstück im 19. u. 20. Jahrhundert, 1973

Urbach, R. Die Wiener Komödie und ihr Publikum, 1973

Hein, J. Ferdinand Raimund, 1970

Weigel, H. Flucht vor der Größe, 1960

Hein, J. Spiel und Satire in der Komödie Nestroys, 1970

Berghaus, G Nestroys Revolutionspossen, 1977

Russisches Theater des 19. Jahrhunderts

Günter, H. Das Groteske bei Gogol, 1968

Storch, W. Nikolai Gogol, 1969

Steltner, U. Die künstlerischen Funktionen in den Dramen Ostrowskis, 1978

Holk, A. F. van (Hrsg.) Zugänge zu Ostrowski, 1978

Theater der Jahrhundertwende I

Antoine, A. Mes Souvenirs sur le Théâtre Libre, 1921; dt. 1960

Ders. Mes Souvenirs sur le Théâtre Antoine et sur l'Odéon, 1928

Fetting, H. (Hrsg.) Otto Brahm, Theater, Dramatiker, Schauspieler, 1961

Buth, W. Das Lessing-Theater in Berlin unter … Otto Brahm, 1965 (Diss. Berlin-West)

Amiard-Chevrel, C. Le théâtre artistique de Moscou, 1979

Poljakowa, E. I. Stanislawski. Leben und Werk, 1981

Arpe, V. (Hrsg.) Henrik Ibsen. Dichter über ihre Dichtungen, 1972

Friese, W. (Hrsg.) Ibsen auf der deutschen Bühne, 1976

Urban, P. (Übers. u. Hrsg.) Stücke Tschechows, 8 Bde., 1973–80; Chronik: Daten zu Leben und Werk, 1981

Melchinger, S. Anton Tschechow, 1968

Strauche, I. (Hrsg.) Maxim Gorki. Drama und Theater, 1968

Rischbieter, H. Maxim Gorki, 1973

Pailer, W. Die frühen Dramen Maxim Gorkis in ihrem Verhältnis zu denen Tschechows, 1978

Seidlin, O. (Hrsg.) Der Briefwechsel Arthur Schnitzler-Otto Brahm, 1953

Janz, R.-P. u. K. Laermann Arthur Schnitzler. Zur Diagnose des Wiener Bürgertums, 1977

Scheible, H. Arthur Schnitzler, 1976

Mayer, H. Gerhart Hauptmann, 1967

Michaelis, R. Der schwarze Zeus, 1962

Schrimpf, H. J. (Hrsg.) Gerhart Hauptmann (Wege der Forschung, 207), 1967

Denninghaus, F. Die dramatische Konzeption George Bernard Shaws, 1971

Otten, K. u. G. Rohmann George Bernard Shaw, 1978

Bally, U. George Bernard Shaw in der Fabian Society, 1980

Theater der Jahrhundertwende II

Grimm, J. Das avantgardistische Theater Frankreichs 1895–1930, 1982

Brauneck, M. Theater im 20. Jahrhundert. Programmschriften, Stilperioden, Reformmodelle, 1982

Vedder, B. Das symbolische Theater Maurice Maeterlincks, 1978

Krumm, E. Die Gestalt des Ubu im Werk Jarrys, 1978

Giedion-Welcker, C. Alfred Jarry, 1960

Craig, E. G. Über die Kunst des Theaters (1911), 1969

Reinhardt M., Ausgewählte Briefe, Reden und Schriften, Hrsg. v. F. Hadamowsky, 1963

Huesmann, H. Max Reinhardt, 1983

Tietze, R. (Hrsg.) Meyerhold, Theaterarbeit 1917–1930, 1974

Braun, E. The Theatre of Meyerhold, 1979

Erken, G. Hofmannsthals dramatischer Stil, 1967

Mauser, W. (Hrsg.) Hofmannsthal und das Theater, 1981

Strindberg, A. Schriften zum Drama und Theater, 1966

Lagercrantz, O. August Strindberg, 1980

Gundlach, A. (Hrsg.) Der andere Strindberg, 1981

Seehaus, G. Frank Wedekind und das Theater (1964), 1973

Irmer, H.-J. Der Theaterdichter Frank Wedekind, 1975

Kuhn, A. K. Der Dialog bei Wedekind, 1981

Billetta, R. C. Sternheim. Werk, Weg, Wirkung (m. umfassender Bibliographie), 1975

Hagedorn, K. Carl Sternheim. Die Bühnengeschichte seiner Dramatik, 1976 (Diss. Köln)

Melchinger, S. Anton Tschechow, 1968

Deutsches Theater 1910–1933

Denkler, H. Drama des Expressionismus, 1967

Bablet, E. u. J. Jacquot L'Expressionisme dans le théâtre européen, 1971

Schultes, P. Expressionistische Regie, 1981 (Diss. Köln)

Rühle, G. Theater für die Republik, 1967

Piscator, E. Das politische Theater (1929), 1964

Koebner, Th. Das Drama der Weimarer Republik. In W. Hinck (Hrsg.) Handbuch des deutschen Dramas, 1980, 401–417

Ders. Das Drama der Neuen Sachlichkeit und die Krise des Liberalismus. In W. Rothe (Hrsg.) Die deutsche Literatur in der Weimarer Republik, 1974, 19–46

Hermand, J. (Hrsg.) Zu Ernst Toller. Drama und Engagement, 1981

Boetzkes, M. u. M. Queck Die Theaterverhältnisse nach der Novemberrevolution. In Theater in der Weimarer Republik, 1977, 687–715

Stefanek, P. Zur Dramaturgie des Stationendramas. In W. Keller (Hrsg.) Beiträge zur Poetik des Dramas, 1976

Sowjetisches Theater

W. E. Meyerhold, A. I. Tairow, J. B. Wachtangow Theateroktober. Hrsg. v. L. Hoffmann u. D. Wardetzky, 1972

Rühle, J. Theater und Revolution, 1963

Paech, J. Das Theater der russischen Revolution, 1974

Ripellino, A. M. Majakowski und das russische Theater der Avantgarde, 1964

Irisches Theater

Price, A. Synge and anglo-irish drama, 1961

Völker, K. Yeats und Synge, 1976

Ders. O'Casey (m. Bibliographie), 1968

Stapelberg, P. Sean O'Casey und das deutschsprachige Theater (1948–58), 1978

Kaestner, J. Brendan Behan. Das dramatische Werk, 1978

Spanisches Theater

Michaelis, R. Garcia Lorca, 1969

Rincón, C. Das Theater Garcia Lorcas, 1975

Doll, L. Stilwandel und Esperpento im Werk Valle-Incláns, 1971 (Diss. Wien)

Bertolt Brecht

Knopf, J. Bertolt Brecht. Ein kritischer Forschungsbericht, 1974

Ders. Brecht-Handbuch, 1980

Völker, K. Bertolt Brecht. Eine Biographie, 1976

Französisches Theater im 20. Jahrhundert

Artaud, A. Das Theater und sein Double (1938)

Grimm, J. Das avantgardistische Theater Frankreichs, 1895–1930, 1982

Kapralik, E. Antonin Artaud. Eine Chronik 1896–1948, 1977

Barrault, J.-L. Bühnenarbeit mit Claudel, 1967

Sartre, J.-P. Saint Genet 1952; dt. 1982

Kließ, W. Jean Genet, 1967

Schlette, H. R. Wege der deutschen Camus-Rezeption, 1975

Esslin, M. Das Theater des Absurden (1961), ²1967

Blüher, K. A. Modernes französisches Theater. Adamov, Beckett, Ionesco, 1982

Italienisches Theater

Pommer, Ch. Luigi Pirandello als Direktor und Regisseur des Teatro d'Arte di Roma, 1973 (Diss. München)

Mennemeier, F. N. (Hrsg.) Der Dramatiker Pirandello, 1965

Magliulo, G. Eduardo De Filippo, 1960

Heer, H. (Hrsg.) Dario Fo über Dario Fo, 1978

Jungblut, H. Das politische Theater Dario Fos, 1978

Osteuropäisches Theater

Kott, J. Spektakel, Spektakel, 1972

Bondy, F. u. C. Jelenski Witold Gombrowicz, 1978

Pohl, A. Zurück zur Form. Strukturanalysen zu Slavomir Mrozek, 1972

Amerikanisches Theater

Bigsby, C. W. E. A Critical Introduction to Twentieth-Century Drama. Vol. 1: 1900–1940. Vol. 2: Tennessee Williams, Arthur Miller, Edward Albee. Vol. 3: Beyond Broadway, 1982, 1984, 1985

Hoffmann, G. (Hrsg.) Das amerikanische Drama, 1984

Schäfer, J. Geschichte des amerikanischen Dramas im 20. Jahrhundert, 1982 [Ausführliche Bibliographie]

Lohner, E. u. R. Haas (Hrsg.) Theater und Drama in Amerika, 1978

Bartsch, K. (Hrsg.) In Sachen Thomas Bernhard, 1983

Hacks, P. Das Poetische. Aufsätze zu einer postrevolutionären Dramaturgie, 1972

Weber, A. u. S. Neuweiler (Hrsg.) Amerikanisches Drama und Theater im 20. Jahrhundert, 1975

Herms, D. Agitprop USA. Zur Theorie und Strategie des politisch-emanzipatorischen Theaters in Amerika seit 1960, 1973

Itschert, H. (Hrsg.) Das amerikanische Drama von den Anfängen bis zur Gegenwart, 1972

Heilmeyer, Jens und Pea Fröhlich Now: Theater der Erfahrung, 1971

Hofmann, J. Kritisches Handbuch des westdeutschen Theaters, 1978

Buddecke, W. u. H. Fuhrmann Das deutschsprachige Drama seit 1945. Kommentar zu einer Epoche, 1981

Kreuzer, H. (Hrsg.) Deutsche Dramaturgie der 60er Jahre, 1974

Hinck, W. Das moderne Drama in Deutschland. Vom expressionistischen zum dokumentarischen Theater, 1973

Koebner, Th. Tendenzen des Dramas. In Th. Koebner (Hrsg.) Tendenzen der deutschen Gegenwartsliteratur, ²1984, 287–349

Frisch, M. Der Autor und das Theater, 1964

Dürrenmatt, F. Theaterschriften und Reden, 1966

Bänzinger, H. Frisch und Dürrenmatt, ⁵1967

Knopf, J. Friedrich Dürrenmatt (Autorenbücher 3) ³1980

Weiss, P. Notizen zum dokumentarischen Theater. In: Theater heute 1968, H. 3; auch im Anhang zu Dramen II, 1968

Canaris, V. (Hrsg.) Über Peter Weiss, 1970

Hilzinger, K. H. Die Dramaturgie des dokumentarischen Theaters, 1976

Berg, J. Hochhuths Stellvertreter und die Stellvertreter-Debatte, 1977

Handke, P. Straßentheater-Theater-theater. In: Theater heute 1969, H. 4

Scharang, M. (Hrsg.) Über Peter Handke (1972), ³1977 (ed. suhrk. 518)

Jansen, P. W. u. W. Schütte (Hrsg.) Rainer Werner Fassbinder (1974), ⁴1983

Henrichs, B. Rainer Werner Fassbinder. In: Theater 1972, Jahrbuch der Zeitschrift Theater heute

Baumgart, R. Das Theater des Botho Strauß. In: Text und Kritik, H. 81, 1984

Arbold, H. L. (Hrsg.) Thomas Bernhard, Text und Kritik, H. 43, 1974

Brüning, E. et al Studien zum amerikanischen Drama nach dem Zweiten Weltkrieg, 1977

Schivelbusch, W. Sozialistisches Theater nach Brecht … P. Hacks, H. Müller, H. Lange, 1974

Kähler, H. Gegenwart auf der Bühne. Die sozialistische Wirklichkeit …, 1966

Scheid, J. (Hrsg.) Zum Drama in der DDR. Heiner Müller und Peter Hacks, 1981

Girshausen, Th. (Hrsg.) Hamletmaschine. Heiner Müllers Endspiel, 1979

Ders. Realismus und Utopie. Die frühen Stücke Heiner Müllers, 1981

Schulz, G. Heiner Müller, 1980

Deutsches Theater nach 1945

Rischbieter, H. Theater. In Benz, W. (Hrsg.) Die Bundesrepublik Deutschland, 3 Bde., 1983, Bd. 3, 73–109

Ders. Theater im Umbruch. Eine Dokumentation aus Theater heute, 1970

Foto-Nachweis